MÚSICA
LA HISTORIA VISUAL DEFINITIVA

MÚSICA
LA HISTORIA VISUAL DEFINITIVA

**LONDRES, NUEVA YORK, MELBOURNE,
MUNICH Y DELHI**

DORLING KINDERSLEY LONDRES

Edición de proyecto
David Summers y Ruth O'Rourke-Jones
Edición en EE UU
Jill Hamilton, Margaret Parrish
y Rebecca Warren
Asistente de edición
Kaiya Shang
Edición de cubierta
Manisha Majithia
Dirección de preproducción
Adam Stoneham
Coordinación editorial
Angeles Gavira
Coordinación de publicaciones
Sarah Larter
Subdirección de publicaciones
Liz Wheeler

**Edición de arte
de proyecto**
Anna Hall
**Dirección de
desarrollo de proyectos**
Sophia MTT
Diseño de la cubierta
Laura Brim
Producción
Linda Dare
Coordinación de arte
Michelle Baxter
Dirección de arte
Philip Ormerod
**Dirección
de publicaciones**
Jonathan Metcalf

DORLING KINDERSLEY DELHI

Edición
Megha Gupta y Suefa Lee
Edición sénior
Vineetha Mokkil
Coordinación editorial
Rohan Sinha
Coordinación de producción
Pankaj Sharma
Coordinación de maquetación
Balwant Singh

Edición de arte
Parul Gambhir, Konica Juneja, Kanika Mittal,
Divya P.R. y Shreya Anand Virmani
Edición de arte sénior
Anuj Sharma
Coordinación de arte
Sudakshina Basu
Maquetación
Nand Kishor Acharya, Neeraj Bhatia,Nityanand
Kumar, Bimlesh Tiwari y Mohammed Usman

TOUCAN BOOKS LTD

Coordinación editorial
John Andrews, Camilla Hallinan
y Constance Novis
Edición sénior
Dorothy Stannard
Asistentes de edición
Sophie Lewisohn y David Hatt

Edición de arte
Thomas Keenes
Iconografía
Sarah Smithies,
Roland Smithies (Luped)
Índice
Marie Lorimer

New Photography
Gary Ombler y Richard Leeney

Publicado originalmente en Gran Bretaña
en 2013 por Dorling Kindersley Ltd.
80 Strand, London WC2R 0RL
Parte de Penguin Random House

Título original: *Music. The Definitive Visual History*
Primera edición: 2014

Copyright © 2013 Dorling Kindersley Ltd.

© Traducción en español 2014
Dorling Kindersley Ltd.

Producción editorial de la versión en español: deleatur, s.l.
Traducción: Nuria Aparicio, Montserrat Asensio, Antón Corriente y Manel Pijoan Rotgé

Todos los derechos reservados. Queda prohibida, salvo excepción prevista en la Ley,
cualquier forma de reproducción, distribución, comunicación pública y transformación
de esta obra sin contar con la autorización de los titulares de la propiedad intelectual.

ISBN: 978-1-4654-6073-8

Impreso y encuadernado en China

UN MUNDO DE IDEAS
www.dkespañol.com

CONTENIDO

1 LOS INICIOS

60.000 A.C.–500 D.C. 10

Introducción y cronología 12

El hombre músico 14
Los primeros humanos nos legaron primitivos
instrumentos musicales.

La cuna de la música 16
Los músicos deleitan a la corte y honran a los
dioses en Mesopotamia, Egipto, India y China.

Una visión filosófica 18
Para los filósofos griegos, las matemáticas y la
música son la clave para entender el universo.

Mito y tragedia 20
Los coros cantan y los músicos tocan en los
certámenes de la antigua Grecia.

■ **INSTRUMENTOS ANTIGUOS** 22

Suena la trompeta 24
La música enardece a las tropas romanas,
ameniza los banquetes y adorna las ceremonias.

2 LA MÚSICA MEDIEVAL

500–1400 26

Introducción y cronología 28

El canto sacro 30
En los monasterios y catedrales medievales
se desarrolla el canto y la primera notación.

Ministriles y trovadores 32
Artistas callejeros y músicos cortesanos
cantan canciones de amor y sátira política.

■ **INSTRUMENTOS MEDIEVALES** 34

Escribir melodías 36
Guido de Arezzo inventa el tetragrama como
medio para recordar las melodías de los cantos.

Cítara y lira, sacabuche y chirimía 38
En la sociedad medieval, los músicos
acompañan bailes, banquetes y dramas.

Música islámica 40
Diversas tradiciones musicales se desarrollan
por China, África, España y Oriente Medio.

■ **INSTRUMENTOS ISLÁMICOS** 42

Música antigua de China 44
La música tiene un papel clave en el gobierno
y el ejército, en los templos y las casas de té.

Múltiples voces 46
Una notación musical precisa prepara el
terreno para una música más compleja.

3 RENACIMIENTO Y REFORMA

1400–1600 48

Introducción y cronología 50

Cantar al amor 52
El nuevo estilo polifónico influye en la canción
tradicional en Francia, Alemania e Italia.

ASESOR

Robert Ziegler dirige orquestas sinfónicas
en Reino Unido, así como por EE UU y Asia;
también ha dirigido bandas sonoras, entre
ellas las de *Pozos de ambición*, *El hobbit* y
Sentido y sensibilidad. Ha escrito el libro *Great
Musicians* para DK y ha recibido premios como
presentador de la BBC.

AUTORES

Ian Blenkinsop
Kiku Day
Reg Grant
Malcolm Hayes
Keith Howard
Chris Ingham
Nick Kimberley
Tess Knighton (ICREA)
Jenny McCallum
Matt Milton
Chris Moss
Joe Staines
Susan Sturrock
Oliver Tims
Greg Ward
Ed Wilson

Introducción

La música es un lenguaje muy antiguo cuyo poder atestiguan desde los reclamos prehistóricos que imitaban a los animales que se cazaban y las nanas con que se hacía dormir a los niños hasta los estruendosos redobles que enardecían a las tropas y las ásperas fanfarrias que aterrorizaban a los enemigos. Apenas hay un paso entre los himnos sacros que se elevaban en las inmensas catedrales erigidas para glorificar a Dios y la música pop que truena en los estadios donde reinan las estrellas del rock.

En una larga y fascinante historia, *MÚSICA: La historia visual definitiva* presenta las apasionantes biografías de los compositores e intérpretes que conformaron estos sonidos y, con llamativas ilustraciones y fotografías, nos descubre los numerosos y maravillosos instrumentos que percutimos, frotamos, punteamos o soplamos. Dado que cada tema musical se presenta en una concisa y atractiva doble página, es fácil viajar entre mundos musicales separados por continentes y siglos de distancia en un recorrido de unos pocos capítulos. Y no son solo las notas y los sonidos lo que se examina, sino también las absorbentes historias que tienen detrás.

La música era esencial en la mitología, la poesía y la vida religiosa medieval. Más tarde, la Reforma del siglo xvi sacudió la Iglesia católica hasta sus cimientos y creó el marco adecuado para las grandes obras de J. S. Bach. Desde la invención de la imprenta hasta el advenimiento de Internet, pasando por la creación del fonógrafo y de la guitarra eléctrica, la tecnología ha ido transformado sin tregua las maneras de componer y de escuchar música.

A menudo se ha dicho que la música es un lenguaje universal, y esto queda reflejado en el ámbito internacional de este libro. Sin limitarse a los grandes logros de la música occidental, *MÚSICA: La historia visual definitiva* viaja por el mundo para descubrir la antigua música de China, el frenético pop de Japón, la música tribal de las llanuras africanas y los apasionados ritmos de las salas de baile sudamericanas. En la antigua Grecia, Platón escribió que la música «da alma al universo, alas a la mente, vuelo a la imaginación y vida a todas las cosas». Siglos después, el gran compositor y director de orquesta Duke Ellington (fotografiado aquí con su orquesta) añadió: «La música es la entidad más antigua. El ámbito de la música es inmenso e infinito. ¿Qué es la música para usted? ¿Cómo sería usted sin la música?». *MÚSICA: La historia visual definitiva* le ayudará a responder estas preguntas.

ROBERT ZIEGLER

LOS INICIOS
60.000 A.C.–500 D.C.

El instrumento musical más antiguo es uno que todavía utilizamos hoy: el cuerpo humano. El tambor, la flauta de hueso y el arpa fueron las herramientas musicales más antiguas construidas por los humanos. Ya sea en forma de cantos, de palmadas o de golpeteos rítmicos en el suelo con los pies, la música se ha utilizado siempre para celebrar, elogiar, expresar tristeza y alegría, congregar a las tropas o aterrorizar a los enemigos.

o

« Ocarina maya, un instrumento de tipo flauta que apareció hacia 10.000 A.C.

LOS INICIOS
60.000 A.C.–500 D.C.

60.000 A.C.	10.000 A.C.	2500 A.C.	1500 A.C.

c. 2500 A.C.
Los músicos de la ciudad-estado sumeria de Ur (Mesopotamia), tocan liras, arpas, laúdes, flautas de madera y de caña e instrumentos de percusión. Las instrucciones para tocarlos se conservan en tablillas de arcilla.

2040 A.C.
Mentuhotep II une el Bajo y el Alto Egipto. Bajo los faraones, la música cumple una función esencial en las ceremonias palaciegas, los rituales religiosos y la vida cotidiana.

1550–1069 A.C.
Bajo las dinastías del Imperio Nuevo, Egipto ejerce una importante influencia musical en otras civilizaciones, entre ellas la antigua Grecia.

c. 60.000 A.C.
Los humanos empiezan a crear pinturas rupestres, elaborar joyas y probablemente también a hacer música.

> ⌃ Danza del Paleolítico en una pintura rupestre de Tanzania, en África oriental.

c. 2500–1900 A.C.
La civilización que florece en el valle del Indo inicia tradiciones musicales que perduran entre algunos músicos actuales de India.

c. 2000 A.C.
Comienzan a desarrollarse las primeras civilizaciones de América Central. Entre los instrumentos antiguos figura la ocarina, una flauta de arcilla con forma de animal.

c. 1000 A.C.
Se inicia la tradición musical de China, con instrumentos como campanas y litófonos, el *qin* (similar a una cítara) y el *sheng* (órgano de boca).

c. 35.000 A.C.
Los humanos de la cueva paleolítica de Hohle Fels (Alemania), fabrican flautas perforando huesos de ala de buitre. Los primitivos instrumentos también se hacían con palos y conchas.

c. 10.000 A.C.
Los primeros asentamientos en el Mediterráneo oriental inauguran los miles de años de creación de ciudades, palacios y templos, centros todos ellos de actividad musical.

c. 6000 A.C.
Se inicia en la actual Turquía la fusión de los metales, sobre todo del cobre y el bronce. Hacia 3000 A.C., estos metales servirán para fabricar nuevos instrumentos musicales.

> ⌄ Tañedor de aulós (flauta doble) minoico

c. 1900 A.C.
La floreciente civilización minoica de Creta, en el Mediterráneo oriental, desarrolla una rica cultura musical.

> ⌃ *Sheng* chino con tubos de bambú

> ⌃ Flauta de hueso de Hohe Fels (Alemania)

c. 8000 A.C.
Se funda la ciudad habitada de manera continua más antigua del mundo, Jericó, en el valle del Jordán. En la Biblia, los toques de las trompetas del ejército israelita derriban las murallas de la ciudad.

c. 5000 A.C.
En Mesopotamia, Egipto y el valle del Indo empiezan a formarse las primeras sociedades complejas, basadas en la agricultura de regadío. Sacerdotes y gobernantes usan la música para ritos y ceremonias.

> ❮❮ Crótalos de marfil egipcios, 1430 a.C.

> ❯❯ Mujeres egipcias tocando música en un fresco de la tumba de Najt, c.1350 a.C.

> ❮❮ Trompa primitiva hecha con una caracola

c. 13.000 A.C.
Grupos de cazadores siberianos llegan a América, llevando consigo la música y los rituales de la tradición chamánica.

c. 13.000 A.C.
Una pintura rupestre de la cueva de los Trois Frères, en el suroeste de Francia, parece mostrar un hechicero con un instrumento musical. Sería la imagen de un músico más antigua que se conoce.

c. 6000 A.C.
En China se fabrican flautas con los huesos huecos de la grulla de Manchuria.

c. 2700 A.C.
Unas estatuillas de las islas Cícladas, en el mar Egeo, representan figuras tocando la lira o el aulós (flauta doble).

c. 2100 A.C.
En Irlanda, los músicos tocan series de seis flautas de madera. Hechas de tejo, son las flautas de madera más antiguas del mundo.

c. 1600 A.C.
En la antigua India, los *Vedas* (textos sagrados) se recitan en cantos y canciones.

La música evolucionó junto con las sociedades humanas mientras estas se desarrollaban durante miles de años, desde los grupos de cazadores-recolectores hasta los estados con ciudades, ejércitos y templos. Para las antiguas civilizaciones de Mesopotamia, China, Grecia y Roma, la música tenía un influjo moral sobre el carácter, así como una relación con la estructura del universo, pero ante todo era una parte integrante de la vida cotidiana como acompañamiento del trabajo y del ocio, de los rituales religiosos y de las fiestas populares. La música escrita siguió siendo una rareza, y los conocimientos y técnicas musicales se transmitían oralmente del maestro al alumno.

750 A.C.

701 A.C.
Cuando los asirios asedian Jerusalén, el rey de Judea no solo les ofrece sus mujeres e hijas, sino también sus músicos, que estaban muy valorados.

570 A.C.
Nace Pitágoras, el filósofo griego que estudiará las relaciones matemáticas entre notas musicales (y entre cuerpos celestes), en la llamada «música de las esferas».

566 A.C.
Primera gran fiesta de las Panateneas de Atenas, con concursos de música y poesía. La música es también esencial en el teatro en la antigua Grecia.

» El filósofo griego Platón

« Teatro de la antigua ciudad griega de Afrodisia, en Caria (hoy en Turquía)

300 A.C.

c. 380 A.C.
En la *República*, Platón sostiene que la música aporta al alma la armonía y el orden, y no solo un «placer irracional». Platón insta a los gobernantes a no escuchar música suave.

c. 350 A.C.
Según Aristóteles, la música sirve para «instruir, divertir o emplear las horas vacías de los ociosos».

264–31 A.C.
La República de Roma conquista nuevos territorios, desde el norte de África hasta Grecia y Egipto, absorbiendo sus tradiciones musicales.

≈ Músicos callejeros en un mosaico romano del siglo I a.C. procedente de Pompeya

c. 200 A.C.
Unos ingenieros griegos inventan en Alejandría (Egipto), el *hydraulis*, un órgano accionado por agua. El primer instrumento de teclado del mundo alcanza una gran difusión entre los romanos.

55 A.C.
Se inaugura el primer teatro permanente en Roma. Como ocurría en Grecia, las obras teatrales y pantomimas romanas se acompañan con música y canto.

1 D.C.

141–87 A.C.
Bajo el emperador Wu, la Agencia Imperial de Música regula estrictamente la música en China, en la creencia de que una ejecución correcta es vital para asegurar la armonía del estado.

c. 30 D.C.
A la muerte de Jesús, el cristianismo comienza como una secta judía bajo el gobierno de Roma. Durante el milenio siguiente, la música eclesiástica sentará las bases de gran parte de la música occidental.

82 D.C.
Se inaugura el Coliseo de Roma. Tiene 50.000 asientos y acoge espectáculos de gladiadores, batallas simuladas y obras teatrales. La música es esencial en estos entretenimientos.

54 D.C.
Nerón, emperador de Roma. Aficionado a cantar y tocar la lira, participa en concursos de música públicos (y gana siempre).

» Retrato del emperador Nerón en una moneda

70 D.C.
El ejército romano saquea Jerusalén y su Templo. El culto y la música judíos continuarán en las sinagogas e influirán en los primeros ritos cristianos.

300 D.C.

313 D.C.
La fe cristiana se convierte en religión oficial del Imperio romano. La música eclesiástica se desarrolla a partir de tradiciones romanas y judías

476 D.C.
Los bárbaros saquean la ciudad de Roma. El imperio y sus tradiciones musicales continúan en el este, convertido en Imperio bizantino.

c. 500 D.C.
El filósofo romano tardío Boecio escribe *De institutione musica*, una influyente obra de teoría musical que reaparecerá en la Europa renacentista.

≈ *Didgeridoo* de madera dura

c. 500 D.C.
Los aborígenes de Australia desarrollan el *didgeridoo*, un instrumento de madera con sonido de bordón.

«

ANTES

Hace unos 60.000 años, los humanos dieron un salto cultural y empezaron a pintar en cuevas y a crear joyas. Es probable que al mismo tiempo comenzara la música.

SUPERVIVENCIA Y SELECCIÓN SEXUAL
Se han avanzado varias teorías sobre los **orígenes de la música** y su finalidad evolutiva. Es posible que evolucionara inicialmente a partir de la imitación de las voces de los animales e incluso que tuviera las mismas funciones que las **llamadas de apareamiento** y las exhibiciones de cortejo de estos.

A PARTIR DEL LENGUAJE
Los investigadores modernos han observado la gran proximidad entre la música y el lenguaje hablado, sobre todo en las **lenguas «tonales»** de África y Asia, en las que la altura tonal sirve para distinguir palabras y no solo para expresar emoción o énfasis. Se cree que la música y el lenguaje habrían evolucionado juntos.

El hombre músico

El hombre ha creado música desde la Prehistoria, cuando tenía un papel vital en la vida social, desde las prácticas curativas y los rituales hasta la caza y la guerra. En muchas partes del mundo sobreviven trazas de la práctica musical prehistórica en la música folclórica y tradicional.

El primer «instrumento» musical fue la voz humana. Se cree que tan pronto como se desarrolló el lenguaje, los seres humanos empezaron a potenciar las palabras con la altura tonal, además de con otros trucos vocales como chasquidos, silbidos y siseos. Los únicos acompañamientos de la voz debieron ser las palmadas y las patadas rítmicas sobre el suelo. Así pues, el cuerpo humano proporcionó los primeros recursos musicales.

Los primeros instrumentos
Los humanos hallaron sus primeros instrumentos musicales en su entorno natural, al identificar los objetos —trozos de madera, piedra, cuerno o hueso— que podían emitir un sonido al golpearlos o al soplar en ellos. Con el tiempo fueron perfeccionando estos objetos para desarrollar su potencial musical. Hace unos 35.000 años, por ejemplo, los humanos del Paleolítico que vivían en la cueva de Hohle Fels, en el sur de la actual Alemania, hicieron agujeros para los dedos en un hueso de buitre para crear una especie de flauta. Esta y dos flautas de marfil de las cuevas cercanas son algunos de los objetos humanos descubiertos por los arqueólogos que trabajaban en la cueva en 2008.

Las pinturas rupestres aportan otra prueba de la existencia de instrumentos

> **«Las notas musicales**… se adquirieron por primera vez… para **cautivar** al **sexo opuesto**.»
>
> CHARLES DARWIN, NATURALISTA, *EL ORIGEN DEL HOMBRE* (1871)

El chamán
Este chamán de Tuva (Siberia) toca el tambor en una ceremonia ritual. Los chamanes intentan contactar con el mundo espiritual entrando en un trance inducido por canciones, danzas y batir de tambor rítmico.

Pintura paleolítica
Se cree que esta pintura rupestre de Tanzania, en África oriental, muestra una danza en trance chamanístico. El hombre paleolítico combinaba música con palabras y movimiento para rituales específicos.

La evolución de la música fue de la mano con aspectos más amplios de la cultura y la sociedad humanas. El trabajo de los metales y las primeras formas de escritura fueron clave para la música.

NUEVOS MATERIALES

Al principio de la **Edad del Bronce**, que suele datarse en hace unos 5.000 años, se empezó a utilizar cobre y bronce (una aleación de cobre) para fabricar objetos que iban desde armas y herramientas agrícolas hasta instrumentos musicales. Entre estos últimos figuran los **cuernos de bronce** curvos denominados *lurs* que se han hallado en Dinamarca y el norte de Alemania. También se volvieron más relevantes los **instrumentos de cuerda**, especialmente la lira y el arpa.

EL AUGE DEL MÚSICO

Las **civilizaciones alfabetizadas 16–17 >>** surgidas en **Mesopotamia**, el **valle del Indo**, **Egipto** y **China** desarrollaron tradiciones musicales peculiares, con músicos al servicio de emperadores y reyes. La primera pieza de **música escrita** conocida es un fragmento de hace unos 4.000 años encontrado en Sumer, en el actual Irak. **Las antiguas Grecia y Roma 20–25 >>** continuaron y difundieron la tradición musical de Mesopotamia y del Egipto faraónico.

---

musicales muy antiguos. Una escena de caza pintada hace unos 10.000 años en la pared de una cueva de la región francesa de Dordogne muestra un hombre tocando un arco musical: mientras sostiene un extremo del arco con la boca, va punteando su cuerda para crear las notas. Los pastores de vacas africanos actuales todavía tocan un instrumento similar.

Los idiófonos —instrumentos hechos con materiales resonantes macizos que producen sonido al vibrar— tuvieron un importante papel en la música prehistórica. Entre ellos se encuentran tambores de ranura fabricados vaciando un tronco de árbol partido; un primitivo xilófono; sonajeros hechos llenando calabazas con piedras y semillas; rascadores como un palo con asperezas que se rascaba contra piedras o conchas, e instrumentos punteados como el birimbao, que se sostiene en la boca y tiene una sola cuerda que se tañe con un dedo. Muchos tipos de tambor se hacían estirando pieles de animales sobre cuencos, calabazas huecas o marcos de madera. Al voltear o balancear un trozo de madera con una forma especial atado al extremo de una cuerda —creando así la bramadera, uno de los instrumentos favoritos de

Instrumento aborigen
El *didgeridoo* es un instrumento de viento de madera dura desarrollado por los pueblos indígenas de Australia. Está hecho con un tronco o una rama naturalmente huecos a los que se les da forma y se decora.

los aborígenes australianos— se generaba toda una gama de sonidos extraños e inquietantes.

Los instrumentos de viento se fabricaban con materiales tan variados como caracolas, huesos huecos, cañas de bambú y partes de árboles, y se soplaban con la boca o con la nariz. Para modificar la altura tonal se tapaban o destapaban agujeros con los dedos, aunque estos primitivos instrumentos no tenían un gran potencial melódico.

Una herencia común

El estudio de las tradiciones musicales de los pueblos tribales de África, Asia, América, Polinesia y Australasia en los tiempos modernos es la mejor guía para aproximarse a la naturaleza de la música prehistórica. Aunque estas tradiciones musicales son enormemente variadas a lo largo y ancho del globo, poseen muchas características en común. Esta música suele tener unos ritmos complejos muy vinculados a la danza y los gestos rituales. También es flexible en su melodía, sigue muy de cerca los patrones del lenguaje hablado y rara vez está formada por armonías complejas.

Un papel espiritual

Para los primitivos humanos, la música era un elemento esencial de los ritos y ceremonias que vinculaban una sociedad con sus antepasados y sus animales o plantas totémicas. Se usaba como un medio de comunicación con los espíritus benignos o malignos que determinaban el destino de una sociedad o un individuo.

En muchas sociedades, el hechicero o chamán era (o es

aún) alguien que actuaba como mediador entre el mundo humano y el espiritual. Dotado de un poder especial para entrar en un estado de éxtasis durante el trance, realizaba rituales en los que las palabras, la melodía, los gestos y la danza eran inseparables, acompañando su voz con redobles de tambor. Era un especialista musical: solo él podía ejecutar su «canción». Se podía apelar a sus poderes para lograr la curación de alguien o para invocar la lluvia.

Música e historia

Otra función de la música era la de registrar y transmitir los conocimientos tradicionales, leyendas y mitos de unas generaciones a otras. Así, los *songlines* de los indígenas australianos eran caminos sagrados a través de la inmensidad del paisaje que se transmitían mediante cantos, relatos y danzas.

En África occidental, la tradición del *griot* cantante y narrador ha sobrevivido hasta hoy. Los relatos del *griot* mantenían un registro detallado de celebraciones y sucesos locales como nacimientos, bodas, guerras y expediciones de caza, así como un acervo más extenso de leyendas. También era una atribución del *griot* la de inventar canciones de alabanza para honrar al gobernante local.

La tradición de las canciones que mantienen leyendas y la memoria de hechos históricos aún pervive en las sociedades tribales de los indios de América del Norte. Así, la canción «Shi Naasha» de los navajos conmemora un suceso que tuvo lugar durante las guerras del siglo XIX de los indios contra EE UU.

El placer de cantar

En el Paleolítico, la música no se limitaba a los especialistas. Aunque solo un chamán pudiera realizar sus rituales,

Armonía tribal
En Papúa-Nueva Guinea, el *singsing*, antigua forma de canto y danza comunales, acompaña los ritos y las celebraciones tradicionales.

había otras ocasiones en que el resto de la sociedad participaba en la música. Había cantos de bienvenida y de alabanza, y canciones de amor, de guerra y satíricas. Un grupo de personas que cantaban al unísono y batían palmas solía acompañar a un solista. Los indios norteamericanos diferenciaban las canciones que debían cantar individuos especiales de las apropiadas para el público en general.

Atributo social

En algunas sociedades, la improvisación musical se consideraba una aptitud social necesaria. De sus miembros se esperaba que improvisaran canciones igual que hoy esperamos que alguien sea un conversador ingenioso. La música era entonces una parte esencial de la vida diaria.

« ANTES

Entre 10.000 y 3000 a.C., una serie de cambios en la vida humana propiciaron las primeras civilizaciones complejas, con estados gobernados por reyes y emperadores

UN SALTO HACIA DELANTE
El desarrollo de las **sociedades agrícolas sedentarias** en diferentes lugares del mundo llevó a un aumento de la densidad de población y a la fundación de ciudades. Las **herramientas de metal** —bronce y luego hierro— empezaron a sustituir a la piedra. En **Mesopotamia, el valle del Indo, Egipto** y **China** surgieron estados jerárquicos dominados por gobernantes seculares y sacerdotes. Estas sociedades desarrollaron varias formas de **escritura**.

La cuna de la música

Durante miles de años, las civilizaciones más antiguas, en Mesopotamia, Egipto, el norte de India y China, desarrollaron tradiciones musicales. El sonido de su música se perdió, pero los artefactos que han sobrevivido muestran el vigor de la creación musical en estas antiguas sociedades.

Hace unos 4.500 años, centenares de músicos trabajaban al servicio de los sacerdotes y los gobernantes de la ciudad-estado de Ur, en el sur de Mesopotamia (actual Irak). El canto tenía un papel clave en los rituales religiosos, y los músicos de la corte acompañaban las ceremonias y los banquetes estatales. El estandarte de Ur, una obra de arte sumeria que se conserva en el Museo Británico de Londres, muestra un tañedor de lira y un cantante que entretienen al rey en un festín. Unas pocas liras sumerias de bella factura que han sobrevivido hasta hoy son los instrumentos de cuerda más antiguos que existen. Los sumerios también tocaban arpas, laúdes, flautas de caña y de madera, y entre los instrumentos de percusión, tambores, panderetas, crótalos y un instrumento de metal que se agita llamado sistro. En tablillas de arcilla sumerias se han hallado instrucciones para tocar estos instrumentos.

Animar al pueblo

Las civilizaciones que se sucedieron en Mesopotamia y su área circundante continuaron y ampliaron esta tradición musical. Los reyes asirios, que dominaron esta zona entre 2000 y 700 a.C., tenían en su corte una orquesta y un coro que en ocasiones daba conciertos en público para «levantar el ánimo de la gente», según los informes cortesanos de la época. Los músicos también acompañaban al ejército asirio en sus muchas campañas, con tambores y trompetas que servían para transmitir órdenes y mensajes simples.

Con todo, la música no se restringía a las cortes y los templos. Los pastores tocaban flautas mientras cuidaban sus rebaños, y cantos y tambores marcaban el ritmo del duro trabajo en los campos. Las expresiones musicales de la época debieron de ser muy variadas a juzgar por la variedad de propósitos para los cuales se consideraba apropiada la música, desde celebrar una victoria hasta ayudar a conciliar el sueño.

Un oficio valorado

Los músicos profesionales se formaban en escuelas de música y puede que estuvieran organizados en gremios. El valor otorgado a los conocimientos musicales está bien documentado. En 701 a.C., cuando los asirios sitiaron Jerusalén, el rey

Músicas egipcias
Un fresco que decora la tumba de Najt, un escriba del antiguo Egipto, muestra un grupo de mujeres tocando instrumentos: un arpa curva, un laúd de mástil largo y una flauta doble.

DESPUÉS »

remontan a la época de los *Vedas*. Muchos de los instrumentos más importantes de la música clásica de la India actual, incluidos el sitar y el *tabla* (pp. 342–343), son de origen medieval.

Campanas y silencio

China tiene una tradición musical ininterrumpida de más de 3.000 años. Desde las épocas más antiguas, su mezcla de instrumentos era característica, así como la gran importancia que se concedía a las campanas y los litófonos, instrumentos formados por losas de piedra que cuelgan de un marco de madera y se golpean con un mazo almohadillado.

El *sheng*, un tipo de órgano de boca con tubos de bambú, y varios tipos de cítaras han seguido siendo esenciales en la música china a lo largo de su historia (p. 45), al igual que varias flautas y tambores. Los chinos también desarrollaron una estética peculiar, en particular por el empleo del efecto del sonido que va apagándose hasta el silencio.

La armonía del Estado

Los antiguos filósofos chinos consideraban que la música refleja el orden fundamental del universo. Los gobernantes imperiales de China estaban convencidos de que la interpretación correcta de la música ritual era fundamental para mantener la armonía del Estado. Desde el siglo I a.C., la música cortesana y militar estaba dirigida y regulada estrictamente por la Agencia Imperial de Música (p. 45).

Sin embargo, la mayor parte de la música escapaba al control oficial. La ópera china (pp. 198–199) empezó a desarrollarse en el siglo III a.C., y bajo la dinastía Tang (618–907 d.C.) comenzó a florecer una música popular en las ciudades chinas.

Creciente fértil

El área que se extiende desde Mesopotamia (Iraq) hasta Egipto se denomina a menudo la «cuna de la civilización». La primera evidencia de composición musical en una sociedad civilizada procede de Ur, en el sur de Mesopotamia.

de Judea intentó sobornarlos ofreciéndoles la entrega no solo de sus mujeres e hijas, sino también de sus músicos masculinos y femeninos.

La música de los dioses

La música impregnaba los mitos de los dioses egipcios. Osiris, el dios de la vida de ultratumba, era conocido como el «señor del sistro» por su asociación con el instrumento. Bes, el dios que presidía los nacimientos, suele representarse con un arpa o una lira. Los sacerdotes y sacerdotisas egipcios entonaban himnos a los dioses como parte de sus deberes cotidianos, así como en fiestas especiales. En la corte, los músicos principales gozaban de un elevado estatus. Muchos músicos cortesanos eran mujeres, que también bailaban.

Los instrumentos egipcios eran similares a los de los estados mesopotámicos, pero el arpa estaba más desarrollada y alcanzaba hasta 2 m de altura hacia 1200 a.C. (pp. 22–23). La música del antiguo Egipto no cambió mucho a lo largo de los siglos, gracias a las academias que formaban a los músicos y mantenían la tradición. Sin embargo, debió de existir una tradición popular más libre, ya que las pinturas egipcias muestran campesinos bailando al son de flautas y tambores.

Orquesta real

Este relieve del palacio de los reyes asirios en Nínive, datado en el siglo VII a.C., muestra unos músicos tocando arpas portátiles, flautas de varios tubos y un dulcémel.

Tradiciones de India

La distintiva tradición musical de India debió tener sus orígenes en la civilización del valle del Indo, que floreció entre 2600 y 1900 a.C., aunque no se conoce gran cosa de este periodo. Alrededor de 1500 a.C. aparecieron los textos sagrados hinduistas denominados *Vedas*. Algunos de estos textos se recitaban, pero otros se cantaban. En los antiguos textos indios se mencionan instrumentos específicos. Al rey Ravana —un seguidor del dios Siva en la epopeya india *Ramayana* —se le atribuye la invención del *ravanatha*, instrumento de cuerda frotada con arco fabricado con cáscara de coco y bambú. Otro instrumento indio que ha sobrevivido desde la antigüedad hasta hoy es el *mridangam*, un tambor de doble parche que, según la mitología hindú, tocaba el dios toro Nandi.

Se cree que la serie de instrumentos de cuerda pulsada llamados vina se

Laudista chino

Esta figurilla de terracota hallada en una tumba de la dinastía Tang (907–618 a.C.) representa a una mujer tañendo el laúd. El *pipa* o laúd chino sigue siendo popular.

La música de Mesopotamia y del antiguo Egipto fue heredada por la civilización minoica de la isla de Creta y luego por la antigua Grecia y el Imperio romano, fuente de la tradición musical europea.

CRETA RECOGE LA BATUTA
Es probable que la influencia egipcia fuera la base de la música cortesana y religiosa de la **Creta minoica**, sede de una gran civilización mediterránea que floreció en el segundo milenio a.C. De Creta, la antorcha pasó a la Grecia continental, a **Micenas**, estado que entró en decadencia hacia 1100 a.C.

DE ANTIGUO A MODERNO
La era clásica de la **antigua Grecia 20–21 »**, empezó en el siglo V a.C. Los pensadores griegos reconocían la deuda musical de su país con los egipcios —cuyas prácticas musicales admiraban— y con Mesopotamia. Grecia fue la influencia principal en la música del **Imperio romano 24–25 »**, que a través de la **música eclesiástica cristiana 30–31 »** originó la tradición europea moderna.

« **Cantad** al Señor con un arpa y con la **voz de un salmo**.»

SALMO 98, BIBLIA DEL REY JACOBO

Flautista hindú

El dios hinduista Krishna, rodeado de *gopis* (pastoras de vacas) en esta pintura mural del siglo XVI, se suele representar como un pastor tocando una flauta travesera de bambú.

ANTES

Los antiguos griegos heredaron una tradición musical fundada en la antigua Mesopotamia y el Egipto faraónico.

IDEAS E INSTRUMENTOS
Muchos instrumentos y formas musicales se desarrollaron en el **antiguo Egipto ≪ 16–17**, llegaron a Grecia a través de la civilización minoica, que floreció en el segundo milenio a.C. en la isla de Creta y tuvo una filial en el continente, en Micenas. Estas ideas musicales también se propagaron por Asia Menor.

MÚSICA ESCRITA
Otras culturas desarrollaron sus propias formas de música escrita. En China existen pruebas del uso de la **notación musical** desde el siglo v a.C.

TAÑEDOR DE FLAUTA DOBLE MINOICO

Una visión filosófica

Los filósofos de la antigua Grecia, incluidos Pitágoras, Platón y Aristóteles, creían que el estudio de la música era esencial para llegar a comprender la naturaleza del universo. Por esta razón dieron a la música un papel destacado en la educación.

Pitágoras de Samos, que vivió desde *c.* 570 hasta 493 a.C., fue, según se cree, el primer filósofo griego que desarrolló una teoría sobre la música y su importancia en el universo. Cuenta la leyenda que Pitágoras se sintió intrigado por los sonidos más agudos y más graves que producían los martillos de diferentes tamaños en el taller de un herrero. Experimentando con un monocordio —un instrumento con una sola cuerda—, estudió la relación entre la altura de una nota y la longitud de la cuerda que la había producido; a partir de ahí dedujo proporciones numéricas entre las notas y teorizó sobre cómo estas afectaban a la armonía musical.

Después dio un salto con la imaginación desde sus teorías sobre la matemática de la música hasta una posible relación matemática entre los cuerpos celestes.

Música celestial
En la cosmología griega, el universo consistía en una serie de esferas en cuyo centro estaba la Tierra. Había una esfera para la Luna, para el Sol, para cada uno de los planetas y para las estrellas fijas. Pitágoras pensaba que entre estas esferas existía una relación numérica

Filósofo severo
Platón (*c.* 427–348 a.C.) afirmaba que la música debía incitar a la gente a llevar una «vida valiente y armoniosa» y criticó la innovación musical como una amenaza para la estabilidad del Estado.

que correspondía a la armonía musical y que sus movimientos generaban lo que él denominó «música de las esferas». Afirmaba que esta era imperceptible para el oído humano, pero aun así, era un signo de la armonía fundamental del universo.

Himno al Sol
El artista ruso Fiódor Bronnikov (1827–1902) pintó esta imagen idealizada de los seguidores de Pitágoras entonando un himno para celebrar la salida del sol. Para algunos filósofos de la antigua Grecia, la música tenía una estrecha conexión con la astronomía.

LAS ANTIGUAS NOTACIONES

La música escrita más antigua que se conserva está grabada en una tablilla de arcilla hallada en Sumer (Mesopotamia) y data de c. 2.000 a.C. Es probable que las marcas de esta tablilla solo dieran una vaga idea de la altura tonal.

La primera notación musical verdadera —que representaba tanto la altura como la duración de las notas— proviene de la antigua Grecia, de fragmentos de piedras inscritas. Los himnos délficos muestran unas melodías escritas para ser cantadas en Atenas en los años 138 y 128 a.C. Pero la notación de una composición completa más antigua

INSCRIPCIONES DE DELFOS

que se conoce es el llamado epitafio de Sícilo, una inscripción con la letra y la melodía de una canción grabada en un cipo (columna sepulcral) hallado en Turquía, cerca de la antigua ciudad griega de Éfeso, y que se remonta al siglo I a.C.

Notas musicales

Música y sociedad

La música y la astronomía siguieron estando vinculadas mientras duró la civilización de la antigua Grecia. Platón (423–348 a.C.) y Aristóteles (384–322 a.C.), los filósofos griegos más importantes del siglo IV a.C., estaban más preocupados por el efecto de la música en la sociedad y en el carácter de quien la escuchaba. Platón creía que para la estabilidad del Estado era esencial que la ejecución musical fuese formal, y pensaba que cualquier innovación habría «desestabilizado las convenciones políticas y sociales más fundamentales».

Platón se mostró muy crítico con la idea de juzgar una interpretación por el placer que proporcionaba y creía que el fin de la música no era dar un «placer irracional», sino introducir la armonía y el orden en el alma. Por lo demás, le parecía que debía ser una élite la responsable de mantener la tradición musical frente a los «hombres de genio nativo… ignorantes de lo que es correcto y legítimo». Platón sostuvo que aquellos que se educaban para convertirse en gobernantes del Estado ideal no debían escuchar música suave o relajante, sino música que fomentase la valentía y la compostura.

Aristóteles también creía que la buena música mejoraba la moralidad del ser humano y que la mala la corrompía, pero

4.000 AÑOS tiene el ejemplo más antiguo de música escrita que se conserva.

tenía más simpatías que Platón por el aspecto alegre de la interpretación musical. El sabio de Estagira sostenía que el propósito de la música era «instruir, divertir o emplear las horas vacías de quienes viven ociosos».

Aristóteles también trató sobre el impacto psicológico de los modos o escalas musicales utilizados por los griegos, que eran el dorio, el frigio y el lidio (así llamados por las regiones correspondientes de la antigua Grecia), y sus efectos en las emociones y el carácter.

Aristóxeno, discípulo de Aristóteles, escribió una descripción sistemática de la música en su tratado *Elementos de armonía*. Estaba más en contacto que sus predecesores con la práctica de tocar música y tenía una visión distinta de los intervalos musicales, la armonía y el ritmo. Creía que el único modo de conocer la música era escucharla y memorizarla, y basaba su conocimiento en la veracidad del oído.

Tolomeo de Alejandría

La última contribución importante de Grecia a la teoría musical se debe a Tolomeo, un pensador que vivió en el puerto mediterráneo de Alejandría en el siglo II d.C. En su obra *Armonía* intentó reconciliar el estudio pitagórico de la música, basado en las matemáticas, con las teorías de Aristóxeno, basadas en la experiencia musical. Tolomeo amplió el concepto pitagórico de la «música de las esferas» transformándolo en un sistema de conexiones entre la armonía musical, la astronomía y la astrología.

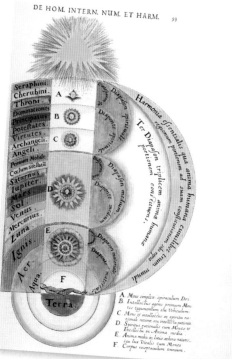

La «música de las esferas»
Pitágoras asoció el estudio de la música al de la astronomía. Creía que el Sol, la Luna y los planetas, al girar en órbitas esféricas en torno a la Tierra, hacían que vibrara el universo, creando una música que demostraba la armonía cósmica fundamental.

« El **ritmo** y la **armonía** penetran en lo más íntimo del **alma**. »

PLATÓN, *LA REPÚBLICA*, c. 380 A.C.

« ANTES

Antes de su pleno florecimiento a partir del siglo V a.C., la música de la antigua Grecia tuvo una larga historia que se remonta a más de 2.000 años de un oscuro pasado.

ESTATUA MUSICAL

La evidencia más antigua de una interpretación musical griega es una **estatuilla de mármol** de un arpista de las Cícladas —un archipiélago situado entre Grecia y Asia Menor— que data de 2700 a.C. La **civilización micénica** que floreció en Grecia hacia 1600–1100 a.C. importó probablemente su tradición musical de la **Creta minoica**.

FILOSOFÍA Y MÚSICA

Entre los siglos VII a VI a.C., el **renacimiento cultural** de **Grecia** asociado a las ciudades-estado (polis) como Atenas y Esparta generó la cultura musical clásica a la que se hace referencia en las **obras de filósofos** como Pitágoras, Platón y Aristóteles « 18–19.

Teatro al aire libre

Afrodisia, ciudad de la antigua Grecia que hoy se halla en Turquía, era bastante pequeña pero aun así tenía un odeion, o sala de conciertos, donde se celebraban concursos musicales, recitales de poesía y otras funciones.

Mito y tragedia

La música tenía un papel esencial en la cultura de la antigua Grecia, desde los rituales religiosos y el teatro hasta el trabajo y el ocio. Se celebraba en los mitos de los dioses, y sus mejores intérpretes obtuvieron fama y fortuna.

En la mitología griega, el tañedor de lira Orfeo se identificaba como el «padre de las canciones». Se decía que ningún ser vivo podía resistir el embrujo de su música, la cual podía amansar a los animales salvajes e incluso mover piedras.

La lira (pp.16 y 23) era también el instrumento elegido por el dios de la música, Apolo, que además era el dios de la curación y de la poesía, y el dios Sol. En un célebre mito, el sátiro Marsias desafió a Apolo a una competición de música, enfrentando su propio *aulós* (instrumento de viento de dos tubos, una especie de oboe doble) a la lira del dios. La lira triunfó sobre el *aulós*, el dios sobre el sátiro, y Marsias pagó por su osadía el precio de ser desollado vivo.

Tras la máscara

Las máscaras que llevaban los actores eran clave en el teatro de la antigua Grecia: denotaban el personaje y ayudaban a proyectar la voz dentro del anfiteatro.

¿Lira o *aulós*?

Los mitos de este tipo representaban las actitudes esenciales de los griegos para con su tradición musical. Para los griegos, o al menos para sus élites, la lira era la quintaesencia de los instrumentos. Había varios tipos de liras, desde la simple de dos cuerdas, pasando por la fórminx o fórminge (de hasta siete cuerdas), hasta la sofisticada *kithára* que tenía siete cuerdas y se tocaba con un plectro. El *aulós*, por el contrario, fue denunciado por los intelectuales atenienses como un instrumento asiático y rústico, apropiado solo para las clases más bajas. Esa misma actitud despectiva mereció en Atenas la siringa o flauta de Pan (pp. 22–23). No obstante, en Esparta, la ciudad-estado marcial y rival de Atenas, el *aulós* era el instrumento favorito.

Los peanes, elevados cantos en honor de Apolo, se acompañaban con la lira. El espíritu de Apolo —sereno y ordenado— se contraponía al de Dioniso, el dios de la embriaguez y del éxtasis salvaje. Dioniso era celebrado con los himnos llamados ditirambos, concebidos para suscitar una fuerte emoción y que entonaba un coro acompañado por el *aulós*.

Versos cantados

La música se consideraba una parte importante de la educación de las élites,

El coro griego
Una parte esencial de toda obra escénica griega era el coro, un grupo de actores que comentaban colectivamente la acción, por lo general en forma de cantos. Este coro moderno representa las obras tebanas de Sófocles.

y los miembros de la clase gobernante de Atenas debían saber tocar la lira y cantar. Puede que en el canto resida el origen de la propia tragedia, ya que la palabra *tragodia* se traduce como «canto del macho cabrío» (de *tragos*, «macho cabrío», y *odé*, «canto»). Pese a que los

cada año en el recinto sagrado de Dionisio, al pie de la Acrópolis, y era un concurso cuyo jurado estaba compuesto por ciudadanos ordinarios. Fue fundado por los coregos, ciudadanos acaudalados de Atenas que costeaban los principales gastos que suponían la intensiva formación y preparación de los coros, los músicos, el vestuario, el atrezo y los escenarios.

El dramaturgo, además de escribir los textos, era el responsable de crear la música, coreografiar las danzas y dirigir los coros en cada representación. El coro, un grupo de cantantes y bailarines con máscaras, solía participar activamente en la obra, reaccionaba frente a lo que sucedía en escena y contribuía con su propio estilo de sabiduría terrenal y generalizadora. Su música era ante

Músicos profesionales
Ligados en su origen a las festividades religiosas y civiles, los concursos de música de la antigua Grecia adquirieron vida propia con el auge de los músicos profesionales que intentaban hacer fortuna con el dinero de los premios.

Los certámenes se celebraban en varias localidades, con concursos de canto coral, de danza y de tañedores de *kithára* y *aulós*. Cada vez más, la música era una forma de exhibición de virtuosismo desplegada para la admiración de las audiencias. También se construyeron salas de concierto con tejado, como el Odeón de Atenas, para complementar los anfiteatros al aire libre.

Los intelectuales amantes de la tradición, como Platón, deploraban la profesionalización de la creación musical y el culto a los virtuosos. Platón acusó a estos músicos que complacían a las masas de tener una «inteligencia promiscua y un espíritu contrario a las leyes» debido a sus innovaciones. Sin embargo, las inscripciones griegas que han sobrevivido hasta hoy atestiguan la fama que tenían los principales intérpretes.

No solo las grandes estrellas se ganaban la vida con la música, ya que en cualquier lugar de la sociedad griega había demanda de músicos, ya fuera para acompañar con melodías solemnes las procesiones y los rituales religiosos, entretener a la gente en bodas, fiestas y banquetes, o entonar los cantos fúnebres y las lamentaciones en los ritos funerarios. En el mundo del trabajo, la música rítmica animaba a los braceros en los campos y hacía que los remeros se movieran al unísono.

DESPUÉS »

Grecia fue absorbida por el mundo romano a partir del siglo ii a.C., y su tradición musical se integró en la cultura de la antigua Roma.

MÚSICA SACRA
La continuación más directa de la música de la antigua Grecia en los tiempos modernos hay que buscarla en la música de la **Iglesia ortodoxa oriental**, que se desarrolló en el grecoparlante Imperio bizantino a partir del siglo iv d.C.

NUEVOS MODOS
En la Europa occidental del medievo se adoptó un sistema de «modos» para los cantos religiosos. Aunque se les dieron los nombres de las escalas de la antigua Grecia, estos **modos gregorianos 30–31 »**, diferían musicalmente por completo de sus predecesores griegos.

COROS CONTEMPORÁNEOS
Los equivalentes modernos más cercanos al coro griego deben de ser el **coro de ópera** y el **coro eclesiástico**, que contribuye con sus interludios musicales a las palabras de los oficios religiosos.

«Hallaron a **Aquiles** deleitándose con una hermosa **lira**… cantando hazañas de… **guerreros**.»

HOMERO, *ILÍADA*, LIBRO IX

eruditos todavía no han hallado una explicación satisfactoria sobre el macho cabrío, es plausible su relación con las sátiras, tragicomedias en las que actúan compañeros de aspecto caprino de Pan y Dioniso.

La fundación de la poesía lírica griega —versos escritos para cantarlos al son de la lira— se atribuye tradicionalmente a Terpandro, que vivió en la isla de Lesbos en el siglo vii a.C. Otros poetas líricos que alcanzaron la fama fueron Alfeo y Safo de Lesbos, Alcmán de Esparta y Píndaro de Tebas. Únicamente han sobrevivido las letras de sus creaciones musicales. Aunque existía la música escrita, los músicos solían tocar o cantar melodías que aprendían escuchándolas, y en sus interpretaciones ocupaba un lugar muy importante la improvisación.

Concursos de música y teatro
Las fiestas con concursos de música y de teatro eran una parte importante de la vida de la antigua Grecia. La fiesta anual de las Carneas, en Esparta, incluía un concurso de música, y en las Grandes Dionisias, en Atenas, se ponían en escena ditirambos, comedias, tragedias y obras satíricas. Esta última fiesta se celebraba

todo vocal, con una melodía que seguía de cerca los acentos y los ritmos de la letra, lo que ayudaba a que el público que se sentaba en las últimas gradas oyera las palabras. El único acompañamiento instrumental lo proporcionaba tradicionalmente un *aulós* único.

La extraordinaria dificultad que supone reconstruir la música y la danza de las tragedias griegas no ha disuadido de intentarlo a los eruditos de todas las épocas. En el periodo renacentista (1400–1580 d.C.), los eruditos imaginaron que todos los papeles eran cantados, pero hoy día existe cierto consenso en que los actores recitaban sus papeles, mientras que el coro intercalaba sus cantos.

La reconstrucción de los movimientos y sonidos efectuados por los actores y el coro se basa sobre todo en los restos arqueológicos, en imágenes de los vasos de cerámica y en las referencias a la danza y el canto en las obras teatrales de Esquilo, Sófocles y Eurípides.

Sonidos antiguos
En épocas modernas se han hecho grandes esfuerzos para determinar cómo debía de sonar la música de la antigua Grecia. La supervivencia de una pequeña cantidad de música escrita y de escritos teóricos, junto con los testimonios de la naturaleza de los instrumentos musicales, proporciona al menos un fundamento para especular sobre este tema con cierta base. Al parecer, la mayor parte de esta música consistía en una única línea melódica basada en escalas musicales denominadas modos. Se consideraba que estos modos, que no guardan relación directa con las escalas conocidas como modos en la música occidental moderna (pp. 30–31), tenían cualidades morales y emocionales diferentes. El modo frigio, por ejemplo, así llamado por el antiguo reino de Frigia, en Asia Menor (actual Turquía), era «sensual», mientras que el modo dorio, así llamado por los griegos dorios, era «áspero». Estos modos comprendían divisiones tonales más pequeñas que los semitonos de la tradición occidental moderna —cuartos de tonos e intervalos aún más pequeños— que probablemente crearían un sonido muy extraño para nuestros oídos.

Kithára

Antigua evidencia
Este vaso griego del siglo v a.C. muestra al ganador de un concurso de música coronado de laurel entre figuras mitológicas. El músico toca una *kithára*, un tipo de lira.

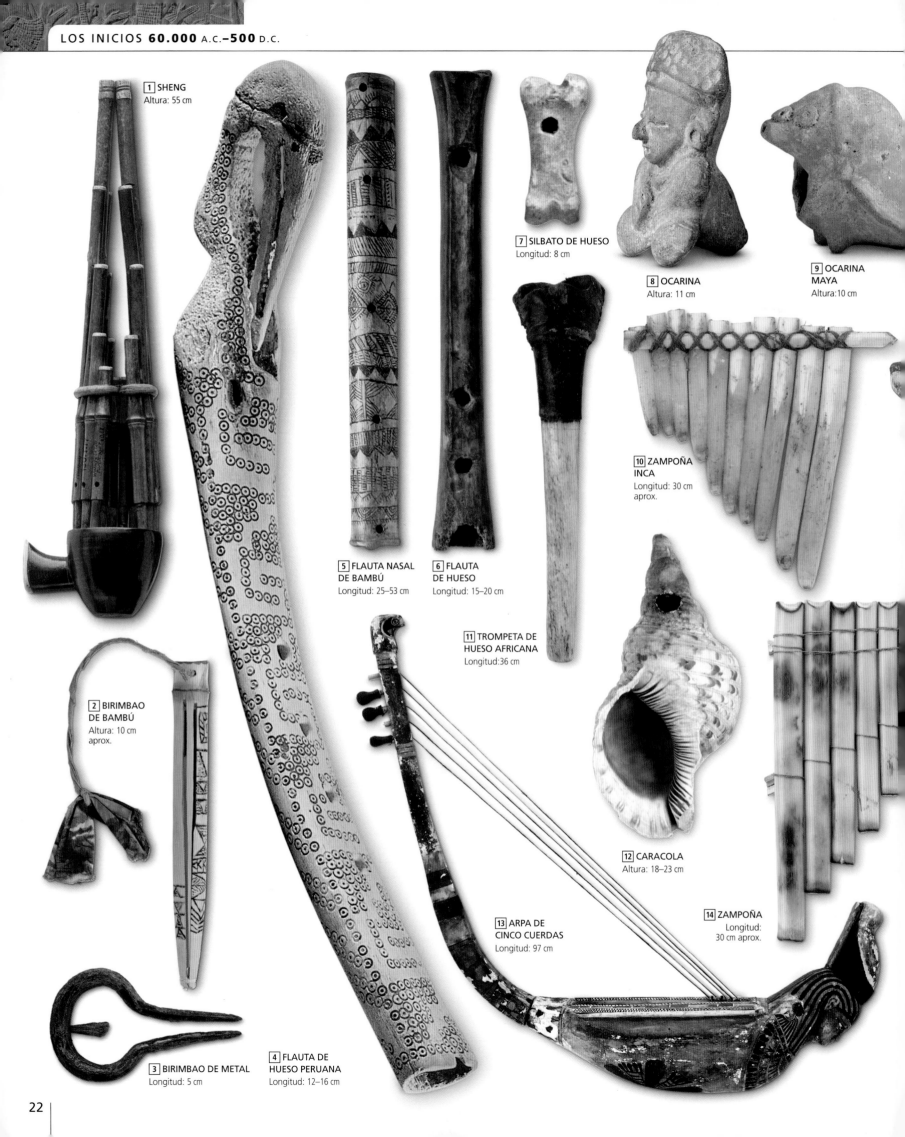

1 SHENG
Altura: 55 cm

2 BIRIMBAO
DE BAMBÚ
Altura: 10 cm
aprox.

3 BIRIMBAO DE METAL
Longitud: 5 cm

4 FLAUTA DE
HUESO PERUANA
Longitud: 12–16 cm

5 FLAUTA NASAL
DE BAMBÚ
Longitud: 25–53 cm

6 FLAUTA
DE HUESO
Longitud: 15–20 cm

7 SILBATO DE HUESO
Longitud: 8 cm

8 OCARINA
Altura: 11 cm

9 OCARINA
MAYA
Altura:10 cm

10 ZAMPOÑA
INCA
Longitud: 30 cm
aprox.

11 TROMPETA DE
HUESO AFRICANA
Longitud:36 cm

12 CARACOLA
Altura: 18–23 cm

13 ARPA DE
CINCO CUERDAS
Longitud: 97 cm

14 ZAMPOÑA
Longitud:
30 cm aprox.

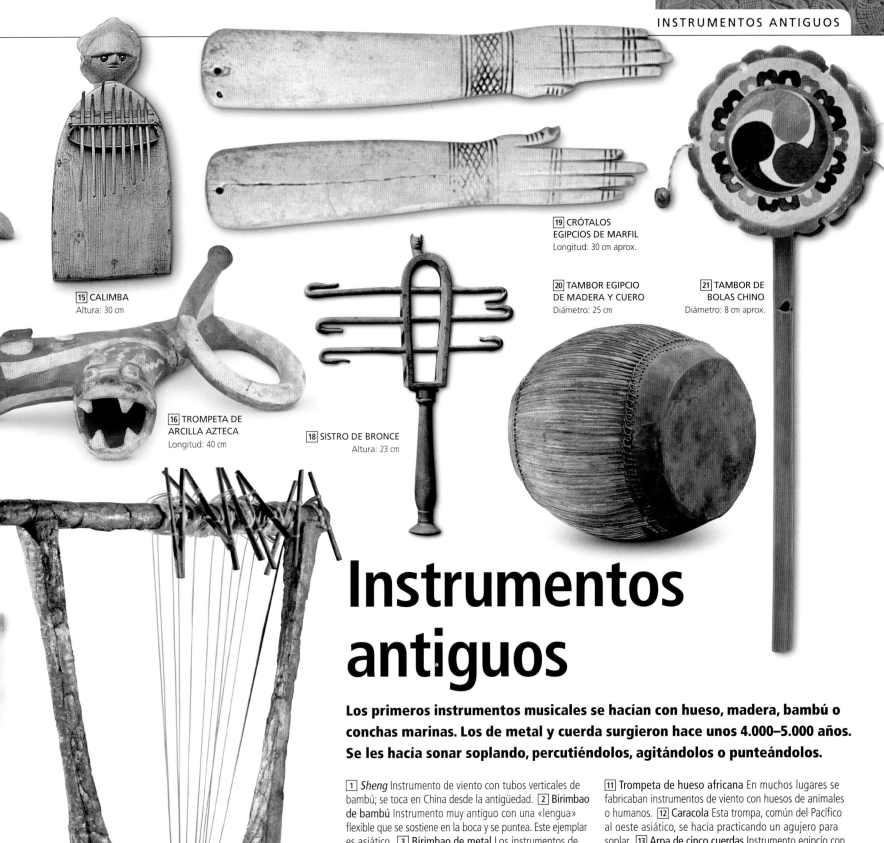

15 CALIMBA
Altura: 30 cm

19 CRÓTALOS
EGIPCIOS DE MARFIL
Longitud: 30 cm aprox.

20 TAMBOR EGIPCIO
DE MADERA Y CUERO
Diámetro: 25 cm

21 TAMBOR DE
BOLAS CHINO
Diámetro: 8 cm aprox.

16 TROMPETA DE
ARCILLA AZTECA
Longitud: 40 cm

18 SISTRO DE BRONCE
Altura: 23 cm

17 LIRA DE MESOPOTAMIA
Altura: 1,1 m

Instrumentos antiguos

Los primeros instrumentos musicales se hacían con hueso, madera, bambú o conchas marinas. Los de metal y cuerda surgieron hace unos 4.000–5.000 años. Se les hacía sonar soplando, percutiéndolos, agitándolos o punteándolos.

1 *Sheng* Instrumento de viento con tubos verticales de bambú; se toca en China desde la antigüedad. **2** Birimbao de bambú Instrumento muy antiguo con una «lengua» flexible que se sostiene en la boca y se puntea. Este ejemplar es asiático. **3** Birimbao de metal Los instrumentos de este tipo reciben nombres distintos en diferentes países. **4** Flauta de hueso peruana Fabricada por los chimús del noroeste de Perú, está decorada con una cabeza de pájaro tallada. **5** Flauta nasal Las flautas de bambú que se soplaban con una narina en vez de con la boca eran comunes en las culturas polinesias. **6** Flauta de hueso Los vikingos gozaban de la música con este instrumento de Escandinavia. Para modificar la altura tonal, tiene tres agujeros para los dedos. **7** Silbato de hueso Silbato del norte de Europa hecho con una falange de reno salvaje que data de 40.000 a.C. aprox. **8** Ocarina La ocarina es un tipo de flauta, y esta es de terracota. Las ocarinas eran comunes en las culturas maya, azteca e inca hace unos 12.000 años. **9** Ocarina maya Antiguo instrumento de viento con forma de pájaro. **10** Zampoña inca En el Perú precolombino, los incas las elaboraban con arcilla, cañas o cañones de plumas.

11 Trompeta de hueso africana En muchos lugares se fabricaban instrumentos de viento con huesos de animales o humanos. **12** Caracola Esta trompa, común del Pacífico al oeste asiático, se hacía practicando un agujero para soplar. **13** Arpa de cinco cuerdas Instrumento egipcio con más de 3.000 años. **14** Zampoña Instrumento, compuesto de flautas hechas con cañas de cinco o más longitudes distintas, muy popular en la antigua Grecia, donde se asociaba con el dios Pan (flauta de Pan). **15** Calimba Este instrumento tradicional que se pulsa con los dedos era muy común en África. **16** Trompeta de arcilla Trompeta fabricada por los aztecas, pobladores precolombinos del valle de México. **17** Lira de Mesopotamia La lira es uno de los instrumentos de cuerda más antiguos. Esta procede de Ur. **18** Sistro de bronce El sistro, un sonajero de metal con mango, fue introducido en la antigua Roma desde Egipto. **19** Crótalos egipcios de marfil Instrumento de percusión tallado y datado de *c.* 1430 a.C. **20** Tambor egipcio de madera y cuero Uno de los muchos tipos de tambor usados en el antiguo Egipto y data del siglo IV a.C. **21** Tambor de bolas chino Las bolas golpean el tambor al girar el mango.

Suena la trompeta

En la antigua Roma, el público gozaba de la música en el teatro, en los banquetes, en el circo durante las luchas de gladiadores y en la calle. La música daba dignidad y solemnidad a los rituales y ceremonias, y los músicos acompañaban a las legiones romanas a la guerra.

Los romanos no fueron unos grandes innovadores de la música, pero a lo largo y ancho de su imperio se produjo una nueva síntesis de tradiciones musicales. Aunque en la época existía la notación, la cultura musical romana era en gran parte auditiva, con profesores de música profesionales que transmitían directamente sus conocimientos a sus alumnos, los cuales aprendían a tocar sus instrumentos de oído.

Instrumentos variados

Entre los instrumentos musicales que se utilizaban en el mundo romano había varias formas de liras, incluida la *kithára* o cítara de siete cuerdas (de cuyo nombre deriva, según se cree, la palabra guitarra), y distintas variantes de arpa y de flautas. A los griegos se les atribuye la invención del primer instrumento de teclado, el órgano de agua denominado *hydraulis*, que los romanos adoptaron con gran entusiasmo. Los romanos también desarrollaron un órgano accionado por fuelles que a lo largo de los siglos fue sustituyendo gradualmente al accionado por agua. Los instrumentos de metal desempeñaban un papel importante en el ámbito musical de Roma. Entre ellos figuraba la *tuba* —un instrumento de viento largo y estrecho que hoy llamaríamos trompeta— y varios tipos de trompa o cuerno como el *cornu* y la *bucina*. Los címbalos o platillos y las panderetas eran los instrumentos menos prestigiosos. Inicialmente asociados al culto a la diosa asiática Cibeles, fueron adquiriendo importancia en la música popular interpretada por los músicos callejeros que tocaban junto a los malabaristas y los acróbatas en las calles de Roma.

Música para la guerra y el culto

En el ejército romano, los músicos tenían un estatus y una función bien definidos. El trompetista tenía el rango más alto,

Músicos callejeros

Este mosaico hallado en la Villa de Cicerón de Pompeya, en el sur de Italia, representa unos músicos romanos tocando una pandereta, címbalos y la flauta doble a la que los griegos llamaban aulós y los romanos *tibia*.

« **ANTES**

El ascenso de Roma al poder imperial fue acompañado por la absorción de las culturas musicales de los países conquistados. Todas estas tradiciones se combinaron en una síntesis única.

INFLUENCIA ETRUSCA

La música de la antigua Roma heredó la de la **civilización etrusca**, que floreció en Italia desde el siglo VIII a.C. Los etruscos acabaron bajo el control de Roma, al igual que el resto de Italia.

PINTURA DE UNA TUMBA EGIPCIA

MEDITERRÁNEO ORIENTAL

Durante los siglos II y I a.C., los romanos conquistaron **Grecia**, **Siria** y **Egipto**, países con sofisticadas culturas musicales. La mayoría de los **instrumentos musicales** utilizados por los romanos se había desarrollado en torno al Mediterráneo oriental. La **influencia de Grecia** era dominante **« 18–19**, aunque también destacaban las de Egipto y Asia.

luego venía el intérprete de *cornu* y en el escalón más bajo estaba el de *bucina*. Claramente audible en el fragor de la batalla, la trompeta se utilizaba para los toques de ataque y de retirada. Durante la batalla, el que tocaba el *cornu* se colocaba siempre cerca del estandarte de la legión, mientras que la *bucina* se usaba únicamente para dar señales en el campamento.

En la vida civil, la trompeta era el instrumento tocado en los funerales, y «manda a buscar a los trompetistas» se convirtió en una frase sinónima de «prepárate para un fallecimiento».

Los sacrificios religiosos iban siempre acompañados por un flautista y su *tibia*. Los triunfos imperiales (ceremonias que celebraban una victoria militar) requerían

ejecuciones musicales a mayor escala, con conjuntos de músicos y coros, pues estas ceremonias estaban concebidas para exhibir el poder de Roma.

Música para el placer

Pese a estas variadas funciones oficiales y formales, los romanos consideraban que la música era por encima de todo una forma de entretenimiento. Desde Grecia, Siria y Egipto acudían en tropel a Roma talentosos músicos en busca de empleos lucrativos en las casas de los romanos acaudalados.

El anfitrión de una fiesta privada en una villa romana contrataba numerosos músicos para animar el ambiente. En la novela *Satiricón*, escrita por el cortesano romano Petronio en el siglo I d.C., el vulgar millonario Trimalcio tiene un trompetista que toca su instrumento

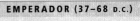

a todo volumen en su banquete, mientras que la cítara o la *tibia* se consideraban instrumentos de mejor gusto para amenizar una comida.

Música para el teatro

En los teatros se tocaba música frívola en los entreactos de las comedias, una práctica denunciada por moralistas como el filósofo Séneca y el historiador Tácito, que la consideraban una corrupción extranjera de la tradición romana. Sin embargo, estas críticas de una élite cultural anclada en el pasado tuvieron escasa influencia en la afición de los romanos por el teatro musical. Hacia el siglo I d.C., la pantomima, otra importación de Grecia, hacía auténtico furor. La pantomima romana consistía en la puesta en escena de una historia mitológica o legendaria por un único actor que bailaba y hacía mimo con un acompañamiento musical proporcionado

por un cantante y algunos instrumentos, entre ellos flautas de Pan (pp. 22–23) y liras. El ritmo lo aportaba un instrumento de percusión al que los griegos llamaban *kroupeza* y los romanos *scabellum*, consistente en un par de sandalias con platillos atados a las suelas.

La trompeta inaugural

Los fastuosos juegos con gladiadores, que se montaban en grandes circos o anfiteatros como el Coliseo de Roma, eran siempre ocasiones para la música. Estos espectáculos comenzaban con una procesión encabezada por trompetistas y trompas. La trompeta daba la señal para iniciar los números, que eran acompañados por un conjunto de músicos, como muestra un mosaico en el que aparecen un *hydraulis* y un *cornu*.

En las últimas etapas del imperio, los juegos se convertían a veces en ocasiones para interpretaciones musicales masivas. En una serie de juegos celebrados durante el siglo III intervinieron, al parecer, 100 trompetistas, 100 tocadores de *cornu* y 200 de *tibia* y otras flautas. Este acontecimiento fue lo suficientemente excepcional como para suscitar un gran número de comentarios en la época.

Riqueza y estatus

La demanda de músicos permitió a estos conseguir prosperidad y un estatus social elevado. Los músicos se organizaban en gremios que representaban sus intereses y eran respetados por las autoridades de Roma. Los virtuosos más destacados

recibían a veces sumas fabulosas por sus interpretaciones en público, y también se daban sustanciosos premios en dinero a los ganadores de los concursos de música.

Entre la élite social, la interpretación musical era un gran logro. El emperador Adriano, por ejemplo, estaba orgulloso de sus aptitudes como intérprete de cítara y cantante, y se dice que el emperador Alejandro Severo (222–235 d.C.) sabía tocar, junto a la trompeta y el *hydraulis*, un gran número de instrumentos.

El *cornu*

Esta trompa de bronce tenía una barra transversal para que el músico la apoyara en el hombro. Se utilizaba sobre todo en las bandas militares y para acompañar las luchas de gladiadores.

DESPUÉS ››

Durante el siglo IV d.C., el cristianismo se convirtió en religión oficial del Imperio romano. La música de la Iglesia cristiana se desarrolló primero durante los años de declive del imperio.

PRIMERA MÚSICA SACRA
Hasta qué punto el **canto llano de la Iglesia medieval 30–31 ››** de Europa occidental, incluido el canto gregoriano, refleja las prácticas musicales de la antigua Roma es objeto de debate. Se dice que el **órgano 98–99 ››**, descendiente del *hydraulis*, fue adoptado como instrumento eclesiástico a partir del siglo VII.

INSPIRACIÓN FILOSÓFICA
Los escritos sobre música del **filósofo tardorromano Boecio** (c. 480–525 d.C.) fueron una importante fuente de inspiración teórica para los músicos de la Europa medieval y renacentista.

«Durante la acción, **trompetas** y **trompas** suenan al unísono.»

VEGECIO, *DE RE MILITARI*, SIGLO V D.C.

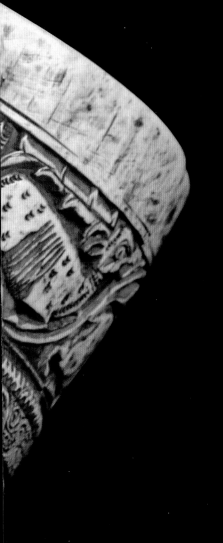

2
LA MÚSICA MEDIEVAL
500–1400

La Iglesia católica fue la mayor promotora musical de la historia. La música era su atribución exclusiva y se utilizaba para propagar la palabra de Dios en el mundo. La música profana empezó a extenderse rápidamente con los juglares y los poetas llamados trovadores. La Edad Media fue testigo de una explosión de música, desde sus formas más humildes hasta las más espléndidas.

« Detalle de un olifante, cuerno de caza y de guerra medieval hecho con un colmillo de elefante.

LA MÚSICA MEDIEVAL
500–1400

500	600	700	800	900	1000

711
Los musulmanes del norte de África atraviesan el estrecho de Gibraltar y empiezan a colonizar la península Ibérica; un instrumento de cuerda punteada —el 'ud— se introduce en Europa, donde instrumentos emparentados, como el laúd y la vihuela, se desarrollan en los círculos cortesanos.

844
Musica disciplina, el tratado sobre música medieval europea más antiguo que se conserva, describe el canto llano y los ocho modos de la música eclesiástica. Su autor es Aureliano, un ex monje franco.

⌃ Músicos budistas tallados en piedra (China)

524
Muere Boecio, filósofo romano autor de *De institutione musica*, uno de los primeros tratados sobre música basados en escritos de la antigua Grecia.

c. 600
San Gregorio Magno funda la *schola cantorum* de Roma con objeto de proporcionar música para las ceremonias papales e impone las normas para las escuelas corales de toda la Cristiandad.

712
Xuanzong, de la dinastía Tang, se convierte en emperador de China; funda el «Jardín de los Perales», una academia real de música y teatro de la que surgirá la ópera china.

≫ *Dumbek*, un tambor muy utilizado en la música islámica

855
Un monje irlandés escribe en la abadía benedictina de Saint Gall (Suiza) «El canto del mirlo», que ha inspirado a varios poetas líricos desde entonces.

⌃ Neumas rojos en un rollo de cantos (c. 1072), de Montecassino (Italia)

c. 900
Los neumas, antigua forma de notación, aparecen en libros de cantos de las abadías benedictinas de Saint Gall (Suiza) y de San Emerando (Baviera).

590
San Gregorio Magno es elegido papa, cargo que ostentará hasta su muerte en 604; reformador de la liturgia y de la música eclesiástica, se le atribuye la creación del canto gregoriano.

≫ El papa Gregorio I, llamado «Magno»

c. 632
Muere el profeta Mahoma, fundador del Islam. La nueva religión, que se extiende desde el mundo árabe hasta África, la península Ibérica, India y Extremo Oriente, no siempre encontrará aceptable la música.

754
El papa Esteban II se alía con Pipino III, rey de los francos y padre de Carlomagno; su alianza política lleva a la propagación de la reforma litúrgica y del canto francorromano.

c. 870
El tratado anónimo titulado *Musica enchiriadis* es la primera obra que establece reglas para las composiciones polifónicas (para varias voces).

951
Muere el filósofo y músico árabe Al-Farabi; sus escritos comprenden un estudio de las virtudes terapéuticas de la música.

1030
Guido de Arezzo escribe su *Micrologus*, que revoluciona la notación introduciendo el tetragrama y la mano guidoniana para poder cantar sin tener que aprender la música de memoria.

≫ Guido de Arezzo

636
Muere san Isidoro, arzobispo de Sevilla, que contribuyó a establecer el canto hispánico; sus escritos sobre música tuvieron una enorme influencia.

789
Carlomagno ordena al clero de su imperio que siga las reformas de su padre y que aprenda el canto romano (o gregoriano).

873
Muere el filósofo islámico Al-Kindi, que escribió sobre teoría de la música y propuso añadir una quinta cuerda al 'ud (laúd árabe).

c. 980
El Tropario de Winchester de Inglaterra es el manuscrito con polifonía anotada más antiguo que se conserva y contiene la primera obra escénica de Pascua con música.

c. 790
En Mesoamérica florece la música en la civilización maya. En los murales de un templo de Bonampak (México), unos músicos celebran una victoria militar con trompetas, silbatos, maracas y tambores.

c. 885
Notker Balbulus (el Tartamudo), un monje benedictino de Saint Gall (Suiza), escribe un libro de «himnos» (*Liber hymnorum*) o secuencias que deben cantarse los días de fiesta entre el Aleluya y el Evangelio en la misa.

994
Odilón es nombrado abad del monasterio benedictino de Cluny, un importante centro de copia de manuscritos musicales; sus reformas monásticas influyen en el desarrollo de la música sacra en Francia.

1054
El cisma de Occidente supone la escisión de las Iglesias católica y ortodoxa, cada una de ellas con su liturgia y su tradición musical características.

1071
Nace Guillermo IX, duque de Aquitania y primer trovador de nombre conocido.

La Edad Media fue un periodo de importantes cambios musicales en el que se empezó a escribir la música con un grado de precisión cada vez mayor, de las marcas que indicaban vagamente la forma melódica a la invención del tetragrama (pauta de cuatro renglones) que permitía representar la altura con precisión, y finalmente el uso de figuras para indicar la duración y el ritmo. Estos avances en la notación subyacen al auge de la polifonía (música con más de una parte vocal), rasgo único de la tradición musical de Occidente. La escritura de las notas permitió leer melodías sin tener que memorizarlas, estandarizó la música eclesiástica y permitió conservar los repertorios para la posteridad.

1100	1150	1200	1250	1300	1350

c. 1100
La polifonía aquitana se desarrolla en el monasterio de San Marcial de Limoges, con un repertorio muy influyente.

>> El dulcemel es frecuente en las representaciones medievales de ángeles músicos

c. 1140
Se compila el *Códice calixtino*, que contiene una gran variedad de piezas polifónicas para dos y tres voces y se conserva en la catedral de Santiago de Compostela.

1160
Nace Pérotin, compositor francés de la escuela de Notre Dame y uno de los primeros que compusieron polifonía.

c. 1207
Se completa la copia conservada del *Cantar de Mio Cid*.

c. 1221
Muere el compositor-poeta chino Jiang Kui; algunas de sus canciones aún son populares.

1250
En *Ars cantus mensurabilis* (*Arte del canto mensural*), el teórico alemán Franco de Colonia describe un nuevo método que permite indicar la duración de una nota por su forma, lo que permite una notación precisa de los valores rítmicos.

1253
Muere Teobaldo I de Navarra, V conde de Champaña, uno de los troveros más importantes.

>> Trovadores en una miniatura del *Códice Manesse*

c. 1300
El célebre musicólogo parisino Johannes de Grocheio escribe *De musica*, uno de los primeros tratados de música instrumental.

1304
El *Códice Manesse*, compilado en Zurich, contiene canciones de amor de 137 *Minnesänger*.

c. 1350
El compositor francés Guillaume de Machaut comienza a recopilar su obra para sus acaudalados mecenas; sus *rondeaux*, *ballades* y *virelais* figuran entre las primeras *chansons* (canciones compuestas en francés) polifónicas que se conservan.

1175
El noble austriaco Der Kurenberger, uno de los primeros *Minnesänger* (cantantes-poetas) de nombre conocido, compone el *Falconlied* (*Canción del halcón*).

1230
El manuscrito *Carmina burana* contiene 254 canciones de goliardos, 24 de las cuales musicaliza Carl Orff en 1936.

1236
Fallece Niedhart von Reuenthal, famoso y prolífico *Minnesänger*; sus canciones suelen ser cómicas o satíricas.

c. 1260
La canción inglesa «Sumer is icumen in» es la obra polifónica a seis voces más antigua que se conserva.

1270
Muere Tannhauser, uno de los *Minnesänger* y héroe de la ópera *Tannhauser* compuesta por Richard Wagner en 1845

1361
En Halberstadt (Alemania), se instala un órgano permanente con 20 fuelles accionados por diez hombres.

1365
Francesco Landini, destacado compositor de polifonía del Trecento, es organista en San Lorenzo de Florencia.

1179
Fallece santa Hildegarda de Bingen, abadesa, erudita y prolífica compositora de música sacra alemana.

c. 1240
El tratado anónimo *De mensurabili musica* es el primero en proponer un sistema de notación del ritmo mediante seis modos rítmicos.

c. 1284
Alfonso X el Sabio encarga las *Cantigas de Santa María*, poesías en gallegoportugués cantadas a la Virgen, algunas compuestas por él.

1289
La Iglesia prohíbe a juglares, goliardos y bufones ejercer como clérigos.

c. 1320
Johannis de Muris establece una nueva forma de notación en *Ars novae musicae*, con modos rítmicos que permiten el rápido desarrollo de complejas obras polifónicas. En 1322 le sigue *Ars nova notandi* (*Nuevo arte de la notación*) de Philippe de Vitry.

1376
En Inglaterra se documentan por primera vez los Misterios de York, un ciclo de 48 obras escénicas bíblicas, cada una representada por un gremio y acompañadas por flautas y tamboriles.

>> Monje copista trabajando en un manuscrito

^ Manuscrito del siglo XII para el «Gloria», con letra y notación musical

c. 1140
Nace Beatriz de Día, la más famosa de las *trobairitz*, un grupo de trovadoras de Provenza.

c. 1190
Florece en la ciudad de París la escuela de Notre Dame, con obras polifónicas (denominadas *organa*) de Léonin y Pérotin que se copian en el *Magnus liber organi* (*Gran libro del organum*).

>> Notre Dame de París, sede de una nueva polifonía c. 1150–1250

1349
El clérigo alemán Hugo de Reutlingen compila los *Geisserlieder* —cantos de flagelantes— durante la epidemia de peste que mata a casi un cuarto de la población de Europa.

El canto sacro

Música y religión han estado siempre estrechamente asociadas. El canto formaba parte de los rituales de la Iglesia cristiana primitiva, y durante más de 1.000 años, los monasterios y las catedrales que se erguían sobre la sociedad medieval fueron florecientes centros musicales.

A medida que declinaba el poder del Imperio romano, la Iglesia fue imponiendo su dominio en la sociedad medieval. Las comunidades monásticas y catedrales se convirtieron en centros no solo de culto, sino también de enseñanza. Los clérigos eran casi los únicos miembros de la sociedad que sabían leer y escribir, y casi todos los músicos con una educación formal eran sacerdotes. Por consiguiente, las melodías que eran parte integrante de la celebración litúrgica (la forma oficial de culto público), las cantaban hombres y coros de niños que se formaban para ser sacerdotes. Algunas monjas también recibían educación musical y participaban cantando en los oficios que se celebraban cada día en los conventos.

Del lenguaje hablado al canto

Fuera de estas comunidades religiosas y de las capillas privadas de la nobleza, la mayor parte de la población —sobre todo los trabajadores agrícolas y los más incultos— no oían nunca esta música. Se cantaba en latín (la lengua universal de la Iglesia), sin acompañamiento, y se entonaba de memoria, sin leerla. Los cantantes cantaban al unísono, como un ejercicio de contemplación y para afirmar el mensaje de la Iglesia. Es probable que los primeros cantos se desarrollaran a partir de los patrones de acentuación del latín hablado y de las subidas y bajadas naturales del volumen vocal al leer en voz alta. Ya fuera recitado en un único tono o con curvas melódicas cada vez más complejas, el canto resultaba una herramienta útil para la meditación.

Dos tipos de liturgia se desarrollaron en la Iglesia primitiva: la recreación de la Última Cena, que se convirtió en la misa del domingo, y los encuentros para leer las Escrituras y cantar salmos, que se convirtieron en el oficio divino o liturgia de las horas. A medida que el culto litúrgico se volvía más ceremonial, la música fue convirtiéndose en una parte importante del aprendizaje del clero, y se establecieron escuelas corales para enseñar a los niños del coro a memorizar las melodías. La *schola cantorum* de Roma, situada cerca de la sede papal que regía la Iglesia, constituía el núcleo de esta tradición. Esta escuela fue fundada en torno a 600 d.C. por el papa Gregorio I (san Gregorio Magno), a quien hoy se atribuye la creación del canto llano que dominaría la música litúrgica.

Los primeros cantos

En el siglo IV d.C., la escisión del Imperio romano y de la Iglesia en las Iglesias latina de Occidente y griega de Oriente (centradas en Roma y en Constantinopla —o Bizancio—, respectivamente) originó liturgias separadas, cada una de ellas con variantes regionales. En Milán, san Ambrosio (*c.* 340–397) favoreció la antífona, con dos coros que cantaban secciones alternas, práctica bizantina que fue adoptada por la Iglesia de Roma. San Ambrosio también confirió más importancia a los himnos, muchos de los cuales se cree que los compuso él mismo. Otra tradición de canto italiana la constituyen las floridas melodías del canto beneventano, que continuaron cantándose hasta el siglo XI, cuando fueron sustituidas por el cada vez más ubicuo canto romano o «gregoriano», que iba extendiéndose por Europa.

Más al sur, en la península Ibérica, los cristianos que vivían bajo dominio musulmán seguían el rito hispano mozárabe. En 1085, tras la reconquista de Toledo, el rey Alfonso VI reprimió este rito a favor de la tradición romana, pero aun así su legado fue muy intenso y aún hoy puede oírse la misa mozárabe en la catedral de Toledo y en otros lugares de España.

La difusión del gregoriano

En la Iglesia occidental se desarrollaron dos liturgias principales: la romana y la gálica (en Galia). La liturgia romana se extendió por Europa occidental gracias a las órdenes monásticas. En 595, por ejemplo, san Gregorio Magno envió al futuro san Agustín de Canterbury junto a otros 40 monjes benedictinos a Inglaterra para convertir al pueblo al cristianismo. También las enseñanzas de los teóricos de la música como Isidoro de Sevilla (*c.* 560–636) contribuyeron a consolidar el uso del canto en la liturgia. A medida que el repertorio se ampliaba, y a fin de ayudar al clero a recordar las versiones estandarizadas de las melodías del canto, se desarrolló un sistema de neumas (signos) —inicialmente una secuencia de puntos, trazos y rayas añadidos por encima y por debajo del texto— para indicar así los patrones de recitación. Hacia el siglo XI se había desarrollado un sistema de notación para marcar las notas y las alturas con precisión (pp. 36–37).

Un momento clave en el avance hacia un canto único y preponderante se dio a mediados del siglo VIII, cuando el papa Esteban II viajó desde Roma para visitar a Pipino, rey franco de Galia, y forjar una alianza contra el rey de los lombardos. En ese viaje le acompañaron algunos de sus cantores, y los posteriores papas enviaron miembros de la *schola cantorum* de Roma para enseñar al clero de la catedral de Ruán y de otros lugares. Estos intercambios condujeron a la fusión de las tradiciones franca y romana de canto llano para formar el que hoy en día se denomina canto gregoriano y que todavía se canta.

PAPA Y COMPOSITOR (*c.* 560–640 D.C.)

SAN GREGORIO MAGNO

Nacido en el seno de una familia romana acomodada, Gregorio siguió inicialmente una carrera política. En 578 fue ordenado diácono y, más tarde, nombrado embajador papal en Constantinopla. A su vuelta fue abad del monasterio benedictino que había fundado en el Monte Celio de Roma. Tras ser elegido papa en 590, Gregorio I acabó siendo conocido como el padre del culto cristiano por sus esfuerzos por unificar la liturgia. Gregorio también ayudó a establecer Roma como centro de la cristiandad.

---

150 Número de salmos bíblicos cantados en un ciclo semanal.

8 Horas del oficio divino diario, empezando con las vísperas.

« ANTES

El cristianismo fue aceptado como religión oficial del Imperio romano bajo Constantino, pero el papel de la música en la Iglesia estaba sujeto a debate.

EL LEGADO JUDÍO

El canto de salmos había formado parte del **culto judío** y no tardó mucho en convertirse en una parte esencial de los primeros ritos cristianos. Las referencias bíblicas al canto de los ángeles en el cielo y al rey **EL EMPERADOR CONSTANTINO** David, sus salmos y sus músicos se invocaban a menudo para justificar la inclusión de la música en el culto cristiano, pero no todos lo aprobaban.

EL PAPEL DE LA MÚSICA

El cristianismo pasó a ser la religión dominante del **Imperio romano «** 24–25 bajo Constantino I (272–337). En sus *Confesiones* (397–398), san Agustín de Hipona admitía el **encanto sensual de la música** y deseaba poder desterrar de sus oídos «la melodía entera que se usa para el Salterio de David», aunque reconoció su importancia para inspirar devoción.

Santa Sofía

La basílica de Santa Sofía, erigida en el siglo VI en Constantinopla (hoy Estambul) era la sede de la Iglesia oriental, en la que floreció la tradición del canto bizantino.

Notación del siglo XI

Detalle de un rollo de la abadía de Montecassino (Italia) que muestra parte del «Exultet» (himno de alabanza cantado en Pascua) e ilustrado con una miniatura de una aparición de Cristo resucitado.

El texto se muestra a la congregación al revés y cabeza abajo mientras el cantante despliega el rollo sobre el facistol

Notación en rojo encima de cada línea de texto

COMPRENDER LA MÚSICA
MODOS ECLESIÁSTICOS

Hacia el siglo X se desarrolló un sistema de ocho modos eclesiásticos (grupos de «escalas» de notas), inspirado en los modos bizantinos que, según se creía, había inventado en la antigua Grecia el matemático Pitágoras (c. 570–495 a.C.). Los modos eclesiásticos medievales adoptaron los nombres griegos (dorio, hipodorio, frigio, hipofrigio, hipolidio, lidio, mixolidio e hipomixolidio), pero aplicados a diferentes escalas. Las melodías solían caracterizarse según uno u otro de estos modos, lo que ayudaba a los cantantes a memorizar el ingente repertorio de varios miles de cantos. Los modos pueden tocarse usando solo las teclas blancas del piano. El modo dorio (abajo) empieza en re y continúa por cada tecla blanca hasta el re de la octava superior.

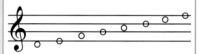

MODO DORIO

DESPUÉS

Pese a los esfuerzos de papas y emperadores, siguió habiendo diferentes tradiciones de canto; estas solo se estandarizaron tras la invención del tetragrama.

NUEVA NOTACIÓN, NUEVAS VOCES
El avance más importante en el intento de establecer una única tradición de canto fue la invención del tetragrama (los cuatro renglones horizontales en los que se colocaban las notas). Este invento atribuido al monje benedictino Guido de Arezzo (c. 991–1033) permitió la **notación de la altura melódica** con mayor precisión **36–37 ≫**. También tuvo un papel clave en la **antigua polifonía**, en la que se añadían otras voces al canto llano **46–47 ≫**.

REFORMAS RADICALES
Durante el siglo XVI, la **Reforma y la Contrarreforma 58–59 ≫** conllevaron cambios aún mayores en la música eclesiástica.

Ministriles y trovadores

Canciones y danzas eran parte de la vida cotidiana de la Europa medieval, animaban ocasiones especiales como visitas reales y festividades religiosas y entretenían al gentío en los mercados. Los músicos podían ser desde nobles trovadores cortesanos hasta simples músicos callejeros.

El entretenimiento musical era una parte fundamental de la vida cultural en todos los niveles de la sociedad medieval. Había diferentes tipos de música para cada público, desde las melodías populares que se tocaban con la gaita en las atestadas tabernas hasta las elegantes baladas cantadas con acompañamiento de arpa en la corte.

Animadores callejeros

En las calles, los músicos ambulantes o juglares ofrecían entretenimiento combinando la narración de historias con danzas y música, malabares, juegos y acrobacias, además de cantar y tocar instrumentos. Los ministriles eran estrictamente músicos, inicialmente empleados por la nobleza, aunque más tarde actuaron en esquinas de calles o en tabernas y posadas. Dada su popularidad entre los sectores más pobres de la sociedad, no solían gozar de buena reputación. Thomas Chobham, un teólogo inglés que escribía en

Música callejera

Detalle de un manuscrito del siglo XI que muestra las habilidades del juglar. La figura pequeña hace malabares mientras el músico toca una chirimía, un sonoro instrumento de doble lengüeta, muy apropiado para los espectáculos callejeros.

el siglo XIII, no parecía contento con el modo en que parecían animar a la gente a pecar: «Algunos van a los lugares de beber y las congregaciones libertinas para poder cantar allí canciones licenciosas para inducir a la gente a la lujuria, y estos son tan condenables como el resto».

Sin embargo, la función de estos ministriles ambulantes era fundamental, pues difundían los repertorios de bailes y canciones en una época en que la música rara vez se registraba por escrito.

Los goliardos

Los clérigos y los sectores más instruidos y cultos de la sociedad escuchaban canciones en latín, la lengua de la alta cultura en toda Europa. Estas canciones abarcaban todos los temas, de la sátira política al amor, y las cantaban los goliardos, hombres que habían iniciado una formación clerical, pero que tras haber abandonado la vida eclesiástica, se ganaban la vida como cantantes ambulantes, visitando diferentes ciudades y cortes.

La famosa colección, formada por más de un centenar de canciones y denominada *Carmina burana*, comprende canciones de amor, morales, satíricas y religiosas. Compilada por vez primera a finales del siglo XIII en el monasterio alemán de Benediktbauern, *Carmina burana* es bien conocida hoy

Galería de ministriles

Para que su música pudiera oírse, los ministriles solían tocar en balcones o galerías altas como esta de la Sala Grande de Penshurst Place, una mansión del sur de Inglaterra datada de 1341.

En esencia, era un poeta-compositor que solía interpretar sus propias obras y que, o bien cantaba sus versos sin acompañamiento, o bien tocaba el arpa o el laúd al mismo tiempo.

El primer trovador conocido fue Guillermo IX, duque de Aquitania (1071–1176), que puso música a los versos que escribía en occitano o lengua de *oc*, hablada en el actual sur de Francia y áreas adyacentes de España e Italia. No todos los trovadores pertenecían a la nobleza, pero todos ellos trabajaban en círculos cortesanos y valoraban su elevado estatus. La canción de trovador era un género aristocrático centrado en las convenciones sociales y las vicisitudes emocionales del amor cortés.

Más de 40 trovadores célebres lograron fama y dinero, y de muchos se escribieron biografías. Uno de ellos, Ramon Vidal de Besalú, describió su modo de vida: «Oirás decir, como oí yo, que los trovadores

BERNART DE VENTADORN

TROVADOR (c. 1140–1200)

Bernart de Ventadorn llevó una vida de trovador típica. Hijo de un criado del castillo del conde de Ventadorn, en la región de Lemosín (hoy francesa), se hizo famoso por componer la forma clásica de la canción de amor cortés. Bernart aprendió a componer mientras se encontraba al servicio de su mecenas, Eble III de Ventadorn, y dedicó sus primeras canciones a la mujer del conde, Margarita. Parece que fue víctima del embrujo de sus propios versos porque se vio obligado a huir de Ventadorn tras enamorarse de la condesa. Más tarde, viajó por Francia e incluso visitó Inglaterra con el séquito de Leonor de Aquitania. Se conservan unos 45 de sus poemas, junto con la melodía de casi la mitad de ellos.

> «Soy un hombre predispuesto a la profesión de **trovar canciones**, y sé cómo contar… **buenas historias**.»
>
> EL TROVADOR RAMON VIDAL DE BESALÚ, «ABRIL ISSI'E», *c.* 1210

gracias a las versiones sinfónicas llenas de color de algunas canciones realizadas por el compositor alemán Carl Orff en la década de 1930.

Trovadores y troveros

Mientras que las identidades de los juglares y goliardos medievales se han perdido en las brumas del tiempo, a finales del siglo XI apareció un nuevo tipo de músico profesional: el trovador.

cuentan y relatan cómo vivían viajando y haciendo la ronda por tierras y lugares; y verás sus sillas de montar con borlas y muchos otros equipajes cotosos, y bridas y palafrenes dorados». Parece claro que dichos músicos gozaban de un elevado estatus social.

En Francia, la corte de Champaña era el centro de actividad de los troveros *(trouvères)*, que también gozaban de un pedigrí o un mecenazgo aristocráticos.

Unos de los primeros fueron Teobaldo, conde de Champaña y más tarde rey de Navarra, y el acaudalado terrateniente Gace Brulé. Entre los posteriores figuran miembros de las adineradas clases medias que formaban las hermandades llamadas *puys* y del clero. Los *trouvères* componían sus versos en las lenguas de *oïl* que se hablaban en el norte de la actual Francia y celebraban concursos para escoger las mejores canciones.

En otros lugares de Europa

Otras tradiciones de canto aristocráticas florecieron en Europa. Los *Minnesänger* de Alemania recibieron la influencia de trovadores y *trouvères*, y desarrollaron sus propios estilos de cantar en su lengua, así como formas de versificar locales. En la península Ibérica, el rey Alfonso X el Sabio (1252–1284) encargó la célebre compilación de las *Cantigas de Santa María*, un cancionero con más de 400 canciones copiadas en bellas antologías iluminadas. Fueron compuestas en gallegoportugués (algunas por el propio rey), con letras sobre los milagros de la Virgen.

Música de baile

La danza era popular en todos los niveles de la sociedad medieval. Los pasos y el acompañamiento musical variaban según el contexto social, de los pasos formales y coreografiados de las danzas cortesanas a los acrobáticos saltos de los juglares. El baile también podía ser un pasatiempo espontáneo. Un cronista del siglo XII describió así una exhortación a la danza entre las justas de un torneo: «Dancemos un *carol* mientras esperamos aquí, de este modo no nos aburriremos tanto». El *carol* era una danza inglesa cantada que se bailaba en círculo, a menudo con los danzantes cogidos de la mano.

Las canciones de danza animaron cortes y fiestas populares. Aunque muchas eran improvisadas, algunas sobreviven en el *Códice Robertsbridge*, un manuscrito del siglo XIV de *estampies*, danzas cuya música constaba de secciones repetidas.

Música y danza
Los *Minnesänger* de la corte del emperador del Sacro Imperio gozaban de un elevado estatus social. Esta miniatura es del *Códice Manesse*, del siglo XIV, que contiene unas 6.000 canciones de 140 poetas.

OBRAS CLAVE

Bernart de Ventadorn «Quan vei la lauzeta mover» (Cuando veo la alondra mover)

Gace Brulé «A la douceur de la belle seson» (A la dulzura de la bella estación)

Niedhart von Reuenthal «Meienzît» (Tiempo de mayo)

Alfonso X Cantiga N.º 10, «Rosa das rosas» (Rosa de las rosas)

DESPUÉS »

El canto monofónico cortesano, con una sola línea melódica, cultivado por trovadores y por troveros fue sustituyéndose gradualmente por dos o tres voces.

CANCIONES A VARIAS VOCES
Adam de la Halle (*c.* 1250–1288), uno de los últimos *trouvères* y prolífico compositor de canciones, empezó a escribir **rondeles polifónicos 46–47 »**, canciones para varias voces. Aunque durante toda la Edad Media se siguieron componiendo y cantando canciones monofónicas, las polifónicas gozaron de amplia aceptación en el siglo XIV, especialmente en las ciudades y cortes más prósperas. Hacia 1350, el poeta-compositor **Guillaume de Machaut 47 »** ya había transformado las canciones de danza en sofisticadas composiciones polifónicas.

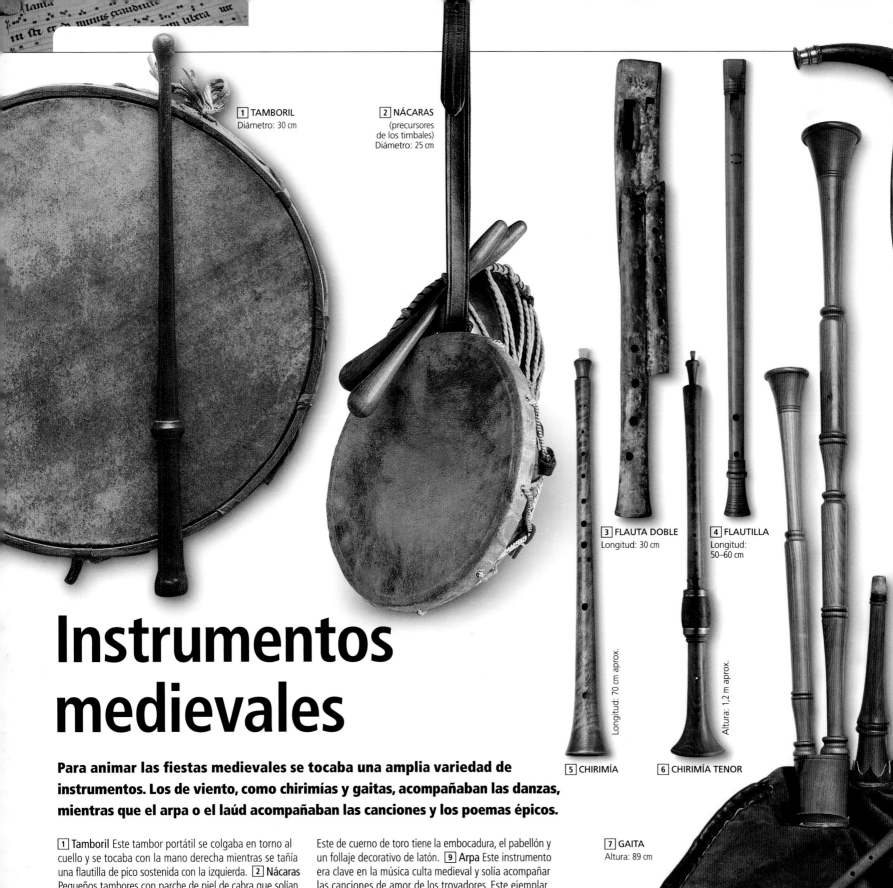

1 TAMBORIL
Diámetro: 30 cm

2 NÁCARAS
(precursores
de los timbales)
Diámetro: 25 cm

3 FLAUTA DOBLE
Longitud: 30 cm

4 FLAUTILLA
Longitud:
50–60 cm

Longitud: 70 cm aprox.

Altura: 1,2 m aprox.

5 CHIRIMÍA

6 CHIRIMÍA TENOR

Instrumentos medievales

Para animar las fiestas medievales se tocaba una amplia variedad de instrumentos. Los de viento, como chirimías y gaitas, acompañaban las danzas, mientras que el arpa o el laúd acompañaban las canciones y los poemas épicos.

1 Tamboril Este tambor portátil se colgaba en torno al cuello y se tocaba con la mano derecha mientras se tañía una flautilla de pico sostenida con la izquierda. **2 Nácaras** Pequeños tambores con parche de piel de cabra que solían tocarse a pares. **3 Flauta doble** Este instrumento usado desde la Antigüedad permitía tocar dos notas: la pedal y la melódica. **4 Flautilla** Esta flauta estrecha de madera y con tres agujeros se tocaba junto con el tamboril. **5 Chirimía** Con su sonido penetrante, apropiado para el exterior, este instrumento de viento de lengüeta doble fue un lejano precursor del oboe. **6 Chirimía tenor** Las chirimías de distintos tamaños y alturas tonales formaban la denominada *alta cappella*, un sonoro conjunto de viento que acompañaba las danzas o anunciaba la entrada de la realeza. **7 Gaita** Este popular instrumento consiste en un corto soplete, una bolsa de cuero que se comprime bajo el brazo, un puntero con agujeros para la melodía y dos bordones. **8 Cuerno de caza** Antiguo instrumento tocado como señal de caza.

Este de cuerno de toro tiene la embocadura, el pabellón y un follaje decorativo de latón. **9 Arpa** Este instrumento era clave en la música culta medieval y solía acompañar las canciones de amor de los trovadores. Este ejemplar ricamente esculpido termina en una cabeza de león. **10 Laúd medieval** Este laúd emparentado con el *'ud* árabe tiene oídos decorados como intrincados rosetones con dibujos geométricos de estilo islámico. **11 Fídula** Instrumento medieval de arco, de tesitura grave, que seguramente servía para acompañar melodías. **12 Rabel** Antiguo instrumento de arco precursor del violín que se apoyaba en el brazo o a veces bajo la barbilla. **13** *Hornpipe* Este instrumento de cuerno de animal usado en las islas Británicas solía tener una sola lengüeta. **14 Dulcemel** Sus cuerdas tensadas sobre una caja de resonancia trapezoidal se golpeaban con macillos. **15 Salterio** Las cuerdas de metal de este instrumento emparentado con la cítara se pulsaban con una púa de cañón de pluma en cada mano.

7 GAITA
Altura: 89 cm

8 CUERNO DE CAZA
Longitud: 50 cm aprox.

9 ARPA
Altura: 66 cm aprox.

10 LAÚD MEDIEVAL
Altura: 70 cm

11 FÍDULA
Altura: 62 cm

12 RABEL
Altura: 55 cm

13 HORNPIPE
Longitud: 40 cm aprox.

14 DULCEMEL
Longitud: hasta 70 cm

15 SALTERIO
Longitud del lado más largo: 46 cm aprox.

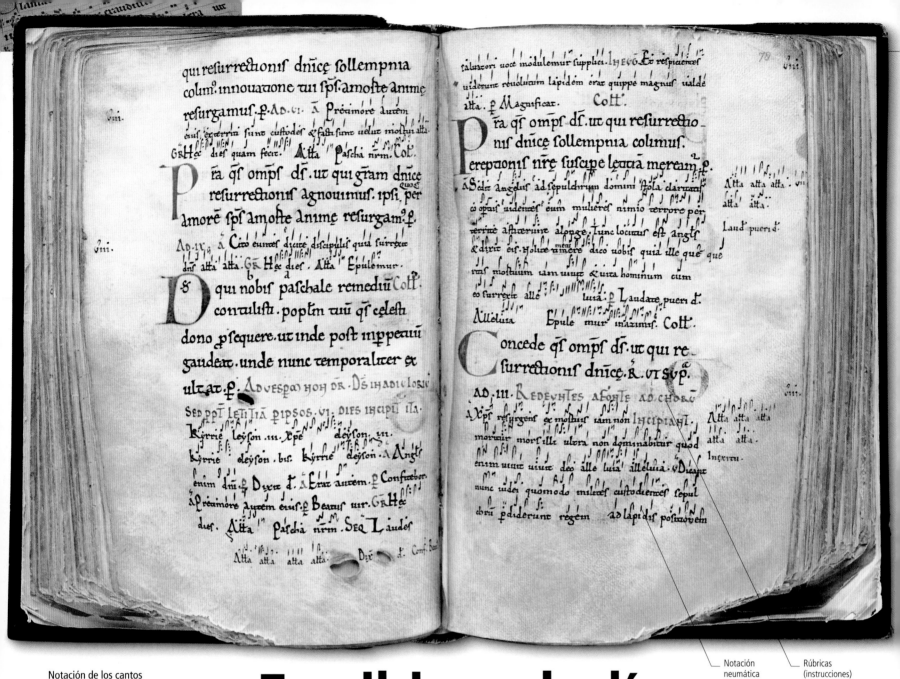

Notación neumática

Rúbricas (instrucciones) en tinta roja

Notación de los cantos

Estas páginas manuscritas de un libro litúrgico muestran la notación de las melodías de los cantos. Diversos puntos, líneas y garabatos trazados encima de las líneas sugerían la forma general de la melodía.

Escribir melodías

Antes de la notación musical, las melodías se memorizaban o se improvisaban. Los manuscritos de los antiguos cantos litúrgicos o los cancioneros solo recogían los textos, pero poco a poco se añadieron signos encima de las palabras y fue desarrollándose un sistema de notación.

ANTES

Antes del desarrollo de la notación musical, la música se transmitía oralmente o se improvisaba.

ENSEÑANZA LITÚRGICA
Los **Cantantes y ministriles ≪ 32–33** aprendían sus repertorios mediante enseñanzas contractuales, mientras que los destinados a la carrera eclesiástica empezaban a aprender y memorizar cantos litúrgicos en las escuelas corales adscritas a monasterios y catedrales.

MARGEN PARA LA INVENCIÓN
La improvisación seguía siendo importante. La música de danza se improvisaba basándose en **secuencias de acordes** o patrones melódicos. En la música sacra, las líneas vocales adicionales se improvisaban sobre las melodías del canto.

En la Iglesia de la Alta Edad Media, los clérigos encargados de la música del culto debían memorizar un repertorio cada vez mayor de melodías que habían de ser las mismas en todos los monasterios de una orden específica o de las iglesias de una diócesis concreta.

Aprender de memoria

Estudios han mostrado que la capacidad de memorización en la Edad Media era muy elevada. Debido al analfabetismo general y al hecho de que la producción de manuscritos estuviera confinada a los monasterios, la transmisión oral de la música era la norma. Esta tarea era de enormes proporciones, según explicaba Odón (*c.* 878–942), segundo abad del monasterio benedictino de Cluny, en

Francia: «Ningún tiempo es suficiente para alcanzar tal perfección de estudio que nos capacite para aprender incluso la más breve antífona sin el trabajo de un maestro, y si sucede que la olvidamos, no hay modo de volver a recordarla».

Para facilitar el aprendizaje de cantantes y maestros de coro se ideó una serie de signos (neumas) que se escribían encima del texto; inicialmente eran marcas de inflexión, una representación gráfica del énfasis silábico y de las subidas y bajadas

de la voz, aunque fueron volviéndose más sofisticados y llegaron a indicar grupos de notas bastante complejos.

Las formas básicas de los neumas eran el punto (*punctum*), una línea vertical u oblicua (*virga*), y distintos garabatos en los que se ligaban varias notas (ligaduras). En las distintas regiones donde se cantaba se desarrollaron diferentes sistemas neumáticos, pero todos ellos tendieron cada vez más a representar la altura tonal mediante la altura de los neumas.

«Podían cantar **a primera vista** […] y **sin una sola falta**.»

AUTOR ANÓNIMO DEL SIGLO XI, SOBRE LAS VENTAJAS DE LA NOTACIÓN

Pauta revolucionaria

El uso de neumas para indicar la altura relativa entre una nota y la siguiente pronto se completó con un recurso de amanuense: una línea horizontal inicialmente imaginaria que seguían los ojos del copista y que se acabó representando con una raya en la página.

En Italia, Guido de Arezzo, que había experimentado de primera mano en su monasterio las dificultades a las que se enfrentaban tanto los monjes como el clero al memorizar el repertorio de cantos, ideó el tetragrama, una pauta compuesta por cuatro renglones o líneas rectas horizontales paralelas y equidistantes, que en su versión de cinco renglones, o pentagrama, acabó siendo una característica distintiva de la tradición musical occidental y significó un enorme salto adelante para la composición. Además de la notación precisa de la altura tonal, el tetragrama permitía una alineación muy clara de las notas que sonaban simultáneamente: esto lo convirtió en una importante herramienta gráfica para la notación de las primeras obras polifónicas. Guido afirmaba justificadamente que su nuevo sistema de notación musical reduciría el tiempo necesario para aprender el repertorio de cantos —toda una vida hasta entonces—

> **POLIFONÍA** Conjunto de dos o más voces o líneas melódicas independientes unas de otras.

a apenas dos años, de tal forma que los monjes dispondrían de mucho más tiempo tanto para la oración como para otras tareas. La notación también había de permitir que las melodías de los cantos permanecieran «puras», ya que podían codificarse con claridad mediante el tetragrama y transmitirse correctamente en forma escrita junto con los correspondientes textos litúrgicos.

Guido también desarrolló un método de enseñanza consistente en representar las notas en la mano humana. Su sistema de siete escalas de seis notas (hexacordos) entrelazadas describía la gama completa de la extensión vocal, con cada una de las notas marcada en una parte de la mano, empezando por la nota inferior en el pulgar. Así podía indicar la nota que se había de cantar señalando la articulación o parte correspondiente.

Códices monásticos

El *scriptorium* de los monasterios medievales, con su equipo de expertos copistas, era el lugar ideal para registrar las melodías de los cantos con la notación. Un centro especialmente importante de producción de libros de cantos con neumas que representaban la altura relativa fue la abadía benedictina de Saint Gall (Suiza),

Una G (la nota sol) miniada comienza el «Gloria» de la misa

Tetragrama en tinta roja

Manuscrito iluminado
Este texto con notación musical del «Gloria», con una rica G inicial, fue realizado por un copista profesional para la abadía de Saint Alban (Inglaterra), en el siglo XII.

Copista trabajando
Los monasterios fueron importantes centros del producción de textos bíblicos y litúrgicos manuscritos que se utilizaban en las actividades cotidianas del monasterio y se distribuían por la red de la orden.

fundada en la primera mitad del siglo VIII. Allí, el amanuense y profesor Notker el Tartamudo (c. 840–912), responsable de la copia de los libros litúrgicos, compiló una extensa antología de secuencias (himnos que se cantaban durante la liturgia).

Otro destacado centro de copia de manuscritos fue la abadía benedictina de Cluny (Francia), fundada en 909 por Guillermo I de Aquitania. La comunidad de Cluny vivió una enorme prosperidad durante el siglo XI, debido en parte a las importantes donaciones de los reyes de Castilla y León. La influencia y las fundaciones de Cluny se extendieron por toda Europa occidental, desde la isla de Lewis en Escocia hasta alcanzar el norte de la actual España, y sus manuscritos se distribuyeron a otras casas cluniacenses.

Un códice de Cluny

El manuscrito denominado *Códice calixtino*, que se conserva en la catedral de Santiago de Compostela, se copió probablemente en Cluny. Este códice, que data de mediados del siglo XII, es una antología de sermones y textos litúrgicos para peregrinos. Contiene melodías monofónicas escritas en un tetragrama elegantemente trazado con tinta roja, así como ejemplos tempranos de polifonía a dos voces anotada en dos tetragramas alineados verticalmente.

DESPUÉS

La notación musical exacta allanó el terreno para composiciones más complejas y para la innovación musical.

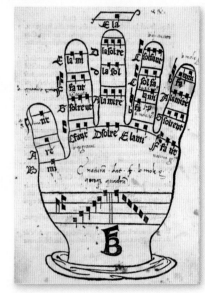

MANO GUIDONIANA EN UN TRATADO MUSICAL (c. 1500)

DO, RE, MI
Guido de Arezzo nombró las seis notas de sus escalas con las primeras sílabas de los versos del Himno a san Juan «Ut queant laxis»: ut-re-mi-fa-sol-la. Tiempo después, ut se cambió por do y se añadió el si. Este sistema, denominado *solmisatio* y hoy solfa o solfeo, es el que se usa en la actualidad.

MAYOR COMPLEJIDAD
Hacia finales del siglo XIII, los teóricos de la música como **Franco de Colonia** desarrollaron un sistema de **notación del ritmo 46–47 »** que permitía componer **músicas más complejas**.

TEÓRICO MUSICAL (991–DESPUÉS DE 1033)

GUIDO DE AREZZO

Guido de Arezzo es considerado el inventor de la notación moderna por su uso del tetragrama y del sistema de los hexacordos que enseñaba con la mano guidoniana (arriba). Guido era un monje benedictino del monasterio de Pomposa, cerca de Ferrara. Su fama como maestro de coro se extendió con rapidez, pero despertó la hostilidad de los otros monjes, y Guido se vio obligado a trasladarse a Arezzo, donde hacia 1025 escribió su célebre tratado musical titulado *Micrologus*. Su método de enseñanza logró llamar la atención del papa Juan XIX. Se cree que Guido viajó a Roma invitado por el papa en 1028, pero que regresó a Arezzo al empeorar su salud. No se sabe nada de él después de 1033.

ANTES ≪

Dos figuras clave de la mitología y de la Biblia, famosas por sus proezas musicales, fueron muy representadas durante la Edad Media.

EL PODER DE LA MÚSICA

Según la **mitología griega ≪ 20–21**, Orfeo con su lira amansa las fieras y muestra el poder de la música sobre el corazón humano. Cantar con el acompañamiento de un instrumento de

ORFEO EN UN MOSAICO ROMANO

cuerda pulsada siguió siendo una de las formas más extendidas de interpretación musical.

En la **Biblia**, David calmó al rey Saúl con su arpa y alabó a Dios con salmos acompañado en las representaciones medievales de ángeles músicos que tocan todo tipo de instrumentos.

Cítara y lira, sacabuche y chirimía

Los manuscritos iluminados, la pintura y la escultura demuestran que el acompañamiento instrumental de canciones y danzas era parte esencial del mundo medieval. Con todo, nadie sabe con certeza qué combinaciones instrumentales y vocales se oían, o en qué tipos de música.

Los músicos ambulantes y trovadores debían de tocar una amplia gama de instrumentos (pp. 32–35), como se desprende de este poema anónimo del siglo XIII: «Te diré lo que puedo hacer: soy un tañedor de viola; sé tocar la gaita y la flauta y el arpa, la zanfonía (viola de rueda) y la fídula; y con el salterio (cítara) y la rota (lira), puedo cantar una melodía perfectamente bien».

Parece ser que los instrumentistas medievales se enorgullecían de su versatilidad, pero es difícil reconstruir qué tipo de repertorios se tocaban y con qué instrumentos. Ciertas agrupaciones instrumentales se asociaban a funciones o situaciones específicas: los instrumentos «altos» (sonoros) como los sacabuches, las chirimías y trompetas y los tambores se usaban en las procesiones y danzas callejeras, para anunciar la presencia del rey o para animar a las tropas en la batalla. El papel de los instrumentos «bajos» (suaves) como arpas, laúdes,

rabeles, vihuelas y flautas traveseras y dulces era más íntimo, para acompañar las canciones y proporcionar música de fondo o de entretenimiento en banquetes y otras reuniones en interiores.

Música para cada ocasión

En su *De musica (Sobre la música)* de *c.* 1300, el teórico francés Johannes de Grocheio dice que los instrumentistas debían tocar numerosos instrumentos y tener un extenso repertorio: «Un buen tañedor de fídula suele interpretar todos los tipos de *cantus* [canto o melodía en latín] y de cantilena [canción o melodía que empieza y acaba con un estribillo], y cada forma musical».

Los instrumentos de cuerda, tanto pulsada como frotada, fueron muy usados para acompañar canciones, y en especial los poemas épicos y baladas con fuertes elementos narrativos. La anónima novela provenzal *Flamenca*, de mediados del siglo XIII, describe el

TECNOLOGÍA

CUERDAS DE METAL

En la Edad Media, las cuerdas de los cordófonos se hacían con distintos materiales, según dónde se construían los instrumentos y a qué función se destinaban. El más común era la tripa de cordero, que se trenzaba a fin de obtener las finas cuerdas de los cordófonos de arco, pero también se usaba la seda y la crin de caballo.

El alambre se empleaba en la fabricación de algunos instrumentos de cuerda pulsada o percutida, a fin de hacerlos más sonoros. Los metales usados para las cuerdas de salterios y arpas eran valiosos: latón, plata y ocasionalmente oro. El hierro fue fácil de conseguir desde finales del siglo XIV, y la técnica de torcer latón o hierro se descubrió a mediados del XVI.

Cubierta de la rueda

Caja de teclas

Teclado de madera

Bordón

Manubrio

Zanfonía

Este cordófono mecánico, también llamado viola de rueda, produce sonido mediante una rueda con púas que gira accionada por un manubrio y frota las cuerdas. Algunas de estas son bordones y producen una sola nota continua e inalterada, mientras que otras se pisan con teclas de madera para tocar melodías.

Caja de resonancia

Coro e instrumentistas
Esta miniatura de un manuscrito del siglo xv copiado para el duque Renato II de Lorena muestra un grupo de cantantes acompañados por músicos que tocan un salterio y un rabel.

que atrajo a los conjuntos del siglo xx especializados en recuperar la música antigua. En las décadas de 1960 y 1970, los componentes de estos grupos solían ser instrumentistas virtuosos y arreglistas deseosos de hacer más interesante una música que podría parecer simple o monótona mediante orquestaciones instrumentales caleidoscópicas de las obras vocales que han llegado hasta hoy.

En realidad, los conjuntos como la *alta cappella* (grupo que tocaba trompetas de varas chirimías y en las cortes y ciudades de Europa continental) solían acompañar banquetes y danzas, pero al parecer, rara vez a cantantes. Parece probable que las canciones se interpretaran *a cappella* («al estilo de la capilla», es decir, eclesiástico), y por tanto, sin acompañamiento.

Los conjuntos instrumentales variaban con frecuencia de una región a otra. Los de viento con chirimías, sacabuches y dulcianes o bajones fueron apreciados en España desde comienzos del siglo xvi como mínimo, cuando estos grupos se convirtieron en empleados a sueldo de las grandes catedrales.

Ángeles músicos
Además de variantes regionales, puede que también existieran determinadas combinaciones de instrumentos para ciertas ocasiones. Así por ejemplo, un conjunto de tres o cuatro músicos con instrumentos de tipo bajo, por lo general vestidos de ángeles, participaban cada año en la procesión de Corpus Christi, cuando se llevaba la sagrada forma por las calles. Sin embargo, se sabe poco sobre el tipo de música que tocaban dichos músicos angélicos en ocasiones señaladas, y lo mismo sucede con los grupos menos formales que acompañaban los misterios medievales, obras de teatro populares que recreaban ciclos de historias de la Biblia, a menudo sobre carromatos que formaban parte de una procesión.

DESPUÉS »

Los nuevos instrumentos y grupos instrumentales pronto ampliaron el campo del acompañamiento musical a finales del siglo xv.

NUEVA TECNOLOGÍA
Los avances de la metalurgia permitieron la invención de la trompeta de varas, con la que se podía tocar una gama de notas más amplia aumentando la longitud del tubo. El sacabuche de doble vara, forma primitiva de trombón, se creó para aportar notas graves a los conjuntos de viento que empezaban a acompañar la **polifonía sacra en las iglesias 46–47 »**.

La aparición de la **música impresa** hacia 1470 **54–55 »** generó una demanda de canciones con acompañamiento instrumental que los **aficionados** podían **interpretar en su casa**.

FAMILIAS DE INSTRUMENTOS
La expansión de la música polifónica conllevó la aparición de instrumentos de la misma familia en varios tamaños para formar pequeños conjuntos, como los *consorts* **68–69 » ingleses**, con una extensión más amplia. El *consort* de violas (para tres a siete partes) era habitual, al igual que los de aerófonos como flautas dulces u orlos.

Estos grupos solían estar formados por músicos aficionados. Los instrumentistas profesionales a menudo procedían de dinastías musicales o se habían formado como aprendices bajo contrato. Muchos asistían a escuelas internacionales de ministriles que se crearon en el norte de Alemania y en Flandes en torno a 1400, en las cuales se intercambiaban técnicas y repertorios. De las polvorientas calles a las cortes y catedrales, Europa resonaba con unos acompañamientos musicales en continua evolución.

Fanfarrias urbanas
La banda de viento llamada *wait* (nombre que también recibía la chirimía en inglés) era común en las ciudades y castillos medievales ingleses. Sus obligaciones pasaron de dar la señal del alba al vigilante nocturno a anunciar las entradas reales y acompañar ceremonias municipales.

---

auge de este tipo de interpretaciones: «... con el zumbido de las violas y el ruido de tantos narradores de cuentos, la sala estaba a rebosar de sonidos». Trazas de este repertorio acompañado por la vihuela (un pequeño instrumento con forma de guitarra y similar al laúd)

sobreviven en las antologías de los vihuelistas de la España del siglo xvi.

Tablatura
La introducción de la imprenta a finales del siglo xv iba a transformar el modo en que se registraba y se hacía circular la música (pp. 54–55). La tablatura fue otra innovación que tuvo una difusión muy amplia. Esta forma de notación se basaba en letras o números que indicaban la colocación de los dedos en los trastes del instrumento. Hasta entonces, los acompañamientos instrumentales solían aprenderse de oído, se consignaban en la memoria y se improvisaban en cada nueva interpretación.

Al parecer, las tablaturas aparecieron más o menos cuando los tañedores de instrumentos de cuerda pulsada como la vihuela y el laúd empezaron a usar las uñas o la punta de los dedos en vez de un plectro o púa. Estos músicos podían entonces leer e interpretar arreglos de piezas polifónicas (pp. 46–47), y componer obras nuevas y más complejas.

Conjuntos instrumentales
Las largas listas de instrumentos que aparecen en textos y poemas medievales, y las orquestas angélicas representadas en retablos y relieves sugieren una escala sinfónica de acompañamiento musical

Clavijas de afinación

Clavijero tallado

در خلوت باز کردند که حالی طاری شده مطلقا اظهار نفرمودند

یکی از ایشان هم خبر نکرد و در آن زمان روز حضرت سلطان ابوسعید

در جمع درویشان ایشان بقوالی اشتغالی نمودند و سماع روند

در میان آن سماع انحال برحضرت سلطان ابوسعید منکشف شد

اظهار فرمودند و رسم تعزیه ارزوی فقر بجای آورد حضرت

شیخ ابوالحسن فرمودند ذکر انجمن ریشی انجیان مربی می باید

Música islámica

En la Edad Media, el mundo islámico se extendió por Oriente Medio, el Lejano Oriente, África y la península Ibérica, y absorbió muchas tradiciones regionales. Las posturas respecto a la música eran muy diversas y aún hoy conforman muchas de las tradiciones orales.

ANTES

La música de la península Arábiga, lugar de nacimiento del Islam, se remonta a la época bíblica.

RAÍCES ÁRABES

Los escritores preislámicos atribuyeron la **invención de la música** a personajes del **Antiguo Testamento**: Jubal inventó la canción y Lamec creó el laúd o *'ud* (pp. 42– 43). Ya en el siglo VI d.C., la poesía árabe alude a instrumentos como el laúd, la flauta de pico, el pandero y los címbalos, y a estilos musicales contrastados: «pesado» y adornado, o «ligero» y alegre. Se creía que los poetas y compositores recibían su inspiración de los *yinns* (**espíritus**), pero eran **mujeres** quienes **cantaban** y **ejecutaban su música**.

CULTURA CORTESANA

En las espléndidas cortes de la dinastía Omeya en la Siria del siglo VII, y de la dinastía Abasí en la Bagdad del siglo IX, la poesía y la música eran indispensables.

Estados trascendentes
Los derviches y otros ascetas sufíes salmodian, tocan el tambor y danzan para alcanzar un estado de éxtasis religioso. Esta miniatura de un manuscrito persa del siglo XVI muestra unos danzantes girando y unos músicos.

> «**Éxtasis** es el estado que viene de **escuchar música**.»

ALGAZEL (1059–1111), EN *REVIVIFICACIÓN DE LAS CIENCIAS RELIGIOSAS*

La llamada del muecín a la oración y la recitación del Corán dominan el mundo sonoro islámico, pero a lo largo de los siglos la actitud hacia la música ha ido cambiando, sobre todo debido al ambiguo estatus de esta en la ley islámica. Desde el siglo VII, no mucho después de la muerte del profeta Mahoma, la ortodoxia islámica condenó en gran parte la música por su capacidad de suscitar deseo, dolor y «bajas pasiones». El empleo de instrumentos en la música devocional se declaró *haraam*, o prohibido, al igual que la participación de mujeres.

Pese a que la música como entretenimiento fuera condenada por la ley islámica, eruditos como Al-Farabi e Ibn Sina (c. 980–1037), conocidos como Alfarabí y Avicena en Occidente, trataron sobre sus propiedades terapéuticas. En la tradición sufí, cuyos seguidores se sentían atraídos por el misticismo, varios escritores de los siglos XI y XII defendieron la práctica de escuchar música como un ejercicio que podía acercar aún más al oyente a lo divino.

Patrones musicales

Como en las antiguas tradiciones orales de la música de Occidente, la música *halal*, o permitida, se improvisaba en torno a patrones melódicos o rítmicos. Estos componentes básicos podían combinarse y repetirse de diferentes maneras, de acuerdo con la función o la estructura del texto. Un verso podía

El parche se golpea con los dedos y con la palma, en el centro para los graves y en el borde para los agudos

Las clavijas tensan la piel

El «pie» hueco se sostiene bajo el brazo o a través de la rodilla

Dumbek
Muy extendidos por Oriente Medio, el norte de África y el este de Europa, los *dumbek*, tambores con forma de copa, solían ser de arcilla con un parche de piel de cabra. Este adornado ejemplar de níquel procede de Siria.

elaborarse musicalmente, y en las canciones y piezas instrumentales podían combinarse diferentes formas en ciclos más largos denominados *nawba*.

Cuerdas y tambores

El principal instrumento del mundo árabe era el *'ud* (pp. 42–43). Este instrumento de cuerda pulsada con forma de pera y mástil corto, es el antecesor del laúd europeo (pp. 62–65) y, desde el siglo VIII, tenía un diapasón con trastes. Los modos melódicos árabes, llamados *maqamat* (en singular *maqam*), estaban relacionados sobre todo con los trastes del *'ud*. Este y otros instrumentos árabes como el *rebab* o *rabab* (un instrumento de arco simple) y las nácaras (*naqqarā*, un par de pequeños tambores) fueron filtrándose por las rutas comerciales, a través de Al-Ándalus, hasta la música occidental de ministriles y trovadores (pp. 32–35).

Música sufí

A diferencia de la del Islam ortodoxo, la música devocional sufí no solo incluía piezas vocales; también instrumentos como flautas y tambores, además de música de danza. La tradición de música devocional sufí más antigua y popular es la *qawwali*, que se originó en Persia en el siglo VIII y hacia finales del siglo XIII se fusionó con las tradiciones de India para crear la forma que se conoce hoy en el subcontinente indio. Los cantantes recitan versos sufíes, desde poemas de amor hasta cantos de alabanza a Alá y al profeta Mahoma: todos ellos se

Músicos qawwali

Estos músicos están tocando en el mausoleo (*dargah*) del santo sufí Nizamuddin Auliya en Delhi (India), que es visitado por miles de musulmanes y otros peregrinos cada semana.

MÚSICO (c. 872–951 D.C.)

AL-FARABI

El filósofo, cosmólogo y músico Al-Farabi (Alfarabí) nació en el actual Kazajstán, o (según algunas fuentes) en Afganistán. Al parecer, pasó la mayor parte de su vida en Bagdad, aunque también visitó Egipto y Siria, donde murió en Damasco a finales de 950 o principios de 951. Destacado intelectual de la edad de oro del Islam, estudió los escritos de Aristóteles y se dice que inventó el sistema tonal árabe que aún se utiliza hoy en día. Su *Gran libro de música* se centraba en las tradiciones musicales persas, y en *De los significados del intelecto* trató sobre los efectos terapéuticos de la música.

considera espirituales, pues el deseo que se expresa en la poesía amorosa se interpreta como añoranza de la unión espiritual con Dios. El acompañamiento corre a cargo del *sarangui* (un cordófono de arco), instrumentos de percusión como el *tabla* (un par de pequeños tambores) y el *dolak* (un tambor de dos parches), y un coro de cuatro o cinco hombres que repiten versos clave y añaden el batir de palmas a la percusión.

DESPUÉS

A partir del siglo XVI, las comunidades más ortodoxas prohibieron totalmente los instrumentos y la danza, pero otras tradiciones florecieron.

MÚSICOS MALOUF DE LIBIA

CONQUISTA Y DISPERSIÓN

El **malouf**, un género musical árabe aún vigente hoy, comenzó en al-Ándalus y pasó al **norte de África** tras el fin de la Reconquista en 1492. En el **Imperio otomano** que siguió a la caída de Constantinopla (actual Estambul) en 1453, las tradiciones musicales orientales divergieron por completo de las occidentales, y Estambul sigue siendo un centro de música islámica. La música cortesana siguió floreciendo en la India **mogol 340–343 »**, donde Akbar el Grande (1542–1605) tenía una orquesta de al menos 50 músicos.

1 'UD
Altura: 70 cm

2 CÍTARA
Longitud del lado más largo: 83 cm

3 TĂR
Altura: 95 cm

4 REBAB EGIPCIO CON SU ARCO
Altura: 90 cm aprox.

5 GIMBRI

Altura: 45–60 cm

6 BAĞLAMA

Altura: 1 m

7 REBAB ANDALUSÍ CON SU ARCO

Altura: 70 cm aprox.

42

8 NÁCARAS
Diámetro: 16 cm

9 PANDERETA
Diámetro: 30 cm aprox.

Altura: 45–60 cm aprox.

10 REBAB AFRICANO

11 KAMANCHA
Altura: 70 cm aprox.

Longitud: 34 cm

Altura: 47 cm

Diámetro: 22 cm

Diámetro: 22 cm

13 ZUMMARA

14 SURNA

15 DUMBEK

16 DARBUKA

12 REBAB MARROQUÍ
Altura: 60 cm aprox.

Instrumentos islámicos

La amplia gama de tradiciones musicales regionales del mundo islámico se refleja en la variedad de instrumentos desarrollados desde el norte de África hasta el este de Asia durante la Edad Media. Muchos de ellos aún se tocan hoy.

1 *'Ud* Es el instrumento más importante del mundo islámico e influyó en el desarrollo del laúd europeo. **2** Cítara Este instrumento tiene hasta 72 cuerdas de tripa agrupadas en tríos, aunque le faltan algunas. Es común en Asia oriental y puede tocarse sobre el regazo o sobre una mesa. **3** *Tār* Este instrumento persa de cuerda pulsada tiene un puente de cuerno y un mástil de madera con taracea de hueso. Se creía que su sonido curaba el dolor de cabeza y el insomnio. **4** *Rebab* egipcio Este instrumento de cuerda frotada, hecho de madera y piel, aún se toca en el sur de Egipto. **5** *Gimbri* Este instrumento marroquí similar a un laúd tiene un caparazón de tortuga como caja de resonancia y acompaña las canciones y el batir de palmas. **6** *Baǧlama* Tallada en una sola pieza de madera dura, la *baǧlama* tiene el mástil muy largo y la espalda abombada, y contribuyó a dar su sonido característico a la música de la corte en el Imperio otomano. **7** *Rebab* andalusí Por su influjo en el desarrollo del rabel medieval,

puede considerarse un antepasado del violín. **8** Nácaras La parte abombada de estos pequeños atabales (timbales) está hecha de arcilla cocida y sobre ella se tensa una piel tratada. **9** Pandereta Este ejemplar egipcio está decorado con hueso y ébano, y tiene cinco pares de sonajas de latón. **10** *Rebab* africano Este instrumento de cuerda pulsada está hecho de madera vaciada cubierta con piel de camello. **11** *Kamancha* Esta fídula de pica turca y de Asia Central tiene una caja de resonancia de madera con una piel a cada lado. **12** *Rebab* marroquí Aunque su nombre significa «con arco», el rebab también se toca en Afganistán y Pakistán, donde suele puntearse. **13** *Zummara* Uno de los dos tubos de este aerófono de lengüeta actúa como bordón. **14** *Surna* Instrumento de doble lengüeta similar a la chirimía; aún se toca en Irán y Azerbaiyán. **15** *Dumbek* Este tambor con una característica forma de cáliz suele ser de cerámica o de metal. **16** Darbuka En esencia, es lo mismo que el *dumbek*. Este ejemplar ricamente decorado es particularmente bello.

Música antigua de China

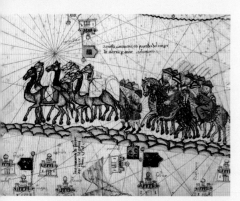

CARAVANA DE CAMELLOS EN LA RUTA DE LA SEDA

Durante miles de años, mientras se sucedían las dinastías imperiales, China absorbió muchas influencias musicales.

DEL BAMBÚ AL BUDISMO

Cuenta una leyenda que, hace mucho tiempo, el maestro de música del **emperador Huangdi** cortó cañas de bambú para obtener 12 notas perfectas y reproducir el canto de la fabulosa ave fénix. **El budismo**, una nueva religión procedente de India, se extendió por Asia Central **siguiendo la Ruta de la seda** y llegó a China durante los siglos I y II d.C. El budismo llevó consigo un nuevo repertorio musical e instrumentos como el laúd y el arpa. Tras 300 años de rebeliones, China volvió a estar unida bajo la **dinastía Tang** en 618 d.C., y la música alcanzó nuevas cimas.

La música ha ocupado siempre un lugar central en la cultura china. La época de la dinastía Tang (618–907 d.C.) fue la edad de oro de la música, pero las trazas de su teatro popular, con danza, canto, comedia, acrobacias y marionetas, sobreviven en la ópera china de hoy.

Según el filósofo chino Confucio (*c.* 551–479 a.C.), «para educar a alguien, se debe empezar con poemas, poner énfasis en las ceremonias y terminar con la música». El carácter central que tenía el ceremonial de estado en las enseñanzas confucianas y taoístas confería a la música una compleja función ritual. En la época de la dinastía Tang había 10 organismos musicales diferentes en la corte, incluidas las agencias de la Gran Música y de la Música de Tambores e Instrumentos de viento, y se desarrollaron elaborados rituales para los ejercicios militares y los sacrificios religiosos. La música para banquetes (*yanyue*) entretenía a los invitados con prolongadas suites (*daqu*) que comprendían danzas constituidas por cinco o seis movimientos,

cada uno de ellos con una coreografía diferente, y suites instrumentales aún más largas para la cítara china o *qin*.

Al margen de la corte florecieron otros tipos de música, y la cortesana recibió con frecuencia la influencia de tradiciones populares de canto, música instrumental y danza que los sucesivos emperadores se esforzaron por recolectar. Muchos de los instrumentos que se usaban en la antigua música cortesana aún se tocan hoy en la música popular.

Tras la edad de oro

Cuando el último emperador Tang murió asesinado, China se fragmentó una vez más. No obstante, sobrevivieron varios elementos de la música ritual Tang, en especial un estilo de canto silábico y los campaniles ceremoniales, y los eruditos conservaron las antiguas

tradiciones. Durante el gran renacimiento intelectual que se produjo bajo la dinastía Song (960–1279), Chen Yang presentó al emperador los 200 volúmenes de su *Yueshu (Libro de música)* hacia 1100, y más tarde, Zhu Xi (*c.* 1130–1200), el creador del neoconfucianismo, publicó lo que él interpretó como melodías Tang para 12 textos del antiguo *Shijing (Libro de las odas)*.

Mientras se conservaban las tradiciones ancestrales, se introdujeron importantes novedades en la composición de canciones. La *shi* (poesía lírica) clásica se combinaba con tradiciones más populares, y las

Música apropiada para un festín

Estas elegantes mujeres son miembros de una orquesta de banquetes cortesana que ameniza un festín imperial representado en una pintura del siglo X, de la dinastía Tang.

«La música es goce... el hombre no puede resistirse a ella.»

XUN ZI, FILÓSOFO CONFUCIANO, 312–230 A.C.

piezas más cortas se agrupaban en series más largas, especialmente en la forma de canto llamada *changzhuan*, que se ejecutaba con acompañamiento de tambores, flautas y crótalos. Uno de los pocos poetas-compositores de la antigua China cuya vida puede documentarse con cierto detalle es Jiang Kui (1155–1221). Formado como calígrafo, Jiang Kui compuso varias canciones, algunas de las cuales —por ejemplo, la «Canción de Yangzhou»— todavía son populares. Jiang Kui también trató sobre la afinación del *qin* en *Ding xian fa* (*Método de afinación de cuerdas*) y transcribió sus melodías mediante un sistema de notación llamado *gongche*. Las tradiciones vocales cultivadas durante la dinastía Song, con melodías sujetas a variaciones y agrupadas luego en obras más largas, siguieron floreciendo bajo las dinastías Yuan (1279–1368) y Ming (1368–1644).

Los mongoles, que empezaron a atacar China bajo el liderazgo de Gengis

Laúd chino

El *yueqin* es un laúd chino tradicional con una caja de resonancia hueca y redonda —de ahí su apodo de «guitarra de luna»—, con cuatro cuerdas y un mástil con trastes.

Kan en 1215 y acabaron por fundar la dinastía Yuan, establecieron orquestas rituales compuestas por más de 150 músicos. Esta suntuosa escala siguió bajo la dinastía Ming y dejó su impronta en el desarrollo de la ópera china.

La ópera china

Durante la época Tang, el emperador Xuanzong (685–762) ya había creado una compañía de teatro denominada «Jardín de los perales». Durante la dinastía Song, enormes teatros con capacidad para 3.000 personas habían acogido espectáculos de variedades que incluían canciones, danzas y apuntes de comedias. Durante la dinastía Ming estos espectáculos formaron la base de un nuevo tipo de teatro musical, el de las óperas que escenificaban temas heroicos del pasado de China. Este nuevo género era tan popular que los funcionarios intentaron controlarlo, e incluso trataron de prohibir representaciones amenazando a los actores con la pena de muerte.

Existían centenares de variantes regionales de ópera china, pero la predominante a partir de los siglos XVI–XVIII fue la *kunqu* del sur de China. Esta había surgido en el siglo XIV, a principios de la dinastía Ming, a partir de un tipo de melodía llamada *diao* de Kunshan. La *kunqu* influyó a su vez en la famosa ópera de Pekín (pp. 198–199), pero hacia principios del siglo XX ya había desaparecido, aunque hoy día se asiste a una cierta recuperación.

Intérpretes de sheng

El *sheng* es un instrumento con lengüeta, una especie de órgano de boca con tubos largos y verticales. Es uno de los instrumentos chinos más antiguos y tradicionalmente se toca en el exterior junto con la *suona* (chirimía) y la *dizi* (flauta de pico) durante las fiestas.

China ha contado desde tiempos remotos con una inmensa variedad de instrumentos, tanto para la música popular como para la culta, y algunos tipos antiguos todavía se usan en la música tradicional, incluida la ópera china. El *sheng* es un aerófono de lengüeta con 19 tubos del que se conservan ejemplares construidos nada menos que en el siglo VIII. Era un instrumento destacado del teatro musical *kunqu*, al igual que el *xiqin*, un cordófono con dos cuerdas de seda que se tocaba con una fina tira de bambú, lejanamente emparentado con el violín chino que se toca hoy en la ópera china.

El instrumento de los sabios

Uno de los instrumentos más característicos de la antigua China es el *guqin* o *qin*. Los eruditos debían dominar cuatro disciplinas artísticas: la caligrafía, la pintura, el ajedrez y el *qin*. Esta cítara de siete cuerdas, conocida como «el padre de la música china», era tan esencial que al menos desde el siglo XI se fundaron escuelas de *qin*, y su música se copiaba en una tablatura especial (una forma de notación para la colocación de los dedos).

9.000 AÑOS Tiene la flauta más antigua que se puede tocar; se halló en China y está hecha con un hueso de grulla.

El *qin* se tocaba de distinto modo que los instrumentos de cuerda occidentales. En vez de pisar con los dedos sus cuerdas de seda torcida para producir notas diferentes, estas se tocaban ligeramente para producir los diferentes armónicos de cada nota. El amor de Confucio por los sistemas numéricos se refleja en los denominados «veinticuatro toques», o maneras de tocar en *vibrato* para modificar levemente la altura tonal. Los más bellos ejemplares de *qin*, a menudo ricamente decorados, eran apreciados por las élites chinas como objetos coleccionables.

Músicos y danzantes

Estos relieves pintados de músicos y danzantes decoran la cueva 12 del complejo de las grutas budistas de Yungang, 252 capillas rupestres esculpidas durante los siglos V y VI d.C..

DESPUÉS »

El respeto a la herencia musical china no impidió que se dieran importantes avances en la teoría y la práctica de la música.

DE MING A QING

El príncipe Ming Zhu Zaiyu (1536–1611) es famoso por su descripción pionera del **temperamento igual**, un sistema de afinación en el que las 12 notas de la octava se afinan en misma proporción. Este es el sistema más usado desde finales del siglo XIX para **afinar instrumentos en la música occidental**, a fin de tocarlos en cualquier tonalidad. El concepto de Zhu Zaiyu precedió a la teoría europea en varias décadas y puede que lo transmitieran a Europa misioneros jesuitas como Matteo Ricci. Bajo la dinastía Qing (1644–1911), la **notación *gongche*** se convirtió en la más extendida de las distintas formas de notación que se usaban en China. Pese a que hoy día es menos popular, todavía aparece en partituras para los instrumentos tradicionales y las óperas.

COMPRENDER LA MÚSICA

LOS MODOS CHINOS

A principios del siglo VII d.C., durante la dinastía Tang, el emperador aprobó un sistema de 84 modos —o agrupaciones de notas— clasificados, en el que 7 posibles modos comenzaban con cada una de las 12 diferentes alturas tonales. Los 84 modos no se consideraban escalas o secuencias ordenadas de notas como en la música occidental. Estaban relacionados con la posición estrictamente regulada de ciertos instrumentos en las interpretaciones y poseían una fuerte identidad funcional. Luego el número de modos se redujo, y aunque la teoría musical siguió haciendo referencia a las 12 alturas fijas, las alturas reales fueron cambiando con el tiempo.

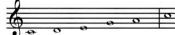

MODO CHINO DE CINCO NOTAS, EMPEZANDO CON *GONG* (DO EN LA NOTACIÓN OCCIDENTAL)

Múltiples voces

Cuando la notación musical permitió representar no solo la altura sino también el ritmo, abrió el camino a la polifonía. Este nuevo estilo de música «en capas» y rítmicamente compleja para múltiples voces transformó para siempre la música occidental.

Mecenas de la polifonía
En esta miniatura del siglo XV, el duque de Borgoña Felipe el Bueno, escucha una misa cantada en la capilla de la corte, con los cantantes congregados en torno al facistol. Su corte devino el centro musical de Europa.

OBRAS CLAVE

Pérotin *Sederunt principes* (Los príncipes se sentaron)

Guillaume de Machaut *Misa de Nuestra Señora*

Jacob Senleches *La harpe de mélodie*

John Dunstable *Alma redemptoris mater* (Madre del Redentor)

Guillaume Dufay *Missa Se la face ay pale*

Josquin Des Prés *De profundis*

« ANTES

Durante siglos, la música occidental fue monofónica, con una única línea melódica. Entre 700 y 900 se añadió una segunda línea al canto llano.

INICIOS DE LA IMPROVISACIÓN
Las primeras formas de polifonía, conocidas como *organum*, se improvisaban y no se anotaban. Las voces añadidas duplicaban la melodía del canto a una altura distinta y avanzaban en paralelo, nota por nota. Las reglas para componer *organa* (plural de *organum*) aparecen en el tratado del siglo IX *Musica enchiriadis* y sugieren que la polifonía ya era una práctica establecida. La **invención del tetragrama « 36–37** por Guido de Arezzo en el siglo X se tradujo en una notación más precisa de la altura. Hacia 1100, las voces añadidas empezaron a moverse con más libertad.

Muchas de las innovaciones que iban a marcar el rumbo de la historia de la música occidental se hallan en el repertorio de la llamada escuela de Notre Dame, en el París del siglo XIII.

La catedral de Notre Dame se terminó en torno a 1250, y la música polifónica compuesta para dar solemnidad a la liturgia celebrada en ella se recogió en el *Magnus liber organi (Gran libro del organum)*. Esta impresionante antología no solo contiene obras de los primeros compositores de polifonía cuyo nombre se conoce —Léonin y Pérotin—, sino también piezas escritas usando el recién ideado sistema de notación del ritmo: la organización de grupos de notas en patrones rítmicos claramente definidos llamados modos.

Al principio, la música polifónica solo se escribía en compás ternario (tres tiempos por compás), con énfasis en el primer tiempo. Hacia el siglo XIV apareció una manera de anotar el compás binario (dos tiempos por compás), un gran avance que se explica en *Ars nova notandi (Nuevo arte de la notación)* de Philippe de Vitry.

Un arte nuevo
El tenor, que al principio era la voz más grave de la textura vocal, conducía la estructura de la pieza y solía basarse en

una melodía preexistente, extraída del canto llano para una fiesta o una ocasión particulares. La parte del tenor solía organizarse en patrones repetitivos, tanto rítmicos como melódicos, denominados isorritmos. Luego se añadía una segunda voz por encima del tenor para formar una pieza a dos voces, una tercera para una pieza a tres voces, y así sucesivamente. Estas voces adicionales cantaban diferentes textos, a menudo profanos y en latín o en francés, que solían estar relacionados con el texto sacro en latín del tenor, o hacían comentarios sobre él. Debían ser armónicas con el tenor, pero no siempre unas con otras, lo que

> « Con solo oír música, la gente se **regocija**.»
>
> EL COMPOSITOR GUILLAUME DE MACHAUT, 1372

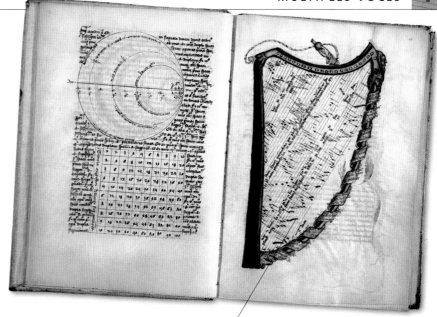

Notación en las cuerdas

COMPOSITOR (c. 1300–1377)

GUILLAUME DE MACHAUT

Nacido en Champaña, en el norte de Francia, Machaut fue nombrado en 1337 canónigo de la catedral de Reims, lo que significaba que tenía que cantar en los oficios y en la misa. Sus mecenas fueron el rey Juan de Bohemia, Carlos de Navarra, Carlos V de Francia y el duque Juan de Berry, para quien compiló varias antologías de sus composiciones hacia el final de su vida. Entre sus obras figuran la primera misa cíclica y canciones y motetes polifónicos.

La melodía en el arpa

En este manuscrito de *La harpe de mélodie* de Jacob de Senleches, dos de las voces están anotadas sobre las cuerdas del arpa, y el rollo que rodea la columna explica cómo crear una tercera voz.

daba como resultado unos choques armónicos que suenan indiscutiblemente modernos incluso hoy día. La polifonía exigía un alto grado de talento, técnica y sutileza a los cantantes, e imponía exigencias considerables a los oyentes, además de un importante compromiso financiero por parte de los patronos, las personas acaudaladas, o gremios y corporaciones municipales que encargaban nuevas obras (pp. 84–85).

Patrones y estribillos

Este *ars nova* culminó en las obras de Guillaume de Machaut (izda.), que compuso en todas las formas y los estilos disponibles en el siglo XIV para un poeta-compositor. Machaut estableció varias nuevas formas de canción profana, cada una con sus propias reglas y patrón de estrofas y estribillos. En paralelo se desarrolló el *ars nova* italiano encabezado por el compositor florentino Francesco Landini, y una tercera vía, el *ars subtilior* («arte más sutil»), se desarrolló entre los músicos que se apiñaban alrededor de la corte papal de Aviñón, donde compositores como Jacob de Senleches explotaron el potencial de la notación polifónica para crear obras de una gran sofisticación.

Las complejas estructuras y versiones polifónicas de diferentes textos persistieron hasta bien entrado el siglo XV, cuando se difundió por toda Europa una nueva tendencia hacia texturas vocales y armonías más simples con la circulación de las obras del compositor inglés John Dunstable (1395–1453). Este abogaba por el uso de armonías consonantes que daban una sensación de resolución en vez de disonancia y tensión. Los compositores vinculados a la corte ducal de Borgoña, como Gilles Binchois (1400–1460) y Guillaume Dufay (1397–1474), incorporaron las «dulces armonías» de Dunstable para crear un estilo polifónico que se extendió sobre todo por Italia; allí, príncipes y mecenas competían por contratar a los mejores músicos de más allá de los Alpes.

1322 es el año en que el papa Juan XXII prohibió la polifonía en la liturgia, pero la «música del diablo» fue tolerada por muchos de sus sucesores.

de tiempo) y el canon estricto (en el que una frase corta cantada por una voz es copiada por las otras voces) para crear obras a gran escala de una gran belleza.

Además de misas se componían unas piezas más breves llamadas motetes. Al principio, para estos se utilizaban melodías existentes como en la misa cíclica, pero hacia el siglo XVI ya se componían de un modo más libre, haciendo que cada frase del texto se correspondiera con una frase musical. Esto también se veía como un «arte nueva» y reflejaba la importancia creciente que se concedía a la estrecha relación entre la música y las palabras.

Misas y motetes

Binchois y Dufay cultivaron los géneros polifónicos profanos y sacros establecidos por Machaut. Especialmente importante en este periodo fue la misa cíclica, en la que se utilizaba un canto llano o una melodía profana en la voz estructural (habitualmente el tenor) para enlazar las cinco secciones de la misa: Kyrie, Gloria, Credo, Sanctus y Agnus Dei. Este recurso de unión se conocía como *cantus firmus*, o «melodía fija».

En la segunda mitad del siglo XV, estos ciclos solían estar compuestos para cuatro voces, siendo la cuarta voz más grave que el tenor. Ockeghem, Busnois, Obrecht, La Rue, Des Prés y otros compositores franco-neerlandeses usaron en sus misas recursos imitativos complejos como el canon perpetuo (en que una voz repite lo que canta la otra tras un breve periodo

Notre Dame de París

Con sus estilizadas líneas góticas y luminosas vidrieras, la magnífica catedral parisina, construida entre 1163 y 1250, refleja la resplandeciente complejidad de su nueva escuela de polifonía.

DESPUÉS ➤➤

En la época del humanismo, cuando el hombre y sus emociones ocuparon el centro del arte, los músicos buscaron una relación estrecha entre el texto y la música.

LA EDAD DE ORO DE LA POLIFONÍA

Hacia el siglo XVI surgió un estilo de polifonía europea coherente, en parte gracias a la invención de la **imprenta**, que permitió la difusión generalizada de la música **54–55 ➤➤**.

En esta misma época, las reformas religiosas de Martín Lutero y del concilio de Trento **58–59 ➤➤** pusieron un nuevo énfasis en un estilo de música que permitía una mayor claridad textual. La polifonía renacentista alcanzó su punto álgido en el siglo XVI, en las obras de **Josquin des Prés** y de **Palestrina 60–61 ➤➤**.

JOSQUIN DES PRÉS

3

RENACIMIENTO Y REFORMA

1400–1600

Aunque en el Renacimiento se produjo una enorme mejora de la calidad y el estilo de la música sacra, durante este periodo también empezó a declinar la influencia de la Iglesia católica a raíz de la Reforma luterana. La posibilidad de imprimir la música puso a esta al alcance de personas ajenas a la Iglesia, y los músicos pudieron empezar a aprender de otras tradiciones. El auge de la música instrumental incitó a los compositores a escribir obras sacras y profanas más complejas y exigió nuevas técnicas y nuevos sonidos.

« Violonchelo fabricado por Andrea Amati en 1538 y decorado para el rey Carlos IX de Francia.

RENACIMIENTO Y REFORMA 1400–1600

1400	1420	1440	1460	1480

1400
La música del *Old Hall Manuscript* —una gran colección de polifonía sacra— muestra que los compositores ingleses estaban empezando a desarrollar un estilo característico, más simple.

c. 1430
El médico, astrónomo y astrólogo Henri Arnaut de Zwolle, que estudió con Jean de Fusoris, constructor de instrumentos para el duque de Borgoña Felipe III el Bueno, dibuja el primer diagrama de un clave que se conoce. Aunque se conserva música para teclado anterior a esta época, no se especifica de qué instrumento se trata.

c. 1440
Dufay sirve en la catedral de Cambrai, en el norte de Francia, y desarrolla la escuela coral como un importante centro de formación de compositores. Tanto Ockeghem como Tinctoris y Obrecht estudian con Dufay.

1467
El compositor Antoine Busnois se une a la corte de Borgoña, donde escribe una misa basada en la melodía de la canción *L'homme armé* (El hombre armado) para la orden del Toisón de Oro, fundada por el duque de Borgoña.

1489
Mientras los príncipes y cardenales italianos compiten por los servicios de los compositores franco-flamencos, el más célebre de estos, Josquin Des Prés, se une al coro papal en Roma.

1441
Martin Le Franc, un poeta de la corte de Borgoña, reconoce la importancia del compositor inglés John Dunstable y alaba a Binchois y Dufay por cultivar el sonoro «estilo inglés».

1490
Isabel de Este se casa con el duque de Mantua. Bajo su mecenazgo, la música florece, en particular la *frottola*, un tipo de canción italiana acompañada con frecuencia por el laúd.

《 Laúd soprano con revestimiento de marfil, del norte de Italia

⌃ Florencia (Italia), considerada la cuna del Renacimiento

c. 1472
El compositor flamenco Johannes Tinctoris se traslada a Nápoles, donde escribe varios tratados sobre música, incluido el primer diccionario de música de la historia, en 1475.

1492
Patrocinado por los Reyes Católicos, Cristóbal Colón llega a América. Los cargamentos de plata procedentes del Nuevo Mundo financiarán el Imperio español y sus catedrales y coros durante el siguiente siglo.

》 Antigua imprenta musical en una miniatura de un cancionero francés

⌄ Músicos cantando con laúd, de Lorenzo Costa, c. 1485–1495

c. 1400
Nace Gilles Binchois, uno de los grandes compositores franco-flamencos del siglo XV; en la corte del duque de Borgoña creará piezas sacras y *chansons* que son obras maestras en miniatura de principios del Renacimiento.

1434
El compositor franco-flamenco Guillaume Dufay escribe un motete (obra coral) para la consagración de la catedral de Florencia, utilizando sus proporciones arquitectónicas como base estructural de su composición.

1450
En Alemania, Johannes Gutenberg inventa la imprenta, que utiliza tipos móviles de metal para producir libros de un modo más rápido y económico que los copistas. Harán falta 50 años para que la nueva tecnología se adapte a la impresión de música.

1410
Nace Johannes Ockeghem; durante gran parte de sus 80 años de vida, este notable compositor estará en la vanguardia de la polifonía franco-flamenca.

1436
Dufay sirve en la catedral de Cambrai, en el norte de Francia, y desarrolla la escuela coral como un importante centro de formación de compositores. Tanto Ockeghem como Tinctoris y Obrecht estudian con Dufay.

1453
Constantinopla, capital del Imperio bizantino, cae ante los turcos musulmanes.

1454
El duque y mecenas de la música Felipe el Bueno de Borgoña celebra la Fiesta del Faisán para promover una cruzada contra los turcos. El espectáculo incluye 24 músicos dentro de un pastel gigante.

La música renacentista abarca dos siglos, desde las primeras obras polifónicas de Binchois, Dufay y Dunstable hasta los primeros experimentos de ópera en Florencia, hacia 1600. La Reforma tuvo un gran impacto en la evolución de la música durante el siglo XVI, al igual que la posibilidad de imprimir música. El repertorio musical y las nuevas técnicas instrumentales se volvieron más accesibles para los aficionados ajenos a la Iglesia y a las cortes. Los compositores eran cada vez más conscientes del poder expresivo de la música, sobre todo cuando escribían música vocal, e intentaban encontrar estructuras y estilos que reflejasen con mayor exactitud el significado de los textos.

1500

1501
En Venecia, Ottaviano Petrucci imprime el primer libro de polifonía —*Harmonice musices odhecaton*, con 96 *chansons*— empleando tipos móviles. La nueva tecnología revoluciona la difusión de la música y potencia la actividad musical entre los aficionados.

1507
Petrucci es el primero en imprimir música instrumental, con los dos volúmenes de música para laúd de Francesco Spinacino en tablatura (notación que indica la posición de los dedos en los trastes).

c. 1509
El copista de música Petrus Alamire de Amberes es contratado por Carlos I. Su taller produce manuscritos de música bellamente ilustrados para regalos del aún príncipe, gracias a los cuales se conserva un vasto repertorio.

1516
Carlos I accede al trono de los reinos hispánicos y lleva a España la capilla de cantantes franco-flamencos de la corte de Borgoña, quienes influirán en la edad de oro de la polifonía española.

⌃ *Rauschpfeife* o chirimía alemana del siglo XVI

1517
Las 95 tesis del monje alemán Martín Lutero inician un periodo de reforma de la Iglesia que dará origen al protestantismo y tendrá un gran impacto en la música sacra del siglo XVI.

1520

1521
Muere Josquin des Prés. Sus obras tienen gran influencia en la textura homofónica dada a las voces polifónicas.

1524
Martín Lutero colabora en la primera colección de himnos protestantes —*Wittenberg Enchiridion*— que ofrece textos en alemán en lugar de en latín.

1527
El impresor de música parisino Pierre Attaingnant imprime una colección de *Chansons Nouvelles* utilizando unos tipos que combinan las notas y los pentagramas. Este avance técnico hace que la impresión de música sea más rápida y barata.

⌄ Los sonetos de Petrarca a su amada Laura inspiraron a los compositores de madrigales

1530
El compositor francés Philippe Verdelot publica su primer libro de madrigales. El madrigal, que combina elementos de la *chanson* francesa y la *frottola* italiana, no tarda en popularizarse en Europa.

1539
El primer libro de madrigales de Jacques Arcadelt tiene un enorme éxito.

1540

1542
El virtuoso de flauta dulce veneciano Silvestro Ganassi publica un tratado sobre el arte de la ornamentación, satisfaciendo de esta manera la pasión renacentista por añadir a las melodías adornos improvisados.

1545
Se reúne el concilio de Trento, origen de la Contrarreforma, que revisará la liturgia y la música católicas.

1548
Nace Tomás Luis de Victoria, uno de los grandes compositores de música sacra del Renacimiento español, junto con Cristóbal de Morales y Francisco Guerrero.

1550
El *Booke of Common Praier Noted* de John Merbecke se convierte en el libro de música estándar para la liturgia anglicana.

1551
Palestrina, gran compositor del Renacimiento italiano, es nombrado maestro de coro de la capilla papal por el papa Julio III, a quien dedica su *Primer libro de misas*.

1553
El desarrollo de un estilo instrumental virtuosista queda reflejado en otra obra sobre la ornamentación, el *Tratado de glosas* del compositor español Diego Ortiz.

≫ Violín del taller de Amati en Cremona (Italia), c. 1550.

1558
En Venecia, *Musica nova* de Adrian Willaert muestra el camino hacia la antífona policoral con varios grupos de voces contrastadas.

1560

1562
El concilio de Trento excluye de la Iglesia católica toda música «mancillada de elementos sensuales e impuros». Roma insiste en músicas más simples, silábicas, para que el texto sea lo más claro posible.

1562
El *Salterio de Ginebra* completo ofrece versiones silábicas para los 150 salmos.

1567
Nace el compositor italiano Claudio Monteverdi, cuyas obras maestras corales y operísticas harán de puente entre la música del Renacimiento y la del Barroco.

1573
En Florencia se reúne por primera vez un grupo de eruditos, músicos, y escritores denominado Camerata. Su interés por el antiguo teatro griego lleva al desarrollo del estilo *recitativo* (que imita los ritmos del lenguaje hablado) en los solos vocales y, más tarde, al nacimiento de la ópera.

1580

1588
Debido a la boga de la poesía de Petrarca en la corte inglesa de Isabel I, se publica *Musica Transalpina* de Nicholas Yonge, que proporciona textos ingleses para los madrigales de compositores italianos.

≪ La gaita acompaña una danza campesina pintada por Brueghel el Viejo c. 1569

1589
Orchésographie —una enciclopedia francesa de danza, con pasos y música— es una de las antologías renacentistas que reflejan la pasión por el baile en todos los niveles sociales.

⌃ *First Booke of Songes* de Dowland, para cantantes y músicos de un *consort*

1597
El laudista y compositor inglés John Dowland, que lleva a su máximo esplendor el arte de cantar con acompañamiento de laúd, publica su *First Booke of Songes* en formato «de mesa».

≫

« ANTES

Las melodías simples ya se cantaban desde tiempos inmemoriales, pero el auge del canto a varias voces a finales de la Edad Media transformó de modo radical el repertorio.

CANTAR A MUCHAS VOCES
La polifonía sacra « 46–47 alcanzó su plenitud en el siglo XII, en la música eclesiástica para dos o tres voces. El poeta-compositor francés **Guillaume de Machaut** (1300–1377) fue el pionero de la **polifonía profana**, que estableció tres formas poéticas en polifonía. Las denominadas *formes fixes*, se basaban en una repetición fija de un estribillo y una serie de versos, y fueron adoptadas por otros compositores.

MÚSICA DE LA CORTE
Junto a la nueva polifonía se entonaban cantos monofónicos (una sola voz), con frecuencia con acompañamiento de arpa o laúd, como la música cortesana de los **trovadores « 32–33**.

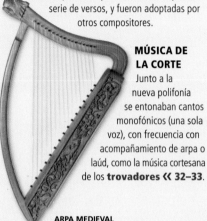

ARPA MEDIEVAL

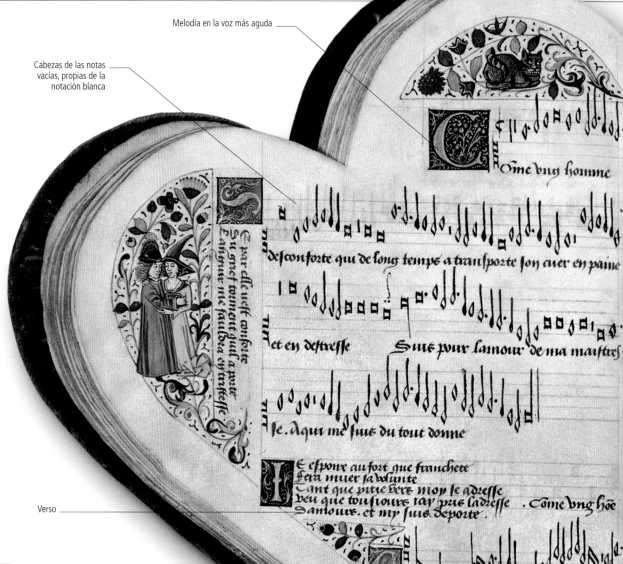

Melodía en la voz más aguda

Cabezas de las notas vacías, propias de la notación blanca

Verso

Cantar al amor

Entonadas en banquetes, entradas reales, torneos y otros entretenimientos, las canciones renacentistas podían ser versiones nuevas y complejas para varias voces o formas simples ancladas en las tradiciones locales. Pero por variada que fuera la música, su tema principal era el amor, sobre todo el imposible o el no correspondido.

En su tratado *El cortesano* (1528), el cortesano, soldado, diplomático y escritor italiano Baldassare de Castiglione revela la importancia de la canción en la cultura cortesana al sostener que todo cortesano que se precie tiene que ser capaz de participar en el canto y preferentemente acompañarse a sí mismo o a otros con el laúd. Como mínimo, debía estar familiarizado con el prolijo repertorio de canciones que se cantaban en los círculos cortesanos y citar fragmentos de estas canciones como parte de una conversación amena y ocurrente.

Desde la época de los trovadores (pp. 32–33), los poemas escritos y cantados en la corte trataban del amor por encima de todo y describían las pruebas y tormentos del amante cuya amada era el epítome de la belleza y la bondad, pero también inalcanzable o esquiva. Estas canciones se componían y cantaban no solo para amenizar celebraciones específicas en la corte, sino también para proyectar una imagen memorable del poder aristocrático. El ejemplo preeminente era la corte ducal de Borgoña, donde el canto polifónico (dos o más melodías que se cantaban simultáneamente) era un

Entretenimiento cortesano
Este grabado de Israhel van Meckenem (c.1500) sitúa la historia bíblica del rey Herodes en un escenario renacentista. Tres músicos acompañan la majestuosa danza de los cortesanos.

elemento integrante de ceremonias espectaculares.

En la Fiesta del Faisán celebrada en 1454 por el duque Felipe III de Borgoña (Felipe el Bueno), las canciones fueron ejecutadas por cantantes disfrazados, con 24 músicos tocando dentro de un pastel gigante. El duque ideó este espectáculo para promover una nueva cruzada contra los turcos, que habían tomado Constantinopla (actual Estambul) el año anterior. La canción francesa «L'homme armé» (El hombre armado) se convirtió en un clamor de concentración para la cruzada y se usó como base para varias versiones

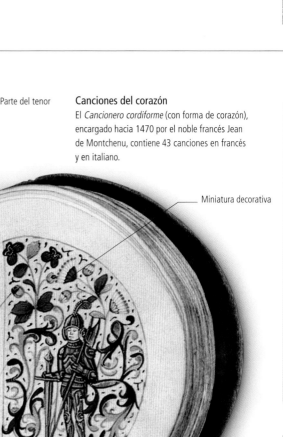

Parte del tenor

Canciones del corazón
El *Cancionero cordiforme* (con forma de corazón), encargado hacia 1470 por el noble francés Jean de Montchenu, contiene 43 canciones en francés y en italiano.

Miniatura decorativa

DESPUÉS

En el siglo XVI, los compositores y músicos en la corte y en su casa tendieron cada vez más a expresar el significado del texto mediante nuevos tipos de canción como el madrigal.

EL AUGE DEL AFICIONADO
A partir de la década de 1530, los **madrigales 66–67 ≫** se imprimían en libritos parciales (uno para cada voz) relativamente baratos, en Venecia, Lyon y París. La polifonía profana, antaño un modo de entretenimiento aristocrático, estaba al alcance de aficionados con talento surgidos entre los mercaderes ricos y cultos. La explosión de la **alfabetización musical** y de los conjuntos domésticos fue acompañada de un auge del cantante virtuoso en la corte que preludiaba la era del canto moderno **154–155 ≫**.

OBRAS CLAVE

Guillaume Dufay «Je ne vis oncques la pareille» («No he visto nunca nadie igual»)
Hayne van Ghizeghem «De tous biens plaine» («Dotada de todas las virtudes»)
Clément Janequin «La bataille»
Juan del Encina «Triste España sin ventura»
Heinrich Isaac «Innsbruck, ich muss dich lassen» («Innsbruck, debo dejarte»)

de una pequeña ciudad de la actual Bélgica, visitó Castilla en 1470, y Juan de Urrede, uno de los principales compositores de canciones profanas españolas, era flamenco (belga). A finales del siglo XV, Juan del Encina, poeta, dramaturgo y compositor de la corte del duque de Alba, desarrolló el villancico, convirtiendo un tipo popular de canción rústica en el equivalente español de la *frottola* italiana.

Nuevas influencias
Durante la mayor parte del siglo XV, las canciones para tres o cuatro voces rara vez se oían fuera de las cortes de Europa, pero en los círculos cortesanos crecía el interés por las canciones que se oían en calles y mercados. Estas se incorporaban a una canción polifónica

más larga y sofisticada, o bien se usaban como melodía para un texto más refinado. La convergencia de la música cortesana y la popular generó un estallido creativo que desarrolló el tema pastoral en boga desde alrededor de 1500: la corte como aldea y los cortesanos actuando como pastores o pastoras.

Las canciones con música en forma estrófica (estrofa y estribillo) siguieron siendo populares durante el siglo XVI. No obstante, dieron paso gradualmente a la nueva y expresiva canción solista transcompuesta (no repetitiva).

de la misa encargadas por la orden del Toisón de Oro fundada por el duque, una cofradía de caballeros cuyos miembros habían jurado proteger la Cristiandad.

Tradiciones regionales
Los compositores franceses y borgoñones como Guillaume Dufay, Gilles Binchois y Josquin Des Prés escribieron *chansons* (canciones francesas) para muchas voces entrelazadas, usando las formas poéticas establecidas por Guillaume de Machaut (p. 47). Estas formas eran apreciadas en toda Europa y se introdujeron en una rica variedad de tradiciones de canto regionales.

En Italia, el tipo de canción más común a finales del siglo XV y principios del XVI era la *frottola*, consistente en una poesía de amor ligera con la misma melodía repetida en cada estrofa, compuesta para tres o cuatro voces o para una voz solista con acompañamiento de laúd o de violas de gamba. Sus dos principales compositores fueron Marchetto Cara y Bartolomeo Tromboncino, en la corte de Isabel de Este en Mantua. Las colecciones de *frottolas* de estos y otros compositores, con frecuencia anónimos, fueron unos de los primeros libros de música que se imprimieron (pp. 54–55) y contribuyeron a la evolución del madrigal, el principal nuevo género de canción que surgió en la Italia del siglo XVI (pp. 66–67).

En Alemania, el principal género de canción polifónica fue el *Tenorlied*, que confiaba la melodía a la voz de tenor, habitualmente con dos voces por encima y una línea de bajo por debajo. Entretanto, en la península Ibérica, las canciones recibían la influencia de los compositores del norte de Europa. Se sabe que Johannes Ockeghem, oriundo

COMPRENDER LA MÚSICA

INTERPRETACIÓN DE LAS CANCIONES

En el siglo XV, las canciones se cantaban de diferentes maneras, según la ocasión y los recursos musicales disponibles. Los manuscritos de música de la época dan pocas pistas sobre el número y el tipo de músicos implicados en las canciones polifónicas. La literatura y las pinturas, como *El concierto* (izda.) del italiano Lorenzo Costa (c.1500), aportan algunos testimonios. Al parecer, la flexibilidad era la norma, desde las interpretaciones vocales *a cappella* hasta los solos de voz con arpa o laúd, o grupos de viento si las canciones se ejecutaban en el exterior o en grandes celebraciones.

La música y la imprenta

La innovación ideada por Ottaviano Petrucci en Venecia, en 1501, fue tan revolucionaria para la música como lo había sido 50 años antes la imprenta de Johannes Gutenberg para la literatura y se tradujo en un rápido incremento del alfabetismo musical.

Desde finales del siglo XV, la música se imprimía usando la tecnología a base de bloques de madera en los que las notas se tallaban y luego se entintaban. Este método que se utilizaba en los libros litúrgicos de canto llano (melodías no acompañadas que se cantaban en la iglesia) y en algunos manuales de enseñanza evitaba la tediosa copia a mano, pero seguía siendo lento y poco apropiado para las cabezas de nota romboidales vacías usadas en la notación blanca de la polifonía (música para múltiples voces).

La imprenta

En 1501, Ottaviano Petrucci (1466–1539) creó una nueva técnica para imprimir música con unos tipos metálicos netamente definidos, técnica que revolucionó el proceso de impresión

Coleccionistas ávidos

A medida que los libros de música se generalizaban, coleccionarlos se convirtió en un pasatiempo entre los músicos aficionados de Europa. El naturalista y bibliógrafo suizo Conrad Gesner (1516–1565) fue uno de ellos.

de la música. Aunque las hojas de papel tenían que pasarse varias veces por la prensa para imprimir los tetragramas y pentagramas, las cabezas de las notas y el texto, las impresiones de música vocal e instrumental realizadas por Petrucci eran elegantes y legibles. Pero el proceso era caro, y el número de copias por impresión, escaso.

Tipos móviles

En la década de 1520, Pierre Attaingnant (1494–1551), un impresor de música de París, desarrolló una nueva técnica para imprimir música con tipos móviles en una única impresión. Cada cabeza de nota se tallaba con su propio fragmento de pentagrama y se podía colocar junto con el texto correspondiente. Gracias a este avance, la producción de libros de música era más viable comercialmente, y el mercado se expandió con rapidez. En la década de 1540, varias ciudades europeas, como Venecia, Amberes, Lyon y Nuremberg, se convirtieron en importantes centros de impresión musical.

La difusión de la música

La música que antes era del dominio de la Iglesia y las cortes —misas y motetes, *chansons* y madrigales, y la instrumental de todo tipo— se hizo ampliamente disponible para los músicos aficionados, que también podían aprender lo más básico de la teoría musical en los libros impresos del tipo «aprenda usted mismo» que empezaban a proliferar hacia 1500.

Las antologías de música instrumental a menudo proporcionaban una breve instrucción, y las piezas se clasificaban con frecuencia de acuerdo con su nivel de dificultad. Así como algunos libros de música sacra estaban impresos en el formato de folio (página grande)

adecuado para el facistol de iglesias y monasterios, la música solía imprimirse cada vez más en cuadernillos o pequeños libros para cada parte, más económicos de producir, relativamente baratos de comprar y fáciles de guardar y recoger.

La música como expresión

Los géneros musicales como motetes, canciones y piezas instrumentales, particularmente atractivos para su ejecución en un contexto privado o doméstico, pronto se transformaron. La imprenta obligó a establecer una relación más estrecha entre la colocación del texto y de la música en la página: esto reflejó y estimuló la idea de que la música debía expresar el significado de las palabras, que se plasmó en el madrigal (pp. 66–67) y que condujo al nacimiento de la ópera a finales del siglo XVI (pp. 80–81).

La difusión de los repertorios musicales por medio de la imprenta y del surgimiento de las ferias comerciales de libros reportó fama a los compositores e incrementó el intercambio de estilos musicales en Europa. Estos avances dieron como resultado la transformación de la tradición musical occidental.

> « El **mundo** podrá conocer sus **gloriosos nombres**. »
>
> FINK SOBRE EL IMPACTO DE LA IMPRENTA EN LOS COMPOSITORES, 1556

DESPUÉS

La impresión de la música con tipos siguió hasta entrado el siglo XIX, pero el deseo de los compositores de indicar sutilezas de notación requería una tecnología más flexible: el grabado musical.

GRABADO DE MÚSICA

Los experimentos sobre el grabado de música, en los que la **notación se grababa en una plancha de cobre**, comenzaron en el siglo XVI, pero hubo que esperar al siglo XVII para que la técnica fuera rentable. En Inglaterra y en Holanda se establecieron centros de producción relevantes.

TECNOLOGÍA MODERNA

Durante las últimas décadas, la **edición musical informatizada** ha sustituido casi por completo a las técnicas de grabado. Los programas como Sibelius y Finale permiten editar casi cualquier signo de notación y además **reproducir y transponer** música pulsando una tecla de ordenador. Dentro de la revolución digital en curso, la música se almacena hoy digitalmente sin ningún soporte físico hasta que está a punto para su impresión **376–377 »**.

DISCOS FLEXIBLES PARA ALMACENAR MÚSICA DE LA DÉCADA DE 1990

Impresión de música en Inglaterra
Esta partitura impresa es del compositor inglés Thomas Tallis (c.1505–1585). La reina Isabel I concedió a Tallis y a su colega, el compositor William Byrd (1539–1623), el monopolio de la impresión musical en Inglaterra.

ANTES

Antes de la imprenta, la música tenía que escribirse a mano, ya fuera en suntuosos códices por encargo de príncipes o en simpes hojas de papel que circulaban entre los músicos.

COPISTAS DE MÚSICA

Las copias de música las hacían **amanuenses profesionales**, por lo general contratados por la Iglesia o por la corte, en un proceso laborioso y caro, ya que hacían falta horas para copiar una sola pieza. Los **materiales** utilizados —pergamino o papel— también eran costosos.

DIFUSIÓN DE LA MÚSICA

Los manuscritos solían copiarse para uso de capillas principescas o coros de catedrales y rara vez salían de estos recintos, lo que limitaba su difusión, pero también les daba **exclusividad**.

Una imprenta en acción
Esta miniatura del siglo XVI del *Recueil des Chants Royaux* muestra la preparación de la tinta (izda.), el compositor (sentado, a la dcha.), el operario y el lector de pruebas.

260 A Psalme before Morning Prayer. CANTVS. T. Tallis.
Cannon 2. parts in one.

Raise the Lord O ye Gentils all, vvhich hath brought you into his light: O praise him all people mortall, as it is most vvorthie and right.

TENOR, or Playnsong.

Raise the Lord O ye Gentils all, vvhich hath brought you into his light: O praise him all people mortall, as it is most vvorthie and right.

For he is full determined, on vs to poure out his mercy:

And the Lords truth be ye assured, abideth perpetually.

Abb. 111. Ein Psalm vor dem Morgengebet. Von Thomas Tallis.

Pentagrama | Cabeza de nota romboidal

Danza campesina
En esta pintura de Brueghel el Viejo, de c.1569, unos campesinos danzan al son de una gaita ante una taberna. Dos parejas bailan lo que podría ser una giga, una danza popular que el gaitero toca de memoria.

« ANTES

Aunque se conservan algunos ejemplos de notaciones para teclado anteriores a 1500, hasta entonces gran parte de la música instrumental se transmitía oralmente.

CONFIANDO EN LA MEMORIA

Los músicos profesionales enseñaban a los estudiantes a tocar sus instrumentos y les transmitían las piezas que conocían. Algunos de esos músicos eran ciegos, una tradición que se remonta a Homero y los rapsodas de la antigua Grecia.

NOTACION

Los métodos ideados para anotar la música instrumental permitieron que esta circulara y, una vez generalizada la **imprenta** « **54–55**, que llegara a los músicos aficionados.

MÚSICO MEDIEVAL TOCANDO DE MEMORIA

El **auge** de la música instrumental

La música instrumental se desarrolló con rapidez en el siglo XVI gracias en parte a la disponibilidad de la música impresa. Los compositores experimentaron sobre nuevos géneros instrumentales y escribieron música para complementar las características únicas de diferentes instrumentos.

Durante el siglo XVI, los instrumentistas participaban en la ejecución de la música vocal, pero las piezas compuestas para instrumentos fueron ganando importancia. También existía una tendencia cada vez mayor hacia el virtuosismo instrumental, incluso cuando los instrumentos acompañaban o tocaban música vocal. Así, en la Sevilla del siglo XVI, el compositor Francisco Guerrero (1528–1599) redactó las directrices para que los músicos de la catedral supieran cómo añadir glosas (adornos) cuando tocaban. El virtuosismo también era importante en las sonatas y *canzonas* instrumentales (piezas desarrolladas a partir de un tipo de canción de Flandes) compuestas por los Gabrieli —Andrea (c.1510–1585) y Giovanni (1556–1612)— y por Claudio Monteverdi (1567–1643) para la basílica de San Marcos de Venecia (pp. 72–73). A finales del siglo, en las instituciones eclesiásticas más prósperas de Europa resonaba la música instrumental virtuosa.

La participación de instrumentistas de viento en la polifonía vocal (música para varias voces, con más de una línea melódica) anotada muestra que leían la música y que no solo tocaban de memoria. La

1507 **Fecha de *Intabolatura de lauto* del compositor italiano Spinacino, el ejemplo de tablatura más antiguo conocida.**

6 pulsos por compás

La giga empieza en el sexto pulso, llamado anacrusa

La corchea equivale a 1 pulso

La negra equivale a 2 pulsos

6

1 2 3 4 5 6 | 1 2 3 4 5 6

Cada pulso es una corchea

Barra de compás

Acento (en rojo) en el primer pulso

Barra de compás

Acento en el cuarto pulso

Giga

Animada danza popular en Gran Bretaña en el siglo XVI. Suele estructurarse en compás de 6/8, con dos pulsos fuertes en cada compás y tres corcheas por cada pulso fuerte.

improvisación se utilizaba sobre todo para la ornamentación. En el siglo XVI se publicaron varios tratados sobre el arte del adorno u ornamentación, sobre todo el del virtuoso de la flauta dulce veneciano Silvestro Ganassi (1492–1550), en 1542, y el del compositor y violista español Diego Ortiz (1510–1570), en 1543.

El estudio de obras como estas permitía a los músicos aficionados aprender técnicas profesionales.

El arte de la variación

Los instrumentistas ya tocaban música desde hacía tiempo para danzas y bailes, y a menudo empleaban técnicas de improvisación y variación similares a las de las *jam sessions* de los modernos músicos de jazz. No obstante, gracias a la posibilidad de leer música, ahora podían

> « Una **fantasía...** procede tan solo de la **fantasía y la industria** del autor que la **creó**. »
>
> EL COMPOSITOR LUIS DE MILÁN, *EL MAESTRO*, 1536

desarrollar formas de composición más elaboradas que recurrían a su habilidad para improvisar pero también a formas vocales que ya conocían. Otra posibilidad consistía en obtener una compleja textura a partir de frases musicales cortas que se repetían (o «se imitaban»).

De estas formas instrumentales, el *ricercare* fue quizá la más experimental. Su propio nombre, que significa «buscar» en italiano, sugiere que los compositores estaban explorando nuevos territorios. Algunas piezas estaban basadas en los acordes, se centraban más en la armonía que en la melodía y ofrecían pasajes ornamentales más improvisados. A medida que transcurría el siglo XVI, el tipo de *ricercare* que se servía de la imitación se fue estableciendo con más firmeza.

La *canzona*, otra forma de música instrumental, se basaba en una serie de secciones contrastadas, algunas de ellas contrapuntísticas (pp. 100–101) y otras que se basaban más en los acordes. Los

conjuntos instrumentales adoptaron con entusiasmo la *canzona*, en especial las de Giovanni Gabrieli (p.72), escritas para instrumentos de viento. La fantasía era quizá el menos comedido de los géneros instrumentales desarrollados en esta época. Como el *ricercare*, no solía estar lastrada con un material musical extraído de una obra vocal.

La música instrumental también se interesó por las cualidades intrínsecas de instrumentos específicos —en especial los de teclado— aun cuando los editores de música preferían la flexibilidad de la instrumentación como una estratagema de mercadotecnia. El libro del organista español ciego Antonio de Cabezón (1510–1566) llevaba por título *Obras de música para tecla, arpa y vihuela*, mientras que el prefacio sugería que también podían tocarse con instrumentos de viento. Sin embargo, en las series de variaciones y fantasías de Cabezón es evidente que está empezando a surgir un estilo altamente virtuoso de escribir música, apropiado especialmente para los instrumentos de teclado. Este enfoque selectivo fue adoptado y desarrollado a su vez por varios compositores italianos e ingleses.

Música para bailar

A lo largo del siglo XVI se puso y se pasó de moda una extensa gama de tipos de danza. Las danzas iban acompañadas por un grupo de instrumentos de viento, laúd, flauta y tamboril, o gaita, según el nivel social de los bailarines y de la ocasión o el lugar en que se ejecutaban.

En las décadas de 1520 y 1530, la *danse basse* figuraba con mucha frecuencia en las colecciones de danzas publicadas por el impresor de música francés Pierre Attaingnant. Se trataba de una danza majestuosa que a menudo iba seguida de otra más animada, y los pares de danzas como el *passamezzo* y el *saltarello*, la pavana y la gallarda, y la alemanda y la *courante*

Chirimía

Esta réplica muestra la lengüeta y los agujeros para los dedos y de sonido típicos de este antiguo instrumento, predecesor del oboe moderno. Su sonido estridente era muy apropiado para tocar en el exterior.

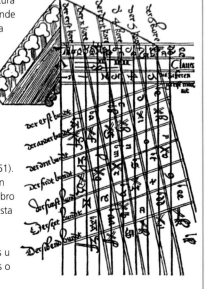

» DESPUÉS

En la música instrumental del XVII se dio más énfasis al virtuosismo.

VARIACIONES DE VIRTUOSO

Los instrumentistas solistas desarrollaron formas que dependían aún menos de la música vocal. A principios del siglo XVII, el compositor italiano Girolamo Frescobaldi (1583–1643) publicó dos volúmenes de *Tocatas*, mientras que el inglés William Byrd, el neerlandés Jan Sweelinck (1562–1621) y el español Juan Cabanilles (1644–1712) también se centraron en las técnicas de variación. El organista alemán Samuel Scheidt (1587–1654) recurrió al arte de la variación en sus preludios corales.

NUEVOS GÉNEROS

En torno a 1600 se acuñó una serie de términos para describir los nuevos estilos de música para conjuntos instrumentales. Tanto la **sinfonía** como el **ritornelo**, el **concierto** y la **sonata 104–105 »** comenzaron a establecerse durante el siglo XVII, aunque el empleo de la nueva terminología aún era bastante ambiguo.

OBRAS CLAVE

Francesco Spinacino *Intabolatura de lauto*

Luis de Milán *El maestro*

Girolamo Cavazzoni *Intavolatura*

Antonio de Cabezón *Obras*

Thoinot Arbeau *Orchésographie*

William Byrd *My Ladye Nevells Booke*

---

se volvieron comunes y acabaron sirviendo de base para la suite barroca.

Pasos recomendados

De la misma manera que la ornamentación musical se puso al alcance del instrumentista aficionado gracias a la impresión de las partituras, las danzas podían estudiarse y aprenderse en tratados. En 1551, en Amberes, el compositor Tilman Susato (1500–1561) publicó una colección de danzas titulada *Danserye*, y en 1589 el clérigo francés Thoinot Arbeau (1519–1595) publicó su tratado sobre la danza *Orchésographie*. Esta obra era una verdadera enciclopedia de la danza que presentaba los pasos alineados cuidadosamente con la correspondiente frase musical.

En Italia se publicaron hacia 1600 manuales similares en formatos más pequeños, de bolsillo, mientras que en 1612 el compositor, organista y teórico musical alemán Michael Praetorius (1571–1621) publicó *Terpsichore*, una antología que contenía más de 300 danzas.

LA TABLATURA

En vez de mostrar notas y figuras, la tablatura es un tipo de notación musical que indica dónde tienen que colocar los músicos los dedos para tocar su instrumento. Las tablaturas que se utilizaban para el laúd e instrumentos de tecla en el Renacimiento eran similares a las tablaturas para guitarra de hoy día. Era relativamente fácil aprender a tocar con los muchos libros del tipo «aprenda usted mismo» de principios del siglo XVI, como el *Libro de música de vihuela de mano*, intitulado *El maestro*, escrito en 1536 por el español Luis de Milán (1500–1561).

Esta xilografía que muestra el mástil de un laúd con símbolos de tablatura procede del libro de 1511 *Musica Getutscht*, obra del renacentista alemán Sebastian Virdung (1465–1511).

La tablatura también se empleaba para instrumentos de teclado, con letras, números u otros símbolos que indicaban valores rítmicos o las notas que debían cantarse.

« ANTES

En la Iglesia católica, la veneración de la Virgen María y de los santos había inspirado muchos motetes durante el siglo XV.

DEVOCIONES POLIFÓNICAS
Muchas de las obras de **polifonía** sacra « **46–47** de los siglos XIV y XV se compusieron para los oficios que se celebraban en días dedicados a honrar a la Virgen.

ESCUCHAR LAS PALABRAS
El **contrapunto** que caracterizó la música sacra del siglo XV, como la de **Johannes Ockeghem**, ya estaba dando paso a un estilo más **silábico** en las obras de **Josquin Des Prés**.

FRESCO DE LA VIRGEN MARÍA

Martín Lutero quema la bula papal
El pintor Karl Friedrich Lessing (1808–80) recrea la escena del 10 de diciembre de 1520, en Wittenberg (Alemania), en la que Lutero, rodeado de sus seguidores, quema la bula papal que anunciaba su excomunión de la Iglesia católica.

El oficio divino

Cuando el monje alemán Martín Lutero clavó sus 95 tesis en la puerta de la iglesia del castillo de Wittenberg (Alemania) en 1517, inauguró un periodo de reformas de la Iglesia que iba a tener un profundo impacto en la música sacra durante el resto del siglo XVI.

Inicialmente, Lutero (1483–1546) esperaba que sus reformas pudieran introducirse en el seno de la Iglesia católica. No obstante, cuando se negó a retractarse de sus escritos, el papa León X lo excomulgó, y se vio obligado a esconderse. Lutero y sus seguidores fundaron entonces la Iglesia luterana, iniciando así el periodo que hoy se conoce como la Reforma.

BULA PAPAL Documento oficial con una *bulla* (sello de plomo), prueba de que el mensaje venía directamente del papa.

Todos deberían cantar
Para Lutero, solo la teología era más importante que la música en el culto divino. Su énfasis en la Biblia como centro de los oficios eclesiásticos se tradujo en el rechazo del culto a la Virgen María, así que ya no había lugar para los motetes escritos para los oficios celebrados en su honor. A diferencia de la liturgia de la Iglesia católica, donde los fieles permanecían mucho tiempo en silencio mientras la misa se celebraba en latín (que no comprendían), Lutero insistió en que los himnos y las piezas corales se cantasen en la lengua local, y en que todos los miembros de su congregación cantaran.

Lutero mismo fue el autor del prefacio de la primera colección de himnos protestantes, *Geystliche gesangk Buchleyn* (que se traduce más o menos como «Pequeño libro de cantos espirituales») compuesto por Johann Walther (1496–1570) y publicado en 1524. Se trataba en esencia de simples armonizaciones de melodías alemanas conocidas con las que cada miembro de la congregación debía estar familiarizado.

Anglican Book of Common Prayer, 1549
El arzobispo Cranmer ideó este libro de oración para la Iglesia anglicana. En 1550, John Merbecke adaptó los textos de Cranmer a melodías simples basadas en el canto llano.

El teólogo francés Juan Calvino (1509–1564), otro reformador protestante, creía firmemente que los salmos debían cantarse. En 1539 imprimió el primer *Salterio de Ginebra* para su empleo en las iglesias reformadas de Suiza y Francia.

El concilio de Trento (Italia), en 1562
El pintor italiano Giovanni da Udine (1487–1564) representó la impresionante reunión del concilio en la que se debatió el tema de la música eclesiástica.

Roma responde

Los dignatarios y teólogos de la Iglesia católica se reunieron para debatir sobre la doctrina de la Iglesia en una serie de reuniones conocidas como concilio de Trento. Los artífices de este concilio, que duró desde 1545 hasta 1563, no consideraron en ningún momento el uso de otro idioma que no fuera el latín y no se plantearon siquiera la posibilidad de que los fieles cantaran durante los oficios. No obstante, al igual que Lutero, manifestaron su preocupación por la audibilidad de los textos sacros que debían cantar los coros.

Aunque no se habló de abolir los coros profesionales de la Iglesia, el concilio decretó que los compositores sacros evitaran a toda costa las «composiciones en las que se entremezclara lo lascivo o impuro, tanto si eran instrumentales como vocales». Se prohibieron las misas y las variaciones para órgano basadas en melodías profanas aunque parece que, incluso en el Vaticano, aún se cantaban obras basadas en *chansons* y madrigales (pp. 52–53).

En torno a 1562, el compositor italiano Giovanni Pierluigi da Palestrina (pp. 60–61) escribió la *Misa del papa Marcelo*. Esta versión de la misa es importante porque el texto se expresa de una manera más simple, silábica, es decir, con una nota por sílaba. Se ha dicho a menudo que fue esta obra la que salvó la polifonía (música para varias voces) en las iglesias, aunque puede que esto solo sea un mito.

Está claro que Palestrina, además de otros compositores que vivían en Roma, como el español Tomás Luis de Victoria (1548–1611) y el italiano Giovanni Animuccia (1520–1571), eran conscientes de la demanda de que los textos del culto divino fueran más audibles. Animuccia, como director musical de la basílica de San Pedro, sostuvo que componía «de acuerdo con los requerimientos del concilio de Trento» y de tal forma que la música «afectara lo menos posible a la comprensión del texto».

En Milán, el cardenal Borromeo (1538–1584), un destacado reformador de la Iglesia, encargó una misa a Vincenzo Ruffo (*c.*1508–1587) en la que el texto también «debía ser tan claro como fue posible». El deseo de que el texto fuera inteligible era común en la música sacra, tanto de la Reforma (protestante) como de la Contrarreforma (católica) preconizada por el concilio de Trento. En Italia, España y otros países católicos, esto contribuyó al nacimiento de la tradición de una música

eclesiásticos. Durante el breve reinado de Eduardo VI (1547–1553) se desató una oleada de reforma protestante y se desarrolló una nueva liturgia anglicana, simple y sin adornos, y en inglés.

Las simples versiones de los salmos de John Merbecke (*c.*1510–1585) en su *Booke of Common Praier Noted* (1550) se convirtieron en la única música que se oía en las parroquias inglesas. En las catedrales, los cánticos y oficios con

> « El… objeto de [las iglesias] **no es el desgañite** de los coristas.»

LUTERO, AL PRIORIZAR LA PALABRA DE DIOS SOBRE EL CANTO DE LOS COROS, 1538

impresionante contrastando un grupo de cantantes con otro, en lugar de mediante composiciones complejas en las que las palabras se perdían con facilidad. Este énfasis en la claridad de las palabras también se dio en la Reforma que tuvo lugar en Inglaterra durante el siglo XVI. En 1544, el arzobispo Thomas Cranmer (1489–1556) escribió al rey Enrique VIII lo siguiente sobre la música eclesiástica: «En mi opinión, el canto… no debería estar lleno de notas, sino que en la medida de lo posible, debería haber una nota por cada sílaba, para que se pueda cantar con claridad y devoción».

La reforma anglicana
Durante un tiempo, el latín continuó siendo la lengua de la liturgia inglesa y, por consiguiente, de la música compuesta para los oficios

textos ingleses los cantaba (y sigue cantándolos hoy) el coro. Los textos se musicaban a razón de una nota por sílaba, de modo que se comprendieran fácilmente. Los compositores católicos que trabajaban en la Capilla Real, como Thomas Tallis (1505–1585) y William Byrd (arriba) escribieron música en inglés para la Iglesia anglicana, pero también motetes con textos en latín. Hacia finales del siglo XVI, al intensificarse la hostilidad contra los católicos, Byrd se vio obligado a componer sus tres versiones de la misa en latín para su uso en secreto en los hogares católicos.

Estatua del cardenal Borromeo en Milán
Como arzobispo de Milán, encargó música para la misa compuesta con una nota por sílaba para que el texto fuera audible.

DESPUÉS

Las reformas del siglo XVI llevaron a las nuevas generaciones de compositores a escribir una música sacra más simple.

MÚSICA LUTERANA BARROCA
La coral luterana continuó siendo la base de la música sacra en las obras de los primeros compositores **barrocos**, como Johann Hermann Schein (1586–1630), y culminó en los preludios corales para órgano y las versiones a gran escala de las *Pasiones según San Mateo* y *según S. Juan* de **J. S. Bach 102–103 ≫**.

TENDENCIAS CATÓLICAS
La preocupación por la claridad generó varios experimentos sobre los estilos de canto. Uno de estos estilos era *parlando* (similar al lenguaje hablado), relacionado con la idea del fabordón *(falsobordone)*, en el que los cantantes recitaban el texto en un ritmo libre y con un único acorde. Ejemplos de ello se encuentran en las versiones de salmos de las *Vísperas* (1610) de **Monteverdi 81 ≫**.

LA INGLATERRA DEL SIGLO XVII
En la austera época de **Oliver Cromwell 94 ≫**, la música para la Iglesia anglicana se limitó en gran parte a himnos y salmos. Volvió a florecer con los *anthems* de **Henry Purcell 96–97 ≫**.

COMPOSITOR Nacido *c.* 1525 Fallecido en 1594

Giovanni Pierluigi da **Palestrina**

« La música debería **dar brío** al **culto divino.** »

PALESTRINA, PREFACIO AL PRIMER LIBRO DE MOTETES, 1563

Compositor renacentista
Retrato anónimo de Palestrina hacia los
50 años de edad. Palestrina llevó la música
sacra del Renacimiento a su forma más
pura, gozó de un gran éxito en vida
y fue muy admirado por diversos
compositores posteriores.

El compositor Giovanni Pierluigi, conocido como Palestrina por la población en que nació, pasó toda su vida en y en torno a Roma, una ciudad dominada por el papa y por la Iglesia católica. La mayor parte de su producción musical consiste en música sacra, incluidas 104 versiones de la misa y más de 3.000 motetes que representan la culminación del estilo polifónico renacentista, con su entretejido de voces melódicas. La serena belleza y la pureza espiritual de su música han sido objeto de la admiración de compositores tan diversos como Wagner y Debussy. Mendelssohn sostuvo que el sonido de su música «era como si viniera directo del cielo».

De maestro de coro a compositor

Palestrina nació en unos tiempos muy convulsos. La Reforma protestante, iniciada en Alemania hacia 1517, había rechazado la autoridad del papa y escindido la Iglesia. En respuesta a ello, el papa Paulo III convocó en 1545 el concilio de Trento para reformar y clarificar las prácticas y creencias de la Iglesia católica (pp. 58–59). Este movimiento, la Contrarreforma, fue el telón de fondo de la muy exitosa carrera musical de Palestrina.

Palestrina empezó su educación musical siendo niño, como miembro del coro de la basílica de Santa María la Mayor de Roma, y hacia los 20 años era organista y maestro de coro de la catedral de San Agapito, en su población natal.

El obispo de Palestrina era por entonces el cardenal Giovanni del Monte. En 1551, cuando el cardenal Del Monte fue elegido papa con el nombre de Julio III, invitó al talentoso joven músico a que dirigiera el coro de la basílica de San Pedro de Roma. Entre las obligaciones de su cargo estaban la composición de música sacra y la dirección de las ejecuciones musicales durante los oficios y ceremonias eclesiásticos.

OBRAS CLAVE

Misa L'homme armé (El hombre armado)

Misa del papa Marcelo

Misa Assumpta est Maria

Lamentaciones

Cantar de los Cantares (Cánticos de Salomón)

Stabat Mater

En aquella época, la música de Roma estaba dominada por la polifonía de la escuela franco-flamenca (pp. 46–47), con compositores procedentes sobre todo de los actuales Bélgica y Países Bajos. De esta manera, Palestrina fue el primer compositor nacido en Italia en adoptar con éxito este estilo, que caracterizaba su técnicamente logrado primer libro de misas, publicado en 1554.

Expulsión de la basílica de San Pedro

El pontífice estaba encantado con su protegido y lo introdujo en el elitista círculo interno de la *schola cantorum* (el coro papal). Sin embargo, Julio III murió poco después, iniciándose así el periodo más difícil de la vida de Palestrina.

Tras las tres semanas de papado de Marcelo II, Paulo IV se convirtió en el jefe espiritual de la Iglesia católica. Así como Julio III había sido un papa amante del arte y del placer, Paulo IV era un gran defensor de la Contrarreforma.

El nuevo papa declaró que Palestrina era culpable de dos cargos: había publicado madrigales profanos mientras era miembro

del coro papal, y estaba casado y tenía hijos, en una época en que se exigía el celibato a quienes trabajaban dentro de la Iglesia católica. Por todo ello se le prohibió desempeñar cualquier tipo de empleo papal.

Como director musical y compositor de excepcional renombre que era, a Palestrina no le fue difícil hallar puestos importantes en otros lugares de Roma, primero como maestro de coro en San Juan de Letrán y luego en Santa María la Mayor.

Piedad y pureza

Entretanto, el concilio de Trento orientó el tema de sus deliberaciones hacia la música. En 1562, dictaminó una resolución para excluir de la Iglesia «toda la música mancillada con elementos sensuales e impuros, todas las formas seculares y el lenguaje poco edificante».

Antes se creía que poder escuchar las misas de Palestrina fue lo único que disuadió a los dignatarios de la Iglesia de prohibir por completo la música en los oficios religiosos. Hoy se sabe que

Órgano de la basílica de San Juan de Letrán
Palestrina fue maestro de coro de San Juan de Letrán, la catedral de Roma, desde 1555 hasta 1560. Su antecesor en el cargo fue otro célebre compositor, Orlando de Lasso.

esto no es cierto, pero sí lo es que el gran compositor respondió a la presión por conseguir una renovada pureza en la música sacra con obras como la célebre *Misa del papa Marcelo*. En 1566, Palestrina describió su nuevo libro de misas como «música escrita en un estilo nuevo y en concordancia con las

opiniones de las personas más serias y más concienciadas religiosamente que ostentan elevados puestos».

La fluida música polifónica que produjo a partir de la década de 1560 consolidó su fama. Su belleza le atrajo

« El **Stabat Mater** [de Palestrina] … cautiva el alma.»

FRANZ LISZT, CARTA AL EDITOR MUSICAL CHRISTIAN KAHNT, 30 DE MAYO DE 1878

el mecenazgo privado de los príncipes del Renacimiento e hizo que le llovieran ofertas de empleo desde más allá de Roma, incluida Viena. No obstante, el compositor se quedó en Roma y volvió a trabajar al servicio del papa.

La pérdida de su esposa y de varios miembros de su familia durante la peste de la década de 1570 le hizo pensar en tomar las órdenes sagradas.

Pero en 1581 se casó con una acaudalada viuda, Virginia Dormoli, y se puso al frente del negocio de peletería de su difunto marido. Esto le proporcionó una vejez confortable mientras seguía componiendo.

A su muerte, en 1594, Palestrina fue sepultado con grandes honores en la basílica de San Pedro.

Partitura de Palestrina
Dos primeras páginas de la edición original de la versión del «Magnificat» de Palestrina, publicada en 1591.

CRONOLOGÍA

- **1524 o 1525** Nace como Giovanni Pierluigi en Palestrina, cerca de Roma.

- **1537** Se convierte en corista de la basílica de Santa María la Mayor de Roma.

- **1544** Es nombrado organista y maestro de coro de la catedral de San Agapito, en Palestrina.

- **12 de julio de 1547** Se casa con Lucrezia Gori en Palestrina.

- **1551** Su mecenas, el papa Julio III, le nombra maestro de coro de la capilla Giulia en la basílica de San Pedro de Roma.

- **1554** Julio III le hace miembro de la privilegiada *schola cantorum* (coro papal).

- **23 de marzo de 1555** Muere Julio III; le sucede durante apenas tres semanas el papa Marcelo II.

- **23 de mayo de 1555** Paulo IV es elegido papa tras la muerte de Marcelo. Palestrina no tarda en ser destituido del coro papal, pero deviene maestro de coro de San Juan de Letrán.

- **1561** Es nombrado maestro de coro de la basílica de Santa María la Mayor.

MEDALLA ACUÑADA POR EL PAPA JULIO III

- **1562** El concilio de Trento determina nuevos principios para la música eclesiástica como parte de la Contrarreforma. Probable año de composición de la *Misa del papa Marcelo*.

- **1564** Dirige funciones musicales en la villa del acaudalado mecenas cardenal Hipólito de Este.

- **1566** Es nombrado maestro de música en el recién fundado seminario romano.

- **1568** Escribe una misa y motetes para Guillermo Gonzaga, duque de Mantua.

- **1571** Retoma el puesto de maestro de coro de la capilla Giulia en San Pedro. Compone el madrigal «Le selv' avea» para celebrar la victoria naval de los cristianos sobre los turcos en Lepanto.

- **1572–1580** La peste hace estragos en Roma. Su mujer, su hermano y dos de sus tres hijos mueren durante tres brotes diferentes de peste.

- **28 de marzo de 1581** Se casa con Virginia Dormoli, la rica viuda de un peletero romano.

- **1584** Publica su cuarto libro de motetes: versiones del *Cantar de los Cantares* de Salomón.

- **1588** Se publican sus *Lamentaciones*.

- **1589–1590** Escribe un *Stabat Mater* para ocho voces.

- **2 de febrero de 1594** Muere en Roma.

Concierto de mujeres
En el siglo XVI empezó a ser más aceptable que las mujeres tuvieran educación musical y cantasen y tocasen instrumentos, como muestra esta obra del pintor o taller flamenco conocido como Maestro de las Medias Figuras.

La edad de oro del laúd

El laúd se desarrolló con rapidez durante el siglo XVI, bien como instrumento solista, o bien como instrumento principal para acompañar a un cantante solista. Considerado el «rey de los instrumentos», el laúd alcanzó la cima en las obras del compositor inglés John Dowland.

A principios del siglo XVI, saber cantar con laúd se convirtió en un requisito social esencial para el aristócrata amante de la música. Las descripciones de la vida cortesana sugieren que tocar y escuchar canciones con acompañamiento de laúd eran unos de los pasatiempos favoritos. En Italia, en 1524, la noble y mecenas Isabel de Este (1473–1539) fue alabada así por su maestría musical por el diplomático y poeta Gian Giorgio Trissino: «Cuando ella canta, especialmente con el laúd, creo que Orfeo y Anfión… quedarían maravillados al escucharla.»

El amor lo conquista todo

El patronazgo de Isabel de Este contribuyó al cultivo de la *frottola*, tipo de canción de amor italiana ejecutada por un solista con acompañamiento de laúd (p. 53). La canción solista también era apreciada en los círculos de la corte española, donde solía acompañarse con la vihuela. La música impresa para estos instrumentos también circulaba fuera de las cortes nobiliarias,

ANTES

En la Antigüedad clásica, la poesía ya se recitaba o se cantaba al son de un arpa o una lira, como testigua el mito griego de Orfeo.

BARDOS Y BALADAS
La poesía épica fue acompañada de instrumentos de cuerda pulsada durante toda la Edad Media **‹‹ 32–33**. En antologías españolas del siglo XVI se citan baladas históricas para solista y vihuela **‹‹ 39**.

SOLOS PARA CADA OCASIÓN
Las canciones solistas acompañadas por instrumentos de cuerda pulsada podían oírse en diversos entornos medievales. El laúd y la voz se utilizaban en los entretenimientos cortesanos, las representaciones teatrales, las fiestas y las llegadas de la realeza.

Música compartida
El *First Booke of Songes or Ayres* de Dowland (1597) se imprimió en gran formato y de modo que los músicos que se reunían para interpretar las canciones pudiesen agruparse en torno a un solo ejemplar colocado sobre una mesa.

entre los aficionados a la música de la adinerada y culta clase mercantil.

Las canciones para laúd se extendieron de un modo similar por Francia. Allí se publicaron canciones cortesanas (*airs de cour*) en antologías. Cuando el laudista y

---

COMPOSITOR (1563–1626)

JOHN DOWLAND

Dowland nació en Londres, pero no se sabe gran cosa de su formación inicial. En 1580 se trasladó a Paris, donde se hizo católico. Luego trabajó en las cortes del norte de Alemania y de Italia, y alcanzó fama internacional. En 1596 regresó a Inglaterra, donde manifestó su lealtad para con su reina protestante, Isabel I, tras haber entrado en contacto con una célula católica que conspiraba para asesinarla. A partir de 1598 fue laudista del rey Cristián IV de Dinamarca, pero fue despedido por sus prolongadas estancias en Londres. Puede que debido en parte a su catolicismo, Dowland fracasara en su empeño de obtener el puesto de laudista real de Isabel I, pero fue nombrado laudista de su sucesor, Jacobo I, en 1612.

---

las armonías básicas sobre las cuales podían improvisar los músicos. Quizá por sentirse inseguro sobre la calidad de su composición, Le Roy se centró en la belleza de las letras: «Si las armonías musicales no son iguales a lo mejor, las palabras emanan de buenas fraguas… de los mejores poetas del siglo».

Canciones expresivas

El carácter íntimo del solo con laúd dio a los compositores la oportunidad de escribir música muy expresiva. Uno de los grandes compositores ingleses de canciones para cantar con laúd fue Thomas Campion (1567–1620), quien comenta esta nueva relación entre texto y música en el prefacio de *Two Bookes of Ayres* (*Dos libros de canciones, c.* 1613): «En estos aires ingleses he intentado sobre todo vincular y unir mis palabras y mis notas amorosamente». Esta preocupación por la expresividad se deja oír también en las canciones de Philip Rosseter (*c.* 1568–1623) y de John Dowland, laudistas al servicio de Jacobo I de Inglaterra.

Dowland publicó cuatro libros de canciones con laúd en Londres, entre 1597 y 1612. Cuando viajó a Florencia, debió de imbuirse de los avances de la monodia (música vocal solista) que tenían lugar en esa ciudad, influencia que se refleja en sus últimas obras. Aunque muchas de sus canciones —en especial las primeras— son estróficas (con versos repetidos) y para varias voces, Dowland muestra un certero instinto para captar el sentido o la emoción de los poemas y transmitirlos en una música de gran belleza.

75 Número de piezas para laúd de John Dowland que se conservan.

8 Número de órdenes (pares de cuerdas) del laúd renacentista.

compositor Adrian Le Roy (1520–1598), que había obtenido del rey la exclusiva para imprimir música, publicó su *Livre d'airs de cour miz sur le luth* (*Libro de canciones cortesanas con laúd*), imprimió la parte vocal con una línea de bajo separada para el laúd, proporcionando

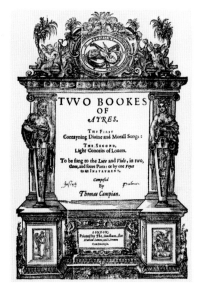

Portada de *Two Bookes of Ayres*
Esta colección de canciones de Thomas Campion, publicada hacia 1613, contiene una selección de piezas divinas y morales, además de canciones de amor traviesamente metafóricas.

DESPUÉS

El potencial expresivo de la canción acompañada por un instrumento, epitomizado por Orfeo, sigue siendo una fuente de inspiración musical.

CANCIÓN PARA LAÚD ITALIANA
El músico italiano **Giulio Caccini** publicó un manual enormemente influyente de canciones solistas acompañadas con laúd, *Le nuove musiche*. Caccini debió de analizar la música de la antigua Grecia, al ser uno de los intelectuales marcadores de tendencias de la **Camerata florentina 80 ››**.

PRIMERAS ÓPERAS
El tema de las primeras óperas de **Caccini**, **Peri**, y **Monteverdi 80–81 ››** también se inspiraba en el **mito griego** del laudista y cantante Orfeo.

EL SIGLO XXI
En 2006, el cantante británico **Sting** dio a conocer a un público moderno las pequeñas obras maestras de Dowland en el álbum de canciones del compositor renacentista *Songs from the Labyrinth*.

STING INTERPRETA UNA CANCIÓN CON LAÚD DE DOWLAND

OBRAS CLAVE

Bartolomeo Tromboncino «Si è debile il filo» («Si es débil el hilo»)

Marchetto Cara «S'io sedo a l'ombra» («Si me siento a la sombra»)

Luis de Milán Durandarte, Durandarte

Guillaume Tessier «Le petit enfant amour»

John Dowland «Flow My Tears» («Fluyan mis lágrimas»)

Thomas Campion «All Lookes Be Pale»

Siglo II A.C.
El *pipa* chino
El laúd chino o *pipa*, mencionado por primera vez en textos chinos en el siglo II A.C., fue un instrumento solista o de conjunto muy apreciado bajo la dinastía Tang (618–907).

PIPA

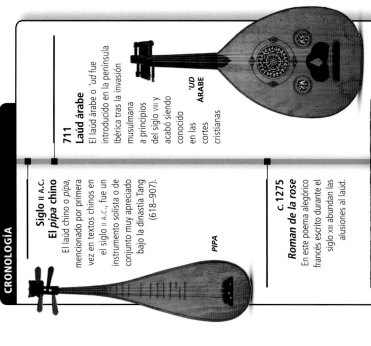

711
Laúd árabe
El laúd árabe o *'ud* fue introducido en la península Ibérica tras la invasión musulmana a principios del siglo VIII y acabó siendo conocido en las cortes cristianas

'UD ÁRABE

c. 1275
Roman de la rose
En este poema alegórico francés escrito durante el siglo XIII abundan las alusiones al laúd.

MINIATURA DE UNA ESCENA DE JARDÍN, c. 1490

c. 1440
Construcción del laúd
El dibujo más antiguo que se conoce de las partes de un laúd fue obra del organista Henri Arnaut de Zwolle, que trabajó en la corte francesa.

c. 1482
Plectro para puntear
Para tañer el laúd medieval se utilizó un plectro hasta que el teórico musical Johannes Tinctoris revolucionó la técnica al tocarlo con los dedos.

NIÑO TOCANDO EL LAÚD CON PLECTRO EN UN RELIEVE DE MÁRMOL, ITALIA, c. 1431

El laúd

El laúd es uno de los instrumentos más importantes y versátiles de la tradición musical occidental. Como instrumento solista o de acompañamiento, proporcionó el fondo musical a las canciones de los trovadores y formó parte del conjunto continuo del Barroco (pp. 78–79).

Los instrumentos de cuerda pulsada del tipo laúd se remontan a la Antigüedad en Asia oriental, donde existía el *pipa* chino, y en el mundo árabe, donde se tocaba el *'ud*. Estos instrumentos tienen en común la forma de pera y las cuerdas tensadas sobre una tapa armónica plana. Otra característica común es la posibilidad de ajustar la tensión de las cuerdas, y por tanto el afinamiento, mediante clavijas móviles. El nombre de laúd deriva del árabe *al-'ūd*, que significa madera, el material usado para fabricar estos instrumentos. El laúd llegó a Europa durante la Alta Edad Media por varios caminos. Los nómadas búlgaros que se asentaron en los Balcanes durante el siglo VII llevaron consigo un tipo de laúd de mástil corto y, un siglo después, la ocupación musulmana de la península Ibérica —que comenzó en 711— introdujo el *'ud*. Una obra de arte del siglo XII que representa un laúd sugiere que este instrumento ya se tocaba entonces en Sicilia, donde es posible que fuera introducido desde Oriente siglos antes, durante las conquistas de los bizantinos o los sarracenos. Desde los extremos meridional y oriental de Europa, el laúd se extendió hasta

Francia y Alemania, y en el siglo XIV ya era omnipresente en toda Europa. Las referencias al laúd abundan en la literatura y el arte medievales, sobre todo como un instrumento tocado por ángeles músicos.

De la péñola a los dedos

El laúd medieval se tocaba con un plectro hecho con el cañón de una pluma, denominado péñola. Durante este periodo se utilizaba esencialmente como un instrumento melódico: solo se podía tocar una nota a la vez. A lo largo del siglo XV, los laudistas (tañedores de laúd) comenzaron a tocar con las yemas de los dedos. El teórico musical flamenco Johannes Tinctoris abogó por tocar con los dedos en torno a 1482: esto permitía a los músicos hacer sonar más de una cuerda a la vez, y por tanto, tocar música polifónica, es decir, música con dos o más melodías simultáneas. Este cambio de técnica coincidió con la notación de la música para laúd en tablatura, un tipo de notación que todavía se usa hoy día (p. 57) y que muestra dónde deben colocarse los dedos en los trastes.

Clavijas
El clavijero revestido de marfil de este laúd está doblado hacia atrás en ángulo recto con el mástil (en la mayoría de laúdes está más inclinado). Las nueve clavijas de marfil sujetan y afinan las nueve cuerdas.

Uno de los nueve trastes de tripa

Clavijas de afinación

Clavijero

Laúd renacentista
Este bello laúd soprano con cinco órdenes se fabricó en el norte de Italia hacia 1500. La tapa de la caja de resonancia está hecha del abeto tradicional y la espalda está formada por 23 costillas de marfil, el mismo material que reviste el mástil.

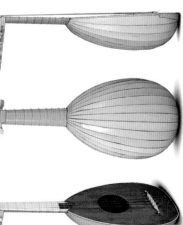

VISTA LATERAL

VISTA POSTERIOR

VISTA DE TRES CUARTOS

1500
Laúd de 4 órdenes
Los laúdes medievales estándar tenían 4 órdenes o pares de cuerdas. Hacia la década de 1500 se añadía a menudo un quinto orden, aunque el laúd de 4 órdenes siguió siendo popular.

c. 1520
Un libro decisivo
El laudista italiano Vincenzo Capirola amplió el repertorio con este *Libro del laúd* que incluía instrucciones sobre la dinámica y la técnica.

LIBRO DEL LAÚD DE CAPIROLA

c. 1580
Laúd de 8 órdenes
Los laúdes de finales del Renacimiento solían tener 8 órdenes, con dos cuerdas por orden a excepción de la cuerda más aguda, conocida como *chanterelle*, que continuó siendo simple.

LAÚD DE FINALES DEL RENACIMIENTO

1590
Añadiendo el bajo
El empleo del laúd como instrumento de bajo continuo dio origen a una especie de laúd llamado tiorba, a cuyo alargado mástil se le añadían cuerdas para los bajos y un segundo clavijero.

TIORBA

c. 1600
Extensión amplia
En el Barroco se añadieron aún más órdenes, siendo 13 el número estándar. Así el laúd adquiría la amplia extensión necesaria para un instrumento continuo.

LAÚD DE 13 ÓRDENES

Tapa armónica

Oído con un rosetón decorativo

Cuerda simple y más aguda, llamada *chanterelle*

Puente-cordal de marfil

Borde de marfil entre la tapa armónica y la espalda

Órdenes dobles, o pares de cuerdas

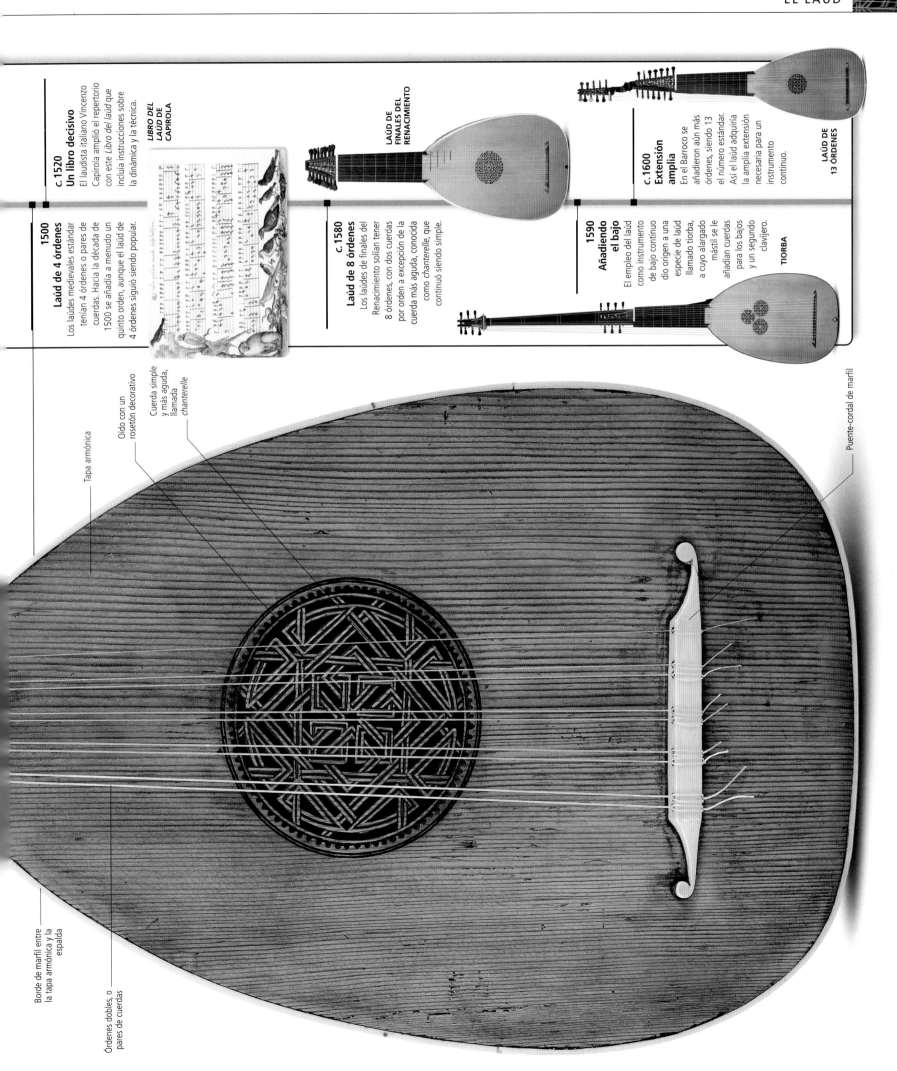

El **madrigal**

El madrigal surgió en Italia hacia 1530 y no tardó en popularizarse en toda Europa. La boga de esta forma de canción fue fomentada por la impresión de pequeñas colecciones de música que podían adquirirse a bajo coste y que músicos aficionados podían tocar en su propia casa.

L a primera vez que se usó la palabra «madrigal» para referirse a una pieza vocal cuyo texto eran poemas italianos y con más de una línea melódica o voz fue en el título del *Primo libro di madrigali (Primer libro de madrigales)* de Philippe Verdelot, publicado en 1530. En unos pocos años, esta palabra se convirtió en un término estándar, de uso común.

Los poemas preferidos fueron los del poeta y humanista italiano Francesco Petrarca (1304–1374), pues sus sonetos, compuestos por dos estrofas de cuatro versos, seguida cada una de ellas por una estrofa de tres versos, poseían un enorme atractivo para los compositores, que disfrutaban trasladando a la música las intensas emociones del poema.

Tormentos de amor

El amor de Petrarca por una dama llamada Laura inspiró numerosas composiciones musicales. El poeta había renunciado al sacerdocio tras conocerla y enamorarse de ella en

Plaza Trento e Trieste (Ferrara)
El madrigal floreció en Ferrara, especialmente en la corte del duque Alfonso II de Este, que formó el célebre Concerto delle donne, un trío de virtuosas del canto.

Aviñón (Francia); no obstante, ella ya estaba casada, y Petrarca se sumió en una desesperación que no le dio tregua ni siquiera tras la muerte de su amada en 1348. Estos tormentos hallaron su expresión musical ideal en el madrigal.

Petrarca viajó mucho, pero durante mucho tiempo estuvo vinculado con Florencia. Tres compositores con fuertes

napolitana, con textos humorísticos y animados ritmos de danza, y el dramático madrigal *arioso* romano. El madrigal espiritual, con textos sacros en lengua vernácula (local) en vez de en latín, halló buenos defensores en dos compositores de la Contrarreforma: Vincenzo Ruffo (1508–1587), de Verona, y el español Francisco Guerrero (1528–1599), cuyos dos volúmenes de *Canciones y villanescas espirituales* se imprimieron en 1589.

Tres damas de Ferrara

Mientras las imprentas italianas proporcionaban madrigales al mercado de los aficionados, la música de la corte se caracterizaba por músicos profesionales que trataban de alcanzar el virtuosismo técnico y artístico. Esta tendencia fue notable en la corte de Ferrara, donde compositores como Giaches de Wert (1535–1596), Cipriano de Rore (c.1515–1565) y Luzzasco Luzzaschi (1546–1607) escribieron madrigales geniales y complejos para que los interpretaran las «tres damas de Ferrara».

Según un antiguo historiador de esta corte, el duque de Ferrara, Alfonso II de Este, ordenó a su trío de damas que practicase cada día. Las integrantes del Concerto delle donne cantaron desde 1580 hasta 1597, adquirieron renombre en toda Europa por su técnica vocal y su potencia expresiva, y fueron muy imitadas. A partir de entonces más mujeres podían formarse como profesionales de la música y disponer de música escrita para ellas.

El virtuosismo de las tres damas también influyó en el desarrollo del madrigal, especialmente en las obras de Carlo Gesualdo, príncipe de Venosa (1560–1613). Gesualdo recurrió a los contrastes musicales extremos: por ejemplo, el uso de voces agudas y graves, yuxtaposición de pasajes retóricos rápidos y cantos sostenidos, y armonías en conflicto que expresaban la angustia o

Para la familia y amigos

En Inglaterra se empezó traduciendo madrigales italianos, pero no se tardó en poner música a poemas ingleses, a menudo para interpretarlos en casa, como muestra esta xilografía.

la alegría evocadas en los textos poéticos. Para entonces ya había más poetas italianos, como Torquato Tasso y Gian Battista Guarini, por cuyos poemas se sentían atraídos los compositores.

COMPOSITOR (1544–c. 1583)

MADDALENA CASULANA

La compositora, cantante y laudista Maddalena Casulana fue una de las músicas más célebres del Renacimiento. Trabajó principalmente en Vicenza (Italia), y se sabe que tocó en público en muchas ocasiones —incluidos un banquete en Perugia y una reunión en la Academia de Vicenza— y que compuso obras para acontecimientos señalados, como una boda real en Munich. Fue la primera mujer que publicó madrigales: tres volúmenes impresos en Venecia entre 1568 y 1583. En la dedicatoria del primero clama contra el «estúpido error de los hombres» que creen que las mujeres no tienen las mismas dotes intelectuales. No hay datos sobre su vida después de 1583.

OBRAS CLAVE

Jacques Arcadelt «Il bianco e dolce cigno» («El blanco y dulce cisne»)

Cipriano de Rore «Ancor che col partire» («Aunque al partir»)

Luca Marenzio «Solo e pensoso» («Solo y pensativo»)

Carlo Gesualdo «Moro, lasso, al mio duolo» («Muero, infeliz, con mi dolor»)

John Wilbey «Draw on Sweet Night»

> «La **música...** era tan concertada, tan dulce, tan ajustada y tan milagrosamente **adecuada** para las **palabras**.»
>
> EL ESCRITOR ANTON FRANCESCO DONI, SOBRE EL MÚSICO ADRIAN WILLAERT, 1544

ANTES

Las canciones italianas y francesas del siglo xv y principios del siglo xvi influyeron en el desarrollo del madrigal.

FORMAS SOLISTAS

Hacia 1400 desapareció una antigua forma de canción denominada madrigal, no relacionada directamente con el madrigal del siglo xvi. La canción italiana llamada *frottola* **≪ 52–53** se considera a menudo la precursora inmediata del madrigal; sin embargo, solía ejecutarse como un solo con un simple acompañamiento instrumental, por lo que el madrigal estaría más próximo a la *chanson* francesa a cuatro voces de principios del siglo xv.

conexiones florentinas —Philippe Verdelot, Jacques Arcadelt y Francesco de Layolle— fueron esenciales para el desarrollo del madrigal para cuatro voces a principios del siglo xvi. Este madrigal combinaba el animado estilo silábico de la *frottola* italiana (p. 53) con la textura vocal más densa de la *chanson* francesa. La música solía ser transcompuesta (p. 67), en lugar de estrófica (cada estrofa con la misma música), y tenía por objeto expresar el significado del poema con la mayor fidelidad posible.

Adrian Willaert en Venecia (pp. 72–73) y Luca Marenzio (1553–1599) en Roma llevaron a cotas más altas este modo de componer y establecieron los madrigales para cinco voces como la norma.

De la danza a la devoción

Además de las anteriores, surgieron varias formas de madrigal, como la *villanella*

Pallida non ma pui che neue bianca
Che senza uenti in un bel colle fiocchi
Parea possar come persona stancha
Quasi un dolce dormir ne suo begliocchi
Essendo il spirto gia da lei diuiso
Era quel che morir chiaman li sciocchi
Morte bella parea nei il suo bel uiso

Musa de Petrarca
En esta miniatura de un manuscrito italiano de finales del siglo xv de poemas de Petrarca, el poeta conversa en un paisaje idílico con su amada (y ya difunta) Laura, la musa de la poesía que tanto inspiró a los madrigalistas.

DESPUÉS

Después de 1600, el madrigal evolucionó hacia otros géneros, en especial el madrigal *concertato*.

EXPERIMENTOS MUSICALES

En los madrigales de estilo concertado participaban mayores combinaciones de **voces e instrumentos** y secciones musicales contrastadas. Al mismo tiempo, con los experimentos de Florencia y de otros lugares, cambió la percepción de cómo debía expresarse el significado de un texto mediante la música. Los compositores de principios del XVII como **Claudio Monteverdi 81 »** escribieron madrigales para conjuntos y solistas de estilo **operístico**, y a lo largo del siglo dieron paso a otros géneros profanos como la **cantata 82–83 »** y el **aria**. Hacia 1640, el madrigal como género había desaparecido.

La difusión del madrigal

Las antologías impresas de madrigales llegaron a toda Europa, al igual que los músicos que viajaban entre cortes y catedrales. En la Inglaterra de Isabel I, el nuevo interés por los poemas de Petrarca preparó el terreno para una colección titulada *Musica transalpina*, publicada en Londres en 1588, en la que los textos en italiano de las piezas de los compositores Luca Marenzio y Alfonso Ferrabosco se tradujeron al inglés.

Esto sirvió de inspiración para los compositores ingleses. Así, Thomas Morley (*c.*1557–1602) desarrolló un tipo más ligero de madrigal y compiló *The Triumphs of Oriana (Los triunfos de Oriana)*, un libro de 25 madrigales de diferentes compositores, escritos según se cree para elogiar a Isabel I. John Wilbye (1574–1638) y Thomas Weelkes (1576–1623) escribieron obras maestras en miniatura en una vertiente más seria.

COMPRENDER LA MÚSICA
TRANSCOMPOSICIÓN

La mayoría de las canciones anteriores al madrigal seguían formatos musicales y poéticos fijos, basados en la repetición de una serie de estrofas y un estribillo (coro). Estas se denominaban formas estróficas. Dado que en cada estrofa se repetía la misma música, quedaba poco margen para una aproximación expresiva al poema, bien mediante la armonía, o bien señalando palabras para un tratamiento musical especial. Los compositores de madrigales creaban una música nueva para cada frase o verso. En estas obras «transcompuestas» (*durchkomponiert*), no repetitivas, el compositor quedaba libre para expresar el texto con figuras musicales que reflejasen su significado.

Instrumentos de conjunto

Los pequeños conjuntos de cámara se desarrollaron rápidamente en el Renacimiento para acompañar las danzas y para proporcionar entretenimiento en espacios íntimos. Los conjuntos podían constar de familias de instrumentos de diferentes tamaños.

1 **Dulcián** Este predecesor del fagot está hecho con una sola pieza de madera y tiene taladro doble. 2 *Rauschpfeife* Este instrumento de doble lengüeta es de taladro cónico, lo que potencia el sonido. 3 **Flauta dulce bajo** El registro de esta flauta del siglo XVI hecha con una única pieza de madera estaba entre el tenor y el bajo. 4 **Flauta dulce alto (o contralto)** Este instrumento se sitúa justo por debajo de la flauta dulce soprano. Se utilizaba en conjuntos y como solista o como instrumento de acompañamiento. 5 **Rackett bajo** Este instrumento de doble lengüeta combina bien con otros instrumentos de viento o de cuerda. 6 **Orlo o cromorno** Su doble lengüeta está encapsulada, y ello hace que sea más fácil de tocar porque la presión de los labios no modifica su sonido. 7 **Orlo tenor** Con su torneado «gancho», su estrecho taladro y sus pequeños agujeros para los dedos, crea un sonido zumbante característico. 8 *Cornettino* Es la corneta aguda y solía usarse para duplicar la voz de tenor a una octava más alta.

La boquilla solía estar hecha de cuerno. 9 **Corneta** Esta corneta renacentista es de madera cubierta de cuero y tiene un tono suave. 10 **Clave** Este ejemplar italiano del siglo XVI tiene un solo teclado. Sus finas paredes originales están protegidas por un grueso estuche del siglo XVII. 11 **Laúd de 8 órdenes** El laúd estándar del Renacimiento tenía 8 órdenes, con dos cuerdas por orden, menos el más agudo que solo tiene una (la prima o *chanterelle*). 12 **Viola Amati** Esta viola del siglo XVI fue construida en Cremona por el célebre Andrea Amati. 13 **Tiorba** Un segundo clavijero permite tener cuerdas más largas que proporcionan notas más graves. 14 **Cistro de Urbino** Instrumento bastante ligero y con cuerdas de metal, es un elaborado ejemplar de la Italia renacentista. 15 **Arpa** Se trata de uno de los instrumentos más antiguos y esta de 30 cuerdas se fabricó en el norte de Italia combinando madera de arce y de nogal. 16 **Cistro** Este instrumento, entonces tan popular y versátil como la guitarra lo es hoy, podía puntearse o rasguearse.

Altura: 42 cm

Altura: 67 cm

Altura: 94 cm

Altura: 50 cm

1 DULCIÁN

2 RAUSCHPFEIFE

3 FLAUTA DULCE BAJO

4 FLAUTA DULCE ALTO

8 CORNETTINO
Longitud: 42 cm

9 CORNETA
Longitud: 58 cm

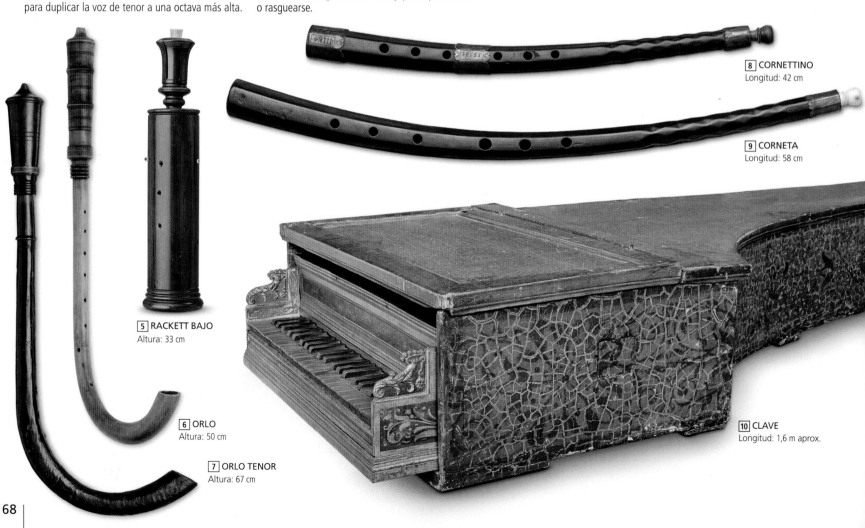

5 RACKETT BAJO
Altura: 33 cm

6 ORLO
Altura: 50 cm

7 ORLO TENOR
Altura: 67 cm

10 CLAVE
Longitud: 1,6 m aprox.

11 LAÚD DE 8 ÓRDENES
Altura total: 75 cm

12 VIOLA AMATI
Altura: 68 cm aprox.

13 TIORBA
Altura total: 1,6 m

14 CISTRO DE URBINO
Altura: 97 cm

15 ARPA
Altura: 1,1 m

16 CISTRO
Altura: 60 cm

Monjes cartujos en misa
El gran libro con el que los cantantes seguían la música se apoyaba en un facistol para que fuera bien visible. El pintor Francisco de Zurbarán (1598–1664) muestra aquí el facistol de la catedral de Sevilla.

« ANTES

La boda de Fernando de Aragón con Isabel de Castilla en 1469 condujo a la unificación de los reinos hispánicos y a un renacimiento cultural.

RAÍCES DE LA EDAD DE ORO MUSICAL
La música, que había tenido un papel importante en las cortes de los reinos de Castilla y Aragón, floreció con la unificación de ambos reinos a partir de 1469. A finales del siglo XV, un grupo de compositores —Juan de Anchieta (1462–1523), Francisco de Peñalosa (1470–1528) y Juan del Encina (1468–c. 1529), llevó a cabo un cambio radical en la composición de las **canciones polifónicas**, **misas** y **motetes** al combinar las técnicas locales con las de la **escuela franco-flamenca « 46–47**. Sin estos compositores no habría sido posible la edad de oro de la música española.

Florecimiento ibérico

El siglo XVI fue la edad de oro de la música polifónica en los reinos peninsulares y sus dominios del Nuevo Mundo. Las reformas religiosas y la riqueza de la Iglesia propiciaron el florecimiento de la música sacra; la música instrumental impresa se ofrecía a los nuevos músicos aficionados.

Gracias a las reformas eclesiásticas de principios del siglo XVI, las catedrales de la península Ibérica desarrollaron la música polifónica (piezas en que varias melodías independientes se tocan simultáneamente). Mientras los Reyes Católicos, Fernando e Isabel, viajaban por sus reinos, iban reclutando los mejores cantantes de las catedrales y les recompensaban con empleos remunerados para mantener estrechos vínculos con la Iglesia católica.

Cuando su nieto Carlos de Habsburgo (futuro emperador del Sacro Imperio Carlos V) se convirtió en el rey Carlos I en 1516, los músicos españoles de la capilla real se vieron obligados a ocupar puestos en las catedrales; Carlos, que se había educado en Flandes, trajo consigo una renombrada capilla de cantantes. De este modo, los compositores españoles que trabajaban para la Iglesia entraron en contacto con las obras de los mejores músicos de Europa occidental.

Adopción de nuevas formas
El compositor Mateo Flecha el Viejo (1481–1553) incorporó las influencias francesas en la ensalada, un estilo de canción que hacía de puente entre varios géneros (p. 71). De la *chanson* francesa (pp. 52–53), Flecha aprendió la técnica de la transcomposición: en lugar de estar divididas en estrofas y coros, sus canciones no tenían ninguna parte repetitiva (p. 67).

Entretanto, Cristóbal de Morales (1500–1553) y Francisco Guerrero (p. 71) absorbieron las técnicas del canon y la imitación, en que se repite (o se imita) una frase melódica tras un breve silencio, y las voces se traslapan

LA ENSALADA

La ensalada se llamaba así porque entremezclaba melodías populares, expresiones de la calle y en ocasiones canto llano en latín, en la forma de una canción polifónica extendida para varias voces. Era similar a los *quodlibets* («todo vale») del compositor francés Clément Janequin (c.1485–1558).

Fue desarrollada por Mateo Flecha el Viejo y a menudo se escribía para las celebraciones navideñas. En este caso describía la importancia del nacimiento de Cristo mediante alegorías como la de una justa en que los adversarios principales eran Cristo y Satán, y el primero salía victorioso. Flecha recreó el dramatismo del acontecimiento con una música que imitaba el sonido de trompetas y los tambores, o el estruendo de los cascos de los caballos.

---

para construir el contrapunto. Morales y Guerrero se formaron en la catedral de Sevilla. Tomás Luis de Victoria (1548–1611) empezó su carrera en Castilla, en la catedral de Ávila, pero pasó gran parte de ella en Roma. Al volver a España se convirtió en organista del convento de las Descalzas Reales de Madrid y publicó volúmenes de polifonía sacra. Estos tres compositores escribieron música sacra y gracias a la impresión de sus obras en Italia, gozaron de fama en toda Europa.

En torno al año 1600 se publicaron libros de polifonía sacra escritos por otros compositores peninsulares en Madrid, Salamanca y Lisboa. En ellos colaboraron españoles como Sebastián de Vivanco (1551–1622), Alonso Lobo (1555–1617) y Juan de Esquivel (1560–1625), y los portugueses Manuel Cardoso (1566–1650) y Filipe de Magalhães (1571–1652). Publicados en gran parte

COMPOSITOR (1528–1599)

FRANCISCO GUERRERO

Francisco Guerrero formó parte del gran triunvirato de compositores de la edad de oro musical española, junto con Cristóbal de Morales y Tomás Luis de Victoria. Nació en Sevilla y fue nombrado maestro de coro de la catedral de Jaén a los 17 años. Tras residir brevemente en Málaga, volvió a Sevilla, donde permaneció el resto de su carrera. Guerrero publicó la mayoría de sus obras, que comprenden numerosas canciones sacras, en Roma y Venecia, y acumuló tantas deudas que el capítulo de la catedral de Sevilla se vio obligado a pagar la fianza para sacarlo de la cárcel. En 1589 obtuvo permiso para viajar a Tierra Santa, y el relato de su viaje fue un gran éxito de ventas.

---

con la vista puesta en el mercado que surgió con la fundación de nuevas catedrales en América, estos libros de coro de gran formato contenían toda la polifonía necesaria para la liturgia de la época.

La nueva riqueza que sustentó este florecimiento de la polifonía se agotó en gran parte durante el siglo XVII, una de las razones por las cuales las obras de la edad de oro de la música seguía formando el repertorio de las iglesias de toda la península Ibérica hasta bien entrado el siglo XVIII.

Aristócratas y aficionados

Carlos I empleó únicamente a músicos franco-flamencos en su capilla, pero los compositores y cantantes de origen español y portugués se aseguraron puestos en el entorno de su esposa, Isabel de Portugal, y de los infantes. Los palacios de los nobles también rebosaban de música. De la corte de la familia Mendoza en Guadalajara, por ejemplo, se decía que rivalizaba con la del propio Carlos I, y también eran notables otras cortes de Valencia, Sevilla y Vila Viçosa.

Fue entre la aristocracia donde se empezó a imponer la figura del músico

EL oro inca

Los conquistadores españoles trajeron plata y oro de América, incluido el tesoro del Imperio inca. Parte de este sirvió para financiar los coros de las catedrales de España y Portugal.

culto aficionado a la música y publicaron antologías de piezas para vihuela junto con manuales para tocar este instrumento. Estos libros reflejan la gran difusión de los repertorios de música internacional y local existentes entonces en España, con arreglos que

> « Tengo la **responsabilidad** de enseñar a los niños a **leer, escribir, rezar y cantar...**»
>
> EL MISIONERO FRANCISCANO PEDRO DE GANTE EN UNA CARTA A CARLOS I, 1532

aficionado, en concreto con la música para vihuela, instrumento con forma de guitarra similar al laúd. Varios vihuelistas explotaron el lucrativo negocio de imprimir música para el gentilhombre

Música en el Nuevo Mundo

Fernando e Isabel justificaron la financiación del viaje de Cristóbal Colón que llevó al descubrimiento de América en 1492 proclamando el objetivo de convertir a los pueblos del Nuevo Mundo a la fe católica.

Algunos misioneros, como el franciscano Pedro de Gante (1480–1572), emparentado con Carlos I, utilizaron la música para enseñar los principios de la fe. Los relatos de la época mencionan la habilidad musical innata de los pueblos indígenas como prueba de su capacidad de conectar con lo divino y de ser convertidos. Pedro de Gante dijo a Carlos I que muchos de los cantantes de México poseían tanta habilidad musical que «podían cantar en la capilla de Su Majestad, y tan bien que había que verlo para creerlo».

Inicialmente, las nuevas catedrales e iglesias construidas en América latina, —que solían tomar como modelo las catedrales de Sevilla o de Toledo—

---

daban trabajo sobre todo a músicos de la península, al mismo tiempo que sus compositores y fabricantes de instrumentos gozaban de un mercado de exportación en rápida expansión. Los instrumentos y libros de música cruzaban el Atlántico hasta México, de donde se llevaban a Lima, en Perú, y luego atravesaban del Pacífico. De esta manera, el Nuevo Mundo —desde Ciudad de México hasta Manila (Filipinas)— se convirtió en un conducto de la cultura musical europea que fue adoptada y adaptada de acuerdo con las tradiciones y las necesidades locales.

OBRAS CLAVE

Francisco de Peñalosa *Misa Ave Maria Peregrina*

Cristóbal de Morales *Magníficats*

Francisco de Guerrero «Ave Virgo Sanctissima»

Tomás Luis de Victoria *Responsorios de tinieblas*

Manuel Cardoso *Misa de réquiem*

Mateo Flecha el Viejo *La justa*

DESPUÉS »

En la España del siglo XVII, la música siguió prosperando en catedrales y palacios, pero también en los teatros.

MÚSICA PARA EL TEATRO

En las **comedias** de los grandes dramaturgos españoles Lope de Vega (1562–1635) y Pedro Calderón de la Barca (1600–1681), las canciones solistas, los dúos, los coros y la música instrumental situaban la escena simbolizando personajes celestiales y terrenales, y **entretenían al público** en los corrales de comedias.

Pese a algunos experimentos de **ópera** en los escenarios españoles, la comedia de la época, con su mezcla de diálogo hablado y música, no muy distinta de la **semiópera 95 »** inglesa del siglo XVII, era más popular. La ópera fue importada de Italia más tarde, a partir de 1703.

LA GUITARRA

La **guitarra** había sido un instrumento popular en la España del XVI, pero a partir de 1600 **eclipsó a la cortesana vihuela** y se extendió por el resto de Europa **90–91 »**.

GUITARRA ESPAÑOLA DE 1730

« ANTES

La República de Venecia, fundada en el siglo VIII en el norte de Italia, fue un poderoso imperio comercial durante los siguientes 1.000 años. La música era un elemento fundamental de las elaboradas ceremonias de la ciudad.

CONTRIBUCIONES CARITATIVAS

Las *scuole grandi* (grandes escuelas), construidas por las principales **cofradías** u organizaciones caritativas de la ciudad, se convirtieron en importantes mecenas de la música en el siglo XV, cuando empezaron a

EL ESTADO VENECIANO recibía a menudo el nombre popular de «República de la Música»."

contratar **músicos profesionales** en vez de confiar solo en el talento musical de sus miembros. A principios del siglo XVI, cada cofradía utilizaba de ocho a diez **cantantes**, además de varios **instrumentistas**, todos los cuales participaban en las numerosas procesiones de la ciudad. Venecia fue unas de las ciudades más ricas, y la música resonaba en sus iglesias, calles, plazas y canales.

COMPOSITOR (*c.* 1554–1612)

GIOVANNI GABRIELI

Giovanni Gabrieli fue uno de los grandes compositores del Renacimiento y un pionero de obras concertadas (*concertate*) a gran escala para grupos opuestos de instrumentos y voces. Nacido en Venecia, estudió con su tío Andrea y luego con el compositor Roland de Lassus (Orlando di Lasso) en Munich. Fue el organista principal de la basílica de San Marcos y tocó el órgano para la prestigiosa cofradía de San Rocco. Gabrieli publicó obras en el estilo *cori spezzati* (p. 73), especialmente la colección de *Sacrae symphoniae* (1597). Gabrieli fue muy influyente: los compositores alemanes Heinrich Schütz y Hans Leo Hassler estudiaron con él en Venecia.

Glorias venecianas

La música era esencial de las ceremonias civiles de la Venecia del Renacimiento, y las grandes instituciones eclesiásticas y estatales de la ciudad atrajeron a algunos de los mejores músicos de Italia. El esplendor y el virtuosismo no tardaron en originar un nuevo estilo coral e instrumental.

En Venecia, la música no se desarrolló del mismo modo que en las cortes principescas de Italia. Como capital de una república, Venecia poseía su propio gobierno civil en el que el ritual del Estado y los espacios ceremoniales eran de gran importancia. Esto requería un ejército de músicos consumados, que eran contratados por las iglesias de la ciudad y por las cinco *scuole grandi* (grandes escuelas) de sus cofradías. Muchas ceremonias giraban en torno al dux, o dogo, el magistrado supremo elegido por la república, quien a finales del siglo XVI participaba en 16 procesiones anuales, todas amenizadas con música, en las que se hacía ostentación de la riqueza de Venecia y su sentido del orden social urbano.

Muchos eventos y obras musicales estaban vinculados al patrón de Venecia, san Marcos el Evangelista, cuyos restos, según se decía, habían sido llevados a Venecia desde Alejandría de Egipto, en el año 827. Se consideraba que el dux era el sucesor de san Marcos, del mismo modo que el papa lo es de san Pedro. La basílica de San Marcos celebraba su propia liturgia (el *patriarchino*), que requería textos venecianos para la música polifónica (con dos o más melodías simultáneamente; pp. 46–47).

Nuevas direcciones

Un factor clave en el floreciente estatus musical en Venecia fue el nombramiento,

en 1527, del compositor flamenco Adrian Willaert (1490–1562) como *maestro di cappella* (maestro de coro, o director musical) de la basílica de San Marcos. Este nombramiento formaba parte de una gran puesta a punto de los recursos musicales y espacios ceremoniales de la ciudad, que incluyó la remodelación de la plaza de San Marcos en el siglo XVI. La fama internacional de Adrian Willaert quedó asegurada cuando las imprentas de música venecianas más importantes publicaron sus obras, incluida *Musica nova* (1559), una colección pionera de madrigales y motetes (pp. 66–67). Su fama atrajo a San Marcos a notables compositores de la época, como el italiano Gioseffo Zarlino (1517–1590). Willaert también influyó en el franco-flamenco Roland de Lassus (*c.*1532–1594), conocido como Orlando di Lasso, y en Palestrina (pp. 60–61).

Zarlino atribuyó a Willaert la invención del estilo de canto antifonal con *cori spezzati*, que describió en 1558: «[Las composiciones] están arregladas y divididas en dos coros, o incluso tres, cada uno de cuatro partes; los coros cantan unos después de otros, por turno, y a veces (según el propósito) todos juntos, sobre todo al final, lo cual funciona muy bien. Y… estos coros están bastante alejados unos de otros».

Música para asombrar

Tanto en el aspecto espacial como en el musical, este estilo policoral desplegaba las voces y los instrumentos para explotar la escala y resonancia de los más

Ceremonias suntuosas
El gusto veneciano por la ceremonia se refleja en *Procesión en la plaza de San Marcos* (1496) de Gentile Bellini, encargado por la Scuola Grande di San Giovanni Evangelista.

Las riquezas de la cofradía
En 1564, Tintoretto recibió el encargo de decorar la Scuola Grande di San Rocco, donde trabajaron músicos de la talla de Giovanni Gabrieli y Giovanni Croce.

bellos edificios de Venecia. A principios del siglo XVII, el viajero y escritor inglés Thomas Coryat asistió a la fiesta del día de San Roque: «[la] música, que era tanto vocal como instrumental, [era] tan buena, tan delectable, tan admirable, tan súper excelente, que incluso cautivó y dejó estupefactos a todos esos extranjeros que no habían oído nunca nada igual…»

Música para San Marcos
En la basílica de San Marcos, cada galería superior a cada lado del presbiterio estaba equipada con un órgano. Aunque

50 Número de músicos contratados para la fiesta del día de San Marcos en 1603. Se necesitaron también siete órganos.

se creía que los cantantes se colocaban allí para interpretar obras en coro doble, las investigaciones recientes sugieren que cantaban desde dos grandes púlpitos en el presbiterio, a nivel del suelo, o en dos *pergole* (galerías) justo en el interior de la cancela del coro.

Andrea Gabrieli, nombrado organista de San Marcos en 1566, fue en gran parte responsable del incremento de la variedad instrumental en la liturgia de la basílica y del desarrollo del estilo *concertato* —música al estilo de un concierto, con grupos opuestos y contrastados de coros e instrumentistas— que tanto impresionó

DESPUÉS »

El estilo veneciano de los *cori spezzati* siguió floreciendo después de Monteverdi, con Giovanni Rovetta y Francesco Cavalli, sus sucesores en San Marcos.

MÚSICA POR DOQUIER
La música no fue solo un dominio exclusivo de las iglesias y cofradías; era también esencial para toda la sociedad veneciana y alcanzó **fama internacional** debido en parte a los muchos visitantes de la ciudad. Un viajero francés del siglo XVII sostuvo: «**En cada casa** alguien está **tocando un instrumento musical** o **cantando**. Hay música por doquier». Especialmente importante fue el desarrollo de los **teatros de ópera** desde 1637 80–81 », para los cuales **Monteverdi y Cavalli** compusieron algunas de sus más excelsas obras.

a Coryat. La música a gran escala de Gabrieli para ocasiones ceremoniales se publicó en 1587 en *Concerti*, colección que también recogía obras de su sobrino Giovanni. Muchas de sus obras corales marcaron hechos específicos de la ciudad, como la acción de gracias por el final de la epidemia de peste en 1577.

OBRAS CLAVE

Adrian Willaert *I salmi… a uno et a duoi chori* (Salmos para uno y dos coros)

Andrea Gabrieli *Magnificat*

Giovanni Gabrieli *In ecclesiis* (En las iglesias)

Claudio Monteverdi *Vespro de la Beata Virgine* (Vísperas de la bienaventurada Vírgen María)

Francesco Cavalli *Messa concertata* (Misa concertada)

COMPRENDER LA MÚSICA

CORI SPEZZATI

Cori spezzati significa «coros divididos o separados». La idea del canto de los salmos por dos coros separados tiene sus raíces en la práctica judía, y los *cori spezzati* se usaron inicialmente en las versiones de salmos. La primera mención de estos términos en la polifonía (pp. 46–47) se halla en un volumen de salmos para doble coro de Adrian Willaert, publicado en 1550, mientras era maestro de capilla de San Marcos.

Todos los sucesores de Willaert, incluido Monteverdi que obtuvo su nombramiento en 1613, compusieron obras de este estilo. La demanda veneciana de música ceremonial grandiosa y los vastos y resonantes espacios de la basílica de San Marcos propiciaron el desarrollo del estilo policoral que se extendió también a la música de misas y Magníficats, y a motetes como *In ecclesiis* de Giovanni Gabrieli o las *Vísperas* (1610) de Monteverdi.

4

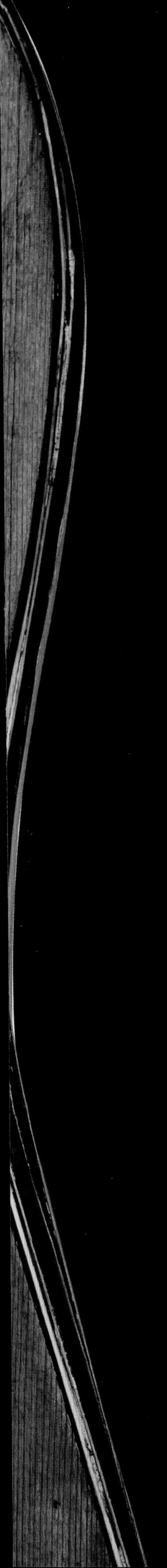

EL ESPÍRITU BARROCO

1600–1750

Durante el periodo de creatividad musical sin precedentes que fue el Barroco se asistió al predominio de la música contrapuntística —basada en la concordancia de varias voces o líneas melódicas simultáneas— y al nacimiento de la ópera. Las cortes reales competían con la Iglesia por la música más espléndida. Mientras las óperas de Händel reflejaban el dramatismo a escala humana, la Iglesia tomaba los cielos por asalto con los oratorios y las misas de Bach.

« Guitarra de cinco órdenes fabricada por Matteo Sellas en 1640 y decorada con marfil y ébano.

EL ESPÍRITU BARROCO
1600–1750

1600	1620	1640	1660

1600
Giulio Caccini y Jacopo Peri escriben *Eurídice*, la ópera más antigua conservada.

1600
Se estrena en Roma el oratorio *Rappresentatione di anima et di corpo* de Emilio de Cavalieri.

1602
Se publica en Florencia una colección de arias y madrigales monódicos escritos por Giulio Caccini en el «estilo moderno».

1619
Se publica en Dresde *Psalmen Davids*, primera colección de música sacra para coro e instrumentos de Heinrich Schütz.

1607
Orfeo, la primera ópera de Claudio Monteverdi, se estrena en el palacio ducal de Mantua. En 1613, Monteverdi es nombrado director de música de la basílica de San Marcos de Venecia.

1626
Se forman los *Vingt-quatre violons du roi* (24 violines del rey) como orquesta de la corte de Luis XIII de Francia.

1632
El Teatro delle Quattro Fontane, con 3.000 asientos, abre sus puertas en Roma con una representación de *Sant'Alessio*, ópera sacra de Stefano Landi.

1608
Girolamo Frescobaldi es nombrado organista de la basílica de San Pedro de Roma y publica su primer libro de fantasías en cuatro partes.

» Viola *da gamba* soprano de John Hoskin, Inglaterra, 1609

1627
Heinrich Schütz escribe *Dafne*, la primera ópera en alemán. En 1628, Schütz viaja a Venecia, donde conoce a Claudio Monteverdi y estudia con él.

1637
El Teatro San Cassiano, el primer teatro de ópera público, abre sus puertas en Venecia con una representación de *L'Andromeda* de Francesco Manelli.

1637
Giacomo Carissimi, el compositor más célebre de Roma, es ordenado sacerdote. Su oratorio *Jefté*, de 1650, será aclamado como su obra maestra.

1640
El salterio *The Whole Booke of Psalms* (conocido como *Bay Psalm Book*) es el primer libro impreso en la América del Norte anglosajona.

« Clave de Andreas Ruckers, Amberes, 1643

1648
Termina la Guerra de los Treinta Años. Este conflicto entre potencias católicas y protestantes deja gran parte de Europa en ruinas. Surgen nuevos estados nación en los cuales florecerá la música.

1650
Athanasius Kircher publica en Roma *Musurgia universalis*, obra de teoría musical muy influyente y de gran alcance.

» Guitarra de Matteo Sellas, Venecia, c.1640

» Ópera y grandes fiestas en honor de Cristina de Suecia en Roma, en 1656

1653
Jean-Baptiste Lully danza junto con Luis XIV de Francia en el *Ballet de la nuit*; un mes más tarde es nombrado compositor real de música instrumental.

1656
La reina Cristina de Suecia —que reside en el palacio Farnesio de Roma y es una gran mecenas— nombra a Giacomo Carissimi su maestro de capilla.

1668
Se representa en Viena la ópera de Antonio Cesti *Il pomo d'oro*. Es uno de los entretenimientos cortesanos más espectaculares de la época.

1668
Dietrich Buxtehude es nombrado organista de la Marienkirche de Lübeck (Alemania). En 1705, el joven J. S. Bach caminará 400 km para oírle tocar.

1672
John Bannister, antes violinista en la corte de Carlos II, organiza los primeros conciertos públicos en Inglaterra.

» Trompeta fabricada por el trompetero estatal Simon Beale, Inglaterra, c.1666

1673
Después de obtener el monopolio real de la ópera francesa, Lully estrena *Cadmo y Hermíone*, su primera *tragédie lyrique* o *tragédie en musique*.

1677
El papa Inocencio XI prohíbe la ópera y el teatro públicos; alega que fomentan la inmoralidad, lo que da lugar al éxodo de los músicos de Roma.

Al igual que las demás artes, la música del Barroco adquirió una potencia y una exuberancia nuevas. Tanto si escribían obras sacras como profanas, los compositores pretendían generar una respuesta emotiva en la audiencia. Se desarrollaron nuevos géneros, como la ópera y el oratorio, que ponían énfasis en la melodía expresiva. Se dio además un incremento de la música instrumental independiente, y no solo para acompañar la danza o el canto, y el violín se tornó muy popular. Tanto en la música vocal como en la instrumental, la variedad y el dramatismo se lograban con el estilo concertante, que hacía contrastar un grupo pequeño con otro más grande.

1680

1681
Se publican en Roma las Sonatas a trío, opus 1, de Arcangelo Corelli.

⩔ Órgano de St. Katharine's Cree, en Londres, donde tocaron Purcell y Händel

1685
Este año nacen tres grandes compositores barrocos: Händel (23 de febrero), J. S. Bach (21 de marzo) y Domenico Scarlatti (26 de octubre).

1686
Armida, la más bella de las *tragédies lyriques* de Lully, se representa en el Palais Royal de París.

1695
El compositor inglés Henry Purcell enferma y muere con apenas 36 años, poco tiempo después de componer la música para el funeral de la reina María II de Inglaterra.

c. 1698
En Italia, Bartolomeo Cristofori empieza a construir el primer piano, que termina hacia 1700.

1700

❰ El violero italiano Stradivari en su taller

1700
Comienzan los 20 años de oro de Antonio Stradivari, cuando construirá sus mejores violines y violonchelos.

≫ Vivaldi, violinista y compositor italiano

1703
Antonio Vivaldi es nombrado maestro de violín del Hospicio de la Piedad, un orfanato de Venecia. Vivaldi compone gran parte de su música para sus famosos coro y orquesta femeninos.

1711
Rinaldo, la primera de las óperas de Händel escrita especialmente para los escenarios londinenses, se representa en el Teatro de la Reina, en Haymarket (Londres).

≫ Händel, establecido en Inglaterra en 1712

1714
Gottfried Silbermann completa su nuevo órgano de tres manuales para la catedral de Friburgo, uno de los muchos órganos que construye en Sajonia.

≫ Actor con máscara ejecutando una danza en el Japón del siglo XVIII

1716
François Couperin publica el tratado *L'art de toucher le clavecin* sobre la técnica del clave y la mejor manera de tocar su música para este instrumento.

1720

1723
Como cantor de la Thomasschule de Leipzig, J. S. Bach se convierte en director musical *de facto* de la ciudad.

1725
Vivaldi publica una serie de 12 conciertos que incluye *Las cuatro estaciones*. También se publica *Gradus ad Parnassum* de Johann Fux, un tratado muy influyente sobre la técnica del contrapunto.

1728
En Londres, *La ópera del mendigo* de John Gay satiriza tanto al gobierno como a la afición contemporánea a la ópera italiana.

1729
Domenico Scarlatti se traslada a España, donde escribe más de 500 sonatas para teclado.

1733
Las osadas armonías de la primera ópera de Jean-Philippe Rameau, *Hipólito y Aricia*, causan un gran alboroto en su estreno en París. Para criticar esta ópera se utiliza el término «barroco».

1739
El teórico Johann Mattheson da consejos sobre la ornamentación en Der *vollkommene Capellmeister*.

1740

1741
Las *Variaciones Goldberg*, la célebre obra para teclado de J. S. Bach, se publica en Nuremberg.

1742
El oratorio *El Mesías* de Händel se estrena en un concierto de caridad en el New Music Hall de Dublín.

1745
Rameau es nombrado compositor de la corte de Luis XV. Las obras de este prolífico y popular compositor desaparecen del repertorio a finales del siglo XVIII.

≫ Estatua de J. S. Bach en Leipzig

1747
En Japón, la obra para marionetas *Yoshitsune y los mil cerezos* se adapta al *kabuki*, que combina teatro, música y danza.

1747
J. S. Bach visita la corte de Federico el Grande de Prusia (donde su hijo C. P. E. Bach es clavecista) e improvisa sobre un tema compuesto por el rey que después desarrollará como *Ofrenda musical*.

1749
La suite orquestal de Händel, *Música para los reales fuegos artificiales*, se ejecuta en el Green Park de Londres para celebrar el fin de la guerra de Sucesión de Austria.

1750
La muerte de J. S. Bach, seguida de la de Händel en 1759, marca el fin de la música barroca.

≫

ANTES

El principal estilo musical del Renacimiento fue la polifonía, en la que se combinaban varias líneas musicales independientes.

RENACIMIENTO MUSICAL
En el siglo xv, **John Dunstable** y **Guillaume Dufay** « **46–47** desarrollaron un nuevo estilo **polifónico** que se caracterizaba por la sensación de impulso hacia delante. Músicos de talento que viajaban por Europa ayudaron a difundir un cierto grado de uniformidad estilística.

MÚSICA PARA LAS PALABRAS
Según los eruditos medievales, la música estaba interrelacionada con las **matemáticas**, tal como creían los **antiguos griegos** « **18–19**, pero los **renacentistas** pensaban que estaba más cerca del lenguaje hablado por su capacidad de **emocionar** a los oyentes. La búsqueda de un estilo musical que hiciera las palabras más **inteligibles** empezó a ser un motor de innovación.

El **estilo barroco**

El término «barroco», que viene del vocablo portugués que designa una perla deforme, se usó por primera vez para describir lo artificioso o poco natural. Hoy designa un periodo en que las artes se caracterizaron por una renovada exuberancia y una teatralidad que apelaba a las emociones.

Por lo que respecta a la música, el periodo barroco empezó en Italia en torno al año 1600, cuando los compositores más avanzados intentaron que sus obras fueran más expresivas y pudieran enfatizar el significado de las palabras. La monodia, en la que una sola línea melódica iba acompañada por uno o dos instrumentos, se consideraba más apta para comunicar el texto que la polifonía (pp. 46–47), en la que se cantaban (o se tocaban) varias líneas melódicas independientes a la vez. Este estilo monódico, que imitaba los ritmos del lenguaje hablado, evolucionó hacia dos nuevas formas vocales: el recitativo, una especie de canto conversacional, a la manera del lenguaje hablado, y el aria, un canción extensa y expresiva en la que la música refleja las emociones del texto. Ambas formas podían ser libremente embellecidas por el cantante y se convirtieron en elementos esenciales de la ópera, el oratorio y la cantata. Claudio Monteverdi fue su primer gran exponente (pp. 80–83).

Respaldo desde abajo
La música que acompañaba al solista se llamó «bajo continuo» (o «bajo cifrado»). Como sugiere su nombre, se trata de un acompañamiento ininterrumpido en notas graves de la melodía solista y es uno de los sellos distintivos del barroco.

En una partitura, la línea de bajo estaba marcada con unos números sobre las notas. Estas cifras indicaban qué acordes debían tocarse entre la línea melódica superior y la línea de bajo. La traducción de las cifras a notas —denominada realización—

Laúd barroco
Los instrumentos de cuerda pulsada, como el laúd y la tiorba, utilizados a menudo para completar las armonías de un continuo, fueron sustituidos gradualmente en esta función por el clave.

Las clavijas sirven para aflojar o tensar las cuerdas

Rosetón (oído decorado)

Cuerpo de madera

Dinámica escultórica
Esta escultura de 1652, obra de Gian Lorenzo Bernini (1598–1680), que se encuentra en la iglesia de Santa Maria della Vittoria (Roma), representa la transverberación de santa Teresa de Ávila con la teatralidad y la sensualidad típicas del arte barroco.

permite cierto grado de flexibilidad en la interpretación, según la habilidad del músico. El conjunto de instrumentos que realizaba este papel de acompañamiento se llamaba «continuo» y solía consistir, o bien en un instrumento de cuerda pulsada como un laúd o una tiorba (pp. 90–91), o bien uno de tecla, como un clave o un pequeño órgano (pp. 106–107). La línea de bajo quedaba reforzada por un instrumento grave, como la viola *da gamba*, el violonchelo o el fagot.

Quienes tocaban el bajo continuo también podían acompañar música instrumental y más de una línea melódica, como en las sonatas a trío, donde la melodía la comparten dos instrumentos, acompañados por el continuo.

Los compositores también comenzaron a explotar las cualidades sonoras únicas de instrumentos específicos y a interesarse más por componer música para estos en lugar de música que pudiera ser interpretada por cualquier combinación de voces o instrumentos. Al mismo tiempo, los avances técnicos de

los fabricantes contribuyeron a incrementar el poder expresivo de dichos instrumentos. Claves y violines se hicieron especialmente populares, lo que tuvo como consecuencia el desarrollo de nuevas formas musicales como las sonatas, las partitas y las suites (pp. 104–105).

Respuesta emocional
Los artistas barrocos aspiraban, por encima de todo, a conmover al público. Los compositores tomaron prestadas ideas del arte de la retórica —el modo en que un orador puede manipular y dirigir las emociones de los oyentes— y las transfirieron a la música llevados de su afán por expresar el amor, el odio, la tristeza o la desesperación que describían los textos.

Este énfasis en las emociones no solo se aplicaba a la música profana: la Iglesia católica también se sirvió de ello en su intento de volverse a ganar el corazón y la mente de los creyentes que habían abrazado el protestantismo a principios del siglo xvi (pp. 58–59). Las autoridades eclesiásticas animaron a los compositores a escribir música capaz de suscitar una respuesta emocional a sus enseñanzas.

A medida que las nuevas formas musicales se difundían por Europa, la Iglesia protestante fue adoptando el mismo enfoque en su música. Uno de los principales teóricos de este movimiento que acabó siendo conocido como «teoría de los afectos» fue el compositor y teórico Johann Mattheson (1681–1764). En el año 1739, Mattheson escribió la obra *Der volkommene Capellmeister (El perfecto maestro de capilla)*, en la que bosqueja la manera correcta en que el músico ha de tocar un bajo continuo, añadiendo consejos sobre

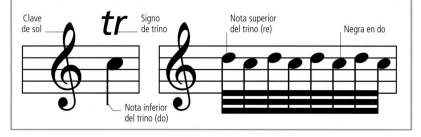

Cabeza de viola *da gamba*
En lugar de la más convencional voluta, los instrumentos de las familias de la viola y del violín a menudo tenían claveros con una cabeza humana o animal tallada en el extremo.

COMPRENDER LA MÚSICA

ORNAMENTACIÓN MUSICAL

Para modificar una pieza de música, especialmente cuando se repetía un pasaje, se añadían ornamentos (adornos) a las notas o incluso a secuencias de notas. Durante el Barroco, esta ornamentación la improvisaba el intérprete o la marcaba en la partitura el compositor. Uno de los ornamentos más comunes es el trino, que consiste en una alternancia rápida entre dos notas adyacentes.

Clave de sol

tr Signo de trino

Nota superior del trino (re)

Negra en do

Nota inferior del trino (do)

DESPUÉS ≫

OBRAS CLAVE

Claudio Monteverdi *Orfeo*

Antonio Vivaldi *L'estro armonico (La inspiración armónica)*, op. 3

J. S. Bach *Conciertos de Brandemburgo* (BWV 1046–1051); *Cantata n.º 140* (BWV 140); *El arte de la fuga* (BWV 1080)

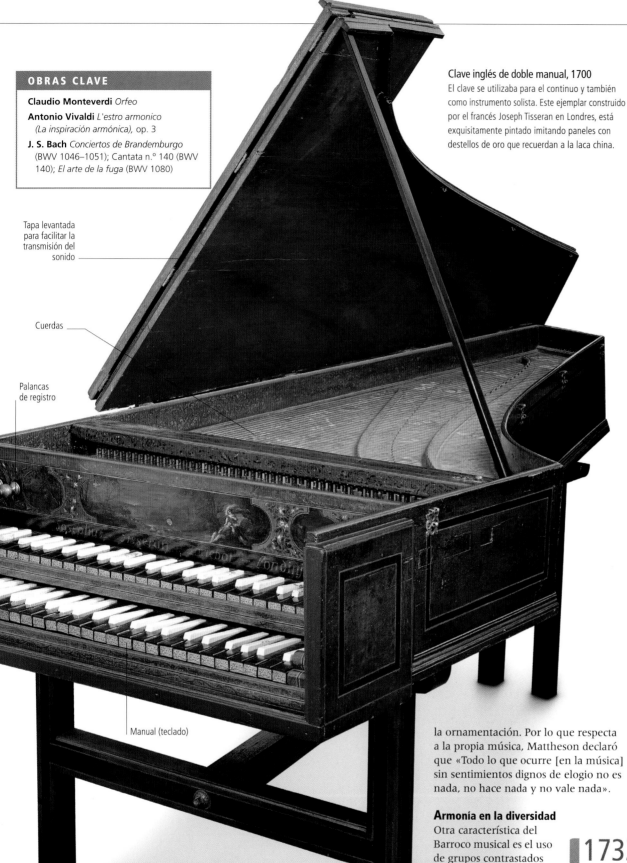

Clave inglés de doble manual, 1700
El clave se utilizaba para el continuo y también como instrumento solista. Este ejemplar construido por el francés Joseph Tisseran en Londres, está exquisitamente pintado imitando paneles con destellos de oro que recuerdan a la laca china.

Tapa levantada para facilitar la transmisión del sonido

Cuerdas

Palancas de registro

Manual (teclado)

Durante el siglo XVIII, mientras la Ilustración defendía la razón frente a la superstición, la complejidad musical dio paso al orden y la claridad.

LEJOS DE LA COMPLEJIDAD
El Barroco concluyó en la década de 1750 con la muerte de **J. S. Bach 102–103 ≫** y de **G. F. Händel 110–111 ≫**. Aunque ambos continuaron siendo admirados, la música de la siguiente generación adoptó el estilo **galante**, más simple, más elegante y menos exigente para el oyente.

EL ESTILO CLÁSICO
Una **nueva claridad 118–119 ≫** surgió con las obras de **Joseph Haydn 128–129 ≫** y **Wolfgang Amadeus Mozart 138–139 ≫**. Ambos compusieron una música en la que el orden y el equilibrio eran tan importantes como la belleza. Nuevos géneros, como la sinfonía y el **cuarteto de cuerda**, sustituyeron al *concerto grosso* y a la **sonata a trío**.

musicales en distintos lugares del templo.

Hacia el siglo XVIII, el término «concierto» se usaba de dos maneras. En un *concerto grosso* (gran concierto), como los *Conciertos de Brandemburgo* de J. S. Bach (pp. 102–103), los músicos se repartían entre una orquesta completa y un grupo solista más pequeño *(concertino)*. En un concierto solista, toda la orquesta se enfrentaba a un único instrumento, como en los muchos conciertos para violín del compositor Antonio Vivaldi (pp. 92–93).

Contrapunto
El nuevo *stile concertato* se combinó con el bajo continuo para crear una música regida por la melodía y que transmitía una intensa sensación de impulso hacia delante. Al mismo tiempo, la música occidental iba evolucionando hacia el sistema de tonalidad mayor-menor, en el que una nota clave, llamada tónica, actuaba como centro de gravitación en torno al cual giraba la composición.

Estos avances hicieron que los compositores produjeran obras cada vez más complejas en las que varias líneas melódicas independientes se entretejían en un todo dinámico, según las reglas del contrapunto (pp.100–101). J. S. Bach fue el exponente más destacado del contrapunto barroco, tanto en sus elaboradas fugas de múltiples voces, como en piezas en las que solo se contraponía una melodía a otra, como su Cantata n.º 140, «Wachet Auf» («Despertad»).

la ornamentación. Por lo que respecta a la propia música, Mattheson declaró que «Todo lo que ocurre [en la música] sin sentimientos dignos de elogio no es nada, no hace nada y no vale nada».

Armonía en la diversidad
Otra característica del Barroco musical es el uso de grupos contrastados en la misma obra, ya sea alternando cantantes e instrumentistas, o un grupo de músicos grande y un grupo más pequeño.

La idea era lograr un todo armonioso a partir de elementos diversos, y ello se llamó *stile concertato* (estilo concertante). Este estilo se originó entre mediados y finales del siglo XVI en Venecia, donde Andrea Gabrieli y su sobrino Giovanni (pp. 72–73), explotaron de una forma espectacular la acústica de la basílica de San Marcos colocando varios grupos

1733 Año en que la palabra «barroco» se aplicó por primera vez, en sentido crítico, a propósito de la ópera de Rameau *Hipólito y Aricia*.

«Barroco...
significa irregular, **extraño**, desigual.»

DICCIONARIO DE LA ACADEMIA FRANCESA, 3.ª EDICIÓN, 1740

ANTES «

Los compositores renacentistas buscaron mejores maneras de transmitir el sentido de las palabras.

ESTADO DE ÁNIMO Y MÚSICA

Las versiones vocales de poemas de amor, como los **madrigales « 66–67**, eran un género ideal para expresar emociones intensas. Los compositores italianos **Carlo Gesualdo** y **Claudio Monteverdi** utilizaron disonancias para señalar el mal de amores, o una melodía descendente para indicar un suspiro.

ESTILOS NUEVO Y ANTIGUO

En 1600, el crítico **Giovanni Artusi** (1540–1613) acusó a Monteverdi de anteponer las exigencias de la poesía a las reglas de la composición. Monteverdi se defendió en su quinto libro de madrigales (1605) afirmando que había dos estilos de componer: el antiguo, en el que la música gobernaba las palabras, y el nuevo, en el que la **música servía a las palabras**, y por tanto, las reglas del estilo antiguo debían transgredirse.

OBRAS CLAVE

Jacopo Peri *Eurídice*

Claudio Monteverdi *Orfeo; L'incoronazione di Poppea (La coronación de Popea)*

Francisco Cavalli *Jasón*

Henry Purcell *Dido y Eneas*

Alessandro Scarlatti *Il Mitridate Eupatore*

Georg Friedrich Händel *Rinaldo*

El **nacimiento** de la **ópera**

Aunque ya en la Edad Media existían obras teatrales religiosas cantadas, la ópera se gesta en los encuentros de un grupo de intelectuales, nobles y músicos conocido como Camerata florentina que se reunía en casa del conde Bardi, en Florencia, a finales del siglo XVI.

D e las discusiones de la Camerata sobre cómo debían sonar las obras teatrales de la antigua Grecia nació la idea de que el modo más inteligible de expresar un texto con música era por medio de la monodia, es decir, la música cantada a una sola voz que seguía el ritmo natural del habla. Giulio Caccini (1551–1618) y Jacopo Peri (1561–1633), compositores de la Camerata, llevaron esta idea a la práctica en sus *intermedii*, escenas dramáticas con música que se representaban en los entreactos de una obra de teatro. Estas obras eran comunes en Florencia durante las celebraciones, como la boda del duque Fernando de Médicis con Cristina de Lorena en 1589.

Las primeras óperas

En 1594, Peri se unió al poeta Ottavio Rinuccini (1562–1621) para crear la ópera, nuevo género que fusionaba el teatro con la música. El primer resultado fue *Dafne*, seguido, en 1600, de *Eurídice*. Ambas obras se cantaban en un modo declamatorio, a caballo entre el habla y el canto (recitativo), con un clavecista, un laudista u otros instrumentistas capaces de tocar un acompañamiento

simple. Claudio Monteverdi (1567–1643) estaba acaso familiarizado con *Eurídice* en 1607, cuando escribió su primera ópera, *Orfeo*. Aunque en esta, considerada la primera obra maestra operística, domina el recitativo, Monteverdi aportó mayor variedad a la ópera al incluir coros de madrigales y las piezas instrumentales suntuosas llamadas ritornelos que se repiten (retornan) a lo largo de la obra.

Las primeras óperas se escribieron para la corte, pero para el primer teatro de ópera público, el Teatro San Cassiano, que abrió sus puertas en Venecia en 1637, hacía falta algo más popular. En esa época, cuando los argumentos se inspiraban tanto en la historia como en la mitología, aparecieron los elementos cómicos y se introdujo una forma de recitativo más melódica llamada *arioso*.

Monteverdi compuso pocas óperas para los teatros de ópera venecianos. Más prolífico fue su discípulo Pier Francesco Cavalli (1602–1676), cuya *Jasón* (1648) fue una de las obras más representadas del siglo. Para entonces los cantantes ya se habían convertido en estrellas de la ópera, y los solos denominados arias se escribían para que exhibieran sus habilidades canoras.

Fuera de Italia

La ópera se difundió por toda Italia y más allá. Roma fue uno de los primeros centros, aunque sus óperas solían ser sacras y se representaban en iglesias. En las cortes alemanas, la ópera apareció en una fecha tan temprana como 1627, y en 1678 un teatro de ópera abrió sus puertas en Hamburgo. La ópera francesa inició su singladura 30 años después.

Florencia, cuna de las primeras óperas
La ópera nació a partir de los dramas musicales de los entreactos de las obras teatrales que se representaban para disfrute privado en espectáculos costeados por la poderosa familia Médicis.

DESPUÉS »

A principios del siglo XVIII, un grupo de intelectuales encabezado por el libretista Pietro Metastasio (1698–1782) ideó la ópera seria.

NUEVAS FÓRMULAS

Para dar a la ópera un carácter menos frívolo, los argumentos de la **ópera seria 132–135 »** solían basarse en anécdotas de la historia antigua. **Los personajes** eran convencionales, por ejemplo, una pareja de amantes y un tirano de buen corazón, y el dramatismo dependía de que un personaje hiciera la elección moral correcta. En toda Italia y en el resto de Europa surgieron **teatros de ópera**, entre ellos el hermoso Teatro di San Carlo de Nápoles.

TEATRO DI SAN CARLO (NÁPOLES), INAUGURADO EN 1737

> « Un entretenimiento **exótico e irracional** que siempre ha sido combatido y siempre ha **prevalecido**. »

DEFINICIÓN DE ÓPERA DEL DICCIONARIO DEL DR. JOHNSON, 1755

COMPOSITOR ITALIANO (1567–1643)

CLAUDIO MONTEVERDI

La música de Claudio Monteverdi hizo de puente entre el Renacimiento y el Barroco. Su carácter experimental se aprecia en muchos madrigales en los que, en busca de la expresividad musical, abrió nuevas vías.

Durante gran parte de su carrera residió en Mantua (Italia), como compositor de la corte. Al final quiso trasladarse y en 1610 publicó sus *Vísperas*, una versión musical del oficio homónimo, que compuso tanto en el estilo tradicional como en el nuevo para demostrar su versatilidad. Después fue nombrado director de música de San Marcos (Venecia), donde compuso la mayor parte de su música sacra. En 1630 recibió las órdenes sagradas, pero él siguió escribiendo para los nuevos teatros de ópera públicos.

« ANTES

Existen muchos ejemplos anteriores al Barroco de largas narraciones mediante el canto. De hecho, ya en la Edad Media se musicaban textos tanto sacros como profanos.

DRAMAS LITÚRGICOS

La Semana Santa —en la cual se rememoran los sucesos de la crucifixión y la muerte de Cristo, seguidas de su resurrección— es el acontecimiento más importante del calendario cristiano. En la **Edad Media**, los relatos evangélicos de los sufrimientos de Cristo (es decir, la pasión) se empezaron a musicalizar y a la larga también se escenificaron, con cantantes que desempeñaban ciertos papeles y un coro que hacía el papel de multitud. También se escenificaron y musicalizaron otros relatos de la Biblia.

EL ANFIPARNASO

A finales del siglo XVI, al mismo tiempo que la ópera apareció un nuevo género llamado **comedia madrigalesca**, consistente en narraciones cómicas creadas combinando una secuencia de **madrigales «** 66–67. El ejemplo más célebre, compuesto por Orazio Vecchi (1550–1605), fue *El anfiparnaso*, que trata de cómo un anciano llamado Pantalone intenta casar a su joven hija con el pomposo doctor Graziano.

Capital cultural

La Roma del Barroco era un floreciente centro artístico y musical. Acaudalados aristócratas fundaron academias de arte y actuaron como mecenas, sufragando a artistas de todo tipo. Al mismo tiempo, la Iglesia católica contrataba a muchos de estos artistas para que construyeran y decoraran sus iglesias, y compusieran música para las ceremonias religiosas.

Oratorios y cantatas

Además de la música para motetes y misas, durante la primera mitad del siglo XVII surgieron dos nuevos tipos de música vocal sacra: el oratorio y la cantata. En ambos se utilizaba el nuevo estilo de canto solista y se percibía la influencia de la ópera.

Uno de los primeros ejemplos de oratorio, una forma musical nacida en Roma, fue *Rappresentazione di anima et di corpo*. Se trataba de una especie de auto sacramental con música, un tipo de ópera sacra con instrumentistas y cantantes solistas. Este oratorio se estrenó en febrero de 1600, con música compuesta por el noble romano Emilio de' Cavalieri (c. 1550–1602), como parte de los oficios de Cuaresma.

Impacto emocional

El oratorio se representó en la iglesia de Santa Maria in Vallicella de Roma, «cuartel general» de una congregación de sacerdotes fundada por san Felipe Neri (1550–1595). Durante su vida Felipe Neri había abogado por añadir una representación musical de tema bíblico a los sermones y habituales plegarias. Este tipo de oficio religioso tenía lugar en un oratorio —un lugar destinado a la oración y al culto, en particular a la celebración de la misa y otras funciones litúrgicas— y, de este modo, la propia representación

Cantantes sacros

En esta pintura del siglo XVI de Domenico Zamieri, santa Cecilia, patrona de los músicos, acompaña a un coro de ángeles. En realidad, la música sacra solo la interpretaban hombres.

musical acabó siendo conocida como oratorio.

Los oratorios eran casi idénticos a las óperas, aparte de que tenían un narrador, y se intentaba que causaran el mismo impacto emocional. Su fin era fortalecer la fe de la audiencia. Los textos solían basarse en la Biblia y estaban escritos en latín o bien, para que más gente pudiera entender el texto, en italiano.

El *Jefté* de Carissimi

A mediados del siglo XVII, el compositor más célebre de los que trabajaban en Roma era Giacomo Carissimi (1605–1674). Su obra más conocida es el oratorio *Jefté* (1648). Este oratorio reinterpreta el pasaje del Antiguo Testamento en el que Jefté promete a Dios que sacrificará a la primera persona que le salude cuando vuelva a casa si le concede la victoria en la batalla. Jefté triunfa y, trágicamente, al llegar a su casa se encuentra con su hija. La historia la narra

> «Sus **composiciones** están verdaderamente imbuidas de la **esencia y la vida** del **espíritu**.»
>
> ATHANASIUS KIRCHER, ERUDITO DEL SIGLO XVII Y «MAESTRO DE UN CENTENAR DE ARTES», SOBRE GIACOMO CARISSIMI, 1650

Manuscrito de Strozzi
Cantata de Barbara Strozzi, cantante y prolífica compositora de cantatas para solista, la mayoría de las cuales se publicaron en Venecia durante su vida.

COMPOSITOR (1605–1674)

GIACOMO CARISSIMI

Carissimi, muy bien considerado por sus contemporáneos, recibió ofertas para ocupar prestigiosos puestos a lo largo de su vida. Uno de ellos fue el de director musical de la basílica de San Marcos de Venecia, un alto honor para un músico. Pero prefirió quedarse en Roma, donde desde los 23 años de edad hasta su muerte, 46 años más tarde fue maestro de capilla de San Apolinar, iglesia del entonces jesuítico Colegio Germánico. En 1637 Carissimi fue ordenado sacerdote. Se le describió como «alto, esbelto y propenso a la melancolía.» Poco más se sabe sobre su vida.

narrador para ir desplegando el argumento. Aun así, el aspecto más llamativo es la dramática intensidad de la música, con rápidos cambios de estado anímico dentro de la misma aria.

Entretenimiento profano

En su forma inicial, la cantata era una obra vocal dramática breve para una voz solista y un instrumento, con varias secciones que comprendían arias y recitativos. A veces el tema era dramático, pero siempre profano. La cantata hizo suyos los temas pastorales y románticos de los madrigales, que para entonces casi habían desaparecido. Las cantatas se interpretaban sobre todo en reuniones privadas de mecenas de las artes y aristócratas cultos, en vez de en teatros públicos, y Carissimi compuso muchas de sus cantatas

para este tipo de funciones en Roma. En Venecia, la compositora y cantante Barbara Strozzi (1619–1677) escribió e interpretó cantatas, la mayoría de ellas para sopranos solistas y para el mismo tipo de público selecto.

El compositor de cantatas más prolífico de Italia fue Alessandro Scarlatti (1660–1725), que escribió unas 600, así como serenatas, que eran cantatas ampliadas, compuestas para grandes celebraciones.

Las cantatas para dos voces se conocían como *duetti di camera* (duetos, de cámara). Strozzi escribió algunas cantatas de este tipo, al igual que el compositor veneciano Agostino Steffani (1654–1728), quien, de hecho, es conocido sobre todo por ellas.

en gran parte un narrador, pero los solistas desempeñan diferentes roles; así, el papel de Jefté lo canta un tenor, y la música está escrita para describir las emociones del solista. A los colegas de Carissimi les conmovió hondamente el coro final, una lamentación para seis voces.

Intensidad dramática

Alessandro Stradella (1639–1682), que también trabajó en Roma, fue un destacado compositor de la segunda mitad del siglo, y su oratorio *San Juan Bautista* (1675) es su obra maestra. Los personajes, y las relaciones entre ellos, estaban tan desarrollados que el compositor ya no necesitaba un

DESPUÉS

A lo largo del siglo XVII, los oratorios se fueron difundiendo más allá de Roma y adoptaron un estilo más operístico. Con el tiempo siguieron evolucionando para reflejar los diferentes gustos musicales.

ORATORIOS DE HÄNDEL
El gran compositor de oratorios del siglo XVIII fue **Georg Friedrich Händel 110–111 》**. Nacido en Alemania, Händel comenzó a componer oratorios cuando la composición de óperas dejó de ser rentable. La mayoría de sus textos se basaba en el Antiguo Testamento. En 1727 se convirtió en ciudadano británico y escribió sus oratorios en inglés: *El Mesías* (1741) es el más famoso de todos los tiempos.

CANTATAS SACRAS
En Alemania, la cantata solía ser una composición sacra con coro además de solistas. Se representaba como parte del oficio religioso principal del domingo en las Iglesias luteranas, y su texto se basaba en la lectura del Evangelio de aquel día. Durante sus 27 años como cantor en la iglesia de Santo Tomás de Leipzig, **Johann Sebastian Bach 102–103 》** compuso más de 200 cantatas.

« **ANTES**

Los músicos medievales y renacentistas dependían de la Iglesia, la nobleza y el estado para subsistir.

NUEVAS OPORTUNIDADES

Durante el Renacimiento, los impresores de toda Europa encontraron mejores maneras de reproducir partituras. Después del siglo XV, la música impresa se tornó más disponible y económica, y en torno al año 1501 el impresor veneciano **Ottaviano Petrucci** « **55** pudo imprimir música utilizando tipos móviles. El hecho de poder imprimir y publicar sus obras proporcionó ingresos a los compositores y amplió su público.

DERECHOS DE AUTOR

Hasta el siglo XIX no hubo leyes de derechos de autor eficaces que protegiesen a los músicos del pirateo de sus obras, y los editores a menudo imprimían música con un nombre de compositor diferente para mejorar las ventas. Unos pocos compositores estaban protegidos por **patentes reales**, pero eran la excepción.

COMPOSITOR (1632-1687)

JEAN-BAPTISTE LULLY

Nacido en Florencia en una familia de molineros, fue descubierto a los 11 años de edad por el duque de Guisa, que se lo llevó a París para que ayudara a su sobrina a mejorar su italiano. Lully estudió con el profesor de música de esta y en 1652 entabló amistad con el joven rey Luis XIV de Francia. Finalmente obtuvo un control sin rival sobre la música francesa. Ocupó diversos cargos, desde superintendente de música y compositor de cámara del rey hasta director de la Academia Real de Música y trabajó con el dramaturgo Molière en varias *comédies-ballet* (obras teatrales con música y coreografía) de 1664 a 1671. Además compuso música sacra para la Capilla Real. Murió de una infección tras golpearse un pie con el bastón con que marcaba el compás.

Mecenas y músicos

A principios del siglo XVII era posible, pero no frecuente, que los músicos y compositores alcanzaran fama y fortuna. Los músicos dependían de la Iglesia y de la aristocracia para tener empleo y a veces trabajaban para ambas.

Algunos compositores de óperas, como Antonio Vivaldi y Georg Friedrich Händel, consiguieron cierta independencia financiera y musical organizando representaciones de sus propias obras en teatros públicos. Pero esta era una empresa arriesgada y en ocasiones deficitaria. Análogamente, cuando todavía la impresión y la publicación de la música de un

compositor podían extender y acrecentar su fama y su influencia, también tendían a enriquecer más al editor. Muchas obras publicadas incluían una página con una larga dedicatoria escrita por el compositor y dirigida a un mecenas existente o potencial. Así pues, las *Vísperas* de Monteverdi, una versión musical del oficio divino homónimo publicada en 1610, estaban dedicadas al papa Paulo V. Monteverdi incluso se las presentó al papa, muy probablemente con la esperanza de que este le diera empleo, algo que nunca se materializó.

La gloria de Roma

Como sede central de la Iglesia católica, Roma era un poderoso imán para los aspirantes a músico de Italia. Además de las capillas papales y de la multitud

> **141.784** **Número de habitantes de Roma en 1702, según el censo de ese año. De ellos, 8.666 eran obispos, sacerdotes, frailes, monjas u otros religiosos.**

> **81** **Número de iglesias parroquiales de Roma.**

de iglesias y conventos que necesitaban música, había en Roma varias familias aristocráticas que patrocinaban las artes a una suntuosa escala. Muchas de estas familias también financiaban academias (reuniones de intelectuales) en las que eran comunes las conversaciones sobre música y las interpretaciones musicales.

Bienvenida a la reina Cristina

La conversión al catolicismo y el autoexilio en Roma de la ex reina de Suecia fue un golpe maestro para la Iglesia. Una gran exhibición y una ópera para 6.000 espectadores le dieron la bienvenida en el palacio Barberini.

En aquella época, la familia Barberini era una de las principales familias de Roma. En 1623, Maffeo Barberini fue elegido papa (Urbano VIII), y bajo su mecenazgo la ópera se convirtió en el espectáculo teatral más importante de Roma. En 1632, la familia añadió al

Violín de Enrique IV
El lutier italiano Girolamo Amati construyó este violín para la capilla de Enrique IV de Francia en 1595. En la espalda del instrumento, entre dos letras H, está pintado el escudo de armas real.

palacio Barberini un teatro con 3.000 asientos, el Teatro Quattro Fontane, en cuya inauguración se estrenó la ópera sacra *Il Sant'Alessio (San Alejo)*, compuesta el año anterior por Stefano Landi (1587–1639).

Mecenas sueca

Otra gran mecenas de las artes fue la reina Cristina de Suecia (1626–1689), que vivió en Roma desde 1655 hasta su muerte en un exilio voluntario. La soberana presidió dos academias y tuvo una gran influencia en la apertura del primer teatro de ópera público de Roma,

el Teatro Tordinona, en 1671. Entre los compositores notables que trabajaron para ella figuran Giacomo Carissimi (1605–1674), Alessandro Stradella (1639–1682) y Arcangelo Corelli (1653–1713), aunque este se le fue robado por el cardenal Pamphili y se trasladó al palacio del cardenal Ottoboni para dirigir la orquesta. El compositor y organista Alessandro Scarlatti (1660–1725) trabajó para estos tres mecenas y luego en Nápoles, desde 1684, para el virrey de España.

Muchos eclesiásticos de la época, entre ellos varios papas, llevaban una vida mundana, aunque hubo excepciones. En 1677, el papa Inocencio XI prohibió las representaciones de ópera en público con el argumento de que fomentaban la inmoralidad. Por esta razón se cerró el Teatro Tordinona hasta 1689, cuando Pietro Ottoboni fue elegido papa (Alejandro VIII) y volvió a abrirlo.

Absolutismo francés

Las cortes de Luis XIII y Luis XIV eran el centro de la vida musical de Francia y el escenario de fastuosos espectáculos. En París, y luego en Versalles, la música acompañaba banquetes, espectáculos de fuegos artificiales, representaciones teatrales y bailes. Toda la música, incluida la sacra, servía para reforzar la autoridad y la magnificencia del monarca.

Los costes podían ser enormes. Cuando el cardenal Mazarino, primer ministro de Francia, montó dos óperas italianas en la corte, las sufragó subiendo los impuestos, lo que provocó una revuelta popular en

Músicos en la corte francesa
Se cree que en esta pintura de François Puget (1651–1707), el violinista es Lully, y el hombre que toca la tiorba, Philippe Quinault (el libretista principal de Lully) o el laudista Robert de Visée.

1648. A Luis XIV le encantaba la danza y cuando era joven participó en varios *ballets de cour*, que eran espectaculares entretenimientos cortesanos en los que se combinaba la danza con el canto. Con el monarca danzó entonces el joven compositor italiano Jean-Baptiste Lully (recuadro), que gracias a su posterior amistad con el rey, llegó a dominar la vida musical de Francia en la segunda mitad del siglo XVII.

En 1672, Lully compró el derecho de producir *tragédies lyriques*, nombre que recibían entonces las óperas en Francia. Lully prácticamente creó este género al fusionar el ballet de la corte con las convenciones de la tragedia francesa de dramaturgos como Jean Racine (1639–1699) y Pierre Corneille (1606–1684). La *tragédie lyrique* más famosa de Lully es *Armida*, compuesta en 1686.

Los sucesores de Lully

Los demás compositores franceses estaban supeditados a Lully, por lo menos en la corte. Entre sus sucesores más talentosos están Marc-Antoine Charpentier (1642–

> **LUIS XIV** recibió su apodo de «rey Sol» después de danzar en el papel de Apolo, dios del sol, en el *Ballet de la nuit.*

1704) y Michel Richard de Lalande (1657–1726). Charpentier fue un compositor versátil que pudo estudiar con Giacomo Carissimi en Roma y en consecuencia introdujo el estilo italiano en sus propias obras, la mayoría sacras. Con base en París, Charpentier sirvió a muchos mecenas, incluida la duquesa de Guisa. También compuso la música para *El enfermo imaginario*, la última obra del dramaturgo francés Molière (1622–1673).

En 1714, Lalande era el director de música exclusivo de la Capilla Real de Versalles. Entre sus obras más conocidas destacan 64 grandes motetes, compuestos para un gran coro, varios solistas y orquesta.

« [Lully] se merece con razón el título de **príncipe de los músicos franceses**. »

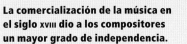

EL ESCRITOR FRANCÉS ÉVRARD TITON DU TILLET EN *LE PARNASSE FRANÇOIS*, 1732

DESPUÉS ≫

La comercialización de la música en el siglo XVIII dio a los compositores un mayor grado de independencia.

NUEVAS OPORTUNIDADES
El siglo XVIII vio la aparición de las salas de concierto públicas, que ampliaron la gama de oportunidades para los músicos. Tras pasar la vida trabajando duro como profesor de música de la familia Esterházy, **Joseph Haydn 128–129 ≫** alcanzó un gran éxito financiero y amplio reconocimiento público en 1790, cuando fue invitado a Londres por el empresario alemán Johann Peter Salomon (1745–1815) para componer y dirigir seis sinfonías.

LIBERTAD Y ESTATUS
A principios del siglo XIX, los músicos de talento gozaban de un estatus inimaginable 50 años antes. Virtuosos como el violinista **Niccolò Paganini** y el pianista **Franz Liszt 162–163 ≫** eran agasajados y aclamados como las estrellas del rock actuales.

Cordal

Cejilla inferior

Curva inferior

Vértice de la ce

Puente

Efe (oído en efe)

Cuerda sol

Cuerda re

Cuerda fa

Cuerda mi

Ce o escotadura central

Afinador o tensor

A la medida de un virtuoso

Este violín construido por Antonio Stradivari es un ejemplo bien conservado de su trabajo artesanal. En otro tiempo perteneció al virtuoso italiano Giovanni Battista Viotti (1755–1824), el mejor violinista de su generación.

CRONOLOGÍA

Siglo IX
Rabel
Este antecesor del violín, emparentado con el *rebab* del norte de África, tenía tres cuerdas y a menudo estaba hecho de una sola pieza de madera. Fue muy utilizado durante la Edad Media y el Renacimiento. **RABEL**

c. 1520
Violín de tres cuerdas
Los instrumentos tipo violín con tres cuerdas —distintos del rabel— datan de este periodo y puede que fueran aún más antiguos. Es probable que se tocasen en un pequeño conjunto o *consort*.

Siglo XVI
Familia Amati
Los Amati fueron unos destacados fabricantes de instrumentos de cuerda con base en Cremona (Italia), activos desde c. 1540 hasta 1740. El fundador, Andrea, estableció la forma clásica del violín, pero su nieto Nicolò se considera el más eminente de la familia.

ETIQUETA DE AMATI

Fídula
La viola de arco medieval, llamada fídula, podía ser de diversas formas, pero era más similar al violín que el rabel, con su mástil bien diferenciado. Tenía hasta cinco cuerdas. **FÍDULA**

Siglo XVI
Lira da braccio
Este instrumento renacentista emparentado con el violín tenía siete cuerdas insertadas en un clavijero. Dos de ellas quedaban fuera del diapasón y hacían de bordones. **LIRA DA BRACCIO**

1626
Orquesta de violines
Una de las primeras orquestas permanentes, los *24 violons du roi* de la corte francesa, comprendía violines de cinco tamaños. Estos cayeron en desuso cuando Stradivari perfeccionó el violín como instrumento solista.

Siglo XVII
Violín *piccolo*
Esta versión más pequeña del violín se afinaba a una cuarta por encima y a veces se usaba para tocar las partes de violín más agudas en el Barroco, por ejemplo, en algunas obras de J. S. Bach. **VIOLÍN *PICCOLO***

Voluta
Vista lateral del clavijero, en el que se insertan las cuatro clavijas. Las cuerdas están anudadas en torno a las clavijas y pueden destensarse o tensarse al girar dichas clavijas.

Puente
Esta pieza de madera tallada sostiene las cuerdas y transmite sus vibraciones a la caja de resonancia. Los oídos o ranuras en forma de efe amplifican el sonido.

Filete, borde decorativo de taracea

ARCO

VISTA LATERAL

VISTA POSTERIOR

Clavija de afinación

Clavijero   Voluta

Cuerpo   Mástil   Diapasón

Curva superior

El **violín**

Apareció hacia 1500, fue perfeccionado por violeros italianos y hacia mediados del siglo XVII se había convertido en el instrumento de cuerda frotada predominante, apreciado por su tono rico y prolongado, y porque se podía tocar con rapidez.

La forma estándar del violín, y de sus parientes la viola y el violonchelo, fue establecida por el constructor de laúdes y violines italiano Andrea Amati a mediados del siglo XVI. El cuerpo de madera hace de caja de resonancia. Las cuerdas sintéticas o de tripa, a menudo entorchadas para crear un sonido limpio, se hacen vibrar frotándolas con un arco de crin de caballo. Una pieza de madera arqueada, el puente, sostiene las cuerdas y transmite sus vibraciones al interior de la caja de resonancia. Los primeros violinistas sostenían el violín contra el pecho —como aún hacen algunos violinistas folclóricos—, pero hoy suele apoyarse entre el hombro izquierdo y el mentón,

mientras el brazo derecho mueve el arco. Al principio se usaba sobre todo como un instrumento para pequeños conjuntos, porque se consideraba que su agilidad era muy adecuada para acompañar la danza. Hubo que esperar a principios del siglo XVII para que apareciera un repertorio solista, compuesto en gran parte por virtuosos como Corelli y Vivaldi. Para entonces el instrumento ya se había difundido por todo el mundo, tanto como instrumento de concierto como folclórico. Aunque se le hicieron pequeñas modificaciones para aumentar el volumen sonoro, como un diapasón más largo y un puente más alto, en esencia el violín no ha cambiado durante casi 500 años.

1709
Violín Stradivarius
Antonio Stradivari (1644–1737) es considerado por muchos el mejor constructor de instrumentos de cuerda, o lutier. Su diseño del violín sirvió de modelo a los constructores de violines durante más de 250 años.

1805–1834
Paganini
El violinista virtuoso y compositor italiano Niccolò Paganini alcanzó nuevas cotas de perfección técnica. Sus 24 caprichos, op.1 (1820), para violín solista resultan sumamente difíciles de tocar.

PARTITURA DE PAGANINI

Década de 2000
Nicola Benedetti
El violín continúa siendo muy popular en el siglo XXI. Sigue atrayendo a los jóvenes y cuenta con numerosos y brillantes intérpretes, como la violinista escocesa Nicola Benedetti.

NICOLA BENEDETTI

c. 1822
Mentonera
El compositor y violinista Louis Spohr (1784–1859) inventó esta pieza para apoyar el mentón. Su mentonera se coloca en el centro de la base del violín, pero las versiones posteriores (en la foto) se colocan a la izquierda del cordal.

MENTONERA

QUINTETTE DU HOT CLUB DE FRANCE

1930–década de 1980
Stéphane Grapelli
Uno de los más grandes violinistas de jazz fue el francés Stéphane Grapelli (1909–1997) que, junto con el guitarrista Django Reinhardt, tocó en el Quintette du Hot Club de France.

Década de 1930
Violín eléctrico
El violín eléctrico con pastilla incorporada existe desde la década de 1930 y lo han utilizado sobre todo violinistas de jazz, folk y rock. Su cuerpo suele ser macizo y su sonido es más crudo que el del violín acústico.

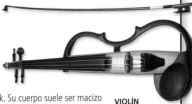

VIOLÍN ELÉCTRICO

LUTIER Nacido *c.* 1644 Fallecido en 1737

Antonio Stradivari

«Al **gran valor** [...] de sus instrumentos, añade **nobleza y encanto**.»

DON DESIDERIO ARISI, MONJE Y AMIGO DE STRADIVARI, *c.* 1720

Los instrumentos de Stradivari (que en sus etiquetas latinizaba su nombre como Stradivarius) se consideran rayanos en la perfección. Stradivari fue el más renombrado y respetado de los lutieres, o constructores de instrumentos de cuerda, y no solo de laúdes como podría sugerir ese nombre (derivado de *luth,* «laúd» en francés y en inglés), sino de toda la gama de cordófonos desde los violines hasta las violas, guitarras, mandolinas y arpas.

Sus instrumentos, sobre todo los violines, se valoran por su elegancia, perfección técnica y la belleza de su sonido. Son muy buscados tanto por coleccionistas como por músicos, y casi todos los mejores violinistas y violonchelistas poseen o desearían poseer uno.

Maestro de Cremona

Stradivari nació hacia 1644 en Cremona o cerca de esta ciudad del norte de Italia, que ya era un centro bien establecido de fabricantes de instrumentos de cuerda. Puede que fuera discípulo del destacado lutier de Cremona Nicolò Amati (1596–1684), o —como piensan algunos— simplemente aprendiz de un carpintero no especializado.

Pocos instrumentos de la primera parte de la carrera de Stradivari han sobrevivido. Los que se conservan muestran un estilo muy similar al de los instrumentos de Amati y se llaman Stradivarius amatizados: en total, un puñado de violines con bellas taraceas. Después de la muerte de Amati en 1684, Stradivari se convirtió en el principal lutier de la región.

Afán de perfección

Stradivari, un fabricante experimental por naturaleza, buscó sin cesar el modo de mejorar el aspecto y el sonido de sus instrumentos. Hacia 1690 se produce un cambio temporal en el diseño de sus violines, con la invención del «patrón largo», más plano, algo más largo y con un perfil más elegante.

Maestro de su oficio

En esta escultura moderna erigida en la *piazza* Roma de Cremona, Antonio Stradivari sostiene un violín y un calibrador. Stradivari habría empleado esta herramienta esencial para la construcción de instrumentos a fin de medir el grosor de la madera.

Taller en Cremona

No existen imágenes contemporáneas de Stradivari. En esta pintura del siglo XIX, un artista anónimo lo muestra como un anciano trabajando en un violín. Este cuadro se halla en la Sala de los Violines del ayuntamiento de Cremona.

El periodo que va de 1700 a 1720 es considerado por la mayoría de expertos la edad de oro de Stradivari como lutier, cuando creó sus mejores y más famosos instrumentos. Para entonces ya había vuelto a emplear la longitud de Amati, de 35,5 cm, pero continuó haciendo sutiles mejoras en la construcción. En su trabajo le ayudaban dos de sus hijos, Francisco y Omobono.

Un Stradivarius típico de este periodo posee unas proporciones ligeramente diferentes, una escotadura central más ancha y un barniz rojizo intenso en vez del marrón dorado de sus instrumentos más antiguos. Además, la madera de arce empleada para la tabla del fondo de la caja armónica se elegía a menudo por sus marcas «flameadas». Los expertos también disciernen una notable riqueza de tono y una mayor potencia.

Entre los violines más cotizados de la edad de oro figuran el Betts (1704), adquirido por 1 libra esterlina por John Betts en 1820, y el Mesías (1716). Aunque estos dos son hoy

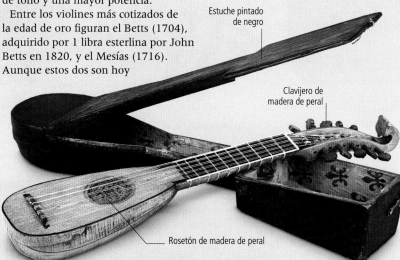

«Un **violín Stradivarius** [...] tiene **memoria y lealtad**.»

LOUIS KRASNER (1903–1991), VIOLINISTA VIRTUOSO Y PROFESOR

Estuche pintado de negro

Clavijero de madera de peral

Rosetón de madera de peral

Mandolina Stradivarius

Esta mandolina, conocida como Cutler-Challen, es una de las dos mandolinas Stradivari de este tipo que se conocen. Data de cerca de 1680 y se encuentra en el Museo Nacional de la Música de Dakota del Sur.

piezas de museo (y rara vez se tocan, si es que se tocan alguna vez), muchos de los casi 600 violines Stradivarius que se conservan son propiedad de músicos destacados. Entre los violinistas, Anne-Sophie Mutter toca el Lord Dunraven (1710); Joshua Bell, el Gibson (1713), e Izthak Perlman, el Soil (1714), por nombrar solo tres de ellos. Los apodos de estos instrumentos suelen hacer referencia a un distinguido propietario anterior.

Como es lógico, cuando algún violín Stradivarius del mejor pedigrí aparece en el mercado, se acaba vendiendo a un precio muy elevado. En 2011, el Lady Blunt se subastó en 15,9 millones de dólares.

Presiones comerciales

En el Barroco hubo muchos otros lutieres destacados. Amati formaba parte de una dinastía de fabricantes de instrumentos, al igual que Giuseppe Guarneri (1698–1744), también conocido como Guarneri del Gesù, cuyos violines son equiparables a los Stradivarius para muchos

entendidos actuales. En el siglo XIX la fama de Stradivari y Guarneri creció, al aumentar las dimensiones de las salas de concierto y necesitar los solistas el potente sonido de estos instrumentos para que fueran audibles por encima del resto de la orquesta. Comerciantes sin escrúpulos empezaron a poner a la venta violines de calidad inferior como si fueran del famoso lutier. Además, los lutieres y los científicos comenzaron a obsesionarse por descubrir el «secreto» que hacía a aquellos instrumentos tan superiores. Algunos lo atribuían a algún ingrediente desconocido del barniz; otros creían que la clave del misterio estaba en la madera. ¿Fue la «miniglaciación» de la década de 1680 que ralentizó el crecimiento de los árboles y le dio una densidad única? ¿O fueron los microorganismos absorbidos por los árboles transportados río abajo?

También conviene recordar que la mística que rodea a los instrumentos italianos de los siglos XVII y XVIII se ve fomentada por quienes comercian con ellos para mantener sus elevados precios. A pesar de que existen muchos excelentes instrumentos fabricados por lutieres modernos, estos carecen del pedigrí y la historia de un Stradivarius.

Etiqueta auténtica

Stradivari afirma su autoría en el clavijero de la guitarra Rawlins, en 1700. Esta guitarra es más pequeña que las guitarras modernas y tiene cinco cuerdas dobles. Hoy se encuentra en el Museo Nacional de la Música de Dakota del Sur.

EL MUSEO STRADIVARI EN CREMONA

1 VIOLA SOPRANO
Longitud: 60 cm

2 VIOLA TENOR
Longitud: 90 cm

3 VIOLA DA GAMBA
Longitud: 1,2 m

4 VIOLA
Longitud:
68 cm

5 VIOLA DE AMOR, 1736
Longitud: 68 cm

6 VIOLA DE AMOR, 1755
Longitud: 68 cm

Instrumentos de cuerda

Muchos de los instrumentos de cuerda (cordófonos) de principios del Barroco, como los de la familia de la viola, pasaron de moda a finales del periodo, mientras que otros, en particular el violín y el violonchelo, ganaron predicamento.

1 Viola soprano La viola, que data del siglo XV, suele tener seis cuerdas y un diapasón con trastes, y se sostiene vertical entre las rodillas. La soprano es la más pequeña de la familia. **2** Viola tenor Esta viola suele formar parte de un grupo de violas. **3** Viola *da gamba* Similar al violonchelo, era tan popular en solos como en bajos continuos y sobrevivió a las más pequeñas. **4** Viola Similar al violín, la viola también se toca apoyándola bajo la barbilla, aunque es más grande y produce un sonido más profundo. **5** Viola de amor de 1736 Este instrumento de arco es del mismo tamaño que la viola, pero tiene un contorno más esbelto y seis o siete cuerdas. **6** Viola de amor de 1755 Además de las cuerdas que se tocan, tiene una serie de cuerdas «simpáticas» bajo las primeras, afinadas para complementar el tono de estas, lo que crea un sonido muy dulce. **7** Laúd Emparentado con el *'ud* árabe, fue el instrumento de cuerda pulsada más popular del Renacimiento y del Barroco. **8** Guitarra Stradivarius El gran lutier italiano Antonio Stradivari fabricó este instrumento hacia 1700. **9** Guitarra Las guitarras

barrocas, como esta de 1640, tenían una silueta de ocho menos pronunciada que las modernas y estaban a menudo muy decoradas. **10** Violín de bolsillo inglés Los maestros de danza usaban este pequeño violín de mástil largo para acompañar a sus alumnos. **11** *Pochette* El violín de bolsillo (o de faltriquera) tenía a menudo forma alargada, útil para introducirlo en el bolsillo posterior de la chaqueta o casaca, y de ahí su nombre (*pochette* en francés significa «bolsillo»). **12** Violín *piccolo* Es una versión del violín más pequeña, con una afinación más aguda. **13** Mandolina Instrumento con forma de pera cuyas cuerdas se pulsan con un plectro, se originó en la región de Nápoles. Esta la fabricó Stradivari en 1680. **14** Baritón o *baryton* Especie de viola *da gamba* con seis cuerdas que se tocan con arco y hasta 20 cuerdas simpáticas que pueden puntearse con el pulgar gracias a una abertura en la tabla de fondo. Surgió a principios del siglo XVII, posiblemente en Inglaterra. **15** Violonchelo barroco Similar al moderno, pero con el diapasón más cercano a la caja, con cuerdas de tripa y sin pica.

8 GUITARRA STRADIVARIUS
Longitud: 1 m

9 GUITARRA
Longitud: 96 cm

10 VIOLÍN DE BOLSILLO INGLÉS
Longitud: 40 cm

11 POCHETTE
Longitud: 40 cm

15 VIOLONCHELO BARROCO
Longitud: 1,2 m

12 VIOLÍN PICCOLO
Longitud: 54 cm

13 MANDOLINA
Longitud: 35 cm

14 BARITÓN
Longitud: 1,3 m

7 LAÚD
Longitud: 80 cm aprox.

Nacido en 1678 Fallecido en 1741

Antonio Vivaldi

« Puede **componer** un concierto [...] **más rápido** de lo que **escribe** un copista. »

CHARLES DE BROSSES SOBRE VIVALDI EN UNA CARTA DE 1739

Con sus espectaculares contrastes dinámicos y motores rítmicos— pulsos regulares y persistentes que conducen el movimiento de una pieza musical —la música de Vivaldi es una de las más apasionantes del Barroco tardío. Como virtuoso del violín, Vivaldi contribuyó a ensanchar las fronteras técnicas de su instrumento y como compositor destacó por ampliar la gama expresiva del concierto solista. Sus conciertos para violín *Las cuatro estaciones* son un ejemplo temprano de pintura de una escena mediante la música. Desde su redescubrimiento en el siglo xx, figuran entre las obras más interpretadas y grabadas de la historia.

El cura pelirrojo

Nacido en Venecia y el menor de seis hermanos, Vivaldi aprendió a tocar el violín con su padre, un destacado violinista de la basílica de San Marcos, y puede que estudiara allí con el maestro de capilla Giovanni Legrenzi. También estudió en el seminario y, tras ser ordenado sacerdote en 1703, recibió el apodo de *il prete rosso* (el cura rojo), debido a que era pelirrojo. A causa de una enfermedad que probablemente fuera asma, rara vez celebraba misa, y de joven cobró fama sobre todo por ser un brillante violinista.

Ese mismo año aceptó el puesto de profesor de violín en el Ospedale della Pietà (Hospicio de la Piedad), institución veneciana para niñas huérfanas y abandonadas. Aunque esta institución se regía como un convento, ponía un

Hombre de música

Muchos creen que el violinista componiendo que aparece en este retrato anónimo es Vivaldi. Algunos incluso han discernido un atisbo de pelo rojo bajo la peluca clara.

OBRAS CLAVE

L'estro armonico, op. 3

Las cuatro estaciones, op. 8, n.º 1 a 4, RV271

Juditha triumphans, RV644

Gloria en re, RV589

Stabat Mater, RV621

Farnace, RV711

énfasis especial en la música y tenía unos destacados orquesta y coro. La Pietà contrató a Vivaldi varias veces —entre rupturas y reconciliaciones con la institución— hasta su muerte en 1741.

Producción artística

Gran parte de su música carece de fecha, pero se sabe que en el año 1705 publicó una serie de 12 sonatas para violín. Con todo, la que le dio gran renombre fue una exuberante colección de conciertos, *L'estro armonico (La inspiración armónica)*, publicada en 1711. Estas 12 obras, por su vivacidad y exuberancia, y por el reto que representaban tanto para el solista como para la orquesta, sustituyeron al majestuoso modelo de concierto de la época y sentaron el estilo para el futuro. Johann Sebastian Bach (1685–1750) sentía tal admiración por

L'estro armonico que copió y arregló seis de sus conciertos para otros instrumentos.

En 1713, Vivaldi se trasladó a Vicenza para supervisar la representación de su primera ópera, *Ottone in Villa*. Después continuó viajando, incluso después de haberse convertido en superintendente general de música de la Pietà, en 1716, ya que se le permitió ir a componer

Concierto en el Ospedale de la Pietá (Venecia)
Vivaldi escribió casi toda su música coral para el coro de la Pietà. El renombre musical de esta institución femenina atraía a un numeroso público desde toda Europa.

el *Gloria en re*, en el que unos alegres coros alternan con solos y dúos. El conmovedor *Stabat Mater*, compuesto para voz solista y orquesta, revela su

« La **música** de Vivaldi [...] es **salvaje e irregular**. »

JOHN HAWKINS, *UNA HISTORIA GENERAL DE LA CIENCIA Y LA PRÁCTICA DE LA MÚSICA*, 1776

óperas en otras ciudades, además de dirigir dos teatros en Venecia.

De 1718 a 1720 fue director musical en la corte de Mantua. Allí inició una asociación con la contralto Anna Girò, que a menudo interpretaba el papel principal en sus óperas. Los rumores sobre esta relación, junto con la negativa de Vivaldi a celebrar misa, hicieron que el arzobispo de Ferrara le prohibiera la entrada en esta ciudad.

Fue a principios de la década de 1720 cuando escribió *Las cuatro estaciones*, una música que intenta reproducir sonidos específicos, como el ladrido de un perro en «La primavera» o una tormenta eléctrica en «El invierno».

Junto con otras obras, Vivaldi siguió componiendo música sacra para la Pietà. La pieza más conocida es

Las extravagancias de Vivaldi
Esta reimpresión londinense de *La stravaganza* de Vivaldi, escrita en 1716, data de c. 1740. Es una colección de conciertos para violín solista, cuerdas y clave.

capacidad de escribir música expresiva con un ritmo lento.

Los últimos años

En 1738, al regresar a Venecia para supervisar los festejos en honor del rey de Polonia, Vivaldi descubrió que su fama había declinado. En 1740 viajó a Viena en busca del mecenazgo del emperador Carlos VI, pero este falleció al poco de su llegada. Vivaldi se quedó en Viena, donde murió menos de un año más tarde, a los 63 años de edad, y fue enterrado en una fosa común. Tras su muerte, su música cayó en el olvido hasta que a principios del siglo xx los musicólogos redescubrieron varias de sus partituras. Desde entonces han visto la luz más obras suyas, y muchas se han interpretado y grabado numerosas veces.

VIOLÍN DE LA ORQUESTA DE VIVALDI

ANTES «

La música prosperó en la Inglaterra de principios del XVII, pero estaba muy mal vista por los puritanos, un grupo de protestantes que se rebelaron contra la Iglesia y la corona.

TALENTO AUTÓCTONO

Dos compositores ingleses notables fueron el maestro de instrumentos de tecla Orlando Gibbons (1583–1625), que también escribió música para **violas** *da gamba*, y el laudista **John Dowland** « 63.

AUSTERIDAD PURITANA

Bajo la férula de Oliver Cromwell (1599–1658), líder puritano de Inglaterra tras la derrota de los monárquicos en la guerra civil de 1642–1651, se restringió la música eclesiástica y se cerraron los teatros públicos. Sin embargo, en ceremonias estatales y **mascaradas** en privado la música siguió sonando.

CASCO DE CROMWELL

El renacer inglés

En 1660, Carlos II recuperó el trono de Inglaterra, poniendo así fin a casi 20 años de republicanismo. El amor por el espectáculo del nuevo rey devolvió a la música y el teatro su importante papel en la vida de la nación, tanto en la corte como en público.

Carlos II de Inglaterra (1630–1685) se apresuró a restablecer la música en la corte a una grandiosa escala. Durante el gobierno de Oliver Cromwell, Carlos y su hermano Jacobo, duque de York, habían pasado gran parte de su exilio en Francia y disfrutado de la música en la corte de Luis XIV. En Inglaterra, muchas de las instituciones musicales que servían a los anteriores monarcas habían sido disueltas y era necesario reconstituirlas.

La Capilla Real

La más importante de estas instituciones era la Capilla Real, cuyo coro servía al rey y cantaba para sus oficios religiosos cotidianos dondequiera que estuviera residiendo. Tras la Restauración de la monarquía, la formación de los niños del coro recayó en el capitán Henry Cooke (1616–1672), que ostentaba el título de maestro de los niños de la Capilla Real. Bajo su tutela se formaron diversos compositores, notables, como Pelham Humfrey (1647–1674). Con 17 años de edad fue enviado a estudiar a Italia y Francia, donde absorbió el estilo italiano de Giacomo Carissimi (c. 1605–1674) y la actitud grandiosa de Jean-Baptiste Lully (pp. 84–85). A su regreso, su aire de superioridad —el cronista Samuel Pepys lo describió como «un *monsieur* (señor) absoluto»— y su música dejaron una gran impronta.

1672 Año en que se dio el primer concierto público de Inglaterra, en el distrito de Whitefriars (Londres).

La temprana muerte de Humfrey supuso una gran pérdida para la música inglesa. En el puesto de maestro de los niños de la Capilla Real le sucedió otro protegido de Cooke, John Blow (1649–1708). Blow fue organista de la abadía de Westminster desde 1668, y es recordado sobre todo por sus *anthems*, como «Sing Unto the Lord, O Ye Saints» (1685). Pero la fama de Blow fue eclipsada en gran parte por Henry Purcell (1659–1695), el mejor compositor de la generación posterior a la Restauración (pp. 96–97). En 1680, Blow renunció a su puesto de organista en la abadía de Westminster para dejar paso a su brillante colega.

Esta pieza afianza la articulación entre el tubo y el pabellón

El pabellón está decorado con plata grabada

Tubo de cobre

Embocadura

La trompeta de Beale

Esta trompeta fue fabricada en 1667 por Simon Beale, que era el trompetero estatal de Oliver Cromwell y tocó en su funeral. Tras la Restauración de la monarquía inglesa, Beale fue nombrado trompetero del rey Carlos II.

Música para la corte

El coro de la Capilla Real también tenía deberes cortesanos, como cantar las numerosas odas escritas para ocasiones especiales, por lo general reales.

Los demás músicos empleados en la corte eran en su mayoría instrumentistas. Se dividían en diferentes conjuntos, o *consorts*, en particular un *consort* de viento y un conjunto de cuerda cuyo modelo eran *los vingt-quatre violons du roi* (24 violines del rey) de la corte francesa. Matthew Locke (*c.* 1621–1677) fue el compositor más destacado de la corte de Carlos II, aunque no siempre fuera el favorito. Una de las obras más conocidas de este músico, que ya era una figura consolidada antes de la Restauración, es *Música para los sacabuches y cornetas de Su Majestad*), probablemente compuesta para la coronación de Carlos II en 1661.

Hacia esta época, Carlos II nombró a Locke compositor para el conjunto Private Musick, que tocaba para disfrute personal del monarca en el palacio de Whitehall. Por desgracia, el rey, según el historiador y músico aficionado Roger North (1651–1734), sentía «una aversión absoluta por los *fancys*» (el tipo de música para *consort* en la que Locke era maestro) y prefería con gran diferencia la música de danza del conjunto de violines. Sin embargo, Locke desempeñaba otras funciones en la corte, como organista de la capilla católica privada de la reina Catalina de Braganza en el palacio de Saint James, en Londres. Puede que sus motetes (en latín) los compusiera para esta capilla.

Música de teatro

El principal entretenimiento teatral de la corte de Carlos I habían sido las mascaradas, complejas alegorías que combinaban la poesía, la música, la danza y sorprendentes efectos escénicos para celebrar al monarca o algún acontecimiento estatal. Estas fueron menos frecuentes en la corte de Carlos II, en parte porque este rey prefería el tipo de espectáculos que había visto en Francia, incluido el nuevo género de la ópera (pp. 80–81).

En 1660, el rey Carlos II autorizó la reapertura de los teatros públicos y la actuación de mujeres (hasta entonces los papeles femeninos los habían desempeñado niños que no habían cambiado la voz). Al público de la Restauración le gustaban las comedias subidas de tono y también los dramas con muchas canciones y danzas.

La adaptación de *La tempestad* de Shakespeare por Thomas Shadwell tenía una espléndida música incidental a la que contribuyeron varios compositores, entre ellos Locke. En una posterior adaptación de *El sueño de una noche de verano* de Shakespeare rebautizada como *La reina de las hadas* (1692) se intercalaron danzas

Musa santa

En 1683, los músicos de Londres promovieron una fiesta anual en honor de santa Cecilia, patrona de la música, que aparece tocando una viola *da gamba* en esta pintura del artista italiano Domenichino (1581–1641).

y música de Purcell entre los actos, en una serie de escenas de tipo mascarada sin relación alguna con el argumento. Este género inglés que hoy se conoce como semiópera fue extremadamente popular durante un breve periodo.

La propia ópera tardó en hacerse un lugar en Inglaterra, aunque hubo dos ejemplos notables. El primero fue *Venus y Adonis* (*c.* 1683) de Blow, que tenía una música continua (llamada «transcompuesta», p. 67), sin diálogos, y que sirvió de modelo para *Dido y Eneas* (*c.* 1689) de Purcell, obras que contienen recitativos (forma declamatoria de cantar) y revelan un conocimiento amplio del estilo operístico francés.

Baile en la corte

Como su primo Luis XIV en Versalles, donde pasó gran parte de su exilio, Carlos II era un apasionado de la danza. El rey inglés aparece en el centro de esta pintura del artista flamenco Hieronymus Janssens (1624–1693).

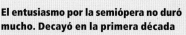

> « La **música** es la **exultación de la poesía**. Ambas pueden ser **excelentes** por separado [...] **pero lo son al máximo** cuando se **juntan**.»
>
> JOHN DRYDEN, POETA INGLÉS, EN EL PREFACIO DE LA SEMIÓPERA *LA PROFETISA, O LA HISTORIA DE DIOCLECIANO*, 1690

DESPUÉS

El entusiasmo por la semiópera no duró mucho. Decayó en la primera década del siglo XVIII, cuando el público empezó a preferir la ópera italiana.

IMPORTACIONES OPERÍSTICAS
Los empresarios teatrales ingleses descubrieron que los talentos importados del continente, como las estrellas italianas del canto Faustina Bordoni (1697–1781) y el castrato Francesco Bernardi Senesino (1686–1758), atraían grandes audiencias.

SOCIEDADES MUSICALES
Los conciertos públicos y las sociedades de música prosperaron en la Inglaterra del XVIII. Los **conciertos 140–141 »** empezaron a popularizarse, en particular los de Francesco Geminiani (1687–1762), al mismo tiempo que se afirmaban con fuerza los **oratorios de Händel** en inglés 110–111 ».

COMPOSITOR Nacido en 1659 Fallecido en 1695

Henry Purcell

« Inglaterra nunca ha tenido un **genio musical** más grande.»

ROGER NORTH, BIÓGRAFO, EN *THE MUSICALL GRAMMARIAN*, 1728

Pese a su corta vida —murió a los 36 años—, Henry Purcell dejó una magnífica obra musical que abarca desde *anthems*, himnos y odas hasta *Dido y Eneas*, la primera gran ópera escrita en inglés. En su ecléctico estilo, Purcell logró sintetizar la elegancia formal de la música francesa con la exuberancia y expresividad italianas, conservando a la vez su voz inequívocamente inglesa.

Músico de la corte

Hijo de Henry y Elizabeth Purcell, nació en el municipio de Westminter (Londres). Tras la muerte de su padre, en 1664, se fue a vivir con su tío, Thomas Purcell.

OBRAS CLAVE

Fantasías

«My Heart is Inditing» («Mi corazón rebosa»). *Dido y Aeneas*

Odas para el cumpleaños de la reina María

Oda para el día de Sta. Cecilia («Hail, Bright Cecilia!»)

La reina de las hadas

Música fúnebre para la reina María II

Música al servicio de la poesía

Purcell fue admirado tanto por sus contemporáneos como por las generaciones posteriores por su talento para musicalizar la poesía inglesa con una osadía melódica y armónica que dio a sus composiciones una extraordinaria intensidad.

Tanto este como su padre eran músicos de la corte de Carlos II, y el joven Henry siguió sus pasos.

En torno a 1668, Purcell se convirtió en uno de los 12 niños cantores de la Capilla Real, bajo la tutela del maestro de coro Henry Cooke. A los 18 años de edad sucedió al compositor Matthew Locke como *Compositor-in-Ordinary for Violins* en la corte. Dos años después, en 1679, su mentor John Blow dejó su puesto de organista en la abadía de Westminster para dejar paso a su colega más joven. Purcell no tardó en empezar a complementar sus ingresos con la escritura de música y canciones para las obras de teatro que se representaban en el Teatro Dorset Garden (Londres).

Purcell compuso la mayoría de sus obras instrumentales antes de los 25 años.

La reina de las hadas
Esta semiópera de Purcell se basa en *El sueño de una noche de verano* de Shakespeare. Estas páginas de la partitura manuscrita muestran la canción de boda «Thrice Happy Lovers.»

Entre ellas figuran las fantasías para *consort* (pequeño conjunto) de violas, género que ya se consideraba pasado de moda, y las series de sonatas a trío, que sonaban más modernas. Tanto las fantasías como las sonatas están teñidas de la introspección propia de Purcell o, como afirmó su contemporáneo Roger North, «obstruidas con algo así como una veta inglesa.»

Anthems e himnos

En 1682, Purcell se convirtió en uno de los tres organistas de la Capilla Real, para trabajar sobre todo en la capilla del palacio de Whitehall. Una de sus obligaciones era componer *anthems*, muchos de los cuales, siguiendo el modelo francés, eran piezas grandiosas en las que se alternaban solos y secciones corales, y que exigían grandes fuerzas orquestales. Uno de los mejores, «My Heart is Inditing», se erigió en el clímax musical de la ceremonia de coronación de Jacobo II en 1685. Este rey, que era católico, fue destronado y sustituido en 1689 por Guillermo III y María II, quienes redujeron las actividades musicales en la corte, si bien Purcell siguió escribiendo odas para celebraciones reales, incluidas las compuestas para el cumpleaños de la reina María. Con todo, la más impresionante es la que escribió para la fiesta de la patrona de la música. *La Oda para el día de santa Cecilia*, escrita en 1692, exige una

amplia gama de instrumentos, y gran parte de la música (y del texto) ilustra sus cualidades específicas.

Hombre de teatro

Fue hacia esta época cuando la ópera *Dido y Eneas* de Purcell se representó en una escuela de niñas de Chelsea, bajo la dirección de Josias Priest, el coreógrafo del Teatro de Dorset Garden. Esta ópera, basada libremente en el relato clásico del abandono de la reina de Cartago por Eneas, que parte para fundar una nueva Troya, es breve pero variada, con un

Desfile de la coronación de Jacobo II

Varios trompetistas y tambores, y un flautista acompañan al portador de la maza real hacia la abadía de Westminster para la coronación de Jacobo II. Purcell escribió el *anthem* «My Heart is Inditing» para esta ocasión.

Thomas Betterton para trabajar en su adaptación de la obra teatral *La profetisa, o La historia de Dioclesiano*. Esta fue la primera semiópera de Purcell. El éxito de *Dioclesiano* condujo a otras tres obras similares: *El rey Arturo*, con texto de John Dryden, en 1691; *La reina de las hadas*, en 1692, y *La reina india*, en 1694–1695,

> ## « [Tenía] un **genio** peculiar para **expresar** la **energía de las palabras en inglés**.»
>
> **HENRY PLAYFORD EN SU EDICIÓN DE MÚSICA DE PURCELL** *ORPHEUS BRITANNICUS*

sentimiento trágico ejemplificado por el «Lamento de Dido.» Esta aria lenta, construida sobre una línea de bajo que se repite, llega a su clímax con la repetición de «*Remember me*» («Recuérdame»), uno de los momentos más emotivos de la ópera barroca.

Poco después, Purcell y Priest fueron contratados por el actor y director

completada tras la muerte de Purcell por su hermano Daniel, también buen compositor.

La reina de las hadas, adaptación de la obra *El sueño de una noche de verano* de Shakespeare, fue la más extravagante de estas semióperas. Estaba plagada de escenas con grandiosas transformaciones, y su producción costó 3.000 libras (una gran suma). Aunque no se pudieron compensar los gastos, «la corte y la ciudad quedaron maravillosamente satisfechos con ella.»

La última obra

El último encargo real a Purcell fue la música para el funeral de la reina María, que murió en diciembre de 1694. El propio Purcell falleció el mes de noviembre siguiente. Su muerte fue una enorme pérdida para la música inglesa, que no contó con ningún compositor autóctono de nivel comparable hasta 200 años después.

La ópera como danza

Dido y Eneas incorpora varias danzas y se representó por primera vez en una escuela de señoritas de Londres. Esta producción de Sasha Waltz se escenificó en Berlín en 2011.

VIDRIERA, IGLESIA DEL SANTO SEPULCRO (LONDRES)

El **órgano**

El órgano es el instrumento de teclado más antiguo, capaz de producir una variedad de sonidos mayor que cualquier otro instrumento. Además de utilizarse en iglesias desde hace siglos, es un instrumento de concierto tanto de música clásica como popular.

VISTA CON LAS PUERTAS CERRADAS

El órgano tiene su origen en el *hydraulis* de los antiguos griegos, accionado por agua. Hacia el siglo VIII ya habían llegado a Europa occidental instrumentos similares, y a partir de la Edad Media, distintos modelos de órganos tuvieron un importante papel en la música eclesiástica. En el Renacimiento y el Barroco, las mejoras técnicas permitieron escribir una música más ambiciosa para este instrumento. Los compositores alemanes Dietrich Buxtehude, J. S. Bach y Pachebel alcanzaron nuevas cimas.

En el siglo XIX se construyeron órganos mayores, capaces de producir una gama de sonidos orquestal, y compositores como Liszt y Saint-Saëns escribieron piezas sinfónicas que incluían el órgano.

El rey de los instrumentos

El órgano es un instrumento de teclado que funciona según un principio similar al de los instrumentos de viento de madera y de metal: el aire insuflado (en este caso mediante fuelles) a través de tubos produce el sonido. Consta de tres partes principales: los tubos, los fuelles y los mandos. Los tubos son de distintos tamaños y formas, y por tanto, producen diferentes sonidos. Los manuales (teclados) controlan juegos o conjuntos de diferentes hileras (registros) de tubos de timbre similar. Cada registro tiene un tubo para cada nota y es accionado por tiradores que dirigen el aire hacia la serie correcta de tubos: cuando se tira de uno de ellos, todos los tubos correspondientes a ese registro quedan disponibles para tocar. Un órgano de cámara con un solo teclado tendrá unos pocos registros, mientras que un órgano de catedral de seis manuales puede tener más de 150. Algunos órganos antiguos disponen también de un pedal para accionar los fuelles, pero en la mayoría de los modernos el aire se insufla eléctricamente. Por su riqueza de sonidos, el órgano bien merece llamarse «el rey de los instrumentos».

ÓRGANOS SILBERMANN

El inicio del siglo XVIII fue la edad de oro de la construcción de órganos para las iglesias alemanas, cuyos máximos exponentes fueron Andreas Silbermann (1678–1734) y su hermano Gottfried (1683–1753). Andreas construyó unos 34 órganos en la región de Alsacia, y Gottfried 46 en Sajonia, incluidos los de la catedral de Freiberg (en la foto) y de la Hofkirche de Dresde. El hijo de Andreas, Johann Andreas (1712–1783) continuó la tradición.

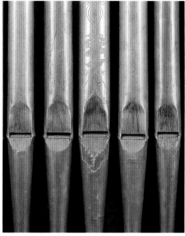

Tubos
Pese a su pequeño tamaño y su carácter doméstico, este órgano de cámara contiene nada menos que 294 tubos, algunos de hasta 2,4 m de longitud.

Tiradores
Órgano con seis registros accionados por tiradores, tres a cada lado del teclado. Cuando se tira de ellos, permiten que el órgano adopte diferentes timbres.

Teclado
Este órgano solo tiene un manual o teclado (izda.), mientras que los grandes órganos de iglesia tienen varios. En aquella época era común invertir la disposición convencional de teclas blancas y negras.

CRONOLOGÍA

c. 300 A.C.
Hydraulis
Imagen de un órgano hidráulico, en el que el aire se bombeaba a través de un embudo en un depósito de agua y de allí a los tubos.

HYDRAULIS

Siglo XIII
Órgano portátil
Este órgano, lo bastante pequeño como para que lo sostuviera y tocara una sola persona, se usó sobre todo en la música profana durante los siglos XIII y XVI.

Siglo XVI
Órgano de regalía
En este pequeño órgano portátil, o regal, el aire procedente de un par de fuelles pasaba a través de unas lengüetas de metal situadas detrás del teclado. Era popular en el Renacimiento

ÓRGANO DE REGALÍA DEL SIGLO XVII

Siglo XVII
Órgano de cámara
Este órgano pequeño, con un solo manual y construido como un mueble derivada del órgano positivo y se popularizó para el uso privado doméstico y también para salas de concierto hasta el siglo XIX.

826
El primer órgano de Europa
Construido por Georgius, un sacerdote veneciano, para Luis I, rey de los francos, este órgano era un importante símbolo de estatus.

MÚSICO CON UN ÓRGANO PORTÁTIL EN UNA PINTURA AL FRESCO

Siglo XVI
Órgano positivo
El positivo era un órgano transportable en el que una persona accionaba los fuelles mientras otra tocaba. Se utilizó para música tanto sacra como profana a partir de 1500.

Siglo XVI
Música para órgano
Compositores como Claudio Merulo, Jan Sweelinck y Girolamo Frescobaldi desarrollaron un repertorio cada vez más sofisticado para órgano solo durante el Renacimiento y el Barroco.

1780
Lengüetas libres
El ingeniero alemán Christian Gottlieb Kratzenstein construyó un órgano cuyos sonidos los producían lengüetas y que dio lugar al acordeón.

ACORDEÓN, 1845

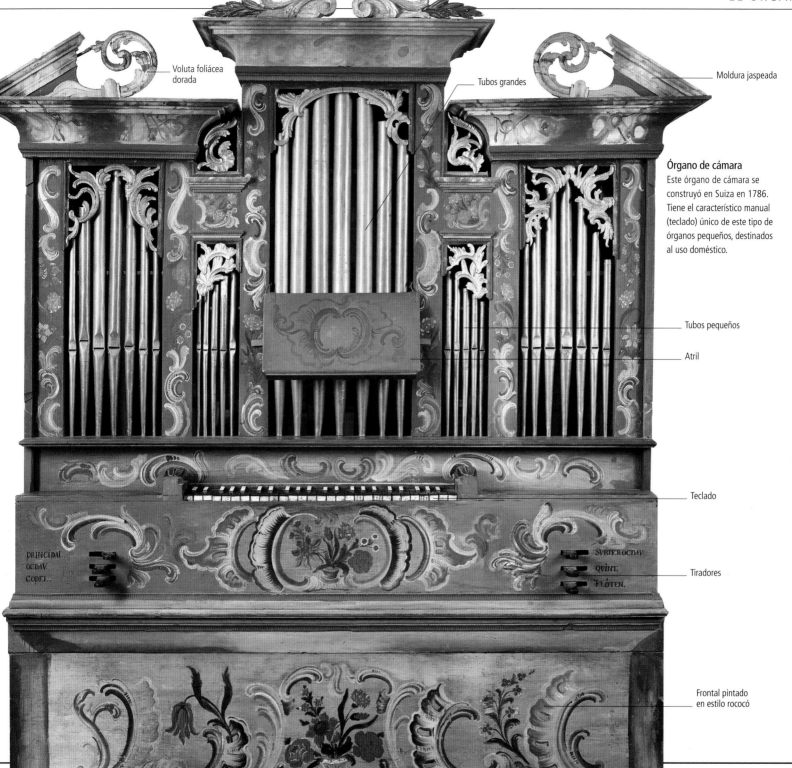

Voluta foliácea
dorada

Tubos grandes

Moldura jaspeada

Órgano de cámara

Este órgano de cámara se
construyó en Suiza en 1786.
Tiene el característico manual
(teclado) único de este tipo de
órganos pequeños, destinados
al uso doméstico.

Tubos pequeños

Atril

Teclado

Tiradores

Frontal pintado
en estilo rococó

1915
Órgano de cine
Para las películas mudas se
crearon órganos especiales
cuyos muchos registros imitaban
instrumentos de la orquesta.
Wurlitzer fue la más famosa de
las empresas que los fabricaban.

Pedal

1786
Órgano de
cámara suizo
Los órganos como este,
construido por Josef Loosser,
se usaban para acompañar
el canto de himnos.

1855
Órgano de vapor
Inspirándose en los silbatos
de las locomotoras de vapor,
Joshua C. Stoddard inventó un
órgano accionado por vapor o aire
comprimido, al que llamó calíope.

CALÍOPE

Siglo xix
Organista virtuoso
El compositor belga César
Franck (1822–1890) fue un gran
organista que destacó tocando
órganos del célebre constructor
francés de estos instrumentos
Aristide Cavaillé-Coll.

CÉSAR FRANCK

1929
Primer órgano
eléctrico
Lo crearon Edouard
Coupleux y Army Givelet.
En las décadas de 1960
y 1970 se popularizó en
el jazz, rock y gospel.

Contrapunto y fuga

La combinación de dos o más líneas melódicas simultáneas en una pieza musical de tal forma que suenen armoniosas se denomina contrapunto. En su versión más sofisticada, como en las fugas de J. S. Bach, varias melodías o voces independientes interactúan manteniendo una armonía cohesiva.

El contrapunto puede ser bastante simple, como en las invenciones a dos voces para teclado de J. S. Bach (pp. 102–103), en las que solo se contraponen dos líneas melódicas, que reciben el nombre de partes o voces.

En el contrapunto, cada melodía se oye como algo continuo en lugar de como una serie de tonos aislados, lo que transmite una sensación de impulso hacia delante. La destreza del compositor consiste en «entretejer los hilos» de manera que se puedan escuchar a la vez individualmente y como un todo.

El contrapunto del Barroco se diferencia de la polifonía del periodo renacentista en que se concentra en la interacción melódica de las voces en vez de en su interacción armónica. El contrapunto también tiende a ser más rítmicamente dinámico.

Escaleras al Parnaso

En 1725, el compositor y teórico austriaco Johann Joseph Fux

ANTES

La expresión *punctum contra punctum* (punto contra punto) que aparece en un tratado medieval es una de las primeras referencias al contrapunto.

POLIFONÍA DESDE EL SIGLO XII
Desde la escuela de **Notre Dame « 46–47** hasta el compositor **Palestrina « 60–61**, la música con múltiples voces, o **polifonía**, se hizo cada vez más elaborada.

CÓDICE CHIGI, SIGLO XV

POLIFONÍA SACRA
El *Códice Chigi*, un manuscrito musical magníficamente iluminado de finales del siglo XV, es una de las mejores fuentes de misas polifónicas flamencas.

ESTRUCTURA: FUGA
Algunas fugas constan de tres secciones —exposición, desarrollo y recapitulación—, como la forma sonata. La voz 1 empieza exponiendo el sujeto (azul). La voz 2 entra con la respuesta (verde), que es la misma melodía del sujeto pero cinco notas (una quinta) más alta. Al mismo tiempo, la voz 1 acompaña a la respuesta con nuevo material, ya sea este un contrasujeto (morado) o una parte libre (naranja). Entonces entra la voz 3 con el sujeto inicial. La sección central (desarrollo) es más libre y consiste en «episodios» (rosa) que alternan con entradas del sujeto. La fuga acaba con la reexposición del sujeto en la tonalidad inicial.

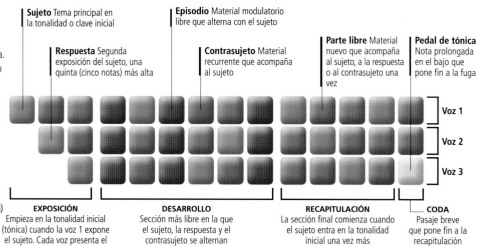

Sujeto Tema principal en la tonalidad o clave inicial

Respuesta Segunda exposición del sujeto, una quinta (cinco notas) más alta

Episodio Material modulatorio libre que alterna con el sujeto

Contrasujeto Material recurrente que acompaña al sujeto

Parte libre Material nuevo que acompaña al sujeto, a la respuesta o al contrasujeto una vez

Pedal de tónica Nota prolongada en el bajo que pone fin a la fuga

Voz 1

Voz 2

Voz 3

EXPOSICIÓN
Empieza en la tonalidad inicial (tónica) cuando la voz 1 expone el sujeto. Cada voz presenta el sujeto o la respuesta una vez.

DESARROLLO
Sección más libre en la que el sujeto, la respuesta y el contrasujeto se alternan con episodios

RECAPITULACIÓN
La sección final comienza cuando el sujeto entra en la tonalidad inicial una vez más

CODA
Pasaje breve que pone fin a la recapitulación

(recuadro, p. 101) publicó un tratado sobre el contrapunto llamado *Gradus ad Parnassum (Escaleras al Parnaso)*, cuyo título hace referencia al monte Parnaso, el hogar de las Musas, las diosas de la antigua Grecia que inspiraban las artes. El tratado de Fux, que estableció las reglas del contrapunto, fue uno de los manuales de música más influyentes .

Fux tomó como modelo las piezas de Palestrina (pp. 60–61) y estableció un método de estudio basado en cinco «especies» de contrapunto. Para la primera especie, el estudiante tenía que escribir una nueva melodía contra un *cantus firmus* (una melodía preexistente), nota contra nota. Para la segunda se escribían dos notas contra cada nota del *cantus firmus*, y para la tercera, cuatro notas. Para la cuarta especie se prolongaban notas de la misma longitud a través de los pulsos del *cantus firmus* para crear síncopas o interrupciones en el ritmo. La quinta especie, llamada contrapunto florido, era una combinación de las otras cuatro con un ornamento ocasional.

La imitación
Otro método de escritura del contrapunto es la imitación. En este caso, el compositor

proporciona una melodía para una voz, que es imitada por una o más voces en la misma altura tonal o en una diferente, posiblemente invirtiendo la melodía,

> «[Bach] consideró **sus líneas melódicas** como **personas** que **conversaran** juntas.»
>
> EL MUSICÓLOGO JOHANN FORKEL DESCRIBIENDO EL CONTRAPUNTO DE J. S. BACH, 1802

y alargando o acortando las notas. El canon más simple es una ronda, como en algunas canciones infantiles, en la que la imitación consiste en repetir la misma melodía exacta.

La manera más compleja de contrapunto imitativo es la fuga, una palabra que en su acepción más común significa «huida apresurada». Empieza con una voz que interpreta una melodía denominada sujeto, seguida por otra voz con la misma melodía, pero con una altura diferente, llamada respuesta. La primera voz sigue con la música que acompaña a la respuesta y que, o bien es una melodía secundaria, denominada contrasujeto, o bien un contrapunto libre. El patrón

Desafío técnico
La más famosa de las fugas de Beethoven es la *Gran fuga*. La compuso como final de su Cuarteto de cuerda, op. 130, pero a los músicos de la época les parecía demasiado difícil de tocar.

Comienza
el sujeto

Comienza la
respuesta

El contrasujeto
acompaña al
sujeto

Vuelve a
entrar el sujeto

Obra clave

Página de una copia manuscrita por el propio J. S. Bach de una fuga en la bemol mayor de su colección *El clave bien temperado*, que comprende preludios y fugas en cada una de las 12 tonalidades mayores y menores.

DESPUÉS ⟩⟩

El elaborado y complejo contrapunto de J. S. Bach y Händel había desaparecido en gran parte hacia la segunda mitad del siglo XVIII.

BASES DE LA COMPOSICIÓN

Del **clasicismo 114–147 ⟩⟩** en adelante, aprender los rudimentos del contrapunto y de la fuga se convirtió en una parte esencial de la educación musical. Los compositores conocían bien la teoría del contrapunto, pero solían trabajar en un estilo más libre. De modo ocasional aparecen fugas en las piezas de **Mozart 138–139 ⟩⟩**, **Haydn 128–129 ⟩⟩**, **Beethoven 144–145 ⟩⟩**, y **Berlioz 164–165 ⟩⟩**.

COMPOSITOR (1660–1741)

JOHANN FUX

Pese a que nació en el seno de una familia campesina, el austriaco Johann Fux recibió una educación privilegiada, ya que estudió música, lógica, lengua y leyes con los jesuitas en dos universidades. A partir de la década de 1690 ocupó importantes cargos musicales en Viena, en la corte imperial y en la catedral de San Esteban. Fue un compositor prolífico, autor de unas 95 misas y 22 óperas. Su gran admiración por Palestrina (c. 1525–1594) se refleja en su música sacra, bastante conservadora. El tratado de Fux sobre el contrapunto, *Gradus ad Parnassum* (1725), también toma como punto de partida el estilo de Palestrina.

---

de sujeto y respuesta continúa hasta que han entrado todas las voces, que suelen variar entre 3 y 6. La introducción de todas las voces se conoce como exposición y es la sección más estrictamente ordenada de la fuga.

A la exposición sigue la sección central, que suele desarrollar material de la exposición. Está compuesta de un modo más libre, con «episodios» que pueden realizarse en tonalidades diferentes. Le siguen ahora ulteriores entradas del sujeto, y la fuga continúa alternando entradas y episodios hasta llegar al restablecimiento del sujeto en la tonalidad inicial. Toda la música que sigue se llama coda. Hacia el final, la fuga a menudo evoluciona hacia una nota pedal, una nota prolongada en el bajo de la principal (la tónica) que refuerza la tonalidad inicial. Desde este punto se transmite la sensación de que la melodía vuelve al inicio.

Complejidad cada vez mayor

En el tratamiento del sujeto tras la exposición, los compositores podían usar varios recursos para aumentar la complejidad. El sujeto podía colocarse al revés (inversión), interpretarse de atrás adelante (retrogradación), o ser repetido tan rápido que se solapasen las voces *(stretto)*. En su última gran obra, *El arte de la fuga* (1750), J. S. Bach muestra de un modo genial la variedad de estas técnicas de transformación.

COMPOSITOR Nacido en 1685 Fallecido en 1750

Johann Sebastian Bach

«El hombre de quien procedía **toda la verdadera sabiduría musical**.»

EL COMPOSITOR JOSEPH HAYDN SOBRE JOHANN SEBASTIAN BACH

En una era de grandes logros musicales, Bach es para muchos el más grande de todos los compositores del Barroco tardío. Maestro de las complejidades formales del contrapunto, Bach creó magníficas piezas de todos los géneros musicales a excepción de la ópera. A pesar de que nunca salió de Alemania, a él se deben muchos de los desarrollos musicales de Italia y Francia.

Los primeros años

Bach nació en una familia de músicos de Eisenach (Alemania), en 1685. Su primer profesor fue su padre, Johann Ambrosius Bach, organista y violinista de iglesia. A la muerte de su progenitor en 1695, Bach, que tenía 10 años, se fue a estudiar con su hermano mayor Johann Christoph, que era el organista de Ohrdruf, a 50 km de Eisenach. De allí fue enviado a la escuela de San

Original de un oratorio
En la portada de la partitura original de la *Pasión según san Mateo*, el nombre de Bach aparece debajo del de Picander, seudónimo del libretista Christian Friedrich Henrici.

Miguel de Lüneberg, donde puede que estudiase con el organista Georg Böhm.

Tras un periodo como violinista en la corte ducal de Weimar, en 1703 Bach fue nombrado organista de la Neue Kirche de la cercana Arnstadt. Pero parece que no se tomó sus obligaciones muy en serio y que disgustó a las autoridades al no haber vuelto pronto de Lübeck, a donde había ido a pie para escuchar tocar el órgano a Dietrich Buxtehude. El siguiente trabajo, como organista en Mühlhausen, fue interrumpido cuando volvió a Weimar.

Aquellos años de Weimar fueron muy productivos. Bach compuso gran parte de su más hermosa música de órgano,

En busca de la perfección

Durante su vida, Bach fue admirado como organista, pero también fue un magnífico clavecista y un buen intérprete de instrumentos de cuerda. Su incansable búsqueda de la excelencia musical le creó frecuentes conflictos con sus patronos.

OBRAS CLAVE

Tocata y fuga en re menor, BWV 565

Conciertos de Brandemburgo, BWV 1046–1051

Sonatas y partitas para violín, BWV 1001–1006

Pasión según san Mateo, BWV 244

Variaciones Goldberg, BWV 988

Misa en si menor, BWV 232

incluidas la Tocata y fuga en re menor y la Passacaglia y fuga en do menor. Con todo, Bach, a quien no se había tenido en cuenta para la promoción a *Kapellmeister* (maestro de capilla), solicitó repetidas veces permiso para irse a ocupar un puesto en la corte del príncipe Leopoldo de Anhalt-Cöthen. Su patrono, el duque Guillermo Ernesto, respondió encarcelándolo durante un mes antes de dejarle marchar.

Un periodo fructífero

En Cöthen, Bach halló un mecenas comprensivo que, al ser calvinista, no necesitaba música para los oficios religiosos. Así, Bach pudo componer a su guisa piezas instrumentales y orquestales, y creó entonces varias de sus piezas maestras, incluidas sus partitas y sonatas para violín solista, sonatas para violonchelo solista y muchas piezas para teclado, incluidos *El clave bien temperado* y seis *concerti*

grossi dedicados al margrave de Brandemburgo.

En 1720, la esposa de Bach murió inesperadamente, dejándole cuatro hijos para educar. El año siguiente Bach se casó con Anna Magdalena Wilcke, hija de un músico de la corte, con la que iba a tener trece hijos, de los que solo seis llegaron a la edad adulta.

Aproximadamente al mismo tiempo que Bach se casaba por segunda vez, también se casó el príncipe Leopoldo. Su mujer carecía del amor a la música que profesaba el príncipe, y el trabajo de Bach como *Kapellmeister* llegó a su fin. Bach solicitó entonces el puesto de cantor de la Thomasschule (Escuela de Santo Tomás) de Leipzig, un cargo menos prestigioso que el anterior.

Los años de Leipzig

Bach logró su puesto en Leipzig, pero solo después de que George Philipp Telemann y Christoph Graupner no pudieran aceptarlo. Durante los siguientes 27 años tuvo que hacer frente a un gran volumen de trabajo, pues entre sus obligaciones se incluían enseñar música en la Thomasschule y proporcionar y dirigir la música de las iglesias de Santo Tomás y San Nicolás, y también para las ocasiones municipales importantes de Leipzig.

En sus primeros años aquí escribió no menos de cinco ciclos de cantatas para los oficios del calendario de la Iglesia

Entorno eclesiástico
Muchas de las grandes obras corales de Bach se escucharon por primera vez en la iglesia luterana de Santo Tomás de Leipzig, donde fue cantor desde 1723.

luterana y al menos dos versiones de la Pasión para el oficio del Viernes Santo.

En el año 1729, Bach, que era un excelente organista, comenzó a tocar más música sacra de otros compositores y a reorientar su actividad compositiva al escribir para el Collegium Musicum de Leipzig. Esta sociedad musical de estudiantes y profesionales, fundada por Telemann, se reunía y tocaba en el café de Zimmermann.

Muerte y legado

La última obra de Bach, inacabada, fue una compleja exploración teórica del contrapunto titulada *El arte de la fuga*. Bach, con más de 60 años, estaba casi ciego a causa de las cataratas, y su salud se iba deteriorando. En 1750 murió de apoplejía antes de que se publicara *El arte de la fuga*.

Ya antes de su muerte, muchos comentaristas consideraban anticuada su música y la atacaban en la prensa por su dificultad técnica y su ampulosidad. Tras su muerte, gran parte de su música dejó de estar en el repertorio, aunque sus obras para teclado siempre fueron valoradas por los pianistas.

Hubo que esperar hasta bien entrado el siglo XIX para que volviera a nacer el interés por la música de Bach. El más exitoso de sus hijos, Carl Philip Emanuel (C. P. E.) fue un precursor del estilo clásico.

Una profesión familiar
Algunos creen que los retratados en esta pintura atribuida a Balthasar Denner son J. S. Bach y tres de sus hijos; la figura de la derecha sería C. P. E. Bach.

«Son […] **difíciles de complacer** y **les importa poco** la **música**.»

J. S. BACH, QUEJÁNDOSE DE SUS PATRONOS DE LEIPZIG, 1730

CRONOLOGÍA

21 de marzo de 1685 Nace en Eisenach, hijo del músico Johann Ambrosius Bach.

1695 Muere su padre, y Bach se traslada a Ohrdruf para vivir con su hermano Johann Christoph, también músico.

1703 Es nombrado músico de la corte de Weimar y luego organista de la Neue Kirche de Arnstadt.

1705 Se le permite ir a Lübeck para escuchar a Dietrich Buxtehude tocar el órgano.

1707 Es nombrado organista en Mühlhausen y se casa con su prima segunda, Maria Barbara.

1708 Es nombrado organista y músico de cámara del duque Guillermo Ernesto en Weimar.

1717 Es nombrado *Kapellmeister* del príncipe Leopoldo de Anhalt-Cöthen, lo que irrita al duque Guillermo Ernesto, que reacciona encarcelando a Bach durante un mes.

1720 Muere su mujer, dejándole cuatro niños a su cuidado.

1721 Se casa con la cantante Anna Magdalena Wilcke. Presenta una copia de los *Conciertos de Brandemburgo* al margrave de Brandemburgo, con la esperanza de conseguir su patrocinio, pero el margrave no tiene suficientes músicos para tocarlos y no reconoce el obsequio.

1723 Es nombrado cantor de la Thomasschule de Leipzig y también encargado de la música de las iglesias y los actos municipales de la ciudad.

1727 La primera interpretación de la *Pasión según san Mateo* tiene lugar el Viernes Santo.

1729 Discute con el ayuntamiento sobre el número de alumnos no musicales que debían entrar en la Thomasschule. Asume la dirección del Collegium Musicum.

1737 El compositor y crítico Johann Adolf Scheibe publica una crítica a la música de Bach, a la que tacha de ampulosa y confusa.

1738 Su hijo Carl Philipp Emanuel es nombrado clavecista del príncipe heredero de Prusia, el futuro Federico el Grande.

1741 El amigo de Bach Balthasar Schmid publica en Nuremberg las *Variaciones Goldberg*, así llamadas por Johann Gottlieb Goldberg, un clavecista que pudo haber sido su primer intérprete.

1747 Visita a Federico el Grande en Potsdam, donde improvisa sobre un tema proporcionado por el rey. Bach desarrolla más a fondo esta música en la *Ofrenda musical*, que presenta al rey, quizá con la esperanza de una promoción.

1750 El oculista inglés John Taylor le opera de cataratas, pero la intervención solo le procura un alivio temporal. El 28 de julio fallece de apoplejía mientras preparaba *El arte de la fuga* para su publicación.

MONUMENTO A BACH EN LEIPZIG

Sonatas, suites y **oberturas**

Fue en el Barroco cuando la música instrumental, que antes servía sobre todo para acompañar a bailarines o cantantes, alcanzó la independencia. Al aumentar el entusiasmo por la música instrumental empezaron a desarrollarse nuevos géneros.

◀◀ ANTES

En el siglo XVI, antes del Barroco, la música instrumental aún se utilizaba principalmente para acompañar a los cantantes o como música de danza.

CANZONAS
Una forma cada vez más difundida de música instrumental era la **canzona**, una transcripción de la *chanson* francesa que fue muy popular durante el siglo XVI.
Giovanni Gabrieli ◀◀ 56 desarrolló este género en Italia para las numerosas celebraciones eclesiásticas y estatales de Venecia, con música pensada para las grandes fuerzas instrumentales de la basílica de San Marcos.

INDICACIONES DINÁMICAS
Una de las piezas instrumentales de Gabrieli, la *Sonata pian e forte* (suave y fuerte), fue una de las primeras obras en las que el compositor daba indicaciones de dinámica para tocarlas.

COMPRENDER LA MÚSICA

LA FOLÍA

La primera mención de la frenética danza popular portuguesa original, cuyo nombre evoca la locura, se remonta al siglo XV, aunque es probable que fuera una danza muy anterior.

En la España del siglo XVII se popularizó una versión de la folía cantada con acompañamiento de guitarra que no tardó en ser conocida en toda Europa. La versión de esta música por Jean-Baptiste Lully (pp. 84–85), con una progresión específica de acordes y un *ostinato*, se hizo muy famosa. Varios compositores barrocos compusieron variaciones sobre la folía, entre ellos Corelli, Vivaldi y Händel. Siglos después, en 1913, el compositor ruso Serguéi Rajmáninov (pp. 222–223) escribió una serie de variaciones para piano basadas en el tema de la folía.

OBRAS CLAVE

Arcangelo Corelli 12 Sonatas, op. 1; 12 *Concerti Grossi*, op. 6

G.P. Telemann Sonatas a trío

J. S. Bach Sonatas y partitas para violín solo, BWV 1001 a 1006; Suites inglesas, BWV 806 a 811

Dietrich Buxtehude *La Capricciosa* (variaciones para clave)

Dos de los géneros instrumentales clave del Barroco fueron el *concerto grosso* (p. 79) y la sonata a trío. El término «sonata» se aplicaba con bastante flexibilidad. Domenico Scarlatti (p. 109) lo usó para describir sus piezas cortas para teclado, mientras que Bach (pp. 102–103) dio ese mismo nombre a sus colecciones de piezas de danza para violín solista.

Lo que el nombre sonata designaba más a menudo era una pieza de varios movimientos para un pequeño grupo de instrumentos más un continuo (línea de bajo que se toca a lo largo de la pieza, a menudo con clave y violonchelo, y que proporciona la estructura armónica de la música). Así, una sonata a trío requería cuatro instrumentos: dos soprano (por lo general violines) y uno bajo (que completaba el trío), acompañado por el continuo. Una sonata para instrumento solista se componía de un bajo más un continuo y un único instrumento soprano para la parte del solo. El compositor que más contribuyó a establecer estos géneros fue Arcangelo Corelli (p. 105), que publicó cinco series de sonatas muy influyentes. Muchos compositores, entre ellos François Couperin (1668–1733), Georg Philipp Telemann (1681–1767) y Dietrich Buxtehude (1637–1707), siguieron su ejemplo. Sus obras instrumentales a pequeña escala se conocían en conjunto como música de cámara porque estaban destinadas a la interpretación en casa o en pequeñas salas. Cuando se tocaban en oficios religiosos, estas obras se llamaban sonatas *da chiesa* (de iglesia), y tendían a ser de un tono más serio, con el bajo continuo interpretado por un pequeño órgano.

Música de danza
La suite, que también solía llamarse partita, era una obra instrumental consistente en varios movimientos

Violín de bolsillo
Pequeño violín también conocido como *pochette* («pequeño bolsillo» en francés). Lo usaban sobre todo los profesores de danza para acompañar a sus alumnos mientras practicaban sus pasos.

contrastados, basados en formas de danza y generalmente precedidos por un preludio. Todos los movimientos compartían la misma clave, que servía para unificar la pieza.

Una suite podía estar compuesta para cualquier combinación de instrumentos, pero solía ser una obra instrumental solista. En la época de Bach y Händel (pp. 110–111), los movimientos solían seguir un patrón establecido. Al preludio introductorio, que a menudo transmitía una sensación de improvisación, le seguía la *allemande*, danza de origen alemán de ritmo moderado, por lo general en compás binario (dos partes fuertes por compás), que contrastaba claramente con el movimiento siguiente, la más rápida *courante*, que solía ser de compás ternario (tres partes fuertes por compás); a continuación venía la majestuosa y sombría zarabanda, seguida de danzas más ligeras y llenas de brío, como un par de minuetos, *bourrées* o gavotas. La suite se remataba con una animada giga en compás de 6/8 (seis corcheas por compás, con acento en los pulsos primero y cuarto), que exigía un elevado virtuosismo. *Música acuática* (1717) y *Música para los reales fuegos artificiales* (1749) de Händel son ejemplos de suite orquestal barroca.

Variaciones creativas
Como alternativa a la giga para acabar una suite, los compositores empezaron a escribir una serie de variaciones breves, conocidas con el término francés *double*, en las que se elaboraba la melodía original (simple), mientras que la armonía seguía siendo la misma.

Las variaciones también existían como piezas por derecho propio, empezando con una melodía preexistente o con una nueva. Esta melodía se utilizaba como un tema que el compositor podía

Danza elegante
En *El minueto* de Giandomenico Tiepolo (1727–1804), una elegante dama baila un minué (o minueto), la danza más popular del siglo XVIII, durante el carnaval de Venecia.

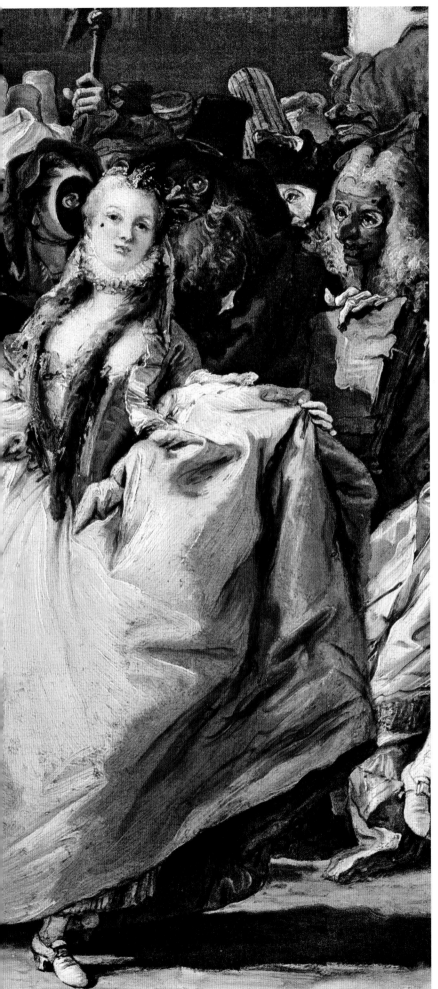

transformar en una serie de variaciones a menudo muy elaboradas. En algunas variaciones, los contornos del tema eran fácilmente reconocibles, pero en otras era más difícil discernir la relación con el original.

Los compositores podían usar ciertas formas para estructurar sus variaciones. Dos casi idénticas y muy populares en la época eran la chacona y el pasacalles *(passacaglia)*. En ambas, las variaciones se unificaban con una línea de bajo u *ostinato* que se repetía continuamente.

> «La cualidad especial de las **gigas** inglesas es su **entusiasmo** apresurado y **cálido**.»
>
> EL COMPOSITOR Y TEÓRICO MUSICAL ALEMÁN JOHANN MATTHESON, 1739

Desarrollo de la obertura
El significado inicial de la palabra «obertura» era el de una introducción orquestal a una ópera, un ballet o un oratorio. En Francia adoptó la forma de una primera sección lenta y majestuosa —habitualmente en compás binario con ritmos punteados y entrecortados— seguida de una segunda sección más

COMPOSITOR (1653–1713)

ARCANGELO CORELLI

Como violinista, Corelli contribuyó en gran medida a mejorar el nivel de los violinistas en Italia, pero fue incluso más influyente como el compositor que estableció los modelos del *concerto grosso*, la sonata a trío y la sonata para solista.

En 1675 se estableció en Roma, donde se convirtió en el músico más célebre de la ciudad. La reina Cristina de Suecia y el cardenal Pamphili fueron sus mecenas, y a partir de 1689 sirvió al cardenal Ottoboni. Pese a que no se publicó mucha música suya, ejerció una gran influencia en sus contemporáneos.

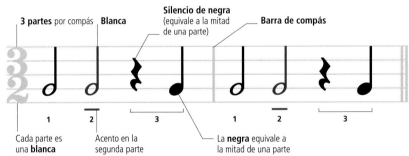

3 partes por compás   **Blanca**   **Silencio de negra** (equivale a la mitad de una parte)   **Barra de compás**

Cada parte es una **blanca**   Acento en la segunda parte   La **negra** equivale a la mitad de una parte

Ritmo de zarabanda
Esta animada danza originaria de América Latina se transformó en la corte francesa (con el nombre de *sarabande*), y en la música instrumental, en una danza lenta y majestuosa de compás ternario (tres partes por compás), con acento en la segunda parte.

rápida con frecuencia en estilo fugado (a modo de fuga, en la que un tema principal se imita repetidas veces).

En Italia, Alessandro Scarlatti (1660–1725), padre de Domenico, estableció una nueva forma para sus óperas, que consistía en tres movimientos (rápido-lento-rápido), el último de los cuales solía ser una animada danza.

La obertura italiana, o sinfonía, tenía vida independiente como pieza de concierto ocasional y preparó el terreno para la sinfonía clásica (pp. 126–127). En ocasiones, el término «obertura» se empleaba como sinónimo de suite, en particular en el caso de las cuatro suites orquestales de J. S. Bach.

DESPUÉS

Varios géneros instrumentales perdieron predicamento tras el Barroco; otros evolucionaron hacia nuevas formas más estructuradas.

SINFONÍAS
A finales del siglo XVIII, el *concerto grosso* y la suite orquestal fueron desbancados por la **sinfonía 126–127 »**.

Si bien Haydn no inventó el cuarteto de cuerda, a él se deben las primeras obras maestras de este género de música de cámara.

NUEVA MÚSICA DE CÁMARA
En la música de cámara, géneros como la sonata a trío fueron sustituidos por nuevas formas como el cuarteto de cuerda y el trío con piano.

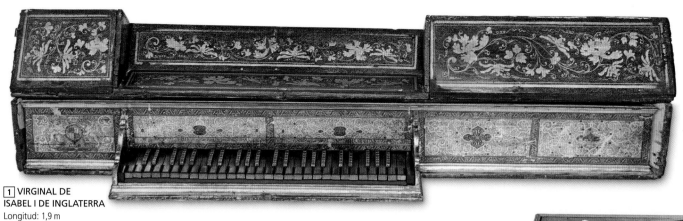

1 VIRGINAL DE
ISABEL I DE INGLATERRA
Longitud: 1,9 m

2 VIRGINAL EN MINIATURA
Longitud: 30 cm

3 CLAVICORDIO KRAEMER
Longitud: 1,9 m

4 CLAVICORDIO HASS
Longitud: 1,8 m

Instrumentos de teclado

A lo largo del Barroco, los instrumentos de teclado mejoraron mucho en tesitura y potencia. El clave era el principal instrumento de concierto, pero a mediados del siglo XVIII emergió un rival formidable: el fortepiano.

1 Virginal (1594) Este pequeño instrumento de teclado de uso doméstico se colocaba sobre una mesa. Este ejemplar veneciano ricamente decorado, fabricado por Giovanni Baffo, perteneció a Isabel I de Inglaterra. **2** Virginal (1672) Las cuerdas del virginal forman ángulo recto con las teclas y se puntean con péñolas o cañones de plumas. Esta versión italiana en miniatura, creada por Franciscus Vaninus, era probablemente para un niño. **3** Clavicordio (1804) Las cuerdas del clavicordio se percutían, no se pulsaban, y la nota sonaba todo el tiempo que se mantuviera la tecla bajada, por lo que este instrumento era más expresivo que el clave. Este ejemplar tardío fue fabricado por Johann Paul Kraemer e hijos en Alemania. **4** Clavicordio (1743) Es el único cordófono de teclado que puede tocarse con *vibrato*. Este ejemplar bellamente decorado fue fabricado por H. A. Hass en Alemania. **5** Fortepiano (1720) El primer piano, así llamado porque podía tocarse fuerte *(forte)* y suave *(piano)*, lo construyó Bartolomeo Cristofori en Italia c. 1700. Las cuerdas se percutían con martillos y sonaban hasta que se soltaba la tecla. Solo se conservan tres pianos Cristofori, incluido este. **6** Espineta (1723) Más pequeña que el clave, la espineta tenía las cuerdas en diagonal con las teclas. Este ejemplar lo fabricó Thomas Hitchcock de Londres. **7** Clave *(c.*1720) De cuerda pulsada, como el virginal y la espineta, el clave, clavecín o clavicémbalo es mayor, y sus cuerdas van paralelas a las teclas. Se cree que este ejemplar creado por William Smith de Londres perteneció a Händel. **8** Espineta (1689) Al tener una cuerda por nota, era menos sonora que el clave y, por ello, ideal para el entretenimiento doméstico. Esta la construyó Charles Haward en Londres. **9** Espineta (1785) Este raro ejemplar fue fabricado por Johann Heinrich Silbermann, miembro de una famosa familia alemana de constructores de órganos. **10** Clave (1643) Este ejemplar fue fabricado por Andreas Ruckers el Viejo, miembro de una familia de Flandes cuyos instrumentos sirvieron de modelo para fabricantes posteriores. **11** Clave (1659) A diferencia de muchos instrumentos de teclado antiguos, este ejemplar construido por Ruckers conserva su caja original.

5 FORTEPIANO
Longitud: 2,3 m

6 ESPINETA
HITCHCOCK
Longitud: 1,8 m

7 CLAVE
SMITH
Longitud: 2 m

8 ESPINETA HAWARD
Longitud: 1,4 m

9 ESPINETA
SILBERMANN
Longitud: 1,8 m

10 CLAVE DE
DOS MANUALES
Longitud: 2,3 m

11 CLAVE DE
UN MANUAL
Longitud aprox.: 2 m

La lección de clavicémbalo
Tocar el clave estaba de moda entre las clases acomodadas de la Europa del siglo XVII, como sugiere esta pintura del artista holandés Jan Steen (c. 1626–1679).

« ANTES

Maestros del teclado

La música instrumental para tocarla por sí misma, y no para acompañar una canción, surgió a finales del siglo XVI.

COMPOSITORES PIONEROS
Claudio Merulo (1533–1604), organista de la **basílica de San Marcos « 72–73**, elevó la música para teclado desde las obras simples basadas en la música vocal hasta algo más complejo. En Inglaterra surgió toda una escuela de notables compositores, entre ellos **William Byrd** (1540–1623), Orlando Gibbons (1583–1625) y John Bull (1563–1628).

MÚSICA PARA TECLADO IMPRESA
La disponibilidad de la **música impresa « 54–55** ayudó a la circulación de ideas por Europa, al igual que los profesores importantes como el italiano Girolamo Frescobaldi (1583–1643) y el organista holandés Jan Pieterszoon Sweelinck (1562–1621).

A finales del siglo XVII, los instrumentos de teclado se habían popularizado entre los músicos. La demanda de música aumentó, y a medida que los avances tecnológicos mejoraban la calidad de los instrumentos, los compositores creaban piezas cada vez más sofisticadas.

Los grandes compositores para instrumentos de teclado solían ser excelentes intérpretes de estos instrumentos. El instrumento para el que escribían —clave, clavicordio u órgano— no siempre se especificaba. La palabra alemana *Klavier* significa teclado, y en el caso de los conciertos públicos este solía ser el clave, como instrumento solista o como parte de un conjunto.

El esplendor de Bach
Johann Sebastian Bach (1685–1750) trabajó como *Kappelmeister* (maestro de capilla, o director de música), profesor y organista, de ahí que escribiera una amplia gama de música para teclado, desde simples piezas para el aprendizaje hasta técnicamente exigentes tocatas, fugas (pp. 100–101) y suites. Una de sus obras maestras más apreciadas son las *Variaciones Goldberg*, una serie de 30 variaciones sobre un tema lento y majestuoso que se publicó en 1741. Esta obra ejerce una fascinación incesante por la manera tan imaginativa en que Bach transforma el material musical

LA CORRESPONDENCIA de Bach con el compositor francés François Couperin no ha sobrevivido. Sus cartas acabaron como tapas de tarros de mermelada.

usando una gran variedad de estilos y con inesperados cambios de humor. La serie en conjunto mantiene su cohesión gracias a la presencia subyacente de la línea del bajo y de su armonía.

Según el primer biógrafo de Bach, el músico y teórico Johann Nikolaus Forkel (1749–1818), el conde de Keyserling —embajador ruso en Sajonia— encargó estas variaciones para que se las tocara su clavecista Johann Goldberg (alumno de

«Su **corazón** y **su alma enteros** estaban en su **clavecín**.»

EL AUTOR FRANCÉS ALEXIS PIRON (1689–1773) SOBRE RAMEAU

Bach) con el fin de aliviar los frecuentes episodios de insomnio que padecía.

Música de Händel para clave

Georg Friedrich Händel (pp. 110–111), el gran contemporáneo alemán de Bach, fue también un gran intérprete, pero su música para teclado fue menos relevante que sus óperas y oratorios, aunque varios de sus conciertos para órgano se tocaron por primera vez durante los oratorios. La mayor parte de su música para clave se encuentra en una colección de ocho suites escritas a partir de 1720.

Händel usa varios estilos —melodía italiana, contrapunto germánico y refinamiento francés— dentro de la misma suite. La más famosa es la Suite

3 partes por compás — **La blanca** equivale a 2 partes — **Barra de compás** — **Negra**

La negra equivale a una parte — **Acento en la** primera parte — 1 2 3 — 1 2 3

El minueto

Es una danza de ritmo moderado en compás ternario (tres partes por compás), habitualmente de 3/4. Los compositores barrocos escribieron minuetos independientes o como parte de una suite.

n.º 5 en cuatro movimientos, que no termina con la giga al uso, sino con una serie de variaciones sobre una melodía conocida como «El herrero armonioso».

Maestros franceses

El estilo francés de composición para teclado era más florido y menos contrapuntístico (pp. 78–79) que el alemán, especialmente en la música

para clave solo. Los instrumentistas preferían una manera de tocar llamada *style luthé* (estilo laúd), en la que los acordes se desmenuzaban en sus notas componentes (es decir, se arpegiaban), en vez de sonar simultáneamente.

François Couperin (1668–1733) fue el más grande de los maestros franceses del teclado. Escribió cuatro libros de *pièces de clavecin* entre 1713 y 1740, con 27 suites en total, a las que llamó *ordres* (órdenes). Aunque se basaban en formas de danza, estos *ordres* son colecciones de miniaturas evocativas en vez de suites convencionales (series específicas de danzas). Cada una de las piezas recibe un título, como por ejemplo *Les papillons (Las mariposas)* o *Les barricades mystérieuses (Las barricadas misteriosas)*; algunos son descriptivos, mientras que otros puede que tuvieran un significado personal. En la partitura, Couperin especifica con exactitud cómo debe ornamentarse la pieza, en vez de dejar que el intérprete improvise.

El mejor de los contemporáneos franceses de François Couperin fue Jean-Philippe Rameau (1683–1764), más conocido como compositor de ópera (pp. 132–133), pero que escribió unas 60 destacadas piezas para clave, la mayoría dispuestas en suites. Algunas son piezas de carácter, como *La poule (La gallina)*, que imita el cloqueo de una gallina, o *Les sauvages (Los salvajes)*,

FANTASÍAS Y TOCATAS

Dos géneros instrumentales —la fantasía y la tocata— reflejan la capacidad de improvisar en el acto que se esperaba del intérprete de teclado cualificado. La fantasía, como indica su nombre, sugiere una música que proviene de la imaginación del intérprete, y solía rebosar de efectos exagerados o distorsionados. La tocata era una composición para instrumentos de teclado o de cuerda punteada, escrita para exhibir el virtuosismo y el «toque» del instrumentista. Las tocatas solían

ser rápidas, con pasajes muy veloces, y en ocasiones incorporaban una fuga (p. 100).

Fantasías y tocatas tenían en común la espontaneidad y la libertad formal que hacía que sonaran como si fueran improvisadas. Dos compositores para teclado que contribuyeron en gran medida a establecer ambas formas fueron el italiano Girolamo Frescobaldi (1583–1643) y su discípulo alemán Johann Froberger (1616–1667).

DOMENICO SCARLATTI

Domenico Scarlatti nació en Nápoles. Brillante clavecista, siguió los pasos de su padre, el compositor Alessandro Scarlatti (1660–1725) hasta que en el año 1719 fue nombrado maestro de capilla del rey Juan V de Portugal.

Aunque era un compositor de ópera y de obras corales, su principal obligación parece que era enseñar a tocar el clave a la hija del rey, María Bárbara de Braganza. Cuando esta se casó con el heredero del trono de España (Fernando VI), en 1729, el músico la acompañó y siguió sirviéndola hasta su muerte. Scarlatti fue el iniciador de la escuela de clave española del siglo XVIII, y muchas de sus sonatas tienen su origen en *essercizi* (ejercicios) de teclado.

inspirada en las danzas los indios de la nueva colonia francesa de Luisiana, ambas de la Suite en sol menor (1726–1727). No obstante, Rameau también usó formas de danza tradicionales como la *allemande*, la *courante* y la zarabanda (pp. 104–105).

Desde el punto de vista técnico, las piezas de Rameau son más exigentes que las de Couperin, y sus armonías, más atrevidas. La Suite en la menor (1726–1727) acaba con seis variaciones particularmente complicadas sobre una gavota (danza popular francesa), idea que pudo haber tomado de una de las suites para teclado de Händel.

Un italiano en España

En el tiempo que estuvo al servicio de María Bárbara de Braganza, Domenico Scarlatti escribió las 555 sonatas para teclado que le dieron fama. A diferencia de las obras de múltiples movimientos de sus contemporáneos, son piezas de un solo movimiento en dos secciones contrastadas (en forma binaria). En muchas de estas sonatas técnicamente exigentes, empleó recursos como cruzar las manos, cambios inesperados de clave y disonancias (combinaciones de notas que chocan entre sí).

Scarlatti se inspiró en la música de su entorno peninsular y en varias de sus sonatas incorporó elementos de los folclores andaluz y portugués. En algunas de ellas pueden oírse

indicios de rasgueos de guitarra y de zapateado.

Las sonatas de Scarlatti fueron muy populares en Inglaterra, donde Charles Burney (1726–1814), historiador de la música, las describió como: «originales y alegres… la maravillosa delicia de todo oyente que tuviera una pizca de entusiasmo por él.»

En 1800, el clave había sido desbancado por el piano. La música para clave de Bach y Scarlatti se admiraba, pero rara vez se tocaba.

PIONERA DE LA MÚSICA ANTIGUA

Las interpretaciones de obras barrocas para teclado con el tipo de instrumento para el que fueron escritas en su tiempo no volvieron a realizarse hasta principios del siglo XX. **Wanda Landowska** fue una destacada figura pionera cuyas maestría y tenacidad contribuyeron a restablecer el clave como instrumento habitual. Wanda realizó muchas grabaciones de música de J. S. Bach, incluida la primera grabación completa de las *Variaciones Goldberg*, en 1933.

WANDA LANDOWSKA (1879–1959)

COMPOSITOR Nacido en 1685 Fallecido en 1759

Georg Friedrich Händel

«Händel es el **compositor más grande** que **ha existido jamás**.»

BEETHOVEN, SEGÚN EDWARD SCHULZ, EN 1823

Georg Friedrich Händel fue el más destacado compositor de ópera seria en italiano del Barroco y también el artífice de la transformación del oratorio en un género inglés y distintivamente protestante. Las largas líneas vocales líricas, combinadas con un certero instinto dramático, han hecho que muchas de sus obras no hayan perdido nunca su popularidad.

Una promesa temprana

Händel nació en la ciudad alemana de Halle en 1685 y dio muy pronto signos de su talento musical. Su padre, que era cirujano en la corte de Sajonia, deseaba que estudiara derecho, pero transigió ante la insistencia de su hijo y le permitió que estudiara música con un organista local, Friedrich Wilhelm Zachow. El joven Händel no tardó en superar a su profesor y con 17 años fue nombrado organista de la catedral de Halle. En 1703 dejó su ciudad natal para incorporarse a la orquesta de la ópera de Hamburgo, donde escribió sus tres primeras óperas.

Consciente de que debía perfeccionar sus conocimientos musicales, Händel viajó a Italia en 1706 para sumergirse en la composición y la interpretación. En Roma fue aclamado sobre todo como clavecista, compartiendo los honores con Domenico

Órgano venerable
Órgano de la iglesia de St. Katharine Cree, en la City de Londres, que tocaron tanto Händel como Henry Purcell. Händel destacó por su excepcional dominio de este instrumento.

Ciudadano británico
Aunque nació en Alemania, Händel vivió en Londres desde 1711 hasta el final de su vida. En 1727 le fue concedida la ciudadanía británica.

Fuga de Händel
Esta partitura manuscrita por Händel contiene parte de una fuga, una pieza muy estructurada en la que dos o más voces entran una tras otra de forma imitativa.

«Los **oratorios** [...] me dan una **idea del cielo**.»

HORACE WALPOLE, CARTA A SIR HORACE MANN, 1743

Scarlatti en un concurso de instrumentos de teclado en el palacio del cardenal Ottoboni. Händel no tardó en adoptar el estilo vocal italiano, por ejemplo, en la magistral pieza coral *Dixit Dominus*. Dos óperas, *Rodrigo* en 1707, y *Agripina* en 1709, consolidaron su reputación.

Estando en Italia, recibió la visita de representantes de la corte de Hannover y en 1710 fue nombrado *Kapellmeister* del elector. Las condiciones de su empleo le permitían viajar, y en unos meses visitó Londres, donde la ópera italiana estaba de moda. En 1713 Händel triunfó con *Rinaldo*, que había compuesto en apenas dos semanas.

Encargos reales
Su prolongada ausencia de Hannover costó a Händel el despido, pero se reencontró con su antiguo patrono cuando el elector se convirtió en Jorge I de Inglaterra en 1714.

Entre sus encargos reales figuran las suites orquestales conocidas como *Música acuática*, escritas para una excursión real por el Támesis en 1717. Fue en esta época cuando Händel se convirtió en compositor del futuro duque de Chandos, para quien escribió la pastoral *Acis y Galatea*, el oratorio *Esther* y las obras corales *Anthems Chandos*. En 1719, unos aficionados acaudalados fundaron la primera empresa de ópera de Londres, la Academia Real de Música, de la que Händel fue nombrado director musical. Durante las nueve temporadas siguientes, el compositor aseguró un suministro regular de óperas, entre ellas *Giulio Cesare in Egitto* (*Julio César en Egipto*, conocida comúnmente como *Julio César*) en 1723. Por desgracia, la academia se declaró en bancarrota en 1728. Händel continuó componiendo para las ceremonias reales, y así, para la coronación de Jorge II en 1727, escribió el magnífico *anthem* Zadok the Priest (*Sadoc el sacerdote*).

Los oratorios
Pese al fracaso de la Academia, Händel siguió produciendo óperas durante la década de 1730, entre ellas sus obras maestras *Orlando* (1732), *Ariodante* (1734) y *Serse* (1738). Al final de esta década decayó el entusiasmo de los británicos por las óperas italianas, y Händel se centró en la composición de oratorios en inglés, la mayoría basados en relatos del Antiguo Testamento. *Saúl*, en 1738, fue bien recibido, pero fue *El Mesías*, en 1742, el que aportó mayor éxito. En esta celebración de la redención de la humanidad por Jesús, la música es maravillosamente variada, de la soberbia aria «Come Unto Me» y el *anthem* «For Unto Us a Child is Born» a la grandiosidad del «Amen» a modo de fuga con el que concluye la obra.

Durante los siguientes 10 años Händel compuso varios oratorios más, entre ellos *Sansón* en 1743, *Salomón* en 1749 y *Jefté* en 1752. Entre

Fuegos de artificio reales
Esta litografía muestra la primera interpretación de *Música para los reales fuegos artificiales*, en el Green Park de Londres.

Diapasón de Händel
El músico británico John Shore, inventor del diapasón para afinar voces e instrumentos, regaló este ejemplar a Händel.

sus obras compuestas para celebraciones oficiales destaca, en 1749, *Música para los reales fuegos artificiales*, una suite orquestal para celebrar el Tratado de Aquisgrán, que puso fin a la guerra de Sucesión de Austria. Ante la insistencia del rey, Händel incluyó en esta música «instrumentos marciales» para acompañar la pirotécnica.

Una figura nacional
Después de quedarse ciego a finales de 1752, Händel ya no escribió más obras importantes después de *Jefté*. Murió el 14 de abril de 1759 en su casa londinense de Brook Street y fue sepultado una semana después en la abadía de Westminster. Parte de su legado fueron una institución benéfica para músicos indigentes y el Foundling Hospital, un hospicio para niños del que había sido benefactor y director, y donde también fomentó la música. Asimismo dejó 600 libras para la escultura que le hizo Louis François Roubiliac y que sigue en Westminster.

OBRAS CLAVE

Música acuática
Giulio Cesare in Egitto (Julio César en Egipto)
Zadok the Priest
Concerti Grossi, op. 6, (Doce grandes conciertos)
El Mesías
Música para los reales fuegos artificiales

ANUNCIO DE «EL MESÍAS»

CRONOLOGÍA

- **23 de enero de 1685** Nace en Halle (norte de Alemania).
- **1703** Se traslada a Hamburgo y escribe sus primeras óperas.
- **1706** Viaja a Italia, donde vivirá tres años.
- **1710** Es nombrado maestro de capilla del elector de Hannover.
- **1711** Viaja a Londres.
- **1713** Su ópera *Rinaldo* se representa en el Queen's Theatre de Londres.
- **1714** El elector de Hannover se convierte en el rey Jorge I de Inglaterra.
- **1717** Escribe *Música acuática* y los *Anthems Chandos*.
- **1719** Es nombrado director de música de la recién fundada Academia Real de Música.
- **1723** Es nombrado compositor de la Capilla Real y alquila una casa en Brook Street, hoy Casa museo de Händel, en Londres.
- **1724** Escribe la ópera *Julio César* para la Academia Real.
- **1727** Escribe *anthems* de coronación, entre ellos *Zadok the Priest*, para Jorge II.
- **1732** Una versión ampliada de *Esther* se representa en el King's Theatre.
- **1738** Se convierte en miembro fundador de la Society for Decay'd Musicians. Termina *Saúl*.
- **1739** Doce *Concerti Grossi*, op. 6, considerados los más bellos de su género.
- **1742** *El Mesías* se estrena en Dublín.
- **1743** Compone el oratorio profano *Sémele*, así como el *Te Deum de Dettingen* para celebrar la victoria británica sobre los franceses.
- **1748** Se estrenan los oratorios *Joshua* y *Judas Macabeo* con gran éxito.
- **1749** Se interpreta la *Música para los reales fuegos artificiales* en el Green Park de Londres.
- **1752** Primera representación de *Jefté*. Pierde la vista.
- **1759** Muere el 14 de abril en su casa de Londres.

Teatro japonés

En Japón, el teatro tradicional goza de una alta estima social y se considera representativo de la cultura japonesa. Cada forma de teatro tradicional va asociada al desarrollo de un estilo musical que acompaña las representaciones teatrales.

En Japón existen cuatro géneros principales de teatro tradicional: *nō*, *kyogen*, *bunraku* y *kabuki*. El *nō* y el *kyogen* son géneros medievales que adoptaron su forma actual a finales del siglo XIV. *Bunraku* es un término genérico que se aplica al teatro de marionetas, que se remonta al siglo XII. El *bunraku* se originó en la isla Awaji y fue llevado a Osaka por el maestro de marionetas Bunrakuken Uemura, con cuyo nombre se bautizó este género. La primera representación de *kabuki* tuvo lugar, según se cree, en 1596. Desde entonces el *kabuki* sufrió muchos cambios y evolucionó hacia el teatro popular del periodo Edo (1603–1868).

Nō y kyogen

El *nō* combina música, teatro, danza y poesía en una sorprendente amalgama estilística caracterizada por un ritmo austero y lento, y por obras en las que intervienen mujeres hermosas, dioses, guerreros, seres sobrenaturales y

Clavija de afinación

Shamisen
El laúd de mástil largo y tres cuerdas llamado *shamisen* llegó a Japón en el siglo XVI. Se tañe con un gran plectro denominado *bachi*.

Bachi

« ANTES

Los estilos del teatro medieval japonés recibieron la influencia de la cultura china, importada a Japón junto con la literatura y la filosofía.

GAGAKU
La música cortesana *gagaku* fue importada a Japón durante el **periodo Nara** (710–794). Se cree que de las piezas de danza *gagaku* derivó un género teatral acrobático llamado *sarugaku*, que hoy se considera la base del teatro *nō*.

ZEAMI MOTOKIYO (*c.* 1363–1443)
El teatro *nō* empezó a florecer a finales del siglo XIV, cuando el sogún Ashikaga Yoshimitsu se convirtió en un importante mecenas de **Zeami Motokiyo**, autor de muchas obras que todavía se representan.

personajes inusuales, como mujeres enajenadas. Una rampa conduce al actor principal (*shite*) y a su acompañante (*tsure*) desde los bastidores hasta el escenario. Los *shite* llevan trajes con extravagantes brocados de seda con un significado acorde con su papel. También llevan máscaras cuando representan personajes femeninos, demoníacos, divinos o animales, y ciertos personajes masculinos. La música corre a cargo de un coro (*jiutai*) que suele constar de ocho hombres sentados a un lado del escenario, que narran la historia y describen los pensamientos o las emociones de los personajes por medio del canto melódico y dinámico, tanto cantando como declamando. Cuatro músicos (*hayashi*) sentados en el fondo del escenario acompañan al coro: el acompañamiento rítmico lo aportan tres tambores, y un tañedor de flauta *nokan* crea la misteriosa atmósfera del *nō*. Dos de los tambores son pequeños, del tipo reloj de arena, uno colgado del hombro (*kotsuzumi*) y el otro apoyado en el regazo (*otsuzumi*). El tercer tambor, grande y con forma de barril, colocado sobre una tarima, se toca con baquetas.

El *kyogen* se desarrolló junto con el *nō* a partir de un patrimonio común que se escindió en los géneros de la comedia y del teatro serio. El *kyogen* se representa como interludio humorístico entre los actos de una obra *nō*, o entre dos obras distintas de *nō*. Los movimientos y los estilos vocales del *nō* y del *kyogen* son muy similares, aunque este último se basa más en los diálogos. Los actores rara vez utilizan máscara a menos que interpreten animales o dioses. Sus trajes son similares a los del *nō*, aunque más

> «Es importante la **tensión** entre su **presentación serena** y el abrasador y **voraz dolor** interior.»
>
> BEN BRANTLEY, CRÍTICO TEATRAL DEL *NEW YORK TIMES*, SOBRE LOS ACTORES *NŌ*, 30 DE JULIO DE 2005

sencillos. Los actores de ambos géneros utilizan técnicas como el *suriashi*, una manera de deslizar los pies que deriva de las artes marciales. Los músicos

Actor y máscara de teatro *nō*
Los actores de *nō* visten ricos trajes de brocado de seda y también usan máscaras para algunos personajes. Esta máscara representa a Hannya, un personaje femenino que se transforma en demonio por su ira y sus celos.

hayashi del teatro *nō* pueden acompañar algunas obras de *kyogen*.

Bunraku

El término genérico con que se designa el teatro de marionetas japonés es *bunraku*, que gozó de gran popularidad en la zona de Kansai en torno a Osaka y Kioto durante los periodos Edo y Meiji (1868–1912). Las características

más destacadas del *bunraku* son las grandes marionetas y la música *gidayu*. A principios del periodo Edo, las marionetas se manejaban desde abajo y los músicos estaban ocultos tras una cortina de bambú. En el año 1705, el marionetista y los músicos empezaron a quedar a la vista, y en el año 1735 se introdujeron marionetas manejadas por tres hombres. El marionetista principal controla la cabeza y el brazo derecho de la marioneta, otro marionetista, los pies, y el tercero, el brazo izquierdo. El marionetista principal lleva la cara descubierta, mientras que los otros dos la tienen cubierta. Mediante hilos internos y sutiles movimientos, las marionetas pueden representar acciones dramáticas.

La *gidayu-bushi* es la narrativa musical del *bunraku* y deriva de la narrativa jouri del siglo XVI. El *tayu*, o cantante, narra la historia, pone voz a todos los personajes, incluida la descripción de sus emociones, y canta todas las canciones. Su voz se ve potenciada por una pieza de tela especial anudada en torno al estómago, que sostiene una bolsa de arena y semillas

Kabuki

A finales del siglo XVI, el término *kabuki* describía una ropa o un comportamiento social no convencionales, y de ahí que el teatro *kabuki* sea un drama-danza muy estilizado, con trajes y maquillajes rebuscados, y con una actuación muy exagerada, en llamativo contraste con los austeros dramas del *nō*.

Representación de *kabuki*

Estos actores de la compañía Ichikawa Ennosuke representan una de las obras de *kabuki* más famosas, titulada *Yoshitsune y los mil cerezos*. Los espléndidos trajes y decorados son típicos del teatro *kabuki*.

de hombres jóvenes tomaron el relevo. Esto hizo que el gobierno prohibiera las cabezas afeitadas en escena (los hombres se afeitaban la cabeza al llegar a la mayoría de edad) en 1642. Cuando el *kabuki* maduró como género teatral interpretado solo por hombres, se convirtió en el centro de la vida social de Edo. El público expresa su agrado por la actuación gritando en ciertos momentos de la obra, lo que implica conocer bien las obras para saber cuándo y qué se puede gritar.

La música del *kabuki* se toca tanto en escena (*debayashi*) como entre bastidores (*geza ongaku*). Los elementos clave en ambos grupos son el *shamisen* y la voz. Los músicos que tocan en escena se sitúan en la parte posterior o a los lados del escenario y desempeñan las funciones de narradores y de acompañantes de las escenas de danza. Puede haber hasta tres grupos en escena. Los grupos *debayashi* suelen consistir en un *nō hayashi* (hasta cuatro tambores *kotsuzumi* y dos *taiko*, más un tambor *otsuzumi* y una flauta) y hasta ocho cantantes y tañedores de *shamisen*.

La música más importante del *kabuki* es la *geza ongaku* (que se toca en una pequeña habitación llamada *kuromisu*). Su función es crear todos los sonidos y efectos no creados por los músicos en escena. Los músicos de *geza* emplean todo tipo de instrumentos, incluidos el *shamisen*, la voz e instrumentos de percusión como gongs y platillos. La música *geza* —cuyos intérpretes no se ven— es más simbólica que realista y puede indicar un marco escénico, como un paisaje de montaña, así como un estado anímico, el tiempo que hace, un momento o una estación del año.

ACTOR DE KABUKI (N. EN 1950)

BANDO TAMASABURO V

Bando Tamasaburo V es uno de los actores de *kabuki* más populares y un célebre *onnagata* (actor especializado en papeles femeninos). Hijo adoptivo de Bando Tamasaburo IV, debutó en la escena a los 7 años de edad. Se le conoce por haber dedicado su vida al estudio y a la representación de papeles femeninos, y se le ha otorgado el título de Tesoro Nacional Viviente. También ha actuado en películas y dirigido conciertos de tambores y giras por el mundo.

OBRAS CLAVE

Nō Matsukaze

Nō Aoi no Ue (La dama de la corte Aoi)

Bunraku Noh Kanadehon Chushingura (El tesoro de los siervos leales)

Kabuki Yoshitsune Senbon Zakura (Yoshitsune y los mil cerezos)

Kabuki Kanjincho (La lista de subscripción)

«[El artista] puede dar a la marioneta **gracia** o **dignidad** […] o la **distorsión** que la obra exija.»

MARJORIE BATCHELDER, *THE PUPPET THEATER HANDBOOK*, 1947

de soja cuya función es secundar la respiración diafragmática. Las tarimas en las que se sientan los músicos pueden girar, y el *tayu* puede cambiarse por otro con una perturbación mínima de la representación. Le acompaña un *shamisen* de mástil largo y tres cuerdas, el mayor de los *shamisen* tradicionales, que sustituyó a la *biwa*, otra especie de laúd de mástil corto que se usaba antes. Las secciones instrumentales pueden contener mucha información sobre la marioneta cuando va a entrar en escena y sobre el marco escénico. Los dos tipos principales de obras del *bunraku* son las *jidaimono*, de tema histórico, y las *sewamono*, que narran el destino de personas comunes.

Representación de *bunraku*

Las impresionantes marionetas del *bunraku* pueden medir de 1,3 a 1,5 m de altura. La boca, los ojos y las orejas pueden moverse, y en algunos casos la cara puede transformarse en la de un demonio.

A principios del siglo XVII, las obras del *kabuki* eran representadas por mujeres, que con frecuencia eran prostitutas, por lo que el gobierno de la época Edo acabó prohibiendo las actrices en el escenario. Sin embargo, las *wakashu*, o compañías

DESPUÉS »

La conservación del teatro tradicional japonés se ha centrado en la transmisión correcta de las antiguas formas a la generación siguiente. La mayoría de géneros tradicionales cuenta con muchos seguidores aficionados que ayudan a costear y mantener la continuidad de las compañías profesionales.

FUSIÓN ESTE-OESTE

Tras la **restauración Meiji** (1868) y la llegada de formas artísticas occidentales a Japón, el teatro japonés recibió la influencia del teatro realista occidental. Muy pronto, directores como **Kaoru Osanai** (1881–1928) y otros realizaron experimentos de teatro realista con actores de *kabuki*. Otra figura destacada es el director teatral, filósofo y escritor **Tadashi Suzuki** (n. en 1939), que desarrolló un método de formación de actores basado en conceptos tanto vanguardistas como de *nō* y *kabuki*. Este método se convirtió en una importante fuerza creativa del teatro japonés durante la década de 1980.

5

EL PERIODO CLÁSICO

1750–1820

La Ilustración, con su énfasis en la claridad y el pensamiento racional, tuvo su expresión más pura en la música de los tres colosos del periodo clásico: Haydn, Mozart y Beethoven. La sonata, en todas sus formas, encarnó el discurso musical que caracterizó este periodo, durante el cual se alcanzaron nuevas cotas en óperas, sinfonías y conciertos.

EL PERIODO CLÁSICO
1750–1820

1750	1760	1770	1775	1780	1785

1750
Johann Stamitz es nombrado director de la Orquesta de Mannheim, cuyo tamaño y virtuosismo influirán en la orquestación y los géneros clásicos; su propia obra tipifica el estilo galante, que abandona la complejidad del Barroco a favor de una gracia etérea.

1761
Haydn se convierte en director de música suplente de los Esterházy, grandes mecenas musicales

1770
En París, François-Joseph Gossec, que había sido protegido de Rameau, funda el *Concert des Amateurs*, una orquesta independiente; continúa dirigiendo los *Concerts Spirituels*, serie de conciertos públicos iniciada en 1725.

1775
Se estrena en París *El barbero de Sevilla* de Pierre Beaumarchais; esta comedia y su continuación, *Las bodas de Fígaro*, inspirarán óperas populares de compositores como Paisiello (1782), Mozart (1786) y Rossini (1816).

1752
En París estalla una guerra verbal entre partidarios de la ópera barroca francesa y de la nueva ópera bufa italiana.

1753
El compositor alemán C. P. E. Bach publica la 1.ª parte de su *Ensayo sobre el verdadero arte de tocar instrumentos de teclado*; en 1762 publica la 2.ª parte.

⌃ Piano de cola construido por Manuel Antunes, Lisboa, 1767

1771
Luigi Boccherini compone el Quinteto de cuerda en mi mayor, su obra más célebre, conocida sobre todo por su tercer movimiento, el «Minueto».

⌄ Conjunto de cámara del siglo XVIII

1776
El drama *Sturm und Drang (Tormenta e ímpetu)* de Friedrich Klinger, sobre la Revolución estadounidense, inspira un movimiento artístico que desafía a las ideas racionalistas y retrata emociones violentas, lo que influye en compositores como Gluck, Mozart y Haydn

1781
El arzobispo de Salzburgo despide a Mozart, que se va a Viena y comienza a trabajar por cuenta propia.

c. 1781
Johann Andreas Stein perfecciona el mecanismo de los martillos del piano.

1753
Muere el fabricante de pianos alemán Gottfried Silbermann, que ideó un precursor del pedal apagador.

1754
Bretikopf & Härtel, nuevos impresores de música de Leipzig, aportaron innovaciones tipográficas que ampliaron la disponibilidad de las partituras.

1762
Mozart sale con seis años de Salzburgo para comenzar su primera gira de conciertos, que incluye Múnich, París y Londres.

1762
Estreno mundial de *Orfeo y Eurídice* de Gluck en Viena; es la ópera más antigua que no ha dejado de estar nunca en el repertorio.

1782
La ópera *El barbero de Sevilla* de Giovanni Paisiello se estrena en la corte imperial de Catalina la Grande en San Petersburgo.

1784
Haydn y Mozart tocan juntos música de cámara en Viena.

⌃ Manuscrito de Mozart de su sinfonía «Praga», de 1786

1786
Se estrena en Viena la ópera de Mozart *Las bodas de Fígaro*, con Mozart dirigiendo la orquesta. El emperador tuvo que aprobar el libreto de Da Ponte antes de que se pudiera representar la obra.

1759
El compositor austriaco Joseph Haydn escribe su Sinfonía en re mayor —muy posiblemente su primera obra completa de este género—, que empieza con un *crescendo* «Mannheim».

1763
Mozart visita Mannheim y queda impresionado por su orquesta.

1764
Muere el gran compositor francés Jean-Philippe Rameau.

1768
J. C. Bach ofrece su primer concierto de piano en Londres.

1773
C. P. E. Bach es uno de los primeros compositores que escriben su autobiografía.

⌄ Palacio de las Tullerías de París, escenario de los *Concerts Spirituels* de 1725–1790

1776
Se funda la primera compañía de teatro permanente de Moscú, que escenifica obras teatrales, ballets y óperas, y se convertirá en el Teatro Imperial Bolshói.

1778
Se inaugura La Scala de Milán con la ópera de Antonio Salieri *Europa riconosciuta*.

1779
Con la Sinfonía n.º 70 de Haydn se inaugura la reconstrucción del teatro de ópera Esterházy tras un incendio.

⌄ Bocetos de vestuario para la ópera de Haydn *Armida*, de 1784

1787
Se estrena en Praga la ópera *Don Juan* de Mozart.

1789
El historiador de la música inglés Charles Burney termina su *Historia general de la música*, en cuatro volúmenes.

El Siglo de las Luces presenció una vorágine de disertaciones intelectuales y revoluciones políticas. Sobre ese telón de fondo, el clasicismo derrocó a la música barroca y sus complejidades, apeló a la racionalidad de una nueva generación y contribuyó a la popularización de la música mediante los conciertos públicos y la difusión de las partituras. Los compositores, cuyos ingresos ya no dependían solo del mecenazgo de las élites, sino también del mercado, desarrollaron nuevas formas como la sinfonía, la sonata instrumental y el cuarteto de cuerda para las nuevas audiencias burguesas. El legado del periodo clásico llega hasta el día de hoy.

1790	1795	1800	1805	1810	1815

1795
Durante su segunda y lucrativa visita a Londres, Haydn da conciertos y compone su sinfonía final, que recibe grandes aclamaciones.

1795
Se funda el conservatorio de París.

1805
Fidelio, la primera y única ópera de Beethoven, se estrena en Viena y es aclamada como un gran triunfo.

1813
Se funda la Philharmonic Society para dar los primeros conciertos públicos en Londres. La sociedad encarga nuevas obras, entre ellas la Novena sinfonía de Beethoven —también conocida como «Coral»— y la sinfonía «Italiana» de Mendelssohn.

1816
Rossini escribe *El barbero de Sevilla* en menos de tres semanas; su primera representación en Roma es un rotundo fracaso.

1816
El *Réquiem en do menor* de Cherubini conmemora la ejecución de Luis XIV durante la Revolución francesa.

⌃ Decorado para *La flauta mágica* de Mozart

1791
Mozart dirige la orquesta en el estreno en Viena de su ópera *La flauta mágica*. El gran compositor fallece dos meses más tarde, dejando su *Réquiem* inconcluso.

1796
Beethoven completa sus dos Sonatas para violonchelo, op. 5, y las interpreta con Duport para Federico Guillermo II de Prusia, a quien se las dedica.

⌃ Praga, un importante centro de la actividad musical y del nacionalismo checo

c. 1800
En los albores del nuevo siglo, el interés por la cultura y las tradiciones populares checas introduce una nueva nota de nacionalismo en la obra de algunos compositores.

1816
Beethoven adquiere en Londres un piano Broadwood con el cual compone sus últimas sonatas, incluida la Sonata para piano n.º 29, subtitulada «Hammerklavier».

⌃ Flauta de amor del siglo XVIII

1792
Beethoven empieza a estudiar con Haydn en Viena; más tarde dedicará a Haydn su Sonata para piano, op. 2.

1798
El oratorio de Haydn *La Creación*, estrenado en Viena, se convierte en un éxito internacional.

1801
Haydn completa su oratorio *Las estaciones* y Beethoven publica su Sonata para piano n.º 14, también denominada «Claro de luna».

1808
Haydn realiza su última aparición en público en una representación concertística de gala, en su honor, de su oratorio *La Creación*. A ella asisten Salieri y Beethoven.

⌃ El Theater an der Wien, donde se estrenó *Fidelio* de Beethoven

1819
El virtuoso del violín Paganini dedica sus 24 Caprichos para violín solo, op. 1, a «los artistas», plenamente consciente de que nadie excepto él era capaz de tocarlos.

1802
La primera biografía de J. S. Bach, por Johann Forkel, prepara el terreno de la renovación del interés por Bach en Europa central y de la histórica interpretación por Mendelssohn de *La Pasión según san Mateo* de Bach.

1808
Entre los estrenos destacados de este año figuran las sinfonías n.º 4 y n.º 5 de Beethoven, su Concierto para piano n.º 4 y su Fantasía en do menor para piano, coro y orquesta.

1814
El invento del metrónomo por el alemán Johann Mälzel permite que compositores como Beethoven precisen la velocidad exacta a la cual deben interpretarse sus composiciones.

⌃ Piano de mesa fabricado en Londres, c. 1790

1804
Indignado por la autoproclamación de Napoleón como emperador, Beethoven cambia el nombre de su Sinfonía n.º 3, *Bonaparte*, por el de *Heroica*.

1809
Durante un invierno especialmente duro, los clavecines del conservatorio de París se utilizan como leña para el fuego, considerándose obsoletos en la época del pianoforte.

1793
Daniel Steibelt da las primeras indicaciones para los pedales del piano en su sexto *Pot-pourri*.

1798
El crítico y profesor de música checo Franz Niemetschek publica la primera biografía completa de Mozart.

≫ Ludwig van Beethoven, coloso de la música clásica y romántica

ANTES

Los muy elaborados estilos de interpretación y composiciones de finales del Barroco estaban confinados al ámbito de las cortes y las iglesias.

COMPLEJIDAD BARROCA
Las intrincadas composiciones de **J. S. Bach** « **102–103** y **Händel** « **110–111** estaban perdiendo su atractivo a mediados del siglo XVIII.

UNA PARTICIPACIÓN LIMITADA
Hasta la difusión de la **música impresa** « **54–55** y los asequibles instrumentos del siglo XIX, la mayor parte de la música la interpretaban músicos profesionales en iglesias o en la corte.

INFLUENCIAS CLÁSICAS
En otras formas artísticas se iba imponiendo una nueva simplicidad inspirada en la **Grecia clásica** « **18–19**, así como una comprensión cada vez mayor de los principios científicos fundamentales.

Una **nueva claridad**

La deposición del complejo estilo barroco en aras de la simplicidad del clasicismo fue una de las revoluciones más importantes de la música. Sus efectos todavía se dejan sentir, no solo en qué y en cómo escuchamos, sino también en el concepto de concierto público.

La música barroca llegó a su cumbre en la obra de J. S. Bach y Georg Friedrich Händel, cuya magnífica música era interpretada principalmente por profesionales y maravillaba a sus oyentes. El pensamiento incipiente de la Ilustración, que fomentaba la sencillez y la claridad, influyó en el desarrollo del estilo musical más accesible de esta era. Así como la música barroca dependía de armonías que cambiaban prácticamente

> **La sala de conciertos pública más antigua de Europa es la Holywell Music Room de Oxford, de 1748.**

en cada pulsación, el estilo que se estaba desarrollando continuaba a menudo con la misma armonía durante un compás entero o más. Además, los compositores sostenían una única melodía con unos acompañamientos de cuerda más simples.

Tanto en lo instrumental como en lo vocal, este nuevo enfoque confirió a la música una cualidad más natural, menos «estudiada». Este tipo de música atrajo de inmediato a un público mucho más amplio.

Instrucciones precisas
Para evitar que los intérpretes improvisaran floridos adornos (p. 78) que pudiesen alterar la pureza de la intención original, los compositores comenzaron a anotar en la partitura lo que el intérprete tenía que hacer. Este proceder fue clave, porque los compositores dejaban así de escribir música tan solo para sus socios inmediatos. La disponibilidad y difusión de las partituras impresas permitieron que la música fuera interpretada por músicos que el compositor no había conocido nunca. Las instrucciones se volvieron cada vez más detalladas, limitando la libertad del intérprete

respecto al tempo, la dinámica y el talante de la obra.

Pronto los compositores dejaron de escribir una parte continua improvisada (la línea de bajo), lo que significó que la cadencia de un concierto (cuando la orquesta hace una pausa para dejar al solista un momento de virtuosismo o reflexión) pasó a ser una de las pocas ocasiones para la improvisación. Los intérpretes, quizás como contragolpe, empezaron a improvisar cadencias cada vez más elaboradas, lo que molestaba a Beethoven, quien en su último concierto para piano (pp. 152–153) anotó todas y cada una de las notas de la cadencia.

Todas estas cuidadosas instrucciones de los compositores respondían a su deseo de alcanzar el equilibrio, que se convirtió en una consideración esencial para los compositores a

la hora de estructurar sus obras. Así, por ejemplo, una frase inicial (por lo general de cuatro compases de longitud) recibía típicamente como respuesta una frase compensatoria similar —aunque ligeramente diferente— de la misma longitud. Juntas, estas dos frases formaban

Tapa decorada con elegancia

Clavijas para afinar las cuerdas

Teclado de más de cuatro octavas

Nueva expresividad
Este piano de cola de 1762, construido por el fabricante portugués Manuel Antunes, tiene un mecanismo de martillos basado en el invento original de Bartolomeo Cristofori, lo que lo convierte en una alternativa más expresiva al clave y el clavicordio.

COMPOSITOR (1735–1782)

JOHANN CHRISTIAN BACH

Nacido en Leipzig (Alemania), J. C. Bach fue el undécimo y último hijo de Johann Sebastian Bach. Estudió con su padre hasta la muerte de este, y luego con su hermano Carl Philipp Emanuel. A partir de 1756 trabajó en Italia, pero en 1762 viajó a Londres para asistir al estreno de tres óperas en el King's Theater, se estableció allí y se ganó el apodo de «el Bach de Londres». Admirado por Mozart, escribió muchísimo, promovió conciertos, introdujo el clarinete en la orquesta de la ópera inglesa y fue profesor de música de la reina Carlota con un salario anual de 300 libras. Aun así, contrajo deudas, y en 1781 sufrió una crisis nerviosa. Cuando murió, al año siguiente, la reina costeó su funeral y concedió una pensión a su viuda.

OBRAS CLAVE

Georg Philipp Telemann Sonata para oboe en la menor, TWV 41: a3

Johann Joachim Quantz Concierto para flauta en sol menor, QV. 5:196

J. C. Bach Concierto para teclado, op. 13, n.º 1 en do mayor

C. P. E. Bach Concierto para violoncello en la mayor, H. 439, Wq 172

Joseph Haydn Sinfonía n.º 44 en mi menor, «Trauer»

Orden natural

El género pictórico de las *fêtes galantes*, inaugurado por el pintor francés Antoine Watteau (1684–1721) y que ilustra este cuadro de 1720, inspiró la música galante. Ambos estilos tienen en común la claridad, la sencilla elegancia y el respeto por el orden natural.

una *sentence* de ocho compases, que por lo general recibía como respuesta una *sentence* compensatoria. Esta fórmula aseguraba que las secciones más grandes de movimientos individuales también se compensaban y complementaban de forma mutua. Esto implicaba asimismo que los compositores debían considerar la forma global de sus sinfonías, sonatas y conciertos, asegurándose de que el equilibrio y contraste de los movimientos formasen un todo coherente.

Estilo galante

El estilo galante, uno de los primeros nuevos estilos del periodo clásico, que fue popular desde la década de 1720 hasta la de 1770, se valoraba por su frescura y accesibilidad en un momento en que aún se escuchaba el alto estilo barroco. Los compositores de la música galante evitaban el empleo del contrapunto (la combinación de varias melodías diferentes) y escribían hermosas y sencillas melodías que brillaban por encima de sus acompañamientos, que eran simples y

su padre en aras de una melodía única con acompañamiento. En sus muchas sinfonías, sonatas y óperas, sus flexibles melodías insinúan la fácil fluidez de la música galante. Charles Burney (1726–1814), historiador de la música inglés, anotó que Johann Christian Bach fue el primer compositor que observó el

captó en su Sinfonía n.º 44 en mi menor de 1772, la sinfonía «Trauer» (fúnebre); también el propio movimiento romántico.

Atraer al público

Los conciertos públicos empezaron celebrándose en salas de reunión, y luego cada vez más en teatros y espacios concebidos especialmente para los conciertos. La mayor facilidad de acceso a las interpretaciones musicales propició un auge de la composición por parte de aficionados. Esto a su vez contribuyó al abaratamiento y la eficiencia de la fabricación de instrumentos musicales y al aumento de la publicación de

música impresa, y alentó asimismo los arreglos de la música de concierto para su interpretación doméstica, sobre todo para los instrumentos de teclado. Para fomentar el estudio de la música por

1773 Año en que C. P. E. Bach escribió su autobiografía. Fue uno de los primeros compositores en hacerlo.

parte de los aficionados, varios músicos, como C. P. E. Bach y el flautista alemán Johann Quantz, escribieron una serie de manuales de autoaprendizaje.

> «Debemos **tocar** desde el **alma**, no como **pájaros amaestrados**.»
>
> C. P. E. BACH, *ENSAYO SOBRE EL VERDADERO ARTE DE TOCAR INSTRUMENTOS DE TECLADO*, 1753

transparentes. Habiendo comenzado como un estilo operístico en la ópera seria italiana (pp. 134–135), la popularidad de la música galante entre el público propició su uso en géneros por parte de compositores tan diversos como Georg Philipp Telemann (1681–1767), Johann Christian Bach (p. 118) e incluso el joven Joseph Haydn (pp. 128–129).

La familia Bach

Dos generaciones de la influyente familia Bach abarcaron más de un siglo, cubriendo la transición entre la complejidad del Barroco y la claridad del clasicismo. Cuando falleció Johann Sebastian Bach (pp. 102–103), el organismo rector de su iglesia celebró el hecho de poder nombrar a un nuevo compositor menos anticuado.

Su hijo, Johann Christian, descartó el complejo contrapunto y la polifonía de

contraste (aspecto esencial del equilibrio) como principio. Entretanto, en Alemania, su hermano mayor, Carl Philipp Emanuel (1714–1788), consideraba el clavicordio y el clave como excelentes vehículos para una expresión musical refinada. C. P. E. Bach expuso sus opiniones sobre la claridad de la expresión y la técnica en un ensayo de 1753, *El verdadero arte de tocar instrumentos de teclado*.

En sus sinfonías y obras para teclado, C. P. E. Bach experimentó con el llamado *Empfindsamer Stil* (estilo sensible), en que los estados de ánimo cambiaban de una forma espectacular en un mismo movimiento. Este estilo no solo prefiguraba las turbulentas emociones del estilo *Sturm und Drang*, que Haydn

Imprenta de madera del siglo XVIII

Con la invención de la imprenta y la difusión de los materiales impresos, los compositores pudieron ganar dinero vendiendo su música y los aficionados aplicados pudieron aprender a tocar con manuales de autoaprendizaje.

Manivela para girar el rodillo

Marco de madera maciza

Rodillo

DESPUÉS ≫

La mesura clásica fue gradualmente eclipsada por el romántico deseo de expresión emocional por encima de todo.

OTRAS ARTES
Las influencias de otras artes como la **literatura 158–159 ≫** fueron evidentes en la música compuesta tras la década de 1820.

MEJORES INSTRUMENTOS
Los continuos **avances en la fabricación de instrumentos 188–189 ≫** animaron a los compositores a crear una música técnicamente más difícil.

INTÉRPRETES FAMOSOS
La música expresiva y técnicamente deslumbrante del siglo XIX dio a los **intérpretes virtuosos 162–163 ≫** el estatus de celebridades.

Orquesta de cámara con cantantes

En este conjunto del siglo XVIII, los cantantes e instrumentistas de cuerdas y de viento-madera están de pie. Los músicos del clavecín y el violone, sentados, tocan el continuo reforzando la línea de bajo y rellenando las armonías.

La **orquesta**

La evolución de la orquesta moderna empezó en el siglo XVII y ha seguido hasta hoy. Su desarrollo se vio impulsado al principio por la búsqueda de un medio musical a gran escala para transmitir de un modo más expresivo las emociones de los compositores, y por el deseo de impresionar.

« A N T E S

Antes de que surgieran las orquestas, la elección de los instrumentos para la interpretación dependía de su disponibilidad.

INICIOS ITALIANOS Y FRANCESES
Monteverdi usó combinaciones de varios instrumentos para acompañar sus **primeras óperas italianas « 81**. En 1653, en la corte de Luis XIV, **Lully « 134** empezó a formar los «veinticuatro violines del rey», un conjunto de instrumentos de cuerda de diferentes tamaños. Lully, en sus propias composiciones, solía añadir al conjunto oboes, tambores, trompetas y fagots.

DESARROLLOS DEL SIGLO XVIII
Las suites y los *concerti grossi* de **J. S. Bach « 102–103** y **Händel « 110–111** mostraban el potencial de la orquesta para crear obras complejas.

E n la década de 1600, muchas cortes europeas empezaron a mantener a un conjunto de músicos para interpretar música para el culto en su capilla y proporcionar entretenimiento en los eventos sociales. La capacidad de emplear a un conjunto de instrumentistas y un compositor que escribiera y dirigiera música de alta calidad era un poderoso símbolo de estatus y riqueza.

El número y las aptitudes de los músicos implicados dependía del entusiasmo y la determinación de su mecenas, ya fuera este rey, duque, elector o cualquier otro tipo de acaudalado aristócrata. Los compositores de la corte solían escribir música para que la interpretaran los músicos de la

propia corte, y no estaba pensada para que la tocaran otros músicos. Por esta razón, Händel, que durante la primera mitad del siglo XVIII viajó mucho (sobre todo a Londres y por Italia), debía volver a anotar sus obras para los instrumentos que tenía a su disposición en cada

localidad, o incluso componer toda la obra de nuevo.

El nacimiento de una orquesta
En 1720, la corte del elector palatino Carlos III Felipe de Neoburgo llegó a la pequeña ciudad alemana de Mannheim desde Heidelberg, llevando consigo un gran conjunto de instrumentistas consumados. En 1742, cuando el duque Carlos Teodoro de Sajonia sucedió a Carlos III Felipe como

Membrana o parche de piel

Mecanismo tensor

Timbales (atabales)
Cuando se usan en pares, los timbales, afinados a dos notas diferentes, enfatizan las notas graves de la armonía, y si se tocan con baquetas en rápida rotación, aportan una emoción musical creciente.

Caldero o tazón de cobre

DESPUÉS »

COMPOSITOR Y DIRECTOR DE ORQUESTA (1731-1798)

CHRISTIAN CANNABICH

Nacido en Mannheim (Alemania) e hijo de un músico de la corte, fue nombrado miembro «escolar» de la orquesta municipal a los doce años de edad. En 1757, tras estudiar en Italia, regresó a Mannheim para ser el primer violinista de la orquesta. En 1774 devino director de la música instrumental.

Compositor prolífico, fue admirado como director y preparador de orquesta. El escritor Christian Schubart (1739–1791) afirmó de él que creó la «ejecución uniforme» (técnica del arco) y que descubrió «todos los trucos de magia». En un viaje a París conoció a Mozart, que más tarde se alojó un tiempo en su casa. Mozart escribió su Sonata para piano K306 para la hija de su anfitrión, Rosa.

elector, nombró maestro de conciertos al violinista y compositor Johann Stamitz (1715–1757). El duque se proponía establecer la mayor orquesta de Europa, así que dio a Stamitz instrucciones para encontrar a los mejores músicos.

En 1777, la orquesta de Mannheim comprendía entre 20 y 22 violines (agrupados en primeros y segundos), cuatro violas, cuatro violonchelos, cuatro contrabajos, dos flautas traveseras, dos oboes, dos clarinetes, cuatro fagots, dos trompas y timbales. Aunque a principios del siglo XVIII las interpretaciones de los conjuntos las dirigía desde el teclado el músico que tocaba el bajo continuo, en Mannheim asumió este papel el violinista principal, utilizando el arco para indicar el principio y el final de las piezas y para dar el ritmo de la música a los otros intérpretes.

Stamitz y otros compositores, en especial Christian Cannabich (arriba), Ignaz Holzbauer y Franz Xaver Richter, formaron un grupo que hoy en día se conoce como escuela de Mannheim. Su concepción de la interpretación y la composición tuvo dos consecuencias de gran alcance: la orquesta de Mannheim pronto fue conocida y emulada en toda Europa, y la sinfonía dominó la música orquestal durante un siglo (pp. 126–127).

1763 Año de la primera visita de Mozart a Mannheim.

90 Miembros de la orquesta de Mannheim en 1778.

OBRAS CLAVE

Johann Stamitz Sinfonía en re mayor, op. 3, n.º 2

Christian Cannabich Sinfonía n.º 59 en re mayor

Ignaz Holzbauer Sinfonía en re menor

Franz Xaver Richter Sinfonía n.º 63 en si bemol mayor (n.º 1 de las Grandes Sinfonías)

Carl Stamitz Sinfonía en sol, op. 13, n.º 4

W. A. Mozart Sinfonía n.º 40 en sol menor, K550

Manierismos de Mannheim

Stamitz y sus colegas compositores desarrollaron la sinfonía clásica a partir de la barroca de tres movimientos, añadiendo un movimiento antes del final y utilizando asimismo «efectos especiales» compositivos que hoy en día se consideran marcas de identidad de la escuela de Mannheim. El cohete Mannheim, inspirado al parecer en la candela romana de los fuegos artificiales, era una melodía que ascendía deprisa; el *crescendo* Mannheim, en cambio, era un aumento gradual del volumen por parte de toda la orquesta, a menudo seguido de un *piano* (suave) repentino o de una larga pausa. El rodillo Mannheim consistía en un *crescendo* gradual a lo largo de una línea melódica ascendente sobre una línea de bajo en *ostinato* (repetición insistente), mientras que el suspiro Mannheim consistía en una frase descendente de dos notas con el acento en la primera nota. Había incluso unos gorjeantes pájaros de Mannheim.

Otros rasgos del estilo de esta escuela eran un *fortissimo* (muy fuerte) repentino e inesperado, el *tremolo* (repetición rápida de la misma nota) y los rápidos arpegios (notas de un acorde tocadas en secuencia) para crear una sensación creciente de urgencia musical.

Cuando Mozart (pp. 138–139) visitó Mannheim quedó muy impresionado por su orquesta, y escribió a su padre: «La orquesta es muy buena y numerosa [...] y debe de producir una hermosa música». La influencia de la escuela de Mannheim en Mozart aparece en la dinámica cuidadosamente gestionada de su Sinfonía concertante para violín y viola, de 1779, y en la abertura a modo de cohete Mannheim del final de su Sinfonía n.º 40, de 1778.

Así como los efectos especiales resultaban fascinantes, las propias composiciones no eran especialmente innovadoras. Las partes instrumentales individuales eran musicalmente poco interesantes, pero difíciles de tocar, por lo que los diestros miembros de la orquesta disfrutaban con el desafío. La música rápida se tocaba a la máxima velocidad posible, y los exagerados manierismos se exageraban aún más para producir un efecto espectacular.

Un legado duradero

La influencia de Mannheim continuó con una nueva generación de compositores, incluido el hijo de Johann Stamitz, Carl (1745–1801). Este, que era un virtuoso del violín y la viola, se trasladó en 1770 de Mannheim a París, donde compuso para la corte y tocó en los famosos *Concerts Spirituels* de la ciudad, una de las primeras series de conciertos públicos de la historia.

Inspirándose en el éxito de la orquesta de Mannheim, otras ciudades europeas reunieron idénticos conjuntos. La música podía ser interpretada ahora por orquestas distintas de aquella para la que se había compuesto, y los promotores de conciertos no tardaron en sacar provecho de la nueva demanda de conciertos orquestales.

Disposición de los instrumentos en Mannheim

El esquema básico de la disposición de los instrumentos de la orquesta que se usa hoy se estableció en Mannheim. La colocación de los instrumentos de viento-madera, viento-metal y percusión detrás de los de cuerda permite que los instrumentistas toquen como un auténtico conjunto.

El deseo de componer una música más variada, expresiva y compleja llevó al desarrollo de la orquesta.

UN SONIDO MÁS SUSTANCIAL

En el siglo XIX se engrosó la orquesta añadiendo más instrumentos de cuerda. Así como Haydn había escrito para orquestas con seis primeros violines que tocaban la misma parte, **Mahler 192–193 »** requería nada menos que dieciséis. Asimismo, los compositores añadieron nuevos instrumentos a sus partituras, incluido el flautín, el corno inglés, los clarinetes bemol y bajo, la tuba, el contrafagot y el trombón, incluido el inusual trombón de pistones francés del siglo XIX.

DEL SIGLO XIX EN ADELANTE

Instrumentos de percusión tales como los gongs, el xilófono, la celesta y los tambores exóticos aportaron una fuerza adicional a la música orquestal. Maurice Ravel usa el saxo en sus arreglos de 1922 de la obra *Cuadros de una exposición*, de Modest Mussorgsky. **Gustav Mahler** y **Vaughan Williams 214 »** incluyeron coros en algunas de sus obras orquestales, en tanto que **Richard Strauss 223 »** y **Edward Elgar 214 »** les añadieron el órgano orquestal. Posteriormente, **Pierre Boulez** y **Karlheinz Stockhausen 270–271 »** introdujeron **efectos electrónicos**.

TROMBÓN DE PISTONES TENOR

CLAVE

- Director de orquesta
- Primeros violines
- Segundos violines
- Violas
- Violonchelos
- Contrabajos
- Oboes
- Flautas
- Fagots
- Clarinetes
- Trompas
- Trompetas
- Trombones y tubas
- Otros de percusión
- Tambores
- Arpa
- Piano

« ANTES

La música solía servir como fondo de otras actividades, como la oración, la danza o la comida. Solo los aristócratas podían disfrutar de música en su casa.

SONATAS BARROCAS PARA CLAVECÍN
Domenico Scarlatti « **109** escribió sonatas de un movimiento para clavecín.

SONATAS DE IGLESIA
Corelli « **104–105** escribió *sonatas da chiesa*, obras instrumentales de cuatro movimientos que solían tocarse, si bien no exclusivamente, durante los oficios religiosos.

SONATAS A TRÍO
Telemann « **119** y **Bach** « **102–103** usaron el término «sonata», o «sonata a trío», para designar obras de cuatro movimientos escritas para dos instrumentos melódicos más el continuo.

La **sonata**

El término «sonata» se acuñó hacia 1650 para referirse a una pieza musical concebida para instrumentos más que para voz. Al desarrollarse, la sonata resultó ser una de las formas de composición más duraderas y de más largo alcance de la música occidental.

En el siglo XVIII, el término «sonata» designaba casi exclusivamente las obras solistas de hasta cinco movimientos, pero típicamente de tres (rápido-lento-rápido), para un teclado solo o para un teclado que acompañaba a otro instrumento.

La popularidad de la sonata se vio potenciada por la aparición de una clase media capaz de comprar instrumentos y ansiosa de recibir lecciones. No obstante, los miembros de esta clase no se veían atraídos por las suites de danzas cortesanas que habían sido tan populares durante el Barroco: querían escuchar música, y no percibirla solo como una suerte de telón de fondo. Hacia mediados de siglo era evidente la necesidad de un nuevo enfoque de la composición y la interpretación musicales.

El principio de la sonata

La solución fue el principio de la sonata: una música que mantuviera la atención de los oyentes durante un periodo de tiempo prolongado y que no se basara excesivamente en la repetición. La forma sonata empieza con una «exposición» en la que, como en un debate, se introduce al oyente en la pieza con dos temas musicales contrastados, el primero en la tonalidad principal de la pieza (por ejemplo, do

Sonatas imperiales
Federico el Grande de Prusia (1712–1786) escribió más de cien sonatas para flauta. En este cuadro de Adolphe von Menzel, *Concierto de flauta en Sanssouci* (1852), C. P. E. Bach le acompaña en el teclado.

Sonatas para violín de Mozart

A los ocho años de edad, Mozart escribió unas sonatas «para teclado con acompañamiento de violín» para tocarlas con su padre y su hermana.

mayor), y el segundo en una tonalidad vecina, por lo general cinco notas más aguda (sol mayor). Esta sección se suele repetir para familiarizar al oyente con los temas musicales. Entonces viene el «desarrollo», que es el «argumento», en el que los temas de la exposición se fragmentan y se tocan en diferentes tonalidades y talantes. La música de la «recapitulación» es similar a la de la exposición, pero esta vez el segundo tema está en la tonalidad principal, de forma que se resuelve el argumento.

Este enfoque, que al principio se reservaba únicamente para el primer movimiento de las sonatas, resultó tan exitoso que también se utilizó al inicio de sinfonías, cuartetos de cuerda, tríos y conciertos. A la larga también se aplicó, si bien de formas ligeramente diferentes, a los movimientos lentos y finales.

El primer compositor importante de estas nuevas sonatas fue Carl Philipp

Rivalizando con la sinfonía

Fue Haydn (pp. 128–129) quien estableció la sonata como una forma musical que rivalizaría con la sinfonía durante el periodo clásico. Así como

flauta, clarinete y violín, pero la mayoría están compuestas para teclado solo, y concebidas idealmente para los íntimos sonidos del clavicordio, el instrumento de teclado preferido de C. P. E. Bach. Las últimas obras, acaso escritas para el recién inventado pianoforte, anticipan las obras de Beethoven (1770–1827), quien reconoció abiertamente su deuda musical con C. P. E. Bach.

escribir conciertos que sonatas. Podría decirse que para él ambas formas musicales representaban una aproximación similar al nuevo estilo clásico. De hecho, de niño ya había transformado algunas de las sonatas de J. C. Bach en conciertos, ya que muy pronto advirtió que estas dos formas aparentemente diferentes eran dos caras de la misma moneda, una más privada y la otra más pública.

Con todo, fue Beethoven (pp. 144–145) quien convirtió la sonata para piano en una forma realmente «pública». Para la primera que publicó, Beethoven eligió una obra en cuatro movimientos. Así afirmaba que esta forma de música anteriormente «privada» era ahora la equivalente a la sinfonía de cuatro movimientos, y que el instrumento con que se interpretaba, el piano, ya no estaba destinado solo a la esquina del salón, sino que era un instrumento con la potencia suficiente para ocupar el centro del escenario en la sala de conciertos.

La sonata a plena potencia

Las sonatas de Beethoven, tanto para piano como para violín o violonchelo,

DESPUÉS

El principio de la sonata gobernó la organización de buena parte de la música instrumental, en tanto que la sonata devino la forma principal de la música de cámara.

UNA FORMA POPULAR

Tras 1800 floreció la sonata para piano, reflejando la popularidad del instrumento. Las 32 sonatas para piano de Beethoven devinieron favoritas de los recitales.

88 Número de sonatas para piano compuestas por Muzio Clementi (1752–1832).

EL ROMANTICISMO

Con **Schubert 156–157 》**, **Schumann 160–161 》**, **Chopin 160–161 》**, **Liszt 162–163 》**, y **Brahms 172–173 》**, la sonata evolucionó hacia formas tan diversas como las tendencias estéticas de estos compositores.

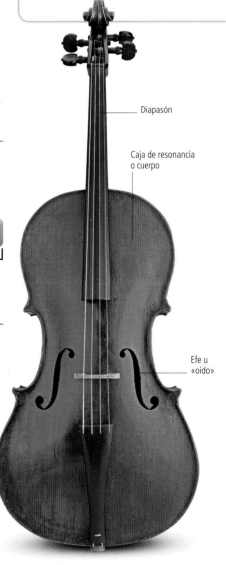

Diapasón

Caja de resonancia o cuerpo

Efe u «oído»

La mayoría de edad del violonchelo
En el Barroco, el papel del violonchelo en la sonata consistía en proporcionar parte del acompañamiento continuo a otros instrumentos. En las sonatas de Beethoven, Brahms y otros, el violonchelo se erigió en un expresivo instrumento solista por derecho propio.

ESTRUCTURA: SONATA

El principio de la sonata fue una de las grandes creaciones del periodo clásico. Reflejo del nuevo interés por el equilibrio, la proporción y la claridad, su forma en tres secciones emplea temas melódicos y armonías en patrones que el oyente puede reconocer.

La transición introduce nuevo material

El primer tema se expone en la tonalidad principal

El segundo tema se expone en una tonalidad diferente, vecina de la principal

Una coda finaliza la exposición en la misma tonalidad que el segundo tema

Primer tema

Transición

Segundo tema

Coda en la tonalidad principal

EXPOSICIÓN
El material temático primario del movimiento se presenta en la exposición.

DESARROLLO
Nuevo material y variaciones de los temas de la exposición se desarrollan en tonalidades diferentes de la principal, creando una sensación de tensión.

RECAPITULACIÓN
Repetición modificada de la exposición en la que los dos temas vuelven a exponerse en la clave principal, a modo de resolución.

Emanuel Bach (1714–1788), la figura clave en la transición del alto estilo barroco representado por su padre, Johann Sebastian Bach (pp. 102–103), al nuevo estilo clásico que le sucedió.

Las sonatas compuestas por C. P. E. Bach, publicadas a lo largo de más de cuarenta años a partir de 1742, incluyen música para varios instrumentos, como

los movimientos lentos de otros compositores recordaban a las danzas más lentas del periodo barroco, como por ejemplo el minueto, Haydn amplió este movimiento y lo transformó en algo más oscuro y dramático. Asimismo, sus vivaces finales impactaban a los oyentes con sus sorprendentes armonías y dramáticos contrastes, que tenían ecos de los vívidos y famosos efectos creados por la orquesta de Mannheim durante la década de 1770 (pp. 120–121). La grandiosidad de las últimas sonatas de Haydn, con sus expansivos y dramáticos movimientos iniciales, tuvieron un gran efecto en algunos de sus alumnos, sobre todo en Beethoven.

Música pública y privada

Aunque Mozart (pp. 138–139) escribió un buen número de importantes sonatas para violín, piano e incluso dúos de piano, al parecer estaba más interesado en

eran más largas y enjundiosas que las anteriores. Con sonatas tales como el «Claro de luna» y la «Appassionata», que prefiguraban el romanticismo, Beethoven dio un vuelco a lo que se suponía que debía ser una sonata.

En tanto que el principio de la sonata seguía apuntalando el primer movimiento, Beethoven introdujo la tragedia en el tradicionalmente lírico segundo movimiento, animó el anticuado minueto transformándolo en un borrascoso *scherzo* y agregó al final dosis tanto de júbilo como de desesperación. En sus últimas sonatas, Beethoven desdibujó las fronteras entre movimientos e introdujo variaciones y fugas (pp. 100–101).

Al ampliar las fronteras de la sonata, Beethoven causó una honda impresión en su audiencia e influyó mucho en la generación de compositores y músicos virtuosos que siguieron su estela.

Instrumentos de viento-madera

En una orquesta, a diferencia de las secciones de cuerda y de viento-metal, que acogen instrumentos de sonidos similares, la de viento-madera es muy diversa. Los compositores explotan con ingenio los diferentes timbres de sus cuatro miembros principales: flautas, oboes, clarinetes y fagots.

1 **Flauta baja** El tubo de metal de esta flauta baja del siglo XX mide más de un metro de longitud y hace un bucle para que el flautista pueda llegar fácilmente a la embocadura. 2 **Flauta de una llave** De cuatro piezas y tono suave, se usó mucho en el siglo XVIII. 3 **Flauta dulce** Esta simple flauta de madera fue popular a finales del siglo XIX en Europa y EE UU, para la música doméstica y de danza. 4 **Flauta alta** En este ejemplar de madera del siglo XIX, una cabeza en ángulo alarga el tubo para producir notas más graves. 5 **Flautín o piccolo** Este es el instrumento de viento-madera más agudo, y centellea en lo alto de la orquesta. 6 **Flauta travesera moderna** Este diseño de tres piezas apenas ha sufrido cambios desde que en 1847 el flautista alemán Theobald Böhm (1794–1881) ideó un nuevo sistema de llaves que permitía tocar con más precisión. 7 **Flauta Pratten** Los diseños del flautista e inventor inglés Robert Sidney Pratten (1824–1868) pretendían perfeccionar un sistema de llaves

simple. 8 **Oboe** Este oboe de 1680, de tres llaves y madera de boj, es típico de principios del Barroco. 9 **Corno inglés** Este instrumento, que no es cuerno ni es inglés, es un gran oboe con una campana bulbosa. 10 **Fagot** Con un tubo de 254 cm de longitud, produce notas graves en el grupo de maderas principal. 11 **Fagot** El escaso número de llaves del fagot del siglo XVIII limitaba su tesitura. 12 **Contrafagot** Más grande y más grave que el fagot, el contrafagot produce un tenso zumbido. 13 *Ottavino* (**flautín**) Este raro instrumento del siglo XIX es parecido a un saxofón pero tiene el tubo de madera cónico y doblado y se toca con una lengüeta simple. 14 **Clarinete contrabajo** Este ejemplar francés, de finales del siglo XIX, del más largo y grave de todos los clarinetes tiene un sistema de llaves simple. 15 **Clarinete en si bemol** Es el más común de los clarinetes modernos y emplea el mismo sistema de llaves que Böhm desarrolló para la flauta travesera. 16 **Clarinete de amor** Este clarinete, que fue popular en el siglo XVIII, tiene una campana grande y bulbosa que confiere a su sonido una velada belleza.

8 OBOE
Altura: 60 cm

10 FAGOT
Altura: 1,2 m

9 CORNO INGLÉS

Altura: 87 cm

1 FLAUTA BAJA
Longitud: 84 cm

2 FLAUTA DE UNA LLAVE
Longitud: 60 cm

3 FLAUTA DULCE
Longitud: 59 cm

4 FLAUTA ALTA
Longitud: 70 cm

6 FLAUTA TRAVESERA MODERNA Longitud: 66 cm

5 FLAUTÍN O PICCOLO
Longitud: 33 cm

7 FLAUTA PRATTEN
Longitud: 67 cm

12 CONTRAFAGOT
Altura: 1,7 m

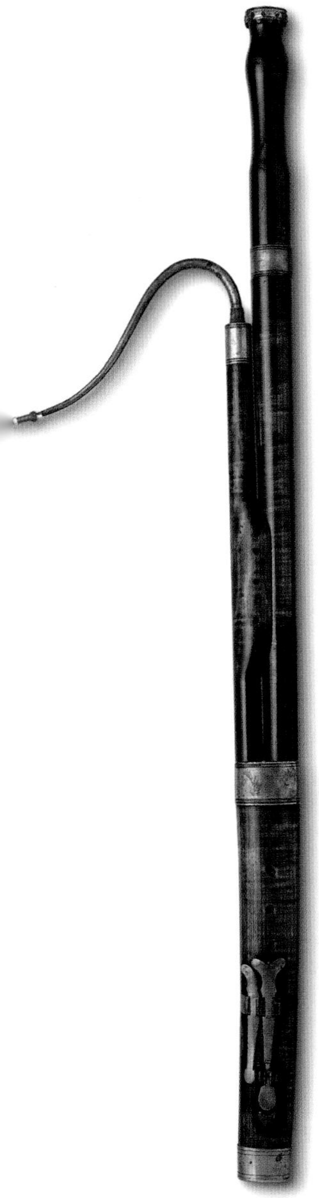

11 FAGOT
Altura: 1,2 m

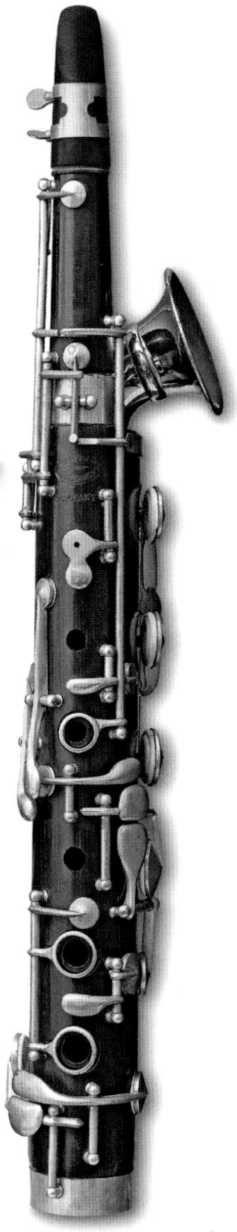

13 OTTAVINO (FLAUTÍN)
Altura: 43 cm

15 CLARINETE EN SI BEMOL

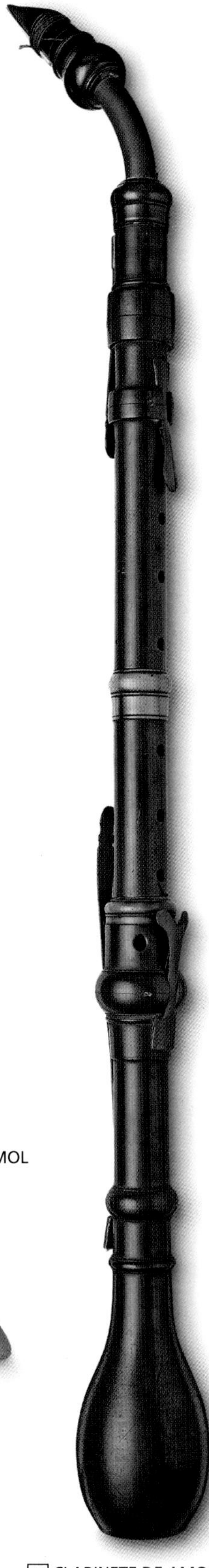

Altura: 67 cm

16 CLARINETE DE AMOR
Altura: 77 cm

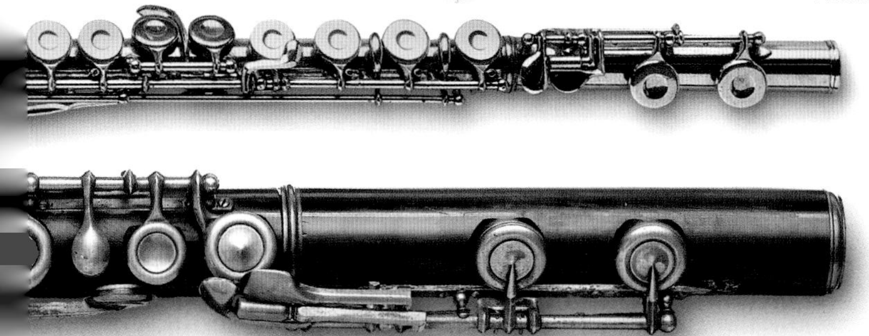

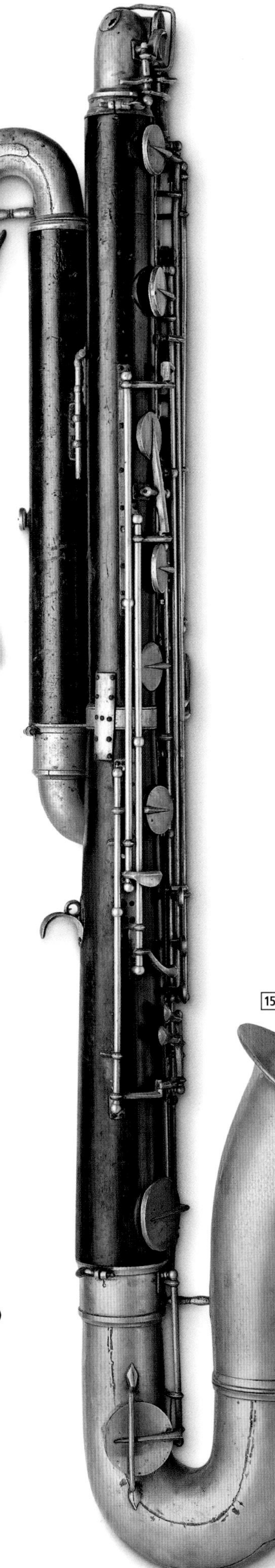

14 CLARINETE CONTRABAJO
Altura: 1,1 m

ANTES «

El término «sinfonía» se utilizó mucho antes del periodo clásico para designar diferentes tipos de colecciones musicales.

UN CONCEPTO EN EVOLUCIÓN
Las primeras menciones de la palabra «sinfonía» se remontan al siglo XVI, cuando designaba colecciones de **obras vocales sacras con un acompañamiento instrumental**. Tras el siglo XVI, el término pasó a designar determinados movimientos de **óperas**, **conciertos** y **sonatas**.

TRES MOVIMIENTOS
En la **ópera napolitana « 80–81** del siglo XVII, los compositores utilizaban series de tres movimientos, en un patrón rápido-lento-rápido, en oberturas o interludios instrumentales. Estas series constituyeron la base de las **sinfonías de tres movimientos**.

La **sinfonía**

A mediados del siglo XVIII, la sinfonía, hasta entonces una obra seria de tres movimientos, adquirió un cuarto movimiento y ocupó el centro de la escena. Desde entonces, la idea de «sonido conjunto» ha inspirado a los compositores, tanto a nivel práctico como artístico.

«Las **sinfonías** de Haydn están […] llenas de **amor** y de **dicha**, como antes de la Caída.»

E. T. A. HOFFMANN, 1810

En la década de 1740, en la ciudad alemana de Mannheim, Johann Stamitz (abajo) congregó a su alrededor a un grupo de músicos que desarrollaron la sinfonía hasta convertirla en el género más relevante de la música orquestal.

Los músicos de Mannheim (pp. 120–121) heredaron del Barroco el modelo de la sinfonía de tres movimientos. Deseosos de inyectar elegancia desenfadada en lo que era una forma musical seria y trascendental, estos compositores empezaron a insertar un movimiento adicional inspirado en la danza antes del final. Este movimiento solía ser un elegante minueto (un tipo de danza) con un contrastante «trío» intermedio (así llamado porque estaba concebido para que lo tocaran tres músicos). Desde entonces, la sinfonía resultante de cuatro movimientos (abajo) pasó a ser la norma.

Conciertos en las Tullerías
Las sinfonías de Haydn y otros compositores clásicos se interpretaban en los *Concerts Spirituels*, conciertos públicos celebrados en París en el siglo XVIII. Una de las ubicaciones de estos eventos era el Palacio de las Tullerías.

audaz que la anterior. Haydn escribió sus últimas doce sinfonías en Londres, a petición del compositor y empresario musical Peter Salomon (1745–1815). Con títulos como *La sorpresa* (n.º 94), *El milagro* (n.º 96), *Militar* (n.º 100), *El reloj* (n.º 101) y *El redoble de timbal* (n.º 103), Haydn mostró cómo, a diferencia de sus predecesores, usaba la sinfonía como un vehículo para la expresión dramática.

Nuevas modas
Viajero cosmopolita, Mozart (pp. 138–139) se ganaba la vida con encargos. Siempre ansioso por atraer nuevos clientes, en sus 41 sinfonías introdujo todas las nuevas modas musicales que recogió en sus viajes. Su penúltima sinfonía, la n.º 40 en sol menor, es una obra de escala grandiosa que dura 40 minutos. Mozart evoca en ella una

ESTRUCTURA: SINFONÍA

Durante el periodo clásico, la sinfonía pasó de tres a cuatro movimientos. Estos adoptan diferentes formas musicales y están diseñados para incorporar variedad y contraste en un todo musical. El primer movimiento es rico en material melódico, mientras que el segundo es más relajado. El tercer movimiento, desenfadado y a modo de danza, prologa el enfático final.

Sonata-*allegro* Variante de la forma sonata con un ritmo rápido (p. 123)	Forma ternaria Sigue un patrón simple ABA, con tres secciones en que la tercera repite la primera	Minueto y trío Dos minuetos separados por un contrastante trío en forma ternaria (ABA)	Forma rondó Se repite la sección A con nuevas secciones entre cada repetición, en un patrón ABACADA
1.er MOVIMIENTO Presenta varios temas que se desarrollan en diferentes tonalidades para terminar en la tonalidad principal.	**2.º MOVIMIENTO** Más lento, con melodías líricas tipo canto presentadas de un modo simple y expresivo.	**3.er MOVIMIENTO** Movimiento brioso en forma de minueto (forma de danza barroca).	**4.º MOVIMIENTO** Bastante rápido y en una variedad de formas, por lo general un rondó o una sonata-*allegro*.

COMPOSITOR Y VIOLINISTA (1717–1757)

JOHANN STAMITZ

Nacido en Deutschbrod (Bohemia, en la actual República Checa), Stamitz tuvo una gran influencia en el desarrollo de la sinfonía. En 1741 se trasladó a Mannheim (Alemania), donde colaboró en la fundación de la escuela de Mannheim (pp. 120–121). Como director de música instrumental en la corte de Mannheim, logró unos niveles de interpretación excepcionalmente altos por parte de los músicos. Sus composiciones contribuyeron a que la sinfonía evolucionara hacia su forma en cuatro movimientos.

Stamitz tuvo cinco hijos; dos de ellos, Carl y Anton, también fueron importantes compositores de la escuela de Mannheim.

El dominio de las cuerdas
Las sinfonías continuaron basándose sobre todo en las cuerdas, si bien se añadieron partes relevantes para flauta, oboe, fagot, trompa, trompeta y timbal. Una parte de continuo con violonchelo y clavecín (pp. 78–79) rellenaba las armonías, pero esta práctica empezó a desaparecer a medida que los autores componían partes orquestales más completas para segundos violines, violas, violonchelos e instrumentos de viento-madera y viento-metal.

Un maestro temprano
En la segunda mitad del siglo XVIII, Joseph Haydn (pp. 128–129) sacó partido de este nuevo formato de cuatro movimientos y entre 1759 y 1795 escribió más de cien sinfonías, cada una de ellas más ingeniosa y

104 Sinfonías numeradas compuestas por Joseph Haydn, a las que habría que añadir dos que carecen de número.

atmósfera tormentosa, no solo en el primer movimiento, con su apremiante inicio; también en el torrencial final inspirado en el cohete Mannheim (una serie de acordes rotos que ascienden deprisa; p. 121). La última sinfonía de Mozart, la n.º 41 (también llamada «Júpiter»), completada en 1788, está en la soleada clave de do mayor. Mozart empleó en ella toda su magia técnica y artística para cerrar triunfalmente su producción sinfónica.

Symphonie
Nº 49 nach Köchel.

Allegro vivace.

W. A. Mozart.
Köchel-Verzeichnis Nº 551.

La instrucción *Allegro* (rápido) *vivace* (vivaz) indica la velocidad y el talante de la pieza

Nombre del instrumento en italiano junto a su propia línea musical

Clave de sol

Este signo de pausa indica silencio

E. E. 3601

Nombre del compositor en la parte superior derecha; en este caso, W. A. Mozart

Partitura de la Sinfonía n.º 41 de Mozart
Al parecer fue el empresario alemán Johann Peter Salomon quien dio el sobrenombre de «Júpiter» a la Sinfonía n.º 41 de Mozart, para subrayar el espíritu triunfal y magistral de la obra.

relativamente desconocidas. Aun así, sus sinfonías ofrecen un enfoque diferente de la composición sinfónica. Respetando el formato de cuatro movimientos, que incluía un minueto, a Schubert le importaba sobre todo la belleza melódica de su música. Esto puede apreciarse especialmente en su sinfonía en do mayor, en la que a un expansivo inicio le sigue una sección lírica más lenta, luego un movimiento ligero y burbujeante, y por último un final apremiante y resuelto.

Ante la extensa y expansiva Novena sinfonía de Schubert, Robert Schumann (p. 154) elogió su «celestial longitud». Las sinfonías de Schubert ofrecieron una vía de escape a los románticos que se sentían atrapados por el legado de Beethoven, y anticiparon medio siglo la obra de Anton Bruckner (pp. 164–165).

OBRAS CLAVE

Johann Stamitz Sinfonía en mi bemol mayor, op. 11, n.º 3

Joseph Haydn Sinfonía n.º 100 en sol mayor

W. A. Mozart Sinfonía n.º 40 en sol menor, K. 550; Sinfonía n.º 41 en do mayor, K. 551

Ludwig van Beethoven Sinfonía n.º 7 en la mayor, op. 92

Franz Schubert Sinfonía n.º 9 en do mayor

DESPUÉS

A partir de 1830, mientras algunos compositores continuaban con la antigua tradición sinfónica, otros se apartaron de su estructura formal.

SIGUIENDO CON LA COSTUMBRE
Robert Schumann 160–161 》, Félix Mendelssohn 160–161 》, Johannes Brahms 172–173 》 y P. I. Chaikovski 182–183 》 mantuvieron la sinfonía tradicional.

EN EL SIGLO XX
El flexible enfoque de **Anton Bruckner 164 》 y Gustav Mahler 193 》**, junto con la ampliación de la orquesta y el alejamiento gradual de las armonías ortodoxas, introdujeron la sinfonía en el siglo xx.

Influidos por el nacionalismo y la nostalgia, **Antonín Dvořák 193 》, Edward Elgar 214–215 》, Serguéi Rajmáninov 222–223 》 y Dmitri Shostakóvich** siguieron usando la forma sinfónica.

La Séptima de Beethoven

En las piezas de Beethoven (pp. 144–145, 152–153), la sinfonía se expandió tanto física como psicológicamente, empleando esta forma para expresar cada una de las emociones humanas. Su Séptima sinfonía, escrita en 1813, empieza con un extenso pasaje lento antes de transformarse en un ritmo a modo de danza. Una serie de notas repetidas caracterizan tanto el lento

segundo movimiento como el alegre y animado tercer movimiento, con su trío a modo de himno. Dos acordes inician el final, desatando un torrente de exuberancia que conduce a una arremolinada conclusión. El final de la Novena sinfonía de Beethoven (la «Coral»), completada en 1824, fue revolucionario, ya que rompía el molde estándar de la forma sinfónica al incluir solistas vocales y un coro. Utilizando el

exaltado texto de la *Oda a la alegría* del poeta alemán Friedrich von Schiller, esta obra toca los extremos de la emoción humana, alternando la turbulencia, la tranquilidad y el triunfo en una suerte de testamento de la potencia y la vulnerabilidad del espíritu humano.

Belleza sinfónica

Franz Schubert (pp. 156–157) murió joven, cuando sus obras eran aún

COMPOSITOR Nacido en 1732 Fallecido en 1809

Joseph Haydn

«Me **apartaron** del **mundo** [...] así que me vi obligado a volverme **original**.»

FRANZ JOSEPH HAYDN A SU BIÓGRAFO, GEORG AUGUST VON GRIESINGER

L a vida de Haydn abarcó casi 80 años de una actividad musical sin precedentes en Europa. Haydn, figura clave en el desarrollo del estilo clásico, puso los cimientos de la sinfonía y el cuarteto de cuerda y allanó el terreno para Beethoven y Mozart. Su prodigiosa producción incluyó casi todos los géneros.

Inicios modestos

Nacido en una familia de músicos sin educación musical de Rohrau (Austria), el joven Haydn tenía una voz excelente, lo que le permitió entrar en el coro escolar de la catedral de San Esteban de Viena. Tras el cambio de voz, comenzó a ganarse la vida de forma modesta

Empleado de los Esterházy
Una librea de sirviente de la casa Esterházy cuelga del respaldo de la silla del estudio de Haydn en su casa (hoy un museo) de Eisenstadt (Austria). Haydn llevó esta librea mientras fue empleado de la familia Esterházy.

enseñando música y cantando serenatas en fiestas, y continuó formándose estudiando teoría musical y recibiendo lecciones de composición de Nicola Porpora.

Los Esterházy

En 1761, Haydn fue nombrado Vice-*Kapellmeister* (director musical suplente) de la corte de los Esterházy, familia aristocrática húngara. Al ser promocionado a *Kapellmeister* en 1766, pasó a dirigir la orquesta, tocar música de cámara y escribir y presentar óperas.

La mayoría de los veranos los pasaba en el palacio de verano de los Esterházy en Esterháza, en la Hungría rural, donde desarrolló su

Admirado y respetado

Considerado un hombre trabajador, generoso y popular, Haydn disfrutaba de la cordial relación con sus colegas compositores y con sus mecenas. Su matrimonio, en cambio, fue un fracaso.

Bosquejo para *Armida*
Esbozo de vestido para *Armida* de Haydn, por Giacomo Pregliasco. Entre 1784 y 1788, esta ópera se representó 54 veces en el teatro de la corte de Esterháza.

explotaban el tono distintivo de cada uno de los instrumentos, así como el desarrollo de temas melódicos y el uso audaz de tonalidades, sobre todo de las tonalidades menores. Sus sinfonías se tornaron más ambiciosas, pasando de una orquesta de 20 músicos a una de 60.

Obras corales

Haydn volvió a Viena como una estrella internacional. Aunque reanudó su trabajo con los Esterházy, se dedicó sobre todo a sus propios proyectos, como escribir obras corales, entre ellas una

---

OBRAS CLAVE

Sonata para piano en do
Trío para piano n.º 39 en sol, «Zíngaro»
Sinfonía n.º 44 en mi menor, «Fúnebre»
Sinfonía n.º 104 en re, «Londres»
Concierto para trompeta en mi bemol
Concierto n.º 1 para violonchelo en do
***Harmoniemesse (Misa con banda de viento)* n.º 14 en si bemol**
La Creación

Última representación

En 1803, la salud de Haydn empezó a flaquear; el 26 de diciembre de ese año dirigió su último concierto en público, el concierto a modo de oratorio *Las siete últimas palabras de Cristo en la cruz*. Cinco años después asistió a una celebración de su 75º aniversario en la Universidad de Viena, en la que Antonio Salieri dirigió *La Creación*. A este concierto

---

EMBLEMA DE LOS ESTERHÁZY

---

propia voz musical, poco afectada por las modas vienesas. Haydn componía con fluidez, y sus primeras sinfonías, aunque no muy innovadoras, mostraban un elegante ingenio y mucho encanto. En su Sinfonía n.º 45, «De los adioses» (1772), por ejemplo, quiso manifestar a su empleador, el príncipe Nikolaus Esterházy, que los músicos de la corte estaban exhaustos. En el movimiento final, los músicos dejan de tocar uno tras otro, apagan sus velas y salen de la habitación. El príncipe captó la indirecta, y al día siguiente los músicos recibieron permiso para volver a su casa y tomarse unas vacaciones.

Destacó sobre todo en el cuarteto de cuerda, género que de hecho inventó él y que le encantaba tocar con otros músicos de la corte. En la combinación de dos violines, viola y violonchelo —en palabras de Goethe, «cuatro personas racionales conversando»—, Haydn halló el vehículo perfecto para la discusión musical, la expresión emocional y la reunión social. A lo largo de más de 40 años, escribió 68 cuartetos, dando gradualmente la misma importancia a los cuatro instrumentos, de modo que el primer violín dejó de ocupar el primer plano y acaparar la atención. Mozart tomó nota de estos desarrollos, los imitó y dedicó sus seis cuartetos de 1785 a Haydn.

Invitación a Londres

Tras el fallecimiento del príncipe Nikolaus en 1790, Haydn recibió una invitación del violinista y empresario Johann Salomon para visitar Londres. La invitación incluía el encargo de componer seis sinfonías, una ópera y una veintena de obras menores por 1.200 libras esterlinas. Haydn aceptó de buena gana e hizo dos visitas, una en 1791–1792 y otra en 1794–1795, y ambas constituyeron un gran éxito artístico y financiero. Estando allí escribió las doce Sinfonías de Londres, las últimas de sus 104 sinfonías. Estas obras completaban un desarrollo de líneas instrumentales cada vez más independientes que

«¡Esto **hará que las señoras griten!**»

HAYDN, SOBRE EL MOMENTO INESPERADO DE SU SINFONÍA «LA SORPRESA», 1791

nueva misa cada año, para el día 8 de septiembre, día del santo de la princesa María Teresa. Durante este periodo, Haydn compuso también su oratorio *La Creación*, considerado su gran obra maestra y que aún hoy se representa a menudo. Al oscuramente dramático inicio orquestal, «Representación del caos», le sigue una secuencia de vigorosos y felices coros que se alternan con cautivadoras arias que describen escenas de la naturaleza.

Clavecín de Haydn
Se atribuyen a Haydn más de 60 sonatas para teclado. Las primeras eran para clavecín, pero las indicaciones en las partituras de las últimas sugieren que se escribieron para el nuevo y más versátil pianoforte.

asistió Beethoven, quien, al parecer, se arrodilló y besó las manos del que había sido su profesor.

Haydn falleció en su casa en 1809. El diario de Joseph Carl Rosenbaum, ex secretario de los Esterházy, recuerda que el funeral tuvo lugar dos semanas después e incluyó la interpretación del Réquiem de Mozart: «Todos los amantes del arte de Viena estaban presentes. Todo fue muy solemne, y digno de Haydn».

Música entre amigos

En el siglo XVIII, la creación de música ya había empezado a difundirse desde las cortes de reyes y nobles hasta el ámbito doméstico. Una nueva clase segura de sí tenía el deseo, los medios y la capacidad de tocar música entre amigos y entretenerse con dúos, tríos, cuartetos o quintetos.

ANTES

Antes del siglo XVIII, los conjuntos de músicos solían tocar para los ricos, y con instrumentos que se habían desarrollado durante la Edad Media.

PIANO DE MESA INGLÉS

SONIDOS A PUNTO DE CAMBIAR
Los cortesanos de los siglos XVI y XVII escuchaban **música de pequeños conjuntos instrumentales** « **68–69**, sobre todo **violas**, instrumentos con trastes emparentados con la guitarra y que se tocaban con arco « **90–91**. El **clavecín** y el **piano primitivo** « **106–109** quedaban en un segundo plano, pues no tenían la capacidad de proyectar líneas melódicas prolongadas sin el soporte de otros instrumentos.

La música de cámara podría definirse como la interpretada por pequeños grupos de diversos instrumentos en los que cada intérprete tiene una parte individual. Este tipo de música se desarrolló a finales del siglo XVIII como una actividad de músicos aficionados, que se reunían en una habitación o «cámara».

La revolución industrial contribuyó a incrementar la popularidad de la música de cámara. Los instrumentos se fabricaban mejor, su coste era menor, y la creciente clase media, que disponía de más tiempo de ocio y dinero, quería aumentar su estatus mediante la música. Entonces se puso de moda tocar música de cámara

en conjuntos, y los compositores empezaron a escribir para combinaciones de instrumentos que funcionaban bien juntos.

La moda se impuso particularmente en los países de habla alemana, sobre todo en Viena, donde el entretenimiento del domingo no era completo sin una interpretación musical en grupo. A la larga, la música de cámara adquirió tal importancia como género y era tan apreciada por el público que subió al estrado del recital profesional. Hoy en día continúa siendo un pasatiempo de aficionados valorado en todo el mundo, y los compositores siguen escribiendo piezas para conjuntos de cámara.

Música para cuartetos de cuerda
Los sonidos similares de los instrumentos de cuerda combinan tan armoniosamente que el cuarteto de cuerda (dos violines, una viola y un violonchelo) ha resultado ser la combinación más perdurable de la música de cámara. Apreciando su intrínseca hermosura, Joseph Haydn (pp. 128–129) —él mismo intérprete de instrumentos de cuerda— escribió unos 70 cuartetos de cuerda, la mayoría de los cuales tienen cuatro movimientos, como la sinfonía clásica (pp. 126–127). A Mozart (pp. 138–139) también le gustaba tocar y componer cuartetos, y dedicó seis a Haydn. En el «Cuarteto de las disonancias», el último de ellos,

Todas las miradas en el primer violín
La invención del cuarteto de cuerda se atribuye a Joseph Haydn. En esta escena imaginaria del pintor alemán Julius Schmid (1854–1935), Haydn mira fijamente la partitura mientras los invitados escuchan con atención.

HARMONIE

Desde la década de 1770, los banquetes se animaban con pares de oboes, clarinetes, trompas y fagots en un tipo de conjunto llamado *Harmonie*, que tocaba *Harmoniemusik*. Tales conjuntos se hicieron tan populares en el periodo clásico que el emperador José II fundó un Conjunto Imperial de Viento en Viena. En la escena del banquete de la ópera *Don Giovanni* de Mozart aparece un grupo *Harmonie* que toca conocidas melodías arregladas para instrumentos de viento. Y en su *Gran Partita*, serenata de siete movimientos para trece músicos, a la *Harmonie* se le añaden dos trompas, dos *corni di bassetto* y un contrabajo. La *Harmonie* no solo es la antecesora de las bandas militares y sinfónicas; además fomentó la relevancia de los instrumentos de viento-madera en la orquesta.

CLARINETE (FINALES DEL SIGLO XVIII)

pianistas y un único piano. Mozart escribió varias obras para cuatro manos, y la extensa producción de Schubert en esta forma exigía a menudo que los pianistas cruzasen las manos entre sí. La mayoría de las sinfonías importantes se transcribieron para piano, y hasta que no se dispuso de grabaciones, el dúo de piano se convirtió en el medio habitual de experimentar las nuevas obras orquestales.

La popularidad del piano favoreció el desarrollo de la sonata acompañada y

> **LA ÚLTIMA** pieza de Beethoven antes de sucumbir a la enfermedad fue un quinteto de cuerda.

del trío de piano. Ambos tenían sus raíces en la sonata para teclado del Barroco (pp. 104–105), que se servía de los instrumentos de cuerda para doblar la melodía y el bajo de la parte de piano, paliando de esta manera el rápido desvanecimiento del sonido de los antiguos instrumentos de teclado. Haydn dedicaba sus tríos de piano a

El primer violín suele llevar la melodía

El segundo violín apoya y armoniza

La viola añade profundidad y apoyo rítmico

El chelo aporta la línea de bajo

instrumentos se compensó cuando los instrumentistas adquirieron más destreza y quisieron compartir el primer piano. Así, la sonata se convirtió en una interacción de «socios» o instrumentos equivalentes. Entretanto, mientras el sonido del piano iba ganando potencia e individualidad, algunos compositores tales como Schubert y Mendelssohn explotaron las diferencias instrumentales

Notas de un maestro

La serenata de Mozart *Eine Kleine Nachtmusik* (*Una pequeña serenata*, 1787) suele tocarla un conjunto de cámara de cuerda. El cuarteto se convierte en un quinteto si se añade un contrabajo a la parte del violonchelo.

OBRAS CLAVE

W. A. Mozart Serenata n.° 10 en si bemol mayor, «Gran Partita», K.361

Joseph Haydn Cuarteto n.° 53 en re mayor, «La alondra», op. 64, n.° 5

Anton Reicha Quinteto de viento en mi bemol mayor, op. 88, n.° 2

Ludwig van Beethoven Septeto en mi bemol mayor, op. 20; Cuarteto de cuerda en do sostenido menor, n.° 14, op. 131

Franz Schubert Octeto en fa mayor, D.803; *Notturno*, op. 148, D.897

experimentó con el género abriendo la pieza con armonías disonantes.

Beethoven (pp. 144–145) extendió el rango emocional del cuarteto de cuerda. Sus últimas obras, una serie de cuartetos compuestos en la década de 1820, son consideradas por algunos como unos de los mayores logros musicales de la historia, e inspiraron a compositores tan diversos como Schumann, Schönberg y Shostakóvich.

Música para dos o tres partes

La creciente popularidad del piano generó una nueva forma de música de cámara, el dúo de piano para dos

«La **expresión** más perfecta del **comportamiento humano** es un cuarteto de cuerda.»

JEFFREY TATE, DIRECTOR DE ORQUESTA BRITÁNICO, EN «THE NEW YORKER», 30 DE ABRIL DE 1990

mujeres, suponiendo que ellas disponían del tiempo necesario para dominar las intrincadas partes de piano antes de que, al atardecer, se les unieran los miembros masculinos de la familia en las más fáciles partes de cuerda. En el frontispicio de las primeras sonatas para violín compuestas por Beethoven se indica que son para piano acompañado de violín.

Sin embargo, en la década de 1820, el equilibrio entre el piano y los otros

en sus tríos. En *Notturno*, el trío con piano de Schubert (pp. 156–157), el violín y el violonchelo alternan con el piano en una melodía llena de lirismo, deleitándose en el contraste entre el prolongado sonido de los instrumentos de cuerda y los acordes del piano.

Un quinto elemento

La adición de un quinto instrumento al cuarteto de cuerda produjo un sonido de una riqueza sorprendentemente mayor. En el quinteto «La trucha» de Schubert, un doble bajo subyace a las acuosas ondulaciones de la parte de piano con una delicada gravedad.

Otras combinaciones eran los quintetos de viento-madera (flauta, oboe, clarinete, fagot y trompa) y varias combinaciones de instrumentos de cuerda y de viento-madera con o sin piano. Los quintetos de Anton Reicha muestran su conocimiento de las singularidades del viento-madera, en tanto que Beethoven y Schubert escribieron composiciones para varias combinaciones de maderas y cuerdas. Con todo, los conjuntos mixtos no dejaban de ser una minoría, ya que no todos los compositores podían asumir el desafío de domeñar las diferencias de tono entre los instrumentos de viento-madera, los de cuerda y el piano.

DESPUÉS

La música de cámara se convirtió en el medio favorito para oyentes y músicos, tanto aficionados como profesionales.

EN LA ESCENA PÚBLICA

A mediados del siglo XIX surgieron conjuntos profesionales como los cuartetos de cuerda **Hellmesberger** y **Joachim**, fundados respectivamente por los violinistas Joseph Hellmesberger Sr. y Joseph Joachim. Estos grupos estrenaron obras de cámara de **Brahms 172–173 »** y **Dvořák**, cuyas populares *Danzas eslavas* y *Danzas húngaras* para piano a cuatro manos reflejaban asimismo el creciente interés por el **nacionalismo musical 176–177 »**.

POPULARIDAD DEL PIANO

El piano continuó evolucionando, adquiriendo potencia sonora y un **estatus equivalente** al de otros instrumentos. La invención del **piano vertical** permitió que más hogares pudieran tener este instrumento **170–171 »**.

NOVEDADES FRANCESAS

Nuevos instrumentos añadieron novedad al género en el siglo XX, especialmente con compositores franceses como **Francis Poulenc** y **Darius Milhaud 204–205 »**.

ANTON REICHA

Compositor, teórico y flautista, Anton Reicha fue uno de los muchos músicos bohemios que dejaron Praga (pp. 146–147) en busca de horizontes musicales más amplios. A los quince años de edad se unió a la orquesta de la corte de Bonn, y luego se trasladó a Viena, donde hizo amistad con Mozart y Beethoven. En 1818 fue nombrado profesor de teoría musical en el conservatorio de París y enseñó a Berlioz, Liszt, Gounod y César Franck. Reicha aplicó sus ideas sobre teoría y composición a sus muchas fugas y estudios para piano. También escribió muchas piezas para quintetos de viento-madera.

La Ilustración

A mediados del siglo XVIII, una nueva creatividad alboreaba en Europa, cuando los intelectuales adoptaron la ciencia y la lógica y se dispusieron a cambiar la sociedad mediante la difusión del conocimiento. En las artes se impuso un nuevo énfasis en la estructura y la claridad

La Ilustración transformó la cultura europea. Arrasando con la superstición y las viejas creencias, promovía la idea de que la educación basada en la razón, la verdad y la lógica podía mejorar la humanidad. El momento era el adecuado: la Iglesia y la aristocracia estaban perdiendo su influencia, los hallazgos científicos de Isaac Newton (1643–1727) gozaban de una amplia aceptación, renacía el interés por la arquitectura clásica, y la revolución industrial cobraba impulso. La naciente clase media, con más riqueza y tiempo libre, ya no se contentaba con ser una mera espectadora de la vida de otros: quería participar en el juego.

Afán divulgador

Desde el Renacimiento, los filósofos y teóricos europeos se habían interesado

28 Número de volúmenes de la *Enciclopedia* editada por Diderot. Más tarde se añadieron otros siete.

cada vez más por este nuevo punto de vista humanitario. Tal interés se dejaba sentir especialmente en Francia, donde un grupo de intelectuales liderados por Denis Diderot (1713–1784) creó la *Encyclopédie*, un innovador diccionario que presentaba el saber sobre las ciencias y las artes, incluida la música, de una manera clara y sistemática. Los *encyclopédistes*, como vino a llamarse a

Armonía en piedra
Las majestuosas proporciones y el elegante equilibrio de la arquitectura clásica, como la de la ciudad romana de Baelo Claudia, cerca de Tarifa (Cádiz), influyeron en la estructura de los géneros musicales del siglo XVIII.

sus autores, querían cambiar la manera de pensar de la gente y creían que su diccionario divulgaría extensamente el conocimiento entre las masas.

Este entusiasmo por el conocimiento tuvo un impacto en la música. En 1768, el filósofo Jean-Jacques Rousseau (1712–1778) publicó su *Diccionario de música*, en tanto que la *Historia general de la música* del historiador inglés Charles Burney proporcionó todo un registro de compositores, obras, representaciones y reacciones del público.

Aunque las artes se consideraban esenciales para el desarrollo humano, la música no se consideraba lo más importante. Aún más: en su *Crítica de la razón pura*, de 1781, el filósofo Immanuel Kant (1724–1804) comparaba la música con un pañuelo perfumado, que cuando uno lo sacaba del bolsillo, obligaba a los demás a disfrutar del perfume que había elegido.

Transformación musical

En música, los principios de la Ilustración incitaban a alejarse del complejo y ornamentado estilo barroco (p. 78); la lógica, el equilibrio, la estructura, la claridad de pensamiento y la simplicidad de expresión se convirtieron en las nuevas normas. Los compositores deseaban ahora captar a la audiencia con una música que era agradablemente expresiva sin ser demasiado emocional, y predominaban las melodías simples con acompañamientos sencillos.

Se establecieron nuevas formas de sonata (pp. 122–123), sinfonía

(pp. 126–127) y concierto (pp. 140–141), con estructuras claras y lógicas, y con reglas que hacían que la música fuera más fácil de seguir para el oyente y más fácil de interpretar para los músicos aficionados. En lugar de ofrecer una música compleja para ser admirada, los compositores querían llevar de la mano a la audiencia con estructuras compositivas más accesibles.

Nueva ópera francesa e italiana

En Francia, la ligera elegancia del estilo rococó, con su énfasis en lo divertido, lo íntimo y lo desenvuelto, resultaba un arte más «humano» en comparación con el estricto y anticuado arte barroco. En las elegantes óperas-ballet de este periodo, especialmente en las del compositor francés Jean-Philippe Rameau (p. 133), los intrincados argumentos basados en la mitología clásica se abandonaron en favor de

> «**La buena música** está muy cerca del lenguaje **primitivo**.»
>
> DENIS DIDEROT, *ELEMENTOS DE FISIOLOGÍA* (1774–1780)

unas historias de carácter más humano. La ópera de Rameau *Las fiestas de Hebe* (1739), que celebra el papel de las artes en la liberación del espíritu humano, captaba muy bien los valores y actitudes de la Ilustración.

Análogamente, los laberínticos argumentos de la ópera barroca italiana (pp. 80–81) se hicieron más simples para concentrarse en las experiencias y emociones humanas —comúnmente el amor, los celos y la traición— más que en las intervenciones de los dioses. Los libretos del poeta Pietro Metastasio (1698–1782) —como el que sirvió para la ópera de Mozart *La clemencia de Tito*— presentan historias que expresan el triunfo de la razón, mientras que los de Carlo Goldoni (1707–1793), que colaboró con el compositor

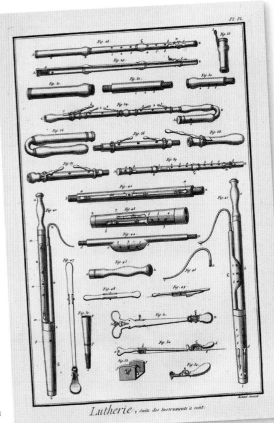

La música ilustrada
Este grabado de Robert Bénard, procedente de uno de los once volúmenes de ilustraciones de la *Enciclopedia* de Diderot, publicada entre 1751 y 1772, muestra una amplia gama de instrumentos de viento-madera.

««

ANTES

La música barroca del siglo XVII y principios del XVIII era suntuosa y compleja, con varias partes que funcionaban en contrapunto.

MÚSICA PARA LA ÉLITE
Durante siglos, **la corte y la Iglesia** dictaron la vida musical, encargando obras que eran interpretadas por profesionales. Con el auge de los **conjuntos de música de cámara «« 130–131**, se popularizó la actividad musical *amateur* en el ámbito doméstico.

SONIDOS POCO COMUNES
Los instrumentos eran caros. Así, los conjuntos instrumentales se radicaban en las cortes y rara vez se escuchaban en público.

DESPUÉS

COMPOSITOR (1683–1764)

JEAN-PHILIPPE RAMEAU

El francés Jean-Philippe Rameau, hoy recordado sobre todo por sus óperas, fue también un influyente teórico de la música. En 1722 se estableció en París, donde pese a su impopularidad —debida a sus bruscos modales y a su reputación de persona codiciosa e insensible— frecuentó con asiduidad a la aristocracia de la corte y la intelectualidad. Aunque en sus tratados teóricos Rameau consideraba la música como una ciencia, sus composiciones eran expresivas y emocionales. Las revolucionarias armonías de sus primeras óperas resultaron alarmantemente modernas, lo que le valió las críticas de quienes preferían el estilo barroco de Jean-Baptiste Lully (p. 84).

Baldassare Galuppi (1706–1785) en más de veinte de las 109 óperas que este compuso, se burlaban de la arrogancia, la intolerancia y el abuso de poder. Incluso Rousseau probó suerte con la ópera en su obra en

un acto *El adivino de la aldea*, en la que unos jóvenes y ansiosos enamorados recurren al consejo de un adivino.

El mérito de una ópera empezó a ser juzgado no por sus floridos cantos o su impresionante virtuosismo, sino por

su capacidad para condensar el drama humano en el escenario (pp. 134–135).

Luz y oscuridad

Según algunos artistas, entre los que se encontraba el poeta alemán Goethe (1749–1832), las ideas racionalistas de la Ilustración no conseguían captar los violentos sentimientos y emociones de la condición humana. Este movimiento vino a denominarse *Sturm und Drang* («tormenta e ímpetu»), por la obra teatral homónima de Friedrich Klinger, de 1776; y su actitud casi romántica, que se recreaba en el pesimismo, el terror y la melancolía, captó la imaginación de compositores tales como Gluck y Haydn. Pero esta fue una reacción de corta duración, y el clasicismo alcanzó nuevas cotas de belleza expresiva en la música de Mozart y sus contemporáneos.

En la ópera de Mozart *La flauta mágica (Die Zauberflöte)*, estrenada apenas dos meses antes de su muerte, en 1791, los principios ilustrados de la justicia y la sabiduría profesados por Sarastro vencen a las fuerzas del mal y la magia representadas por la Reina de la Noche.

Los principios y géneros clásicos se fueron dejando de lado a medida que crecía la influencia del romanticismo.

IDEALES ROMÁNTICOS
La expresión de las emociones personales prevaleció sobre la celebración de la mejoría colectiva de la humanidad. Otras formas artísticas comenzaron a inspirar a los compositores para escribir una música descriptiva o «programática» **158–159 »**.

LA MÚSICA, MÁS ACCESIBLE
En el siglo xix, los instrumentos musicales se volvieron más baratos y accesibles **188–189 »**. Empezaron a formarse orquestas, y la sed de música del público **162–163 »** se tradujo en la creación de salas de concierto.

Domeñando la fuerza de la magia
La flauta mágica de Mozart condensa los valores de la Ilustración, en un viaje desde la superstición hasta la razón mediante un proceso de ensayo y error. Esta escenografía de 1818 sitúa en el centro a la Reina de la Noche.

ANTES

Tras su aparición en Italia a finales del siglo XVI, la ópera no tardó en difundirse por otros países europeos.

ESTILOS ANTERIORES A 1750
En las primeras óperas italianas prevalecían los temas clásicos « 80–81. Los estilos menos formales, entre ellos el *Singspiel* alemán, la **mascarada** inglesa y el **vodevil** francés, incluían diálogos, danzas e interludios cómicos.

LA FRANCIA DEL SIGLO XVII
Las óperas de **Jean-Baptiste Lully** « 84–85 se representaron por toda Europa. Sus entretenimientos para la corte de Luis XIV inspiraron la ópera *Medea* (1693) de **Marc-Antoine Charpentier**.

EL RENACER INGLÉS
La ópera *Dido y Eneas* de **Henry Purcell** « 96–97 constituye una evolución de la mascarada, entretenimiento de la corte, y la **semiópera** « 95, obra teatral en que las actuaciones se entremezclan con fastuosas músicas y danzas.

LA ÓPERA NAPOLITANA ANTIGUA
En torno a 1690, **Alessandro Scarlatti** « 108–109 inició un nuevo estilo de ópera que caracterizó a la denominada «escuela napolitana». Su drama con música *Il Pirro e Demetrio* (1694) fue un gran éxito en buena parte de Europa.

OBRAS CLAVE
Giovanni Battista Pergolesi *La criada patrona*

G. F. Händel *Julio César, Serse* (Jerjes)

John Gay *La ópera del mendigo*

Christoph Willibald Gluck *Alcestes; Orfeo y Eurídice*

W. A. Mozart *La clemencia de Tito; Las bodas de Fígaro*

La **ópera revive**

Tras sus inicios en la Florencia renacentista, la ópera obtuvo un papel central en la música europea. Con la creación de teatros de ópera en el siglo XVII, pasó del ámbito cortesano al público, en tanto que las reformas del siglo XVIII prepararon el terreno para la ópera romántica.

A principios del siglo XVIII, los compositores habían desarrollado estilos de ópera con elementos que apelaban a los gustos de sus compatriotas y se inscribían en las tradiciones de su país. Aun así, la ópera seria italiana se seguía considerando la forma operística estándar; y así, por ejemplo, la mayoría de las 42 óperas de Händel (pp. 110–111) eran óperas serias.

En la ópera seria, uno de los papeles principales solía asignarse a un castrato (un cantante masculino de voz aguda). Los relatos mitológicos o históricos se volvían a explicar siguiendo una fórmula fija, con elaboradas arias como los fragmentos más destacados. El recitativo (un tipo de canto similar al habla que anticipa el argumento) iba acompañado solo por un continuo (un violonchelo y un teclado que tocaba la línea de bajo). Las arias solían ser *da capo*; a una primera melodía le seguía una sección intermedia contrastada, y luego se repetía la sección inicial, pero decorando la melodía con adornos improvisados de virtuoso.

Humanización de la ópera
Aunque era ampliamente apreciado, el estilo trascendental y el formato de la ópera seria estaban alejados de la vida cotidiana, razón por la cual los poetas de la corte veneciana Apostolo Zeno (1669–1750) y Pietro Metastasio (1698–1782) trataron de «humanizarla». En lugar de utilizar los personajes como meros vehículos a través de los cuales los cantantes podían expresar su vacuo virtuosismo, escribieron libretos que ponían el foco en el drama y las emociones de los personajes. A resultas de ello, a mediados del siglo XVIII las óperas tenían argumentos más tensos, personajes más redondos y verosímiles, más energía dramática y una música más variada.

En París, el epítome de esta tendencia fue el compositor alemán Christoph Willibald von Gluck (abajo), cuyas óperas, entre ellas *Orfeo y Eurídice* e *Ifigenia en Táuride*, contribuyeron a que Francia reemplazara a Italia como el hogar espiritual de la ópera. Gluck llevó las reformas de Zeno y Metastasio aún más lejos. Para que el argumento se desplegara de un modo más continuo, Gluck prefirió lo que llamaba «hermosa simplicidad». Transformó la obertura tradicional en una introducción apropiadamente dramática a la ópera entera; abandonó el aria *da capo*, con su predecible repetición de la melodía inicial, y escribió recitativos que eran acompañados y potenciados por la orquesta, en lugar de recitativos apoyados simplemente por un continuo.

Cartel de *La ópera del mendigo*
Esta ópera de John Gay (1728) fue un ejemplo temprano de ópera balada inglesa, desenfadado y satírico entretenimiento inspirado en los vodeviles que los franceses habían llevado a Londres.

auténticas y comunes. En la mitología griega, Orfeo (p. 20) viaja al Hades, el inframundo, para recuperar a su amor, Eurídice; para lograr su empresa debe salir del Hades sin mirarla, pero en el último momento se gira, la mira y la pierde para siempre. La conmovedora simplicidad del aria de Orfeo «Che farò senza Euridice?» enfatiza aún más la tragedia.

Ópera cómica
Mientras la ópera seria se desarrollaba, la ópera cómica iba afianzándose. Las escenas cómicas habían sido muy populares, y en la década de 1720, un nuevo estilo, la ópera bufa, se extendió por toda Italia. En esta, con más flexibilidad de estructura que la ópera seria, la acción discurre alegremente, con arias a modo de canciones, recitativos con parloteo y canciones para dos o más cantantes que se convierten en discusiones musicales entre personajes.

Suele considerarse que el primer ejemplo de ópera bufa es *La criada patrona*, de Giovanni Battista Pergolesi (1710–1736). En 1752, cuando una compañía itinerante de actores cómicos italianos (*buffoni*) representó esta ópera

COMPOSITOR (1704–1787)

CHRISTOPH WILLIBALD VON GLUCK

Hijo de un funcionario forestal, Christoph Gluck nació en Erasbach, en el Alto Palatinado (Baviera, Alemania), y de ahí se trasladó a Praga, donde estudió órgano y violonchelo. En 1745, tras estudiar con el compositor milanés Giuseppe Sammartini (1695–1750), se fue a Londres, donde compuso óperas para el King's Theatre y conoció a Händel. Tras escribir óperas para varios países, se estableció en Viena.

Con Ranieri de' Calzabigi (1714–1795), libretista de su ópera *Alcestes* (1767), Gluck escribió un manifiesto que desafiaba a las convenciones operísticas imperantes y pedía una mejor integración entre la música y el arte dramático. Gluck murió en 1787 y fue enterrado en Viena (Austria).

«El **acto más conmovedor** de toda la **ópera**.»
ROMAIN ROLLAND (1866–1944), A PROPÓSITO DEL ACTO II DE LA ÓPERA *ORFEO Y EURÍDICE* DE GLUCK

Con estas modificaciones, cada acto se convertía en una coherente unión de música y arte dramático, y si bien los argumentos de Gluck continuaban siendo clásicos, sus personajes son vibrantemente humanos. Los papeles de Orfeo y Eurídice en su ópera de 1762 no son figuras distantes escritas para ajustarse a una fórmula fija, sino que resultan personas vivas, que respiran y experimentan emociones

en París, desencadenó una controversia que duró dos años y se conoció como la «querella de los bufones». Una facción encabezada por el filósofo Rousseau era partidaria de la nueva música italiana más ligera; la otra, agrupada en torno a Rameau, abogaba en cambio por el estilo operístico tradicional francés. Rousseau volvió a estar en primera línea cuando este debate se reanudó, veinte años más tarde, cuando se opuso a los

Il Parnaso confuso, Viena, 1765
Esta pintura de Johann Franz Greipel representa el estreno de la serenata teatral en un acto de Gluck ante cuatro jóvenes archiduquesas, para celebrar la segunda boda de su hermano, José II de Austria.

principios de la «hermosa simplicidad» de Gluck.

En Londres, John Gay (1685–1732) se mofó del artificio de la ópera seria italiana en su ópera balada de 1728, *La ópera del mendigo*, en la que omitió los recitativos e introdujo tonadas populares y personajes subidos de tono. El polémico argumento de esta obra satirizaba el gobierno británico y señalaba la corrupción de la clase gobernante. Producida por John Rich, *La ópera del mendigo* fue un gran éxito económico, y los periódicos de la época bromearon diciendo que la obra había hecho a «*Rich gay* [alegre] *and Gay rich* [rico]».

Óperas de Mozart

Mozart (pp. 138–139) escribió tanto óperas serias y óperas bufas, borrando con frecuencia las fronteras entre los elementos serios y los cómicos. *La clemencia de Tito* es una ópera seria sobre un tema clásico, con arias formales y recitativos, así como un papel de castrato. Por el contrario, *Las bodas de Fígaro* tiene un argumento de comedia social con personajes aristocráticos «serios» que contrastan con los papeles «cómicos» de sirvientes y aldeanos. En lugar de una parte de castrato, hay un papel importante para la voz de bajo. *La flauta mágica (Die Zauberflöte)*, ópera a modo de cuento de hadas, es un *Singspiel* (un tipo de ópera cómica alemana con diálogo hablado) en que los elementos serios y cómicos se mezclan y contrastan. Mozart estrenó esta ópera en 1791, apenas dos meses antes de su muerte, y el éxito que obtuvo le dio un pequeño consuelo.

1753
Año en que Jean-Jacques Rousseau publicó su ensayo *Carta sobre la música francesa*, en respuesta a la «querella de los bufones». Rousseau concluía que la ópera en lengua francesa era imposible..

DESPUÉS ≫

Los compositores románticos relajaron las estructuras formales de la ópera a favor de la historia y los personajes.

LO SOBRENATURAL
El argumento de la ópera *El cazador furtivo* (*Der Freischütz*, 1821) de **Weber** presentaba una dimensión sobrenatural bajo la forma de siete balas mágicas **166–167 ≫**.

GRANDEZA FRANCESA
Las óperas se tornaron grandiosas. **Berlioz** **158–159 ≫** hizo un uso excepcional de la orquesta en su ópera *Los troyanos* (1856), basada en la *Eneida* de Virgilio.

EL BEL CANTO ITALIANO
Las óperas podían ser serias o cómicas, pero el bel canto promovido por **Rossini**, **Donizetti** y **Bellini** exigía un extenso rango vocal, un tono pleno y resonante y grandes dosis de lirismo.

ARGUMENTOS DESCARNADOS
Puccini 196–197 ≫ hizo la ópera más personal, con una música intensamente emocional y argumentos que implicaban a gente corriente con sus cuitas.

CARTEL DE LA ÓPERA *GUILLERMO TELL* (1829) DE ROSSINI

ANTES

La música coral era mayormente sacra, se utilizaba en el culto religioso y se cantaba sin acompañamiento o con un órgano.

MÚSICA CORAL PRIMITIVA
En el siglo XIII, el canto llano religioso empezó a dar paso al *organum* (dos voces) y a la **polifonía** (muchas voces) **«** 46–47.

UN EFECTO ESPLÉNDIDO
Las obras de **Thomas Tallis**, **William Byrd** y **Palestrina «** 60–61, del siglo XVI, fueron admiradas por sus líneas vocales serenamente hermosas, apropiadas para las grandes iglesias.

40 Número de partes vocales en el motete de Thomas Tallis *Spem in alium*, dispuestas en ocho grupos de cinco voces cada uno.

DESARROLLOS BARROCOS
En sus versiones de la misa y de la Pasión, **J. S. Bach «** 102–103 usó instrumentos para acompañar los temas sacros, logrando efectos sublimes. **Händel «** 110–111 desarrolló la forma del **oratorio** al dramatizar relatos bíblicos de un modo operístico, utilizando una orquesta, solistas y un coro. Su *Mesías* se estrenó en el Great Music Hall de Dublín, y no en una iglesia.

Música coral

En el siglo XVIII, la música coral dio un salto hacia delante. Desde su papel religioso tradicional empezó a introducirse gradualmente en las salas de concierto, invitando a los compositores a deshacerse de la sobriedad espiritual y a inyectar influencias claramente seculares en sus obras.

Durante la primera mitad del siglo XVIII, tan solo unos pocos privilegiados podían oír música coral fuera de los lugares de culto. Pero con la Ilustración, que empezó a mediados del siglo XVIII, la gente se vio invitada a formular sus propias creencias y códigos de conducta, lo que puso en entredicho la influencia de la religión en toda Europa.

Siguiendo la tradición
Pese a ello, los compositores siguieron escribiendo música coral para el culto religioso, sobre todo arreglos del texto latino de la misa católica, concebidos para ser interpretados por cantantes profesionales, con escasa participación de la congregación. Haydn, Mozart y muchos otros escribieron versiones de la misa, así como de esa misa de difuntos que es el réquiem, cada uno de ellos en su propio estilo musical. Luigi Cherubini compuso un *Réquiem en re menor* para su propio funeral. El *Réquiem en re menor* de Mozart, compuesto para ser tocado en la iglesia, a principios del siglo XIX empezó a interpretarse en salas de concierto, donde la sombría belleza y el poder de su orquestación podían ser apreciados tanto estética como espiritualmente.

Nuevas formas
Piezas religiosas cortas tales como la cantata y el motete también ganaron popularidad. Se trataba de secuencias de números corales y solistas, que por lo general iban acompañadas de órgano y en ocasiones de un pequeño conjunto

Obra maestra inacabada
Mozart murió en 1791 dejando su *Réquiem* inacabado. Franz Xaver Süssmayr lo completó a toda prisa y la obra se estrenó en 1793.

de instrumentos que les aportaba variedad y color. Los textos de estas obras los elegía el compositor o su libretista, lo que permitía mayor libertad musical que los estrictos textos de la misa. Estos concisos «sermones» musicales se intercalaban en la misa, pero cada vez se interpretaban más como piezas de concierto. El motete de Mozart *Exsultate, jubilate*, en tres movimientos, tiene un texto religioso pero es de estilo operístico.

Crece la ambición coral

Más allá de la iglesia, la música se iba desarrollando con rapidez. Los compositores empezaron a abordar el amplio potencial dramático de los textos sagrados y las historias religiosas, fijándose en el altar y también, cada vez con más intensidad, en la plataforma concertística. En esta época florecía la ópera, se establecían orquestas y el público iba adquiriendo la afición de asistir a conciertos.

Inspirándose en los oratorios (dramas musicales sobre temas sacros diseñados para la representación concertística) de Händel, Haydn escribió en 1798 el oratorio *La Creación*, usando un libreto basado en textos de la Biblia, los Salmos y el poema épico *El paraíso perdido* de John Milton. El texto de *La Creación* va más allá de lo espiritual para celebrar la luz, la tierra, las plantas, los animales y toda la naturaleza. Su descriptiva música para tres solistas, coro y orquesta está pensada para grandes escenarios más que para las iglesias. El efecto de *La Creación* apuntaba hacia el romanticismo.

Veinticinco años después de *La Creación*, Beethoven escribió su *Misa solemne*, pero en este caso usó su experiencia como compositor de óperas y sinfonías para inyectar una nueva dosis de dramatismo en el texto. En esta misa, los solistas, el coro y la orquesta están en un plano de igualdad, lo que produce un sentimiento general de profunda intensidad. Esta pieza de música sacra, larga —dura unos 80 minutos— y compleja, es apropiada para las salas de concierto más grandiosas. La Novena sinfonía de Beethoven, su *Fantasía coral* y su *Misa en do* son otros ejemplos de su innovadora escritura para coros.

Inscripción

Kyrie – primer movimiento

Notas de fagot borradas por el compositor

Apasionado ruego del compositor
La primera página de la partitura de Beethoven para su *Misa solemne* tiene la inscripción siguiente: «Von Herzen —möge es wieder— zu Herzen gehen!» (Desde el corazón —que vuelva otra vez— al corazón!).

OBRAS CLAVE

Joseph Haydn *La Creación*; *Misa Nelson en re menor*

W. A. Mozart *Misa en do menor*; *Réquiem en re menor*

Luigi Cherubini *Réquiem en do menor*

Ludwig van Beethoven *Misa solemne en re mayor*, op. 123

COMPOSITOR (1760–1842)

LUIGI CHERUBINI

Nacido en Italia, Cherubini trabajó sobre todo en París como compositor, director de orquesta y profesor, y como director del conservatorio de música de la ciudad a partir de 1822. Pese a su mal genio, tuvo amigos bien relacionados, como Chopin y Rossini. En 1805, Beethoven declaró que Cherubini era «el mayor compositor dramático de Europa». Patriótico y políticamente perspicaz, Cherubini apoyó la Revolución francesa y capeó las consecuencias escribiendo el *Réquiem en do menor* (1816) para conmemorar el aniversario de la ejecución de Luis XVI. Durante sus últimos años escribió obras sacras.

El final de una era
Haydn hizo su última aparición en público en una representación de *La Creación* en Viena, en marzo de 1808, inmortalizada en este cuadro del pintor austriaco Balthasar Wigand.

DESPUÉS

Los compositores abordaron de un modo cada vez más flexible el arreglo musical de los textos sacros, introduciendo nuevos estilos.

AVANZANDO CON LOS TIEMPOS
Los compositores siguieron trabajando con la liturgia tradicional, pero utilizaron técnicas de composición actualizadas y una novedosa instrumentación **164–165 ≫**. En su *Gran misa de difuntos* de 1837, **Berlioz** usó un coro y una orquesta enormes (esta incluía cuatro bandas de viento-metal). En Alemania, en el siglo XIX, **Mendelssohn** y **Brahms** utilizaron pasajes de la Biblia para escribir obras sacras, y en Italia, **Verdi** llevó el estilo operístico a gran escala a la música coral en su *Misa de réquiem*. Posteriormente, compositores como **Mahler** y **Vaughan Williams** añadieron de forma ocasional coros a sus sinfonías **192–193 ≫**.

PARTICIPACIÓN DEL PÚBLICO
En la década de 1820 empezaron a formarse sociedades corales que reestrenaban obras preexistentes y que animaban a escribir nuevas piezas a los compositores.

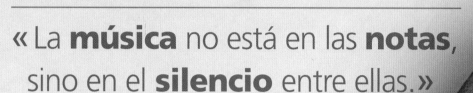

COMPOSITOR Nacido en 1756 Fallecido en 1791

Wolfgang Amadeus Mozart

« La **música** no está en las **notas**, sino en el **silencio** entre ellas.»

WOLFGANG AMADEUS MOZART

Wolfgang Amadeus Mozart, uno de los compositores más apreciados e interpretados de la música clásica occidental, mostró un prodigioso talento musical desde una edad muy temprana. Destacó en todos los géneros musicales principales, desde la misa y el réquiem hasta la sinfonía y el concierto. La intensidad dramática de sus óperas abrió nuevos caminos a la música.

Niño prodigio

Inspirado por su talentosa hermana mayor Nannerl, Wolfgang ya tocaba de oído acordes en el piano a los tres años, y a los cinco componía minuetos para teclado. A los ocho años escribió su primera sinfonía, como una simple pieza de entretenimiento.
Su padre, Leopold, renombrado violinista y compositor, explotó

Maestro de la emoción

Dos cualidades clave facilitaron a Mozart un puesto único en la historia de la música: su asombrosa capacidad como compositor y como intérprete, y su profundo conocimiento de las emociones humanas.

despiadadamente el extraordinario talento de sus hijos y abandonó su propia carrera para promocionarlos. Wolfgang y Nannerl tocaron para la realeza y la alta sociedad en varios países de Europa; entre otros, dieron un concierto en Versalles ante los reyes de Francia y Madame de Pompadour, la amante del rey. En 1761, Leopold escribió: «Todas las señoras están enamoradas de mi niño». En 1765, estando en Londres, Leopold abrió al público las dependencias de la familia para dar recitales a la hora de comer, y el público pagaba para ver cómo Wolfgang improvisaba al piano, con las manos cubiertas con una tela y corriendo sobre las teclas con brío.
Las experiencias adquiridas en estas giras y la gente que Mozart conoció en ellas afirmaron su genialidad y le espolearon para conseguir logros aún mayores. Al dejar atrás la infancia, Mozart se centró en la composición. Fue recibiendo encargos y fue nombrado Konzertmeister de la corte de Salzburgo en 1772, a los

Piano viajero
En este piano, que hoy se conserva en el Museo Mozart de Salzburgo, Mozart compuso sus últimos conciertos para piano, y en sus giras tuvo que transportarlo de un lugar a otro.

Gira italiana

En 1769 Mozart inició con su padre una gira de tres años por Italia que le llevó a la mayoría de las ciudades importantes. En Milán, en 1770, le encargaron su primera ópera seria, *Mitrídates, rey de Ponto*.

CLAVE

- ■ Viaje de ida
- ▨ Desvíos en el viaje de vuelta

sonata y la sinfonía, pero su influencia personal es clara en la carga emocional de sus piezas. Mozart, fascinado por los timbres instrumentales individuales, gozaba dando solos llenos de carácter a los instrumentos de viento-madera y a las trompas. También experimentó con nuevas combinaciones de instrumentos. La Sinfonía concertante para violín, viola y orquesta, el Quinteto de viento con piano (oboe, clarinete, fagot, trompa y piano), y el *Trío Kegelstatt* para clarinete, viola y piano, ofrecieron nuevos mundos sonoros a la audiencia.

Sus 41 sinfonías reflejan su desarrollo como compositor: sus cada vez mayores inventiva musical, refinamiento técnico, brillantez instrumental y dramatismo, que culminan en sus tres últimas sinfonías, escritas todas ellas en 1788.

Un popular indigente

Prescindiendo de la seguridad económica que proporciona un puesto de asalariado, Mozart daba conciertos,

publicaba música y recibía encargos, especialmente para la ópera. En 1784 se hizo masón. Pero a pesar de que componía sin tregua, sus deudas no paraban de crecer, a lo que se añadía la mala gestión de la economía familiar por parte de Constanze. Para poder llegar a fin de mes, daba lecciones de música, acogía inquilinos en su casa y pedía dinero prestado.

Mozart murió en 1791, a los 35 años de edad, no envenenado por su rival Antonio Salieri, como se ha sugerido, sino acaso por una fiebre reumática. Fue enterrado en una fosa común fuera de la ciudad, práctica usual en la época. Eso sí, todos los obituarios proclamaron que había muerto un genio. Una de sus obras corales más apreciadas, el *Réquiem en re menor*, quedó inacabada a su muerte. Su amigo el compositor Franz Xaver Süssmayr la completó a petición de la viuda de Mozart al año siguiente.

OBRAS CLAVE

Sinfonía concertante para violín, viola y orquesta en mi bemol mayor, K364

Sinfonía n.º 35 en re mayor, «Haffner», K385

Cuarteto de cuerda n.º 19 en do mayor, «Cuarteto de las disonancias»

Las bodas de Fígaro

Concierto para trompa n.º 4 en mi bemol mayor, K495

Serenata para cuerdas en sol mayor, «Una pequeña serenata» («Eine kleine Nachtmusik»), K525

***La flauta mágica*, K620**

- ■ **27 de enero de 1756** Nace en Salzburgo (Austria).
- ■ **1761** Escribe sus primeras composiciones para teclado: Andante (K1a) y Allegro (K1b). Primera aparición en público en la Universidad de Salzburgo. Empieza a tocar el violín.
- ■ **1763** Inicia una gira de tres años por Alemania,

MOZART CON SU PADRE Y SU HERMANA

París y Londres con su padre y su hermana.

- ■ **1764** Llega a Londres para una estancia de 18 meses, y da numerosos conciertos.
- ■ **1766** Contrae una fiebre reumática en Múnich.
- ■ **1768** Se estrena Singspiel Bastien und Bastienne.
- ■ **1769** Empieza una gira de tres años por Italia.
- ■ **1772** Le nombran Konzertmeister de la corte de Salzburgo.
- ■ **1773** Se traslada a Viena, donde conoce a Haydn. Compone muchos cuartetos de cuerda, sinfonías y el motete Exsultate, jubilate.
- ■ **1778** Visita París para escuchar la interpretación de su Sinfonía «París».
- ■ **1779** Compone la Sinfonía concertante para violín y viola (K364) y la Misa de la coronación.
- ■ **1780** El elector de Baviera le encarga la ópera Idomeneo.
- ■ **1781** Se establece permanentemente en Viena.
- ■ **1782** Triunfa su ópera El rapto en el serrallo. Se casa con Constanze Weber. Compone la Sinfonía «Linz».
- ■ **1783** Completa la Sinfonía «Haffner».
- ■ **1784** Compone los conciertos para piano n.º 14 a 19 para una serie de conciertos públicos. Se hace masón.
- ■ **1785** Completa seis cuartetos de cuerda dedicados a Haydn, incluido el «Cuarteto de las disonancias».
- ■ **1786** Las bodas de Fígaro (K492) se representa en Viena con gran éxito. Compone el Trío «Kegelstatt» (K498) y la Sinfonía n.º 38, «Praga».
- ■ **1787** Escribe Una pequeña serenata. Don Giovanni se estrena en Praga.
- ■ **1788** Compone sus tres últimas sinfonías: n.º 39 (K543), 40 (K550) y 41 (K551).
- ■ **1789** No consigue terminar sus encargos. Viaja a Dresde, Leipzig, Potsdam y Berlín. Toca el órgano en la Thomaskirche de Leipzig.
- ■ **1790** Così fan tutte (K588) se estrena en Viena.
- ■ **1791** Escribe el Concierto para clarinete; La flauta mágica se estrena en Viena. Fallece el 5 de diciembre, dejando su Réquiem inacabado.

---

16 años de edad. Aunque este puesto le proporcionaba buenos ingresos, le resultaba frustrante, pues Salzburgo y su gente le parecían provincianos. Su empleador, el príncipe-arzobispo de Salzburgo, le daba pocas oportunidades para escribir la música coral y orquestal hacia la que se sentía atraído. Aburrido, empezó a realizar giras una vez más.

Las repetidas ausencias de la corte por parte de Mozart enfurecieron al príncipe-arzobispo, quien finalmente le despidió. En 1781, abandonó Salzburgo y se fue a la vibrante Viena en busca de libertad artística. Allí se estableció, se convirtió en uno de los primeros músicos autónomos y, en 1782, se casó con Constanze Weber, la hija de un músico.

Nuevos sonidos musicales

Los años de Mozart en Viena fueron asombrosamente productivos. Gran parte del tiempo que pasó allí lo dedicó a componer óperas, en las cuales su capacidad para iluminar la complejidad del ser humano halló una expresión perfecta. Mozart difuminó las fronteras entre el *Singspiel* (en el que la música se alterna con el diálogo hablado), la ópera bufa y la ópera seria. En 1786, Lorenzo da Ponte, el libretista de tres de sus cuatro últimas óperas, le inspiró para escribir *Las bodas de Fígaro*, obra maestra desde el punto de vista dramático y musical, de gran perspicacia psicológica, con emociones sombrías y notas pícaras.

Mozart llevó la música instrumental hasta el borde mismo de la expresividad romántica. Adoptó con pocos cambios las formas establecidas del concierto, la

Ópera mágica

Christopher Maltman (delante, izda.) y Dina Kuznetsova (delante, dcha.) interpretan *La flauta mágica*, en una producción de la Ópera de San Francisco en 2007. Esta ópera es conocida por su teatral extravagancia.

> **« El genio más tremendo alzó a Mozart por encima de todos los maestros de todos los siglos y de todas las artes.»**
>
> RICHARD WAGNER, *SOBRE LA MÚSICA ALEMANA*, 1840

Director, solista y orquesta
En esta interpretación del Concierto para violín de Magnus Lindberg en la Sala Avery Fisher de Nueva York, Louis Langree dirige la orquesta mientras la violinista Lisa Batiashvili hace de solista (2006).

« ANTES

Un nuevo tipo de obra orquestal, el concierto, apareció en las últimas dos décadas del siglo XVII.

PRIMEROS EJEMPLOS

A principios del siglo XVII, conjuntos acompañaban a los solistas en las *canzonas* « **56**. El tipo más importante de música orquestal después de 1700 fue el concierto barroco, que evolucionó a partir del *concertato* « **79**.

CONCIERTO DE NAVIDAD

En el ámbito católico, en la misa de Navidad los compositores solían insertar un movimiento adicional escrito en un estilo pastoral. El *Concierto de Navidad* de **Arcangelo Corelli** « **105**, compuesto hacia 1690, es un famoso ejemplo de ello.

El concierto

El concierto exhibe las cualidades de uno o unos instrumentos solistas en diálogo con la orquesta. A finales del siglo XVIII, a los populares piano y violín solistas se les unieron las maderas y los metales, y los compositores enfrentaron sus distintivos timbres al acompañamiento orquestal.

En el siglo XIX, los compositores ya no escribían la parte orquestal de un concierto como un mero acompañamiento para potenciar el solo instrumental, sino como un elemento de la misma importancia que el solo. Este cambio trajo consigo nuevas e imprevistas posibilidades.

Un nuevo dramatismo

Los avances en el diseño de los instrumentos dieron forma al concierto, ofreciendo nuevas posibilidades técnicas y expresivas. La construcción de los instrumentos de cuerda había cambiado poco desde el siglo XVII. Por ejemplo, el violín ya había adquirido prácticamente su diseño definitivo durante el Barroco, de manera que se convirtió en el instrumento solista natural de los conciertos. Los instrumentos de viento-madera y viento-metal tenían una estructura simple, y el número de notas que podían entonar era limitado. Por esto, rara vez se usaron como instrumentos solistas antes de 1700. En los siglos XVIII y XIX se hicieron varios progresos en su diseño, con llaves para las maderas y válvulas para los metales, refinamientos que permitieron tocar una más amplia gama de notas a mayores velocidades y crear un sonido más resonante.

De todos los instrumentos, los mayores progresos fueron los del piano, que

27 Número de conciertos para piano escritos por Mozart.

1811 Año de la primera interpretación del Concierto «Emperador» de Beethoven.

ESTRUCTURA:
CONCIERTO CLÁSICO

El movimiento inicial del concierto clásico es el más importante. El segundo movimiento, lento y a modo de canción, invita a tocar tierna y expresivamente antes de que el deslumbrante virtuosismo técnico del final lleve la obra a una conclusión que complazca a la multitud.

Cadencia Parte solista (la orquesta queda en silencio) improvisada, concebida para mostrar la habilidad creativa y el virtuosismo del intérprete solista

1.er MOVIMIENTO
Es el movimiento más largo y una variación con ritmo más rápido de la forma sonata (sonata-*allegro*). Empieza en la tonalidad principal, presenta y desarrolla varios temas y termina retomando la tonalidad principal.

2.º MOVIMIENTO
Es siempre lento y de sonidos líricos, en una clave vecina de la principal.

3.er MOVIMIENTO
En la forma rondó, en que una sección A se repite con nuevas secciones entre cada repetición, modificadas para acoger rasgos de la forma sonata-*allegro*.

DESPUÉS

Los compositores siguieron escribiendo conciertos hasta bien entrado el siglo xx.

REVISITANDO UN ANTIGUO GÉNERO
Rajmáninov 222–223 ⟩⟩ escribió cuatro conciertos para piano a principios del siglo xx. El n.º 2 en do menor se ha utilizado como banda sonora en varias películas y se reconoce de inmediato. El concierto para violín (1904) de **Sibelius** se inspiró en la belleza del paisaje finlandés **185 ⟩⟩**. En 1935, **Alban Berg** escribió un concierto para violín en una **serie dodecafónica**: una disposición de las doce notas de una escala cromática **210 ⟩⟩**.

CONCIERTO PARA BANDA DE JAZZ
En 1924, **Gershwin 232–233 ⟩⟩** escribió su *Rhapsody in Blue*, un concierto para piano y banda de jazz que fusiona la música clásica con el jazz.

evolucionó desde el fortepiano de principios del xviii hasta el piano de cola de concierto. Gracias a los nuevos mecanismos, las teclas respondían más rápidamente y el pianista podía tocar con más rapidez. Los refuerzos de metal daban robustez a la madera, de modo que los acordes prolongados podían sonar con bastante potencia para oírse por encima de la orquesta.

Con los instrumentos mejorados, se podía producir una más amplia gama de notas y dinámicas, logrando así niveles de expresividad y virtuosismo desconocidos hasta ese momento. Los compositores explotaron estas nuevas capacidades hasta el límite. El formato en tres movimientos ya había quedado establecido en el siglo xviii. En el siglo xix, sin embargo, la música se volvió más contrastada. El rápido movimiento inicial tomaba la forma sonata (pp. 122–123), el segundo era reflexivo y lento, y el final era rápido y furioso.

Mozart y la forma concierto
Mozart (pp. 138–139) escribió 27 conciertos para piano, que constituyen una parte esencial de su producción. Muchos los estrenó él mismo, improvisando impresionantes cadencias en el clímax de cada movimiento. En estos conciertos de viento-madera, el genio de Mozart para escribir melodías irradia desde el supremo lirismo de la parte de solista. Su concierto para flauta y arpa

Favorita de los salones
El arpa —como esta de pedales del fabricante parisino Jean Henri Naderman, de 1797— era un instrumento solista favorito en los salones europeos, y a veces era el instrumento solista en los conciertos.

celebra tanto la límpida belleza de la flauta como la elegancia y flexibilidad del arpa de pedal mecanizado. En sus cuatro conciertos para trompa, sus ambiciosas melodías llevaron al límite al solista y a su instrumento. Para estos conciertos se inspiró en la obra de Antonio Rosetti (1750–1792), quien escribió retadores pasajes en los que el solista de la trompa debe imitar a los cuernos de caza.

Por lo demás, Mozart también admiraba la suavidad con que tocaba el clarinete Anton Stadler, quien inventó una extensión del instrumento que permitía tocar notas más graves. Fue para este *corno di basseto* que Mozart escribió su concierto para clarinete, que estrenó Stadler en Praga siete semanas antes de la muerte del compositor, en 1791.

Innovaciones
En el concierto clásico, la

Clavijas de afinación

Tabla armónica

Cuerdas

orquesta suele introducir los temas principales y luego los retoma el solista. Pero las aperturas de los Conciertos para piano n.º 4 y n.º 5 («Emperador») de Beethoven se adentran en el terreno romántico. El primero comienza con suavidad en el piano con una serie de misteriosos y repetidos acordes, a los que la orquesta responde en un estilo similar, pero en una clave inesperada. El segundo se inicia con tres grandes acordes orquestales separados por florituras del piano. De esta manera, ambos inicios preparan la escena para una «conversación» de alto voltaje. Aunque los dos conciertos presentan los tres movimientos habituales (rápido-lento-rápido), la filigrana del piano en el movimiento lento del «Emperador» parece apuntar hacia el romanticismo.

La lucha romántica
A mediados del siglo xix, al afianzarse el romanticismo, el concierto se convirtió en una forma musical de primer orden. Con sus partes solistas cada vez más difíciles y su atrevida composición orquestal, el concierto devino la perfecta expresión musical de uno de los grandes temas románticos: la lucha del individuo contra el mundo. El piano y el violín eran los solistas favoritos porque tenían la variedad tonal y la potencia suficientes para brillar a través de la orquesta. Brahms, Mendelssohn, Chaikovski y Bruch explotaron esta cualidad en sus conciertos para violín.

Concierto para violín de Bruch
El segundo movimiento del Primer concierto para violín de Bruch es un enternecedor diálogo en el que la orquesta parece abrazar la línea ascendente del violinista.

OBRAS CLAVE

Antonio Rosetti Concierto para trompa en re menor, C. 38

W. A. Mozart Concierto para oboe en do mayor, K314; Concierto para trompa n.º 3 en mi bemol mayor, K447; Concierto para piano n.º 21 en do mayor, K467

Ludwig van Beethoven Concierto para piano n.º 4 en sol mayor, op. 58

Johannes Brahms Concierto para violín en re mayor, op. 77

Max Bruch Concierto para violín n.º 1 en sol menor, op. 26

COMPRENDER LA MÚSICA

LA CADENCIA

La cadencia es la progresión de acordes con la que normalmente termina una frase, un movimiento o una composición entera. Suele acabar con un largo trino antes de que la orquesta regrese brevemente al final del movimiento.

En el estilo barroco, los cantantes embellecen la cadencia al final de un aria. Los compositores, entre ellos Vivaldi, empezaron a incorporar la cadencia en el concierto, allí donde hoy se oye más comúnmente. Mozart improvisó en sus conciertos de piano (habitualmente al

final del primer movimiento) cadencias que desarrollaban los temas del movimiento.

Algunos compositores anotaron las cadencias en vez de dejar que los intérpretes las improvisaran, entre ellos Brahms en su Concierto para violín en re mayor.

Pausa
Trino final del solista

El piano

El piano es el mayor icono de la música occidental. Ningún otro instrumento resulta tan expresivo y versátil, cuyo efecto a veces se aproxima al de una orquesta entera y otras inspira las confesiones más íntimas del compositor.

El pianoforte del fabricante Bartolomeo Cristofori aportó una nueva sutileza a los instrumentos de teclado a inicios del siglo XVIII. El piano, instrumento relativamente fácil e intuitivo de aprender y que ofrece un rango de notas tan amplio como una orquesta, se convirtió en un importante símbolo de estatus para quien lo poseía.

Componer para el entorno doméstico era lucrativo, y pronto se estableció un flujo constante de sonatas, variaciones y fantasías. En la década de 1780 se abrieron nuevas posibilidades cuando el fabricante de pianos inglés John Broadwood creó un modelo con un sonido más amplio y duradero, modelo que habrían de tocar luego Beethoven y Chopin.

En la época romántica, virtuosos tales como Liszt (p. 162) dieron al piano un nuevo papel como instrumento solista en los conciertos. Con un piano reforzado con hierro y que ofrecía una gran variedad de notas, los pianistas cautivaban al público con sus recitales. Entretanto, con la popularidad del piano vertical, la música doméstica siguió prosperando, catapultando a compositores tales como Chopin, Schumann y Grieg a la fama internacional.

En el siglo XX, el piano ya abarcaba el ragtime y el jazz, y los compositores más experimentales, entre ellos Bartók, Schönberg y Busoni, lo utilizaron para poner a prueba sus novedosas ideas musicales. Un desarrollo ulterior fue el piano preparado: a partir de 1940, compositores como John Cage escribieron obras para pianos «preparados» para crear nuevos sonidos mediante la colocación de objetos de metal y goma entre sus cuerdas.

VISTA DE TRES CUARTOS

TECNOLOGÍA

MECANISMO INGLÉS

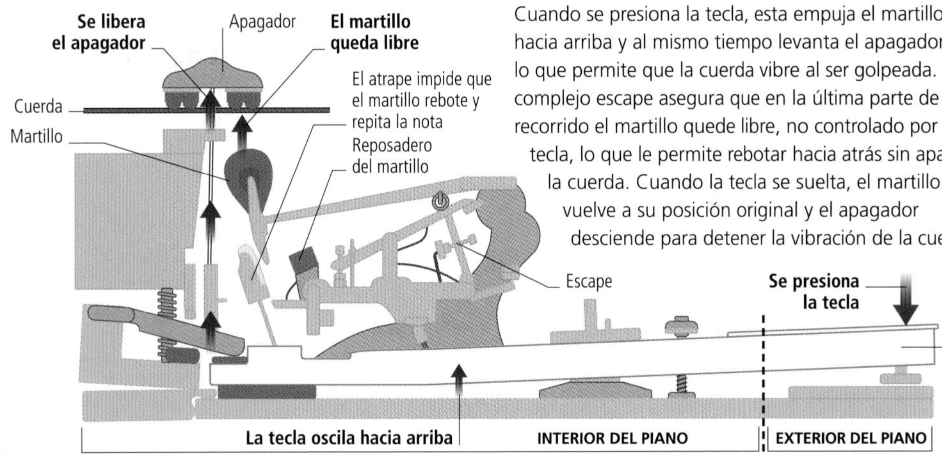

Se libera el apagador — Apagador — **El martillo queda libre**

El atrape impide que el martillo rebote y repita la nota

Cuerda

Martillo

Reposadero del martillo

Escape

Se presiona la tecla

Tecla

La tecla oscila hacia arriba — INTERIOR DEL PIANO — EXTERIOR DEL PIANO

Cuando se presiona la tecla, esta empuja el martillo hacia arriba y al mismo tiempo levanta el apagador, lo que permite que la cuerda vibre al ser golpeada. El complejo escape asegura que en la última parte de su recorrido el martillo quede libre, no controlado por la tecla, lo que le permite rebotar hacia atrás sin apagar la cuerda. Cuando la tecla se suelta, el martillo vuelve a su posición original y el apagador desciende para detener la vibración de la cuerda.

Fuerza interna

Hasta la llegada de los armazones de hierro, unas barras metálicas de refuerzo permitían tensar más las cuerdas, lo que conllevaba una afinación más estable, un mayor volumen y una potencia prolongada.

Teclado

Los primeros pianos tenían unas teclas más ligeras, bajas y estrechas que las de los modernos, y por eso a los estudiantes se les hacía practicar sosteniendo monedas en el dorso de sus manos, para que aprendieran a tocar con la suavidad apropiada.

CRONOLOGÍA

Siglo XVI
Clave

Al puntear las cuerdas con una fuerza uniforme, el clave (clavecín o clavicémbalo) proporcionaba un sonido monótono y penetrante pero que decaía rápidamente. Aunque existen obras solistas para este instrumento, solía usarse como un acompañamiento.

CLAVE, 1530

PIANO DE MESA

1700
Piano de Cristofori

La primera mención del piano está en un inventario de la familia Medici datado en 1700. El piano, esa extraordinaria invención de Bartolomeo Cristofori, se difundió con lentitud, ya que era caro y no tan sonoro como el clave.

PIANO CON MECANISMO DE CRISTOFORI, 1767

Siglo XVIII
Piano de mesa

De 1760 en adelante, este nuevo piano (equivalente del piano vertical moderno), más barato y con una forma más conveniente, avivó la moda de la música doméstica. A veces se empleaba como mesa de comedor.

Siglo XVIII
Beethoven

Contrariamente a muchos de sus contemporáneos, Beethoven no poseyó nunca un clavecín, sino que exploró las posibilidades del nuevo piano, llevándolo literalmente al límite.

SONATA PARA PIANO OP. 13, DE BEETHOVEN

1828
Primeros pianos de cola

Los primeros pianos de cola poseían barras de refuerzo metálicas para poder tensar más las cuerdas e incrementar la sonoridad, pero comparados con los modernos, su sonido era aún bastante tenue y se apagaba con mayor rapidez.

Principios del siglo XIX
Chopin

Componiendo extensamente para piano como instrumento solista, Chopin amplió su repertorio con sonatas técnicamente exigentes y obras inspiradas en danzas folclóricas.

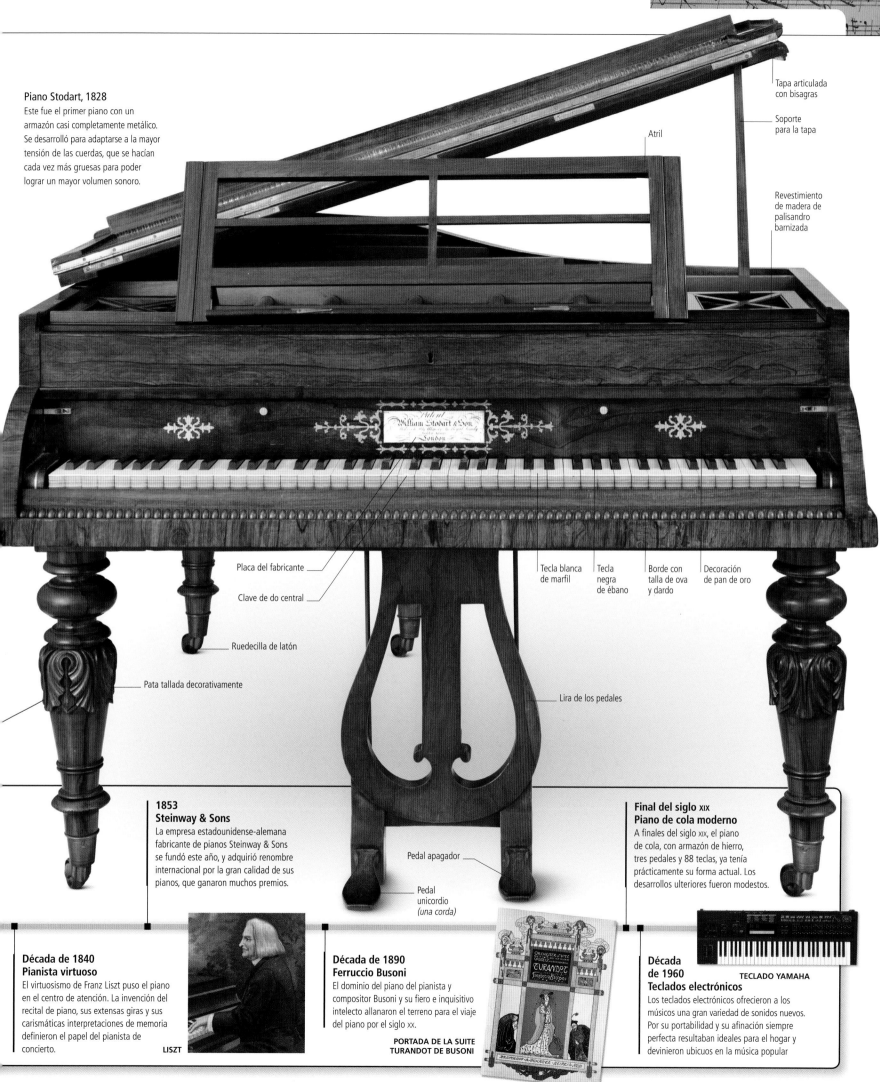

Piano Stodart, 1828

Este fue el primer piano con un armazón casi completamente metálico. Se desarrolló para adaptarse a la mayor tensión de las cuerdas, que se hacían cada vez más gruesas para poder lograr un mayor volumen sonoro.

Tapa articulada con bisagras

Soporte para la tapa

Atril

Revestimiento de madera de palisandro barnizada

Placa del fabricante

Clave de do central

Ruedecilla de latón

Pata tallada decorativamente

Tecla blanca de marfil

Tecla negra de ébano

Borde con talla de ova y dardo

Decoración de pan de oro

Lira de los pedales

Pedal apagador

Pedal unicordio (una corda)

1853
Steinway & Sons

La empresa estadounidense-alemana fabricante de pianos Steinway & Sons se fundó este año, y adquirió renombre internacional por la gran calidad de sus pianos, que ganaron muchos premios.

Final del siglo xix
Piano de cola moderno

A finales del siglo xix, el piano de cola, con armazón de hierro, tres pedales y 88 teclas, ya tenía prácticamente su forma actual. Los desarrollos ulteriores fueron modestos.

Década de 1840
Pianista virtuoso

El virtuosismo de Franz Liszt puso el piano en el centro de atención. La invención del recital de piano, sus extensas giras y sus carismáticas interpretaciones de memoria definieron el papel del pianista de concierto.   **LISZT**

Década de 1890
Ferruccio Busoni

El dominio del piano del pianista y compositor Busoni y su fiero e inquisitivo intelecto allanaron el terreno para el viaje del piano por el siglo xx.

PORTADA DE LA SUITE TURANDOT DE BUSONI

Década de 1960
Teclados electrónicos

TECLADO YAMAHA

Los teclados electrónicos ofrecieron a los músicos una gran variedad de sonidos nuevos. Por su portabilidad y su afinación siempre perfecta resultaban ideales para el hogar y devinieron ubicuos en la música popular

COMPOSITOR Nacido en 1770 Fallecido en 1827

Ludwig van Beethoven

«Estuve a punto de **acabar con mi vida**; solo el **arte** me **retuvo**.»

BEETHOVEN ACERCA DE SU SORDERA, EN UNA CARTA A SUS HERMANOS, 1802

El gigantesco talento de Beethoven transformó para siempre nuestra comprensión de la música. Tenía muy poco de conformista, y se veía a sí mismo como un *Tondichter*, un poeta del sonido. Fue el epítome del artista romántico para quien la expresión de las emociones era más importante que la observancia de las estructuras tradicionales. Su voz musical habla de un modo tan persuasivo a los oyentes actuales como a sus coetáneos.

Músico de la corte

Nacido en una familia de músicos en Bonn (Alemania), Beethoven siguió a su padre y a su abuelo en el servicio cortesano al convertirse en organista asistente de la corte a los once años de edad. Al año siguiente fue nombrado clavecista de la orquesta de la corte y empezó a componer sus primeras obras, incluidas tres sonatas, un concierto y algunas piezas cortas, de las cuales «Para Elisa» es la más conocida.

Deseoso de escapar de la provinciana Bonn, en 1729 Beethoven se trasladó a Viena, donde sus interpretaciones deleitaron al público, que quedó asombrado por sus grandes dotes de improvisación. Animado por su éxito como intérprete, Beethoven empezó a escribir numerosas obras para piano: los tres primeros de sus cinco conciertos para piano y varias sonatas para piano. Pese a haber estudiado durante un breve periodo de tiempo con Haydn, estas

Romanticismo personificado

Coloso de la música occidental, Beethoven constituye un puente entre el ocaso del clasicismo y los albores de la nueva expresividad romántica.

OBRAS CLAVE

Sonata para piano en do menor, «Patética», op. 13

Sonata para violín en fa, «Primavera», op. 24

Concierto para piano n.º 5 en mi bemol, «Emperador», op. 73

Concierto para violín en re, op. 61

Fidelio, op. 72

Sinfonía n.º 9 en re, «Coral», op. 125

Misa solemne en re mayor, op. 123

Maratón «Pastoral»
Borrador de la Sexta sinfonía, la «Pastoral». Esta revolucionaria obra se estrenó en Viena en 1808, en un concierto que duró más de cuatro horas.

primeras sonatas, con su extravagante escritura pianística y sus gruesas armonías, reflejan más bien el espíritu de Muzio Clementi (1752–1832). Entre las últimas sonatas de este primer periodo figuran obras maestras como el «Claro de luna» y la «Patética», que muestran el desarrollo de su distintiva voz musical.

La música de cámara de la década de 1790 incluía tríos de cuerda y cuartetos. Basándose en el enfoque de Haydn y Mozart, Beethoven empezó a imbuir su música de cámara de una nueva grandiosidad sinfónica. Esta tendencia se hizo más evidente con el paso de los años, sobre todo en sus cuartetos de cuerda, que muchos consideran sus obras más personales e intensas.

La sordera

En 1802, la sordera que había ensombrecido su vida se tornó perturbadora y puso fin a sus interpretaciones en público. Mientras se tomaba un descanso en el pueblo de Heiligenstadt, Beethoven escribió una carta a sus hermanos en la que hablaba de su aflicción por el hecho de tener «una dolencia en un sentido que debería ser más perfecto en mí que en otros».

Venciendo su depresión, Beethoven volvió a Viena decidido a «agarrar el destino por la garganta» y se inició para él un periodo de creatividad imbuida de ideas de heroísmo. Compuso la Tercera sinfonía, «Heroica» inspirándose en Napoleón, a quien admiraba. Su escala es majestuosa (50 minutos) y exhibe nuevos desarrollos en la instrumentación y estructura. El Concierto para piano nº 5, «Emperador», y la Quinta sinfonía tienen en común con la «Heroica» el sentido de nobleza. La Quinta sinfonía fue utilizada como himno de la victoria por las fuerzas aliadas en la Segunda Guerra Mundial (el ritmo de cuatro notas de su motivo inicial representa la «V» en el código Morse).

Fortuna fluctuante

Al acercarse a los 40 años de edad, menguó su interés por los temas heroicos. La devaluación de la moneda austriaca en 1811 le provocó incertidumbre financiera, y la falta de éxito en sus cuitas amorosas le llevó a la introversión. A pesar de estas dificultades, sus nuevas sinfonías y su única ópera, *Fidelio*, que se estrenó en 1805, tuvieron una gran acogida. Para cuando se celebró el Congreso de Viena, en 1814, toda la ciudad lo aclamaba. Pero la llegada a Viena del compositor operístico italiano Rossini cambió todo esto. Beethoven cayó en desgracia repentinamente y se tornó huraño y excéntrico.

Nueva creatividad

Milagrosamente, su indomable espíritu volvió a triunfar sobre la adversidad. Durante sus

Audífono
La sordera de Beethoven se manifestó antes de los 30 años de edad. Al principio el compositor usaba una trompetilla para oír mejor, pero en 1818 ya solo se comunicaba mediante notas escritas. En los últimos años de su vida su sordera fue total.

últimos años se concentró en la música de cámara, produciendo cuartetos de cuerda y sonatas para piano de magnífica intensidad dramática. Los cuartetos escritos durante los últimos dos años de su vida, sobre todo la *Gran fuga*, op. 133, que se estrenó en 1826, se consideran como las afirmaciones más concentradas y profundamente personales de toda su producción. Beethoven retomó su interés por lo heroico en su magnífica Novena sinfonía, «Coral», esta vez con un espíritu más compasivo.

Considerada en conjunto, su obra representa el triunfo del hombre sobre la adversidad. Tras recuperar su temple repetidamente después de periodos de desesperación, comunicó las emociones humanas más profundas, transmitiendo cierta sensación de consuelo a aquel que escucha. El retrato de Beethoven como una persona retraída es solo parcialmente cierto, y en buena parte resultado de la sordera. El compositor era un hombre profundamente religioso, disfrutaba de la compañía, tenía sentido del humor y era amable con sus amigos, si bien sus relaciones con las mujeres tendían a ser turbulentas.

> «[Sus] **diatribas** eran explosiones de su **extravagante imaginación**.»
>
> FRIEDRICH ROCHLITZ, ESCRITOR Y CRÍTICO DE MÚSICA ALEMÁN, 1822

La muerte de Beethoven, de edema y neumonía, en 1827, fue muy llorada. Su funeral fue magnífico. Schubert, que admiraba especialmente a Beethoven, portó una antorcha, y más de 10.000 personas llenaron las calles de Viena para presenciar la procesión.

Su única ópera

La única ópera de Beethoven, *Fidelio*, se estrenó en el Theater an der Wien, en Viena, en 1805. Esta acuarela del teatro data de 1825.

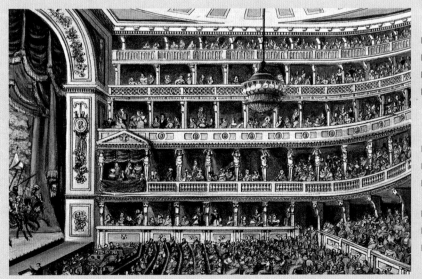

PLACA DE BEETHOVEN EN PRAGA

Rapsodia bohemia

En el reino de Bohemia, en la actual República Checa, surgieron entre finales del siglo XVIII y principios del XIX numerosos músicos notables. La mayoría adoptó las formas alemanas ya establecidas, pero unos pocos introdujeron en su música una voz específicamente checa.

Junto con París y Viena, Praga fue una de las principales capitales en el circuito de la música europea. Muchos músicos eminentes fueron a tocar ante la entusiasta y musicalmente culta audiencia de la ciudad, llevando consigo los nuevos valores de la Ilustración (pp. 132–133), que incluían el interés por las formas recién establecidas de la sonata y la sinfonía, la creciente afición por la elegancia mozartiana y la pasión por la ópera italiana. Los compositores bohemios se entretenían escribiendo música en estos estilos de moda.

La confortable atmósfera de Praga no era muy favorable a la innovación o la experimentación. Pese a su fama como centro de investigación y formación musical, la ciudad resultaba demasiado seria y formal para algunos compositores autóctonos, y muchos de sus artistas se iban en busca de un entorno más estimulante. Así pues, Praga se consolidó como un buen lugar para el empeño musical, más que como incubadora de nuevas formas

6 Número de conciertos que ofreció Niccolò Paganini durante su visita a Praga en diciembre de 1828.

musicales. Pero el resultado no fue del todo negativo. La difusión del talento condujo a la influencia cruzada de ideas musicales, especialmente entre los instrumentistas. En 1800, la mayoría de orquestas europeas tenía al menos un instrumentista formado en Praga.

Temple musical

La mayoría de compositores autóctonos que permanecieron en Praga habían estudiado en Viena o en Leipzig y habían adoptado las convenciones del estilo alemán. Componían música, daban conciertos y entretenían a las celebridades visitantes.

DESPUÉS »

COMPOSITOR (1737–1781)

JOSEF MYSLIVEČEK

Nació en Praga, fue maestro molinero —su padre era molinero— y luego estudió composición en Venecia con el compositor italiano Giovanni Pescetti (1737–1781). Famoso por sus óperas, que tenían toques melódicos bohemios, fue muy amigo de Mozart. Tras el estreno de *Il Bellerofonte* en 1767 recibió encargos de teatros de ópera de toda Italia. Los napolitanos le adoraban, pero les resultaba muy difícil pronunciar su apellido y se referían a él como *Il Divino Boemo* (el divino bohemio). Con todo, su fama fue menguando, y en 1781 murió en Roma al borde de la indigencia.

«Bohemia es el **conservatorio de Europa**.»

Embocadura

CHARLES BURNEY, HISTORIADOR DE LA MÚSICA INGLÉS, 1771

Nacido en Bohemia, František Dušek (1731–1799) estudió en Viena antes de establecerse en Praga. Dušek compuso más de 40 sinfonías, obras para piano y música de cámara en un estilo tradicional. Entabló amistad con músicos célebres, como Mozart, que acabó su ópera *Don Giovanni* en la casa de campo de Dušek.

Václav Tomášek (1774–1850) asumió el papel de Dušek como líder de la vida musical de Praga y en 1824 abrió una escuela de música en la ciudad. La élite musical de Europa, como los compositores

Sinfonía «Praga» de Mozart
Praga atrajo a muchos músicos visitantes, incluido Mozart, cuya Sinfonía n.º 38, denominada «Praga», se estrenó en esta ciudad. Esta partitura de la obra está firmada por Mozart (pp. 138–139).

Clara Schumann y Richard Wagner y el violinista Niccolò Paganini, lo visitaron cuando pasaron por Praga, y la influencia de aquellos se aprecia en el estilo lírico de la música para piano de este.

Promotores de lo checo
Hacia 1800, mientras el interés por la historia, la cultura y las tradiciones folclóricas nacionales empezaba a crecer entre las comunidades de habla checa de Bohemia y de la vecina Moravia, aparecieron los primeros indicios de una «voz» checa en la música de algunos compositores.

Jakub Jan Ryba (1765–1815) fue un apasionado compositor bohemio. Formado musicalmente por su padre, estudió órgano, violonchelo y teoría de la música en Praga y acabó siendo profesor y maestro de coro en Rožmitál, en la Bohemia rural. Ryba fue uno de los primeros compositores que versionaron textos checos como canciones. Su *Misa de Navidad*, que es su obra más interpretada, transmite una sensación rústica, ya que el acompañamiento de órgano imita el zumbido de la gaita y la zanfona de la música folclórica checa. En 1817,

Ryba escribió el tratado *Los principios primeros y generales del arte entero de la música*, en el que intentó introducir términos checos en la música (el italiano era la norma). Con todo, sus tentativas de modernizar la música de sus compatriotas se vieron frustradas por la tendencia bohemia a ceñirse a la tradición.

Exportaciones musicales
El hijo de Dušek, Jan Ladislav (1760–1812), fue uno de los muchos músicos bohemios que abandonaron Praga para emprender una carrera interpretativa internacional. Pianista virtuoso y compositor con talento, escribió sobre todo para el piano, y sus últimas piezas rebosan de carrerillas, trinos y armonías inusuales. Sus exigencias de virtuosismo y su libertad armónica anticiparon el romanticismo, concretamente la obra de Franz Liszt (pp. 162–163). Jan fue un hombre muy influyente tanto dentro como fuera del escenario. Empresario por naturaleza, se estableció en Londres, donde se asoció con el fabricante de pianos Broadwood y le animó a extender el registro del teclado desde cinco octavas hasta cinco y media (en 1791) y hasta seis (en 1794).

La música checa tuvo que luchar contra las influencias alemanas e italianas, pero adquirió una nueva importancia a mediados del siglo XIX.

SANGRE NUEVA
El *Singspiel Dratenik* (*El hojalatero*, 1826) de František Skroup, con texto en checo de Josef Chmelenský, fue la primera **ópera realmente checa**. A mediados del siglo XIX, **Antonín Dvořák 193 »**, **Bedrich Smetana** y **Leoš Janáček 214–215 »** sacaron la música checa a la palestra con sus sinfonías, poemas sinfónicos y óperas.

FORMACIÓN MUSICAL
Praga siguió siendo un centro musical, especialmente para la teoría, la composición y la formación musical. El **conservatorio de Praga** se abrió en 1811, y la **escuela de órgano de Praga**, en 1830. Estas instituciones se fusionaron en 1890, y Dvořák fue contratado para enseñar composición allí.

OBRAS CLAVE

Jan Dušek Sonata para piano, op. 69, n.º 3 en re mayor, «La chasse» («La caza»)

Václav Tomášek Concierto para piano y orquesta n.º 1 en do mayor

Jakub Jan Ryba *Misa de Navidad*

Josef Mysliveček *L'Olimpiade*

El compositor Johann Baptist Vanhal (1739–1813) se crió en la Bohemia rural, donde recibió clases del organista de su pueblo. La condesa Schaffgotsch lo descubrió y lo llevó a Viena cuando tenía 22 años para que estudiara con el compositor austriaco Carl Ditters von Dittersdorf (1739–1799). Aunque nunca volvió a vivir en su tierra natal, Vanhal compartía muchas de las cualidades de sus compatriotas. Tuvo varios amigos músicos célebres, entre ellos Mozart y Haydn; influyó en el desarrollo de la sinfonía y la sonata, e introdujo trazos de las melodías folclóricas checas en sus sinfonías, su música de cámara y sus piezas de piano para aficionados.

Uno de los más importantes músicos bohemios que dejaron su tierra natal fue el violinista y compositor Jan Václav Stamic (1717–1757). Tras formarse en Jihlava y Praga, siguió una carrera de giras como solista antes de establecerse en la corte de Mannheim (Alemania). Más conocido por la grafía alemana de su nombre, Johann Stamitz, fue clave en el desarrollo de la sinfonía (pp. 126–127) y la instauración de la orquesta de corte (pp. 120–121), base de la orquesta actual.

Influencias folclóricas
Jakub Jan Ryba utilizó los sonidos de los instrumentos de viento-madera para sugerir la música popular del ámbito rural. El fagot, por ejemplo, podía servir para imitar el prolongado zumbido de la gaita o la zanfonía.

6

NACIONALISMO Y ROMANTICISMO

1820–1910

La Revolución francesa puso los derechos individuales en primer plano en una sociedad que exaltaba el culto del artista romántico. Los compositores del siglo XIX, un periodo musical de extremos, crearon sinfonías con un importante contenido de carácter psicológico y escribieron conciertos que exhibían un virtuosismo desconocido hasta entonces. Los dramas musicales épicos de Wagner, Verdi y Strauss convirtieron este siglo en la edad de oro de la ópera,

NACIONALISMO Y ROMANTICISMO 1820–1910

1820	1830	1840	1850	1860	1870

1821
Se estrena la ópera *El cazador furtivo (Der Freischütz)* de Carl Maria von Weber, estableciéndose así una aproximación a la ópera romántica alemana. La ópera tiene un éxito inmediato, especialmente por su representación de lo sobrenatural.

1830
En París, el estreno de la semiautobiográfica *Sinfonía fantástica* de Hector Berlioz introduce el concepto de la sinfonía programática, que sugiere una idea, una imagen o una historia.

1860
Johannes Brahms y Joseph Joachim hacen público un manifiesto en contra de la música de la «escuela neoalemana», entre cuyos exponentes principales figuran Franz Liszt y Richard Wagner.

1870
El pianista Anton Rubinstein hace una gira por EE UU patrocinada por Steinway & Sons.

1874
Se estrena la opereta *El murciélago* de Johann Strauss.

1824
Se estrena la Sinfonía n.º 9 de Beethoven que, al introducir un coro final, desafía los límites del género para posteriores compositores.

1831
El tenor Gilbert-Louis Duprez canta un do de pecho en la ópera de Rossini *Guillermo Tell*. Es la primera vez que esta nota tan aguda se canta no ya en el entrecortado falsete sino en la más poderosa voz de pecho.

1840
Franz Liszt adopta el término «recital» para su concierto en las Hanover Square Rooms de Londres. Rompe con los convencionalismos al tocar sin artistas asistentes.

1841
Se estrena en París *Giselle* de Adolphe Adam, uno de los primeros ballets clásicos.

1865
La primera representación de la ópera de Wagner *Tristán e Isolda* anuncia la emancipación en la música de la tonalidad, hasta entonces el componente básico de la estructura musical.

« Un baile imperial en Viena, donde Strauss era el rey del vals

1875
Edvard Grieg compone *Peer Gynt*, en la que incorpora influencias del folclore noruego.

1825
Frédéric Chopin compone la primera de casi 70 mazurcas, basadas en danzas folclóricas polacas, un ejemplo temprano e influyente de nacionalismo musical.

« La bailarina Maria Taglioni en puntas

1832
Maria Taglioni, la primera en bailar en puntas, baila en *La Sylphide* en la Opéra de París.

1842
Se fundan la Filarmónica de Nueva York y la Filarmónica de Viena, que se convierten en dos de las primeras orquestas profesionales del mundo.

1853
Se funda la compañía Steinway de fabricación de pianos, que mediante el extensivo desarrollo de patentes y sus numerosos premios en exposiciones internacionales, no tarda en convertirse en la más importante.

1866
Johann Strauss compone el vals *El Danubio azul*.

1827
Franz Schubert conoce a Beethoven y compone su último ciclo de canciones, *Viaje de invierno (Winterreise)*, basado en poemas de Wilhelm Müller.

1838
Carl Wilhelm Moritz inventa la tuba tenor, que se añade a la instrumentación de la orquesta.

1846
Adolphe Sax inventa el saxofón en su búsqueda de un instrumento que pueda ofrecer algo intermedio entre las secciones de viento-metal y de viento-madera de la orquesta.

1868
Se forma el Cuarteto Joachim, uno de los primeros y más importantes cuartetos profesionales en dar conciertos públicos. Primera interpretación del *Réquiem alemán* del Brahms

⌃ Violín tradicional noruego

1876
Primera representación completa del ciclo *El anillo del nibelungo* de Wagner en el teatro de la ópera Bayreuth, construido para este fin.

1828
La sensacional gira por Austria y Alemania del violinista italiano Niccolò Paganini lanza su carrera internacional y crea la figura del virtuoso viajero.

1848
Las revoluciones que tienen lugar en gran parte de Europa inspiran los temas nacionalistas en música y el redescubrimiento de los géneros folclóricos.

⌃ La célebre compositora y pianista Clara Schumann (1819–1896)

1854
Clara Schumann escribe *Variaciones sobre un tema de Robert Schumann* para el cumpleaños de su marido.

« Tuba de latón, patentada hacia 1835–1838

» Partitura de la *Rapsodia para contralto* (1869) de Brahms

Más que rebelarse, la música del romanticismo dio continuación a la estética clásica del periodo anterior. Los compositores extendieron y reinventaron muchas de las mismas formas de composición, con frecuencia inspirándose en el mundo natural y el sobrenatural. Se glorificaron el talento y el esfuerzo y nació el concepto del genio compositor y del intérprete virtuoso, imagen de los extremos de la experiencia humana. Con el objetivo de que la música artística fuera relevante para el oyente ordinario, se crearon el concierto público, la música programática y la ópera inspirada en temas realistas; además, los compositores respondieron al auge del fervor nacional en Europa.

1880	1885	1890	1895	1900	1905	»

1880
Chaikovski completa la *Obertura 1812*, que celebra la defensa de Rusia contra Napoleón. Comprende un fragmento de *La Marsellesa*, el himno imperial ruso «Dios salve al zar» y salvas de cañón.

1885
Liszt experimenta con la atonalidad en su pieza para piano solista *Bagatelle sans tonalité*, en su búsqueda por «arrojar una lanza al futuro».

1895
Se celebra el primero de los Promenade Concerts en el Queen's Hall de Londres bajo la dirección de Henry Wood, iniciando así una tradición que continúa hasta el día de hoy.

1900
Se estrena en Roma la ópera *Tosca* de Puccini. Arturo Toscanini dirige orquestas y coros masivos en el funeral de Verdi, la mayor congregación de público de la historia de Italia.

1908
Camille Saint-Saëns se convierte en el primer compositor que escribe una partitura para cine, concretamente para la película *L'Assassinat du duc de Guise*, con guion de Henri Lavedan.

1881
Richard D'Oyly Carte construye el teatro Savoy en Londres, donde tras empezar con *Patience* presenta las siguientes diez operetas de Gilbert y Sullivan. El estreno del Concierto para piano n.º 2 de Brahms muestra una nueva aproximación sinfónica a este género.

1887
Se patenta el gramófono, el cual permite que los artistas trasciendan el momento y el lugar, lo que cambiará para siempre dónde y cómo se escucha música.

1909
La ópera *Electra*, de Richard Strauss, una de las obras más disonantes del romanticismo tardío, se estrena en Dresde (Alemania).

≫ Sousafón, fabricado por primera vez en la década de 1890

THÉÂTRE DES VARIÉTÉS
LA CHAUVE-SOURIS
Opérette en 3 actes (DIE FLEDERMAUS)
d'après M. MEILHAC et L. HALEVY
LIVRET DE PAOL FERRIER Musique de JOHANN STRAUSS

1890
Se estrena en el teatro imperial Mariinski, en San Petersburgo, el ballet de Chaikovski *La bella durmiente*.

1896
El estreno de la ópera *La bohème* de Giacomo Puccini consolida al joven compositor como el sucesor de Verdi en la tradición de la ópera italiana. John Philip Sousa escribe «The Stars and Stripes Forever».

≫ Cartel de c. 1900 para la versión francesa de *El murciélago* de Strauss

≫ Caricatura de Gustav Mahler dirigiendo su propia obra

≫ Danza folclórica rusa

1888
Nikolái Rimski-Kórsakov escribe la obertura de *La gran Pascua rusa*, inspirada en temas rusos. Una parte del oratorio *Israel en Egipto* de Händel es la grabación más antigua que se conserva.

≫ El virtuoso pianista y compositor Franz Liszt, quien falleció en 1886

1892
El compositor checo Antonín Dvořák se traslada a Nueva York como director del Conservatorio Nacional de Música, donde investiga sobre la música indígena y escribe su Sinfonía n.º 9, «Del nuevo mundo».

1897
Edvard Grieg publica sus *Piezas líricas*, op. 65, que incluyen «Día de boda en Troldhaugen», que celebra el 25.º aniversario de su boda.

1901
Serguéi Rajmáninov interpreta por primera vez su Concierto para piano n.º 2, una de sus obras más populares.

1882
El poema sinfónico de Bedrich Smetana *Má Vlast (Mi patria)*, con sus temas declaradamente nacionalistas, establece un estilo nacional checo sin necesidad de arreglar los textos.

1893
Falstaff, la última ópera de Giuseppe Verdi, se estrena en La Scala de Milán, donde recibe una aclamación inmediata del público y la crítica.

1899
El estreno de las *Variaciones Enigma* de Elgar en Londres atrae sobre él la atención de un público más amplio, que a la larga lo convertirá en el compositor británico más famoso desde Henry Purcell.

1902
El tenor de ópera italiano Enrico Caruso hace la primera de más de 290 grabaciones; se convertirá en el primer músico que lleva a la vez una carrera de artista de concierto y de estudio de grabación.

1910
Mahler estrena su Sinfonía n.º 8, «De los mil». Tiene lugar la primera radiodifusión de una representación en directo: desde el Metropolitan Opera House de Nueva York, *Cavalleria rusticana* de Mascagni y *Los payasos* de Leoncavallo, con un reparto liderado por Enrico Caruso.

« ANTES

El único precedente real de la magnitud y la profundidad emocional de las últimas obras de Beethoven fue el ejemplo que ya había dado antes el propio compositor.

JUVENTUD ENÉRGICA
La potencia rítmica y las maneras enérgicas del idioma musical del joven Beethoven, quien desde el principio fue una figura revolucionaria « 144-145, no tardaron en sobrepasar al más ligero estilo clásico de Haydn « 128-129 y de Mozart « 138-139.

INSPIRACIÓN DEL PASADO
En 1801, Beethoven reveló a un amigo en una carta que se estaba quedando sordo. A medida que perdía su capacidad auditiva y que aumentaba su sensación de aislamiento, Beethoven buscó cada vez más inspiración en las generaciones anteriores. Así, le impresionaban las obras para teclado de J.S. Bach « 108-109 y la música coral a gran escala de Händel « 110-111. También le influyó la pureza espiritual del estilo coral de los maestros del Renacimiento, como Palestrina « 60-61.

Una sinfonía digna de un rey
La primera edición de la Novena sinfonía de Beethoven, también llamada «Coral», fue publicada por Schott en Mainz (Alemania) y muestra la dedicatoria de Beethoven a «Su Majestad el rey Federico Guillermo III de Prusia».

OBRAS CLAVE

Sonatas para piano: n.º 29 en si bemol, op. 106 («Hammerklavier»); n.º 32 en do menor, op. 111

33 variaciones para piano sobre un vals de Anton Diabelli, op. 120

Missa solemnis (misa en re menor), op. 123

Sinfonía n.º 9 en re, «Coral», op. 125

Cuartetos de cuerdas: n.º 13 en si bemol, op. 130; n.º 14 en do sostenido menor, op. 131

Últimas obras de Beethoven

La música que Beethoven había escrito hacia los 45 años ya le habría asegurado un puesto entre los más grandes compositores, pero aún compuso mucha más. Sus últimas obras, que combinan una enorme escala y una profunda calma interior, sobrepasaron incluso sus anteriores obras.

Durante los dos años posteriores a 1815, el legendario empuje creador de Beethoven parecía haberse estancado. Tenía problemas familiares: su hermano Carl, mientras agonizaba de tuberculosis, dejó a su único hijo, Karl, bajo la tutela de Beethoven, una responsabilidad que el compositor se tomó muy en serio. Entonces él mismo enfermó de fiebre reumática y tardó varios meses en recuperarse. Aunque había momentos aislados en los que podía oír algunas cosas, su sordera era ya prácticamente total e iba acompañada de un zumbido chirriante en ambos oídos. El antes sociable y extrovertido compositor estaba a la sazón atrapado en un mundo propio solitario, incapaz de aparecer en público ni como director de orquesta ni como pianista.

Teatro de la corte imperial y real en Viena
Este grabado del siglo XIX muestra el teatro imperial, cerca del Kärntnertor (Puerta de Carintia) en Viena, donde se oyó por primera vez la Sinfonía «Coral» de Beethoven.

una nueva sinfonía orquestal en re menor encargada por la Royal Philharmonic Society de Londres, y empezó a considerar la posibilidad de coronarla con un arreglo coral de «Himno a la alegría» como final.

El problema era cómo unir esto con los movimientos anteriores sin que pareciera forzado. La solución fue una jugada maestra. La introducción final repite cada una de las ideas principales de los tres primeros movimientos y los chelos y bajos de la orquesta puntúan estas con una nueva música propia, imitando voces en una especie de recitación no acompañada. Una vez introducida la propia melodía principal del final, entra el barítono solista, y se hace cargo de la música a modo de canto anterior; el coro se une a ello de forma gradual y la transición hacia el gran final coral se completa.

Además de su pionera interacción de voces e instrumentos y de su longitud sin precedentes (dura bastante más de

> **«Desde el corazón, espero que vuelva al corazón.»**
>
> LEYENDA DE BEETHOVEN EN LA PÁGINA DE PORTADA DE SU *MISSA SOLEMNIS*

Pese a ello, su indomable espíritu encontró una nueva dirección para su música. En un prolongado estallido de energía, de 1817 a 1818, compuso su Sonata para piano n.º 29 en si bemol, subtitulada «Hammerklavier», el nombre del potente nuevo tipo de piano de cola. La estructura en cuatro movimientos monumentales de esta sonata proclamó el instinto que poseía Beethoven de llevar las posibilidades hasta el límite. Pese a que los dos movimientos externos son técnicamente más exigentes que ninguno que se haya escrito hasta el presente, el tercer movimiento, lento y enormemente largo, abre un nuevo mundo interior de imaginación musical tranquila y profunda. A esta obra le siguió una trilogía de sonatas

Pariente turco
El *surna* es un primo oriental del oboe, un miembro común de la orquesta en las últimas obras de Beethoven. Este es un ejemplar turco del siglo XIX.

para piano, la última de las cuales, la n.º 32 en do menor (1821-1822), concluye su muy inusual estructura en dos movimientos con otro movimiento inmenso y lento, en una exploración de serena belleza.

Lucha creativa
Beethoven también estaba batallando con las dos mayores obras sinfónicas que había compuesto nunca. La *Missa solemnis* en re menor era una enorme ampliación de la versión tradicional de la misa católica, de la que sin embargo pueden distinguirse los rasgos más conocidos. La Novena sinfonía, en cambio, era una idea absolutamente nueva.

Durante muchos años, a Beethoven le rondaba la cabeza el poema «Himno a la alegría» del dramaturgo alemán Friedrich Schiller (1759-1805). El poema, una llamada a que todos los hombres se hermanen, estaba en sintonía con su propia creencia en la camaradería humana. Beethoven también había estado lidiando con

La intensidad personificada
Como muchas pinturas de Beethoven, esta escultura en el Palau de la Música Catalana de Barcelona, capta la frente amplia del compositor y su intensa expresión de concentración.

Cuaderno de Beethoven
En la parte superior de esta página de apuntes del cuaderno de Beethoven puede verse parte del final de la Sonata para piano n.º 31 en la bemol, compuesta en 1821. Beethoven tachó la mitad inferior y continuó la música de un modo distinto.

Línea superior de un par de pentagramas, para la mano derecha

Línea inferior, para la mano izquierda

Estas rayas a modo de barras de compás evidencian el proceso de composición de Beethoven. Los manuscritos de Mozart, por el contrario, apenas tienen correcciones.

una hora), la Sinfonía n.º 9 también abarca una visión cultural genuinamente global. La cada vez más extensa sección de percusión de la orquesta occidental había empezado a incorporar exóticos instrumentos orientales, tales como el resonante bombo y los sonoros platillos que acompañaban tradicionalmente a las bandas militares turcas.

En el final de la Novena sinfonía, «Coral», estos instrumentos de percusión inusuales espolean una garbosa «marcha turca» orquestal que simboliza el alegre progreso colectivo de la humanidad. La «Coral» tuvo su tumultuosamente exitoso estreno en el teatro de la corte imperial y real de Viena, en un concierto en el que también se tocaban secciones de la *Missa solemnis* de Beethoven.

Últimos cuartetos

Beethoven recibió un nuevo encargo hacia esta misma época. El príncipe Nikolas Galitzin de Rusia, que admiraba al compositor desde su propia niñez en Viena, escribió a Beethoven desde San Petersburgo. El príncipe le pidió una serie de cuartetos de cuerda y la respuesta de Beethoven fue una serie de composiciones íntimamente expresivas para la más armoniosa

1824 El año en que se representaron por primera vez la Sinfonía «Coral» y la *Missa solemnis*.

agrupación de instrumentos: dos violines, una viola y un chelo. Primero, en 1825, Beethoven compuso el Cuarteto n.º 12 en mi bemol, escrito a una gran escala que quedó luego, aunque el mismo año, empequeñecida por la estructura en evolución del n.º 13 en si bemol. Este último ya lo había ampliado a cinco movimientos que incluyen un adagio lento y profundamente introspectivo cuando incrementó su final en una *Gran fuga,* cuyo implacable carácter y extrema longitud dejaron desconcertada a la audiencia.

Beethoven estaba decidido a publicar la fuga como una obra separada (op. 133); el final más corto que la sustituía fue su último testimonio musical importante antes de su muerte, el 26 de marzo de 1827, durante una tormenta eléctrica. El año antes de morir también había compuesto el Cuarteto en do sostenido menor, en el que, en otro de sus logros sin igual, se tocan siete movimientos en una única secuencia continua.

Wagner and Beethoven
En esta litografía en color de Louis Sauter (1872), Richard Wagner dirige la Sinfonía «Coral» de Beethoven en la ópera del Margrave, en la ciudad alemana de Bayreuth. Wagner admiraba enormemente a Beethoven.

DESPUÉS »

El impacto de la Sinfonía «Coral» en las posteriores generaciones de compositores fue inmenso.

LEGADO SINFÓNICO
Aunque las sinfonías de **Johannes Brahms 172–173 »** y de **Anton Bruckner 192–193 »** rebasaron en longitud a la Sinfonía «Coral» de Beethoven, estos compositores aún se confinaban a sí mismos a la escritura de formas orquestales sin voces. Las primeras

4 El número de sinfonías compuestas por Brahms.

9 El número de sinfonías compuestas por Bruckner y también por Mahler.

verdaderas seguidoras de la «Coral» fueron la Sinfonía n.º 2, «Resurrección», de **Gustav Mahler 192–193 »**, con su final coral, y la n.º 8, que es coral toda ella.

Para **Richard Wagner 166–167 »**, la «Coral» anunciaba su concepto de una *Gesamtkunstwerk* (obra de arte total), que reunía todos los aspectos musicales y dramáticos en sus óperas.

El apogeo de la canción

Durante el romanticismo, la canción fue un vehículo ideal para expresar emociones profundas. Los compositores musicalizaron, con una intensidad dramática creciente, poemas seleccionados cuidadosamente, y el piano servía para acompañar a la voz, potenciando así al cantante.

Postal que anuncia una canción
La imaginería de las canciones, que constituían la música más popular de su época, apareció en objetos cotidianos tales como postales. Esta representa «La muerte y la doncella», título de una canción de Schubert de 1817.

ANTES

Entre la Edad Media y principios del siglo XIX, las canciones se fueron haciendo cada vez más complejas, con un acompañamiento más sofisticado.

LA CANCIÓN A TRAVÉS DE LOS SIGLOS
En la **Edad Media**, los músicos itinerantes **‹‹ 32–33** cantaban melodías simples que ellos mismos acompañaban con un instrumento de cuerda. En el **Renacimiento**, las canciones con laúd escritas por **John Dowland ‹‹ 62–63** fueron muy populares. Hacia 1600, cuando la **ópera** empezaba a desarrollarse, la melodía del cantante ya no consistía solo en simples estrofas repetidas y se tornó más compleja **‹‹ 80–81**.

En la época de **Mozart ‹‹ 138–139**, el piano solía acompañar a la voz y la música se escribía en vez de **improvisarse**. Las canciones se escribían sobre todo en estrofas o en tres secciones, al final de las cuales se repetía el tema musical del principio.

CICLO DE CANCIONES DE BEETHOVEN
El primer indicio del romanticismo en la canción alemana se dio en una composición de **Beethoven ‹‹ 144–145**, es un **ciclo de canciones** titulado *A la amada lejana*. Escrito en 1816, consiste en seis canciones unidas por una música de piano que forma una especie de puente entre las canciones. Los textos evocan visiones de brumosas colinas, suaves vientos y un nostálgico y vehemente deseo de reunirse con la amada. El acompañamiento de piano es un reflejo de las palabras, y el enérgico retorno del tema inicial al final del ciclo proporciona una conclusión musical satisfactoriamente optimista.

Ansiosos por romper las reglas y superar las limitaciones del periodo clásico, los compositores e intérpretes del romanticismo adoptaron nuevas formas musicales. Entre ellas figuraban las canciones alemanas, conocidas popularmente como *Lieder*. Alemania también era la cuna de muchos grandes poetas que estaban viviendo su propia rebelión romántica, y sus obras constituían el vehículo ideal para el nuevo estilo de escritura de canciones. Los poemas de Johann Wolfgang von Goethe (1749–1832) y de Friedrich Schiller (1759–1805) fueron musicalizados por varios compositores.

Exigencias emocionales
Los compositores románticos se rebelaron usando nuevos estilos de melodía, ritmo y armonía para retratar estados de ánimo

muchas nuevas opciones para escribir canciones, incluso las más simples podían causar un gran impacto. En 1817, Franz Schubert (pp. 156–157), posiblemente el más conocido de los compositores alemanes de *Lieder*, escribió «An die Musik» («A la música»). Esta asequible canción solo tiene dos estrofas, y en menos de tres minutos cuenta cómo la música ha reconfortado, mantenido e inspirado a Schubert de un modo tal que el oyente lo comprende al instante. Algunas de las canciones más hermosas de Schubert se encuentran en sus dos ciclos de *Lieder*: *La bella molinera*, de 1823, y *Viaje de invierno (Winterreise)*, a partir de 1827, basados ambos en poemas de Wilhelm Müller (1794–1827). Schubert escribió en total más de 600 canciones y en todas mostró una gran comprensión de las emociones y la psicología humanas.

Entretenimiento doméstico
Los editores de música aprovecharon el interés creciente por la creación de música en casa. Como sugiere esta portada de un libro de *Lieder* del siglo XIX, las canciones se publicaban para cantarlas juntos familiares y amigos.

> «Estoy **absolutamente harto** de la palabra **"romántico"** [...]»
>
> ROBERT SCHUMANN, EN UNA RESEÑA DEL OP. 7 DE STEPHEN HELLER, 1837

y emociones cada vez más complejos. Junto con canciones simples en las que cada estrofa se musicaba con la misma tonada (como la mayoría de baladas o canciones folclóricas), apareció un nuevo estilo, el de las canciones *Durchkomponiert* (sin repetición de secciones). En estas, el texto se musicalizaba libremente de acuerdo con el flujo y reflujo del poema, en lugar de ceñirse a la repetición de muchas estrofas en la misma melodía.

Los compositores también empezaron a reunir varias canciones en ciclos basados en un grupo de poemas que contaban una historia más larga y más compleja. Al usar más de una canción, esta forma ofrecía a los compositores un modo de explorar más emociones a medida que se iba desplegando la narración. Así, la poesía y la música llegaban a cotas muy elevadas en la esperanza de hallar la felicidad perfecta, pero el relato acababa de forma trágica.

Maestros de la canción
Aunque en aquella época a los compositores no se les presentaban

Un importante compositor de canciones posterior a Schubert fue Robert Schumann (1810–1856), un genio nervioso que sufrió de depresión durante toda su vida. Schumann llevó las posibilidades musicales de las canciones románticas a un nuevo nivel. En sus canciones, el piano ya no es un mero acompañamiento de la voz, sino un verdadero socio que desempeña

Robert y Clara Schumann
En 1840, el año de su demorada boda con la pianista y compositora Clara Wieck, Schumann escribió más de 150 canciones, un tercio de las que compuso.

un papel equivalente a aquella en la expresión del significado de las palabras a través de la música. Schumann escribió preludios de piano cortos para situar el escenario de sus canciones y posludios al final para resumir el estado de ánimo. En 1840 escribió el ciclo de canciones *Amor de poeta (Dichterliebe)*, basado en una serie de 16 poemas de Heinrich Heine (1797–1856). Este ciclo, que el compositor completó en apenas nueve días, comienza con el júbilo por un amor recién descubierto pero después desciende hasta el fracaso de la relación y el rechazo. Su musicalización de las palabras de Heine es desgarradora y muy realista, mientras que la parte de piano es intensamente expresiva.

Canciones folclóricas y nanas
Una de las canciones más famosas de Brahms, *Canción de cuna*, escrita en 1868, tiene el encanto de una canción folclórica y una melodía cadenciosa para mecer un bebé y hacerlo dormir. Sus dos series de *Liebeslieder (Canciones de amor*, 1869), 18 airosos valses para cuatro voces y piano a cuatro manos, son un delicioso ejemplo de música de salón. Los textos son traducciones de poesía folclórica de Rusia, Polonia y Hungría que abarcan la emoción que va de la desesperación al embeleso, aunque la música mantiene toda ella una cualidad popular.

Brahms compuso unas pocas canciones ligeras en su carrera, pero la mayoría eran comedidas y serias. Con la edad, sus canciones se volvieron más lentas, con densos acompañamientos de piano. En el año 1896, el año antes de su muerte, Brahms meditó sobre la

mortalidad en su ciclo de canciones *Cuatro cantos serios*, que, escritos para voz de bajo y piano, ponen música a textos del Antiguo Testamento y de la primera epístola de san Pablo a los corintios.

Una nueva voz

Hugo Wolf (1860–1903) nació en el Imperio austriaco, en lo que hoy día es Eslovenia. Compuso 250 canciones, sin salirse de la tradición de canciones románticas pero con un estilo inusual, casi declamatorio, de composición vocal combinada con inesperadas armonías. Además de musicar poemas de Goethe y de Eduard Mörike (1804–1875), usó textos españoles e italianos en los libros de canciones *Spanisches Liederbuch* (1891) e *Italienisches Liederbuch* (1892–1896).

OBRAS CLAVE

Franz Schubert *La bella molinera (Die schöne Müllerin)*, D795: *An die Musik (A la música)*, D547; *Viaje de invierno (Winterreise)*, D911

Robert Schumann *Amor de poeta (Dichterliebe)*, op. 48

Johannes Brahms *Canción de cuna (Wiegenlied)*, op. 49, n.º 4

DESPUÉS

Los compositores dejaron de acompañar la voz con el piano y prefirieron la orquesta completa.

LA ORQUESTA REMPLAZA AL PIANO

En 1908, **Gustav Mahler 192–193 »** escribió una sinfonía en seis movimientos para voz acompañada por orquesta titulada *La canción de la Tierra*.

POPULARIDAD IMPERECEDERA

Los *Lieder* alemanes han sido grabados por artistas e interpretados en salas de concierto frente a grandes audiencias hasta hoy. El barítono alemán **Dietrich Fischer-Dieskau** fue uno de los artistas alemanes que más grabó e interpretó *Lieder* en el siglo xx.

DIETRICH FISCHER-DIESKAU (1925–2012)

Práctica de la música

Durante el romanticismo, la próspera clase media empezó a comprar pianos y a tomar lecciones de música. El canto, además de instruir al alumno, servía como entretenimiento para la familia y sus invitados.

COMPOSITOR Nacido en 1797 Fallecido en 1828

Franz Schubert

«Compongo como un dios […] Gracias a Dios, vivo al fin, y ya era hora.»

SCHUBERT AL SER NOMBRADO PROFESOR DE MÚSICA DE LA FAMILIA ESTERHÁZY, 1818

Schubert, melodista magnífico y altamente productivo, compuso una música extraordinariamente optimista, lo que contrasta con la trágica brevedad de su a menudo triste vida. Su muerte a los 31 de edad le impidió gozar en vida de reconocimiento internacional.

Unos inicios modestos

Nació en un suburbio de Viena y su padre, un maestro auxiliar de escuela, le enseñó a tocar el piano y el violín, y más tarde la viola. Con apenas 10 años de edad, Schubert recibió una beca del Colegio Imperial de Viena (un seminario religioso), donde su talento floreció.

Hacia los 15 años, ya había tratado de componer su primera ópera y completado una serie de cuartetos de cuerda.

Tras salir del seminario, Schubert enseñó en la escuela de su padre e inició un periodo de gran productividad.

> ### OBRAS CLAVE
>
> **Sonata para piano en sol mayor, D894**
> **Trío para piano n.º 1 en si bemol, D898**
> **Quinteto para piano «La trucha», D667**
> **Cuarteto de cuerda en re menor «La muerte y la doncella», D810**
> **Sinfonía n.º 9 en do mayor, «Grande», D944**
> **Ciclo de** *Lieder Viaje de invierno (Winterreise)***, D911**
> **Misa en sol mayor, D167**

En los siguientes tres años escribió cinco sinfonías, cuatro misas, tres cuartetos de cuerda, tres sonatas para piano, seis óperas y centenares de canciones. Estas canciones variaban desde tonadas sencillas y de tipo folclórico como, por ejemplo, la versión de «Heidenröslein» («Rosita del matorral») de Goethe, hasta las extensas y líricamente expresivas líneas de los ciclos de canciones, en especial *Viaje de invierno (Winterreise)*, inspirado en 24 poemas de Wilhelm Müller.

Encargos y mecenazgo

En 1816, Schubert se mudó al centro de Viena para vivir con su amigo Franz von Schober, quien tenía buenos contactos. La vida se le alegró, pero sin la seguridad

Una producción prodigiosa
Schubert produjo una gran cantidad de obras durante su corta vida. Aunque se le conoce sobre todo por sus canciones; compuso obras maestras en cada género importante, excepto la ópera.

Interés romántico
Schubert se enamoró de Therese Grob, que fue soprano solista en su Misa en fa menor. Sin embargo, por su precaria situación financiera se le consideraba poco adecuado como futuro marido y no se casó nunca.

de un nombramiento asalariado en la corte, Schubert se vio obligado a vivir del mecenazgo y de encargos irregulares. No era un gran intérprete, tampoco se esforzaba en promoverse y evitaba ser el centro de atención. Sus principales ingresos los obtenía con la publicación de canciones y piezas de piano.

Por encima de todo, Schubert era un creador de canciones y creó el *Lied* (canción artística) alemán, una fusión de textos y música que ocupó el centro del romanticismo alemán durante medio siglo. Exacerbado por sus emociones e inspirado por algunos de los más grandes poetas de su época —Goethe, Heinrich Heine, Johann Mayrhofer, Friedrich Schiller y otros (pp. 158–159)—, Schubert compuso más de 600 *Lieder*.

«Realmente, en **Schubert** habita una **chispa divina.**»

LUDWIG VAN BEETHOVEN AL ESCUCHAR OBRAS DE SCHUBERT, FEBRERO DE 1827

Mala salud y preocupaciones financieras
El éxito de su vida musical no duró mucho tiempo y no queda reflejado en sus circunstancias personales. Los problemas financieros aumentaron y su salud empezó a flaquear. En 1821, en uno de sus raros conciertos públicos, ganó un dinero que le fue muy útil, pero al año siguiente empezó a notar los síntomas de una enfermedad venérea.

Época de tranquilidad
Con todo, a partir de 1823, Schubert entró en un nuevo periodo de creatividad. Su música para piano —sonatas para solista, impromptus, *moments musicaux*, danzas y obras para cuatro manos (dúos), en particular la Fantasía en fa menor— son una delicia tanto para el intérprete como para el oyente. Schubert no hizo cambios importantes en las formas clásicas heredadas de Joseph Haydn (pp. 128–129) pero sí introdujo un recurso armónico distintivo —un cambio temporal hacia abajo de una tercera mayor, conservando a la vez una nota común— que creaba un efecto de serenidad.

En total, produjo ocho sinfonías completas y varias otras que quedaron inacabadas. La Sinfonía n.º 9 en do mayor, «Grande», completada en 1828, es una obra extensa, clásica en cuanto a estilo pero romántica en espíritu. Su estructura en cuatro movimientos es

bien conocida, pero la gran escala de la obra era una novedad para la época, al igual que su inventiva armónica. Aunque prevalece la melodía lírica, el impulso rítmico de los movimientos rápidos es muy absorbente.

De las sinfonías inacabadas, la más conocida y más completa es la n.º 8 en si menor. Su movimiento inicial tiene un carácter turbulento, con pasajes de

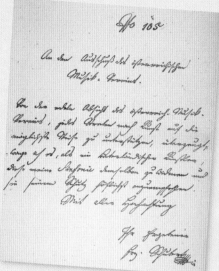

Carta de Schubert
Al completar la Sinfonía n.º 9, «Grande», Schubert envió la partitura con esta carta para que los miembros de la Unión Musical Austriaca la tuvieran en consideración.

melancolía lírica interrumpidos por feroces interjecciones. El segundo, sereno en apariencia, revela indicios de agitación. Del tercero solo existe un esbozo.

La última floritura
En 1828, el último año de su vida, el compositor estuvo ardorosamente enérgico. Produjo varias piezas sacras y varias obras maestras, incluida la canción «Der Doppelgänger» («El doble»), sus tres últimas sonatas para piano y el Quinteto de cuerda en do. A diferencia de su obra anterior, un sentimiento de lóbrega introspección invade estas piezas. Sin poder levantarse de la cama durante la última semana de su vida, Schubert pidió a un cuarteto de cuerda que tocara música de Beethoven en su habitación. Al compositor, que ya padecía de sífilis, le diagnosticaron fiebre tifoidea, entró en coma y murió el 19 de noviembre.

Pese a la popularidad de sus canciones y a su gran producción, Schubert apenas gozó de fama en su vida. En Schumann, Mendelssohn, Liszt, Brahms y otros recayó la tarea de defender sus logros después de su muerte.

Fuente de inspiración
Schubert y sus amigos representan una charada de Adán y Eva y el pecado original en una «schubertiada» —una velada de diversión y estimulación intelectual. Este círculo de poetas, músicos y pensadores radicales le sirvió a Schubert de apoyo y de inspiración.

MONUMENTO A SCHUBERT EN VIENA

Vínculos literarios

Los compositores románticos usaron una voz nueva y personal para expresar las emociones. Se inspiraban en la naturaleza, los mitos clásicos y las leyendas medievales, así como en textos literarios como las obras teatrales de Shakespeare y los poemas de Goethe y Byron.

« ANTES

Los relatos históricos y los mitos clásicos influyeron en los compositores de ópera del Barroco.

LITERATURA Y ÓPERA

El **mito de Orfeo**, en el que el héroe músico intenta rescatar a su amada Eurídice del inframundo, inspiró obras de varios compositores, comenzando por el *Orfeo* de **Claudio Monteverdi** en 1607 **« 80–81**. Un siglo después, **Händel « 110–111** basó su ópera *Rinaldo* (1711) en *Jerusalén liberada*, poema épico sobre la Primera Cruzada del poeta italiano Torquato Tasso.

STURM UND DRANG

El movimiento literario alemán **Sturm und Drang** (tormenta y tensión) reveló su influencia en la música en la década de 1770 **« 133**, la cual se mostró de modo absolutamente evidente en la aterradora escena final de **Don Giovanni** (1787), escrita por Mozart **« 134–135**, en la que el malvado Don Juan, envuelto en humo y fuego, es arrojado al infierno.

La literatura fue la fuente de inspiración de gran parte de la mejor música escrita en el siglo XIX, desde las versiones de obras de poetas románticos clave como Goethe y Lord Byron hasta el *Rigoletto* de Verdi, basado en *El rey se divierte* de Victor Hugo.

Convertir historias a canciones

La unión más común entre literatura y música se dio en la canción. Los *Lieder* alemanes se convirtieron en una forma artística de primer orden con Franz Schubert, Robert Schumann y Hugo Wolf (pp. 154–155), quienes adaptaron textos de los grandes poetas alemanes, como Goethe, Wilhelm Müller, Heinrich Heine y Joseph von Eichendorff, usando la parte de piano tanto para dar color a las palabras o frases individuales como para describir el espíritu de la canción.

La fascinación de Fausto

La obra más importante de Goethe fue *Fausto*, un drama en dos partes que reinterpreta la historia del personaje legendario que vendió su alma al diablo a cambio de placeres mundanos y conocimiento ilimitado. La leyenda de Fausto fue adoptada con entusiasmo por los compositores, incluido Hector Berlioz (p. 188), que escribió la obra dramática *La condenación de Fausto* (1846), para cuatro solistas, un coro de siete partes y una gran orquesta.

Fausto también inspiró a Franz Liszt (p. 162) en su sinfonía *Fausto* (1857). En vez de contar entera la compleja historia, Liszt creó en cada uno de los tres movimientos un retrato musical de un personaje central. El primero, «Fausto», está en forma sonata, y se cree que su coda representa al propio compositor. El segundo retrata a Gretchen, la heroína, en tanto que el tercero, «Mefistófeles», recoge temas del primer movimiento y los transforma en mutaciones diabólicas.

Una mirada al pasado

El movimiento romántico también miraba al pasado, especialmente a las civilizaciones clásicas y a la Edad Media. Berlioz compuso su propio libreto basado en la *Eneida*, del poeta romano Virgilio, para su gran ópera de cinco actos *Los troyanos*, de 1858.

El legado de Dante
La fascinación por la Edad Media fue uno de los rasgos del romanticismo. La *Divina Comedia* del poeta italiano Dante (1265–1321), pintado aquí por Luca Signorelli, inspiró a muchos compositores románticos, incluido Liszt.

El poema narrativo de Byron *Las peregrinaciones de Childe Harold* es la base de la obra sinfónica para orquesta en cuatro movimientos de Berlioz *Harold en Italia*, de 1834. Un solo de tonos oscuros de viola —llamada «soñadora melancólica» por el compositor— representa al propio Harold. Los viajes del compositor por Italia inspiraron las melodías, los tonos y las texturas. Berlioz creía apasionadamente en el poder de la música para encarnar imágenes precisas, ideas y sentimientos intensos.

Las *Confesiones de un inglés comedor de opio* del ensayista inglés Thomas De

COMPRENDER LA MÚSICA
EL LIBRETISTA

Muchas obras literarias han servido de base a óperas. El texto no permanece intacto; los escritores llamados libretistas lo adaptan, entre otras razones, porque se tarda más en cantar las palabras que en pronunciarlas.

Las obras de Shakespeare han inspirado más de 400 obras dramáticas e incontables piezas instrumentales, desde «An Sylvia» y «Oye, oye, la alondra» de Schubert, basadas en dos sonetos, hasta *El sueño de una noche de verano* de Mendelssohn y de Britten. Verdi y sus libretistas Arrigo Boito y Francesco Piave crearon historias centradas en un único personaje, como en *Macbeth* (1847) y en *Otelo* (1887), así como un nuevo relato para *Falstaff* (1893), basada en el personaje de *Las alegres comadres de Windsor* y de *Enrique IV*.

> **«Este maravilloso libro me fascinó [...] Lo leía en las comidas, en el teatro, en la calle.»**
>
> HECTOR BERLIOZ SOBRE SU LECTURA DEL *FAUSTO* DE GOETHE, 1828

A diferencia del *glamour* superficial de la *grand opéra* parisina, *Los troyanos* se distinguía por el carácter profundo de los papeles clave de Eneas y Dido.

El poder descriptivo de la música

Los excesos financieros y amorosos del poeta inglés Lord Byron (1788–1824) lo convirtieron en el epítome del poeta romántico y sus poemas influyeron en muchos compositores. La dimensión sobrenatural de su poema *Manfred*, sobre un hombre torturado por la culpa, inspiró el *Manfred: poema dramático en tres partes* (1852) de Schumann y la sinfonía *Manfredo* (1885) de Chaikovski.

Quincey fueron la fuente de inspiración de la *Sinfonía fantástica (Episodio de la vida de un artista*, 1830) de Berlioz. Los elementos de la narración se describen con la música, por ejemplo con un vals en una gran sala de baile en el segundo movimiento y con unas lastimeras flautas de pastor (corno inglés y oboe) que se llaman una a otra, como a través de un valle, en el tercero. En el cuarto incluso se capta el sonido de una ejecución: la cabeza guillotinada cae en la cesta con el amenazante sonido del contrabajo en *pizzicato* (punteando las cuerdas), seguido de un tumultuoso *tutti* (la orquesta entera) que representa la aclamación de la multitud.

DESPUÉS »

La música popular y la clásica siguen hallando hoy inspiración en la literatura.

ORÍGENES POÉTICOS

La ópera-oratorio *Edipo rey* (1927) de **Stravinski 212–213 »** tiene texto (en latín) del poeta y dramaturgo Jean Cocteau, basado en la tragedia griega de Sófocles. En la ópera *Peter Grimes* (1945) de **Britten 280 »** se aprecia la influencia del poeta George Crabbe.

WEST SIDE STORY DE BERNSTEIN

SOMBRAS DE SHAKESPEARE

El musical *West Side Story* (1957) de **Bernstein** actualizó el romance veronés *Romeo y Julieta* situándolo en el Upper West Side de Nueva York en la década de 1950 **292 »**. Combinada con la partitura de Bernstein, la letra de **Stephen Sondheim 360 »** captó a la perfección la intensidad trágica de la relación amorosa original.

Mendelssohn (1809–1847) era escéptico con respecto a la capacidad descriptiva de la música. En una carta de 1831 a su amiga la baronesa Pereira critica el *El rey de los elfos* de Schubert por imitar «el susurro de los sauces, los gemidos del niño y el galope del caballo [...] Este tipo de cosas parecen un chiste, como esas ilustraciones de los libros de ortografía para niños donde los tejados son de color rojo brillante para que los niños se den cuenta de que, en efecto, se supone que son tejados». Pese a esto, a Mendelssohn le encargaron escribir una obertura basada en el drama romántico *Ruy Blas* de Victor Hugo, y una de sus obras más apreciadas es su interpretación de *El sueño de una noche de verano* de Shakespeare.

OBRAS CLAVE

Hector Berlioz *Sinfonía fantástica*, op. 14; *La condenación de Fausto*, op. 24

Felix Mendelssohn Obertura *Ruy Blas*, op. 95; música incidental de *El sueño de una noche de verano*, op. 61

Franz Liszt Sinfonía *Dante* S109; sinfonía *Fausto* S108

Chaikovski *Romeo y Julieta*

Verdi *Macbeth*; *Otelo*; *Falstaff*

Efectos dramáticos
En *La condenación de Fausto* de Berlioz participa una gran orquesta. La dramática ilustración de esta cubierta de la partitura es del francés Georges Fraiponi (1873–1912).

Chopin al piano
Chopin, pianista que apreciaba el refinamiento, era bienvenido en exclusivas reuniones de sociedad. En esta pintura de 1829 aparece entreteniendo a los invitados en el salón del príncipe Radziwill en Berlín.

 ANTES

El anhelo de intensidad emocional y autoexpresión instó a buscar una nueva intimidad en la música.

EXPLORADORES MUSICALES
Beethoven llevó al límite la sonata para piano clásica **‹‹ 152–153**. Su búsqueda constante de nuevas cotas de **expresión emocional y de desafío técnico** abrió la puerta para una ulterior exploración musical tras su muerte. Entretanto, el compositor y pianista irlandés **John Field** (1782–1837) escribió una música natural, nada afectada, para piano. Sus nocturnos, con melodías afiligranadas y una delicada escritura para la mano izquierda, influyeron directamente en los nocturnos de Chopin.

EL DESARROLLO DEL SOLO
La fascinación de **Schubert** por la poesía le llevó a descubrir nuevos modos de utilizar el piano de una forma expresiva en **versiones de canciones ‹‹ 154–155**. Esto marcó el inicio de un interés por las piezas musicales pequeñas y perfectamente formadas: los solos.

La **elocuencia** del **piano**

El inicio del romanticismo, junto con las mejoras en la fabricación de pianos, ofrecieron nuevas oportunidades para la expresión emocional y el esplendor técnico. Las composiciones de Chopin, Mendelssohn y Schumann ayudaron a centrar la atención en ese instrumento.

A medida que el romanticismo se extendía en Europa, el interés por la sonata tradicional y su forma rígida (pp. 104–105) empezó a menguar. Las piezas más pequeñas, por el contrario, se popularizaron, adaptándose al ansia romántica de evocar un estado anímico o de destilar una emoción intensa.

Lo pequeño es hermoso
El repertorio para piano de este periodo incluye una colección de géneros «en miniatura». Entre ellos están el vals, el

impromptu, el preludio, el nocturno, el momento musical, la bagatela, la *berceuse*, la fantasía, la polonesa, la barcarola, la mazurca, la tarantela, la balada, el *scherzo*, la rapsodia, la *novelette* y la canción sin palabras. Estos géneros, populares entre los compositores para piano que buscaban nuevos vehículos para su imaginación, también eran los preferidos del público. Las obras a mayor escala consistentes en varias partes más cortas enlazadas también fueron apreciadas en este periodo, y con frecuencia se inspiraban en la literatura.

Salones a la moda
La mayoría de recitales de piano se celebraban en los salones privados de la gente adinerada. Las sesiones musicales para pequeños grupos de invitados eran una forma popular de entretenimiento y varios compositores-intérpretes, incluido Chopin, hallaron mecenas acaudalados entre los asistentes a este tipo de eventos.

Valses y nocturnos
Según la opinión moderna, el polaco de nacimiento Frédéric Chopin (1810–1849)

«¡Quítense el sombrero, señores! Un genio.»
RESEÑA DE ROBERT SCHUMANN A LAS *VARIACIONS* DE CHOPIN SOBRE «LÀ CI DAREM LA MANO» DEL *DON GIOVANNI* DE MOZART

6 pulsos por compás	La **negra** equivale a 2 pulsos	La **corchea** equivale a 1 pulso	**Barra de compás**	Acento en el primer pulso

Cada pulso es una corchea — Acento en el primer pulso — Acento en el cuarto pulso

Ritmo de tarantela

La rápida y frenética danza de la tarantela tiene dos pulsos, cada uno subdividido en tres, con el acento en el primero y cuarto del compás. Su nombre deriva de la ciudad italiana de Tarento, que dio nombre a la tarántula. Antes se creía que el frenético baile de la tarantela podía expulsar el veneno de estas arañas.

formas del periodo clásico, Mendelssohn escribió tres sonatas bien construidas y varios conciertos para teclado.

La primera de las *Canciones sin palabras* de Mendelssohn, en mi bemol mayor, de 1829, muestra su estilo simple y directo. Esta obra, quizá su mayor legado para los pianistas, empieza con un arpegio grave para la mano izquierda sobre el que se desenrolla una atractiva melodía para la mano derecha. A una contrastante sección intermedia, armónicamente más atrevida, le sigue una breve fantasía —como una diminuta cadencia— para la mano derecha, antes de una repetición final de la sección inicial.

Mendelssohn no ornamentaba sus melodías ni usaba las armonías con la libertad o la imaginación de Chopin; tampoco explotaba a fondo el potencial del recién mejorado piano ni llevaba la técnica a cotas más altas, pero sus obras para piano deleitaban a las audiencias gracias a su encanto descriptivo y a su dulzura armónica.

Explorador musical

Aunque compuso en todos los géneros, la inspiración de Robert Schumann (1810–1856) llegó al máximo cuando escribió para el piano y la voz (p. 154). A Schumann le apasionaba la literatura, como reflejan las alusiones literarias de *Carnaval* y los sutiles cuadros de estados de ánimo de *Escenas de niños*, entre las que destaca el tierno «Ensueño». *Papillons (Mariposas)* consiste en una serie de piezas que dibujan un baile de máscaras, una idea que inspiró la novela *Flegeljahre*, del escritor romántico alemán Jean Paul.

Su fuerza como compositor para piano no residía tanto en la estructura como en el gran dominio de las posibilidades del instrumento. A Schumann le gustaba explorar texturas musicales y se deleitaba sobre todo con las ricas sonoridades del registro central del piano, descuidando a veces el registro más agudo (que Chopin, en cambio, supo explotar con brillantez).

También escribió para el nuevo pedal de *sostenuto* (pp. 142–143) del piano, haciendo de él un acompañante perfecto para la voz y otros instrumentos capaces de prolongar las notas de forma natural. Estas texturas funcionan en la música de cámara con cuerdas de Schumann, como por ejemplo el Quinteto para piano en mi bemol mayor, escrito en 1842, un año de gran energía creativa para el compositor.

OBRAS CLAVE

Frédéric Chopin Concierto para piano n.º 2 en fa menor, op. 21; Vals en la menor, op. 34, n.º 2

Felix Mendelssohn *Canciones sin palabras* en mi bemol mayor, op.19; *Variations sérieuses*, op. 54

Robert Schumann *Escenas de niños*, op. 15, n.º 7, «Ensueño»; Quinteto para piano en mi bemol mayor, op. 44

DESPUÉS »

Muchos compositores empezaron a explorar las posibilidades expresivas de los géneros más pequeños.

OBRAS MAESTRAS EN MINIATURA
Las **rapsodias y los intermedios de Johannes Brahms 172–173 »** se hacen eco de la nueva moda de las obras musicales más pequeñas. **Charles-Valentin Alkan** y **Edvard Grieg 185 »**, cuyos *Chants* y *Piezas líricas* reflejan el deseo de una expresión emocional intensa y lírica, hicieron arreglos tipo aria, «canciones sin palabras».

EL PIANO VERTICAL

MÚSICA EN EL HOGAR
El desarrollo del **piano vertical** en la década de 1780 llevó a un notable auge de la **música doméstica 170–171 »**. En respuesta a ello, los compositores y editores produjeron toda una gama de **materiales** para **aprender y practicar** destinada a los pianistas aficionados.

---

es el perfecto ejemplo del compositor-intérprete romántico: acomplejado, abandonado por su amante, afectado y, al igual que sus contemporáneos alemanes Mendelssohn y Schumann, de vida corta. Su música, casi toda compuesta para piano, se caracteriza por su delicadeza, su pasión expresiva y hondamente sentida y su lirismo. Sin embargo, su espontánea y límpida belleza enmascara un profundo conocimiento de la estructura musical que confiere a todas sus obras una satisfactoria completitud.

Los 17 valses compuestos por Chopin abarcan casi todo el espectro de su genio. La simplicidad contenida e inquietante de su Vals en la menor, por ejemplo, contrasta con el *Grande valse brillante* en mi bemol mayor, que evoca imágenes de danzantes arremolinándose en un baile.

Inspirándose en el compositor irlandés John Field, Chopin escribió 20 nocturnos (piezas que evocan la noche). Con un estado de ánimo melancólico, la mayoría consta de una melodía simple en *legato* (ligada) para la mano derecha, que flota sobre un suave acompañamiento de

Frontispicio de las mazurcas de Chopin
La mazurca, una danza tradicional polaca escrita en compás ternario y con un ritmo alegre, fue muy popular en las salas de baile y salones del siglo XIX. Chopin escribió más de 50 mazurcas para el piano.

acordes o arpegios simples con la mano izquierda. En el Nocturno en mi bemol mayor, op. 9, n.º 2, la exquisita melodía está decorada con elaboradas carrerillas y engalanados trinos cada vez que se repite, logrando una intensidad máxima antes de sumirse en tranquilos acordes repetidos.

Maestro de la armonía
Nacido en una familia judía adinerada y cultivada, el compositor y pianista Felix Mendelssohn (1809–1847) era menos atrevido que Chopin en el uso de formas musicales establecidas. Con los valores y

« ANTES

La idea del virtuoso musical ya existía en el siglo XVII, pero con Mozart y el advenimiento de la ópera cobró un nuevo significado.

EL DESEO DE ASOMBRAR

Durante el siglo XVII las cortes contrataron a los **músicos con más talento**, muchos de ellos cantantes, para impresionar a los invitados en grandes eventos. En 1710, al cantante Senesino, un favorito de Händel, le ofrecieron por cantar en Londres 2.000 libras, una suma enorme para la época. Los **instrumentistas** también querían estar en primer plano. El **violinista Giuseppe Tartini** (1692–1770) fue famoso por sus excitantes interpretaciones, sobre todo cuando tocaba su famosa sonata para violín *El trino del diablo*, que contiene un trino de gran dificultad en el movimiento final.

GIRAS Y CONCIERTOS

En el siglo XVIII, las giras de conciertos por Europa de **Mozart « 138–139**, junto a su padre y su hermana, siendo solo un niño, favorecieron su virtuosismo. Pero fue el auge de los **conciertos y óperas** en **público « 134–135**, lo que le condujo a un virtuosismo más tangible.

VIOLÍN DE TARTINI CON SU ESTUCHE

Los **virtuosos**

El virtuosismo fue una consecuencia natural de la difusión por Europa de los ideales románticos a mediados del siglo XIX. Con su nuevo énfasis en la expresión emocional, la música empezó a existir en pos de sí misma —y no solo con un propósito ceremonial— y exigía intérpretes a la altura.

Los intérpretes brillantes alcanzaron un estatus casi de dioses durante el siglo XIX. Los instrumentos se volvieron más versátiles y poderosos, los compositores tenían la mente más abierta y eran más atrevidos, y el público era más curioso y estaba cada vez más informado musicalmente.

Con las nuevas salas de conciertos, la música en vivo llegó a un público más amplio, y esta dejó de estar reservada a la corte o los hogares más adinerados. La revolución industrial hizo florecer a una clase media con aspiraciones y dinero para gastar que deseaba participar en las actividades de los privilegiados, incluido el disfrute de las artes.

La gente también estaba interesada en aprender a hacer música para ellos mismos y por eso tomaba lecciones. Con sus nuevos conocimientos, eran capaces de admirar los logros de los demás. Tenían ansias de espectáculo y querían que les asombrasen. Las dos primeras superestrellas en la Europa del siglo XIX fueron el violinista Niccolò Paganini (1782–1840) y el pianista Franz Liszt (1811–1886). Compositores además

de intérpretes, deleitaron al público de toda Europa con su indudable genialidad.

Un extraordinario violinista

Paganini nació en Génova en el seno de una familia modesta, y su padre le enseñó a tocar el violín con métodos muy rigurosos. Su tiránico padre incluso lo castigaba sin comer cuando no practicaba lo suficiente. El prodigioso progreso de Niccolò le llevó a Parma a estudiar con Alessandro Rolla, compositor y virtuoso del violín. Al oír cómo el joven Paganini leía una copia manuscrita de su nuevo concierto para violín, Rolla exclamó: «No te puedo enseñar nada, mi niño».

En 1810 Paganini emprendió una larga gira de conciertos por toda Italia. Su fenomenal técnica le permitía tocar

12 AÑOS Edad a la que Paganini hizo su primera actuación ante el público.

su propia música incomparablemente bien. Los bien conocidos *Caprichos* para violín no acompañado muestran todos los recursos característicos de Paganini: notas muy agudas, acordes (pasar el arco por más de una cuerda a la vez), trinos múltiples, dobles cuerdas en octavas en

Escaparate para Paganini

El triunfante debut de Niccolò Paganini en La Scala de Milán, en 1813, incluyó su *Le Streghe (Danza de las brujas)*, lo que confirmó su supremo virtuosismo. La Scala sigue siendo uno de los templos musicales del mundo.

Liszt, el hombre del espectáculo

Nacido en Hungría, Franz Liszt captó a la perfección el espíritu romántico. Pianista y compositor asombroso, en ocasiones se ponía un hábito de monje cuando imitaba al piano al demonio Mefistófeles.

carrerilla, *scordatura* (cambiar la afinación de ciertas cuerdas), *pizzicato* con la mano izquierda (punteando las cuerdas), golpes de arco *ricochet* (rebotando) y tocar en pizzicato y golpear el arco a la vez.

Paganini, además, explotaba su aspecto demoníaco para aumentar su celebridad como virtuoso. La calculada frialdad de su música, que se basa en la audacia técnica para crear su efecto, está muy lejos de la altamente cargada efusión de sus iguales. Aunque era un mujeriego y un jugador (invirtió en el Casino Paganini, en París, que acabó siendo un fracaso), amasó una importante fortuna. Cuando murió, en 1840, dejó 22 instrumentos de cuerda sumamente valiosos construidos por los muy apreciados fabricantes Stradivari, Amati y Guarneri.

El pianista brillante

Franz Liszt se considera como uno de los pianistas más sensacionales de la historia, así como una de las figuras más complejas de la música. Al igual que Mozart, tenía un padre muy ambicioso que explotaba el talento de su hijo. En 1823, la familia se trasladó de Viena a París, donde Liszt dio 38 recitales en solo tres meses, un calendario típico del joven Liszt durante los siguientes cuatro años.

Aunque lucrativas, las giras organizadas por su padre acabaron por dejar exhausto a Liszt, lo que afectó negativamente a su salud. A los 15 años de edad y tras la muerte de su padre, se retiró de la vida pública y empezó a dar clases.

Liszt quiso volver a escena después de escuchar cómo tocaba Paganini en 1831. Asombrado por el virtuosismo extremo del violinista y por su extraña conducta, Liszt creó su propio personaje para el espectáculo y deleitó a las audiencias tocando una gran variedad de piezas de memoria, incluidos sus propios arreglos elaborados y fantasías. Franz Liszt fue el primer pianista que levantó la tapa de su instrumento en escena y que se sentó de lado con respecto al público.

Liszt reanudó sus giras y, además de proseguir su reputada carrera como pianista, compuso prolíficamente. Su escritura para piano era emocionante y natural, y fluía de forma espontánea, tanto en obras originales tales como su

> «Mi gran **regla** en el arte es la unidad **completa** en la **diversidad**.»

PAGANINI A SU BIÓGRAFO JULIUS MAX SCHOTTKY

DESPUÉS ›››

Tras los triunfos de Paganini y de Liszt, una ola de nuevos intérpretes se hizo merecedora del calificativo «virtuoso».

MAESTROS INSTRUMENTISTAS
El violín se convirtió en un vehículo natural para la pirotecnia musical, y **Pablo Sarasate**, **Henryk Wieniawski** y **Joseph Joachim** fueron sus máximos virtuosos a finales del siglo XIX. En el siglo XX les sustituyeron **Fritz Kreisler** y **Jascha Heifetz**. La genialidad de los pianistas **Ignaz Moscheles**, **Anton Rubinstein** y **Vladimir Hórowitz** influyó enormemente en el repertorio de piano para la siguiente generación.

VIRTUOSOS VOCALES
Algunos cantantes del siglo XX, como **Enrico Caruso**, continuaron ciñéndose a la figura de **virtuoso vocal** promovida en el siglo XIX por Jenny Lind, Adelina Patti, Nellie Melba y Fyodor Chaliapin. El virtuosismo todavía existe hoy en día, aunque ha sido eclipsado en cierta medida por la celebridad mediática.

Maestro trabajando
El violinista y compositor Niccolò Paganini, cuyo aspecto cadavérico y siniestro aparece jocosamente reflejado en esta caricatura, hizo del virtuosismo un elemento aceptable en música.

célebre Sonata en si menor, como en complicadas transcripciones y fantasías sobre tonadas operísticas populares. Entre las características de estas obras figuran las octavas rápidas, los acordes muy amplios, los pasajes ferozmente rápidos para ambas manos y los trinos múltiples, aspectos técnicos todos ellos que asombran al público y desafían a los intérpretes.

Figura de culto
La vida privada de Liszt fue tan pintoresca como su presencia frente al público. El músico se fugó con una mujer casada en 1835 y tuvo varias aventuras amorosas, pero ello no fue óbice para que llegara a ser una figura de culto. Su fama se celebraba en la llamada «Lisztomania», término acuñado en 1844 por el poeta Heinrich Heine para describir el impacto de Liszt en la escena musical parisina.

Pese a ello, Franz Liszt suscitó críticas a lo largo de toda su vida. A algunos les disgustaba su exhibicionismo, mientras que otros veían una clara incongruencia en su nacionalismo, su catolicismo (en 1865 recibió las órdenes menores) y sus relaciones con las mujeres. Liszt acabó siendo un alcohólico depresivo y murió de neumonía en 1886.

OBRAS CLAVE

Niccolò Paganini *Caprichos* para violín no acompañado, op. 1

Franz Liszt *Rapsodia húngara* n.º 2 en do sostenido menor; *Sonata para piano en si menor*

Pablo Sarasate *Aires gitanos*, op. 20

Henryk Wieniawski *Scherzo-tarantelle*, op. 16

« ANTES

A inicios del siglo xix, todo lo referente a la música coral había comenzado a expandirse, incluido el tamaño de los coros, las orquestas y las dimensiones de las obras compuestas para ellos.

GRANDES OBRAS CORALES FRANCESAS

En Francia ya existía una larga tradición de encargar grandes obras corales para las ocasiones especiales. El Réquiem de 1816 de **Luigi Cherubini « 136–137,** compuesto en memoria del rey Luis XVI, fue muy admirado por Beethoven, que tenía a este compositor nacido en Italia y residente en Francia por el más grande de sus contemporáneos.

EXIGENCIAS SIN PRECEDENTES

El impulso hacia la música coral a gran escala fue alentado por **Beethoven « 152–153**, en su Sinfonía n.º 9, «Coral», y en su Missa Solemnis. La longitud y la exigencia técnica que imponían a los coros ambas obras no tenía precedentes. El ánimo de elevada y sostenida intensidad emocional con que Ludwig van Beethoven escribió para las voces fue asumido con gran entusiasmo por la siguiente generación de compositores.

Elías de Mendelssohn

Esta página muestra la línea musical que debe cantar el barítono solista en el papel de Elías. La parte orquestal solo aparece bosquejada debajo, porque Mendelssohn dejó para después la orquestación completa.

COMPOSITOR (1824–1896)

ANTON BRUCKNER

Anton Bruckner nació en Ansfelden, cerca de Linz (Austria) y antes de los 40 años de edad nunca viajó a más de 40 km de allí. De ser un sencillo maestro de escuela, Bruckner pasó a convertirse en uno de los más grandes compositores de su época.

Fue organista del monasterio de san Florián antes de mudarse a Viena, donde su natural timidez se sumó a una música de extrema originalidad para limitar su éxito. En 1894 terminó los primeros tres movimientos de su colosal Sinfonía n.º 9, pero falleció antes de completar el final.

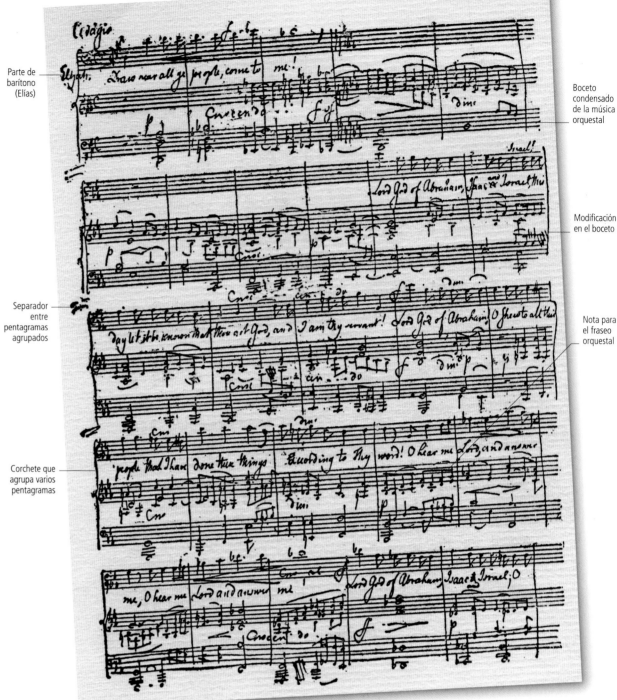

Parte de barítono (Elías)

Boceto condensado de la música orquestal

Modificación en el boceto

Separador entre pentagramas agrupados

Nota para el fraseo orquestal

Corchete que agrupa varios pentagramas

Coros sacros

Más que ningún otro género clásico, la música coral a gran escala encarnó el espíritu de grandeza romántica del siglo xix. Las obras corales sacras, ejecutadas frente a públicos cada vez mayores, reflejaban cada vez más la confianza en sí mismo del recientemente próspero ámbito urbano.

El romanticismo del siglo xix, para la música clásica, consistió en expandirse hacia nuevas áreas de intensidad psicológica y efecto dramático, utilizando muchos géneros ampliados.

En Francia, el compositor Hector Berlioz (pp. 158–159) escribió música coral a una escala grandiosa, y en 1837 le encargaron escribir un réquiem en latín. Esta nueva obra, titulada Gran misa de difuntos, se interpretó en la magnificente basílica del Dôme des Invalides, en París. Berlioz logró reunir un enorme coro de más de 400 voces y una orquesta que incluía una batería de timbales y cuatro conjuntos de viento-metal adicionales distribuidos por el interior de la basílica. A pesar de ello, el atronador efecto de los momentos álgidos quedó astutamente compensado gracias a los numerosos pasajes tranquilos, pues el compositor sabía que la acústica de una enorme iglesia transmitía los sonidos suaves tan vívidamente como los fuertes.

Dramatismo e intimidad

En su Misa de réquiem de 1874, el italiano Giuseppe Verdi (pp. 166–167) completó uno de los más grandes réquiems. En esta obra, Verdi amalgamó el enorme dramatismo de su estilo operístico con una música coral sacra, y si bien el coro y la orquesta no son tan grandes como los del réquiem de Berlioz, su efecto combinado es igual de emocionante.

El enfoque del compositor francés Gabriel Fauré (1845–1924) en su réquiem se hallaba en el polo opuesto de Verdi y de Berlioz. Fauré mostró que un réquiem

«El texto del Réquiem era una **presa** que **codiciaba** de antiguo.»

BERLIOZ EN SUS MEMORIAS, 1865

coral también podía transmitir un mundo de sentimientos más íntimo. La orquesta y el coro son pequeños y el tono de la música es suave y a modo de canción.

«Alguien dijo que mi réquiem es "una canción de cuna de muerte"», comentó luego Fauré. «Pero así es como veo yo la muerte: como una bienvenida liberación, como una aspiración hacia la felicidad del más allá».

Cuando escribió su *Réquiem alemán* entre 1865 y 1868, Johannes Brahms (pp. 172–173) basó su libreto en la Biblia luterana en alemán en lugar de seguir el texto tradicional en latín de la misa de réquiem católica. Esta obra, aunque es sacra, no es realmente litúrgica.

El auge de la sociedad coral

Brahms fue un director experimentado de un tipo de sociedad coral aficionada que había crecido en el norte de Europa. Esta tendencia reflejaba cómo estaba cambiando la propia sociedad, y con ella la música clásica. En siglos anteriores, la música sacra era territorio exclusivo de la Iglesia y de la realeza y debía adecuarse a una estructura jerárquica dada. En la época de Brahms, el crecimiento de una sociedad industrializada dio a una clase

media educada la riqueza y el tiempo de ocio suficientes para poder cultivar sus propios intereses artísticos, como músicos aficionados, pero también como público que pagaba por escuchar música. En las nuevas salas de concierto, que se habían construido con objeto de señalar el éxito civil, floreció la música coral.

En Inglaterra, la tradición coral aficionada despegó con mucho estilo durante el reinado de la reina Victoria (1837–1901), con el auge del oratorio a gran escala. El reconocimiento de la cultura alemana conllevó una demanda entusiasta de música de Felix Mendelssohn (1809–1847), de ahí que el Festival de Birmingham decidiera encargarle su magnífico oratorio *Elías* (1846), cuyo exitoso estreno dirigió el propio Mendelssohn.

Cuando finalmente Inglaterra aportó su gran compositor nativo en la persona de Edward Elgar (1857–1934), este se encontró con una tradición coral hecha y derecha para su música. La última obra de Elgar, *El sueño de Geroncio*, se estrenó

Catedral del sonido

Construido por Luis XIV para los veteranos del ejército francés, el Dôme des Invalides de París, con su inmenso espacio interior y su grandiosa acústica, acogió el estreno en 1837 del réquiem *Gran misa de difuntos* de Berlioz.

OBRAS CLAVE

Hector Berlioz *Gran misa de difuntos*; Te Deum

Felix Mendelssohn *Elías*

Johannes Brahms *Réquiem alemán*

Anton Bruckner Misas en mi menor y fa menor; Te Deum

Giuseppe Verdi *Misa de réquiem*

Gabriel Fauré *Réquiem en re menor*, op. 48

230 Miembros del coro requerido por Berlioz en su *Réquiem*. En una nota de su partitura se lee: «Si el espacio lo permite, el coro puede duplicarse o triplicarse y la orquesta incrementarse proporcionalmente».

en 1900 y está considerada como una obra maestra. Su compatriota el músico Ralph Vaughan Williams (1872–1958), gozó de un éxito apabullante con la obra *Hacia la región desconocida* en 1906 y con su *Sinfonía marina* en 1910. Ambas obras aportaban nuevas posibilidades a la música coral inglesa al inspirarse en los versos del poeta estadounidense Walt Whitman (1819–1892).

Épica europea

En Europa continental, la tradición católica de la música coral también logró prosperar. En Austria, el genio de Anton Bruckner (p. 164) floreció en la primera de sus tres grandes versiones de la misa (1864–1868). En estas obras encontró una manera de expresar su profunda fe católica por medio de una poderosa expresión armónica. Bruckner también escribió una serie de motetes corales sin acompañamiento e hizo versiones del tedeum (1884) y del salmo 150 (1892).

Otro compositor católico fue el húngaro Franz Liszt (p. 162). Una serena devoción domina sus dos oratorios corales a gran escala, *La leyenda de santa Isabel* (1862), basado en la vida de la santa nacional de Hungría, y *Christus* (1866), un enorme relato en tres partes de la vida de Cristo.

Berlioz dirigiendo «Tuba mirum»

El pintor francés Henri Fantin-Latour (1836–1904) representa dramáticamente a Berlioz dirigiendo el «Tuba mirum» de su *Gran misa de difuntos* al rodearlo de ángeles que tocan la trompeta.

DESPUÉS »

Los compositores que escribieron oratorios en el siglo xx se inspiraron en una serie de nuevas influencias.

NUEVA INSPIRACIÓN

En Inglaterra, **William Walton** (1902–1983) introdujo la **era del jazz 234–235 »** en su oratorio *Belshazzar's Feast* (1931). **Michael Tippett** (1905–1998) incorporó espirituales afroamericanos **294–295 »** en su oratorio pacifista *A Child of Our Time* (1942). Para su *War Requiem* de 1962, **Benjamin**

CUBIERTA DE LA PARTITURA DE *BELSHAZZAR'S FEAST*

Britten 280–281 » combinó la liturgia del réquiem en latín con poemas de Wilfred Owen sobre la Primera Guerra Mundial.

En Francia, el Réquiem de 1948 de Maurice Duruflé (1902–1986) se inspiró en el Réquiem y el canto llano de Fauré. **Olivier Messiaen 270–271 »** combinó a una enorme escala la modernidad avanzada y la tradición de la música coral liderada por Berlioz en su *La Transfiguration de Notre-Seigneur Jésus-Christ* (1969).

Ópera romántica

ANTES

Hacia el final del siglo XVIII, mientras el descontento y la revolución azotaban Europa, la respuesta artística inició el romanticismo.

UN NUEVO REPARTO DE PERSONAJES
En el romanticismo los compositores buscaban material fresco y nuevas maneras de expresarse. En la ópera, los personajes de la antigüedad y de la **mitología clásica ‹‹ 20–21** dieron paso a figuras heroicas más contemporáneas, desde campesinas inocentes tratadas de modo injusto hasta personajes sobrenaturales.

DESEO VEHEMENTE DE LIBERTAD
El principal precursor del movimiento romántico en la ópera fue **Beethoven ‹‹ 144–145**, en su ópera en tres actos *Fidelio*, que fue estrenada en Viena en 1805. Tanto su historia como su música encarnan el deseo vehemente de libertad frente a la opresión, lo que iba a convertirse en una característica clave de la ópera romántica.

Una serie de elementos caracterizan a la ópera romántica: la fascinación por la belleza de la naturaleza, el poder de lo diabólico y lo sobrenatural, el patriotismo y el deseo de libertad, la admiración por la simplicidad rural y el desarrollo del estilo vocal del bel canto.

La primera ópera que mostraba gran parte de estas características, y que se considera como la obra fundacional del movimiento, fue *El cazador furtivo (Der Freischütz)*, del compositor alemán Carl Maria von Weber (1786–1826). Su música evocaba los oscuros bosques alemanes y recurría a tonadas folclóricas y cuernos de caza para aportar color.

Los paisajes exóticos son una constante en la ópera romántica. En 1819 el italiano Gioachino Rossini (1792–1868) escribió *La donna del lago*. La heroína, Elena, hace su aparición mientras cruza en barca un lago escocés. La heroína de *Norma* (1831), obra de Vincenzo Bellini (1801–1835),

Paisaje inspirador
El movimiento romántico buscaba la inspiración en la historia y en paisajes llenos de dramatismo, cualidades que posee sin duda el castillo de Eilean Donan en el Loch Duich, una de las vistas más fotografiadas de Escocia.

es una sacerdotisa druida de la Galia romana, en tanto que *La sonámbula*, escrita el mismo año que *Norma*, se sitúa en los Alpes suizos. *Los puritanos* (1835), también de Bellini, transcurre en la Inglaterra de la guerra civil (1642–1651). Estos escenarios, de enorme exotismo, rara vez habían sido visitados por los compositores.

Las fuentes literarias de estos autores reflejaban el mismo interés por los lugares distantes, y los poemas narrativos y las novelas de sir Walter Scott, en concreto, les proporcionaban abundante material. Gaetano Donizetti (1797–1848) basó vagamente su ópera *Lucia di Lammermoor* en la novela histórica de Scott *La novia de Lammermoor*.

propio padre) y logra escapar de milagro a la condenación eterna.

Aunque había diferencias estilísticas y temáticas entre las óperas de Alemania, Francia e Italia, algunos compositores cruzaron las fronteras nacionales. El alemán Meyerbeer obtuvo sus mayores éxitos con óperas escritas en francés para la Opéra de París. Sus obras se desarrollan a una grandiosa escala, contra un fondo histórico infausto. Su ópera *Los hugonotes* (1836), por ejemplo, culmina en 1572 con la matanza de San Bartolomé.

«Las óperas deben hacer **llorar** a la **gente**, que se sienta horrorizada, que **muera** con el **canto**.»

EDICTO SOBRE LA ÓPERA ITALIANA DEL COMPOSITOR VINCENZO BELLINI

Como ya había hecho Weber, el alemán Heinrich Marschner (1795–1861) evocó lo sobrenatural en su ópera *El vampiro* (1828). Si bien, su macabro argumento fue puesto despiadadamente en ridículo en Londres, en 1887, por la opereta de Gilbert y Sullivan *Ruddigore* (p. 195).

La ópera *Roberto el diablo* (1831), obra de Giacomo Meyerbeer (1791–1864), presenta un héroe que es atraído hacia el diablo por el misterioso Bertram (su

Bellini, Rossini y Donizetti, seguidos durante los siguientes 50 años por el célebre Giuseppe Verdi (1813–1901), son los principales representantes del estilo romántico italiano, mientras que Wagner lideró el movimiento en Alemania.

Exquisitos cantos in extremis
Bellini y Donizetti crearon personajes femeninos llevados al límite a causa de sus situaciones. En el papel protagónico de la ópera homónima de Bellini, Norma está a punto de asesinar a sus propios hijos para vengarse de la traición de su amante. Y Lucía, la heroína de *Lucia de Lammermoor* de Donizetti, se vuelve loca cuando la obligan a casarse.

Cartel de 1831 para *La sonámbula*
Este cartel representa a la soprano Giuditta Pasta como Amina y al tenor Gian Battista Rubini como Elvino, anunciando una producción de la ópera *La sonámbula* de Bellini en el Teatro Carcano, en Milán.

Para representar la locura y la histeria se necesitaba una técnica de canto exquisita y muy depurada, junto con unas voces de soprano y de tenor aún más ágiles que poseyeran una cualidad retumbante y conscientemente hermosa, diseñada específicamente para jugar con las emociones de los oyentes. La soprano italiana Giuditta Pasta (1797–1865) fue la primera que cantó los papeles titulares de *Norma* y de *La sonámbula,* mientras que la soprano sueca Jenny Lind (pp. 168–169), muy admirada por la reina Victoria, fue famosa en toda Europa y América del Norte. El tenor francés Adolphe Nourrit (1802–1839) interpretó al primer Robert en *Roberto el diablo* y al primer Raoul en *Los hugonotes.* Estos cantantes tuvieron muchos seguidores y ganaron enormes sumas de dinero. Sus interpretaciones se consideraban como definitivas y eran desmesuradamente admiradas, o aborrecidas por los admiradores de sus rivales.

El momento álgido de la ópera romántica

Aunque nunca se conocieron, Verdi y Wagner (abajo) estaban componiendo activamente al mismo tiempo; Wagner escribió su primera ópera, *Las hadas,* en 1833 y Verdi la suya, *Oberto,* en 1839.

Richard Wagner logró llevar la ópera romántica alemana a su forma última, del mismo modo que hizo Verdi con la ópera romántica italiana. Wagner, una de las figuras más importantes del siglo XIX, escribió óperas románticas voluptuosas y sin embargo místicas. Todas sus obras importantes son para el teatro de ópera y pocos podían imitar su genio para crear colores en sus poderosas orquestaciones.

La Valkyrie

POÈME ET MUSIQUE DE

RICHARD WAGNER

PARIS: P. SCHOTT & Cie, 70, RUE DU FAUBOURG ST HONORÉ.

Valquiria de Wagner
En esta litografía en color de 1893, Eugene Grasset (1841–1917) representa el acto final de *La valquiria* de Wagner. Brunilda, una doncella guerrera, se sume en un sueño encantado por obra de su padre, el dios Wotan. Se despertará con el beso de Sigfrido en la siguiente ópera *(Sigfrido)* del ciclo wagneriano *El anillo del nibelungo,* serie de cuatro óperas monumentales a partir de leyendas nórdicas.

Wagner creía que la música debía servir al arte dramático y él mismo escribió los libretos de sus óperas (aunque no sus historias). Sin salirse del romanticismo convencional, su ópera *El holandés errante* (1843) está basada en la leyenda de un hombre condenado a navegar por el mundo hasta que encuentre a una mujer que renuncie a todo por amarle. Su ópera en tres actos *Lohengrin* (1850) narra de nuevo una leyenda medieval sobre el hijo de Parsifal (que también inspiró la ópera homónima) y está considerada como la última ópera romántica alemana de importancia.

Lohengrin señala el camino de desarrollo que se seguirá después de Wagner. Por ejemplo, su orquestación es más densa y más sombría que la de sus óperas anteriores, con menos divisiones advertibles entre los distintos números musicales. Esto prefigura su sistema composicional, basado en escribir música continua, la también llamada melodía sin fin. En la línea vocal, la música se escribe en una melodía que fluye libremente, en lugar de quedarse con la fórmula de las frases equilibradas y simétricas que se escuchaban en la época clásica (pp. 118–119).

Para mantener unidas esta música que fluye libremente y la parte dramática, Wagner utilizó el *Leitmotiv* (un tema musical corto y recurrente) en los actos como una especie de etiqueta musical para una idea, una persona, un lugar u otro elemento del drama. El *Leitmotiv* se toca cuando aparece o se menciona por primera vez un objeto, lugar o personaje y también cada vez que este reaparece, se menciona o tiene alguna influencia en el devenir de la trama, incluso si no es visible.

Wagner también desarrolló la teoría del *Gesamtkunstwerk,* que podría traducirse como «obra artística total». Según esta teoría, la ópera es una obra teatral llena de sentido y el texto, la escenografía, la actuación y la música deben trabajar juntos en una única unidad que todo lo abarca para colmar el propósito dramático central de la ópera.

Verdi escribió 26 óperas y no abandonó nunca el pasado ni puso a prueba teorías radicalmente nuevas. Deseaba refinar la ópera romántica italiana hasta alcanzar la perfección. Uno de los aspectos del ideal romántico más asociado con Verdi es su sentido del patriotismo. Muchas de sus primeras óperas contienen coros que algunos interpretan como llamamientos apenas disfrazados a los italianos para resistir la dominación extranjera. En cualquier caso, Verdi creía firmemente que las naciones tenían que adoptar su propia música nativa y conservar su estilo independiente. En particular, Verdi condenaba que se ejerciera cualquier tipo de influencia extranjera sobre los jóvenes compositores italianos. Esto significaba que mientras los compositores alemanes idealizaban el mundo natural y construían sus óperas en torno a la mitología y las leyendas, Verdi no era nada sentimental sobre ello. Según él, la naturaleza estaba allí para utilizarla, no para adorarla.

Verdi centraba toda su atención en la humanidad. Consideraba que la función primordial de la ópera era la de retratar el drama humano, narrar las historias por medio de una línea solista sencilla y directa en vez de utilizar las exuberantes extravagancias orquestales y corales de la *grand opéra* francesa. Excepto el de *Falstaff* (1893), la mayoría de los argumentos de sus óperas son serios y muchos de ellos se inspiran en obras de autores románticos.

OBRAS CLAVE

Carl Maria von Weber *El cazador furtivo*
Vincenzo Bellini *La sonámbula; Norma*
Gaetano Donizetti *Lucia de Lammermoor*
Richard Wagner *El holandés errante*
Giuseppe Verdi *Falstaff*

DESPUÉS ≫

Wagner continuó fascinando a los compositores de finales del siglo XIX, que se esforzaban para no imitarlo.

ÓPERA DE CUENTO DE HADAS
En la Alemania de finales del siglo XIX, hubo un renacer de la *Märchenoper* (ópera de cuento de hadas), como se vio en la ópera *Hansel y Gretel* (1893) de Engelbert Humperdinck (1854–1921). En ella, la música de tipo folclórico se une a una orquestación y unos *Leitmotiv* wagnerianos.

ÓPERA ALEMANA POSROMÁNTICA
Richard Strauss 222–223 ≫ adoptó las teorías de Wagner y llevó todavía más lejos los límites de la **armonía cromática.** Los estilos wagnerianos de la música continua y del uso sistemático del *Leitmotiv* pueden oírse en las óperas de Strauss.

CONCIERTOS TELEVISADOS
Plácido Domingo, Josep Carreras y Luciano Pavarotti consiguieron un gran éxito cantando un repertorio de ópera romántica en conciertos populares durante las décadas de 1990 y 2000.

LOS TRES TENORES

COMPOSITOR (1813–1883)

WILHELM RICHARD WAGNER

Nacido en Leipzig en una familia dedicada al teatro, Wagner comenzó a componer mientras trabajaba a tiempo parcial como maestro de coro en Wurzburgo y publicó sus primeras óperas costeándolas él mismo. Hasta 1864, cuando el rey Luis II de Baviera reconoció la visión artística única de Wagner y canceló todas sus deudas, el compositor no pudo gozar de estabilidad económica (tuvo incluso que realojarse varias veces para escapar de sus acreedores).

Tras un matrimonio difícil con la actriz Wilhelmine Planer, Wagner se casó con Cosima Liszt (hija de Franz Liszt) en 1870. Con ella fundó el Festival de Bayreuth, que sigue representando sus óperas cada año.

ANTES

El talento musical femenino había tenido muy pocas oportunidades de expresarse antes del siglo XIX.

PIONERAS
Santa Hildegarda de Bingen (1098–1179), abadesa alemana, escribió himnos y secuencias litúrgicas en **canto llano << 30–31**. El culto de la **diva operística** tenía sus raíces en el Renacimiento italiano **<< 66**.

INTÉRPRETES DE SALÓN
En el siglo XVIII, las mujeres empezaron a tocar en los salones privados. Nacida en Viena, **Marianne von Martinez** (1744–1812), se formó en canto, piano y composición junto a **Nicola Porpora** y **Joseph Haydn << 128–129**.

SANTA HILDEGARDA

Mujeres compositoras e intérpretes

Hasta el siglo XX, las mujeres del mundo de la música se dedicaron sobre todo a apoyar los esfuerzos musicales de otros como esposas, profesoras, anfitrionas o diaristas. Sin embargo, durante el romanticismo emergieron unas pocas compositoras y mujeres intérpretes.

Cargadas de responsabilidades domésticas e inhibidas por las convenciones sociales, las mujeres rara vez llegaron a ser músicas serias. Las incipientes clases medias valoraban la educación musical, pero esta se limitaba a la interpretación de canciones o de piezas de piano como entretenimiento.

Para las mujeres con ambición musical, los obstáculos para llegar a tener éxito eran inmensos. No era fácil encontrar empleo, ni siquiera para los intérpretes masculinos. Las posiciones en la corte menguaron en número en el siglo XIX y la Iglesia no ofrecía oportunidades para las músicas. Además, el matrimonio se tenía por una ocupación a tiempo completo, y para las solteras, pasarse la vida frente a los ojos del público se consideraba impropio.

Mujeres vocalistas

Las mujeres que musicalmente tuvieron éxito tendían a ser a la vez compositoras, cantantes y pianistas. La popularidad de la sociedad de salón del siglo XIX les ofreció más oportunidades. En París, Pauline Viardot (1821–1910) alcanzó la celebridad como mezzosoprano tras casarse con el escritor Louis Viardot, y su

Velada de salón

Las veladas de Pauline Viardot, una de las cuales se representa en esta xilografía, fueron famosas. El poeta ruso Turguéniev, que asistió a una de ellas en 1843, se enamoró de Pauline y se convirtió en un habitual.

Pianista célebre

Clara Wieck comenzó su carrera como pianista a los 11 de edad y siguió dando conciertos durante su matrimonio con Robert Schumann, a menudo estrenando las composiciones de este último.

casa atraía a artistas, músicos y escritores. Viardot hizo su debut operístico como Desdémona en la ópera *Otelo* de Verdi en Londres (1839), triunfó en el *Barbero de Sevilla* de Rossini en Rusia (1843) y estrenó el papel de Fidès en la ópera *El profeta* (1849) de Meyerbeer. Viardot, que también era compositora, escribió óperas y canciones con textos del escritor ruso Iván Turguéniev e hizo transcripciones vocales de las mazurcas de Chopin.

«Por lo que **respecta al arte**, eres lo **bastante hombre**.»

EL VIOLINISTA JOSEPH JOACHIM A CLARA SCHUMANN, 1870

La soprano Jenny Lind (1820–1887), conocida como «el ruiseñor sueco» (p. 167) apareció en primera plana en 1838 por su interpretación en la ópera *El cazador furtivo* del compositor alemán Carl Maria von Weber. Lind disfrutó de un gran éxito comercial y en 1850 el empresario estadounidense Phineas Taylor Barnum la invitó a dar una gira por EE UU, donde ofreció 93 conciertos.

Hermanos con talento

Una comparación entre Felix y Fanny Mendelssohn (1805–1847) ilustra las limitaciones que padecían las mujeres

---

OBRAS CLAVE

Louise Farrenc Sinfonía en do menor, op. 32; Noneto en mi bemol, op. 38

Fanny Mendelssohn Trío con piano, op. 11

Clara Schumann Concierto para piano en la menor, op. 7

Ethel Smyth *The Wreckers*

Amy Beach Concierto para piano, op. 45; Sinfonía en mi menor, «Gaelic»

---

dedicadas a la música. Ambos hermanos eran pianistas de gran talento y recibieron una formación muy similar, pero su padre no vaciló en reprimir la ambición de su hija. En una carta a Fanny de 1820, escribió estas severas y desalentadoras líneas: «Puede que la música llegue a ser la profesión de Felix, mientras que para ti siempre será solo un ornamento; no puede ni debe nunca convertirse en el fundamento de tu existencia».

Fanny muy rara vez tocó en público, excepto en algunos conciertos familiares de salón en Berlín, pero escribió más de 500 obras, entre ellas unas 120 piezas para piano, música de cámara, *Lieder* (canciones) y oratorios. Inicialmente, su familia le impidió que publicara sus obras, por lo que seis de sus *Lieder* se publicaron primero con el nombre de su hermano. Muchas de sus composiciones no pasaron del estadio de manuscrito.

Cuando un pequeño número de ellas llegó finalmente a la imprenta, la revista de música *Die neue Zeitschrift*, cofundada por Robert Schumann, expresó su sorpresa al saber que eran de una mujer. Las piezas para piano de Fanny Mendelssohn, en especial las sonatas y otras piezas más cortas y exuberantes, se escuchan ocasionalmente en los recitales actuales.

Música célebre

Clara Wieck (1819–1996), casada con el célebre Robert Schumann, fue unas de las pocas instrumentistas que gozó de extensa fama en su época.

Diario de viajes

En 1839, Fanny Mendelssohn emprendió una gira de conciertos por Italia. Copió distintas piezas musicales en su diario de viajes y su marido, el artista Wilhelm Hansen, las ilustró y añadió la viñeta de la cabecera.

Era una pianista de enorme talento y hacia los 20 años de edad fue nombrada virtuosa de cámara de la corte de Viena. Al morir su marido en 1856, Clara, justa de dinero, emprendió giras de conciertos que la llevaron a visitar Rusia e Inglaterra más de 16 veces. Elogiada tanto por su maestría técnica como por su respeto por las intenciones del compositor, también fue renombrada por elegir un repertorio progresista. Clara fue una defensora de las obras de su finado marido y también de las de Chopin y de su gran amigo Brahms.

> **$350.000** La suma que ganó Jenny Lind en su gira por EE UU de 1850.

A pesar de haber afirmado en 1839 que la composición no era importante para ella, Clara escribió obras originales para piano, incluido un concierto, canciones y un trío con piano. Por su imaginación poética, su melodía lírica, su estructura armónica y sus ideas musicales coherentes, estas obras continúan atrayendo al público.

Compositora y erudita

Una de las primeras mujeres que logró destacar como compositora y erudita fue Louise Farrenc (1804–1875). Louise estudió en el conservatorio de París y más tarde fue nombrada catedrática de piano allí a los 38 años de edad. Un siglo antes de que el interés por la música se empezara a tomar en serio, Farrenc estableció firmemente sus credenciales como erudita con la publicación de la obra en 24 volúmenes que lleva por título *Trésor des pianistes*, una colección anotada de música para instrumentos de teclado de los tres siglos anteriores.

Gracias a su matrimonio con el editor de música Aristide Farrenc, también

---

DESPUÉS »

Durante la primera mitad del siglo xx aparecieron varias compositoras de éxito en Europa y en EE UU.

HISTORIAS DE ÉXITO

En Gran Bretaña, **Dame Ethel Smyth** (1858–1944) estrenó su ópera *The Wreckers* en 1906. En Francia, las hermanas **Lili Boulanger** (1893–1918) y **Nadia Boulanger** (1887–1979) fueron influyentes compositoras y profesoras de Philip Glass, Virgil Thomson y Astor Piazzolla.

En EE UU también hubo compositoras muy notables, como **Amy Beach** (1867–1944), que compuso música artística a gran escala, o la célebre y vanguardista **Ruth Crawford Seeger** (1901–1953).

NADIA BOULANGER

adquirió reputación como compositora, ya que con ello se aseguró la publicación de sus composiciones. Su obra incluye piezas para piano y obras a gran escala que fueron muy admiradas por Hector Berlioz por su brillante orquestación.

Viñeta realizada por el marido de Fanny Mendelssohn, Wilhelm Hansen

Indicaciones para la interpretación

Música doméstica

En el siglo xix, una clase media que crecía con rapidez tuvo el dinero, la educación y el tiempo de ocio suficientes para interpretar y apreciar la música. Esta se tornó indispensable en la esfera doméstica, como una forma de entretenimiento fundamental y para el avance social.

Los avances del siglo xix a nivel tecnológico e industrial hicieron que los instrumentos fueran más baratos y compactos. Esto provocó una demanda de música para instrumentos solistas y conjuntos que pudiera tocarse en las casas y se dio una explosión de obras de música de cámara, transcripciones para distintos instrumentos y piezas para solistas.

« ANTES

Hasta la aparición de una importante clase media, la diferencia entre la creación de música por la clase alta y la popular siguió siendo invariable.

MELODÍAS Y BALADAS

El **clave**, el **laúd**, o incluso una pequeña **orquesta** privada proporcionaban música a los ricos; el **violín**, la voz humana y quizás un pájaro enjaulado era todo lo que había para casi todos los demás. Los compositores escribían para la Iglesia, la corte y la escena. La música cantada o tocada en los hogares consistía la mayoría de veces en **melodías folclóricas** transmitidas de generación en generación, o **baladas** populares, las cuales proliferaron entre los siglos xvi y xviii.

Invitación a la danza

«The Sparkling Polka» («La polca centelleante») de Thomas Baker fue publicada por Horace Waters en Nueva York en 1850. Además de tocar y cantar, la gente también bailaba en casa.

La urbanización, los cambios en los modos de trabajo, y la movilidad social que trajo consigo la revolución industrial suscitaron una oposición a la industrialización y un auge del romanticismo. Los compositores románticos idealizaban la vida del hombre común, defendían el mundo natural, y enfatizaban las emociones, ampliando el atractivo de la música «seria», hasta entonces formal en la construcción y en el tono.

Más tiempo de ocio

Al mismo tiempo, el auge de la burguesía en Europa y en EE UU mejoró los niveles de educación y dilató el tiempo de ocio. A medida que la educación llevaba a un mayor interés y apreciación de la música, la habilidad musical devino un medio muy estimado para escalar socialmente. La música era también un inestimable entretenimiento durante las largas noches en el salón.

Los sistemas de producción en masa permitieron una gran proliferación de las partituras, la cual colmó las nuevas ansias

de música en el hogar. Este incipiente mercado coincidió con el final del modelo tradicional de mecenazgo aristocrático que financiaba la creación de música y a los compositores (pp. 84–85). Al no gozar de las oportunidades en las cortes principescas de las que habían dependido sus predecesores del siglo xviii, los músicos del xix se dedicaron a la interpretación solista en recitales públicos o en fiestas privadas, lo que potenció todavía más la creación de música de cámara.

Instrumentos solistas

Saber tocar bien un instrumento musical era un aspecto importante de la buena educación, especialmente para las chicas. La gama de instrumentos que se tocaban en casa era extensa e incluía el arpa, el violín, el chelo, el armonio, instrumentos de viento-madera, y, en EE UU, el banjo y el acordeón. Sin embargo, ninguno era tan popular como el piano, ideal para las interpretaciones solistas y para acompañar otros instrumentos, cantantes o danzas.

A medida que se desarrollaban pianos más baratos y compactos, apropiados incluso para las habitaciones pequeñas, cada hogar respetable tuvo uno y, hasta bien entrado el siglo xx, siguió siendo un componente muy importante de la vida

doméstica. Con la proliferación de obras para piano solista, se asistió a una oleada de piezas exigentes, con nuevos nombres acuñados para describirlas: a las sonatas se unieron los nocturnos, las mazurcas, las polonesas, los estudios o *études* y los impromptus. Entre los compositores que escribían para piano solista, destacaron especialmente Schubert (pp. 156–157), Chopin (pp. 160–161) y el versátil Franz Liszt (pp. 162–163). Al mismo tiempo, los dúos y las piezas para cuatro manos se volvieron inmensamente populares.

Con el piano como herramienta básica para hacer música, las transcripciones se convirtieron en el medio de propagar la música seria, de las arias a los oratorios. Liszt elevó este arte con transcripciones de sinfonías de Beethoven y Berlioz y con originales variaciones de partituras

OBRAS CLAVE

Henry Bishop «Home Sweet Home»

Franz Schubert *Viaje de invierno (Winterreise)*

Frédéric Chopin *Nocturnos*

Franz Liszt Transcripción para piano de la *Sinfonía fantástica* de Berlioz

Sir Arthur Sullivan «The Lost Chord»

Johannes Brahms *Tres Sonatas para violín*

Max Bruch Ocho piezas para clarinete, viola y piano, op. 83

ESCRITOR DE CANCIONES (1826–1864)

STEPHEN FOSTER

Conocido como «el padre de la música estadounidense», Foster fue el primer escritor de canciones plenamente profesional. Entre sus canciones de salón figuraban «Jeanie with the Light Brown Hair» y «Beautiful Dreamer», y entre las del género minstrel, «The Old Folks at Home», «Camptown Races» y «Oh! Susanna». La nueva manera de crear música de Foster iba destinada al cantante doméstico y al aficionado.

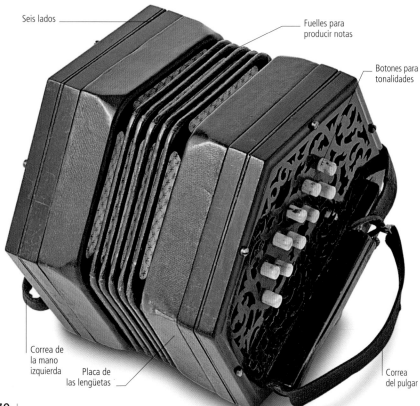

Seis lados

Fuelles para producir notas

Botones para tonalidades

Correa de la mano izquierda

Placa de las lengüetas

Correa del pulgar

Favorito de las familias

La concertina, inventada en Inglaterra y Alemania en las décadas de 1830 y 1840, era popular en los hogares anglosajones. De la familia del acordeón, sus botones se presionan individualmente en vez de como acordes.

El salón victoriano
Christmas Carols, del artista británico Walter Dendy Sadler (1854–1923), muestra una familia idealizada cantando alrededor de un piano. Se esperaba que cada miembro de la familia tocara un instrumento o añadiera su voz en las reuniones.

operísticas que popularizaron las obras originales. Como las familias numerosas o con grupos de amigos podían formar pequeños conjuntos, o contratarlos para que tocaran en veladas, la música de cámara era muy demandada.

Otros instrumentos se unieron al piano para formar dúos o tríos. Estos grupos —con o sin piano— resultaban fáciles

con la música instrumental, como el compositor de ópera italiano Gaetano Donizetti (p. 166).

La versátil voz
El romanticismo fue la edad de oro de la canción: de baladas populares, himnos y canciones folclóricas a sofisticados ciclos de canciones y arias operísticas. El canto

«La música quita **del alma el polvo** de la vida cotidiana.»

EL POETA Y AUTOR ALEMÁN BERTHOLD AUERBACH (1812–1882)

de gestionar en el salón, en tanto que los conjuntos más grandes constituían el foco de atención en reuniones más formales.

La pasión por la música de cámara creó una demanda insaciable de cuartetos que los compositores trataron de satisfacer, incluso quienes no se solían identificar

era popular y las sensibleras «canciones de salón», que no solían exigir una gran pericia vocal, se publicaron a millares. También había una gran demanda de poemas musicalizados, de canciones que celebraban eventos importantes y de los últimos éxitos de las estrellas de vodevil.

DESPUÉS »

La música interpretada en casa fue sustituida gradualmente por aparatos que al girar una manivela o pulsar un interruptor traían la música al hogar.

GRAMÓFONO ANTIGUO
El **fonógrafo** de Thomas Edison (1877) empezó a traer a las casas la música de fuera. Las grabaciones de música más antiguas que se conservan son de música coral de Händel, hechas en 1888 en el Crystal Palace de Londres. El **gramófono**, con discos grabados por un lado, empezó a sustituir a los cilindros de cera hacia

principios del siglo xx. Gracias a él, muchas familias escucharon el sonido de una orquesta o de grandes cantantes por primera vez.

A partir de la década de 1920, la **radio 260–261** » sustituyó a la producción de música como pasatiempo doméstico principal. Al mismo tiempo, la gente se entretenía cada vez más fuera de casa, por ejemplo, en el cine.

INSTRUMENTOS PORTÁTILES
El **piano** siguió siendo un símbolo de respetabilidad y éxito en el hogar, pero por las limitaciones de espacio y de gasto, se popularizaron instrumentos portátiles como la **guitarra**.

GRAMÓFONO ANTIGUO

COMPOSITOR Nacido en 1833 Fallecido en 1897

Johannes Brahms

«Alguien […] destinado a dar una **expresión ideal** al **espíritu** de los **tiempos**.»

ROBERT SCHUMANN SOBRE BRAHMS EN *NEUE ZEITSCHRIFT FÜR MUSIK*, 1853

Formó parte de la culminación de una herencia musical alemana que se remontaba a Bach y Beethoven. La música de Brahms combinaba el romanticismo con la tradición clásica en obras de alcance intelectual y emocional, ricas en melodía, ímpetu y dinámica.

Apoyo familiar

Era el segundo hijo de un contrabajista casado con una costurera 17 años mayor que él, y su infancia transcurrió en Hamburgo en circunstancias modestas. Aun así, cuando Johannes reveló un interés precoz por la música, su padre le colocó con un talentoso profesor de piano, Friedrich Wilhelm Cossel. Impresionado por el talento de su alumno, el profesor lo mandó con Eduard Marxsen, un compositor, pianista y profesor que animó a Brahms a componer además de tocar el piano. Marxsen inculcó en su discípulo una reverencia por las grandes obras de Beethoven, Mozart, Haydn y Bach. Siendo adolescente, Brahms contribuyó a la economía de la familia tocando

Orígenes humildes
Brahms pasó su infancia en este atestado bloque de apartamentos cercano a los muelles de Hamburgo. Había poco dinero y sus padres lucharon por mantener a Brahms y a sus hermanos.

el piano en tabernas de Hamburgo. Pero él aspiraba a un nivel más alto de interpretación y en 1853 emprendió una gira de conciertos con Eduard Remenyi, un joven violinista, lo que constituyó un momento clave de su vida.

Los Schumann
A través de Remenyi, Brahms conoció al violinista Joseph Joachim, que se entusiasmó mucho con la «originalidad y la potencia» de las composiciones de Brahms y le presentó al pianista y compositor Franz Liszt (p. 162). Liszt y Brahms no congeniaron, pero el encuentro con el compositor romántico Robert Schumann y su mujer, Clara, también pianista, tuvo mucho más éxito (p. 154). A los Schumann les

El joven Brahms
De joven, Johannes Brahms impresionaba a la gente con su presencia física así como con su talento musical. No obstante, no consiguió la fama hasta pasados los treinta.

Partitura de la *Rapsodia para contralto*
Compuesta en 1869, esta obra fue un regalo de bodas para la hija de Clara Schumann, Julie. Brahms revisó las partituras varias veces, en busca de la perfección.

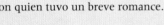

La taberna favorita
Emblema de la taberna El erizo rojo en Viena, donde Brahms, que llevaba un estilo de vida modesto y metódico, cenaba cada día durante la década de 1870.

gustaron el joven y su música. Robert Schumann publicó un artículo titulado «Nuevas sendas» en la revista *Neue Zeitschrift für Musik (Nueva revista de música)*, que describía al veinteañero Brahms como un «hombre del destino».

En 1854, la frágil salud mental de Robert Schumann se desmoronó. Tras un intento de suicidio, lo confinaron en un asilo y Brahms puso su carrera en compás de espera para ayudar a Clara en esta crisis. Tras la muerte de Schumann en 1856, Brahms y Clara mantuvieron su íntima amistad pero no se sabe si mantuvieron una relación amorosa. Puede que la lealtad para con ella se interpusiera en el camino de otras relaciones, como con Agathe von Siebold, con quien tuvo un breve romance.

Altos y bajos

Entre 1857 y 1859, Brahms trabajó durante tres temporadas como director musical del conde Leopoldo III. Su agitación emocional en este periodo quedó reflejada en su Concierto para piano n.º 1 de 1859. La respuesta del público a sus primeras interpretaciones fue entre poco entusiasta y netamente hostil. En 1860, Brahms lanzó un ataque público contra la escuela neolemana liderada por Richard Wagner y Franz Liszt. La adhesión de estos últimos a las nuevas formas, como por ejemplo el poema sinfónico, ofendió a Brahms y a otros que seguían apostando por las formas clásicas como la sinfonía de cuatro movimientos y la sonata.

Piano de Brahms
Renombrado pianista, Brahms tocó este piano como músico de la corte. No obstante, ya resultaba anticuado y Brahms prefería el piano de cola.

En la década de 1860, Brahms se ganaba bien la vida dando conciertos y componiendo pero no tenía una gran reputación. Esto cambió con su *Réquiem alemán* en 1868. Inspirada en la pena por la muerte de su madre, esta obra coral a gran escala lo convirtió en uno de los más notables compositores de su época. Brahms emprendió una serie de sinfonías y conciertos, asumiendo como propio el lugar de Beethoven. Como perfeccionista que era, se esforzó por completar todas sus composiciones, mas su producción fue muy extensa: piezas orquestales y corales, obras para piano y para conjuntos de cámara, preludios de órgano y canciones.

Con el éxito de sus obras y la gran demanda de sus servicios como director de orquesta y como pianista ganó mucho dinero y para buscar inspiración viajó al extranjero, sobre todo a Italia. Pero sus últimos años se vieron ensombrecidos por la enfermedad y por el fallecimiento de sus mejores amigos, incluida Clara. En sus últimas obras, como las *Cuatro canciones serias* de 1896, el compositor reflexionó sobre la fugacidad de la vida.

Tras una dura batalla contra el cáncer, Brahms falleció en abril de 1897. Fue enterrado en el cementerio central de Viena, cerca de las tumbas de Schubert y Beethoven.

OBRAS CLAVE

Réquiem alemán, op. 45

Variaciones sobre un tema de Paganini, op. 35

Obertura *Festival académico*, op. 80

Sinfonías: n.º 1 en do menor, op. 68; n.º 2 en re mayor, op 78; n.º 3 en fa mayor, op. 90; n.º 4 en mi menor, op. 98

Conciertos para piano: n.º 1 en re menor, op. 15; n.º 2 en si bemol mayor, op. 83

Concierto para violín en re mayor, op. 77

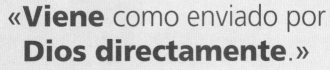

«**Viene** como enviado por **Dios directamente**.»
CLARA SCHUMANN SOBRE BRAHMS, EN SU DIARIO, SEPTIEMBRE DE 1853

CRONOLOGÍA

■ **7 de mayo de 1833** Nace en Hamburgo (Alemania), hijo de una costurera y un músico.

■ **1843** Empieza a aprender composición y piano con el músico vienés Eduard Marxsen.

■ **21 de septiembre de 1848** Da su primer recital de piano en Hamburgo.

■ **Abril-mayo de 1853** En su primera gira de conciertos conoce a Franz Liszt, quien interpreta su *Scherzo*.

■ **Septiembre-octubre de 1853** Visita a Robert y Clara Schumann en Düsseldorf.

■ **Febrero de 1854** Confinan a Schumann en un asilo. Brahms se convierte en el compañero más cercano de Clara Schumann.

■ **29 de julio de 1856** Fallece Robert Schumann.

■ **Septiembre-diciembre de 1857** La primera de las tres temporadas como director musical del conde Leopoldo III.

■ **1859** Solista en el estreno de su Concierto para piano n.º 1, op. 15, en Leipzig.

■ **1860** Publica un manifiesto en el que ataca la influencia de la escuela neoalemana de Richard Wagner y Franz Liszt.

■ **1863** Completa su obra para virtuoso del piano *Variaciones sobre un tema de Paganini*, op. 35.

■ **2 de febrero de 1865** Fallece su madre.

■ **10 de abril de 1868** La primera interpretación del *Réquiem alemán*, op. 45, en la catedral de Bremen hace crecer su reputación.

■ **1869** Publica dos libros de danzas húngaras, que son un éxito popular.

■ **1871** Se establece en Viena, donde es nombrado director de la orquesta de la Gesellschaft der Musikfreunde (Sociedad de Amigos de la Música).

■ **4 de noviembre de 1876** Se estrena en Karlsruhe su Sinfonía n.º 1, op. 68.

■ **30 de diciembre de 1877** Se interpreta en Viena su Sinfonía n.º 2, op. 78.

■ **1878** Completa su Concierto para violín en re mayor, op. 77.

■ **4 de enero de 1881** Se estrena la obertura *Festival académico*, op. 80, en la Universidad de Breslau.

■ **9 de noviembre de 1881** Se estrena el Concierto para piano n.º 2, op. 83, en Budapest.

BRAHMS EN SUS ÚLTIMOS AÑOS

■ **2 de diciembre de 1883** Se estrena su Sinfonía n.º 3, op. 90, en Viena.

■ **25 de octubre de 1885** Dirige el estreno de su Sinfonía n.º 4, op. 98, en Meiningen.

■ **1889** Graba una de sus danzas húngaras en el recién inventado fonógrafo.

■ **20 de mayo de 1896** Fallece Clara Schumann.

■ **3 de abril de 1897** Brahms muere de cáncer. Le entierran en el Zentralfriedhof de Viena.

El vals vienés

El vals, un baile para parejas en compás de 3/4, alcanzó su máxima popularidad en Viena a mediados del siglo XIX. De los compositores que entonces cubrieron la demanda de música de baile, ninguno tuvo tanto éxito como Johann Strauss II, conocido como el «rey del vals».

Danubio azul
Johann Strauss II escribió inicialmente su vals más popular, *Danubio azul* (1867), como una obra coral, pero no se tardó mucho en suprimir la letra.

◀◀ **A N T E S**

A finales del siglo XVIII, los bailes folclóricos eran para la gente corriente, mientras que los de la clase alta eran más majestuosos.

ABRAZOS ESTRECHOS
Los **orígenes del vals** no están claros, pero los bailes en que las parejas se enlazaban en un estrecho abrazo eran populares en el sur de Alemania y en Austria. Había algunas variantes regionales, conocidas en conjunto como *Deutsche Tänze* (danzas alemanas).

BAILE CAMPESINO AUSTRIACO
De estos bailes, el más cercano al vals era el *Ländler* de la alta Austria, un baile campesino en compás ternario que a veces incluía palmas y zapateos. Tanto **Haydn ◀◀ 128–129**, como **Mozart ◀◀ 138–139** y **Schubert ◀◀ 156–157** utilizaron el distintivo ritmo del *Ländler* como una alternativa al más señorial minueto en sus composiciones.

El vals (del alemán *walzen*, «hacer rodar»), surgió como un baile de salón en Austria y Alemania en la segunda mitad del siglo XVIII. Hacia el año 1800, ya hacía furor en Europa, aunque algunos lo consideraban inmoral por el estrecho contacto físico que suponía, además de poco saludable por su velocidad. Los movimientos eran libres al inicio, pero los manuales de baile, como *A Description of the Correct Method of Waltzing* (1816) de Thomas Wilson, no tardaron en describir pasos precisos.

Compositores de vals

Michael Pamer (1782–1827) fue uno de los primeros compositores que se especializaron en valses. Pamer tocaba cada noche en la taberna Pera dorada de Viena. Joseph Lanner (1801–1843) y Johann Strauss (1804–1849), dos jóvenes miembros de la banda de Pamer, se beneficiaron de su éxito y cada uno de ellos formó su propia orquesta. Lanner y Strauss escribieron numerosas piezas y gracias a sus giras por el extranjero hicieron oír su música a un público cada vez más amplio. Johann Strauss fue quien transformó el vals de un baile rural de campesinos en el baile más elegante que conocemos hoy día: una introducción lenta, cinco repeticiones de la melodía principal del vals y finalmente una corta coda o sección final. En realidad, la obra más conocida de Strauss no es un vals sino la *Marcha Radetzky* (1848), así llamada en honor a un general austriaco.

Una dinastía musical

Tres de los hijos de Strauss se hicieron músicos, pero el mayor, Johann II (1825–1899), llegó a ser el compositor de vals más famoso de todos. Johann II amplió la sección intermedia del vals y modificó la escritura orquestal. Para

OBRAS CLAVE

Joseph Lanner Valses «Die Schönbrunner»

Johann Strauss I *Lorelei Rheinklänge (Sonidos del Lorelei en el Rin)*

Johann Strauss II *Danubio azul; Vals del emperador*

Josef Strauss *Perlen der Liebe (Perlas de amor)*

Karl Michael Ziehrer *Ciudadanos vieneses (Wiener Bürger)*

entonces los compositores ya habían empezado a escribir valses como piezas de concierto en vez de puramente como música de baile. *La invitación a la danza* (1819), para piano, de Carl Maria von Weber fue uno de los primeros grandes conciertos de vals, más tarde orquestado por Berlioz. Schubert, Liszt, Chopin y

> **EL JOVEN Johann Strauss II** apoyó la revolución de 1848 en Viena, pero cambió de idea cuando sus opiniones políticas amenazaron su carrera.

Brahms escribieron valses para el piano, pero el vals también aparece en el ballet *Copelia* (1870) de Delibes y en la ópera *Eugenio Oneguín* (1879) de Chaikovski. No obstante, en las salas de baile pocos podían rivalizar con los Strauss. Dos que se les acercaron fueron el austriaco Karl Michael Ziehrer (1843–1922), cuyo *Ciudadanos vieneses* fue un éxito en 1890, y el francés Émile Waldteufel (1837–1915), cuyo vals de 1882 *Los patinadores* sigue siendo un favorito hoy día.

Ritmo de vals
El vals tiene siempre tres pulsos por compás, con un gran énfasis en el primero, que corresponde al paso amplio que los bailarines dan en este pulso.

3 pulsos por compás — **Negra**

1   2   3   1   2   3

La negra es un pulso   Acento en el primer pulso   **Barra de compás**   Acento en el primer pulso

COMPOSITOR (1825–1899)

JOHANN STRAUSS II

Johann Strauss II, hijo del compositor homónimo, nació cerca de Viena. Su padre quería que hiciera carrera en la banca, por lo que de niño estudió el violín en secreto. Aunque trabajó brevemente en un banco, en 1844 ya dirigía su propio conjunto en Viena. Tras la muerte de su padre, fusionó la orquesta de este con la suya y no tardó en ser aún más popular que su progenitor. Aunque residía en Viena, dio giras por Europa y tocó con regularidad en Rusia. Cuando su salud menguó, su hermano Josef devino director de su orquesta y Johann pudo concentrarse en la composición. Además de sus valses, Strauss escribió polcas, tales como *Tritsch-Tratsch-Polka* (1858) y operetas, incluida *El murciélago* (1874).

D E S P U É S ▶▶

El apogeo del vals vienés terminó con la Primera Guerra Mundial, pero el baile sigue siendo popular en el siglo XXI.

PASTICHES MODERNOS
Los compositores de principios del siglo XX utilizaron el vals a veces de forma nostálgica —**Richard Strauss 222–223** ▶▶ homenajeó a su tocayo de apellido en su ópera de 1911 *El caballero de la rosa*— y otras veces de un modo más irónico, como en la obra orquestal *La valse* (1920) de **Maurice Ravel 204–205** ▶▶.

VALSES DE CONCURSOS DE BAILE
El vals lento sobrevive como parte del repertorio de los concursos de baile, con nuevas piezas de compositores de música ligera como Eric Coates (1886–1957).

MÚSICA POPULAR
Richard Rodgers, de Rodgers y Hammerstein **286** ▶▶ fue el compositor estrella de valses estadounidense en el siglo XX con «Lover» y «Oh, What a Beautiful Mornin'».

Baile imperial en Viena
Esta pintura de Wilhelm Gause muestra a una pareja bailando el vals en el baile imperial anual. Este fastuoso evento se celebraba en el palacio de Hofburg, en Viena, y a él asistía el emperador Francisco José I (1830–1916).

Nacionalismos

El culto del individuo fue una característica del periodo romántico, y la individualidad de las naciones se convirtió en uno de los temas de la cultura europea. Los compositores se inspiraron en los aspectos únicos de su país, especialmente en las canciones populares y los paisajes.

ANTES

La cultura folclórica nacional aumentó en Europa desde principios del siglo XIX, cuando los compositores encontraron maneras de integrar los lenguajes folclóricos en su música.

EL CATALIZADOR ALEMÁN

Si bien en el siglo XVIII hubo cierto interés por las características nacionales en la música, fueron eclipsados por la aparición de la **sinfonía ‹‹ 126–127**, la **sonata ‹‹ 122–123** y el **concierto ‹‹ 140–141**. Entre las primeras obras «nacionalistas» figura la ópera *El cazador furtivo* (1820) de Carl Maria von Weber. Basada en una leyenda alemana, rebosaba de elementos que apelaban al **espíritu romántico** alemán, tales como una heroína pura, un príncipe, unos aldeanos humildes, un villano y lo sobrenatural.

AGUATINTA DE UN DECORADO PARA *EL CAZADOR FURTIVO*

COMPRENDER LA MÚSICA

EL POEMA SINFÓNICO

El poema sinfónico, un vehículo perfecto para la expresión romántica nacionalista, era una pieza orquestal inspirada en una fuente literaria u otra fuente no musical. A los nacionalistas rusos (pp. 180–181) les atraía especialmente este género. *Una noche en el monte Pelado* de Modest Músorgski y *En las estepas de Asia Central* de Aleksandr Borodín evocan representaciones auditivas de sus títulos. En Francia, *La siesta de un fauno*, pieza de Claude Debussy es una exquisita miniatura probablemente inspirada en la delicadeza impresionista de la pintura francesa de la época. Su célebre tríptico *El mar* ilustra la misma pasión francesa por crear impresiones (pp. 204–205). El finlandés Jean Sibelius adoptó la forma del poema sinfónico en las obras *Finlandia* y *Tapiola*, cuyas ricas instrumentaciones e intensas armonías logran transmitir la sensación de orgullo del compositor por su patria (p. 184).

Las guerras y las agitaciones políticas que asolaron Europa en el siglo XIX desencadenaron un apetito voraz por las cualidades «nacionales» de la música. Los resultados de esto variaban de la aplicación superficial del color local en la forma de ritmos de baile folclóricos a una expresión apasionada y sin pulir del carácter nacional.

Inicialmente, el nacionalismo fue más obvio en la música de Europa central y oriental, donde la cultura y las canciones folclóricas eran aspectos esenciales de la vida campesina, y tardó más en llegar al oeste y sur de Europa y a Escandinavia. Gran parte del atractivo de la música nacionalista lo constituían los vislumbres que ofrecía de las culturas distantes.

Europa oriental

Los compositores checos mostraban un enorme interés en la creación de retratos musicales capaces de captar su paisaje nacional (pp. 146–147). Los seis poemas sinfónicos que forman *Má Vlast* (*Mi patria*, 1874–1879), obra de Bedrich Smetana,

> **1892** Año en que Dvořák fue nombrado director del Conservatorio Nacional de Música en Nueva York, con un salario de 15.000 dólares al año.

describen escenarios de Bohemia, incluido el castillo de Praga, bosques y campos, y las montañas donde duerme el mítico ejército del santo patrón san Wenceslao. El más célebre es el segundo movimiento, «Vltava», que detalla cómo discurre el río (Moldava en español) a través de Praga. Sus susurrantes dieciséis notas iniciales describen el fluir constante del río, mientras que una melodía intensa, amplia y de fuerte carácter patriótico navega con orgullo por encima.

> «Mi **patria significa más para mí** que cualquier otra cosa.»
>
> BEDRICH SMETANA, CARTA A UN AMIGO

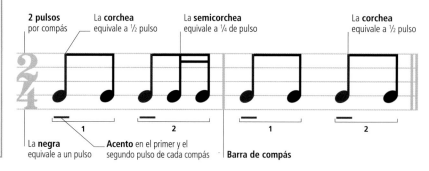

Música acuática
El nacionalismo italiano, evidente en las óperas de Giuseppe Verdi, inspiró la música de Ottorino Respighi (1879–1936). Su *Trilogía romana* celebraba las fiestas, los pinos y las fuentes de Roma, como la de Trevi.

El también checo Antonín Dvořák (1841–1904) fue uno de los compositores nacionalistas más exitosos. Sus *Danzas eslavas*, que tomaban como modelo las *Danzas húngaras* de Brahms, muestran un hábil empleo de los ritmos eslavos, mientras que las melodías son de su propia creación. De las nueve sinfonías de Dvořák, la séptima tiene un oscuro sabor eslavo, mientras que la espléndida octava transmite el sentimiento de una alegre celebración folclórica. La novena, «Del nuevo mundo», la escribió el compositor cuando estaba en EE UU. Si bien Dvořák siempre sostuvo que la música tradicional de EE UU podía entretejerse y originar nuevas composiciones, el tema del movimiento lento con corno inglés «Goin' Home», que parece un espiritual negro, fue de su propia creación.

La difusión de las ideas

Los compositores empezaron a viajar cada vez más lejos, lo que les expuso a influencias frescas y permitió la aparición y el intercambio de nuevas ideas. En París, para satisfacer la afición por lo foráneo y exótico, Frédéric Chopin (pp. 160–161) tocó mazurcas y polonesas inspiradas en danzas folclóricas polacas. La imagen húngara de Franz Liszt —expresada en sus *Rapsodias húngaras*— exacerbó el culto por este compositor (pp. 162–163).

Puede que el movimiento nacionalista tardara en materializarse en Rusia, pero una vez estuvo enraizado resultó muy poderoso. Antes de que el nacionalismo ruso saltara a la palestra con Mijaíl Glinka y los compositores conocidos como los Cinco (pp. 180–181), otros compositores no nacionalistas como el autor italiano Catterino Cavos (1775–1840) empezaron a componer óperas para textos en ruso, yendo así en contra de la preferencia imperante por los textos en italiano. Inspirado por la victoria en 1812 de Rusia sobre Napoleón, Cavos produjo el mismo año el ballet *La Guardia Nacional* y en 1816 escribió la ópera *Iván Susanin*, basada en una historia que Glinka utilizó posteriormente en su célebre ópera *Una vida por el zar*.

Sabores del sur

La música del compositor español Isaac Albéniz (1860–1909) estaba muy lejos de los sonidos con frecuencia de tonos oscuros del norte de Europa. Nacido en Camprodón (Cataluña), Albéniz fue un talentoso pianista que ofreció su primera interpretación en público con tan solo cuatro años de edad. En 1880, durante sus viajes por Europa, conoció a Franz Liszt, quien le ayudó a perfeccionar su técnica pianística. En 1883 comenzó a estudiar con el musicólogo catalán Felipe Pedrell, en cuyo interés por el folclore y por las canciones folclóricas encontró inspiración. La suite *Iberia*, obra maestra de Albéniz de 90 minutos de duración, es un conjunto de cuatro cuadernos,

Ritmo de polca

La polca, inicialmente una danza campesina bohemia, tiene dos pulsos fuertes en cada compás, lo que invita a los bailarines a dar pasos animados y como saltando. En la Praga de la década de 1830 se convirtió en un baile de salón popular y desde allí se extendió por Europa.

2 pulsos por compás | La **corchea** equivale a ½ pulso | La **semicorchea** equivale a ¼ de pulso | La **corchea** equivale a ½ pulso

La **negra** equivale a un pulso — **Acento** en el primer y el segundo pulso de cada compás | **Barra de compás**

El nacionalismo continuó siendo muy importante, especialmente en las músicas checa, húngara y rusa.

LOS NUEVOS NACIONALISTAS

Desde 1870 aproximadamente, el **colapso de las estructuras** y los **patrones armónicos** tradicionales tuvo un gran impacto en Europa y el nacionalismo dejó de ser un fin por sí mismo. **Josef Suk** siguió los pasos de Dvořák con su célebre poema sinfónico *Praga*, en tanto que el compositor checo **Viteslav Novák** estudió la música folclórica de Moravia y de Eslovaquia.

Estos y otros nacionalistas allanaron el terreno para el genio de **Leoš Janácek**, **Bohuslav Martinu**, **Béla Bartók** y **Zoltán Kodály**. En Rusia, el grupo de compositores nacionalistas llamado **los Cinco 180–181 »** dominaron la escena musical desde mediados del siglo XIX. El paisaje y el mito estaban en el núcleo de la **música escandinava 184–185 »**, y los compositores españoles **218–219 »** tales como **Manuel de Falla** y **Joaquín Turina** siguieron ondeando su bandera musical.

OBRAS CLAVE

Bedrich Smetana *Má Vlast (Mi patria)*

Antonín Dvořák Danza eslava, op. 46, n.º 1

Jean Sibelius *Finlandia*, op. 26

Isaac Albéniz *Suite española*, op. 47, n.º 5, «Asturias», arreglada para guitarra

Enrique Granados *Goyescas*, n.º 1, «Los requiebros»

Manuel Ponce 24 preludios para guitarra, n.º 1 en do mayor

Una ópera nacional checa
Smetana escribió *La novia vendida* (1866), que aquí se ve en una producción de 2005 en Glyndebourne (Inglaterra), para contrarrestar las acusaciones de «wagnerismo» de su anterior ópera, *Los brandemburgueses en Bohemia*.

Los sonidos de España
La *Suite española* de Isaac Albéniz comprende varias piezas inspiradas en ciudades y regiones de España. Como las de su obra más tardía, la suite *Iberia* (1906–1908), evocan los numerosos sonidos del país ibérico, incluidos la guitarra y el flamenco.

cada uno de ellos con tres piezas, entre ellas «Almería», «Triana», «Málaga» y «Jerez». Estas piezas intrínsecamente españolas, deslumbrantemente complejas y técnicamente exigentes, tienen el color impresionista que Albéniz admiraba en la obra de Debussy y Ravel.

El principal logro del catalán Enrique Granados (1867–1916), que se veía a sí mismo más como un artista que como un compositor, fue la suite para piano *Goyescas*, basada en pinturas de Francisco de Goya. Estas piezas varían desde un virtuosismo salvaje hasta un romántico lirismo, y sus inusuales modulaciones (cambios de armonía) las enraízan en la tradición folclórica de inspiración morisca. El compositor también escribió música de cámara, canciones y zarzuelas (género muy popular en la España de finales del siglo XIX). El gran violonchelista Pau Casals (1876–1973) sostenía que había sido muy influido por la música de Granados.

Manuel Ponce (1882–1948) recibió la influencia de las armonías y las formas de canciones de su país, México. A Ponce, un erudito y profesor de música además de compositor, se le recuerda sobre todo por integrar las canciones populares y el folclore mexicano con la música clásica, especialmente en su *Suite cubana* y su *Rapsodia mexicana*.

« **ANTES**

El **flamenco**

El flamenco es un estilo apasionado y gran parte de su fuerza deriva de la manera en que la estructura de su música constriñe, aunque nunca refrena del todo, la intensidad de las emociones.

Nadie está seguro de los orígenes exactos del flamenco, pero no hay duda de que creció a partir de un pasado turbulento.

VIAJE DESDE EL ESTE

Los eruditos no están de acuerdo sobre las raíces del flamenco. Una teoría afirma que lo trajeron los pueblos que migraron de **India a Egipto** (la palabra «gitano» procede de *egiptano*) y a Europa oriental (hogar de la cultura romaní) y finalmente llegaron a Andalucía en el siglo XVI.

4 El número de museos del flamenco en Andalucía.

12 El número de pulsos del ritmo de las bulerías.

PROTESTA Y ANGUSTIA

Una teoría alternativa afirma que durante el reinado de los Reyes Católicos Fernando e Isabel « **70–71** las minorías fuera de la ley como los gitanos y musulmanes se unieron y el flamenco nació como una expresión colectiva de protesta y de angustia. Lo que sí resulta innegable es que el flamenco contiene diversos elementos de las **tradiciones musicales judía**, **romaní** y **morisca** y que sus semilleros se encuentran en Granada, Sevilla, Málaga y otras ciudades andaluzas.

El flamenco es la música del alma gitana y en Andalucía representa los sueños y las decepciones de las clases más desfavorecidas, que han sufrido durante tanto tiempo. Esta música surge de comunidades muy interrelacionadas y a veces familiares, y tanto intérpretes como aficionados están apasionadamente orgullosos de su historia.

Características clave

Tres elementos principales conforman el flamenco: el cante, la guitarra flamenca y el baile. A estos se deben añadir las palmas y el zapateado, junto con algunos instrumentos de percusión tales como las castañuelas o el cajón.

Aunque es un género musical unitario, su repertorio está compuesto por más de 60 variedades tradicionales de cante o palos; los más populares son las soleás, las siguiriyas, las bulerías, las peteneras, los tangos y los fandangos. También hay numerosos estilos de baile y de ritmos. El compás de estos es técnicamente muy complejo, con fuertes acentos distribuidos de formas diferentes sobre, en un ejemplo típico, un compás de 12 pulsos o tiempos.

Atractivo popular
Este cartel francés anunciando un espectáculo de flamenco en 1887 capta el creciente atractivo del género.

De los solistas a los conjuntos

El flamenco tradicional lo interpreta un cantante solista, acompañado por uno o más guitarristas con músicos adicionales y/o uno o varios bailaores o bailaoras.

«[El **duende**] **quema la sangre** como un trópico de vidrios [...] que se apoya en el dolor humano que **no tiene consuelo**.»

FEDERICO GARCÍA LORCA (1898–1936)

OBRAS CLAVE

Manolo Caracol «El Florero»

La Niña de los Peines «El corazón de pena»

Camarón de la Isla «Sube al enganche»

Niño Ricardo «Sevilla es mi tierra»

Son de la Frontera «Bulería de la cal»

Estrella Morente «Calle del aire»

Paco de Lucía «Entre dos aguas»

Música, baile y jaleo
El flamenco ha atraído la imaginación de muchos escritores y artistas. Esta pintura al óleo de John Singer Sargent, de 1882, se titula *El jaleo*, que describe las palmadas y los gritos espontáneos.

Hoy, a menudo lo ejecutan conjuntos, con instrumentos no tradicionales como el piano y la flauta travesera.

El cante flamenco puede dividirse en tres formas vocales: cante chico, cante intermedio y cante hondo o jondo. Los dos primeros suelen tratar temas algo más ligeros e incluso cómicos, lo que se refleja en la expresión vocal, mientras que el cante jondo conlleva un sentimiento muy profundo. El cante jondo ofrece a los cantaores la oportunidad de expresar emociones intensas y de llevar al límite sus habilidades técnicas.

> **LA UNESCO declaró el flamenco patrimonio cultural inmaterial.**

Raíces gitanas

Tras la expulsión de los musulmanes en 1492, el cante de los gitanos nómadas de la península Ibérica se fusionó con los ritmos musicales y los estilos de canto de los andaluces indígenas. Entre 1765 y 1860 se fundaron escuelas de flamenco

y apareció el baile. El flamenco primitivo era probablemente una forma vocal, acompañado por batir de palmas, pero al igual que los músicos clásicos como Julián Arcas (1832–1882) pusieron la música de guitarra en el centro de su obra, los artistas flamencos empezaron a hacer lo mismo.

Durante la primera década del siglo XIX, Antonio Fernández, un herrero gitano conocido como El Planeta, inventó, según se dice, la forma conocida como martinete, que a veces utiliza el martillo y el yunque del herrero como instrumentos de percusión.

La influencia de Lorca

A principios del siglo XX, la radio y el tocadiscos popularizaron el flamenco, y el poeta y dramaturgo andaluz Federico García Lorca, que empleó la palabra *duende* (pasión) para describir el alma del flamenco, contribuyó a la tradición

Paco de Lucía

Nacido en Algeciras (Cádiz), Paco de Lucía fue parte de una generación de músicos que crearon nuevos sonidos al fusionar el flamenco con la música clásica y el jazz.

y la mitología de este género con su poesía. García Lorca, que también era un talentoso pianista, compiló la importante *Colección de canciones populares españolas*, que incluía varias piezas de flamenco.

Unidad nacional

Después de la Guerra Civil (1936–1939), el dictador Francisco Franco confirió al flamenco dignidad institucional al hacer de él un símbolo de unidad nacional.

Sin embargo, hacia la década de 1960 el ámbito musical del flamenco en vivo se convirtió en una especie de trampa para turistas, e hizo falta un grupo de artistas no ortodoxos para renovar el género. Camarón de la Isla (José Monge Cruz) fue un joven gitano rebelde que rompió con la tradición al usar un bajo eléctrico y logró el estatus de estrella. Otros músicos se abrieron a las fusiones del flamenco con el jazz, el blues, el rock y el reggae para crear un sonido que se convirtió en el nuevo flamenco. El flamenco entró así en el ámbito de la música del mundo.

DESPUÉS

El flamenco continúa evolucionando y hoy mira hacia África y América Latina como nuevas fuentes de inspiración.

NUEVAS FUSIONES

Artistas como Mayte Martín, Diego Amador y el grupo Son de la Frontera han tomado el relevo del cantaor Camarón de la Isla y el guitarrista Tomatito de la década de 1980. El cordobés Paco Peña, que en la década de 1960 compartió cartel con Jimi Hendrix, exploró las fusiones en algunos de sus **espectáculos de flamenco.**

HIP-HOP FLAMENCO

La banda **Radio Tarifa** ha estrechado vínculos con el norte de África, y grupos como Ojos de Brujo han fusionado el **hip-hop 368–369 »** con el flamenco.

OJOS DE BRUJO

Raíces folclóricas
En el campo ruso, los aldeanos celebraban las fiestas con música y baile. Las tonadas folclóricas recolectadas por los musicólogos del siglo XIX en estos eventos avivaron el interés por el nacionalismo.

« ANTES

Pedro el Grande consideraba la música europea como un signo de civilización e invitó a músicos alemanes para que trabajaran en su recién fundada capital de San Petersburgo.

INFLUENCIAS OCCIDENTALES

El zar ruso Pedro el Grande (1682–1725) fundó la ciudad de San Petersburgo en 1703 como una «ventana a Occidente». Viendo la música europea como un modo de occidentalizar Rusia, contrató a músicos alemanes para que formaran a sus bandas militares y que estas tocaran en bailes y banquetes. Sus sucesores introdujeron el **ballet**, y bajo Catalina la Grande, la **ópera italiana** **« 80–81** se puso de moda en la corte. Este dominio europeo de la cultura rusa originó la **violenta reacción nacionalista** en la literatura y la música durante la década de 1830.

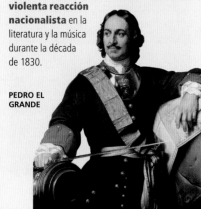

PEDRO EL GRANDE

Los **Cinco rusos**

Los Cinco era el nombre de un grupo de grandes compositores que querían crear una escuela de composición rusa. Su música evocaba la distintiva historia, los paisajes y las emociones de su amado país.

Los Cinco, grupo al que también se le conoce como «puñado poderoso» (nombre dado por el crítico Vladímir Stasov), era un conjunto característico de compositores, todos ellos radicados en San Petersburgo y cuyo compromiso con el nacionalismo ruso iba más allá de introducir tonadas folclóricas rusas en géneros tradicionales de la música clásica europea. El grupo de los Cinco estaba formado por Mili Balakirev, Aleksandr Borodín, César Cui, Modest Músorgski y Nikolái Rimski-Kórsakov. Su principal inspiración era la música de Mijaíl Glinka.

El catalizador

Educado en una propiedad rural en la que se solía tocar música folclórica, Mijaíl Glinka (1804–1857) asistía a los conciertos de la orquesta doméstica de la casa de su tío y recibió clases de piano del compositor irlandés John Field, que pasó largos periodos en Rusia. En una visita a Italia en 1830, Glinka conoció a Gaetano Donizetti y a Vincenzo Bellini y reconoció el lirismo de estilo italiano de su música. Sin embargo, al no querer simplemente emular la ópera italiana, Glinka decidió cultivar un estilo musical propiamente ruso. Para su ópera *Una vida por el zar*, por ejemplo, eligió como tema la invasión de Rusia por los polacos en 1613. Esta ópera de referencia está imbuida de momentos distintivamente rusos, polonesas (bailes folclóricos polacos) para representar a los polacos e inusuales compases de 5/4.

Su siguiente ópera, *Ruslán y Ludmila*, se basaba en una historia del poeta ruso Pushkin. Haciéndose eco del interés de los compositores románticos rusos por todo lo exótico, el uso que hace Glinka de armonías vívidas y de escalas no occidentales sugiere una extensa gama de lenguajes musicales, incluidos los árabes además de los rusos.

Fuerza impulsora

Mili Balakirev (1837–1910) tomó el relevo de Glinka. Personaje dominante, Balakirev recogía historias y canciones folclóricas y obligaba a otros compositores del grupo a usarlas en sus obras, a veces supervisando los progresos compás por compás. Su obra orquestal más conocida, *Tamara*, está orquestada con habilidad, pero la fuerza de su música radica en sus piezas para piano. La fantasía «oriental» *Islamey* le debe mucho a Franz Liszt en su virtuosismo, pero resultó ser demasiado difícil para que Balakirev pudiera tocarla.

Su carácter le granjeó varios enemigos, al tiempo que por su trabajo excesivo pasó por varios periodos de agotamiento. En 1871 se retiró finalmente de la vida

OBRAS CLAVE

Mijaíl Glinka *Una vida por el zar*

Mili Balakirev *Islamey* para piano, op. 18

Aleksandr Borodín *El príncipe Ígor; En las estepas de Asia Central*

Modest Músorgski *Borís Godunov*

Nikolái Rimski-Kórsakov Obertura de *La gran Pascua rusa*, op. 36

VLADÍMIR STASOV

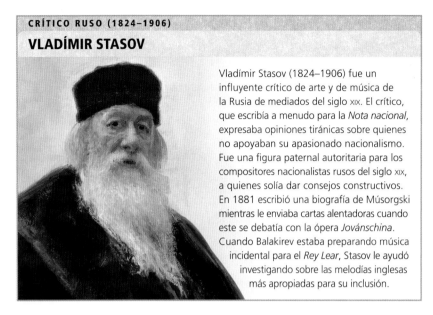

Vladímir Stasov (1824–1906) fue un influyente crítico de arte y de música de la Rusia de mediados del siglo XIX. El crítico, que escribía a menudo para la *Nota nacional*, expresaba opiniones tiránicas sobre quienes no apoyaban su apasionado nacionalismo. Fue una figura paternal autoritaria para los compositores nacionalistas rusos del siglo XIX, a quienes solía dar consejos constructivos. En 1881 escribió una biografía de Músorgski mientras le enviaba cartas alentadoras cuando este se debatía con la ópera *Jovánschina*. Cuando Balakirev estaba preparando música incidental para el *Rey Lear*, Stasov le ayudó investigando sobre las melodías inglesas más apropiadas para su inclusión.

«El **amor** por mi propio **país** me condujo a la idea de **escribir** en el **estilo ruso.**»

MIJAÍL GLINKA DESPUÉS DE VISITAR ITALIA, 1830

Su ópera *Borís Godunov* estaba basada en la obra teatral de Pushkin sobre un miembro de la *opríchnina*, la policía secreta fundada para erradicar a los enemigos del zar Iván el Terrible. La escena de la coronación y los magníficos escenarios (incluidos el Kremlin y la catedral de San Basilio), junto a las dramáticas arias, los monumentales coros y la rica orquestación, transmitían un poderoso mensaje a los rusos.

Músorgski murió el día en que cumplió 42 años, dejando muchas obras para que las acabaran otros compositores. Entre ellas estaba la ópera *Jovánschina*, sobre la rebelión de Iván Jovanski contra las reformas occidentalizantes de Pedro el Grande, que finalmente fue completada por Rimski-Kórsakov.

Maestro orquestador
Inicialmente oficial de la marina, Nikolái Rimski-Kórsakov (1844–1908) escribió una gran parte de su primera sinfonía mientras estaba de servicio. Orquestador brillante (escribió tratados acerca del tema), Rimski-Kórsakov también compuso un gran número de obras, entre ellas suites sinfónicas, sinfonías, óperas y canciones. En su autobiografía reveló cómo su obertura de *La gran Pascua rusa* retrataba, en realidad, un acontecimiento verídico: una misa de Pascua en una iglesia cavernosa en la que varios sacerdotes celebran la comunión simultáneamente. El oyente de esta obertura, mediante las reflexiones sobre el Viernes Santo, puede entrever la liturgia ortodoxa, así como el éxtasis espiritual de la fiesta, sin dejar de oír nunca el alboroto de los juerguistas que miran. Una obra igualmente eficaz es *Capricho español*, que demuestra el interés de Rimski-Kórsakov por el color nacional fuera de su Rusia natal.

Música y medicina
Borodín también fue profesor de química en la Academia de Medicina de San Petersburgo. Las baldosas detrás del busto de su tumba son un fragmento de la partitura de la «Danza deslizante de las doncellas», de las danzas polovtsianas.

DESPUÉS »

Si bien hacia 1900 el nacionalismo había declinado, el impacto de los Cinco hizo que la música rusa tomara nuevos y distintivos derroteros.

EL HEREDERO PRINCIPAL
El legado de los Cinco lo heredó **Aleksandr Glazunov** (1865–1936). Glazunov fue en esencia un tradicionalista refinado que supo equilibrar los elementos rusos con los europeos. Su sofisticado oído para el timbre, un rasgo común a los Cinco, se evidenció más tarde en el **lenguaje tonal** de **Claude Debussy** y **Maurice Ravel** 204–205 ».

NUEVAS APROXIMACIONES
El nacionalismo menguó como característica de la música europea poco después de 1900. En Rusia, **Serguéi Prokófiev** 224–225 » y **Dmitri Shostakóvich** llevaron adelante el espíritu nacional de Rusia, mientras que **Ígor Stravinski** 212–213 » forjó una nueva aproximación a la composición en el siglo XX. **Serguéi Rajmáninov** 223–224 », que se trasladó a EE UU tras la Revolución de 1917, retomó el estilo romántico en el que expresivas melodías se elevan sobre armonías románticas. **Aleksandr Scriabin** (1872–1915) ha destacado como uno de los compositores más excéntricos. Su interés por el misticismo le inspiró *Misterio*, una síntesis de música y danza con incienso y una procesión que, por desgracia, quedó incompleta, pero fue quizá el primer *happening* multimedia.

---

pública y exploró el misticismo, aunque reapareció en 1883 para encargarse de la dirección musical de la capilla de la corte imperial de San Petersburgo.

Maestro de la instrumentación
Aleksandr Borodín (1833–1887) fue un científico y un músico a tiempo parcial. En 1863 estudió con Balakirev y adquirió una maestría sin precedentes del color orquestal; también incorporó a menudo tonadas folclóricas rusas en las formas clásicas. Borodín escribió dos sinfonías, tres cuartetos de cuerdas, canciones, música para piano y la ópera política *El príncipe Ígor* (completada tras su muerte por Rimski-Kórsakov y Aleksandr Glazunov), sobre la campaña del príncipe ruso Ígor Sviatoslávich contra las tribus polovtsianas (o cumanas) invasoras en 1185.

Las danzas polovtsianas de *El príncipe Ígor*, en las que al príncipe capturado le entretienen sus oponentes, es una secuencia de danzas para orquesta y coro. La melodía con corno inglés y oboe de

La balalaica
Popular en Rusia desde el siglo XVIII, la balalaica tiene una caja de resonancia triangular, tres cuerdas (que se puntean) y trastes. Inicialmente un instrumento folclórico, se incorporó en las interpretaciones concertísticas a finales del siglo XIX.

la danza de las mujeres polovtsianas («Danza deslizante de las doncellas») adquirió más tarde fama con la canción «Stranger in Paradise», del musical *Kismet* (1953) de Robert Wright y George Forrest, basada en la música de Borodín.

Músico y crítico
Nacido en Vilnius, en la actual Lituania, César Cui (1835–1918) era un experto en fortificaciones militares formado en la Academia de Ingeniería militar de San Petersburgo. Cui, el menos conocido de los Cinco, era sobre todo un miniaturista que escribía muchas piezas para piano y canciones a pequeña escala; no obstante, hoy se le recuerda principalmente por la ópera *William Ratcliff*, con libreto del poeta Aleksei Plescheyev. Las influencias rusas en su propia música son escasas, aunque en el primer movimiento de su ópera *El prisionero del Cáucaso* se incluyen referencias nacionalistas. Su nacionalismo resultó mucho más evidente en su trabajo como crítico, donde su ingenio tenía efectos lacerantes.

Inspirado en el pasado
Escrita a gran escala, la música de Modest Músorgski (1839–1881) era brillante y chillona, y menos refinada que la de los otros miembros de los Cinco. En 1859, una visita a Moscú, ciudad mucho menos occidentalizada que San Petersburgo, inspiró su imaginación nacionalista. En una carta a Balakirev, escribió: «He sido un cosmopolita, pero ahora he experimentado una suerte de renacer: me han llevado cerca de donde todo es ruso». En su obra, el nacionalismo es más evidente en la elección de los temas que en la propia música.

1862 El año en que el pianista, compositor y director de orquesta Anton Rubinstein fundó el conservatorio de San Petersburgo.

COMPOSITOR Nacido en 1840 Fallecido en 1893

Piótr Ílich Chaikovski

«He pasado **toda mi vida** lamentando **el pasado**.»

CHAIKOVSKI EN UNA CARTA A SU HERMANO, AGOSTO DE 1878

Intensidad emocional

El talento de Chaikovski para la expresión musical rayaba a veces en el sentimentalismo, lo que suscitó algunas críticas adversas durante su vida pero no ha dejado de deleitar a las audiencias desde entonces.

La sensibilidad y el desasosiego que acosaron a Chaikovski durante su vida se expresan en la franqueza emocional de su obra. Su música cambia de la brillantez a la melancolía, de la grandilocuencia a la introspección, y de las tonadas folclóricas rusas al alto romanticismo.

De funcionario a compositor

Chaikovski nació en una familia de clase media de la Rusia provincial, estudió leyes y fue funcionario antes de convertirse en compositor. A partir de las lecciones de piano que recibió cuando era pequeño, empezó a estudiar música después de cumplir 20 años, primero con el teórico de la música Nikolái Zaremba y luego con el compositor Anton Rubinstein.

En 1866, Chaikovski empezó a enseñar en el conservatorio de Moscú, donde escribió su primer cuarteto de cuerda y dos óperas tempranas, *El voivoda* y *El opríchnik*. Aquel año también escribió su primera sinfonía, *Sueños de invierno*, empleando la forma de la sinfonía convencional en cuatro movimientos heredada de Europa occidental.

En 1868, Chaikovski conoció en San Petersburgo a los compositores del grupo nacionalista de los Cinco: Mili Balakirev, César Cui, Aleksandr Borodín, Modest Músorgski y Nikolái Rimski-Kórsakov. Los Cinco intentaban crear una escuela de composición rusa, enraizada en la historia de la nación y que recurría a las influencias folclóricas del país (pp. 180–181). Si bien Chaikovski nunca apoyó plenamente dicho movimiento nacionalista, su música comenzó a mostrar ocasionales toques rusos. En su segunda

«Recuerdo ese **horrible día** como si **hubiese sido ayer**.»

CHAIKOVSKI SOBRE LA MUERTE DE SU MADRE 25 AÑOS ANTES, 1879

Piano de Chaikovski
Está en el Museo Chaikovski en Klin, cerca de Moscú. Los conciertos para piano de Chaikovski muestran su excepcional conocimiento de este instrumento.

sinfonía, «Pequeña Rusia», utiliza tres canciones folclóricas ucranianas, y en 1873 compuso música incidental para la obra teatral de Ostrovski *La doncella de la nieve*, basada en una leyenda rusa. El principio del final de la Sinfonía n.º 4 está interrumpido por la tonada folclórica «En un campo había un abedul».

Relaciones complicadas

A finales de la década de 1870, su vida dio un giro decisivo. En un intento por evitar las implicaciones sociales negativas de su homosexualidad, se casó con una joven estudiante, Antonina Miliukova. El matrimonio fracasó de inmediato y se separaron. Entretanto, Chaikovski había iniciado una correspondencia que iba a durar 14 años con una admiradora, Madame Nadezhda von Meck. Por acuerdo mutuo, nunca se encontraron, pero ella le dio su apoyo económico, y Chaikovski quedó deshecho cuando ella terminó de repente esta relación en 1890.

Las sinfonías

Las seis sinfonías de Chaikovski, escritas en un periodo de 27 años, registran su desarrollo como compositor. La relativa inocencia de la primera sinfonía contrasta abruptamente con la turbulencia de la sexta o «Patética», de 1893, que era un acertado resumen de su

atormentada vida personal. Tras un inicio perturbador tocado con instrumentos graves, el movimiento se despliega en una de las melodías más conmovedoras de Chaikovski, en la que las anhelantes cuerdas cantan fuerte y claramente sobre un acompañamiento suave y vibrante, que más tarde se utilizó en la canción popular «Story of a starry night» a la que dio fama Glenn Miller. El segundo movimiento de la sexta sinfonía es un encantador vals en compás de 5/4 —irónicamente, no bailable— y el último es un *adagio* de trágica intensidad que empieza con un grito de angustia. El compositor dirigió el estreno de esta obra nueve días antes de su muerte, lo que hizo correr el rumor de que se trataba de una nota de suicidio musical.

Las óperas

Aunque la música para ballet de Chaikovski —*El lago de los cisnes*, *La bella durmiente* y *El cascanueces* (p. 187)— es más conocida, las óperas de este compositor son parte importante de su producción. *Eugenio Oneguín* (1878), basada en una historia de Pushkin, presenta a Oneguín, un aristócrata byroniano que rompe el corazón de la joven Tatiana al rechazar fríamente su declaración de amor. Las escenas de ballet, las elegantes melodías, las expresivas armonías y la brillante escritura orquestal anclan firmemente la obra en la tradición de la ya pasada de moda ópera lírica. La famosa «escena

de la carta», en la que Tatiana escribe una carta de amor a Oneguín, recuerda la desconcertante relación del compositor con su mecenas, Madame von Meck.

En *La dama de picas*, también basada en un texto de Pushkin, la canción francesa, la música folclórica rusa y algunos toques de la liturgia ortodoxa se entretejen en una densa trama y crean un gran efecto dramático.

Enfermedad y muerte

Sus últimos años fueron espantosos. Lo acosó la depresión y en 1892 contrajo el cólera, según parece al beber de un vaso de agua en contra del aviso oficial. Tras su muerte surgió el rumor de que se había suicidado, rumor que todavía subsiste, con algunos comentaristas que sugieren que ingirió arsénico. En cualquier caso, esta muerte inoportuna en circunstancias misteriosas fue un reflejo de la tragedia subyacente de su vida.

Mecenas y amiga epistolar
Las cartas de Madame Nadezhda von Meck con Chaikovski revelan el proceso creativo y los pensamientos más íntimos del compositor.

OBRAS CLAVE

Concierto para piano n.º 1 en si bemol menor, op. 23

Concierto para violín en re, op. 35

Sinfonía n.º 2 en do menor («Pequeña Rusia»), op. 17

Capricho italiano para orquesta, op. 45

La dama de picas, op. 68

Fantasía-obertura *Romeo y Julieta*

El cascanueces, op. 71a (el ballet entero, op. 71)

Bien amado ballet
Los ballets de Chaikovski figuran entre los más apreciados del repertorio. Aquí, las bailarinas del English National Ballet ensayan *El lago de los cisnes* en el London Coliseum en agosto de 2012.

CASA DE CHAIKOVSKI EN KLIN, CERCA DE MOSCÚ

Luces del norte

Las influencias más profundas y características de los compositores nórdicos eran la rica mitología, la cultura folclórica y los paisajes sombríamente hermosos de sus países nativos. Estas preocupaciones imbuyeron su música de un tono severo y tosco, especialmente en el caso de los compositores finlandeses y noruegos.

A partir de la década de 1820 se volvió algo común entre los músicos nórdicos formarse en las tradiciones austro-alemanas y muchos fueron a estudiar a Viena, Berlín o Leipzig. Esta sólida base en las composiciones clásicas se evidencia en su lealtad a las formas bien establecidas y probadas de la sinfonía, la sonata y el concierto, incluso después de haber empezado a adoptar temas nacionalistas en su propia música.

Grandes compositores daneses

En Dinamarca, las primeras tendencias nacionalistas se hicieron patentes en

‹‹ ANTES

Los países nórdicos tenían una vigorosa tradición folclórica, pero las influencias nacionales tardaron en filtrarse a través de la música clásica.

AISLADOS DE LAS TENDENCIAS EUROPEAS
La **ola de nacionalismo ‹‹ 176–177** que se extendió por Europa central a mediados del siglo XX tardó más tiempo en llegar a los países nórdicos. La **influencia de Alemania**, que todavía se sentía en los nexos políticos y culturales, tardó cierto tiempo en diluirse, y las identidades individuales de Dinamarca, Suecia, Noruega y Finlandia tardaron en aparecer.

INSTITUCIÓN NACIONAL
El rey Gustavo III fundó la **Real Academia de Música** en 1771 con objeto de promover la educación musical entre el pueblo sueco.

INSTRUMENTOS FOLCLÓRICOS
Los países nórdicos ya tenían sus propios instrumentos desde antaño. El **kantele finlandés**, una cítara que se puntea con los dedos de ambas manos y que suena un poco como una campana, todavía se enseña hoy en los conservatorios de música finlandeses.

KANTELE FINLANDÉS

canciones, especialmente en los arreglos de canciones folclóricas realizados de 1840 a 1842 por Christophe Weyse (1774–1842), un compositor danés de origen alemán. Sin embargo, Niels Gade (1817–1890) fue el compositor danés más influyente del siglo XIX. Gade era hijo de un fabricante de instrumentos, y tocó el violín y estudió composición con Andreas Peter Berggreen, un entusiasta del folclore que despertó en Gade un gran interés por la música tradicional y la literatura danesa. Tras completar una gira de conciertos por Noruega y Suecia en 1838, comenzó a buscar inspiración entre los poetas daneses en lugar de en el alemán Goethe.

En 1843, Gade fue a Leipzig donde Felix Mendelssohn (pp. 160–161), quien dirigió el estreno de la primera sinfonía del compositor danés y acabaría siendo amigo suyo. El estallido de la guerra entre Prusia y Dinamarca en 1848 hizo que Gade volviera a Copenhague.

Tras este periodo, la influencia de Mendelssohn se hizo evidente en la música de Gade. Como profesor, sin embargo, Gade también fue influyente. Enseñó a Carl Nielsen y Edvard Grieg, en quienes infundió la curiosidad por su herencia nacional folclórica.

Carl Nielsen (1865–1931) no tuvo mucha formación musical fuera de su nativa Dinamarca. A diferencia de muchos de sus contemporáneos, no se sumergió en la tradición clásica austro-alemana, por lo que su talento natural quedó intacto. Esto puede explicar su uso no ortodoxo de la armonía, como por ejemplo pasar de una tonalidad a otra de forma inesperada, yuxtaponer tonalidades que se consideraban como opuestas, y finalmente resolverlas. Su música es dramática, a veces agresiva y a menudo transmite una sensación de lucha; la cuarta de sus seis sinfonías se llama «La inextinguible».

En el Quinteto de viento (1922), escrito para el Quinteto de viento de Copenhague, Nielsen no solamente compuso para cada instrumento —oboe, flauta, clarinete, trompa y fagot— sino que también reflejó las diferentes personalidades de los músicos. En una nota del programa Nielsen escribió:

«En un momento dado, están hablando todos a la vez y en otro están bastante solos». El segundo movimiento empieza con una «conversación» de sonido muy enérgico para fagot y clarinete, con el que sugería irónicamente una relación entre bastidores que era menos armoniosa.

Finlandia y Sibelius

La mayor voz nacionalista de los países nórdicos fue la del compositor finlandés Jean Sibelius (1865–1957). Sibelius, que nació en una familia de habla sueca en Hämeenlinna, una ciudad del centro de Finlandia que contaba con una fuerte presencia rusa, asistió a la primera escuela de secundaria de habla finlandesa del país. Allí se sumergió en la mitología y el folclore con el *Kalevala*, una obra de poesía épica del siglo XIX basada en la mitología finlandesa.

Sibelius abandonó sus estudios de leyes y se pasó a la música, que estudió en Berlín y en Viena. Tras su vuelta a Finlandia, en 1892 asombró al público con *Kullervo*, un extenso poema sinfónico (pieza inspirada en una fuente no musical). Su enorme escala —cinco movimientos

10 AÑOS Edad a la que Sibelius empezó a componer. Dejó de hacerlo 30 años antes de su muerte.

La inspiración de Sibelius
En Finlandia el nacionalismo se inspiró en el *Kalevala*, un poema épico basado en la mitología finlandesa. La historia de Lemminki, que se ahogó mientras intentaba capturar el cisne negro en el río de Tuonela (el Inframundo), inspiró la *Suite Lemminkäinen* de Sibelius.

con solistas y un coro masculino— recordaba la obra del compositor austriaco Mahler, aunque el ánimo subyacente era finlandés. Dado que Finlandia estaba todavía bajo control ruso, el público se tomó muy a pecho tanto la obra como a su compositor.

En 1899, la primera sinfonía de Sibelius y su poema sinfónico, que lleva por título *Finlandia*, subrayaron su fuerte compromiso con el orgullo nacional y la autodeterminación, y le valieron el reconocimiento internacional. Sibelius compuso seis sinfonías más; cada una constituye un gran paso adelante en el desarrollo musical. Todas tienen un lenguaje armónico y una voz melódica únicos que describen

Compositor finlandés
Retratado aquí como estudiante en Viena, Sibelius ganó una fama tan repentina como duradera tras la primera interpretación de su poema sinfónico *Kullervo* en 1892.

Clavijas

El clavijero está a menudo decorado con una voluta en forma de cabeza de animal

Arco

Violín noruego

El *Hardingfele* (violín de Hardanger), que servía para acompañar las danzas folclóricas noruegas, tiene cuatro cuerdas que se tocan con arco (como un violín) y cuatro cuerdas simpáticas (que resuenan bajo las cuerdas de arco). Grieg incorporó el violín de Hardanger en *Peer Gynt*.

Diapasón

El cuerpo está decorado con dibujos en tinta negra conocidos como *rosing*

DESPUÉS »

OBRAS CLAVE

Franz Berwald Sinfonía n.º 3, «Singulière»

Edvard Grieg *Peer Gynt*, op. 23

Josef Svendsen *Rapsodia noruega* n.º 4, op. 22

Jean Sibelius Sinfonía n.º 2 en re mayor, «Finlandia», op. 26

Wilhelm Stenhammar Sinfonía n.º 1 en fa mayor

Carl Nielsen Sinfonía n.º 4, «La inextinguible», op. 29

El nacionalismo en los países nórdicos menguó cuando se comenzaron a asimilar influencias más amplias.

NUEVOS HORIZONTES

Aunque persistían las influencias folclóricas, los compositores dirigieron la mirada más allá de las fronteras nacionales, hacia Europa y EE UU. *Serenata para cuerdas* (1880) de **Dag Wiren** y la miniatura para piano *Susurro de primavera* (1896) de **Christian Sinding** fueron los **últimos coletazos** del nacionalismo nórdico.

Sin embargo, actualmente la música sigue floreciendo en el centro de la vida nórdica y las audiencias continúan siendo muy grandes. Entre los compositores recientes destacan **Magnus Lindberg** (Suecia), **Per Norgard** (Dinamarca) y **Poul Ruders** (Dinamarca). En Finlandia, la antorcha encendida por Sibelius la llevan ahora **Einojuhani Rautavaara**, **Aulis Sallinen** y **Kaija Saariaho**.

ÓPERA DE COPENHAGUE

los vastos bosques de abetos, los sombríos paisajes de invierno, los lagos solitarios, e incluso los cantos de los pájaros de su tierra natal. Su uso de instrumentos de viento-metal y viento-madera logra transmitir un profundo sentimiento y una intensa emoción.

Después de su poema sinfónico *Tapiola* (1926), Sibelius no escribió casi nada más, al no simpatizar con las tendencias musicales de otros países de Europa. Pese a ello, se convirtió en un héroe nacional, cuya figura se reverencia y se celebra aún hoy. Cuando cumplió 85 años, el presidente de Finlandia condujo desde Helsinki hasta Järvenpää, donde Sibelius vivía en una elegante casa de campo, para presentarle los respetos de la nación. En su 90 aniversario, el compositor recibió más de 10.000 telegramas. Un año después, el 20 de septiembre de 1957, sufrió un colapso y murió de una hemorragia cerebral.

Noruega y Suecia

El primer compositor escandinavo en ser bien considerado en el extranjero fue Edvard Grieg (1843–1907). Gracias a su estudio con Niels Gade, desarrolló una voz musical fresca que rara vez reproducía

se basa *Peer Gynt* tiene un gran reparto de personajes, incluidos troles, gnomos, brujas, locos, lecheras, un capitán de barco, un rey de la montaña y Anitra, la hija de un jefe beduino. Esta ecléctica lista inspiró a Grieg a alcanzar un alto nivel descriptivo, especialmente en la suave

«¡No prestes atención a lo que dicen los críticos!»

SIBELIUS AL COMPOSITOR BENGT VON TÖRNE, 1937

directamente las tonadas folclóricas pero que captaba el espíritu de Noruega con su rico folclore y su grandiosidad escénica. Aparte de su exitoso y muy interpretado Concierto para piano (1868) y de una sinfonía (que luego él mismo retiró de la circulación, por lo que no se interpretó hasta 1981), Grieg prefirió las formas en miniatura, que llenó de un contenido pleno de carácter, sobre todo en la *Suite Holberg* para cuerdas y en las 66 piezas líricas para piano solista. Para la obra teatral *Peer Gynt* del noruego Henrik Ibsen, Grieg escribió música incidental consistente en 26 movimientos cortos, y más tarde produjo dos suites orquestales. El intrincado relato folclórico en el que

«Atmósfera de la mañana» (con flauta solista) y la evocadora «La canción de Solveig». De acuerdo con el compositor, esta última fue la única ocasión en que utilizó una melodía folclórica inalterada.

Al esplendor nacional de Noruega también contribuyó Josef Svendsen (1840–1911). Sus cuatro sinfonías y su *Rapsodia noruega* fusionan las tradiciones vienesas clásicas con las influencias y las formas folclóricas noruegas de un modo más explícito que Grieg.

Entretanto, en Suecia, el compositor Wilhelm Stenhammar (1871–1927), si bien era un admirador de Wagner, Brahms y Anton Bruckner, también recibió de Gabriel Fauré y Edward Elgar la influencia de su carácter reflexivo.

185

La palabra «ballet» es francesa y deriva del italiano *balletto* («pequeño baile»), lo que se explica por el hecho de que este tipo de danza tiene sus raíces en la ópera renacentista de Italia y de Francia.

PRIMEROS PASOS

Al casarse **Catalina de Médicis** con el rey Enrique II de Francia en 1533, llevó consigo la tradición italiana de los *intermedii*, entretenimiento escénico con música y danza en las **fiestas cortesanas << 52–53**.

DIVERSIONES FRANCESAS

El compositor **Jean-Baptiste Lully**, al servicio de la corte francesa del rey Luis XIV desde 1653, empezó a incluir secuencias de ballet en sus **óperas << 84**. Con las obras de teatro de Molière creó la comedia-ballet, que combinaba

1661 El año en que el rey Luis XIV fundó la Académie Royale de Danse con el objetivo de formar a profesores y bailarines.

teatro, música y danza. Su primer drama bailado sin canto fue *El triunfo del amor* (1681). André Campra mostró la danza de una forma más prominente en sus óperas-ballets. Su *L'Europe galante* (1697) inspiró a **Jean-Philippe Rameau << 132–133** a incluir prolongados *divertissements* (danzas que se desviaban del tema principal) en *Las Indias galantes* (1735) y en *Las fiestas de Hebe* (1739).

«La danza es el **lenguaje oculto** del **alma**.»

LA BAILARINA Y COREÓGRAFA ESTADOUNIDENSE MARTHA GRAHAM EN SU AUTOBIOGRAFÍA *BLOOD MEMORY* (1991)

OBRAS CLAVE

Adolphe Adam *Giselle*

Léo Delibes *Copelia; Silvia*

Chaikovski *El lago de los cisnes; La bella durmiente; El cascanueces*

Frédéric Chopin (orquestado por Aleksandr Glazunov) *Las silfides*

Ígor Stravinski *El pájaro de fuego; Petrushka; La consagración de la primavera*

Maurice Ravel *Dafnis y Cloe*

Serguéi Prokófiev *Romeo y Julieta*

Aaron Copland *Primavera en los Apalaches*

Bailarina pionera
La bailarina de ballet ítalo-sueca Maria Taglioni (1804–1884) llevaba zapatillas para poder bailar sobre la punta del pie, una falda más ligera (que luego se convirtió en el tutú), y la raya en medio en el pelo.

Música de ballet

El ballet, inicialmente un entretenimiento de la corte y una distracción en las primeras óperas, llegó a su esplendor a mediados del siglo XIX. En sus partituras, los compositores combinaban la danza y el teatro para narrar una historia con algunas de las músicas más memorables.

Si bien la ópera se había convertido en todo un arte a mediados del siglo XVIII, el ballet tardó más en hallar su identidad propia como un género musical. Los compositores de ópera de la época continuaron con la tradición de incluir secuencias de danza en cada acto, pero estos *divertissements* no hacían avanzar la acción de la ópera.

La danza en los teatros públicos también se había vuelto muy popular, pero la música solía basarse en las melodías de ópera favoritas improvisadas por alguno de los compositores empleados en el teatro. La danza se volvió más ostentosa (muchos de los bailarines más célebres eran hombres), la música era secundaria y la narrativa casi inexistente.

El ballet alza el vuelo

En París, en torno a 1700, surgió un nuevo tipo de entretenimiento, bien diferenciado de la ópera. El *ballet d'action* consistía en una historia narrada sin texto, solo con música, danza y mimo. Jean-Georges Noverre, maestro de ballet en la Opéra de París a partir de 1775, abandonó la vacua exhibición virtuosa en aras de contar una historia coherente,

Orquesta en la Opéra de París
Los músicos ocupan el centro de la escena en esta pintura de Edgar Degas (1870) de la orquesta de la Opéra de París acompañando una secuencia de ballet.

Revolución rusa

Marius Petipa y Lev Ivanov, cuya labor definiría el estilo del ballet clásico, coreografiaron las tres partituras de ballet de Chaikovski. El primer ballet, *El lago de los cisnes* (1877), cuenta la historia de la princesa Odette, convertida en cisne a manos de un malvado mago. Con su turbadora y sugerente melodía del cisne, hoy sigue siendo el ballet más representado.

Sin embargo, Chaikovski creía que su segundo ballet y el más largo, *La bella durmiente* (1890), era el mejor de ellos. Basado en el cuento de hadas francés homónimo, su fluida partitura describe de forma vívida incluso personajes menores como el Gato con botas o Caperucita roja. Las danzas individuales hacen que avance la acción y la pieza culmina en un espectacular *grand divertissement* para la boda real.

El cascanueces (1891), su último ballet, se basa en un relato navideño de Hoffmann. La detallada puesta en escena de Petipa presenta varios cuadros escénicos sobre un endeble argumento, pero la partitura está orquestada con gran brillantez. El solo de la «Danza del hada de azúcar» y las entrecortadas flautas en la «Danza de las flautas» todavía nos cautivan hoy.

En 1909, el empresario ruso Serguéi Diáguilev (1872–1929) llevó a París sus revolucionarios Ballets Rusos y la imagen

DESPUÉS »

En el siglo XX, el ballet clásico dio origen a dos nuevas formas: la danza moderna y el jazz-ballet.

VIEJOS TEMAS, NUEVAS FORMAS
Con su evocación de un sacrificio primigenio, ***La consagración de la primavera*** de Stravinski **210–213 »** escandalizó en su estreno en 1913. Stravinski creó una nueva tradición en el ballet con el coreógrafo de EE UU **George Balanchine**. *Romeo y Julieta* de Shakespeare inspiró geniales partituras, como el ballet *Romeo y Julieta* de **Prokófiev** en 1938 **224–225 »** y el musical **West Side Story** de **Leonard Bernstein** en 1961 **286–287 »**. Fundada en 1926, la compañía de danza de Martha Graham fue pionera de la danza contemporánea con *Primavera en los Apalaches* de **Aaron Copland**.

GEORGE BALANCHINE, 1935

una sílfide o duendecillo del bosque en *La Sylphide*, dejó asombrado al público con su elegante ligereza y garbo.

Nacimiento del ballet romántico

Estas bailarinas abrieron los ojos de los compositores a las posibilidades expresivas de la danza. El francés Adolphe Adam (1803–1856), célebre por sus óperas, creó una de las primeras partituras originales de ballet romántico, *Giselle* (1841), para la bailarina Carlotta Grisi. *Giselle* se basa

del ballet cambió súbitamente. El público quedó asombrado por los vestuarios y los cuadros escénicos de inspiración rusa, y por el intenso carácter físico de la danza. Los compositores mostraron su deseo de escribir para la compañía y aparecieron partituras originales, con escenografías creadas por los artistas más radicales de la época, entre ellos Picasso. Modernizado y provocativo, el ballet se había convertido en el último grito de la moda.

Ballet moderno

En 1995, el bailarín británico Matthew Bourne adaptó y recoreografió solo para cisnes masculinos *El lago de los cisnes* de Chaikovski; su trabajo ocurrente e innovador trajo un nuevo público a la danza.

> **«La danza puede revelar el misterio que la música oculta.»**
>
> CHARLES BAUDELAIRE, POETA, ENSAYISTA Y CRÍTICO DE ARTE FRANCÉS (1821–1867)

pero todavía prefería crear las danzas antes de que se escribiera la música.

Los convencionalismos de la puesta en escena y del vestuario del ballet del siglo XVIII —casacas largas, faldas pesadas y altos tacones— habían dificultado la danza. En el siglo XVIII, una bailarina de la Opéra de Paris, Marie-Anne de Camargo, se pasó a las zapatillas blandas de ballet y acortó su falda para mostrar sus tobillos envueltos en unas mallas, mientras Marie Sallé adoptó vestidos de muselina ligeros y renunció a la peluca formal. Estas adaptaciones permitieron que los bailarines se movieran con más libertad y expresividad. En 1832, cuando Maria Taglioni apareció por primera vez en la Opéra de París bailando en el papel de

en un poema sobre una campesina que se enamora del duque Albrecht, muere de amor y regresa como un fantasma. En su música, Adam asoció *Leitmotiv* con Giselle y Albrecht, cambiando su tonalidad, su velocidad y su atmósfera para hacer avanzar el argumento.

Su alumno, Léo Delibes (1836–1891), basó su ballet cómico *Copelia*, de 1870, en un relato de E. T. A. Hoffmann sobre un fabricante de juguetes, el doctor Copelio, quien fabrica una muñeca de apariencia tan real que la gente cree que es su hija. Delibes y Adam influenciaron al primer compositor sinfónico notable que escribió para ballet: Chaikovski (pp. 182–183), y Rusia sustituyó entonces a Francia como la nueva fuerza impulsora del ballet.

Nuevos tonos y timbres

El siglo XIX fue un periodo de desarrollos sin precedentes en la historia de los instrumentos musicales. Inspirados por la revolución industrial, fabricantes y compositores utilizaron sus habilidades y su imaginación para transformar el modo en que sonaban los instrumentos.

Pabellón

Este auge de la invención fue mano a mano con la búsqueda por parte de los compositores de sonidos nuevos y expresivos para dar mayor intensidad a su música, y se vio aún más exacerbado por la necesidad que tenían los aficionados de instrumentos fiables y asequibles. Establecidos ya los géneros principales de la sinfonía, la sonata, el concierto y la ópera, y una vez aceptado el principio romántico de la música descriptiva (programática), la búsqueda de una paleta variada de colores y texturas fue el siguiente paso obvio para los compositores.

Haciendo uso de su conocimiento cada vez mayor de la acústica y de la mecanización, los fabricantes trataron de desarrollar sistemas de llaves y de pistones para los instrumentos de viento-madera y de viento-metal para que su rango de notas fuera fácil de tocar.

Instrumentos de viento-madera
A finales del siglo XVIII las flautas, los oboes, los clarinetes y los fagots solían utilizarse como instrumentos solistas y orquestales, pero estaban limitados técnicamente. Era difícil tocar con ellos pasajes rápidos y pasar suavemente de una nota a la siguiente. Las llaves accionadas por los meñiques abrían y cerraban agujeros situados más abajo en el tubo adonde no podían llegar los dedos, lo que restringía el número de notas y limitaba las tonalidades en que el instrumento podía tocarse fácilmente.

Una serie de inventores se esforzaron por mejorar los instrumentos de viento-madera. Así, por ejemplo, para ampliar los extremos de altura tonal de dicha familia se desarrollaron versiones más grandes y más pequeñas. Uno de los inventores más notables fue Theobald Böhm (p. 189), cuyas innovaciones fueron clave, sobre todo para la flauta.

Una vez mejorados, los instrumentos inusuales podían protagonizar las partes solistas de las obras orquestales. Por ejemplo, en 1830, el corno inglés, lleno de sentimiento, ocupó el centro de la escena como un lúgubre solista. Su cualidad rústica se puede escuchar en el diálogo con el atiplado oboe que Hector Berlioz (abajo) utiliza en el movimiento lento de su *Sinfonía fantástica*. El clarinete bajo, con sus tonos oscuros, puede oírse en *El profeta* (1849), ópera del compositor alemán Giacomo Meyerbeer (1791–

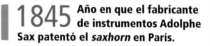

1845 Año en que el fabricante de instrumentos Adolphe Sax patentó el *saxhorn* en París.

1864), mientras que el más pequeño clarinete en mi bemol chirría en el movimiento final de la obra *Sinfonía fantástica* de Berlioz. El más grave de los instrumentos de viento-madera, el contrafagot, le otorga una gravedad adicional a las sinfonías del austriaco Gustav Mahler (pp. 192–193), y un bronco elemento de comedia al poema sinfónico *El aprendiz de brujo* (1896) del francés Paul Dukas (1865–1935).

Instrumentos de viento-metal
Las mejoras en los metales, iniciadas en la década de 1700, continuaron a un ritmo acelerado. El rango de notas que pueden tocarse con un instrumento de metal depende de la longitud y la forma básica del tubo (cónica o cilíndrica), y de la forma y tamaño de la boquilla.

Con una longitud de tubo fija se puede tocar un número limitado de notas. La adición de secciones de tubo (tonos de recambio o tonillos) en la trompa natural incrementaba dicho número. Sin embargo, este sistema era muy engorroso y los fabricantes de instrumentos idearon numerosas soluciones para alargar el tubo de un modo más eficaz.

El sistema de válvulas o pistones para dirigir la columna de aire dentro de los tubos adicionales incorporados en el instrumento fue la solución más exitosa, y también resultó ser muy útil para la trompeta y la tuba. Aun así, el mecanismo de simple deslizamiento de las varas del trombón resultó ser difícil de mejorar.

También se hicieron experimentos con nuevas boquillas. La corneta

COMPOSITOR (1803–1869)

HECTOR BERLIOZ

Berlioz nació en La Côte-Saint-André (Francia) y empezó a estudiar música a los 12 años. Desafiando a su padre médico, dejó los estudios de medicina en París para seguir una carrera musical y dedicarse a la literatura y las aventuras amorosas apasionadas. Su obsesión por la actriz Harriet Smithson (su rechazo inicial le inspiró la *Sinfonía fantástica*) se tradujo en un matrimonio destructivo de nueve años.

Las composiciones de Berlioz fueron poco apreciadas durante su vida, pero su visión de la instrumentación y de la orquestación fue revolucionaria.

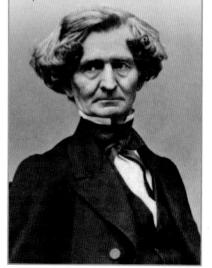

ANTES

Durante los siglos XVII y XVIII, los instrumentos de viento tenían una tesitura y una cualidad tonal limitadas y podían ser poco fiables.

LA PERCUSIÓN BARROCA
Solía limitarse a los **timbales** y a menudo formaba pareja con las **trompetas**.

LIMITACIONES Y SOLUCIONES
Los **instrumentos de viento-madera** « 124–125 tenían pocas llaves y muchos agujeros abiertos. Los músicos expertos cruzaban los dedos de forma complicada para crear más notas que las básicas que permitía el tubo. En cuanto a los de viento-metal, la **trompa** y la **trompeta** carecían de pistones, lo que limitaba sus posibles notas, aunque podían añadirse **secciones adicionales de tubo** —los tonillos de recambio— para alterar la tonalidad básica del instrumento y extender su rango tonal.

FLAUTA DE MARFIL SIMPLE DE UNA SOLA TONALIDAD

Música marcial
Antaño los ejércitos utilizaban los instrumentos de metal y los tambores para anunciar que se iba a la batalla. Desde el siglo XIX, las bandas militares tocan sobre todo en ceremonias y desfiles.

OBRAS CLAVE

Giacomo Rossini Obertura de *Guillermo Tell*
Hector Berlioz *Sinfonía fantástica*
Richard Wagner *El oro del Rin* de *El anillo del Nibelungo*
Camille Saint-Saëns *Danza macabra*; Sinfonía n.º 3 (con órgano), op. 78

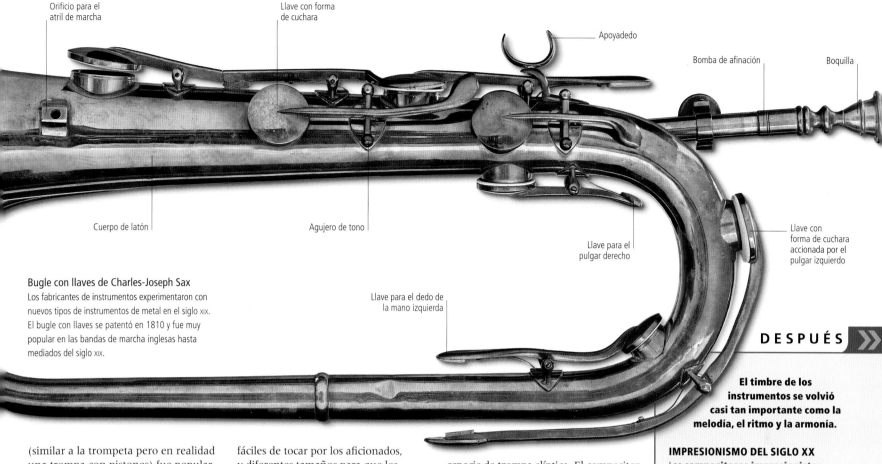

Orificio para el atril de marcha

Llave con forma de cuchara

Apoyadedo

Bomba de afinación

Boquilla

Cuerpo de latón

Agujero de tono

Llave para el pulgar derecho

Llave con forma de cuchara accionada por el pulgar izquierdo

Bugle con llaves de Charles-Joseph Sax
Los fabricantes de instrumentos experimentaron con nuevos tipos de instrumentos de metal en el siglo xix. El bugle con llaves se patentó en 1810 y fue muy popular en las bandas de marcha inglesas hasta mediados del siglo xix.

Llave para el dedo de la mano izquierda

DESPUÉS »

El timbre de los instrumentos se volvió casi tan importante como la melodía, el ritmo y la armonía.

IMPRESIONISMO DEL SIGLO XX
Los **compositores impresionistas** franceses **204–205** » se concentraron en las cualidades tonales únicas de los instrumentos de viento-madera.

SIGUE LA INVENCIÓN INSTRUMENTAL
El heckelfón, un oboe bajo inventado en 1904, se oye en la ópera *Salomé* (1905) de **Richard Strauss 222–223** ».

MÚSICA ELÉCTRICA EXPERIMENTAL
La **electrónica 212–213** » permitió el desarrollo de nuevos instrumentos con sonidos distintivos como el vibráfono, la **guitarra eléctrica** y el **theremín**.

(similar a la trompeta pero en realidad una trompa con pistones) fue popular porque su boquilla de copa profunda permitía que el instrumentista tocara melodías rápidas con mayor precisión.

Además se inventaron instrumentos nuevos. Algunos de ellos tuvieron una corta vida, pero otros sobrevivieron. Entre las invenciones del fabricante de instrumentos belga Adolphe Sax (1814–1894), conocido sobre todo por el saxofón, el *saxhorn* de metal tuvo mucho éxito (pp. 200–201).

El auge de las bandas de marcha exigió nuevos instrumentos que fueran más

fáciles de tocar por los aficionados, y diferentes tamaños para que los instrumentistas pudiesen cambiar de uno a otro fácilmente. Por esta razón, otras creaciones del siglo xix, entre ellas el fiscorno, el sousafón y el bombardino, han tenido una popularidad duradera entre los músicos de las bandas.

Nuevos sonidos y efectos
Muchos experimentos tuvieron una vida corta, pero este no fue el caso de la tuba wagneriana. Al buscar un tono de metal suave para *El anillo del nibelungo*, Richard Wagner (pp. 166–167) ideó una

especie de trompa elíptica. El compositor alemán Anton Bruckner (1824–1896) también usó este instrumento con gran eficacia en su Sinfonía n.º 7.

Inspirados por las nuevas capacidades de los instrumentos de viento, los compositores y los músicos que tocaban

6 El número de arpas utilizado por Wagner para representar el Rin en su ópera *El oro del Rin*.

instrumentos de cuerda encontraron nuevas maneras de tocar. Estos efectos pueden oírse en los cautivantes *Caprichos* para violín del italiano Niccolò Paganini (p. 162). El arpa se mecanizó aún más en el siglo xix y aparece en la música de Berlioz (quien usó cuatro en su *Sinfonía fantástica*) y en la música para ballet de Ígor Chaikovski (p. 187).

piezas para orquesta. Berlioz, más que los otros, fue quien usó los instrumentos con más imaginación. También escribió la obra *Gran tratado de instrumentación*,

«La **instrumentación** va a la **cabeza** de la **marcha**.»

BERLIOZ, *GRAN TRATADO DE INSTRUMENTACIÓN* (1843)

Aventuras con la percusión
El crecimiento exponencial de la sección de percusión de la orquesta se inició en el siglo xix con la adición de la caja o redoblante, el bombo, los gongs, las campanas tubulares, el triángulo, los platillos, la celesta y el xilófono. Berlioz, Nikolái Rimski-Kórsakov (p. 181) y Chaikovski (pp. 182–183) mostraron un talento especial para usar toda una gama de instrumentos de percusión para añadir expresivos haces de luz y color a sus

un estudio técnico de los instrumentos occidentales que se publicó primero por fascículos y luego entero en 1843. En su tratado, Berlioz describe con agudeza el carácter especial de cada instrumento. Sus preferencias están claras y hay pocas dudas de que prefería los instrumentos orquestales. El compositor describió el oboe como «melódico, rústico, tierno y tímido», y la trompa como «noble y melancólica», pero dijo del órgano que era «celoso e intolerante».

COMPRENDER LA MÚSICA

EL SISTEMA BÖHM

Theobald Böhm (1794–1881), un flautista, orfebre y artesano de Munich, desarrolló un nuevo sistema de llaves para los instrumentos de viento-madera. El invento de Böhm permitía cortar los agujeros del tubo en la posición acústica adecuada para crear notas perfectamente afinadas.

Algunos agujeros estaban demasiado separados para que llegaran los dedos, por lo que Böhm creó unos anillos en torno a los orificios abiertos. Cuando se presionaban

estos anillos, se abrían y cerraban agujeros distantes mediante un mecanismo acoplador de varillas y muelles, lo que permitía tocar fácilmente en la mayoría de tonalidades.

Desarrollada en las décadas de 1830 y 1840, esta solución tuvo especial éxito en los clarinetes y flautas, en algunos de los cuales aún se utiliza hoy una versión del sistema Böhm. Este sistema incitó a los compositores a escribir música más elaborada para los instrumentos de viento.

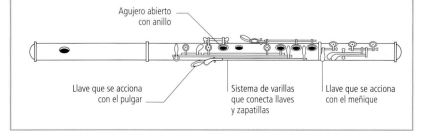

Agujero abierto con anillo

Llave que se acciona con el pulgar

Sistema de varillas que conecta llaves y zapatillas

Llave que se acciona con el meñique

CRONOLOGÍA

1844
Berlioz el paladín
Apenas tres años después de la invención del saxo bajo, Héctor Berlioz lo usó en un arreglo de su obra coral *Canto sacro*.

SAXO BAJO AFINADO EN SI BEMOL

1868
Estreno clásico
El saxofón alto protagonizó un solo *obbligato* virtuoso pero escrito con destreza en la ópera *Hamlet* (1868) de Ambroise Thomas.

Saturday, June 14th, 1902
WILLOW GROVE PARK
SOUSA and his Band

PROGRAMA DE CONCIERTOS DE LA BANDA DE SOUSA

1841
Creación
En 1841, Adolphe Sax fabricó por primera vez los miembros principales de la familia del saxofón, que patentó en 1846: soprano, alto, tenor, barítono y bajo.

1866
Vence la patente
Sax patentó 14 modelos de saxofón en 1846. La patente duró 20 años, y al vencer esta, otros fabricantes de instrumentos comercializaron sus propias versiones. Sax prolongó su patente original en 1881.

SAXOFÓN ALTO

1874
Colores rusos
Modest Músorgski incluyó un evocador solo de saxofón alto en el movimiento «El viejo castillo» de su obra maestra de 1874 *Cuadros de una exposición*.

MÚSORGSKI

1892–1931
Saxos de Sousa
En la célebre banda militar de John Philip Sousa había varios saxofones alto. Los saxos continuaron siendo importantes en las bandas militares y de marcha británicas y estadounidenses.

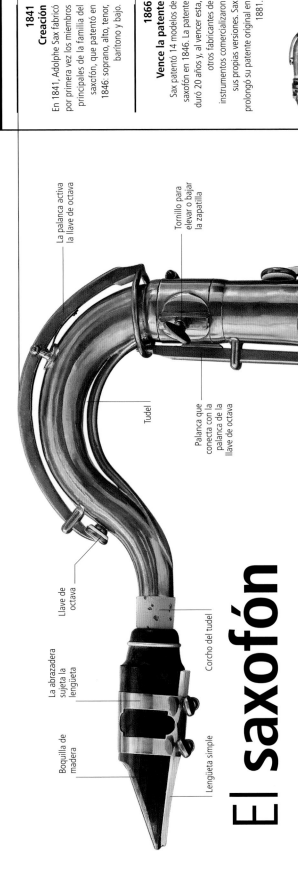

La palanca activa la llave de octava

Tornillo para elevar o bajar la zapatilla

Zapatilla que controla mi

Varilla en la que van montadas las llaves

La zapatilla baja cuando se presionan las llaves

Zapatilla de corcho bajo las llaves

Palanca de la llave de octava

Llave de si

Llave de la

Llave de sol

Llave de sol sostenido

Llave de si
Llave de do sostenido

Anillo de suspensión

Tudel

Palanca que conecta con la palanca de la llave de octava

Llave de octava

Corcho del tudel

La abrazadera sujeta la lengüeta

Boquilla de madera

Lengüeta simple

El saxofón

El saxofón es una magnífica invención de un músico artesano belga del siglo XIX. Este híbrido único, que combina lo mejor de los instrumentos de viento-metal y de viento-madera, tuvo un éxito inmediato en las bandas de Europa y de América, y sigue siendo fundamental en la diversificada escena musical actual.

En una época de múltiples invenciones en el mundo de los instrumentos, el fabricante Adolphe Sax tenía interés en encontrar maneras de extender la potencia y el registro de graves de los instrumentos de viento-madera. Sax experimentaba de modo constante en su taller de París, y en 1842, el compositor Héctor Berlioz, amigo suyo, escribió sobre «un instrumento de metal parecido al figle [un bugle de llaves grande que se tocaba vertical] pero con una boquilla similar a la del clarinete bajo [...] no hay ni un instrumento bajo que se le pueda comparar». Berlioz estaba describiendo el primer saxofón.

Miembros de la familia

La familia del saxofón tiene siete miembros, todos con un tubo de latón cónico con una boquilla tipo clarinete y un sistema de llaves accionadas con los dedos para cubrir los orificios. Los miembros más pequeños, sopranino y soprano, son rectos, mientras que el alto, el barítono, el tenor, el bajo y el contrabajo tienen el tubo doblado y el pabellón inclinado hacia arriba. La forma del cuerpo permite que una gran masa de aire vibre dentro del instrumento, creando un sonido pleno y amplio, como de trompa. La ventaja de construir instrumentos en familias es que los músicos pueden cambiar rápidamente a tamaños diferentes, algo muy útil en las bandas. En ocasiones los clarinetistas también tocan el saxofón.

Un sonado éxito

El saxofón es relativamente fácil de tocar. Las llaves facilitan tocar pasajes rápidos, y su expresividad natural, casi vocal, permite a los saxofonistas crear un sonido propio. Este instrumento se popularizó muy pronto en las bandas de marcha, que valoraban su versatilidad, y muchos compositores orquestales tales como Bizet, Músorgski, Vaughan Williams y Prokófiev, no tardaron en sacar partido de su timbre único para los solos.

La supremacía del saxo

En el jazz es donde mejor encaja este instrumento. Su sonido, a veces dulce y otras áspero, se adapta perfectamente a la improvisación. Ya sea en espectaculares despliegues técnicos o en pasajes de una melancolía profundamente triste, el saxofón se ha convertido en la «voz» de algunos de los más grandes músicos de los últimos 120 años.

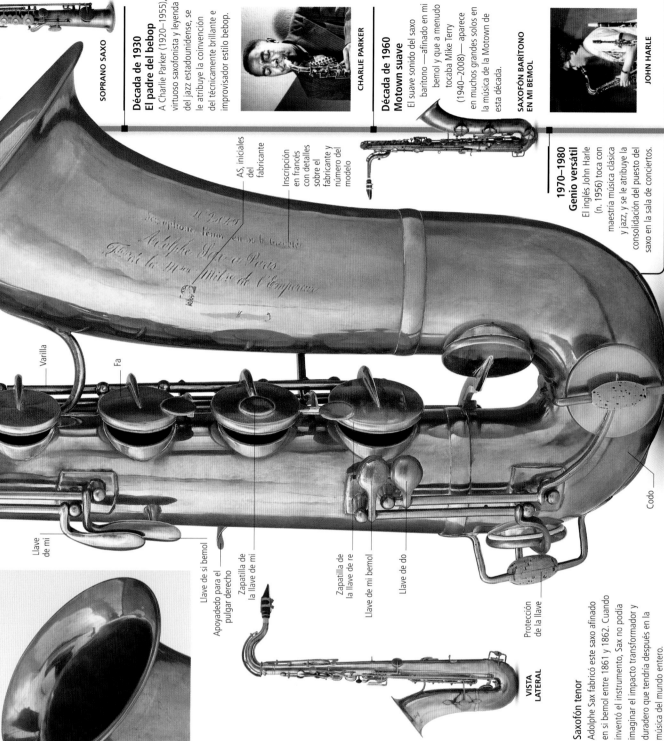

Década de 1920
Del clarinete al saxo
Inicialmente clarinetista en Nueva Orleans, Sidney Bechet (1897–1959) destacó en el saxofón soprano con espectaculares solos y con su vibrato distintivamente amplio.

SOPRANO SAXO

Década de 1930
El padre del bebop
A Charlie Parker (1920–1955), virtuoso saxofonista y leyenda del jazz estadounidense, se le atribuye la coinvención del técnicamente brillante e improvisador estilo bebop.

CHARLIE PARKER

Década de 1960
Motown suave
El suave sonido del saxo barítono —afinado en mi bemol y que a menudo tocaba Mike Terry (1940–2008)— aparece en muchos grandes solos en la música de la Motown de esta década.

SAXOFÓN BARÍTONO EN MI BEMOL

JOHN HARLE

1970–1980
Genio versátil
El inglés John Harle (n. 1956) toca con maestría música clásica y jazz, y se le atribuye la consolidación del puesto del saxo en la sala de conciertos.

Pabellón

AS, iniciales del fabricante

Inscripción en francés con detalles sobre el fabricante y número del modelo

Cuerpo

Varilla

Fa

Codo

Llave de mi

Llave de si bemol

Apoyadedo para el pulgar derecho

Zapatilla de la llave de mi

Zapatilla de la llave de re

Llave de mi bemol

Llave de do

Protección de la llave

Sistema de llaves
Cada llave tiene una pieza redonda para que el dedo la presione al tocar una nota. La altura a la cual una llave se asienta sobre un orificio afecta al tono de la nota.

Lluves del pulgar y de la palma
El pulgar izquierdo presiona la llave oval de la parte posterior del saxo para crear notas una octava más altas, y la palma de la mano izquierda acciona las llaves del lado izquierdo.

Pabellón
El pabellón, o campana, dirigido hacia arriba proyecta el sonido con mucha eficacia, ayudándole a penetrar en los ambientes ruidosos.

VISTA LATERAL

Saxofón tenor
Adolphe Sax fabricó este saxo afinado en si bemol entre 1861 y 1862. Cuando inventó el instrumento, Sax no podía imaginar el impacto transformador y duradero que tendría después en la música del mundo entero.

ADOLPHE SAX

Adolphe Sax (1814–1894) fue un gran inventor musical cuya mejor creación, el saxofón, sigue siendo fundamental para la música. Nacido en Bruselas, se trasladó a París en 1842, donde expuso un modelo temprano de su saxofón. Sax inventó el *saxhorn* y la *saxtuba* para las bandas de metales, pero fue el saxofón, patentado en 1846, el que le inmortalizó. Una serie de demandas judiciales puso en entredicho la originalidad de sus invenciones, pero, impertérrito, Sax siguió inventando. Su empresa, radicada en París, cerró unos años después de su muerte.

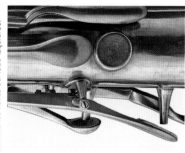

« **ANTES**

La sinfonía clásica perdió el favor del público durante el periodo romántico. Sin embargo, los compositores que siguieron cultivando esta forma se beneficiaron de los nuevos desarrollos orquestales.

LA SINFONÍA CLÁSICA
A principios del siglo XIX, las sinfonías de **Beethoven « 144–145** y **Franz Schubert « 156–157** seguían la estructura en cuatro movimientos de la **sinfonía clásica « 126–127**, pero el contenido musical se amplió tanto a nivel melódico como armónico y rítmico.

LA EXPRESIÓN DE LA EMOCIÓN
El **Romanticismo** animó a los compositores a expresar sus sentimientos personales y nacionalistas. Muchos de ellos optaron por estructuras más flexibles como el **poema sinfónico « 158–159**.

NUEVOS INSTRUMENTOS
La **expansión de la orquesta « 120–121** que se produjo hacia 1800 ofreció una mayor variedad musical. Instrumentos como el flautín dieron sabor al registro más agudo, en tanto que los nuevos metales e instrumentos de percusión aportaron timbres adicionales a la orquesta.

Supremacía sinfónica

Mientras el impacto del romanticismo animaba a los compositores a probar nuevas formas musicales, varias figuras importantes recuperaron la sinfonía clásica hacia 1870. Utilizaron su estructura formal y a gran escala como marco para desarrollar nuevas ideas.

Tras Schubert, la mayoría de compositores empezó a invertir sus energías en la ópera y la canción, o en música con una historia (programa) inspirada en la literatura o el arte. Sin embargo, la sinfonía se revitalizó en manos de los compositores enraizados en la tradición musical austro-alemana, entre ellos Brahms, Bruckner y Mahler, quienes aprovecharon las oportunidades creativas que las orquestas más grandes de la época les otorgaban.

Los sinfonistas austro-alemanes

El compositor Johannes Brahms (1833–1897) deploraba la idea de la música programática y prefería aquella que no tuviera ningún elemento descriptivo. En sus cuatro sinfonías escribió de forma conservadora para una orquesta con una gran sección de cuerda, pares de instrumentos de viento-madera, trompas, trompetas, trombones y percusión. Con su instrumentación de ricos tonos y melodías fuertes, las sinfonías de Brahms adquirieron una eterna popularidad.

El contemporáneo de Brahms, Anton Bruckner (1824–1896), hizo una aproximación más innovadora a la escritura sinfónica y la orquesta. Bruckner, que era organista, fue un compositor en gran parte autodidacta y no abordó su primera sinfonía hasta que tuvo más de 40 años, lo que no le impidió llegar a escribir nueve. Admiraba a Richard Wagner (1813–1883), en particular sus armonías extremas, los

Novena de Bruckner
El último movimiento de la Sinfonía n.º 9 de Bruckner quedó inacabado en el momento de su muerte en 1883. Aunque posteriormente se han escrito siete conclusiones, suele tocarse como una obra de tres movimientos.

cíclicas de un tema a lo largo de ellos para aportar cohesión. Dvořák disfrutaba con los sonidos de las recientes adiciones a la orquesta y escribió partes para todos los instrumentos.

En Francia, la sinfonía era una rareza porque lo que más preocupaba era la gran ópera. La sinfonía en re menor (1888) de César Franck fue exitosa, en tanto que la tercera (1886) de las tres sinfonías de Camille Saint-Saëns incluía una gran parte para el órgano, celebrando así el renovado interés por este instrumento que había en París.

Ampliando las fronteras

En un momento en que el romanticismo experimentaba un rápido declive, el director de orquesta y compositor austriaco Gustav Mahler (1860–1911) transformó la sinfonía. En sus nueve sinfonías (y en una parte de una décima), creó tensión utilizando invenciones armónicas y rítmicas e inusuales yuxtaposiciones de estilo. Mahler usó la voz en cuatro sinfonías y amplió la orquesta. La octava sinfonía, «De los mil», se llama así en alusión a la gran orquesta y coro que requiere.

La antología de cuentos populares alemanes *Des Knaben Wunderhorn (El cuerno mágico del muchacho)* influenció a Mahler durante toda su vida y la sátira de estos cuentos se adecuaba a sus propias tendencias. Su impacto es ya evidente en su primera sinfonía, «Titán», cuya inocente danza del segundo movimiento —inspirada en un Ländler (danza popular austriaca)— se distorsiona sutilmente en una parodia de sí misma. El tercer movimiento comienza con un solo de contrabajo que transforma una melodía de tipo folclórico en un augurio terrible. La obra acaba con un chirrido orquestal seguido de una marcha siniestra, una agitada melodía y una conclusión triunfal.

Mahler falleció mientras trabajaba en su décima sinfonía, tras haber llevado este género al límite.

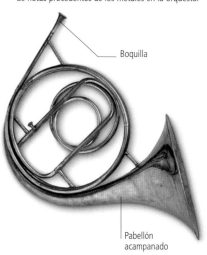

Trompa natural con tonillos
A la trompa se le añadían espirales de tubo (tonillos) para cambiar su longitud y, en consecuencia, su altura tonal, introduciendo así una mayor variedad de notas procedentes de los metales en la orquesta.

Boquilla

Pabellón acampanado

DESPUÉS ≫

Después de 1910, las sinfonías escritas en el marco de la tradición clásica son cada vez más raras.

REFUGIOS SINFÓNICOS

En Finlandia, **Jean Sibelius ≪ 184–185** escribió siete sinfonías; desviándose de la norma sinfónica (la séptima consiste en un único movimiento), exploró los sonidos del paisaje y la naturaleza.

En Rusia, las tres sinfonías de **Serguéi Rajmáninov** tienen un aire anacrónico, con melodías conmovedoras que crean una gran emoción. **Shostakóvich**, por su parte, utilizó la sinfonía para expresar sus profundas diferencias con el estado ruso.

Gran Bretaña se aferró a la sinfonía durante más tiempo que la mayoría de países. Las sinfonías de **Edward Elgar** son intensas e inquietantes, mientras que las de **Vaughan Williams** tienen un aire bucólico **214–215 ≫**.

Orquesta sinfónica nacional de China
Nuevos instrumentos y un público dispuesto a oír grandes obras orquestales como las sinfonías llevaron a un aumento del número y el tamaño de las orquestas desde comienzos del siglo XIX. La orquesta sinfónica nacional de China se fundó en 1956.

timbres instrumentales que descubrió y sus prolongadas y extendidas melodías. Bruckner añadió a su obra elementos wagnerianos, y en vez de desarrollar sus temas en la tradición sinfónica de los cuatro movimientos bien diferenciados, prefirió yuxtaponer en una secuencia varias ideas extendidas, ideas que, por lo general, separaba con una pausa.

Estos bloques de sonido y cambios repentinos se convirtieron en el sello distintivo de la escritura sinfónica de Bruckner. Su cuarta sinfonía en mi bemol mayor, subtitulada «Romántica» en alusión a los romances medievales que usó Wagner en su drama musical *Lohengrin*, es especialmente típica.

Maestro de la invención

Caricatura de Mahler de *Illustrirtes Wiener Extrablatt* (1900) dirigiendo su Sinfonía n.º 1, «Titán». Mahler usó yuxtaposiciones inesperadas para sugerir parodia e ironía.

Desde el solo de trompa que llama a las temblorosas cuerdas en el primer movimiento hasta las secuencias de llamada y respuesta entre metales del tercer movimiento y el excitante final, esta sinfonía tiene un gran encanto.

Nuevos sonidos

El compositor checo Antonin Dvořák (1841–1904) escribió nueve sinfonías, todas en la tradición clásica de los cuatro movimientos con ocasionales repeticiones

COMPRENDER LA MÚSICA

SINFONÍA PROGRAMÁTICA

La sinfonía programática, versión más larga de los poemas sinfónicos del siglo XIX, se inspira en ideas no musicales, usualmente con el fin de contar una historia o de propiciar un estado anímico. La *Sinfonía doméstica* (1903) de Richard Strauss, por ejemplo, se inspiró en su vida familiar. Muestra niños jugando, la felicidad parental, una escena de amor y una discusión. Otros ejemplos son el *Poema del éxtasis* (1908) de Aleksandr Scriabin, inspirado en la teosofía, y *A Colour Simphony* (1922) de sir Arthur Bliss con sus cuatro movimientos basados en los colores morado, rojo, azul y verde.

OBRAS CLAVE

Johannes Brahms Sinfonía n.º 2 en re mayor, op. 73

Anton Bruckner Sinfonía n.º 4 en mi bemol mayor, «Romántica», WAB 104

Gustav Mahler Sinfonía n.º 1 en re mayor, «Titán»

Cesar Franck Sinfonía en re menor

Camille Saint-Saëns Sinfonía n.º 3, con órgano, op. 78

El desarrollo de la ópera cómica durante el siglo XVIII deleitó a las audiencias en varios países.

FRANCIA E ITALIA

En la Francia de principios del siglo XVIII, la **ópera cómica**, con sus bromas y sus sátiras, fue un género popular. En la ópera italiana de Nápoles, se insertaron intermedios cómicos en las óperas serias, y la versión italiana de la ópera cómica, ópera buffa **« 134–135**, surgió en la década de 1720.

PARODIA Y SÁTIRA

La **ópera balad « 134–135** se popularizó en Gran Bretaña con *La ópera del mendigo* (1728) de John Gay, que parodiaba la ópera italiana al tiempo que satirizaba al gobierno británico.

LA FLAUTA MÁGICA

El *Singspiel* (ópera con diálogos hablados) de **Mozart « 138–139** *La flauta mágica* (1791) combinaba música sublime con chistes subidos de tono y conversaciones cómicas.

ASOCIACIÓN MUSICAL

GILBERT Y SULLIVAN

El libretista William Schwenk Gilbert (1836–1911) nació en Londres y tuvo varias profesiones. En el momento de su primera colaboración con Sullivan, en 1871, era dramaturgo, poeta, ilustrador y director de teatro. En 1889 construyó el teatro Garrick en Londres.

El compositor y director de orquesta sir Arthur Sullivan (1842–1900) también nació en Londres, donde estudió piano en la Real Academia de Música, antes de recibir una beca para estudiar en el conservatorio de Leipzig. Además de operetas, Sullivan compuso ballets, piezas para piano, y obras corales y orquestales.

Un **toque más ligero**

La opereta, especie de ópera de tema frívolo, surgió en París, Viena y Londres a mediados del siglo XIX. Era un entretenimiento ligero para las audiencias educadas y cosmopolitas; se cantaba en la lengua local y rebosaba de danzas, coros y diálogos ingeniosos.

La primera opereta importante, *Le chalet*, la escribió el compositor y crítico francés Adolphe Adam (1803–1856). Solo tenía un acto. Se estrenó en 1834 en la Opéra-Comique

> **«Orfeo** fue una **profanación** de la santa y gloriosa antigüedad.»
>
> JULES JANIN SOBRE *ORFEO EN LOS INFIERNOS*, EN EL *JOURNAL DES DÉBATS*, 1859

de París y su éxito fue tal que en 1873 ya se había representado mil veces.

El chelista y director de orquesta nacido en Alemania Jacques Offenbach (1819–1880) se considera el primer maestro indisputado de la opereta.

La Opéra-Comique, de cuya orquesta era chelista, no estaba nada interesada en las operetas de Offenbach, pero este, sacando partido de la afluencia de visitantes a la gran Exposición Universal de 1855 en París, alquiló un teatro en la avenida de los Campos Elíseos y montó una serie de piezas cómicas cortas, en un acto. La iniciativa fue un éxito y lo lanzó a la palestra como compositor.

Indignación operística

Orfeo en los infiernos de Offenbach, de 1838, se considera la primera opereta larga. En ella se mofaba de los mitos clásicos en los que se habían basado muchas óperas serias y además incluía el subido de tono cancán, un baile propio de las revistas de vodevil de la época.

Aunque al público le encantaron el escandaloso argumento y la ligereza de la música, a los críticos les indignó la obra y declararon que era soez y blasfema. Gracias a esta mala fama, se vendieron todas las entradas para las representaciones, y durante los

Postales de jabones para coleccionistas

Las óperas cómicas de Gilbert y Sullivan captaron la imaginación del público. Para celebrar el estreno de *El mikado* en 1885, los entusiastas podían coleccionar postales de jabones con distintos personajes y escenas.

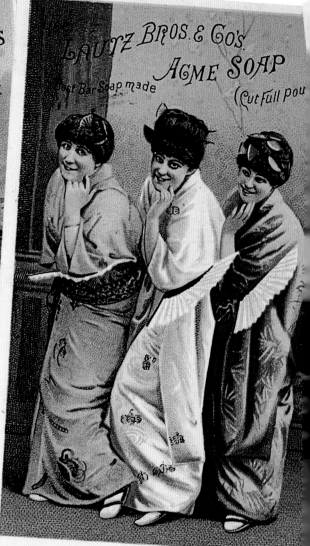

Estrenos parisinos
El Théâtre des Bouffes, en París, estrenó las operetas de Jacques Offenbach a mediados del siglo XIX. En este teatro aún se estrenan nuevos ballets y óperas hoy en día.

clase alta de Viena y está llena de giros inesperados. Los valses y las polcas ejecutados en la escena de la sala de baile siguen atrayendo al público y algunas de las arias se han hecho famosas por derecho propio, en particular «Mi señor marqués» de Adele del segundo acto.

siguientes diez años Offenbach dominó la escena de la opereta en París. Entre otras operetas que compuso destacan *La bella Elena* (1864) y *La Périchole* (1868). Al final de su vida, Offenbach trabajó en la ópera más seria *Los cuentos de Hoffmann*, culminada en 1877.

Opereta vienesa

En 1874, el compositor austriaco Johann Strauss II (1825–1899), que ya era famoso por su música de vals, escribió la ópera cómica *El murciélago*. La trama se mofa del tipo de vida que llevaba la gente de la

Gilbert y Sullivan

La colaboración artística entre los ingleses W.S. Gilbert y Arthur Sullivan, conocida como «Gilbert y Sullivan», se tradujo en 14 óperas cómicas ligeras entre 1871 y 1896. Las tramas están llenas de sátiras, absurdos y parodias. Las arias de Sullivan permiten que el cantante interprete una gran variedad de emociones, mientras que el rápido parloteo de las ingeniosas canciones de Gilbert exige una destacada dicción y grandes dotes de memorización. El éxito de *Trial by Jury* en 1875 persuadió al productor Richard D'Oyly Carte (1844–1901) para que formara una compañía para representar las obras de Gilbert y Sullivan, y en 1881 construyó el teatro Savoy, en Londres, para albergarlas. A estas primeras obras les siguieron varios éxitos sin precedentes, como *Iolanthe* (1882), *El mikado* (1885), y *Los gondoleros* (1889), que aún hoy gustan a numerosos entusiastas seguidores en todo el mundo. Una gran parte de su popularidad se debe a que puede actualizarse el diálogo y las letras de las canciones para satirizar los acontecimientos del momento.

Renacimiento austro-húngaro

El interés por la opereta declinó en Europa en la década de 1890, pero el maestro de banda militar austro-húngaro y compositor Franz Lehár (1870–1948) lo reavivó. Su primer éxito con una opereta lo obtuvo en 1905 con *La viuda alegre*. En lugar de seguir la tradición consistente en insertar canciones para que los actores cómicos las cantaran, Lehár compuso

Cartel de opereta de 1900
La popularidad de la opereta cruzó las fronteras nacionales y su música vocal y sus diálogos solían traducirse a otros idiomas. Este cartel corresponde a la versión francesa de *El murciélago (La chauve-souris)*.

música para cantantes que también podía ser divertida. También fue hábil al introducir con fluidez valses y otros bailes dentro de la trama, con lo que sus operetas no tenían interrupciones.

Lehár escribió 42 óperas y operetas. Aunque algunas aún se representan hoy en día, ninguna ha superado en popularidad a *La viuda alegre*.

OBRAS CLAVE

John Gay *La ópera del mendigo*

Adolphe Adam *Le chalet*

Jacques Offenbach *Orfeo en los infiernos*

Johann Strauss *El murciélago*

Gilbert y Sullivan *El mikado, Los gondoleros, Trial by Jury*

Franz Lehár *La viuda alegre*

DESPUÉS »

Unos pocos compositores siguieron escribiendo operetas, pero el musical empezó a sustituir a este género a mediados del siglo XX.

OPERETAS TARDÍAS

Franz Lehár escribió seis papeles de opereta hechos a medida para el tenor austriaco **Richard Tauber** (1891–1948), entre ellas *Das Land des Lächlens (El país de las sonrisas)* en 1923. En 1928, **Kurt Weill 256–257 »** compuso *La ópera de tres peniques*, basada en *La ópera del mendigo* de John Gay de dos siglos antes.

MUSICAL DE BROADWAY

El musical *My Fair Lady* de Alan Jan Lerner y Frederick Loewe, basado en la obra *Pigmalión* de George Bernard Shaw, de 1914, se estrenó en Broadway en 1956. En 1964 se convirtió en una película **293 »**.

El realismo en la ópera italiana

A finales del siglo XIX, inspirados por un nuevo realismo literario, un grupo de compositores italianos empezaron a escribir óperas que reflejaban la vida y las dificultades de la gente trabajadora, especialmente la del más pobre sur de Italia.

‹‹ ANTES

Solo unos pocos compositores anteriores habían intentado una verdadera reflexión sobre la vida contemporánea a través de la ópera.

LA DESCARRIADA
Verdi ‹‹ 166–167 prefirió ambientar su ópera romántica *La traviata* en una época anterior para no escandalizar al público en su estreno en 1853. La heroína de la ópera es una prostituta de lujo que renuncia al hombre que ama por su sentido del deber moral.

ESCENA FINAL DE *CARMEN*, UTILIZADA AQUÍ PARA ANUNCIAR UN EXTRACTO DE BUEY

LA ENCARNACIÓN DEL VICIO
Carmen (1875), la obra maestra del francés Georges Bizet (1838–1875), se consideró inmoral porque su personaje central, una joven gitana fieramente independiente que trabaja en una fábrica de tabacos de Sevilla, se sirve de su atractivo sexual para atrapar a los hombres y desafía abiertamente la moralidad convencional y la ley. Un crítico la llamó «la encarnación del vicio».

> « Adoro la **ópera italiana**, ¡es tan temeraria! Me gustan los italianos que todo lo hacen por **impulso** y no se preocupan por su alma inmortal.»
>
> EL ESCRITOR INGLÉS D. H. LAWRENCE EN UNA CARTA A SU NOVIA, LOUIE BURROWS, 1911

Contra el telón de fondo de la revolución e industrialización de mediados del siglo XIX, un espíritu de realismo antirromántico se extendió por las artes, desde Francia hasta Rusia. En Italia, un nuevo estilo de ópera, el verismo (realismo, en italiano), puede rastrearse hasta 1888, cuando el editor Edoardo Sonzogno ofreció un premio por una ópera de un acto de un compositor italiano. Uno de los ganadores fue Pietro Mascagni (1863–1945) cuya *Cavalleria rusticana* se basaba en la obra teatral homónima del escritor realista siciliano Giovanni Verga.

Ambientada en Sicilia, *Cavalleria rusticana* es una historia de infidelidad, celos y venganza, en la que Turiddu, un galán local que vuelve del servicio militar, seduce a una chica mientras reanuda su aventura con una amante anterior que ahora está casada. La música es directa e intensa, en concordancia con las emociones de los personajes. Hay muchas melodías poderosas, como el intermezzo orquestal y el aria final que canta Turiddu cuando se enfrenta a la muerte en un duelo.

Fiel a la vida

La obra de Mascagni fue un gran éxito casi de inmediato y desde entonces se ha representado innumerables veces en muchos otros países. Esta ópera inició la tendencia hacia un mayor realismo entre una nueva generación de compositores italianos. Las historias a menudo se situaban entre gente pobre, de clase trabajadora, e involucraban un crimen pasional. Algunas tenían un sabor regional, pues los compositores incorporaban canciones y bailes locales, e instrumentos como la mandolina.

La siguiente ópera en la que se adoptó este enfoque fue la de uno de los participantes en el concurso de Sonzogno, Umberto Giordano (1867–1948). Su ópera en tres actos *Mala vita*, ambientada en Nápoles, narra la historia de cómo un trabajador, Vito, jura rescatar a una prostituta casándose con ella si él se cura de la tuberculosis.

El mismo año, el compositor y libretista Ruggero Leoncavallo (1857–1919) escribió una ópera en dos actos, *Los payasos*, inspirada en el ejemplo de *Cavalleria rusticana*. La acción tiene lugar entre una compañía de comediantes itinerantes cuyo actor principal, Canio, descubre que su mujer, Nedda, tiene una aventura. Canio —que desempeña el papel de un payaso— apuñala a media actuación a Nedda cuando ella se niega a nombrar a su amante. Aunque Canio es un asesino, es su sufrimiento lo que constituye el centro de atención de la obra, y su aria «Vesti la giubba» («Ponte la casaca»), es uno de los puntos álgidos.

El amor por una historia verdadera
Esta edición de la ópera *Cavalleria rusticana* de Mascagni se tradujo al francés, lo que muestra cuán popular era la ópera italiana en otros países europeos.

Éxitos franceses

El éxito de estas nuevas óperas veristas más allá de Italia hizo que compositores de otros países adoptaran la tendencia a ambientar historias más descarnadas en escenarios contemporáneos. En 1890 se estrenó en París *La navarraise (La navarra)*, del compositor francés Jules Massenet (1842–1912), otra historia de amor trágico que, esta vez, sucedía en España en 1874, en la tercera guerra carlista.

Diez años después, un alumno de Massenet, Gustave Charpentier (1860–1956), completaba *Louise*, una sencilla historia de una modista pobre de París que vive todavía con sus padres, desea ser libre y, además, está enamorada de un joven artista llamado Julien.

La joven escuela

Tanto Mascagni como Leoncavallo siguieron escribiendo óperas, pero solo *Cavalleria rusticana* y *Los payasos* se representan con regularidad hoy día, usualmente en programa doble. Giordano también ha acabado siendo un compositor de un solo éxito, no por *Mala vita*, sino por su obra posterior *Andrea Chénier* (1896). Esta ópera narra la conmovedora historia de un poeta que vivió realmente en la época de la Revolución francesa (1789–1799), y combina un escenario histórico con la acción rápida y naturalista de la ópera verista.

Francesco Cilea (1866–1950) también adaptó el estilo verista a un tema histórico en su *Adriana Lecouvreur* (1902), un melodrama basado en la vida de una famosa actriz francesa del siglo XVIII.

Entre estos compositores italianos innovadores, los de la llamada *giovane scuola* (joven escuela), se hallaba Giacomo Puccini, que si se juzgara por cuán a menudo se representan sus obras hoy, sería probablemente el más popular de entre todos los compositores de ópera.

Las obras de Puccini

Aunque no está claro que Puccini sea un compositor verista, pues solo su ópera en un acto *Il tabarro (El tabardo)* se adecua por completo al estilo, lo cierto es que sus óperas usan el mismo estilo musical que realza la emoción y que uno de sus más grandes éxitos, *La bohème* (1896), al dejar entrever la vida de un grupo de jóvenes bohemios acosados por la pobreza en París, se acerca a la temática verista.

OBRAS CLAVE

Pietro Mascagni *Cavalleria rusticana*

Ruggero Leoncavallo *Los payasos*

Giacomo Puccini *La bohème; Tosca; Madame Butterfly; Turandot*

La eficacia de las óperas de Puccini radica en su habilidad para entretejer hermosas melodías con poderosas emociones y aun así mantener una ajustada estructura dramática. En *La bohème*, la aventura amorosa entre un poeta en apuros, Rodolfo, y Mimì, una costurera con tuberculosis, se enmarca convincentemente en la vida caótica y agitada de sus amigos. La siguiente ópera de Puccini, que muestra todos los rasgos distintivos del verismo, es la popular *Tosca* (1900). Ambientada en la iglesia de Sant' Andrea della Valle en Roma, en 1800, la trama se centra en la lucha de dos amantes, el pintor Cavaradossi y la cantante Floria Tosca, contra Scarpia, el villano jefe de la policía. La trama incluye una escena de tortura y un asesinato y acaba con un dramático suicidio.

Madame Butterfly (1904) es otra historia trágica, esta vez ambientada en el Japón de la década de 1890. B. F. Pinkerton, un oficial naval de EE UU, corteja a una joven geisha, Cio-Cio-San, se casa con ella y luego la abandona y vuelve en barco a casa. Ella está embarazada y espera a que vuelva. Varios años después Pinkerton reaparece con su mujer estadounidense. Cio-Cio-San acepta

COMPOSITOR DE ÓPERA (1858–1924)

GIACOMO PUCCINI

Nacido en Lucca (Toscana), en una familia con cinco generaciones de músicos, Puccini fue «descubierto» por los editores de música Ricordi, para quienes escribió su segunda ópera, *Edgar* (1888). No tuvo buena aceptación, pero su siguiente ópera, *Manon Lescaut* (1893), sí. Le siguió una serie casi ininterrumpida de éxitos hasta su muerte.

La vida privada de Puccini no fue tan fácil. Vivía con una mujer casada que le dio un hijo, y no pudo casarse con ella hasta la muerte del marido en 1904. Aun así, se las arregló para disfrutar de las mieles del triunfo, dedicándose a su pasión por la caza de patos y por los automóviles. Aunque sus óperas se han criticado por su brutalidad y su sentimentalismo, la habilidad que tenía Puccini de componer grandes melodías y su vívida orquestación son indiscutibles.

14 MILLONES DE DÓLARES La suma que ganó Puccini a lo largo de su vida. Sus óperas se representaron en muchas ciudades de Europa y de EE UU.

entregar el niño a la pareja antes de suicidarse con la espada de su padre. Puccini murió antes de poder completar su última ópera, *Turandot*, ambientada en la antigua Pekín, pero no sin antes haber escrito la famosa aria para tenor «Nessun dorma» («Nadie duerma»).

La bohème ha resultado ser una de las óperas más populares de la historia, y por lo demás, casi todas las óperas de Puccini se representan con regularidad en los escenarios operísticos del mundo.

DESPUÉS

El interés verista por los temas más realistas y contemporáneos en las tramas de ópera continúa hasta hoy.

BINOCULARES DE ÓPERA

DESAFÍO A LAS CONVENCIONES
El papel tradicional de la mujer en la sociedad lo desafiaron óperas tales como *Jenufa* (1904) de **Leoš Janáček 214 ≫** y *Lulú* (1935) de **Alban Berg**, en tanto que *Peter Grimes* (1945) de **Benjamin Britten 284–285 ≫** versó sobre la lucha de un marginado con una comunidad. **John Adams 280–281 ≫** utilizó acontecimientos noticiosos para *Nixon en China* (1987) y *La muerte de Klinghoffer* (1991), mientras que **Mark-Anthony Turnage** en su *Anna Nicole* (2011) aborda la obsesión moderna por la celebridad.

Tragedia bohemia
En el último acto de la ópera *La bohème* de Puccini, los personajes principales se reúnen cuando Mimì y Rodolfo vuelven a estar juntos, aunque ella morirá de tuberculosis poco después.

« ANTES

Desde sus inicios, la ópera china se representaba para entretener a la élite del país: el emperador, su corte y la intelectualidad.

ORIGEN DE LA MÚSICA Y LOS TEXTOS

Las melodías operísticas tienen su origen en el **qinqiang** («tonada *qín*»), una forma de **ópera folclórica** del noroeste de China cuyo origen se remonta a la unificación del país bajo la dinastía Qin, en 221 a.C. Los primeros libretos de ópera datan de la dinastía Yuan, cuando los mongoles gobernaron China (1271–1368); por desgracia, las notaciones musicales se han perdido.

SURGE UN ESTILO POPULAR

El primer florecimiento de la ópera china fue la ópera **kunqu** («canciones de la montaña Kun»), que se desarrolló en el siglo XIV en el distrito de Kunshán, entre Suzhóu y Shanghái, en el este del país. *El pabellón de las peonías* de Tang Xianzu (1550–1616), representada por primera vez en 1598, es su obra más perdurable « 45.

La ópera *kunqu* alcanzó su cenit a principios de la dinastía Qing, a finales del siglo XVII, con *El abanico de la flor del melocotonero* (1699), una historia de amor de Kong Shangren (1649–1718). A mediados del siglo XIX, la **ópera de Pekín** se impuso como la forma más popular.

Ópera china tradicional

Este arte centenario que comprende canto, actuación, diálogo y artes marciales, ha generado numerosas variedades regionales durante los dos últimos siglos. Con su escenografía simple, sus vistosos vestidos y su elaborada corporalidad, su atractivo ha trascendido fronteras.

En la tradición operística occidental, suelen colaborar un compositor y un libretista para crear una nueva obra, pero las óperas chinas tradicionales se crean sobre todo adaptando nuevos textos a unos tipos ya existentes de tonadas y fórmulas melódicas llamados *qupai* («tonada calificada») y *changqiang* («patrones vocales»), aunque a la larga también se añade nueva música.

Hay tantas variedades regionales de ópera china tradicional como dialectos regionales. Los argumentos típicos varían de sucesos históricos a mitos y leyendas, y desde escenas de los principales clásicos literarios hasta historias escritas para la ocasión, a menudo con objeto de dar lecciones de fidelidad y de piedad filial.

Para quienes desconocen este estilo, los cantos son muy agudos, habitualmente en falsete para los cantantes masculinos e igualmente estilizados para las cantantes. En ciertas óperas regionales, los hombres interpretan los papeles femeninos y viceversa. Otra característica distintiva son los arreglos musicales. Los instrumentos melódicos del conjunto, tales como laúdes y violines, adornan la línea vocal, y las óperas son más o menos «dirigidas» por el percusionista principal.

Meterse en el personaje

Los diseños y colores del maquillaje facial de los artistas de la ópera china transmiten mensajes al público. Los enormes dientes dibujados encima de los labios, como en la imagen, caracterizan a semidioses y demonios.

Colores y travestismo

En esta escena de la ópera *Meng Lijun* ambientada en una corte imperial, aparecen mujeres que desempeñan papeles masculinos. Esta forma de ópera, llamada *yue*, surgió a inicios del siglo XX y floreció en torno a Shanghái.

Los estilos regionales

El estilo musical *kunqu*, surgido a lo largo de los territorios orientales del río Yangtsé, llegó a la cúspide de su popularidad hacia finales del siglo XVII; de él han sobrevivido algunos libretos con los nombres de las fórmulas melódicas y detalles de los tipos de tonadas. En esta forma estilística se da gran importancia al texto, por lo que es la más «literaria» de las variedades regionales. Las óperas *kunqu* auténticas pueden representarse con cinco actores y con un conjunto de cuatro a cinco instrumentistas, con mucho

20 Horas necesarias para representar las 55 escenas de *El pabellón de las peonías.*

menos énfasis en la percusión. Las líneas vocales suelen tener su reflejo en la flauta de bambú, melodiosa y de sonido pastoral, e ir acompañadas de los laúdes chinos.

La ópera *kunqu* es aún hoy muy representada, aunque también han florecido otras variedades en concordancia con los dialectos regionales. La ópera *chuanju*, de Sichuan, en el suroeste de China, se remonta como la *kunqu* a la dinastía Ming (1368–1644), pero se modificó y formalizó a principios del siglo XX. Esta ópera destaca por su estilo de canto muy agudo, los cambios de la expresión facial a gran velocidad y los trucos de escupir fuego. También hay otras renombradas variedades líricas, como la elegante y colorida *chaoju* (de Chaozhóu, en la provincia meridional de Cantón) y la *gaojiaxi* (del área costera de Fujian, en el sureste).

Al sur del país, la tradición de la ópera cantonesa solo arraigó de mediados del siglo XIX en adelante, bajo la influencia de los estilos más formalizados del norte. Los emigrantes de Cantón llevaron consigo esta ópera a lugares tan lejanos como la costa oeste de América del Norte donde, desde inicios del siglo XX, compañías de ópera cantonesa hacen representaciones.

Ópera de Pekín

Sin duda, la forma más destacada de ópera «nacional» china, y la más familiar para el público occidental es la ópera de Pekín o *jingju*, que recurre a varios estilos anteriores en una combinación de música instrumental, declamación, acrobacias, canto, y movimientos estilizados. Traído inicialmente por artistas de la provincia de Anhui, en el centro-este del país en torno a 1790, el estilo se popularizó en Pekín a lo largo del siglo XIX. La emperatriz viuda Ci Xi (1835–1908), que ejerció en China el poder efectivo durante 47 años hasta su muerte, era muy aficionada a esta ópera e hizo construir un teatro en el Palacio de Verano para representaciones privadas.

En la ópera de Pekín, el instrumento de cuerdas básico en un pequeño conjunto es el *jinghu*, que tiene dos cuerdas, se toca con arco y crea un sonido penetrante que atraviesa el aire. Los resonantes gongs, con tonos ascendentes y descendentes,

Teatro para entretener a una emperatriz

Durante los últimos 11 años de su vida, la emperatriz viuda Ci Xi pasó 262 días en el Palacio de Verano de Pekín, mirando representaciones en el teatro de ópera construido para ella entre 1891 y 1895.

Un sonido característico

El *huqin* (izda.) puede adoptar varios tamaños y tesituras; los más grandes pueden encontrarse en muchas óperas regionales chinas. El sonido del *jinghu*, en cambio, resulta más penetrante y caracteriza a la ópera de Pekín.

y las cajas chinas originan intrincados patrones rítmicos para acompañar el movimiento y enfatizar las melodías.

Personajes, vestuario, acción

Los papeles de la ópera de Pekín suelen dividirse en cuatro tipos principales, en función del sexo, el estatus social, la edad y la profesión del personaje. *Sheng* designa los papeles masculinos, que se subdividen en *lao sheng* (hombres de mediana edad o ancianos), *xiao sheng* (hombres jóvenes) y *wu sheng* (hombres que practican artes marciales). *Dan*, que designa los papeles femeninos, se divide a su vez en *qing yi* (mujeres con un férreo código moral), *hua dan* (mujeres jóvenes y llenas de vida), *wu dan* (mujeres que practican artes marciales), y *lao dan* (mujeres mayores). *Jing* designa aquellos papeles con la cara pintada, por lo general guerreros, héroes, hombres de estado y demonios. *Chou* es un personaje cómico y se reconoce por su maquillaje, que incluye una característica mancha de pintura blanca en la nariz.

Los colores que se utilizan en caras y vestidos simbolizan y exageran aspectos de la personalidad de cada personaje. En la cara, el rojo suele denotar lealtad; el blanco, traición; el azul, valentía; el negro, sentido de la justicia, y el verde, crueldad. Los bordados en la seda de los

DESPUÉS »

La ópera tradicional china todavía se representa de varias maneras por todo el mundo.

EMBAJADOR DE LA ÓPERA CHINA

La estrella más célebre de la ópera de Pekín fue **Mei Lanfang** (1894–1961), especialista en papeles *qing yi* (de mujer virtuosa). Lanfang viajó a Occidente en la década de 1930 e inspiró a dramaturgos modernos como el alemán **Bertolt Brecht 257 »**.

MEI LANFANG EN 1930

RECUERDOS DE LA PATRIA

Dondequiera que haya comunidades chinas en el mundo, forman sus propios **clubs de ópera**.

UN GRAN GALARDÓN

La UNESCO reconoció la ópera *kunqu* y la cantonesa como patrimonio cultural inmaterial en 2001 y en 2009, respectivamente.

vestidos también son simbólicos: los rojos señalan oficiales de alto rango; los verdes, una persona virtuosa, y los amarillos, la realeza. Los estilizados gestos manuales y juegos de pies representan el garbo de la gimnasia, con escenas de pelea repletas de saltos y volteretas. Las emociones se expresan mediante gestos tales como el temblor de manos y cuerpo (ira), cubrirse la cara con una manga (vergüenza) y la rápida sacudida de una manga (disgusto).

«El **arte más estimulante** que **China** podía producir.»

EL ESCRITOR BRITÁNICO SIR HAROLD ACTON *EN MEMORIAS DE UN ESTETA* (1948)

« ANTES

Desde que los ejércitos se volvieron demasiado grandes para que bastara con la comunicación vocal, la música ha hecho parte de la vida militar.

TURCOS Y MÚSICA MARCIAL

El ejército turco que luchó contra los cruzados fue el primero en utilizar bandas militares. Se suponía que su disonancia debía **infundir espíritu de lucha** en sus filas y aterrorizar al contrario. Europa empezó a emular las bandas de marcha de élite —*mehter*— otomanas, en la instrumentación y en el estilo, hacia el siglo XVI.

BANDA DE MARCHA OTOMANA, c. 1720

El ritmo de la marcha

Los militares han necesitado música desde siempre, para transmitir órdenes y para dar valor a las tropas, amedrentar al enemigo y honrar a los caídos. También aporta dignidad a las ceremonias públicas, actuando como un poderoso vínculo entre las fuerzas armadas y los civiles.

E l tambor fue el instrumento favorito para dar órdenes en la infantería británica hasta finales del siglo XIX, cuando empezó a ser reemplazado por el bugle. Los tamborileros daban el toque de diana (para despertar), de asamblea (para reunirla) y el de retreta (regreso al cuartel y de control nocturno) —los principales momentos del día militar—, junto a otros toques que debían ser reconocibles de inmediato. Otros países tenían costumbres similares, en EE UU los toques de clarín y trompeta sustituyeron a los de tambor tras la guerra de Secesión (1860–1865).

Al compás de la música

En el siglo XIX, el papel de la música de banda —música militar no relacionada directamente con la comunicación— se amplió. Gracias a las mejoras en las carreteras, los ejércitos marchaban largas

¡Acérquense y miren!
El arreglo de «Entrada de los gladiadores» por el canadiense Louis-Philippe Laurendeau, «Thunder and Blazes» (1901), se convirtió en la marcha de circo.

distancias en filas y al paso. Estimuladas por los avances en la tecnología de los instrumentos de viento-metal, las bandas y la música de marcha se desarrollaron para acompañar a los ejércitos en marchas y desfiles, ya no solo en las batallas. Los regimientos individuales adoptaron una marcha regimental, tales como «The British Grenadiers» de las guardias de granaderos británicos, *Semper*

Parte para flautín o piccolo, una flauta pequeña y aguda

Julius Fučík, el compositor original

Carl Fischer, editor de música de Nueva York

Llevar la marcha a las masas
La banda de John Philip Sousa —Sousa Band— toca en Calgary (Canadá) en 1919. Nueve años antes, Sousa y sus 100 músicos habían recorrido 100.000 km en una gira por el mundo de 14 meses.

COMPOSITOR (1854–1932)

JOHN PHILIP SOUSA

«El rey de las marchas», nacido en Washington D.C., empezó su carrera en la banda de los marines de EE UU a los 13 años de edad. Sousa compuso más de 130 marchas, incluidas «Stars and Stripes Forever» y «The Liberty Bell», con las que consiguió riqueza y fama duraderas. Con su banda hizo innumerables giras por el mundo entre 1892 y 1932, superando los 15.000 conciertos.

Fidelis del cuerpo de marines de EE UU o la «Marcha de san Lorenzo» argentina, para simbolizar su historia y sus valores, y para crear camaradería entre las tropas.

Sonido para grandes escenarios

La música de marcha alcanzó su cenit a finales del siglo XIX y principios del XX, cuando compositores de toda Europa y EE UU llevaron el género a los desfiles, los quioscos y las salas de concierto. Entre sus principales figuras destacan John Philip Sousa (arriba), Julius Fučík (1872–1916)

—un maestro de banda checo del ejército austro-húngaro, conocido sobre todo por su «Entrada de los gladiadores»— y en Gran Bretaña el prolífico Kenneth J. Alford (1881–1945), cuya marcha de 1914 «Colonel Bogey» fue un rotundo éxito mucho antes de que se usara en la película de 1957 *El puente sobre el río Kwai*.

Las bandas militares pudieron aumentar su repertorio de conciertos gracias sobre todo a posteriores avances en el desarrollo de los instrumentos. Fabricantes como Adolphe Sax, en París, perfeccionaron el

pistón, lo que permitió que la sección de metales explorara una gama más amplia de sonidos. Nuevos instrumentos como la corneta o la tuba, con un tubo cuyo diámetro va en aumento, mejoraron la proyección —algo vital al interpretar al aire libre— y la calidad tonal. La otra gran contribución de Sax —el saxofón y su familia (patentados en 1846)— también hicieron progresar la música militar al aportar sonido en la sección media de la banda.

Con los instrumentos, alturas tonales y timbres variados que aportaban las familias de viento-metal y viento-madera, la música de los repertorios clásico y operístico pudo adaptarse a las bandas militares. Junto a esto floreció un repertorio de obras para virtuosos, a medida que los solistas iban ampliando las posibilidades técnicas de sus instrumentos. Los solistas superestrellas, como el célebre intérprete de corneta y director de banda Patrick Gilmore (1829–1892), ejecutaban piezas escritas específicamente para ellos y atraían enormes audiencias.

«Esencial para **la reputación y la apariencia** de un regimiento.»

«REGULACIONES Y ÓRDENES DE LA REINA PARA EL EJÉRCITO [BRITÁNICO]», SOBRE LA NECESIDAD DE LAS BANDAS, 1844

Marcar el paso con la realeza británica
Las bandas de la Household Division (Life Guards, Blues and Royals, Grenadier, Coldstream, Guardias escocesa, irlandesa y galesa) marchan delante de la reina en The Mall, en Londres, en la ceremonia Trooping of the Color.

OBRAS CLAVE

Johann Strauss «Marcha Radetzky»

John Philip Sousa «Stars and Stripes Forever», «The Liberty Bell», «The Washington Post», «Semper Fidelis»

Julius Fučík «La entrada de los gladiadores»

Kenneth J. Alford «Colonel Bogey»

Gustav Holst Suite n.º 1 y Suite n.º 2 para banda militar (1909 y 1911)

DESPUÉS

Aunque hubo algunos compositores clásicos que escribieron música para bandas militares, la edad de oro de las marchas pasó al surgir nuevas formas de entretenimiento de masas a inicios del siglo XX; a pesar de todo, la música militar aún tiene un importante papel.

FANS CLÁSICOS

Gustav Holst abrió la puerta a la composición seria para bandas militares; posteriormente le siguieron **Ralph Vaughn Williams** y **Percy Grainger**, entre otros.

LAS BANDAS SIGUEN MARCHANDO

La música sigue estando en el centro de actos sociales y ceremonias militares, y sus derivaciones musicales son cada vez más profesionales. En el mundo civil, la banda militar y otros conjuntos relacionados como las bandas de viento, son también respetados habituales de los conciertos.

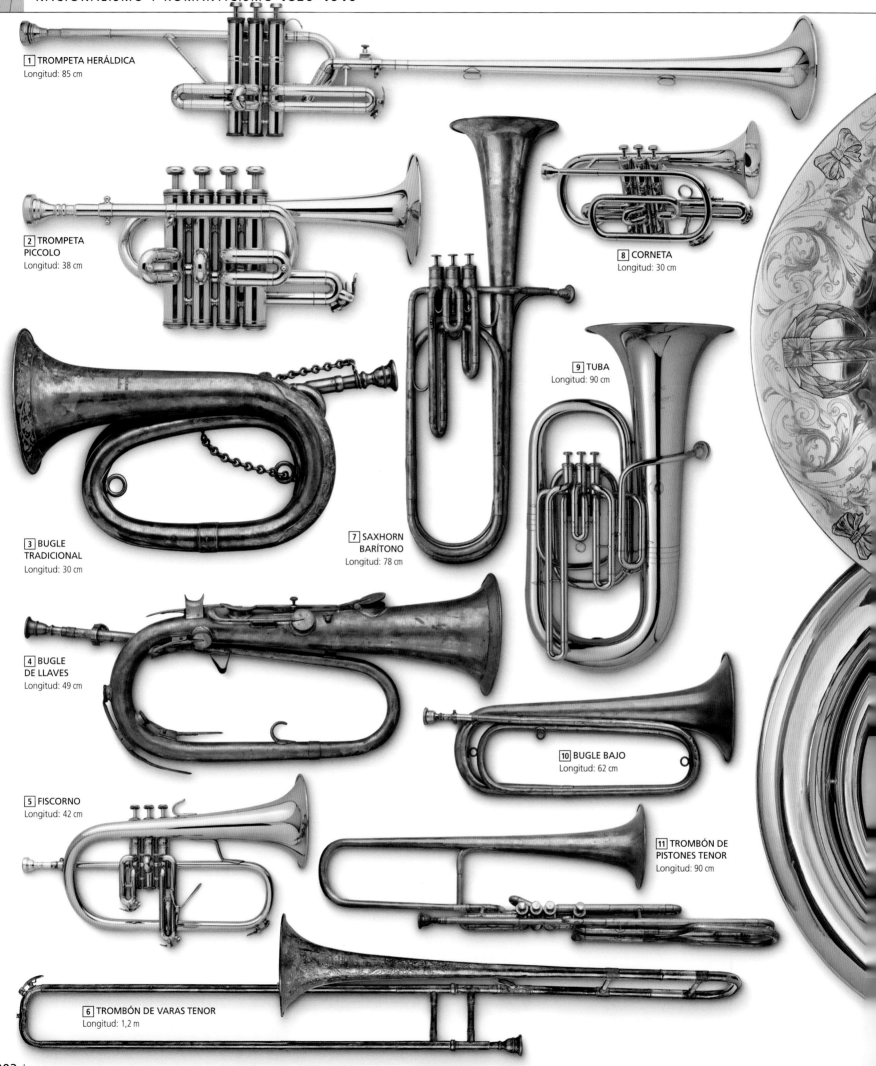

1 TROMPETA HERÁLDICA
Longitud: 85 cm

2 TROMPETA
PICCOLO
Longitud: 38 cm

8 CORNETA
Longitud: 30 cm

9 TUBA
Longitud: 90 cm

3 BUGLE
TRADICIONAL
Longitud: 30 cm

7 SAXHORN
BARÍTONO
Longitud: 78 cm

4 BUGLE
DE LLAVES
Longitud: 49 cm

10 BUGLE BAJO
Longitud: 62 cm

5 FISCORNO
Longitud: 42 cm

11 TROMBÓN DE
PISTONES TENOR
Longitud: 90 cm

6 TROMBÓN DE VARAS TENOR
Longitud: 1,2 m

13 TROMPA
Diámetro del pabellón: 27 cm

15 TROMPA DE MANO ORQUESTAL
Diámetro del pabellón: 29 cm

14 TROMPA DE PISTONES
Diámetro del pabellón: 30 cm

16 HELICÓN
Diámetro del pabellón: 36 cm

12 SOUSAFÓN
Diámetro del pabellón: 76 cm

Viento-metal

Los instrumentos de viento-metal son de dos tipos. Los de tipo trompeta tienen el tubo en gran parte cilíndrico, mientras que el tubo de los de tipo trompa se va ampliando (cónico). Ambos se tocan haciendo vibrar los labios contra la boquilla.

1 Trompeta heráldica Este instrumento se usa en ocasiones ceremoniales, en las que puede colgarse una bandera de las pequeñas anillas situadas entre el pabellón y los pistones. **2 Trompeta piccolo** La longitud de su tubo es exactamente la mitad que la de una trompeta estándar, lo que hace que suene una octava más alto. **3 Bugle tradicional** Este bugle francés de la década de 1860 es un simple tubo cónico de plata. El músico cambia las notas modificando la cantidad de aire y la presión de los labios. **4 Bugle con llaves** Sus llaves se accionan con los dedos y abren orificios, lo que aumenta la cantidad de notas posible. Este ejemplar se fabricó en París en el siglo xix. **5 Fiscorno** Instrumento, similar a la trompeta, muy apreciado en el jazz, las bandas de metales y la música popular. **6 Trombón de varas tenor** Este estilo de trombón se ha convertido hoy en el estándar orquestal. Este ejemplar del siglo xix se fabricó en Inglaterra. **7 Saxhorn barítono** Este *saxhorn* de sonido profundo es uno de los varios de su familia; los músicos pueden cambiar un tamaño por otro para tocar en diferentes registros o alturas.

8 Corneta Con este instrumento se tocan melodías en bandas y, a veces, en orquestas. **9 Tuba** Es el instrumento más grande y grave de la sección de metales habitual en la orquesta. **10 Bugle bajo** Alcanza notas muy graves y se toca en las bandas de marcha. **11 Trombón con pistones tenor** La adición de pistones en el siglo xix lo hizo más flexible y hoy es popular en el jazz. **12 Sousafón** Se lleva alrededor del pecho sobre un hombro; este se fabricó en Wisconsin en 1929, y tiene el interior del pabellón chapado en oro. El diámetro de su pabellón es inusualmente grande: 76 cm. **13 Trompa** La longitud básica del tubo de la trompa moderna es de 3,7 a 4 m. **14 Trompa de pistones** Este ejemplar alemán de latón rosa de 1950 tiene tres pistones rotatorios que regulan el flujo de aire. **15 Trompa de mano orquestal** Fabricada en París en 1820, esta adornada trompa tiene seis tonillos para alargar su tubo. La mano derecha, insertada en el pabellón, ayuda a cambiar la altura y el timbre. **16 Helicón** De sonido profundo, se lleva sobre el hombro y se toca en bandas de marcha. Este helicón es de la década de 1890.

ANTES

Los compositores románticos solían evocar historias y emociones muy poderosas a través de su música.

ROMÁNTICOS DEL SIGLO XIX

La *Sinfonía fantástica* compuesta por **Hector Berlioz** « **138** en 1830 describía la vida de un artista, mientras que *Una noche en el monte Pelado* de **Modest Músorgski** « **180–181**, de 1867, es la descripción orquestal de un aterrador aquelarre. **Edvard Grieg** « **184** describió el paisaje en sus suites de 1875 de *Peer Gynt*, sobre todo en la tranquila melodía de flauta de «La mañana» y en los pesados ritmos de «En la gruta del rey de la montaña».

PREFIGURANDO EL IMPRESIONISMO

El interés de **Gabriel Fauré** « **165** por los **modos** « **31** y su uso de suaves discordancias anticipaban las **escalas** inusuales utilizadas por Debussy, que eran distintivas de su música.

Impresionismo

A finales del siglo XIX la música europea estaba en una encrucijada. Las tradiciones se desmoronaban, la armonía convencional se disolvía y los géneros antiguos se llevaban al límite. Fue entonces cuando en Francia surgió un enfoque completamente nuevo.

El movimiento impresionista de finales del siglo XIX no solamente se plasmó en la pintura, sino también en la música. Los compositores, como los pintores, se plantearon evocar una atmósfera mediante la sugerencia y la alusión en vez de narrando una historia de manera objetiva o expresando una emoción directamente. Del mismo modo

Música en Le Chat Noir

En 1874, Adolphe Willette pintó *Parce, domine* para el café-cabaret parisino Le Chat Noir. Frecuentado por Debussy, Satie y otros muchos artistas y escritores, este café se convirtió en un centro del impresionismo.

que décadas antes los pintores habían experimentado con nuevas técnicas, los compositores empezaron a apartarse del sistema armónico en uso desde J. S. Bach.

negó de plano. En 1908 escribió: «Estoy intentando hacer algo "diferente" […] lo que los imbéciles llaman "impresionismo" es solo un término que se utiliza de la

> ## «La **música** está hecha de **colores** y de **ritmos prohibidos**.»
>
> DEBUSSY A SU EDITOR, AUGUSTE DURAND, 1907

Aunque la prensa no tardó en etiquetar al compositor parisino Claude Debussy (abajo, dcha.) como impresionista, él lo

manera más impropia posible, en especial por parte de los críticos de arte». Debussy se sentía atraído de forma natural por el

piano. Como pianista consumado, era capaz de usar este instrumento para crear con el sonido las texturas, los colores y los grados de luz y de sombra que los artistas podían conseguir con la pintura.

Un efecto revolucionario

La aproximación única e insólita que realizó Debussy como compositor a los fundamentos de la melodía, la armonía, el ritmo, la textura y el timbre cambiaron la música para siempre. Las misteriosas armonías paralelas con que comienza su preludio para piano de 1910 *La cathédrale engloutie (La catedral sumergida)* reflejan su interés por los cantos medievales, en tanto que las exóticas melodías pentatónicas (como las cinco notas negras del piano) evocan los dulces sonidos del gamelán javanés (orquesta de gong; pp. 296–297). El repique de las campanas sumergidas resuena por la textura, mientras que la figura melódica ascendente sugiere el lento ascenso desde el mar de la catedral.

La amplia paleta orquestal ofreció un gran estímulo a Debussy. Las inusuales combinaciones de instrumentos en sus tres bocetos sinfónicos de *El mar* (1905), crean nuevos tonos orquestales y son verdaderas obras de arte sonoras.

Revoloteo de mariposas nocturnas

Debussy y su compatriota Maurice Ravel (1875–1937) eran amigos y rivales. La música de Ravel, pulida y sofisticada, era de una enorme precisión técnica. En el primero de sus cinco *Espejos* para piano (1904–1905) creó una atmósfera oscura y nocturna, interrumpida por el intenso, pero suave revoloteo de unas mariposas nocturnas. En el cuarto movimiento, «Alborada del gracioso», de inspiración

Bautizar un movimiento
Cuando Claude Monet (1840–1926) llamó a esta obra de una salida del sol en Le Havre (Francia) *Impresión, sol naciente* (1872), los críticos se aferraron al término «impresionismo» para designar la nueva forma de arte.

española, explota los extremos de altura tonal, timbre, dinámica y tacto del piano, hasta el punto que para poder tocarlo se necesita una habilidad pasmosa.

Satie y los Seis

Erik Satie (1866–1925) fue una voz aislada aunque fascinante. Satie tocaba el piano en el café-cabaret parisino Le Chat Noir, importante lugar de reunión de artistas, músicos y escritores. En 1888 publicó sus tres composiciones para piano tituladas *3 Gymmnopédies*. Las armonías

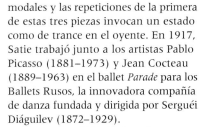

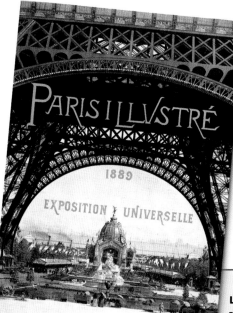

Java llega a París
En 1889 se celebró en París la Exposición Universal. Fue allí donde Claude Debussy oyó por primera vez a músicos javaneses tocando música de gamelán. La influencia de esta experiencia puede apreciarse en sus últimas composiciones.

modales y las repeticiones de la primera de estas tres piezas invocan un estado como de trance en el oyente. En 1917, Satie trabajó junto a los artistas Pablo Picasso (1881–1973) y Jean Cocteau (1889–1963) en el ballet *Parade* para los Ballets Rusos, la innovadora compañía de danza fundada y dirigida por Serguéi Diáguilev (1872–1929).

En 1920 Satie y Cocteau inspiraron a un grupo de seis compositores integrado por Georges Auric, Louis Durey, Arthur Honegger, Darius Milhaud, Francis Poulenc y Germaine Tailleferre llamado de los Seis. Se habían unido en torno a la idea antiimpresionista de que la música debía ser sobria y «moderna». De los seis, fueron Poulenc (1899–1963) y Milhaud (1892–1974) quienes tuvieron un mayor impacto en los compositores europeos que, una vez más, iban a seguir caminos diferentes.

DESPUÉS ≫

Los rasgos impresionistas siguieron apareciendo en las composiciones musicales después de que finalizara el movimiento impresionista.

COLOR ORQUESTAL INGLÉS
El compositor británico **Frederick Delius 223–224 ≫**, un magnífico colorista orquestal, usó el impresionismo en su **poema sinfónico** *Al oír el primer cuclillo en primavera* (1912). Un **motivo** de dos notas con el clarinete imita el canto de un cuclillo, mientras que unas armonías cromáticas deslizantes evocan una atmósfera de gran tranquilidad. En 1933, Delius publicó dos piezas para cuerdas tituladas *Acuarelas*.

FUENTES DE INSPIRACIÓN
En su obra orquestal *Trilogía romana*, el compositor italiano **Ottorino Respighi** (1879–1936) creó impresiones utilizando la música para evocar las vistas y los sonidos de Roma. Entretanto, el compositor polaco **Karol Szymanowski** (1882–1937), inspirado en Debussy, compuso «La fuente de Aretusa», la segunda de sus tres piezas de cámara, *Mitos* (1915). La anhelante melodía y la susurrante parte de piano consiguen crear una elegante impresión de agua que fluye.

COMPOSITOR (1862–1918)
CLAUDE DEBUSSY

Los padres de Debussy tenían una tienda de porcelanas en un suburbio de París, pero en 1871 su padre fue encarcelado por sus actividades revolucionarias. Pese a su infancia poco convencional, Claude Debussy mostró tempranas aptitudes como concertista de piano en el conservatorio de París. En 1884 ganó el Premio de Roma y estudió en Italia. En 1888–1889 las óperas wagnerianas que escuchó durante el festival de Bayreuth le impresionaron por sus atrevidas armonías.

Debussy absorbió influencias del arte, de la naturaleza y de la literatura. Murió de cáncer en París mientras bombardeaban la ciudad durante la Primera Guerra Mundial.

7

LA MÚSICA MODERNA

1910–1945

El frenético siglo xx se aceleró con las invenciones de la radio, el fonógrafo y el teléfono, y la música floreció con los nuevos ritmos que crearon el ragtime, el blues y el jazz. Mientras el teatro musical fue la fuerza propulsora en la canción popular, en música clásica las tradiciones aceptadas establecidas por Bach, Beethoven y Brahms fueron desafiadas por Stravinski, Bartók, Hindemith y la Segunda Escuela Vienesa liderada por el visionario Arnold Schönberg.

« Micrófono modelo 55 Unidyne de Shure, introducido en 1939.

LA MÚSICA MODERNA
1910–1945

1910	1915	1920	1925

1910
El compositor Arnold Schönberg escribe su influyente *Tratado de la armonía*. La ópera *Salomé* de Richard Strauss se representó en Londres después de que se levantara la prohibición británica.

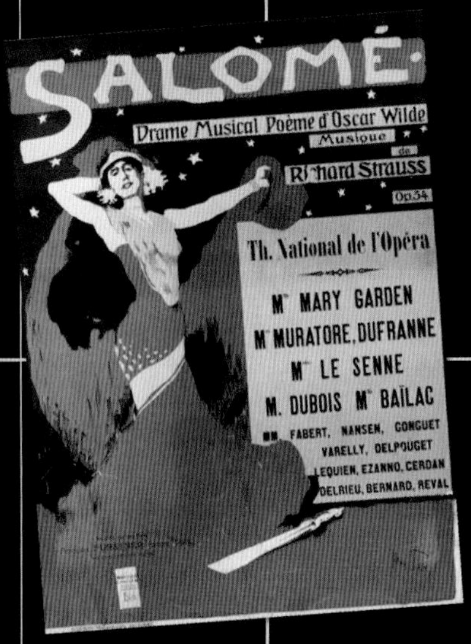

⌃ Cartel de *Salomé*, ópera de Richard Strauss

1918
Se estrena en Londres *The Planets*, la suite orquestal de Gustave Holst. Serguéi Rajmáninov y Serguéi Prokófiev emigran a EE UU tras la Revolución rusa.

1920
Mamie Smith y sus Jazz Hounds graban en Okeh Records «Crazy Blues», el primer disco de blues afroamericano.

1922
El compositor checo Leoš Janáček escribe la pieza coral *Potulný šílenec (El loco vagabundo)*. «Toot Toot Tootsie (Goodbye)» de Al Jolson es la canción más exitosa del año.

1927
Janáček compone su *Misa glagolítica*, una versión coral de la misa escrita en eslavón (antiguo eslavo litúrgico).

1925
Comienza el programa *Grand Ole Opry*, que presenta música country en EE UU. Estreno de *Wozzeck*, la ópera vanguardista y atonal de Alban Berg.

« Antigua radio

1928
Se estrena en París la pieza orquestal *Bolero* de Maurice Ravel. Louis Armstrong y sus Hot Five graban el disco «West End Blues». Se estrena en Berlín *La ópera de tres peniques* de Kurt Weill y Bertolt Brecht.

⌄ Trompeta de Louis Armstrong

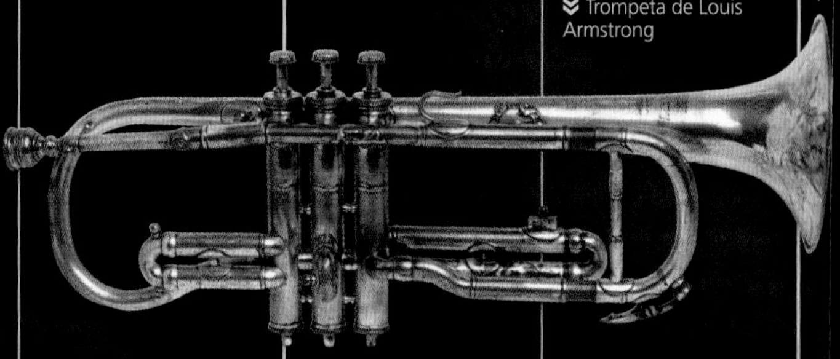

1911
Se publica la exitosa canción de Irving Berlin «Alexander's Ragtime Band».

⌃ Partitura de la primera canción de éxito de Irving Berlin

1914
Vaughan Williams, inspirándose en canciones folclóricas inglesas, compone *The Lark Ascending*. En EE UU se publica la canción «St. Louis Blues» de W. C. Handy.

1917
En Nueva Orleans, la Original Dixieland Jass Band graba el primer *single* de jazz: «Livery Stable Blues». En Argentina, Carlos Gardel graba «Mi noche triste», un gran éxito en toda América Latina.

1919
Se estrena en Londres *El sombrero de tres picos* de Manuel de Falla para los Ballets Rusos. El compositor inglés Edward Elgar escribe su Concierto para chelo.

1921
Arnold Schönberg compone su Suite para piano, op. 25, basada en su teoría dodecafónica. La Kid Ory's Sunshine Band graba en Los Ángeles «Ory's Creole Trombone».

1923
Abre sus puertas el Cotton Club de Nueva York, donde los mejores músicos afroamericanos de jazz tocan únicamente para clientes blancos.

1927
Hoagy Carmichael y Mitchell Parish escriben «Stardust». Los artistas country Jimmie Rodgers y la Carter Family hacen sus primeras grabaciones. Se estrena en Broadway el musical *Show Boat* de Jerome Kern y Oscar Hammerstein.

1913
El público creó un gran disturbio durante el estreno en París de *La consagración de la primavera* de Ígor Stravinski, ejecutada por los Ballets Rusos.

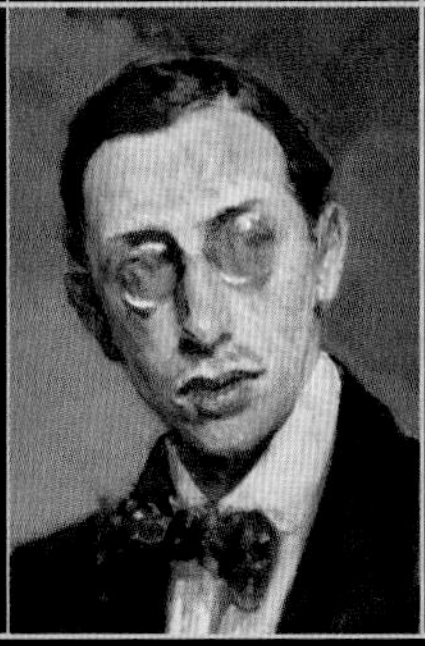

» Ígor Stravinski

» Gramófono de aire caliente, fabricado en 1910

1924
Se estrena en Estocolmo la séptima y última sinfonía de Jean Sibelius.
Se estrena en Nueva York *Rhapsody In Blue* de George Gershwin.

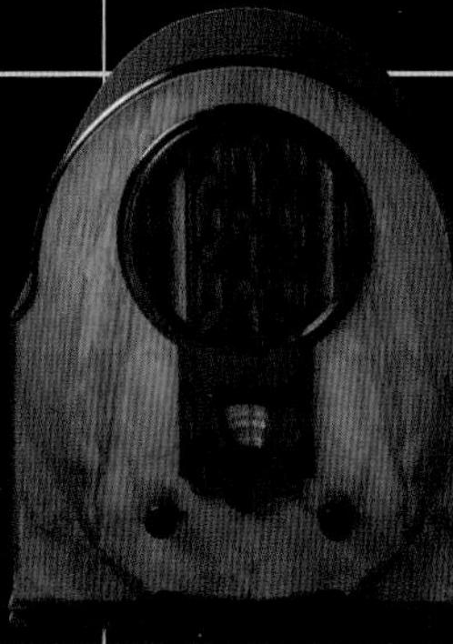

1929
Fats Waller lanza «Ain't Misbehavin».

Los compositores y teóricos al servicio de la modernidad, de esa gran agitación estética que sacudió las artes de principios del siglo XX, desafiaron y redefinieron los principios estructurales, tonales, sónicos, melódicos y rítmicos imperantes establecidos durante los periodos clásico y romántico. El jazz evolucionó desde los burdeles hasta las salas de concierto, pasando por las salas de baile, mientras sus ritmos y armonías influían en el desarrollo de la canción popular. La invención del micrófono y de la amplificación afectó la tecnología de grabación y los estilos de interpretación, y con el auge del gramófono y de la radio, la música moderna acabó escuchándose en el mundo entero.

1930 1935 1940 »

c. 1930
El blues migra desde el delta del Misisipi hasta ciudades del norte como Memphis y Chicago. Se estrena en Boston la Sinfonía n.º 4 de Prokófiev. Cole Porter publica la canción «Love For Sale».

1932
Fletcher Henderson empieza a hacer arreglos para la orquesta de Benny Goodman. Se estrena en Venecia el Concierto para dos pianos y orquesta de Francis Poulenc.

1935
Duke Ellington escribe *Reminiscing in Tempo*, la primera composición extensa de jazz. Carlos Gardel lanza *El día que me quieras*, uno de los tangos más populares de Argentina. Ese mismo año fallece en un accidente de aviación.

⌃ La bailarina cubana de rumba Zulema baila en La Habana en la década de 1940

1933
En Alemania, el régimen nazi empieza a prohibir la obra de algunos compositores, incluidos Paul Hindemith, Alban Berg e Ígor Stravinski. Huyendo de la amenaza nazi, el compositor austriaco Arnold Schönberg emigra a EE UU. Louis Armstrong hace una gira por Europa y se gana el sobrenombre de Satchmo.

1938
El primer concierto de música de origen afroamericano, From Spirituals To Swing, tiene lugar en el Carnegie Hall de Nueva York. Allí se estrena el *Adagio For Strings*, de Samuel Barber. Gene Autry es la estrella en *Man from Music Mountain*, uno de los muchos westerns de serie B en los que actúa este cantante country.

1940
El músico de jazz latino Machito forma su banda afrocubana en Nueva York. «In The Mood», del músico de jazz y jefe de orquesta Glenn Miller, es un súper éxito en EE UU.

⌃ El tango se globaliza con las giras y películas de Carlos Gardel en la década de 1930

1934
Benny Goodman y su orquesta empiezan a tocar en la serie radiofónica *Let's Dance* de la NBC, allanando el terreno para el *boom* del swing un año después. Con 17 años de edad, Alan Lomax empieza a viajar por EE UU para recoger música tradicional con su padre; graba miles de canciones y entrevistas.

⌃ Programa de un concierto de *Pedro y el lobo*, de Prokófiev

1936
Prokófiev regresa a la Unión Soviética para establecerse allí; su *Pedro y el lobo* se estrena en Moscú. Rajmáninov compone su Sinfonía n.º 3. El cantante de blues Robert Johnson graba 16 canciones en San Antonio (Texas).

1941
Les Paul diseña la primera guitarra eléctrica de cuerpo macizo. El *Cuarteto para el fin de los tiempos* de Olivier Messiaen se interpreta en un campo de prisioneros de guerra alemán.

1944
Coleman Hawkins graba el primer disco de bebop junto con Dizzy Gillespie, «Woody 'n' You». Se estrena el ballet *Primavera en los Apalaches* de Aaron Copland y Martha Graham.

1945
Se estrena la Sinfonía n.º 9 de Shostakóvich, quien fue luego denunciado por los censores soviéticos.

⌄ Batería de la década de 1940, esencial para el bebop

1931
El cantante y escritor de canciones folk Woody Guthrie parte de Oklahoma durante la gran tormenta de polvo en busca de trabajo; llega a California en 1937 y canta en la emisora de radio KFVD, y a Nueva York en 1940, donde escribe «This Land is My Land».

» Blues del Misisipi

⌃ Cartel de una película de Gene Autry sobre un *cowboy* cantante

1939
Se estrena en Barcelona el *Concierto de Aranjuez* de Joaquín Rodrigo. La música swing se extiende de EE UU a Europa, donde ayuda a levantar la moral de los civiles y las tropas.

1943
Víctimas del Holocausto escriben y representan una ópera para niños en el campo de concentración de Terezín, en la actual República Checa.

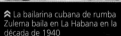

209

El **impacto** de lo **nuevo**

La música moderna —o lo que todavía les suena así a muchos de los que la escuchan hoy, un siglo más tarde— no apareció de la noche a la mañana, pero así lo percibieron los primeros que oyeron algunas de las obras maestras de principios del siglo xx que revolucionaron la música.

OBRAS CLAVE

Charles Ives *Central Park in the Dark*

Richard Strauss *Electra*

Arnold Schönberg Cuarteto de cuerda n.º 2 en fa sostenido menor, op. 10; *Pierrot Lunaire*, op. 21

Anton von Webern *Cinco piezas para orquesta*, op. 10

Ígor Stravinski *La consagración de la primavera*

Alban Berg *Tres piezas para orquesta*, op. 6

Un proceso de evolución musical que había estado activo durante décadas alcanzó su punto álgido a principios del siglo xx. Un nuevo mundo de sonidos parecía abrirse, impactando a quienes lo oían por primera vez.

A lo largo del siglo xix habían surgido con frecuencia sonidos modernos en la música, por ejemplo en las obras de Mahler, Liszt y Wagner. Sin embargo, esto había tenido lugar dentro de un lenguaje en gran parte tradicional, cuya base aún le hubiera resultado familiar a Mozart y a Beethoven. En este sentido, los sonidos a los que pronto habrían de dar rienda suelta Stravinski y Schönberg no eran tan poco familiares como podía parecer; lo que sí era nuevo era el contexto. La aparentemente inestable (disonante) armonía moderna ya no se utilizaba en apenas unos pocos momentos clave para darle más sabor a una obra musical, sino que ahora era la obra musical.

Cruzando el umbral

Las óperas *Salomé* (1906) y *Electra* (1909) de Richard Strauss presentaron a sus primeras audiencias largos pasajes de una disonancia musical tan extrema que la melodía y la armonía, como se entendían tradicionalmente, parecían estar desintegrándose. Pero las fronteras familiares todavía estaban allí: *Electra*, por ejemplo, termina en la tonalidad convencional de do mayor. Cuando a Strauss le pareció que la modernidad estaba yendo en una dirección que él no quería seguir, optó por explorar un estilo personal de «romanticismo redescubierto» en su siguiente ópera, *El caballero de la rosa*, de 1911.

Schönberg arrebata al público

Algo más radical se gestaba en Viena. En el cuarto movimiento de su Cuarteto de cuerda n.º 2 (1908), Arnold Schönberg (p. 211) se vio a sí mismo

Expuesto al ridículo

Esta caricatura de la revista semanal alemana *Lustige Blätter* representa a Strauss provocando convulsiones «eléctricas» a su cautivo al soplarle la música en la nuca con una trompeta.

El estreno en Viena del Cuarteto, en 1908, polarizó al público: por un lado los partidarios entusiastas y por otro los oponentes indignados. Los gritos furiosos de estos últimos estuvieron a punto de detener la interpretación.

Impertérrito ante esta acogida tan contrastada, Schönberg se adentró aún más en un nuevo territorio musical.

Lo mismo puede decirse de dos de sus ex alumnos, ambos austriacos. En sus composiciones, Anton von Webern (1883–1945) buscó nuevos extremos. Sus *Cinco piezas para orquesta* de 1911–1913 (su «orquesta» es un conjunto de cámara de tamaño mediano) duran juntas menos de cuatro minutos, y una de ellas apenas 19 segundos. En sus *Tres piezas para orquesta* (1914–1915), Alban Berg (1885–1935) se fue al extremo contrario. Compuesta a una mayor escala y para una gran orquesta sinfónica, esta obra retoma el lenguaje tardorromántico de Gustav Mahler (p. 193) y lo propulsa a la nueva era de la música moderna.

Primavera rusa

Ígor Stravinski (pp. 212–213), alumno de Nikolái Rimski-Kórsakov (pp. 180–181), ya era famoso por su música para los ballets de Diáguilev *El pájaro de fuego* y *Petrushka* cuando en 1913, en el Théâtre des Champs-Elysées de París, desveló su última obra, *La consagración*

« ANTES

La mecha que originó la explosión de la música moderna la encendieron compositores como Liszt y Wagner.

GRABADO COMMEMORATIVO DE *LA VALQUIRIA* DE WAGNER

MOMENTOS DE MODERNIDAD

En el siglo xix, **Franz Liszt ‹‹ 162–163** exploró una modernidad de sonidos feroces en su *Danza macabra* para piano y orquesta. El impacto emocional y la increíble complejidad de la música de **Wagner ‹‹ 167** eran un signo de lo que estaba por venir.

«Siento el **aire** procedente de **otro planeta**.»

VERSO DE STEFAN GEORGE (1868–1933) UTILIZADO POR SCHÖNBERG EN SU CUARTETO DE CUERDA N.º 2

escribiendo en un estilo en el cual los puntos de orientación de la armonía y la melodía tradicionales —los cimientos de la música clásica occidental durante mil años— ya no podían distinguirse. Además de los cuatro instrumentos de cuerda habituales, una voz de soprano solista canta versos del poeta austriaco Stefan George que hablan de las regiones distantes de las que parecía haber llegado la música. El lenguaje de Schönberg, que ya no estaba anclado en armonías familiares, flota libre en un nuevo mundo de sonidos.

COMPRENDER LA MÚSICA

COMPOSICIÓN DODECAFÓNICA O DODECAFONISMO

Al volverse su estilo más libre y complejo, Schönberg sintió que la música que él y sus seguidores componían podía fracasar y que ningún procedimiento técnico existente podía resolver el problema. Así pues, inventó un nuevo sistema, consistente en generar música a partir de una ordenación específica de las 12 notas de la música occidental, formando una «serie». La serie en su forma inicial (P, en el ejemplo de abajo) puede manipularse entonces del siguiente modo: tocándola al revés (R); invirtiéndola (colocándola boca abajo, I); o invirtiéndola y tocándola al revés (IR).

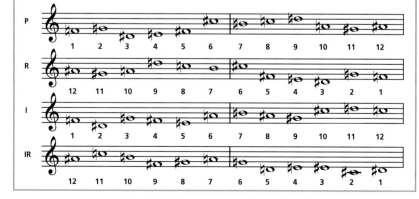

Instrucciones para tocar el *Allegretto gioviale*

1. Geige (primer violín)

Firma del compositor

Suite lírica de Berg
Este es el manuscrito de la primera parte de violín de la *Suite lírica* de Alban Berg. Completada en 1926, esta obra de Berg fue uno de los primeros cuartetos de cuerdas que recurrieron a la composición dodecafónica.

DESPUÉS

Después de Schönberg y Stravinski, la música ya nunca podía ser la misma. Otros habrían de seguir o rechazar su ejemplo, pero pocos lo ignorarían.

NUEVOS CAMINOS
Benjamin Britten 285 >>, Leoš Janáček 214–215 >>, y Dmitri Shostakóvich (1906–1975) no vieron que la modernidad de Schönberg tuviera algo que ofrecer a su propia música.

DMITRI SHOSTAKÓVICH

Sin embargo, el dodecafonismo de Schönberg incitó a Stravinski 212–213 >> y Aaron Copland 214 >> a escribir obras maestras.

DESARROLLOS RADICALES
El ritmo de *La consagración de la primavera* de Stravinski sirvió de inspiración para el francés **Edgard Varèse**, cuya *Ionisation* fue la primera obra para una orquesta toda ella de percusión.

COMPOSITOR (1874–1951)

ARNOLD SCHÖNBERG

Nacido en una familia judía en Viena y prácticamente autodidacta como compositor, Schönberg se convirtió en uno de los principales compositores de su época y en un influyente profesor, con estudiantes tales como Anton Webern y Alban Berg, entre otros.

Después de vivir en Viena y Berlín, Schönberg emigró a EE UU con su segunda mujer y tres niños en 1933. Enseñó en la Universidad de California, en Los Ángeles, y fue el pionero de la nueva técnica dodecafónica (p. 210).

de la primavera. Su estreno provocó los disturbios más tristemente célebres de la historia de la música clásica. Indignado por el disonante martilleo de la música, parte del público protestó gritando tan alto que de la partitura apenas se oía nada. Por lo que los bailarines tampoco podían oírla, y la representación fue un caos. No obstante, el estreno en concierto (interpretación orquestal sin bailarines) de la misma obra en París, en 1914, fue un éxito. La obra maestra había llevado la música a nuevos niveles de potencia de fuego orquestal y de invención rítmica.

Un pionero estadounidense
El joven Charles Ives (1874–1954) no tenía contacto alguno con la escena temprana de la música moderna europea; aun así, sus composiciones de aquella época estaban muy por delante de esta en algunos aspectos. En su pieza para orquesta de cámara *Central Park in the Dark*, de 1906, diferentes secciones de la orquesta tocan varios tipos de música independientes entre sí y a diferentes velocidades. La sección de cuerdas (en realidad, una orquesta aparte) evoca suavemente la escena nocturna, sin que le afecten los ruidos circundantes de la noche neoyorquina, incluidas las tonadas que silban los transeúntes, la música que toca una banda de ragtime y un pianista que toca en un bar. Su música retrataba el espacio, el tiempo y la memoria de una manera nueva hasta entonces.

Compositor con clase
Jacques-Émile Blanche pintó este retrato de Stravinski en 1915. Stravinski, un personaje con estilo, fino y cortés, fue radical en la estética pero conservador en lo social.

Ígor Stravinski

«La **música** [es] una forma de **comunión** con nuestros **semejantes** y con el **Supremo**.»

ÍGOR STRAVINSKI, *POÉTICA MUSICAL* (1942)

Ígor Stravinski, uno de los grandes músicos modernos del siglo xx, ha sido comparado con el artista Pablo Picasso por su incansable inventiva y exploración de los más diversos estilos. En sus primeras partituras para ballet restableció los ritmos complejos y los puso a la vanguardia de la música occidental. Durante sus 60 años de composición no fue nunca predecible y siempre buscó hacer algo nuevo.

Un encuentro casual
Stravinski, nacido en la cultivada élite de San Petersburgo, la capital de la Rusia zarista, sentía pasión por la ópera y el ballet. Pero su padre, cantante de ópera, no se mostraba nada entusiasta de que su enfermizo tercer hijo siguiera una carrera musical. En vez de ello, Ígor se matriculó en la universidad como estudiante de derecho penal. En 1902, sin embargo, en un viaje a un balneario alemán, Ígor conoció al destacado compositor ruso Nikolái Rimski-Kórsakov, quien le dio luego lecciones de composición.

Un talento explosivo
A principios del siglo xx, San Petersburgo era un centro de gran innovación en las artes, y Stravinski no tardó en explorar ideas que le resultaban ajenas al anciano Rimski-Kórsakov. La pieza orquestal *Fuegos artificiales*, estrenada en 1908, revelaba un joven que estaba en

contacto con las últimas tendencias de la música francesa —Debussy y Ravel (pp. 204–205)— pero con su propio sentido explosivo del ritmo y los

Partitura de *Petrushka*
Estrenado en 1911, *Petrushka* fue el segundo ballet de Stravinski. Al igual que Chaikovski, Stravinski escribió algunas de sus mejores obras para el ballet, género que ocupa un lugar esencial en el arte ruso.

timbres (cualidades del sonido). Serguéi Diáguilev, empresario artístico, asistió a la representación y, deseoso de promover los talentos rusos en París, le encargó a Stravinski que escribiera la partitura para un ballet, *El pájaro de fuego*, para su nueva compañía, los Ballets Rusos. El ballet, coreografiado por Mijaíl Fokine, fue un éxito y convirtió a la compañía de Diáguilev y a Stravinski en los favoritos de la élite cultural parisina.

Su siguiente partitura de ballet, *Petrushka*, fue más innovadora en su uso de la armonía bitonal —el empleo simultáneo de dos claves— y fue otro éxito entre el público y la crítica. La música encajaba con la fórmula

OBRAS CLAVE

El pájaro de fuego
Petrushka
La consagración de la primavera
Edipo rey
Sinfonía de los salmos
Sinfonía en tres movimientos
El progreso del libertino
Agon

Director trabajando

Stravinski dirige su propia música en un ensayo en 1958. Sus ideas sobre la dirección eran muy estrictas: no aceptaba la opinión de que la música estaba abierta a la «interpretación» e insistía en ceñirse a la partitura.

ganadora de Diáguilev —danza vanguardista y espectáculo lleno de color—, que hizo explotar el interés de Francia por el exotismo ruso.

Dos años más tarde, el ballet *La consagración de la primavera*, inspirado en los rituales paganos populares rusos, parecía hecho a medida para continuar cosechando éxitos. Pero la partitura era más radical que la de *Petrushka* en su uso de la disonancia y la dislocación del ritmo. La primera presentación en París, en 1913, alborotó al público, que arrojó una verdadera lluvia de proyectiles. La respuesta de la crítica fue muy variada, pero el escándalo confirmó a Stravinski como líder de la vanguardia musical.

Una época de agitación

En 1914 estalló la Primera Guerra Mundial y Stravinski se trasladó a Suiza con su familia. En 1917 sufrió una profunda pérdida cuando su hermano menor murió en el Frente Oriental. Ese año estalló la Revolución rusa. Pese a su traslado a París y luego a Suiza, Stravinski continuaba emocionalmente anclado a su patria, pero la instauración de un gobierno comunista transformó Rusia en un país extranjero

para él. Stravinski se redefinió entonces como un «cosmopolita» y no regresó a Rusia durante medio siglo.

Nuevos giros

La trayectoria que Stravinski seguía desorientó a muchos de los que habían admirado sus obras maestras anteriores a 1914. Mientras vivía en Francia en la década de 1920 y 1930, pasó a formar parte de la tendencia conocida como neoclasicismo, regida por principios de orden y circunspección emocional.

Su primer ballet posterior a la guerra, *Polichinela*, se basaba en la música del compositor italiano del siglo XVIII Giovanni Pergolesi. La afirmación de Stravinski de que la «música es [...] esencialmente incapaz de expresar nada en absoluto» parecía justificar a los críticos que creían que su música era formal y fría. Y, sin embargo, no hubo ninguna

La consagración de la primavera
The Royal Ballet representa la obra en la Royal Opera House de Londres en 2011. Su estreno en el año 1913 escandalizó a parte del público.

mengua en su originalidad musical. Stravinski experimentó con el jazz y exploró el uso de pequeños conjuntos, escribió la austeramente monumental ópera-oratorio *Edipo rey* (1927) y la espiritual *Sinfonía de los salmos* (1930).

El final de la década de 1930 fue muy difícil. Una de sus hijas, su mujer y su madre murieron en el lapso de seis meses y él estuvo enfermo de tuberculosis. En 1939 se trasladó a Hollywood (EE UU). Su *Sinfonía en tres movimientos*, estrenada en 1946, fue un comentario sobre los horrores de la Segunda Guerra Mundial. Sus brutales *ostinatos* recordaban el impacto de *La consagración de la primavera*.

Cambio en la vanguardia

La ópera *El progreso del libertino*, con libreto del poeta W. H. Auden, ejemplifica el estilo neoclásico de Stravinski. Para cuando se estrenó en 1951, Stravinski ya no era considerado como un líder de la música moderna, que entonces estaba dominada por el serialismo dodecafónico (pp. 210–211) de Arnold Schönberg. Aunque fue cauto en cuanto a sus méritos, Stravinski empleó el sistema dodecafónico en el ballet *Agon* y en la pieza coral *Threni*. No obstante, esto no evitó que los nuevos compositores, distanciados de él por su conservadurismo político además de por su estilo musical, lo vieran como anticuado.

En 1962, Stravinski recibió una invitación para visitar la Rusia soviética, donde su obra había estado prohibida desde la década de 1930. Esta bienvenida a casa completó el arco de su vida, aunque Stravinski siguió componiendo hasta su muerte en Nueva York en abril de 1971.

«Mi **música** la **comprenden mejor** los **niños** y los **animales**.»

ÍGOR STRAVINSKI EN UNA ENTREVISTA, 1961

Sabores nacionales

A principios del siglo XX, el imperio austrohúngaro se extendía desde el norte de Italia y Bohemia hasta Rumanía y Serbia. La pintoresca música popular de estas variadas regiones y culturas se convirtió entonces en una importante fuente de inspiración para sus compositores.

La música folclórica era un producto del campo, donde las comunidades no tenían óperas, orquestas o salas de concierto. Allí la gente hacía su propia música, con los pocos instrumentos que tenía y con sus cantos. Cantaban por puro placer y para expresar sentimientos más profundos del único modo que podían. Así pues, para una nueva generación de compositores que presenciaban el incremento de la conciencia nacionalista, la música folclórica contenía una franqueza y una urgencia refrescantes. Según estos, la música clásica amenazaba con convertirse en una forma de arte demasiado sofisticada, autoabsorbida, y era posible que la música folclórica ofreciera un medio de renovación. De ser así, habían de buscarla y escucharla, recolectarla y escribirla en partituras.

Encontrar voces nacionales

Las primeras obras del húngaro Béla Bartók (dcha.) mostraban la influencia, primero, del alemán Richard Strauss (pp. 210–211) y, más tarde, del francés Claude Debussy (pp. 204–205). Al igual que su compatriota el también compositor Zoltán Kodály (1882–1967), Bartók empezó a sentir que estas influencias no eran suficientes para un orgulloso húngaro. Bartók y Kodály, como resultado, empezaron a visitar aldeas remotas en busca de inspiración, haciendo grabaciones in situ de las canciones y danzas locales en un primitivo fonógrafo. Luego las anotaban, y a menudo también les hacían arreglos vocales o para piano.

La música clásica integra formas extensas, como los movimientos de las sinfonías o las sonatas, o los diferentes actos de una ópera. La canción folclórica suele ser corta y no está pensada para extenderse y desarrollarse a una mayor escala, razón por la cual Bartók y sus contemporáneos empezaron a

«Una nación **crea música**. El compositor solo la **arregla**.»

BÉLA BARTÓK, COMPOSITOR HÚNGARO

« ANTES

En Europa oriental, la idea de un nacionalismo musical ya iba en aumento a finales del siglo XIX.

LA VOZ DE NORUEGA
Más al norte, Noruega había hallado su propio héroe en la figura de **Edvard Grieg « 184**.

DOMINIO AUSTROALEMÁN
En la Europa oriental del siglo XIX se fraguaba una reacción contra la supremacía de **Wagner « 167** y **Brahms « 172–173**. El Imperio austrohúngaro abarcaba regiones y pueblos muy diversos. En la Bohemia de habla checa, por ejemplo, surgieron los compositores **Antonín Dvořák** and **Bedrich Smetana « 176–177**.

BANDERA DEL IMPERIO AUSTROHÚNGARO (1867–1918)

indagar el modo de resolver este problema. Aunque puede que una tonada folclórica posiblemente no generara por sí sola un movimiento musical, sí podría colorearlo, determinar su atmósfera y enriquecer su mezcla de ideas.

La música de Bartók poseía un rasgo inflexiblemente moderno que parecía estar a mundos de distancia de una simple canción folclórica. Sin embargo, Bartók consiguió unir ambos tipos de música en su oscuramente poderosa ópera de 1911 *El castillo de Barbazul*.

Entre la Primera y la Segunda Guerra Mundial floreció la carrera internacional como pianista de Bartók, quien compuso dos conciertos para piano para tocarlos él mismo, que mostraban una fuerte influencia de los frenéticos ritmos de los bailes populares húngaros.

Zoltán Kodály, con un estilo musical menos radical, produjo obras maestras nacionales tanto en su pieza coral de 1923 *Salmo húngaro*, como en su ópera cómica popular húngara *Háry János*, que se estrenó en 1926. El compositor

Tárogató
Con su boquilla de lengüeta simple, este instrumento, utilizado en la música folclórica húngara y rumana, se parece al clarinete, pero tiene un sonido mucho más contundente y penetrante.

también ideó el llamado método Kodály de educación musical, basado en su creencia de que todos los niños nacen con una capacidad instintiva para cantar y pueden llegar a un considerable nivel si se les enseña suficientemente pronto.

La palabra cantada

Leoš Janáček (1854–1928), cuyo padre era maestro de escuela en un pueblo de Moravia, era otro compositor que recolectaba y transcribía canciones folclóricas locales, en este caso copiándolas en un cuaderno. A Janáček también le gustaba anotar frases que oía a los transeúntes en las calles de Brno (República Checa), donde trabajaba como profesor de música. Janáček comprendió que las formas y los ritmos de la palabra hablada sugerían un nuevo modo de cantar que podría ser efectivo en el teatro de ópera.

El triunfante resultado de ello fue su ópera *Jenufa* (1904), que mostraba con gran brillantez este estilo personal de «habla cantada» con influencias folclóricas. *Jenufa*, al final, enamoró al mundo operístico y desencadenó una creatividad asombrosa en un Janáček ya mayor. Entre el gran número de piezas maestras tardías del compositor destaca su *Misa glagolítica* (1927), una versión coral de la misa escrita, en el antiguo eslavo litúrgico, o eslavón, que fue la primera lengua eslava escrita.

Al igual que Bartók, el polaco Karol Szymanowski (1882–1937) estuvo muy influido en sus primeras obras por los poderosos ejemplos de Richard Strauss y luego de Debussy. Szymanowski, sin embargo, difiere de Bartók en que solo se sintió atraído por la música folclórica de su país en una fase tardía de su carrera musical. Su ballet-pantomima *Harnasie*, compuesto entre los años 1923 y 1931, estaba basado en canciones y bailes de la región de los montes Tatras, en el sur de Polonia.

Leoš Janáček *Jenufa*
Ralph Vaughan Williams *Sinfonía marina*
Béla Bartók *El castillo de Barbazul*; Conciertos para piano n.º 1 y 2
Charles Ives *Holidays Symphony*
Zoltán Kodály *Salmo húngaro*
Aaron Copland *Primavera en los Apalaches*

El renacer de la música inglesa

La llegada de una nueva generación de compositores ingleses con mucho talento fue anunciada en 1899 por una pieza maestra orquestal, las *Variaciones Enigma*, de Edward Elgar (1857–1934), a la que siguió, un año más tarde, su obra coral *El sueño de Geroncio*. El lenguaje musical distintivamente inglés de Elgar se había desarrollado a partir de una formación tradicional, al estilo alemán, y la música folclórica no le interesaba mucho. Esta música, no obstante, sí le interesó a Ralph Vaughan Williams (1872–1958) y a su amigo Gustav Holst (1874–1934). Estos compositores empezaron a recolectar y a transcribir canciones folclóricas inglesas antes de que la emigración del campo a la ciudad causara su desaparición.

En el estilo de piezas orquestales como *Norfolk Rhapsody n.º 1* y la obra para coro

COMPOSITOR (1881–1945)

BÉLA BARTÓK

Bartók nació en una comunidad húngara de habla magiar, en una parte de la actual Rumanía. A los cuatro años de edad ya podía tocar 40 piezas para piano y a los once ofreció su primer recital. Estudió en Budapest y en 1903 escribió su primera obra orquestal importante. Su ballet *El mandarín maravilloso* se consideró tan violento que se prohibió tras su estreno en 1926. En 1940, indignado porque Hungría había apoyado a la Alemania nazi, Bartók se trasladó a EE UU. Pese a tener leucemia, compuso hasta su muerte.

A DAY IN THE COUNTRY
Frequent Electric Trains from London & the Suburbs
Cheap Day Tickets from the Station
BRITISH RAILWAYS
Ask for Details at Booking Office

Idilio rural
Este cartel de los ferrocarriles británicos recurre al mismo tipo de anhelos que invocan las imágenes de la campiña inglesa, los cuales tomaron parte en el renacer de la música inglesa a principios del siglo xx.

y orquesta *Sinfonía marina*, ambas de Vaughan Williams, influyó la canción folclórica inglesa. Holst también muestra estas influencias en su obra *The Planets* (1914–1916).

Influencias estadounidenses
La música no clásica también fue un valioso recurso para dos compositores estadounidenses. Charles Ives (1874–1954), hijo de un maestro de banda de Connecticut, desarrolló un lenguaje a modo de collage cuya disonante modernidad se adelantaba varias décadas en el tiempo (pp. 210–211). Entre la mezcla de elementos de su música figuran los himnos evangélicos, las tonadas de las bandas militares y las canciones y bailes populares de Nueva Inglaterra que veía y escuchaba a su alrededor.

Aaron Copland (1900–1990), otro estadounidense, empezó como un compositor formado en París medianamente moderno, como se oye en sus *Variaciones para piano* de 1930. Posteriormente, tras meditar sobre la experiencia de la Gran Depresión (1929–1933) y cada vez más convencido de la necesidad que tenía la música clásica de acceder a un público más amplio y de tener relevancia social, Copland también se pasó a la música tradicional. Las partituras de sus ballets *Rodeo* (1940) y *Billy the Kid* (1941), influido por lo folclórico y el uso ocasional de tonadas populares, establecieron un auténtico estilo estadounidense. A ello también contribuyeron sus obras: *Primavera en los Apalaches* (1944), que incluye el himno «Simple Gifts» de los cuáqueros shakers, y la ópera *The Tender Land*, escrita entre 1952 y 1954.

DESPUÉS »

Tras la Segunda Guerra Mundial empezaron a menguar los estilos nacionales, pues la globalización llevó a unas tendencias similares entre los compositores.

CLÁSICOS DEL SIGLO XX
Las huellas nacionalistas aún se detectan en la música de **Benjamin Britten 280–281 »**, que escribió varios volúmenes populares de arreglos de canciones folclóricas inglesas. En la URSS, **Shostakóvich** se identificó con los judíos oprimidos por los sóviets utilizando los cantos y melodías tradicionales judíos, y escribió el ciclo de canciones *De la poesía popular judía*.

VANGUARDIA EUROPEA
Para el músico moderno **Pierre Boulez 266–267 »**, la música basada en canciones folclóricas era de una trasnochada irrelevancia.

Primavera en los Apalaches
Martha Graham (1894–1991), que encargó y coreografió el ballet de Copland, baila uno de sus papeles principales. La historia ocurre en una granja recién construida en la Pensilvania del siglo xix.

La **flauta**

La flauta travesera moderna tiene su origen en las flautas simples de las sociedades primitivas de hace miles de años. Hoy es un instrumento sofisticado y afinado con precisión, cuyo sonido fluido y potente añade brillo en lo alto de los instrumentos de viento-madera.

Las flautas más antiguas, verticales y de hueso, madera o barro, eran muy comunes en América del Sur y Central. El origen de la flauta travesera moderna son las versiones de bambú que se tocaban atravesadas en India y el Extremo Oriente.

En la Europa renacentista se popularizó una flauta cilíndrica y sin llaves hecha, por lo general, de madera de arce o de boj. Se usaba como un instrumento militar desde inicios del siglo XIV, cuando los soldados alemanes y suizos marchaban al son de un pífano y una banda de tambores. El pífano es aún hoy popular como instrumento infantil y folclórico.

Hacia 1670 se añadió una única llave a la flauta renacentista y el tubo se estrechó un poco hacia el pie. Esta flauta se convirtió en la estándar del Barroco y una de sus versiones se fabricó hasta bien entrado el siglo XIX como un modelo para principiantes. A finales del Barroco eran comunes las flautas con ocho llaves, y su sonido suave y claro se usaba para crear un gran efecto expresivo, notable en las composiciones en *obbligato* de J. S. Bach.

A inicios del siglo XIX, los fabricantes empezaron a experimentar con nuevos sistemas de llaves para obtener un instrumento más poderoso y bien afinado. El más exitoso fue el de Theobald Böhm, cuyo sistema (p. 189) se utiliza en la mayoría de flautas traveseras modernas, que con su cuerpo de metal, habitualmente cilíndrico, producen un tono brillante y que resuena. Las flautas de madera, de tonos más suaves, todavía se utilizan en las interpretaciones de música antigua con instrumentos de época y en la música celta tradicional. La flauta moderna tiene apenas un poco más de tres octavas y suele estar afinada en do. De sus tamaños alternativos, la alto y el piccolo son los más comunes, y se oyen en la música orquestal, de cámara, y en el jazz.

Anillo de si

Sistema de varillas en que van montadas las llaves

Barrilete

Marca del fabricante

Embocadura

Corona

Placa de la embocadura

Flauta travesera con sistema Böhm
La flauta travesera moderna suele estar hecha de plata o de una aleación con plata, lo que le da brillantez en sus notas más agudas y una sonora claridad en las más graves. Esta flauta fabricada por Louis Lot in 1867 utiliza el sistema de llaves Böhm, que se completó en 1847 y tiene cinco agujeros abiertos.

TECNOLOGÍA

FLAUTAS DE PICO O VERTICALES

Las flautas de pico suelen ser instrumentos folclóricos y, pese a su aparente simplicidad, son muy difíciles de tocar. El flautista dirige el soplo de aire contra el bisel del extremo superior abierto del tubo, un poco como cuando se sopla por la boca de una botella. Las flautas de este tipo suelen estar hechas de madera, bambú o metal, el tubo suele ser bastante largo, con solo unos pocos agujeros y sin llaves, y se sostiene apuntando hacia abajo, con su parte superior apoyada contra el mentón. Son especialmente comunes en América del Sur, partes de África y Europa oriental. Una de las más conocidas, junto con la quena, es la japonesa *shakuhachi*, que deriva de un instrumento chino y es un tubo de bambú ligeramente curvado con cuatro orificios anteriores y uno posterior. Esta servía inicialmente para la meditación zen y su sonido entrecortado y expresivo se oye a veces en la música popular europea.

Agujero para los dedos

SHAKUHACHI

CRONOLOGÍA

Siglo XIV
Inicios militares medievales
Los pífanos, flautas traveseras pequeñas y simples, empezaron a usarse en bandas militares durante la Edad Media, típicamente junto con tambores. Esta combinación tradicional sigue vigente en bandas actuales.

BANDA MILITAR CON PÍFANO

1700
Piccolo
Esta flauta, usada desde *c.* 1700, apareció por primera vez en una orquesta en la ópera *Rinaldo* de Händel en 1711. Hacia 1800 ya era un componente habitual de la sección de flautas de la orquesta.

PICCOLO MODERNO O FLAUTÍN

1707
Primer tratado sobre la flauta
El compositor, flautista y profesor francés Jacques-Martin Hotteterre (1674–1763), de una familia de fabricantes de instrumentos de viento-madera, publicó *Principies de la flûte traversière*, la primera obra de este tipo en Europa.

HOTTETERRE

FLAUTA DE AMOR

c. 1730
Aparece la flauta de amor
Algo más ancha y de tonos más suaves que la travesera estándar, y sin embargo más claros que los de la contralto, la flauta de amor fue brevemente popular hacia 1730, cuando los compositores escribieron específicamente para ella.

1752
Johann Joachim Quantz
Quantz (1697–1773), un influyente flautista, fabricante de flautas y compositor alemán, publica su método para tocar la flauta, una fuente de información clave sobre la música del siglo XVIII.

QUANTZ

JOHANN JOACHIM QUANTZ

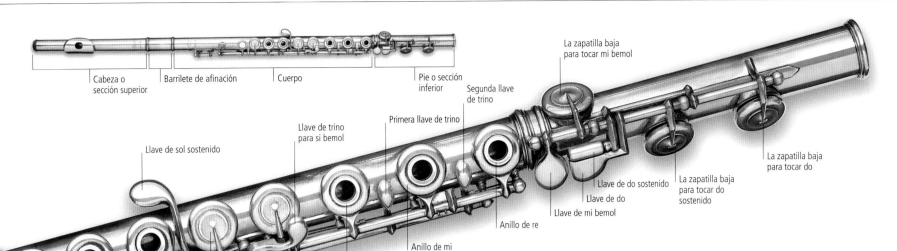

Cabeza o sección superior

Barrilete de afinación

Cuerpo

Pie o sección inferior

La zapatilla baja para tocar mi bemol

Segunda llave de trino

Llave de trino para si bemol

Primera llave de trino

Llave de sol sostenido

La zapatilla baja para tocar do

Llave de do sostenido

La zapatilla baja para tocar do sostenido

Llave de do

Llave de mi bemol

Anillo de re

Anillo de mi

Anillo de fa

Anillo de sol

La zapatilla baja al presionar los anillos

Anillo de la

Orificios para los dedos

De los seis agujeros de esta flauta, solo el de más arriba (para el índice izquierdo) está cubierto; los demás están abiertos. Los orificios abiertos ofrecen al flautista más flexibilidad con el tono de las notas.

Placa de la embocadura

El flautista sopla a través (en vez de dentro) de la embocadura. Embocadura también se llama a la posición de los labios y los músculos faciales usada para producir un sonido en los instrumentos de viento.

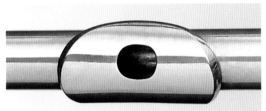

Corona

La corona es el tapón de la cabeza de la flauta, el cual asegura que el aire se dirija correctamente hacia el pie del instrumento.

Sistema de llaves Böhm

En este sistema de llaves basado en el ideado por Böhm (p.189), el pulgar izquierdo del flautista acciona llaves que abren y cierran agujeros en diferentes puntos del tubo mediante varillas y palancas. Este sistema permite colocar los orificios allí donde se necesitan, independientemente del tamaño de la mano.

Sonido

Cuando el flautista sopla por la embocadura, el aire crea dentro del tubo una vibración que fluye por el cuerpo hasta el pie del instrumento. El flautista puede modificar el sonido desde suave hasta potente, ajustando sutilmente la embocadura y la fuerza del soplo.

1847
Sistema Böhm

Hacia 1847, el inventor y flautista Theobald Böhm completó su sistema de llaves para la flauta travesera, que fue adoptado gradual y casi universalmente. Esta flauta Louis Lot está hecha con un elevado porcentaje de plata pura, en vez de plata de ley, y lleva la marca distintiva en cada sección.

Siglo XIX
Flauta contralto

La más larga y grave flauta contralto se desarrolló en el siglo XIX. Las flautas contralto suelen ser de metal, con una cabeza en ángulo para alargar el tubo, lo que reduce la altura tonal al tiempo que mantiene las llaves al alcance.

FLAUTA CONTRALTO DE MADERA DEL SIGLO XIX

Siglo XX
Jean-Pierre Rampal

El célebre flautista francés Jean-Pierre Rampal (1922–2000) ayudó a poner la flauta travesera en el mapa como un instrumento para solistas virtuosos y recuperó su olvidado repertorio del siglo XVIII.

JEAN-PIERRE RAMPAL

c. 1855
Sistema Pratten

El flautista inglés Robert Sidney Pratten desarrolló un sistema de llaves diferente para la flauta, como alternativa al sistema Böhm, que algunos consideraban demasiado complejo. El sistema Pratten se usa todavía hoy para tocar música irlandesa.

FLAUTA CON EL SISTEMA PRATTEN

Siglo XX
Flauta bajo

Desde el siglo XVIII, los inventores habían experimentado con flautas de gran tamaño, por lo general sin éxito. Este modelo del siglo XX fue creado por Rudall Carte en Londres.

FLAUTA BAJO DE RUDALL CARTE

Música clásica española

Pese a las dos guerras mundiales que convulsionaron los países vecinos y a la Guerra Civil, que repercutió en todos los aspectos de la sociedad —incluidas las artes—, la música clásica floreció en la España del siglo XX, inspirada en las tradiciones folclóricas y en tres grandes músicos.

« ANTES

El legado andalusí, una monarquía católica y un imperio remoto en las Américas distinguieron a España de otros países europeos.

UN PAÍS DIVERSO
Así como la **edad de oro** de la música clásica española estuvo dominada por la Iglesia católica **« 70–71**, las diferencias entre regiones, cada una con su propia identidad musical, dieron origen a muchas formas folclóricas, desde el **flamenco** de Andalucía, basado en la guitarra y el baile **« 178–179** hasta las gaitas de Galicia.

EL AUGE DE LA GUITARRA
En la España renacentista, la **vihuela** precedió a la guitarra **« 38–41**. La **guitarra** se desarrolló durante el Barroco **« 90–91** y llegó a la mayoría de edad cuando el compositor Gaspar Sanz (1640–1710) publicó el primer manual para tocarla en 1674.

Puede que la obra musical del siglo XIX con un sabor netamente español más conocida sea la ópera *Carmen*; sin embargo, esta obra la escribió un francés, Georges Bizet. Alemania, Italia y Francia dominaban entonces la ópera en España —aunque a finales del siglo empezaron a destacar las zarzuelas— y las orquestas españolas tocaban un repertorio en gran parte extranjero.

Un gaditano y el folclore
El siglo XX empezó con una nota más autoafirmativa: la fundación de una música clásica. El primero de ellos, Manuel de Falla (1876–1946), aprendió piano en Cádiz, su ciudad natal, y se trasladó a Madrid a los 20 años de edad para continuar sus estudios en el Real Conservatorio, donde también recibió lecciones de composición y usó su tiempo libre para escribir comedias musicales.

Muy influidas por la música gitana, las primeras obras de Falla exploraron los ritmos del flamenco (pp. 178–179) y de la zarzuela, que le condujeron a su primer éxito, *La*

«La guitarra es una pequeña orquesta. Cada cuerda […] es una voz diferente.»

ANDRÉS SEGOVIA, GUITARRISTA CLÁSICO

orquesta sinfónica en Madrid en 1903. Más avanzado el siglo, tres innovadores musicales mostraron al mundo que a partir de la rica historia folclórica española podía crearse una sublime

vida breve, en 1904. Su traslado a París en 1907 le permitió estudiar con los compositores franceses Ravel, Debussy y Paul Dukas, y caer en el hechizo de su impresionismo. Ya de vuelta en Madrid,

Música y arte se encuentran
Este programa de 1920 para una producción del ballet *El sombrero de tres picos* de Manuel de Falla en la Ópera de París muestra dos diseños de vestidos de Pablo Picasso, quien también diseñó los decorados.

Falla escribió *Noches en los jardines de España*, una serie de tres movimientos, que describen, cada uno, un jardín español e introducen elementos de

Escenario real
Situado al sur de Madrid, el Palacio Real de Aranjuez es una de las residencias de la familia real española. Se construyó entre los siglos XVI y XVIII y sus jardines inspiraron a Rodrigo a escribir su *Concierto de Aranjuez*.

OBRAS CLAVE

Manuel de Falla *Homenaje a Claude Debussy (Elegía de la guitarra); Siete canciones populares españolas*

Joaquín Rodrigo *Concierto de Aranjuez; Fantasía para un gentilhombre*

Enrique Granados Campiña *12 danzas españolas; Goyescas*

música folclórica andaluza. Esta pieza fue estrenada por la Orquesta Sinfónica de Madrid en 1916.

Dos años más tarde, el empresario Serguéi Diáguilev le encargó a Falla una pieza para su compañía, los Ballets Rusos. El resultado fue *El sombrero de tres picos*, que, impregnado una vez de más de estilos folclóricos andaluces, se estrenó en Londres en 1919, con la aclamación del público y de la crítica.

En 1920, Falla se estableció en Granada y comenzó a componer un extenso oratorio, *Atlántida*, basado en *L'Atlàntida*, poema épico catalán sobre la mítica isla homónima. Falla continuó esta obra en Argentina, donde se exilió después de la Guerra Civil, pero quedó inacabada al morir el compositor.

Un visionario ciego

Mientras Falla estaba en Francia, un chico de Sagunto (Valencia), Joaquín Rodrigo (1901–1999), dominaba el piano y el violín a pesar de la ceguera prácticamente completa que le había

causado un ataque de difteria a los tres años de edad. Con 26 años, Rodrigo se trasladó a París, donde estudió con Paul Dukas y frecuentó artistas, escritores y otros músicos españoles, incluido Falla.

La música de Rodrigo, notable por sus ricas melodías, recurría a una extensa gama de tradiciones españolas, desde música folclórica hasta las obras de Cervantes. Rodrigo escribió canciones, conciertos, piezas para piano y música para teatro y cine, pero a pesar de que nunca llegó a dominar la guitarra como intérprete, sus logros más perdurables son dos conciertos para este instrumento, el *Concierto de Aranjuez* (1939) y *Fantasía para un gentilhombre*, compuesta en 1954.

Andrés Segovia, héroe de la guitarra clásica
Segovia toca el instrumento que popularizó en todo el mundo. Su forma de puntear las cuerdas con las yemas y las uñas a la vez revolucionó la técnica.

Estas obras, quizás más que cualquier otra, elevaron el perfil de la guitarra al de un instrumento que se merecía un tratamiento orquestal serio.

Llevar la guitarra al mundo

Si Rodrigo elevó el nivel de la guitarra para los compositores, Andrés Segovia (1893–1987) fue el hombre que hizo de ella un instrumento de concierto capaz de rivalizar con el piano y el violín.

Segovia, que había nacido en una familia humilde de Linares (Jaén), pasó la mayor parte de su juventud en Granada. Su familia se oponía a su interés por la música, por lo que Segovia aprendió guitarra de forma autodidacta, así como a leer música. A los 16 años de edad ofreció su primer concierto en Granada.

Pese a que sus primeras actuaciones recibieron críticas encontradas, Segovia consiguió poner a la guitarra en el punto de mira. Incluso persuadió a compositores que no eran guitarristas, como Falla, Granados (1867–1916), el brasileño Heitor Villa-Lobos (1887–1959) y el mexicano Manuel Ponce (1886–1948) a que escribieran para él.

Segovia realizó giras por todo el mundo, introduciendo así a nuevas audiencias a la guitarra clásica. También inspiró, y a veces enseñó, a una nueva generación de guitarristas de concierto, entre los que se hallan Julian Bream y John Williams.

Después de 1945, una nueva generación de compositores experimentó con nuevas formas e instrumentos, mientras que intérpretes de talla mundial promovían las tradiciones clásicas españolas.

NUEVAS AUDIENCIAS

MONSERRAT CABALLÉ CON LUCIANO PAVAROTTI

La soprano catalana **Montserrat Caballé** (n. 1933) alcanzó fama mundial más allá de lo operístico al grabar el disco *Barcelona* en 1988 con Freddy Mercury, de Queen, mientras los tenores **Plácido Domingo** (n. 1941) y **José Carreras** (n. 1946) llenaban las óperas y los estadios en la década de 1990 y solían incluir canciones españolas en sus conciertos. El guitarrista Paco de Lucía (1947–2014) dio un nuevo aire al flamenco al fusionarlo con el jazz.

VANGUARDISTAS

El compositor madrileño **Miguel Ángel Coria** (n. 1937) mezcló las formas tradicionales con las modernas y cofundó el primer laboratorio de música electrónica de España. Otro madrileño, **Carlos Cruz de Castro** (n. 1941), escribió el no convencional *Menaje (para dos grupos de utensilios de vajilla de cristal y metal)*, que, como indica su título, no se toca con instrumentos orquestales sino domésticos.

« ANTES

Suele considerarse que la música mexicana se basa en la española, pero allí ya había una tradición musical antes de que llegaran los europeos.

PRIMERAS ESCUELAS MUSICALES
Cuando los españoles conquistaron México en 1519, los **aztecas** y los **mayas** ya tenían un importante legado musical y en ambas culturas la música podía ser tanto **sagrada** como **profana**. Los aztecas utilizaban instrumentos de **percusión**, entre ellos el **áyotl** (tambor hecho de caparazón de tortuga) y el **huéhuetl** (tambor vertical con parche), y tenían escuelas formales denominadas **cuicalli**.

LA INFLUENCIA ESPAÑOLA
Durante la época colonial, se introdujeron las **formas regionales españolas** en la corte del gobernador colonial y entre la población.

MÚSICA MESTIZA
La música moderna mexicana es una combinación de influencias españolas, indígenas, mestizas y extranjeras. Los ritmos de los pueblos precolombinos siguen resonando, tanto en las diferenciadas músicas folclóricas como en los elementos mestizos.

COMPOSITOR (1897–1970)

AGUSTÍN LARA

Agustín Lara nació en Ciudad de México, aunque él aseguraba haber nacido en Veracruz. A los 13 años tocó su primer concierto en un burdel local. De natural bohemio, Lara destacó en muy diversos estilos, desde el foxtrot, el tango y el vals hasta el blues, el jazz, las rancheras y, sobre todo, el bolero. Entre 1930 y 1939, mientras presentaba su programa de radio *La hora íntima*, compuso la mayoría de sus cerca de 700 canciones, incluida «Veracruz». En 1943, debutó con su propia orquesta y dio giras por Europa durante la década de 1950. El tenor madrileño Plácido Domingo ha grabado un álbum de sus canciones.

Música de México

La música mexicana es mucho más que «La bamba», «La cucaracha» y las bandas de mariachi. El país hispanohablante con más habitantes tiene una tradición musical orgullosa e independiente que varía desde la estentórea ranchera hasta el efusivo bolero y el muy comercial pop latino.

La música mexicana se conoce sobre todo por las distintivas bandas de mariachi y por las canciones populares que son apreciadas por los públicos más diversos en todo el mundo. Pero poca gente es consciente de la diversidad de la música mexicana o de que México es uno de los países más musicales de América Latina.

Baladas épicas
A principios del siglo XIX, mientras México luchaba por independizarse de España, los mexicanos empezaron a adoptar otros géneros de música europeos y caribeños, incluidas la polka alemana y el vals vienés.

En la década de 1840, una balada musical épica autóctona, el corrido, surgió de la guerra entre México y EE UU. Los corridos narraban hazañas heroicas, batallas, crímenes y actos de traición. El acompañamiento instrumental podía variar desde un único guitarrista hasta un pequeño conjunto. El corrido siguió sirviendo como vehículo musicalizado de la historia oral durante el periodo revolucionario de 1910–1917, durante el cual tuvo un gran auge.

«La cucaracha», el corrido más famoso, fue, según se dice, el himno de marcha de las fuerzas de Pancho Villa, entre cuyos numerosos logros se incluye el ataque a Columbus (Nuevo México), en 1916. Con el tiempo, cada estado o región de México adaptó la forma del corrido a sus propias tradiciones musicales.

Barroco y folclore
El son mexicano designa una música que combina elementos del Barroco español y del folclore mexicano, con la guitarra y el violín como instrumentos principales. En los años treinta floreció el son regional, hasta el punto que cada

Los botones de la mano derecha son para tocar la melodía

Acordeón de botones
Este decorado acordeón de botones lo utilizó el grupo de música Los Tigres del Norte. Los botones sustituyen a las teclas en este tipo de acordeón.

Mariachi clásico

Con sus sombreros y sus trajes, los músicos de mariachi presentan una imagen clásica de México. Uno de sus instrumentos es el guitarrón mexicano, un bajo acústico de seis cuerdas.

estado o incluso ciudad producía sus propios arreglos con instrumentos tales como la marimba africana (en Oaxaca) y el arpa (en Veracruz).

El son jarocho, oriundo del estado de Veracruz, en la costa del Caribe, muestra la improvisación lírica y otros elementos de la música afrocubana; la canción «La bamba», que hizo famosa el cantante chicano Ritchie Valens, proviene de esta tradición. Del son jalisciense, del estado de Jalisco, al suroeste de Ciudad de México, derivan los mariachis, orquestas bien conocidas por sus trajes de charros, popularizados como vestimenta patriótica durante la dictadura del general Porfirio Díaz (1830–1915).

El fuelle recoge y lanza aire a través de unas lengüetas internas o «pitos»

Fusiones mexicanas

Durante la Ley seca en EE UU (1920–1933), muchos alemanes migraron a la frontera de México con Texas. Allí, el acordeón alemán de botones se combinó con el bajo sexto mexicano —una guitarra de doce cuerdas usada en las regiones septentrionales— para crear la música norteña. Pequeños conjuntos de caja, contrabajo y, ocasionalmente, un saxofón, tocan este género híbrido que mezcla el son mexicano con ritmos folclóricos bohemios y checos. De esta mezcla surgió el tex-mex, con pioneros como el acordeonista Narciso Martínez (1911–1992) y la cantante y guitarrista Lydia Mendoza (1916–2007).

Los botones de la mano izquierda son para tocar el acompañamiento

Las placas de sonido situadas a cada lado del fuelle contienen las lengüetas

GUITARRÓN MEXICANO

que se inició la lucha por la independencia de México el 16 de septiembre de 1810, revive en muchas rancheras patrióticas. Jiménez, que a veces se ha comparado con el músico folk estadounidense del siglo xx Woody Guthrie, no tenía formación musical, pero es un icono en México. Sus más de mil canciones, entre las que se encuentran «Ella», «Paloma querida» y «Cuando el destino», son muy apreciadas. Jiménez también participó en numerosas películas durante la década de 1950.

Emoción profunda

Con su voz profunda y pedregosa, Chavela Vargas (1919–2012) es bien conocida como cantante de rancheras. Vargas, que fumaba puros y vestía ropa de hombre, dio un giro a este género masculino, atrayendo a audiencias más allá de las fronteras de México. Sus canciones celebraban los valores rurales y exploraban sentimientos como el amor y la nostalgia, la pena y la mortalidad.

Vargas también es conocida por sus interpretaciones de boleros. Aunque estos están más asociados con Cuba (donde se originó) que con México, el *boom* del bolero moderno se inició en 1927 cuando jóvenes compositores

» DESPUÉS

La música mexicana es hoy más diversa que nunca, pero sus temas continúan siendo las descarnadas realidades de la vida: actualmente, la pobreza, las drogas, la violencia y la emigración.

LILA DOWNS

SESGO FEMINISTA

La cantante y compositora Lila Downs canta agudas canciones feministas con una música que mezcla las formas folclóricas mexicanas con la **cumbia**, el **pop**, el **rap**, y el **flamenco**.

NUEVAS PROPUESTAS

En Tijuana, en la frontera con California, **Nortec Collective**, un conjunto de club de música electrónica, explora temas como el tráfico de armas y la influencia de EE UU. El subgénero del **narcocorrido**, que narra historias de narcotráfico, tiene en **Los Tigres del Norte** sus principales exponentes.

«Tiene la voz **áspera** de la **ternura**.»

EL DIRECTOR DE CINE PEDRO ALMODÓVAR SOBRE LA CANTANTE CHAVELA VARGAS

El repertorio principal de los conjuntos norteños incluye el corrido y la ranchera. Este último género comprende melodías campesinas tradicionales que a menudo describen actividades y acontecimientos cotidianos —desde la vida en la granja hasta tragedias domésticas— e idealizan la vida rural mexicana.

Actualmente, la mayoría de tipos de conjuntos mexicanos tienen rancheras en su repertorio, las cuales tienen un notable éxito en la frontera con EE UU. La ranchera se suele asociar con la gran banda de metales que desciende de las bandas municipales españolas.

El rey indiscutido de la ranchera es José Alfredo Jiménez (1926–1973), que nació en el municipio de Dolores Hidalgo. El denominado Grito de Dolores, la arenga con

como Guty Cárdenas y Agustín Lara se inscribieron en un concurso de canciones en Ciudad de México. A partir de ese momento, este género se popularizó en América Latina, favorecido por su uso en películas. El bolero ha ayudado a la reputación del Trío Los Panchos, de Celia Cruz (pp. 278–279) y del cantante melódico pop Luis Miguel.

OBRAS CLAVE

José Alfredo Jiménez «Camino de Guanajuato»

Agustín Lara «Veracruz»

Ritchie Valens «La bamba»

Pedro Infante «Bésame mucho»

Chavela Vargas «La llorona»

Lila Downs «La cucaracha»

El sonido de la ranchera

Chavela Vargas cantaba canciones tradicionalmente interpretadas por hombres. Pedro Almodóvar ha usado en varias de sus películas temas de la cantante.

Los últimos románticos

El fin del siglo XIX y el inicio del XX vieron nacer una nueva era de modernidad musical. Para algunos compositores, esta perturbación radical confirmó, con más profundidad que nunca, su propia afinidad con el romanticismo, un movimiento que estaba empezando a quedar atrás.

La historia del desarrollo de la música clásica comprende varios movimientos —romántico, impresionista, moderno—, cuyos compositores, independientemente de sus estilos musicales individuales, compartían una serie de objetivos y valores. Para los «últimos románticos» —especialmente Richard Strauss y Serguéi Rajmáninov, aunque también Jean Sibelius (pp. 184–185) y Frederick Delius— la situación era diferente. Ellos tenían poco en común, tanto unos con otros, como con los aires de cambio en el mundo musical que les rodeaba. Su logro fue prolongar los valores del romanticismo decimonónico hasta bien entrado el periodo de la música moderna, que los consideraba pasados de moda.

Cambio de tono

El compositor austriaco Richard Strauss (p. 223) tenía apenas 24 años cuando el éxito espectacular de su poema sinfónico orquestal *Don Juan*, estrenado en 1889, le hizo saltar a la fama. Al igual que Wagner y Liszt antes que él, Strauss se veía a sí mismo como un músico osadamente progresista. Cada uno de los poemas sinfónicos que siguieron a *Don Juan* desplegaba una armonía ricamente expresiva en una música de virtuosa inventiva y garbo, orquestada con una gran maestría que, aparentemente, tendía hacia el turbulento nuevo mundo de la música moderna.

A la tercera ópera de Strauss, *Salomé* (1905), basada en la obra homónima de Oscar Wilde, le siguió *Electra*, su primera colaboración con el escritor austriaco Hugo von Hofmannsthal. Ambas óperas estaban llenas de tensiones musicales y versaban sobre sexo, violencia y extremos emocionales.

Luego hubo un cambio de estilo, que quizá sorprendió incluso al propio Strauss. Su siguiente ópera con Hofmannsthal, *El caballero de la rosa*, representada por primera vez en 1911, era una comedia encantadora ambientada en la Viena del siglo XVIII.

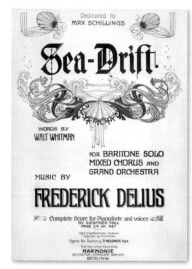

Música de amor y pérdida
Esta partitura de 1906 ofrece la versión de Delius de un texto de la sección *Sea-Drift* del libro de poemas *Hojas de hierba* de Walt Whitman.

> **«Soy un compositor de segunda fila de primera clase.»**
> RICHARD STRAUSS, DURANTE EL ENSAYO DE UN CONCIERTO EN LONDRES, 1947

Su música estaba escrita en un estilo cálidamente benigno que incluía valses vieneses y arias encendidas y líricas para los cantantes. En vez de adentrarse aun más en la modernidad, Strauss había hallado una manera de circunvalarla.

En los años treinta, Strauss aún estaba componiendo óperas en el estilo romántico tardío, casi como si el mundo musical del siglo XX que le rodeaba no existiera. Para Strauss, el final de su propia era vino con el bombardeo por los aliados de los grandes teatros de ópera de Austria y Alemania en la Segunda Guerra Mundial. En 1945 escribió *Metamorfosis* para orquesta de cuerda como un lamento por una cultura destruida por la violencia.

Maestro ruso de la melodía

Serguéi Rajmáninov (1873–1943), compositor y director de orquesta de gran talento, fue además uno de los más grandes pianistas de todos los tiempos. En sus primeras obras descubrió su estilo romántico tardío, cuyo conservadurismo natural (como el de la propia sociedad rusa) ya estaba desacompasado con el más progresista escenario europeo. El estreno de su primera sinfonía en 1897 fue un desastre y durante varios años no compuso nada, aunque luego, tras someterse a terapia con el hipnotizador

Gran alcance en el teclado
Rajmáninov toca aquí el piano hacia 1931. Era un hombre alto, y sus enormes manos llegaban mucho más lejos que las de la mayoría de los demás pianistas, lo que convertía su música en un reto para otros músicos.

Nikolái Dahl, creó el exitoso Concierto para piano n.º 2 (1901).

Durante los años anteriores a la Revolución rusa, la prolífica producción de Rajmáninov incluyó su Concierto para piano n.º 3 y la suntuosamente melódica Sinfonía n.º 2. Pero tras la Revolución, Rusia era un país hostil para un romántico tardío con raíces en el pasado musical. Emigró entonces a EE UU, donde la añoranza dificultó la composición y su estilo fue tildado de pasado de moda. El compositor dedicó mucho tiempo a dar conciertos de piano; aun así logró completar varias obras maestras —llenas de nostalgia romántica—, tales como la obra concertante *Rapsodia sobre un tema de Paganini* (1934) y la Sinfonía n.º 3 (1936).

ANTES

En la gran era del romanticismo, en el siglo XIX, aparecieron compositores de una magnitud equiparable a su época.

LA HUELLA DE LOS MAESTROS
El alemán **Richard Wagner** llevó la ópera a nuevas regiones de drama turbulento y poder expresivo **‹‹ 166–167**. El húngaro **Franz Liszt** inventó el poema sinfónico orquestal como un vehículo para la vertiginosa imaginación romántica **‹‹ 162–163**, y la tradición sinfónica rusa fue elevada a la grandeza por **Piótr Ílich Chaikovski ‹‹ 182–183**. La trayectoria musical de la siguiente generación de románticos estuvo en gran parte determinada por la influencia de estos poderosos predecesores.

Voces de romanticismo
Esta pintura de Aleksandr Fiódorovich Lushin, de 1938, muestra los diseños del vestuario y de la escenografía de una producción de *Aleko* (1892), la primera de las tres óperas de Rajmáninov.

Armonías evocadoras

El finlandés Jean Sibelius (1865–1957) siguió siendo el epítome del nacionalismo romántico hasta bien entrada la década de 1920, cuando escribió la última de

Danza de Salomé

Cartel del artista alemán Max Tilke para la representación de 1910 de la ópera de Strauss en París, ciudad en que se estrenó en 1896 la obra teatral *Salomé* de Oscar Wilde.

sus siete sinfonías tan singularmente evocadoras. El inglés Frederick Delius (1862–1934) fue otro compositor único en su especie cuyo estilo le debía poco al mundo musical en su conjunto. Aparte del poder expresivo de Wagner, la única influencia real en la obra de Delius fue el aire fresco del romanticismo de su amigo Edvard Grieg (pp. 184–185). Hijo de un negociante de lana, Delius acabó estableciéndose en el pueblo francés de

Grez-sur-Loing. Allí escribió sus mejores obras, notables por su sonoridad sombríamente brillante y su atmósfera, incluida la coral y orquestal *Appalachia* (1903). A finales de los años veinte, ciego y paralítico, tuvo que dictar sus últimas obras, entre ellas la coral *Songs of Farewell (Canciones de despedida)*, a su asistente, Eric Fenby. En ellas explora un mundo de sonidos inmutable, el del romántico tardío, muy alejado de la modernidad contemporánea.

COMPOSITOR (1864–1949)

RICHARD STRAUSS

Nacido en Munich, Strauss (sin relación alguna con Johann Strauss) era hijo de un notable intérprete de trompa de Baviera. Junto con sus puestos como director de orquesta, Strauss recibió tempranos elogios por sus poemas sinfónicos, como *Así habló Zaratustra* (1896), y escribió más de una docena de óperas. En los años treinta, Strauss se negó a irse de la Alemania nazi, pero despreció al régimen y protegió con éxito a su nuera judía. Su obra orquestal *Cuatro últimas canciones* se estrenó en el Albert Hall de Londres en 1950, un año después de su muerte.

OBRAS CLAVE

Richard Strauss *Don Juan; Till Eulenspiegel; El caballero de la rosa*

Serguéi Rajmáninov Concierto para piano n.º 2 en do menor, op. 18, y n.º 3 en re menor, op. 30; Sinfonía n.º 2 en mi menor, op. 27; *Las vísperas*

Frederick Delius *Romeo y Julieta de aldea; Sea Drift*

DESPUÉS

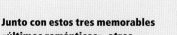

Junto con estos tres memorables «últimos románticos», otros compositores con los mismos valores siguieron llevando la bandera del romanticismo durante el siglo xx.

MANTENER ENCENDIDA LA LLAMA

El austriaco **Erich Wolfgang Korngold** (1897–1957) se trasladó a EE UU y compuso partituras románticas para películas de Hollywood, incluidas *Robin de los Bosques* (1938) y *El halcón del mar* (1940) **290–291 ≫**. El estilo romántico tardío del inglés **William Walton** (1902–1983) se desarrolló pronto, en obras como su Concierto para viola (1929), y cambió poco, incluso a finales de la década de 1970. En *Knoxville: Summer of 1915* para soprano y orquesta (1947), el estadounidense **Samuel Barber** compuso un retrato cálidamente nostálgico del pasado.

Nacido en 1891 Fallecido en 1953

Serguéi Prokófiev

«Ya **pasó la época** en que la música se escribía para un puñado de **estetas**.»

PROKÓFIEV, NOTA EN UN BLOC, 1937

El prolífico compositor ruso Serguéi Serguéievich Prokófiev escribió más música apreciada por un público amplio que cualquier otro compositor de la tradición clásica moderna. Aunque se le conoce principalmente por su ballet romántico *Romeo y Julieta* y su obra para niños *Pedro y el lobo*, también escribió conciertos, partituras cinematográficas, óperas, sinfonías y obras para piano.

Educación campesina
Prokófiev nació en una remota finca de Ucrania y empezó a tomar lecciones de piano con su madre, pianista consumada. Desde niño mostró un inusual talento para el teclado y la composición. Era un niño prodigio también en el ajedrez y más tarde jugó con frecuencia contra grandes maestros.

A los 13 años de edad, Prokófiev se convirtió en el estudiante más joven del conservatorio de San Petersburgo. En aquella época, dicha ciudad tenía una vida cultural intensamente activa, en la que varias formas radicales de modernidad competían entre sí por llamar la atención. Prokófiev escribió sus primeras obras sobre todo para sí mismo, para tocarlas con el piano, exhibiendo sus talentos de virtuoso en piezas atrevidamente modernas que explotaban la disonancia y rompían las reglas de la tonalidad convencional. La primera interpretación de su Concierto para piano n.º 2 en 1913 causó un pequeño escándalo con su agresivo desacato a la estética conservadora.

Revolución y exilio
En 1914, Rusia se sumió en la Primera Guerra Mundial y luego en la Revolución de 1917 que llevó a los bolcheviques al poder. Durante esta época, Prokófiev se dedicó a varios fructíferos experimentos estilísticos. Su famosa Sinfonía n.º 1 «Clásica» (1917) se inspiraba en el estilo de Joseph Haydn y se convirtió en la obra fundacional del movimiento neoclásico, mientras que su nuevo Concierto para violín rememoraba el romanticismo del siglo XIX. Pero Prokófiev no pudo ignorar eternamente los acontecimientos políticos. El triunfo de los bolcheviques,

Niño genial
Prokófiev posa a los 10 años de edad con la partitura de su primera ópera, *El gigante*, orgullosamente expuesta frente a él. Cuando tenía apenas 5 años creó su primera composición para piano original.

OBRAS CLAVE

Sinfonía n.º 1 «Clásica», op. 25
Concierto para piano n.º 3, op. 26
El amor de las tres naranjas, op. 33
Sinfonía n.º 3, op. 44
Romeo y Julieta, op. 64
Pedro y el lobo, op. 67
Sinfonía n.º 5, op. 100

decididos a eliminar la clase de los terratenientes a la que pertenecía él, lo obligó a emigrar a EE UU en 1918.

Aunque Prokófiev era una persona sofisticada, con una actitud cosmopolita, no supo adaptarse plenamente a su condición de emigrado ruso. En EE UU descubrió que estaba en inferioridad de condiciones con otro ruso, el pianista y compositor Serguéi Rajmáninov (1873–1943), cuyo romanticismo más puro se adecuaba más al gusto estadounidense.

La ópera de Prokófiev *El amor de las tres naranjas*, que más tarde se convertiría en una de sus obras más célebres, recibió duras críticas en su estreno en Chicago en 1921. Cuando visitó Europa, fue tratado con condescendencia por Ígor Stravinski, quien ejercía un gran dominio en el bando de la música moderna. Los Ballets Rusos, la compañía de Diáguilev, escenificó tres ballets de Prokófiev en la década de 1920, pero su ópera *El ángel de fuego* no se estrenó hasta después de su muerte.

Prokófiev y Stalin

El régimen soviético supo ver el potencial propagandístico que le suponía atraer a notables emigrados rusos de vuelta al país y le hizo halagadoras proposiciones al compositor. En 1927, *El amor de las tres naranjas* se representó en Leningrado (la actual San Petersburgo) con gran éxito y en 1933 se le encargó a Prokófiev que escribiera la música para una película soviética, *El teniente Kizhé*, estrenada al año siguiente. Arreglada como una suite concertística, esta música se convirtió en una de sus creaciones más populares. En 1936, cuando Prokófiev decidió establecerse en la Unión Soviética, es posible que no fuera consciente del grado de opresión existente en el estado policial

Un cuento con moraleja
La famosa pieza para niños *Pedro y el lobo* de Prokófiev es un cuento para narrador y orquesta. El compositor escribió el texto además de la música.

de Stalin. Su llegada coincidió con un endurecimiento de la política cultural soviética, en la que todas las formas de creación artística debían servir al sistema soviético y a su ideología comunista. Su ballet *Romeo y Julieta*, encargado por la compañía Kírov de Leningrado, fue muy criticado y no se estrenó en el Kírov hasta 1940. Prokófiev fue obligado a escribir piezas públicas tales como la cantata *Zdrávitsa (¡Salud!)* junto con otras obras. Prokófiev colaboró con el director de cine soviético Serguéi Eisenstein escribiendo partituras para *Alejandro Nevski* e *Iván el Terrible*.

preciado de la Unión Soviética. Sin embargo, esto no le fue de ayuda cuando a finales de la década de 1940 el secretario del Partido Comunista Andrei Zhdánov dirigió una campaña contra los compositores denunciados como «formalistas». Prokófiev fue

> «Prokófiev **abrió nuevos caminos** con su obra, y amplió el horizonte de la **música moderna**.»

EL PIANISTA RUSO EMIL GILELS EN *SERGEI PROKOFIEV: MATERIALS, ARTICLES, INTERVIEWS* (1959)

Cuando la Unión Soviética fue invadida por la Alemania nazi en 1941, Prokófiev fue evacuado por seguridad al este del país, donde compuso la ópera *Guerra y paz*, el ballet *Cenicienta* y la Sinfonía n.º 5. El compositor ganó varias veces el Premio Stalin, el galardón más

acusado de componer con «una complejidad artificial», y se prohibió la ejecución de muchas de sus obras. Su mujer, de quien estaba entonces separado, la cantante Carolina Codina (Lina Prokófieva, conocida en escena como Lina Llubera), fue arrestada con cargos falsos de espionaje en 1948 y enviada a un gulag. Su matrimonio fue declarado nulo y Prokófiev se casó con su amante, Mira Mendelson.

Muchos críticos creen que sus últimas obras, a menudo de un estado de ánimo pesimista, expresan su protesta contra los crímenes del régimen de Stalin. Irónicamente, Prokófiev murió de una hemorragia cerebral el mismo día que fallecía Stalin, el 5 de marzo de 1953. En medio del duelo por el dictador, la muerte del compositor pasó casi inadvertida para la prensa soviética.

Romeo y Julieta
Este ballet de Prokófiev, basado en la obra de Shakespeare, se ha convertido en una de las obras modernas más populares del repertorio de la danza. Aquí, los papeles principales los desempeñaban Federico Bonelli y Natalia Balájnicheva en Moscú.

PROKÓFIEV CON MIRA MENDELSON

La música fue una de las pocas formas de expresión cultural que pudieron conservar los esclavos transportados de África a América del Norte.

CANTAR A CAMBIO DE LA CENA
Los dueños de las plantaciones valoraban a los esclavos capaces de entretenerles. Sin acceso a instrumentos musicales, los esclavos **improvisaban** con cucharas, tablas de lavar o lo que tuvieran a mano. Antes incluso de la guerra de Secesión (1861–1865), músicos negros tanto libres como esclavos interpretaban **música de baile europea** para públicos blancos.

CRUZAR LA LÍNEA DIVISORIA RACIAL
Los **minstrel shows** (espectáculos ambulantes), en los que los blancos caricaturizaban la música negra, se popularizaron a partir de la década de 1840. Después de la abolición de la esclavitud, los compositores y ejecutantes afroamericanos desarrollaron sus propios estilos.

SCOTT JOPLIN

Hijo de un esclavo liberado de Texas, el joven Scott Joplin viajó con un cuarteto vocal y tocaba la corneta, la guitarra y el violín, aunque su especialidad fue el piano. Tras la Exposición Universal de Chicago de 1893 se asentó en Sedalia (Misuri), y escribió una serie de piezas de ragtime de gran éxito con las que, según él, buscaba «un efecto extraño y embriagador». Viviendo de sus derechos de autor, después compuso óperas como *Treemonisha*. Joplin no creía en la improvisación, e insistía en que se tocara cada nota tal como estaba en la partitura.

Del rag *a la prosperidad*
Publicada en 1899, la partitura de «Maple Leaf Rag» le aportó a Scott Joplin ingresos regulares el resto de su vida. El propio Joplin tocaba sus piezas más despacio de lo que suelen hacerlo los pianistas modernos.

Ragtime

Tres nuevos géneros musicales —el ragtime, el jazz y el blues— surgieron en el último cuarto del siglo XIX entre los afronorteamericanos. Este auge creativo coincidió con la llegada a la edad adulta de la primera generación nacida tras el fin de la esclavitud, y presentó el ritmo sincopado al mundo.

Tras la abolición de la esclavitud en 1865, en los espectáculos de *minstrels* participaron cada vez más afronorteamericanos, entre ellos el músico, bailarín y cómico Ernest Hogan (1865–1909). Reinterpretando los ritmos característicos con que los músicos negros acompañaban el baile del *cakewalk*, en 1895 Hogan publicó las canciones de éxito «La Pas Ma La» y «All Coons Look Alike To Me». Pese a que luego Hogan lamentara su tono racista, su fama ayudó a popularizar el ragtime, el primer estilo propiamente estadounidense, entre un ámbito mayor.

Hacia un nuevo ritmo
El término ragtime se refiere al *ragging* o reinterpretación informal o irregular de una melodía, un enfoque rítmico en el que un compás regular se adorna con la acentuación melódica de tiempos débiles, con un efecto de sorpresa. Esta

> **«La síncopa no es un rasgo de música ligera o barata.»**
> EL COMPOSITOR SCOTT JOPLIN, EN SCHOOL OF RAGTIME (1908)

técnica, llamada síncopa, produce un sonido animado y bailable que incita a moverse al son de la música.

Desarrollado originalmente en el banjo y el violín, este característico enfoque sincopado no tardó en vincularse al piano. Los compositores William Krell (1868–1933), Scott Joplin (izda.), Joseph Lamb (1887–1960) y James Scott (1885–1938) adaptaron el estilo de marcha de Sousa (pp. 200–201) y le aplicaron polirritmos de origen afronorteamericano. Estos elegantes *rags* para piano suelen presentar un ritmo regular en la mano izquierda mientras la derecha toca tres o cuatro motivos sincopados distintos, siendo el primero el más pegadizo, y cambiando con frecuencia de tono en el tercero.

Un gran éxito
La popularidad del ragtime para piano, sobre todo el de Joplin, contribuyó a una fiebre musical que se extendió por todo EE UU y Europa. El ragtime se incorporó a los estilos de los grupos de

Movimiento de *cakewalk*
Un cómico de un *minstrel show* baila el *cakewalk* en 1903, danza exagerada inventada por los esclavos para burlarse de los dueños de las plantaciones.

baile, se formaron conjuntos de ragtime y los autores de Tin Pan Alley (pp. 230–231) no tardaron en subirse al carro.

Stravinski, stomping y stride
Pese a que el ragtime sea un estilo característicamente estadounidense, penetró en la música europea, por ejemplo en «Golliwog's Cakewalk» de 1908 de Debussy (pp. 204–205) y en piezas de Satie (pp. 210–211) y Stravinski (pp. 212–213).

Rags para piano como el arquetípico «Maple Leaf Rag» de Joplin (1899) estaban pensados para tocarse tal y como estaban escritos, como piezas clásicas, pero los pianistas solían usar estas piezas técnicamente difíciles para mostrar su habilidad, y la velocidad de

Fats Waller
El cantante, pianista y organista de jazz Thomas «Fats» Waller fue alumno del maestro del *stride* James P. Johnson y compuso sus primeros rags a los quince años.

ejecución fue aumentando más allá de la intención de los compositores. Una nueva generación de intérpretes, entre los que destaca Jelly Roll Morton (p. 234), tomó el ragtime como punto de partida para su propio estilo de improvisación: el stomping. Esto, a su vez, llevó al desarrollo del stride tal como lo practicaron los maestros del jazz James P. Johnson (1894–1955) y Fats Waller (1904–1943).

William Krell «Mississippi Rag»
Scott Joplin «Maple Leaf Rag», «Easy Winners», «The Entertainer»
James Scott «Frog Legs Rag»
Joseph Lamb «Sensation»

El ragtime perdió popularidad tras la década de 1920, aunque cada tanto tiempo resurge el interés por él.

SUPERADO POR EL JAZZ
El ragtime fue tanto una de las tendencias que influyeron en el desarrollo del jazz como un estilo musical popular por derecho propio durante más de 20 años, pero cuando el **jazz conquistó el mundo** en la década de 1920 **234–235 »**, el ragtime se tuvo por pasado de moda y perdió favor.

UN REGRESO
El público redescubrió el ragtime con el álbum de Scott Joplin interpretado por Joshua Rifkin, nominado a un Grammy en 1971, y piezas de Joplin como «The Entertainer» en la película de 1973 *El golpe*.

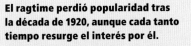

« ANTES

El country evolucionó a partir de la fusión de corrientes musicales diversas. Dos influencias importantes fueron la música folclórica celta introducida por colonos europeos y las canciones y música de los *cowboys*.

MÚSICA TRADICIONAL DE LOS APALACHES

Con raíces en las **baladas** traídas al este de los EE UU por colonos escoceses e irlandeses en los siglos XVIII y XIX, el folclore de los Apalaches se caracterizaba por un canto emotivo y a menudo armonizado acompañado por banjo, guitarra, violín y mandolina. Estos **instrumentos de cuerda** siguen siendo la base de la mayoría de los estilos de country acústico.

MÚSICA DE COWBOYS

Otto Gray & His Oklahoma Cowboys, antes McGinty's Oklahoma Cowboy Band, fue el primer grupo de música western conocido en todo el país. Los miembros originales eran todos auténticos *cowboys*, luego sustituidos por músicos profesionales. Cantaban temas tradicionales del tipo documentado en *Cowboy Songs and Other Frontier Ballads* por el musicólogo John Lomax en 1911.

> « El country es la **música del pueblo**. Trata sobre **la vida como es** y [...] cuenta las cosas tal como **son**.»
>
> FAITH HILL, CANTANTE DE COUNTRY (N. 1967)

Las raíces del country

Hasta finales de la década de 1940, el country and western se conocía como *Appalachian, old-time folk, mountain, cowboy, rural, western* o *hillbilly music*. Esto refleja la riqueza de las tradiciones de música popular que en él confluyen.

Roy Acuff and his Smokey Mountain Boys
Las mayores estrellas del country hicieron películas sobre la vida rural en el sudeste de EE UU. En la imagen, Roy Acuff and his Smokey Mountain Boys en la película *Night Train to Memphis* (1946).

Las primeras grabaciones comerciales de música country fueron del tejano Eck Robertson («Sallie Gooden» en 1922) y de Fiddlin' John Carson («The Little Old Log Cabin in the Lane» en 1924). Ambas, hechas por violinistas sin formación clásica, revelan la influencia celta en el folclore estadounidense.

Tras la grabación de 1924 del cantante con formación de conservatorio Vernon Dalhart «The Wreck of the Old 97», que vendió un millón de copias, el sello discográfico Victor salió en busca del auténtico sonido sureño country. El productor y cazatalentos Ralph Peer, gracias al cual había grabado Fiddlin' John Carson, grabó a diecinueve artistas en las Bristol Sessions que organizó en Tennessee en 1927, a las que invitó a los músicos locales a presentar su música.

Fue un acontecimiento clave en la historia del country, y el sistema de derechos de autor establecido por Peer en aquellas sesiones sigue siendo la base de los contratos musicales hasta hoy.

Primeras estrellas del country

Entre los artistas que grabaron en las Bristol Sessions estaba Jimmie Rodgers (1897–1933), obrero ferroviario nacido en Misisipi que desarrolló un estilo de cantar característico. Su inconfundible *yodel* —cambio frecuente de registro grave a falsete— le valió el apodo de *The Blue Yodeler*. Su mezcla de blues, folk y country en grabaciones como «Blue Yodel», «Waiting for a Train» y «Mule Skinner Blues» resultó influyente.

De las Bristol Sessions salió también la Carter Family de Virginia. Sus acordes cerrados sobre temas folclóricos y el estilo autodidacta a la guitarra de Maybelle Carter, en el que rasgueaba con los dedos a la vez que tocaba melodías graves con el pulgar, tuvieron un gran impacto sobre el desarrollo del country. Temas como «Wabash Cannonball» y «Keep on the Sunny Side» son estándares del country.

Reina acústica
La Gibson J200 de 1937 fue la guitarra predilecta de Roy Rogers y Gene Autry. Estimada por su sonido grave y potente, se le llamó «reina de las guitarras de tapa plana».

El corazón del country

El *Grand Ole Opry* es un programa de radio de country que empezó en 1925 y se convirtió en el más influyente del género en EE UU. A su vez, Nashville, desde donde se emitía, se convirtió en capital del country. Entre las primeras actuaciones figuraron la música animada para *square dancing* llamada *hoedown*, tal como la interpretaban los Binkley Brothers' Dixie Clodhoppers, y los monólogos cómicos de Minnie Pearl, quien intervino regularmente en el Opry entre 1940 y 1991.

26 El número de veces al año que los artistas debían actuar en el programa Grand Ole Opry para seguir siendo «miembros» en 1963.

El programa presentó también a una nueva generación de artistas que cantaban temas propios. Roy Acuff (1903–1992), de Tennessee, tocaba el violín con los Smokey Mountain Boys y desarrolló un estilo vocal fuerte y definido que conectaba de inmediato con el público. Se embarcó en una carrera que duró 50 años y fue conocido como «rey del country». Hank Williams (1923–1953), de Alabama, tuvo una relación más difícil con el programa debido a su escasa fiabilidad causada por el alcoholismo. Sin embargo, su corpus de canciones narrativas («Cold, Cold Heart», «Hey Good Lookin'» y «Your Cheatin' Heart», entre ellas) es el más venerado de la música country.

Westerns musicales

Otra vía de los medios de masas para el country en las décadas de 1930 y 1940 fueron los westerns musicales, o *B-Westerns*. En estas películas de bajo presupuesto, «los buenos» eran personajes simpáticos e íntegros con facilidad para cantar acompañados de una guitarra. Entre ellos hubo actores-cantantes como el muy influyente tejano Gene Autry (1907–1998),

GRUPO DE COUNTRY (DÉCADAS 1920–1990)

LA FAMILIA CARTER

Nacidos y criados en Virginia, Alvin Pleasant «A. P.» Delaney Carter, su mujer Sara y su cuñada Maybelle cantaron música folclórica y gospel con armonías cercanas acompañados por la innovadora guitarra de Maybelle. Cantaron como grupo y, desde 1927, grabaron estándares como «Wildwood Flower», «Engine 143» y «Can the Circle Be Unbroken». Se separaron en el año 1943, pero Maybelle continuó tocando con sus hijas como The Carter Sisters, recuperando el nombre de Carter Family en 1960. Tras la muerte de Maybelle en 1978, el grupo siguió con la generación siguiente de los Carter hasta 1998.

que era ya un cantante de éxito tras haber vendido un millón de copias de «That Silver-Haired Daddy of Mine» en 1931. Su forma de cantar al estilo hillbilly le convirtió en el artista de country más vendedor de su tiempo. Otros *cowboys* cantantes fueron Tex Ritter y Roy Rogers. Ritter, que apareció en 85 películas entre 1936 y 1945, tuvo una exitosa carrera discográfica que incluyó la canción «Do

Cowboy cantante

Este cartel de 1938 anunciaba uno de los 93 *B-Westerns* protagonizados por Gene Autry. En *Man from Music Mountain*, Autry queda atrapado en una mina de oro y luego lleva a un promotor corrupto ante la justicia.

Otra tendencia fue la desarrollada por el mandolinista de Kentucky Bill Monroe (1911–1996) en la década de 1940. Con tempos rápidos, armonías vocales cercanas y *breaks* instrumentales (solos breves sin acompañamiento), él y su grupo, los Blue Grass Boys, crearon el estilo conocido como bluegrass.

Los Maddox Brothers and Rose, con sede en California, se especializaron en un sonido country de gran poderío denominado de manera retrospectiva hillbilly boogie, una fusión de country y efectivas líneas de bajo asociadas con el blues basado en el piano del boogie-woogie. Otra variación influyente cruzada con el blues, el honky tonk, consistió en canciones de desamor con un deje nasal. Ejemplo del estilo es el éxito de 1941 «I'm Walking the Floor Over You» de Ernest Tubb. Ambos estilos apuntaban hacia una variante vigorosa llamada rockabilly, versión temprana del rock and roll (pp. 314–315).

OBRAS CLAVE

Carter Family «Worried Man Blues»

Jimmie Rodgers «Blue Yodel»

Roy Acuff «The Wabash Cannonball»

Gene Autrey «Back In The Saddle Again»

Hank Williams «Your Cheatin' Heart»

Bob Wills and the Texas Playboys «Steel Guitar Rag»

Maddox Brothers and Rose «Water Baby Boogie»

DESPUÉS

De la década de 1950 emergieron nuevas fusiones, y hoy el country vende más que cualquier otro estilo en EE UU.

NUEVOS HÍBRIDOS

Siguiendo con la tradición country de mezclarse con otros estilos, en las décadas de 1950 y 1960 los productores Chet Atkins y Owen Bradley desarrollaron un **híbrido country-pop** de orquestación suntuosa y pulida producción que se llamó **sonido Nashville** o **Countrypolitan**.

MÚSICA PARA OUTSIDERS

En las décadas de 1970 y 1980, el **outlaw country** se basó en valores musicales tradicionales para expresar la perspectiva del *outsider*, como en la obra de los autores Waylon Jennings y Willie Nelson y la obra final de Johnny Cash 346–347 ».

Not Forsake Me Oh My Darling», tema de *Solo ante el peligro (High Noon)*, de 1952.

Subgéneros del country

Aunque las raíces de la música popular norteamericana se podían apreciar en todos los tipos de música country, sus muchos estilos distintos resultaron en una gran diversidad. Una música de baile que se hizo popular en la década de 1930

en el oeste y el sur fue el western swing, que mezclaba el folclore rural, la canción de *cowboy*, el jazz y el blues, y empleaba violín, banjo y *steel guitar*. Su uso de los instrumentos de cuerda acústicos y los arreglos improvisados lo distinguían del swing de las big bands (pp. 242–243). Destacados grupos de Western Swing fueron los tejanos Light Crust Doughboys y Bob Wills and the Western Playboys.

Tin Pan Alley

La música de Tin Pan Alley consistió en gran parte en canciones populares pegadizas de tono sentimental o ligero. Las peores eran vulgares y fueron efímeras, pero las mejores son clásicos del canon estadounidense de un valor atemporal.

Tin Pan Alley fue una comunidad neoyorquina de editores y autores cuyo negocio consistía en estar al tanto de lo que seducía al público, componer las canciones adecuadas y luego publicar y vender las partituras.

> «Preferiría haber escrito la **mejor canción** de un país que su **poema épico** más honroso.»
>
> EDGAR ALLEN POE, ESCRITOR ESTADOUNIDENSE

« ANTES

La música impresa llegó a EE UU a finales del siglo XVIII. Sin radio ni teléfono, la popularidad de las canciones dependía del boca a boca.

PARTITURAS
A mediados del siglo XVIII hubo una explosión en las **ventas de pianos** en EE UU. Se cantaba en casa, en las escuelas e iglesias, así que había un mercado para las **partituras**. Terminada la guerra de Secesión (1861–1865), se habían vendido varios miles de partituras de música popular. Con leyes de **derechos de autor** muy laxas, los editores eran libres de competir publicando la misma canción. Se hicieron canciones de guerra a partir de **himnos populares**, como «Battle Hymn of The Republic» de Julia Ward Howe, imitaciones de **música afronorteamericana** como «Camptown Races» (1850) de Stephen Foster, y **baladas** de estilo irlandés como «I'll Take You Home Again Kathleen» (1876) de Thomas P. Westendorf.

INFLUENCIA JUDÍA
De los autores clave de Tin Pan Alley, bastantes eran hijos de **inmigrantes judíos**, entre ellos George e Ira Gershwin, Lorenz Hart, Irving Berlin, Jerome Kern y Harold Arlen. Aunque su obra reflejaba los estilos norteamericanos del ragtime, el blues y el jazz, Cole Porter percibía suficiente cualidad de lamento como para decir al compositor Richard Rodgers que para tener éxito bastaba con «componer canciones judías».

La empresa estaba en Manhattan, en West 28th Street entre las avenidas 5.ª y 6.ª. Funcionó entre alrededor de 1885 y mediados de la década de 1930. La expresión *Tin Pan Alley* («calle de los cacharros de estaño») se refiere al ruido metálico de decenas de pianos desafinados que se oía en la calle por las ventanas abiertas de las oficinas de los editores mientras los compositores creaban y mostraban sus piezas. No obstante, en un sentido más general, Tin Pan Alley es sinónimo de la industria de la canción popular.

Orígenes del Alley

A Charles K. Harris, autor oportunista de canciones de Milwaukee (Wisconsin), con frecuencia se le considera el padre de Tin Pan Alley. En un cartel en el exterior de su oficina se leía *Songs Written To Order* (se componen canciones por encargo).

Harris se mudó a Nueva York y en 1906 escribió un libro titulado *How To Write A Popular Song*, con consejos sobre cómo escribir canciones de temática popular, tales como la canción cómica, la del hogar o la de la madre. También explicaba cómo mantenerse al tanto de los gustos del público en materia de estilo musical y letra. Este manual para escribir canciones comerciales contiene muchos consejos que siguen siendo de utilidad para los autores actuales.

Temas populares

Un recurso comercial muy popular era convertir noticias de prensa en canciones sentimentales. Edward B. Marks y Joseph W. Stern escribieron «The Little Lost Child» (1894) tras leer en el periódico la historia de un niño que se había perdido, y la invención del

El padre de Tin Pan Alley
Charles K. Harris logró su mayor éxito con el vals «After the Ball». Publicada en 1892, la partitura vendió cinco millones de copias, y después escribió un superventas sobre cómo componer canciones.

teléfono inspiró a Charles K. Harris la lacrimógena «Hello Central, Give Me Heaven» (1901).

Fueron habituales las referencias directas a los últimos bailes de moda como el *cakewalk* o el charlestón, y las tendencias musicales del momento —a menudo afronorteamericanas— se diluían y adaptaban en canciones para el consumo masivo. Por ejemplo, «Alexander's Ragtime Band» (1911), de Irving Berlin, fue una canción popular exuberante y un enorme éxito, pero tenía poco que ver con la obra refinada y majestuosa del compositor y pianista de ragtime Scott Joplin (pp. 226–227). «St. Louis Blues» (1915) de W. C. Handy era, pese a que su autor fuera negro e independiente, un blues a lo Tin Pan Alley con su introducción de tango a la moda incluso (p. 241).

La Primera Guerra Mundial ofreció una nueva fuente de temas a los letristas, e inspiró al Alley un sinfín de canciones para motivar a la tropa —con tempo de marcha— y levantar la moral de la población. Canciones famosas de esta época fueron «Over There» de George M. Cohen y «Goodbye Broadway, Hello France» de C. Francis Reisner, Benny Davis y Billy Baskette.

Actuación en vivo

Las tiendas de música empleaban a enérgicos y persuasivos intérpretes *(song pluggers)* para vender las partituras interpretándolas en vivo al piano.

La formación de la ASCAP (American Society of Compositors and Publishers) en 1914 garantizó el cobro de derechos de autor por las canciones que se tocaran en público, lo cual hizo del negocio de la canción algo más lucrativo y aún más febril. Los editores pagaban y hacían figurar como coautores a artistas de vodevil famosos como Al Jolson (1886–1950), que convertían las canciones en éxitos garantizados, para que cantaran

1.800 El número de temas de ragtime publicados en Tin Pan Alley entre los años 1900 y 1910.

sus canciones en sus actuaciones. Al popularizarse las grabaciones, los *song pluggers* hicieron la corte a directores de bandas y vocalistas famosos usando tácticas similares.

Polvo de estrellas

Autodidacta y de gran talento, el estadounidense Hoagy Carmichael tenía un estilo de jazz característico al piano. Fue un autor muy prolífico, con éxitos como «Stardust», «Georgia On My Mind» y «The Nearness Of You».

Ragtime de éxito

Uno de los autores de mayor éxito fue Irving Berlin, cuyo primer gran éxito fue «Alexander's Ragtime Band» (1911), incluido en esta selección de sus partituras. Escribió unas 1.500 canciones, así como la música de películas y espectáculos de Broadway.

OBRAS CLAVE

George M. Cohen «Over There», «Give My Regards To Broadway»

Irving Berlin «Blue Skies»

Johnny Green «Body and Soul»

Paul Dresser «On the Banks of the Wabash, Far Away»

Nora Bayes/Jack Norworth «Shine On Harvest Moon»

DESPUÉS

Tin Pan Alley ya no existe como lugar en Nueva York, pero sigue vigente como etiqueta para toda zona que concentre empresas del negocio musical.

EDIFICIO BRILL

El edificio Brill de Nueva York fue una comunidad de autores y editores de la década de 1930. Revivió durante las épocas del **rock and roll** y el **pop** de las décadas de 1950 y 1960 318–319 >> gracias a autores como Burt Bacharach, Neil Diamond y Carole King.

CAROLE KING, DEL EDIFICIO BRILL

EQUIVALENTE EN REINO UNIDO

En la década de 1950 surgió el Tin Pan Alley británico en Denmark Street, en el West End de Londres. En sus oficinas trabajaron editores y autores como **Lionel Bart** y **Elton John**.

CANTANTES Y COMPOSITORES

Desde los **Beatles** 324–325 >> y la llegada de autores que interpretaban su propia música, ha habido una menor demanda de autores comerciales, pero siempre habrá artistas que no componen y necesitan temas de autores con olfato para el éxito y un equipo del tipo de Tin Pan Alley.

Nueva York y más allá

La mayoría de los principales letristas y compositores estadounidenses de las décadas de 1920 y 1930 trabajaban con Tin Pan Alley, y aunque neoyorquinos como George Gershwin (pp. 232–233) se encontraran muy vinculados a sus ciudades, el talento llegaba de todo el país, aportando distintas perspectivas, experiencias y estilos musicales. Así, el músico autodidacta Hoagy Carmichael (1899–1981) era de Indiana, mientras que el letrista, cantante y compositor

Johnny Mercer (1909–1976) estaba influido por la música afronorteamericana que había escuchado durante su infancia en Savannah (Georgia).

Sin embargo, es quizá a las figuras menos conocidas a las que se debe el auténtico sonido de Tin Pan Alley. Canciones como «Some Of These Days», «Ain't She Sweet» y «My Blue Heaven» se siguen recordando mucho después de caer en el olvido sus autores, Shelton Brooks, Jack Yellen y Walter Donaldson.

La llegada de la radio y el fonógrafo (pp. 260–261) provocó la caída gradual de la venta de partituras en las décadas de 1920 y 1930, mientras que los autores de mayor talento y sofisticación de la nueva generación emigraron a Hollywood o dedicaron sus esfuerzos a los musicales de Broadway con la esperanza de ver su nombre en cartel.

Desde ese momento, las canciones populares estadounidenses procedían del teatro o la gran pantalla tanto como de los pianos de Tin Pan Alley.

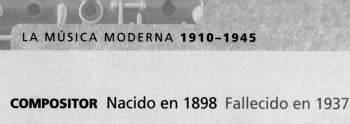

COMPOSITOR Nacido en 1898 Fallecido en 1937

George Gershwin

«**La vida** se parece **al jazz** […] es mejor cuando se **improvisa**.»

GEORGE GERSHWIN, 1929

El compositor estadounidense George Gershwin es singular por haber logrado un éxito perdurable como autor de canciones populares y compositor de obras que tienen un lugar permanente en el repertorio clásico. Su originalidad aportó a Broadway una nueva sofisticación, y su talento para la melodía atrajo a un público más amplio a las salas de concierto.

Primeras influencias

Gershwin, hijo de inmigrantes judíos rusos, se crió en el Lower East Side de Manhattan. Aunque sabía manejarse en la calle, su familia no era pobre, y escuchó a compositores como Antonín Dvořák además de jazz y canciones populares. Su talento para el piano era ya evidente a los diez años.

El compositor y pianista Charles Hambitzer se convirtió en mentor de Gershwin en 1912, familiarizándole con un amplio repertorio clásico que incluía obras de Claude Debussy y

Compositor elegante

El joven Gershwin era un hombre exitoso y popular en la escena social neoyorquina. Adicto al trabajo, a menudo tenía tres musicales en Broadway al mismo tiempo.

Autor incipiente

Gershwin publicó en 1916 su primera canción, «When You Want 'Em You Can't Get 'Em». Las ventas de la partitura le valieron al compositor de 17 años un exiguo anticipo de cinco dólares, sin derechos de autor.

Viaje a Francia
Gershwin (dcha.) observa al compositor francés Maurice Ravel al teclado. La obra clásica de Gershwin está muy influida por la música francesa contemporánea.

Maurice Ravel (pp. 204–205). Asimismo, Hambitzer no se opuso al interés de Gershwin por el ragtime y las canciones de Irving Berlin. El joven Gershwin concebía ya la idea de componer música sinfónica americana que desarrollara tales estilos populares.

A los quince años Gershwin trabajaba tocando el piano en tiendas de música para promover la venta de partituras. No tardó en vender sus propias canciones a los editores de Tin Pan Alley, núcleo de la industria de la canción de Nueva York (pp. 230–231). Su primer éxito, «Swanee», popularizado por Al Jolson, vendió más que todas sus demás canciones.

De Broadway a París
Algunos años más tarde, Gershwin empezó a colaborar con su hermano Ira como letrista para escribir una serie de musicales de Broadway en los que combinaban armonías innovadoras y ritmos sincopados de jazz con melodías pegadizas, pero nunca perdió de vista su deseo de escribir música «seria». En 1922 intentó incluir una ópera jazz de un acto, *Blue Monday*, en una revista de Broadway, pero el experimento fue abandonado tras una sola función.

En 1924 el director de orquesta de baile Paul Whiteman le encargó una pieza que salvara la brecha entre el jazz y los géneros clásicos. Así nació *Rhapsody in Blue*. En la primera interpretación de este «concierto de piano jazz» con Gershwin al teclado hubo un gran elemento de improvisación. El éxito que tuvo desde el principio *Rhapsody in Blue* animó a Gershwin a perseverar en sus ambiciones musicales.

Sin dejar de ser uno de los autores de melodías de mayor éxito de EE UU, Gershwin recibió clases de composición

---

OBRAS CLAVE

Rhapsody in Blue
Concierto para piano en fa
Three Preludes
Un americano en París
Musicales *Lady Be Good*, *Funny Face* y *Girl Crazy*
Porgy and Bess
Shall We Dance

«¿Para qué ser un **Ravel de segunda** cuando es **un Gershwin de primera?**»

MAURICE RAVEL, EN UNA CONVERSACIÓN CON GEORGE GERSHWIN, 1928

y estudió la obra de los compositores de vanguardia. Compuso el Concierto para piano en fa y *Three Preludes* sin dejar de crear musicales. En una visita a Europa en 1928 fue agasajado por la elite cultural francesa. Los conciertos de *Rhapsody in Blue* y Concierto para piano en fa arrancaron aplausos enfervorizados. Conoció a compositores como Ravel, Darius Milhaud y Francis Poulenc, que se mostraron tan deseosos de que les influyera como él de aprender de ellos. En el poema sinfónico *Un americano en París*, inspirado por el viaje, Gershwin se enfrentaba a formatos musicales de mayor escala.

Fusión de géneros
Gershwin dedicó un gran esfuerzo a la creación de *Porgy and Bess*, proyecto largamente acariciado en el que empezó a trabajar al fin en 1934. Fue el resultado de su intento de combinar jazz, melodía y la tradición clásica moderna. La obra no fue

Éxito internacional
Otto Preminger convirtió *Porgy and Bess*, que contiene las canciones «Summertime» y «It Ain't Necessarily So», en una película de fama internacional en 1959. Este es un cartel alemán de la película.

bien recibida en un principio ni por el público ni por la crítica, pero luego fue la primera obra estadounidense en ingresar en el repertorio internacional de ópera.

Gershwin no vivió para ver colmadas sus ambiciones. A partir de 1934 empezó a sufrir desvanecimientos que no se le diagnosticaron. Eran síntoma de un tumor cerebral que le causó la muerte, trágica y prematura, a los 38 años.

GEORGE (IZDA.) E IRA GERSHWIN (C. 1930)

233

Los inicios del jazz

Hacia el final del siglo XIX, en Nueva Orleans se creó la música que se conocería como «jazz», al incorporarse los ritmos africanos y caribeños a las bandas de metales y la música de baile popular. Veinte años después, esta música conquistaría el mundo.

Nueva Orleans fue donde se forjó esta música nueva y rompedora. La ciudad —controlada de manera sucesiva por Francia, España y (a partir de 1803) EE UU— tenía una población afroamericana culturalmente potente y estaba bien situada para sintetizar las tradiciones musicales de sus habitantes.

Antes de la guerra de Secesión, Nueva Orleans era la única ciudad de EE UU en la que los esclavos, incluidos los recién llegados de África o el Caribe, podían reunirse libremente. Esclavos y personas libres de color se reunían semanalmente en Congo Square y cantaban en idiomas africanos, tocaban instrumentos africanos y bailaban danzas africanas en sesiones semanales.

Un crisol

Tras la abolición de la esclavitud, los músicos afroamericanos y mulatos competían entre sí, e, inevitablemente, tocaban juntos.

En Nueva Orleans había una larga tradición de música de bandas de metales, reforzada tras la guerra de Secesión por el furor que causaron las inspiradoras piezas de John Philip

> **3** El número de pistones de una corneta. Tiene la misma altura que la trompeta moderna, y los dos términos, corneta y trompeta, fueron intercambiables a menudo en el ámbito del jazz.

Sousa, tales como «The Liberty Bell» y «Stars and Stripes Forever» (pp. 200–201). Se contrataba a bandas de marcha para todo tipo de acontecimientos públicos, incluidos los funerales.

Instrumentos ad hoc

Los músicos callejeros sin formación creaban *spasm bands* en las que tocaban cualquier cosa que pudiera servir como instrumento, como tablas de lavar, sierras, botellas o cucharas. Algunos progresaban hasta unirse a bandas de metales formales, y, a su vez, los músicos de las bandas se unían a los grupos que tocaban en las salas de baile. Para ofrecer el volumen imprescindible en lugares cerrados y atestados, las trompetas, cornetas, trombones y clarinetes, tocados sobre una sección rítmica típica de guitarra, bajo, batería y piano, sustituyeron al violín como instrumentos solistas.

Definir el jazz

Ofrecer una definición precisa de lo que es el jazz ha sido siempre un reto para músicos y aficionados por igual. En cierto modo, es más fácil hablar de los ingredientes —blues, ragtime y canciones de trabajo y espirituales— que del resultado, pero a grandes rasgos los componentes clave son el ritmo y la improvisación, con énfasis en el ejecutante como intérprete.

Se dice que el momento decisivo

Mardi Gras
Las bandas de marcha de metales de Nueva Orleans iban a desfiles de toda clase, como la fiesta anual del Mardi Gras, antes de la Cuaresma.

en la historia del jazz se produjo cuando se consideró pasada de moda la suave y sofisticada orquesta de baile dirigida desde 1893 en adelante por el multiinstrumentista criollo John Robichaux (1866–1939) a causa de los nuevos sonidos del extravagante cornetista Buddy Bolden (1877–1931), quien fundó su propia banda en 1897. Intérprete hechizante tenido por el primer trompetista de jazz —no se conservan grabaciones suyas—

ANTES

En Nueva Orleans había ya muchos músicos afroamericanos, pero el jazz solo pudo desarrollarse libremente tras el fin de la esclavitud.

BANDAS DE METALES
El primer **desfile de banda de metales** de Nueva Orleans tuvo lugar en 1787; en 1838, el diario local *Picayune* hablaba de «un auténtico furor en esta ciudad por trompas y trompetas».

TRADICIONES CLÁSICAS
En las orquestas de formación clásica que tocaban los últimos estilos europeos de baile en los salones de Nueva Orleans había muchos miembros **criollos**.

RAGTIME
Este estilo **sincopado**, derivado de tradiciones musicales africanas, acentuaba los tiempos débiles, creando así un nuevo género musical ⟨⟨ 226–227.

MÚSICO DE JAZZ (1885–1941)

JELLY ROLL MORTON

Jelly Roll Morton, conocido por haberse atribuido la invención del jazz, siempre se jactaba de sí mismo. Afirmaciones descabelladas aparte, su aportación al jazz temprano es de primer orden. Nacido en 1885 —fecha que algunos discuten—, Ferdinand Joseph La Menthe se formó tocando ragtime al piano en los burdeles de Nueva Orleans. En el año 1906, Morton recorría ya EE UU y Canadá, instruyendo a incontables bandas reclutadas in situ en los nuevos sonidos del jazz. Fue el primer gran compositor de jazz, autor de temas como «Doctor Jazz Stomp» y «Wolverine Blues», y siempre insistió en la importancia de la improvisación.

Un grande de los inicios

Joe «King» Oliver y su Creole Jazz Band tocando en San Francisco en 1921. Mentor y primer jefe de Louis Armstrong, el cornetista Oliver tuvo un éxito enorme en la década de 1920. Usó diversas sordinas —tazas, vasos, cubos— para crear un sonido propio muy imitado.

Corneta histórica
Louis Armstrong aprendió a tocar con esta ajada corneta cuando lo mandaron al reformatorio Colored Waif (c. 1913); solo cinco años después ya era un músico profesional de jazz.

DESPUÉS »

El jazz está muy vivo un siglo, o más, después de nacer. En este tiempo se ha diversificado en muchas formas.

BIG BANDS Y SWING
Al surgir las big bands hacia el final de la década de 1920, acabó la primera fase del jazz. En ellas había grandes músicos como **Bix Biederbecke**, pero prescindían de la improvisación. Las más sofisticadas bandas de swing **242–243 »** las sustituyeron a partir de la década de 1930.

JAZZ FUSION
En la segunda mitad de la década de 1960, el jazz absorbió dos nuevas influencias: el rock y la amplificación, dando lugar al jazz fusion **334–335 »**. El trompetista **Miles Davis** fue el pionero. Los grupos de rock, a su vez, incorporaron elementos del jazz.

los relatos contemporáneos alaban su sonido potente y las osadas improvisaciones de Bolden.

Mala vida e inspiración
El intento de restringir la prostitución a una sola zona de Nueva Orleans en 1897 tuvo por resultado un boyante *red-light district*, o barrio chino, llamado Storyville. El nombre se debe al concejal Sidney Story, quien limitó los burdeles a un número determinado de manzanas. En los veinte años siguientes surgieron locales tanto baratos como exclusivos que daban trabajo a muchos músicos.

Aunque se afirma a menudo que el jazz nació en Storyville, la mayoría de los burdeles preferían contratar a un pianista solista, o *professor*, en lugar de una banda. Storyville fue, más bien, la incubadora de un tipo de jazz en particular, basado en el piano, derivado del ragtime y lleno de lo que Jelly Roll Morton (quien se inició tocando el piano en los burdeles de Storyville) llamaba *Spanish tinges*, o toques españoles, refiriéndose a ritmos de habanera.

El jazz emigra
Al cerrarse los burdeles de Storyville en 1917, los músicos de jazz se marcharon a Chicago y luego a Nueva York, donde contribuyeron a poner en marcha la «era del jazz» de la década de 1920.

Nadie sabe cómo sonaban las primeras bandas de jazz porque no se conserva ninguna grabación de sus inicios. El cornetista Freddie Keppard (1890–1933), cuya banda gozó de un éxito enorme en Chicago en 1914, se negó a que les grabaran para evitar, por lo que se cuenta, que otros músicos pudieran copiar su estilo. Como resultado, la primera banda de jazz que grabó un disco —The Original Dixieland Jass Band, conformada por blancos de Nueva Orleans— lo hizo en Nueva York en 1917.

Ventas millonarias
Su disco de ventas millonarias «Livery Blues/Dixie Jass Band One-Step» movió a grabar a directores afroamericanos de bandas de Nueva Orleans como Edward «Kid» Ory (1886–1973), en California, y Joe «King» Oliver (1885–1938), en Chicago. Oliver's Creole Jazz Band grabó los primeros clásicos definitivos del jazz en 1923, antes de una separación nada amistosa. El segundo trompetista de la banda, Louis Armstrong (pp. 248–249), formó luego los grupos Hot Five y Hot Seven en Nueva York. Jelly Roll Morton estaba también en Chicago en 1923; allí alcanzó su cumbre creativa, grabando clásicos tempranos del jazz con los Red Hot Peppers en 1926.

> **1898** El año en el que se dice que Buddy Bolden grabó el primer tema de jazz en un cilindro de Edison, hoy perdido.

OBRAS CLAVE

Louis Armstrong «West End Blues»

Freddie Keppard «Stock Yards Strut»

Miff Mole And His Little Molers «Imagination»

Joe «King» Oliver «Dippermouth Blues»

Kid Ory's Sunshine Orchestra «Society Blues»

«Yo mismo **inventé el jazz** en el año **1902**.»
EL MÚSICO DE JAZZ JELLY ROLL MORTON

Nacida en 1915 Fallecida en 1959

Billie Holiday

« Sin **sentimientos**, hagas lo que hagas, no es **nada**. »

BILLIE HOLIDAY, *LADY SINGS THE BLUES* (1956)

Lady Day
En su corta vida, Billie Holiday alcanzó el éxito comercial y entre la crítica. Su capacidad para transmitir una emoción intensa y sus improvisaciones rompedoras dejaron un legado duradero que trasciende con mucho el mundo del jazz.

Reconocida como una de las mejores cantantes de jazz de todos los tiempos, Billie Holiday se abrió camino partiendo de unos inicios muy duros hasta alcanzar la fama mundial. Su vida fue una lucha constante contra una sociedad racista y misógina, y también contra sus propios demonios, que la llevaron a la adicción, pero encontró una fuente inagotable de gozo al cantar. Autora de canciones además de cantante, Holiday se hizo famosa por la profunda emoción que era capaz de transmitir en temas oscuros y conmovedores como «Strange Fruit» o «Gloomy Sunday», pero descollaba cuando se volvía ligera, alegre y creativa. Su sutileza expresiva y su don para la variación rítmica elevaron canciones de amor populares a la condición de arte.

Los detalles de los primeros años de Holiday son oscuros, pero no hay duda de que tuvo una infancia y adolescencia extremadamente difíciles. Su padre fue, probablemente, el guitarrista de jazz Clarence Halliday (o Holiday), pero no tuvo papel alguno en su crianza. Su nombre de niña fue Eleonora Fagan. Por problemas económicos, su madre, Sadie, dejó a la niña con parientes suyos en Baltimore, y fue allí donde Holiday se crió. Probablemente abusaron de ella, y es claro que hicieron poco por educarla. Como faltaba con frecuencia a clase, fue enviada por un tribunal de menores al reformatorio católico House of the Good Shepherd for Colored Girls a los nueve años. Poco después de salir abandonó la escuela. Su educación musical provino de escuchar a músicos en bares de Baltimore y los primeros discos de Louis Armstrong y Bessie Smith.

Éxito temprano

Holiday se convirtió en cantante en Harlem (Nueva York). Fue allí a vivir con su madre a los catorce años, ganándose la vida como camarera, criada y prostituta hasta que encontró empleo cantando en bares. Se cambió el nombre a Billie Holiday, combinando su apellido paterno con el nombre de la actriz de Hollywood Billie Dove. Su talento natural y el color único de su voz hicieron de ella una cantante muy solicitada en locales como Pod's y Jerry's, un bar clandestino donde se servía alcohol, prohibido entonces por la Ley seca. Allí la descubrió John Hammond, entusiasta adinerado del jazz que promovía nuevos talentos en la radio y produciendo discos. John Hammond se encargó de que Holiday hiciera sus primeras grabaciones con el clarinetista Benny Goodman, apadrinado también por Hammond. Pero el verdadero éxito de Holiday llegó cuando se unió al pianista Teddy Wilson. En sus grabaciones desde 1935 en adelante convirtieron canciones populares del momento en clásicos del jazz por medio de la originalidad del fraseo, la expresión y el ritmo.

Cantante de big band

Esta fue la era de las big bands. Gracias a su creciente reputación,

Colaboración clásica
El pianista Teddy Wilson, en un estudio de grabación en la imagen, empezó a trabajar con Holiday en la década de 1930. Juntos grabaron hitos del repertorio de Holiday como «What a Little Moonlight Can Do».

Dama protagonista

Este fotograma de un corto musical muestra a Holiday con la banda de Count Basie. Basie afirmó que trabajar con Holiday consistía en «arreglar sus canciones como ella quería» más que en tomar parte en ellas.

Holiday fue vocalista primero de la banda de Count Basie y luego de la de Artie Shaw. La segregación racial era la norma en la década de 1930, y en el sur se aplicaba a rajatabla, por lo que la aparición de Holiday con la banda de Shaw causó problemas durante las giras. Durante la estancia con los demás músicos en un hotel, por ejemplo, se le obligó a usar la entrada de los empleados, pues no se admitían clientes de color. No permaneció mucho tiempo con Basie ni con Shaw, en parte porque su singular estilo interpretativo no casaba con las necesidades de la escena de las big bands y su público popular.

Fuerza y emoción sin igual

En 1939, dio con un ambiente más acogedor en el Café Society del Greenwich Village de Nueva York, de clientela racialmente diversa frecuentado por intelectuales de izquierda. Allí incluyó en su repertorio «Strange Fruit», relato explícito muy emotivo de un linchamiento. Algunas de sus mejores canciones corresponden a este periodo, como «Fine and Mellow», tema que escribió a modo de reflexión sobre el maltrato que había sufrido por parte de los hombres a lo largo de su complicada vida amorosa. Junto con «Strange Fruit», el éxito de su grabación de «Gloomy Sunday» en 1941 —apodada «la canción del suicidio» porque se dijo que había movido a algunos a matarse— confirmó su imagen como cantante de temas trágicos y melancólicos. Holiday, sin embargo, rara vez cantaba blues, y en su repertorio lo principal siguieron siendo canciones de amor populares y estándares de jazz, ejecutados con una flexibilidad de improvisación vocal que hacía de su canto algo comparable a un solo de saxofón. Ella se consideraba como otro músico en un conjunto de jazz.

Problemas personales

A mediados de la década de 1940 Holiday era una cantante famosa con discos de éxito e ingresos elevados, pero sus problemas personales fueron en aumento a la par que su riqueza. En 1947 su adicción a la heroína la llevó a que le condenaran por posesión de drogas, y pasó casi un año en la cárcel. Al salir fue aclamada por sus admiradores, pero al tener antecedentes penales no podía trabajar en los clubs, y, por tanto, perdió gran parte de sus ingresos. Holiday pasó gran parte de la última década de su vida enferma y con problemas económicos. Su voz se deterioró y sus interpretaciones de canciones conocidas se volvieron más afectadas, aunque algunas de ellas fueron de una calidad extraordinaria. Su fragilidad subrayó la impresión de vulnerabilidad que había sido siempre uno de sus encantos. Algunos de sus amigos y colaboradores continuaron a su lado hasta el final, en particular el saxofonista Lester Young, su compañero más fiel en una larga relación platónica. Perjudicada por las drogas y el alcohol, Holiday acabó muriendo de cirrosis en un hospital de Nueva York en julio de 1959. Tenía solo 44 años.

Drama jazz

En 1946, Holiday apareció con su ídolo Louis Armstrong en la película de jazz *New Orleans*, como se ve en este cartel sueco. La película incluye sus canciones «Do You Know What It Means to Miss Nueva Orleans» y «Blues are Brewin'».

El clarinete

El clarinete es un instrumento versátil de viento-madera estimado por su timbre cálido y capacidad expresiva para estilos musicales diversos, entre ellos música clásica, jazz y klezmer. Su amplia familia abarca desde el contrabajo (el más grave) hasta el piccolo o sopranino (el más agudo).

Aunque está emparentado con instrumentos más antiguos como la *alboka* —instrumento vasco medieval de lengüeta simple—, el clarinete moderno se desarrolló a principios del siglo XVIII. El constructor de instrumentos alemán Johann Christoph Denner añadió una llave de cambio de registro al *chalumeau*, instrumento barroco de lengüeta sencilla, para inventar el clarinete. Otros constructores, entre los que destaca el clarinetista ruso Iwan Müller (1786–1854) a principios del siglo XIX, añadieron nuevas llaves, refinaron la mecánica y mejoraron las zapatillas, usando cuero y fieltro para cerrar los agujeros. Esto mejoró la entonación y flexibilidad melódica y facilitó la digitación.

El diseño de Müller siguió siendo la base del instrumento, pero fue llevado más allá por Eugène Albert (1860–1890), que dio origen al sistema Albert, o simple. Este fue adoptado por el virtuoso del siglo XIX Henry Lazarus, y lo siguen usando clarinetistas de klezmer, jazz de Nueva Orleans y folk de Europa oriental para facilitar la transición fluida entre notas. El clarinete moderno estándar procede de una disposición distinta de los agujeros y llaves llamada sistema Böhm (p. 189). Inspirado en el concepto de llaves de anillos de Theobald

Böhm para la flauta, fue patentado por el clarinetista francés Hyacinthe Klosé (1808–1880) en 1839. Este es el sistema más común tanto para el jazz como para la música clásica, salvo en Alemania y Austria, donde predomina una derivación de la década de 1880 del sistema Müller desarrollada por el clarinetista Oskar Oehler (el sistema Oehler). El sistema Böhm estándar se afina en si bemol y se usa en la mayoría de los estilos musicales. El clarinete afinado en la se usa a menudo en la música orquestal y de cámara.

Del clásico al jazz

Mozart (pp. 138–139) sentía un gusto especial por el clarinete, y compuso varias piezas para este instrumento en las décadas de 1780 y 1790. El clarinete se integró en la orquesta a principios del siglo XIX, y muchos compositores aprovecharon sus cualidades como instrumento solista en los 200 años siguientes. Los diversos clarinetes y su gama característica de sonidos, desde los graves de madera hasta los de registro alto y dulce, se mantienen como colores valiosos de la paleta orquestal. Asimismo, en el jazz el clarinete se ha asociado a Nueva Orleans, el swing y los estilos que recuperan la tradición.

MATERIALES DE CONSTRUCCIÓN

El cuerpo del clarinete se ha fabricado a partir de materiales diversos a lo largo de los años, cada uno con características propias. La madera era lo habitual en un principio, pero la humedad y la temperatura afectaban a la entonación. Los clarinetes de mayor tamaño se hacen en parte o totalmente de metal, los más baratos, de resina plástica, y los profesionales a menudo de granadillo negro africano (en la imagen), cuya escasez por sobreexplotación ha llevado a los constructores a recurrir a alternativas más ecológicas.

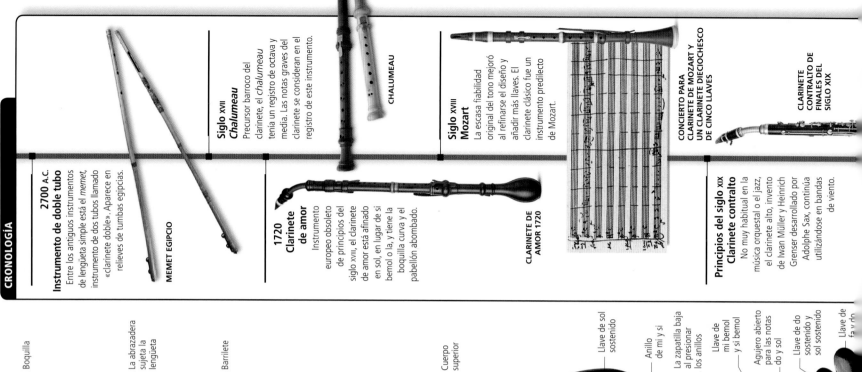

CRONOLOGÍA

2700 A.C.
Instrumento de doble tubo
Entre los antiguos instrumentos de lengüeta simple está el *memet*, instrumento de dos tubos llamado «clarinete doble». Aparece en relieves de tumbas egipcias.

MEMET EGIPCIO

Siglo XVII
Chalumeau
Precursor barroco del clarinete, el *chalumeau* tenía un registro de octava y media. Las notas graves del clarinete se consideran en el registro de este instrumento.

CHALUMEAU

1720
Clarinete de amor
Instrumento europeo obsoleto de principios del siglo XVIII, el clarinete de amor está afinado en sol, en lugar de si bemol o la, y tiene la boquilla curva y el pabellón abombado.

CLARINETE DE AMOR 1720

Siglo XVIII
Mozart
La escasa fiabilidad original del tono mejoró al refinarse el diseño y añadir más llaves. El clarinete clásico fue un instrumento predilecto de Mozart.

CONCIERTO PARA CLARINETE DE MOZART Y UN CLARINETE DIECIOCHESCO DE CINCO LLAVES

Principios del siglo XIX
Clarinete contralto
No muy habitual en la música orquestal o el jazz, el clarinete alto, invento de Iwan Müller y Heinrich Grenser desarrollado por Adolphe Sax, continúa utilizándose en bandas de viento.

CLARINETE CONTRALTO DE FINALES DEL SIGLO XIX

Boquilla

La abrazadera sujeta la lengüeta

Barrilete

Cuerpo superior

Llave de sol sostenido

Anillo de mi y si

La zapatilla baja al presionar los anillos

Llave de mi bemol y si bemol

Agujero abierto para las notas do y sol

Llave de do sostenido y sol sostenido

Llave de fa y do

Llave de cambio de registro que sube la nota una octava

Llave de la

Anillo de re y la

Llave de trino para do

Llave de trino para do y si bemol

Llave de trino para fa sostenido

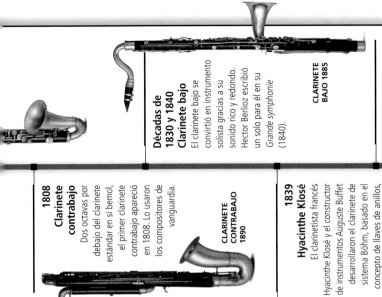

Décadas de 1830 y 1840
Clarinete bajo
El clarinete bajo se convirtió en instrumento solista gracias a su sonido rico y redondo. Hector Berlioz escribió un solo para él en su *Grande symphonie* (1840).

CLARINETE BAJO 1885

Década de 1840
Tamaño y tono
En la década de 1840, el clarinete se estandarizó en tamaño y tono. Los diversos clarinetes se unificaron, y sus agujeros se refinaron para producir notas más regulares.

Década de 1920
Arundo donax
A partir de la década de 1920, la mayoría de las lengüetas de clarinete se han hecho de la caña asiática *Arundo donax*. Hay diferentes grosores para distintos estilos y situaciones.

1808
Clarinete contrabajo
Dos octavas por debajo del clarinete estándar en si bemol, el primer clarinete contrabajo apareció en 1808. Lo usaron los compositores de vanguardia.

CLARINETE CONTRABAJO 1890

1839
Hyacinthe Klosé
El clarinetista francés Hyacinthe Klosé y el constructor de instrumentos Auguste Buffet desarrollaron el clarinete de sistema Böhm, basado en el concepto de llaves de anillos, diseño estándar hasta hoy.

Década de 1840
Sistema Albert
Aunque relativamente abandonado hoy en día, el sistema Albert, o simple, fue muy del gusto del mayor virtuoso de su tiempo, Henry Lazarus (1815–1895).

HENRY LAZARUS

Década de 1940
Jazzista virtuoso
Directores de banda populares de la era del swing como Benny Goodman y Artie Shaw también eran clarinetistas virtuosos, que inspiraron a una generación de músicos a adoptar el instrumento.

ARTIE SHAW

Llave de mi y si

Llave de fa sostenido y do sostenido

La zapatilla baja para tocar fa sostenido y do sostenido

Cuerpo inferior

Llave de mi bemol y si bemol

Anillo de si bemol y fa

Anillo de la y mi

Llave de si y fa sostenido

Anillo de sol y re

Llave de fa sostenido y do sostenido

Llave de la bemol y mi bemol

Llave de mi y si

Llave de fa y do

La zapatilla baja para tocar fa y do

Varilla en la que van montadas las llaves

Zapatilla para controlar mi y si bemol

Pabellón

BUNDY RESONITE THE SELMER COMPANY U.S.A.

> « **La belleza** del clarinete reside en su sonido dulce; **esta es su esencia** [...] »

EL CLARINETISTA Y PROFESOR FLAMENCO AMAND VANDERHAGEN (1785)

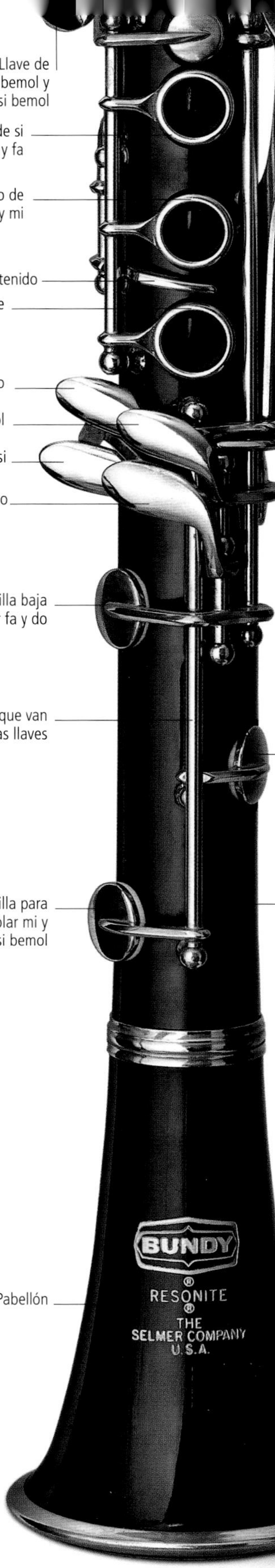

Cuerpo superior
En el cuerpo superior, la llave del medio levanta ambas zapatillas cuando se aprieta con la yema del índice de la mano izquierda. La llave de la derecha se aprieta con la parte interna del índice y solo levanta la zapatilla izquierda.

Clarinete clásico
Clarinete en la con sistema Böhm. El clarinete «estándar» está en si bemol, pero el primero se usa mucho en las orquestas por la facilidad de digitación de tonalidades con sostenidos y hay quien defiende que tiene un timbre más cálido.

Abrazadera y lengüeta
La lengüeta se sujeta a la boquilla con una abrazadera de metal, inventada por Iwan Müller para sustituir al antiguo cordel.

Cuerpo inferior
El grupo de cuatro llaves juntas en el centro del cuerpo inferior se manipula con el meñique de la mano derecha. Están conectadas a un sistema de varillas y palancas que abren y cierran zapatillas.

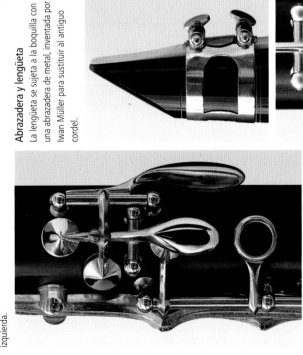

Parte posterior del clarinete
La llave de cambio de registro en forma de lágrima al dorso del cuerpo superior se manipula con el pulgar izquierdo y cambia de octava. El agujero del pulgar (abajo) permanece cerrado para la mayoría de notas en la mayoría de registros.

Haciendo música
Un hombre y un niño tocando blues en Misisipi en la década de 1930. Por entonces era una música rural y acústica que en cada zona del sur tenía su estilo propio.

El **nacimiento** del **blues**

Aunque muchas cuestiones sobre el origen del blues son un misterio, no hay duda de dónde y cuándo surgió como género musical definido: en el sur profundo de EE UU a comienzos del siglo xx.

« A N T E S

La música que se convertiría en blues incorporaba otros elementos además de los puramente afroamericanos.

DE ÁFRICA AL MISISIPI
Los **cantos de «llamada y respuesta»** de los esclavos en las plantaciones sureñas eran ecos directos de su herencia africana. Tras la **guerra de Secesión** (1861–1865), los músicos de raza negra pudieron ganarse la vida tocando para ese mismo público. Las ideas se difundieron por medio de espectáculos itinerantes de *minstrels* o vodevil.

EL VÍNCULO HAWAIANO
La técnica **slide o bottleneck** de tocar la guitarra provino de Hawái, y la popularizaron músicos hawaianos de gira.

No hay constancia de que se tocara nada que hoy se pudiera reconocer como blues durante el siglo xix. Parece haber aparecido, ya plenamente formado, poco después de 1900, entre la población afroamericana más pobre del sur de EE UU. Se trataba de una mezcla de canciones y estilos de fuentes diversas reinterpretadas haciendo hincapié en la experiencia personal descarnada. Tanto W. C. Handy (1873–1958) como Gertrude «Ma» Rainey (1886–1939), considerados «padre» y «madre» del género, afirmaron haber topado con el blues como una música desconocida para ellos mientras viajaban como músicos profesionales durante el cambio de siglo, Rainey con una *troupe*

de variedades llamada los Rabbit Foot Minstrels en Misuri in 1902, y Handy en Misisipi en 1903.

El blues del Delta
Hoy en día considerada la forma más aclamada del blues, el blues del Delta se hizo conocido a partir de c. 1900. La llanura aluvial del río Misisipi, desde Memphis hacia el sur, fue cultivada tras la abolición de la esclavitud por aparceros afronorteamericanos empleados en plantaciones propiedad de blancos, a cambio de una parte (con frecuencia minúscula) de la cosecha. Había tantos de estos *sharecroppers* trabajando en las mayores plantaciones que los músicos podían ganarse la vida tocando en

bailes de fin de semana en los bares conocidos como *juke joints*.

Para un músico de talento como Charlie Patton (1891–1934), la música ofrecía la oportunidad de escapar de una vida de trabajo agotador. Maestro de las técnicas del *bottleneck* y el *finger-picking* en la guitarra, era también un consumado *showman* con un oído infalible para el ritmo que marcaba patrones complejos con los pies, golpeando el instrumento con las manos o cantando en ráfagas de *staccato*.

No se grabó a Patton hasta 1929, pero ya en 1910 estaba tocando piezas tan características como «Pony Blues». El estilo que creó se definía por la dinámica entre canto y música, con una guitarra

MISURI

TENNESSEE

Memphis

ARKANSAS

Río Misisipi

MISISIPI

LUISIANA

Vicksburg

Nueva Orleans

Golfo de México

La difusión del blues

El delta del Misisipi —desde Memphis (Tennessee) al norte hasta Vicksburg (Misisipi) al sur—, se considera la patria del blues, que en la década de 1930 se difundió a los centros urbanos del norte.

también un puñado de formaciones regulares como los Mississippi Sheiks.

Las divas y el blues clásico

Los primeros artistas de blues que atrajeron una atención masiva, a partir de la década de 1920, no fueron campesinos pobres del delta, sino divas de renombre nacional hermosamente engalanadas como Mamie Smith (1883–1946) —su «Crazy Blues» es la primera grabación del género—, Bessie Smith (1894–1937) y Gertrude «Ma» Rainey.

Estas cantantes vendieron más que los *bluesmen* del delta y tuvieron una importancia mucho mayor a la hora de difundir el blues entre el público comprador de discos. Su llamado «blues clásico», sin embargo, suena más a jazz que a blues al oído actual, lo cual no es de extrañar, pues sus pequeños grupos de acompañamiento tenían el mismo tipo de formaciones —y a menudo también los mismos músicos, entre ellos gigantes como Louis Armstrong (pp. 248–249)— que se escuchan en las primeras grabaciones de jazz.

Músicos ciegos de blues

A medida que el blues del Delta se difundía, surgieron distintos estilos de blues en otras zonas del sur del país. Muchos de los mejores artistas eran músicos callejeros ciegos. El de mayor

MÚSICO DE BLUES (1911–1938)

ROBERT JOHNSON

Según las leyendas más famosas sobre el blues, Robert Johnson vendió su alma al diablo en un apartado cruce de carreteras de Misisipi a cambio de convertirse en el mejor *bluesman* del delta. Apenas conocido en vida, murió en 1938 con apenas 27 años, envenenado por el marido celoso de una amiga. Los puristas de la música popular que redescubrieron sus grabaciones a principios de la década de 1960 admiraron canciones aciagas como «Hellhound On My Trail». Pero Johnson no era tanto un autor como un hábil intérprete de temas ya existentes. Su técnica a la guitarra, que combinaba un constante «bajo de boogie» con el diálogo estándar de voz y guitarra en las cuerdas agudas, sirvió de referencia al blues amplificado.

éxito fue el descarnado e intenso Blind Lemon Jefferson (1883–1929), de Texas. Ya en 1926, Paramount Records vendía su música como «auténtico blues de antes por un auténtico cantante de blues de los de antes». Al morir, en 1929, Jefferson había vendido más de un millón de discos, una gran cifra para la época, y suficiente para tener empleado a su propio chófer.

Entre los contemporáneos de Jefferson se encontraron Blind Willie Johnson, guitarrista de slide con un repertorio exclusivamente religioso; el mucho más melifluo e influido por el ragtime Blind Blake, de la costa este; y el cantante y guitarrista de Georgia Blind Willie McTell, cuya carrera duró hasta la década de 1950.

OBRAS CLAVE

Bessie Smith con Louis Armstrong «St. Louis Blues»

Blind Lemon Jefferson «Matchbox Blues»

Blind Willie McTell «Statesboro Blues»

Charlie Patton «Pony Blues»

Skip James «I'm So Glad»

Robert Johnson «Cross Road Blues»

complementaria y en el mismo nivel de la voz, en vez de un mero acompañamiento. Patton vivió varios años en la Dockery Plantation, el mismo lugar donde se criaron el *bluesman* eléctrico Howlin' Wolf y Roebuck «Pops» Staples, patriarca del grupo de gospel The Staples Singers (p. 294–295).

Las canciones que tocaba Patton procedían de fuentes de todo tipo, incluidos temas del folclor irlandés y escocés e incluso números famosos de vodevil. Los músicos más memorables del delta que recogieron su testigo —entre ellos leyendas del blues como Tommy Johnson, Robert Johnson (arriba dcha.) y Skip James— crearon estilos arrebatadores y profundamente personales a partir de sus propias vivencias y preocupaciones cotidianas. Aunque por lo general grabaron como solistas, a menudo tocaban en directo con grupos para la ocasión. Había

Cosecha del algodón en Alabama

Una familia de aparceros trabajando en Alabama en 1941. La aparcería era una forma de vida precaria, pero el delta ofrecía mayores ventajas que otras zonas y atraía a inmigrantes de todo el sur.

«Tocaba con un cuchillo las **cuerdas de la guitarra** [...] la **música más rara** que había oído nunca.»

W. C. HANDY, EN SU AUTOBIOGRAFÍA *FATHER OF THE BLUES* (1941)

DESPUÉS »»

La amplificación y la emigración a ciudades del norte de EE UU influyó en el desarrollo del blues.

DECLIVE DEL BLUES RURAL

El colapso de las ventas de discos durante la Gran Depresión puso fin a muchas carreras de blues. La **amplificación** y la guitarra eléctrica, **312–313 »** sin embargo, permitieron al blues pasar de los *juke joints* del campo a los **clubs urbanos**. Beale Street, en Memphis, se convirtió en imán para músicos de blues, entre ellos B.B. King en la década de 1940. En la década de 1960 se redescubrió a músicos como Skip James y Mississippi John Hurt.

B. B. KING'S, EN BEALE STREET (MEMPHIS)

BLUES DE CHICAGO

El viaje de Misisipi a Chicago de **Muddy Waters** en 1943 encarna lo que fue la migración negra del sur rural al norte urbano. Una nueva forma de blues surgió en **Chicago 306–307 »**, de la mano de Memphis Minnie, Big Bill Broonzy y Lonnie Johnson.

Sesión de swing
Soldados con sus novias bailando en una sesión de swing en Steeplechase Park, en Coney Island (Nueva York), en 1944. El swing ayudó a mantener alta la moral de civiles y militares durante la Segunda Guerra Mundial.

« ANTES

Cuando el jazz atrajo la atención de los arreglistas en la década de 1920, nació la big band, con instrumentos de percusión, metales y viento-madera.

CONJUNTOS DE JAZZ
A mediados de la década de 1920, directores de orquesta como **Duke Ellington** y arreglistas como **Don Redman** comenzaron a arreglar música para **conjuntos de jazz** de entre 12 y 24 instrumentos. Al mismo tiempo, **conjuntos de baile** de sonido más suave incorporaron elementos de jazz a su estilo comercial. Unos y otros contribuyeron al desarrollo del swing.

PROGRAMA DE CONCIERTO

El swing

Entre 1935 y 1946, aproximadamente, una versión del jazz con arreglos muy pulidos llamada swing tuvo un éxito enorme. La música de estas big bands puso a bailar a la gente en salas de todo el país, y sus directores e instrumentistas fueron grandes superestrellas.

El swing evolucionó a partir de estilos de pequeños grupos de jazz a medida que los conjuntos crecían y una proporción mayor de su música se arreglaba en lugar de improvisarse. La improvisación, cuando la había, tendía a ser cosa de un instrumentista en particular, en lugar de la colectiva de estilos anteriores. El acompañamiento rítmico de la batería pasó de la caja a los platillos, la guitarra sustituyó al banjo, creando un acompañamiento más suave, y el contrabajo ocupó el lugar de la tuba. Esto permitió al jazz desarrollar un aire más fluido de cuatro por cuatro. Las formaciones musicales incluían por lo general de dos a cuatro trompetas, trombones y saxofones, con una sección rítmica de cuatro instrumentos.

«El ritmo incita a bailar con un impulso animado y vivaz.»
DUKE ELLINGTON DEFINIENDO EL SWING (1939)

Éxito comercial
Un momento clave en el desarrollo del swing fue cuando el director de orquesta y clarinetista Benny Goodman (arriba, dcha.) comenzó a usar arreglos comprados a Fletcher Henderson, director en la década de 1930 de una popular orquesta afronorteamericana. Esto produjo

Las baquetas de Gene Krupa
El papel estelar del explosivo percusionista Gene Krupa en «Swing Swing Swing» con la banda de Benny Goodman, constituye el primer solo largo de batería grabado y publicado comercialmente. Es un clásico de la era del swing.

DESPUÉS »

DIRECTOR DE ORQUESTA (1909–1986)

BENNY GOODMAN

El «rey del swing» Benny Goodman, director de banda de gran talento comercial, fue famoso como gran clarinetista. También fue un pionero de la integración racial en la música, al contratar a los músicos afroamericanos Teddy Wilson y Lionel Hampton en 1936. Acogió las novedades en el desarrollo de la música, empleando al prodigio de la guitarra eléctrica Charlie Christian en su sexteto en 1939–1941 y grabando con músicos de bebop en la década de 1940 (pp. 246–247). En 1949 estrenó obras clásicas para clarinete y orquesta.

una música atractiva que combinaba los ritmos vivos y bailables del jazz afronorteamericano con una sensibilidad comercial. El conjunto de Goodman no había logrado conectar del todo con un público habituado al sonido más suave de grupos como el del canadiense-estadounidense Guy Lombardo. Sin embargo, sus apariciones regulares en el programa de radio de la NBC *Let's Dance* en 1934 y 1935 llevaron a una emisión histórica desde el Palomar Ballroom de Los Ángeles en agosto de 1935 que fue muy aclamada. Este acontecimiento suele considerarse el inicio de la era del swing. En enero de 1938, Goodman dirigió a su propia orquesta y miembros de los conjuntos de Duke Ellington y Count Basie en un concierto de swing en Carnegie Hall que hizo mucho por la aceptación del jazz por el gran público.

El sonido Glenn Miller

Aunque a Goodman no tardaran en llamarle «rey del swing», hubo otros conjuntos y directores de gran personalidad. El director y trombonista Glenn Miller (1904–1944) fue el pionero de un sonido característico con clarinete solista. Su colega trombonista Tommy Dorsey (1905– 1956) forjó una personalidad musical basada en su estilo fluido al trombón y en los arreglos del trompetista y compositor de jazz Sy Oliver. Artie Shaw (1910–2004) fue un clarinetista y músico de entidad suficiente como para liderar un conjunto popular que ofreció una alternativa viable al irresistible Goodman.

Conjuntos afronorteamericanos

Aunque los conjuntos más famosos estuvieran dirigidos por blancos, los grupos afronorteamericanos de la era del swing tuvieron tanta personalidad como aquellos y fueron al menos igual de importantes históricamente: Jimmie Lunceford dirigió uno de los de mayor éxito de la época; Count Basie tenía un

Nuevos ritmos

La inclusión del contrabajo en la sección rítmica en la década de 1920 resultó en un estilo de bajo *walking* de cuatro por cuatro en lugar del *stomp* en dos por cuatro del jazz anterior.

estilo más suelto basado en *riffs* (frases recurrentes) de una afinidad profunda con el blues; y las composiciones y arreglos de primer orden de Duke Ellington le situaron a él y su producción en un lugar aparte del swing convencional.

Ejecutantes virtuosos

Del seno de las big bands salieron muchos héroes musicales que atrajeron a seguidores propios. Entre las figuras notables están el batería Gene Krupa (con Benny Goodman), conocido por su explosivo estilo; el trompetista Harry James (también con Goodman), famoso por su sonido metálico y su aspecto de galán de matiné; y el saxofonista alto Johnny Hodges (con Duke Ellington), con sus transiciones fluidas entre notas, estilo conocido como *portamento*.

Otros músicos relevantes que dejaron su sello en la era del swing sin estar vinculados a conjuntos de renombre

Pillar el swing

Se dice que la música tiene *swing* («balanceo») si se toca con una sensación subyacente de tresillos (grupo de tres notas tocadas en el tiempo correspondiente a dos del mismo valor).

Tresillo 3 corcheas valen un pulso (negra)

4 pulsos por compás

La negra vale un pulso

Ligadura tocar 2 notas como una formada por sus valores combinados

fueron los pianistas-cantantes Fats Waller (p. 227) y Nat «King» Cole, el guitarrista Django Reinhardt (p. 277), el pianista Art Tatum y el saxofonista tenor Coleman Hawkins.

La difusión del swing

Las orquestas de baile europeas pronto incorporaron el swing a su repertorio, y su popularidad se propagó por el continente, teniendo incluso un papel relevante en elevar la moral durante la Segunda Guerra Mundial (1939–1945). Pero en último término, la entrada de EE UU en el conflicto en 1941 tuvo un impacto negativo para las big bands, al ser llamados los músicos a filas. Glenn Miller falleció cuando desapareció su avión de camino a Francia para tocar para las tropas. Numerosas big bands desaparecieron a mediados de la década de 1940, y solo unas pocas (destacan las de Ellington y Basie) volvieron a reunirse tras la guerra. El auge del cantante como celebridad, ejemplificado por el éxito del que fuera cantante de la banda de Tommy Dorsey, Frank Sinatra (pp. 288–289), anunciaba la popularidad de la música pop de orientación swing, pero marcó el fin del reinado de la big band.

Sonido característico

The Count Basie Orchestra fue famosa por su swing poderoso de aire blues y sus *head arrangements*, riffs y patrones creados por la banda al tocar en lugar de dictados por la pluma del arreglista.

Los conjuntos pequeños y de estilo mainstream mantuvieron los valores musicales del swing.

NUEVAS TENDENCIAS

Tras la era del swing, las big bands ya no se sintieron obligadas a ofrecer música de baile. **Stan Kenton** y **Boyd Raeburn** optaron por una dirección progresiva, mientras que **Duke Ellington** creó varias obras maestras largas para orquesta de jazz.

Bandas como **The Count Basie Orchestra** mantuvieron el swing, y los grupos ofrecieron una versión ultrabailable del mismo llamada **jump**. Los solistas atraídos por la improvisación de estilo swing crearon un estilo melódico llamado mainstream, del que es ejemplo el saxofonista **Scott Hamilton**.

OBRAS CLAVE

Count Basie «One O'Clock Jump»

Benny Goodman y su orquesta *Live at Carnegie Hall*

Glenn Miller y su orquesta «In the Mood»

Artie Shaw y su orquesta «Stardust»

Duke Ellington y su orquesta «Take the 'A' Train»

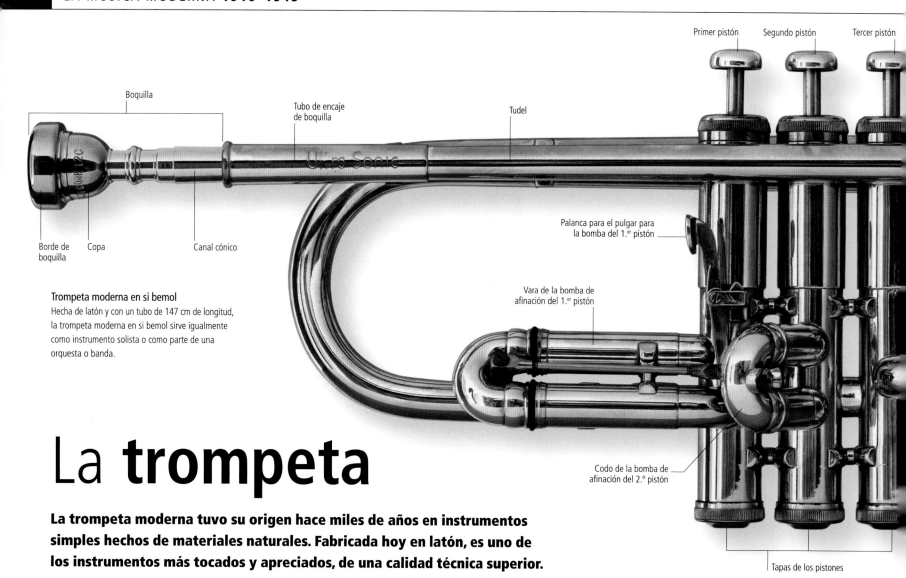

Primer pistón · Segundo pistón · Tercer pistón

Boquilla

Tubo de encaje de boquilla

Tudel

Palanca para el pulgar para la bomba del 1.er pistón

Borde de boquilla · Copa · Canal cónico

Vara de la bomba de afinación del 1.er pistón

Trompeta moderna en si bemol
Hecha de latón y con un tubo de 147 cm de longitud, la trompeta moderna en si bemol sirve igualmente como instrumento solista o como parte de una orquesta o banda.

Codo de la bomba de afinación del 2.º pistón

La **trompeta**

Tapas de los pistones

La trompeta moderna tuvo su origen hace miles de años en instrumentos simples hechos de materiales naturales. Fabricada hoy en latón, es uno de los instrumentos más tocados y apreciados, de una calidad técnica superior.

La trompeta es un instrumento polivalente, económico, portátil y accesible; funciona ya sea en el grito de un solo de jazz o cumpliendo con su papel en la orquesta. Las primeras fueron simples tubos de madera, barro, concha o hueso. Presentes en las sociedades primitivas de todos los continentes, se usaron para comunicarse y en rituales y ceremonias.

Las civilizaciones antiguas de Asiria, Egipto, Grecia y Roma desarrollaron trompetas de metal, más duraderas y de volumen mayor. A partir de la Edad Media, en Europa las trompetas rectas fueron la norma, y se establecieron sus vínculos aún vigentes con la milicia y las celebraciones públicas.

Transformar el sonido
Las notas disponibles en la trompeta dependen de la longitud del tubo y de la presión del aire que se aplica en la boquilla. Como resultado, en los últimos tres siglos

se han realizado muchos experimentos para prolongar la longitud básica del tubo y sus vueltas. La solución de mayor éxito —el pistón— cambió la suerte del instrumento en el siglo XIX, facilitando la ejecución de pasajes rápidos y melodías de amplio espectro, lo que permitía un virtuosismo técnico extremo. Los tramos de tubo añadidos pueden afinarse aún más ajustando las bombas. El resultado de estas innovaciones es una de las creaciones más estimadas del mundo de la música.

CRONOLOGÍA

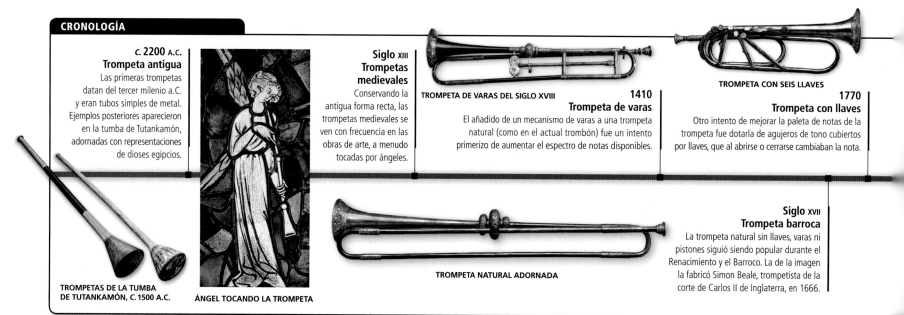

c. 2200 A.C.
Trompeta antigua
Las primeras trompetas datan del tercer milenio a.C. y eran tubos simples de metal. Ejemplos posteriores aparecieron en la tumba de Tutankamón, adornadas con representaciones de dioses egipcios.

Siglo XIII
Trompetas medievales
Conservando la antigua forma recta, las trompetas medievales se ven con frecuencia en las obras de arte, a menudo tocadas por ángeles.

TROMPETA DE VARAS DEL SIGLO XVIII

1410
Trompeta de varas
El añadido de un mecanismo de varas a una trompeta natural (como en el actual trombón) fue un intento primerizo de aumentar el espectro de notas disponibles.

TROMPETA CON SEIS LLAVES

1770
Trompeta con llaves
Otro intento de mejorar la paleta de notas de la trompeta fue dotarla de agujeros de tono cubiertos por llaves, que al abrirse o cerrarse cambiaban la nota.

Siglo XVII
Trompeta barroca
La trompeta natural sin llaves, varas ni pistones siguió siendo popular durante el Renacimiento y el Barroco. La de la imagen la fabricó Simon Beale, trompetista de la corte de Carlos II de Inglaterra, en 1666.

TROMPETA NATURAL ADORNADA

TROMPETAS DE LA TUMBA DE TUTANKAMÓN, C. 1500 A.C.

ÁNGEL TOCANDO LA TROMPETA

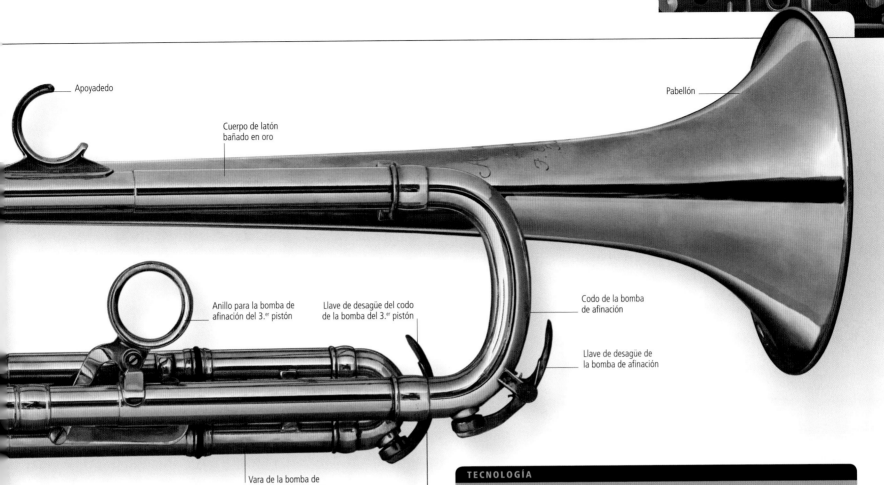

Apoyadedo

Cuerpo de latón
bañado en oro

Pabellón

Anillo para la bomba de
afinación del 3.er pistón

Llave de desagüe del codo
de la bomba del 3.er pistón

Codo de la bomba
de afinación

Llave de desagüe de
la bomba de afinación

Vara de la bomba de
afinación del 3.er pistón

Pistones
La mayoría de las
trompetas tienen tres
pistones, o válvulas, que
pueden pulsarse de uno
en uno o en cualquier
combinación para acceder
a toda una gama de
tonos nuevos.

TECNOLOGÍA

MECANISMO DE PISTONES O PERINET

Cuando no se pulsa un pistón, el aire que se sopla por la trompeta pasa directamente por el tubo principal del instrumento. Al presionar el pistón con el dedo, los agujeros del pistón se alinean con los agujeros de la camisa, desviando el aire por un tramo de tubo extra. Esto prolonga la longitud total del tubo, con lo que se consiguen nuevos tonos. Un muelle hace volver al pistón a su posición normal de reposo.

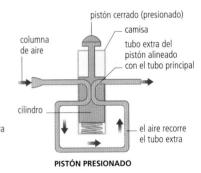

pistón abierto
(no presionado)

columna
de aire

tubo extra
sin usar

cilindro

camisa

muelle

tubo extra

PISTÓN NO PRESIONADO

pistón cerrado (presionado)

camisa

tubo extra del
pistón alineado
con el tubo principal

columna
de aire

cilindro

el aire recorre
el tubo extra

PISTÓN PRESIONADO

1796
Pieza predilecta
El Concierto para trompeta de Joseph Haydn, compuesto en 1796 para su amigo Anton Weidinger, sigue siendo una de las obras más populares del repertorio para trompeta.

JOSEPH HAYDN

Siglo xix
Trompeta de pistones en si bemol
El tipo de trompeta más habitual hoy es la moderna de pistones en si bemol. Desde el desarrollo de los pistones en el siglo xix, las trompetas de tres pistones han sido el modelo estándar.

Siglo xx
Invento híbrido
Creación de principios del siglo xx, el *jazzophone* fue un instrumento de viento-metal en forma de saxofón pero con boquilla de trompeta.

JAZZOPHONE

1926–1991
Miles Davis
El trompetista estadounidense Miles Davis amplió los límites del jazz y del propio instrumento. Lo amplificó y apuntó el pabellón hacia abajo para experimentar con el sonido.

EL ÁLBUM DE MILES DAVIS *KIND OF BLUE*

Siglo xviii
Trompeta tibetana
Este *rkang-gling* es una trompeta adornada del siglo xviii de un tipo que se remonta al Tíbet del siglo ix. Solía hacerse con un fémur humano y usarse en rituales budistas.

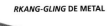

***RKANG-GLING* DE METAL**

c. 1890
Trompeta piccolo
La trompeta piccolo, afinada una octava por encima que la estándar en si bemol, es útil para tocar pasajes agudos, sobre todo en el jazz y la música barroca.

TROMPETA DE SONIDO AGUDO

Del *bopping* al bebop

Esta es la portada de un arreglo para piano de uno de los himnos memorables del trompetista Dizzy Gillespie, «Oop Bop Sh-Bam». Gillespie puso una cara divertida a la nueva música.

« ANTES

Entre los estilos de jazz que influyeron en la creación del bebop están el dixieland, el jazz de Chicago y el swing.

PRIMER JAZZ Y SWING

La década de 1920 estuvo dominada por los estilos en los que predominaba el banjo **dixieland**, el jazz de **Nueva Orleans ‹‹ 234–235**, y el de **Chicago**; la década de 1930 y principios de la de 1940, por el swing de las **big bands ‹‹ 242–243**, que hacía hincapié en los ritmos bailables.

Después de la Segunda Guerra Mundial, la mayoría de las big bands se disgregaron y su lugar fue ocupado por conjuntos más pequeños. La destreza instrumental y el enfoque **armónico** y **melódico** de los músicos de swing influyeron en los artífices del bebop.

BANJO DEL MÚSICO DE JAZZ JOHNNY ST. CYR

OBRAS CLAVE

Dizzy Gillespie Quintet «Shaw 'Nuff»
Dizzy Gillespie Sextet «Groovin' High»
Charlie Parker's Reboppers «Koko»
Charlie Parker Quintet «Embraceable You»
Bud Powell Trio «Indiana»
Thelonious Monk «Misterioso»

El jazz se vuelve bebop

El bebop fue un nuevo y fascinante estilo de jazz que surgió a mediados de la década de 1940 en Nueva York. Esta música llamativa introdujo y popularizó diversas innovaciones armónicas, melódicas y rítmicas, y sigue siendo el fundamento de lo que suele llamarse «jazz moderno».

El bebop, antes llamado rebop y luego simplemente bop, fue el nombre onomatopéyico dado al jazz que surgió en la ciudad de Nueva York a mediados de la década de 1940, al imitar los cantantes en scat figuras de dos notas de los instrumentistas con las sílabas «re-bop» y «be-bop».

A oídos del público comprador de discos, el bebop pareció algo surgido de la nada. De hecho, había evolucionado en las *jams* y sesiones a altas horas en clubes neoyorquinos como Minton's, en West 118th Street, donde tocaban músicos jóvenes como Dizzy Gillespie, el pianista Thelonious Monk, el saxofonista alto Charlie «Bird» Parker (p. siguiente) y los baterías Kenny Clarke y Max Roach.

Nueva complejidad

Fue en estas sesiones en las que circularon entre los músicos conceptos armónicos que involucraban acordes alterados, sustituciones de acordes y la rearmonización de estándares. Las improvisaciones presentaban síncopas complejas e intrincadas, en las que los acentos caen en lugares inesperados, y pasajes de semicorcheas al doble de velocidad *(double-time)*, comparado con estilos de jazz anteriores. Los músicos con un enfoque más tradicional quedaron desconcertados y excluidos del fenómeno, y de eso se trataba.

Aunque el público fanático del jazz de Nueva York había escuchado el primer bebop en los clubes de 52nd Street,

Jam sessions

El bebop surgió de sesiones en clubes nocturnos como el Minton's Playhouse de Nueva York. En esta imagen de *c.* 1947, de izda. a dcha., Thelonious Monk, Howard McGhee, Roy Eldridge y Teddy Hill.

como el Three Deuces y el Spotlite, una huelga de dos años del sindicato de músicos iniciada en 1942 tuvo como consecuencia que cuando salieron al fin al mercado los discos de la nueva música en 1944–1945, sacudieron al mundillo de los aficionados como un relámpago.

Reacción de la vieja escuela

Las grabaciones del quinteto de Gillespie y Parker fueron la referencia. A algunos músicos les impactó lo deslumbrante de la música, pero otros desconfiaron. Louis Armstrong (pp. 248–249), héroe del jazz de un estilo anterior, calificó al bebop de «música china».

Entre los que asumieron el reto que planteaba el bebop y se convirtieron en figuras importantes en el desarrollo del jazz moderno de la década de 1940 estuvieron el pianista Bud Powell, los saxofonistas tenores Dexter Gordon y Stan Getz, y el batería Art Blakey.

Estilo musical

El quinteto (trompeta y saxofón más una sección rítmica de piano, contrabajo y batería) no tardó en establecerse como la formación por defecto del bebop. Lo acostumbrado era que la trompeta y el saxofón tocaran al unísono o a dos voces la melodía o tema, seguidos por improvisaciones melódicas individuales y una vuelta al tema para cerrar.

Aunque basándose a menudo en la secuencia armónica de un estándar conocido —entre los favoritos estaban «I Got Rhythm» de George Gershwin, «Honeysuckle Rose» de Fats Waller y el blues de doce compases—, los temas del bebop incluían melodías angulosas,

34 La edad a la que murió el músico pionero del bebop Charlie Parker.

ingeniosas e impredecibles de corcheas y acordes elaborados abiertos en forma de arpegio o con armonías extra añadidas.

Un sonido característico del bebop procede del empleo constante del intervalo de quinta disminuida, un sonido moderadamente disonante que aporta a la música un aire de peligro juguetón. Esto se puede

apreciar, entre muchos otros ejemplos, en la introducción del deslumbrante álbum de Gillespie y Parker de 1945 *Shaw 'Nuff*. Otra diferencia entre el bebop y el jazz anterior era la función rítmica de los instrumentos. Mientras el contrabajo mantiene un pulso regular de cuatro cuartos, el piano y el bombo y la caja de la batería eran libres de acentuar de manera espontánea y sincopada. Esto redundaba en un diálogo propulsor y

70 Número de obras del pianista de jazz Thelonious Monk.

fluido entre la sección rítmica y el solista, lo cual podía inspirar a un ejecutante seguro de sí y también ofrecer una experiencia rítmica más compleja al oyente atento. Las melodías nada tarareables del bebop y su enfoque rítmico idiosincrático eran el anuncio de un jazz sin lugar para coros del público y que no servía para bailar. Era jazz para escuchar, para dejarse llevar y encantar por él. Era el jazz como arte.

Atractivo intelectual

Pese a la simpatía de Gillespie, un breve revuelo de interés comercial y una moda asociada de boinas, gafas de concha y perillas, el bebop nunca gozó de popularidad. Su elitismo y exclusividad atrajeron a los músicos de jazz ambiciosos y capaces y a la intelectualidad bohemia más que al gran público. Más aún, la vinculación del bebop con el nacimiento del «jazz moderno» tuvo generalmente como resultado una abierta actitud hostil por parte de los fans de los estilos de jazz anteriores.

> « El bebop es una **rebelión** [...] contra la música comercial **en general**.»
>
> ROSS RUSSELL, CRÍTICO, 1948

Charles

Tom-tom

Platillo ride

Caja

Bombo

Batería de la década de 1940

En el bebop, el ritmo regular lo marcaban los platillos, mientras la caja y el bombo eran libres de soltar «bombas», o énfasis rítmicos espontáneos.

Tom-tom base o de piso

Aunque los rasgos más extremos del bebop se difuminaron con la llegada de la década de 1950, el núcleo de sus valores se mantuvo en la base del jazz moderno en la década siguiente y más allá. Era aún bop, con otro envoltorio.

COOL JAZZ

El cool jazz, un estilo más ligero de bebop, surgió en la **Costa Oeste de EE UU** en la primera mitad de la década de 1950. Hacía hincapié en el contrapunto y a veces en las armonías, como es el caso de **Miles Davis Nonet, el Gerry Mulligan/Chet Baker Quartet** con Chet Baker y el Modern Jazz Quartet.

HARD BOP

El hard bop, una derivación enérgica del bebop, presentaba temas explosivos influidos por el **blues** con mucha **improvisación**, y tuvo su auge entre mediados de la década de 1950 y principios de la de 1960. Exponentes clave fueron el saxofonista **Cannonball Adderley** y el batería Art Blakey y su grupo **Jazz Messengers**.

CHARLIE PARKER

Charlie Parker, uno de los improvisadores más prodigiosos e icónicos del jazz, nacido en Kansas City, tocó una música llena de formas inesperadas modernas, profundo swing y una gran afinidad con el blues.

«Era un genio», dijo de él su colega Dizzy Gillespie. Su virtuosismo era tan persuasivo y sorprendente que influyó a la mayoría de los músicos de jazz de su tiempo. Por desgracia, también fue imitado su consumo de heroína, lo cual truncó muchas carreras y causó muertes prematuras. El propio Parker murió a los 34 años, víctima de sus tendencias autodestructivas.

Nacido en 1901 Fallecido en 1971

Louis Armstrong

«Es **nuestro padre**, sin importar el estilo o lo **modernos que seamos**.»

NICHOLAS PAYTON, TROMPETISTA DE JAZZ

El trompetista y cantante Louis Armstrong, apodado «Satchmo», suele ser considerado el hombre que transformó el jazz como tradición popular en una forma musical sofisticada centrada en la improvisación solista. Instrumentista de talento supremo y gran innovador en la década de 1920, disfrutó de una duradera carrera como embajador del jazz y celebridad adorada.

Calles de Nueva Orleans

Se crió en Nueva Orleans, patria del jazz (pp. 234–235). Hijo ilegítimo de un fogonero y una lavandera, Armstrong tuvo una infancia pobre. A partir de los cinco años vivió con su madre en el barrio chino de la ciudad, donde ella trabajaba a veces como prostituta. Fue escuchando a bandas en este barrio de mala fama como Armstrong recibió su primera formación musical. A los doce años fue enviado al reformatorio Colored Waifs' Home por disparar una pistola con balas de fogueo en la calle. En esta rígida institución aprendió a tocar la corneta. Al salir, pasó cuatro años de trabajo cargando carbón antes de que surgiera la oportunidad de convertirse en músico profesional.

Armstrong tocó la corneta con una serie de bandas de Nueva Orleans en los años inmediatamente posteriores a la Primera Guerra Mundial, en clubs, cabarets y barcos de vapor que navegaban por el Misisipi. No tardó en ganarse una reputación como músico excepcionalmente prometedor.

Camino al norte

La población afronorteamericana, en esta época, emigraba en masa a ciudades del norte como Chicago y Nueva York, llevando consigo su música. En 1922, el cornetista y héroe de Armstrong Joe «King» Oliver obtuvo un contrato de dos años para tocar en Lincoln Gardens, en Chicago. Oliver quiso que Armstrong ingresara en su Creole Jazz Band. Su papel era el de segundo cornetista, lo cual resultaba a menudo incómodo, pues tocaba con más potencia y mayor destreza técnica que el líder, Oliver. Armstrong inició una relación con la pianista de la banda, Lil Hardin, con la que se casó en 1924. Hardin,

Un gran artista
Su popularidad se debió tanto a su simpatía como a su calidad como músico. Se movía sin esfuerzo entre el papel de trompetista de jazz y el de artista para el gran público.

OBRAS CLAVE

Hot Five «Hotter Than That»

With Earl Hines «Weather Bird»

Louis Armstrong y su orquesta «Star Dust»

Con Ella Fitzgerald «Stompin' at the Savoy»

Louis Armstrong «What a Wonderful World»

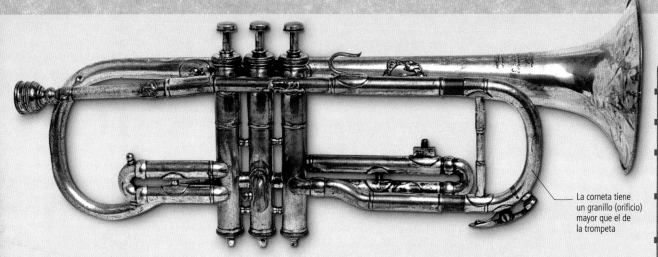

La corneta tiene un granillo (orificio) mayor que el de la trompeta

- **4 de agosto de 1901** Nace en Nueva Orleans (Luisiana).
- **Noviembre de 1918** Se convierte en músico profesional con bandas de Nueva Orleans.
- **Agosto de 1922** Se muda a Chicago para unirse a la Creole Jazz Band, con la que realiza su primera grabación al año siguiente.
- **Mayo de 1924** Se incorpora a la banda de Fletcher Henderson de Nueva York, cambiándose a la trompeta.
- **12 de noviembre de 1925** Primera grabación como líder de los Hot Five; «Heebie Jeebies» constituye una novedad por su técnica de canto scat.
- **7–14 de mayo de 1927** Grabaciones clásicas como líder de los Hot Seven, con obras maestras como «Potato Head Blues».
- **Junio de 1928** Graba con unos renovados Hot Five, con el pianista Earl Hines; las grabaciones incluyen una famosa versión de «West End Blues».
- **1929** Se le reconoce como cantante popular con «Ain't Misbehavin», del musical de Broadway *Hot Chocolates*.
- **1930** Se muda a Los Ángeles, donde toca en el New Cotton Club.
- **1931** Empieza a grabar canciones populares como «Body and Soul» y «The Peanut Vendor» («El manisero»).
- **1932** Va a tocar a Inglaterra.
- **1933–1934** Visita Europa de gira. Recibe el apodo de «Satchmo».
- **1935** Joe Glaser se convierte en su manager. Asume el liderazgo de la banda de Luis Russell.
- **1937** Se convierte en el primer afronorteamericano que dirige un programa nacional de radio.
- **1943** Se establece en Queens (Nueva York), con su cuarta esposa, Lucille Wilson.
- **1947** Cambia al formato de banda pequeña, que le llevará a fundar la Louis Armstrong All Stars.
- **21 de febrero de 1949** Es el primer músico de jazz que aparece en la portada de la revista *Time*.
- **1956** Toca en Ghana, recién independizada.
- **1957** Se estrena el documental *Satchmo the Great*.
- **1957** Abandona una gira por Rusia organizada por el gobierno en protesta por el racismo en el sur de EE UU.

Primeras notas a la corneta

Hoy en el Smithsonian's National Museum of American History de Washington D.C., esta corneta perteneció a Peter Davis, maestro de Armstrong. Se cree que Armstrong recibió clases con ella.

al contrario que el tranquilo Satchmo, era muy ambiciosa, y le motivó a ir más allá de un papel subordinado.

Los Hot Five

Los discos de jazz eran un negocio floreciente en la década de 1920. En 1925, Armstrong grabó una serie de discos extraordinarios con la cantante Bessie Smith. Luego formó su propia banda, los Hot Five, para una serie de sesiones de grabación. A lo largo de los tres años siguientes, los Hot Five y la más numerosa Hot Seven, ofrecieron actuaciones que redefinieron el jazz. Satchmo se sirvió de la banda para mostrar su talento como improvisador individual. En grabaciones como el clásico de 1927 «Potato Head Blues», el solo de trompeta de Armstrong interpreta libremente la progresión de acordes subyacente de la canción, en lugar de limitarse a embellecer la melodía. Su manera de tocar era de una sutileza rítmica y expresividad extraordinarias. Armstrong abrió un nuevo y emocionante camino que los músicos de jazz seguirían durante las cuatro décadas siguientes.

Además de su protagonismo a la trompeta, Armstrong reinventó el papel de la voz en el jazz. No fue, ni mucho menos, el primero en cantar sílabas sin sentido en scat, pero sí asentó esta técnica de canto como un elemento central de la improvisación en el jazz. Su expresivo y característico estilo vocal también influyó profundamente en la canción popular, con Bing Crosby, en particular, aprendiendo de su ejemplo.

Fue característica de Armstrong su facilidad para combinar el jazz con la música para el gran público. Se adaptó con facilidad al swing de las big bands (pp. 242– 243) predominante en EE UU durante las décadas de 1930 y 1940, disfrutando de mostrar su virtuosismo a la trompeta en variaciones sin fin sobre la misma colección de temas y grabando discos de éxito como cantante popular.

Cuando Armstrong volvió a tocar en un pequeño combo, fundando su All Stars en 1947, la iniciativa fue muy bien recibida por los aficionados al jazz. Con una serie de grabaciones estelares, los All Stars demostraron que el jazz tradicional de Nueva Orleans podía seguir siendo una forma viva

Creole Jazz Band
Armstrong con la Creole Jazz Band de Joe «King» Oliver, una de las formaciones más destacadas de la década de 1920. Consideraba a Oliver —a la corneta, en el centro de la imagen— como su mentor. La pianista es Lil Hardin, segunda esposa de Armstrong.

y creativa en la edad del bebop y la modernidad.

All Stars de gira

Armstrong fue una figura muy popular entre los estadounidenses blancos. El gobierno patrocinó giras de los All Stars en el extranjero como publicidad del «American way of life». Al agudizarse la confrontación por los derechos civiles de los afroamericanos en la década de 1950, fue acusado por algunos de ellos de ser un «tío Tom», término tomado de *La cabaña del tío Tom* que se aplicaba a los negros acusados de colaborar con el poder blanco. Aunque dejó clara su oposición al racismo y lo condenó rotundamente, Armstrong no podía ser una figura beligerante. La popular canción «What a Wonderful World», que grabó hacia el final de su vida, expresaba la actitud amable y optimista que estuvo presente en su música de principio a fin.

Un legado maravilloso

En 1968 se publicó un álbum con la canción «What a Wonderful World». El *single* de mayor venta en RU no fue famoso en EE UU hasta después de la muerte de Armstrong.

CANCIÓN DE ÉXITO DE ARMSTRONG EN EL CINE

- **1964** Graba «Hello, Dolly!», un gran éxito.
- **1967** Graba «What a Wonderful World».
- **6 de julio de 1971** Muere de un ataque al corazón en Nueva York.

LOUIS ARMSTRONG
WHAT A WONDERFUL WORLD

«No puedes **tocar** nada a la **trompeta** que no haya tocado Louis.»

MILES DAVIS EN UNA ENTREVISTA, 1958

Ritmos latinos

Gran parte de la música de América del Sur, América Central y el Caribe tiene sus raíces en el baile, pero son quizá los múltiples ritmos que evolucionaron en la isla de Cuba antes de la revolución los que han tenido la mayor influencia en estilos de baile de todo el mundo.

Mucho antes de que Fidel Castro y el Che Guevara introdujeran el comunismo en Cuba, el mundo musical conocía la isla gracias, en parte, al éxito de 1930 «El manisero». Por entonces, el éxito se medía por la venta de partituras, y esta canción, del director de orquesta Moisés Simons, vendió más de un millón de copias. El ritmo de la canción era de son, la fuente de muchos estilos de baile cubanos.

Nace el son

Los colonos españoles llevaron consigo a Cuba la canción popular y más tarde el flamenco (pp. 178–179); la guitarra, por su parte, no tardó en convertirse en un instrumento común entre los músicos de provincias. En la de Oriente, la influencia hispánica se combinó con ritmos y percusión africanos para producir el son, que luego emigró hasta la capital, La Habana, a principios del siglo xx.

≪ ANTES

Los ritmos populares de América Latina y muchas de las formas musicales híbridas surgidas a lo largo del siglo xix, como el tango argentino y el son cubano, tienen orígenes tanto africanos como españoles.

RAÍCES DE LOS RITMOS
Los estilos de baile del danzón, la rumba, el mambo y la salsa tienen sus orígenes en África occidental. El patrón de cinco golpes de la música de baile latina, la clave, está presente en la **música subsahariana** y es el elemento cohesionador del ritmo en ambas tradiciones musicales.

ISLA DE ESCLAVOS
La importancia de Cuba en el mundo de la música latina de baile es el resultado directo de la llegada de muchos esclavos a la isla, a menudo pasando por terceros países, desde África. El baile evolucionó como desahogo social para esclavos oprimidos, así como en el teatro musical.

CONGA AFRICANA

Los primeros conjuntos de son variaban en su composición instrumental, pero solían constar de guitarra, tres (una guitarra con sus seis cuerdas dispuestas en tres pares), bongós, maracas, claves y una marímbula (un cajón con lengüetas que se pulsan) o botija, luego sustituida por el contrabajo. Entre los primeros artistas estuvieron el Cuarteto Oriental, que grabó por primera vez en 1917, e Isaac Oviedo, tresero autodidacta que contribuyó a situar al tres en el centro del sonido del son.

Cuando llegó la radio a La Habana en la década de 1920, el son despegó coincidiendo con la llegada de muchos estadounidenses, consecuencia de la Ley seca en EE UU. Los mejores grupos empezaron a hacer giras en el extranjero, y la primera versión de «El manisero», la de Rita Montaner en 1928, seguida por la grabación realizada por el director de orquesta Don Azpiazu en 1930 en Nueva York, convirtieron el son en la música del momento.

Bailando a sones diferentes

La flexibilidad del ritmo del son tuvo como consecuencia que influyera en otros estilos cubanos, como el danzón. Este baile se desarrolló a finales del siglo xix a partir de la contradanza, con origen, a su vez, en la *contredanse*, introducida por colonos franceses a finales del siglo xviii y ejecutada por parejas en fila o en cuadrado. El danzón

fue uno de los primeros estilos de baile cubanos en los que hombre y mujer se encaraban, y su ritmo lento favorecía la proximidad y los movimientos sensuales. Pero en vez de desplazarse mucho, los danzantes se limitaban a un espacio pequeño, un rasgo que han conservado la salsa y otros bailes latinos posteriores. Entre las primeras estrellas del danzón estuvieron el clarinetista y compositor José Urfé (1879–1957), quien lo combinó con el son en su danza del año 1910 «El bombín de Barretto» (en referencia al sombrero de un amigo), y el pianista y compositor Antonio María Romeu

Ritmo de rumba

Rumba es un término genérico para una familia de ritmos de percusión en compases de 2/4 o 4/4. Son patrones sincopados que acentúan el tiempo débil. Las ligaduras sostienen la nota durante el tiempo fuerte, saltándoselo.

Sensualidad en La Habana

Zulema, bailarina cubana de rumba, con una banda en el Zombie Club de la calle Zulueta, en febrero de 1946. En los años posteriores a la Primera Guerra Mundial hubo una explosión del turismo y la vida nocturna en Cuba.

(1876–1955), quien, en el mismo año, formó una orquesta de danzón con influencia de son. Romeu continuaba tocando danzón a principios de la década de 1950, cuando el violinista cubano Enrique Jorrín, que formaba parte de la Orquesta América, tomó el estilo y lo convirtió en el chachachá, nombre inspirado en su propio ritmo. Este baile llegó pronto a EE UU, donde provocó una auténtica fiebre y no tardó en establecerse en el repertorio de los salones de baile.

Raíces cubanas

Cuando «El manisero» salió como disco, la discográfica lo llamó «rumba», nombre que en EE UU hizo fortuna como genérico para los bailes de estilo cubano de ritmo rápido que subyugaron al país a principios de la década de 1930. De hecho, rumba (con el sentido de «fiesta» en el español de Cuba) era el nombre de un baile popular cubano desde finales del siglo xix.

Otra fiebre se desató a finales de la década de 1930, cuando una banda de danzón de La Habana, Arcaño y sus Maravillas, en la que tocaba Orestes López (1908–1991), empezó a invitar a las parejas a improvisar durante los ensayos. Al estilo resultante se le llamó danzón mambo, en referencia a la canción «Mambo», compuesta por Orestes y su hermano Cachao en 1938.

El músico cubano Pérez Prado (1916–1989), quien se trasladó a México en 1948 y comenzó a grabar para el sello RCA, se apropió del estilo. En 1949 lanzó su «Qué rico mambo» y «Mambo

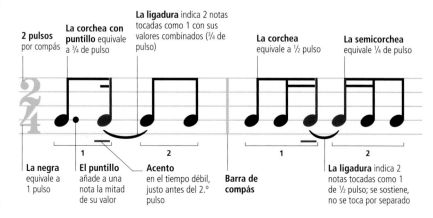

2 pulsos por compás

La corchea con puntillo equivale a ¾ de pulso

La ligadura indica 2 notas tocadas como 1 con sus valores combinados (¾ de pulso)

La corchea equivale a ½ pulso

La semicorchea equivale ¼ de pulso

La negra equivale a 1 pulso

El puntillo añade a una nota la mitad de su valor

Acento en el tiempo débil, justo antes del 2.º pulso

Barra de compás

La ligadura indica 2 notas tocadas como 1 de ½ pulso; se sostiene, no se toca por separado

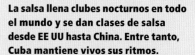

Los pasos del momento
Una pareja bailando agarrado en la portada de la partitura de la traducción de Emilio de Torre de «Poor Pedro», del letrista estadounidense de jazz Walter Hirsch, con música del pianista cubano Eliseo Grenet. La canción se publicó en 1939, en plena fiebre de la rumba.

OBRAS CLAVE

Don Azpiazu «El Manisero»

Beny Moré y Pérez Prado «Bonito y Sabroso»

Tito Rodríguez «Mama Guela»

Tito Puente y Celia Cruz *Cuba y Puerto Rico Son*

Fania All Stars *Cross Over*

DESPUÉS ❯❯

La salsa llena clubes nocturnos en todo el mundo y se dan clases de salsa desde EE UU hasta China. Entre tanto, Cuba mantiene vivos sus ritmos.

CUBA SIGUE EVOLUCIONANDO
Después de la revolución, Cuba nunca dejó de bailar, aunque algunas estrellas, como **Celia Cruz 278–279 ❯❯**, fueron al exilio. Casi 50 años después de que cerrara en la década de 1940, el **Buena Vista Social Club** de La Habana se convirtió en tema de una película y un álbum de inmenso éxito global que pusieron de nuevo bajo los focos la música cubana. Aparte de lo tradicional, desde finales de la década de 1960 grupos como **Los Van Van** y **NG La Banda** han explorado el son, el jazz y la timba (música cubana mezclada con estilos como el rock y el funk).

SON EN EL GIMNASIO
En la década de 1990, el bailarín colombiano Alberto Pérez olvidó sus casetes habituales para su clase de gimnasia y puso salsa y merengue (estilo afrocaribeño de ritmo vivo). Había nacido el programa de ejercicio Zumba.

El rey de la percusión latina
Tito Puente a la batería durante uno de sus muchos conciertos. Puente tocó hasta el final de su vida: murió de un ataque al corazón en 2000, poco después de un concierto en Puerto Rico, patria de su familia.

No. 5», los éxitos que desencadenaron la fiebre del mambo de la década de 1950.

Salsa para el mundo
A dos percusionistas —el neoyorquino de origen portorriqueño Tito Puente (1923–2000) y el multiinstrumentista ciego cubano Arsenio Rodríguez (1911–1970)— se les suele atribuir la fusión del mambo con otros estilos cubanos para crear lo que se conocerá como salsa. Producto del crisol de la inmigración en Nueva York, y calificada con frecuencia de *Nuyorican* por su popularidad entre los portorriqueños,

la salsa, como antes la rumba, se utilizó como término genérico para una mezcla de estilos cubanos. Desde la década de 1950 se ha popularizado como baile mucho más allá del continente americano, dando lugar a subgéneros como la rueda de casino —con corro y cambios de pareja— y los estilos colombiano y de Miami.

La salsa ha producido muchos vocalistas estrella desde la década de 1960, como

160 **Número de versiones de la canción «El manisero» grabadas entre 1930 y finales de la década de 1980.**

el portorriqueño Tito Rodríguez («El Inolvidable»), el panameño Rubén Blades y la cubana Celia Cruz (pp. 278–279). Estos y otros artistas fueron apadrinados por Fania Records, un sello radicado en Nueva York fundado en 1963 por el dominicano Johnny Pacheco y Jerry Masucci, de Brooklyn.

La salsa ha alcanzado a todo el mundo, acogida por gente sin el menor rastro de sangre latina. Lo que late en su seno, no obstante, es el ritmo del son cubano.

Percusión latina

De la sofisticación sincopada del son afrocubano a la fiebre festiva de la samba, el ritmo es lo que mueve la música de Latinoamérica, y en torno a las culturas de inmigrantes, criollas e indígenas han nacido muchos instrumentos de percusión.

1 **Cajón** Este instrumento lo introdujeron en Perú esclavos africanos. **2** *Timbau* Este tambor alto y cónico apareció primero en el estado brasileño de Bahía. **3** *Tan tan* Los grupos pequeños de samba usan este tambor de mano cilíndrico de sonido bajo. **4** *Surdo* Atado a la cintura o colgado del hombro, el *surdo* —de madera o acero— marca el ritmo principal y adornos sincopados en la samba y el axé brasileños. **5** **Bongós** Par de tambores —macho (el mayor) y hembra (el menor)— de origen afrocubano. **6** **Conga** Procede de África y la desarrollaron esclavos liberados de Cuba; se toca usualmente en pares. **7** *Caixa de guerra* Esta «caja militar» aporta dinámicos ritmos cruzados en marchas y desfiles de carnaval. **8** **Timbales y cencerros** Los timbales los tocaron primero los músicos cubanos de danzón; los cencerros sirven para mantener el ritmo cuando calla el resto de la percusión. **9** **Triángulo** El triángulo tiene un papel clave en el forró brasileño, al que aporta un pulso constante e hipnótico. **10** **Chequeré** De origen afrocubano, es una calabaza cubierta de cuentas, semillas o conchas tejidas en una red; se puede agitar o golpear para un ritmo rápido y suave. **11** *Ganzá* Como un cesto lleno de cuentas, el *ganzá* acentúa tiempos débiles en la samba. **12** **Maracas** Hechas originalmente de la cáscara

de frutos como la calabaza, las maracas se suelen tocar a pares. **13** **Cabasa** Basada en un instrumento africano hecho de una calabaza, su sonido es habitual en el latin jazz y la bossa nova. **14** *Chocalhos* Tocado en conjuntos de samba, este sencillo marco de metal con sonajas produce un sonido «sucio» y frenético. **15** **Chajchas** Este sonajero del altiplano andino, hecho con pezuñas de animales, produce un ritmo seco. **16** **Marimba** La marimba, parecida al xilófono, es muy popular en México, América Central y el Pacífico colombiano. **17** **Claves** Este antiguo instrumento de percusión, empleado en estilos como el son y el guaguancó, aporta la clave o patrón rítmico de la música. **18** **Clavéfono** El compositor cubano Roberto Bonachea Entrialgo inventó esta combinación de güiro, caja china y maracas en la década de 1990. **19** **Güiro** Hecho con una calabaza hueca, el güiro se rasca y produce un sonido áspero empleado en la cumbia y la salsa. **20** **Palo de lluvia o palo de agua** Probablemente un invento azteca, es un tubo rellenado con semillas o guijarros que produce un sonido como el de la lluvia.

1 CAJÓN
Altura: 50 cm aprox.

8 TIMBALES
Y CENCERROS
Diámetro
de los parches:
40 cm y 30 cm

5
BONGÓS
Diámetro de los
parches: 20 cm
y 15 cm

6 CONGA
Diámetro del
parche: 30 cm

2 TIMBAU
Diámetro del
parche: 35 cm

3 TANTAN
Diámetro del
parche: 35 cm

4 SURDO
Diámetro del parche: 60 cm

7 CAIXA DE GUERRA
Diámetro del parche: 30 cm

9 TRIÁNGULO
Longitud: 10–25 cm

10 CHEQUERÉ
Diámetro: 20 cm

11 GANZÁ
Altura: 23 cm

12 MARACAS
Diámetro: 10 cm

13 CABASA
Diámetro del parche: 13 cm

14 CHOCALHOS
Longitud: 38 cm

15 CHAJCHAS
Altura: 25 cm

16 MARIMBA
Longitud: 2,1–2,6 m

17 CLAVES
Longitud: 25 cm

18 CLAVÉFONO
Longitud: 25 cm aprox.

19 GÜIRO
Longitud: 38 cm

20 PALO DE LLUVIA O PALO DE AGUA   Longitud: 1,2 m

Música melancólica
La tristeza es un tema frecuente en el tango, como ilustra la elegante portada de esta partitura de «Desdichas», de 1915, compuesto por Pascual Contursi y Augusto Gentile.

« **A N T E S**

El tango, de origen rioplatense, es un baile con raíces africanas.

VÍNCULOS AFRICANOS
Hay dibujos de principios del siglo XIX que muestran a afroargentinos caminando con un aire «a lo tango» mientras transportan un ataúd. El término «tango» puede tener como raíces un baile africano de tambores y la palabra nigerocongolesa *tamgu* («bailar»).

PASOS DEL CONGO
Los pasos del tango, como las quebradas (giro de cadera) y sentadas (cuando la mujer se sienta en el muslo del hombre), se han comparado con el chocar de vientres, caderas o traseros llamado *bumbakana* en el Congo.

20 **El número de periódicos para lectores afroargentinos en la década de 1880.**

ESTRELLA AFROARGENTINA DEL TANGO
Una estrella temprana del tango fue el pianista Rosendo Mendizábal (1868–1913), autor de la canción clásica «El entrerriano», que se convirtió en uno de los tangos más famosos de todos los tiempos. Puede que fuera de origen africano.

OBRAS CLAVE

Gerardo Matos Rodríguez, Pascual Contursi, y **Enrique Pedro Maroni** «La cumparsita»

Carlos Gardel y **Pascual Contursi** «Mi noche triste»

Osvaldo Pugliese «La yumba»

Enrique Santos Discépolo y **Edmundo Rivero** «Yira yira»

El tango

El tango, uno de los ejemplos más tempranos de una auténtica *world music*, nació en los barrios humildes del extrarradio de Buenos Aires, pero fue luego adoptado por las clases medias y no tardó en conquistar los salones de baile de todo el mundo.

El tango evolucionó a partir de una mezcla de ritmos de baile locales e importados. Los ritmos de la milonga nativa, basada en la guitarra, se fusionaron con los del candombe, de origen africano occidental, introducido por los descendientes de la población esclava de Argentina. Fue en los últimos veinte años del siglo XIX cuando el tango comenzó a popularizarse en Buenos Aires. En sus inicios se tocaba con violín, guitarra y flauta, y pronto se añadió el bandoneón, que aportó a la música una sensualidad sombría.

El tango evolucionó primero como música de baile. En fotografías antiguas se ve a parejas de hombres ensayando los pasos en la calle, y los primeros salones fueron probablemente bares y comercios de las zonas más pobres de Buenos Aires, donde gauchos, afroargentinos e inmigrantes europeos de origen humilde hacían vida social. A menudo se vincula el tango al burdel, y puede que se tocara en las salas de espera para entretener a los clientes impacientes.

El tango evoluciona
A principios del siglo XX, la orquesta típica —un sexteto de dos violines, piano, contrabajo y dos bandoneones— se convirtió en la formación estándar. En Buenos Aires, directores de orquesta pioneros como Roberto Firpo y Vicente Greco presentaron en locales como el Café de Hansen y El Velódromo, los sonidos del tango a la clase media baja.

La voz del tango
El barítono argentino Carlos Gardel (1890–1935) visitó EE UU muchas veces en su carrera. En la imagen se le ve durante una emisión de la NBC realizada en 1934.

tópico) podían codearse con las clases superiores, con lo que el tango se empezó a escuchar en toda la capital argentina. Locales elegantes como el Palais de Glace y Armenonville, atraían a los hijos e hijas de los estancieros, terratenientes criollos enriquecidos gracias al auge de las exportaciones de carne.

Músicos como Agustín Bardi, Osvaldo Fresedo y Pedro Maffia, y compositores como Rosendo Mendizábal y Ángel Villoldo se convirtieron en leyendas locales. En 1916, Firpo reescribió «La cumparsita», una marcha compuesta por el músico uruguayo Gerardo Matos Rodríguez, que se convirtió en el tango orquestal más famoso de todos los tiempos. Las primeras orquestas y compositores se

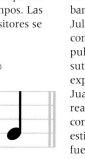

| **4 pulsos** por compás | **La negra con puntillo** equivale a 1½ pulso | **La negra** vale 1 pulso | **Barra de compás** | **La corchea** equivale a ½ pulso |

| 1 | 2 | 3 | 4 | 1 | 2 | 3 | 4 |

La negra vale 1 pulso — Acento en el primer pulso — Acento en el tercer pulso

El ritmo de tango
El tango se puede escribir en compases de 2/4 o 4/4, indicando el número superior el número de pasos de baile además de los pulsos por compás. El ataque acentuado —primer pulso del compás— y el ritmo regular, casi marcial, de la música reflejan el carácter serio del baile.

Al otro lado del Río de la Plata, en la capital de Uruguay, Montevideo, también se estaba tocando y bailando el tango. El nuevo baile fue rechazado por la mayoría de los suramericanos acomodados, tal vez porque el abrazo y los pasos cruzados les parecían procaces. Muchos grupos decidieron salir al extranjero y tuvieron éxito en Europa, EE UU y Rusia. Cuando se puso de moda en París, la élite social bonaerense se subió al carro.

Cruzar barreras de clase
El tango creó un raro espacio neutral en el que los llamados compadritos (jóvenes humildes, petulantes y pendencieros, según el

agrupan a menudo bajo el nombre de la Guardia Vieja; este primer florecimiento del tango duró aproximadamente de 1900 a 1924.

Nuevos sonidos del tango
La radio tuvo un papel decisivo en la difusión del tango, como lo tuvo la aparición de los primeros gramófonos (abajo). Esto ayudó a la carrera de Carlos Gardel, conocido por su trémula voz de barítono. En 1917 grabó «Mi noche triste» para el sello Odeon, y desde entonces los cantantes fueron un elemento clave de

VICTROLA

A principios del siglo xx la United States Gramophone Company y luego la Victor Talking Machine Company comenzaron a vender fonógrafos de cuerda en Buenos Aires. Los cafés y bares que no podían pagar a un conjunto podían comprar la llamada victrola para entretener a su clientela, lo que contribuyó a una

difusión más amplia del tango. La Victor Talking Machine Company se convirtió luego en RCA Victor, que sería un sello discográfico importante para el tango y otros géneros musicales.

En la memoria colectiva de Argentina, la victrola se asocia con nostalgia a la edad dorada no únicamente del tango, sino de Buenos Aires mismo.

la escena del tango. Entre tanto, Gardel se convirtió en la primera superestrella del estilo, realizando giras por América Latina y apareciendo en películas.

Establecida la orquesta típica como formato clásico, algunos directores de banda osados empezaron a experimentar. Julio de Caro fue un violinista virtuoso y compositor de canciones de talento cuyo pulido lenguaje musical y melodías sutiles aportaron una nueva experiencia al tango orquestal. Juan Carlos Cobián, que realizó muchas giras y contribuyó a popularizar el estilo en América del Norte, fue otro innovador. Fue el primer arreglista en llenar la línea de bajo con adornos durante las pausas de la melodía, y se le tiene por precursor del tango de vanguardia.

Maestros del tango
En la edad de oro del tango, que duró desde mediados de la década de 1930 hasta principios de la de 1950, destacaron tres gigantes: los bandoneonistas Aníbal Troilo y Astor Piazzolla, y el pianista Osvaldo Pugliese, todos ellos directores de banda populares que compusieron y tocaron tanto para el oído de los melómanos como para los pies de los bailarines. La ejecución hipnótica de Troilo al bandoneón puso a prueba los límites del instrumento, mientras que Pugliese escribió arreglos más lentos, pero de gran complejidad.

Piazzolla (p. 277) fue una de las primeras superestrellas globales del tango. Nacido en la ciudad costera de Mar del Plata en 1921, su familia se trasladó a Nueva York cuando él era un niño. El joven Astor, a quien su padre le regaló un bandoneón, destacó como solista, y cuando volvió a Buenos Aires tocó con varias orquestas importantes, entre ellas la liderada por Troilo.

Piazzolla fue un iconoclasta, y su estilo experimental no era adecuado para los salones de baile. Tras estudiar con los compositores clásicos Alberto Ginastera (1916–1983) y Nadia Boulanger (1887–1979), comenzó a escribir movimientos de estilo clásicos con motivos de tango, y luego obras con influencias de jazz,

Placa en Buenos Aires
Esta placa, pintada en el estilo llamado fileteado, es típica de Buenos Aires. Además de ser el nombre de una calle del barrio de La Boca, «Caminito» es el nombre de un tango de 1926.

tangos para sintetizadores y una ópera con motivos de tango. Sus colaboraciones con el saxofonista Gerry Mulligan, el vibrafonista Gary Burton y el poeta uruguayo Horacio Ferrer le llevaron a experimentos cada vez más desafiantes.

Si bien Piazzolla tuvo detractores entre el mundillo conservador del tango en Buenos Aires, canciones como «Vuelvo al sur» y «Adiós Nonino» son reconocidas como clásicos. Cuando en 1992 murió Piazzolla, el tango perdió su último auténtico maestro.

El fuelle mueve el aire

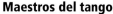

Por los agujeros entra y sale aire

Correa

Bandoneón
Este bandoneón —un acordeón de doble acción— lo fabricó Wilhelm König en 1914. Su etimología es dudosa, aunque parece derivar de Band Union, nombre de un fabricante alemán.

DESPUÉS ≫

La edad dorada del tango pasó hace tiempo, pero la música sobrevive en escuelas de baile, espectáculos y como forma popular híbrida.

VÍCTIMA DE LA IDEOLOGÍA
Piazzolla aparte **277 ≫**, el tango perdió presencia tras la década de 1950. Algunos culpan a Juan D. Perón (1895–1975), quien promovió la música rural tradicional como parte de su ideología populista.

REVIVAL MODERNO
El tango resurgió en la década de 1980 tras el éxito global del espectáculo *Tango Argentino*.

EL TANGO HOY
Un puñado de estrellas argentinas del tango, como la cantante Adriana Varela y la pianista Sonia Possetti, mantienen hoy vivo el tango.

Sombreros de copa y medias
El Ángel Azul, film de 1930, hizo famosa a Marlene Dietrich y definió el cabaret. Este fotograma de una escena del club capta el estilo decadente.

Los primeros clubs *kabarett* de estilo parisino fueron clandestinos en Alemania dada la censura del káiser Guillermo II.

BERLÍN

En 1901, en Berlín, el autor satírico Ernst von Wolzogen abrió Überbrettl (Supercabaret), local que se dio a conocer por sus parodias literarias y canciones satíricas. **Arnold Schönberg ≪ 210–211** y el compositor vienés Oscar Straus dirigieron espectáculos allí.

MUNICH

También en el año 1901, el productor teatral Otto Falckenberg fundó *Die Elf Scharfrichter* («Los once verdugos») en Munich, un cabaret político que incluyó obras del dramaturgo subversivo Frank Wedekind.

Vengan al cabaret

El periodo de entreguerras en Alemania estuvo marcado por una explosión de arte popular vibrante y subversivo. Parte de este renacimiento cultural se expresó en un cabaret con espectáculos de potente carga sexual y un teatro musical ferozmente satírico.

Al establecerse la República de Weimar en Alemania tras la Primera Guerra Mundial, la censura se relajó y aparecieron nuevas formas de expresión artística y política. En las décadas de 1920 y 1930 se produjo el auge del *kabarett*, entretenimiento satírico e irreverente en cafés, clubs y bares. Los bailarines, cantantes y cómicos que participaban hacían gala de humor negro, acompañado de hedonismo, contenido abiertamente sexual y decadentismo. Sobre un trasfondo

de hiperinflación y pánico inminente, el cabaret fue parte de la febril actividad artística de la época, llamada «el baile sobre el volcán». El apogeo del cabaret fue breve, ya que fue prohibido en el Tercer Reich de Hitler.

Una canción típica de aquella época fue «Alles Schwindel» («Todo es un timo»). Compuesto por Mischa Spoliansky (1898–1985), la postura cínica ante la política y su humor sombrío complementan el aire alegre de la música de este tema.

Enamorarse de nuevo

El director de cine Josef von Sternberg descubrió a Marlene Dietrich cuando esta actuaba en Berlín en la revista de 1929 de Spoliansky *Zwei Krawatten* («Dos corbatas»). Dietrich actuó en su filme de 1930 *El Ángel Azul*, ambientada en el mundo del cabaret de Weimar, que la convirtió en estrella. Friedrich Hollaender (1896–1976), compositor que trabajaba en el mundillo cabaretero berlinés, compuso la canción principal que interpretaba, «Ich bin von Kopf bis

Fuß auf Liebe eingestellt» («Enamorada de la cabeza a los pies»).

Después de la llegada al poder de los nazis en 1933, se prohibió el *kabarett* y se persiguió a sus artistas. Spoliansky y Hollaender abandonaron Alemania y compusieron para el cine, el primero en Londres, el segundo en Hollywood.

Un escritor que fue testigo de aquella época, emocionante y peligrosa al mismo tiempo, fue Christopher Isherwood, cuya novela de 1939 *Adiós a Berlín* se adaptó como musical en 1966 con el nombre de *Cabaret*, de John Kander y Fred Ebb. Luego fue una película de éxito con Joel Grey y Liza Minnelli como protagonistas.

Sesgo político

También destacó en la Alemania de Weimar el Novembergruppe, un grupo creado en Berlín por artistas de izquierda con motivaciones sociales y políticas en cuyas filas militaba el compositor Kurt Weill (1900–1950). A lo largo de la década de 1920, Weill repartió sus esfuerzos entre las obras modernas orquestales y de cámara y un teatro musical áspero influido por el jazz, logrando sus mayores éxitos con los dramaturgos Georg Kaiser (1878–1945) y Bertolt Brecht (1898–1956).

Con Brecht, Weill creó varias obras, entre ellas *La ópera de tres peniques* (1928), la más famosa y popular, una adaptación libre de *The Beggar's Opera (La ópera del mendigo)* (p. 135), de 1728, de John Gay. Crítica provocadora del capitalismo, estaba ambientada en un Londres victoriano refinado y amoral. La hosca amenaza de la primera canción, «Die Moritat von Mackie Messer» («La copla de Mackie el navaja»), quedó algo

6,5 El porcentaje de votos para el partido nazi en las elecciones de 1924.

43,9 El porcentaje de votos para los nazis en las elecciones de 1933.

diluida en su famosa traducción al inglés «Mack The Knife», que se convirtió en un estándar de jazz 25 años después. El *Moritat* del título original era una balada medieval sobre un asesinato que cantaban los trovadores. Brecht y Weill tuvieron gran éxito en el año 1930 con su ópera épica paródica *Ascenso y caída de la ciudad de Mahagonny*, que incluye «Alabama Song», versionada por el grupo de rock estadounidense The Doors en 1966.

Otro compositor destacado de aquella época fue el austriaco Hanns Eisler (1896–1962). Formado en una nueva técnica matemática para componer de Arnold Schönberg (pp. 210–211), el serialismo dodecafónico, Eisler prefirió la música de cabaret y el jazz, llegando a afirmar: «Me aburre la música contemporánea. Carece de interés para mí, pues mucha de ella carece de toda relevancia social». Marxista como Brecht, Eisler colaboró con él en *Die Massnahme* («Las medidas tomadas»), de 1930, y en muchas obras de teatro, películas y canciones protesta.

Emigración a EE UU

Como artistas judíos famosos y de izquierda, Eisler y Weill eran blanco de los nazis, de manera que se marcharon de Alemania en 1933. Eisler compaginó la composición coral con una vuelta al serialismo y una carrera de éxito como compositor en Hollywood hasta que fue deportado por comunista. Fue a vivir a Berlín Oriental. Weill se dirigió a Nueva York, donde estudió estilos de la música popular de Estados Unidos y compuso musicales de éxito junto a los letristas Maxwell Anderson e Ira Gershwin. Varias de las canciones posteriores de

Cantante y compositor

La esposa de Kurt Weill, la actriz y cantante austriaca Lotte Lenya, interpretó a Jenny en la producción de 1928 de *La ópera de tres peniques* de Weill, y tuvo luego un papel en *Cabaret* en Broadway.

Weill se convirtieron en estándares, tales como «September Song» (del musical *Knickerbocker Holiday*, de 1938).

Música prohibida

En Alemania, la música de vanguardia fue, en gran medida, prohibida por los nazis, como es el caso de Paul Hindemith, Alban Berg e Ígor Stravinski (pp. 212–213). El swing y el jazz fueron considerados *Negermusik* («música de negros»), y sus ejecutantes y compositores blancos fueron marginados y se les calificó de degenerados. En Berlín y Hamburgo, no obstante, una facción de adolescentes rebeldes se resistió a las presiones para ingresar en las Juventudes Hitlerianas y se definió como pro británica, pro americana y pro jazz. Los «chicos swing» *(Swingjugend)* organizaban bailes clandestinos y fueron una expresión de subversión antiautoritaria. Aunque el movimiento había sido prácticamente eliminado a mediados de la década de 1940 por las autoridades —sobre todo el ministro de Propaganda Goebbels— la *Swingjugend* puede entenderse como parte de una tradición alemana de inconformismo musical y social.

«La **música** solo se divide en **buena** y **mala**.»

EL COMPOSITOR KURT WEILL (1900–1950)

Refugio musical
Postal de lino de Nueva York en la década de 1930, el paisaje que vieron Kurt Weill, Bertolt Brecht y otros artistas alemanes que escapaban de la persecución.

DESPUÉS »

Prohibida por los nazis
El estreno de la ópera satírica de Kurt Weill/Bertolt Brecht *Ascenso y caída de la ciudad de Mahagonny*, anunciada en este cartel, tuvo lugar en el Neuestheater de Leipzig en 1930. Fue proscrita por los nazis en 1933.

El *kabarett* se fue al oeste, en particular en el espectáculo *Cabaret*, pero Alemania preservó su identidad nacional en dos estilos en especial.

LIEDERMACHER
Emparentadas con la **chanson 268–269 »** y el estilo **trovador** de Estados Unidos, las canciones de los *Liedermacher* (cantautores alemanes) incluyen a menudo **mensajes sociales.** Nombres destacados son el esporádicamente político Reinhard Mey y el erudito Klaus Hoffman. Vegetariano preocupado por los derechos de los animales, Hoffman compone canciones sobre la vida cotidiana, así como temas más políticos, como «Alles OK in Guantanamo Bay».

SCHLAGER
Estilo de **balada** sentimental de origen popular, el *Schlager* se distingue de otros estilos de **pop** europeo. Lo popularizaron Heino y Rex Gildo en las décadas de 1960 y 1970.

LIZA MINNELLI Y JOEL GREY EN LA PELÍCULA DE 1972 CABARET

Grabar y escuchar

La música grabada es hoy lo más normal del mundo, pero el público solo ha gozado del privilegio y la comodidad de disfrutar de la música sin necesidad de estar ante músicos en vivo desde hace aproximadamente un siglo.

Desde las grabaciones al piano de Josef Hoffman sobre un cilindro en el laboratorio del inventor Thomas Edison en 1887, pasando por equipos de grabación electrónicos creado en un ordenador doméstico, la historia de la música grabada es un relato de innovación tecnológica. La ciencia de captar y reproducir el sonido ha impulsado el desarrollo de la música grabada desde ecos crepitantes y fantasmales hasta experiencias sonoras de increíble pureza. Para los compositores en general fue y ha sido una fuente de gran motivación poder plasmar su música en forma de «una inmortalidad completa y meticulosa», como dijo Claude Debussy en 1904.

De la novedad a la normalidad

El consumo de música grabada ha adoptado muchas formas. Novedad fascinante y de moda en los inicios, los melómanos no tardaron en coleccionar grabaciones ávidamente. Hoy, aunque el amor por la música no sea distinto, su consumo no es un aspecto de la vida cotidiana que llame la atención. Esta evolución es fruto de la tecnología. Los primeros formatos musicales grabados, como los cilindros de cera con grabaciones en los surcos de su superficie (c. 1888–1915), estaban al alcance de las clases privilegiadas y poco más. Luego llegaron los discos de 78 rpm (c. 1903–1958), que giraban a una frecuencia de 78 revoluciones por minuto. No obstante, no fue hasta que hubo disponibles tocadiscos más baratos que la música grabada en LP (c. 1948–presente) y sencillos de 45 rpm (c. 1949–2000) llegó a un número mayor de hogares. La llegada del CD (c. 1983–presente), las descargas legales e ilegales (c. 1994–presente) y los sitios de internet que transmiten en tiempo real han difundido la música grabada a una escala inimaginable para Thomas Edison.

Estudio de grabación antiguo
Músicos apretujados alrededor de una sola bocina durante una sesión de grabación en un estudio estadounidense en 1921.

Estudio de grabación moderno
Ingenieros ante una mesa de mezclas monitorizan la grabación mientras los músicos graban en otra sala.

> «El más **sorprendente**, el más **hermoso** [...] y el más interesante de todos los **inventos**.»
>
> EL COMPOSITOR RUSO CHAIKOVSKI SOBRE EL FONÓGRAFO

Gramófono de aire caliente
El fabricante suizo Paillard produjo una amplia gama de gramófonos. En 1910 salió este modelo decorado, que funcionaba con alcohol.

CRONOLOGÍA

1857
El fonoautógrafo
El primer fonoautógrafo del inventor francés Édouard-Léon Scott de Martinville fue el primer ingenio capaz de grabar sonido, aunque no podía reproducirlo.

1877
El fonógrafo
Thomas Edison inventó el fonógrafo. Fue el primer aparato capaz de reproducir sonidos grabados en surcos con un estilete (aguja) sobre una lámina de estaño que envolvía un cilindro.

ANUNCIO DE FONÓGRAFO DE 1901

1887
Gramófono de Berliner
Emile Berliner, desarrollando las innovaciones de Edison, inventó el gramófono, que empleaba discos planos y permitía producir múltiples copias a partir de una matriz.

GRAMÓFONO DE BERLINER

c. 1903
Discos de 78 rpm
Por lo general de goma laca, había discos de 78 de diversos tamaños, siendo los más comunes los de 25 y 30 cm. Los surcos almacenaban la música de forma compacta, pero eran muy frágiles, y casi desaparecieron a mediados de la década de 1950.

1910
Gramófono
Desde 1910–1914, el fabricante suizo Paillard fabricó gramófonos de aire caliente como alternativa a los anteriores modelos de cuerda.

1920
Grabaciones eléctricas
El desarrollo del micrófono llevó a la sustitución de los métodos de grabación acústicos tradicionales por grabaciones electrónicas de calidad superior al final de la década de 1920.

MICRÓFONO ANTIGUO

1934
Cinta magnética
La empresa alemana BASF perfeccionó y fabricó la cinta magnética, que dominaría la tecnología de grabación durante las siguientes cinco décadas.

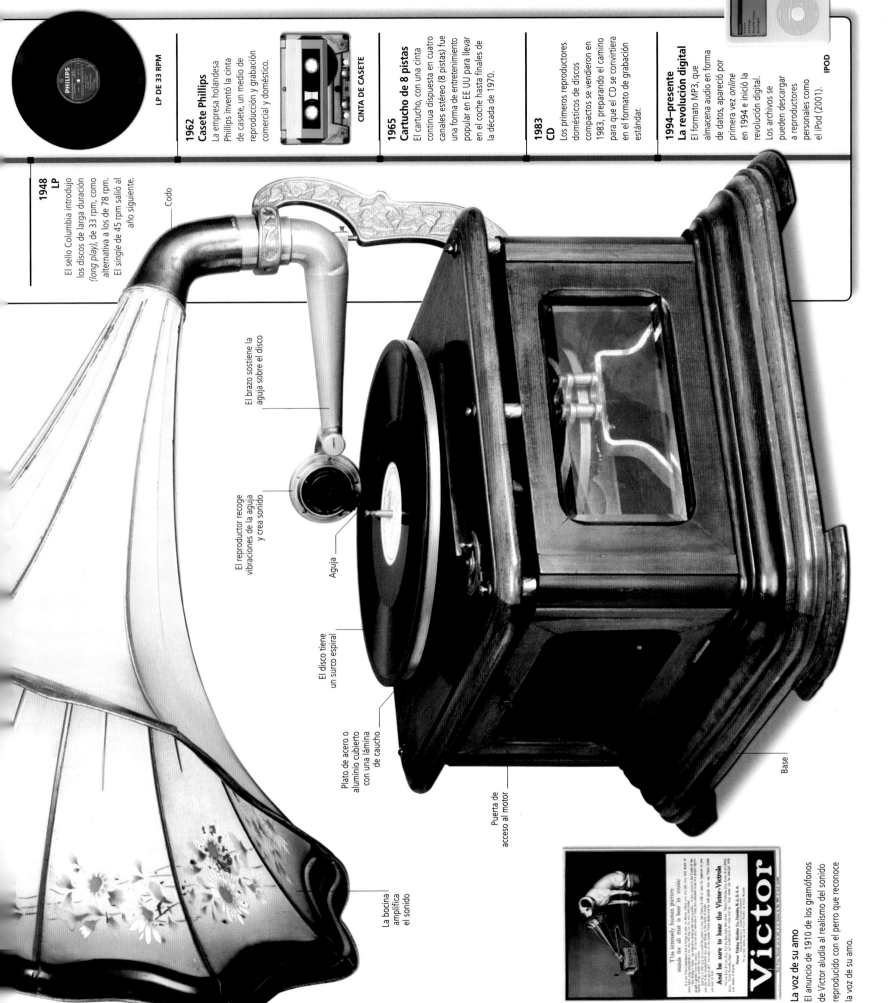

LP DE 33 RPM

1948
LP
El sello Columbia introdujo los discos de larga duración (*long play*), de 33 rpm, como alternativa a los de 78 rpm. El *single* de 45 rpm salió al año siguiente.

1962
Casete Phillips
La empresa holandesa Phillips inventó la cinta de casete, un medio de reproducción y grabación comercial y doméstico.

CINTA DE CASETE

1965
Cartucho de 8 pistas
El cartucho, con una cinta continua dispuesta en cuatro canales estéreo (8 pistas) fue una forma de entretenimiento popular en EE UU para llevar en el coche hasta finales de la década de 1970.

1983
CD
Los primeros reproductores domésticos de discos compactos se vendieron en 1983, preparando el camino para que el CD se convirtiera en el formato de grabación estándar.

1994–presente
La revolución digital
El formato MP3, que almacena audio en forma de datos, apareció por primera vez *online* en 1994 e inició la revolución digital. Los archivos se pueden descargar a reproductores personales como el iPod (2001).

IPOD

Codo

El brazo sostiene la aguja sobre el disco

El reproductor recoge vibraciones de la aguja y crea sonido

Aguja

El disco tiene un surco espiral

Plato de acero o aluminio cubierto con una lámina de caucho

La bocina amplifica el sonido

Puerta de acceso al motor

Base

La voz de su amo
El anuncio de 1910 de los gramófonos de Victor aludía al realismo del sonido reproducido con el perro que reconoce la voz de su amo.

Locos por la radio

El vasto continente norteamericano fue cohesionado por las emisiones de radio. En solo unos años, hubo cientos de emisoras que llevaban todo tipo de música a los hogares, y los músicos dispusieron de un público enorme.

ANTES

Escuchar palabras y música con solo tocar un botón fue como un milagro para los oyentes.

INVENTOR AL VIOLÍN
El primer programa de radio del mundo lo emitió la Nochebuena de 1906 un inventor canadiense llamado Reginald Fessenden. Puso una **grabación de fonógrafo** del aria inicial de la ópera *Serse*, de **Händel**, seguida de la canción «Oh santa noche», que tocó él mismo al **violín**. La emisión se pudo escuchar a cientos de kilómetros.

LA PRIMERA emisión comercial en EE UU tuvo lugar en 1920.

SOLO se emitía ópera en KYW, la primera emisora de Chicago.

CADENAS DE EE UU
La radio comercial se organizó en EE UU sobre redes montadas durante la Primera Guerra Mundial. Los primeros programas de entretenimiento se emitieron en 1922, cuando había un millón de aparatos de radio en el país.

ntes de la televisión, la radio fue el principal medio de entretenimiento doméstico en todo el mundo. La gente se reunía en torno al aparato para escuchar música, noticias o radionovelas. La música popular nunca podría haberse convertido en el fenómeno que fue sin las grandes redes radiofónicas, que convirtieron a cantantes en grandes celebridades nacionales y dieron a conocer música de todo tipo, superando barreras de género, raza y clase social.

El crecimiento de la radio fue muy rápido. Las emisoras públicas con licencia salieron al aire en EE UU en 1920, y en 1922 había ya 600. Entre 1923 y 1930, el 60% de las familias estadounidenses compraron aparatos de radio.

Patrocinio comercial
Las empresas no tardaron en darse cuenta de que los anuncios en la radio

82 El porcentaje de estadounidenses dueños de una radio en el año 1947.

50 El porcentaje de música grabada emitida en la radio en EE UU en la década de 1940 que era de Bing Crosby.

aumentarían su clientela, por lo que el programa patrocinado se convirtió en el formato dominante de entretenimiento. Estas emisiones, grabadas en directo, convirtieron en estrellas a los músicos que las presentaban. Hubo comedia, chistes malos y anticuado vodevil para añadir variedad, sin olvidar la música clásica, y algunas emisoras construyeron estudios de grabación con capacidad para orquestas.

Las big bands
La adopción masiva de la radio coincidió con la popularidad generalizada del jazz (pp. 242–243). El director de big band estadounidense Paul Whiteman, llamado el «Rey del jazz» en la década de 1920, tenía programas regulares, como *Paul Whiteman's Musical Varieties* y *Kraft Music Hall*. Sus arreglos sinfónicos refinados dotaron a esta música de una nueva respetabilidad, pero también le valieron críticas desde algunos sectores por hacer del jazz algo demasiado formal y reducir el papel de la improvisación en favor de arreglos preparados. Whiteman presentó en las ondas sonoras al compositor, director de

banda y trombonista Jack Teagarden y a los cantantes Mildred Bailey y Bing Crosby (1903–1977).

El *crooner*
La voz de Bing Crosby fue, en muchos aspectos, sinónimo de la edad dorada de la radio. Su estilo vocal suave e íntimo era ideal para el medio. En el estudio de grabación radiofónico, los intérpretes podían acercarse al micrófono de tal modo que este registrara hasta el último matiz. El estilo delicado y sofisticado del *crooner* era perfecto para ello (pp. 288–289).

Radio antigua
Diseñada como un mueble elegante, las primeras radios eran de válvulas, semejantes a bombillas, que tardaban unos minutos en calentarse y recibir sonido. Al principio usaban señales de AM; a finales de la década de 1930 se introdujeron las de FM.

A Crosby le fascinó la tecnología de grabación, e invirtió su propio dinero en el desarrollo de magnetofones de bobinas, que le permitieron grabar sus espectáculos por

El micrófono de cinta
Inventado en la década de 1920, el icónico y voluminoso micrófono de cinta fue habitual en emisiones de radio como las de la NBC. Su respuesta centrada en las frecuencias graves dotaba de empaque a la voz.

Caja de madera

El dial se ilumina cuando se enciende

Mandos para sintonizar

anticipado, en vez de tener que emitirlos en directo. El talento empresarial de Crosby, su estilo vocal despreocupado y su confianza en sí mismo hicieron de él un antecedente de la estrella del pop, preparando el camino para Frank Sinatra (pp. 288–289), cuyo atractivo masivo para los adolescentes de EE UU fue fruto de un manejo aun más hábil de los medios.

Estrellas del Grand Ole Opry

La música country tenía sus propios programas patrocinados por empresas. El más famoso de los programas de radio de larga trayectoria sigue siendo *Grand Ole Opry*, que, emitido semanalmente desde el local de Nashville, se escuchó por primera vez en el año 1925 (pp. 228–229).

La mayor estrella de los primeros años fue Uncle Dave Macon, cantante popular que tocaba el

Altavoz cubierto de tela

banjo, cantaba y hacía números cómicos. Macon cerró la brecha entre la música tradicional de las montañas y el entretenimiento al día que exigían las emisiones comerciales.

El *Grand Ole Opry*, grabado en vivo con público, resultó ser tan popular que no tardó en acoger a las estrellas del country que encabezaban las listas, como Roy Acuff, Hank Williams y Lefty Frizzell.

Reyes de la radio

Otro programa patrocinado, el de blues y rhythm and blues orientado al público afroamericano *King Biscuit Time*, se emitió

Concebida para el maestro
El director de orquesta italiano Arturo Toscanini se hizo famoso en EE UU dirigiendo a la NBC Symphony Orchestra —formada especialmente para él— en emisiones semanales entre 1937 y 1954.

conflicto —fue declarado desaparecido en combate en 1944 después de que se perdiera el rastro del avión que le llevaba a París a tocar para las tropas sobre el canal de la Mancha.

En 1949, Hank Williams (1923–1953), de 26 años y ya una estrella del country, llegó a un acuerdo con los fabricantes del suplemento vitamínico Hadacol para

> ## « La voz de Bing Crosby se ha escuchado más que la de ningún otro ser humano que haya vivido nunca.»

NOTA DE PRENSA DE DECCA RECORDS, 1954

por primera vez en 1941 y aún continúa escuchándose de lunes a viernes en KFFA Radio, en Helena (Arkansas). Su primer presentador fue el armonicista de blues Sonny Boy Williamson II (1912–1965); lo financiaba King Biscuit Flour, empresa local de harinas, y se escuchaba por todo el delta del Misisipi (pp. 240–241).

Durante el programa de media hora, Williamson y el guitarrista Robert Lockwood tocaban en vivo, respaldados por el grupo de la casa, los King Biscuit Entertainers, con Pinetop Perkins al piano y James Peck Curtis a la batería. El programa se emitía a las 12.15 h, horario elegido para que coincidiera con el descanso para almorzar de los trabajadores afroamericanos.

Formato ganador

La radio tuvo un papel vital en elevar la moral de las tropas en la Segunda Guerra Mundial, cuando el director de banda Glenn Miller añadió algo de swing a los temas de marcha y las Andrews Sisters se ganaron el apodo de «Sweethearts of Armed Forces Radio Service» (pp. 242–243). El propio Miller falleció en el

que patrocinaran su primer programa, *Health and Happiness Radio Show*.

Al eclipsar en popularidad la televisión a la radio en la década de 1950, la edad dorada de la radio llegó a su fin, pero la televisión se apropió de muchos de sus formatos, tales como los programas de variedades.

DESPUÉS ››

Los cambios en la radio fueron de la mano de los cambios sociales. La radio se convirtió en el medio dominante para la cultura juvenil de la que surgirían el rock and roll y el pop.

MÚSICA MÓVIL

El **transistor** revolucionó los hábitos de escucha del mundo. Inventado a finales de la década de 1940, era más pequeño, a pilas y portátil. Esto permitía a los **jóvenes** llevarse la música adonde quisieran. El éxito de las ventas redundó en un aumento del número de **emisoras**, que perdieron formalidad durante la década de 1950. La radio ayudó a divulgar y mezclar las influencias del **R&B 310–311 ››** con el **country 346–347 ››. La música pop 350–351 ››** y la cultura juvenil de la década de 1960 estaban a la vuelta de la esquina.

RADIO DE TRANSISTORES

OBRAS CLAVE

Hank Williams «Happy Rovin' Cowboy»

Uncle Dave Macon «Go Long Mule»

Sonny Boy Williamson «V-8 Ford»

Bing Crosby «You Go to My Head»

Nat King Cole «I've Got the World On a String»

Arturo Toscanini Sinfonía n.º 7 de Shostakóvich

MÚSICO DE JAZZ (1919–1965)

NAT «KING» COLE

Dueño de una de las voces más seductoras del jazz, el cantante y pianista Nat «King» Cole tuvo varios éxitos en la década de 1940 con su trío de piano (tocado por él mismo), contrabajo y batería. Destacó por su sedosa voz de barítono en la era de las big bands. Cole tuvo un programa de 15 minutos en la NBC llamado *King Cole Trio Time*, el primer programa de radio dirigido por un artista afroamericano. En la década de 1950, pasó a hacer canciones de amor majestuosas y muy orquestadas como «Mona Lisa» y «Unforgettable».

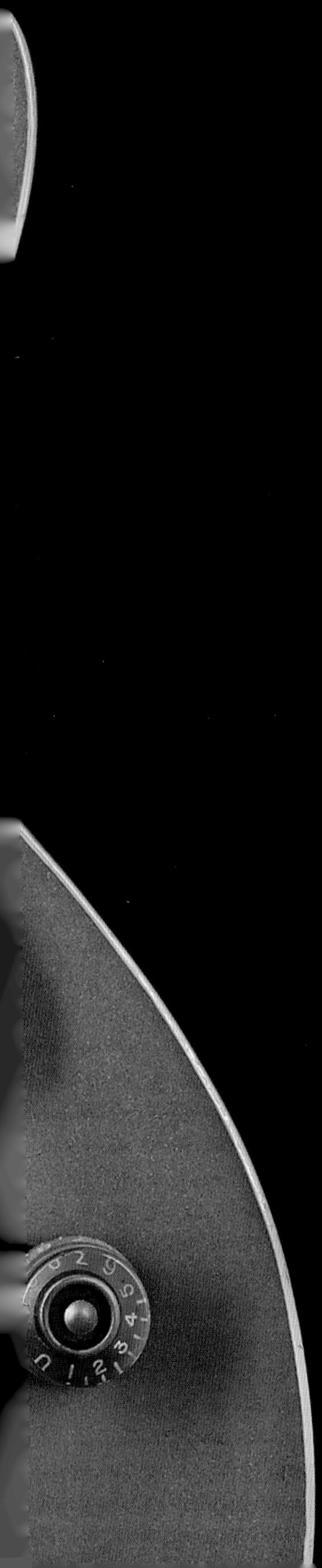

8

MÚSICA GLOBAL

1945–PRESENTE

Después de la Segunda Guerra Mundial, el brío de la música popular de EE UU cautivó al mundo. El jazz, el blues y el rock and roll se combinaron con la radio, la televisión y el cine de Hollywood para conquistar un público global. La música orquestal y la ópera siguieron evolucionando en estilos de diversidad mareante y la world music dio voz a la música de todos los países de la Tierra.

« Guitarra eléctrica Gibson Les Paul de 1952.

MÚSICA GLOBAL
1945–PRESENTE

1945	1950	1955	1960	1965	1970

1945
Peter Grimes, de Benjamin Britten, instituye la ópera moderna en Gran Bretaña.

1950
Estreno mundial de la obra maestra de Pierre Boulez Sonata para piano n.º 2, de gran dificultad. Muddy Waters graba «Rollin' Stone», clásico del blues de Chicago.

1955
Ali Akbar Khan y Chatur Lal dan a conocer la música clásica india en EE UU en un concierto en el Museum of Modern Art de Nueva York.

1956
RCA publica «Heartbreak Hotel» de Elvis Presley, un hito del rock and roll.

1965
Bob Dylan toca por primera vez la guitarra eléctrica en un escenario, en el Royal Albert Hall de Londres. La leyenda de la ópera Maria Callas actúa por última vez, como Tosca, en Londres.

1970
Los héroes del rock Led Zeppelin publican «Whole Lotta Love».

1971
Marc Bolan aparece en *Top of the Pops* de la BBC con purpurina en la cara, inaugurando la era del glam. En los días de la Guerra Fría y la guerra de Vietnam, John Lennon compone «Imagine».

⌃ El musical de éxito *Annie Get Your Gun* de Irving Berlin, de 1946

1946
Estreno de *Sinfonía en tres movimientos*, de Ígor Stravinski, en Nueva York. La primera escuela de verano de Darmstadt atrae a una nueva ola de compositores de vanguardia.

» Guitarra eléctrica maciza Les Paul de 1952, el instrumento del rock and roll

1952
John Cage compone *4'33"*, cuyos ejecutantes permanecen en silencio durante 4 minutos y 33 segundos.

1957
El musical radicalmente moderno *West Side Story* se estrena en Broadway (Nueva York). «Chega de Saudade» es la primera grabación de bossa nova.

⌃ Fanzine de 1964, año en que los Beatles hicieron una gira por EE UU

1967
Los Beatles publican *Sgt. Pepper's Lonely Hearts Club Band*. «Respect», de la diva del soul Aretha Franklin, se convierte en himno del movimiento por los derechos civiles.

1974
El reggae se vuelve global con el n.º 1 en EE UU de Eric Clapton con «I Shot The Sheriff» de Bob Marley. Abba gana el festival de Eurovisión con «Waterloo».

1953
Frank Sinatra firma con Capitol Records, sello con el que grabará toda una serie de éxitos.

1959
Miriam Makeba, la «Voz de África», debuta en la televisión estadounidense en *The Steve Allen Show*. Se funda Motown Records en Detroit.

1960
La música de Bernard Hermann añade terror a *Psicosis*. Tras la revolución cubana, la estrella de la salsa Celia Cruz y su grupo se marchan a EE UU.

⌄ Elvis actuando en su patria chica, Tupelo, en 1956

1947
Patti Page es la primera artista pop que graba sus propios coros en su éxito «Confess»

1961
Brian Epstein ve a los Beatles en el Cavern de Liverpool y se ofrece a ser su manager.

1962
Los Rolling Stones ofrecen su primer concierto y se forma el grupo irlandés de folk The Chieftains; 50 años después, ambos grupos siguen en activo.

⌃ Woodstock, 1969

1968
Se estrena *Sinfonía*, de Luciano Berio, en Nueva York. Tammy Wynette lleva el country al gran público con «Stand By Your Man»

⌄ La superestrella del reggae Bob Marley

1948
Pierre Schaeffer acuña el término *musique concrète* para la música a base de grabaciones electrónicas de sonidos naturales. *Cuatro últimas canciones*, de Richard Strauss, llora la cultura destruida bajo los nazis. *Sinfonía Turangalila*, de Messiaen, consigue un público global.

1954
Karl Stockhausen crea *Studie II*, la primera partitura de música electrónica publicada. «Shake, Rattle and Roll», interpretada por Big Joe Turner y por Bill Haley and the Comets, es el primer gran éxito del rock and roll.

1963
«Blowin' in the Wind» de Bob Dylan se convierte en un himno del movimiento por los derechos civiles.

1964
El álbum de jazz/bossa nova *Getz/Gilberto* alcanza la fama mundial con «La chica de Ipanema».

1969
El festival de música de Woodstock atrae a medio millón de personas; Glastonbury lo sigue un año después. Neil Armstrong camina sobre la Luna y David Bowie publica «Space Oddity».

El periodo de postguerra produjo música clásica, jazz y popular que desafiaba la noción misma de qué era la música. Algunos compositores clásicos y de jazz exploraron una tonalidad y lirismo cada vez más complejos; otros prescindieron de los valores musicales tradicionales en favor de lo nuevo y lo provocador. El rock and roll vinculó la música popular dirigida a los jóvenes a una subcultura rebelde que se alejaba de la generación anterior, como hicieron el punk y el hip-hop. La noción general de música de masas y alternativa apareció al fragmentarse la música popular en una variedad de subgéneros, mientras la tecnología transformaba la producción, distribución y consumo de la música.

1975 | 1980 | 1985 | 1990 | 1995 | 2000 »

1975
Los pioneros de la electrónica Kraftwerk promocionan su álbum *Autobahn* con una gira mundial.

1976
Los Ramones lanzan su primer álbum en EE UU, mientras se hacen famosos los Sex Pistols en la escena británica: es el nacimiento del punk.

1980
Sale a la venta la caja de ritmos Linn LM-1, que definió el sonido del pop de la década de 1980.

» Yembé africano, muy presente en el festival WOMAD

1985
Los conciertos Live Aid en Londres y Filadelfia atraen a una audiencia televisiva de casi 2.000 millones de personas con el objetivo de reunir fondos para aliviar el hambre en Etiopía.

1995
HIStory, de Michael Jackson, es el álbum doble más vendido de todos los tiempos. El grupo Grateful Dead ofrece su último concierto.

1996
Se publica el *single* de debut de las Spice Girls «Wannabe».

2001
Empieza a operar la tienda de música *online* iTunes de Apple.

2004
Debut del influyente formato de *reality The X Factor* en la televisión británica.

2005
Se lanza el sitio web de vídeos compartidos YouTube.

⌃ El single de 1977 de los Sex Pistols «God Save the Queen»

1977
Giorgio Moroder produce «I Feel Love», de la diva del disco Donna Summer, que da inicio a la dance como género musical.

1981
Cats, de Andrew Lloyd Webber, se estrena en el West End; es uno de los musicales más duraderos de Londres con 21 años en cartelera. Lanzamiento del canal MTV en EE UU.

1987
La ópera de John Adams *Nixon In China* —sobre el encuentro en 1972 entre el presidente estadounidense y Mao— se estrena en Houston (Texas).

1988
En *Different Trains* para cuarteto de cuerda y cinta, el minimalista Steve Reich compara los trenes de EE UU y los del Holocausto usando entrevistas pregrabadas para generar frases musicales.

⌃ El líder de Nirvana, Kurt Cobain

1991
Nirvana publica *Nevermind*, que populariza el grunge. Ministry of Sound, en Londres, estrena un aparcamiento de autobuses abandonado como primer club nocturno de RU de música house.

2007
Primera película de *High School Musical*.

2008
Lanzamiento del sitio de música en *streaming* Spotify.

2012
YouTube sube el vídeo de «Gangnam Style» del coreano Psy, cuyo baile del caballo es un fenómeno global. Amanda Palmer prescinde de su discográfica al reunir en su sitio web más de un millón de dólares gracias a casi 25.000 personas para publicar su álbum *Theatre is evil*.

1982
Aparece en Japón el disco compacto (CD). El minimalismo llega al cine con la música de Michael Nyman para *El contrato del dibujante*, de Peter Greenaway. El festival anual de música, arte y danza WOMAD se celebra por primera vez en RU.

1989
El músico bosnio Goran Bregović compone la banda sonora romaní de la película *El tiempo de los gitanos*.

⌄ Cartel de Nixon in China (1987)

⌃ El house y la música de rave dieron lugar a una nueva cultura de club en las décadas de 1980 y 1990

1993
Arvo Part graba «Te Deum» en la Estonia postsoviética, ganándose a un nuevo público para el «minimalismo sacro».

» El iTunes Store de Apple

⌃ Dolly Parton encabezó listas de pop y country en 1977

1978
Music For 18 Musicians, de Steve Reich, da a conocer el minimalismo.

1979
«Rapper's Delight», de Sugarhill Gang, presenta el hip-hop al mundo.

1983
Michael Jackson ejecuta su «*moonwalk*» por primera vez en el especial de televisión *Motown 25*. Al cerrar el club Warehouse en Chicago, los lugareños acuñan el término «house» para el nuevo estilo de música electrónica de baile de sus DJ.

1994
Empiezan a aparecer archivos de MP3 en internet; comprimen gran cantidad de datos de audio en formato digital para el *streaming* y el almacenamiento de música. Youssou N'Dour y Neneh Cherry cantan «7 Seconds».

1999
Estreno en Londres del musical de Abba *Mamma Mia*. La película de Wim Wenders *Buena Vista Social Club* populariza la música cubana. Muerte de Amália Rodrigues, reina del fado portugués.

2013
El sitio web de David Bowie asombra a los fans con la primera canción nueva del artista en diez años, y anuncia su primer álbum en veinte años.

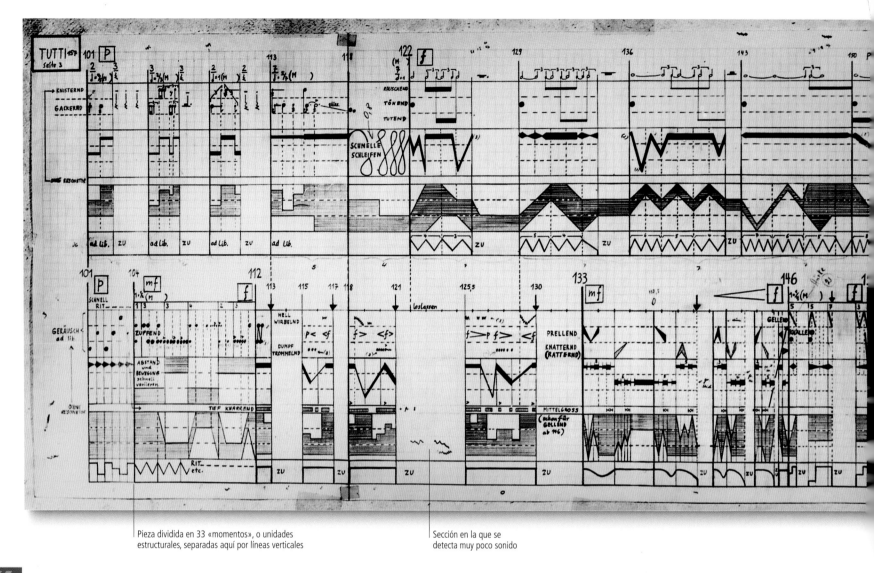

Pieza dividida en 33 «momentos», o unidades estructurales, separadas aquí por líneas verticales

Sección en la que se detecta muy poco sonido

« A N T E S

Como muchas revoluciones, la música experimental de posguerra fue la última fase de un proceso evolutivo, muy arraigada en el pasado reciente.

LA VIDA ENTRE LAS RUINAS DE DRESDE, 1946

RETIRAR LOS ESCOMBROS MUSICALES
Para una nueva generación de compositores, la destrucción causada por la Segunda Guerra Mundial (1939–1945) suponía el fin de un antiguo mundo musical. Para iniciar uno nuevo se basaron en el ejemplo radical de sus predecesores modernos de preguerra: **Schönberg**, **Webern** y **Berg «** 210–211.

Música experimental

El final de la guerra en 1945 vio surgir a una generación de compositores modernos muy distintos unos de otros, pero inflexibles en el propósito común de marcar la pauta de los nuevos tiempos de paz desarrollando métodos de composición revolucionarios.

La más destacada de estas figuras fue la del francés Pierre Boulez (n. 1925). Aunque comenzó sus estudios en el Conservatorio de París con una formación musical limitada, Boulez no tardó en darse a conocer como personalidad musical de talento múltiple y furiosamente enérgica. Su espectacular habilidad compositiva y su capacidad como pianista y autor de temas musicales tuvieron un gran impacto.

Para Boulez, había que hacer *tabula rasa* con la música de preguerra. Casi todo lo compuesto hasta ese momento estaba superado y era irrelevante. Sentía que el único camino válido para su generación era desarrollar las posibilidades radicales de la modernidad planteadas por los músicos austriacos Arnold Schönberg, Anton von Webern y Alban Berg en las primeras décadas del siglo xx (pp. 210–211). Boulez y sus colegas empezaron a desarrollar la idea de la música «serial», que suponía la ampliación del espectro dodecafónico de Schönberg que predeterminaba el orden de las notas en una pieza musical para que ninguna de ellas predominara. En la música serial se aplicó el mismo tipo de organización a la duración (unidades rítmicas) y a la dinámica (nivel de volumen) de las notas.

El estilo tumultuoso y ultravirtuoso de Boulez produjo una obra maestra temprana en su Sonata para piano n.º 2 (1948), y en 1955 acabó *Le marteau sans mâitre (El martillo sin amo)*, obra para mezzosoprano y conjunto de cámara con texto poético surrealista. Cuando su obra *Le visage nuptial (El rostro nupcial)* se revisó y amplió como cantata coral y orquestal en 1958, resultó tan difícil de ejecutar que la única persona capaz de dirigirla era el propio Boulez. Este sería el inicio de su carrera como uno de los directores más destacados del mundo.

12 **Número de radios portátiles sintonizadas al azar usadas en la pieza de 1951 de John Cage *Paisaje imaginario n.º 4.***

Auge de la modernidad
El carisma de Boulez hizo de él una presencia dominante en la influyente escuela musical de verano fundada en 1946 en Darmstadt (República Federal Alemana), adonde peregrinaban cada año las luminarias de la nueva

Enchufado

La «partitura» de Mikrophonie 1, compuesta en 1964 por Karlheinz Stockhausen, muestra cómo los sonidos de un gran tam-tam (gong) se transforman electrónicamente durante una actuación en vivo.

generación de compositores, entre los que se encontraban los alemanes Hans Werner Henze (1926–2012) y Karlheinz Stockhausen (1928–2007). Las obras de este último impusieron un nuevo y temible nivel de complejidad técnica (pp. 270–271).

Otros dos compositores de vanguardia presentes en Darmstadt fueron el italiano Luigi Nono (1924–1990) y el estadounidense John Cage (1912–1992). Para Nono, la nueva música revolucionaria suponía también un compromiso político revolucionario. En 1956 ofreció un testimonio apasionado de ello en *Il canto sospeso* para solistas, coro y orquesta, obra basada en los escritos de combatientes de la resistencia ejecutados durante la Segunda Guerra Mundial.

Inspirado en Oriente

John Cage tenía otra perspectiva de la modernidad. Su interés por la filosofía oriental y el budismo zen le llevaron a estudiar el papel del azar en la música. La creación de su *Music of Changes* (1951) para piano fue determinada por el libro chino de adivinación *I Ching*, y su *4'33"* (1952) fue compuesta para cualquier combinación de ejecutantes, que tienen que permanecer en silencio durante el tiempo indicado en el título. Estas ideas de «música aleatoria» determinada por el azar empezaron a influir en otros

compositores, entre ellos Boulez, quien la exploró en su Sonata para piano n.º 3 (1957).

Música electrónica

La nueva era musical trajo consigo el estudio electrónico. Se hizo posible componer generando sonidos electrónicos, sin tener que depender de las limitaciones de instrumentos o voces. *Cinq études de bruits (Cinco estudios de ruidos)*, compuesto en 1948 por el francés Pierre Schaeffer (1910–1995), fue una de las primeras obras de *musique concrète*, en la que se manipulaban los sonidos de discos de gramófono.

Otra obra electrónica innovadora fue *Gesang der Jünglinge (Canto de los jóvenes)*, de 1956, de Stockhausen, en la que se deconstruía electrónicamente la voz aguda de un muchacho grabada en cinta y después se reconstruía en el mismo medio. En 1958, el italiano Luciano Berio (1925–2003) usó un enfoque similar en *Thema - Omaggio a Joyce*, basado en la transformación electrónica de la voz de su esposa, la soprano Cathy Berberian, leyendo un apartado de la novela *Ulises* de James Joyce.

Décadas antes, en los EE UU de preguerra, el compositor francés emigrado Edgard Varèse (1883–1965)

Pierre Boulez, otro as en la manga
Boulez dirige la Orquesta de la Academia del Festival de Lucerna (Suiza) en un ensayo. Además de toda una vida como compositor y escritor, Boulez ha sido un director de élite desde finales de la década de 1950.

cuatro pistas que precedió a sus obras para orquesta *Ameriques*, *Octandre* y *Arcana*. *Poème* se reprodujo a través de 400 altavoces colocados por todo el interior del pabellón Philips en la Exposición Universal de Bruselas de 1958.

Los discípulos enseñan al maestro

La nueva generación musical contaba con un padre en la figura del francés Olivier Messiaen (abajo, dcha.) Aparte de su éxito como compositor, era uno de los profesores más destacados de su tiempo, y había tenido como alumnos a Boulez, Stockhausen y otros talentos jóvenes en sus clases de composición en el conservatorio de París.

Aunque no compartía los valores musicales combativos y laicos de sus

«Todos los **compositores no seriales** son **inútiles**.»

PIERRE BOULEZ, EN EL ENSAYO «SCHÖNBERG HA MUERTO» (1952)

había soñado con trabajar con un medio musical aún por inventar. Ahora podía crear su *Poème électronique*, pieza de sonidos generados electrónicamente transferidos a una cinta magnética de

alumnos (era un católico devoto), Messiaen sentía una afinidad instintiva por algunas de sus ideas innovadoras. Sus primeras obras, de sonido rico y expresivo, se habían desarrollado a partir del ejemplo de Claude Debussy (pp. 204–205), pero ahora el maestro se convirtió en discípulo y Messiaen se vio influido por los jóvenes compositores de vanguardia y los complejos métodos técnicos de su música. *Cuatro estudios de ritmo* de Messiaen, compuestos en 1949–1950 para su esposa, la pianista Yvonne Loriod, se alimentó directamente de la técnica serial avanzada por Boulez, como lo hizo el rico tapiz de coloridos sonidos orquestales de su *Cronocromía* (1960).

Trucos de compositor

John Cage escribió una serie de composiciones, entre ellas *Sonatas and Interludes* (1946–1948), para «piano preparado», con los sonidos alterados y adaptados por objetos colocados sobre o entre las cuerdas.

DESPUÉS ⟫

Al ir perdiendo impulso la era de Darmstadt de las décadas de 1950 y 1960, sus compositores fueron tomando caminos propios.

BIFURCACIONES MUSICALES
En la década de 1960, **Stockhausen** se sumergió en la contracultura musical **270–271 ⟫**, creando en 1968 su hipnótico *Stimmung* para sexteto vocal. **John Cage** se dedicó a la música electrónica, que combinó con instrumentos convencionales, hasta volver a la notación más tradicional a finales de la década de 1960.

La fe católica y el mundo natural siguieron inspirando a **Messiaen**, cuya ópera de 1983 *San Francisco de Asís* representa la vida del santo italiano en un vasto fresco musical que celebra el amor por el canto de las aves tanto del santo como del compositor.

OBRAS CLAVE

Pierre Boulez Sonata para piano n.º 2; *Le marteau sans maître*

John Cage *Music of Changes*; *Sonatas and Interludes*

Karlheinz Stockhausen *Gesang der Jünglinge*

Luigi Nono *Il canto sospeso*

Olivier Messiaen *Cronocromía*

COMPOSITOR (1908–1992)

OLIVIER MESSIAEN

Nacido en Aviñón (Francia), Messiaen estudió en el conservatorio de París a finales de la década de 1920, y siendo aún alumno compuso *Le banquet céleste* para órgano y los *Préludes* para piano. Hecho prisionero mientras estaba de servicio en la Segunda Guerra Mundial, Messiaen fue enviado a un campo de prisioneros en Silesia, donde compuso e interpretó *Quatuor pour la fin du temps*. La *Sinfonía Turangalila* (1948), en diez movimientos, confirmó su reputación.

La chanson moderna

La *chanson* moderna es un fenómeno del París del siglo XX. Las canciones eran obra de cantautores cultos y carismáticos con una perspectiva política, poética, cómica o romántica propia. En Francia se tiene a estos *chanteurs* y *chanteuses* por héroes populares.

El dicho *tout finit par des chansons* («todo acaba en canciones») refleja la importancia de la canción popular en Francia. La *chanson* forma parte de su identidad nacional. Durante el siglo XX, el ambicioso y apasionado *auteur-compositeur-interprète*, versión francesa del llamado cantautor, continuó la tradición de siglos de la *chanson* como formato popular de noticias, poesía y relatos.

Reafirmando el vínculo de la sociedad francesa con este tipo particular de canción popular, la *chanson* y sus intérpretes se comunicaban con el público francés a un nivel cultural profundo. Pero era, por lo general, una música ignorada por el resto del mundo.

Desde el punto de vista musical, la *chanson* no tiene un formato estándar más concreto que la facilidad de escucha. Con frecuencia emplea estructuras populares o pop accesibles de movimiento armónico limitado, pero a menudo de ritmo vigoroso, ya sea marcha o vals tradicional o estilos más de moda en una época dada como el swing o el tango.

El éxito de la *chanson* reside en la eficacia de la ejecución. Aunque hay muchas melodías memorables de *chanson*, la música sirve siempre de apoyo a la interpretación inspirada de la letra.

Salvados de la contabilidad

Aunque su estilo y sus temas sean más ligeros que los de muchos de los cantautores que le siguieron, Charles Trenet es un pionero de la *chanson* moderna. El cantante belga Jacques Brel afirmó que «sin él, seríamos todos contables».

Destacado artista escénico desde finales de la década de 1930 hasta la de 1950, Trenet recibió el apodo *Le fou chantant* (El loco cantante) mientras hacía el servicio militar. Solo cantaba sus propias canciones, cosa singular para su tiempo. Sus temas iban desde piezas románticas y nostálgicas hasta tonadillas ingeniosas y extravagantes, llenas de detalles surrealistas, a menudo sobre un fondo musical de swing a la americana. Entre sus canciones más famosas está la onomatopéyica «Boum!», empleada en la película de James Bond *Skyfall* (se escucha a través de altavoces en la isla bombardeada del malo) y «La mer», que han versionado numerosos artistas a lo largo de los años.

Piaf y Brel

Las cantantes Yvette Guilbert y Mireille Mathieu hicieron mucho por elevar la teatralidad de la interpretación de la *chanson* a principios del siglo XX, pero fue Edith Piaf la que alcanzó mayor renombre.

CHARLES TRENET

Romance de Paris

JEAN TISSIER
YVETTE LEBON · ALERME · UN FILM DE JEAN BOYER

Padre del género
Este cartel de cine de Charles Trenet es del París ocupado en 1941, donde Trenet siguió con su carrera tras ser desmovilizado. Grabó su último álbum a los 86 años.

Piaf, una de las pocas figuras del género cuya fama rebasó las fronteras de Francia, grabó canciones admiradas en el mundo entero, entre ellas «La vie en rose», «Non, je ne regrette rien» y «Milord». Intérprete dramática, Piaf fue apodada «el gorrión» por ser menuda y por su expresión trémula de la fragilidad emocional. Intérprete más que autora de *chansons*, fue todo un referente por su gran presencia escénica, intensa teatralidad y voz poderosa, e influyó a muchos de los cantautores que la vieron, entre ellos Jacques Brel.

El belga Jacques Brel se trasladó a París en 1953 a los 34 años de edad, y no tardó en convertirse en un cantante popular en los clubs y cafés de la ciudad. Brel atacaba lo que le parecía ordinario y mediocre tanto en su vida como en su arte y dedicó su existencia al riesgo y a la aventura. Su vigoroso estilo

interpretativo y sus temas provocadores fueron a veces descritos como «violentos», con lo cual no estuvo de acuerdo: «No es violencia, es ira», afirmó. La fuente de su ira era lo que Brel veía como la indolencia, complacencia e ignorancia de la sociedad.

Las canciones sólidas y obsesivas de Brel se ocupaban de los complejos temas adultos del amor, la muerte, la hipocresía, la explotación, el yo y el sexo de manera teatralmente estilizada. Scott Walker, la estrella británica del pop, promovió sus canciones en Reino Unido y las tradujo en versiones como «Seasons In the Sun» («Le Moribond») y «If You Go Away» («Ne me quitte pas»), luego grabada por Nina Simone y Barbra Streisand, entre otros. En España cantó solo una vez, en Barcelona en 1960, pero influyó en artistas de la importancia de Joan Manuel Serrat, Joaquín Sabina y Paco Ibáñez.

Inspirado por la literatura

Georges Brassens fue, como mínimo, tan directo, inconformista e importante para la *chanson* moderna como Brel, pero rara vez salió de Francia, y sus canciones —inspiradas en su estudio de la literatura francesa decimonónica de autores como Baudelaire, Hugo y Verlaine— se prestaban poco a la traducción. Como Aristide Bruant 50 años antes, Brassens disfrutaba mucho escandalizando a la clase media francesa con «Le gorille» («El gorila»), «Le mauvais sujet repenti» («El mal tipo arrepentido») y otras canciones obscenas y satíricas.

ANTES

El fundador provocador e irreverente de la *chanson* moderna recurrió al artista Toulouse Lautrec para difundir sus conciertos con carteles.

CANCIONES «REALISTAS»

El cantautor **Aristide Bruant** (1851–1925) compuso y cantó canciones obscenas y con sonido gutural llamadas *chansons réalistes* sobre personajes de la calle de París. Actuaba en su propio club de Montmartre, Mirliton, donde era famoso por insultar a sus clientes, y también en el famoso Chat Noir. Su celebración humorística e irónica de las clases trabajadora y criminal le valieron la predilección de los intelectuales pequeñoburgueses de la ciudad.

ELDORADO
aristide BRUANT dans son cabaret

CARTEL DE TOULOUSE LAUTREC DE 1892

400 Número de grabaciones de «La mer» de Charles Trenet.

1.000 Número de canciones escritas por Charles Aznavour.

OBRAS CLAVE

Charles Trenet «Que reste-t'il de nos amours?»

Edith Piaf «Non, je ne regrette rien»; «La vie en rose»

Jacques Brel «Ne me quitte pas»

Léo Ferré «Avec le temps»

Georges Brassens «Le pornograph»

Charles Aznavour «Après l'amour»

A su aire

«La mala reputación» (1953) es una canción semiautobiográfica del cantautor francés George Brassens en la que se queja de que a la gente le desagrade todo aquel que escoge un camino distinto al de ella.

Al morir Serge Gainsbourg en 1991 a los 62 años, el presidente francés François Mitterand afirmó que el cantautor había «elevado la canción al nivel de arte».

BOHEMIO SIN MIEDO

El parisino Gainsbourg comenzó como artista de cabaret a finales de la década de 1950 para luego componer la canción ganadora del festival de Eurovisión «Poupée de cire, poupée de son» («Muñeca de cera, muñeca de serrín»). Grabó

SERGE GAINSBOURG Y JANE BIRKIN

canciones de **reggae**, **art pop**, **electrónica**, y **africana**, y fue uno de los artistas más singulares y osados de la **música pop europea**. La vida amorosa de Gainsbourg y su personalidad bohemia solo parecían subrayar su seriedad poética y musical. Pese a que es conocido internacionalmente sobre todo por su dúo subido de tono «Je t'aime… moi non plus» de 1969 con Jane Birkin, su influencia ha sido considerable.

Otro cantautor con una personalidad radical fue el cantante y pianista Léo Ferré; extravagante artista de cabaret en sus inicios a mediados de la década de 1940, se volvió popular en la siguiente entre el público de izquierdas gracias a sus temas anárquicos y satíricos. Su canción más famosa es la elegíaca «Avec le temps».

El *chanteur* en el extranjero

Apadrinado como joven autor por Edith Piaf, Charles Aznavour maduró, se convirtió en un cantante de fama internacional y compuso en alemán, italiano, español e inglés. Especializado en complejas canciones de amor, era dueño de una voz atractiva y gutural y hacía creíbles sus canciones hasta un grado inquietante. Su disposición a salir del ámbito nacional (fue nombrado embajador armenio en Suiza) le valió un perfil que no tuvieron sus colegas, la mayoría de los cuales no se ocuparon mucho de su público más allá de París, o, como mucho, Francia.

«No escribo **poesía**, no soy poeta. **Yo escribo canciones**.»

JACQUES BREL EN UNA ENTREVISTA DE TELEVISIÓN

El gorrión canta

Edith Piaf comenzó a cantar a los 14 años, y su extraordinaria vida fue parte de su atractivo. Se hizo una película sobre ella, *La vie en rose*, título de su famosa canción, en 2007. Esta fotografía fue tomada en una sesión de grabación en 1937.

ANTES

**Al llegar Hitler al poder en Alemania,
los compositores judíos huyeron y
varias formas musicales se prohibieron.**

EXILIADOS MUSICAL
En 1933 Hitler fue nombrado canciller de
Alemania e hizo aprobar leyes antijudías.
Entre los compositores que huyeron, muchos
a EE UU, estaban **Arnold Schönberg
‹‹ 210–211, Kurt Weill ‹‹ 261**, y
Erich Korngold 291 ››.

CENSURA NAZI
La censura de la *Entartete Musik*, o «música
degenerada», afectaba al **jazz**, la música
gitana (por sus raíces «no arias») y las obras
de compositores **modernos ‹‹ 266–267**.

OBRAS CLAVE

Richard Strauss *Cuatro últimas canciones*

Hans Werner Henze *Boulevard Solitude*

Karlheinz Stockhausen *Gruppen*

Hanns Eisler *Sinfonía alemana*

Karl Amadeus Hartmann *Concerto
funèbre*

Resurgimiento alemán

**Tras la vergüenza de la guerra, la derrota y la luz sobre los crímenes nazis, había una necesidad
de reconstruir la cultura alemana, incluida la música clásica, la más germánica de las artes.
Complicaba la tarea la separación del país en dos nuevos estados ideológicamente distintos.**

La división de Alemania después de la
guerra en la República Democrática
(RDA o Alemania Oriental, bajo la
influencia soviética) y la República Federal
(RFA o Alemania Occidental) dio lugar a
naciones separadas con escasos contactos
culturales entre sí. En materia de música
clásica contemporánea, destacó la RFA,
pero muchas instituciones musicales
de la RDA fueron de primer orden,
en particular sus orquestas, como
la *Staatskapelle* («capilla estatal») de
Dresde y la *Gewandhaus* de Leipzig,
cuyo nombre rinde homenaje a la
casa donde los comerciantes textiles
vendieron sus telas en el pasado.

Acabada la guerra, muchos ciudadanos
de ambos países fueron sometidos a un
vergonzoso proceso por la sospecha de
haber colaborado de alguna forma con
el régimen derrotado. Entre los músicos

obligados a pasar por ello estuvieron
Richard Strauss (pp. 222–223), cuyas
Cuatro últimas canciones (1948) son el
último aliento de una cultura destruida
por la guerra, y los directores Wilhelm
Furtwängler (1886–1954) y Herbert
von Karajan (1908–1989).

Algunos compositores estaban libres
de vínculos con los nazis, entre ellos
Karl Amadeus Hartmann (1905–1963),
que mientras duró el régimen se negó
a permitir que se interpretara su música.
Tras la guerra revisó sus composiciones
anteriores al conflicto para reflejar un
mundo cambiado: su *Trauermusik (Música
de luto)* de 1939 volvió en 1959 como
Concerto funèbre. Hartmann también creó
el programa de conciertos Musica Viva,
que recuperaba música suprimida por los
nazis. Iniciados en Munich en 1945, los
conciertos aún apoyan la música actual.

Ópera a la mayor escala
La portada sobria de una grabación de *Die Soldaten
(Los soldados)* de Bernd Alois Zimmermann. Estrenada
en 1965, fue una ambiciosa sátira antimilitarista que
requería una gran orquesta y múltiples pantallas.

Entre los nuevos compositores había un ansia irresistible de romper con el pasado. De la generación siguiente a la de Hartmann, Hans Werner Henze (dcha.) había servido contra su voluntad en el ejército durante la guerra, estando incluso prisionero por los británicos. Durante un tiempo formó parte de un grupo informal de compositores que se

14
Número de helicópteros necesarios para representar «Helikopter Streichquartett» de 1993 de Stockhausen, parte de su ciclo de ópera _Licht_ (_Luz_).

reunían en una escuela de verano en Darmstadt, en la República Federal. Allí se expuso a nuevas ideas, músicos y compositores de Europa y el resto del mundo.

Forjar un nuevo comienzo
La expresión «Escuela de Darmstadt» simbolizó un estilo internacional de vanguardia que llevó al extremo las ideas modernas de Arnold Schönberg y Anton von Webern (pp. 210–211). Las experiencias vividas en la guerra de Henze le hicieron contrario a un enfoque musical rígido. Su primera ópera redonda, _Boulevard Solitude_, se inspiraba en fuentes tan dispares como Kurt Weill (pp. 160–161) y el jazz.

Henze se alejó de Darmstadt, pero la escuela conservó un papel vital en la regeneración de la música alemana. Entre los que continuaron acudiendo estuvo Bernd Alois Zimmermann (1918–1970), que durante la guerra estuvo con el ejército en Francia, donde le impactó la energía de la música de Stravinski (pp. 212–213) y Darius Milhaud (p. 205). Después de la guerra siguió alimentándose no solo de la vasta historia de la música clásica occidental, sino también de formas no clásicas, incluido el jazz. Tal eclecticismo le hizo impopular en determinados círculos, pero fue parte de un movimiento más amplio dirigido a reformar la música alemana sin rechazar por completo el pasado.

Última tecnología
Apenas menos importantes que la escuela de Darmstadt fueron las emisoras de radio regionales como la Westdeutscher Rundfunk (WDR) de Colonia y la Hessischer Rundfunk (HR) de Frankfurt. En 1951 WDR montó un estudio electrónico para aprovechar los avances tecnológicos en los equipos de grabación. Entre los compositores que acudieron al estudio hubo otro visionario de Darmstadt, Karlheinz Stockhausen (pp. 266–267), quien desde el comienzo mismo de su carrera, fue un compositor de ambición épica. Su vasta _Gruppen_ (Grupos), compuesta en 1955–1957, requería tres orquestas y tres directores. La estrenó la Orquesta Sinfónica de la Radio de Colonia, la orquesta propia de la WDR.

En la década de 1960 estaba surgiendo una generación de compositores cuyo

Creando ondas
Stockhausen experimentó en el «Estudio de Música Electrónica» de la emisora de radio WDR (en la imagen, _c._ 1960). Fue aquí donde creó un nuevo lenguaje musical.

desarrollo apenas había sido tocado por el nazismo y la guerra. Entre ellos destacaba Helmut Lachenmann (n. 1935), quien ya en su cuarteto de cuerda de 1972 _Gran Torso_ mostraba su capacidad de ampliar la expresión musical para incluir todo tipo de sonidos rasgados en un mundo de extraña e intrincada belleza sonora.

COMPRENDER LA MÚSICA
ACÚSTICA

Cómo distribuye un espacio el sonido —su acústica— es un reto para toda sala de conciertos. En vez de maquetas, hoy la mayoría de los técnicos usan ordenadores para trabajar con las dimensiones de un auditorio, sus materiales e insonorización. Algunos diseñadores optan por una forma de caja de zapatos, otros prefieren estructuras en abanico. El diseño revolucionario de la Filarmónica de Berlín (inaugurada en 1963) tiene a la orquesta rodeada por terrazas ascendentes de butacas.

COMPOSITOR (1926–2012)
HANS WERNER HENZE
Influido por su juventud en la Alemania nazi, desde sus inicios musicales Hans Werner Henze mostró un compromiso con la izquierda que se refleja a menudo en su música. Sus visitas a Cuba inspiraron la pieza de teatro musical _El Cimarrón_ (1970), sobre un esclavo huido, mientras que su ópera _We Come to the River_ (_Vamos al río_), de 1976, indignó a muchos por lo estridente de su postura antibelicista. Como muestran sus diez sinfonías, sin embargo, Henze estaba igualmente comprometido con el lirismo y la melodía.

> «Se trata de **romper el viejo contexto**, por cualquier medio, **para romper los sonidos**, estudiando su anatomía.»
>
> HELMUT LACHENMANN, COMPOSITOR, EN UNA ENTREVISTA, 2003

Durante la regeneración de posguerra se construyeron o reconstruyeron muchas óperas y auditorios, entre otras ciudades en Berlín, Munich y Leipzig. Las nuevas salas reflejaban la renovada pujanza de la música alemana, con una acústica avanzada a su altura (abajo).

Apartar el Telón de Acero
Pocos de los compositores que huyeron de Alemania en la década de 1930 quisieron volver a Alemania Oriental. Uno de los que lo hizo fue Hanns Eisler (1898–1962). Había estudiado con Schönberg en la década de 1920, pero como comunista quería componer música seria dirigida a los aficionados de a pie, con influencias del jazz y el cabaret (pp. 256–257). En el exilio trabajó en Hollywood con colegas emigrados como el dramaturgo Bertolt Brecht y el cineasta Fritz Lang. Tras la guerra Eisler fue puesto en la lista negra de los estudios de Hollywood, acusado de ser «el Karl Marx de la música». Expulsado de EE UU en 1948, volvió a Alemania Oriental y compuso el himno nacional de la nueva nación. Su obra más importante es la _Sinfonía alemana_ (con texto de Brecht), iniciada en la década de 1930 como «cantata antifascista», pero que quedó sin completar hasta la de 1950.

Es en el ámbito de la ópera, sin embargo, donde quizá se produjera la mayor aportación de la RDA a la vida musical de la posguerra. El director austriaco Walter Felsenstein (1901–1975) fue el pionero de un método de producción innovador y preciso en la Komische Opera de Berlín a partir de 1947 que hacía hincapié en la actuación

tanto como en la música y traducía el texto al idioma local. Con ello transformó paulatinamente el modo en que se presenta la ópera en todo el mundo.

DESPUÉS »

Alemania sigue siendo una potencia de la música clásica. Hay pocos países tan comprometidos con la creación de música nueva y relevante.

COMPOSITORES DEL BABY BOOM
Parte del legado musical de Hans Werner Henze es la **Bienal de Munich**, puesta en marcha en 1988 como festival y escaparate de la ópera contemporánea. Aunque nunca ha figurado en la Bienal, **Wolfgang Rihm** (n. 1952) es uno de los compositores alemanes más prolíficos. Compuso su primera sinfonía en 1968, y ha escrito cientos de obras en todos los géneros, desde piano solista hasta gran ópera. Igualmente versátil es **Heiner Goebbels** (n. 1952), que en obras como _Eislermaterial_ (un homenaje a Hanns Eisler) y _Schwartz auf Weiss_ combina teatro e instalación, improvisación y notación tradicional, lo clásico y lo popular.

AUDITORIO GEWANDHAUS DE LEIPZIG (1981)

« ANTES

El pueblo gitano lleva un milenio en movimiento, adaptando e influyendo en la música de las culturas que ha encontrado en su camino.

RAÍCES INDIAS

El pueblo romaní, o gitano, procede de India. Algunos historiadores hacen remontar sus orígenes al Rajastán del siglo XI y afirman que se pueden apreciar elementos de la música romaní en la música de las actuales **bandas rajastaníes**. La cultura musical de los romaníes se propagó, pasando por Asia Menor y Egipto (nombre del que procede «gitano»), hasta Europa, Arabia, África del Norte y América.

4 MILLONES El número de gitanos que se cree viven en Europa.

200 El número de pulsos por minuto que toca la banda Fanfare Ciocărlia.

FUSIÓN DE CULTURAS

Aunque hoy se suele considerar que el núcleo musical de los gitanos está en Europa central y del Este, su música es una **fusión** de elementos de muchas culturas, entre ellas la griega, turca y española. Los gitanos tuvieron un papel clave en el desarrollo del **flamenco « 178–179**.

COMPRENDER LA MÚSICA

GLISSANDO

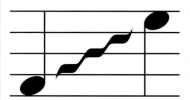

Una línea diagonal u ondulada entre dos notas en la partitura representa un *glissando*, indicación de que el paso entre una y otra debe recorrer todas las notas intermedias. Es un recurso frecuente en la música gitana, en instrumentos de cuerda, por lo general. Así, en la guitarra, un dedo de la mano izquierda se desliza por la cuerda mientras los de la derecha tocan rápidamente notas, con un efecto virtuoso y febril. Esta técnica también se aplica a instrumentos que no sean de cuerda. Uno de los ejemplos más conocidos de *glissando* son los primeros compases del clarinete de *Rhapsody in Blue*, de George Gershwin.

Gitanos franceses
Un niño baila en una reunión de gitanos en Francia. Hay más de medio millón de gitanos en el país, y de entre ellos han salido bastantes músicos, como los famosos Gypsy Kings.

Música romaní

La música espontánea y animada del pueblo romaní viajó de Oriente a Occidente, y fue marginalizada y oprimida. Hoy es admirada en todo el mundo, atrae a un público amplio y gana premios.

La tradición musical gitana conserva una mayor fuerza en Hungría, Rumanía y los países balcánicos, donde se alimenta de las raíces de la música popular local —caracterizada por un canto lento y lastimero, melodías rápidas para bailar, palmas, percusión hecha con la boca y cucharas de madera— y la combina con elementos del este como el *glissando* (transición gradual entre notas), la manipulación tímbrica y la improvisación.

Históricamente, los gitanos se han ganado la vida con frecuencia como músicos y comerciantes ambulantes, y su entorno natural es un ambiente animado y de feria. Por todos los Balcanes y Europa Central, los músicos gitanos se ganaron a menudo la vida tocando en bodas rurales. A medida que viajaban, se familiarizaban con

el folclore local, le añadían adornos propios y creaban híbridos del gusto del público. Los gitanos solían tocar con músicos judíos de klezmer de Europa del Este.

Los gitanos solían vivir en las afueras de ciudades y pueblos debido a las leyes discriminatorias que impedían la integración plena, situación que ha aportado a su música sus temas: romance y juergas, bebida, vida rural y juegos en el campo.

Variedad de emociones

La música gitana puede ser trágica y triste, y tiene subgéneros de canciones líricas lentas que producen una especie de catarsis o expresión compartida de dolor.

Tiene también bailes rápidos como el *horos* y el *trite pâti* búlgaros y la *xuttjadi djili* (canción de saltar) húngara, y música alegre de violín, percusión y *surna* (un instrumento de viento-madera similar a la chirimía). Esta música aporta la clase de energía necesaria para animar las celebraciones de días de duración que acompañan las bodas y fiestas gitanas.

La herencia otomana

El violín es el instrumento fundamental de la música romaní, siendo también importante el dulcemel de macillos

húngaro o zimbalón. Las bandas de metales de la música romaní actual son un legado de las bandas militares de los Balcanes durante la ocupación otomana, y hoy el gran Festival de la Trompeta de Guča, en Serbia, donde compiten más de 200 grupos, atrae público de toda Europa.

Influencia sobre otras músicas

En el siglo XIX los nacionalismos de Europa central y del Este explotaron la cultura musical romaní. Músicos como el virtuoso del piano Franz Liszt (pp. 162–163) y luego el compositor Béla Bartók (pp. 214–215) tomaron prestados elementos de la tradición gitana en sus composiciones clásicas.

Durante el siglo XX, la cultura romaní fue objeto de la asimilación y la opresión bajo los regímenes nazi, soviético y de

Forma trapezoidal   **Cuerdas metálicas**

Patas desmontables   **Pedal apagador**

El sonido percusivo
El zimbalón es un instrumento popular europeo cuyas cuerdas se tocan con dos macillos. Es una variante del dulcemel de macillos de concierto y se encuentra en muchos países del mundo.

la esfera de influencia de este último. Se estima que unos 600.000 gitanos fueron exterminados en el Holocausto.

La película de 1988 *El tiempo de los gitanos*, del director, actor y músico serbio Emir Kusturica, dio noticia al

Django Reinhardt, solista brillante que forjó un estilo muy propio enraizado en su cultura gitana, fue el primer músico de jazz europeo fuera de serie. Se crió en un campamento gitano en las afueras de París y aprendió a tocar el violín y la guitarra. En 1928 su mano izquierda quedó mutilada por un incendio en su caravana, limitación que superó con un método de digitación propio. Tocó en cafés de París y en 1934 fue miembro fundador del Quintette du Hot Club de France. Reinhardt hizo giras por EE UU como solista con la banda de Duke Ellington, y sus composiciones breves, como «St. Louis Blues» (1937), son obras maestras del ritmo y la inflexión.

público occidental de la vida de los gitanos y sirvió de plataforma a la música del compositor bosnio Goran Bregović, líder de una banda de 40 miembros con sección de metales, cuerdas, gaitas y un coro masculino.

Mayor difusión
La caída del comunismo y las guerras de Yugoslavia en la década de 1990 pusieron bajo los focos al núcleo de la patria romaní y a una nueva generación de músicos. La película *Latcho Drom* (1993), de Tony Gatlif, cineasta francés de ascendencia gitana y argelina, contaba la historia del largo viaje del pueblo romaní desde India hasta Europa del Este. Poco después, la película de Emir Kusturica *Underground* (1995), ganadora de la Palma de Oro del Festival de Cine de Cannes, proporcionó a Goran Bregović un álbum de banda sonora de éxito.

Los rumanos Fanfare Ciocărlia, el serbio Boban Marković y la macedonia Kočani Orkestar han tenido un papel clave en la difusión en Occidente del sonido de los intensos metales y viento-madera romaníes. En España y Francia predominan la voz y la guitarra, pero en las grabaciones de Gitano Family, de Camargue, y el genio Django Reinhardt (arriba), las raíces romaníes de la música son claramente perceptibles.

Migración a Europa
La primera prueba documental de la presencia del pueblo romaní en Europa corresponde a la Grecia del siglo XIV, adonde se cree que llegó desde Egipto. También migró a Europa a través de Asia Menor.

CLAVE
➡ De 1900 en adelante
➡ 1500–1900
➡ 900–1500

DESPUÉS »

El auge de las músicas del mundo ha producido un renovado interés por los festivales y grupos gitanos, y algunos paquetes turísticos incluyen eventos musicales.

COMERSE EL MUNDO
Hay lugar en la escena gitana moderna para música de influencia romaní de toda clase, desde la **tradicional** de Rajkó Orchestra and Folk Ensemble hasta Bregović, quien ha colaborado con la estrella del **rock** Iggy Pop. Se fusiona con otros estilos, como en el caso de la eslovaca Věra Bílá, que combina su apasionado estilo vocal nativo con melodías y ritmos **brasileños**.

NUEVOS ESCAPARATES
El legado de Django Reinhardt pervive en la música del guitarrista francés **Biréli Lagrène**, y la aparición de la diva macedonia Esma Redžepova («**Reina de los gitanos**») en el festival de Eurovisión de 2013 aportó un nuevo público a las tradiciones romaníes.

Potente y estimulante
La premiada agrupación de metales de doce miembros Fanfare Ciocărlia es famosa por sus conciertos enérgicos y virtuosos, por el empleo de instrumentos antiguos y por las interrupciones inesperadas.

Sonidos brasileños

El paisaje musical de Brasil es uno de los más dinámicos del mundo. Las influencias indígenas, africanas y europeas se combinan en un lenguaje musical singular, y, desde la década de 1960, la samba y la bossa nova han seducido a músicos y públicos de todo el planeta.

« ANTES

La historia musical de Brasil se remonta a miles de años atrás, a cuando palmas y pies aportaron por primera vez una potente energía rítmica.

MUCHAS INFLUENCIAS

La música y el baile han sido un aspecto muy importante de las fiestas y celebraciones de todo Brasil. Desde 1500, los **colonos portugueses** trajeron influencias europeas, del norte de África, de Oriente Medio y de India, instrumentos incluidos —la **pandereta**, el **acordeón**, el **clarinete** simple e instrumentos de cuerda—, así como modos y escalas europeos.

Con el comercio de esclavos se introdujeron rasgos de la **música africana**, entre ellos ciertos recursos melódicos (como la **séptima bemol** en una escala mayor) y complejos patrones rítmicos **sincopados**. En Brasil los africanos desarrollaron también la **capoeira**, combinación de arte marcial y baile rítmico asociada a los cantos de llamada y respuesta.

> «Para mí, la **música brasileña** es la mezcla perfecta de **ritmo** y **melodía** […] Si tuviera que elegir **un solo estilo musical** para tocar, sería este.»

HERBIE MANN, FLAUTISTA DE JAZZ ESTADOUNIDENSE

La música forma parte de la vida cotidiana en Brasil, y se escucha en cafés, salas de concierto, estadios y en los carnavales que se celebran cada año en todo el país. El ritmo es lo que anima toda la música brasileña, sobre todo el empleo de la síncopa, en la que el acento cambia inesperadamente del tiempo fuerte al débil. Inspirado en los ritmos complejos de los tambores africanos, dota a la música brasileña del vaivén irresistible que mueve a todo el mundo a querer bailar.

Música tradicional

La música y el baile están íntimamente entrelazados en la música tradicional brasileña, así como en las palabras: por ejemplo, «samba» puede referirse a un baile, a un estilo musical o a un ritmo. Diferentes corrientes de la cultura popular se han fusionado, y sobreviven variaciones regionales de ciertos estilos musicales junto a sus variantes urbanas.

En cada región del país han evolucionado tradiciones y estilos propios que se siguen escuchando en las fiestas locales. En Recife y Olinda, en el noreste, por ejemplo, se celebran desfiles de gran colorido que acompañan el *maracatu*, de influencia africana, en el que una percusión acompaña a un coro y un cantante, bailarines y figuras como un rey, una reina y deidades tribales. El frenético y enérgico *frevo* es un baile popular tocado con instrumentos de viento en carnavales y partidos de fútbol; transforma el arte marcial de la capoeira en una competición entre bailarines que ejecutan saltos con sombrillas.

El estilo de música instrumental urbana y popular más antiguo de Brasil es el *choro*, denominado a menudo con el diminutivo *chorinho* («llorito»). Mezcla de ritmos africanos y de música de baile europea, nació en Río de Janeiro en torno a 1870, con grupos de *chorões* que bailaban y cantaban canciones sentimentales en la calle. A pesar de su nombre, suele ser una música alegre, rápida y virtuosista, con improvisaciones llamativas. Intervienen, en general, un trío de instrumentos —flauta, guitarra y *cavaquinho* (un pequeño instrumento de cuatro cuerdas parecido al ukelele)—, pero hoy los grupos añaden a menudo una mandolina, clarinete, metales y una sección rítmica de bajo y *pandeiro*. El compositor Villa-Lobos (1887–1959) definió el *choro* como la auténtica encarnación del alma brasileña.

Samba y bossa nova

La urbanizada samba, nacida en el campo como baile tradicional de pareja, es la forma musical más famosa de Brasil,

Playa de Ipanema

La espectacular playa de Ipanema, en Río de Janeiro, se hizo famosa de la noche a la mañana en 1965, al ganar «La chica de Ipanema», cantada por Astrud Gilberto, un Grammy. Es uno de los temas más versionados de la historia.

popular en las ciudades orientales de Río de Janeiro, São Paolo y Salvador. Sus melodías fáciles y cantables suelen ejecutarse con armonías simples y llamada y respuesta entre el solista y el coro. El ritmo sincopado de vaivén del acompañamiento lo realiza un conjunto particular de instrumentos de percusión propios del estilo: el *berimbau* (un arco de una sola cuerda); el *tamborim* y el *pandeiro* (panderetas); el *surdo*, la *timba* y la *caixa* (tambores); el *agogô* (un

2 pulsos por compás

La corchea con puntillo vale tres cuartos de pulso

La ligadura indica 2 notas tocadas como 1 con sus valores combinados: tres cuartos de pulso

El silencio de corchea vale medio pulso

El silencio de semicorchea vale un cuarto de pulso

La negra es un pulso

Acento justo antes del segundo pulso

Barra de compás

La corchea vale medio pulso

Acento justo después del segundo pulso

Ritmo de bossa nova

Trasladar el acento de un pulso fuerte a uno débil (síncopa) da a la bossa nova su ritmo especial. La segunda nota del primer compás se adelanta inesperadamente al segundo pulso, mientras que en el segundo compás la segunda nota parece retrasarse.

cencerro doble); y el *reco-reco* (análogo al güiro cubano), la *ganza* (sonajero) y los *chocalhos* (marco de metal con sonajas).

La más lánguida y menos percusiva bossa nova («estilo nuevo») surgió de la samba en las décadas de 1950 y 1960. La melodía puede guardar una relación deliberadamente inhabitual en la música popular con la armonía, una disonancia que crea una tensión expresiva, como en «Desafinado» de Antonio Carlos Jobim. Las letras suelen ser reflexivas y hablar de amor, belleza y pérdida. La formación habitual es piano, guitarra clásica y voz, pero hay arreglos para orquesta. El ritmo sincopado tiene un efecto de plácida suavidad.

300 Número aproximado de escuelas de samba que participan en el carnaval de Río cada año.

OBRAS CLAVE

Heitor Villa-Lobos *Bachiana brasileira n.º 5*

Antonio Carlos Jobim y Vinicius de Moraes «La chica de Ipanema»; «Chega de saudade»

Antonio Carlos Jobim «Desafinado»; «Agua de beber»

Beth Carvalho «Camarão que dorme a onda leva»

Zeca Pagodinho «Maneiras»

Espectáculo de samba

Durante el carnaval de Río de Janeiro, las escuelas de samba de la ciudad desfilan por la calle de 700 m dentro del sambódromo Marquês de Sapucaí, diseñado por el arquitecto brasileño Oscar Niemeyer.

MÚSICO BRASILEÑO (1927–1994)

«TOM» JOBIM

A Antonio Carlos «Tom» Jobim, de múltiples talentos, se le conoce sobre todo como creador de la bossa nova. En 1962 trabajó con él Charlie Lee Byrd (guitarrista estadounidense y discípulo de Django Reinhardt) en el álbum *Jazz Samba*, pero fueron las grabaciones de 1963 y 1964 con el saxofonista estadounidense Stan Getz, el guitarrista y compositor João Gilberto y su esposa Astrud, las que llevaron a la música brasileña al éxito internacional.

DESPUÉS ≫

Tras el golpe militar de 1964 surgieron nuevos tipos de música en Brasil, entre ellos uno que combinaba samba, bossa nova, folk y canción protesta.

MÁS ALLÁ DE LA BOSSA

En oposición a la dictadura de 1964–1985, la **Música Popular Brasileira** (MPB) buscó un sonido propio con elementos de bossa nova y samba pero también folk, canción protesta, rock y jazz. La canción «Arrastão» interpretada por **Elis Regina** (1945–1982) marcó el inicio del estilo. Regina destacó también en **Tropicália**, que mezcló estilos brasileños y africanos.

LA VOZ DE RÍO

En años recientes, las canciones de easy listening de **Zeca Pagodinho** (n. 1959), inspiradas en su niñez en Río, le han convertido en un artista de gran éxito mundial.

EL CANTANTE ZECA PAGODINHO

El hombre de las maracas
El cantante y director de banda de latin jazz Machito con su banda, los Afro-Cubans, hacia 1940. De los tres trompetistas, el de en medio es su cuñado y director musical, Mario Bauzá.

« ANTES

Parte del primer jazz que se tocaba en Nueva Orleans al principio del siglo xx incorporaba ritmos procedentes de la cercana Cuba.

UN ALIENTO LATINO

El pionero del jazz y leyenda del ragtime **Jelly Roll Morton** llamó *Spanish tinges* (toques españoles) a los elementos **afrolatinos** del jazz de la primera época en Nueva Orleans **« 234 –235**. Con el lema «hay que darle ese toque español», popularizó un sonido de jazz con ritmos de **habanera** (llamada en Cuba contradanza) y **tresillo**, con raíces en la música africana subsahariana. El *Spanish tinges* de Morton no tiene, pues, relación con España, sino con la que fuera su colonia, Cuba.

PAR DE CLAVES, USADAS EN LA PERCUSIÓN CUBANA

El jazz se vuelve latino

Como forma musical fluida, el jazz está en permanente evolución; pero el jazz latino o afrolatino es un género propio, reconocible sobre todo por el ritmo de habanera que llegó a EE UU desde África, pasando por Cuba.

Ya en 1914, el compositor de blues W. C. Handy (p. 240) había usado un ritmo lento de habanera de dos pulsos por compás para la línea de bajo de su canción «St. Louis Blues». Sin embargo, no fue hasta 1943 cuando un cierto tema anunció la llegada de una nueva forma musical.

«Tanga», escrita por el habanero Mario Bauzá (1911–1993) e interpretada por su cuñado y compatriota Machito (1908–1984) con su banda, se considera el primer ejemplo de auténtico jazz latino, al combinar ritmos cubanos de origen africano con la improvisación jazzística. Machito (apodo de Francisco Raúl

Gutiérrez Grillo) se crió cantando y bailando con sus tres hermanas mayores y los empleados de su padre, fabricante de puros. Antes de cumplir los 20 años era un cantante y maraquero consumado, y él y Bauzá, trompetista, comenzaron a darse a conocer tocando en bandas locales.

EE UU llama

En 1937 ambos se trasladaron a Nueva York para grabar con la creciente comunidad de músicos cubanos. Al tocar con las big bands de Chick Webb y Cab Calloway introdujeron elementos musicales

cubanos. En 1940 formaron su propia banda, los Afro-Cubans, liderada por Machito a la voz y las maracas, con trompetas, saxofones y una sección rítmica de piano, contrabajo, timbales, bongós y congas. Un ensayo de «Tanga» en el Park Palace Ballroom el 29 de mayo de 1943, con instrumentos de jazz así como improvisaciones solistas, marcó el nacimiento del jazz latino.

En marzo de 1946, el pianista y director de banda de jazz Stan Kenton (1911–1979) grabó la canción de

15 AÑOS Edad del saxofonista Stan Getz cuando empezó a tocar como profesional en grupos de jazz de Nueva York.

DESPUÉS »

homenaje «Machito», que se suele considerar la primera grabación de jazz latino por músicos de jazz estadounidenses. En diciembre del mismo año, Kenton grabó un arreglo instrumental del clásico afrocubano «El manisero» con miembros de la sección rítmica de Machito.

El primer concierto en el que una banda estadounidense tocó jazz afrocubano tuvo lugar en septiembre de 1947, cuando el trompetista Dizzy Gillespie (pp. 246–247) colaboró con el percusionista de Machito Chano Pozo para tocar «Afro-Cuban Drums Suite» en el Carnegie Hall de Nueva York. Pozo se quedó en la orquesta de Gillespie y juntos grabaron «Manteca», que se convertiría en el primer estándar de jazz con un ritmo cubano inconfundible.

Un crisol musical

A Gillespie se le atribuye también la invención del bop cubano, fusión de ritmos cubanos y bebop. Durante su larga carrera, Gillespie exploró en su obra toda una gama de tradiciones musicales latinoamericanas, y en 1956 incluso compartió escenario en Buenos Aires con la orquesta de tango del

Tito Puente (1923–2000), neoyorquino de origen portorriqueño. En la década de 1960, Puente colaboró extensamente con otros músicos afincados en Nueva York, tocando con el director de big band Woody Herman y las cantantes cubanas Celia Cruz (pp. 278–279) y La Lupe. Su mezcla de diversos ritmos latinos, entre ellos el mambo, el son y la salsa, con el jazz, representó la fusión de lo latino y el jazz. Esta influencia fue un paso más allá en 1970, cuando su canción de 1963 «Oye como va» fue un éxito en la versión del grupo de rock con aires latinos Santana. Para entonces el jazz latino había hecho de Nueva York —hogar de grandes comunidades de portorriqueños, cubanos y afroamericanos— su sede.

Un jazz basado en la flauta y procedente de Cuba llamado charanga gozó de una breve popularidad, como sucedió con el bugalú *(boogaloo)* influido por el funk, el soul y el mambo a mediados de la década de 1960. El neoyorquino Joe Cuba, «padre del bugalú», tuvo un gran éxito en 1966 con «Bang Bang», que ayudó a exportar el *boom* del bugalú a Puerto Rico.

El aporte brasileño

El sonido brasileño de la bossa nova, surgida de la samba en Río de Janeiro en la década de 1950 (pp. 278–279), fue adoptado a principios de la década

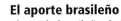

Cabeza de lista

El álbum de bossa nova *Getz/Gilberto*, publicado en marzo de 1964 por Verve, obtuvo en 1965 el Grammy a mejor álbum del año. Fue la primera vez que un disco de jazz alcanzó dicho galardón.

compositor argentino Osvaldo Fresedo (pp. 254–255).

Una tradición jazzística aparte surgió del mambo, enérgico ritmo afrocubano que desencadenó una fiebre de baile en la década de 1950. El exponente más notable de esta conexión fue el músico

Adelante con el ritmo

Las congas son tambores altos y estrechos originarios de África. Suelen usarse en pares, y tocarse con los dedos y las palmas de las manos. Son parte esencial del sonido del latin jazz.

de 1960 por muchos músicos estadounidenses de jazz, entre ellos Charlie Byrd y Stan Getz. Getz fue invitado por los creadores de la bossa nova —los músicos João Gilberto (n. 1931) y Antonio Carlos «Tom» Jobim (1927–1994)— a colaborar en el que se convertiría en uno de los álbumes de jazz más vendidos de todos los tiempos, *Getz/Gilberto*. La esposa de Gilberto, Astrud, que cantaba en el disco, se convirtió en estrella internacional; y la canción «La chica de Ipanema», en éxito global.

Nuevo tango, nuevas fusiones

En Argentina, el compositor Astor Piazzolla (1921–1992) revitalizó el tango (pp. 254–255) incorporando elementos y estilos de jazz en su «nuevo tango». Colaboró con músicos de jazz estadounidenses, como el saxofonista barítono y compositor Gerry Mulligan (1927–1996).

El jazz no dejó de absorber elementos latinoamericanos. El percusionista brasileño Airto Moreira, uno de los pioneros del jazz fusión, tocó con Miles Davis (pp. 334–335) y participó en la

grabación de su álbum de 1970 *Bitches Brew*. Joe Zawinul, miembro fundador de la banda de jazz fusión Weather Report, y el grupo de fusión del guitarrista Pat Metheny hicieron asimismo el papel de embajadores en las décadas de 1970 y 1980, dando a conocer el jazz latino a públicos latinoamericanos.

El ritmo sigue

Entre tanto, Machito, el hombre que estuvo en el inicio del jazz latino en 1943, siguió adelante con sus conjuntos con gran peso de los vientos. Emprendió una gira mundial en la década de 1970, y murió justo antes de subir al escenario en el Ronnie Scott's Jazz Club de Londres en 1984.

Tocando los instrumentos clásicos de percusión cubanos —timbales, congas y bongós—, en la orquesta de Machito estaba su hijo, Mario Grillo. Desde entonces, Mario ha sido el director de la orquesta y ha contribuido a mantener vivo el estilo de big band del jazz latino.

«La chica de Ipanema» proyecta una larga sombra, y su ritmo plácido subyace en mucho jazz sedoso, mientras el latin jazz no deja de evolucionar.

NUEVOS ESTILOS LATINOS

El saxofonista portorriqueño **Miguel Zenón** incorpora música popular de su país a sus composiciones de jazz latino, mientras que el cuarteto francés **Sakésho** toca jazz inspirado en el estilo **biguine** de Martinica y Guadalupe.

DE LA BOSSA AL POP

La cantante brasileña **Bebel Gilberto**, hija de João Gilberto, visitó su herencia de bossa nova en su álbum *Tanto Tempo* (2000). Desde 2004, el grupo francés Nouvelle vague viene haciendo versiones bossa nova de canciones **punk 356–357 »** y new wave.

OBRAS CLAVE

Machito y sus Afro-Cubans «Tanga»

Dizzy Gillespie y Chano Pozo «Manteca»

Astrud Gilberto con João Gilberto, Stan Getz y Tom Jobim «La chica de Ipanema»

Astor Piazzolla y Gerry Mulligan «Twenty Years Later»

Dizzy Gillespie and Machito «Pensativo»

«Para cambiar el tango, mejor aprender a boxear.»

ASTOR PIAZZOLLA, MÚSICO ARGENTINO, EN UNA ENTREVISTA A *THE GUARDIAN*

Revolucionario del tango

Astor Piazzolla, aquí en una foto de 1989, introdujo elementos del jazz en el tango. También fue un virtuoso del bandoneón, instrumento de gran importancia desde hace mucho en el baile tradicional argentino.

Nacida en 1925 Fallecida en 2003

Celia Cruz

«Cuando **la gente me oye cantar** quiero que sea **feliz, feliz, feliz**.»

CELIA CRUZ EN UNA ENTREVISTA A *THE NEW YORK TIMES*, 1995

En Cuba
Una foto de la cantante en la década de 1950 en Cuba, donde empezó a cantar con la Sonara Matancera. No era alta, pero su energía y presencia eran poderosas.

Glamurosa, extravagante, orgullosa de sus raíces afrocubanas y de un talento supremo, Celia Cruz fue la reina de la salsa durante más de cinco décadas, y también de la rumba y del llamado *crossover* o fusión latina. Embajadora de la variedad y vitalidad de la música de su Habana natal, tras la revolución se convirtió en un símbolo de la libertad artística para los exiliados cubano-estadounidenses.

La banda que escapó
Celia Cruz y la Sonora Matancera estaban en México de gira en 1960 cuando decidieron no regresar a Cuba. Poco después, ella se casó con el trompetista Pedro Knight.

Virtuosismo natural
La música latinoamericana había sido tradicionalmente dominada por los hombres, pero Celia Cruz, a base de pura energía y una capacidad de trabajo formidable, ascendió a la cumbre de su estilo. Sus conciertos eran exuberantes y sus vestidos muy llamativos, pero contaba con un virtuosismo natural y sus improvisaciones jazzísticas fueron

comparadas con las de Sarah Vaughan y Ella Fitzgerald.

A lo largo de las décadas, Celia Cruz tocó con muchas superestrellas latinas y globales, desde Tito Puente hasta Dionne Warwick o David Byrne. Grabó más de 60 álbumes —23 de los cuales fueron disco de oro— y ganó siete premios Grammy.

Nacida Úrsula Hilaria Celia de la Caridad Cruz Alfonso de la Santísima Trinidad, la cantante se crió en el barrio humilde de Santo Suárez en La Habana. Una de las mayores de entre 14 niños —hermanos, hermanas y primos—, a menudo debía acostar a los pequeños, cantándoles para que se durmieran.

Una escena musical vibrante
Siendo aún niña, Cruz ganó el primer premio en un concurso de la radio cantando el tango «Nostalgias». A medida que crecía, participó en otros concursos de cantantes aficionados. La escena salsera cubana, basada

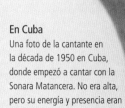

OBRAS CLAVE

«Cao, cao, maní picao» (con la Sonora Matancera)

«Burundanga» (con la Sonora Matancera)

«Yerbero moderno» (con la Sonora Matancera)

«El paso del mulo» (con Johnny Pacheco)

«Quimbara» (con Johnny Pacheco)

«Loco de amor» (con David Byrne)

«Mi tierra» (con Martika)

Azúcar Negra

Salsera espectacular
Los vestidos deslumbrantes de Celia Cruz, algunos hoy en el Smithsonian's National Museum of American History, eran una parte importante de su show.

en una tradición musical que mezclaba elementos de la música española con ritmos africanos, estaba entonces en plena efervescencia. Era un símbolo de la historia de esclavitud de la isla y encarnaba rasgos de la identidad nacional como la exuberancia y la melancolía romántica. Pero ser cantante no se consideraba una ocupación del todo respetable. Su padre, que quería que fuese profesora y que la convenció para que estudiara durante un tiempo magisterio, no veía con buenos ojos sus ambiciones.

Pese a todo, a partir de 1947 estudió teoría musical, canto y piano en el Conservatorio Nacional de Música de la Habana. Su gran oportunidad llegó en 1950 cuando Myrta Silva, la cantante del Conjunto Sonora Matancera, volvió a su Puerto Rico natal. La banda necesitaba una cantante y decidió probar con Celia. Algunos fans escribieron a la emisora del programaba para quejarse, pero ella perseveró, se ganó el apoyo de Rogelio Martínez, director de la Sonora, y grabó éxitos

tales como «Caramelo» y «Yembe laroco» con el conjunto. El nombre de Celia Cruz no tardó en hacerse más famoso que el del grupo.

Exilio
Cruz se hizo famosa en toda Cuba, y durante los quince años que pasó con la Sonora, el grupo se convirtió en habitual

estrella en Miami, donde cantó el *jingle* de la emisora WQBA exclamando «¡Yo soy de Cuba la voz […] soy libertad, soy WQBA, Cubanísima!»

No fue hasta las décadas de 1980 y 1990 cuando Celia Cruz comenzó a obtener el éxito internacional que merecía. Obtuvo premios Grammy, apareció en películas y en una telenovela mexicana, y se convirtió, cabalmente, en una artista de *crossover* con éxitos tales como «La vida es un carnaval». En 1987 fue distinguida con una estrella en el Paseo de la Fama de Hollywood, y en 1994 el presidente Clinton le entregó un premio del National Endowment of the Arts.

Celia Cruz murió en Fort Lee (Nueva Jersey) en 2003. Su cuerpo fue llevado a Miami, donde decenas de miles de fans le rindieron homenaje, antes

«La mujer más **influyente** en la historia de la música **Cubana**.»

LEILA COBO, REVISTA *BILLBOARD*

del famoso club Tropicana de La Habana, apareció en varias películas y realizó giras por toda América Latina.

En julio de 1960, tras la revolución en Cuba, la Sonora Matancera estaba de gira en México cuando todos los miembros de la banda decidieron desertar e ir a vivir a EE UU. Castro dijo que a ninguno se le permitiría volver a la isla. Cruz quiso volver al morir su madre en 1962, pero el gobierno no lo permitió.

Establecida en EE UU
Cruz obtuvo la nacionalidad estadounidense en 1961, y un año después se casó con el trompetista de la Sonora Pedro Knight, quien se convirtió en su representante y director musical. Grabó varios álbumes con la célebre Tito Puente Orchestra y fue puliendo su presencia escénica. Sus seguidores adoraban sus extravagantes vestidos, y sus tacones y enormes pelucas contribuían a aumentar su magnetismo. A la vez, su ejecución estaba dotada de profundidad. Su poderosa voz estaba a la altura de cualquier sección rítmica, y era una bailarina y animadora del público incansable.

En la década de 1970, la salsa atrajo a una nueva generación de exiliados latinoamericanos. Cruz firmó con el sello Fania, promotor de la salsa, y cantó con la Fania All-Stars. En 1974 grabó el álbum *Celia y Johnny* con el fundador de la All-Stars, el dominicano Johnny Pacheco.

A lo largo de esta época Cruz vivió en Nueva Jersey, pero fue también una gran

de ser devuelto a Nueva Jersey. Cruz, que había colaborado con incontables leyendas y superestrellas de la música latina, apareció póstumamente en el álbum de 2006 de Dionne Warwick *My Friends and Me*.

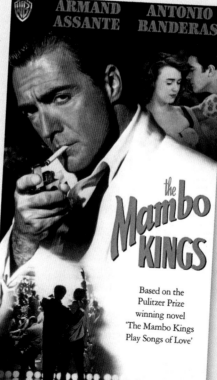

Realidad hecha ficción
Cruz protagonizó la película *Los reyes del mambo* (1992), basada en la novela de 1989 de Óscar Hijuelos, en la que dos hermanos músicos (interpretados por Armand Assante y Antonio Banderas) huyen de Cuba a EE UU.

ESTRELLA EN EL PASEO DE LA FAMA DE HOLLYWOOD

◀◀ ANTES

Años antes en el siglo xx, los compositores habían introducido temáticas y estilos nuevos y osados a la tradición de la gran ópera.

REALISMO SOCIAL

En 1904, el checo **Leoš Janáček ❮❮ 214** trajo un nuevo realismo social a la ópera en *Jenufa*, ambientada en un pueblo de Moravia.

VANGUARDIA

En su ópera de 1925, *Wozzeck*, **Alban Berg ❮❮ 210** creó una oscura obra maestra de la modernidad.

LO SURREALISTA

La Rusia soviética produjo a un gran joven talento, **Dmitri Shostakóvich**, cuyas óperas *La nariz* (1928) y *Lady Macbeth de Mtsensk* (1932) exploraban un mundo surrealista.

MARIA JERITZA COMO JENUFA, 1924

La ópera renace

Al acabar la Segunda Guerra Mundial en 1945, el futuro de la ópera parecía poco prometedor, y había pasado la época de sus compositores más destacados de preguerra. Entonces, de un solo salto, el compositor inglés Benjamin Britten transformó el mundo operístico.

Ningún medio musical es más exigente para el compositor que la ópera. Esta debe durar toda una velada en el teatro, lo cual hace de ella la más extensa de las formas musicales. A la calidad de la partitura debe sumarse la del libreto (texto dramático).

El compositor debe ser capaz de crear eficazmente partes para voces solistas y grupos, así como para coro, orquesta y las diversas combinaciones entre estos.

En Inglaterra no se había compuesto ninguna gran ópera desde *Dido y Eneas* (pp. 96–97) de Henry Purcell en el año 1688.

15 El número total de óperas compuestas por Britten.

1970 El año en que Britten compuso la ópera *Owen Wingrave*, para la televisión.

Una nueva voz británica

A Benjamin Britten (p. 281), pese a la falta de una tradición operística en Inglaterra, le atraía un medio que ofrecía todo el juego a su brillante gama de habilidades. Su primer intento, *Paul Bunyan*, fue compuesto en 1941 en una visita prolongada a EE UU. El resultado fue más próximo a la opereta (pp. 194–195), pero le aportó una experiencia útil en el ámbito de la escenificación.

Al regreso de Britten a Inglaterra siguió la creación de *Peter Grimes* y, el 7 de junio de 1945, su estreno con éxito en el Sadler's Wells Theatre de Londres. Este relato trágico sobre un pescador mal visto en una comunidad pesquera del mar del Norte inspiró a Britten una música de variedad, ambiente e inventiva magistrales. *Peter Grimes* fundó una tradición operística inglesa moderna de un solo golpe, y su compositor se hizo famoso en todo el mundo casi de un día para otro.

El logro de Britten con *Peter Grimes* fue situar el género de la gran ópera en la era moderna de posguerra, volviendo a su vez a vincularla a sus raíces tradicionales. Comparado con el estilo

Un drama moderno

En esta escena del estreno en Londres en 1945 de la ópera de Britten *Peter Grimes*, el boticario Ned Keene (interpretado por Edmund Donlevy) incita a la gente de The Borough a ir a la caza de Grimes.

COMPOSITOR (1913–1976)
BENJAMIN BRITTEN

Nacido en Lowestoft, hijo de un dentista, Britten estudió en el Royal College of Music de Londres, pero se sintió frustrado con el mundillo musical inglés. En 1939, se fue a EE UU con su compañero sentimental, el tenor Peter Pears (1910–1986), hasta su regreso en 1942. Tras el éxito de *Peter Grimes*, se estableció con Pears en una población costera de Suffolk, Aldeburgh, cuyo festival fundó en 1948. Además de componer, fue un gran director y pianista. Sus ideas pacifistas le inspiraron en 1962 para componer la obra coral *War Requiem*. Debilitado por un derrame parcial durante una operación cardiaca en 1973, murió tres años después.

moderno de *Wozzeck*, la ópera de 1925 de Alban Berg (por la que Britten sentía una profunda admiración), el de *Peter Grimes* es conservador en cuanto al carácter «operístico» ortodoxo de sus melodías y su uso del coro en escenas multitudinarias espectaculares y a gran escala. El excelente manejo de las exigencias técnicas del género de Britten estaba ligado a la capacidad de su música para implicar al público con el relato y los personajes. Tanto él como el tenor Peter Pears, para quien se compuso el papel del personaje que da título a la obra, eran homosexuales y pacifistas. Britten se identificaba con el personaje de Peter Grimes, el *outsider* sospechoso contra el que la comunidad puede volverse en cualquier momento,

> « Como **artista** quiero **servir** a la **comunidad**.»
>
> BENJAMIN BRITTEN AL CONCEDÉRSELE LA CIUDADANÍA HONORÍFICA DE LOWESTOFT EN 1951

y su música tenía la fuerza expresiva para producir una respuesta similar en el oyente.

Britten compuso muchas otras óperas de distinto tipo, desde obras a gran escala y extensas con coro como *Billy Budd* (1950), a otras más «portátiles» para un número menor de cantantes e instrumentistas. Una obra maestra entre estas últimas es *The Turn of the Screw*, estrenada en Venecia en 1954.

El éxito de Britten en recrear la ópera inglesa fue un modelo y un reto para sus contemporáneos británicos y de otros países, pero su expresividad lírica era demasiado propia como para imitarla.

Al triunfo de Britten le siguió el también pacifista Michael Tippett (1905–1998), cuyo estilo compositivo era más complejo que el de Britten. Su obra de 1953 *La boda de verano* es una mezcla optimista de humanismo compasivo, psicología jungiana y pastoralismo inglés. Compuso otras cuatro óperas, entre ellas el tenso drama sobre relaciones personales contemporáneas *The Knot Garden* (1970).

Compromiso político
El concepto moderno de la ópera en Europa desde *Wozzeck* difería del estilo centrado en la tradición de Britten. Para muchos de los compositores que trabajaban en Europa, el papel social de la ópera era rechazar los valores del entretenimiento y sustituirlos por la agitación intelectual y política.

Movido por la repugnancia que le inspiraba el gobierno fascista de Italia, Luigi Dallapiccola (1904–1976) vivió en la clandestinidad durante la Segunda Guerra Mundial. En 1948, completó su tumultuosa obra maestra *Il prigioniero (El prisionero)*, parábola sobre el valor y la esperanza destruidos por el poder totalitario. Después, la controvertida ópera en un acto *Intolleranza 1960* del comunista Luigi Nono (1924–1990) provocó revueltas entre grupos de izquierda y derecha con motivo de su estreno en Venecia en 1961.

La evolución estadounidense
La ausencia de una tradición operística verdaderamente propia era aún más notoria en EE UU que en Gran Bretaña antes de Britten. Con *Nixon in China*, estrenada en la Houston Grand Opera en 1987, John Adams (n. 1947) creó un nuevo tipo de ópera como reportaje al representar la visita del presidente Richard Nixon a la República Popular China de Mao Zedong en 1972, en plena Guerra Fría. Con un estilo operístico de sonido tradicional, aunque bastante distinto del de Britten, los personajes aparecen casi como figuras de dibujos animados, atrapados sin saberlo entre las fuerzas de la política y el destino.

La siguiente ópera de Adams, *The Death of Klinghoffer*, trató de la historia real del secuestro por parte de terroristas palestinos del crucero *Achille Lauro* en el año 1985. Al presentar el relato desde el punto de vista de estos, junto con el del pasajero judío al que mataron, el estreno de la ópera en 1991 produjo una encarnizada polémica en EE UU.

Ópera política
En la producción de 2011 de la Metropolitan Opera de la obra de John Adams *Nixon in China*, el barítono James Maddalena interpreta a Richard Nixon, papel que asumió por primera vez en 1987.

DESPUÉS

La tradición recuperada por Britten ha ofrecido un campo fértil para nuevas óperas de compositores ingleses.

REINVENTAR EL PASADO
Peter Maxwell Davies introdujo una modernidad radical en la ópera inglesa con su ópera de 1972 *Taverner*, sobre el compositor del siglo XVI. En 1986 Harrison Birwistle creó una reelaboración multifacética de la leyenda griega en *The Mask of Orpheus*.

NUEVA GENERACIÓN INGLESA
En su ópera de 2006 *Into the Little Hill*, **George Benjamin** empleó un reparto y conjunto instrumental pequeños para recrear el relato del flautista de Hamelín. La obra de **Thomas Adès 374–375 »**, *La tempestad*, inspirada en Shakespeare, fue un éxito mundial tras su estreno en 2004 en la Royal Opera House de Londres.

PORTADA DEL CD DE *LA TEMPESTAD*

OBRAS CLAVE
Benjamin Britten *Peter Grimes; The Turn of the Screw (Otra vuelta de tuerca)*
Luigi Dallapiccola *Il prigioniero (El prisionero)*
Michael Tippett *La boda de verano*
Luigi Nono *Intolleranza 1960 (Intolerancia 1960)*
John Adams *Nixon in China*

Inicios del teatro musical

A medida que avanzaba el siglo xx en EE UU, los espectáculos que integraban de forma coherente teatro, música y danza dieron lugar a una forma artística popular y duradera llamada musical.

Entre los musicales populares de principios del siglo xx hubo comedias musicales ligeras eduardianas como *The Orchid* (1903) y *Our Miss Gibbs* (1909), la opereta vienesa *La viuda alegre* (1907) y la opereta estadounidense *Naughty Marietta* (1910). Fueron, no obstante, los *shows* influidos por el vodevil del

« ANTES

La combinación de música y teatro tiene orígenes antiguos, pero dos influencias clave del teatro musical del siglo xx proceden del xix.

LA ÓPERA LIGERA INGLESA
Las óperas de **Gilbert y Sullivan**
« 194–195 tienen argumentos absurdos y satíricos, y canciones ingeniosas y pegadizas.

EL SIGLO XIX EN BROADWAY
El **vodevil** y las canciones cómicas del actor y escritor estadounidense Edward Harrigan, interpretados por Harrigan y Tony Hart, se convirtieron en sátiras sociales y culturales ambientadas en Nueva York. Ejemplos de ello fueron *The Mulligan Guards' Ball* (1879) y *The Mulligans' Silver Wedding* (1883).

autor de Rhode Island George M. Cohan (1878–1942) los que aportaron al musical una energía característicamente estadounidense. Espectáculos como *Little Johnny Jones*, de 1904, donde figuraba la canción «Give My Regards To Broadway», garantizaron la reputación de Cohan como fundador del musical americano.

Producciones sentimentales de tipo opereta como *Rose-Marie* y *The Student Price* (1924) mantuvieron su popularidad en los años veinte, pero fue la obra de compositores como Jerome Kern (1885–1945) la que puso estilos musicales como el ragtime y el jazz sobre los escenarios de los teatros, dotando al musical de Broadway de una nueva paleta musical.

Lady Be Good (1924) de George e Ira Gershwin, *No No Nanette* (1925) de Vincent Youmans y *A Connecticut Yankee* (1927) de Richard Rodgers y Lorenz Hart fueron grandes éxitos. De tono ligero y argumento frívolo, de estos espectáculos salieron muchas canciones populares duraderas, luego llamadas «estándares».

Revistas musicales

Paralelamente al desarrollo del *book musical* (musicales con argumento y personajes) estaba la revista musical, espectáculo de variedades sin argumento, con chicas ligeras de ropa, cantantes, bailarines y cómicos.

Entre las revistas más famosas estuvo *Follies* (1907–1931), presentada por el productor teatral George White, y *Vanities* (1923–1932), producida por Earl Carroll, la más subida de tono de todas. Muchos compositores de la época aportaron canciones a las revistas. Fred Astaire, la futura estrella del musical de cine, fundó su carrera sobre

Éxito demoledor

Oscar Hammerstein basó su éxito de Broadway *Carousel* (1945) en una obra de 1909 llamada *Liliom*, del húngaro Ferenc Molnár. Al estrenarse, Jan Clayton interpretó a Julie Jordan y John Raitt a Billy Bigelow (en la imagen).

Cartel de *Oklahoma!* (1943)
The New York Times consideró *Oklahoma!* (basada en la obra de 1931 *Green Grow the Lilacs* de Lynn Riggs) como «la comedia musical más cabal y atractivamente americana desde *Show Boat* de Edna Ferber».

The Band Wagon (1931), revista de Howard Dietz y Arthur Schwartz.

«Teatro musical»

Algunos críticos catalogaron *Show Boat* (1927), de Jerome Kern y el letrista Oscar Hammerstein, como «teatro musical» para distinguirlo de sus predecesores más leves. Sus hábiles diálogos y argumento, basados en un libro de éxito de Edna Ferber, y una integración cuidada de canciones líricas de calidad, entre ellas «Old Man River» y «Can't Help Lovin' Dat Man», fueron la referencia a imitar para otros musicales.

As Thousands Cheer (1933) de Irving Berlin tenía momentos de una fuerza similar, y la «ópera popular» de George Gershwin *Porgy And Bess* (pp. 232–233), de 1935, hizo mucho por elevar el listón artístico del género. La demanda de entretenimiento alegre y escapista fue alimentada también por los musicales de Cole Porter, como *Anything Goes* en 1939, y los de Richard Rodgers y Lorenz Hart, como *On Your Toes* (1936) y *Babes in Arms* (1937). *Oklahoma!*, de Rodgers y Hammerstein (1943), continuó la

amalgama cuidada de canción, relato y danza establecida por *Show Boat*, que afronta valerosamente el tema del racismo. Destacan canciones como «Oh What A Beautiful Mornin'» y «People Will Say We're In Love».

Época dorada

Oklahoma! inició la denominada «edad de oro» del teatro musical, dominada por varios grandes éxitos de Rodgers y Hammerstein a lo largo de las décadas de 1940 y 1950, pero hubo aportaciones notables de compositores como Leonard Bernstein (*On The Town*, 1944), Burton Lane (*Finians's Rainbow*, 1947), Kurt Weill (*Street Scene*, 1947) y Cole Porter (*Kiss Me Kate*, 1948), entre otros.

Las obras de Rodgers y Hammerstein se caracterizaban por un estilo melódico rico, enfoque adoptado por otro tándem de éxito de aquella época, el de Alan Jay Lerner y Frederick Loewe. Estos compusieron *Brigadoon* (1947), *My Fair Lady* (1956) y *Camelot* (1960).

Bernstein, por el contrario, prefirió las influencias del jazz para *West Side Story* (1957). Stephen Sondheim (n. 1930), letrista de *West Side Story*, trabajó con Jule Styne en otro clásico de Broadway, *Gypsy* (1959), y luego compuso toda la música del éxito *A Funny Thing Happened*

TÁNDEM MUSICAL (1943–1960)

RICHARD RODGERS Y OSCAR HAMMERSTEIN

El compositor Richard Rodgers (1902–1979) y el libretista Oscar Hammerstein (1895–1960) formaron el equipo de mayor éxito del teatro musical estadounidense. De la extraordinaria facilidad de Rodgers para la melodía y el sincero romanticismo y conciencia social de Hammerstein salieron algunos de los musicales más estimados del mundo, entre ellas *Carousel* (1945), *South Pacific* (1949), *The King And I* (1951) y *The Sound Of Music* (1959). «If I Loved You», «Some Enchanted Evening» y «Getting To Know You» figuran entre sus canciones famosas.

Leyenda musical
Rodgers y Hammerstein produjeron el musical de 1946 de Irving Berlin *Annie Get Your Gun*, relato ficticio basado en la tiradora del Lejano Oeste Annie Oakley. Esta es la portada de la partitura.

OBRAS CLAVE

Kern y Hammerstein *Showboat*
Cole Porter *Anything Goes*
Rodgers y Hammerstein *Oklahoma!*
Irving Berlin *Annie Get Your Gun*
Lerner y Loewe *My Fair Lady*
Bernstein y Sondheim *West Side Story*
Stein y Sondheim *Gypsy*

DESPUÉS »

Tras el fin de la edad de oro de los musicales a mediados de la década de 1960, predominaron el rock y el pop.

MUSICALES POP ROCK
Hair (1967) abrió la puerta a las óperas pop de **Andrew Lloyd Webber 360–361 »**. Compositores de la siguiente generación como **Jason Robert Brown** hacen gala de una versatilidad que abarca todo lo que hay desde el Broadway clásico hasta el rock.

MUSICALES JUKEBOX
En contraposición al musical estándar, en el que la música está al servicio del relato, el llamado musical *jukebox* crea un argumento para hilvanar un catálogo dado de canciones populares, a menudo de un grupo de pop. Entre los más famosos están *Mamma Mia* (1999), basado en las canciones de Abba, y *We Will Rock You* (2002), con temas de Queen.

UNA INTERPRETACIÓN DE «WE WILL ROCK YOU»

On The Way To The Forum (Golfus de Roma) de 1962. Sondheim se convirtió en el compositor de teatro musical más importante de finales del siglo xx.

Teatro musical británico
Aunque el teatro musical británico quedara por lo general a la sombra del estadounidense, Gran Bretaña no dejó de producir algún éxito ocasional a ambos lados del océano. *Perchance To Dream* (1945) de Ivor Novello tenía música que parecía de otra época; *The Boyfriend* (1954) de Sandy Wilson fue un pastiche de los primeros musicales de Rodgers y Hart; y el poco sofisticado pero irresistible *Salad Days* (1958) de Julian Slade evocaba tiempos más inocentes.

Off-Broadway
Aunque fuesen producciones habituales en los grandes teatros comerciales, los musicales también fueron populares en locales menores que programaban producciones más modestas. La puesta al día en 1954 de Mark Blitzstein de *La ópera de los tres peniques* fue un espectáculo de éxito que marcó la pauta para otros musicales del circuito *off-Broadway*. Uno de ellos, *The Fantasticks* (1960) estuvo 42 años en cartel, duración récord para un musical.

Una serie de musicales de gran éxito en la década de 1960 se caracterizó por una creciente diversidad de estilos de música. *El violinista en el tejado* (1964), de Jerry Bock, Sheldon Harnick y Joseph Stein, recurría a estilos tradicionales yidis para contar la historia de Tevye, un hombre pobre que vivía en la Rusia zarista del siglo xix; mientras que *El hombre de La Mancha* (1965), de Dale Wassermann, Joe Darion y Mitch Leigh, se servía de formas musicales españolas para contar la historia de Don Quijote. Posteriormente, fue el rock el que influiría en Broadway.

17.162 **Número de funciones de *The Fantasticks* entre 1960 y 2002.**

9 **Número de funciones de *Anyone Can Whistle* (1964) de Stephen Sondheim antes de cerrar.**

Nacida en 1923 Fallecida en 1977

Maria Callas

« Cuando **interpretas** un papel hay que tener **mil colores** para retratar la felicidad, el gozo, la tristeza, el miedo.»

MARIA CALLAS, CITADA POR JOHN ARDON EN *CALLAS, THE ART AND THE LIFE* (1974)

Maria Callas fue una de las divas sobresalientes de la ópera del siglo XX. Su personalidad dramática sobre el escenario y fuera de él atrajo a un público numeroso a la experiencia de la ópera, lo que ayudó a garantizar su futuro como formato musical popular en un mundo en rápida transformación. Se le atribuye haber hecho renacer casi por sí sola la tradición del bel canto, el estilo florido y melodioso de Rossini, Bellini y Donizetti, cuyas composiciones volvió a situar entre lo fundamental del repertorio operístico. Tal vez se le recuerde más que nada por sus representaciones como heroína de *Tosca* de Puccini, papel que interpretaba alternando una fiereza y vulnerabilidad que se alimentaban de su propia personalidad conflictiva.

Un patito feo

Callas nació en Nueva York en diciembre de 1923, de padres griegos que habían llegado a EE UU el anterior mes de agosto. Fue bautizada Maria

La Divina

Por su prodigioso talento, el mundo de la ópera llamó a Maria Callas «la Divina». Su voz exquisita, su talento dramático y, quizá, su célebre temperamento, la convirtieron en la definición misma de una diva, y lo sigue siendo aún, décadas después de su muerte.

Sensación en Venecia

Callas causó sensación en la escena operística internacional al cantar en La Fenice (Venecia). «El Fénix» ha ardido y se ha reconstruido dos veces en su lugar actual.

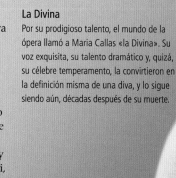

Llamando a la Luna
Callas hizo suyo el papel principal de *Norma* de Bellini. Aquí se la ve como la sacerdotisa que se dirige a la Luna en el aria «Casta diva» durante una actuación en la Metropolitan Opera de Nueva York.

Anna Sophia Cecilia Kalogeropoulos. Su padre simplificó el apellido familiar a Callas para desenvolverse en el país, pero la cantante no empleó el nombre Maria Callas regularmente hasta la década de 1940.

Se crió en el distrito de Manhattan, y no tuvo una infancia feliz. Luego diría de sí misma que era «el patito feo, gorda, torpe y con pocos amigos». Su madre, Evangelia, era enérgica y ambiciosa. Al descubrir el talento musical de Maria, la obligó a estudiar piano y canto desde los cinco años. Al separarse de su marido en 1937, Evangelia se llevó a Maria y a su hermana a Atenas, donde a base de insistir logró que el conservatorio local aceptara como alumna a la adolescente.

EURO INTERNATIONAL FILMS PRESENTA

MARIA CALLAS
MEDEA
CON **MASSIMO GIROTTI**
E LA PARTECIPAZIONE DI
LAURENT TERZIEFF
CON **GIUSEPPE GENTILE**
MARGARETH CLEMENTI

MEDEA

PROGETTO DI **FRANCO ROSSELLINI**

REGIA DI
PIER PAOLO PASOLINI

Una maestra

En el conservatorio, Callas se encontró con Elvira de Hidalgo, soprano española y la principal influencia en su desarrollo como cantante. Fue gracias a Hidalgo que aprendió el arte casi perdido de la coloratura, el adorno elaborado de la melodía necesario para cantar las óperas de la tradición del bel canto. Además, Callas tenía la contextura imponente, la presencia dramática y la voz poderosa que solían exigir las voces principales de las obras de Wagner y Puccini.

Al centro de la escena

Callas se ganó una gran reputación bajo las duras circunstancias de la ocupación nazi de Grecia desde 1941 hasta 1944. Más difícil resultó proyectar dicha reputación al ámbito internacional. Quiso intentarlo primero en EE UU, pero la Metropolitan Opera de Nueva York, aunque reconoció su talento, no dio su acuerdo para un contrato, y el montaje previsto de *Turandot*, de Puccini, en Chicago no salió adelante.

Fue en Italia donde se dio a conocer. El director de ópera italiano Tullio Serafin apreció el potencial de Callas y preparó las cosas para que cantara en la Arena de Verona, gran espacio al aire libre indicado para demostrar el poder de su voz. En Verona llamó la atención del rico industrial Giovanni Meneghini, con quien se casó. Con el apoyo de su marido, económico y emocional, y el respaldo profesional de Serafin, estaba preparada para la fama.

En 1949, causó sensación en La Fenice de Venecia con su papel de Brunilda en *La valquiria* de Wagner y el de Elvira en *Los puritanos de Escocia* de Bellini la misma semana. Brunilda es un papel exigente de soprano en la contundente tradición wagneriana, y Elvira un papel de bel canto que requiere gracia y calidez. Al público le asombró su resistencia y el hecho de que fuera capaz de vérselas de forma tan brillante con estilos tan diferentes.

Diva dramática

Llegaron entonces los años triunfales. Durante siete años, a partir de 1951, fue la estrella de la temporada en La Scala de Milán. Su talento como

Tragedia griega
En 1969, Callas protagoniza, sin cantar, la película *Medea*, como se ve en el cartel. Dirigida por Pier Paolo Pasolini y basada en la obra de Eurípides, fue el único papel de Callas en el cine, y las críticas fueron desiguales.

actriz dramática, que fue siempre un elemento tan importante en su carrera como su gran voz, la convirtieron en predilecta de los directores de ópera más innovadores de la época. Franco Zefirelli, Luchino Visconti y Margarete Wallmann produjeron óperas en La Scala en la década de 1950 con Callas como soprano principal. Desarrolló un vínculo especial con *Lucia di Lamermoor*, de Donizetti; *Norma*, de Bellini; y *La Traviata*, de Verdi, considerándose sus interpretaciones como revelaciones del potencial de unas obras que habían sido olvidadas por mucho tiempo. A partir de 1954, conquistó EE UU, convirtiéndose en una celebridad al estilo de Hollywood, aclamada por su *glamour* pero sometida a la invasión de su vida privada por parte de los medios. También fue una

Szenenfolge aus **TOSCA** PUCCINI

CALLAS
DI STEFANO
GOBBI

Disco definitivo
Tosca, de Puccini, le dio a Callas uno de sus papeles más célebres, y lo cantó por primera vez a los 19 años. En 1953, grabó una versión —arriba la portada del LP— que tuvo gran éxito.

artista muy importante en el ámbito discográfico. La versión de *Tosca* que hizo para EMI en 1953 con el tenor Tito Gobbi se considera una de las mejores grabaciones de ópera que existen.

Conflictos y declive

A partir de finales de la década de 1950, la carrera de Callas fue a menos. Perdió peso y ganó *glamour*, pero lo primero afectó negativamente a su voz. Siempre había sido una persona temperamental que reñía con cantantes, directores y los empresarios, pero estos conflictos se agravaron. Un enfrentamiento con el empresario Rudolf Bing puso fin a su relación con la Metropolitan Opera de Nueva York, y dejó de cantar en La Scala. Su relación con el magnate griego Aristóteles Onassis acabó en divorcio con Meneghini. Callas llevó a cabo sus últimas actuaciones en 1965, pasado ya su mejor momento. Una gira final de presentaciones en la década de 1970 se ganó el fervor del público, pero la crítica la trató con desdén. Huraña y apartada del mundo, murió en París en 1977.

4000 A.C.
Tanbur egipcio
Los *tanbures* de Asia occidental tienen un mástil largo y recto. Son de los instrumentos de cuerda más antiguos que se conocen, y quizá derivan de arpas hechas con cuencos.

TANBUR EGIPCIO

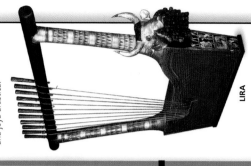

c. 2750 A.C.
Lira sumeria
Muchas de las primeras arpas eran de factura primitiva, hechas quizá con una calabaza o caparazón de tortuga como caja de resonancia, pero esta lira sumeria del cementerio real de Ur, en el actual Irak, es una joya artística.

LIRA

Siglo xv
Vihuela española
Clara precursora de la guitarra, la vihuela le preparó el terreno en España. Tenía equivalentes en Italia y Portugal, y solía tener seis pares de cuerdas. El español Luis de Milán es considerado el primero en componer música para la vihuela.

VIHUELA ESPAÑOLA

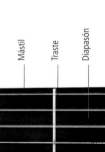

1640
Guitarras de Matteo Sellas
Matteo Sellas y su hermano Giorgio, de origen alemán, contribuyeron a hacer de Venecia un centro de fabricantes de guitarras. Algunas de sus guitarras de elaborados adornos se tocaban con púa o con los dedos. Las guitarras barrocas tenían a menudo cinco pares de cuerdas.

GUITARRA DE MATTEO SELLAS

1615–1681
Francesco Corbetta
Nacido en Pavía (Italia), Corbetta fue un influyente virtuoso, maestro y compositor de la guitarra. Se han conservado cinco colecciones de obras suyas para guitarra de diez cuerdas, entre ellas piezas de baile rasgueadas.

La guitarra acústica

De servir como primitivo instrumento de percusión y aportar la otra «voz» en el flamenco y la canción popular hasta colocarse bajo los focos como instrumento solista en obras clásicas, la historia de la guitarra acústica refleja la historia de la música occidental.

Los orígenes de la guitarra europea se hallan en el oeste de Asia, donde se hacían arpas de hasta doce cuerdas con caparazones de tortuga como caja de resonancia. En manuscritos ilustrados y relieves de piedra de iglesias y catedrales, desde la época romana hasta la Edad Media, aparecen antepasados primitivos de la guitarra, con entre tres y cinco cuerdas. Llegado el Renacimiento, predominaban en Europa los instrumentos de cuatro pares de cuerdas, y los compositores españoles empezaron a componer específicamente para la vihuela, precursora de la guitarra española.

La guitarra clásica moderna

Durante los siglos XVIII y XIX la guitarra tuvo un papel destacado en el flamenco (pp. 218–219), en el que comenzó a compartir protagonismo con la voz. La guitarra «moderna» de seis cuerdas, no por pares, evolucionó de forma gradual en este periodo. En la década de 1850, el lutier almeriense Antonio de Torres Jurado redefinió el instrumento, al que dotó de un volumen muy superior. Perfeccionó un sistema de refuerzos internos en abanico, aumentó el tamaño del cuerpo y alteró sus proporciones.

Hacia el final del siglo XIX, el guitarrista de Villarreal (Castellón) Francisco Tárrega (1852–1909) transcribió la música de Bach. Albéniz y Mendelssohn para la guitarra y compuso obras importantes para el instrumento.

Durante el siglo XX, compositores como Manuel de Falla, Heitor Villa-Lobos y Manuel Ponce dieron a la guitarra un papel central en sus obras orquestales. La guitarra acústica de cuerdas de acero —en sus versiones de seis y doce cuerdas— ha sido enormemente popular en el folk, el rock y el jazz.

Guitarra de Torres
Guitarra construida por Antonio de Torres Jurado en 1860. A él se deben los rasgos esenciales de la guitarra clásica moderna. La mayoría de las guitarras actuales derivan de su diseño y comparten muchos rasgos.

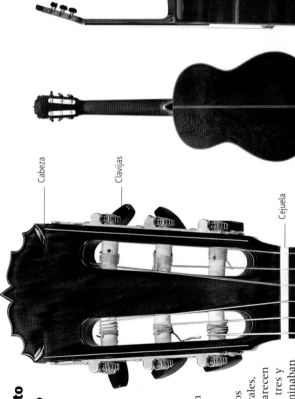

Cabeza

Clavijas

Cejuela

Mástil

Traste

Diapasón

VISTA LATERAL

VISTA POSTERIOR

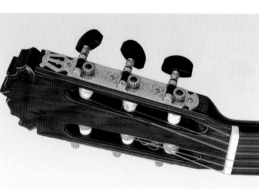

Clavijas
Las cuerdas al aire en afinación estándar deben dar las notas mi, la, re, sol, si, mi. Se afinan con diapasón, afinador electrónico o armónico (afinando cada cuerda con relación a la anterior). Las clavijas se giran hasta que la cuerda alcance la tensión óptima.

Forma moderna

Hecha de maderas diversas —cedro, arce, caoba o contrachapado entre ellas, cada una con texturas de sonido distintas— la guitarra estándar tiene un cuerpo en forma de ocho. El mástil tiene trastes incrustados. El cuerpo tiene un puente al que se atan las cuerdas y una cejuela inferior que las eleva.

Década de 1790
Guitarra de 12 cuerdas

La guitarra de 6 pares de cuerdas (12 cuerdas) se desarrolló primero en España y fue sustituyendo a la de 5 pares. En la década de 1790 se tocaban ya guitarras de solo seis cuerdas.

GUITARRA DE 6 PARES DE CUERDAS

Finales del siglo XIX
Cuerdas de acero

Las primeras guitarras de cuerdas de acero las desarrolló Christian Fredrich Martin (1796–1893), inmigrante alemán en EE UU. Producen un sonido más penetrante y mayor volumen, y requieren una estructura y refuerzos más sólidos.

GUITARRA DE CUERDAS DE ACERO

1916
Guitarra dreadnought

Diseño de la C.F. Martin & Company de EE UU, esta guitarra tiene una caja mayor que la mayoría de las de su época, lo cual daba mayor presencia a su sonido. Fue popular entre los músicos tradicionales de la primera mitad del siglo XX.

1922
Guitarra Gibson L5

Lloyd Loar, diseñador de la marca Gibson, desarrolló la L5, famosa como la primera que tuvo efes en la tapa. Fue enormemente popular entre los guitarristas rítmicos de jazz y de big bands.

GUITARRA GIBSON L5

Década de 1970
Guitarras Smallman

Las guitarras del lutier australiano Greg Smallman tienen el fondo arqueado y pesan más que la mayoría de las acústicas. Son estimadas por muchos grandes virtuosos, entre ellos John Williams.

1999
Guitarra clásica moderna

Esta guitarra de Lorenzo, Rick, y Robert Pimentel e hijos de 1999 es un ejemplo de guitarra clásica moderna. Estas guitarras tienen muchos rasgos en común con el modelo original de Torres, entre ellos la longitud de escala estándar (la longitud de cuerda que vibra para producir sonido).

JOHN WILLIAMS

Tapa armónica

Cuerpo

Aros

Rosetón

Oído

Cejuela inferior

Puente

Cuerda mi (grave)

Cuerda la

Cuerda re

Cuerda sol

Cuerda si

Cuerda mi (agudo)

ANTES

Cuando no había micrófonos, los cantantes necesitaban volumen y presencia para hacerse oír.

DO DE PECHO

Los cantantes de ópera se entrenan para proyectar la voz por medio de técnicas que afectan a la postura, la respiración y la resonancia, es decir, el modo en que vibra el sonido en la cavidad vocal. De cantantes de estilo vodevil como **Al Jolson ≪ 230** se esperaba también que su voz llegara hasta el fondo de la sala, y muchos desarrollaron un sonido pleno de gran vitalidad.

ALIENTO EN LA VOZ

El **micrófono ≪ 258–259** permitió que se escucharan voces más pequeñas sobre conjuntos de sonido imponente. Redujo mucho la tendencia a las voces poderosas, favoreciendo así un estilo más íntimo. De hecho, una nota demasiado fuerte podía dañar los primeros micrófonos. La **radio ≪ 260–261** fue un estímulo esencial en el desarrollo del micrófono.

Voces cercanas

La llegada del micrófono y el auge de las emisiones de radio hicieron posible un estilo vocal más personal en la música popular y un nuevo tipo de estrella. Tal estilo relajado definió la música de la primera mitad del siglo xx y sigue siendo influyente.

A partir de mediados de la década de 1920, las voces de la música popular estadounidense, tal como suenan en grabaciones y emisiones de radio, empezaron a sonar distintas de las que las habían precedido. Los cantantes adoptaron un estilo suave y hablado que se conoce como *crooning*.

Rudy Vallée (1901–1986), saxofonista y líder de banda estadounidense, fue el *crooner* más destacado de finales de la

Ol' Blue Eyes, Old Groaner y Dino
Bing Crosby (centro) inspiró a los más jóvenes Frank Sinatra (izda.) y Dean Martin (dcha.). Aquí se ve a los tres grabando juntos en una foto de principios de la década de 1960.

década de 1920, y pasó a convertirse en ídolo de matiné de cine. Otros *crooners* populares fueron Art Gillham, apodado «el pianista que susurra», y Gene Austin, autor del éxito de 1925 «When My Sugar Walks Down The Street». El estilo gustó en Reino Unido gracias a la popularidad del cantante criado en Sudáfrica Al Bowlly, quien cantó con grupos de baile británicos dirigidos por Ray Noble y Lew Stone.

El estilo ganador de Crosby

Al estilo ligero de los *crooners* tenores de la década de 1920 le hicieron sombra en la de 1930 las voces de barítono del compositor, actor y cantante estadounidense

Russ Columbo (1908–1934) y del cantante Bing Crosby (1903–1977). Junto con Louis Armstrong (pp. 248–249), Crosby fue el padre del canto popular de inspiración jazzística. Aunque influido en sus inicios por Rudy Vallée, el estilo cálido y relajado de Crosby solo guardaba una relación superficial con los primeros *crooners*. Aficionado al jazz, Crosby introdujo al canto popular vitalidad rítmica y una variación melódica tranquila, además de sus característicos trinos, con un sonido vocal sustancial pero no abrumador, y delicado sin caer en la afectación. El amplio repertorio

AL BOWLLY SINGS AGAIN

THE VERY THOUGHT OF YOU □ LOVER COME BACK TO ME □ WERE YOU SINCERE
MY ROMANCE □ TRUE □ MOONSTRUCK □ LEARN TO CROON □ I'D RATHER BE A BEGGAR WITH YOU
YOU OUGHTA BE IN PICTURES □ LOVE IS THE SWEETEST THING □ AUF WIEDERSEHN, MY DEAR

Canciones sentimentales

Entre 1930 y 1933, Al Bowlly grabó más de 500 canciones con las bandas de Roy Fox y Ray Noble, entre ellas «Love Is The Sweetest Thing», y fue la referencia de los sonidos de grupo de baile británico de la época.

de canciones de moda de Crosby y su atractiva personalidad en la radio y el cine le convirtieron en icono americano y en el *entertainer* masculino más popular de las décadas de 1930 y 1940. Hasta su temprana muerte en 1934, Columbo fue el rival de Crosby, pero fue este quien influyó en la generación siguiente de estrellas de la canción.

Carrera en solitario

Muchos cantantes populares fueron empleados por bandas en la década de 1930. Crosby, como solista establecido, fue la excepción. A principios de la década de 1940, los cantantes de las bandas se aventuraron a hacer carrera en solitario, pero muy pocos salieron adelante. Perry Como (1912–2001), un cantante aún más apacible que Crosby,

abandonó al director Ted Weems en 1942 y se convirtió en figura discográfica y televisiva reconocida durante varias décadas, hasta la de 1990. Frank Sinatra (1915–1998) dejó al director y trombonista Tommy Dorsey en 1942 y se convirtió en ídolo de adolescentes embelesadas durante los años de la guerra. Sinatra desarrolló un estilo maduro influyente y muy imitado en la década de 1950 en álbumes tales como *Only The Lonely*, en el que las baladas exhibían su detallado fraseo musical e interpretación sensible de la letra, mientras que sus números de swing en *Songs For Swingin' Lovers* hacían gala de una viveza rítmica contagiosa.

Muchas estrellas femeninas de la década de 1940 que cantaban con un estilo natural, post-*crooning*, salieron también de las big bands. Jo Stafford (1917–2008), por ejemplo, estuvo con Tommy Dorsey como parte del grupo vocal Pied Pipers, además de ser la primera artista en firmar con Capitol Records, el sello del mejor pop vocal en la década de 1950. Peggy Lee (1920–

2002) cantó con Benny Goodman antes de convertirse en cantante solista de éxito, famosa por su estilo contenido y sofisticado. Doris Day, quizá la más talentosa, fue la cantante de la banda de Les Brown antes de que el estrellato cinematográfico recondujera su carrera.

Los cantantes de jazz

Los cantantes populares afroamericanos de esta época solían proceder del mundo del jazz. Nat «King» Cole (p. 269) fue un pianista de jazz importante que accedió a cantar a regañadientes. Sus suntuosas baladas «Smile» y «Unforgettable», con su característica voz de barítono dulce,

252 Número de canciones grabadas por Ella Fitzgerald para su serie *Songbook*.

7 Número de álbumes publicados por Sinatra tras su «retiro».

estuvieron entre las grabaciones más populares de la década de 1950. Billy Eckstine (1914–1993) estuvo al frente de una banda rompedora de bebop antes de iniciar su carrera en solitario en 1947 y vender millones de discos con su voz de característico vibrato.

Billie Holiday (pp. 236–237) desarrolló un estilo vocal de gran efecto, que combinaba un timbre rasposo con una capacidad jazzística para variar melodías. Influyó en muchos cantantes, entre ellos Sinatra. Ella Fitzgerald (arriba) y Sarah Vaughan (1924–1990) hicieron gala de gran habilidad improvisadora, pero se manejaban igualmente bien con el pop de fácil escucha influido por el swing que con el jazz propiamente dicho.

Fácil y de calidad

Otros intérpretes famosos en los años cincuenta, como el cantante, autor y pianista Johnny Ray, no pertenecían ya del todo a la tradición de los *crooners*, pero incluso después del inicio del rock and roll, las baladas de Elvis Presley (pp. 316–317) mostraban una clara influencia de Dean Martin (1917–1995), a su vez un *crooner* en la línea de Crosby.

En las décadas de 1960 y 1970, la música con un enfoque relajado de la canción popular norteamericana se etiquetó como *easy listening*, con ejemplos como los intérpretes Matt Monro y Jack Jones, aunque, más adelante, cantantes y autores de la era del pop como Scott Walker, Bryan Ferry y Elvis Costello mostraron rasgos de *crooner*.

CANTANTE (1917–1996)

ELLA FITZGERALD

Ella Fitzgerald logró muchos éxitos con canciones novedosas de swing a finales de la década de 1930 y principios de la de 1940, pero fue su posterior habilidad con el scat de influencia bebop lo que la distinguió como gran talento jazzístico. Entre 1957 y 1964, Ella grabó con Norman Granz, representante y productor, ocho refinados *songbooks*, álbumes en un estilo swing que realzaron el arte de los grandes autores estadounidenses, referencia desde entonces para los vocalistas del género.

DESPUÉS

Desde la década de 1980, una generación de cantantes de jazz y swing ha hecho resucitar el estilo *crooner*.

REGRESO DEL RAT PACK

El **pianista de jazz** Harry Connick Jr. tuvo éxito a finales de la década de 1980 con un **estilo swing** que refrescó el interés por la música del «Rat Pack» (Frank Sinatra, Dean Martin y Sammy Davis Jr.). La estrella británica del pop **Robbie Williams** grabó el homenaje al Rat Pack *Swing When You're Winning* en 2001, y la obra del canadiense **Michael Bublé** influida por Sinatra tiene fans en todo el mundo. La influencia de las voces femeninas de los años cincuenta es evidente también en **Norah Jones** y **Melody Gardot**.

HARRY CONNICK JR.

«Bing canta como todo el mundo cree que canta en la ducha.»

LA CANTANTE Y ACTRIZ ESTADOUNIDENSE DINAH SHORE SOBRE BING CROSBY

TECNOLOGÍA

EL MICRÓFONO DE CINTA

La función esencial del micrófono es captar el sonido ambiente y convertirlo en señales eléctricas que se pueden grabar o reconvertir en sonido por medio de amplificación y altavoces. Dicho proceso puede seguir distintos métodos acústico-eléctricos. Los primeros eran herramientas limitadas para captar los matices del sonido real, y los primeros esfuerzos, entre ellos los del inventor Thomas Edison, estaban encaminados a desarrollar el micrófono como transmisor de voz para el teléfono. En 1878, el músico y científico galés-estadounidense David Edward Hughes patentó el micrófono de carbón, con lo que asentó la microfonía tal como hoy se usa. Versiones más avanzadas transformaron las posibilidades para la radio y para los sonidos en vivo y grabados al realzar la voz de los cantantes y eliminar ruido de fondo. Los micrófonos aparecieron sobre los escenarios a principios de la década de 1920. En la imagen, un micrófono de cinta, refinamiento desarrollado a principios de la década de 1940 y conocido por su respuesta uniforme.

Grabación de una banda sonora
El compositor inglés sir Malcolm Arnold
(1921–2006) dirige a la orquesta durante la
grabación de la banda sonora compuesta
por sir William Walton (1902–1983) para la
película de 1969 *La batalla de Inglaterra.*

ANTES

Música para la pantalla

**Las primeras películas mudas solían
acompañarse con piano u órgano
solista que tocaba música no fijada
de antemano.**

ACOMPAÑAMIENTO ORQUESTAL
Ya en 1908, **Camille Saint-Saëns** creó una
pieza orquestal de 18 minutos para acompañar
la película *L'Assassinat du duc de Guise*; el
estadounidense Victor Herbert (1859–1924)
compuso toda una obra sinfónica para ser
interpretada junto con *La caída de una nación*
(1916), secuela de *El nacimiento de una nación*
(1915) de D. W. Griffiths.
Por lo demás, las
orquestas de cine tocaban
partituras reunidas por
las propias salas. Estas
orquestas se disolvieron
con la llegada del cine
sonoro.

ÓRGANO DE CINE (1927)

**Los críticos en su día consideraron la música para el cine como una ocupación comercial con
la que los compositores complementaban sus ingresos procedentes de afanes más serios.
Sin embargo, cada vez más la calidad de una banda sonora da prestigio a sus creadores.**

La industria del cine comprendió
pronto que el acompañamiento
musical intensificaba la experiencia
del espectador. Cuando el cine sonoro
desplazó al mudo a finales de la década
de 1920, las bandas sonoras musicales
prosiguieron la labor de crear ambiente
iniciada por el acompañamiento musical
en directo, pero bajo un control mucho
mayor del director de cine.

Con todo, pasaron unos años hasta que
los cineastas se sintieron cómodos con la
idea de música «no diegética» en el cine,
es decir, música que no surge de modo
natural de una situación dramática, por
ejemplo, de un grupo u orquesta visible.
A mediados de la década de 1930, sin

embargo, la música incidental sinfónica
era ya parte integral de las películas y
había una práctica establecida al respecto.

Procedimientos y técnicas
La música incidental solía crearse a partir
de una lista de secciones acordadas en
una sesión inicial de *spotting* en la que
compositor y director veían la película
antes de su montaje final. Se acordaban
el número, la ubicación, la duración y el
estilo de los pasajes musicales. Entonces
el compositor debía acabar la música en
poco tiempo, pues su labor tenía lugar
hacia el final del proceso de creación de
la película. La grabación se realizaba
mientras se veía la película, para que el

director de orquesta (a menudo el propio
compositor) controlara la sincronía. Para
facilitar este proceso se incluían pistas de
metrónomo en la película, o arañazos y
fogonazos en los fotogramas.

Los compositores pronto aprendieron
numerosas técnicas adecuadas para el
oficio, como la adaptación de la técnica
wagneriana del *leitmotiv*, nombre para
un tema melódico breve y recurrente
asociado a un personaje, idea o hecho
importante. Esto tenía dos fines útiles.
Primero, el adecuado y a menudo
subliminal refuerzo de una trama o
motivo, y, segundo, la repetición de
material musical ya escrito ahorraba
tiempo a un compositor bajo presión.

HIGH NOON

(DO NOT FORSAKE ME—OH MY DARLIN')

Words by NED WASHINGTON · Music by DIMITRI TIOMKIN

STANLEY · KRAMER · Productions

Presents

GARY · COOPER

"High Noon"

ROBBINS · MUSIC · COMPANY

Partitura de *Solo ante el peligro*

«Do Not Forsake Me—Oh My Darlin'», la canción de Dmitri Tiomkin cantada por Tex Ritter durante los créditos del western de 1952, contribuyó al auge de las canciones vinculadas a películas.

DESPUÉS »

A medida que los videojuegos fueron adquiriendo rasgos cinematográficos, su música se acercó también a la del cine.

MÚSICA DE VIDEOJUEGOS

Los primeros videojuegos tenían melodías electrónicas machaconas de una sola nota, y, aun cuando aumentó la capacidad del *hardware*, su música no salió, por lo general, del ámbito del **tecno 370–371 »**. La música de *Dragon Quest* (1986), sin embargo, del compositor japonés Koichi Sugiyama, con sus temas orquestales grandiosos, fue el referente de cientos de juegos de rol cinematográficos que le siguieron. Su música y la de su compatriota Nobuo Uematsu, autor de la música de *Final Fantasy* (1987), hoy son material de auditorio.

Los compositores crearon un lenguaje para apoyar la narración, por ejemplo, el uso de pasajes rítmicos y vibrantes para imágenes de caballos al galope, o sonidos taciturnos y disonantes para escenas de tensión. Cuando la música subrayaba las imágenes con literalidad exagerada —como cuando suena un timbal al caerse alguien—, se hablaba

en el pastiche estilístico y se hicieron conocidos por lenguajes particulares. El vienés Max Steiner fue el primero en llegar. Se hizo conocido sobre todo por música dramática y melodiosa, y por hitos como la música de *King Kong* (1933) y *Lo que el viento se llevó* (1939). Le siguieron varios compositores europeos, como el austriaco Erich Korngold, quien compuso música densa y apasionada, a destacar la de *Robin de los Bosques* (1938). El húngaro Miklos Rózsa se mostró tan efectivo para la música sombría del clásico del cine negro *Perdición* (1944) como para obras épicas que pedían ampulosidad, como *Quo vadis* (1951) y *Ben-Hur* (1959).

Aunque eran músicos muy formados y autores de logradas obras de concierto

disonancias de influencia jazz de Alex North para *Un tranvía llamado deseo* (1951) contribuyeron a crear la primera película de Hollywood que sonaba al EE UU moderno. Hubo otras exploraciones del vocabulario del jazz en la dura música de Leonard Bernstein para *La ley del silencio* (1954) y la impactante para *El hombre del brazo de oro* (1955) de Elmer Bernstein. mientras que Quincy Jones, Lalo Schifrin y Henry Mancini continuaron haciendo música inspirada en el jazz para el cine durante las décadas de 1960 y 1970. La música de Leonard Rosenman para *Al este del edén* y *Rebelde sin causa* (1955) exploró la atonalidad (música que no está en ningún tono en particular).

El italiano Ennio Morricone se hizo famoso tras componer la música del western de Sergio Leone *Por un puñado de dólares* (1964); después ha trabajado con numerosos directores, como Quentin Tarantino y Bernardo Bertolucci.

Los géneros de música para el cine se diversificaron durante las décadas de 1960, 1970 y 1980. Por moda, estética y economía, fue frecuente la música electrónica. El productor alemán de música disco Giorgio Moroder compuso la banda sonora del filme *El expreso de medianoche* (1978) y el músico griego de rock Vangelis la de *Carros de fuego* (1981). Ambas películas fueron premiadas con el Óscar por su música electrónica.

La música del cine actual, incluida la de los destacados Hans Zimmer y Danny Elfman, combina las texturas orquestales y electrónicas.

La presión comercial por incluir temas de éxito en las películas y explotar el mercado juvenil llevó a la tendencia —iniciada en la década de 1960 y que continúa hoy—

> ## « Él completa el **60%** del **filme**; yo tengo que **acabarlo por él**.»
>
> BERNARD HERRMANN, COMPOSITOR, SOBRE ALFRED HITCHCOCK

de «Mickey Mousing», en referencia a la muy sincronizada música de los dibujos animados.

Europeos en Hollywood

Aunque la mayoría de las películas en las décadas de 1930 y 1940 se realizaron en Hollywood, muchos compositores para el cine fueron extranjeros. Esto contribuyó a hacer del tardorromanticismo europeo del siglo XIX el estilo de Hollywood por defecto, pero al haber diferentes épocas y géneros para los cuales producir música, muchos compositores se especializaron

además de música para el cine, estos profesionales de Hollywood gozaban de escaso respeto en el mundo musical. Los compositores británicos William Walton y Ralph Vaughan Williams, y el estadounidense Aaron Copland, que no pasaron de los pinitos en la música para el cine, fueron los que se llevaron las alabanzas de la crítica.

Llegan los modernos

En la década de 1950, surgió una nueva ola de música para bandas sonoras. Al emplear la música del propio país, las

a utilizar canciones ya existentes en películas no musicales. Ejemplos de ello son *Easy Rider* (1969), *Fiebre del sábado noche* (1977) y *Love Actually* (2003).

El regreso de la orquesta

A pesar de que Elmer Bernstein, Jerry Goldsmith y otros continuaron creando música para el cine al modo tradicional a lo largo de las décadas de 1960 y 1970, fue el trabajo memorable de John Williams en *Tiburón* (1975) y *La guerra de las galaxias* (1977) lo que hizo revivir la música orquestal para cine. Su estilo «taquillazo», con temas potentes y orquestación densa, continúa siendo enormemente influyente hasta hoy.

5/4 Molto Forzando e Feroce ⑲ The Murder

— Parte del violín

Música orquestal de *Psicosis*

Esta página es de la partitura empleada para dirigir a la orquesta en la grabación de la banda sonora de Bernard Herrmann de la película de Hitchcock *Psicosis*. Son visibles las notas desquiciantes y desgarradoras para los violines durante la célebre escena de la ducha.

OBRAS CLAVE

Erich Korngold *Robin de los Bosques*

Max Steiner *Now Voyager*

Franz Waxman *El crepúsculo de los dioses*

Bernard Herrmann *Psicosis*

Ennio Morricone *El bueno, el feo y el malo; La misión*

John Williams *Tiburón*

COMPOSITOR (1911–1975)

BERNARD HERRMANN

Nacido en Nueva York, Bernard Herrmann fue el creador de alguna de la música más memorable del cine. Sus creaciones fueron de lo impresionista a lo electrónico, pasando por otras formas de modernidad. Orson Welles sentía tal respeto por la música que hizo para *Ciudadano Kane* que montó partes de la película en función de ella. Entre lo más destacado de su carrera están los acordes disonantes del clímax de *Ultimátum a la Tierra* (1951), el motivo de «seguir a la rubia» de *Vértigo* (1958) y los aterradores violines chirriantes de *Psicosis* (1960).

Musicales de Hollywood

Los musicales de Hollywood no solo produjeron interpretaciones virtuosas, éxitos sobre los escenarios y espectáculos grandiosos para el público cinéfilo, sino que también atrajeron a los mejores compositores, autores y letristas, para quienes el cine ofrecía posibilidades de innovación musical sin límite.

Entre la miseria de la depresión económica y los horrores bélicos de las décadas de 1930 y 1940, el público de los cines quería escapismo: canciones y bailes, comedia y romance. No es casual que el primer gran musical del cine coincidiera con la Gran Depresión. El musical *La calle 42* (1933) fundó un formato rentable y de paso definió el género *backstage musical* (musical cuya trama trata de la producción de una obra de teatro o revista), que ha llegado hasta hoy. Su banda sonora lanzó la

Fred y Ginger
Juntos, Fred Astaire y Ginger Rogers fueron el símbolo del *glamour*, el romance y el puro virtuosismo de la danza en la gran pantalla.

« **ANTES**

En cuanto fue posible hablar en el cine, también se cantó. En la primera película sonora, *El cantor de jazz* (1928), Al Jolson cantaba seis canciones: «Toot Toot Tootsie» es el primer número musical en una película.

LOS PRIMEROS MUSICALES
El primer **musical enteramente sonoro** fue *La melodía de Broadway* (1929), que fue también el primer musical de MGM y la primera película sonora que ganó el **Óscar a la mejor película**. Su éxito produjo una cascada de filmes musicales, al apresurarse otros estudios a explotar el apetito del público por el cine sonoro y atraerse a Hollywood a **compositores de Broadway**. Ese apetito no tardó en saciarse, sin embargo: en el año 1930 se estrenaron 100 musicales; en 1931, solo 14.

carrera en Hollywood del compositor y autor de canciones Harry Warren, y sus estrellas, Dick Powell y Ruby Keeler, fueron la primera pareja de intérpretes que fascinó al público.

El éxito de *La calle 42* inspiró toda una serie de películas. Más sofisticadas fueron las de Fred Astaire y Ginger Rogers, que encarnaron la elegancia y el romance en una sucesión de valiosos filmes de éxito no solo como demostración de baile, sino por los varios estándares que de ellos salieron: «A Fine Romance» y «The Way You Look Tonight» de *En alas de la danza (Swing Time*, 1936); «They Can't Take That Away From Me», de George Gershwin, de *Shall We Dance* (1937); y «Cheek to Cheek», de Irving Berlin, de *Sombrero de copa* (1935).

Los costes de producción aumentaron a lo largo de los años treinta con escenas complejas y caras de rodar, y un trabajo de cámara innovador que amplió los límites del cine y de la ejecución musical. Los Ángeles se convirtió en un núcleo de talento internacional en un momento en que compositores e instrumentistas destacados huían de la Alemania nazi.

Bajo la dirección de músicos como Alfred Newman (en 20th Century Fox) y Herbert Stothart (en MGM), orquestas propias y equipos de orquestadores y arreglistas ofrecieron una reserva de talento musical capaz de responder a cualquier exigencia. George Bassmann, Leo Arnaud, Conrad Salinger y otros arreglistas y orquestadores fueron clave en el logro de la riqueza y variedad del sonido de los musicales de Hollywood.

La década culminó con una de las películas más caras hasta la fecha, *El mago de Oz* (1939), entre cuya música de Harold Arlen y E. Y. Harburg figura «Over the Rainbow», premiada con el Óscar. Las restricciones económicas y la inminente guerra, sin embargo, pusieron fin a tales extravagancias. En la década de 1940 hubo obras cabales y más discretas, como los musicales de MGM con Mickey Rooney y Judy Garland, entre ellos *Babes in Arms* (1939), *Strike Up the Band* (1940) y *Babes on Broadway* (1941).

Baile en la pantalla
El director y coreógrafo estadounidense Busby Berkeley (1895–1976) se hizo

Judy Garland, estrella de la pantalla
Con su papel en *El mago de Oz*, Garland se convirtió en la mayor estrella de MGM en la década de 1940.

Cantando bajo la lluvia
El bailarín, director y coreógrafo Gene Kelly redefinió el papel del baile en el cine. Esta escena de *Cantando bajo la lluvia* se mantiene como imagen icónica del género.

famoso por sus escenas caleidoscópicas con decenas de bailarines. En películas como *Gold Diggers* (1933) y *Dames* (1934), redefinió el potencial cinematográfico de la coreografía y despejó el camino a coreógrafos como Charles Walters (1911–1982), Hermes Pan (1910–1990), Stanley Donen (n. 1924) y Bob Fosse (1927–1987).

La mejor pareja de baile del cine sigue siendo, sin duda, la de Fred Astaire (1899–1987) y Ginger Rogers (1911–1995), emblema del *glamour* y el romance en una serie de éxitos de la década de 1930. A la vez, Eleanor Powell popularizó el claqué en solitario, marcando el camino de estrellas posteriores como Ann Miller.

El mayor bailarín del cine fue Gene Kelly (1912–1996), quien elevó la danza a parte integrante de la tensión dramática en *Un americano en París* (1951) y *Cantando bajo la lluvia* (1952).

La edad dorada

La compañía MGM habría de convertirse en hogar indiscutible del musical de

COMPOSITOR (1894–1973)

HARRY WARREN

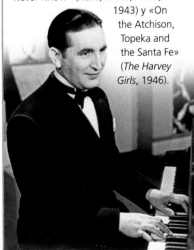

La carrera de Harry Warren se desarrolló durante la edad de oro del musical de Hollywood, desde la innovadora *La calle 42* hasta los mejores logros de la Freed Unit. Nacido en Brooklyn, escribió canciones para todos los grandes estudios. Fue nominado once veces para el Óscar a la mejor canción, que ganó en tres ocasiones. Entre sus éxitos figuran «Lullaby of Broadway» (*Gold Diggers of Broadway*, 1935), «You'll Never Know» (*Hello, Frisco, Hello*, 1943) y «On the Atchison, Topeka and the Santa Fe» (*The Harvey Girls*, 1946).

Hollywood, pero antes en la década de 1940 fueron los musicales exuberantes de 20th Century Fox los que más hicieron por levantar los ánimos abatidos por la guerra. La estrella más rentable fue Betty Grable (1916–1973), de Fox, conocida como «reina del musical de Hollywood». Sus películas solían ser nostálgicas, y algunos de sus mayores éxitos, como *Sweet Rosie O'Grady* (1943), *Coney Island* (1943) y *Mother Wore Tights* (1947), están ambientadas en la década de 1890 y reviven viejas canciones de vodevil y canciones de salón.

En la década de 1940 hubo un elenco de talento arrebatador en los musicales del cine, a menudo con un estilo o rasgo definitorio, como es el caso de la efervescente Betty Hutton, la acuática Esther Williams y la exótica Carmen Miranda. Ya asentados como principal vehículo de la música popular, de los musicales cinematográficos surgieron algunos de los mayores éxitos de la época: «Chattanooga Choo-Choo», de Harry Warren, de *Sun Valley Serenade* (1941), y «Have Yourself a Merry Little Christmas» y «The Trolley Song», de Hugh Martin y Ralph Blane, de *La rueda de la fortuna* (*Meet Me in St. Louis*, 1944).

Aunque la nostalgia y el espectáculo siguieran siendo vitales, al terminar la Segunda Guerra Mundial los musicales se volvieron menos escapistas. En MGM, el productor Arthur Freed reunió un grupo de talento supremo que se hizo legendario como «Freed Unit» y asentó a la compañía como centro neurálgico de los musicales, que transformó en obras más integradas y sustentadas en los personajes, como *Easter Parade* (1948).

Más allá de Broadway

Mientras Hollywood se enfrentaba al auge de la televisión en la década de 1950, los musicales crecieron en escala y ambición. Fue la década de los éxitos de taquilla de musicales de Broadway, una fuente obvia sobre la que derrochar los últimos desarrollos cinematográficos, como el Cinemascope y la tecnología 3D. La década de 1950 estuvo por ello

dominada por los musicales de Broadway. *Annie Get Your Gun* de Irving Berlin (1950) fue la primera de una serie de películas de gran éxito entre las que estuvieron *Kiss Me Kate* de Cole Porter (1953); *Guys and Dolls* de Frank Loesser (1955); y *Oklahoma!*, *El rey y yo* (1956), *Carousel* (1956) y *South Pacific* (1958) de Rodgers y Hammerstein (1955).

Doris Day fue la gran estrella musical de la década de 1950, cuyas películas fueron desde comedias musicales como *Calamity Jane* (1953) hasta *biopics* musicales dramáticos como *Quiéreme o déjame* (1955). Day fue la última de las estrellas musicales verdaderamente grandes del cine. Cuando pasó a hacer comedias románticas a finales de la década de 1950, el género ya iba a menos.

Declive

Pese al éxito de varios musicales de cine, a destacar *West Side Story* (1961), *Mary Poppins* (1964), *My Fair Lady* (1964) y *The Sound of Music* (*Sonrisas y lágrimas*), 1965), el auge del rock and roll fue el anuncio del cambio de gustos de la década de 1960. Elvis Presley hizo varios musicales de cine, pero el género no se mantuvo al día de la transformación de la cultura popular. El fracaso de filmes de gran presupuesto como *Jumbo* (1963), *Camelot* (1967) y *Doctor Dolittle* (1967) aumentó los problemas económicos de los estudios, que desmantelaron

> « Es una época que **nunca volverá**, y es un **tesoro:** una forma de arte **verdaderamente estadounidense**. »
>
> LA BAILARINA, CANTANTE Y ACTRIZ ANN MILLER, 1996

los equipos de visionarios que habían convertido el musical de cine en emblema del *glamour* e imaginación de Hollywood. El último de los musicales lujosos de corte clásico fue *Hello Dolly!* (1969). Y fracasó.

My Fair Lady
Este cartel anunciaba *My Fair Lady*. Adaptada del éxito teatral de Lerner y Loewe en 1964, fue una de las muchas adaptaciones de espectáculos de Broadway y uno de los últimos musicales de gran éxito de Hollywood.

OBRAS CLAVE

Harry Warren y Al Dubin *La calle 42*

Irving Berlin y Max Steiner *Sombrero de copa*

Hugh Martin y Ralph Blane *La rueda de la fortuna (Meet Me in St. Louis)*

Arthur Freed y Nacio Herb Brown *Cantando bajo la lluvia*

George Gershwin *Un americano en París*

Rogers y Hammerstein *Sonrisas y lágrimas (The Sound of Music)*

DESPUÉS

Tras el fracaso de *Hello Dolly!* en 1969, el musical de Hollywood dejó de ser rentable. Sin embargo, aunque ya no tuvieran un mercado específico, siguieron rodándose musicales.

FOTOGRAMA DE LA PELÍCULA *GREASE*

LA DÉCADA DE 1970
En la década de 1970, películas como *El violinista en el tejado* (1971), *Cabaret* (1972) y *Grease* (1978) fueron grandes éxitos, en gran medida **recurriendo a la nostalgia** en lugar de marcar nuevas tendencias. También hubo **fracasos costosos**, como *Mame* (1974), y el género no regresó a la corriente dominante.

REVIVAL DEL MUSICAL
En la década de 1990, **Disney** mantuvo vivo el musical con grandes éxitos como *La bella y la bestia* (1991) y *El rey león* (1994). El último musical de Hollywood que triunfó fue *Chicago* (2002). Los éxitos más recientes, *Mamma Mia!* (2008) y *Los miserables* (2012), fueron **británicos 360–361 »**.

« **ANTES**

La música gospel evolucionó en el siglo XIX y se fusionó luego con el primer soul y el jazz.

ESTRELLAS DEL GOSPEL
A finales del siglo XIX, los **Jubilee Singers** popularizaron el gospel en EE UU. Siguieron su estela los Dixie Hummingbirds, los Fairfield Four y los Five Blind Boys. **Sister Rosetta Tharpe** fue única entre los cantantes de gospel de las décadas de 1930 y 1940 por acompañarse de una potente guitarra amplificada; su estilo de gospel estaba muy influido por el blues.

SISTER ROSETTA THARPE

Una voz

En la década de 1950, la brecha entre la música afroamericana del gospel y el soul, su equivalente secular, se estaba estrechando, y la música religiosa adquiría presencia comercial. La música, a su vez, se convirtió en herramienta poderosa del movimiento por los derechos civiles.

El gospel salió, por supuesto, de las iglesias. Todos los domingos los estadounidenses blancos cantaban himnos tradicionales ingleses recopilados en libros. Los esclavos escucharon estos cantos, les dieron un formato de «llamada y respuesta», y evolucionaron hasta convertirse en el llamado «espiritual negro».

La llamada y respuesta era el modelo de canción de trabajo de los esclavos en las plantaciones de algodón y en los grupos de presos encadenados. Una persona canta un verso, el cual repite, a menudo armonizado, el grupo. En la

década de 1950, las canciones cristianas de los afroamericanos se llamaban ya gospel, e integraron los ritmos bailables y rasgos instrumentales del blues y el jazz. Muchas de estas canciones las transcribió y difundió entre públicos nuevos Harry T. Burleigh.

Tradición familiar
Los Staple Singers eran una familia que cantaba junta. Compuesta por Roebuck «Pops» Staples y sus hijas Cleotha, Pervis,

250.000 **El número de participantes en la Marcha sobre Washington, la mayor manifestación por los derechos civiles, el 28 de agosto de 1963.**

Mavis e Yvonne, comenzaron con actuaciones acústicas de estilo rural y popular en iglesias de Chicago a principios de la década de 1950. Pops Staples era un guitarrista de blues que tocaba al estilo tradicional del delta del Misisipi, y el acompañamiento instrumental lo aportaban músicos del ámbito del soul y el funk, lo cual daba a la banda una contundencia mayor de la habitual en

Gospel hecho espectáculo
Gertrude Ward y sus hijas Willa y Clara alcanzaron el éxito como las Ward Singers en la década de 1930. Su modo de acercar el gospel al negocio del espectáculo hizo alcanzar al conjunto gran popularidad.

MAHALIA JACKSON

Nacida en Nueva Orleans en 1911, Mahalia Jackson cantó en la iglesia desde temprana edad. Tras trasladarse a Chicago con dieciséis años, conoció a Thomas A. Dorsey, compositor y arreglista de gospel. A finales de los años cuarenta, su «Move On Up a Little Higher» vendió más de ocho millones de copias. Jackson cantó en muchas concentraciones por los derechos civiles en la década de 1950. Cuando Luther King la invitó a cantar en Montgomery (Alabama) en 1956 en protesta contra la segregación racial en los autobuses, la casa donde se alojaba fue atacada con un artefacto incendiario. Salió ilesa y se convirtió en la principal embajadora del gospel.

el gospel. Las letras de sus canciones, aunque con raíces religiosas, hablaban de liberación y tiempos mejores por venir, temas con resonancia política en una época de desigualdad de derechos para los afroamericanos. En la década de 1960 tuvieron éxito con canciones como «Why Am I Treated So Bad?» y su versión de la canción de Stephen Stills «For What It's Worth», una advertencia sobre la violencia callejera.

Voz divina

Aretha Franklin, una de las voces más potentes del siglo xx, salvó la brecha entre el gospel y el soul. Aretha se había criado con el gospel, cantando en la iglesia de su padre en Detroit, y grabó rhythm and blues (pp. 310–311) para Columbia antes de asociarse al productor de Atlantic Jerry Wexler en 1966. Su manera de cantar salía directamente de las iglesias negras, pero se encontraba igualmente

Aún por ordenar
Al Green comenzó a cantar soul y rhythm and blues a finales de la década de 1960, y en la siguiente tuvo algo de *sex symbol*. Su música fue derivando cada vez más hacia el gospel, y en 1976 fue ordenado reverendo.

como pez en el agua cantando canciones de amor o con un mensaje feminista.

En 1967, Aretha Franklin publicó «Respect», versión del tema de 1965 del cantante de soul Otis Redding en la que añadía adornos de influencia gospel como el deletreo «R-E-S-P-E-C-T» y un coro de sus hermanas cantando *«sock it to me, sock it to me»*. Si bien en detalle era la queja de una mujer por el modo en que la trata su amante, el título y la letra tenían obvias implicaciones sociales de mayor calado. Franklin cantó en conciertos benéficos por los derechos civiles a lo largo de la década de 1960.

Hermanos del soul

James Brown (p. 321) fue una sensación del soul con conciencia social. Su «Say It Loud (I'm Black and I'm Proud)» era una afirmación rotunda de orgullo negro, y contenía la desafiante frase *«we'd rather die on our feet/than be living on our knees»* («preferimos morir de pie que vivir arrodillados»). La canción emplea la técnica del gospel de llamada y respuesta, que llevó a cabo Brown llevando a un grupo de niños al estudio de grabación.

Mientras que la voz de James Brown era áspera y seca, Curtis Mayfield (1942–1999) cantaba en un delicado falsete. La música de Mayfield presentaba suntuosas orquestaciones de cuerdas y vientos sostenidas por percusión africana y líneas de bajo *funky*. Aunque su música fuera más orquestal, el mensaje de sus letras no era menos militante que el de James Brown. Mayfield se hizo famoso con el grupo vocal de soul The Impressions, y los temas que escribió para ellos, como «Keep on Pushing» (1964) y «We're Rolling On» (1967) contribuyeron a mantener viva la llama del movimiento por los derechos civiles.

A diferencia del tono optimista y desafiante de la música de muchos de sus colegas, en sus temas Marvin Gaye se centraba en cuestiones específicas, como la indignidad y las luchas de la

gente en los barrios negros, la falta de educación y la drogadicción. Gaye (1939–1984) ya tenía un nombre como cantante de canciones de amor, y debió enfrentarse al jefe de su discográfica, Berry Gordy, para poder grabar sus canciones de protesta. Y Gaye no se equivocó: «What's Goin' On» vendió más de 100.000 copias en la primera semana, despejando así el camino al éxito fenomenal del álbum del mismo nombre.

Entre tanto, en Memphis, Al Green empuñó la bandera del soul durante la década de 1970 y más allá con el sello Hi Records. Willie Mitchell, productor y arreglista, fue en gran medida el responsable del estilo suave y seductor de Hi, y trabajó con Al Green en éxitos como «Let's Stay Together» (1971). El repertorio de Green se volvió cada vez más religioso, y en 1980 publicó su primer álbum enteramente de canciones de gospel, *The Lord Will Make a Way*.

Nina Simone

Aparte de Mahalia Jackson (arriba), una de las figuras afroamericanas más populares que se implicaron en el movimiento por los derechos civiles fue Nina Simone (1933–2003). Su estilo vocal procedía del jazz, y fue enormemente popular entre la clase media blanca de tendencia progresista. Sus canciones sofisticadas y evocadoras respondían a hechos del momento, como «Mississippi Goddam», escrita después del atentado con bomba en una iglesia de Birmingham (Alabama) en el que

OBRAS CLAVE

Sam Cooke «A Change Is Gonna Come»
James Brown «Say it Loud (I'm Black and I'm Proud)»
The Temptations «Ball of Confusion»
Al Green «Let's Stay Together»
Staple Singers «Why Am I Treated so Bad?»
Curtis Mayfield «Move On Up»
Nina Simone «I Wish I Knew How it Would Feel to be Free»

« La esclavitud no ha sido abolida en el modo de pensar de EE UU.»

LA CANTANTE NINA SIMONE (1933–2003)

murieron cuatro niños afroamericanos. El *single* fue boicoteado en algunos estados del sur. Para *Silk And Soul* (1968) grabó la clásica «I Wish I Knew How It Would Feel to be Free», canción que se convirtió en himno del movimiento por los derechos civiles y fue versionada por músicos negros y blancos del momento.

Simone estuvo a favor de la revolución violenta durante la década de 1960, en contraposición a la protesta pacífica que defendía el pastor baptista y activista de los derechos civiles Martin Luther King. Tras morir este asesinado en 1968, sin embargo, compuso todo un álbum en su honor.

El gospel se une al funk
Los Staple Singers emplearon músicos y arreglos de soul y funk. Como reivindicación, su canción «Brand New Day» estuvo a la altura del discurso «I Have a Dream» de Martin Luther King.

DESPUÉS

Después de la década de 1960, el soul afroamericano se diversificó y alcanzó el respeto del gran público.

EN EL MERCADO DE MASAS

Muchos cantantes de soul icónicos de la década de 1960 se convirtieron en monumentos nacionales en la siguiente. **Aretha Franklin** y **James Brown** aparecieron en *Granujas a todo ritmo* (*The Blues Brothers*, 1980), película que homenajea al soul de aquella década. Los antes cantantes de gospel Sam Cooke, Lou Rawls y Ray Charles se convirtieron en grandes estrellas.

DISCO SOUL

Franklin y la cantante de gospel-soul Cissy Houston se convirtieron en matriarcas de una generación de cantantes de soul que empezaron a cantar **música disco 354–355 »**.

La **música** de **Indonesia**

La República de Indonesia está formada por 17.508 islas. No sorprende la amplia gama de estilos musicales, pero sus géneros característicos se basan todos en la orquesta de gamelán, conjunto de percusión que incluye gongs, xilófonos, flautas y tambores.

U na orquesta de gamelán está compuesta sobre todo de percusión metálica afinada, incluidos gongs, metalófonos (barras metálicas) y tambores (pp. 298–299). A diferencia de la orquesta occidental, no tiene director, partituras ni solistas. La música de gamelán es una música comunitaria basada en la práctica y el concierto. Cada ejecutante aprende todos los instrumentos, y durante una actuación larga cambia a menudo de lugar y de cometido.

« **ANTES**

La orquesta de gamelán tiene sus orígenes siglos atrás, y su música fue adoptada por las religiones hindú, budista e islámica.

PRIMERAS ORQUESTAS
Se cree que las mayores orquestas de gamelán, **gamelán Sekaten**, se formaron en los primeros tiempos del **islam** en la Indonesia del siglo XII, en la isla de Java. Tocan una vez al año, en el cumpleaños de Mahoma.

TÍTERES DE SOMBRAS
Una tradición de siglos en Indonesia es el *wayang kulit*, un **espectáculo de sombras que dura toda la noche** acompañado por una orquesta de gamelán. Las siluetas de títeres manejados por un titiritero tras una pantalla representan los **poemas épicos hindúes** *Ramayana* y *Mahabharata*.

FIGURA JAVANESA DE TEATRO DE SOMBRAS

La estructura de la música de gamelán se refleja en la disposición de los instrumentos. Los metalófonos del centro tocan una melodía, los instrumentos en primer plano una variación de esta y los gongs de atrás añaden incisos lentos y graves. Hay dos sistemas de afinación: *slendro*, de cinco tonos, y *pelog*, de siete.
    Las principales modalidades de música de gamelán son las de las islas de Java y Bali.

El gamelán en Java
El instrumento más importante en un conjunto de gamelán javanés es el *gong ageng*, el gong más grande, situado detrás del conjunto. Hecho de modo habitual de una pieza única de bronce, está rodeado de varios gongs menores suspendidos denominados *kempul*, y de varios gongs montados en horizontal llamados *ketuk* y *kenong*, que tocan frases más breves y melódicas. Frente al gamelán javanés se hallan los principales instrumentos melódicos: dos pequeños gongs en forma de olla *(bonang)*, varios metalófonos *(gender)*, xilófonos de madera, cítaras, *rebābs* (violines) y *suling* (flautas). Estos tocan las melodías más ágiles. Un conjunto

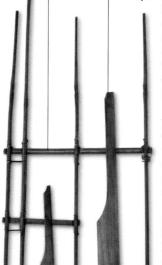

Marco   Tubo mayor

« Fantásticamente rico en melodía, ritmo, textura.»

BENJAMIN BRITTEN, COMPOSITOR BRITÁNICO, DESCRIBIÓ ASÍ EL GAMELÁN, 1956

completo incluye también coros, uno masculino *(gerong)* y uno femenino *(pesindehen)*.

Estilos javaneses
La música de gamelán de Java tiene dos estilos principales, que se remontan al siglo XIX y a las cortes reales en las ciudades de Surakarta y Yogyakarta. Los estilos se conocen como solonés y yogyanés. Los sultanes de Java encargaban piezas a sus orquestas

Fines religiosos
El *angklung* es un instrumento de gamelán de cuatro notas. Lo tocan los muchachos mayores de las aldeas de Bali durante el festival anual de Galungan, en el que procesiones de familias llevan ofrendas al templo.

y bailarines cortesanos de gamelán, y había una rivalidad creativa entre las dos escuelas reales tanto en la danza como en la música.
    Hay también una tradición de gamelán llamada *calung* en Banyumas, la parte occidental de la provincia de Java Central, donde los instrumentos están hechos de bambú en lugar de bronce. En un principio sirvieron como alternativa portátil a los instrumentos de gamelán de metal. Consiguieron imitar hasta los sonidos de los gongs más pesados (soplando en una gran caña de bambú).
    Más al oeste se hallan las regiones sundanesas de Java, del segundo grupo étnico más numeroso de Indonesia tras los javaneses. El gamelán *degung* es una forma tradicional sundanesa, y su rasgo característico es un uso particular del *suling*. El predominio de esta flauta de bambú aporta al *degung* un aire más delicado que el del gamelán de Java Central, aunque emplee gongs y

metalófonos similares. Del gamelán *degung* derivó una música con voz solista llamada *pop sunda*, con estrellas como Detty Kurnia (1961–2010), cuya carrera musical comenzó a mediados

Orquesta de gamelán
Cada orquesta tiene un carácter único, pues los instrumentos se afinan unos con otros y no con respecto a una referencia estándar. Los conjuntos de instrumentos pueden recibir nombres tales como «Venerable espíritu de perfección».

de la década de 1970 y que grabó más de 150 álbumes.

Gamelán balinés
En la isla indonesia de Bali, el gamelán es una parte fundamental de la vida de los pueblos, y la mayoría de comunidades cuenta con varios conjuntos de gamelán, compuestos, por lo general, de músicos no profesionales. Se emplean los dos sistemas de afinación *slendro* y *pelog*, pero las escalas pueden variar, lo cual aporta características que distinguen al gamelán balinés del javanés. En general, la música de gamelán balinés es más veloz y con mayor volumen que la del javanés, más lenta y suave.

OBRAS CLAVE

Gamelán gong kebyar de Belaluan
«Kebyar Ding»

Gamelán cortesano de los Pura Paku Alaman «Ketawang: Puspawarna»

Sekaa Genggong Batur Sari «Angklung Sekar Jati»

Gesang «Bengawan Solo»

Rhoma Irama «Santai»

Hetty Koes Endang «Cinta»

La danza y el gamelán

Acompañada de una orquesta de gamelán, la danza *batak* servía tradicionalmente para evocar espíritus y alejar el infortunio. Hoy se toca en bodas, ceremonias de bienvenida y otras fiestas.

construir instrumentos de gamelán de bambú. Para recrear las profundas sonoridades de bajo de los mayores gongs de bronce, se suspendían cañas de bambú sobre una gran olla de barro que amplificaba el sonido.

Folklore y pop

El *kroncong* es un estilo de música popular que evolucionó a partir del empleo de instrumentos occidentales traídos por los portugueses a Indonesia en el siglo XVI. Comparte nombre con un instrumento semejante al ukelele utilizado en este tipo de música, que suelen interpretar pequeños conjuntos con instrumentos tales como guitarra, contrabajo o violonchelo, flauta, y —lo más importante— un cantante.

El *kroncong* tuvo su edad de oro comercial entre las décadas de 1930 y 1960. El estilo suntuoso y melancólico de cantantes como Hetty Koes Endang puede sonar a veces como un primo lejano y exótico de la balada lenta de América del Norte con sonido jazz, y otras veces recordar a la música hawaiana. El *dangdut* es la forma

Un estilo llamado *kebyar*, que significa «florecer», se hizo muy popular en Bali después de la disolución de las cortes reales balinesas a principios del siglo XX. Los ritmos y el tempo del gamelán cortesano habían sido pausados y elegantes, mientras que el *kebyar* era rápido y dinámico.

En paralelo al estilo *calung* de la zona de Banyumas (Java), en las aldeas empobrecidas de Bali se empezaron a

Las fusiones creativas de las décadas de 1960 y 1970 pusieron los cimientos de los sonidos cosmopolitas que se escuchan hoy en Indonesia.

ESTRELLAS
SambaSunda, grupo de fusión de música étnica indonesio, ha tenido éxito en festivales de world music en Europa y EE UU. Radicado en Bandung, el meollo de la cultura

RITA TILA, CANTANTE CON EL GRUPO SAMBASUNDA

sundanesa de Java Occidental, el grupo de 17 miembros toca un **gamelán moderno** que combina estilos de muchas de las islas indonesias. Como sugiere su nombre, está también influido por la percusión enérgica de la samba brasileña.

HIP-HOP INDONESIO
Otro músico de Bandung es el rapero **Iwa K**, que grabó el primer álbum de hip-hop indonesio, *Ku Ingin Kembali*, en 1992. Fue un éxito inmediato.

popular que rivaliza con el gamelán como música propiamente indonesia. Se desarrolló en la década de 1960 y su nombre deriva del sonido del tambor de dos cuerpos *kendang*, un instrumento de percusión parecido al *tabla* indio.

La mezcla ecléctica de música indonesia, árabe y latinoamericana con instrumentos del jazz y el pop

METALÓFONO Xilófono con barras de metal en lugar de madera.

SULING Flauta de bambú, uno de los principales instrumentos melódicos del gamelán.

del *dangdut* resultó en un sonido fresco y entretenido, muy evocador de su tiempo. Rhoma Irama y Elvy Sukaesih se hicieron famosos como rey y reina del *dangdut* en la década de 1970. Como la mayoría de las leyendas del pop indonesio, no obstante, han experimentado con muchos otros estilos a lo largo de sus carreras.

**1 KENDHANG
KETIPUNG**
Longitud: 50 cm

2 GENDER BARUNG   Longitud: 1,1 m

5 KENONG
Altura: 40 cm

6 KEMPYANG
Altura: 28 cm

7 KETUK
Altura: 28 cm

8 SARON BARUNG   Longitud: 86 cm

12 SARON PANERUS
Longitud: 66 cm

14 BONANG PANERUS
Longitud: 1,5 m

Gamelán

Gongs de bronce y metalófonos son los instrumentos de esta orquesta tradicional indonesia. Hay muchos tipos de gamelán, y varían de uno a otro lugar. El conjunto mostrado aquí es de Java Central.

1 *Kendhang ketipung* Situado en el centro de la orquesta, este tambor controla el tempo de la música y marca los cambios de sección y el final de la pieza. Se toca de manera distinta según sea la música animada o solemne. **2** *Gender barung* Tocado con dos macillas suaves, el *gender barung* es uno de los «instrumentos suaves» del conjunto, junto con el *gender panerus*, el *gambang* y el *rebab*. Se usa para crear una capa de adornos rutilantes sobre los instrumentos más graves y percusivos. **3** *Gender panerus* Este instrumento ejecuta patrones al doble de la velocidad del mayor y más grave *gender barung*. Las barras están suspendidas con hilos sobre resonadores de bambú o metal. **4** *Slenthem* Tocado con una macilla suave, el *slenthem* produce un sonido sostenido y reverberante. Se usa para tocar la misma parte que el *sarong barung* y el *saron demung*. **5** *Kenong* Estos grandes gongs en forma de olla definen la estructura de la pieza, alternando con el *gong kempul* y el *suwukan*. **6** *Kempyang* y **7** *Ketuk* Son dos gongs que toca un solo instrumentista para marcar los pulsos. **8** *Saron barung* Como el *saron demung*, el *saron barung* toca la melodía central de la pieza. **9** *Saron demung* Tocado con un mazo duro, este instrumento es especialmente importante en las secciones fuertes y rápidas. **10** *Gambang* El único instrumento de madera del gamelán. Se toca en

octavas con macillas de mango de cuerno. **11** *Rebab* Especie de violín de dos cuerdas que toca una melodía continua y adornada. Originario de Oriente Medio, su cuerpo se hacía en tiempos de cáscara de coco. **12** *Saron panerus* Afinado una octava por encima del *saron barung*, el *saron panerus* se toca al doble de velocidad. **13** *Bonang barung* Un solo ejecutante se encarga de este juego de gongs en forma de olla con dos mazos. **14** *Bonang panerus* Una octava por encima del *bonang barung*, este instrumento suele tocar patrones entrelazados con su hermano mayor. El sonido de tales patrones suele decirse que es como «lluvia dorada». **15** *Gong ageng* El mayor, más grave y venerado de los instrumentos del gamelán. Se golpea una vez para marcar el final de una sección o pieza. Se considera sagrado, y se le ofrecen flores y arroz. **16** *Gong suwukan* y *gong kempul* Un ejecutante se encarga de este conjunto de gongs, que trabajan en tándem con el *kenong* para definir la estructura de la pieza.

Disposición de la orquesta de gamelán
Este diagrama muestra la situación relativa habitual de los instrumentos en una orquesta de gamelán. El tambor está en el centro; los instrumentos de sonido más sutil, delante, y los gongs más grandes —y sonoros—, atrás.

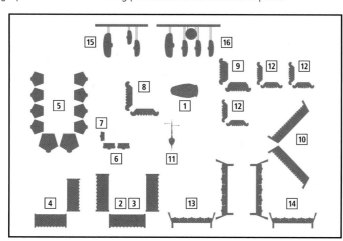

15 GONG AGENG
Longitud: 2,8 m

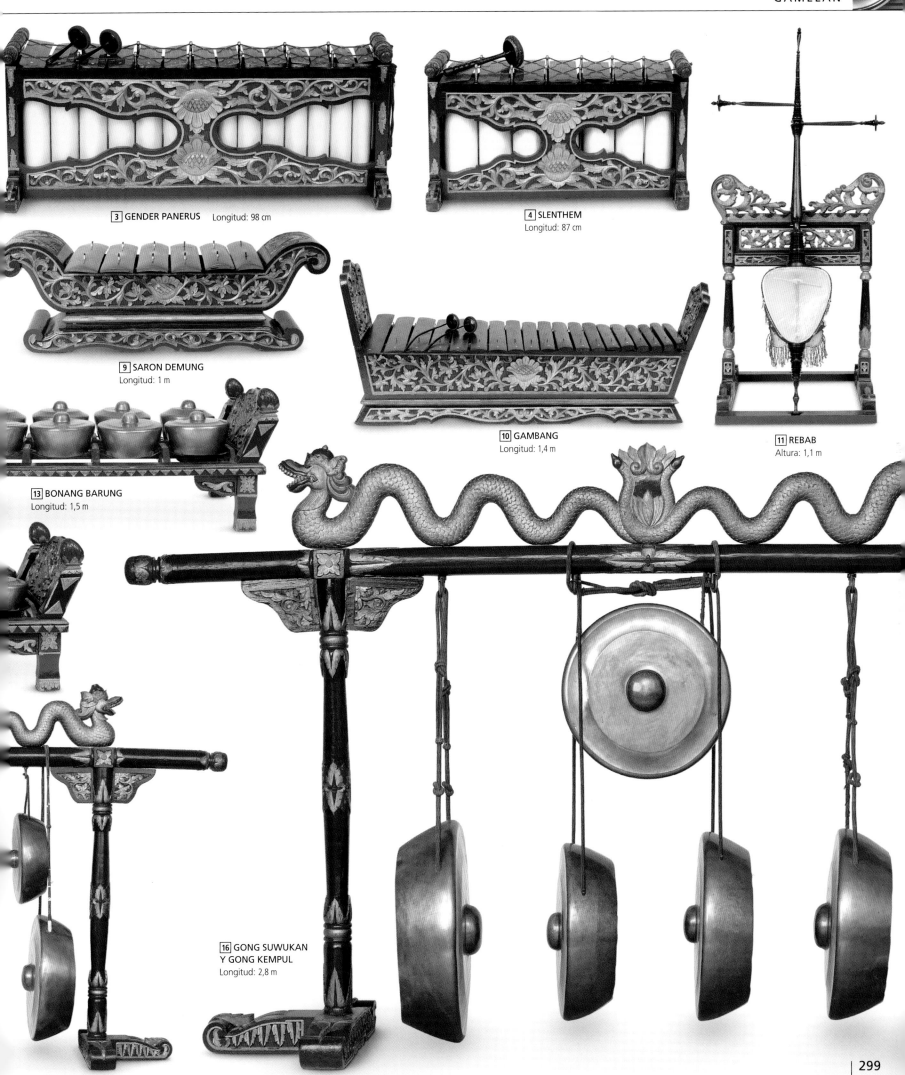

3 GENDER PANERUS Longitud: 98 cm

4 SLENTHEM Longitud: 87 cm

9 SARON DEMUNG Longitud: 1 m

10 GAMBANG Longitud: 1,4 m

11 REBAB Altura: 1,1 m

13 BONANG BARUNG Longitud: 1,5 m

16 GONG SUWUKAN Y GONG KEMPUL Longitud: 2,8 m

« **ANTES**

La cultura, la lengua y la música comunes de los pueblos del Sudeste Asiático que emigraron al Pacífico adquirieron formas diversas en las islas de Polinesia.

PRIMER CONTACTO
Los polinesios llegaron a Fiyi hace unos 3.000 años, a Hawái hace menos de 2.000 y a Nueva Zelanda hace menos de mil años.

LLEGADA DE EUROPEOS
Los europeos exploraron Polinesia por primera vez en el siglo XVIII, y los **misioneros cristianos** llegaron a principios del siglo XIX. Menos del 10% de la población de Hawái son **hawaianos nativos**.

INSTRUMENTOS DEL HULA: IPU E IPUHEKE

Música isleña

La música de Hawái y del Pacífico es un híbrido fascinante de antiguas tradiciones polinesias e influencias de inmigrantes (y turistas) de todo el mundo.

En los muchos siglos que pasaron entre el poblamiento de las islas del Pacífico y la llegada de los primeros exploradores europeos, los polinesios desarrollaron una cultura rica y compleja que adquirió rasgos sutilmente diferentes en las distintas islas. Los habitantes del archipiélago de Hawái basaron su música en cantos rituales, arte que se dividió en dos formas básicas: *mele hula*, cuando el canto está compuesto para la danza a la que acompaña, y *melo oli*, el canto por sí solo. El acompañamiento consistía sobre todo en percusión: el gran tambor *pahu*, hecho de un tronco de palmera ahuecado y rematado por una piel de tiburón bien tensa, se difundió por Polinesia desde Tahití, mientras que Hawái se distinguió por los tambores *ipu*, más pequeños y hechos con calabazas. Los cuerpos mismos de los tambores servían también como instrumentos de percusión, y las caracolas, como instrumentos de viento; asimismo, en Nueva Zelanda, Samoa y otros lugares se emplearon también flautas y trompetas de madera.

Una tradición real
La música hawaiana dejó de ser puramente tal tan pronto el capitán Cook dio con las islas en 1778. Bajo la influencia extranjera, los isleños empezaron a cantar melodías además de cantos rítmicos. Las dos primeras fuentes principales fueron los himnos enseñados por los misioneros cristianos de EE UU y la música popular (y las guitarras) traídas por los vaqueros

La reina Lili'uokalani
La última monarca de Hawái, la reina Lili'uokalani, es su autora musical más célebre. Compuso «Aloha Oe» en 1878, trece años antes de acceder al trono.

Bailarinas de hula
El antiguo arte de canto y baile del hula sigue celebrándose cada mes de abril durante el Merrie Monarch Festival de la isla de Hawái y en festivales de todo el mundo.

Padre fundador

Por sus grabaciones en solitario y su papel en el grupo Sons of Hawaii, el guitarrista de *slack-key* Philip Kunia «Gabby» Pahinui es el padre fundador de la música hawaiana moderna.

mexicanos llegados para ocuparse de las nuevas explotaciones de ganado. Más avanzado el siglo XIX llegaron inmigrantes de todo el mundo para trabajar en las grandes plantaciones de azúcar. Entre ellos hubo una cuadrilla portuguesa que, en 1878, trajo la pequeña *braguinha* de cuatro cuerdas, que en manos hawaianas se convirtió en el ukelele.

Los primeros misioneros condenaron el hula como lascivo e inmoral. Pero en 1883 accedió al trono el rey David Kalakaua (1836–1891), que estaba decidido a revigorizar la cultura hawaiana frente a la intrusión extranjera. El llamado «Monarca Alegre» fomentó la música isleña, formando incluso su propio grupo de ukeleles. Para entonces había ya un nuevo componente en la mezcla: Henry Berger, líder de banda prusiano, había organizado la Royal Hawaiian Band, y en las islas hicieron furor las bandas de metales. Berger enseñó también el *yodel*, o canto con altibajos tonales, añadiendo así un rasgo idiosincrático a la tradición local ya establecida del canto en falsete, en la que el *hai*, o rotura entre el falsete y la voz «ordinaria», se enfatiza en vez de mitigarse.

Tanto el rey David como su hermana la reina Lili'uokalani (1836–1917), que le sucedió en 1891 y fue depuesta por un golpe promovido por EE UU en 1894, fueron compositores entusiastas. Muchas de las canciones que escribieron continúan siendo estándares hawaianos, como la cautivadora «Aloha Oe», de la reina.

parte o del todo, al inglés. Nació así un nuevo género híbrido, el *hapa haole* (*hapa* significa «medio»; *haole*, «extranjero»). Las canciones *hapa haole* buscaban un efecto novedoso o cómico al subrayar el sonido, supuestamente absurdo, de las palabras hawaianas —como en las muchas versiones de «Hawaiian War Chant», originalmente una canción de amor—, y no tardaron en componerlas autores del colectivo Tin Pan Alley que nunca habían pisado Hawái (pp. 230–231). No obstante, los mejores músicos hawaianos, como los maestros de la *steel guitar* «King» Bennie Nawahi y Sol Ho'opi'i, alcanzaron un renombre mundial por su talento.

Las primeras canciones *hapa haole* se basaron mucho en el ragtime, pero el género fue variando con los cambios del gusto popular, derivando hacia el jazz y el blues, en las décadas de 1920 y 1930, hacia el swing de las big bands, en los años cuarenta, y hacia el rock and roll en los cincuenta. Pese a que la etiqueta no se aplique a la música más reciente —se prefiere el término «música contemporánea hawaiana»—, se podría decir que gran parte de la música moderna de las islas sigue siendo *hapa haole*, pues absorbió elementos del soft rock de estilo californiano en las décadas de 1970 y 1980, y, después, en el estilo llamado «Jawaiian», incorporó el reggae.

Pop y pureza de posguerra

A finales de la década de 1950 y principios de la de 1960 hubo un *boom* del turismo en Hawái, al convertirse en estado número 50 de EE UU. Los reactores redujeron el tiempo de vuelo a las islas, y Elvis Presley actuó en películas ambientadas en Hawái. Entre los músicos locales decididos a mantener la integridad de la auténtica música hawaiana estuvo Gabby Pahinui (1921–1980), maestro del arte por entonces poco conocido del *slack-key*, o afinaciones abiertas en guitarra. Se unió al mago del ukelele Eddie Kamae (n. 1927) en el grupo Sons of Hawaii, con el que grabaron varios álbumes de calidad sublime. Tal revival musical vino a coincidir con un renacimiento cultural de ámbito mayor desde la década de 1970 en adelante, en el que los músicos hawaianos cantaron orgullosamente en su propio idioma y a menudo reclamaron la independencia respecto a EE UU.

Blue Hawaii

Elvis Presley, cuyo físico podía pasar creíblemente por hawaiano, filmó algunos musicales ambientados en Hawái, entre ellos *Amor en Hawaii* (*Blue Hawaii*, 1961) y *Paraíso hawaiano* (1965).

OBRAS CLAVE

Kanui & Lula «Oua Oua»

Genoa Keawe «Alika»

Israel Kamakawiwo'ole «Hawaii '78»

Lena Machado «E Ku'u Baby Hot Cha Cha»

Sol Ho'opi'i «Uheuhene»

Mahi Beamer «Kahuli Aku Kahuli Mai»

Sons Of Hawaii «Hanohano Hawai'i»

« El **hula** es el **latido del corazón** del pueblo hawaiano.»

EL REY DAVID KALAKAUA, EL «MONARCA ALEGRE»

MÚSICO Y CANTANTE (1959–1997)

ISRAEL KAMAKAWIWO'OLE

La mayor estrella hawaiana de los últimos años, Israel Kamakawiwo'ole, tenía una voz de gran poder y delicadeza, apta por igual para himnos políticos militantes y dulces canciones de amor. Famoso sobre todo por su popurrí «Somewhere Over the Rainbow/What a Wonderful World», murió debido a los mismos problemas asociados al sobrepeso a los que había sucumbido su hermano mayor.

Aves del paraíso

Más que las melodías cantarinas y los ukeleles rasgueados, el sonido definitorio de la música hawaiana es la *steel guitar*, técnica en la que una vara metálica o cuchillo se posa sobre las cuerdas de la guitarra. La *steel guitar* fue iniciada por Joseph Kekuku (1874–1932), colegial de Oahu, en 1889; en 1904, Kekuku se marchó de Hawái, y popularizó el estilo tocando por EE UU. Esta técnica tuvo un papel decisivo en el desarrollo del blues del Delta y se convirtió en componente clave de la música country.

Muchos músicos de Hawái siguieron la estela de Kekuku, y su música se difundió gracias a la Exposición Internacional de San Francisco, en 1915, y al musical itinerante de Broadway *The Bird of Paradise*. Pensando en el público estadounidense y en el creciente número de turistas que visitaban Hawái, las canciones se traducían a menudo, en

Hawaiano por excelencia

Derivado de pequeños instrumentos portugueses, el ukelele es el instrumento hawaiano por excelencia. Su nombre significa «el regalo llegado aquí» o «pulga saltarina».

DESPUÉS »

Hoy, Hawái tiene una escena musical no menos diversa que la de cualquier parte de EE UU, y la música hawaiana como género propio sigue muy viva.

VOCES MODERNAS

Muchos intérpretes contemporáneos han **reincorporado el canto rítmico** a su música, entre ellos el *kumu hula* (maestro de hula) Keali'i Reichel, de Maui, y el bailarín y cantante Kaumakaiwa Kanaka'ole, de la isla de Hawái. La tradición del canto **femenino en falsete** la han refrescado figuras como Amy Hanaiali'I Gilliom.

ESTRELLAS DE LAS CUERDAS

Entre los **guitarristas de *slack-key*** más aclamados están Dennis Kamakahi y Ledward Ka'apana, mientras que la digitación impresionante del virtuoso Jake Shimabukuro ha actualizado el ukelele entre la **generación de YouTube**.

ANTES

El auge del nacionalismo en el siglo XIX hizo surgir el interés por la cultura celta.

ANTIGUA CULTURA CELTA

Los celtas fueron un conjunto de sociedades tribales con un antiguo idioma común que floreció en Europa en la **Edad de Hierro** (a partir de 800 a.C.). La expansión del **Imperio romano «** 24–25 hizo declinar la influencia de la cultura celta, que sobrevivió en Irlanda, en el oeste y el norte de Gran Bretaña y en el oeste de Francia, donde siguió evolucionando en diferentes líneas.

REVIVAL IRLANDÉS

El auge del **nacionalismo «** 176–177 en el siglo XIX fomentó un nuevo interés por la cultura e identidad celtas. El movimiento autonomista (derivado de la Home Rule) en Irlanda inspiró al poeta **W. B. Yeats** en su redescubrimiento de la cultura folclórica y la canción irlandesas, dotándolas de un significado político y un estímulo artístico nuevos.

LA GAITA ES COMÚN A MUCHAS CULTURAS CELTAS

> « La **cadena de la tradición** se había roto, pero hoy vemos cómo **todo renace**. »
>
> CARLOS NÚÑEZ, MÚSICO GALLEGO

Música celta

La música tradicional de las antiguas regiones celtas de Gran Bretaña, Francia, Irlanda y España comparte muchas semejanzas, incluidos instrumentos comunes. En los últimos años ha habido una sorprendente colaboración y polinización musical cruzada pancelta.

El término «música celta» significa cosas distintas para diferentes personas. A veces se refiere solo a la música tradicional irlandesa, pero hoy suele aplicarse a las tradiciones musicales de países y regiones con un pasado celta, como Irlanda, Escocia, la isla de Man, Gales, Cornualles, Bretaña y Galicia.

Revival bretón

El músico bretón Alan Stivell, nacido en 1944, probablemente el mejor portavoz de la música celta, es un maestro del arpa celta, y empezó a tocar a los nueve años de edad, tras disponer de una recreación de un arpa antigua hecha por su padre. Su carrera musical despegó a mediados de la década de 1960. La publicación de su álbum *Renaissance de la harpe celtique* desencadenó un resurgir de la cultura bretona en el norte de Francia. Su inmersión en la mitología, el arte y la historia celtas le sirvieron de inspiración para dominar la gaita escocesa, la flauta de pico irlandesa *(llamada tin whistle)* y la bombarda, temible instrumento de tono penetrante de la familia del oboe. En álbumes como *Brian Boru*, titulado en honor al rey irlandés que derrotó a los vikingos en el siglo XI, Stivell mostró

las semejanzas entre sus tradiciones y las de las islas Británicas.

The Chieftains

Al tiempo que Alan Stivell reivindicaba la música celta en Francia, el irlandés Paddy Moloney revalorizaba la música tradicional irlandesa. Su grupo, the Chieftains, formado en 1962 con el maestro de flauta de pico irlandesa Sean Potts y el flautista Michael Turbridy, se convirtió en uno de los grupos de música tradicional más influyentes y respetados de Irlanda.

Casi enteramente instrumental, la música del grupo se basó en el repertorio popular de música de baile irlandesa consistente en gigas, *reels* y *hornpipes*. Era el mismo material variado y rico que tocaban gaiteros, violinistas, acordeonistas y ejecutantes de banjo en los pubs de toda Irlanda.

Durante su larga carrera, Moloney dotó al grupo de un carácter pancelta a

Mirando al pasado

El renacimiento de la cultura gaélica en el siglo XIX despertó el interés por mitos celtas como el de Ossian, poeta guerrero del siglo III. Se dice que el enterramiento de Ossian está en este túmulo, en Cloughbrack (Irlanda del Norte).

220 **Número de piezas compuesto por el arpista irlandés del siglo XVII Turlough O'Carolan. A este músico itinerante ciego se le considera el padrino de la música irlandesa, y muchas de sus piezas integran el núcleo de la música irlandesa actual.**

ESCOCIA
Mar del Norte
IRLANDA
ISLA DE MAN
GRAN BRETAÑA
GALES
CORNUALLES
Canal de la Mancha
OCÉANO ATLÁNTICO
BRETAÑA
FRANCIA
Golfo de Vizcaya
ASTURIAS
GALICIA
ESPAÑA

Cultura celta

La conquista romana de Europa occidental relegó la cultura celta a Escocia, Gales, Cornualles, la isla de Man, Irlanda, Bretaña (Francia) y el noroeste de España. En esas zonas sobreviven elementos de la cultura celta, entre ellos la música.

menudo sorprendente, acercándose a la música bretona en álbumes como *Celtic Wedding*, por ejemplo, e invitando al músico gallego Carlos Núñez a colaborar en el álbum *Santiago*, publicado en 1996.

Gaiteros celtas

Paddy Moloney toca tanto la flauta de pico como la gaita tradicional *(uilleann pipes)* irlandesas. El sonido de esta gaita pequeña es cautivador y ágil al miso tiempo, tan esencial para el ambiente de la música irlandesa como el violín o el banjo irlandés.

Moloney aprendió a tocar esta gaita con Leo Rowsome (1903–1970), gran maestro gaitero irlandés heredero de un viejo linaje de virtuosos del instrumento. Niño prodigio, Rowsome fue profesor de la Municipal School of Music dublinesa con 16 años. Impresionó al público con su Pipe Quartet, grupo de pequeño formato apreciado a lo largo de las décadas de 1930 y 1940.

Las bandas de gaitas son comunes a varias regiones celtas. Stivell tocó en sus inicios en un grupo de música tradicional bretona llamado Bagad Bleimor (*bagad* es el nombre de la versión bretona de la banda de gaitas).

Notas gallegas

También hay una peculiar variante de conjuntos de gaitas en el noroeste de España, principalmente en Galicia. Recientemente han contribuido a popularizar este instrumento Carlos Núñez y su paisana Susana Seivane, los cuales han fusionado el estilo tradicional y *enxebre* (puro) gallego con influencias musicales modernas.

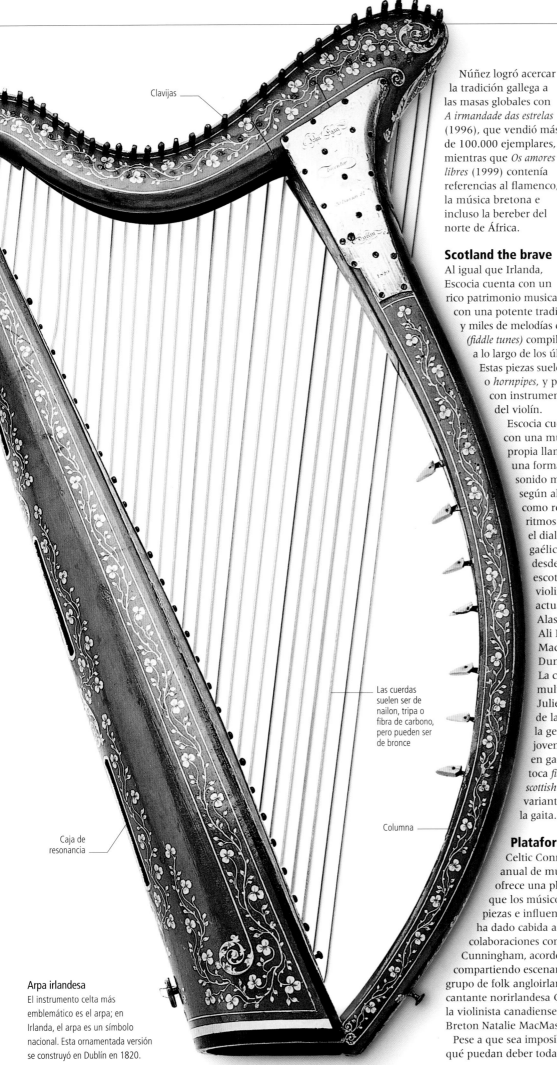

Núñez logró acercar la tradición gallega a las masas globales con *A irmandade das estrelas* (1996), que vendió más de 100.000 ejemplares, mientras que *Os amores libres* (1999) contenía referencias al flamenco, la música bretona e incluso la bereber del norte de África.

Scotland the brave

Al igual que Irlanda, Escocia cuenta con un rico patrimonio musical, con una potente tradición violinística y miles de melodías de violín popular (*fiddle tunes*) compiladas y grabadas a lo largo de los últimos dos siglos. Estas piezas suelen ser gigas, *reels* o *hornpipes*, y pueden tocarse con instrumentos distintos del violín.

Escocia cuenta también con una música de violín propia llamada *strathspey*, una forma de folk de sonido majestuoso que, según algunos, surgió como recreación de los ritmos del *scots gaelic*, el dialecto escocés del gaélico introducido desde Irlanda por los escotos. Entre los violinistas escoceses actuales figuran Alasdair Fraser, Ali Bain y Catriona MacDonald y Duncan Chisholm. La cantante y multiinstrumentista Julie Fowlis es una de las luminarias de la generación más joven. Fowlis canta en gaélico escocés y toca *fiddle tunes* con *scottish smallpipes*, una variante escocesa de la gaita.

Plataforma celta

Celtic Connections, festival anual de música de Escocia, ofrece una plataforma para que los músicos intercambien piezas e influencias. El evento ha dado cabida a incontables colaboraciones como la de Phil Cunningham, acordeonista escocés, compartiendo escenario con Flook, grupo de folk angloirlandés, y la de la cantante norirlandesa Cara Dillon, con la violinista canadiense de estilo Cape Breton Natalie MacMaster.

Pese a que sea imposible determinar qué puedan deber todas estas distintas

Clavijas

Las cuerdas suelen ser de nailon, tripa o fibra de carbono, pero pueden ser de bronce

Caja de resonancia

Columna

Arpa irlandesa
El instrumento celta más emblemático es el arpa; en Irlanda, el arpa es un símbolo nacional. Esta ornamentada versión se construyó en Dublín en 1820.

El *bodhrán*
El *bodhrán* es un instrumento de percusión irlandés con un parche de piel de cabra, se toca con una baqueta doble. El ejecutante varía la afinación reposando una mano en la cara interior del parche.

músicas nacionales a los antiguos celtas, la presencia de instrumentos similares y la facilidad con la que tantos músicos toman prestados elementos unos de otros sugiere una indudable herencia común.

OBRAS CLAVE

The Chieftains «The Ace and Deuce of Pipering»

Alan Stivell «Marv Pontkalleg»

Alasdair Fraser «Cuillin Nights»

Carlos Núñez «A Irmandade das Estrelas»

John Doherty «Roaring Mary/Stormy Weather»

Susana Seivane «Dous mares»

DESPUÉS »

Nuevas generaciones de músicos están fusionando las tradiciones celtas con el pop, el rock y los estilos del dance.

ROCK CELTA Y DANCE FUSION

En la década de 1970, muchos grupos jóvenes comenzaron a introducir **elementos del rock** en la música celta tradicional. En Irlanda, el grupo **Horslips** combinó arreglos de rock eléctrico con el folk irlandés en sus canciones de letras inspiradas en la mitología del país. Unos diez años después, el grupo escocés **Capercaillie**, con letras en gaélico escocés, creó su propia mezcla de distintas influencias celtas; invitaron a remezcladores de música dance a trabajar con su música, adoptaron los ritmos del drum and bass y experimentaron con la producción pop. En la década de 1990, **Afro-Celt Sound System** tuvo éxito en los festivales europeos con su fusión de influencias africanas occidentales y piezas celtas, dub reggae y electro. El grupo invitó al cantante senegalés **Baaba Maal** a cantar con vocalistas irlandeses, y luego los productores de dance hicieron las remezclas.

La **saudade** del **fado**

« ANTES

El fado, cuyo nombre puede aplicarse a cualquier música de duelo o pérdida, podría tener raíces afrobrasileñas.

LA PRIMERA CANTANTE FAMOSA
Derivado quizá del latín *fatum* (hado, destino), el fado puede remontarse a la época en que la corte portuguesa residió en **Río de Janeiro** (1804–1822). La prostituta lisboeta Maria Severa Onofriana (1820–1846), conocida como A Severa, fue la primera cantante famosa, y su romance con el conde Vimioso asentó el fado como género musical entre las clases marginales.

BARCOS LLEGANDO AL PUERTO DE LISBOA

La música popular urbana de Portugal habla del mar, de *saudade*, melancolía y de la vida de los pobres. Acompañado por la guitarra portuguesa, el fado tiene raíces profundas en la zona portuaria de Lisboa, pero también una tradición potente en la ciudad universitaria de Coimbra.

Forma musical caracterizada por melodías y letras tristes, el fado contiene elementos de la música norteafricana y brasileña, además de poesía portuguesa y baladas propias de la llamada *modinha*.

Sus raíces musicales suelen atribuirse a inmigrantes brasileños que trajeron las músicas de baile *fofa* y *lundu* a Portugal a principios del siglo xix. Como el tango (p. 254), el fado fue despreciado en un principio por la burguesía como música vil de las clases bajas, pero acabó siendo adoptado por todos los estamentos.

El fado evolucionó en Lisboa, en el barrio portuario, y evoca los ritmos y sonidos del mar y las vidas de los pobres y la clase trabajadora dedicada a la pesca y a la descarga en los muelles. Lo más característico del fado es un sentimiento resignado, fatídico y melancólico que

viene a expresar la palabra portuguesa *saudade*. La letra de los fados puede proceder de poemas clásicos, como la obra del siglo xvi de Luís Vaz de Camões, poeta nacional de Portugal, y trata de amor perdido o no correspondido, de tristeza existencial y de la muerte. Es esta cualidad emocional la que ha dado pie a comparaciones con el blues.

Desde Congo pasando por Brasil
El instrumento clave del fado es la guitarra portuguesa, que desciende de un laúd común en la región del Congo, en África. Llegó a la colonia portuguesa de Brasil en el siglo xv durante los inicios

del tráfico de esclavos, y más adelante pasó a Portugal, donde fue modificado con el paso del tiempo.

En la música africana o afrobrasileña, los laúdes servían principalmente para tocar música de baile. Sin embargo, en Portugal el laúd fue adoptado por como instrumento de acompañamiento predilecto de la canción. El contrabajo, el violín, la viola y el violonchelo se utilizan también a menudo en los grupos de fado actuales, así como los instrumentos de percusión.

Los elementos africanos importados a Lisboa perdieron relieve durante el siglo xix, y los intérpretes clave del fado pasaron a ser los cantantes.

12 Número de cuerdas de la guitarra portuguesa.

17 Número de estrofas de un fado de Manuel Alegre.

Un sonido cautivador

O Fado, de 1910, del pintor portugués José Malhoa (1855–1933) muestra a un fadista cantando en una taberna. El rostro del músico refleja los sones tristes que cautivan a la mujer junto a él.

Por lo general, el fado lo canta una sola voz, la del fadista (hombre o mujer), y al tocarse en tabernas o de manera espontánea se solía acompañar de guitarra portuguesa o clásica.

Para los pobres de Lisboa, el fado fue también un vehículo para rendir

fadistas llevan un tipo peculiar de gorro negro, pantalones negros anchos con una chaqueta ceñida y el cabello a la altura de los hombros. Tienen muy mala reputación, siendo en su mayoría *vauriens* [pícaros] de costumbres disolutas».

Tras el golpe militar del general Manuel Gomes da Costa, en 1926, el fado quedó aún más marginado socialmente. A pesar de ello, la expansión de la radio en la década de 1930 permitió a una serie de

Clavijas de afinación

Guitarra portuguesa

Esta guitarra portuguesa del siglo XIX está hecha de madera de nogal y pícea. Las guitarras lisboetas son de caja más grande y suelen afinarse en re, mientras que las de Coimbra se afinan en do.

12 cuerdas en 6 pares de 2 cada uno

A Amália Rodrigues se le atribuye haber definido el estilo moderno del fado, y cuando murió, en 1999, el gobierno portugués declaró tres días de luto oficial y le dedicó un funeral de Estado. Está enterrada en el Panteón Nacional de Lisboa como icono patrio, en compañía de anteriores presidentes de Portugal.
Los barrios de Lisboa más vinculados al fado son A

Tapa de pícea

Puente móvil de hueso

como los cantantes Alberto Ribeiro, Adriano Correia de Oliveira y Josè Afonso, así como los guitarristas Artur Paredes y Carlos Paredes. A juego con el entorno académico, los cantantes y músicos visten ropa tradicional y capas oscuras. Sus guitarras tienen cajas de resonancia, que refuerzan los graves. Por tradición, para aplaudir un fado en Lisboa se baten palmas; en Coimbra, se carraspea.

Alternativa pop

Durante la década de 1980, varios artistas vinculados a la escena del rock portugués empezaron a interesarse por el fado, en parte como forma de ir contra el predominio del pop en inglés. Grupos como Variações y Mler Ife Dada y cantantes como Anabela Duarte y Paulo Bragança, que vestían de modo informal y cantaban sobre temas contemporáneos, fueron actualizando el sonido para crear lo que se llamó *novo fado*. «Hay que llevar el fado más allá. Cortar los corsés, dejarlo respirar», declaró Duarte.

« El fado solo **hace llorar** a los que tienen **corazón**.»

DOM ANTÓNIO DE BRAGANÇA (1895–1964), POETA DEL FADO

homenaje a su ciudad. Las canciones celebraban la luz, el río Tajo, los viejos tiempos y los ritmos cotidianos de la calle. Así, la belleza visual servía de contrapeso a las penas de la vida, y las melodías dulces, y con frecuencia reconfortantes, y la música rítmica muestran que el fado es más complejo de lo que hace pensar el sombrío tópico. Algunos fados incluso se bailaban, y la gente movía las caderas al ritmo de la música.

Atuendo propio

La clase media lisboeta despreciaba a los fadistas, y los cantantes y músicos vestían de un modo que los distinguía de la sociedad «normal». En su libro de viajes *Fair Lusitania*, de 1874, lady Catherine Charlotte Jackson, esposa de un diplomático británico, escribió: «Los

fadistas ser escuchados por un público más amplio y prosperar; entre ellos estaban Berta Cardoso (1911–1997), Madalena de Melo (1903–1970), Júlio Proença (1901–1970) y la Troupe Guitarra de Portugal, con Ercília Costa (1902–1985).

El fado moderno

En gran medida, el fado es el patrimonio musical de Lisboa y Coimbra, y en la capital tiene un público fiel entre la clase trabajadora. Amália Rodrigues (1920–1999) es ampliamente reconocida como la voz pionera del fado moderno, y se la llama *rainha do fado* («la reina del fado»). Dio conciertos en toda Europa, Japón y Suramérica, y en la década de 1950 visitó EE UU para cantar en el club nocturno La Vie en Rose, en Nueva York. También actuó en varias películas, y en 2008 se estrenó el filme biográfico *Amália*.

Mouraria y, sobre todo, Alfama, el antiguo barrio musulmán a los pics del castillo, donde hay docenas de *casas de fado* (restaurantes) y locales que ofrecen actuaciones de artistas tanto establecidos como emergentes. Como sucede con el flamenco en España, el sector turístico local explota el fado.

El sonido de Coimbra

Al nordeste de Lisboa se encuentra la ciudad universitaria de Coimbra, conocida por su ambiente intelectual. Su fado más estilizado ha atraído a un público de clase media y ha aportado un gran número de artistas masculinos,

DESPUÉS

A diferencia del jazz, el tango y el rock, que han hecho fortuna como formas híbridas muy lejos de sus lugares de origen, el fado sigue siendo una tradición musical de ámbito propio.

MÚSICOS DE FADO EN UNA TABERNA PORTUGUESA

UN PÚBLICO INTERNACIONAL

Recientemente, artistas como Misia, Mariza, António Zambujo, Artur Paredes y Ana Moura han mantenido vivo el fado y se han hecho famosos fuera de Portugal. Mariza ha popularizado el fado entre los fans del **pop** y de las **músicas del mundo**. Cantó con Sting en los Juegos Olímpicos de 2004, y su álbum *Transparente* (2005) estuvo entre los diez más vendidos en varios países europeos. El grupo Madredeus, que toca un **folk portugués** solo ligeramente relacionado con el fado, también han alcanzado éxito internacional.

PARIENTE CABOVERDIANO

La *morna*, música híbrida considerada a veces como la música nacional de Cabo Verde (antigua colonia portuguesa), es una variante del fado. La cantante caboverdiana Cesária Évora (1941–2011) la hizo famosa en todo el mundo.

Reina del fado

La cantante lisboeta Amália Rodrigues tuvo una carrera discográfica de cincuenta años y protagonizó una serie de películas, entre ellas *Fado* (1947). En la imagen, la reina del fado, como la llamaban, cantando en Francia, en 1960.

OBRAS CLAVE

Ana Moura «Amor Em Tons De Sol Maior»

Amália Rodrigues «Coimbra»

Mariza *Transparente*

Alberto Ribeiro «Coimbra»

Adriano Correia de Oliveira «Fado da Promessa»

Madalena de Melo «Fado Amandinho»

Blues de la gran ciudad

Tras la Segunda Guerra Mundial, el blues dejó de identificarse tan estrechamente con solistas acústicos y se convirtió en ámbito de pequeños grupos que tocaban instrumentos eléctricos amplificados. Fue el cambio del viejo «country blues» al nuevo «city blues».

Reuniendo la pasión del blues del Delta y la urgencia eléctrica del de Chicago en su formidable persona, Howlin' Wolf fue el *bluesman* más apegado a todas las esencias. Nacido como Chester Burnett en Misisipi, en 1910, y alumno de guitarra de Charlie Patton, era dueño de una voz imponente, a la vez amenazadora e impregnada de vulnerabilidad. Granjero hasta 1948, Wolf grabó para Sun Studios en Memphis antes de acudir al norte, reclamado por la Chess Records de Chicago. Allí, animado por una rivalidad feroz con Muddy Waters, grabó clásicos como «Smokestack Lightnin'», «Evil» y «Forty Four».

El epicentro del blues eléctrico fue Chicago. Solo en esta ciudad, la población afroamericana creció en más de medio millón de personas entre 1940 y 1960. Con tantos inmigrantes llegados del sur en busca de un trabajo mejor pagado, no es de extrañar que les siguieran los músicos, y Chicago se convirtió en el núcleo de una próspera industria del entretenimiento. Abrieron clubes de blues por todo el South Side, donde los recién llegados podían

encontrar nuevas oportunidades y dispuestos a dejar atrás su vida anterior. Muddy Waters (1913–1983), por ejemplo, trabajó como camionero al llegar a Chicago en 1943. Después afirmaría que al comprar una guitarra eléctrica y formar su propio grupo dos años después, no estaba haciendo más que lo necesario para hacerse oír en su nuevo entorno. Waters no tardó en convertirse en la mayor estrella del sello Chess, de reciente creación,

de licencias con sellos de otros lugares, siendo fructífera sobre todo la relación con Sun Records, de Sam Phillips, en Memphis. Después pasó a contratar artistas de todo el sur y llevarlos a Chicago. Entre los nombres que más adelante se convertirían en gigantes estuvieron Howlin' Wolf, Etta James y Sonny Boy Williamson II, así como artistas más vinculados al rock and roll (pp. 314–315), como Bo Diddley y Chuck Berry.

ESTRUCTURA: BLUES DE DOCE COMPASES

El blues de doce compases tiene una estructura característica: los primeros cuatro compases establecen el tema, los segundos cuatro lo repiten y los últimos cuatro lo resuelven. Suele estar en compás de 4/4 y emplear tres acordes basados en las notas 1.ª, 4.ª y 5.ª de una escala de ocho notas. Los primeros cuatro compases están en el acorde 1, después hay dos en el 4 y dos en el 1, y los últimos cuatro compases son acorde 5, acorde 4 y dos compases en el acorde 1.

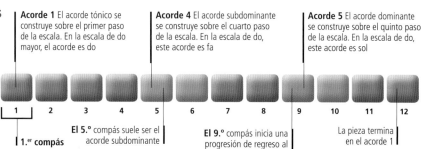

Acorde 1 El acorde tónico se construye sobre el primer paso de la escala. En la escala de do mayor, el acorde es do

Acorde 4 El acorde subdominante se construye sobre el cuarto paso de la escala. En la escala de do, este acorde es fa

Acorde 5 El acorde dominante se construye sobre el quinto paso de la escala. En la escala de do, este acorde es sol

1 2 3 4 5 6 7 8 9 10 11 12

1.er compás

El 5.º compás suele ser el acorde subdominante

El 9.º compás inicia una progresión de regreso al acorde tónico, el acorde 1

La pieza termina en el acorde 1

ANTES

escuchar la música con la que se habían criado en el terruño.

Encontrar una voz

De forma paralela a la mayoría de los emigrantes que pasaron de ser trabajadores agrícolas a obreros fabriles, muchos de los primeros *bluesmen* sureños que llegaron al norte lo hicieron sin nada, esperando

tocando lo que en esencia era una versión amplificada del blues del Delta en temas como «Rollin' Stone». El sello discográfico estadounidense, fundado por los hermanos polacos Leonard y Phil Chess, se asentó durante la década de 1950 como hogar indiscutible del blues de Chicago.

Además de grabar a artistas en Chicago, Chess colaboró por medio

Formación característica

El «sonido Chess» lo creaban en el estudio los mismos grupos de cuatro o cinco miembros que tocaban en los clubes por las noches. La combinación básica de una o dos guitarras más bajo y batería fue el formato de referencia de los grupos de rock de la década de 1960 hasta la actualidad. En lugar de secciones de viento o saxofones, solía haber una única armónica. Little Walter (1930–1968), el primero en desarrollar la técnica de sostener juntos la armónica y un micrófono con su propio amplificador, fue el mejor armonicista de la época y tuvo un puñado de éxitos.

Willie Dixon (1915–1992) fue otra figura clave en el historial de éxitos de Chess, como contrabajista del grupo de Muddy Waters y autor de canciones como «Hoochie Coochie Man», para Waters, «My Babe», para Little Walter, y «Little Red Rooster», para Howlin' Wolf.

«The City Beautiful»
Una postal en color muestra una vista de la costa lacustre de Chicago (Illinois), apodada «The City Beautiful» durante la Exposición Universal de 1893. Durante la Gran Depresión fue un imán para trabajadores del empobrecido sur.

Sello pionero

Durante la década de 1950, en Chicago funcionó también Vee Jay Records, enteramente propiedad de afroamericanos. Su mayor estrella, Jimmy Reed (1925–1976), originario de Misisipi, vendió mucho más que cualquiera de los artistas de Chess. A diferencia de las canciones de Dixon, en las que tiende a subyacer una arrogancia antecesora del rap, las de Reed están imbuidas de un encanto cálido y lánguido, y *singles* como «Baby What You Want Me To Do?» y «Bright Lights, Big City» figuraron incluso en las listas de más vendidos del pop.

El propio Reed tocaba la armónica, y sus discos están enraizados en un estilo boogie hipnótico, impulsado por el tipo de líneas de bajo «caminantes» de las que fuera pionero Robert Johnson (p. 241) en el Delta.

Ponerle boogie al blues

El cantante, autor y guitarrista John Lee Hooker (1917–2001), otro emigrante de Misisipi, grabó «Boogie Chillen» para Modern Records, en Detroit, en 1948. La canción habla del Henry Swing Club, en la calle Hastings, donde estaban muchos de los clubes. Hooker, que se unió a Reed en Vee Jay varios años más tarde y fue celebrado por el grande del jazz Miles Davis (pp. 334–335) como «el hombre más *funky* [molón] que hay», siguió tocando variaciones idiosincráticas y entretenidas del boogie hasta ya entrado el siglo XXI.

El blues de la calle Beale

Con todo, el blues nunca se marchó del sur. Por cada *bluesman* de la posguerra que utilizó Memphis como escala hacia Chicago, muchos más desarrollaron su carrera en Memphis. De los clubes de la calle Beale, en Memphis, salieron: Junior Parker, quien grabó «Mystery Train», en Sun Studios, un año antes que Elvis; Bobby «Blue» Bland; y «Beale Street Blues Boy», alias de B. B. King (quien luego lo acortó a «Blues Boys», y después a «B. B.»). El foco de Memphis siguió siendo activo en la década de 1970, en la que Stax Records produjo grabaciones fundamentales del guitarrista Albert King.

El sur se electrifica

Texas también tuvo una escena de blues potente. T-Bone Walker (1910–1975), el primer guitarrista de blues eléctrico, empezó recogiendo propinas para Blind Lemon Jefferson (p. 241) en Dallas, mientras que en Houston estaban los sellos Duke y Peacock, con los que tanto Bobby Bland como Junior Parker disfrutaron de diez años de éxitos a partir de mediados de la década de 1950. A la vez, Luisiana contaba con su subgénero característico, llamado swamp blues (blues del pantano), y con un boogie reposado pero contagioso. Este estilo quedó tipificado con Slim Harpo (1924–1970), entre cuyos temas grabados para el sello Excello figuran «I'm a King Bee» y «Shake Your Hips», ambas versionadas rápidamente —y con reverencia— por los Rolling Stones (pp. 328–329), la primera vez en su

Tocando con el maestro

Muddy Waters toca con el armonicista Isaac Washington en Nueva York, en 1959. Entre los grandes del blues que se iniciaron en la banda de Muddy estuvieron Little Walter, Otis Spann, Junior Wells y Buddy Guy.

álbum de debut *The Rolling Stones*, de 1964.

Revivir el blues

Incluso después de que el blues hubiera desaparecido prácticamente de la escena nacional, Malaco Records, de Misisipi, mantuvo viva la llama con el éxito de «Downhome Blues», de Z. Z. Hill, a principios de la década de 1980. Misisipi produjo un par de insospechados héroes del blues incluso en la década de 1990, cuando dos abuelos cascarrabias y recalcitrantes, los artistas R. L. Burnside y Junior Kimbrough, emergieron a fuerza de puro boogie de los bares musicales de las colinas del estado, donde se oía y tocaba el llamado hill (o north hill) country blues («blues de las montañas»).

Bluesman veterano
Criado en el Misisipi rural, B. B. King empezó su carrera como DJ radiofónico en Memphis a finales de la década de 1940. Es un artista de éxito desde hace más de 60 años.

> **OBRAS CLAVE**
>
> **Howlin' Wolf** «Smokestack Lightnin'»
> **John Lee Hooker** «Boogie Chillen»
> **Jimmy Reed** «Bright Lights, Big City»
> **Muddy Waters** «I've Got My Mojo Working»
> **Slim Harpo** «Shake Your Hips»
> **Sonny Boy Williamson** «Don't Start Me to Talkin'»
> **T-Bone Walker** «Call It Stormy Monday»

DESPUÉS »

Aunque el blues tuvo un papel crucial en la evolución de la música popular y sigue inspirando a los músicos, el género fue perdiendo popularidad a partir de mediados de los años sesenta.

UNA NUEVA ERA

Con pocas excepciones, el **blues eléctrico** rara vez se ocupó de las cuestiones sociopolíticas de su tiempo. Con la llegada del movimiento por los derechos civiles en la década de 1960, la popularidad del **soul 320–21 »** y de músicos como Ray Charles, el blues llegó a ser percibido por el público afroamericano como desconectado de la realidad y pasado de moda. No obstante, cuando sus días de gloria parecían haber pasado, logró una longevidad inesperada gracias a la devoción de un público blanco joven a ambos lados del Atlántico.

JOHN LEE HOOKER

LOS ÚLTIMOS

Artistas veteranos como John Lee Hooker y B. B. King han gozado del éxito hasta una edad avanzada, pero no ha surgido una generación equivalente de estrellas que siga sus pasos.

« Tengo **pena**, tengo *blues* [tristeza]. Tengas lo que tengas, ahí está el blues.»

EL *BLUESMAN* JOHN LEE HOOKER (1917–2001)

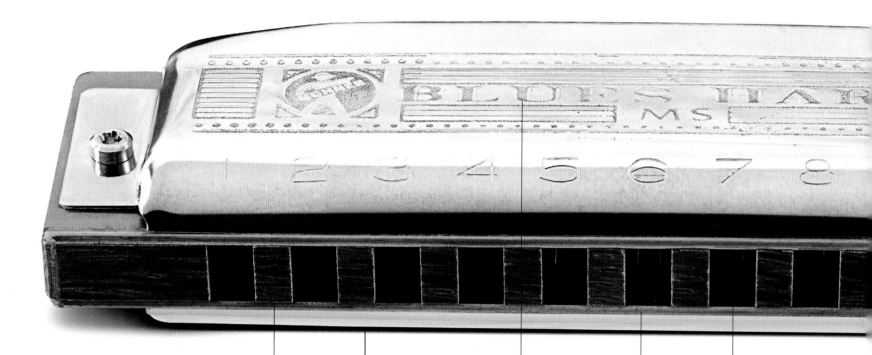

Armónica de blues

La armónica de blues es un tipo de armónica diatónica de diez celdas. Tiene un peine de madera, lo cual da un tono más pleno a las notas, y lengüetas de latón. Este es un modelo de Hohner, de 1995, que tocó Stevie Wonder.

Parte delantera del peine de madera

Cubierta metálica grabada

Placa de lengüetas de latón o bronce

Cámara de aire

« La **armónica** es el **instrumento musical más vendido** del mundo. De nada.»

BOB DYLAN, SOBRE SU PAPEL EN LA POPULARIZACIÓN DE LA ARMÓNICA

CANTANTE Y AUTOR (N. 1950)

STEVIE WONDER

El legendario cantante y autor de soul demostró ser un armonicista dotado a los doce años de edad, en 1962, con su disco sencillo «Fingertips» y, en adelante, con su extraordinaria carrera de cincuenta años. Stevie Wonder solía tocar una armónica cromática, ejecutando solos hermosamente matizados de exuberancia melódica y adornos jazzísticos en «For Once In My Life» (1967), «Creepin'» (1974) e «Isn't She Lovely» (1976). En el solo saturado de blues de «Boogie On Reggae Woman» (1974) escuchamos a un raro Stevie con armónica diatónica.

CRONOLOGÍA

1857
Abre la fábrica Hohner

El relojero alemán Matthias Hohner comenzó a producir armónicas en serie en 1857, y acabó por construir la mayor fábrica del mundo. **CATÁLOGO HOHNER**

Década de 1900
Armónica diatónica

La armónica diatónica estándar (sin sostenidos ni bemoles) se desarrolló en la década de 1900. Aunque a lo largo de los años se haya experimentado con distintos materiales, su diseño prácticamente no ha cambiado.

Década de 1920
Armónica cromática

A diferencia de los modelos de tono fijo, la armónica cromática (con sostenidos y bemoles) fabricada por Hohner abrió toda una gama de posibilidades melódicas al poderse tocar en cualquier tono.

Principios de la década de 1900
Armónica diatónica de embudo

Entre otros experimentos que hubo con el diseño de la armónica, la Clover Harmonophone, de la marca alemana Ferdinand Strauss, proyectaba el sonido hacia un lado del instrumento en lugar de desde atrás.

LA CLOVER, c.1900

ARMÓNICA DE TRÉMOLO CON CAMPANAS

Década de 1920
Armónica de trémolo

En la década de 1920, Hohner desarrolló los modelos básicos de armónica, creando un trémolo con campanas. Las dos cañas suenan juntas, una afinada a sostenido y otra a bemol.

ARMÓNICA CROMÁTICA BAJO POCO COMÚN Y CARTEL DE CURSILLO

La **armónica**

Capaz de ofrecer los acordes más sencillos y la expresión melódica más intrincada, la armónica es tan versátil como portátil. Eficaz en una amplia gama de géneros musicales, puede tocarla cualquiera.

La armónica es un instrumento de viento-madera y lengüeta libre. Para tocarla, el ejecutante mueve aire sobre las cañas afinadas que producen el sonido al vibrar. Esto se logra soplando y aspirando con la boca sobre las cámaras de aire (en el peine). Cada cámara de aire puede hacer vibrar dos cañas, una soplando y una aspirando. Las melodías de notas solas se tocan moviendo la boca a diferentes cámaras de aire y con una manipulación cuidadosa del embocado (mandíbula, lengua y labios). Puede tocarse simultáneamente más de una nota ya sea soplando o aspirando procurando cubrir con la boca más de una cámara de aire del peine.

El sonido básico de la armónica se puede modificar por medio de técnicas diversas. Los ajustes del embocado y las técnicas de respiración pueden producir un característico *bending*, o forzado, que permite alcanzar notas que de otro modo no estarían disponibles.

Para todos los estilos

La armónica apareció por primera vez en Viena (Austria) a principios del siglo XIX, y se prestó de inmediato al uso en la música popular europea. Pasando por innumerables modificaciones y variaciones a lo largo de los años, la armónica ha perdurado en el country,

el folk, el blues, el rock y el jazz. Tiene una cualidad quejumbrosa y expresiva que despierta un sentimiento cálido y nostálgico en cualquier contexto musical.

Popular en EE UU desde mediados del siglo XIX, se dice que la tocaron tanto el presidente Abraham Lincoln como los soldados de la Guerra de Secesión. Entre sus pioneros están DeFord Bailey, especialista en solos de country añejo con grabaciones ya en 1927, y el maestro belga del jazz Jean «Toots» Thielemans, al que se escucha en muchas bandas sonoras famosas, como la de *Cowboy de medianoche* (1969). El virtuoso estadounidense Larry Adler (1914–2001) inspiró varias piezas de concierto, entre ellas las compuestas por Vaughan Williams, Malcolm Arnold y Darius Milhaud.

VISTA INFERIOR

VISTA ANTERIOR

VISTA POSTERIOR

Armónicas Hohner
En esta publicidad de inicios del siglo XX, del fabricante alemán Hohner, se ven los últimos diseños de entonces, como la Trumpet Call Harmonica, con cinco trompetillas.

Décadas de 1930 y 1940
Sonny Boy Williamson
Nacido en Misisipi, Williamson fue uno de los armonicistas más influyentes en la técnica de la armónica de blues (tocando una quinta por debajo del tono de la canción) que produce un sonido de estilo blues característico.

SONNY BOY WILLIAMSON

1950
Armónica doble
Una innovación de Hohner fue la armónica doble, que ofrece tonos diferentes en las partes delantera y trasera. El modelo Echo Elite tenía cañas de trémolo afinadas y un diseño futurista de los años 50.

ARMÓNICA ECHO ELITE Y CAJA

Década de 1960
Bob Dylan
Influido por el cantante folk Woody Guthrie, Bob Dylan intercalaba pasajes de armónica ásperos y emotivos en sus primeras canciones protesta.

BOB DYLAN

Década de 1920
Armónicas de fantasía
Los fabricantes inventaron y desarrollaron armónicas de fantasía además de modelos más prácticos. El modelo Koh-i-Noor de la imagen es un ejemplo ornamental enjoyado y con el peine pintado.

ARMÓNICA ENJOYADA

LITTLE WALTER CON UN MICRÓFONO TIPO «BULLET»

Década de 1950
Little Walter
La frustración de competir en volumen con guitarras eléctricas en los grupos llevó a Little Walter a experimentar con un pequeño micrófono tipo «bullet», de los usados para dar avisos al público, que amplificaba y saturaba el sonido de la armónica.

El rhythm and blues

La revista *Billboard* introdujo el término *«rhythm and blues»* en 1949 para rebautizar lo que hasta entonces llamaba su lista de *race records* (discos de la raza). Designó así todo lo que fuera música popular negra de EE UU, y hoy se sigue usando con su abreviatura, R&B.

Aunque sea difícil determinar cuándo el rhythm and blues empezó a, o dejó de, ser un género definido e identificable, los historiadores de la música suelen aplicar el término a artistas afroamericanos y grabaciones que dominaron el mercado estadounidense entre mediados de la década de 1940 y mediados de la siguiente. A menudo se refiere retrospectivamente a los músicos que no se identificaron con los géneros que evolucionaron a partir del rhythm and blues, como el rock and roll, el soul, el blues de Chicago y el pop. Se considera que algunos de los nombres de mayor peso —Ray Charles, Sam Cooke, Bobby Bland y Fats Domino— «pertenecen» a estilos más recientes; la etiqueta «rhythm and blues», en cambio, suele vincularse a nombres en gran medida olvidados.

Gritar el blues

El componente «rhythm» del rhythm and blues procedía tanto del jazz y del swing de las big bands (pp. 242–243) como del blues. En general, los pioneros del género fueron cantantes de mucha voz habituados a cantar con volumen

Artista para todo
Louis Jordan y los Tympany Five tocando en 1940. Además de liderar la banda y cantar, Jordan tocaba los saxos alto, tenor y barítono, y además sabía tocar el piano y el clarinete.

para hacerse oír antes de la invención del micrófono, y que no vieron razón para cambiar cuando la amplificación les permitió atronar aún más.

Big Joe Turner (1911–1985), el *blues shouter* (berreador de blues) definitivo, fue la referencia de este estilo. Inició su carrera como barman cantante en Kansas City en 1932, y se hizo famoso con «Roll 'Em Pete» en 1938. Respaldado por tres pianistas —Pete Johnson, Albert Ammons y Meade «Lux» Lewis— desencadenó una fiebre nacional por el boogie-woogie.

Tras la guerra, Turner se mudó a California, donde justo cuando parecía que su carrera musical iba decayendo, un trato oportuno con el recién formado sello Atlantic Records dio inicio a su época de mayor éxito. Varios éxitos basados en el blues culminaron en «Shake, Rattle and Roll», número 1 de las listas de rhythm and blues en 1954.

Algunos llamaron rock and roll a lo que hacía Turner en la década de 1950, pero él insistía en que era «un nombre distinto para la misma música que llevo cantando toda la vida». Fiel al blues, no hizo nada por adaptar sus canciones al público adolescente.

Con su descaro chulesco y sus referencias sexuales poco disimuladas, el rhythm and blues era una música claramente adulta. Entre otros *shouters* destacados aficionados al doble sentido

estuvieron Wynonie Harris y Bull Moose Jackson, entre cuyos éxitos están «All She Wants To Do Is Rock» y «I Want a Bowlegged Woman». Para añadir pegada extra a estas voces potentes, en el acompañamiento había secciones de viento y saxofones en lugar de las guitarras habituales del blues de Chicago (pp. 306–307).

Un toque más leve

El rhythm and blues tenía también su lado más apacible, gracias a vocalistas más dulces como: Amos Milburn, cuyo «Chicken Shack Boogie» fue un éxito en 1948; Ivory Joe Hunter, que grabó «I Almost Lost My Mind» en 1950; y Percy Mayfield, conocido sobre todo por el tema «Please Send Me Someone to Love», también de 1950. Entre los cantantes afroamericanos etiquetados como *sepia Sinatras* por su

supuesto parecido musical a Frank Sinatra estuvieron Billy Eckstine y Nat «King» Cole (p. 261), el baladista aterciopelado que tuvo programa de televisión propio de 1956 a 1957.

El fabricante de éxitos más regular del rhythm and blues fue Louis Jordan (1908–1975). Baladista en sus inicios que se anunciaba como «Louis Jordan, su saxofón plateado y su voz dorada», Jordan surgió de la era de las big bands. Desde 1942 en adelante tuvo una racha de diez años de *singles* de rhythm and blues número uno, la mayoría *novelty songs* (o canciones novedad, de tono cómico), entre ellas «What's the Use of Getting Sober?» e «Is You Is or Is You Ain't My Baby?».

Sonido del sur

Pese a que Los Ángeles fue el hogar principal del rhythm and blues durante su apogeo —donde el líder de banda y batería Johnny Otis se hizo un nombre en la década de 1940— ninguna ciudad tuvo un vínculo más largo ni fructífero con el estilo que Nueva Orleans.

A Antoine «Fats» Domino (n. 1928), uno de sus pianistas de bar, se le ha relacionado con el nacimiento del rock and roll, pero aún faltaban varios años para eso cuando publicó el disco sencillo «The Fat Man» en 1949. Trabajando con el arreglista Dave Bartholomew, Domino vendería cien millones de discos de lo que en esencia continuó siendo rhythm and blues, con títulos entre los que figuran «Ain't That a Shame» y «Blueberry Hill».

Movido por el éxito de Domino, el sello californiano Specialty —fundado en 1944 por el productor Art Rupe, quien había decidido que el secreto del éxito estaba en «un sonido de big band, expresado como la música de iglesia»— dedicó su atención a Nueva Orleans. Usando el mismo estudio y los mismos músicos que Domino, Specialty grabó a cantantes similares como Lloyd Price, cuyo «Lawdy Miss Clawdy» llegó al

«

ANTES

Los antecedentes inmediatos del rhythm and blues fueron las big bands, orquestas de swing y los pianistas de boogie-woogie de la década de 1930.

PURO HOKUM
El *hokum*, o *party blues*, fue una exuberante forma de blues lleno de insinuaciones sexuales popularizado a partir de finales de los años veinte por **Tampa Red**, los **Harlem Hamfats** y otros.

335 **El número de canciones grabado en discos de 78 rpm por Tampa Red, uno de los *bluesmen* más prolíficos.**

CHICOS DEL BOOGIE-WOOGIE
La fiebre de preguerra en EE UU por el blues **boogie-woogie** basado en el piano fue iniciada por **Big Joe Turner** y Pete Johnson en el Carnegie Hall de Nueva York, en 1938.

GORRONEO Y GOLFERÍA
La obra de artistas como **Cab Calloway** y **Fats Waller** en la década de 1930 preparó el terreno para las canciones desenfadadas y cómicas de **Louis Jordan**.

In Person! "Fats" DOMINO and his IMPERIAL RECORDING ORCHESTRA

Reg. O. Marshall Agency, 1318 Crosswoods, Hollw

Piano man
Aunque Antoine «Fats» Domino nunca abandonó su estilo propio de rhythm and blues, preparó el terreno al rock and roll. Este cartel anuncia un concierto de Domino en 1950.

Padrino del rhythm and blues
Johnny Otis posa con copias de su disco «The Jelly Roll» en 1947. Nacido Ioannis Veliotes en 1921 y de origen griego, afirmó: «Si nuestra sociedad dictara que uno fuera blanco o negro, yo sería negro».

> « Con **mi pequeño grupo** yo hice todo lo que hacían con una big band. **Metí el *jump* en el blues**.»

LOUIS JORDAN, LÍDER DE GRUPO
DE RHYTHM AND BLUES

DESPUÉS »

Desde inicios de la década de 1950 en adelante, nuevos estilos como el rock and roll, el soul y el hip-hop diluyeron la identidad del R&B como género propio.

DEL R&B AL ROCK AND ROLL
Bill Haley and the Comets 314–315 » grabaron «Shake, Rattle and Roll», de Big Joe Turner, en 1954, marcando la tendencia de los músicos de rock and roll a apropiarse de los éxitos del rhythm and blues.

SOUL BROTHER
A Ray Charles, que rechazaba la etiqueta de «rhythm and blues», se le considera el inventor del **soul 320–321 »**.

RAY CHARLES, PADRE DEL SOUL

EL NOMBRE DE LA COSA
Desde las décadas de 1980 y 1990, el término abreviado R&B se aplica cada vez más al pop —influido por el soul y el hip-hop— de artistas como **Michael Jackson, 350–351 » Beyoncé** o **Ne-Yo**.

---

número 1 en 1952, y el georgiano Little Richard (n. 1932), en temas tan famosos como «Tutti-Frutti» (1955) y «Rip It Up» (1956). Ray Charles (1930–2004), otro nativo de Georgia, pasó el año 1953 en Nueva Orleans, trabajando con Specialty en canciones como «The Things That I Used to Do», del *bluesman* Guitar Slim.

Groove de Nueva Orleans
Por la misma época surgió el artista de rhythm and blues más idiosincrático de Nueva Orleans, Henry Roeland Byrd (1918–1980). Byrd, antes bailarín de claqué y que se reinventó como el pianista Professor Longhair, no logró

hacerse un nombre realmente grande más allá del sur, pese a ser ensalzado por Jerry Wexler, de Atlantic Records, como «el Picasso del teclado funk». Sí compuso y grabó tres de los clásicos del género —«Tipitina», «Big Chief» y el himno de carnaval «Go to the Mardi Gras»— caracterizados por ritmos afrolatinos y tresillos ultrarrápidos deslumbrantes.

En la década de 1960 apenas había ya rhythm and blues fuera de Nueva Orleans, pero allí fue una época dorada para el estilo. Allen Toussaint (n. 1938),

4$ Cantidad que el adolescente Ray Charles ganaba por noche tocando el piano en Jacksonville (unos diez dólares actuales).

cantante, autor y pianista, tiene el mérito casi exclusivo por ello. Entre sus éxitos se cuentan: «Ooh Poo Pah Doo», de Jessie Hill; «Working In A Coalmine», del ex boxeador Lee Dorsey; y «Ruler of My Heart», de Irma Thomas. Toussaint también colaboró con otro pianista de Nueva Orleans, Mac Rebennack, que adoptó una nueva personalidad imbuida de vudú como Dr. John a finales de la década de 1960, y ambos han continuado manteniendo viva la tradición del rhythm and blues.

« ANTES

Los fabricantes de instrumentos siempre han tratado de darles el mayor volumen de sonido posible, atendiendo al diseño para optimizar la proyección sonora.

PRIMERA AMPLIFICACIÓN

Los músicos de principios del siglo xx con frecuencia tenían dificultad para hacerse oír en los bailes, bares y ferias donde tocaban. **George Beauchamp**, músico tejano de vodevil que tocaba el violín y la guitarra lap-steel, resolvió el problema asociándose al lutier **John Dopyera** a fin de **desarrollar la guitarra resonadora** (o resofónica) en 1927. Esta tenía resonadores cónicos de aluminio en la caja para **amplificar el sonido acústicamente**. En algunas se mantuvo la caja de madera, y en otras se hizo de metal. Músicos como el guitarrista gitano **Django Reinhardt « 273** colocaron micrófonos a sus instrumentos.

GUITARRA RESOFÓNICA

Enchufados al sonido

El rock and roll cambió la música para siempre, y a su vez toda la cultura popular. Definió lo que significaba ser adolescente, creando con ello una nueva brecha generacional. No podría haber existido, sin embargo, sin la emoción poderosa que aportan los instrumentos eléctricos.

Con la invención de la guitarra eléctrica (pp. 332–333) se produjo una revolución del sonido. Como descubrieron los guitarristas de la década de 1950, cuando se enchufa una guitarra en un amplificador y se sube bien el volumen, el sonido cambia: satura, o distorsiona. Inesperadamente, a los guitarristas y al público les gustó el nuevo sonido, y la amplificación suponía que ya no era necesario tener un conjunto numeroso para impactar al público.

Bill Haley & His Comets
Antes cantante de country, Bill Haley cambió de dirección musical y adoptó los sonidos amplificados del rock and roll. Con su banda los Comets, Haley fue uno de los primeros artistas en presentar tales sonidos al gran público.

Alto y claro
Este amplificador portátil de guitarra es de Orange, marca británica establecida en 1968 cuyos *stacks* mayores son los predilectos de roqueros heavy, como los Sunn O))).

Más rápido, más alto
La música de los músicos rurales blancos y negros —el country y el blues— cambió cuando emigraron a las ciudades en busca de trabajo (pp. 306–307). La mayoría de ellos cambiaron sus guitarras acústicas por eléctricas, transformación que se puede escuchar en la música de Willie Dixon, Howlin' Wolf, Sister Rosetta Tharpe y Muddy Waters. La música se volvió más sencilla, más rápida y más alta. El blues se transformó en rhythm and blues (pp. 310–111), y el country, en rockabilly (p. 347). El formato de

Control de ganancia (volumen)
Pantalla de tela

guitarra, bajo, batería y voz se convirtió en el estándar de los grupos.

Era solo cuestión de tiempo que los artistas negros de rhythm and blues como Chuck Berry, Bo Diddley y Little Richard llegaran al público blanco. El éxito mundial de Bill Haley en 1954, «Rock Around the Clock» marcó un

« **El diseño** de cada elemento debe **pensarse** para que sea fácil de hacer y **fácil de reparar**.»

LEO FENDER (1909–1991), INVENTOR Y LUTIER, EN 1954

Subiendo el volumen
Jimi Hendrix tocaba con un volumen y una intensidad sin precedentes. Él trabajó con los ingenieros de sonido británicos Jim Marshall y Roger Mayer en el desarrollo de amplificadores de guitarra de gran potencia y con efectos de sonido exóticos.

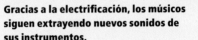

OBRAS CLAVE

Sister Rosetta Tharpe «Up Above My Head»

Bill Haley & The Comets «Rock Around the Clock»

Link Wray «Rumble»

The Kinks «All Day and All of the Night»

Jimi Hendrix «Star Spangled Banner»

Joe Meek «I Hear a New World»

DESPUÉS

Gracias a la electrificación, los músicos siguen extrayendo nuevos sonidos de sus instrumentos.

EXPERIMENTADORES DE LA GUITARRA
La **Velvet Underground, Sonic Youth**, y **My Bloody Valentine** han usado efectos como el acople, la distorsión o la reverberación para erigir impactantes murallas de sonido. **Robin Guthrie** (The Cocteau Twins) y **Robert Fripp** han llevado la guitarra a la **música ambiental**, con un sonido reluciente y etéreo.

MÚSICA ELECTRÓNICA
El grupo de los setenta **Kraftwerk** fue pionero del **pop de sintetizadores 336–337 ≫**. Su música electrónica, limpia y hasta aséptica, era tanto una celebración como una sátira de la era industrial, y su influencia es perceptible en el **house 370–371 ≫**, el **drum and bass** y el **dubstep**. En las décadas de 1990 y 2000, grupos como **The Prodigy** y **The Chemical Brothers** introdujeron influencias del rock en la música electrónica.

antes y un después, y convirtió el rock and roll en una fiebre juvenil. La canción, una celebración del trasnochar, demostró que el rock and roll había llegado para quedarse. El sonido, no obstante, era más contenido que el rhythm and blues negro que lo había inspirado.

Wray y Hendrix

La mejor muestra del impacto de la amplificación distorsionada fue «Rumble», de Link Wray, en 1958. Este instrumental de rock and roll tiene un sonido de guitarra rasposo y *twangy* (nasal) que muchos han citado como precursor del heavy metal. Wray llegó al extremo de abrir agujeros en la caja del altavoz del amplificador de su guitarra porque no sonaba lo bastante saturada.

Muchas emisoras de radio se negaron a poner el tema, pese a que no tenía letra, aduciendo que glorificaba la delincuencia juvenil, lo cual era todo un testimonio de la atmósfera siniestra y adolescentemente amenazante que transmitía.

La identificación de las guitarras eléctricas a gran volumen con la rebeldía se revelaría algo atemporal. En los sesenta Jimi Hendrix (1942–1970) experimentó con el acople en sus solos —acercando arriesgadamente la guitarra al amplificador para retroalimentar agudos quejidos— con un ánimo similar al de Link Wray. El uso que hizo Hendrix de artilugios como el pedal wah-wah y la palanca de trémolo le confirió una nueva paleta sónica a la guitarra y al rock.

Bajo y teclado

Los guitarristas no fueron los únicos en electrificarse. Leo Fender había creado el bajo eléctrico en el año 1951, y muchos contrabajistas de jazz lo adoptaron. No obstante, el hombre que más popularizó el instrumento fue Bill Black, bajista de Elvis Presley (pp. 316–317), quien tocó el modelo Precision, de Fender.

Los teclistas no iban a quedarse atrás. El primer piano eléctrico de la Wurlitzer Company, lanzado en 1955, se ganó nada menos que a Ray Charles. Los órganos eléctricos portátiles de Farfisa y Hohner se popularizaron en la década de 1960.

El clásico de garage pop «96 Tears», éxito del grupo mexicano-estadounidense Question Mark & the Mysterians, en 1966, contiene un ejemplo perfecto del sonido pintoresco a la par que duro del Farfisa, el cual caracterizó a muchos de los grupos psicodélicos de la época. A los teclistas les cautivaron también los sonidos exóticos y acuosos que producía el piano eléctrico Fender Rhodes, que utilizaron tanto The Doors como Miles Davis en la década de 1960 y principios de la de 1970.

Innovaciones en el estudio

La década de 1960 fue también testigo de desarrollos radicales en la tecnología de grabación. Tales avances hicieron del humilde ingeniero de sonido un artista, y los sonidos característicos de George Martin, Brian Wilson y Phil Spector fueron un factor de primer orden en el sonido de la música. Joe Meek, productor discográfico británico, improvisaba ruidos futuristas fantásticos y estrafalarios para

129,5 El número de decibelios alcanzado por el grupo de heavy metal Manowar en un concierto en 1984, que estableció el récord Guinness de volumen en un concierto.

darle vida a los éxitos de las listas de sus artistas pop. Su álbum *I Hear a New World*, repleto de efectos sónicos de la era espacial, ha demostrado ser una referencia duradera para muchos artistas electrónicos actuales.

GUITARRISTA (1915–2009)

LES PAUL

El adolescente prodigio Lester Polfus se inició tocando rhythm and blues y country con el nombre Rhubarb Red antes de cambiárselo a Les Paul. Encadenó varios éxitos en los años cuarenta y cincuenta junto a su novia la cantante Mary Ford. Su invención de la grabadora multipista le permitió grabar partes de guitarra eléctrica una sobre otra y pasajes agudos y superrápidos grabando a distintas velocidades. Su mayor legado fue la guitarra eléctrica de cuerpo macizo que lleva su nombre, desarrollada a partir de su prototipo *the Log* (el leño o el tronco), la cual diseñó para la Gibson Guitar Corporation. Con el nombre Gibson Les Paul, es una de las guitarras más populares de todos los tiempos. Su sonido era un presagio del rock duro de los setenta.

EL GRUPO ALEMÁN KRAFTWERK

« ANTES

El rock and roll surgió como género específico en la década de 1950, ayudado por la imagen rebelde de algunas estrellas de cine.

RAÍCES DE RHYTHM AND BLUES

El rock and roll lo crearon en muchos casos los mismos músicos que tocaban blues y rhythm and blues en ciudades como **Nueva Orleans, Memphis** y **Chicago << 306–307**. El término «rock and roll» se aplicaba ya a música de la década de 1940. El DJ de Cleveland **Alan Freed** fue el primero en emplearlo para identificar un género específico en 1951, en su programa de radio nocturno *Moon Dog House Party Rock and Roll*, del que saldría **el primer concierto de rock and roll**, en Cleveland, el 21 de marzo de 1952.

MODELOS DEL ROCK AND ROLL

Marlon Brando en *Salvaje* (*The Wild One*, 1953) y **James Dean** en *Rebelde sin causa* (1955) encarnaron la actitud del rock and roll en la pantalla antes incluso de desarrollarse la música en cuestión como tal.

MÚSICO (N. 1926)

CHUCK BERRY

Nacido en St. Louis (Misuri), cumplió condena por robo a mano armada en su adolescencia. En 1955 tocó rhythm and blues y country con el pianista Johnnie Johnson, viajando a Chicago para hacer una prueba con Chess Records. La sucesión de éxitos mundiales de rock and roll que siguió estuvo caracterizada por sus juegos de palabras, una estrecha identificación con las preocupaciones adolescentes y *riffs* de guitarra electrizantes modelados sobre las florituras de Johnson al teclado. «Johnny B. Goode» y «Too Much Monkey Business» siguen siendo estándares hoy.

Inicios del rock and roll

Fenómeno social tanto como estilo musical, el rock and roll excedía la suma de sus partes. Sus raíces eran reconocibles en el blues y el rhythm and blues, pero la forma en que trascendió la divisoria racial fue un desarrollo nuevo en la música popular de EE UU en la década de 1950.

Quizá más importante aún que el que el rock and roll amalgamara tradiciones musicales negras y blancas fue que se dirigiera a un público totalmente nuevo, el de los adolescentes. Gracias a la elevada tasa de natalidad de la posguerra (el *baby boom*), un tercio de la población de EE UU tenía menos de 15 años de edad en 1958.

El comienzo

Sobre dónde nació el rock and roll, no hay disputas: en Sun Studios, en Memphis (Tennessee). Desde finales de la década de 1940 en adelante, la programación de orientación afroamericana de diversas emisoras de Memphis, como la WDIA, atrajo a la ciudad a músicos de todo el sur. La misma discográfica Sun empezó como sello de blues, pero no tardó en convertirse en crisol de diferentes ideas musicales.

Hay quienes mantienen que «Rocket 88», de Jackie Brenston, número 1 de rhythm and blues creado por Ike Turner

FIRST TIME IN MEMPHIS!
W.C. HANDY THEATRE
2 DAYS ONLY - SAT. & SUN. APRIL 7-8
ON STAGE! ..... IN PERSON

JACKIE BRENSTON
ROCKET "88"
THE Terrific SENSATION
WITH
IKE TURNER
"THE KING OF THE PIANO"
AND
"HIS KING OF RHYTHM"
JACKIE IS GONNA TEAR THE HOUSE DOWN
ADMISSION_____ 60c Tax. Incl.

> ## **« El blues** tuvo un **niño**, y llamaron al niño **rock and roll**.»
>
> MUDDY WATERS, TÍTULO DE SU CANCIÓN, DE 1977

en 1951, fue el primer disco de rock and roll; para otros fue «Mystery Train», de Junior Parker, de 1953. En cualquier caso, en 1954, cuando un desconocido de 20 años llamado Elvis Presley (pp. 316–317) grabó su versión de «Mystery Train» en Sun Studios, el rock and roll había llegado para quedarse.

En términos musicales, si bien el rock and roll surge del rhythm and blues, también introdujo elementos nuevos en la mezcla. Esto lo ilustra el tema «Shake, Rattle and Roll», el primer gran éxito del estilo, que vendió un millón de copias en 1954, tanto por Big Joe Turner como por Bill Haley and the Comets. El original de Turner tenía raíces firmes en la tradición de los *blues shouters* del rhythm and blues. El cantante de country Haley dio un vigor extra a la canción al añadir un rápido y percuciente contrabajo y un potente *riff* de saxo. Elvis grabó la canción dos veces, primero en Sun en

1955, dándole un sentimiento ligero y rockabilly, y luego, con una energía desbordante, en RCA en 1956.

Un público más joven

Por encima de todo, fue el hincapié en la juventud y la juerga lo que dotaba al rock and roll de su explosivo atractivo. La música convencional solía ser cosa de hombres trajeados y repeinados, de adultos. De repente había cantantes jóvenes blancos berreando letras de gran carga sexual que antes solo cantaban *bluesmen* entrados en años que habían visto ya de todo.

El mundo adulto en general percibió el rock and roll como una amenaza que podía subvertir las convenciones del orden social y sexual, y romper la asentada segregación racial en el sur. Sinatra condenó el rock and roll (que usurpaba su lugar en el panorama y le robaba a su público): «cantado, tocado y compuesto en su mayor parte por macarras

La máquina de música

Sinfonolas como esta American Seeburg, de 1957, reproducían *singles* de 45 rpm, disponibles desde ocho años antes. Eran perfectas para surtir de rock and roll a adolescentes deseosos de bailar.

El estilo arranca

Aunque atribuida a Jackie Brenston, «Rocket 88» fue en gran medida obra del líder de grupo y cazatalentos de Sun Records, Ike Turner, de 19 años de edad. Publicada en 1951, muchos la consideran «la primera canción de rock and roll».

cretinos [...], la música militar de todo delincuente con patillas sobre la faz de la Tierra».

Se trataba de algo más que de blancos tocando música negra. Por primera vez, los que escuchaban la radio no estaban seguros de qué artistas eran blancos o negros, y músicos blancos y negros participaban en giras por el país, tocando para masas vociferantes.

Los filmes dirigidos a los adolescentes difundieron esta música. *Semilla de maldad* (*Blackboard Jungle*, 1955) y *Una rubia en la cumbre* (*The Girl Can't Help It*, 1956) causaron disturbios en Gran Bretaña.

Elvis, Cochran y Holly

En el panteón del rock and roll había una galería de personajes magnífica. Elvis Presley era el mejor equivalente

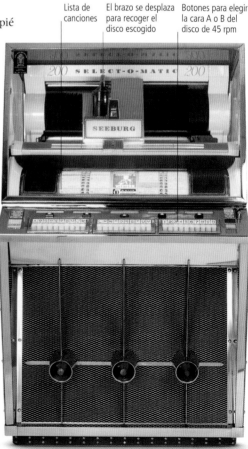

Lista de canciones

El brazo se desplaza para recoger el disco escogido

Botones para elegir la cara A o B del disco de 45 rpm

El rock and roll pasa al cine
Gene Vincent and his Blue Caps tocan «Be-Bop-A-Lula» en el filme *Una rubia en la cumbre* (1956), protagonizada por Jayne Mansfield. La revista *Rolling Stone* les llamó «el primer grupo de rock and roll del mundo».

musical de estrellas de cine como Marlon Brando y James Dean, pero, tanto por su aspecto como por sus letras, otros jóvenes cantantes blancos, como Eddie Cochran, con «Summertime Blues» y «Somethin' Else», y Gene Vincent, con «Be-Bop-A-Lula», informaban la nueva identidad de los adolescentes estadounidenses.

Charles Hardin «Buddy» Holly, un joven tejano con gafas, fue quizá el más grande de la nueva generación del rock and roll. Precursor de los cantantes y

autores de la década de 1960, quizá no encajaba en el tópico de una estrella de rock and roll convencional, pero temas como «Oh, Boy» y «Not Fade Away» captaban el espíritu de la época.

Jóvenes fuera de lo normal
El rock and roll tuvo también sus excéntricos. Uno de ellos fue el *wild child* (chico salvaje) original, Jerry Lee Lewis, muchacho aullador y de pelo alborotado que aporreaba el piano. Lewis procedía de Luisiana, y llegó a Sun Studios un par de años después de Elvis, pero le pegó fuego a las listas con *singles* como «Whole Lotta Shakin' Going On» y «Great Balls of Fire». Antes se dio a conocer el escandaloso y sexualmente ambiguo Little Richard, otro pianista aficionado a patear su instrumento, que inyectó dosis de gospel

y rhythm and blues de Nueva Orleans a temas clásicos, como «Lucille».

El fin de una era
Para el rock and roll, la década de 1950 se cerró de forma catastrófica. Buddy Holly murió en un accidente de avión el 3 de febrero de 1959, «el día que murió la música», como cantó Don McLean en «American Pie». Eddie Cochran murió un año después, con 21 años, en un accidente de automóvil que también afectó a la carrera de Gene Vincent. Jerry Lee Lewis, entre tanto, había escandalizado a la prensa casándose con su prima de 13 años, y a Chuck Berry lo acusaron de inmoralidad en 1959 y lo encarcelaron. En 1958, Elvis fue reclutado para el ejército de EE UU.

Venta millonaria
Grabada por Jerry Lee Lewis en octubre de 1957, «Great Balls Of Fire» vendió un millón de copias los primeros diez días, y acabó por vender cinco millones. Los discos de Lewis vendieron mucho más que los de Elvis Presley para Sun.

OBRAS CLAVE

Buddy Holly «Peggy Sue»
Chuck Berry «Roll Over Beethoven»
Elvis Presley «That's All Right»
Gene Vincent «Be-Bop-A-Lula»
Jerry Lee Lewis «Great Balls Of Fire»
Little Richard «Tutti Frutti»
Eddie Cochran «Summertime Blues»

DESPUÉS »

El rock and roll decayó como estilo vivo a principios de la década de 1960, y los músicos de rock and roll han solido estar relegados al circuito de *oldies* desde entonces.

CAMINOS SEPARADOS
Aunque sus viejas grabaciones siguieran siendo populares e influyentes, a los músicos identificados ante todo con el rock and roll los escuchan hoy principalmente las generaciones mayores. En alguna medida, al final de la gran época del rock and roll, los músicos negros y blancos se movieron en direcciones diferentes, yendo los artistas negros hacia el **soul 320–321** » y los blancos hacia lo que sería el **rock**, incorporando influencias del **folk** y el **jazz**.

EL ROCK HACE POP
Después de los años del rock and roll, la música popular entró en una fase particularmente blanda, la de los *teen idols* (ídolos adolescentes), como **Frankie Avalon** y **Bobby Vee**.

CANTANTE Nacido en 1935 Fallecido en 1977

Elvis Presley

«Le puso **ritmo a todo**, y todo **cambió**.»

LEONARD BERNSTEIN A RICHARD CLURMAN, EDITOR DE LA REVISTA *TIME*

Podría decirse que el mundo estaba esperando a Elvis cuando surgió de Memphis como un torbellino a mediados de la década de 1950. El mercado adolescente norteamericano exigía nuevas formas de ocio. Y qué mejor modo de capturar sus corazones y su semanada que transformando la energía del blues para adaptarla a un público joven y blanco. Tal y como Sam Phillips (1923–2003), el apasionado del rhythm and blues y propietario de Sun Records a quien se considera descubridor de Elvis, declarara repetidamente a principios de la década de 1950: «Si encontrara a un hombre blanco con el sonido y la emoción de uno negro, ganaría miles de millones de dólares».

Pero además de un sonido nuevo, Elvis ofrecía también una manera de moverse revolucionaria, por no mencionar su

Elvis con sus padres en 1938
Poco después de que se tomara esta fotografía, el padre de Elvis ingresó en la penitenciaría de Pachman Farm, por haber falsificado un cheque.

aspecto de estrella de cine. Por si fuera poco, sabía cantar: con la pureza de un instrumento y un rango de casi tres octavas, su voz era extraordinaria.

El chico de Memphis

Elvis nació en Tupelo (Misisipi) en 1935 y se trasladó a Memphis (Tennessee) a los 13 años de edad. A pesar de la segregación racial de la época, sus orígenes de pobreza profunda garantizaron que creciera

Ídolo de las pantallas

Elvis protagonizó 31 películas, la primera de las cuales fue *Ámame tiernamente*, en 1957. Esta fue una de las imágenes promocionales para le película *El rock de la cárcel*, estrenada en 1957.

expuesto tanto a la cultura blanca como a la negra. A los 18 años de edad, cuando trabajaba como camionero, llegó al Sun Studio, de Sam Phillips, para grabar una demo. Dejó una impresión suficiente como para que, al año siguiente, le llamaran para que se uniera a un pequeño grupo.

La nueva tecnología de grabación en cintas permitía experimentar en el estudio, y Elvis fue uno de los primeros músicos en «tontear»; pronto adoptó la forma de trabajo que mantendría el resto de su vida: trabajar y retrabajar repetidamente todo lo que se le pasaba por la cabeza, hasta lograr que sonara bien. Tenía una gran memoria musical y era capaz de unir fragmentos de una gran diversidad de orígenes, desde bluegrass y country swing hasta gospel e incluso opereta. Y así, en un interludio entre baladas country, lanzó «That's All Right».

Elvis transformó el original tranquilo y resignado del cantante de blues Arthur Cudrup en algo novedoso y único. Su estilo vocal (a ratos burlón y a ratos exuberante), apoyado por un arreglo austero pero rítmico (sin batería), convirtió al disco en un éxito instantáneo.

Éxito arrollador

A lo largo del año siguiente, Elvis obtuvo una serie de éxitos con

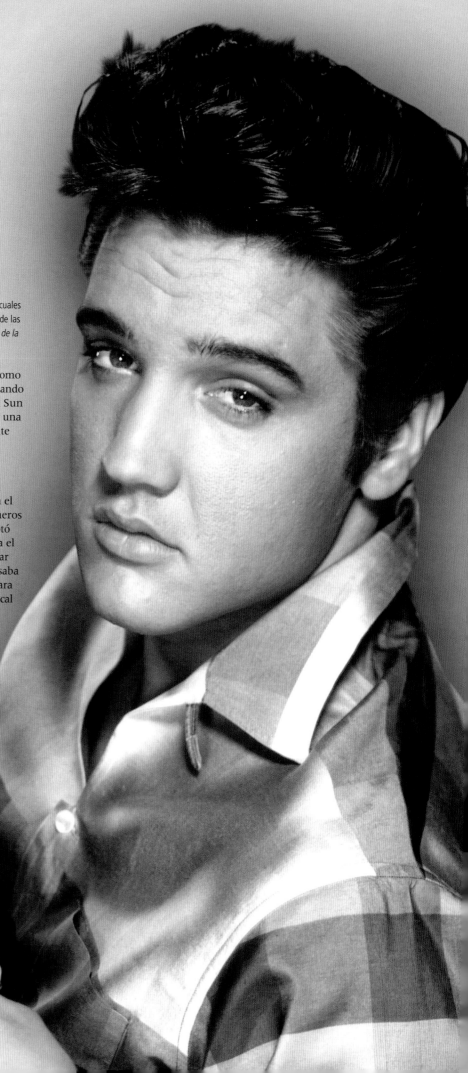

El chico de pueblo tiene éxito

Un Elvis joven y electrizante regresa a Tupelo convertido en una estrella nacional para la Feria estatal de Misisipi-Alabama en septiembre de 1956.

Sun, en los que combinaba material derivado del blues, como «Mistery Train», con canciones country más convencionales.

En una gira por el Sur profundo, contrató a un manager, el «Coronel» Tom Parker, quien, en 1955, negoció su traspaso a la gigantesca RCA. Y, desde allí, Elvis produjo éxitos mundiales como «Heartbreak Hotel» o «Don't Be Cruel». Sus movimientos de cadera sobre el escenario hipnotizaban al público televisivo y, muy pronto, se convirtió también en una estrella de Hollywood.

Ejército y matrimonio

Elvis se vio obligado a interrumpir su carrera entre 1958 y 1960, durante su destinación en Alemania con el ejército estadounidense. Allí conoció a Priscilla Beaulieu, la hija de catorce años de un oficial estadounidense y con la que se casaría en 1966. Después de regresar a EE UU, Parker decidió que Elvis debía concentrarse en su carrera como actor.

Aunque Elvis siguió lanzando discos, Parker le orientó hacia las baladas en lugar de hacia el rock and roll. El «Coronel» también insistía en que los autores cedieran sus derechos a cambio del privilegio de trabajar con Elvis, una estrategia que condujo a una reducción drástica del material disponible.

Regreso espectacular

En 1968, con un público cansado de películas de Elvis cada vez más enlatadas, el «Rey» regresó. Un programa especial para la NBC lo presentó de nuevo en la cresta de la ola: delgado, vestido para matar en apretado cuero negro y ofreciendo la actuación de su vida. Al año siguiente regresó a Memphis para grabar en los American Studios, de Chip Moman. Estas sesiones de grabación dieron lugar a clásicos como «Suspicious Minds» e «In The Ghetto». También volvió a las actuaciones en público e hizo la primera de los centenares de apariciones en el International Hotel (luego el Hilton) de Las Vegas.

OBRAS CLAVE

- «That's All Right»
- «Mistery Train»
- «Heartbreak Hotel»
- «Hound Dog»
- «Jailhouse Rock»
- «It's Now or Never»
- «Guitar Man»
- «Suspicious Minds»
- «American Trilogy»

Declive terminal

Hoy, el Elvis que más se recuerda es el de la década de 1970, con sus patadas de karateka y sus monos ceñidos sobre el escenario, atronando baladas como «My Way» o «Unchained Melody». Aunque resulta fácil burlarse de este Elvis, lo cierto es que conservaba a su público en todo el mundo, y por aquel entonces grabó joyas como «Burnin' Love» o «Promised Land».

Sin embargo, la vida de Elvis inició un trágico declive en 1972, tras el fin de su matrimonio con Priscilla. Para muchos de sus fans, el malo de la película fue Parker, que se negó a permitir que Elvis actuara en el extranjero y le obligaba a encadenar interminables compromisos en Las Vegas con agotadoras giras nacionales, aunque Elvis parecía aceptar la idea de convertirse en un *crooner*. Elvis también sucumbió a sus propias flaquezas: se

> « Tenía [...] la **imagen**, el **movimiento**, el **mánager**, y el **talento**.»

CARL PERKINS, ARTISTA DE LOS ESTUDIOS SUN, SOBRE ELVIS

atracaba de comida y acabó siendo dependiente de los fármacos.

Siguió actuando hasta el final. Su última actuación fue el 26 de junio de 1977, en Indianápolis, y falleció en su casa de Memphis el 16 de agosto de ese mismo año.

Incluso ahora es habitual encontrar descripciones que presentan a Elvis como a un *idiot savant* que no tomó parte en su propio éxito, o como a un ladrón que se apropiaba de la creatividad de otros. No obstante, ni su deterioro físico ni su muerte prematura ni el estancamiento de su carrera en los setenta deberían enturbiar el talento que le llevó a transformar la música popular para siempre.

Aloha desde Hawái

Elvis actuó en Honolulu en 1973, en la cima de su popularidad mundial. Vistió su característico mono blanco con pedrería.

CRONOLOGÍA

- **8 de enero de 1935** Nace en Tupelo (Misisipi).
- **Octubre de 1945** Queda segundo en el concurso de talento de la Feria y exposición ganadera de Misisipi-Alabama.
- **1948** La familia Presley se traslada a Memphis (Tennessee).
- **1953** Como regalo para su madre, Elvis paga 3,98 dólares para grabar «My Happiness» y «That's When Your Heartaches Begin» en el Sun Studio.
- **1954** Sam Phillips, propietario de Sun Records, le invita a regresar y graba «That's All Right», con Scotty Moore a la guitarra y Bill Black al bajo.
- **1955** RCA compra su contrato a Sun Records por 35.000 dólares.
- **1956** «Heartbreak Hotel» llega al número uno de las listas de sencillos de EE UU. Lanza su primer álbum, *Elvis Presley*, que incluye «Blue Suede Shoes», de Carl Perkins. Vuela a Hollywood para hacer una prueba ante las cámaras.

ZAPATOS DE GAMUZA AZUL

- **1957** Estreno de la película *El rock de la cárcel*. Canta «Don't Be Cruel» en el televisivo «The Ed Sullivan Show».
- **1958** El ejército le llama a filas y le destinan a Alemania, donde conocerá a Priscilla Beaulieu.

PÓSTER PARA LA PELÍCULA EL *ROCK DE LA CÁRCEL*

- **1958** Su madre fallece en Memphis.
- **1960** Vuelve a casa. Graba «Are You Lonesome Tonight» e «It's Now Or Never», una versión en inglés de «O sole mio». Actúa en *G.I. Blues*.
- **1963** Actúa en la película *Cita en Las Vegas* (1964), junto a Ann-Margret.
- **1966** Se casa con Priscilla en Las Vegas.
- **Junio de 1968** Graba un extraordinario «Comeback Special» para la cadena de televisión NBC.
- **Enero de 1969** «Suspicious Minds» es su primer número 1 en EE UU en siete años.
- **Julio de 1969** Vuelve a actuar en directo en Las Vegas, con la primera de 837 actuaciones en el International Hotel (luego el Hilton).
- **1972** Se rompe el matrimonio con Priscilla.
- **Julio de 1973** Más de mil millones de telespectadores en todo el mundo ven la retransmisión de su concierto Aloha From Hawaii.
- **16 de agosto de 1977** Fallece en Graceland, su residencia en Memphis.

« ANTES

En Nueva York hubo muchas comunidades musicales, y el edificio Brill ya había albergado a un colectivo de editores, artistas y compositores en las décadas de 1930 y 1940.

TIN PAN ALLEY
Fue un grupo de **editores y compositores** de música, establecidos en Nueva York, que dominaron la música pop en EE UU a principios del siglo xx. El nombre alude a un lugar concreto: la calle 28 Oeste, entre la Quinta y la Sexta avenidas de **Manhattan « 230–231**.

PRIMEROS INQUILINOS MUSICALES
En la década de 1930, en el edificio Brill operaron un editor musical orientado al jazz y la Crawford Music. Vocalistas como **Duke Ellington** y **Tommy Dorsey** y compositores como **Johnny Burke** y **Jimmy Van Heusen** también tuvieron despachos aquí.

OBRAS CLAVE

Ben E. King & The Drifters «Save The Last Dance For Me»

The Shirelles «Will You Still Love Me Tomorrow»

Neil Sedaka «Breaking Up Is Hard To Do»

The Crystals «Da Doo Ron Ron»

The Ronettes «Walking In The Rain»

The Shangri-Las «The Leader Of The Pack»

El edificio Brill
El edificio *art déco* del arquitecto Victor Bark aún alberga muchas empresas relacionadas con la música. El busto es de Alan Lefcourt, hijo del constructor Abraham Lefcourt, que falleció a los 17 años de edad.

Líderes de la manada

Entre finales de la década de 1950 y principios de la de 1960, en la era post-Elvis y pre-Beatles, un grupo de compositores y empresarios jóvenes con sede en el edificio Brill y sus alrededores, en Nueva York, produjeron una serie de éxitos de música pop que definieron una era.

Ubicado en el 1619 de la calle Broadway, sobre la calle 49, en Manhattan (Nueva York), el edificio Brill albergó docenas de despachos de editores musicales y de compositores que solían componer en diminutos cubículos de composición, equipados con poco más que un piano y una silla. La comunidad musical del edificio Brill fue más contenida que la del Tin Pan Alley (pp. 230–231), aunque en gran medida supuso una continuación de la música profesional y comercial de esta última y produjo docenas de éxitos pop entre finales de la década de 1950 y principios de la de 1960. Esta música llegó a conocerse como «sonido Brill Building.»

Los 40 principales del pop
En realidad, varios de los autores y editores asociados a este género estaban ubicados en las cercanías de 1650 Broadway, de modo que la expresión «sonido Brill Building» designa, de modo genérico, un enfoque y estilo de música pop producida en un periodo concreto, más que en una ubicación concreta.

La música era un pop posrock and roll cuidado y tenía «ganchos» memorables, como melodías pegadizas o momentos instrumentales brillantes y frescos. Las canciones tenían refinadas influencias del rhythm and blues y, con frecuencia,

> **404** **Número de canciones del sonido Brill Building emitidas en «Your Hit Parade» entre 1935 y 1958, de un total de 1.200.**

seguían ritmos con reminiscencias latinoamericanas.

Los equipos del edificio Brill
La obra del tándem escritor/editor formado por Jerry Leiber y Mike Stoller, que produjo éxitos como «Searchin» o «Yakety Yak», para The Coasters, o «Stand By Me» para Ben E. King, se ha convertido en sinónimo del sonido Brill Building.

Estimulados por editores sedientos de éxitos como Don Kirschner, de Aldon Music, otros autores profesionales trabajaron de forma prodigiosa, a

Phil Spector y The Ronettes
La suerte del grupo vocal familiar The Ronettes cambió en 1963, cuando se asoció con el productor Phil Spector, aunque la obsesión romántica de Spector por la vocalista (y su futura esposa) Ronnie complicó las cosas.

menudo formando tándems estables, para proporcionar éxitos a artistas pop. Uno de los primeros equipos de Kirschner estuvo compuesto por Doc Pomus y Mort Schuman, que entre 1959 y 1961 compusieron éxitos como «Teenager In Love» (de Dion and The Belmonts), «Save The Last Dance For Me» y «Sweets For My Sweet» (ambas de The Drifters). Luego, en 1961, Elvis Presley grabó sus «Little Sister» y «Surrender».

En 1957, el compositor Burt Bacharach conoció al letrista Hal David en el edificio Brill y empezaron a colaborar. Aunque no participaron en lo que se conoce como sonido Brill Building (Bacharach no se consideró jamás un compositor de rock and roll), ambos se esforzaron con el mismo espíritu por buscar éxitos, llegando a producir docenas de ellos, como «Magic Moments», para Perry Como, y una serie de clásicos para Dionne Warwick.

Mientras Leiber/Stoller, Pomus/Schuman y Bacharach/David eran profesionales con experiencia, otros equipos del sonido Brill Building eran meros adolescentes. Neil Sedaka y

Cubierta del álbum de The Shangri-Las
Las jovencísimas Shangri-Las se especializaron en intensos dramas adolescentes, que George «Shadow» Morton produjo y escribió con gran imaginación entre 1964 y 1966.

Howard Greeenfield resucitaron la carrera de Connie Francis con el roquero «Stupid Cupid» en 1958, antes de que Sedaka se convirtiera en una estrella adolescente con éxitos pop como «Oh Carol» o «Happy Birthday Sweet Sixteen». Varios de los compositores clave del sonido Brill Building eran matrimonios jóvenes: Gerry Goffin y Carole King se casaron en 1958 y componían de noche, tras sus jornadas laborales, antes de alcanzar el éxito con su «Will You Still Love Me Tomorrow», que la banda The Shirelles grabó en el año 1960. Posteriormente, compusieron canciones de éxito como «Some Kind of Wonderful» (grabado por The Drifters), «The Loco-Motion» (para Little Eva) y «Chains», que fue versionada por los Beatles en su primer álbum.

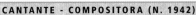
50 Sueldo semanal (en dólares) de Little Eva ya en la cumbre.

16 Edad promedio de las Shangri-Las al firmar con Red Bird Records en 1964.

Barry Mann y Cynthia Weill, otro de los equipos compuestos por matrimonios, alcanzaron el éxito un poco más tarde, a mediados de la década de 1960, con piezas más melancólicas, como «You've Lost That Lovin' Feelin'», grabado por los Righteous Brothers, o «We Gotta Get Out Of This Place», de The Animals.

Sonido de calidad

A pesar de que el sonido Brill Building tenía mucho que ver con la sofisticada composición pop, también se basaba en la magnífica calidad de las grabaciones. Productores como Leiber y Stoller, George «Shadow» Morton y Phil Spector se aseguraron de que los álbumes pop de la época se convirtieran en acontecimientos musicales, con arreglos memorables y emocionantes y una producción dinámica. Phil Spector describió su exagerado estilo de grabación, llamado «muro de sonido», como «una aproximación wagneriana al rock and roll: pequeñas sinfonías para los chiquillos».

Grupos de chicas

Algunos de los artistas que se beneficiaron de la producción de los profesionales del edificio Brill también eran compositores (sobre todo los cantantes Gene Pitney y Bobby Darin), pero eran una excepción. Los vocalistas que no componían, como los pulcros roqueros que siguieron a Elvis (como por ejemplo, Fabian, Bobby Vee o Dion), buscaban temas nuevos constantemente.

Pero los vehículos definitorios de la maquinaria del edificio Brill fueron los grupos vocales femeninos, con su sonido ingenuo y atractivo; varios grupos se asociaron con tándems de compositores/ productores concretos. Phil Spector llevaba a The Crystals y The Ronettes; Dave Goffin y Carol King proporcionaban canciones a The Cookies; y Red Bird Records, de Leiber y Stoller, contrató a The Shangri-Las.

La relación de servidumbre entre creadores y artistas hacía que, cuando los éxitos se detenían y los escritores/productores perdían interés, pocos artistas contaran con los recursos artísticos o económicos necesarios para mantener una carrera significativa, ya que carecían de un impulso creativo más allá de cantar y no cobraban derechos.

El auge de cantautores como Bob Dylan o de grupos que se escribían sus propias canciones, como los Beatles, y la admiración que despertaron en la siguiente generación de artistas transformaron el negocio de la música: se redujo de manera drástica la proporción de músicos que dependían de «profesionales». Hoy día solo los cantantes que participan en programas de televisión de descubrimiento de talentos como *Factor X* mantienen una relación con la industria musical comparable a los de la era del sonido Brill Building.

Little Eva a toda máquina

Esta imagen promocional de 1962 captura la energía del sonido Brill Building. Aparecen (de izq. a dcha.) los editores Don Kirschner y Al Nevins, la cantante Little Eva y los compositores Gerry Goffin y Carol King, en plena promoción de «The Loco-Motion».

CANTANTE - COMPOSITORA (N. 1942)

CAROLE KING

Se casó a los 17 años con Gerry Goffin, con quien cocompuso «Will You Still Love Me Tomorrow», que llegó al número uno con The Shirelles, en 1960. Otros éxitos de la era del sonido Brill Building fueron «Take Good Care Of My Baby» y «Up On The Roof», grabadas por The Drifters en 1963. En 1968 se separó de Goffin y prosiguió como cantante-compositora solista, y en 1971 lanzó *Tapestry*, uno de los álbumes más vendidos de la historia. En 1997 se vendieron un millón de copias de «The Reason», que escribió para Celine Dion, y en 2010 salió de gira con James Taylor, también compositor y cantante. En 2013 la Casa Blanca la homenajeó en un concierto en su honor.

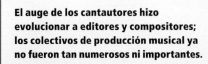

« Si no **compones canciones** para el público adolescente, puedes buscarte **grandes problemas**.»

DOC POMUS, COMPOSITOR ESTADOUNIDENSE, «THE JOURNALS OF DOC POMUS»

DESPUÉS

El auge de los cantautores hizo evolucionar a editores y compositores; los colectivos de producción musical ya no fueron tan numerosos ni importantes.

DON KIRSCHNER

Impulsó a varios de los equipos de compositores del sonido Brill Building y halló una salida lucrativa para sus habilidades entre mediados y finales de los sesenta, con creaciones pop diseñadas para la televisión, como **The Monkees** y el grupo pop de *bubblegum* **The Archies**, que ponían la música a los dibujos animados homónimos.

FACTORÍAS MUSICALES

Nashville es conocida por su proliferación de compositores y músicos. Algunos ejemplos recientes de éxito son el equipo de Berry Gordy's en **Motown Records (Detroit)** » 321–322 y los productores/compositores **Stock, Aitken & Waterman**, que en los ochenta produjeron una serie de éxitos con varios artistas, como la versión de «The Loco-Motion» de Kylie Minogue.

EL «LOCO-MOTION» DE KYLIE

El sonido del alma

En la década de 1960 y entre las turbulentas protestas en defensa de los derechos civiles, la guerra de Vietnam y un aluvión de asesinatos, surgió en EE UU un nuevo tipo de música negra. Apasionada, personal, inmediata y política, llegó a conocerse con una sola palabra: *soul* (alma).

Máquinas de éxitos de la Motown
Stevie Wonder y Marvin Gaye comparten micrófono en los estudios Motown en 1965. Ese año, Gaye (dcha.) lanzó «I'll Be Doggone» y vendió un millón de copias.

◀◀ ANTES

El R&B y el gospel de la década de 1950 sentaron las bases del soul.

EL HERMANO RAY
El artista de rhythm and blues **Ray Charles** combinó en su música elementos dispares, que iban del country al jazz, y preparó así el terreno para el soul **◀◀ 310–311**.

LA VERDAD DEL GOSPEL
Incluso las estrellas del soul que no habían cantado previamente en grupos de gospel adoptaron conscientemente las maneras vocales de cantantes como **Claude Jeter** (1914–2009), de los **Swan Silvertones**.

Resulta imposible determinar el momento exacto en que apareció el soul. Fue tanto un movimiento social como un género musical y hundía sus raíces en las bases de la música negra norteamericana, asentada desde los inicios del siglo XX. La mayor influencia del soul fue el énfasis vocal y coral del gospel (pp. 294–295), que también lo diferenció del resto. A veces, la transición del gospel al soul era muy explícita: los cantantes no solo introducían estilos e inflexiones vocales procedentes de la iglesia, sino que incluso utilizaban canciones enteras. Por ejemplo, en 1956, Ray Charles transformó el himno «This Little Light Of Mine» en la canción de amor «This Little Girl Of Mine».

De la iglesia a las listas de éxitos

El gospel no se limitaba a la iglesia: los artistas de gospel famosos recorrían EE UU, actuaban ante grandes audiencias y eran acosados por adolescentes. Sin embargo, Sam Cooke (1931–1964), por entonces vocalista del grupo de gospel Soul Stirrers, cruzó una significativa frontera con la grabación de un sencillo pop en 1956. Se convirtió en una importante estrella del pop, con éxitos ligeros y con predominio de cuerdas: «You Send Me» (1957) u «Only Sixteen» (1959). Posteriormente,

Abran paso a las chicas
Actuación de Martha and the Vandellas en televisión en 1965. Su éxito «Heat Wave» (1963), del gran equipo de compositores soul, Holland-Dozier-Holland, contribuyó a consolidar el sonido Motown.

DESPUÉS »

tras escuchar en 1963 «Blowin' In The Wind», de Dylan (p. 323), Cooke decidió abordar cuestiones sociales. En un ejemplo paradigmático del movimiento del pop al soul, escribió «A Change Is Gonna Come», que se convertiría en un himno de los derechos civiles.

Otro de los padres fundadores del soul, Solomon Burke (1940–2010), nació en la iglesia, literalmente. Y allí, en Filadelfia, le consagraron como obispo en la iglesia de su abuela. Empezó a grabar durante la adolescencia, pero inició su papel en la génesis del soul en 1960, cuando firmó con Atlantic Records.

12 Años que tenía Stevie Wonder cuando grabó su primer número uno en EE UU, «Fingertips», para Motown, en 1962.

Cofundada por el turcoamericano Ahmet Ertegun en la década de 1940, Atlantic se había convertido rápido en la principal productora de rhythm and blues (pp. 310–311); con Ray Charles en concreto, el sello discográfico hizo mucho por la consolidación del soul. Burke obtuvo una serie de grandes éxitos con Atlantic durante la década de 1960, como «Got To Get You Off My

---

CANTANTE DE SOUL (1933–2006)

JAMES BROWN

Nació en Augusta (Georgia) y fue un verdadero pionero, primero del soul y luego del funk. Su reputación descansa en el nuevo ritmo que impregnaba la irresistible música de baile que creaba y en la pasión desnuda e impregnada de soul que inyectaba a sus baladas. Su primera grabación, «Please, Please, Please» (1955) se adelantó diez años a su época y presagió el soul, y su álbum de 1963, *Live At The Apollo* inmortalizó el enérgico estilo de actuación que le convirtió en el «hombre que más duro trabajaba» en el mundo del espectáculo.

Mind», y «Home In Your Heart». Y fue Burke, reticente a que se le encasillara como cantante de blues, quien utilizó por primera vez el término *«soul»* para describir su música.

Firmar con Atlantic también propulsó a Aretha Franklin al estatus de «reina del soul». Cantante, pianista y arreglista con un gran talento, Franklin dio en el blanco con «Respect» (p. 299).

Canciones del sur

Era imposible confundir a James Brown (recuadro) y sus letras y movimientos cargados de sexualidad con el gospel. Sin emabrgo, su ejecución vocal y su escenografía debían mucho al éxtasis religioso de los ministros baptistas afroamericanos, y se le llegó a conocer como el «padrino del soul». Inició su carrera como vocalista en solitario de los Famous Flames, un grupo de soul con influencias del doo-wop (o du duá), pero posteriormente adoptó un sonido funk más duro, muscular y minimalista. Gracias sobre todo a los contundentes arreglos para trompa de Fred Wesley y al bajo de Bootsy Collins, James Brown transformó temas sobre libertad personal y racial en música potente y bailable.

El sello Stax de Memphis demostró ser un semillero de música soul, gracias

Grupo roto de hermanos del soul
Los Bar-Kays posan frente a la sede de la Stax Records, «Soulville USA», en Memphis, en 1967. Ese año, cuatro miembros del grupo fallecieron en el mismo accidente de avión que también se cobró la vida de Otis Redding.

La magia de la Motown

Pese a que su música apuntó desde el principio a las listas de éxitos pop y dejó a un lado las florituras y rugidos que caracterizaban al soul que se creaba en otros sellos, es imposible separar la Motown Records de la historia del género. Fundada en Detroit por el empresario negro Berry Gordy en 1959, Motown (una abreviación del

---

« Motown es el **mayor** acontecimiento de toda la historia de la música. »

SMOKEY ROBINSON, ENTREVISTA EN *CHRISTIANITY TODAY*, 2004

---

especialmente al grupo de la casa, Booker T. and the M.G.s, compuesto por dos miembros negros, el organista Booker T. Jones y el batería Al Jackson, y dos blancos, el guitarrista Steve Cropper y el bajista Donald «Duck» Dunn. Además de grabar sus propios éxitos, como la electrizante pieza instrumental «Green Onions» (1962), los M.G.s acompañaron a todo un elenco extraordinario de talento soul, como Eddie Floyd («Knock On Wood») o Wilson Pickett («In The Midnight Hour»). Sin embargo, el mayor de todos ellos fue Otis Redding, un vocalista magnífico que falleció a los 26 años de edad en un accidente de avión, poco después de haber grabado el emblema del soul «(Sittin' On) The Dock Of The Bay» en 1967.

apodo de la ciudad, *«motor town»*) se propuso encontrar el terreno común entre el pop y el soul, mezclando de modo deliberado sus pegajosos sencillos de tres minutos para que sonaran bien en las radios de los automóviles y en los nuevos transistores portátiles. Motown no tardó en dominar las listas de éxitos globales, gracias sobre todo al amplio abanico de talento local que entraba por sus puertas, como: Diana Ross, vocalista de las Supremes; el compositor Smokey Robinson; el grupo The Temptations, conocidos por sus armonías, coreografías y atuendos; y los Four Tops, el grupo liderado por el barítono Levi Stubbs.

A medida que avanzaban los sesenta, muchos de los artistas que al principio habían hallado satisfacción (y gran éxito) trabajando con la fórmula de Motown

---

El soul como género aislado había prácticamente desaparecido a finales de la década de 1970, junto al caldeado clima social y político que había ayudado a definirlo.

PÉRDIDA Y REUBICACIÓN
Stax jamás se recuperó del fallecimiento de Otis Redding ni del asesinato de Martin Luther King, en 1968. Motown dejó atrás sus mejores días de soul cuando se trasladó a Los Ángeles en 1972.

FIEBRE DE BAILE
La música **disco**, forma de música de baile más ligera y con mucha menos intensidad personal, dominó las listas de éxitos a finales de los setenta.

ENCLAVE EN INGLATERRA
En la década de 1970, muchos DJ del noroeste de Inglaterra defendieron algunos de los discos de soul estadounidenses de la década de 1960 más desconocidos, en un movimiento llamado *«northern soul»*.

empezaron a verse influenciados por los cambios sociales, políticos y musicales en el mundo. Así, Motown sirvió de caldo de cultivo para algunos de los mayores logros del soul, como el álbum *What's Going On*, de 1971, de Marvin Gaye (1939–1984), y los dos álbumes que Stevie Wonder publicó en 1972, *Music Of My Mind* y *Talking Book*.

La Reina
Franklin aparece en la carátula de su álbum de 1967 *I Never Loved Another Man The Way I Love You*. Llegó al número 2 en las listas de álbumes estadounidenses y supuso su lanzamiento como gran artista del soul.

OBRAS CLAVE

Solomon Burke «Cry To Me»
Marvin Gaye «What's Goin' On»
Otis Redding «These Arms Of Mine»
Wilson Pickett «In The Midnight Hour»
Stevie Wonder «Talking Book»
Aretha Franklin «Respect»
James Brown «Please, Please, Please»

Canción protesta

Aunque la música pop alcanzó la mayoría de edad en los años sesenta, dicha década también presenció el resurgimiento de la música folk. Cantantes jóvenes respondieron a la turbulencia política de su era armados con guitarras y alzando la voz en protesta.

ANTES

Durante siglos, los músicos han expresado su descontento a través de las canciones políticas y la sátira.

LOS ALMANAC SINGERS
Alarmados por el **auge del fascismo** a finales de los años treinta, Pete Seeger, Woody Guthrie, Lee Hays y Millard Lampell formaron los Almanac Singers. Escribieron temas en apoyo a los sindicatos, **en protesta por la segregación racial « 240-241**, y contra Hitler. En sus actuaciones llevaban ropa de obrero y tocaban en manifestaciones y en reuniones sindicales.

EL PADRINO DE LA CANCIÓN PROTESTA ESTADOUNIDENSE
Pete Seeger, debido a su participación en política de izquierdas y laboral y a su negativa a responder preguntas ante el Comité de Actividades Antiestadounidenses, **fue incluido en la lista negra** en la década de 1950, época de temor máximo

1939 El año en que **Billie Holiday** cantó por primera vez la balada antilinchamientos «Strange Fruit».

al comunismo en EE UU. Como no podía actuar de forma profesional, Seeger pasó a la clandestinidad y solo aparecía de forma no oficial. Ahora se le considera el padrino de la canción protesta folk estadounidense.

La música folk estadounidense experimentó un renacimiento a finales de los cincuenta. Grupos como Peter, Paul & Mary o el Kingston Trio consiguieron el éxito con nuevas versiones de canciones tradicionales, y Joan Baez fue la primera artista folk que consiguió irrumpir en las listas de éxitos sin abandonar sus ideales políticos. Baez cantaba baladas folk y canciones gospel en mítines, y destacó en la marcha por los derechos civiles en Washington D.C., en 1963. Ese mismo año, llamó la atención internacional sobre un joven Bob Dylan cuando le invitó al escenario junto a ella e interpretó sus canciones.

Himnos políticos
Bob Dylan se hizo famoso con canciones como «The Lonesome Death Of Hattie Carroll» y «Blowin' In The Wind», que se convirtió en un himno del

La guitarra acústica de Dylan
Cuando Dylan colgó su guitarra acústica, para cantar con un grupo con amplificación eléctrica en el Newport Folk Festival (Rhode Island) en 1956, parte del público le abucheó.

de sus compañeros, que actuaban en las cafeterías del Greenwich Village de Nueva York, fueron cantautores como Tom Paxton y Phil Ochs, a quien se conocía como «el periodista cantor», por sus canciones satíricas sobre la política estadounidense en Vietnam y la crisis de los misiles de Cuba.

Las canciones protesta no se limitaban a Nueva York. Bruce «Utah» Phillips y Rosalie Sorrels, dos cantantes folk de

Ewan MacColl y Bert Lloyd, a menudo acompañados por la multiinstrumentista y arreglista Peggy Seeger, hermana de Pete Seeger. Se centraban en canciones folk tradicionales, pero MacColl también escribió muchas canciones protesta con aires folk, como «The Manchester Rambler» y «Dirty Old Town».

En los sesenta, Bob Dylan influyó a una nueva generación de cantautores británicos, como Bert Jansch, Ralph

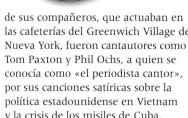

«El mundo está dirigido por quienes jamás escuchan música.»
BOB DYLAN EN TARÁNTULA, SU LIBRO DE PROSA POÉTICA EXPERIMENTAL, 1966

movimiento por los derechos civiles. Su voz ronca, su agresiva manera de tocar la armónica y su surrealista sentido del humor le hicieron destacar. Algunos

Utah, alcanzaron la fama en la década de 1960. Estaban tan influenciados por el anarquismo como por los habitantes y el paisaje de su estado natal. Muchas de las estrellas folk estadounidenses de la década de 1960 no han colgado aún sus guitarras acústicas y continúan actuando ante grandes públicos.

Reino Unido e Irlanda
Mientras EE UU era el hogar de la canción protesta, Reino Unido experimentó su propio renacimiento folk en la década de 1950, gracias al impulso de los cantantes folk marxistas

Joan Baez
Muy motivada políticamente y comprometida con el movimiento por los derechos civiles en los años cincuenta y sesenta, Baez cantó en manifestaciones contra la guerra de Vietnam y en solidaridad con trabajadores, y fue arrestada varias veces.

CANTAUTOR (N. 1941)

BOB DYLAN

Bob Dylan, nacido en Duluth (Minnesota) con el nombre de Robert Allen Zimmerman, es considerado una de las personas más influyentes del siglo xx en el ámbito musical y cultural. Nieto de inmigrantes judíos, pasó su infancia escuchando la radio y ya en el instituto formó grupos musicales. Abandonó la universidad tras el primer curso.

Musicalmente, estuvo influenciado por Woody Guthrie (1912-1967) y se dio a conocer tocando folk y estándares de blues en cafeterías de Nueva York. En 1965 «se pasó a la electricidad» y orientó su música en la dirección del rock and roll, algo que muchos de sus seguidores folk vivieron como una traición. Sigue actuando y ha prometido que jamás dejará de escribir canciones.

OBRAS CLAVE
Almanac Singers «The Strange Death Of John Doe»
Bob Dylan «Blowin' In The Wind»
Pete Seeger «We Shall Overcome»
Phil Ochs «I Ain't Marching Anymore»
Bruce «Utah» Phillips «Jesse's Corrido»
Bert Jansch «Anti-Apartheid»
Víctor Jara «Plegaria a un labrador»

McTell y Steve Tilston. Estos tres virtuosos de la guitarra acústica, además de temas convencionales, cantaban sobre los sin techo, el consumo de drogas y el apartheid. El irlandés Christy Moore (n. 1945) empezó su carrera, en los años sesenta, con canciones que reflejaban sus ideas republicanas de izquierdas. Cantó sobre los voluntarios irlandeses en la guerra civil española y en apoyo a los prisioneros republicanos irlandeses que iniciaron huelgas de hambre en la prisión de Maze, en Irlanda del Norte, en los ochenta.

La nueva canción en español

El movimiento de la nueva canción se inició primero en Chile, antes de llegar a toda América Latina. Reenergizó la música folk en español, con letras que criticaban las dictaduras de derecha de

Álbum protesta
Bob Dylan, Miles Davis, U2, Peter Gabriel y otros protestaron contra el *apartheid* en el álbum *Sun City* (1985) y declararon un boicot cultural a Sudáfrica.

España, Chile y Argentina. Los cantantes, además de guitarras acústicas, utilizaban instrumentos tradicionales como la flauta andina, el charango y la zampoña, o flauta de Pan.

Violeta Parra (1917–1967) fue una de las pioneras del movimiento de la nueva canción. Desde la década de 1940 y hasta que murió, la chilena narró el endurecimiento de las condiciones de vida en Chile. Inspirado por ella, el comunista, profesor y director de teatro Víctor Jara (1932–1973) se convirtió en un cantante muy conocido en el movimiento. Algunos de sus temas fueron «Plegaria a un labrador» y «El aparecido», donde predijo con acierto la muerte del revolucionario argentino Che Guevara. En 1972, un golpe de Estado militar alzó al poder a Augusto

Pinochet en Chile, y, en 1973, Jara fue arrestado, torturado y ejecutado junto a muchos otros.

En Argentina, la imagen de la nueva canción fue Mercedes Sosa, más conocida como «La Negra». Componía canciones desde una perspectiva feminista y huyó de Argentina a mediados de la década de 1970. No regresó hasta la caída de la junta militar en 1982.

Mercedes Sosa en concierto
Las canciones protesta de Mercedes Sosa (1935–2009) defendieron a los pobres y oprimidos del mundo hispanohablante, lo que explica que se la llamara «la voz de Latinoamérica».

DESPUÉS

Los cantautores se alejaron de la política y la canción protesta cobró nueva vida en otros ámbitos.

EL PUNK Y LA PROTESTA
El punk adoptó el espíritu antisistema de la canción protesta y lo llevó a extremos nihilistas a finales de la década de 1970. «No sé qué quiero, pero sí cómo lograrlo», cantaba Johnny Rotten en «Anarchy In The UK». El **punk 356–357 »** protestaba contra todo, celebraba la actitud sobre el talento, y saber tocar un par de acordes bastaba para fundar un grupo. La voz del punk era de clase obrera, y estaba muy enfadada.

EL HIP-HOP Y LOS PROBLEMAS SOCIALES
En las décadas de 1980 y 1990, el **hip-hop 368–369 »** llamó la atención sobre la dura realidad de la población negra en EE UU. Public Enemy, NWA, Ice T, Schooly D o los Geto Boys abordaron sin tapujos problemas sociales tales como el racismo, la pobreza, la delincuencia, las bandas o el consumo de drogas y contaron al mundo cómo era en realidad la vida de muchos afroamericanos.

Los gigantes del rock and roll estadounidense fueron la mayor inspiración de los Beatles.

GENIOS CON GAFAS

El cantautor texano **Buddy Holly** ‹‹ **314–315** ejemplificó al artista de rock and roll completo, que tocaba la guitarra y cantaba sus propias composiciones. Su grupo, los Crickets (grillos), influyó en el nombre escogido por los Beatles (escarabajos), mientras que su música les dejó una huella indeleble. «Lo que hizo con tres acordes me convirtió en compositor», afirmaba John Lennon.

LITTLE RICHARD Y «EL REY»

Paul McCartney basó su estilo de baladas en **Elvis** ‹‹ **316–317** y su interpretación del rock en **Little Richard** ‹‹ **315**. Cuando los Beatles ingresaron en el Salón de la Fama del Rock en Cleveland (Ohio), en 1988, George Harrison manifestó su agradecimiento a todos los roqueros, y especialmente a Little Richard, del que dijo «toda la culpa es suya».

Los cuatro fantásticos

Portada de una revista estadounidense de 1964 protagonizada por (de izq. a dcha.) John Lennon, George Harrison, Paul McCartney y Ringo Starr. Es característica de la alegre parafernalia de los Beatles de la época.

PRODUCTOR (N. 1926)

GEORGE MARTIN

Antes de llegar a EMI, George Martin estudió piano y oboe. Produjo la mayoría de las grabaciones de los Beatles entre 1963 y 1969 y fue un administrador de confianza en el estudio. Cada vez más bajo el yugo de la creatividad del grupo, afrontó las exigencias contradictorias de Lennon, McCartney y Harrison con autoridad discreta, flexibilidad y sentido del humor. Su talento musical, sutil y versátil, creó arreglos memorables como el evocador cuarteto de doble cuerda de «Eleanor Rigby» y el siniestro chelo de «I Am The Walrus».

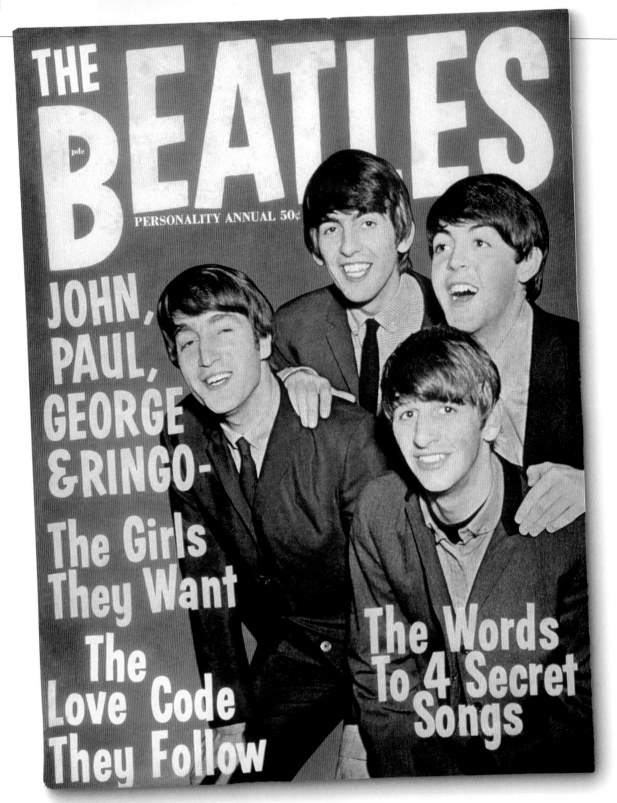

Beatlemanía

Fueron el grupo más querido de los sesenta y, posiblemente, también la entidad musical más influyente del siglo XX. Las grabaciones del grupo entre 1963 y 1970 siguen siendo hitos de la música pop, mientas que su espíritu de innovación desenfadada sigue inspirando a muchos.

El impacto de los Beatles fue el de un terremoto. Sin embargo, los cuatro melenudos traviesos de Liverpool emprendieron su dominación de la cultura popular de la década de 1960 limitándose a ser ellos mismos. El productor George Martin se sintió más atraído por su descarado encanto personal que por su música. «Cuando conoces a alguien, y te da sensación de bienestar…, te sientes algo perdido cuando se va», explicó Martin. «Ese es el efecto que ejercieron los Beatles en mí.» Gracias a programas televisivos de máxima audiencia, los adolescentes británicos y estadounidenses se vieron expuestos a ese mismo magnetismo imposible de definir. Y así empezó la Beatlemanía.

Primer impacto

Por supuesto, la música también tuvo mucho que ver. Era un pop alegre a ritmo de rock, con guitarras vibrantes,

Seguidos y observados

Fans y medios de comunicación seguían ávidamente los movimientos del grupo. El 7 de febrero de 1964, los fotógrafos competían por las mejores imágenes de los Beatles, que se preparaban para despegar del aeropuerto de Londres, rumbo a EE UU.

armonías vocales precisas, melodías inolvidables y matices de rhythm and blues, del Tin Pan Alley estadounidense y de la música folk británica. Las canciones hablaban de darse la mano y de cómo el dinero no compra el amor, todo inyectado con un positivismo yeyé emocionante y contagioso. Los primeros Beatles capturaron el espíritu de la nueva década y representaron las posibilidades de una sociedad sin clases, habitada por una generación joven, inteligente e irreverente.

También impresionaron a la industria musical: un crítico del *The Times* declaró «los mejores compositores ingleses de 1963» a Lennon y McCartney, y el compositor Leonard Bernstein habló

la melodía y su memoria intuitiva de secuencias de acordes, junto a una química interpersonal amistosa pero competitiva cuando componían «ojo con ojo» (tal como dijo Lennon) dieron lugar a una serie de obras maestras del pop.

Su disposición a abrirse a influencias externas y su capacidad técnica para explotarlas alimentaron el crecimiento

posible que lo que más influyera sobre la industria musical fuera su capacidad como compositores y artistas. Antes, la mayoría de artistas pop dependían de compositores y músicos profesionales. Después de los Beatles, los grupos que componían e interpretaban sus propias canciones se convirtieron en la norma, lo que dejó a muchos compositores profesionales sin trabajo.

El interés que sentían los Beatles por las fuentes de inspiración poco comunes, ya se tratara de drogas, de gurús indios o de las vanguardias, contribuyó a que el grupo renovara a menudo su paleta musical y a que sorprendiera a sus seguidores. Durante la década de 1960, muchos esperaban que los Beatles les mostraran lo que sucedía «ahí fuera». Los Beatles proporcionaron a la población normal experiencias psicodélicas («Tomorrow Never Knows» y «A Day In The Life») y

Club Band (1967) hipnotizó a toda una generación durante el Verano del Amor. El variadísimo álbum doble *White Album* (1968) pasaba del blues puro al *collage* vanguardista pasando por el *schmaltz* (sensiblería), y su canto del cisne, *Abbey Road* (1969) presentaba matices casi sinfónicos. Todos estos álbumes fueron inmensamente admirados e imitados.

Desde el primer atractivo de sus melodías de calidad, toques de genio y emociones optimistas hasta la obra de complejidad emocional y composición avanzada del periodo intermedio y final, los Beatles representan una de las pocas ocasiones en la historia de la música en que lo más popular fue, quizá, también lo mejor. A pesar de su disolución en 1970, tras apenas una década juntos, las nuevas generaciones de grupos pop, de guitarristas y de cantautores siguen cautivados por sus logros.

«Los Beatles **salvaron al mundo** del aburrimiento.»

GEORGE HARRISON, ENTREVISTA CON EL ESCRITOR GEOFFREY GIULIANO, 1984

de su «entonación impecable, letras absolutamente frescas y un flujo schubertiano de innovación musical».

Influencias variadas

Aunque carecían de formación musical, John Lennon y Paul McCartney eran hijos de músicos. También eran sensibles a una gran variedad de música popular del siglo xx, a la que accedían a través de películas, de discos o de la radio, y desarrollaron una conciencia instintiva de técnica y arte. Su gran sentido de

del grupo. Lennon añadió algo parecido a la oscuridad de las letras de Bob Dylan («You've Got To Hide Your Love Away») o al ritmo de Wilson Pickett («When I Get Home»). Paul McCartney adaptó los atrevidos bajos de los Beach Boys («Fixing A Hole») y, tras escuchar al compositor experimental Stockhausen (pp. 270-271), experimentó con *loops*.

Una primera vez tras otra

Los Beatles fueron el primer grupo en: celebrar un concierto en un estadio (el Shea Stadium, Nueva York, en 1965); incluir la letra en la funda de un álbum (*Sgt. Pepper's*, 1967); y fundar su propia discográfica (Apple Corps Limited, en 1968). Pero es

les presentó la filosofía «paz y amor» («All You Need is Love»), mientras que el interés de Harrison por el sitar («Norwegian Wood» o «Within You Without You») trajo el exótico sonido de la música india a millones de oyentes occidentales.

Tocados por la grandeza

Ya en 1966, el grupo decidió abandonar las giras y concentrarse en componer y grabar, lo que dio lugar a un trabajo maduro que redefinió lo que la música pop podía llegar a ser. El vertiginoso mundo sonoro de un grupo dentro de un grupo de *Sgt. Pepper's Lonely Hearts*

En su estela

Los Animals, formados en Newcastle en 1963, siguieron rápidamente a los Beatles al otro lado del Atlántico en 1964 y formaron parte de la «invasión británica» de grupos pop que inundó EE UU.

Los Beatles jamás volvieron a unirse, pero siguieron influyendo sobre la música y se les imita aún hoy.

NUEVOS GRUPOS

Tras disolverse en 1970, los Beatles emprendieron carreras en solitario o formaron nuevos grupos: **John Lennon** con su esposa, Yoko Ono 326–327 », y Paul McCartney con Wings. Hoy solo viven Paul McCartney y Ringo Starr. Lennon fue asesinado en 1980 y George Harrison falleció de cáncer en 2001.

UN POCO COMO LOS BEATLES

Muchos grupos, como Badfinger, ELO, Jellyfish u Oasis, han presentado variaciones sobre una secuencia de acordes, melodías, armonías vocales o técnicas de producción como las de los Beatles.

Diseño icónico con las iniciales S. P. rodeadas por un corazón

La trompeta de Sgt. Pepper

Sgt. Pepper Lonely Hearts Club Band inspiró un filme homónimo en 1978. En ella aparecieron muchos músicos conocidos, 29 canciones de los Beatles y esta trompeta con forma de corazón.

OBRAS CLAVE

«I Want To Hold Your Hand»

«Help»

«Eleanor Rigby»

«She Said She Said»

Sgt. Pepper's Lonely Hearts Club Band

«Revolution» (Cara B de «Hey Jude»)

Cara B de *Abbey Road*

Nacido en **1940** Fallecido en 1980

John Lennon

> « **Mi función** en la sociedad […] es intentar **expresar** lo que **todos** sentimos.»

JOHN LENNON, ENTREVISTA EN LA KFRC RKO RADIO, DICIEMBRE DE 1980

Estrella del pop, poeta y defensor de la paz, John Lennon fue una de las figuras destacadas en la cultura popular del siglo xx. Como miembro de los Beatles, estuvo en la vanguardia de los asombrosos logros de la música pop de la década de 1960 y, junto a Paul McCartney, formó uno de los equipos de compositores de canciones de más éxito de la historia. Como solista y junto a Yoko Ono, su segunda esposa, Lennon provocó a los medios de comunicación y a menudo defendió la idea de responsabilidad personal y de conciencia colectiva. Aunque a lo largo de su vida provocó controversia con frecuencia, tras su trágica muerte, a los 40 años de edad, su reputación y su influencia como cantante, compositor y activista político se extendieron por todo el mundo.

Primeras influencias

John Winston Lennon nació en Liverpool (Inglaterra) el 9 de octubre de 1940. Su padre, Alfred, pasó la mayor parte de la primera infancia de su hijo en el mar. Cuando tenía cinco años, sus padres se separaron y John tuvo que elegir entre ellos. Eligió a su madre, Julia, pero Mimi, la hermana mayor de esta, intervino y se hizo cargo del niño.

Bajo el estricto régimen de clase media de Mimi, John disfrutó de estabilidad, pero fue su esporádica relación con la vivaracha Julia durante la década de 1950 la que despertó su instinto artístico. Con su madre aprendió a tocar el banjo

Inspiración materna
La relación con su madre, Julia, y su posterior pérdida inspiraron algunas de las canciones más potentes de Lennon, como *Julia* (1968) o *Mother* (1970).

y el acordeón, escuchó discos de Elvis Presley y se sintió libre para ser él mismo. Julia murió en un accidente de automóvil en 1958 y Lennon, adolescente, quedó desconsolado.

De los Quarrymen a los Beatles

Al igual que muchos de su generación, Lennon quedó fascinado con la música blues con tintes de soul conocida como skiffle y en 1956 fundó su propio grupo, los Quarrymen. Su sonido skiffle fue dejando paso poco a poco al rock and roll de Elvis, Little Richard y Chuck Berry, y él adoptó el aspecto de un «Teddy Boy», o rebelde del rock.

El grupo evolucionó y se convirtió en los Beatles (pp. 324–325). Encontraron a un mánager, Brian Epstein, y a una discográfica, Parlophone, y llegaron al corazón de todo el mundo en 1963 y 1964. Los temas de Lennon y McCartney

«People for Peace»
El brazalete que llevó en la promoción de «Instant Karma» (1970) hablaba por una generación de activistas por la paz y los derechos civiles.

OBRAS CLAVE

The Beatles «Norwegian Wood»

The Beatles «Tomorrow Never Knows»

The Beatles «Strawberry Fields Forever»

The Beatles «A Day In The Life»

John Lennon «Give Peace A Chance»

John Lennon «Mother»

John Lennon «Imagine»

(«I Want To Hold Your Hand», «She Loves You» o «A Hard Day's Night») se vendieron por millones.

Un ingenio agudo

Lennon destacó como líder de los Beatles. Su enérgica guitarra rítmica y su potente voz de blues dominaron los primeros álbumes de los Beatles, y su agudo ingenio alimentó la desenfadada irreverencia del grupo. En la Royal Variety Performance de 1963 (Londres), y ante la reina Isabel II y la princesa Margarita, presentó «Twist And Shout» con el siguiente comentario: «Los de las localidades baratas, que aplaudan. El resto limítense a agitar sus joyas».

MÚSICO (N. 1942)

PAUL McCARTNEY

Compañero de composición de Lennon desde el principio, McCartney se convirtió en un rival amistoso en los últimos años de los Beatles y en un elemento de la química del grupo que mantuvo la calidad musical en lo más alto hasta su disolución. Luego, McCartney formó Wings, uno de los grupos más importantes de la década de 1970 y compuso música de todo tipo, desde la obra de música clásica *Standing Stone* a música electrónica experimental, con la banda Fireman, o rock puro, con ex miembros de Nirvana.

Aunque las primeras canciones de los Beatles eran de amor, el libro que Lennon publicó en 1964, *Por su propio cuento*, alimentó su reputación como el Beatle intelectual. Los omnipresentes créditos Lennon/McCartney transmitían

« El concepto de la oración positiva [...] imagina un mundo en paz.»

JOHN LENNON, SOBRE SU CANCIÓN «IMAGINE» AL PERIODISTA DAVID SCHEFF, 1980

la idea de una colaboración intensa, pero lo cierto es que ambos componían por separado y asumían el liderazgo como vocalistas en sus propias composiciones. La música de Lennon, influida por la obra altamente intelectual del cantautor estadounidense Bob Dylan, tendía a ser más oscura y personal.

Aunque Lennon instigó parte de la sublime obra tardía de los Beatles (como «Strawberry Fields Forever», «Tomorrow Never Knows», «Come Together» y «I Am The Walrus»), el consumo de LSD y de heroína debilitó su impulso creador en los últimos años del grupo. Su relación con la artista japonesa de vanguardia Yoko Ono también concentró la mayor parte de su interés a partir del verano de 1968.

Defensor de la paz

La vida pública de John Lennon y Yoko Ono se convirtió en una serie de acontecimientos de arte conceptual. Hicieron películas de vanguardia y álbumes de *collage* de sonidos, como *Two Virgins* (1968), en cuya carátula aparecían desnudos. Su luna de miel «en la cama por la paz», en Ámsterdam, se convirtió en un evento por la paz muy publicitado. Posteriormente, los activistas en contra de la guerra de Vietnam adoptaron como himno la canción que grabaron en un «en la cama» repetido en Montreal (Canadá), titulada «Give Peace A Chance».

Después de la disolución definitiva de los Beatles, Lennon inició un proceso

Debut en la TV estadounidense (1964)

La actuación de los Beatles en el «Ed Sullivan Show» marcó el comienzo de la llamada invasión británica de la cultura estadounidense. Se estima que lo vieron 73 millones de telespectadores.

de terapia primal para conectar con el sufrimiento de su niñez, y los álbumes en solitario *Plastic Ono Band* (1970) e *Imagine* (1971), producidos por Phil Spector, fueron altamente personales. En 1971, John y Yoko se trasladaron a Nueva York y se implicaron con radicales antisistema. Su álbum político *Sometime In New York City* (1972) no tuvo muy buena acogida, pero logró que Lennon fuera considerado lo suficientemente subversivo para merecer una orden de deportación. Se resistió y permaneció en EE UU durante el resto de su vida.

Punto de inflexión

Durante un periodo de separación de Yoko, en 1973–1974, Lennon se refugió en el consumo de alcohol. Sin embargo, grabó *Walls And Bridges* (1974), que llegó al número uno en EE UU con «Whatever Gets You Through The Night», y un álbum de versiones, *Rock and Roll* (1975).

Tras reconciliarse con Yoko en 1975, Lennon se retiró de la vida pública para

Último lanzamiento

El álbum del regreso de John y Yoko recibió una acogida tibia. Sin embargo, la muerte de Lennon, tres semanas después, lo convirtió en un éxito, con dos canciones en el número uno: «Just Like Starting Over» y «Woman».

concentrarse en criar a su hijo recién nacido, Sean. No volvió a aparecer hasta 1980, cuando, junto a Yoko, lanzó *Double Fantasy*, en medio de varias optimistas entrevistas de promoción. Sin embargo, el 8 de diciembre de ese año, Lennon fue asesinado por un fan perturbado en Nueva York, suceso que desencadenó un luto mundial.

CRONOLOGÍA

- **1940** Nace en Liverpool (Inglaterra).
- **1956** Su madre le regala su primera guitarra.
- **1957** Conoce a Paul McCartney en las fiestas de Woolton Church, donde actuaron los Quarrymen, y le invita a unirse al grupo. Escribe su primera canción: «Hello Little Girl».
- **1958** George Harrison, de 15 años de edad, se une a los Quarrymen. El grupo hace sus primeras grabaciones primitivas. La madre de Lennon fallece en un accidente de tráfico.
- **1960** Primeras actuaciones largas con el grupo, ahora los Beatles, en Hamburgo.
- **1962** El grupo firma con el manager Brian Epstein y la discográfica Parlophone Records. Grabación de «Love Me Do».
- **1963** Se casa con Cynthia Powell y tiene un hijo.
- **1965** Consume LSD por primera vez. Graba *Rubber Soul* y es nombrado miembro de la Orden del Imperio Británico.

LOS BEATLES EN 1964

- **1966** Críticas desde medios de comunicación conservadores por su afirmación de que los Beatles son «más populares que Jesucristo». Graba *Revolver*, se retira de la gira con los Beatles. Conoce a Yoko Ono.
- **1968** Aparece desnudo en la carátula de *Two Virgins*. Los Beatles lanzan *The White Album*.
- **1969** Se casa con Yoko Ono. Lanza «Give Peace A Chance», «Cold Turkey» y «Abbey Road». Abandona los Beatles.
- **1970** Lanza el álbum *Plastic Ono Band*.
- **1971** Escribe «Imagine». Se traslada a Nueva York. Lanza «Happy Christmas (War Is Over)».
- **1974** Canta el número 1 estadounidense «Whatever Gets You Through The Night» con Elton John en el Madison Square Garden.
- **1980** Lanza el álbum *Double Fantasy* con Yoko. El 8 de diciembre es asesinado por un fan perturbado en Nueva York.

MONUMENTO A JOHN LENNON EN CENTRAL PARK (NUEVA YORK)

Sabor a blues
Los Stones se sumaron a la causa del blues. Aquí ensayan para una aparición en la televisión británica en 1964, con (desde la izq.) Bill Wyman, Brian Jones, Mick Jagger, Charlie Watts y Keith Richards.

« **ANTES**

A principios de los sesenta, el público británico comenzaba a descubrir el blues y los oyentes afroamericanos ya habían pasado página.

SKIFFLE CASERO
En la década de 1950, el **blues eléctrico** « **306–307** y el **rock and roll** « **314–315** se desarrollaron codo con codo en los estudios Chess, en Chicago, mientras que, en Reino Unido, muchos músicos se vieron influenciados por Lonnie Donegan, que tocaba **skiffle** con base de blues e instrumentos caseros en éxitos como «Rock Island Line» (1954).

❚ **LONNIE DONEGAN fue el artista británico de más éxito antes de los Beatles.**

REVIVAL FOLK
Mientras los músicos británicos buscaban autenticidad en el blues, los jóvenes blancos estadounidenses emprendían una búsqueda similar que les llevaría a un **resurgimiento del folk**. Estas tendencias expusieron al público internacional a la intensidad desnuda del **blues del Delta** « **240–241** prebélico, con raíces en las plantaciones del sur de EE UU.

Blues rock

En la década de 1960, justo cuando parecía que el blues empezaba a perder importancia en EE UU, bandas británicas jóvenes como Fleetwood Mac o los Rolling Stones lo adoptaron con entusiasmo al otro lado del Atlántico.

Uno de los acontecimientos menos predecibles de la historia de la música popular fue la adopción del blues por parte de músicos británicos en la década de 1960 y su reexportación a EE UU, donde parecía haber perdido importancia. Así, una oleada de grupos británicos devolvió una nueva visión del blues a su país de origen, donde los jóvenes lo adoptaron con el mismo entusiasmo y donde también encontró un gran público blanco.

Intercambio de blues
El blues fue la primera inspiración de prácticamente todos los «grupos beat» británicos de la década de 1960. El proceso habitual era: fans jóvenes se enamoraban de la música que oían en los valiosos discos importados; aprendían a tocar los instrumentos intentando copiar el sonido tanto como podían; formaban grupos que interpretaban versiones de canciones de blues; y, al final, actuaban junto a sus ídolos estadounidenses en giras europeas. No obstante, la mayoría de los que alcanzaron un éxito duradero dieron un paso más: crearon sus propias canciones y dejaron el blues atrás.

A diferencia del jazz, que se extendió rápidamente a todo el mundo, durante la primera mitad del siglo XX, el blues siguió muy identificado con su público original. Aunque los emigrantes del sur profundo llevaron el blues a las ciudades estadounidenses, muchos lo descartaron y se decantaron por géneros urbanos más sofisticados y politizados. De no

> « Qué **sentido** tiene escucharnos a **nosotros** cantando «I'm a King Bee» pudiendo escuchar a **Slim Harpo**?»
>
> MICK JAGGER, REVISTA *ROLLING STONE*, 1968

haber sido aclamado en Europa, es posible que el blues hubiera acabado desapareciendo del todo.

Las primeras grandes figuras del blues que visitaron Europa fueron Lead Belly, en 1949, y Big Bill Broonzy, en 1951.

El público europeo había idealizado a los cantantes de blues como artistas salidos directamente de plantaciones y, aunque Broonzy llevaba grabando desde la década de 1930, cumplió las expectativas, se vistió con un mono de obrero y se reinventó como cantante de blues acústico. Muddy Waters fue el primer guitarrista eléctrico en cruzar el Atlántico en 1958 y regresó varias veces con otras estrellas de Chess Records, como Sonny Boy Williamson II y Howlin' Wolf (pp. 306–307).

Aceptación del blues eléctrico

Según algunos fans europeos, la amplificación mancillaba la «autenticidad» del blues. No obstante, para muchos músicos británicos la potencia del blues eléctrico fue toda una revelación. John Mayall, Alexis Korner y Graham Bond fueron algunos de los incondicionales del jazz londinense que se apresuraron a formar sus propias bandas de blues. Por los Bluesbreakers de Mayall pasaron Mick Taylor, que luego su uniría a los Rolling Stones, y Eric Clapton (dcha.).

Cuando dejó a Mayall en 1967, el guitarrista Peter Green se llevó consigo al bajista John McVie y al baterista Mick Fleetwood. Puede que, como Fleetwood Mac, fueran el mejor de los grupos de blues británico. Más adelante, B. B. King diría de Green: «Tiene el tono más dulce que haya escuchado jamás. Es el único que me ha provocado sudores fríos».

Lo que se convertiría en rock se alejó pronto del blues, especialmente tras el psicodélico «verano del amor» de 1967.

Guitarra eléctrica

Era básica para los artistas de blues, que solían personalizarla para adaptarla a las necesidades del primer guitarrista. Esta Gibson Les Paul roja es de la década de 1960 y lleva el nombre de su diseñador, que fue un pionero de este instrumento (p. 313).

Dicho esto, muchos de los grandes nombres del rock le deben mucho al blues, aunque esta deuda no siempre se reconozca. Led Zeppelin, fundado por los ex Yardbirds Jimmy Page y John Paul Jones en 1968, modeló gran parte de su material sobre la plantilla del blues (pp. 330–331).

Los Rolling Stones

La historia de la banda de blues británico arquetípica empezó en la estación de Dartford (Kent) en octubre de 1961, cuando el estudiante de arte Keith Richards, cargado con una guitarra, se encontró con su antiguo compañero de clase, Mick Jagger, que llevaba un LP de Chuck Berry y Muddy Waters que había comprado por correo en EE UU. Tomaron su nombre de una canción de Muddy Waters, actuaron por vez primera como los Rolling Stones en 1962 y consolidaron su alineación de cinco miembros en 1963. Pese a que en un principio se consideraban puristas del blues, aportaron muchos sabores al crisol. Las versiones de su primer álbum, publicado en 1964, iban desde el rock and roll al estilo de la Motown, pasando por Marvin Gaye y Buddy Holly.

A pesar de que se les suele representar grabando «viejas» canciones de blues, lo cierto es que esas canciones seguían siendo actuales en los sesenta. Howlin' Wolf grabó «Little Red Rooster» en 1961, y Slim Harpo lanzó «Shake Your Hips» en 1966.

Al igual que Elvis, los Stones de la primera época aportaron una exuberante energía adolescente a lo que en un principio habían sido

John Mayall

Su participación en el innovador álbum de 1966 de los Bluesbreakers de John Mayall le valió a Eric Clapton (21 años de edad, leyendo el cómic *Beano*), el pesado apodo de «Dios».

GUITARRISTA (N. 1945)

ERIC CLAPTON

Nacido en Surrey, en 1945, siempre ha sido un devoto del blues, y alcanzó la fama a través de una asombrosa sucesión de grupos. Se unió a los Yardbirds en 1963 como un genio de la guitarra y se ganó el apodo de «Slowhand»; en 1965 pasó a los Bluesbreakers de John Mayall y luego formó dos «supergrupos» efímeros: Cream, con Jack Bruce y Ginger Baker; y Blind Faith. A finales de la década de 1960, grabó «Layla» en EE UU, con Derek and the Dominoes. Desde ese momento, Clapton ha actuado y grabado en solitario tanto sus propias composiciones como clásicos de la envergadura de Robert Johnson, y ha colaborado con veteranos como B. B. King.

potentes canciones adultas, como «I Just Want To Make Love To You», de Muddy Waters. Jagger y Richards maduraron y descubrieron que podían expresarse aún mejor si escribían sus propias canciones, pero sus álbumes clásicos siguieron incluyendo al menos una gema auténticamente blues.

El blues vuelve a casa

Aunque el blues contaba con muchos entusiastas blancos desde la década de 1930, la mayoría lo entendían como una tradición acústica y folk más que como el último sonido procedente de Chicago. Por ejemplo, en el renacimiento folk de principios de los sesenta, los fans blancos

> **12** El número de semanas que se mantuvo en el número 1 de las listas británicas el primer álbum de los Stones, *The Rolling Stones*.

fueron clave en el «redescubrimiento» de artistas de blues del Delta ya entrados en años, y el álbum de debut de Bob Dylan consistió fundamentalmente en versiones acústicas de blues.

Es posible que la mejor ilustración de la falta de interés por el blues eléctrico en EE UU sea una anécdota de los Rolling Stones, que cuenta que en su primera gira por EE UU, en 1964, encontraron a Muddy Waters pintando las paredes de los estudios Chess Records para ganar un dinero extra. No obstante, el éxito

OBRAS CLAVE

The Animals «House of the Rising Sun»

Fleetwood Mac «Need Your Love So Bad»

The Rolling Stones «I Just Want To Make Love To You»

John Mayall's Bluesbreakers «Ramblin' On My Mind»

Canned Heat «On The Road Again»

de los Stones y otros grupos británicos, junto a la decisión de Dylan en 1965 de unirse a la Paul Butterfield Blues Band, fomentó la aparición de más grupos de blues blancos estadounidenses, como Canned Heat. Además, los veteranos del blues negro se descubrieron actuando ante un público predominantemente blanco (y adaptando su música a ellos).

DESPUÉS »

Muchas estrellas blancas de la era del blues rock aún son famosas hoy, y sus instigadores negros tuvieron carreras duraderas. A finales de la década de 1960 esta música dejó de ser mayoritaria.

RUMOURS, DE FLEETWOOD MAC

HACIA ADELANTE

Entre el legado más duradero del blues rock se hallan las **bandas boogie** estadounidenses, como ZZ Top, y las llamadas bandas de **rock sureño**, como los Allman Brothers o Lynyrd Skynyrd.

Peter Green sufrió una crisis y dejó Fleetwood Mac en 1970, tras lo que el grupo abandonó sus raíces blues y produjo álbumes de gran éxito, como *Rumours*. Green volvió a actuar en solitario en la década de 1990. Los Rolling Stones siguen todavía hoy lanzando álbumes y emprendiendo giras mundiales.

Rock duro

Festivales de música más multitudinarios y salas de concierto más grandes exigían sistemas de altavoces y amplificadores cada vez mayores también. Las bandas de rock se deleitaban con su nuevo poder sónico y el público clamaba por temas cada vez más potentes y largas. Había nacido un coloso musical: el rock duro (*heavy rock* o *hard rock*).

« ANTES

A finales de los sesenta, la combinación de blues rock y psicodelia dio lugar al rock duro de principios de los setenta.

BATERÍAS REVOLUCIONARIAS

Jimi Hendrix y **Eric Clapton 312–313 »** escribieron la guía para los solos de guitarra extendidos. Baterías como Ginger Baker, del grupo británico **Cream**, y Keith Moon, de sus compatriotas **The Who**, contribuyeron a elevar el volumen de los grupos hasta niveles dignos de conciertos en estadios, y los arreglos instrumentales de las canciones eran cada vez más complejos.

EL SALVAJE KEITH MOON DE THE WHO

ROQUEROS BLUES

EE UU contaba con sus propios roqueros blues, que tendieron un puente entre la psicodelia y el **heavy metal**. Vanilla Fudge obtuvo su mayor éxito en 1968, con su versión del clásico pop-soul de las **Supremes 320–321 »** «You Keep Me Hanging On», ralentizado y a ritmo de rock. Ese año, Blue Cheer, un trío de San Francisco inspirado por la Jimi Hendrix Experience, logró el éxito con una versión rock de «Summertime Blues», de **Eddie Cochran**.

A finales de la década de 1960, músicos de rock que habían idolatrado a guitarristas blues acústicos como Robert Johnson, Son House o Leadbelly, desarrollaron su propia versión eléctrica y potente del blues. El vocalista Robert Plant y el guitarrista Jimmy Page fueron grandes fans del blues (pp. 306–307), al igual que los Rolling Stones, algo mayores. Su grupo, Led Zeppelin, llevó esta música a los escenarios de una forma más atronadora y contundente que nunca y marcó el camino del rock duro durante las décadas siguientes.

El grupo más grande del mundo

A diferencia de la mayoría de vocalistas negros de blues (y de la mayoría de vocalistas blancos de rock), Robert Plant se salió de su rango de voz natural en favor de un chillido tan agudo como potente. Superaba a la guitarra eléctrica distorsionada de Jimmy Page, a la estruendosa batería

126 Decibelios que alcanzaron los Who en el concierto más ruidoso de la historia hasta entonces, en el campo de fútbol del Charlton Atletic, en Londres en 1976.

de John Bonham y al imaginativo bajo de John Paul Jones. Espectáculos grandiosos, excelentes escenografías rock y giras incansables convirtieron a Led Zeppelin en el grupo más relevante del mundo a principios de los setenta.

Aunque se suele citar a Led Zeppelin como el grupo que inventó el heavy metal, su elevado volumen y virilidad característicos no eran sus únicos talentos. En canciones como «Starway to Heaven» o «Black Mountainside» pueden advertirse las influencias psicodélicas y folk más suaves del grupo. Las letras de Robert Plant aludían con frecuencia al folclore y a la magia, mientras que la guitarra de John Paul

Temas contundentes
Dark Side of the Moon, de Pink Floyd, es un álbum intenso y muy concentrado. La solemnidad de los temas (dinero, paso del tiempo y enfermedad mental) se reflejaba en la música de canciones como «Money», «On the Run» y «Brain Damage».

Los padrinos
Robert Plant (izq.) y Jimmy Page (dcha.), de Led Zeppelin, alteraron su imagen a lo largo de sus múltiples álbumes, y el grupo hizo incursiones en el funk e incluso el reggae. Siguen siendo los «padrinos del heavy metal», aunque su música se ha adaptado al hip-hop y al rap.

CHAPAS DE
LED ZEPPELIN

Jones debía mucho a guitarristas folk acústicos británicos como Bert Jansch y Davey Graham. El fenomenal éxito de Led Zeppelin dio lugar a una oleada de grupos influenciados por su música.

Esplendor clásico

Los también británicos Deep Purple contaban con un vocalista operístico,

Ian Gillan, y con un hábil héroe de la guitarra, Ritchie Blackmore, pero no se limitaron a ser meras copias de Zeppelin y se inclinaron hacia el rock progresivo: el teclista, Jon Lord, añadió un órgano Hammond distorsionado y dotó de una grandiosidad cuasi sinfónica a su sonido en su álbum *In Rock* (1970). Compartían sus pretensiones clásicas y su tendencia

TECNOLOGÍA

PEDAL DE DISTORSIÓN

El pedal de distorsión hizo su aparición en 1962, en la forma del pedal Maestro Fuzz Tone. Se convirtió en un material indispensable para los guitarristas de la década de 1960 después de que los Rolling Stones lo usaran en el clásico *riff* de «(I Can't Get No) Satisfaction». Los pedales de distorsión amplifican la señal de la guitarra eléctrica, hasta distorsionarla. Ahora, los pedales *vintage* de las décadas de 1960 y 1970 van muy buscados. Un grupo grunge de Seattle, Mudhoney, tituló su miniálbum *Superfuzz Bigmuff* en honor a dos pedales de la década de 1960.

Sonido amplificado

El baterista y propietario de tienda de música Jim Marshall inventó el icónico amplificador Marshall tras escuchar a Ritchie Blackmore (Deep Purple) y Pete Townshend (The Who) lamentarse de que no había amplificadores para guitarra con el sonido y el impacto suficientes.

y «School's Out», con sus grandiosos estribillos parecidos a himnos, fueron grandes éxitos de Alice Cooper en 1971 y 1972, respectivamente. Sus canciones celebraban la rebeldía adolescente y eran vagamente antiautoritarios, lo que resonó con la juventud suburbana de clase media de la época en EE UU.

Uno de los elementos esenciales del atractivo de Alice Cooper era la imagen de terror que proyectaba el grupo. Sus conciertos incluían grandes cantidades de sangre falsa, decapitaciones simuladas con guillotinas de plástico y «ejecuciones» con réplicas de sillas eléctricas.

Actuaciones rebosantes de acción

El grupo estadounidense Kiss, compuesto por cuatro miembros, siguió una fórmula musical parecida: guitarras estruendosas y roqueras, pero canciones con estribillos pegadizos y melódicos. Las actuaciones del grupo eran aún más espectaculares

al rock progresivo con el grupo británico Queen, liderado por el extravagante Freddie Mercury y propulsado por los incontenibles solos de guitarra de Brian May. Con los años, Queen se pasó a la música pop y disco, lo que hizo olvidar que sus primeros álbumes eran rock

> « Los *hippies* querían **paz** y **amor**. Nosotros, **Ferraris**, **rubias** y **navajas automáticas**.»

ALICE COOPER, CANTANTE ROCK ESTADOUNIDENSE

duro sin concesiones: duros, ruidosos, excesivos y divertidos. Arthur Brown, pionero del rock duro teatral, dio clases magistrales de escenografía cuando coronó las listas de éxitos británicas con «Fire» y su casco en llamas en 1968.

Terror de Detroit

El rock duro no fue un invento británico. Alice Cooper fue un grupo fundado en Detroit en 1969 y compuesto por el vocalista Vincent Furnier, que luego adoptaría el nombre del grupo como su nombre artístico. «I'm Eighteen»

Besos de oro

Kiss ha obtenido más discos de oro que ningún otro grupo de EE UU. En la imagen, sus miembros: (desde la izq.) Gene Simmons, Peter Criss (detrás, a la batería), Paul Stanley y Ace Frehley, en una actuación de 1992.

OBRAS CLAVE

Led Zeppelin «Whole Lotta Love»

Deep Purple «Smoke on the Water»

Alice Cooper «School's Out»

Black Sabbath «Paranoid»

Queen «Liar»

Kiss «Parasite»

AC/DC «Back in Black»

El rock duro pasó a llamarse heavy metal (o metal) a finales de la década de 1970 y sigue siendo popular entre generaciones de adolescentes.

HÉROES DE LA GUITARRA
La peculiar combinación de **afectación** y **virilidad** epitomizada por Led Zeppelin y Kiss se convirtió en la cualidad definitoria del **heavy metal** estadounidense de la década de 1980. Los Ángeles se transformó en un invernadero de aspirantes a héroes de la guitarra y el uniforme de pantalones de cuero apretados y melenas rizadas le

CARÁTULA DEL PRIMER ÁLBUM DE ESTUDIO DE GUNS N' ROSES

valieron al estilo musical el apodo de **hair metal** o **rock caniche**. Motley Crue, Twisted Sister y **Guns N' Roses**, la banda de mayor éxito, son ejemplos típicos de estos grupos. El hair metal era, básicamente, **música pop** interpretada con guitarras ruidosas, aunque Guns N' Roses lograron distinguirse con un sonido tan auténticamente sórdido como el de los mejores Rolling Stones. Su álbum de 1987, *Appetite For Destruction*, el álbum heavy metal definitivo de la década de 1980, estaba repleto de melodías con voz desgarrada y *riffs* de guitarra extraordinarios.

que las de Alice Cooper. Gene Simmons, el vocalista del grupo, era el director del espectáculo y los conciertos, parecidos a actuaciones circenses, incluían tragar fuego y escupir sangre mientras las guitarras despedían fuegos artificiales y la batería flotaba. Todos los miembros llevaban maquillaje blanco y negro, como el de un arlequín. La asistencia a uno de los conciertos pirotécnicos de Kiss se convirtió en una especie de rito de paso para los adolescentes varones estadounidenses de la década de 1970.

La extravagancia del rock duro tuvo, inevitablemente, un contrapunto. El grupo australiano AC/DC devolvió la música a sus orígenes a mediados de la década de 1970. El guitarrista, Angus Young, recuperó los riffs complejos y los solos austeros de los Rolling Stones. Aunque el vocalista, Bon Scott, tenía una voz aguda y ronca que probablemente no hubiera adoptado jamás de no ser por Robert Plant y Led Zeppelin, la estética musical global del grupo se caracterizó por la sobriedad.

Un instrumento revolucionario

Esta guitarra Gibson Les Paul de 1952 tiene un cuerpo sólido de caoba con barniz de arce. El ribete metálico dorado que bordea el modelo no es nada habitual. El diapasón es de palisandro brasileño con incrustaciones de madreperla y tiene 22 trastes.

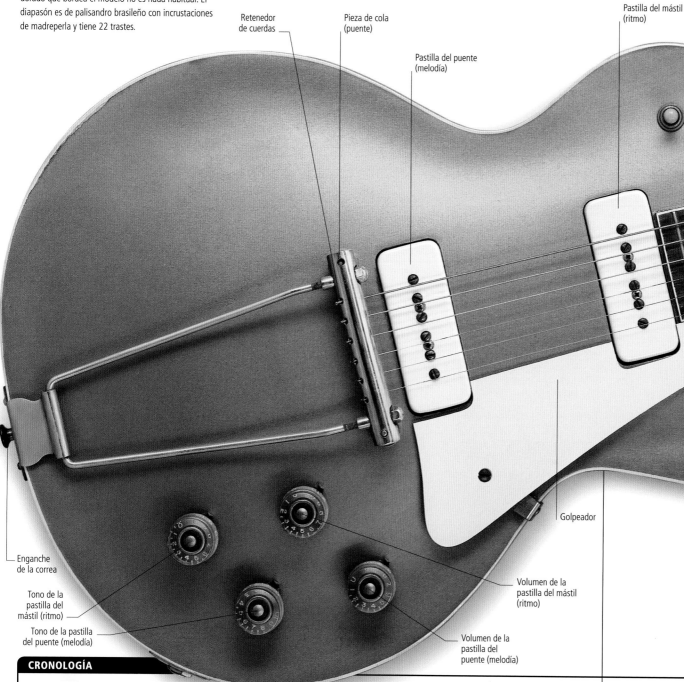

Retenedor de cuerdas

Pieza de cola (puente)

Pastilla del puente (melodía)

Pastilla del mástil (ritmo)

Enganche de la correa

Enganche de la correa

Tono de la pastilla del mástil (ritmo)

Tono de la pastilla del puente (melodía)

Golpeador

Volumen de la pastilla del mástil (ritmo)

Volumen de la pastilla del puente (melodía)

CRONOLOGÍA

1931
La sartén

El músico texano George Beauchamp inventó la primera guitarra eléctrica en 1931. Montó una pastilla magnética en su guitarra hawaiana de regazo.

LA SARTÉN A-22 DE BEAUCHAMP

1936
Gibson ES150

Las primeras guitarras eléctricas eran acústicas, con transductores que convertían las vibraciones en señales eléctricas. El guitarrista Charlie Christian toca una fabricada en 1936.

GIBSON ES150

CHARLIE CHRISTIAN

1952
Gibson Les Paul

Gibson pidió al guitarrista Les Paul que diseñara este tipo de guitarra, pesada y de cuerpo sólido. Se usa en el rock y aún es de las más populares.

1951
Fender Telecaster

Esta icónica guitarra sólida introdujo la era del rock and roll. Los músicos country también adoraban su sonido agresivo, que atravesaba el ruido de los bares y que transformó el country en rockabilly.

1954
Fender Stratocaster

Esta fue una versión más sofisticada de la Telecaster, con tres pastillas que permitían un mayor control sobre el tono. La palanca de trémolo permitía tocar todas las cuerdas a la vez.

BUDDY HOLLY CON UNA STRATOCASTER

FENDER TELECASTER

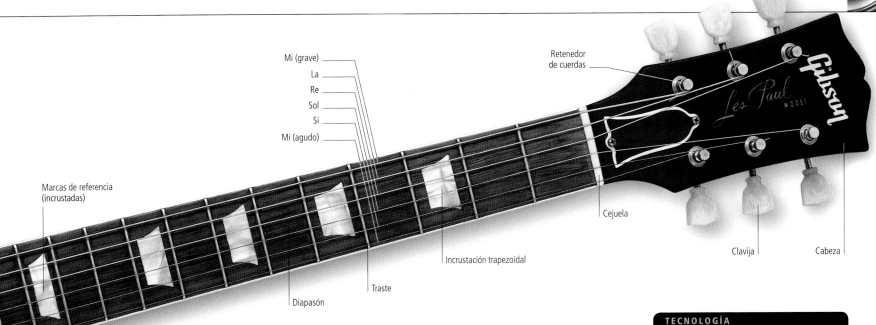

Mi (grave)
La
Re
Sol
Si
Mi (agudo)

Retenedor
de cuerdas

Marcas de referencia
(incrustadas)

Cejuela

Clavija

Cabeza

Incrustación trapezoidal

Traste

Diapasón

La **guitarra eléctrica**

Sería imposible imaginar la música del siglo xx sin la guitarra eléctrica. Desarrollada por motivos meramente prácticos (para que la guitarra se oyera en grupos musicales grandes) transformó la música por completo y definió el sonido del rock y del pop.

La guitarra eléctrica se remonta a la década de 1930, cuando los jazzistas empezaron a amplificar sus instrumentos. Pronto descubrieron que las guitarras acústicas solían devolver un acople atronador cuando las amplificaban: eran demasiado efectivas a la hora de resonar y proyectar sonido. Estas propiedades acústicas se consideraron indeseables y los diseñadores de guitarras de los cincuenta, como Leo Fender y Les Paul, idearon guitarras eléctricas con cuerpos completamente sólidos.

Los primeros cuerpos sólidos

Cuando Leo Fender puso a la venta su guitarra eléctrica Telecaster a mediados de la década de 1950, se la quitaron de las manos. Era muy sencilla y fue la primera guitarra fabricada en cadena a partir de una plancha de madera sólida. Era mucho más delgada

que las grandes guitarras de jazz y su sonido afilado era moderno y fresco. Después, Fender produjo la Stratocaster, más sofisticada. A los roqueros les encantó, y tanto Dick Dale, en EE UU, como Hank Marvin, en Inglaterra, se sacaron de la manga un moderno sonido de «guitarra surf» a partir de su potente vibración. En 1952, Gibson le encargó al guitarrista de jazz Les Paul que diseñara una guitarra eléctrica. Su sonido cálido y contundente resultó muy popular entre los guitarristas de blues rock de la década de 1960, como Peter Green, de Fletwood Mac, y Eric Clapton, de The Yardbirds (y, más adelante, de Cream). Su gran sonido y su forma curvada convirtieron a la Les Paul en la favorita de roqueros como Jimmy Page, de Led Zeppelin, o Slash, de Guns N' Roses, que interpretaban solos a una velocidad extraordinaria sin esfuerzo aparente.

**RICKENBACKER
DE 12 CUERDAS**

1958
Guitarras de mástil doble
Gibson introdujo el primer modelo de mástil doble en 1958. Esto permitía interpretar solos de gran dificultad técnica, y pronto se hicieron populares entre los guitarristas de heavy metal y rock progresivo.

GIBSON DOUBLE-12, 1958

1964
Rickenbacker de 12 cuerdas
Desarrollada en respuesta a la renovada popularidad del folk, proporcionó a George Harrison el sonido de los Beatles de mediados de la década de 1960.

**GEORGE
HARRISON**

**PEDAL DE
EFECTOS
MODERNO**

1962
Pedal de distorsión
En 1962 se introdujo el primer pedal de distorsión portátil y autónomo, el Fuzz Tone. Pronto le siguieron muchos otros pedales de efectos.

1963
Gibson SG special
La SG special es una variante de la Les Paul, más ligera tanto en tono como en peso. Se hizo muy popular entre los grupos de rock e indie, como Radiohead.

**GIBSON
SG SPECIAL**

1977
Sintetizadores de guitarra
Los guitarristas pueden producir sonidos electrónicos desde la década de 1980 gracias a sintetizadores de guitarra como el Roland G707. Sin embargo, no acabaron de cuajar.

ROLAND G707

Jazz fusión

El sonido híbrido amplificado conocido como jazz fusión o jazz rock evolucionó en EE UU durante mediados y finales de la década de 1960. Logró una amplia aceptación y se diversificó en múltiples subgéneros, que incorporaron influencias folk, latinas y étnicas.

« A N T E S

El jazz fusión se desarrolló a partir de ritmos funk y rhythm and blues y de los efectos electrónicos del rock.

SOUL JAZZ
A finales de la década de 1950 y principios de la de 1960, el jazz con toques **gospel**, **blues** y **rhythm and blues**, influido por las grabaciones de **Ray Charles ❮❮ 311** y ejemplificado por grabaciones como la canción de **Horace Silver** «Song For My Father» y la de **Herbie Hancock** «Cantaloupe Island», recibió el nombre de «soul jazz». Lo que diferenció al soul jazz del funky hard bop fue el cambio de la pulsación sincopada del jazz a las ruedas de ocho pulsaciones a tiempo (rock).

Mientras tanto, artistas británicos de rhythm and blues, como la **Graham Bond Organisation**, incorporaron elementos de jazz y de rock progresivo a su música.

> « El jazz es **abierto** y toma influencias de todas las formas de **música**. »
>
> HERBIE HANCOCK, MÚSICO DE JAZZ

SAXO ALTO

Teclado eléctrico
Control del vibrato
Control del volumen
Teclado
Pedal de resonancia

El piano eléctrico fue un elemento clave en la transición del jazz al jazz fusión. Sus tonos, parecidos a campanas, fueron un ingrediente esencial en el sonido del género.

El jazz fusión tiene dos vertientes principales: jazz que incorpora elementos de rock y rock que adopta la improvisación del jazz o su armonía ampliada y alterada. Pese a que estos dos tipos de fusión pueden solaparse, son esencialmente distintos.

A mediados de la década de 1960, los jazzistas empezaron a experimentar con sonidos amplificados. El pianista del grupo estadounidense de soul jazz Cannonball Adderley Quintet, Joe Zawinul, fue pionero en el uso del piano eléctrico en el jazz con su clásico de 1966 «Mercy Mercy Mercy», mientras que el guitarrista Larry Coryell prefirió un sonido teñido de rock en su álbum *Duster*, de 1967.

13 Años que tenía Miles Davis cuando empezó a tocar la trompeta.

Inspirado por Hendrix
El año siguiente, Miles Davis, el trompetista estrella del jazz, anunció lo que se conocería como su periodo eléctrico cuando utilizó la guitarra eléctrica, el bajo eléctrico y el piano eléctrico en el álbum *Miles In The Sky*. No pasó mucho tiempo antes de que Davis tocara su trompeta a través de amplificadores Marshall gracias a un pedal wah-wah (accesorio electrónico que modifica el sonido), inspirado por el sonido de Jimi Hendrix.

Al mismo tiempo, la base rítmica de parte del jazz comenzó a mostrar influencias rock y funk. Sencillos como «Miles Runs The Voodoo Down», en el álbum de Miles Davis *Bitches Brew*, de 1969, cuentan con ritmos propulsores y *ostinatos* (repeticiones) de bajo eléctrico que apoyan improvisaciones prolongadas y semiabstractas.

Después del logro artístico y comercial de *Bitches Brew*, muchos de los colaboradores de Miles Davis durante los años sesenta pasaron a liderar una amplia variedad de grupos de fusión que definieron

la década de 1970, con los sintetizadores convertidos en una textura instrumental imprescindible. El teclista Chick Corea abandonó el art metal para llegar a una audiencia más amplia y formó Return to Forever, que en un principio exploró posibilidades de fusión latina, antes de desarrollar un jazz rock muy complejo.

El guitarrista John McLaughlin, que también colaboró en *Witches Brew*, formó la Mahavishnu Orchestra, que ofrecía una aproximación al jazz rock amplificada y de gran complejidad rítmica y melódica, mientras que el teclista Herbie Hancock formó Headhunters, grupo jazz funk influido por el soul psicodélico de Sly Stone.

Weather Report, grupo fundado por Joe Zawinul y el saxofonista Wayne Shorter, fue el ejemplo más duradero de la fusión de las décadas de 1970 y 1980. Empezaron con un space jazz experimental y evolucionaron hasta convertirse en un popular grupo de jazz eléctrico con inspiraciones pop, funk y étnicas.

Elementos del rock y del pop
A mediados de la década de 1960, grupos de rock británicos, como Traffic y Cream, y estadounidenses, como Grateful Dead, incorporaron la improvisación prolongada y parecida al jazz a sus *jam sessions*. Otros músicos de rock fueron más allá e incorporaron la improvisación y la armonía del jazz a sus propios estilos. El compositor y guitarrista Frank Zappa utilizó armonía de jazz avanzada en sus obras entre 1966 y 1986, y con frecuencia incluía en su grupo a músicos orientados al jazz, como el teclista George Duke.

El grupo de rock británico Soft Machine combinó la psicodelia y el jazz libre en sus álbumes de principios de los setenta, mientras que los también británicos Colosseum desarrollaron un potente híbrido de rock progresivo y jazz en ese mismo periodo. En EE UU, Steely Dan trabajó con músicos de jazz y compuso temas con armonías de jazz, con lo que dotó a su rhythm and blues progresivo de un característico sonido fusión, sobre todo en su álbum *Aja*, de 1977.

Relativamente pocos cantautores pop o rock usaron elementos del jazz en su obra más allá de un popurrí superficial. Algunas excepciones notables son Van Morrison, de Irlanda del Norte, que confío en músicos de jazz para que

Clásico del jazz fusión
El álbum de debut de James McLaughlin como líder de la Mahavishnu Orchestra, *The Inner Mounting Flame*, es un clásico del género, y su guitarra rápida y ruidosa encantó al público orientado al rock.

dieran sentido a las crípticas canciones de su álbum *Astral Weeks* (1968), y la cantautora estadounidense Joni Mitchell, cuyo grupo Shadows and Light incluyó, en 1980, a músicos de jazz como Michael Brecker, Jaco Pastorius y Pat Metheny, lo cual representó el cénit del pop informado por el jazz y basado en canciones.

OBRAS CLAVE

Miles Davis Bitches *Brew, Live Evil*
Mahavishnu Orchestra *Inner Mounting Flame*
Tony Williams *Lifetime Emergency!*
Herbie Hancock *Headhunters*
Pat Metheny *Bright Size Life*
Weather Report *Heavy Weather*
Chick Corea Elektric Band *The Chic Corea Elektric Band*

D E S P U É S »

En las décadas de 1980 y 1990, el jazz fusión se escindió en dos, un estilo suave comercial y una música artística y exigente en cuanto a técnica.

SMOOTH JAZZ
El jazz pop del productor Creed Taylor, de finales de la década de 1960 y principios de la de 1970, abrió el camino al crossover jazz y al smooth jazz, con **ritmos *funky* ligeros** e improvisaciones melódicas. La música de los saxofonistas David Sanborn y Kenny G es típica de este estilo.

METAL FUSIÓN
En el otro extremo, músicos de rock progresivo desarrollaron el **metal fusión**, combinación de las potentes texturas del rock duro y del virtuosismo instrumental del jazz que puede apreciarse en el trabajo del grupo Planet X y del guitarrista Greg Howe, ambos estadounidenses.

La magia de Miles Davis

El trompetista de jazz Miles Davis ya había influido en el desarrollo de los estilos de jazz posbop, pero su entusiasmo a la hora de combinar el jazz, el rock y el funk fue crucial para el desarrollo del jazz fusión.

Rock electrónico

La guitarra ha sido el instrumento principal de los grupos de rock desde la aparición del rock and roll en la década de 1950, pero el sonido electrónico ha sido un elemento importante del lenguaje musical del rock desde los primeros sintetizadores Moog a los ordenadores portátiles.

Si hay un grupo del que pueda decirse que fue el puente entre el rock psicodélico de la década de 1960 y los experimentos del rock electrónico de la década de 1970 (pp. 330–331), ese es Pink Floyd. En sus primeros años, el teclista Rick Wright (1943–2008) se sacó de la manga sonidos electrónicos psicodélicos y exóticos en un órgano Farfisa (un teclado electrónico asequible) gracias a un Binson Ecorech. Tal como sugiere el nombre, este aparato produce un efecto de eco que era el complemento ideal para los psicodélicos espectáculos luminosos que caracterizaron a Pink Floyd.

Las exploraciones electrónicas de Pink Floyd no se limitaron al teclado de Rick Wright. Para su álbum *Animals*, lanzado en 1977, crearon prolongados «*collages* de audio» con grabaciones de sonidos

Bandas sonoras electrónicas
Vangelis (Evangelos Odysseas Papathanassiou) inició su carrera en un grupo de pop rock y compuso bandas sonoras para películas. La de *Blade Runner* es una obra maestra de la música electrónica de la década de 1980.

(algunos exóticos, otros cotidianos) que procesaban en el estudio para transformarlos en algo extrañamente musical. Pink Floyd ejerció un impacto relevante en los grupos de rock (progresivo) de principios de la década de 1970, que llevaron sus extensos pasajes instrumentales a extremos sinfónicos.

Devoto del sintetizador
El grupo de rock progresivo Yes debe parte de su éxito a su extravagante

A chilling, bold, mesmerizing, futuristic detective thriller

HARRISON FORD
BLADE RUNNER

teclista, Rick Wakeman. Siendo ya un experimentado músico de sesión, se unió a Yes en 1971, y su incorporación dio lugar a los álbumes más ambiciosos y de más éxito del grupo. Las canciones se alargaron y los arreglos eran cada vez más exagerados, lo cual culminó en el épico álbum conceptual *Tales From*

Mantener vivo el sonido
El grupo Kraftwerk fue pionero del rock electrónico. Aunque sus integrantes han ido cambiando desde sus inicios, su sonido sigue teniendo adeptos y las entradas para sus conciertos se agotan.

Topographic Oceans (1973). Wakeman era un devoto del sintetizador Moog y, en concierto, solía haber varios de ellos entre los múltiples teclados que tocaba.

Estética robótica

Para algunos grupos, el rock electrónico significaba mucho más que limitarse a añadir fragmentos con sintetizador en grupos de rock estándar. El grupo alemán Kraftwerk, por ejemplo, quiso acabar con el concepto tradicional de banda. Ralf Hütter y Florian Schneider formaron Kraftwerk en 1970, pero hasta que no asumieron plenamente la estética robótica, en 1974, no alcanzaron el éxito con «Autobahn», un himno a las autopistas alemanas con música repetitiva generada electrónicamente.

Kraftwerk incorporó a dos miembros más, que tocaban percusión electrónica, pero la mayoría de la música dependía de sintetizadores como el Minimoog y el EMS Synthi AKS. Por otro lado, las voces de Kraftwerk se procesaban por medio de vocoders, que «robotizan» la voz de los cantantes. En álbumes posteriores, como *Radio-Activity* (1975), *The Man-Machine* (1978) y *Computer World* (1981) Kraftwerk refinó su sonido electrónico.

En 1977, David Bowie (pp. 338–339) conoció a Hütter y a Schneider. Bowie era fan de la música de Kraftwerk, cuya influencia se percibe en los álbumes que Bowie grabó a mediados de la década de 1970 en Berlín y junto al empresario de la música electrónica Brian Eno: *Low*, *Heroes* y *Lodger*. La curiosidad musical y los experimentos con los aparatos de estudio de Eno añadieron un tinte de vanguardia a las canciones de Bowie.

Visionario electrónico

Brian Eno (en la imagen, durante la grabación de su álbum *Here Come the Warm Jets*, en 1973) es un productor y músico electrónico visionario. Colaboró en los álbumes de rock más innovadores de la década de 1970.

Kraftwerk también influyó a la Yellow Magic Orchestra (YMO) de Japón, liderada por Haruomi Hosono. YMO produjo música innovadora con sintetizadores como el ARP Odyssey y el Yamaha CS80, pero con una sensibilidad pop infantil y motivos derivados de la música japonesa. *Yellow Magic Orchestra* (1978), su álbum de debut, utilizó sonidos electrónicos para burlarse de los prejuicios occidentales sobre la cultura japonesa. YMO desencadenó una enorme locura «tecno pop» en Japón, impulsada por grupos amantes de los sintetizadores, como Plastics, Hikashu y P-Model.

Sensibilidad punk

El grupo estadounidense Suicide, un dúo compuesto por Alan Bega y Martin Rev, aportó sensibilidad punk al rock electrónico. Se hicieron famosos por sus conciertos estridentes y beligerantes. Su música era distorsionada y exigente, pero también homenajeaba al rock and roll de Jerry Lee Lewis y Bo Diddley. Aplicaba la plantilla del rock and roll a los instrumentos electrónicos y transformó el sonido del sintetizador en algo más sucio y parecido al de una guitarra eléctrica.

Suicide y el punk de finales de los setenta (pp. 356–357) abrieron camino a la «música industrial» e influyeron a grupos como Throbbing Gristle, Cabaret Voltaire, Whitehose, Nurse With Wound y Einstürrzende Neubauten. Muchos músicos industriales también tenían experiencia en artes escénicas o en cine y conocían la música electrónica de compositores clásicos como Varese, Ligeti y Stockhausen. Siempre ecléctica, la música electrónica incluyó zumbidos, voces distorsionadas y ruido que podría tacharse de no-musical, como si fueran tácticas de choque destinadas a sacudir no solo las normas musicales, sino también las sociales.

TECNOLOGÍA

SINTETIZADOR MOOG

Robert Moog (1934–2005), un estadounidense experto en electrónica y fascinado por los instrumentos con voltaje, empezó a desarrollar el sintetizador Moog a mediados de la década de 1960.

Pese a que el Moog se consideraría engorroso en la actualidad, su paleta de sonidos espaciales, de ruido blanco y de sonidos de bajo burbujeante generados electrónicamente se puso de moda tras el Monterey Pop Festival de 1967.

Los grupos de rock de finales de la década de 1960 estaban encantados con el sintetizador Moog y las texturas psicodélicas que producía, y los Doors, los Rolling Stones, los Byrds y los Monkees los usaron en sus grabaciones. Los Beatles usaron un Moog en la canción «Because» de su último álbum, *Abbey Road*.

DESPUÉS

Todas las generaciones de músicos de pop sintetizado han encontrado nuevas maneras de maridar el sonido electrónico con el rock.

HEREDERO ELECTRÓNICO

Los álbumes de colaboración entre Bowie y Eno ejercieron una gran influencia en **Gary Numan**, el vocalista del grupo Tubeway Army. Numan usó sintetizadores muy amplificados y un estilo vocal similar al de Bowie para lograr éxitos como «Cars» y «Are "Friends" Electric?». Escribía letras con tendencias militaristas sobre la era industrial.

GRUPOS BASADOS EN EL SINTETIZADOR

La influencia de Bowie y de Numan puede percibirse en la música de **grupos de rock electrónico más recientes**, como SCUM, Nine Inch Nails, Marilyn Manson y Add N to X.

GARY NUMAN, 1980

OBRAS CLAVE

Pink Floyd «Chapter 24»
Kraftwerk «The Robots»
David Bowie «Be My Wife»
YMO «Behind the Mask»
Suicide «The Ballad of Frankie Teardrop»

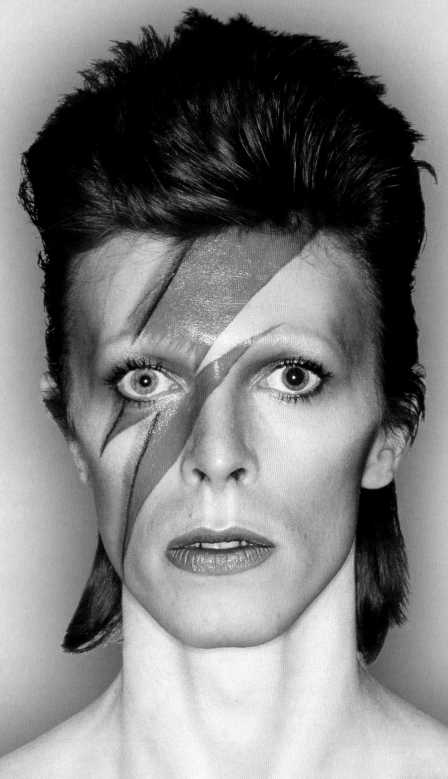

Nacido en 1947 Fallecido en 2016
David Bowie

> «Toda mi vida profesional **es una representación** [...] Paso de un papel a otro con gran facilidad.»

DAVID BOWIE, EN UNA ENTREVISTA CON LA REVISTA *PEOPLE*, 1976

Aunque su carrera abarca medio siglo, Bowie se ganó un lugar en la historia gracias sobre todo a su extraordinario estallido de creatividad en los años setenta, en la que redefinió la figura de la «estrella del rock» (en cuanto a personaje y actuaciones, y en cuanto a la música), y lo hizo en un modo que aún reverbera.

Al igual que muchas estrellas de rock británicas, Bowie (de verdadero nombre David Jones) creció en los suburbios del Londres de la posguerra. En 1947, el rock and roll de EE UU le animó a aprender a tocar el saxofón, y una de sus ambiciones de juventud fue unirse al grupo de Little Richard. A partir de la adolescencia se dedicó en cuerpo y alma a ser una estrella. De día trabajaba en una agencia de publicidad en el corazón del «Londres del swing», y pasó la década de 1960 como cantante en solitario y vocalista de varios grupos efímeros; experimentó con géneros que iban del rhythm and blues al género musical de Broadway. Se apartó en ocasiones de la música para explorar otras vías, algo que resultaría crucial. Estudió mimo, organizó un «laboratorio de arte» en

El hombre de las estrellas
El personaje y el álbum de Ziggy ejercieron un impacto duradero en la música rock y popular. En esta edición especial de la revista de música *NME* se celebraba el 40 aniversario del lanzamiento del álbum. Ziggy perduró mucho menos: Bowie lo «mató» en 1973.

un pub del sur de Londres y pasó varios meses en un templo budista.

Un artista camaleónico
Incluso tras haber alcanzado el éxito con su etéreo sencillo «Space Oddity», que coronó las listas británicas durante los primeros alunizajes en 1969, Bowie siguió reinventándose. Dos álbumes innovadores y distintos, el roquero *The Man Who Sold The World* y *Hunky Dory*, más introspectivo, con un estilo más de cantautor, tuvieron poco impacto antes del lanzamiento, en 1972, del álbum conceptual de ciencia ficción *The Rise And Fall Of Ziggy Stardust And The Spiders From Mars*.

Crisis de identidad
Esta imagen retrata a Bowie en su personaje del álbum *Aladdin Sane*. El nombre es un juego de palabras que alude a la locura (*a lad insane* significa «un chico loco») tema recurrente en su carrera, junto al de la identidad múltiple.

Huyó del monótono uniforme de vaqueros y camiseta prevalente en la escena del rock de la época y adoptó el color y el disfraz; se presentaba (tanto dentro como fuera del escenario) como una futurista criatura andrógina, más emocionante y extravagante que este. Su teatral fisonomía, que combinaba elementos del teatro kabuki japonés, de la *commedia dell'arte* italiana y del mimo, entusiasmaba al público en directo; Bowie fue un pionero en la transformación de los conciertos de rock en extravagantes espectáculos. También atrajo la atención cuando declaró ante los medios que era bisexual; aunque es posible que se tratara más de una estrategia de márketing que de una afirmación sobre su sexualidad, esto ayudó a muchos fans a expresar su propia identidad sexual.

En 1973, Bowie ya era una estrella mundial y se convirtió en productor al estilo de Svengali; resucitó las carreras de héroes protopunk estadounidenses como Lou Reed e Iggy y los Stooges, para quienes produjo los álbumes *Transformer* y *Raw Power*, respectivamente. Llegó a identificarse tanto con su propia creación, el desdichado Ziggy Stardust, que «mató» al personaje en la última noche de una gira mundial y prometió que no volvería a actuar como Ziggy. No obstante, pronto introdujo a un nuevo personaje, Aladdin

Imitación pálida

El personaje del (Delgado) Duque Blanco de Bowie (en la imagen, en 1976) apareció en *Station to Station*. El Duque imitaba a crooners e ídolos del escenario como Sinatra, quien visitó a Bowie en el estudio de grabación.

Berlín en 1976. En 1977 grabó el álbum electrónico experimental *Low*, en colaboración con Brian Eno, ex miembro de Roxy Music, y bajo la influencia de grupos alemanes de krautrock, como Kraftwerk y Neu! A este álbum le siguieron otros dos en Berlín: el épico *Heroes* (1978) y el más roquero *Lodger* (1979). La figura de Iggy Pop fue relevante en ese periodo, ya que Bowie le ayudó a producir y componer sus primeros dos álbumes en solitario en 1977, los muy aclamados *The Idiot* y *Lust for Life*, en cuyas giras también participó.

Bowie se pasa al pop

Con su primer álbum de 1980, *Scary Monsters and Super Creeps*, David Bowie

Reino Unido como en EE UU. Sin embargo, musicalmente hablando, encajaba bien con el pop de la época, «sobreproducido» e influido por la música disco.

Bowie siguió escribiendo y grabando durante las décadas de 1980 y 1990, y prosiguió con sus coqueteos con estilos distintos, pero sin atraer al gran público al que estaba acostumbrado. En 1988, y durante un breve periodo de tiempo, dejó de identificarse como solista y se convirtió en el vocalista de un grupo de rock de cuatro miembros, Tin Machine. Después siguieron más álbumes bajo su propio nombre, en los que creó su propia versión idiosincrática del drum and bass. Sin embargo, su innovación más radical en la década de 1990 quizá fue vender todos los ingresos futuros de sus discos existentes en forma de «Bonos Bowie» por 55 millones de dólares en 1995; tal estrategia demostró ser clarividente cuando, unos años después, las ventas de discos se hundieron con la aparición de las descargas digitales.

Siguió sorprendiendo

Los primeros años del siglo XXI vieron el lanzamiento de dos álbumes más de Bowie, *Heathen* (2002) y *Reality* (2003), que muchos consideraron un regreso a sus orígenes. Aunque no lo hizo oficial, se consideró que se retiró de las giras y las grabaciones después de sufrir un ataque cardíaco detrás del escenario, tras un concierto en Alemania en 2004. Por lo tanto, el lanzamiento en 2013 de *The Next Day*, fue una enorme sorpresa. En 2016 presentó el que sería su último disco, *Blackstar*, tan sólo dos días antes de fallecer por un cáncer de hígado.

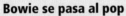

«Las **canciones** y los pantalones: eso vendió a Ziggy.»

DAVID BOWIE, ENTREVISTA CON LA REVISTA *MOJO*, 2002

Sane (título también del siguiente álbum y de una canción), y volvió a salir de gira. Su intento de llevar a escena una versión musical de la novela de George Orwell *1984*, se vio frustrado por cuestiones de derechos de autor, pero usó gran parte de ese material en *Diamond Dogs*.

El siguiente cambio de Bowie le llevó a experimentar con la música soul de EE UU, y, en 1975, grabó el álbum *funky Young Americans*, en Filadelfia. Pronto apareció otro personaje, en la figura esquelética, repeinada y pálida como la muerte del Delgado Duque Blanco, protagonista del más austero *Station To Station* (1976).

Los años de Berlín

Cada vez más frágil, en parte por una gran dependencia de la cocaína, Bowie se alejó del crisol del punk en Gran Bretaña y se trasladó al provocador y decadente

Chica de portada

Coescrito y grabado previamente con Iggy Pop, «China Girl» fue un gran éxito para David Bowie, que lo grabó de nuevo en su álbum *Let's Dance*, de 1983. Se lanzó como un disco estampado.

demostró que seguía yendo un paso por delante y superó a los neorrománticos, entonces en auge. Aunque se vendió más que sus predecesores inmediatos, marcó el final de su trayectoria como uno de los verdaderos innovadores del rock. Es imposible disputar el éxito mundial de su siguiente lanzamiento, *Let's Dance*, grabado en 1983 con la colaboración del guitarrista, compositor y productor Nile Rogers, de la banda Chic: el sencillo que daba título al álbum fue el mayor éxito de toda su carrera y fue el único que logró coronar las listas de éxitos tanto en

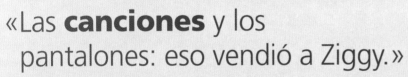

CARTEL DE LA PELÍCULA

ANTES

La música clásica india se basa en himnos sagrados hindúes y en principios teóricos establecidos en la Antigüedad.

TRADICIÓN ORAL

La primera música india se remonta a los **rezos e himnos hindúes sagrados** contenidos en los *Vedas*. Se cree que los pueblos indoeuropeos que se asentaron en la India durante el milenio II a.C. los escribieron entre 1550 a.C. y 1200 a.C.; en la actualidad, siguen cantándose y transmitiéndose oralmente.

POEMAS Y BARDOS

A principios del milenio I d.C., en la India apareció un sistema de música artística que incorporaba **la poesía y el baile**, tradición que floreció entre los siglos III y VI d.C.

Los bardos poéticos del sur de la India interpretaban canciones acompañadas con arpa en escenarios reales y domésticos. La música se vio influida por las **invasiones del centro de Asia** y el auge del **Islam 40–41**.

SITARISTA (1920–2012)

PANDIT RAVI SHANKAR

Este legendario sitarista y compositor nació en Benarés (o Varanasi) en una familia de brahmanes ortodoxos. Escuchó cantos védicos desde su niñez, lo que despertó su pasión por la música.

Shankar bailó en la compañía de danza india clásica de su hermano en París, entre 1930–1932, pero, a su regreso a India, comenzó a tocar el sitar. Estudió durante siete años con Vilayat Khan (1928–2004) y se casó con su hija.

Shankar ofreció su primer concierto en 1939 y empezó a componer bandas sonoras para películas indias en 1946. Fue el fundador y director de la primera Orquesta Nacional de All India Radio. Era un artista consumado, su técnica era inmaculada y recibió numerosos premios. Anoushka, la hija que tuvo en su segundo matrimonio, es una sitarista muy conocida, y su otra hija, la cantante Norah Jones, ha conseguido múltiples premios Grammy.

Ragas y talas

La música clásica india, con sus ritmos hipnóticos, sus melodías elaboradas y su misticismo seductor, tiene seguidores en todo el mundo. Muchos quedan cautivados por la relación de esta música con la espiritualidad, y muchos compositores occidentales han quedado hechizados por ella.

La música clásica india sigue normas establecidas por ideas filosóficas antiguas y principios espirituales hindúes. En el siglo XII se dividió en dos categorías principales: indostaní, en el norte de India, y carnática, en el sur. La música indostaní es más expresiva, mientras que la carnática sigue siendo tradicional y ajena a la influencia extranjera. Aunque se la considera un entretenimiento, la música india conserva el vínculo con el hinduismo, y sus canciones narran las leyendas de los dioses hindúes.

Patrones de melodía y de música

La forma musical más popular tanto en el norte como en el sur de India es el *raga*, una forma musical que suele ser cantada, con acompañamiento de *tabla* (tambores) y de un instrumento de cuerda pulsada, a menudo un sitar. Los ciclos de patrones rítmicos, o *talas*, son la base de los *ragas*. Estos *talas*, junto al brillante sitar, dotan a esta música de su peculiar calidad sonora.

El tono y el estilo de cada obra dependen de la elección de *raga* y de *tala* y, al contrario que en la música clásica occidental, la obtención de un

Pareja musical
El amor divino entre el dios Krishna y su esposa, Radha, es un tema popular en el arte indio. Este cuadro de 1800 muestra a Krishna tocando la flauta y a Radha con un *tambura*.

sonido armónico no es algo prioritario. Las agrupaciones musicales numerosas también son escasas en la música clásica india: el foco es el solo de la *raga* y la dinámica que generarían demasiados intérpretes se alejaría de la claridad de esta línea y la ahogaría.

Música para los oídos

Los *ragas* son pautas de notas a partir de las que se construyen melodías. Sin embargo, los intérpretes cantan las melodías o afinan los instrumentos de modo que algunas de las notas de la escala suenen ligeramente agudas y otras ligeramente graves.

A los oyentes más habituados a la música occidental les da la impresión de que la melodía está

«Inolvidable [...] una música
que **solo** hubiera podido **soñar**.»

YEHUDI MENUHIN, EN 1997, SOBRE SU COLABORACIÓN CON RAVI SHANKAR

desafinada, pero no es así. Alterar el tono de una nota hacia arriba o hacia abajo ofrece a los músicos indios un abanico de sonidos más amplio con el que transmitir emoción.

Al igual que en la música occidental, los intérpretes pueden usar ornamentos, como el vibrato, el trino y la floritura, para expresar el estado de ánimo de la *raga* y su interpretación de lo que la música significa para ellos.

Los patrones rítmicos del *tala*, en ciclos que se repiten, son la base de la melodía. Estos patrones pueden ser muy complejos y un único *tala* puede contener hasta quince tiempos que, a menudo, se marcan con palmadas. Además, uno de los intérpretes del grupo (normalmente a la percusión) enfatiza el primer tiempo de cada *tala*, para que el resto de músicos sepan que el ciclo ha vuelto a empezar y de esta manera ayudarles a mantener el ritmo. En la música carnática, el percusionista puede tener un papel independiente.

India cuenta con sistemas de

40.000 **personas asistieron** a los dos Conciertos por Bangladesh de Ravi Shankar en Nueva York, en 1971.

notación musical desde hace siglos, pero los intérpretes de música clásica india interpretan sin partitura porque, cuando estudian, aprenden del ejemplo de sus maestros y aprenden la música de memoria. Aún ahora, los maestros prefieren enseñar a sus alumnos de forma oral.

Sin salirse de los parámetros de las notas y el ritmo establecidos, la capacidad de improvisación es una habilidad muy valorada y hay muchos abordajes, o estilos. Los intérpretes pueden usar la ornamentación a voluntad. En el norte de India, una pieza puede durar hasta una hora y suele constar de tres partes: un preludio de improvisación libre, que define el estado de ánimo; una composición tradicional sobre el *raga* y el *tala* con acompañamiento de *tabla*; y una improvisación final.

Marcar el ritmo
El *tabla*, formado por dos pequeños tambores, uno cónico y otro con forma de cuenco, tocados por un intérprete sentado, marca el ritmo de la música india.

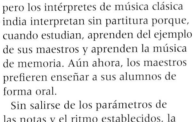

Diva carnática
Se considera a Madurai Subbulakshmi (1916-2004) el mejor exponente de la canción carnática. Grabó su primer álbum a los 10 años de edad, y en los años sesenta cantó en Londres, Moscú y el Carnegie Hall de Nueva York.

Las interpretaciones carnáticas se construyen en torno a las populares *kirtanas* (canciones), y los conciertos pueden tener una duración de hasta tres horas. Es posible que el plato fuerte sea un *ragam-tanam-palavi*, un tipo de composición que permite que el vocalista improvise. Esta práctica se mantiene desde la Antigüedad, cuando se celebraban concursos para que los vocalistas pudieran demostrar su capacidad de crear improvisaciones deslumbrantes.

Occidente cautivado

El legendario sitarista Ravi Shankar introdujo casi en solitario la música del norte de India en Occidente, y, en una época de redescubrimiento espiritual, esta música apeló directa y potentemente a un público nuevo. Quienes asistieron a los festivales de Monterey (California), en 1967, y de Woodstock (Nueva York), en 1969, pudieron ver a Shankar en directo (pp. 344–345).

Inspirado por la música india, George Harrison (pp. 324–325) aprendió a tocar el sitar. Lo usó en el tema de los Beatles «Norwegian Wood» (1965) y en el álbum *Revolver* (1966). Harrison estudió sitar con Shankar y tocó y grabó con él en la década de 1970.

El violinista clásico Yehudi Menuhin (1916–1999) grabó tres álbumes de obras para violín y sitar con Shankar entre 1966 y 1976, en las que ambos artistas entraban y salían de sus estilos respectivos.

Shankar también trabajó con el compositor de ópera estadounidense Philip Glass y coescribieron un álbum de música de cámara en 1990, Se titulaba *Passages*, y combinaba la música clásica indostaní con el estilo minimalista de Glass (pp. 374–375).

Evolución en casa

Tras siglos de adhesión a las tradiciones clásicas y a las asociaciones religiosas, la música clásica india está evolucionando. Están apareciendo nuevos estilos de música clásica que siguen el ritmo de los cambios que se producen en India.

Y aunque la música clásica india continúa absorbiendo nuevas influencias de su propia cultura, también adapta ideas de otros. Por ejemplo, las bandas sonoras de Bollywood siempre han

utilizado música clásica india, pero ahora los productores de Bollywood empiezan a interesarse por otros estilos de música para las películas con temática moderna.

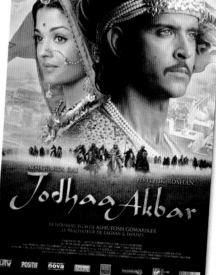

Banda sonora de Bollywood
El compositor A. R. Rahman es conocido por su integración de la música clásica india y los géneros eléctricos y occidentales. Su banda sonora para la épica producción de Bollywood *Jodhaa Akbar* ganó muchos premios.

DESPUÉS »

La música clásica india ha asimilado influencias regionales y extranjeras, lo que la ha impulsado en múltiples nuevas direcciones.

INFLUENCIAS REGIONALES
Durante los últimos años, la interpretación de música clásica india auténtica es menos frecuente. Las ricas **tradiciones del folclore regional** indio y la **música popular occidental** han desdibujado los límites del estricto sistema clásico.

MÚSICA DEL MUNDO
El sonido único de la música india, en especial por la pulsación rítmica de los *tabla* y la brillante e hipnótica melodía del sitar, ha pasado a ser fundamental en el amplio género conocido como **músicas del mundo.**

Instrumentos indios

La riqueza y diversidad de la historia y la herencia cultural de India se refleja en la gran variedad de sus instrumentos musicales. La cuerda, el viento y la percusión desempeñan papeles diferenciados en ceremonias, música clásica y danza.

1 *Shehnai* ornamentado El *shehnai*, del norte de India, tiene una lengüeta doble (fijada con un cordel) que se inserta en la boquilla; este es de palisandro y tiene una bonita campana de níquel y bronce labrada. 2 *Shehnai* de madera Este instrumento ceremonial se toca en templos, procesiones y bodas. 3 Flauta de madera Los orificios para los dedos pueden taparse parcialmente para crear ligeras variaciones de tono. 4 *Bansuri* Flauta de bambú para solos en la música clásica india. 5 Cascabeles tobilleros Los llevan los bailarines, para añadir un tintineo rítmico además de ser un adorno llamativo. 6 *Manjira* Pareja de platillos de metal que suelen acompañar la música folclórica y las ceremonias religiosas. 7 *Dolak* El tambor de madera está rodeado de cordeles de algodón, para mantener la tensión entre los dos parches; se toca con la misma técnica sutil de la *tabla* (p. 341). 8 *Vina* Resonadores de calabaza decorados amplifican el sonido de sus cuerdas pulsadas. 9 Vina de Saraswati Saraswati es la diosa hindú de la sabiduría, el arte y la música y se la suele representar tocando este instrumento; tiene un clavijero delicadamente labrado. 10 Sitar Al pulsar las cuerdas principales del sitar, las cuerdas «simpáticas» resuenan también y enriquecen el sonido; este ornamentado sitar tiene un resonador secundario detrás del largo cuello hueco. 11 *Esraj* Como el sitar, el esraj tiene cuerdas simpáticas, que añaden un sonido brillante y etéreo. 12 *Rewap* Se parece a un laúd de cuello largo; tiene cinco cuerdas de metal y adornos geométricos de marfil y hueso de camello. 13 *Tambura* Elegante laúd que acompaña con un zumbido a los solos de otros instrumentos. 14 *Sarangui* Similar a un violín; su especialidad son melodías expresivas cuyo bello timbre recuerda a la voz humana. 15 *Sarinda* La inusual forma del *sarinda*, con sus cómodas secciones recortadas, facilita el movimiento del arco sobre las cuerdas. 16 Robab de Pamir Laúd de mástil largo de las montañas de Pamir; este ejemplar se remonta a 1650. 17 *Mandar vahar* Se parece a un contrabajo inclinado y se utiliza en orquestas. 18 *Sarinda* La parte frontal de la caja de resonancia de este violín tradicional está fabricada con piel de animal. 19 Vina *mayuri* Esta vina «pavo real» descansa sobre pies de ave, tiene un cuerpo hueco y hasta treinta cuerdas.

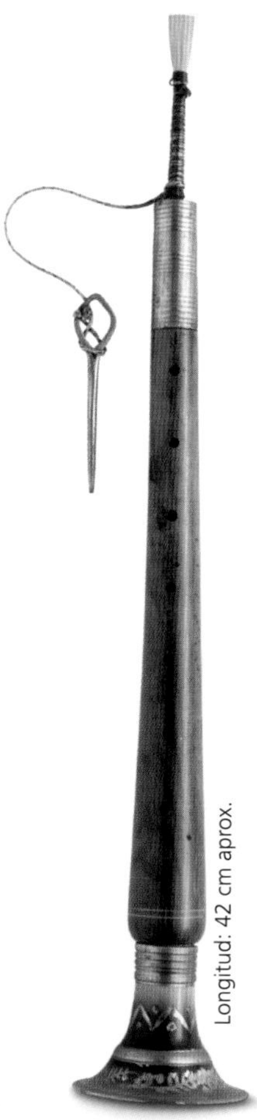

Longitud: 42 cm aprox.

Longitud: 42 cm aprox.

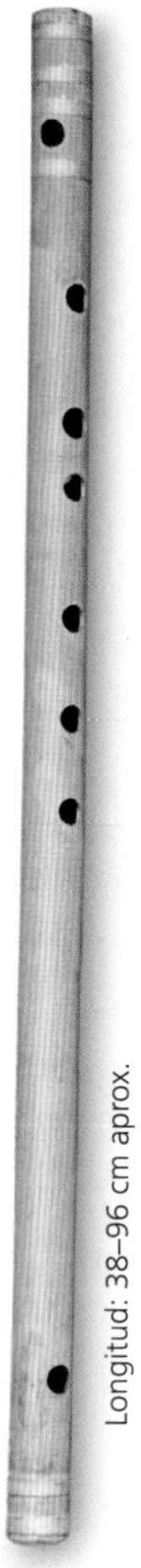

Longitud: 38–96 cm aprox.

Longitud: 38–96 cm aprox.

1 SHEHNAI ORNAMENTADO

2 SHEHNAI DE MADERA

3 FLAUTA DE MADERA

4 BANSURI

5 CASCABELES TOBILLEROS
Longitud: aprox. 15 cm

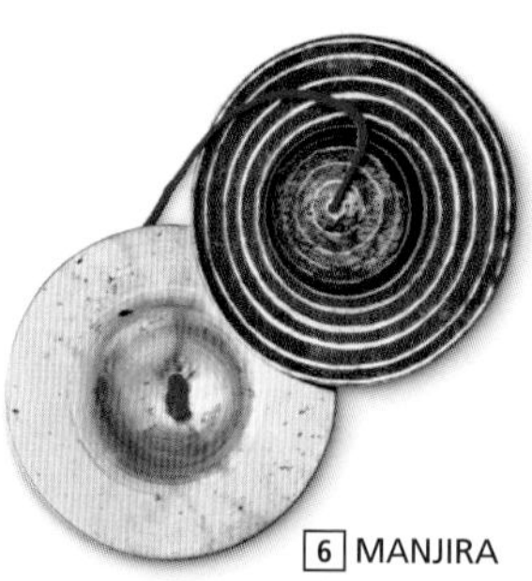

6 MANJIRA
Diámetro: 10 cm

7 DOLAK
Longitud: 35 cm

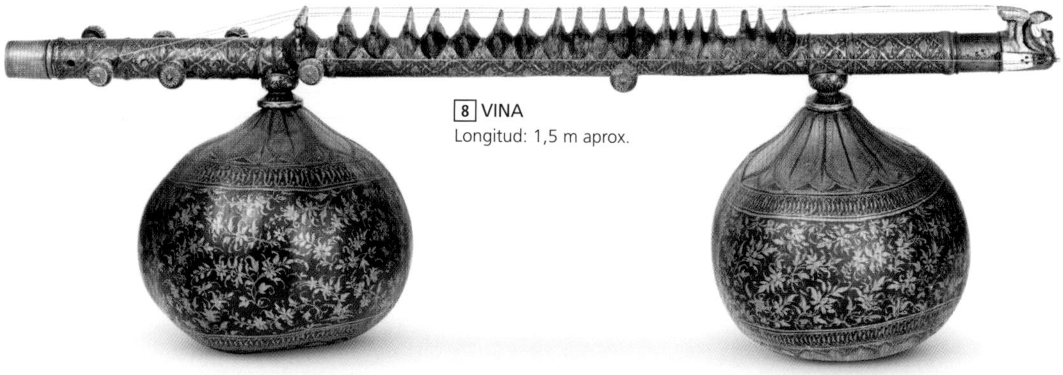

8 VINA
Longitud: 1,5 m aprox.

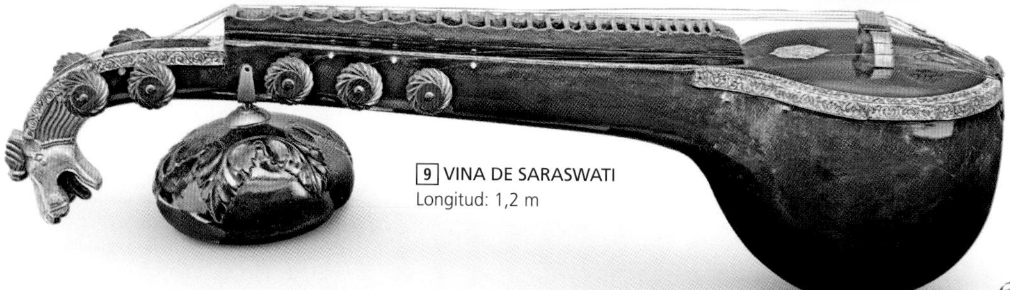

9 VINA DE SARASWATI
Longitud: 1,2 m

16 ROBAB DE PAMIR
Altura: 80 cm aprox.

15 SARINDA
Altura: 63 cm aprox.

14 SARANGUI
Altura: 65 cm aprox.

11 ESRAJ
Altura: 91 cm

13 TAMBURA
Altura: 1,2 m

10 SITAR
Altura: 1,2 m

12 REWAP
Altura: 1 m aprox.

17 MANDAR BAHAR
Longitud: 1,2 m

18 SARINDA
Altura: 63 cm aprox.

19 VINA MAYURI
Longitud: 1,3 m aprox.

« ANTES

Los precursores de Woodstock y Glastonbury fueron los festivales de folk y jazz, la música popular en las décadas de 1950 y 1960.

TODO EMPEZÓ EN NEWPORT

El **Festival de jazz de Newport**, en la acomodada Newport (Rhode Island), se inauguró en 1954. Los universitarios acudían a escuchar a los grandes del jazz, como Miles Davis, Thelonious Monk, Ella Fitzgerald y Billie Holliday. En 1959 le siguió un **Festival folk de Newport**.

GUITARRA ACÚSTICA

EL VERANO DEL AMOR

El **Festival pop de Monterey** de 1967 duró tres días y se celebró en la feria del condado de Monterey. Con las actuaciones de **Janis Joplin, Otis Redding y Ravi Shankar**, se considera el primer festival rock, y fue un plato fuerte en el «Verano del Amor» californiano. Ese mismo verano, los aficionados europeos al jazz se vieron recompensados con el **Festival de jazz de Montreux**, junto al lago Lemán (Suiza). Atrajo a grandes nombres y se convirtió en un evento anual: el mayor festival de jazz del mundo hasta que la ciudad francocanadiense de Montreal inició su Festival de jazz, en 1980.

Festivales de música

Acampados entre amantes de la música, al aire libre y sin nadie que se queje del ruido, los jóvenes que asisten a festivales experimentan un rito de paso. Con raíces en los sesenta, una era de paz y amor, los festivales se han convertido en gigantescos acontecimientos comerciales.

Woodstock, en 1969, definió para siempre la imagen utópica de los festivales de música como acontecimientos gratuitos, espontáneos y desinhibidos. Las imágenes grabadas del festival por Martin Scorsese, entre otros, evocan un mundo de tipis multicolores y de *hippies* estadounidenses ataviados con coloridas camisetas.

En un principio, el festival, celebrado en los extensos terrenos de una granja en la región de Catskills (Nueva York), no iba a ser gratuito. El pequeño grupo de emprendedores que había concebido el festival decidió que fuera gratuito en el último momento, cuando se hizo evidente que el coste de un servicio de seguridad que controlara la entrada y de vallar toda el área era inasumible. La celebración del festival se había divulgado a escala nacional, y miles de aficionados a la música acudieron al evento, de tres días de duración. La lluvia inundó el terreno y las instalaciones sanitarias y de comida y bebida eran muy escasas. El gobernador de Nueva York llegó a considerar enviar a 10.000 miembros de la Guardia Nacional para poner orden.

En total, hubo más de 32 actuaciones ante unas 500.000 personas. El cantante y guitarrista folk Richie Havens inauguró el festival, y la última actuación fue la de Jimi Hendrix Experience, que acabó tocando a las 8.30 h del lunes, una hora en principio poco roquera.

Isla de Wight y Glastonbury

Bob Dylan fue uno de los ausentes en Woodstock: iba en un barco rumbo a Reino Unido, donde le habían contratado para que encabezara el festival de la isla de Wight. El año anterior habían asistido a él unas 10.000 personas, con Jefferson Airplane y The Pretty Things en el escenario. En esta ocasión acudieron 200.000 personas, y el año siguiente fueron más de medio millón («la mayor reunión humana del mundo») las que subieron a bordo de ferris para escuchar una festivalera combinación de Jimi Hendrix, The Who, Joan Baez, Miles Davis y Leonard Cohen.

El Festival de Glastonbury, en el oeste de Inglaterra, recogió el testigo de los grandes festivales de verano. Lo lanzó Michael Eavis, un granjero a quien le había inspirado la épica actuación de Led Zeppelin (tres horas y media y cinco bises) en el cercano Festival de Bath, de blues y música progresiva. El precio de la entrada para el primer Festival de Glastonbury fue una libra esterlina, y estuvo encabezado por Tyrannousaurus Rex (posteriormente T.Rex). Desde entonces se ha convertido en un negocio multimillonario, y los

> « Una exposición de la era de **Acuario**: tres días de **paz** y **música**. »
>
> ESLOGAN DE LA PUBLICIDAD DE WOODSTOCK, 1969.

Un hito en la historia de la música
Un océano de asistentes (cientos de miles) en Woodstock, en 1969, con Joe Cocker y la Grease Band sobre el escenario. Este festival inició la demanda de espectáculos a gran escala y al aire libre.

Isla superpoblada

En 1970, la isla de Wight recibió tantos asistentes que el Parlamento británico aprobó una ley para prohibir las reuniones de más de 5.000 personas sin licencia previa.

en el Festival de Roskilde (Dinamarca), inaugurado en 1970, la zona de acampada cubre hoy día 32 hectáreas. En Milwaukee (EE UU), el Summerfest, sin ánimo de lucro y lanzado por el alcalde en un amplio terreno junto al lago en 1970, se ha convertido en el mayor festival de música del mundo, con 700 grupos que atraen a un millón de personas.

Participación

Aún se percibe parte del idealismo original que caracterizó a los primeros asistentes y organizadores de festivales. Esta es una de las características del Festival folk de Cambridge (Reino Unido), uno de los mayores festivales folk del mundo, inaugurado en 1964 e inspirado en el Festival folk de Newport. Ofrece la oportunidad de participar en talleres y concursos.

Festivales de gira

Los festivales de música no tienen por qué ser estacionarios. Una de las mayores giras anuales es el Big Day Out, lanzado en 1992, que viaja por ciudades australianas y neozelandesas. Bob Dylan marcó el camino para los festivales itinerantes con su Rolling Thunder Revue a comienzos de la década de 1970. Reunió a un grupo de músicos heterogéneo, como Joan Baez, Roger McGuinn y Bob Neuwirth. Todos interpretaban su repertorio, pero también colaboraban en las canciones de los demás.

Varias décadas después, Perry Farrell, el líder del grupo funk rock bohemio Jane's Addiction lanzó Lollapalooza, un festival parecido que recorrió América del Norte por primera vez en 1991. Participaron Siouxsie and the Banshees, Nine Inch Nails, Living Colour, Ice-T, Butthole Surfers y Rage Against The Machine. Años después, el festival feminista itinerante Lilith Fair, organizado por la música canadiense Sarah McLachlan, recaudó en tres años más de diez millones de dólares destinados a actos benéficos para mujeres. En él participaron artistas como Tracy Chapman, Fiona Apple, Suzanne Vega y Emmylou Harris.

beneficios suelen destinarse a obras sociales. Siempre atrae a grandes artistas, desde Johnny Cash a David Bowie.

Fiebre de festival

El ambiente de feria de Glastonbury, con puestos de comida, lugares de acampada y estrecha compañía, generó el deseo de más festivales en terrenos de granjas, a pesar de las condiciones húmedas y fangosas que han hecho famosos a estos festivales. Otros que comenzaron como acontecimientos idealistas y *hippies* también se han convertido en grandes negocios. Así,

Las líneas aéreas de bajo coste han facilitado la asistencia a festivales de todo el mundo, mientras que nuevos grupos con seguidores de culto optan por festivales más pequeños.

DEJARSE CAER

Los veranos están repletos de festivales en todo tipo de ubicaciones, desde el de Pärnu (Estonia) o el de Morro de São Paulo (Brasil), hasta el **Festival de Berlín**, o el Sónar de Barcelona.

FESTIVALES BOUTIQUE

Han aparecido festivales más pequeños que acogen a grupos menos conocidos. En Reino Unido, el **Green Man Festival**, iniciado por el grupo de folk indie It's Jo & Danny, atrajo a tan solo unos centenares de personas en un campo de Gales y ahora es un acontecimiento importante. Le siguieron otros festivales, como **End of The Road, Truck Larmer Tree, Indie Tracks** o **Mosley Folk**.

LA BANDA OKKERVIL RIVER, EN EL FESTIVAL END OF THE ROAD

El sonido Nashville

Aunque el country empezó como música folk rural, a lo largo de las décadas de 1940, 1950 y 1960 integró influencias del jazz, swing, rock and roll y pop. Así se desarrolló lo que se conocería como «sonido Nashville», la base de los éxitos country de la actualidad.

ANTES

Nashville fue el centro del country desde que el famoso programa de radio de música country *Grand Ole Opry* empezó a emitirse allí en 1925.

DE ANTIGUO A COUNTRY
El *Grand Ole Opry* ‹‹ 228–229 empezó con artistas residentes como **Uncle Dave Macon** y **Bill Monroe**. Estaban anclados en las tradiciones folk del siglo anterior: baladas antiguas y melodías ligeras de los montes Apalaches, interpretadas con banjos, violines, mandolinas y guitarras acústicas, que se transmitían de generación en generación.

LA SIGUIENTE GENERACIÓN
Influenciados por el blues, **Hank Williams** y **Jimmie Rogers** tendieron un puente entre la música tradicional y el sonido elegante del country que iba a llegar.

SEDE DEL GRAND OLE OPRY HASTA 1974

INTÉRPRETE COUNTRY (N. 1932)

LORETTA LYNN

Loretta Lynn es hija de un minero de carbón, se casó a los 15 años y fue madre al año siguiente. Su marido le compró una guitarra barata cuando cumplió los 21 años, y grabó su primer disco en 1960, a los 28 años de edad. Sus canciones hablaban de las dificultades cotidianas de los pobres y de los trabajadores, con letras sobre maridos infieles, mujeres maltratadas y desigualdades de género. En su auge durante las décadas de 1960 y 1970, aportó nuevas temáticas al country, llegando a cantar sobre la guerra de Vietnam, en «Dear Uncle Sam», o el control de natalidad, en «The Pill», temas demasiado controvertidos para muchas emisoras de radio country conservadoras.

El verdadero inicio del melodioso y deliberadamente popular sonido Nashville se remonta a la década de 1950, cuando el country se convirtió en un fenómeno comercial arrollador en EE UU. Aunque fueron muchos los músicos que contribuyeron a este cambio musical, los productores Chet Atkins y Owen Bradley hicieron los cambios más significativos. Ambos aportaron un delicado estilo de producción a la música country, influidos por la orquestación de aquellos baladistas de voz aterciopelada de finales de las décadas de 1940 y 1950 llamados *crooners*, como Frank Sinatra (pp. 292–293) o Rosemary Clooney.

Dos estrellas del nuevo sonido
Patsy Cline (1932–1963), una de las cantantes country de más éxito de la década de 1950, tuvo una infancia dura y vivió en la miseria, como muchos de

14 Años que tenía Dolly Parton cuando firmó con Mercury Records, dos años después de su primera aparición en televisión.

sus antecesores del country, pero el sonido de éxitos como «She's Got You», «Crazy» o «Walking After Midnight» era opulento y sofisticado, gracias sobre todo a la voz de contralto cristalina y segura de Cline. Aunque al principio se mostró reticente a alejarse del sonido country tradicional, basado en el banjo, al final adoptó un estilo de baladas blues de amor *(torch songs)* y cambió sus trajes de vaquera con flecos por vestidos de noche. Y fue entonces, en la década de 1950, cuando se convirtió en una estrella nacional y llegó a la cima de las listas de éxitos country y pop.

Cline tuvo un homólogo estilístico en Jim Reeves (1923–1964), cuya suave voz de barítono le convirtió en la respuesta country a Bing Crosby (pp. 292–293) con canciones sentimentales como «He'll Have To Go». Reeves, que era mayor que Cline, había iniciado su carrera musical a finales de la década de 1940, cantando con una voz country tradicional, elevada y con alaridos. Sin embargo, al firmar con la discográfica RCA le asignaron el productor Chet Atkins, que animó a Reeves a que cantara de un modo más suave e íntimo, con la boca más cerca del micrófono. Su primer éxito en este estilo fue «Four Walls»,

El «Hombre de negro», cabeza de cartel
Un cartel de 1960 anuncia un concierto de country en Des Moines (Iowa), presentado por Johnny Cash. Siempre se presentaba con la escueta frase: «Hola, soy Johnny Cash».

que grabó en 1957 y que llegó al número 11 de las listas de éxitos pop de EE UU.

Avanzar con los tiempos
Los artistas y productores country estudiaron la música popular de la época y se transformaron para adaptarse a ella. La siguiente generación de cantantes country adoptó la misma estrategia, como hizo Dolly Parton, que empezó a actuar a finales de la década de 1950. Componía canciones afines a las listas de éxitos, como «9 to 5», adaptación country de la música disco para una comedia de 1980 del mismo título, al tiempo que seguía interpretando música rural auténtica. La crítica la aclamó por álbumes country tradicionales, como *My Grass Is Blue*.

Tammy Wynette siguió un recorrido similar. Tenía tres hijos y vivía en Nashville, y logró la fama a finales de la década de 1960 y principios de la de 1970 con una serie de éxitos country pop cuyos estribillos se hacían eco de las experiencias de la

Cuerdas, que vibran cuando se desliza una barra de metal sobre ellas.

Mástil

Clavijas

Pedales, para alterar el tono

Como el country
La *steel guitar* de pedales, introducida en la década de 1940, produce un sonido suave y sostenido, en que cada nota se desliza hacia la siguiente. Se toca sentado.

Una diva del country con mucho talento
Dolly Parton toca el banjo, el piano, la percusión y otros instrumentos, y también ha compuesto muchos de sus éxitos, como «Backwoods Barbie», «Joleen» o «I Will Always Love You».

gente corriente, como «Stand By Your Man» o «D-I-V-O-R-C-E».

Pero el country no debe su aceptación solo a haber adoptado el pop. El sonido Bakersfield (de Bakersfield, California) era un estilo de country rápido y sin florituras que apareció en la década de 1950 en tugurios para hombres rudos y que luego popularizaron los cantantes Buck Owens y Merle Haggard.

El rock and roll también se hizo sentir en la música, la actitud y la imagen de los chicos malos del country, como Johnny Cash (alias «Hombre de negro»), Waylon Jennings y Willie Nelson. Cash (1932–2003) empezó tocando rockabilly (una mezcla de country y rock and roll) con Sun Records en la década de 1950, junto a Elvis (pp. 316–317). Sin embargo, lo que le convirtió en una de las figuras más importantes de la música popular del siglo xx fueron sus canciones sobre prisioneros, asesinos, amor, religión y redención, que grabó hasta su muerte.

OBRAS CLAVE

Jim Reeves «He's Got To Go»

Patsy Cline «Walkin' After Midnight»

Johnny Cash «Folsom Prison Blues»

Dolly Parton «In My Tennessee Mountain Home»

Tammy Wynette «Stand by Your Man»

Loretta Lynn «Don't Come Home a Drinkin'»

DESPUÉS »

Ahora, el country forma parte de la cultura popular estadounidense y mundial. Sigue alimentándose del pop y del rock, y también crea estrellas comerciales como Taylor Swift.

ESTRELLAS CON BOTAS DE VAQUERO
Los grandes del country de los ochenta y noventa, como **Garth Brooks** o **Billy Ray Cyrus**, vendieron millones de discos. Brooks y Cyrus enfatizaron el atractivo del hombre trabajador e incorporaron influencias de cantautores rock como **Bruce Springsteen**. «Achy Breake Heart», de Cyrus, dio a conocer el baile country a todo el mundo.

GARTH BROOKS, EN 2009

Reggae

Jamaica es una isla, por lo que desarrolló su música en relativo aislamiento. Sin embargo, su proximidad a EE UU hizo que se viera muy influenciada por el rhythm and blues, el soul y el funk. El reggae procesó todos estos géneros a su modo, irresistiblemente rítmico y relajado.

Las cuerdas se afinan como las de un contrabajo: mi, la, re, sol

Cuatro cuerdas

Resulta difusa la línea que separa el primer reggae del rocksteady (música popular jamaicana de mediados de la década de 1960, que enfatizaba el bajo y con una guitarra con sonido recortado que solía doblar las notas del bajo). Los grupos tocaban en estudios como Duke Reid's Treasure Isle o Sir Coxsone's Studio One.

El rocksteady era un estilo que disfrutaban (y a menudo producían) los «rudeboys»: varones jamaicanos jóvenes, desencantados y sin empleo. Líricamente se inspiraba en las películas de acción, como el éxito «007», de Desmond Dekker

Aparición del reggae

Toots Hibbert era un veterano de las primeras expresiones del reggae, y había tocado con The Maytals, grupo jamaicano de la década de 1960. Toots tenía una voz empapada de soul, que recordaba a la del cantante y compositor estadounidense Otis Redding y que sonaba especialmente potente en temas como «Pressure Drop» o «Sweet & Dandy».

El reggae genuino nació a principios de la década de 1970: era un rocksteady con más raíces. El reggae incorporó al rocksteady la pesada estructura rítmica del mento (un estilo de música folk jamaicana parecido al calipso) y ralentizó el ritmo al tiempo que concedía más importancia y tiempo al bajo. Se insistía en la síncopa (o *skank*) y el ritmo cabeceante que generaba.

Los mensajes de las letras eran cada vez más militantes y la influencia del rastafarismo era cada vez más evidente. Las principales discográficas (Treasure Island y Studio One) percibieron que productores como Lee Perry, Joe Gibbs, Winston «Niney» Holness y Winston Riley, empezaban a hacerles la competencia.

El cantante Lee Perry fundó la discográfica Upsetter en 1968; el nombre deriva de su éxito «I Am The Upsetter», una canción muy crítica con su antiguo productor, Coxsone Dodd. «People Funny Boy», su primer lanzamiento, incorporó el sonido del llanto de un bebé y de cristales rotos. Las técnicas y los efectos que empleó posteriormente en sus mezclas de reggae dub de la década de 1970 fueron aún más radicales. Perry también produjo a los Wailers a finales de la década de 1960, y sus parcos arreglos para los álbumes *Soul Rebels* y *African Herbsman* son una revelación para cualquiera que solo haya escuchado las últimas grabaciones de Bob Marley.

A la conquista del mundo

Bunny Wailer, Peter Tosh y Bob Marley (los Wailers) se conocían desde la infancia y habían perfeccionado su arte durante sus años de ska y rocksteady. En 1964 consiguieron su primer éxito, «Simmer Down», un comentario sobre la violencia de bandas. En 1972, el grupo firmó con Island Records, y grabó dos álbumes clásicos, *Catch Fire* y *Burnin*, que se consideran los dos primeros álbumes de reggae.

El trío se disolvió en 1974, y los tres miembros emprendieron carreras en solitario. Sin embargo, Marley conservó el nombre, y Bob Marley & the Wailers pasó a contar con un coro de voces femeninas, las I-Threes. Marley obtuvo éxito en Reino Unido con la canción «No Woman No Cry» en 1975, y el año siguiente conquistó EE UU con el álbum

Un sonido característico

El bajo eléctrico es el instrumento dominante en el reggae. Junto a la batería, sus sencillas progresiones de acordes sustentan el ritmo de baile. El drum and bass se hace más evidente en la música dub.

Rastaman Vibration. Fue la primera superestrella genuina del mundo en vías de desarrollo.

Reggae dub

Entre principios y mediados de la década de 1970, el reggae dub alcanzó la mayoría de edad. Era un producto de estudio de grabación, y, desde ese momento la fascinación por la tecnología fue ya siempre una faceta de la música jamaicana. Fueron clave los experimentos de Lee Perry, pero King Tubby fue todavía más importante. Tenía un sistema de sonido para bailes reggae, pero también era un ingeniero de sonido capaz de reducir al mínimo las grabaciones vocales, para que los DJ tuvieran la oportunidad de expresarse por encima del disco. Así nació la versión dub (instrumental). DJ como U-Roy, Prince Jazzbo y Big Youth entraron en los estudios de grabación, y sus improvisaciones eran cada vez más complejas. Fue el inicio del «toasting», predecesor del rap.

Tríos vocales

A mediados de la década de 1970, como respuesta a la pesadez del dub, emergió una oleada de tríos vocales. The Wailing Souls, los Gladiators, y los

Los Upsetters en el estudio
Los miembros del grupo del sello Upsetter acompañaron a Bob Marley en sus primeros álbumes, que muchos consideran también los mejores.

« ANTES

El reggae tardó bastante en madurar. Pueden detectarse varios de sus elementos en formas musicales protoreggae que aún no habían consolidado el contundente ritmo sincopado que define al género.

SONIDOS SKA DE LA DÉCADA DE 1960

El ritmo **enérgico** del **ska**, una forma musical jamaicana, dominó Jamaica a mediados de los sesenta. El **rhythm and blues** estadounidense **« 310–311** era su inspiración subyacente, pero el ska era más agresivo: la guitarra o las trompas atravesaban las **síncopas**, mientras que el rhythm and blues era más suave. El ska se hizo popular entre los inmigrantes jamaicanos en Reino Unido, y los Skatalites, que contaban con el explosivo trombonista Don Drummond, fueron su exponente más hábil. Muchos de los principales artistas reggae empezaron en grupos ska. Podría decirse que el ska fue al reggae lo que el **skiffle** al **rock and roll « 314–315**.

Cantante y actor estrella
El actor jamaicano Jimmy Cliff obtuvo su primer éxito a los 14 años de edad y contribuyó a popularizar el reggae en el mundo. En 1972 protagonizó la película reggae *The Harder They Come*.

Superestrella del reggae
Bob Marley (1945–1981) actúa en directo en el
Rainbow Theatre de Londres, en junio de 1977,
cuatro años antes de morir. Su álbum póstumo,
Legend, lanzado en 1984, ha vendido más de
25 millones de copias en todo el mundo.

Mighty Diamonds cantaban armonías
impecables compuestas (o inspiradas)
por músicos y productores como
Augustus Pablo o Sly and Robbie. Estos
últimos (el percusionista Sly Dunbar y

Rasgueo ska
El ska comparte rasgueo con el rocksteady y el reggae.
Es un ritmo saltarín, con rasgueo descendente, y por lo
general en compás de cuatro por cuatro y subiendo y
bajando el tono. El rasgueo ascendente puede producir
una «nota fantasma» separando los dedos de los trastes.

el bajo Robbie Shakespeare) son acaso
la sección de ritmo más prolífica del
mundo y han tocado en miles de discos,
literalmente.

Dance digital
Durante la década de 1980, los sonidos
y las técnicas que los productores de dub
reggae y los DJ habían usado en la de
1970 evolucionaron constantemente. Los
DJ más ingeniosos se hicieron famosos
por sus rimas procaces. El estilo se acabó

conociendo como dance y, en la década
de 1980, la música se fue acercando de
modo gradual a un sonido programado,
sintetizado y basado en cajas de ritmos,
muy alejado del skank y la profundidad
del reggae jamaicano. «Under Me Sleng
Teng», el exitoso sencillo, de Wayne
Smith, grabado en 1985, fue un punto
de inflexión en el género. Fue el primer
ritmo totalmente digital del reggae, y
muchos grupos lo han versionado desde
entonces.

DESPUÉS »

**El sonido dominante en la Jamaica
actual sigue siendo el dance, también
conocido como ragga o bashment. Se
ha alejado mucho de sus raíces reggae.**

DESARROLLO DIGITAL
El dance actual es una música agresiva y
producida de forma digital, con **cajas de
ritmos** y **sintetizadores** contundentes, con
subbajos profundos que usan grandes altavoces
o los *subwoofers* de un sistema de sonido.

DJ DE DANCEHALL
La década de 1990 resonó al ritmo del
operístico Buccaneer, la voz rasgada de
Capleton y el ladrido barítono de Shabba
Ranks. Más recientemente, el sello VP ha
contado con una serie de DJ de dancehall
carismáticos, como Elephant Man, Sean
Paul y el veterano Buju Banton.

4 pulsos
por compás

**El silencio
de corchea**
vale a ½ pulso

La corchea
vale ½ pulso

Barra de compás

1   2   3   4   1   2   3   4

La negra
vale un pulso

Acento en la segunda
mitad de cada pulso

« ANTES

La idea de reunir a un puñado de cantantes para confeccionar un grupo capaz de vender discos en grandes cantidades despegó en los sesenta.

LOS GRUPOS DE CHICOS

Se considera a los **Monkees** el primer «grupo de chicos» como tal. Bob Rafelson, productor televisivo los reunió en 1965 para una serie de TV basada en las aventuras de un grupo muy parecido a los Beatles. Grandes compositores estadounidenses les escribieron canciones de gran calidad, como «Daydream Believer» o «Last Train to Clarksville».

ARTÍCULO DE COLECCIONISTA: UN ROMPECABEZAS PARA FANS JÓVENES

OBRAS CLAVE

The Osmonds «Crazy Horses»
Duran Duran «Girls on Film»
Madonna «Get Into the Groove»
Michael Jackson «Billie Jean»
The Spice Girls «Spice Up Your Life»
Justin Timberlake «Rock Your Body»
Rihanna «The Only Girl (In the World)»

La música se vuelve pop

Desde los clásicos del rey y de la reina del pop (Michael Jackson y Madonna) hasta los éxitos instantáneos de grupos manufacturados que solo quieren ser famosos, el pop debe su atractivo universal a las melodías potentes, las letras sencillas y la pura diversión.

Si hubo una edad de oro del póster pop fue la década de 1970. Una oleada de grupos de chicos muy jóvenes, y con frecuencia de la misma familia (como los Osmonds, los Bay City Rollers o los Jackson 5), dominaron las listas de éxitos. Su música era una versión suave del glam rock de T.Rex o David Bowie o, en el caso de The Jacksons, una mezcla de música disco y soul para preadolescentes. El grupo sueco Abba reinó sobre el pop en Europa durante la década de 1970. Sus arreglos innovadores usaban armonías atrevidas sobre rock y música disco suaves, y conquistaron las listas de éxitos con canciones tales como «Dancing Queen», «The Name of the Game» y «Money, Money, Money».

Sonidos enormes

En la década de 1980, la trayectoria general del pop se orientó a sonidos e imágenes más grandes, más brillantes y más exageradas. Ahora, los estudios de grabación disponían de 24 pistas de espacio disponible para grabar (hasta entonces solo había ocho, y los Beatles dispusieron de cuatro). Esto permitió a productores como Trevor Horn y Bob Clearmountain dotar de un sonido enorme a grupos pop británicos como ABC o Frankie Goes To Hollywood.

A principios de la década de 1980, la escena pop de EE UU era un semillero de talento. En 1984, Madonna vendió millones de copias con el álbum *Like A Virgin*, que recordaba al sonido de Chic de finales de la década de 1970. Al principio, su estilo estaba orientado a la música disco, con letras de temas clásicos, como el baile, el amor y el sexo, y otros más atípicos, como los conflictos derivados de su educación católica.

La década de los ochenta, descarada y hedonista, acogió al dúo británico Wham! con los brazos abiertos. George Michael y Andrew Ridgeley se convirtieron en chicos de póster y tuvieron una cadena de éxitos, como los temas «Wake me Up Before You Go Go» y «Edge of Heaven», influidos por el soul teñido de pop de la Motown de la década de 1960; su música era perfecta para las

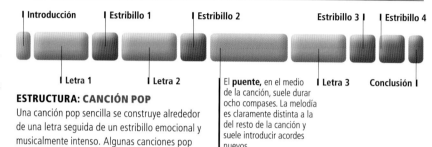

ESTRUCTURA: CANCIÓN POP
Una canción pop sencilla se construye alrededor de una letra seguida de un estribillo emocional y musicalmente intenso. Algunas canciones pop tienen un «puente» que une el estribillo con la letra.

[Diagrama: Introducción | Estribillo 1 | Estribillo 2 | Estribillo 3 | Estribillo 4]
[Letra 1 | Letra 2 | El **puente**, en el medio de la canción, suele durar ocho compases. La melodía es claramente distinta a la del resto de la canción y suele introducir acordes nuevos. | Letra 3 | Conclusión]

> **«No seré feliz** hasta que sea tan **famosa como Dios**.»
>
> MADONNA, AL PRINCIPIO DE SU CARRERA

discotecas de adolescentes y las pistas de baile de las celebraciones de boda.

Otra megaestrella de la década de 1980 que le debió mucho a la música disco fue Michael Jackson. Se había hecho famoso en la década de 1970 como estrella infantil, y en la de 1980 dominó la escena pop mundial. Su álbum *Off The Wall* (1979) vendió más de veinte millones de copias en todo el mundo, con canciones escritas por Stevie Wonder y Paul McCartney (pp. 324–325).

Se le coronó como «el rey del pop» y el videoclip de pseudoterror para «Thriller» (1982) llegó justo a tiempo para ganarse al público de la década de los ochenta, sediento de vídeos de la MTV. Sus álbumes *Bad* (1987) y *Dangerous* (1991), con cajas de ritmos contundentes y soul pop sintetizado, demostraron que podía evolucionar con los tiempos.

Grupos de chicos; grupos de chicas

La década de 1990 vivió el auge de los grupos «prefabricados» de chicos, especializados en un dance pop acelerado y con estribillos pegadizos.

Abba: un despegue meteórico
El grupo pop sueco Abba interpreta «Waterloo» en Eurovisión (1974). Ganaron el concurso y se convirtieron en superestrellas mundiales.

Gira mundial de *Bad*

En 1987, Michael Jackson se embarcó en su primera gira mundial como solista. Bautizada como gira *Bad*, como el álbum que acababa de lanzar, duró dieciséis meses y fue la gira de conciertos más exitosa de la historia. Aquí, en el estadio de Wembley (Londres), en julio de 1988.

Los efervescentes Take That y los Boyzone, sus comedidos sucesores, tuvieron carreras sorprendentemente prolongadas, si tenemos en cuenta que su atractivo apuntaba a las adolescentes. Mucho más efímera fue la fama de otros grupos que emergieron en esa misma década, como New Kids On The Block, Backstreet Boys, East 17, Five y Blue.

Pero no solo se divertían los chicos. En 1996 las Spice Girls asaltaron las listas mundiales, con el infantil pop «hip-hopero» de «Wannabe», seguido de éxitos divertidos y autorreferenciales como «Spice Up Your Life» (1997). Les sucedieron las Girls Aloud, ganadoras de *Popstars: The Rivals*, concurso de televisión británico. Sus álbumes están escritos y producidos por el innovador dúo británico de productores Xenomania (Brian Higgs y Miranda Cooper).

El pop se pasa al hip-hop

El hip-hop (pp. 368–369) ejerció una gran influencia sobre el pop de las décadas de 1990 y 2000. Las innovadoras técnicas de producción de productores como Timbaland, Dr. Dre y The Neptunes en álbumes para artistas como Justin Timberlake, Britney Spears, Nelly Furtado, Kelis y Beyoncé dotaron a los éxitos pop de más peso y de un ritmo atrevido, con percusiones austeras y bajos contundentes. Timberlake dio el salto desde 'N Sync, un grupo «prefabricado», y se convirtió en un cantante de soul muy influido por Michael Jackson.

Carátula fantástica

George Michael (dcha.) y Andrew Ridgeley formaron Wham! a principios de los ochenta y obtuvieron éxitos mundiales. Michael inició luego una exitosa carrera en solitario.

El hip-hop (pp. 368–369)

TECNOLOGÍA

AUTO TUNE

Andy Hildebrand, ingeniero de Exxon, desarrolló *software* para interpretar datos sísmicos y vio que su sistema también podía analizar y alterar el tono de voces e instrumentos. Su Auto Tune se lanzó en 1997, y al principio se usó para corregir sutilmente voces desafinadas. No obstante, tras «Believe» (1988), el éxito de Cher, los productores descubrieron que podían usar el Auto Tune para distorsionar las voces de un modo radical y futurista y darles una textura de sintetizador. Auto Tune es ahora imprescindible para artistas como Kanye West (que lo utilizó ampliamente en su álbum de 2008 *808s And Heartbreak*) o el rapero T-Pain.

Sin embargo, mientras el hip-hop influenciaba al pop, el sonido del europop de finales de los ochenta también influía al hip-hop. La vibrante música disco que se oía en las discotecas alemanas ejerció un inesperado influjo sobre la música afroamericana, y las líneas divisorias entre el R&B y el hip-hop se fueron desdibujando. Rihanna integró los sintetizadores del europop en sus arriesgados sencillos «S&M» y «Only Girl (In the World)». Lady Gaga, que ha estado a punto de replicar el éxito de Madonna en el siglo XXI, también ha cortejado la controversia y ha unido letras sexualmente explícitas con música influida por los ochenta. En gran parte un producto de YouTube y de las redes sociales, casi es más famosa por su estética radical que por su música.

DESPUÉS »

Muchos han lamentado el declive de las **ventas de música debido al *streaming* en línea y las descargas pirata. Pero con la ayuda de los programas de talentos de televisión, la música pop mantiene una salud excelente en el siglo XXI.**

VÍA RÁPIDA AL ÉXITO POP

El **magnate de la música británico Simon Cowell** ha convertido sus programas de talentos *Factor X*, *Pop Idol* y *American Idol* en lucrativas franquicias. A menudo, la personalidad y la historia de los participantes son el factor decisivo.

SIMON COWELL

Los programas han llevado a la fama a ganadores como Leona Lewis, Will Young, One Direction, Carrie Underwood y Kelly Clarkson.

LA SERIE GLEE

Glee también ha impulsado las ventas mundiales de música pop. Centrada en las vidas y amores de un instituto y de un grupo de teatro, el elenco de la serie interpreta versiones de clásicos del pop, como «Don't Stop Believin'», de Journey's, o «Toxic», de Britney Spears

« ANTES

Aunque las nuevas tecnologías alteraron con frecuencia las fuentes de ingresos consolidadas, la industria de la música se adaptó rápidamente para capitalizar las nuevas fuentes de ingresos y las oportunidades de promoción.

LA PRIMERA INDUSTRIA MUSICAL

En los orígenes de la industria musical, los editores musicales generaban ingresos con la venta de **partituras**. A finales del siglo XIX, la invención de grabaciones en cilindros y discos que se podían comprar diluyó este dominio, y el gasto en música se fue redirigiendo hacia las **discográficas**.

EL PODER DE LA RADIO

La venta de partituras y de discos se hundió debido a la Gran Depresión y al **auge de la radio** en la década de 1920 **« 260–261**, que cambió para siempre el acceso del público a la música. Sin embargo, al final, la radio contribuyó al crecimiento de la industria discográfica, porque emitía música en todo el país y **generaba demanda**. El poder de la radio la convirtió en un objetivo clave para las **estrategias promocionales** de las discográficas.

OBRAS CLAVE

Queen «Bohemian Rhapsody»
Michael Jackson «Thriller»
Dire Straits «Money For Nothing»
Talking Heads «Once In a Lifetime»
Peter Gabriel «Sledgehammer»
Madonna «Like a Prayer»
Britney Spears «...Baby One More Time»

Éxitos de ventas

El pop siempre ha sido un negocio para hacer dinero, pero el aumento de las ventas de discos en la segunda mitad del siglo XX, la importancia creciente de la posición en las listas y en los premios y la emergencia del vídeo como herramienta de márketing propulsaron su comercialización.

En la década de 1920, las discográficas superaron a los editores de música como fuerza dominante en la industria musical (izq.). Las décadas que siguieron vieron llegar y marcharse a muchas discográficas, mientras que unas pocas (como Decca y Columbia) se convirtieron en negocios duraderos. Las compañías competían para vender más discos, y cada vez era más importante evaluar y promocionar los logros de cada disco en relación con los demás, lo que llevó al auge de las listas de éxitos.

Listas pop

Aunque las primeras listas para medir la popularidad de las canciones se basaban en la venta de partituras, la venta de discos no tardó en tenerse en cuenta también. En EE UU, programas de radio semanales como *Your Hit Parade* (1935–1955), que presentaban interpretaciones en vivo de las que se consideraban los quince temas más populares del país, ejercían una gran influencia. Aunque afirmaban basar su selección en información que procedía de diversas fuentes (cifras de ventas, reproducciones en gramolas, peticiones en la radio), lo cierto es que los métodos de cálculo del programa no se controlaban, por lo que quedaban abiertos a la manipulación por parte de la industria. Esta cuestión empañó las listas de «los más vendidos» durante años. En las décadas de 1940 y 1950, *Billboard*, la revista de la industria musical estadounidense, tenía tres listas: más vendidos (según las tiendas de discos); más emitidos en la radio (según las emisoras); y más reproducidos en gramolas. Esta última categoría era fundamental para estimar la popularidad de los discos entre los jóvenes, sobre todo

Pioneros del videoclip

Queen fue uno de los grupos que dominaron las listas de éxitos y fueron pioneros en el uso de vídeos para promocionar su música. Aquí se les ve grabando su famoso vídeo para el sencillo «Radio Ga Ga».

porque algunos géneros, como el rock and roll o el rhythm and blues, no solían emitirse por la radio. *Billboard* creó el Hot 100 en 1958, que seguía la popularidad de cada sencillo con información de varias fuentes y en todos los géneros. Esta lista sigue siendo el estándar de la industria musical en EE UU hoy día.

> «No **honran** ni el **arte** ni al **artista** por aquello que ha **creado**. Celebran a la propia industria musical.»
>
> MAYNARD JAMES KEENAN, VOCALISTA DE TOOL, GRUPO GANADOR DE UN GRAMMY, SOBRE POR QUÉ BOICOTEÓ LOS GRAMMYS, 2002

aprobación para la industria y como oportunidad promocional, y empezaron

La mayoría de los países tenían su propia lista de éxitos y, a veces, más de una. En Reino Unido, la BBC basaba su lista en cifras de ventas, pero su lista difería invariablemente de las ofrecidas por las publicaciones musicales, como *Melody Maker* o *New Musical Express*.

Hoy, con la comunicación digital, las listas modernas han llegado a un consenso e incorporan una amplia variedad de información sobre ventas, incluidas las descargas digitales.

Premios musicales

Los premios anuales en la industria del entretenimiento estadounidense funcionan como

en 1929 con los Premios de la Academia, los Óscar. Prosiguieron, en 1947, con los Tonys (de teatro), a los que siguieron los Emmy (de televisión) en 1949; en 1959 aparecieron los premios Grammy, que recompensan los éxitos en la industria musical. Muchos de los integrantes de la industria musical clamaban por un premio o una nominación, y las categorías de los Grammy pasaron de 28 a 109, entre 1959 y 2011, aunque se redujeron a 78 en 2012. En Reino Unido, los premios de la

El Grammy

El premio Grammy lleva el nombre del gramófono, inventado por Emile Berliner, y mantiene el mismo diseño que en la primera ceremonia de entrega de premios en 1959.

American Bandstand

El programa *American Bandstand* empezó a emitirse en 1952 y Dick Clark lo presentó entre 1956 y 1989. El formato de adolescentes bailando y artistas invitados fue imitado en varios programas parecidos en todo el mundo.

British Phonographic Industry (BPI) se inauguraron en 1977, y en 1989 se rebautizaron como premios Brit.

Aunque estos galardones y otros que surgieron tiempo después suelen ser eventos glamurosos, entretenidos y celebratorios, los premios en sí (a pesar de que supuestamente se conceden por méritos) son objeto de escepticismo por parte de algunos comentaristas y artistas, que los consideran interesados, conservadores y lentos a la hora de reflejar el rápido cambio de tendencias y gustos de la música popular y de su público.

Promoción en cine y TV

Los cantantes y grupos de música se han promocionado mediante películas

> **8 Premios MTV** consiguió «Sledgehammer» de Peter Gabriel en 1986. Es el vídeo más visto de la historia de MTV.

breves desde la aparición del cine sonoro. En la década de 1940, en EE UU se produjeron cientos de primeras versiones de lo que hoy es el videoclip; se conocían como «Soundies» y se reproducían en el Panoram, una gramola de vídeos que funcionaba con monedas y que estaba en numerosos bares, restaurantes y galerías comerciales.

La televisión se hizo más popular y asequible en las décadas de 1950 y 1960, y los programas musicales de televisión se convirtieron en parte importante de la promoción musical. Programas como *American Bandstand* (1952–1989) comenzaron mostrando películas promocionales como los *Soundies* (siendo así precursores del estilo de programación que MTV lanzaría treinta años después), antes de concentrarse en las apariciones de los propios artistas, que cantaban en *playback*.

El productor Jack Good introdujo la televisión de rock and roll en Reino Unido a finales de la década de 1950, con *Six Five Special* y *Oh Boy*, pero el programa que perduró durante varias generaciones fue *Top Of The Pops* (1964–2006), basado en las listas de éxitos y parecido a *Bandstand*.

Vídeos musicales

Aunque los programas de televisión importantes exigían a los artistas que hicieran actuaciones en persona, se siguieron produciendo películas promocionales al estilo de los *Soundies*, sobre todo en Francia e Italia, donde el Skopitone y el CineBox eran gramolas visuales muy populares.

Aunque los musicales clásicos de cine y las

Éxito de ventas

Para Madonna, *Like a Virgin* (1984) fue su primer álbum número 1 en EE UU, y también un gran éxito internacional. Se han vendido veintiún millones de copias en todo el mundo y es uno de los álbumes más vendidos de la historia.

películas de la era del rock protagonizadas por estrellas como Elvis Presley dejaron su marca, fueron las innovadoras secuencias musicales en las películas de los Beatles *A Hard Day's Night* (1964) y *Help!* (1965), dirigidas por Richard Lester, y en el documental de Bob Dylan *Don't Look Back* (1965), dirigido por D. A. Pennebaker, las que contribuyeron a instaurar los estándares para la filmación de música.

La serie televisiva *The Monkees* (1966–1968) basó su estilo en las películas de los Beatles, pero varios artistas británicos de los sesenta, como los Rolling Stones, The Who y Pink Floyd, produjeron cortos innovadores, para su uso en televisión y, con frecuencia, en el extranjero. Sin embargo, gran parte de la televisión musical exigía actuaciones en persona, por lo que las películas de promoción musical siguieron siendo relativamente escasas. El videoclip no se reconoció como una herramienta de márketing cada vez más importante hasta la extraordinaria película promocional para «Bohemian Rhapsody» (1975), de Queen, filmada y editada en vídeo.

MTV

A medida que el videoclip ganaba calidad y atractivo, programas de televisión consolidados empezaron a incorporar vídeos y aparecieron programas nuevos dedicados solo a videoclips. En 1981, se lanzó Music Television (MTV), el primer canal que emitía vídeos musicales durante las 24 horas, con la película promocional para el tema «Video Killed The Radio Star», de The Buggles. El impacto del canal aumentó durante los años siguientes y la reproducción de vídeos se consolidó como una técnica de márketing como mínimo tan importante como la radio.

La industria musical invertía mucho dinero para asegurarse de que sus vídeos llamaran la atención y el lanzamiento de vídeos que acompañaban a ciertos discos se convirtió en un evento en sí mismo. El videoclip de «Thriller»

Canal de música

Logo de Music Television, canal de videoclips lanzado en 1981 y que emite las 24 horas. La dinámica marca MTV se ha expandido a la comedia y a la telerrealidad, y promueve el activismo social y político.

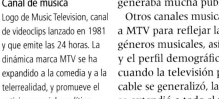

Estrella de vídeo

Como en un homenaje de un icono de la cultura pop a otro, el vídeo «Material Girl» (1984) de Madonna imitaba a Marilyn Monroe en «Diamonds Are A Girl's Best Friend», de *Los caballeros las prefieren rubias* (1953).

(1983), de Michael Jackson, dirigido por el director de Hollywood John Landis, costó 500.000 dólares, mientras que el de «Money For Nothing» (1985), de Dire Straits, dirigido por Steve Barron, incorporó llamativas y rompedoras animaciones por ordenador.

> **20** MINUTOS Duración del vídeo «Thriller», de Michael Jackson.
> **40** % Porcentaje de adolescentes que ven videoclips a diario.

Los vídeos controvertidos, como «Girls On Film» (1981), de Duran Duran, «Relax» (1983), de Frankie Goes To Hollywood, y algunos de Madonna, se censuraron o fueron muy editados, algo que, en sí mismo, generaba mucha publicidad.

Otros canales musicales siguieron a MTV para reflejar la diversidad de géneros musicales, así como los orígenes y el perfil demográfico del público, y, cuando la televisión por satélite y por cable se generalizó, la televisión musical se extendió a todo el mundo.

DESPUÉS

La internet de banda ancha no solo hundió las ventas de discos debido a las descargas ilegales, sino que también generó nichos de mercado para artistas ajenos a las grandes discográficas, los premios y las listas oficiales.

LA REVOLUCIÓN DE INTERNET
Aunque la fuerza promocional de una discográfica importante tiene ventajas obvias a la hora de conquistar mercados grandes, internet y otros avances tecnológicos (que hacen más asequibles los materiales de grabación y de vídeo) han **democratizado** la industria musical. Los artistas que disponen de algo de financiación, con sentido del márketing y que se esfuerzan pueden encontrar su público y gestionar su propia **micro empresa musical.** La industria musical, tras un inicio lento, está empezando a aprovechar el potencial de internet, sobre todo en lo que concierne a las **descargas legales.**

El **mundo disco**

A inicios de la década de 1970, las discotecas urbanas se convirtieron en el lugar donde estar, con la música disco como banda sonora, que aportaba elegancia y sofisticación a quienes querían causar impresión sobre la pista de baile y conquistó las discotecas de todo el mundo.

La música disco se caracterizaba por una percusión constante que marcaba el compás y que se lo ponía a los bailarines tan fácil como era posible, con un ritmo que los pies seguían solos y con una palmada cada dos tiempos. Desde entonces, este ritmo ha pasado a ser uno de los básicos en la música de baile.

Este sonido fue evolucionando de forma gradual. Muchos señalan a «Soul Makossa» (1972), del saxofonista de jazz camerunés Manu Dibango, como el primer sencillo disco. Y ciertamente, utiliza la mayoría de los clásicos del disco: es rápido y altamente instrumental y el estribillo cantado es muy simple. Tiene mucha percusión afrolatina y, lo más importante: utiliza el clásico ritmo disco.

Ritmo disco
La mayoría de las canciones disco siguen un ritmo conocido como four-on-the-floor, donde el bombo acentúa cada negra de un compás de 4/4.

Discográficas
Esta moda tardó en generar estrellas. Antes de que la música disco llegara a ser un lucrativo negocio, fueron las discográficas, y no los artistas, quienes atrajeron la atención de los aficionados. Y tampoco debe resultar sorprendente:

el verdadero hogar de la música disco era la discoteca, no el circuito de la música en vivo, y el sencillo de doce pulgadas, y no el álbum, era el formato de elección. Los DJ seguían a sellos como SalSoul Records, West End Records, Casablanca y Prelude.

SalSoul Records estaba dirigido por Ken Cayre, emprendedor y gran fan de los músicos residentes que tocaban para Philadelphia International, una discográfica influida por la Motown. Concretamente, su sección de ritmo (Ronnie Baker al bajo y Earl Young a la batería) sentó las bases del ritmo disco rocksteady que el resto de artistas copiaron. El prominente uso que Young hacía de los platillos charles (p. 247), con los que tocaba semicorcheas, era fácil de seguir en las ruidosas discotecas y facilitaba a los DJ la tarea de mezclar discos sin cesar, gracias a lo cual jamás decepcionaban a la entusiasmada pista de baile. Su estilo característico quedó

Una leyenda de los platos
Entre 1974 y 1984, Larry Levan fue DJ en el Paradise Garage, en Nueva York, donde incorporó cajas de ritmos a su equipo. La tolerancia y la diversidad del público que asistía a sus sesiones eran muy celebradas.

plasmado en el clásico tema disco soul «Love is the Message».

Moverse sin pausa
Para alcanzar el éxito como DJ en una discoteca era necesario mantener a los de la pista en movimiento. Los más habilidosos cuadraban el tiempo de un disco con el siguiente y mezclaban el final del primero con el comienzo del segundo. Solo fue cuestión de tiempo que estos DJ (David Mancuso, Shep Bettibone, Frankie Knuckles y Larry Levan) empezaran a grabar. Se hicieron famosos por sus remixes o, mejor dicho «re-ediciones», en las que físicamente cortaban la cinta de las grabaciones ya existentes para luego empalmarlas en máquinas de carrete a carrete, con el fin de prolongar las partes más bailables de las canciones.

La conquista del mundo
Finalmente, la música disco rompió fronteras con dos éxitos pop mundiales: «Rock the Boat», de Hues Corporation, y el afectado «Kung Fu Fighting», de Carl Douglas, que aprovechó la popularidad de que gozaban las artes marciales en ese momento y utilizó riffs chinos cursis, pero efectivos. La música disco también dio una inesperada segunda oportunidad a los Bee Gees, el grupo pop australiano que interpretó la mayoría de las canciones de la banda sonora de Fiebre del sábado noche. Sus penetrantes falsetes sobre los bajos y la percusión retumbante resultaron irresistibles, y canciones como «Stayin' Alive» son aún hoy populares.

Alta sociedad
Nile Rodgers y Bernard Edwards se inspiraron en la imagen de alta sociedad decadente de la banda británica de glam rock Roxy Music para formar Chic en 1976. A su vez influyeron en Queen, Sugarhill Gang y la banda de indie-dance New Order.

Fiebre alta
La película Fiebre del sábado noche (1977) fue un éxito absoluto, consolidó la popularidad de la música disco y convirtió a John Travolta en una estrella. La banda sonora revitalizó la carrera de los Bee Gees.

Los suecos Abba, que dominaron las listas de éxitos europeas durante la década de 1970, también se subieron al tren de la música disco. La cuidada armonía vocal de su sencillo «Dancing Queen» la convirtió al instante en un himno para bailarines disco de todo el mundo. Mientras tanto, el grupo disco afroamericano Chic, liderado por Nile Rodgers a la guitarra y Bernard Edwards al bajo, produjo himnos para la pista de baile como «Good Times» o «Le Freak».

Sin embargo, la más potente de las canciones disco pop fue «I Feel Love», de Donna Summer. Producida por el italiano Giorgio Moroder, uno de los primeros en

ANTES

La Motown Record Corporation, fundada en 1960 en Detroit, condujo el soul afroamericano hacia el pop. La llegada de la música disco resulta inconcebible sin ella.

EL SONIDO MOTOWN
Llamada «la fábrica de éxitos», la Motown perfeccionó su sonido en la década de 1960 y llevó el **soul ‹‹ 320–321** y el funk hacia el **pop ‹‹ 350–351**. Grupos como **Four Tops** o las **Supremes** cantaban sobre opulentos violines e instrumentaciones de viento a un ritmo rápido que se alejaba del soul y del funk, con los que se mecían las caderas. Anticipó el compás cuatro por cuatro de la música disco. Liderados por un joven Michael Jackson, los **Jacksons 5** fueron uno de los grupos de la Motown que lograron éxitos mundiales con la música disco.

354

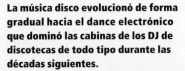
adoptar los sintetizadores, su éxito en 1977 propulsó la música disco hacia la electrónica. Donna Summer (1948–2012) era una cantante soul de EE UU que vivía en Europa y actuaba en musicales cuando conoció a Giorgio Moroder. La combinación de su voz y los incansables y ligeramente amenazadores sintetizadores de Moroder dieron lugar a un disco único. Ese sonido electrónico definió lo que vendría más adelante.

Electrizante

La combinación de la voz sensual de Donna Summer y las pistas sintetizadas de Giorgio Moroder fue un gran éxito y demostró que el futuro de la música disco estaba en la música electrónica programada.

OBRAS CLAVE

Manu Dibango «Soul Makossa»

The Trammps «Disco Inferno»

The Bee Gees «Stayin' Alive»

ABBA «Dancing Queen»

Donna Summer «I Feel Love»

Anita Ward «Ring My Bell»

DESPUÉS »

La música disco evolucionó de forma gradual hacia el dance electrónico que dominó las cabinas de los DJ de discotecas de todo tipo durante las décadas siguientes.

EL NACIMIENTO DEL HOUSE

Algunos DJ como Larry Levan y Frankie Knuckles transformaban las canciones originales para la pista de baile y la «re-edición» pasó a conocerse como «remix ampliado». En la década de 1980 era tan habitual que incluso las canciones **rock** y **heavy metal** se vieron afectadas.

En el Paradise Garage, en Nueva York, Larry Levan contribuyó al nacimiento del **house 370–371 »**, y la instrumentación de la música disco se hizo electrónica y austera. En otras ciudades de EE UU se daban cambios similares: en Detroit, Juan Atkins y Derrick May usaban música para DJ ecléctica, que incluía **música electrónica** de **Kraftwerk** (pp. 336–337); empezaron a producir su propia música, con los potentes bajos de cajas de ritmos como las Roland 808 y 909, para dotar a la música dance de un sonido nuevo y visceral.

CAJA DE RITMOS ROLAND 808

« ANTES

Podría decirse que el rock de garaje estadounidense de la década de 1960 era punk antes de que se inventara el término.

IGGY POP

RAÍCES ESTADOUNIDENSES

Cuando los Rolling Stones triunfaron en EE UU, inspiraron a adolescentes de todo el país a formar grupos de rock. El **garage rock** (o rock de garaje) se llamó así porque la mayoría de quienes lo tocaban vivían aún con sus padres y solo podían ensayar en el garaje de casa.

El garage rock era un rhythm and blues primitivo **« 310–311** y barato de grabar. Los Sonics, un ruidoso grupo de garage de cinco integrantes, de Tacoma (Washington), eran más punk que la mayoría de sus semejantes, al igual que **Iggy Pop** y su grupo, los Stooges, cuyas letras nihilistas y potente rhythm and blues fueron una gran influencia para el punk.

MC5

El grupo protopunk más político fue **MC5**, de Detroit, famoso por su álbum en directo *Kick Out the Jams*. El grupo tocó en manifestaciones contra la guerra de Vietnam **« 322–323** y acostumbraba a blandir escopetas descargadas sobre el escenario.

«Mis artistas **favoritos** han sido siempre **Elvis** y los **Beatles**.»

JOEY RAMONE, 1984

OBRAS CLAVE

The Ramones «Blitzkrieg Bop»
Sex Pistols «Anarchy In The UK»
The Clash «London Calling»
The Damned «New Rose»
The Buzzcocks «Boredom»
X-Ray Spex «Oh Bondage Up Yours!»

Explosión punk

Pocos movimientos en la música del siglo xx han sido tan distintivos como el punk. Ruidoso, crudo e irreverente, atrajo a una generación desencantada y se definió tanto por su desdén hacia la tradición musical como por todo lo que estuviera de moda.

Generalmente, se entiende que el punk es una música negativa, agresiva, rebelde y antisistema. Por lo tanto, resulta irónico que el que suele citarse como primer grupo punk fuera, en muchos aspectos, un grupo masculino a la antigua usanza. En el fondo, los Ramones solo querían tocar rock and roll al modo tradicional. «En 1973, supe que lo que se necesitaba era rock and roll, puro y simple», declaró el batería Tommy Ramone.

En línea con su deseo de regresar a los orígenes del rock and roll, todos los miembros del grupo neoyorquino adoptaron el apellido artístico de Ramone y se uniformaron con chaquetas de cuero negras y pantalones ajustados. Su música resultaba inclementemente rápida y abrasivamente ruidosa. Su canción insignia, «Blitzkrieg Bop», hacía honor a su nombre, mientras que «Teenage Lobotomy» y «Sheena is a Punk Rocker» celebraba la cultura popular estadounidense de adolescentes solitarios, las películas de terror de serie B y la paranoia de la guerra fría.

Básicamente, los Ramones supieron rescatar el espíritu adolescente rebelde y romántico de viejos rockeros como Eddie Cochran y Chuck Berry (pp. 314–315), pero le añadieron una enorme dosis de cinismo y altanería.

El glam rock y el punk se unen

Los Ramones hallaron un alma gemela algo más glamurosa en los New York Dolls, que también querían devolver el rock a un formato básico y seguían la estela del rudo sonido rhythm and blues de los Rolling Stones (pp. 328–329); contaban con su propio líder jaggeriano, David Johansen, y el guitarrista Johnny Thunders era su Keith Richards particular.

Tanto la energía como la estridencia de sus interpretaciones conseguían que su música fuera más que la suma de sus partes en canciones como «Personality Crisis», con unas polémicas letras que apuntaban al trastorno mental unidas al rock divertido y de bar. Los New York Dolls se hicieron célebres gracias a sus atuendos de género sexual ambiguo y a sus potentes conciertos en vivo, con reputación de peligrosos.

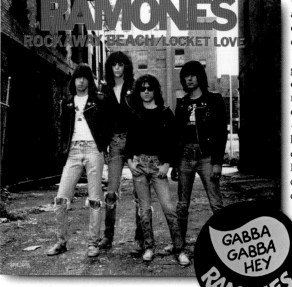

Pioneros del punk
La revista *Rolling Stone* describió a los Ramones como «auténticos primitivos americanos» y clasificó a su álbum debut en la posición 33 de los mejores de la historia.

Sonidos de desencanto

Mientras tanto, en Reino Unido estaban ocurriendo cosas similares. Los Sex Pistols aparecieron en agosto de 1975, después de que un John Lydon con pelo verde y camiseta con el lema «I Hate Pink Floyd» conociera al guitarrista Steve Johns y al batería Paul Cook, que solía estar en Sex, tienda de moda en King's Road (Londres) cuyos propietarios eran Malcolm McLaren y Vivienne Westwood. La «audición» de Lydon consistió en cantar «I'm 18», de Alice Cooper, al son de una gramola.

McLaren deseaba formar un grupo, en parte como una extensión de la marca de su tienda y en parte como experimento artístico. Gestionados por McLaren, los Sex Pistols empezaron a actuar en institutos de arte y atrajeron a seguidores incondicionales desde el primer día. Su imagen antimoda y descuidada, junto a letras antisistema, conectaron con un Reino Unido sumido en plena depresión económica. Lydon fue rebautizado como Johnny Rotten

Un «banshee» inglesa

Inspirada por los Sex Pistols, Susan Janet Ballion formó el grupo Siouxsie and the Banshees junto al guitarrista Steven Severin en 1976, tras una actuación espontánea en la que improvisaron sobre el Padre Nuestro durante veinte minutos.

> **155** Duración, en segundos, de la canción más larga del álbum debut de los Ramones.

(por su desastrosa dentadura) y adoptó una personalidad artística que parecía burlarse de la idea de estar sobre el escenario.

La música era un «muro» de guitarra rockera y, a la vez, un contrapunto perfecto para los rugidos de Rotten. Canciones como «Anarchy in the UK» y «God Save the Queen» sellaron la reputación de los Sex Pistols como el grupo más polarizador de Reino Unido. Lanzado en 1977, durante los preparativos de la celebración del 25 aniversario de la coronación de Isabel II, la mayoría de las emisoras de radio británicas decidieron censurar su sencillo «God Save the Queen», lo que no perjudicó en absoluto las ventas, sino que catapultó a la canción al número 2 de las listas británicas.

El grupo no duró mucho tiempo. Se separó después de una gira traumática estadounidense en enero de 1978, y Sid Vicious, el bajo, falleció de sobredosis en 1979. Tan solo grabaron un álbum, *Never Mind The Bollocks… Here's the Sex Pistols*, pero su influencia fue y continúa siendo enorme.

El punk se hace viral

Los Sex Pistols no fueron los primeros punks británicos en lanzar un disco. «New Rose», de The Damned, fue el primer sencillo punk de Reino Unido. La música de The Damned era rápida

DESPUÉS »

La música punk partió en direcciones opuestas, pero en algunos países siguió siendo una forma de protesta.

DESPUÉS DE LOS SEX PISTOLS
John Lydon continuó haciendo música con un nuevo grupo, **Public Image Limited**. Con Jah Wobble en el bajo y Keith Levene a la guitarra, el grupo se alejó del rock hacia una fusión de dub reggae y música de Oriente Medio, con una guitarra disonante.

LA PROTESTA CONTINÚA
La estética casera del punk fue absorbida por una nueva oleada de grupos británicos. El ex Clash Mick Jones formó Big Audio Dynamite, que maridaba el punk con influencias **hip-hop 368–369 »** y **reggae « 348–349**. Joe Strummer, su compañero de grupo, se unió a los Mescaleros, que fusionaban el punk con músicas del mundo, country y jazz.

MURAL DE JOE STRUMMER, DE THE CLASH (NUEVA YORK)

Choque real
El artista punk Jamie Reid diseñó la portada del controvertido sencillo «God Save the Queen», de los Sex Pistols. La letra rimaba *«queen»* (reina) con *«fascist regime»* (régimen fascista).

y caótica y estaba muy influida por los Stooges y otros grupos de garaje rock de la década de 1960, mientras que su imagen se inspiraba en el cine de terror: Dave Vanian, su vocalista, aparecía en el escenario disfrazado de vampiro.

The Clash
Después de asistir a un concierto de los Sex Pistols, Joe Strummer decidió fundar The Clash junto con Mick Jones y Paul Simonon. Joe Strummer había estado viviendo en una comuna situada en el este de Londres y pertenecía a The 101'ers, un grupo que tocaba rhythm and blues y blues y que llevaba el nombre de

su dirección en Londres. The Clash se convirtió en uno de los grupos punk más variados musicalmente, y, a lo largo de diversos álbumes, incorporó influencias reggae (sobre todo en su himno «London Calling») y rockabilly (en el sencillo «Should I Stay or Should I Go?», en su quinto álbum *Combat Rock*, de 1982).

En Manchester (norte de Inglaterra), Peter McNeish (cuyo nombre artístico sería Pete Shelley) y Howard Traford (con el alias Devoto) formaron los Buzzcocks en 1975. Su música incorporó la vulnerabilidad emocional de las melodías pop a los esquemas del punk, con canciones que hablaban sobre el sexo, el amor, la soledad y el tedio. Los Buzzcocks eran, en el

Los príncipes del punk
Sid Vicious (izq.) y Johnny Rotten (dcha.), de Los Sex Pistols, actúan en The Great South East Music Hall and Emporium (Atlanta) en su última gira, en 1978.

fondo, un grupo pop, pero su celebrada desmaña adolescente y la yuxtaposición de sus letras melancólicas con guitarras airadas les convirtieron en una fuente de inspiración para los grupos indie que aparecieron en Reino Unido durante la década de 1980.

Artistas punk femeninas
The Slits, grupo íntegramente femenino liderado por Ari Up (la alemana Ariane Daniel Forster, que solo contaba 14 años de edad cuando decidió formar el grupo), contrapuso unas letras controvertidas sobre los roles de género convencionales a un fondo musical peculiar, desgarbado e inspirado por el reggae.

El grupo británico X-Ray Spex, que también estaba liderado por una cantante adolescente, Poly Styrene, se atrevió a incorporar un saxofón desgarrador, que funcionó a la perfección en su polémico sencillo debut «Oh Bondage Up Yours!» (1977). Con ortodoncia y casco militar, Poly Styrene no se tomaba demasiado en serio a sí misma y aportó ligereza a la escena punk.

Rock alternativo

El legado autosuficiente del punk llevó a la aparición de una cantidad sin precedentes de sellos discográficos a principios de la década de 1980. Una nueva generación de grupos, a quienes no interesaban las listas de éxitos, grababa por poco dinero y salía de gira por circuitos universitarios de lo que también se llamó «college rock» y, después, indie.

Durante las décadas de 1980 y 1990, el llamado rock alternativo pasó de ser una música minoritaria, sobre la que escribían revistas desconocidas y cuyo público eran estudiantes devotos, a convertirse en una entidad comercial internacional.

A la cabeza

Lo mismo podría decirse del alma del rock alternativo, el grupo estadounidense R.E.M. Formado en Athens (Georgia) en 1981 y liderado por el vocalista Michael Stipe, su sonido era muy particular. El guitarrista del grupo, Peter Buck, rechazó la tradicional guitarra distorsionada típica del rock en favor de un sonido limpio y resonante, mientras que Stipe cantaba con voz grave y clara sus letras abstractas y con mensaje político.

A medida que R.E.M. lograba éxitos y popularidad, su sonido se iba haciendo

más convencional; el grupo incorporó influencias folk en su álbum *Green*, de 1988, y country en su extraordinariamente exitoso *Out of Time* (1991), donde se incluía la balada «Everybody Hurts», que se convertiría en un himno.

En Milwaukee (Wisconsin) hizo su aparición The Violent Femmes, otro grupo que surgió de la era pospunk a principios de la década de 1980, y su álbum de debut fue un inesperado y apabullante éxito internacional en 1983, gracias sobre todo a la sarcástica pero innegablemente pegadiza «Blister in the Sun». El vocalista del grupo, Gordon Cano, tenía una voz lastimera y quisquillosa, perfecta para complementar la instrumentación punk y quebradiza del grupo.

Hacia el hardcore

En el resto de EE UU, el punk de finales de la década de 1970 se transformó en un género rapidísimo y purista conocido como hardcore. Uno de los grupos más innovadores fue Minutemen, surgido en California, que adoptó las vocales gritadas y las guitarras abrasivas del hardcore, pero que a la vez estaba muy influenciado por el blues jazz átono de Captain Beefheart y por el punk funk de los británicos The Pop Group. Unos años más tarde, el grupo de funk rock preferido de California, Red Hot Chilli Peppers, incorporó en sus primeros trabajos este ritmo amplio y bailable.

Los inicios del trío de Minnesota Hüsker Dü fueron los de un grupo hardcore convencional con letras «ladradas» y tiempos implacablemente rápidos, pero su música se fue haciendo más luminosa y lírica. En el fondo, las canciones eran pop clásico al estilo de los Beatles o de Neil Young, con guitarras ruidosas y potentes y un tempo acelerado.

En defensa de los marginados

Sin duda, el grupo de rock alternativo más importante de Reino Unido en la década de 1980 fue The Smiths. Al igual

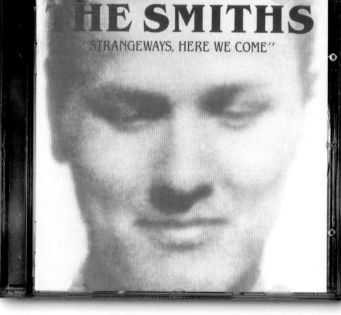

que R.E.M., contaban con un guitarrista innovador (Johnny Marr), que también evitaba el sonido rock tradicional. Sus interpretaciones limpias y tintineantes influyeron a toda una generación de guitarristas de grupos como Radiohead, Suede, los Stone Roses y los Strokes. Sin embargo, el mayor activo de los Smiths era Stephen Patrick Morrissey, oriundo

A la cárcel

El último álbum de estudio de los Smiths fue *Strangeways, Here We Come* (1987). Su título alude a una prisión de alta seguridad situada cerca de Manchester.

de Lancashire, el excéntrico vocalista que se llamaba a sí mismo Morrissey sin más. Es posible que se trate del cantante más idiosincrático de toda la historia del rock. Su voz era a la vez pícara y estilizada y usaba el falsete a menudo, mientras que sus letras flirteaban con la bisexualidad y abordaban las preocupaciones de los adolescentes marginados de pequeñas ciudades. Tras su estela, una oleada de grupos se especializó en canciones sobre literatura, corazones rotos y timidez.

En esa misma época emergió el muy influyente grupo irlandés My Bloody Valentine. Aunque sus letras tenían partes en común con las de los grupos indie, su música no podía ser más distinta. Su guitarrista, Kevin Shields, utilizaba guitarras excesivamente distorsionadas e implacablemente estridentes para crear texturas oníricas. Inspiraron a grupos

ANTES

La experimentación ha caracterizado al rock desde sus inicios en la década de 1960.

PRINCIPIOS MINORITARIOS
El primer grupo de rock alternativo consciente de serlo fue **Velvet Underground**, que aunaron sencillas melodías pop, guitarras con afinación abierta y violas minimalistas. Sonic Youth y My Bloody Valentine adoptaron su técnica de usar el acople de la guitarra como textura musical.

En la década de 1970, artistas new age y **punks más artísticos ‹‹ 356–357**, como Patti Smith y Talking Heads, abordaron de una forma muy individual tanto la escritura de letras como la interpretación y evitaron los clichés del rock convencional.

VELVET UNDERGROUND

«Si tu **pelo** está **mal, toda tu vida** está **mal**.»

MORRISSEY, LETRISTA Y VOCALISTA DE LOS SMITHS

CANTANTE Y GUITARRISTA (1964–1994)

KURT COBAIN

Nadie imaginó lo famoso que llegaría a ser el grupo grunge Nirvana, y su vocalista y primer guitarrista, Kurt Cobain, lo previó menos todavía. Gracias al apoyo de la potente sección de ritmo de Dave Grohl a la batería y Krist Novoselic al bajo, Kurt Cobain se convirtió en la estrella rock más famosa del planeta cuando *Nevermind*, su segundo álbum, conquistó el mundo en 1991. Dicha situación le acabó generando una gran incomodidad, e *In Utero* (1993) fue un álbum más sombrío, como si el grupo intentara librarse de su fama. Cobain se suicidó en 1994.

El cuerpo recortado tiene forma de luna creciente

Había versiones de seis cuerdas y de doce

Mástil de arce barnizado

Controles de tono y volumen

La estrella de Rickenbacker

Diseñada por Roger Rossmeis, la guitarra alemana Rickenbacker 330 fue el instrumento preferido del rock alternativo en la década de 1980, gracias a Peter Buck, de R.E.M., y a Johnny Marr, de los Smiths.

DESPUÉS »

Cuando el grunge le arrebató el trono al heavy metal en EE UU y el britpop logró conquistar Reino Unido, el rock alternativo pasó a ser convencional.

HIMNOS INDIE

Coldplay recogió el testigo de R.E.M. con *A Rush of Blood To the Head* (2002), un álbum repleto de **canciones-himno** perfectas para ser **coreadas** en sus masivos conciertos. Grupos como Keane, Mumford & Sons y Snow Patrol siguieron su estela.

CHRIS MARTIN, DE COLDPLAY

EL ATRACTIVO DEL EMO

El **emo** (un hardcore emocional) fue el sobrino adolescente del **grunge** y mantuvo las guitarras atronadoras y el **espíritu antiautoritario**, pero con una producción brillante y unas letras de un **egocentrismo obsesivo**. Algunos grupos jóvenes, como My Chemical Romance, Jimmy Eat World o Fall Out Boy, ofrecieron a millones de adolescentes la combinación perfecta de angustia, agresividad y sentimentalismo.

---

como Ride, los Telescopes y Catherine Wheel; juntos, llegaron a conocerse como el movimiento *«shoegazing»* (mirarse a los pies), por su tendencia a mirar al suelo y evitar el contacto visual con el público cuando estaban sobre el escenario.

Britpop

El rock alternativo se hizo convencional en Reino Unido en la década de 1990, cuando se convirtió en britpop. Grupos indie consolidados, como Oasis o Pulp, pasaron a encabezar las listas de éxitos. Oasis descubrió una fórmula ganadora: el guitarrista, Noel Gallagher, tenía un don para melodías que recordaban a los Beatles, y su hermano Liam las interpretaba con ferocidad roquera. Blur y Pulp eran más innovadores y bebían de la herencia de la música británica de las décadas de 1960, 1970 y 1980; la influencia de los Kinks, David Bowie, Magazine y Pink Floyd es evidente en muchos de sus álbumes.

El sonido grunge

EE UU también contó con su propio auge del rock alternativo en la década de 1990, con la explosión del rock duro del grunge. Seattle (Washington) fue el ojo de la tormenta grunge: allí se formaron Nirvana, Mudhoney, Sound Garden y Pearl Jam. El sonido grunge mezclaba la música garage de la década de 1960

Amigos de universidad

Inspirados por Byrds, el guitarrista Peter Buck y el vocalista Michael Stipe abandonaron la universidad para formar R.E.M., con el que pasaron de las radios estudiantiles a ofrecer conciertos en estadios.

con el rock duro de Black Sabbath de la década de 1970 y la actitud austera del punk. La de Nirvana, que se convirtió en el grupo más importante del mundo a principios de la década de 1990, es a la vez la historia de éxito más tristemente famosa del grunge. La excepcional producción y la potente dinámica de su clásico *Nevermind* lograron unir sus parcas letras con unos explosivos coros de guitarra. Era una técnica dinámica originaria de los Pixies, banda que había mezclado la guitarra surf con el ruidoso art rock en sus álbumes de finales de la década de 1980: *Surfer Rosa* y *Doolittle*.

Encabezado por Nirvana, en EE UU el grunge usurpó al heavy metal el reinado

175 MILLONES **Número de discos que llegó a vender Nirvana en todo el mundo, un tercio de ellos en EE UU.**

sobre el estéreo de las habitaciones de los adolescentes. De repente, la afectación y los solos de guitarra de grupos como Guns 'N Roses quedaron anticuados. Incluso grupos de rock alternativo con historia se hicieron con parte del pastel. Sonic Youth llevaba sobre los escenarios desde principios de la década de 1980, y perfeccionó su rock experimental inspirado tanto en el punk primitivo de los Stooges como en la música clásica del compositor Glenn Branca. La poco convencional afinación de sus guitarras y el muro de sonido que levantaban hallaron un defensor en la MTV, y firmaron un importante contrato con una discográfica para su álbum *Goo* (1990). El rock alternativo había dejado de serlo, y el rock estadounidense jamás volvería a ser lo mismo.

OBRAS CLAVE

The Smiths «What Difference Does it Make?»

R.E.M. «It's the End of the World as We Know it»

Violent Femmes «Blister in the Sun»

Nirvana «Smells Like Teen Spirit»

Blur «Song 2»

Sonic Youth «100%»

« **ANTES**

Las décadas de 1940 a 1960 fueron una edad de oro para los musicales del West End londinense y de Broadway, con espectáculos sofisticados y melodiosos.

DISCOS DE ÉXITOS DE LOS MUSICALES
Rodgers y Hammerstein « 282-283 lanzaron álbumes con las grabaciones originales de sus espectáculos más aclamados. *Sonrisas y lágrimas, Oklahoma* y *South Pacific* fueron de los discos más vendidos de su época.

UNA FÓRMULA GANADORA
Todos los musicales de éxito de la época contaban con letras muy elaboradas, armonías exquisitas y unas melodías memorables. Las canciones aisladas de algunos de estos musicales, como «Some Enchanted Evening», de *South Pacific* (1949) también lograban un éxito comercial.

PARTITURA DE SOUTH PACIFIC

OBRAS CLAVE

Stephen Sondheim *Company y Sweeney Todd*

Richard O'Brien *Rocky Horror Picture Show*

John Kander y Fred Ebb *Chicago*

Andrew Lloyd Webber *Cats*

Jerry Herman *La Cage aux Folles*

Boublil y Schönberg *Los miserables*

Steven Schwartz *Wicked*

Cartel para *Hair*
Hair incluía la protesta antibélica, un elenco multirracial y música rock. Provocó controversia por su representación del consumo de drogas y el nudismo. En 2009, Broadway lo repuso y confirmó ser un musical vital y emocionante.

Regresan los musicales

En el periodo inmediatamente posterior al rock and roll de la década de 1960, el teatro musical en EE UU siguió la tradición del baile (influido por el jazz) y de la canción popular. Sin embargo, la llegada del pop rock a las partituras a finales de la década de 1960 inauguró una nueva era.

Durante la era moderna de los musicales, los compositores de la vieja escuela seguían defendiendo los valores del teatro musical tradicional. La obra de Jerry Herman, que escribió *Hello Dolly* (1964) y *La Cage aux Folles* (1983), exhibía un estilo exuberante y juguetón cuyo corazón pertenecía a otra era, mientras que los versátiles John Kander y Fred Ebb escribieron *Cabaret* (1966) y *Chicago* (1974), cabaret alemán y hot jazz, respectivamente.

El éxito de las reposiciones de musicales de la década de 1930, como *42nd Street* (1980 y 2001), *On Your Toes* (1983) y *Crazy For You* (1992) demostró que los musicales clásicos seguían teniendo un público.

Sede de los musicales
Broadway (Nueva York) tiene la mayor concentración de teatros comerciales del mundo. Con frecuencia, los musicales ocupan más de la mitad de las salas disponibles en Broadway.

> «Nos decían que **dejar** de escribir **canciones pop** era una **locura**.»

CLAUDE-MICHEL SCHÖNBERG, COMPOSITOR FRANCÉS, PODCAST, 2007

Protesta, pop y rock

Hair (1967), que fue promocionado como un «musical americano tribal de amor y rock» y que reflejaba el idealismo de la contracultura *hippie* mediante los vibrantes números de Galt McDermot, rompió todos los moldes. El rock, en su forma culta y melodiosa, había llegado a Broadway para quedarse. Burt Bacharach subió al escenario su ligera música pop en *Promises Promises* (1968) e incluso el sofisticado compositor y letrista Stephen Sondheim (dcha.) incluyó toques rock en su musical *Company* (1970).

Sin embargo, el musical realmente rompedor fue *Jesucristo Superstar* (1971), del equipo de compositores Tim Rice y Andrew Lloyd Webber. Aunque había empezado su andadura como un álbum conceptual de rock, los grandes temas, el tono tan emocional y la ausencia de diálogos en el guion llevaron a que *Superstar* y otras obras similares fueran descritas como «ópera rock».

Steven Schwartz también contribuyó a este género con su igualmente bíblico *Godspell* (1971). Más de treinta años después, la ingeniosa partitura pop de Schwartz para *Wicked* (2003) ayudó a convertirlo en uno de los musicales de mayor éxito de los últimos tiempos.

Los musicales de las décadas de 1970 y 1980 se caracterizaron por su diversidad. *Grease* (1972), *The Rocky Horror Picture Show* (1974), y *La pequeña tienda de los horrores* (1982) rescataron el rock and roll clásico, mientras que la música de *The Wiz* (1972) y *Dreamgirls* (1981) era más soul.

La partitura de Marvin Hamlich para la eternamente popular *A Chorus Line* (1975) mezcló con elegancia el tradicional swing de Broadway («One») con pegadizas canciones pop («What I Did For Love»), pero el taquillazo de la época fue *Evita* (1976), de Lloyd Webber y Rice; su «No llores por mí Argentina», la exitosa aria pop, señaló el camino a seguir.

Ópera pop

La década de 1980 asistió a un auge de la «ópera pop» en Europa, ejemplificada por *Cats* (1981), *Starlight Express* (1984) y *El fantasma de la ópera* (1986), todas ellas obra de Andrew Lloyd Webber. Dichos espectáculos, que encadenaban prórrogas por su enorme éxito, contaban con una escenografía muy elaborada, argumentos dramáticos, y partituras contundentes y potentes que incluían temas melódicos memorables que, a veces, se convertían simultáneamente en discos de éxito.

Claude-Michel Schönberg y Alain Boubil desarrollaron su propio estilo de ópera pop al componer el intensísimo *Los miserables* (1985) que, incluso antes de transformarse en la oscarizada película de 2012, se había convertido en uno de los musicales más lucrativos de la historia.

Pese a que los compositores de rock consolidados apenas se implicaron en los musicales, hay excepciones notables.

COMPOSITOR Y LETRISTA (n. 1930)

STEPHEN SONDHEIM

Nacido en Manhattan (Nueva York), Sondheim es el aclamado letrista de *West Side Story* (1957) y *Gipsy* (1962). Como compositor, es responsable de algunas de las partituras de los musicales más aclamados, como *Company* (1970), *A Little Night Music* (1973), *Sweeney Todd* (1977) y *Sunday In The Park With George* (1983).

Para muchos, Sondheim representa la conciencia artística del teatro musical: tan culto como creativo y profundamente musical, con escasa consideración por el éxito comercial instantáneo o por las tendencias de moda. Aunque es posible que su combinación de música clásica de finales del romanticismo y principios de la era moderna sea un gusto adquirido, cada nueva generación descubre y admira su obra.

La partitura de Pete Townshend para el álbum de rock conceptual de The Who, *Tommy* (1969), se convirtió en musical en 1989, y Elton John ha escrito canciones para espectáculos tan populares como *El rey león* (1997) o *Billy Elliot* (2005).

Musicales gramola

El «musical de grandes éxitos» o «musical gramola» surgió con objeto de aprovechar la afición del público a la nostalgia y a las canciones pegadizas. Consistía en hilvanar una historia por medio de un repertorio ya existente de canciones populares. En ocasiones eran biográficos; *Buddy* (1989) narra la historia del infausto Buddy Holly, mientras que *Jersey Boys* (2005) plasma el auge del grupo vocal The Four Seasons

en la década de 1960. Con frecuencia, los argumentos son ficticios; *Mamma Mia* (1999) relata una historia romántica con canciones del grupo de pop sueco Abba, y *Ain't Misbehavin'* (1978) es un homenaje al espíritu del Harlem de las décadas de 1920 y 1930, cuyas canciones se asocian al cantante y pianista Fats Waller.

Los compositores contemporáneos siguen contribuyendo al repertorio del teatro musical y, a menudo, captan a público joven. *Rent* (1995), de Jonathan Larson y con tintes rock, se basa

en *La bohème*, de Puccini, e inspiró un seguimiento de culto antes de alcanzar el éxito generalizado. Los musicales de Jason Robert Brown, como *Songs For A New World* (1995) y *Last Five Years* (2002), y los de David Yazbek, *The Full Monty* (2000) y *Dirty Rotten Scoundrels* (2005), cuentan con influencias que van de Billy Joel al grupo británico de la nueva ola XTC.

Hoy, dos de los musicales más populares entre los adolescentes son *Legally Blonde* (2001) y *Hairspray* (2002), con partituras repletas de alegres canciones pop rock.

DESPUÉS

Aparecen infinitas maneras de promocionar espectáculos nuevos y de revitalizar clásicos del pasado para atraer a un público nuevo y más joven.

PÚBLICO ADOLESCENTE

Aunque *High School Musical* (2006), de Disney Channel y concebido para la televisión, recibió críticas mediocres, un argumento al estilo de «Romeo y Julieta» sumado al pop fue un éxito enorme entre los preadolescentes. Luego se adaptó al escenario y dio lugar a varias secuelas.

115 MILLONES DE DÓLARES Coste del musical sobre Spider-Man, *Turn Off The Dark*, en 2011.

CONCURSO DE TALENTOS

En *How Do You Solve a Problem Like Maria?* (2006), el productor de la BBC Andrew Lloyd Webber dio forma a un concurso televisivo de talentos a fin de hallar una estrella desconocida para un nuevo montaje del musical de 1959 *Sonrisas y lágrimas*, de Rodgers y Hammerstein. La estrategia aumentó la demanda de entradas cuando se levantó el telón en el West End de Londres al año siguiente.

¡A las barricadas!
Aunque en un principio no contó con el apoyo del público, el musical *Los miserables*, basado en la novela homónima de Victor Hugo (de 1862), se convirtió en uno de los espectáculos de más éxito de la historia.

Música popular japonesa

La música popular japonesa es increíblemente diversa y abarca desde los estereotípicos grupos masculinos y femeninos que blanden instrumentos occidentales hasta músicas cargadas de emoción basada en la música tradicional, pasando por la tecnología innovadora de los Vocaloids.

El Japón de la posguerra experimentó un fuerte influjo de cultura popular occidental. Los jóvenes sintonizaban la radio militar estadounidense Far East Network y escuchaban música popular estadounidense y europea. Durante la década de 1950, la música popular japonesa recibió el nombre de *kayōkyoku* (balada). La combinación de jazz, ritmos latinos y rock and roll, con letras en japonés, se llamaba *mūdo* (emocional) *kayōkyoku*. Muchos cantantes nipones ganaron experiencia actuando en las bases militares estadounidenses.

En 1961, Kyu Sakamoto lanzó el *single* «Ue o muite arukō» («Alzaré la mirada al

« A N T E S

La música japonesa es multifacética y en ella conviven la música tradicional, la clásica occidental y la popular.

MUJER TOCANDO EL SHAMISEN

PERIODO EDO

La música tradicional que se escucha en Japón —música para teatro tradicional, *sankyoku* (música de cámara), *min'yō* (canción tradicional), *shakuhachi* (flauta) y *shamisen* (laúd)— tiene su origen en el periodo Edo (1603–1868), un tiempo de aislacionismo, crecimiento económico, paz sin precedentes y disfrute de las artes.

OCCIDENTALIZACIÓN EN EL SIGLO XIX

En un esfuerzo por modernizar Japón, el gobierno Meiji decretó en 1871 que en las escuelas solo podría enseñarse música occidental, y la música tradicional pasó a ser una desconocida.

Koto

Con orígenes en la música tradicional, el *koto*, de trece cuerdas, es el instrumento nacional de Japón. A pesar de la importancia de la música occidental, el *koto* ha sido capaz de adaptarse al hip-hop, al jazz y al pop.

caminar»), que se convirtió en un éxito y que coronó la lista estadounidense Billboard Hot 100 en 1963, con el título alternativo de «Sukiyaki». A partir de entonces, la música nacional se hizo más popular, y, en 1967, los artistas japoneses ya superaban a los extranjeros.

El alma de Japón

El *enka*, cuyos orígenes parecen estar en las canciones protesta de principios del siglo XX, es un género de música popular que (a pesar de utilizar instrumentos occidentales) suele describirse como el alma de Japón. La música utiliza una escala pentatónica (de cinco notas), que tradicionalmente se utiliza también para componer canciones infantiles. Las letras suelen hablar de corazones rotos, sueños perdidos, amor no correspondido y penalidades. La interpretación de los glamurosos cantantes es muy expresiva y refleja todo el drama de las canciones.

Un éxito singular

Aki Yashiro actúa en una feria comercial en 2005. Empezó como cantante de jazz antes de lograr el éxito con el *enka*. Fue la primera artista *enka* femenina en colocar siete sencillos entre los diez primeros de las listas.

El *enka* suele aparecer en espectáculos televisivos y posiblemente cuente con más tiempo de emisión de lo que su posición en las listas parece justificar. Las canciones conectan directamente con personas que están en un proceso de reflexión y que se dan cuenta de que las cosas no han salido tal y como imaginaban cuando eran jóvenes. El *enka* es una vía de escape colectiva que permite a los japoneses expresar sus preocupaciones, su ira y su pena.

Operación ídolo

Los cantantes *aidoru* (ídolos) empezaron a dominar el mercado en las décadas de 1970 y 1980. Estos jóvenes artistas firmaban contratos con discográficas de prestigio, que les enseñaban a bailar y a cantar. Entonces se impulsaba la carrera de las futuras estrellas en programas de televisión que eran producidos por las productoras televisivas de las mismas discográficas. Pink Ladies en la década de 1970, y Seiko Matsuda y Masahiko Kondō en la de 1980, se convirtieron en iconos importantes del *aidoru kayōkyoku*.

J-pop

Al igual que el *kayōkyoku*, su predecesor, el j-pop se caracteriza por sus vocalistas adolescentes o apenas entrados en la veintena acompañados por instrumentos occidentales. Aunque el límite entre el *kayōkyoku* y el j-pop no está definido con claridad, una de las características básicas del j-pop es su estilizada pronunciación inglesa de palabras en japonés. En 1988, la emisora de radio comercial J-Wave salió al aire, y, en 1990, Tower Records definió el j-pop como toda la música propiedad de la Recording Industry Association of Japan (RIAJ), excluyendo la música no convencional. Una característica interesante del j-pop es que sus ídolos no deben estar muy por encima de las personas corrientes en cuanto a talento

VOCALOID

Empezó como un *software* sintetizador de voz que permitía sintetizar actuaciones vocales tecleando la melodía y la letra. Se programó un robot humanoide para que reaccionara ante los Vocaloids y los usuarios pudieron crear vídeos de sus canciones y compartirlos en línea. Eso ha dado lugar a que Vocaloids como Hatsune Miku (imagen) o Megurine Luka se hayan convertido en ídolos virtuales. Hatsune Miku fue el primer Vocaloid en llegar al número 1 en la lista de ventas. Actúa en conciertos en vivo, proyectados sobre pantallas, y ha realizado giras mundiales.

o imagen; puede tratarse, literalmente, de la proverbial «vecina de al lado». Si los cantantes fueran demasiado atractivos o cantaran demasiado bien, desalentarían a fans potenciales. A fin de consolidar esta relación íntima con su público, los ídolos del j-pop no solamente mantienen

75 POR CIENTO Porcentaje del mercado musical japonés de producción nacional.

1967 Primer año en que los discos nacionales superaron a los importados en Japón.

correspondencia con sus seguidores, sino que deben: participar en ceremonias de saludo, donde sus seguidores acuden para darles la mano antes de los conciertos; asistir a reuniones, donde los fans y sus ídolos juegan juntos; y ofrecer sesiones fotográficas públicas, donde los ídolos posan para fotógrafos aficionados.

El pop se diversifica

El j-pop ha dado lugar a un gran número de subgéneros, además de incorporar sellos independientes, rock y variedades góticas muy estilizadas. Toda la música independiente no vinculada a la RIAJ se califica de j-indie. A este grupo también pertenecen músicos que esperan pasar a la corriente principal. Judy and Mary

Artistas prolíficas

El grupo íntegramente femenino AKB48 actúa en un concierto benéfico en 2011. La pertenencia al grupo es fluida; las chicas empiezan como aprendices y van ascendiendo hasta que se «licencian» y dejan el grupo.

hay aspirantes entrenadas para sustituir a las que se «licencian», ya sea por edad o por decisión personal. Deben seguir unas normas de conducta muy estrictas y establecidas por la discográfica y, por ejemplo, no pueden tener pareja con el objetivo de conservar la sensación de

86 Miembros que tenía el grupo femenino japonés AKB48 en mayo de 2013, un récord mundial.

200 MILLONES Cantidad de dólares que ingresó AKB48 por las ventas de discos en Japón, en 2011.

disponibilidad ante los fans. En Fukuoka, en el sur de Japón, se ha formado un grupo hermano, HKT48, y en el resto de Asia se han ido formando grupos asociados. El grupo ostenta el récord de discos sencillos vendidos en Japón.

Tomar las riendas

Aunque tradicionalmente las mujeres han sido el rostro de la música popular en Japón, han sido los hombres quienes han controlado la industria que crea la música. Durante las últimas décadas, cantantes como Miki Imai y el grupo Shōnen Knife (un grupo de chicas que componen sus propias canciones) han impulsado un cambio en este aspecto.

Tras décadas de exportar *hardware*, Japón se ha centrado en vender al mundo su singular cultura pop.

CULTURA SOFT

Japón es ahora un gran productor y exportador de cultura *soft*, como anime, manga, moda, j-pop, series televisivas y Hello Kitty. A través de **festivales japoneses** que incluyen música, baile y artes marciales, así como de eventos como concursos de manga, personas de todo el mundo pueden experimentar la cultura *soft* de Japón.

A POR EL MUNDO

El j-pop se hizo popular en los países vecinos a partir de la década de 1990. El sonido, el estilo, la gestión y la popularidad del j-pop ha influido en la música de otros países asiáticos y ha dado lugar al **k-pop (en Corea) 372–373 »**, al c-pop (en China) y al m-pop (en Malasia) que, junto al j-pop, resultan cada vez más populares fuera de Asia.

fue uno de los grupos de la década de 1990 que consiguió dar el salto a la fama y firmar un contrato con una discográfica importante. Combinaban punk, rock y pop en un estilo innovador y personal. En las distintas regiones japonesas se produce un j-indie también diferente. La música del área de Osaka se describe

Arte visual

Otro de los movimientos destacados en el seno del j-pop o el j-rock es un estilo de interpretación conocido como Visual Kei. Los músicos son famosos por el abundante maquillaje, los elaborados peinados y los atuendos llamativos. En parte como consecuencia del maquillaje,

«Para mí, el **Visual Kei** es **libertad** para **expresarme**.»

YOSHIKI, ARTISTA VISUAL KEI, EN UNA ENTREVISTA A *JAME WORLD MAGAZINE*, 2011

como «música del ruido», con baterías, bajos, guitarras y vocalistas estridentes, mientras que el región de Tokio ofrece música psicodélica, improvisaciones y novedosas tendencias como el silencio radical. Algunos músicos alternativos son Haino Keiji, un músico del ruido, y Sachiko M, un músico electrónico que crea sonidos de tortura.

los artistas Visual Kei suelen presentar una estética andrógina, y algunos de los grupos mantienen su orientación sexual en secreto. Aunque el Visual Kei suele describirse como música japonesa popular, está vinculado al j-pop, al glam rock, al heavy metal y al punk rock: lo que caracteriza este género musical es más la estética de las actuaciones que la música en sí. Los grupos X-Japan y Luna Sea son algunos de los pioneros del Visual Kei.

Fenómeno pop

El grupo femenino japonés AKB48, que ostenta el récord Guinness del grupo de música con más miembros (86), ha conseguido tal popularidad que es un fenómeno musical y social en sí mismo. Se trata de un grupo gigantesco que está dividido en tres, lo que le permite actuar a diario en su propio teatro de Akihabara (Tokio), al tiempo que actúa simultáneamente en otros lugares. Esto hace que el grupo sea más accesible al público y a los aficionados que ningún otro grupo de j-pop. Sus integrantes están entre la adolescencia y los 25 años de edad y participan en espectáculos de baile con abundante coreografía. Siempre

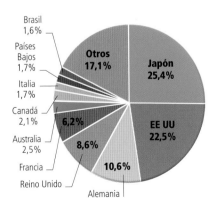

Brasil 1,6%
Países Bajos 1,7%
Italia 1,7%
Canadá 2,1%
Australia 2,5%
Francia
Reino Unido
Alemania

Otros 17,1%
Japón 25,4%
EE UU 22,5%
6,2%
8,6%
10,6%

El mayor mercado musical del mundo

En 2010, Japón había superado a EE UU como mayor mercado musical del mundo. Más de una cuarta parte de todos los ingresos derivados de la música en el mundo se generan en el país nipón.

LOS HERMANOS YOSHIDA

Los Yoshida Brothers han resultado claves en el aumento del interés por el uso de instrumentos japoneses en la música pop y fusión. Saltaron a la fama con su primer álbum, en 1999, y han transformado a nivel visual y musical la imagen de la música tradicional japonesa, que ha dejado de estar pasada de moda para ser popular entre la juventud japonesa. Con el pelo teñido y trajes tradicionales, pero de colores vistosos, estos hermanos han dotado de energías renovadas a los instrumentos tradicionales. Combinan hábilmente su virtuosa ejecución del *tsugaru-tsamisen* con la música rock y pop y han aparecido en publicidad de Nintendo y un álbum de Disney.

Tinariwen en concierto
Estos tuaregs, exiliados del norte de Malí y apodados «los chicos del desierto», formaron en Argelia un colectivo musical en 1979, y su álbum *Aman iman* (el agua es vida), de 2007, fue un éxito mundial.

« ANTES

Los músicos africanos tienen un vínculo más directo con la música de sus antepasados que los europeos.

LOS HACEDORES DE MÚSICA

La tradición de los *griot* (bardos) de África Occidental se remonta al Imperio de Malí del siglo XIV, que se extendía desde África Central a África Occidental. La tradición *griot* es un legado del estricto sistema de castas de la cultura mande, donde solamente las **familias griot** podían hacer música. Los niños *griot* aprenden el arte de sus padres.

EL ARPA DE DAVID

Uno de los instrumentos africanos más antiguos que se sigue tocando en la actualidad es la *begena* etíope, una **lira** de diez cuerdas también conocida como arpa de David. Se cree que el rey etíope Menelik I la trajo desde Israel hacia el año 950 a.C.

INTÉRPRETE DE *BEGENA* EN EL SIGLO XIX

Música africana

Los músicos de África tienen el don de componer música innovadora con lo que tengan a mano. Las músicas del vasto continente africano comparten las influencias y los estilos de distintos países, al tiempo que integran ideas musicales occidentales.

Fuera de África, es muy probable que el más conocido de entre los muchos tipos de música africana que existen sea el del coro zulú de Sudáfrica. La escena de las músicas del mundo (o *world music*) durante la década de 1980 y, en concreto, el exitoso álbum *Graceland* (1986), del cantautor estadounidense Paul Simon, atrajeron la atención mundial sobre Ladysmith Black Mambazo, un grupo zulú formado por siete miembros y liderado por Joseph Shabalala. Los Ladysmith, popularísimos en la década de 1970, cantaban un estilo conocido como *iscathamiya*, tradicionalmente cantado por varones y sin ningún acompañamiento.

La voz de África

La cantante sudafricana Miriam Makeba (1932–2008), conocida como «Mama África» y a menudo llamada «la voz de África», desarrolló un estilo de jazz singularmente africano y se convirtió en una de las artistas africanas más importantes del mundo.

Makeba llegó a la fama durante el *boom* del jazz en Sudáfrica, a inicios de la década de 1950, y como cantante de Skylarks, un grupo íntegramente femenino que cantaba una mezcla de jazz y canciones tradicionales africanas. En 1959, Makeba decidió trasladarse a EE UU, donde se convirtió en la primera persona sudafricana en alcanzar el estrellato mundial, con éxitos como «The Click Song» y «Pata Pata», que llegó a estar en el Top 20. Además de cantar canciones populares, Makeba presentó canciones tradicionales xhosas y zulúes ante un público occidental.

Música con mensaje

Thomas Mapfumo (n. 1945) es el músico zimbabuense más conocido. A finales de la década de 1970, él y su grupo, Blacks Unlimited, fueron pioneros de un género musical con mensaje político y llamado *chimurenga* (que significa «lucha»), con letras sobre la lucha por la liberación del dominio británico. El *chimurenga* llevó el antiguo y apreciado instrumento de Zimbabue, el *mbira* (instrumento de lengüetas que se hacen vibrar con los dedos sobre una caja o tablero de resonancia), al formato de grandes grupos. Mapfumo lo consiguió cuando duplicó el sonido y los ritmos de la música del *mbira* con la guitarra eléctrica. Antes, el *mbira*, o piano de pulgar (p. 366), solo se había limitado

151 Álbumes (excepto compilaciones) que grabó a lo largo de su carrera el prolífico músico nigeriano Fela Kuti.

prácticamente al entorno sagrado de las ceremonias religiosas: tres *mbiras* tocaban melodías complejas y entrelazadas, cuyo repertorio se remontaba al menos a mil años atrás.

Mapfumo ejerció gran influencia sobre Oliver Mtukudzi (n. 1952) quien, con su grupo Black Spirits, mezcló el *chimurenga* con el *jive* urbano de Sudáfrica, la rumba y el soul. En la década de 1980 esta música recibió el nombre de *tuku*. Al igual que Mapfumo, Mtukudzi escribía letras punzantes y fue el primer cantante zimbabuense en cantar sobre la epidemia de sida en su país.

Música de Malí y de Senegal

La centenaria tradición de los *griot* (bardos) continúa vigente en Malí. Su instrumento más característico es la *kora*, mezcla de arpa y laúd (p. 366) de hasta 26 cuerdas.

Algunos de los virtuosos de la *kora* contemporánea son Toumani Diabaté, Mory Kanté, Sekou Kouyaté y Ballaké Sissoko. Toumani Diabaté ha demostrado la versatilidad de la *kora* en escenarios de todo el mundo y ha colaborado con varios músicos de flamenco. También ha mostrado al público que el repertorio

El tambor parlante
Se cree que el yembé se utilizaba para transmitir mensajes a larga distancia. Llamado «tambor parlante», se toca con ambas manos y es uno de los instrumentos más habituales en África.

de solos de *kora* tiene rigor formal y profundidad musical. La música del célebre guitarrista maliense Farka Touré (1939–2006) puso de manifiesto los vínculos entre la música de África Occidental y el blues estadounidense. Su parca guitarra modal y su voz nasal y ronca solían ser comparadas con el cantautor de blues estadounidense John Lee Hooker. Farka Touré también tocaba el *njarka* (un violín con una sola cuerda), pese a que no procedía de una familia *griot*. Nació en la casta militar y tuvo que enfrentarse a sus padres para convertirse en músico.

El cantante más famoso de Malí es Salif Keita (n. 1949). Rechazado por su comunidad local desde pequeño debido a su albinismo (supuestamente da mala suerte), se trasladó a la capital de Malí, Bamako, en la década de 1960. Allí, se unió a los legendarios Super Rail Band de Bamako, que tocaban una música con influencias jazz y cubanas que algunos grupos congoleses, como OK Jazz, habían popularizado. Luego se unió a los Ambassadeurs, que añadieron a esta mezcla influencias soul, funk e incluso reggae. La música de Keita apuntó más al pop durante la década de 1980, cuando se trasladó a París.

La música de África Occidental asociada a Senegal es muy distinta. El *mbalax* es una fusión de percusión senegalesa tradicional *(sabar)* y pop, soul, jazz e influencias latinoamericanas. Youssou N'Dour (n. 1959) empezó a cantar *mbalax* antes de convertirse en uno de los cantantes africanos más famosos gracias a su éxito mundial «7 Seconds» con la cantante sueca Neneh Cherry, en 1994.

El blues del desierto

«Blues del desierto» es el nombre con el que se conoce la música de los tuaregs: nómadas bereberes que viven en las regiones del Sáhara de Níger, Argelia

Mama Africa
Miriam Makeba, en una portada de 1957. El gobierno sudafricano decidió revocarle la nacionalidad por haber declarado en contra del *apartheid* ante las Naciones Unidas en 1963. Actualmente continúa siendo una figura emblemática en Sudáfrica.

OBRAS CLAVE

- **Toumani Diabaté** «Elyne Road»
- **Ali Farka Touré** «Biennal»
- **Miriam Makeba** «Pata Pata»
- **King Sunny Ade** «Synchro System»
- **Franco** «Infidélité Mado»
- **Super Rail Band de Bamako** «Mansa»
- **Thomas Mapfumo** «Musanyepere»

---

y Malí. Grupos como Tinariwen, Etran Finatawa y Tamashek, han añadido guitarras eléctricas a la percusión, el violín de cuerda única y la flauta que acompañan a la música vocal tuareg.

Música para bailar

La alegre música de baile llamada *highlife* fue, virtualmente, la música nacional de Ghana durante los primeros días de su independencia política en la década de 1950. El nombre procede de lo refinado de su estilo inicial: la élite se acicalaba para escuchar a las orquestas…, mientras los músicos rurales pobres interpretaban una versión más ruda y basada en la guitarra.

« La **música en África** es un vehículo para las **relaciones sociales**, las conversaciones y las **ideas**. »

YOUSSOU N'DOUR, CANTAUTOR Y POLÍTICO SENEGALÉS (n. 1959)

E. T. Mensah lideró una orquesta de baile llamada The Tempos, el epítome del *highlife*, parecido al calipso y con un metal potente, mientras que Kwaa Mensah (no eran familiares) tipificó un estilo basado en los grupos con guitarra acústica. En las décadas de 1960 y 1970 surgieron guitarristas eléctricos como

Alex Konadu y C. K. Mann. El *highlife* también fue popular en Nigeria, donde se conocía como música *juju*. La guitarra eléctrica convirtió a King Sunny Ade, con sus grupos Green Spot Band y los African Beats, en la mayor estrella *juju* de toda la década de 1970 y principios de la de 1980.

En el vasto continente africano, ningún género musical sigue igual durante mucho tiempo.

HÍBRIDOS AFROELÉCTRICOS

El emprendedor grupo congoleño Konono No.1, junto a Kasai Allstars, lidera un género llamado **congotronics**. Los instrumentos tradicionales 366–367 », como el *likembé* (un piano de pulgar), se amplifican hasta que el sonido se distorsiona, con un acompañamiento de instrumentos de percusión casera.

En Sudáfrica, los músicos rurales componen **música electrónica *shangaan*** a partir de maquetas de marimba aceleradas o con marimbas de sintetizador.

MÚSICA *BUBU*

Sierra Leona ha revitalizado la música religiosa que se toca en el Ramadán gracias a músicos como Janka Nabay, que la han convertido en música *dance* electrónica. Conocida como *bubu*, transmitió un mensaje de paz durante la guerra civil de la década de 1990.

MÚSICO (1938–1997)

FELA KUTI

Kuti nació en Abekouta (Nigeria) y su madre era activista feminista y obrera. Aprendió piano y percusión antes de estudiar música clásica en el Trinity College de Londres. Allí tocó el piano en grupos de jazz y de rock y descubrió múltiples estilos musicales. En 1963 volvió a Nigeria y formó el grupo Koola Lobitos. Junto al percusionista Tony Allen, inventó el afrobeat, combinación de funk heavy estadounidense e influencias nigerianas.

Kuti sonaba como un James Brown africano, y durante la década de 1970 lanzó una prolífica serie de álbumes de gran éxito. Las letras de sus canciones eran radicalmente políticas y las cantaba en inglés pidgin. La policía nigeriana le acosaba con frecuencia y le detuvo y agredió en varias ocasiones.

1 TROMPETA
MARROQUÍ
Longitud: 1,5 m aprox.

2 SILBATO
SUDANÉS
Longitud: 10 cm aprox.

Instrumentos africanos

Con 54 países y más de 2.100 lenguas vivas, no sorprende que el continente africano cuente con una gigantesca variedad de instrumentos y de estilos musicales. Lo extraordinario es, quizá, lo mucho que tienen en común.

1 Trompeta marroquí El *nfir*, de aproximadamente 1,5 metros de longitud, señala tradicionalmente el final del Ramadán. **2** Silbato sudanés Este instrumento se talla en una calabaza o en una nuez. **3** Balafón Este xilófono de madera afinado se integra en la noble tradición de los *griots* de Guinea. **4** Calimba Este instrumento de Angola se puntea con los dedos y produce un sonido apagado, metálico y, con frecuencia, zumbante. **5** Agogô Campana doble y badajo de madera; los yoruba de Nigeria y Benín lo utilizan en ceremonias religiosas. **6** Chequeré Instrumento utilizado en Ghana, Nigeria y Guinea, esta calabaza seca se sacude y se golpea para proporcionar acompañamiento rítmico a la voz. **7** Sonajero del sur de África Este instrumento de percusión de Zimbabue está hecho con calabazas secas. **8** Kora Esta arpa de 21 cuerdas produce un bello sonido ondulante; se toca en Guinea, Malí, Gambia y Burkina Faso. **9** Cítara de palo africana Esta cítara con arco es una antecesora del birimbao brasileño. **10** *Valiha* Hecha con bambú de la isla de

Madagascar, esta cítara con cuerdas se pulsa con los dedos y se toca en solos o en conjuntos pequeños. **11** Tiple Esta cítara con forma de balsa se toca en Uganda; las cuerdas se tensan sobre la «balsa» de bambú y una calabaza de metal amplifica el sonido. **12** Lira luo Este *nyatiti* es una lira de ocho cuerdas, que tocan los luo del este de Kenia. **13** Begena Esta antigua lira (arpa) *begena* procede de Etiopía y de Eritrea y se la conoce como arpa de David. **14** *Rebāb* Los *sha'ir* (poetas cantores) tocan este antiguo instrumento de los beduinos nómadas del norte de África como un chelo diminuto. **15** Tambor congoleño El *ngoma* se toca de pie, con las manos en lugar de con baquetas, y puede medir hasta 1,2 metros de altura. **16** Tambor de ranura En África Occidental lo llaman *mondo*, en Guinea, *kolokolos*, y en el Congo, *mukoku*; es un instrumento de nota fija y suele ser de madera. **17** Tambor parlante Se toca en todo África Occidental y lo usaban los *griots*. Su forma de reloj de arena permite apretarlo para producir un sonido parecido a la voz humana.

9 CÍTARA
DE PALO
AFRICANA
Longitud: 1,2 m

3 BALAFÓN
Longitud: 1 m aprox.

4 BIRIMBAO

5 AGOGÔ Y
BADAJO DE MADERA

Longitud: 30 cm aprox.

Longitud: 25–28 cm

6 CHEQUERÉ
Diámetro: 20 cm

7 SONAJERO DEL
SUR DE ÁFRICA

Longitud: 35 cm aprox.

8 KORA
Altura: 1,2 m

10 VALIHA
Longitud: 1 m aprox.

11 TIPLE
Longitud: 45 cm

12 LIRA LUO
Altura: 50 cm

13 BEGENA
Altura: 1,2 m

14 REBĀB

Altura: 90 cm aprox.

15 TAMBOR
CONGOLEÑO
Altura: hasta 1,2 m

16 TAMBOR DE RANURA
Longitud: 50 cm aprox.

17 TAMBOR PARLANTE
Altura: 50–70 cm

« **ANTES**

La cultura afroamericana cuenta con una larga tradición de acompañar la poesía con percusión africana, jazz o soul.

POESÍA HABLADA

La **crítica social** y los recitales de Gil Scot Heron, The Last Poets y The Watts Prophets ejercieron una gran influencia sobre el hip-hop.

FUNK ELECTRÓNICO

El característico ritmo electrónico y el **bajo potente** del hip-hop proceden de artistas como Afrika Bambaata, Man Parrish o Jonzun Crew. El break-dance también forma parte de la cultura del hip-hop.

BREAK-DANCERS EN ACCIÓN

Hip-hop

Lo que se calificó de moda pasajera supera ya los 30 años de edad. Pasó de ser la banda sonora de los barrios bajos de EE UU a convertirse en una fuerza comercial mundial y cabría decir que es el género musical más influyente en la actualidad.

En la década de 1970, la música disco consiguió destronar al soul con conciencia política de Curtis Mayfield, Marvin Gaye y James Brown. Estaba más orientada a las pistas de baile que a las calles, era más alegre y sus letras hablaban de baile y de diversión. Los jóvenes afroamericanos de clase obrera no poseían una música que reflejara la vida en los barrios pobres y a menudo violentos donde vivían.

Los orígenes del hip-hop

Cuando el joven DJ Kool Herc (Clive Campbell) empezó a pinchar discos hard funk en la sala de juegos de su edificio de apartamentos aún no era consciente de que estaba inventando una nueva forma de música. En 1973, Herc no era más que un adolescente que se limitaba a hacer feliz a su público y que había encontrado una manera de prolongar tanto como quisiera la parte más *funky* de las canciones: utilizaba dos copias del mismo disco, cambiaba el sonido del uno al otro y revertía el giro del que no sonaba. Llamó *«breaks»* a estas secciones, durante las que también empezó a animar al público con cantos y exhortaciones sencillas. No tardó en delegar las vocalizaciones en Coke La Rock, un amigo con mayores aptitudes vocales, pero ya había sentado las bases tanto del hip-hop como del rap.

Otros le copiaron rápidamente, y la nueva moda colocó un éxito en las listas con el «Rapper's Delight» (1979) de Sugarhill's Gang, basado en el gran éxito disco «Good Times», de Chic. Más tarde, Grandmaster Flash, un DJ muy influenciado por Kool Herc, creó un estilo mucho más crítico cuando lanzó su éxito mundial «The Message» (1982); introdujo en el hip-hop la conciencia social, hablando con franqueza sobre las drogas, la pobreza y las bandas. Aproximadamente al mismo tiempo, Melle Mel, un socio de Flash, logró un éxito con «White Lines», una canción sobre el tráfico de cocaína.

El hip-hop se vuelve duro

Uno de los temas básicos de los raperos (también conocidos como MC) era el alardeo sobre su destreza con el rap. Hacia mediados de la década de 1980, Run DMC, Ultramagnetic MCs, Cold Crush Brothers y Eric B & Rakim se especializaron en letras combativas

Sencillo psicodélico

El trío De La Soul y sus vaqueros instilaron aventura en el hip-hop de finales de la década de 1980. En «Eye Know», del álbum *3 Feet High and Rising*, se sampleaba psicodelia de la década de 1960.

y en críticas ingeniosas. La música que las acompañaba utilizaba cajas de ritmos brutales y desnudas, y el *sampler*, un instrumento de grabación, hizo su aparición.

El precoz rapero de 17 años de edad LL Cool J dio un giro a este género y, además del habitual autoenaltecimiento, comenzó a hacer un rap romántico y dulce, como su exitoso «I Need Love». LL Cool J fue uno de los muchos artistas que firmaron con Def Jam Records, la mayor discográfica rap a mediados de 1980. Otro de los grupos que firmaron con el sello fueron los Beastie Boys, un trío de raperos blancos que llevaron el rap al público blanco convencional.

La banda más explosiva de la casa Def Jam fue, sin duda, Public Enemy, uno de los grupos más radicalmente

Posado de Public Enemy

Chuck D, Flavor Flav, Terminator X, Professor Griff y su grupo S1W integraban Public Enemy, el grupo definitivo de hip-hop en las décadas de 1980 y 1990. Hablaban de problemas sociales y de activismo, y sus técnicas musicales, como el *sampling*, fueron revolucionarias.

CAJA DE RITMOS Y *SAMPLER*

Los *samplers* como el SP1200 Sampling Drum Machine transformaron el sonido del hip-hop a finales de la década de 1980. Permitían que el productor de hip-hop sampleara o grabara un extracto de un disco y lo modificara, manipulara, cortara y encadenara, para que se repitiera como un estribillo musical. Los DJ de hip-hop ya producían su propia música a partir de los discos de otros músicos, pero los *samplers* permitieron a los productores sofisticar el proceso. Productores de hip-hop como The Bomb Squad, Ced-Gee, DJ Premier y los RZA componían canciones totalmente nuevas mezclando fragmentos de música de otros, como un *collage*.

JAY-Z

Nacido en el Marcy Project de Brooklyn (Nueva York), Jay-Z –cuyo verdadero nombre esShawn Corey Carter– tuvo una vida familiar difícil y una juventud desperdiciada, experiencias ambas que inspirarían sus exitosos álbumes. Pasó de vender CD desde su automóvil, siendo un adolescente, a convertirse en uno de los raperos de mayor éxito y en el presidente de la discográfica Def Jam en 2003. Hoy sigue trabajando con grandes raperos y ha recibido diecisiete premios Emmy.

Missy Elliott

La rapera de más éxito, Missy Elliott, escribe sus propias canciones y ha trabajado como productora junto a Tim Timbaland. En la imagen, interpreta «Work It» en la edición de 2003 de los American Music Awards (AMA).

Los Clan animaron a las discográficas hip-hop independientes a lanzarse a la industria musical. A finales del siglo xx había muchísimos grupos de hip-hop independientes.

Nuevo siglo, nuevos sonidos

En el extremo opuesto de la escala de la explosión del hip-hop independiente, hubo una serie de raperos que a finales de la década de 1990 y principios de la de 2000 lograron un éxito sin precedentes. La popularidad alcanzada por Jay-Z, Eminem, Missy Elliott, Kanye West y Drake hizo evidente el reinado mundial del género. Eminem demostró que el hip-hop también podía ser un vehículo para el tipo de rebelión adolescente en que antaño se había especializado el heavy metal. Kanye West, en cambio,

políticos en la historia de la música pop. Sus dos raperos, Chuck D y Flavor Flav, fueron al hip-hop lo que los Sex Pistols al punk: sus canciones ladraban letras militantes y comentarios corrosivos sobre la desigualdad racial en EE UU. Sus productores, The Bomb Squad, los apoyaban con música adecuadamente discordante, aunque muy bailable, y aprovechaban todas las posibilidades de sonido que ofrecían los *samplers*, para convertir los sonidos de sirenas antiaéreas y de teteras sibilantes en instrumentos musicales.

Gangsta rap, jazz cats e indie

La militancia de Public Enemy encontró una contrapartida en el gangsta rap que emergió en Los Ángeles y en el resto de la Costa Oeste de EE UU. El rapero Ice T escribía raps sobre bandas, atracos y proxenetismo.

El grupo NWA («Niggaz Wit Attitudes») se convirtió en sinónimo del gangsta rap. Su álbum debut, *Straight Outta Compton* (1988), condenaba directamente a la policía y generó mucha controversia. NWA contaba con los raperos Ice Cube, Eazy-E y Dr. Dre, que luego alcanzarían el éxito en solitario.

Por el contrario, una escuela de rap distinta, basada en la ciudad de Nueva York, celebraba la excentricidad con una estética inspirada en el jazz. De La Soul fueron los progenitores de esta música. Sus letras elípticas, su música ecléctica y su imagen divertida convirtieron su álbum debut, *3 Feet High and Rising*, en todo un clásico. El jazz-rap explotó a principios de la década de 1990, con raperos y DJ de grupos como A Tribe Called Quest, Dream Warriors, Gang Starr y Pete Rock & CL Smooth, que

saqueaban las colecciones de discos de sus padres.

En un principio, Queen Latifah formó parte del círculo más amplio de De La Soul, quienes colaboraron en su primer álbum, *All Hail The Queen* (1991), que transmitía una sensación efervescente y ligera tanto con la música como con las letras. Aunque ahora se la conoce más por su faceta de actriz, a finales de la década de 1980 fue una de las raperas neoyorquinas más carismáticas.

Aún en la década de 1990, el rap volvió a sus orígenes gracias al indie hip-hop. Grupos como Wu-Tang Clan devolvieron el hip-hop a su esencia, mediante raps inspirados en películas de kung-fu y en la filosofía oriental.

aportó al rap introspección y una voz más urbana y de clase media.

Musicalmente, el hip-hop dejó de sonar como tal en múltiples ocasiones. Los raperos cada vez eran más osados: los Outkast, de Atlanta, introdujeron influencias soul y psicodélicas en su música y desdibujaron las líneas entre lo que se cantaba y lo que se rapeaba. Actualmente, los productores pueden estar tan influenciados por el euro-pop, el tecno, el drum and bass o el afrobeat como por el funk o el soul.

«El rap se hace [...], el hip-hop [...] se vive.»

EL RAPERO KRS-ONE, 1986

OBRAS CLAVE

Grandmaster Flash & the Furious Five
«The Message»
Public Enemy «Bring The Noise»
Dr. Dre «Deeez Nuuts»
De La Soul «Potholes in my Lawn»
Wu-Tang Clan «Bring Da Ruckus»
Outkast «Aquemini»

DESPUÉS

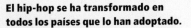

El hip-hop se ha transformado en todos los países que lo han adoptado.

HIP-HOP BRITÁNICO

En Reino Unido, el género llamado *grime* ha recurrido a la música de los videojuegos, a los tonos de móvil, al tecno y al rave para ofrecer un fondo electrónico salvaje a un rap aceleradísimo. También se ha mezclado el hip-hop y el **dub reggae** para crear una música instrumental lenta y rítmica conocida como «dubstep».

SABOR LATINO Y GALO

En Latinoamérica, el **reggaetón**, una mezcla de reggae dance y de hip-hop con letras en español y percusión latina, ha convertido a **Ivy Queen** y **Daddy Yankee** en superestrellas. El francés también ha resultado ser ideal para el hip-hop, con raperos como el versado MC Solaar, TTC y Supreme NTM, que aportan influencias galas al ritmo del hip-hop.

Voz política

Andre 3000 (izq.), del grupo de rap Outkast, y Reverend Run, de Run DMC, contribuyeron a crear conciencia política en el Boston Hip-Hop Summit Youth Voter Registration Event, en 2004.

« ANTES

La música disco es la base del house y el tecno contemporáneos. Los cambios en la tecnología musical dotaron de un sonido electrónico a la música que los DJ pinchaban en las discotecas.

DISCO ELECTRÓNICO

Aunque a mediados de la década de 1970 las cajas de ritmos y los sintetizadores eran primitivos según los criterios actuales, **Giorgio Moroder** produjo el sencillo de seis minutos de duración «I Feel Love» para la cantante soul **Donna**

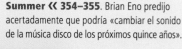

GIORGIO MORODER

Summer « 354–355. Brian Eno predijo acertadamente que podría «cambiar el sonido de la música disco de los próximos quince años».

PIONEROS

El synth-pop mecánico de «Trans-Europe Express», de los alemanes **Kraftwerk**, y el exotismo electrónico de los japoneses **Yellow Magic Orchestra «** 336–337 y su «Riot in Lagos» ejercieron gran influencia en la música electro de inicios de la década de 1980 y sentaron las bases de la música house.

El **clubbing**

La música dance explotó cuando ir de discotecas se convirtió en un estilo de vida durante la hedonista década de 1970 y el DJ pasó a ser considerado un artista. En el siglo xxi continúa evolucionando y aporta subgéneros innovadores a un ritmo acelerado.

No hubo un momento concreto en que la música disco muriera para dar paso a la electrónica. En un proceso que se ha visto una y otra vez con la música de discoteca, un sonido o un estilo nuevo se convertía en una tendencia que, una vez adoptada por los DJ y los productores suficientes, acababa siendo irreconocible respecto a su encarnación anterior. El «funk electrónico», originado en un barrio del Bronx, zona de Nueva York predominantemente afroamericana, pasó a conocerse como «electro». Ha sido uno de los estilos musicales más destacados de los últimos cincuenta años: dio lugar al hip-hop, al house y a todos los estilos que se han derivado de ellos.

Del electro al house

Afrika Bambaata, un DJ neoyorquino, escribió y produjo «Planet Rock» (1982), que se convirtió en el himno fundador del electro. Era enormemente deudor de los pioneros del sintetizador de la década de 1970, como Kraftwerk y Yellow Magic Orchestra, de los que se apropió varias características: las principales influencias de un género que surgió en los guetos afroamericanos provenían de alemanes blancos de clase media y de japoneses formados en la música clásica.

Mantronix, Jonzun Crew y Man Parrish experimentaron con el electro, liderado por la caja de ritmos. En ocasiones podían aparecer letras tipo rap que animaban a bailar. Algunos de los pioneros del electro se convirtieron en DJ y productores house y tecno, como Juan Atkins, de Detroit, que ha grabado música bajo los nombres de Cybotron, Channel One y Model 500.

Chicago, a principios de la década de 1980, puede atribuirse el título de cuna del house. Los DJ de dicha ciudad pinchaban combinaciones eclécticas de disco de finales de la década de 1970 mezclado con electro y synth pop.

8.000 **Aforo del club nocturno Privilege, en Ibiza, conocido como la capital mundial de las discotecas.**

Fiestas rave

El house llegó a Europa a finales de la década de 1980, con los raves: fiestas, normalmente en lugares industriales, que duraban toda la noche. Entonces, la cultura rave volvió a EE UU, donde se hizo extraordinariamente popular.

HOUSE

El primer house fue una forma de música dance austera que usó las nuevas cajas de ritmos y sintetizadores disponibles en la década de 1980, como el Roland TR-808, con sus icónicos sonidos de percusión desnudos. Íntegramente generado por máquinas, el house abandonó la canción tradicional en favor de fragmentos vocales (a menudo extraídos de discos antiguos de soul, disco o gospel) o cantos repetidos. Los elementos básicos son la percusión y el bajo, junto a un incasable bombo a ritmo del clásico patrón *four-on-the-flour*, legado de la música disco (pp. 354–355), aunque, en el house, la percusión está en primera línea y desbanca al vocalista.

Controles de los filtros para ajustar el tono

La todopoderosa caja de ritmos
El sintetizador de bajos Roland TB303 fue el sonido definitorio del acid house, con un castañeteo electrónico tan cómico como amenazador y con filtros programables para voces repetidas.

Interruptores de selección de patrones para cambiar el ritmo

Mr. Fingers fue el faro de lo que se conoció como deep house, término con que se describía un house con elementos soul, como fragmentos de rhythm and blues clásico o voces de gospel. El ultraminimalista «Acid Tracks» (1987), de Phuture, fue especialmente influyente. Su empleo del Roland TB303 (el sintetizador de bajo con un característico sonido acuático) se convirtió en el sonido definitorio del acid house.

Por su parte, Detroit desarrolló su propia versión del house, que se dio en llamar Tecno de Detroit. Derrick May, Juan Atkins y Kevin Sanderson se convirtieron en los tres grandes del Tecno de Detroit, y «Strings of Life» (1987), de May, llegó a ser un himno house mundial, que combinaba arreglos de violín sintetizado y voces soul.

Estilo house
Uno de los grupos más duraderos en la escena rave de la década de 1980, The Prodigy (liderado por el productor Liam Howlett, en la imagen), añadió una sensibilidad punk a su música dance impulsada por el breakbeat.

El house se va de rave
El house desembarcó en Europa y, hacia 1987, se hizo inmensamente popular en Reino Unido con artistas como Bomb the Bass, Coldcut, MARRS y S'Express. Estos añadieron elementos pop y, a menudo, utilizaban técnicas de *collage* y *samplers*.

En la Europa continental, subgéneros como el «italo house» (o piano house) se hicieron populares en las discotecas mediterráneas y dieron lugar a enormes éxitos dance, como «Ride On Time». El house británico se volvió más rápido y duro en las discotecas y raves, con artistas como Altern8 y The Prodigy que añadían fragmentos *break* (sampleados de discos hip-hop) y voces distorsionadas, como las de las ardillas de los dibujos animados. Los DJ calculan las pulsaciones por minuto (PPM) de los discos, para mezclarlos con facilidad. Las canciones house tendían a tener unas 120 PPM, mientras que las melodías rave solían alcanzar hasta las 180 PPM.

A principios de la década de 1990, este fenómeno derivó en el drum and bass, un refinamiento del house británico caracterizado por una programación rítmica acelerada y bajos de dub reggae. El productor y DJ Roni Size (Ryan Williams) hacía drum and bass con influencias jazz-funk; Photek (Rubert Parkes) llevó los ritmos al extremo; y Goldie (Clifford Price) añadió influencias soul y ambiental.

En la década de 1990, las discotecas de Reino Unido y EE UU bailaban al ritmo de la contundente percusión del big beat (o breakbeat). Era música esencialmente instrumental, inspirada en el hip-hop más *funky* y bailable, con ganchos vocales sampleados de canciones soul o rap y, con frecuencia, arreglados con una dureza que atraía a los aficionados al rock. Chemical Brothers y FatBoy Slim

Dubstep a toda potencia
Sonny John Moore, llamado Skrillex, el joven productor de música *dance* afincado en Los Ángeles, transformó el lúgubre dubstep londinense al insuflarle la potencia y el volumen del hip-hop y el heavy metal.

ejemplifican este género y una gran parte de la música de The Prodigy se ubica en el BigBeat.

El garage, o speed garage, un house más ligero y *funky*, se convirtió en la nueva tendencia en Reino Unido cuando parecía que el drum and bass se había estancado, hacia finales de la década de 1990. El garage de Grant Nelson, Artful Dodger y MJ Cole se adaptaba a la pista de baile mejor que el drum and bass y estaba inspirado en la música house del productor estadounidense Todd Evans. Y, algo poco habitual en el house, atrajo a los raperos, quizás por sus influencias del rhythm and blues clásico.

Trance y dubstep
La música atronadora e implacable del trance conocido como trance (o Goa trance) surgió en Alemania en la década de 1990, y aún es popular. En el extremo opuesto del tempo, es muy posible que el dubstep sea el género de pista de baile relativamente reciente más sorprendente en la escena global. Los artistas dubstep, como Burial, Kode 9 o Skream fueron pioneros de esta nueva forma musical

Muchos artistas house abandonaron las discotecas a medida que sus ambiciones superaban la pista de baile. Si bien, siguen componiendo con el mismo sonido electrónico.

DANCE INTELIGENTE
La discográfica británica WARP se ha convertido en el sello más influyente de lo que se conoce como **electrónica** (IDM, *intelligent dance music*). Artistas como Squarepusher y Aphex Twin y dúos como Autechre y Boards of Canada han compuesto álbumes seminales de este género, que deben tanto a la **música clásica contemporánea** y a la **música ambiental** como al *clubbing*, o cultura de discoteca.

La **música glitch**, que crea caprichosos ritmos a partir de los sonidos no deseados que hace un **CD cuando salta** o un **LP rayado**, se ha convertido en la marca de la discográfica experimental Milles Plateaux y puede oírse en el trabajo de Pole y Oval.

OBRAS CLAVE

Phuture «Acid Tracks»

Rhythim is Rhythm «Strings of Life»

A Guy Called Gerald «Voodoo Ray»

Roni Size «Brown Paper Bag»

The Prodigy «Out of Space»

Skrillex «Scary Monsters and Nice Sprites»

cimbreante y con bajos contundentes, pero su ritmo muy influenciado por el reggae ha trascendido sus raíces del sur de Londres. En EE UU, Skrillex, afincado en Los Ángeles, ha logrado un enorme éxito con el dubstep, al que ha dotado de una actitud y una energía rock que choca con sus orígenes de música dance introspectiva e inusualmente lenta.

« **A N T E S**

Aunque antaño Corea era conocida como «el país de la mañana tranquila», siempre ha sido una nación animada por la música y el baile.

UNA TRADICIÓN ANTIGUA

Los murales funerarios del siglo IV d.C. muestran escenas de música y baile, y los textos históricos narran leyendas sobre cómo se crearon los instrumentos musicales y los repertorios. En Seúl, el Centro Nacional Gugak, que promueve las artes escénicas coreanas tradicionales, conserva música cortesana anterior al siglo XV.

LA MÚSICA DE DEIDADES PROTECTORAS

LA MÚSICA DEL CAMPO

Hasta hace poco, la Corea del Sur rural resonaba con el sonido de grupos de percusión (*p'ungmul*) y canciones folclóricas (*minyo*) interpretadas durante rituales, trabajo y ocio. Los músicos viajaban por el país y representaban *p'ansori* (una forma de narración cantada) y *sanjo* (obras de una hora de duración para un instrumento melódico acompañado de percusión).

MÚSICA OCCIDENTAL

Los misioneros introdujeron en el país la música occidental en el último cuarto del siglo XIX. Si bien la ocupación japonesa de 1910 suprimió su desarrollo, tras la guerra de Corea (1950–1953), los músicos tuvieron más libertad. Algunos compositores estudiaron música en Alemania, como **Isang Yun** (1917–1995), que asistió a las influyentes y vanguardistas escuelas de verano en Darmstadt **«** 266–267.

A la conquista del mundo
Las fans animan a grupos surcoreanos en el k-Pop Festival de Hong Kong en 2012. Otros conciertos de la gira, organizada por el programa de televisión *Music Bank*, se celebraron en Japón, Francia, Chile e Indonesia.

OBRAS CLAVE

BoA «Only One»
Super Junior «Sorry, Sorry»
Girls' Generation «The Boys»
Psy «Gangnam Style»
Big Bang «Fantastic Baby»
2NE1 «I Am the Best»

La **ola coreana**

A principios de la década de 1990, los jóvenes artistas de Corea del Sur comenzaron a dar algo un toque original a estilos occidentales como el hip-hop o el electro pop. En dos décadas este fenómeno se convirtió en un tsunami musical impulsado por la fuerza de las redes sociales.

Todo empezó en marzo de 1999, cuando el grupo Seo Taiji and Boys irrumpió en las listas con la canción dance «I Know», el primer sencillo rap emitido por radio en Corea del Sur. El pop del país, atrapado en el tiempo, producía baladas anodinas influidas por la música pop china y japonesa.

Por entonces, muchos músicos coreanos jóvenes empezaban a mirar hacia EE UU e incorporaban elementos del hip-hop, el tecno y otros estilos. Para aplacar a los censores nacionales, evitaron cualquier referencia al sexo y a la violencia, tan presentes en el rap estadounidense, pero aun así atrajeron a un público joven con letras sobre temas como la educación.

Crear una sensación nueva

Un emprendedor surcoreano con olfato para la música detectó rápidamente el potencial popular de este nuevo tipo de pop. Lee Soo-man, un ambicioso licenciado de la Universidad Nacional de Seúl, ex cantante y fundador de la compañía S. M. Entertainment, creó el primer grupo masculino del país, H.O.T. (High Five of Teenagers) en 1996. Se vendieron más de un millón y medio de copias de su primer álbum, y cuando el grupo se separó, siete años después, había vendido más de diez millones de álbumes.

Soo-man percibió pronto las enormes posibilidades comerciales de los «grupos ídolo» y repitió su éxito de H.O.T. con el primer grupo femenino de éxito en Corea del Sur, S.E.S. (las iniciales de sus integrantes, Sea, Eugene y Shoo), en 1997. No tardaron en seguirle otros grupos femeninos, como Baby V.O.X.

(Baby Voice Of Expression) y Fin K. L. (Fin Killing Liberty), formados por otras discográficas que también explotaron dicho potencial.

A finales de la década de 1990, los grupos surcoreanos ya contaban con una base de fans enorme en Extremo Oriente, incluso en Taiwán, Hong Kong y China. Y fue precisamente en China, en 1999, donde se acuñó el término *hallyu* «ola coreana», para describir el influjo del cine, la música y la cultura popular coreanas en la región. En 2002, Corea del Sur era el segundo mercado musical de Asia, con ventas nacionales de unos 300 millones de dólares y S. M.

Grupos femeninos en serie
Actuación de Girl's Generation en 2012, en Yeosu (Corea del Sur). Su primer concierto fue en 2007, siete años después de que la primera integrante se uniera al riguroso sistema de entrenamiento de S. M. Entertainment.

Entertainment, de Soo-man, cotizaba en bolsa y controlaba a unas 70 estrellas.

La ola gana fuerza

En 2002, BoA (Kwon Boa), de 17 años de edad, otro de los talentos de la canción y el baile detectados por S. M., se convirtió en la primera solista surcoreana que llegaba al número 1 de las listas japonesas, con su disco sencillo de debut y su primer álbum. Al igual que otras estrellas surcoreanas, empezó a cantar en inglés para captar la atención internacional. Tras colocar seis álbumes en los números 1 japoneses y con fans en todo el sudeste asiático y en el este de Asia, irrumpió en EE UU en 2008, y en 2009 lanzó un álbum en inglés.

Rain (Jung Ji-Hoon), otro prodigio de la canción y el baile, consiguió la misma popularidad. Lo descubrió Park Jin-young, productor y director de la compañía JYP Entertainment, y su tercer álbum, *It's Raining* (2004), coronó todas las listas asiáticas. Dos años después, las entradas para sus conciertos en el Madison Square Garden,

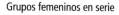

> ## «Grupos masculinos embelesan a adolescentes de Tokio a Taipéi.»
> *TIME MAGAZINE*, 29 DE JULIO DE 2002

Gangnam Style
El rapero surcoreano Psy baila el baile del caballo de «Gangnam Style» en el programa *Today*, de la cadena NBC, en 2012. Incluso el presidente Obama intentó bailarlo en su fiesta de toma de posesión de 2013.

El cine se sube a la ola
Sympathy for Lady Vengeance (2005), tercera película del director Park Chan-wook, explora la venganza, la violencia y la salvación. El cine se unió a la música como parte de una oleada cultural surcoreana más amplia.

en el O2 Arena de Londres, las entradas se agotaron en cuestión de horas.

El hombre diluvio
La industria musical surcoreana siguió creciendo, con ventas de 9.000 millones de dólares solo en el primer trimestre de 2012. Sin embargo, fueron un hombre, su canción y su videoclip los que situaron al pop surcoreano en el escenario mundial.

En julio de 2012, Psy (Park Jae-sang), un cantante, rapero y bailarín de 34 años, lanzó el sencillo «Gangnam Style», que lleva el nombre de un barrio de Seúl, su ciudad natal. Entró directamente en el número 1 de las listas surcoreanas y, una vez el vídeo apareció en YouTube, pasó a ser una sensación mundial. El 21 de diciembre de 2012, «Gangnam Style» fue el primer vídeo de YouTube en superar los mil millones de reproducciones. Psy apareció en la televisión estadounidense, la cantante pop Britney Spears tuiteó que quería aprender los pasos del baile, y miles de parodias en vídeo inundaron internet, como el «Eton Style», interpretado por los alumnos del elitista colegio Eton, en Reino Unido. En menos de un año, el videoclip de YouTube había sido visto 1.500 millones de veces, casi el doble que cualquier otro vídeo. El mundo entero se había subido a la ola coreana.

en Nueva York, se agotaban, y empezó a actuar en películas de Hollywood como *Speed Racer* (2008) y *Ninja Assassin* (2009).

Nuevos medios de control
Este imparable éxito mundial solo fue posible gracias al estricto régimen que imponían las discográficas surcoreanas. Creaban estrellas descubriendo a talentos y entrenándolos durante hasta seis años, antes de atarlos mediante contratos que controlaban toda su producción. Algunas estrellas se rebelaron: tres integrantes del grupo TVXQ, de S. M. Entertainment, argumentaron con éxito ante un tribunal de Seúl en 2009 que su contrato de trece años era demasiado largo.

El gobierno surcoreano colaboró con las discográficas para construir el alcance global de la ola coreana. Después de 2010, las tres organizaciones musicales principales, JYP Entertainment, S. M. Entertainment e YG Entertainment, fundaron los sellos JYP Nation, SM Town y YG Family con objeto de aprovechar al máximo las redes sociales. Tuiteaban

75 Número de países en que el videoclip de «Gangnam Style» se reprodujo entre julio y diciembre de 2012.

noticias y fotografías de las estrellas y organizaban concursos para que los fans internacionales se aprendieran los pasos de baile. Mientras tanto, el Ministerio de Cultura coreano inauguró «academias de k-pop» en el extranjero, para difundir la cultura surcoreana aprovechando la popularidad de la música pop nacional.

Las campañas en redes sociales como Facebook y Twitter lograron que grandes multitudes recibieran a los artistas en gira, y la demanda de entradas era enorme. En 2012, cuando YG Entertainment anunció que el grupo masculino Big Bang actuaría

Parece ser que la influencia del pop surcoreano va para largo. El gobierno planea convertir el país en toda una potencia cultural.

UNA OLA CON PRESUPUESTO NACIONAL
En 2013, Park Geun-hye, la primera presidenta de Corea del Sur, asignó un dos por ciento sin precedentes del presupuesto nacional a dar apoyo a «actividades creativas de una amplia gama de géneros [...], mientras que se cuidarán los contenidos de la industria que fusiona la cultura con la tecnología avanzada». Y añadió: «Juntos, con el pueblo coreano, promoveremos un nuevo renacimiento cultural».

Nuevas voces clásicas

En la década de 1960 surgió en EE UU y Europa una nueva composición minimalista. Esta música, de unidades repetitivas y evolución lenta, fue acogida por unos y rechazada por otros. Hoy, los compositores pueden elegir desde la simplicidad más extrema hasta la complejidad más absoluta.

E l estadounidense Terry Riley llevó la sencillez a un nuevo estatus. Su obra *In C* (1964) tiene 53 módulos musicales, que tantos músicos como se quiera pueden tocar tantas veces como deseen. Sus ideas ejercieron una gran influencia sobre otros tres compositores estadounidenses, Steve Reich, Philip Glass y John Adams, cuya música se conocería como minimalista. Reich se ha mantenido más fiel a las raíces del minimalismo, y su obra demuestra que la repetición y la variación pueden generar una música

cuya intensidad induce un cuasi trance. Los músicos pop han «sampleado» su obra con frecuencia. Glass y Adams se alejaron de la austeridad del minimalismo y adoptaron un estilo armónico más rico, en el que las pulsaciones insistentes no son tan importantes.

Philip Glass ha escrito diez sinfonías y veinticuatro óperas, como la bio-ópera sobre Walt Disney, *The Perfect American* (2013). John Adams se hizo famoso con *Nixon in China* (1987), sobre la reunión mantenida por Richard Nixon y Mao Zedong en 1972, y su *Doctor Atomic* (2005) trata del Manhattan Project de 1945 y de la reflexión de Robert Oppenheimer sobre la moralidad de la bomba atómica.

Inglaterra adopta el minimalismo

El minimalismo pronto dejó su impronta en Europa. Es posible que el primero en aplicar el término «minimalismo» fuera Michael Nyman, que en la década de 1960 se unió a dicha corriente, tras haber escuchado la música de Reich por la radio. Nyman es conocido sobre todo por sus composiciones para las bandas sonoras de películas de Peter Greenaway como, por ejemplo, *El contrato del dibujante* (1982).

La armonía estática del minimalismo también es importante en la obra de John

La partitura

In C (1964), de Terry Riley, puede durar unos minutos o varias horas, a voluntad de los intérpretes. Toda la partitura cabe en una página.

Taverner, quien expresa su fe cristiana a través de la música, y a quien se le describe, a menudo con desdén, como el «minimalista santo». Su música aspira a la atemporalidad de los símbolos religiosos, y *The Veil of the Temple* (2002) es como una «vigilia nocturna» de ocho horas de duración.

El compositor Harrison Birtwistle, también británico, es un detractor del minimalismo. Ha declarado que «lo que llamamos música minimalista no significa nada; la encuentro simplista». Su obra es compleja, abrasiva y con varias facetas. Quien la escucha percibe que a través de la música se despliegan rituales antiguos y violentos, como en su obra maestra para orquesta *Earth Dances* (1986).

Las primeras óperas de Mark-Anthony Turnage y de Thomas Adès fueron todo un éxito. La de Turnage, *Greek* (1988),

plasmó el Londres asolado por la recesión con una música influida por el jazz de la década de 1970, mientras que *Powder Her Face* (1995), de Adès, revivió el escándalo del divorcio de la duquesa de Argyll. Turnage integró el jazz en la pieza de cámara *Blood on the Floor* (1994), escrita para solistas que improvisan y orquesta, y Adès se inspiró en el pop para *Cardiac Arrest* (1995), un arreglo de una canción del grupo británico Madness, que evoca la maníaca despreocupación del original.

Luces del norte

En Finlandia, Esa-Pekka Salonen, Kaija Saariaho y Magnus Lindberg formaron la asociación musical Korvat Auki (Oídos Abiertos), a fin de explorar la música de vanguardia. Cada uno desarrolló su estilo. La música de Salonen es efervescente y exige virtuosismo, mientras que la de la compositora Saariaho es contemplativa y muy sensible a la voz; entre las óperas de esta última destaca *L'amour de loin* (2000), basada en la vida de un trovador provenzal del siglo XII. Las primeras obras de Lindberg, como *Kraft* (1985), encarnan su afirmación de que «solo lo extremo es interesante»; componía con la ayuda de

Oriente y Occidente

El compositor chino Tan Dun, a la batuta. Sus obras, como *Ghost Opera*, son un exitoso choque de la tradición asiática y el lenguaje occidental moderno.

ENTENDER LA MÚSICA

MINIMALISMO

El minimalismo surgió en EE UU en la década de 1960. Su sencillez, repetición y ritmo constante eran una alternativa a las complejas composiciones de la época. Ignorados por la corriente principal, Steve Reich y Philip Glass formaron sus propios conjuntos. Ahora, orquestas de todo el mundo hacen cola para interpretar sus obras. Aunque sus elementos básicos siguen siendo los mismos y las primeras composiciones minimalistas conservan su potencia desnuda, la tecnología ha ampliado sus posibilidades estilísticas.

« ANTES

La repetición se remonta al canto gregoriano medieval y siempre ha sido fundamental en la tradición musical de Occidente.

EXPERIMENTOS CON LA REPETICIÓN
En 1893, **Erik Satie** « 204–205 compuso una obra titulada *Vexations*, donde un tema sencillo se repite 840 veces. En 1963, **John Cage** « 266–267 llevó a cabo la primera representación completa, y su propia obra *Four Walls* utiliza exclusivamente las teclas blancas del piano y juega con el silencio y la repetición.

NUEVAS INFLUENCIAS
El compositor **La Monte Young** experimentó con la repetición; estudió junto a **Karlheinz Stockhausen** « 270–271 en la década de 1950, pero su estilo cambió al escuchar la música de Cage y la **música india** « 340–341. Su *Composition 1967 #7* (1960) consiste en dos notas «que se sostienen durante mucho tiempo».

Módulo musical que se repite; todos los instrumentos siguen la misma partitura

Las frases están numeradas y se deben interpretar en orden

> «**Moriré** [...] antes de que la palabra **minimalista** haya **muerto**.»

STEVE REICH, COMPOSITOR MINIMALISTA ESTADOUNIDENSE, 1995

OBRAS CLAVE

Arvo Pärt *Tabula Rasa*

Harrison Birtwistle *Earth Dances*

Steve Reich *Clapping Music*; *Different Trains*

John Adams *Sinfonía de cámara*

Tan Dun *Ghost Opera*

Magnus Lindberg *Concierto de violín*

un ordenador, y creó armonías complejas para su Concierto de violín (2006).

La música clásica estonia sobrevivió a la era soviética, aunque el compositor más celebrado del país, Arvo Pärt, tuvo que marcharse en 1980. Su estilo inicial fue atonal, pero en la década de 1970 empezó a componer música de una melancolía lenta y extática. Como Taverner, se le ha calificado de «minimalista santo», si bien Pärt prefiere el término *tintinnabuli* («campanas», en latín) para denotar su simplicidad radiante. Consiguió un público mundial con obras como *Tabula Rasa* (1977), para dos violines, «piano preparado» (p. 267) y orquesta.

COMPOSITOR (n. 1936)

STEVE REICH

Steve Reich nació en Nueva York, y sus primeras obras incluyen piezas donde se manipula la palabra hablada o las canciones pregrabadas para crear ritmos y repeticiones superpuestos.

En la década de 1970 se vio muy influido por una visita a África, evidente en *Clapping Music* (1972), donde dos pares de manos marcan patrones superpuestos; mientras que en obras más elaboradas, como *Different Trains* (1988), genera frases musicales para los intérpretes a partir de discursos pregrabados. Con los elementos básicos del minimalismo, Reich construye una obra rica y variada.

Modernismo en el nuevo milenio

El excepcional Elliott Carter empezó a componer en la década de 1930, y acabó su última obra semanas antes de fallecer, en 2012, a los 103 años de edad. Aunque su música podía ser de una densidad intimidante, tenía una vena lírica que fue ganando fuerza al final de su vida.

Los compositores afincados en Nueva York que integran la organización Bang on a Can (Michael Gordon, David Lang y Julia Wolfe) fusionan el minimalismo

1.000 Número de quejas recibidas por la BBC después de la retransmisión de *Panic*, de Birtwistle, en el concierto de clausura de los Proms de 1995.

24 Número de obras nuevas de Elliott Carter estrenadas después de su 100 aniversario.

con un nuevo lenguaje musical percusivo y estridente, llamado «postindustrial». Nueva York es también el hogar de Tan Dun, cuya música vincula el ritualismo chino a la vanguardia contemporánea y encarna un sano pluralismo.

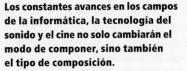

DESPUÉS

Los constantes avances en los campos de la informática, la tecnología del sonido y el cine no solo cambiarán el modo de componer, sino también el tipo de composición.

CINE EN 3D Y MÚSICA PREGRABADA

En 2013, *The Sunken Garden*, de Michael van der Aa, apuntó hacia dónde podía avanzar la ópera, con imágenes en 3D que interactuaban con sonido pregrabado y cantantes en vivo. Las orquestas adquirirán técnicas e instrumentos nuevos para adaptarse a los cambios.

EL AUGE DE LAS COMPOSITORAS

Las compositoras cambiarán la concepción que se tiene del lugar que ocupan las mujeres en el panteón de la música clásica. La inglesa Rebecca Saunders ya ha dejado su impronta y la coreana Unsuk Chin es solo una de las muchas que están introduciendo una estética asiática a obras compuestas en la tradición occidental.

La **revolución digital**

La tecnología que permite la transferencia rápida y sencilla de información mediante ordenadores, teléfonos móviles y otros aparatos, ha transformado el modo en que consumimos, interpretamos e incluso componemos música. Empezó con el CD y ha avanzado hacia el MP3 y otros formatos descargables.

El disco compacto (CD) supuso una ruptura con el pasado en términos de grabación y reproducción de música. El CD, un disco de policarbonato de 12 centímetros de diámetro y que contiene datos musicales grabados con láser sobre una fina capa metálica, fue celebrado por la pureza de sonido y la durabilidad física que se le atribuían. Los saltos, la estática y el ruido de la superficie del vinilo eran cosa del pasado, y más aún lo era la lenta degradación de la calidad del sonido de las cintas magnetofónicas de los casetes (pp. 258–259).

El CD empezó a comercializarse en 1982 y, poco a poco, se convirtió en el soporte mayoritario a la hora de grabar música. Más allá del entusiasmo inicial del público de música clásica, en 1985, el grupo británico de rock Dire Straits grabó en formato digital *Brothers in Arms*,

el primer álbum en CD del que se vendieron un millón de copias. El formato aportó a la industria discográfica una nueva y saludable fuente de ingresos, puesto que los consumidores no solo empezaron a comprar novedades en CD, sino que además renovaron sus antiguas colecciones de vinilos y casetes.

Bufet libre musical

En 1991 se patentó un nuevo formato audio digital: el MP3. Este formato, que comprime canciones y álbumes en archivos muy pequeños, se convirtió en la forma de almacenamiento y reproducción de música más usado en la revolución de la tecnología doméstica a finales del siglo xx.

Sin embargo, a la industria discográfica le preocupaba la facilidad con que podían copiarse los MP3. Copiar un archivo MP3 era muy sencillo y, con la generalización del acceso a Internet durante la década de 1990, la adquisición de archivos MP3 mediante descargas (compartición de archivos) se hizo habitual.

Las páginas web P2P para intercambiar archivos, como Napster y Limewire, permitieron que cualquiera con acceso a internet pudiera subir y descargar música en formato MP3 gratuitamente. Esto era ilegal en muchos países, pero también difícil de perseguir, pues esta música no se almacena en una ubicación centralizada. Por ejemplo, con el *software* de Napster, los usuarios podían visitar remotamente las colecciones de MP3 de otros.

Los músicos contraatacan

En 2000, el grupo estadounidense Metallica demandó a Napster. Habían descubierto que la radio emitía una demo de su (aún no lanzada) canción «I Disappear», después de que alguien la hubiera compartido en Napster, donde también podía encontrarse el resto de su repertorio. Metallica pidió un mínimo de diez millones de dólares por daños y perjuicios, lo que equivalía a 100.000 dólares por cada canción descargada de forma fraudulenta. Los abogados del grupo presentaron una lista de 335.435 usuarios de Napster que, supuestamente, compartían la música de la banda. Otros músicos, como el rapero y productor estadounidense Dr. Dre siguieron el ejemplo y llevaron

La tienda iTunes de Apple
Desde que el internet de banda ancha se generalizara en todo el mundo, la adquisición de MP3 mediante descargas de tiendas digitales como iTunes o Amazon se ha convertido en algo muy habitual.

a Napster a los tribunales; en 2001 se vio obligado a cerrar tras un requerimiento de la Recording Industry Asociation of America (RIAA). Desde la desaparición de la encarnación original de Napster, otros sitios web para compartir archivos han llegado y se han ido (como Pirate Bay y Megaupload), tras sonados juicios.

Llegar a los fans

Otra faceta de la revolución digital es que ha permitido a los músicos hallar nuevas maneras de conectar con su público. Firmar un contrato con una discográfica

solía ser lo más importante de una carrera musical; sin embargo, a principios de la década de 2000, la red social MySpace demostró ser un filón para los músicos que querían darse a conocer en sus propios términos.

Lily Allen, de Reino Unido, fue la primera cantante pop importante en hacerse famosa a partir de MySpace. Aunque ya había logrado firmar un contrato con una discográfica, no empezó a atraer a miles de «amigos» hasta que comenzó a colgar en MySpace demos de su burbujeante pop con influencias ska. También se hizo famosa como bloguera y, como una adolescente cualquiera, creaba artículos *(posts)* en su cuenta con comentarios francos e informales sobre otras celebridades, como Amy Winehouse o Katy Perry. Esto llevó a que, antes del lanzamiento oficial de su álbum de debut, *Alright, Still*, ya contara con miles de fans.

Del mismo modo, cuando el grupo británico de indie rock Arctic Monkeys obtuvo un éxito gigantesco en Reino Unido con su sencillo «I Bet that You Look Good on the Dancefloor», en 2005, pareció que habían salido de la nada. Sin embargo, en 2003, el grupo había grabado ya diecisiete demos que vendían en conciertos y que sus fans compartían inmediatamente en

Fans en línea
Los Arctic Monkeys consiguieron miles de fans en la red social MySpace. Aquí, el vocalista Alex Turner y el batería Matthew Helders actúan en el Orion Music Festival de 2012, en Detroit (EE UU).

<< **ANTES**

El furor que ha causado la piratería musical en la era digital es un eco de los temores que rodearon la grabación en casetes en la década de 1970 y 1980.

GRÁBALO

El auge de la popularidad del **casete** y la asequibilidad y disponibilidad relativas de las cintas vírgenes hizo que la British Phonographic Industry (BPI) lanzara campañas antipiratería, con eslóganes como «Las grabaciones caseras están matando a la música». En 1980, el grupo británico pospunk Bow Wow Wow lanzó un sencillo en casete titulado «C30, C60, C90 Go» (en alusión a las duraciones de las cintas) en una cinta cuya cara B era virgen, para que los compradores pudieran grabar en ella su propia música. En EE UU, el **«mixtape»** se convirtió en el formato estándar para que los DJ de hip-hop demostraran su habilidad. En la era digital de hoy, los DJ y los raperos siguen lanzando *mixtapes*, aunque ya no usan cintas de casete.

RADIOCASETE DE LA DÉCADA DE 1980

REPRODUCTOR DE MP3

El formato MP3 comprime la música en diminutos archivos de datos. Un CD puede albergar cientos de canciones en MP3. Este hecho, unido al rápido desarrollo de reproductores portátiles, como el iPod de Apple (en la imagen), ha hecho posible llevar colecciones enteras de música en el bolsillo.

Los reproductores portátiles de MP3 se han ido consolidando, y cada año que pasa aumentan tanto su capacidad de almacenamiento como sus funciones. Sin embargo, en la actualidad cada vez más gente almacena la música en sus teléfonos móviles en lugar de en los reproductores de MP3.

Música en el mercado libre
El grupo Radiohead lanzó el álbum *In Rainbows* en un formato de pago voluntario. Solo una tercera parte de quienes descargaron el álbum optaron por no pagar nada. El precio medio fue de cuatro libras.

internet en forma de un álbum titulado *Beneath the Boardwalk*. Los fans del grupo lo lanzaron por ellos.

Horrorcore

En el mundo del hip-hop, el colectivo adolescente afincado en Los Ángeles y conocido como Odd Future (liderado por el rapero Tyler the Creator) se hizo tristemente famoso con su polémico rap «horrorcore». Fundamentalmente era una operación autosuficiente, y sus primeras demos y *mixtapes* se grababan en casa y se distribuían por internet. El sencillo sitio de blogs Tumblr fue su plataforma elegida, y sus obsesivos fans generaban la mayor parte de los

La evolución de las compras
Estas gráficas plasman el declive global de las ventas de CD y el crecimiento de las ventas digitales en los últimos años. Este cambio en los hábitos de compra del público está contribuyendo al cierre de tiendas de música en muchos países.

contenidos. El sencillo «Yonkers», del álbum *Goblin* (2011), de Tyler the Creator, era hip-hop hardcore que atacaba en la línea de flotación a las estrellas pop y cuyo perturbador videoclip se hizo viral.

La generación YouTube

YouTube atrae a unos mil millones de visitantes cada mes, y ha demostrado ser un vehículo para la fama para algunos artistas insospechadamente célebres. «Gangnam Style» (pp. 372–373), por ejemplo, se convirtió en el primer vídeo de YouTube en superar los mil millones de reproducciones, gracias a la cómica imagen del corpulento rapero surcoreano haciendo el absurdo baile del caballo.

YouTube también ha convertido al modesto guitarrista Andy McKee en una estrella de culto entre guitarristas de todo el mundo. Pese a no ser un nombre conocido, es muy probable que McKee sea ahora el guitarrista más influyente del mundo, gracias al impacto del vídeo de YouTube de su sencillo instrumental «Drifting». Transformó el modo en que los guitarristas tocaban el instrumento y llevó a una escuela completamente nueva de guitarra «percutida».

El dúo francés de electro Daft Punk utilizó todos los recursos del marketing digital con objeto de generar publicidad anticipada para su *Random Access Memories* (2013) y dejó que sus fans hicieran todo el trabajo. Durante el gigantesco Festival de Música y Artes de Coachella (California), se proyectó un avance publicitario de su nuevo lanzamiento repleto de estrellas, como Nile Rodgers, de Chic, los reyes indiscutibles de la música disco (pp. 354–355) o el rapero Pharrell Williams, de N.E.R.D. También se emitió durante la pausa publicitaria del programa *Saturday Night Live*, de la cadena NBC. Inmediatamente, los fans subieron los anuncios a YouTube y los músicos empezaron a subir sus propias versiones del sencillo «Get Lucky» antes de su lanzamiento.

Los fans toman el mando

La de la estadounidense Amanda Palmer (dcha.) es la mayor historia de éxito de la era digital. Tras publicar en su blog artículos en los que se quejaba de la que entonces era su discográfica, Roadrunner, sus seguidores lanzaron una campaña de protesta en línea. Su queja se centraba en imágenes de vídeo que Roadrunner quería eliminar, porque afirmaban que la barriga de Palmer se veía gorda. Los fans lanzaron una protesta espontánea en la red, consistente en colgar fotografías de sus propias barrigas. Poco después, la cantante escribió una canción titulada «Please Drope Me», una petición para que Roadrunner le rescindiera el contrato, algo que al final hicieron.

Esta controversia supuso una gran publicidad gratuita para Palmer. Cuando empezó a recaudar fondos en la página web kickstarter.com para grabar su álbum *Theatre is Evil* (2012), obtuvo rápidamente más de un millón de dólares gracias a sus 24.883 fans. El álbum produjo más dinero antes de su lanzamiento del que seguramente hubiera podido generar con el apoyo de una discográfica importante, y contribuyó a financiar el álbum, el videoclip y la gira subsiguiente.

> **1,2 MILLONES DE DÓLARES**
> Cantidad que reunieron los fans de Amanda Palmer para financiar la grabación de su álbum *Theatre is Evil* (2012).

Tyler the Creator «Yonkers»
Radiohead «Bodysnatchers»
Amanda Palmer «Do It With a Rockstar»
Lily Allen «LDN»
Arctic Monkeys «I Bet That You Look Good on the Dance Floor»
Daft Punk «Get Lucky»
Psy «Gangnam Style»

AMANDA PALMER

La cantautora estadounidense Amanda Palmer es una verdadera entusiasta de las redes sociales y fomenta la relación con sus fans mediante su blog y Twitter. Sus canciones son personales y confesionales y suele animar a su fans a que expresen su opinión y a que voten en línea el título de los álbumes y los vídeos musicales.

Aunque Palmer se hizo popular como integrante del dúo Dresden Dolls, un grupo de rock basado en el piano y con influencias del cabaret a principios de la década de 2000, ha destacado más como artista en solitario.

DESPUÉS

Aunque la práctica de compartir archivos ha supuesto un cambio radical en la actitud hacia la música grabada, aún sobreviven formatos de antaño.

EL REGRESO DEL VINILO
Irónicamente, el dominio del MP3 ha generado **nostalgia por los discos de vinilo**, y el siglo XXI ha presenciado un aumento significativo de las ventas de álbumes de vinilo.

EL DIRECTO VUELVE
Al mismo tiempo, la música en vivo cada vez resulta más rentable. El festival **South By Southwest**, de Austin (Texas), ha aparecido de la mano de la era digital y encuentra grupos nuevos e innovadores en línea, para los que se ha convertido en un trampolín para el éxito.

CLAVE ■ Ventas digitales ■ Ventas físicas ■ Otros

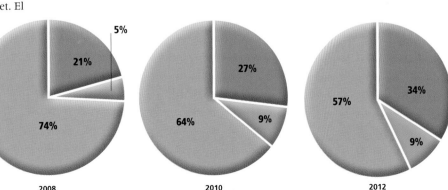

2008	2010	2012
5% / 21% / 74%	27% / 9% / 64%	34% / 9% / 57%

APÉNDICES

Esta sección contiene abundante información sobre términos clave, géneros e instrumentos musicales, y ofrece un perfil biográfico de las figuras más importantes de la historia de la música.

« Sousafón fabricado en Wisconsin en 1929.

Glosario

a cappella («al estilo de la capilla») Locución italiana que describe una pieza para voz solista o un grupo vocal sin acompañamiento instrumental.

acento Énfasis en una nota, un tiempo o una parte de un tiempo de un compás que destaca el lugar que ocupan en una frase musical.

acompañamiento Parte musical (instrumental o vocal) que sirve de apoyo y se toca junto con el solista o conjunto principal, vocal o instrumental.

acople Sonido agudo, aullante o sibilante, que se produce cuando parte de la salida de sonido de un altavoz crea un bucle que regresa a la pastilla. Este fenómeno, también llamado retroalimentación acústica y que por lo general es indeseable, ha sido usado desde la década de 1960 para obtener efectos fantásticos en música pop y rock, sobre todo por The Beatles, The Who y, especialmente, Jimi Hendrix en su controvertida versión del himno nacional de EE UU en el Festival de Woodstock, en 1969.

acorde ▼ Combinación simultánea de dos o más sonidos o notas. Los acordes más utilizados son los llamados tríadas, que constan de tres notas distintas y están construidos sobre los grados primero, tercero y quinto de una escala. En la tonalidad de do mayor, las notas de la escala son: do, re, mi, fa, sol, la, si; y la tríada mayor de do es: do, mi y sol (1, 3 y 5).

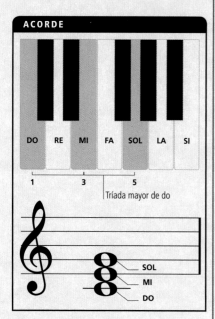

ACORDE

DO RE MI FA SOL LA SI

1   3   5

Tríada mayor de do

SOL
MI
DO

acorde de quinta Acorde formado básicamente por la tónica y su intervalo de quinta, también conocido por su nombre en inglés, *power chord*. Estos acordes de quinta son una característica esencial de muchos estilos de música rock.

acústica 1. Ciencia que estudia el sonido. **2.** Conjunto de las características de una sala de conciertos u otro espacio para la interpretación musical que afectan al modo en que el sonido se transmite en su interior. Así, un suelo con alfombras gruesas absorbe las ondas sonoras y amortiguará

una nota con eficacia, mientras que la misma nota reverberará en una habitación con suelo duro.

acústico, ca Dícese del instrumento en el que no se utiliza amplificación eléctrica para producir o para potenciar el sonido, por ejemplo, la guitarra acústica, y también del tipo de ejecución o de música interpretada por este tipo de instrumentos.

ad lib (abreviatura de la locución latina *ad libitum*, «a voluntad») Instrucción para improvisar o interpretar con libertad de ejecución en cuanto al tempo, las voces o los instrumentos elegidos.

adorno *Véase* ornamento

afinación estándar Consiste en afinar un instrumento de cuerda a la altura o las alturas habituales. Así, las cuerdas de una guitarra se afinan normalmente a mi, la, re, sol, si y mi (el primer mi queda debajo del do central del piano, y el último es el que está por encima de él). Cuando el instrumento se afina de otra manera se habla de *scordatura*.

alto Nombre antiguo de la voz masculina más aguda, o tenor, y de la femenina más grave, o contralto, así como de los instrumentos cuyo registro corresponde a estas voces.

altura Posición de un sonido con respecto a la gama completa de sonidos tonales, que depende de la frecuencia de ondas sonoras por segundo (hercios). Una alta frecuencia es percibida por el oído como una altura elevada, es decir, como un sonido agudo, y una baja frecuencia como una altura escasa, es decir, como un sonido grave.

anacrusa Nota o notas no acentuadas que preceden a la primera parte fuerte de una frase musical, generalmente al principio de una pieza o una sección de esta.

anthem Composición breve y solemne para el coro de las iglesias protestantes, equivalente al motete. En Inglaterra fueron maestros de esta forma musical Gibbons y Purcell.

apagador En el piano y en el clave, pieza almohadillada que apaga una cuerda (detiene su vibración) al dejar de apretar la tecla correspondiente.

aria («aire», en italiano) Pieza para voz solista (y a veces un dúo) de una ópera o un oratorio, formalmente más organizada que una canción. Las arias de los siglos XVII y XVIII suelen adoptar la forma de aria da capo, con una estructura en tres partes, la tercera de las cuales es una repetición de la primera.

armadura o armadura de clave Conjunto de alteraciones propias —sostenidos o bemoles— escritas al principio de un pentagrama que sitúan una frase musical en una tonalidad específica. En vez de escribir un sostenido para cada fa y cada do en la escala de re mayor, por ejemplo, los dos sostenidos estarían incluidos en el pentagrama. *Véase también* mayor y menor.

armonía Combinación simultánea de notas para formar un todo musicalmente significativo. La unidad básica de la armonía es el acorde. La armonía puede dar «color» de innumerables maneras a cualquier línea melódica unitaria, y el lenguaje armónico de un compositor es una de las características que lo identifican.

armonía vocal Estilo de canto en que la melodía es cantada a intervalos consonantes por más de una voz. Este tipo de armonía se utiliza en la ópera, la música coral y la música popular.

armónica, serie Sucesión de sonidos consistente en uno fundamental o principal (el de la nota tocada) y una progresión ascendente logarítmica de sonidos más agudos (llamados armónicos o parciales), que determina el timbre de un instrumento.

armónico Sonido agudo producido naturalmente por resonancia de otro fundamental, como en los instrumentos de cuerda cuando se pisa con mucha suavidad una cuerda sin llegar a presionarla sobre el diapasón.

arpegio (del italiano *arpeggio*, «como el arpa») Ejecución sucesiva, en vez de simultánea, de las notas de un acorde.

arreglo Adaptación de una pieza musical o una canción a una forma distinta de la de la composición original.

articulación Técnica que utilizan los músicos para modificar la duración de una nota o la transición entre notas. Por ejemplo, una nota puede detenerse bruscamente *(staccato)* o fundirse suavemente con la siguiente *(legato)*.

atonal Dícese de la música que carece de una tonalidad reconocible, como la música serial.

bajo 1. La más grave de las voces masculinas. **2.** La nota más grave de un acorde o una pieza musical. **3.** Serie de notas que constituyen la parte más grave de una pieza o un pasaje musical. **4.** Se dice del instrumento de registro más grave de una familia, como el clarinete bajo, por ejemplo. **5.** Apócope de contrabajo.

bajo cifrado Sistema de escritura musical originado a partir del bajo continuo consistente en añadir a una línea de bajo cifras que especifican los acordes que deben tocarse por encima de ella. El bajo cifrado se utilizó ampliamente en el Barroco para los acompañamientos con instrumentos de teclado o con laúd.

bajo continuo Acompañamiento armónico y casi improvisatorio, utilizado durante el Barroco. Solía interpretarse con clave u órgano y viola da gamba o violonchelo, y a veces también con otros instrumentos.

balada En la Edad Media, composición poética a la que se ponía música y se cantaba o se bailaba.

Chopin utilizó este término para describir una pieza pianística de un solo movimiento en la que se sugiere una narración sin referencia a ninguna fuente extramusical; posteriormente lo adoptaron Grieg, Brahms, Liszt y Fauré.

barítono Voz masculina cuya tesitura se halla entre el tenor y el bajo, e instrumento que suena en esa tesitura.

barra de compás *Véase* compás.

Barroco En música es el periodo comprendido entre 1600 y 1750, que abarca desde Monteverdi y Gabrielli hasta Bach y Händel, y precede al periodo clásico.

becuadro (♮) Signo que afecta a la altura de una nota o de varias anulando el efecto de un sostenido o un bemol introducidos previamente en un compás, o una armadura, de tal manera que la nota o las notas a las que afecta deben sonar con su entonación natural (de ahí el nombre de natural que recibe el becuadro en varios idiomas).

bel canto Estilo de canto del siglo XVIII y principios del XIX caracterizado por resaltar la belleza del timbre, el virtuosismo vocal y la técnica de la respiración. Bellini, Rossini y Donizetti son los principales compositores del bel canto (belcantistas).

bemol (♭) Signo que reduce un semitono la altura de la nota a la que afecta; por ejemplo, un si bemol es un si cuya altura se ha reducido medio tono.

bitonal Se dice de la música en la que se utilizan dos claves al mismo tiempo, tendencia en la que destacaron compositores como Milhaud y Stravinski en la primera mitad del siglo XX.

blue note En el blues y el jazz, nota disminuida en un semitono, o menos, generalmente la tercera o la séptima de una escala.

break En el jazz y la música pop, pasaje breve y por lo general improvisado, que constituye una ruptura (*break* en inglés) con respecto a la melodía. En el jazz, el solista suele ejecutar los *breaks* sin el acompañamiento de la sección de ritmo. En la música popular, los *breaks* suelen ser instrumentales y pueden correr a cargo exclusivamente de la percusión.

broken time En música de jazz, forma de tocar improvisada sin un ritmo aparente; se trata de una forma irregular de síncopa.

cadencia 1. Secuencia final de una frase o una composición musical. La cadencia perfecta transmite una sensación de conclusión, mientras que la imperfecta, o semicadencia, da la sensación de estar inacabada. *Véase también* cadencia interrumpida. **2.** Pasaje ornamental improvisado por un solista en un concierto; a partir del siglo XIX, las cadencias se tornaron más formalizadas y menos espontáneas.

cadencia interrumpida o rota Progresión de dos acordes, o cadencia, que comienza con el acorde de quinta y se resuelve en un acorde distinto del de tónica. Esta cadencia crea una sensación de no resolución porque quien la escucha espera que se vuelva al acorde de tónica, pero esto no ocurre.

cadenza («cadencia», en italiano) *Véase* cadencia 2

calderón o corona Signo utilizado en la notación que se coloca sobre una nota, un acorde o un silencio para indicar que su duración debe prolongarse más allá de lo que indica su valor. El ejecutante o el director de orquesta son quienes deben decidir cuánto debe alargarse la duración de la figura musical, no siendo inusual que la alarguen hasta el doble de su valor normal.

cámara, música de Música compuesta para pequeños grupos instrumentales, de dos o más instrumentos, como dúos, tríos y cuartetos. En origen estaba destinada a ser interpretada en casas particulares para entretener a un número reducido de personas, pero hoy se interpreta con frecuencia en grandes salas de conciertos. Análogamente, las orquestas y las óperas de cámara están formadas o escritas para ser interpretadas por un grupo de instrumentos reducido, aunque entre ellos están representados todos los de la orquesta completa.

canción Composición en verso que se canta con o sin acompañamiento musical, o escrita expresamente para que se pueda musicalizar.

canon Pieza contrapuntística en que las distintas voces o partes entran de forma sucesiva, imitando o repitiendo el canto de la precedente. Se denomina canon estricto aquel en que todas las partes repiten exactamente la misma línea melódica.

cantata Pieza programática, por lo general para voz y orquesta, concebida para narrar una historia y similar en muchos aspectos a una ópera. Durante los siglos XVII y XVIII aparecieron la cantata *da camera*, un tipo de pieza de cámara profana, y la cantata *da chiesa* (de iglesia), su equivalente sacro.

cantor Cantante principal del coro, nombrado o contratado por una catedral o un monasterio y a menudo encargado de enseñar a los jóvenes cantantes y de seleccionar la música para los oficios religiosos.

canzona Género de canción polifónica breve que fue popular durante los siglos XVI y XVII, en ocasiones similar al madrigal, aunque más ligera.

capricho Pieza breve y fantasiosa, compuesta en un estilo libre. En el siglo XVII, los caprichos solían tener estructura de fuga y ser bastante más formalizados que sus equivalentes románticos —los de Brahms y Paganini, por ejemplo—, que tienden a ser piezas rapsódicas para solista.

castrato Cantante al que se castraba antes de la pubertad y que por ello desarrollaba voz de soprano o de contralto. Los castratos (*castrati* en italiano) fueron muy apreciados durante los siglos XVII y XVIII. El último murió en el siglo XX.

cavatina Canción operística o aria lírica en una sección, u obra instrumental que imita este tipo de canción, como el quinto movimiento del Cuarteto n.º 13 de Beethoven.

chacona Pieza vocal o instrumental del siglo XVII estructurada sobre un *ostinato* y caracterizada por un compás ternario, lenta y majestuosa.

chanson («canción», en francés) **1.** En el siglo XIV y hasta finales del siglo XVI, el término designaba en Francia y el norte de Italia una pieza musical similar a la *canzona* y con frecuencia arreglada para voz y laúd. **2.** Canción francesa, a menudo de tema amoroso o de crítica social y política e interpretada sobre todo por cantautores como Edith Piaf, Georges Brassens, Jacques Brel, Léo Ferré o Serge Gainsbourg.

clásica, música 1. Música del periodo clásico. **2.** Denominación genérica de la música occidental de cualquier época destinada a un contexto formal, como una iglesia o una sala de conciertos, para distinguirla de la música ligera y más informal, como el rock o el folk.

clasicismo En música, estilo propio del periodo clásico, marcado por melodías y arreglos más simples y limpios que en el periodo barroco que le precedió.

clásico, periodo En música, periodo posterior al Barroco, que se extiende más o menos entre 1750 y 1820, y cuyos compositores más destacados fueron Haydn, Mozart y el primer Beethoven, que perfeccionaron las formas de la sonata, la sinfonía y el concierto.

clave ▼ **1.** Signo situado al principio de un pentagrama que determina la altura de las notas en dicho pentagrama. Inicialmente las claves eran letras: la G (que en la notación musical alfabética equivale a la nota sol) evolucionó hasta la moderna clave de sol (también llamada de tiple o de violín); la F (que equivale a fa), hasta la moderna clave de fa (o de bajo), y la C (que equivale a do), hasta las claves de do en tercera línea (clave de viola o de contralto) y en cuarta línea (clave de tenor). **2.** Instrumento de teclado y cuerda punteada, también llamado clavecín y clavicémbalo. **3.** Patrón rítmico sincopado de dos compases de dos tiempos cada uno, propio de la música afrocubana, que se interpreta con claves.

CLAVE

Clave de sol   Clave de fa

claves Instrumento de percusión consistente en dos palos de madera que se sostienen en las manos y se golpean uno contra otro.

coda (literalmente «cola», en italiano) Sección final de una pieza musical diferenciada de la estructura general.

combo Pequeño grupo musical que interpreta salsa, música popular cubana o ciertos tipos de jazz.

compás ▼ Segmento temporal que contiene un número fijo de tiempos, cada uno de los cuales tiene un valor específico. Cada compás, también denominado medida, se atiene a la indicación de compás especificada; así, una pieza musical escrita en compás de 4/4 tendrá cuatro tiempos de negra por compás. En el pentagrama, los compases se individualizan mediante líneas verticales llamadas barras de compás o líneas divisorias, que marcan el límite entre un compás y el siguiente. La doble barra, consistente en dos barras trazadas una al lado de la otra, separa dos secciones de una pieza, a menos que la segunda barra sea más gruesa, ya que en este caso indica el final de la pieza.

COMPÁS

Barra de compás   Barra doble

1 COMPÁS   1 COMPÁS

concierto Este término, derivado de concertar (del latín *concertare*, que en origen significaba «debatir, discutir») hoy designa una composición extensa para un solo instrumental y orquesta, concebida como un vehículo del virtuosismo del solista con su instrumento. Sin embargo, en el primitivo *concerto grosso* del Barroco existía una interacción o un contraste más equitativos entre una orquesta, generalmente de cuerdas, más pequeña (*ripieno*) y un conjunto de solistas (*concertino*). También designa una función de música tanto clásica como ligera en la que se interpretan composiciones sueltas.

concreta, música Música electrónica que comprende sonidos instrumentales y naturales, los cuales a menudo se modifican o distorsionan durante la grabación.

consonancia Cualidad de los sonidos, como ciertos acordes o intervalos como los de tercera o de quinta, que suenan agradables al oído, por oposición a la disonancia.

consort Conjunto instrumental muy popular en Inglaterra durante los siglos XVI y XVII. Se distinguen los *whole consorts*, compuestos por instrumentos de una sola familia (por ejemplo, de viento o de cuerda), y los *broken consorts*, compuestos por instrumentos de diferentes familias (por ejemplo, violas de gamba, laúdes y flautas dulces).

continuo *Véase* bajo continuo

contrabajo 1. El mayor y más grave de los instrumentos de cuerda frotada con arco (los de la familia del violín) de la orquesta sinfónica moderna. **2.** Aplicado a un instrumento, indica que tiene una altura menor que el bajo del mismo tipo, por ejemplo, el clarinete contrabajo.

contralto 1. La más grave de las voces femeninas. **2.** Aplicado a un instrumento, significa que tiene una altura menor y un tono más oscuro que un instrumento soprano; por ejemplo, el saxo contralto, el clarinete contralto, o bien la flauta dulce contralto.

contramelodía Melodía secundaria que se toca de manera simultánea con otra principal, pero que está subordinada a esta. *Véase también* contrapunto.

contrapuntístico, ca Dícese de la música o de las piezas musicales en las que se utiliza el contrapunto. Las formas contrapuntísticas como el *ricercare*, la *canzona* y la fuga se desarrollaron durante el Renacimiento y alcanzaron su punto culminante en la obra de compositores como Palestrina y J. S. Bach.

contrapunto Superposición de dos o más líneas melódicas de igual importancia que se tocan o cantan de manera simultánea.

contratenor Cantante de voz más aguda que el tenor, con timbre femenino y una pureza de tono fuerte y casi instrumental, que consigue con técnicas de falsete y gracias a un peculiar desarrollo de su aparato fonador.

contratiempo Acento fuerte marcado en los tiempos segundo y cuarto de un ritmo de cuatro tiempos, a diferencia del habitual en el primero y el tercero.

courante Danza cortesana de finales del Renacimiento y del Barroco, originaria de Francia. Se trata de una danza rápida y animada (su nombre en francés significa literalmente «corriente»), pero elegante, en compás ternario.

cromática, escala Escala constituida por los 12 semitonos de una octava, a diferencia de la escala diatónica, constituida por siete notas.

cuarteto Composición para cuatro instrumentos o para cuatro voces, y conjunto de estos cuatro instrumentos o voces.

cuarteto de cuerda Conjunto de cuatro músicos que tocan instrumentos de cuerda frotada y que suele comprender un primer violín, un segundo violín, una viola y un violonchelo; también, pieza musical compuesta para este tipo de agrupación.

cuerda Agente productor de sonido consistente en un fino cordón generalmente hecho de tripa o de alambre, que se tensa y se hace vibrar con un arco en los instrumentos de la familia del violín (cuerda frotada); con tangentes o martillos (cuerda percutida) en el clavicordio y el piano, y con los dedos o con púa (cuerda pulsada) en el arpa, el laúd y la guitarra. En la orquesta, la sección de cuerda, o cuerdas, comprende los instrumentos de cuerda frotada. Una orquesta de cuerda está formada únicamente por estos instrumentos.

cuerda frotada, instrumentos de Conjunto de los instrumentos cuyas cuerdas se hacen sonar frotándolas con un arco, aunque también pueden puntearse. De menor a mayor tamaño son: el violín, la viola, el violonchelo y el contrabajo. Estos instrumentos de cuerda frotada conforman la sección de cuerda, o cuerdas, la más numerosa de una orquesta.

cuerdas dobles, triples o cuádruples Técnica consistente en tocar varias notas a la vez en un instrumento de cuerda frotada, como el violín o el violonchelo, punteando o pasando el arco por dos, tres o cuatro cuerdas simultáneamente.

da capo Locución italiana que literalmente significa «desde la cabeza» e indica al ejecutante que debe repetir la pieza musical desde el principio. Suele abreviarse a menudo D.C.

desafinado, da Dícese del instrumento o la voz que al desviarse del punto de entonación perfecta, se desacuerda y se vuelve desagradable al oído.

diatónica, escala Escala formada por los siete grados naturales —cinco tonos y dos semitonos— sin sostenidos ni bemoles, que constituyen las teclas blancas del piano. Las modernas escalas mayor y menor son diatónicas.

dinámica ▼ Conjunto de las diferencias de volumen o grados de intensidad sonora que aparecen en un fragmento musical o en una pieza. En la notación, los cambios de volumen o intensidad con que debe interpretarse una música se indican mediante palabras, abreviaturas, signos o símbolos.

DINÁMICA

SIGNOS	SIGNIFICADO
<	*crescendo:* aumentando gradualmente el volumen
>	*diminuendo:* disminuyendo gradualmente el volumen
pp	*pianissimo:* muy suave
p	*piano:* suave
ff	*fortissimo:* muy fuerte
f	*forte:* fuerte
mf	*mezzo forte:* moderadamente fuerte
mp	*mezzo piano:* moderadamente suave
sf	*sforzando:* acentuando la nota
>	acento en una nota concreta

disonancia Cualidad de los acordes, o sonidos simultáneos de distintas notas, que producen discordancia (resultan desagradables al oído). Los opuestos a estos términos son consonancia y concordancia, respectivamente. La disonancia es subjetiva, y por ello, las combinaciones de notas consideradas disonantes en una época pueden parecer consonantes a posteriores audiencias.

distorsión *(clipping)* Efecto producido al sobrecargar un amplificador, de tal forma que se recortan *(clip)* los máximos de las ondas sonoras. Se asocia comúnmente a la guitarra eléctrica y puede producirse de varias maneras, por ejemplo, con pedales de efectos. Esta distorsión crea un sonido cálido y difuso que se ha utilizado en el jazz, el rock and roll y el blues desde la década de 1950.

dueto Composición para dos instrumentos o voces, y también dúo, o conjunto de los dos músicos que la tocan o cantan.

enarmónico, ca Dícese de las notas que tienen la misma altura pero nombres diferentes, como el do sostenido y el re bemol.

escala Serie de notas en orden ascendente o descendente que definen una melodía y, por lo general, la tonalidad de la pieza. Las diferentes escalas confieren a la música un sentimiento y un «color» diferentes.

estándares del jazz Repertorio básico de las composiciones más conocidas o versionadas por los músicos de jazz. El hecho de que una pieza se considere un estándar o no cambia con el tiempo, pero el conocimiento en común de una serie de piezas es una buena base para la improvisación.

estéreo Apócope de estereofónico, ca.

estereofónico, ca Dícese del sonido que es grabado simultáneamente desde dos o más puntos debidamente alejados para que al reproducirlo dé sensación de relieve espacial.

estribillo Verso o grupo de versos de una composición poética o una canción que se repiten a intervalos, generalmente después de cada estrofa. En una canción, el estribillo consiste en melodía y letra, y si bien en algunos estribillos la letra varía cuando se repiten, siguen siendo reconocibles porque la melodía continúa siendo la misma.

exposición En música, dícese de la sección de una composición (o de una parte de una sección, como un movimiento) en la que se presenta por primera vez el material temático principal de la composición o el movimiento. En la forma sonata, la exposición es la primera sección: presenta el material temático principal, establece la tonalidad y luego termina en la nota dominante o quinta. En una fuga, la exposición consiste en la presentación del sujeto (o tema) por la primera voz (el principio de la fuga) y la imitación del sujeto por otras voces.

falsete Técnica utilizada por los hombres para cantar en una voz más aguda que la de su registro normal, limitando la vibración de las cuerdas vocales de tal forma que solo se utilizan los ligamentos de sus bordes para producir el sonido.

fantasía Composición, por lo general instrumental, de estructura laxa y en la que se sugiere improvisación, que permitía una mayor libertad de expresión que las formas clásicas.

figura 1. Signo que representa la duración, o valor, de un determinado sonido en una pieza musical. **2.** Secuencia de notas recurrente en una composición a modo de motivo musical, en especial en las variaciones sobre un tema.

fill En la música pop y el jazz, pasaje breve, similar a un *break*, entre las frases de una melodía. Así como los *breaks* tienden a ser improvisaciones para llamar la atención, los *fills* mantienen el flujo de la melodía principal y rellenan *(fill in)* los «espacios vacíos» entre frases.

finger-picking Técnica de guitarra consistente en tocar las cuerdas graves con el pulgar, manteniendo un ritmo constante, mientras con los dedos índice y corazón se toca una melodía con las cuerdas agudas, a menudo con púas de plástico o de metal en estos dedos. Esta técnica se utiliza en la música folk y country estadounidense, el jazz y el blues.

frase Conjunto de notas que forman una unidad musical. Las frases de una obra musical, que pueden imaginarse como las de un relato, se combinan para construir una melodía. En la notación, la marca de fraseo (una línea curva o ligadura) indica los diversos grupos de una melodía y puede ayudar al músico a decidir cómo ha de conformar una pieza para su ejecución.

frottola Tipo de canción profana italiana que fue popular a finales del siglo XV y principios del XVI. Después de evolucionar en Mantua, se popularizó en otras cortes del norte de Italia. Suele ser una composición para cuatro voces o un solo vocal con acompañamiento instrumental, en que la voz más aguda contiene la melodía.

fuga Pieza contrapuntística compleja y muy estructurada, en dos o más partes, popular en el periodo barroco. Las distintas voces o líneas entran de una en una, de forma imitativa: la primera expone un sujeto, acto seguido entra la segunda con una «respuesta» (el sujeto comienza con una nota diferente), mientras la primera interpreta un contrasujeto. El proceso continúa hasta que entran todas las voces, y puede que sigan «episodios» más libres, variaciones contrapuntísticas sobre el sujeto o una reexposición de este.

fugado, da Compuesto a la manera de una fuga.

galante Dícese de un estilo musical cortesano del siglo XVIII, caracterizado por la elegancia, la formalidad y la claridad, sin ornamentación.

glissando En los instrumentos de cuerda, deslizamiento de un dedo sobre una serie de notas consecutivas, creando así una rápida transición entre dichas notas y los sonidos intermedios.

golpes de arco Distintas maneras de usar el arco para tocar instrumentos de cuerda frotada. Los distintos movimientos del arco afectan a la articulación de las notas y a la manera en que estas se agrupan.

gran ópera *(grand opéra)* Subgénero de ópera francés caracterizado por tramas históricas, grandes coros, escenas multitudinarias, vestuario suntuoso y escenografías espectaculares.

gregoriano, canto Tipo de canto llano en solo y al unísono, usado en la liturgia de la Iglesia católica romana. Su creación se atribuye al papa Gregorio I (san Gregorio Magno, 590–604), fundador de la escuela coral de Roma, la *schola cantorum.*

groove Sensación rítmica de una pieza musical, especialmente importante en el jazz.

habanera Canción y danza lenta originada en Cuba a partir de la contradanza criolla durante la primera mitad del siglo XIX. Más tarde se convirtió en un género exclusivamente cantado y se difundió por toda Europa, incluido el ámbito de la música culta, siendo el ejemplo más famoso la de *Carmen* de Bizet, aunque también destacan las habaneras compuestas por Massenet, Saint-Saëns, Albéniz, Falla, Granados y Montsalvatge.

homofónico, ca Estilo de composición musical que se popularizó durante el periodo clásico, en la que una línea melódica lírica tiene como soporte una armonía acórdica y un acompañamiento.

hornpipe Danza tradicional de las islas Británicas que alcanzó su máxima popularidad en Inglaterra, Escocia e Irlanda durante el siglo XIX. Su nombre procede del instrumento con que se acompañaba. Suele ser una pieza instrumental rápida y rítmica, en compás de 4/4, aunque existen ejemplos cantados como la famosa «The Sailor's Hornpipe».

impromptu Pieza pianística breve a la manera de una canción que se caracteriza por una continua improvisación. Los impromptus de Schubert son los ejemplos más conocidos.

improvisación En música, arte de componer mientras se ejecuta, sin partitura.

indicación de compás ▼ Par de números escritos uno encima del otro en forma de fracción o quebrado (numerador y denominador) que aparece al principio del pentagrama de una composición, un movimiento o una sección (o en la mitad de una frase, en algunos pentagramas del siglo XX), después de la clave; por ejemplo, 4/4, 3/4, 9/16. El numerador o número de encima indica cuántos tiempos hay en cada compás y el denominador la nota que corresponde a cada tiempo.

INDICACIÓN DE COMPÁS

382

instrumentación Preparación de las partituras de una composición para cada uno de los instrumentos que deben ejecutarla. Difiere de la orquestación, en la que interviene la habilidad del compositor para escribir para conjuntos instrumentales. Así, el Octeto en fa mayor de Schubert, donde este demuestra un extraordinario conocimiento de las cualidades de cada uno de sus componentes, es un magnífico ejemplo de instrumentación.

interludio Pieza musical breve que se toca entre las secciones principales de una composición. *Véase también* intermezzo.

intermezzo Interludio desenfadado que tenía lugar entre los actos de una ópera seria. Evolucionó a partir de las danzas o breves representaciones con música que se interpretaban entre los actos de las obras de teatro durante los siglos XV y XVI.

intervalo Distancia entre dos notas de diferente altura. Los intervalos se expresan numéricamente: segundas, terceras, cuartas… hasta octavas. Los intervalos preferidos por los compositores son identificativos de su estilo.

introducción Parte inicial de una pieza instrumental, que puede ser un pasaje breve o un movimiento inicial separado de la obra.

jam session Reunión de músicos de jazz para tocar de manera informal, sin ensayar, de forma improvisada y con frecuencia como una vía para explorar nuevas ideas y materiales musicales.

Kappellmeister («maestro de capilla», en alemán) Este término que designaba inicialmente al maestro de coro o director musical, luego pasó a ser sinónimo de director de orquesta.

Leitmotiv (literalmente «motivo que guía o dirige», en alemán) Frase o tema musical breve recurrente en una composición que representa a un personaje, una emoción o un objeto, utilizado sobre todo por Wagner.

lengüeta Fina lámina de caña común, metal, madera o plástico sujeta a la boquilla de varios instrumentos de viento que vibra y produce sonido con la corriente de aire que se genera al soplar por dicha boquilla.

libreto Texto de una ópera y de otros tipos de obras vocales escénicas.

lick En jazz y en música pop, frase corta —con frecuencia una carrerilla de notas— interpretada por un instrumento.

Lied (plural, *Lieder*) Término alemán que significa «canción», utilizado para designar una canción lírica breve para voz solista y acompañamiento, por lo general de piano, que floreció durante el romanticismo alemán. Uno de los primeros y más destacados compositores de *Lieder* fue Schubert.

ligadura En la notación, línea curva que conecta las cabezas de dos notas del mismo nombre y con la misma altura para indicar que deben tocarse como una sola nota de duración igual a la de sus valores combinados.

llamada y respuesta *Véase* responsorial

llano, canto (en latín, *cantus planus*) Música vocal sacra medieval, tradicional de las liturgias cristianas y que sigue utilizándose en la Iglesia católica. Consiste en una única línea melódica no acompañada y en ritmo libre, como el discurso hablado, sin divisiones regulares de compás. El tipo de canto llano adoptado de manera general es el canto gregoriano.

madrigal Canción profana *a cappella* que fue popular durante el Renacimiento, especialmente en Inglaterra y en Italia; muchos madrigales eran poemas de amor musicalizados.

maestro repetidor Músico que toca la reducción al piano de una obra para voz y orquesta a fin de que los cantantes puedan practicar o ensayar con acompañamiento.

marcha Pieza musical caracterizada por un ritmo muy marcado, comúnmente en compás de 4/4. Aunque en un principio las marchas se escribían con objeto de acompañar el avance de las tropas, y las interpretaban bandas militares, más tarde esta forma se diversificó: muchos compositores incluyeron marchas en sus sinfonías, y también se popularizó para los estridentes himnos del siglo XIX.

mascarada Entretenimiento aristocrático propio sobre todo del siglo XVII, en el que se combinaban poesía, música instrumental y vocal, baile, disfraces y escenografía. Alcanzó una enorme popularidad en Italia, desde donde pasó a Francia y en especial a Inglaterra, país en el que consiguió un alto nivel de elaboración artística. La mascarada estaba emparentada con la ópera y el ballet.

mayor y menor ▼ El término mayor se aplica a una armadura de clave o a cualquier acorde, tríada o escala en una tonalidad mayor. Los intervalos en una tonalidad mayor consisten en dos tonos seguidos de un semitono y, a continuación, tres tonos seguidos de un semitono. Aunque en última instancia esto es subjetivo, se dice que las tonalidades mayores suenan alegres, mientras que las menores son más apagadas y tristes. El término menor se puede aplicar a una armadura o a un acorde, una tríada o una escala en una tonalidad menor. Hay tres tipos de escala menor: natural, armónica y melódica. Una escala menor natural consiste en un tono seguido de un semitono y luego dos tonos seguidos de un semitono y de dos tonos. El séptimo tono de una escala menor armónica está aumentado un semitono, mientras que en una escala menor melódica tanto el tono sexto como el séptimo aumentan un semitono cuando ascienden, pero suelen bajar a la menor natural cuando descienden.

mazurca Baile y música tradicionales de Polonia, habitualmente de ritmo muy rápido y en compás de 3/4. La mazurca se popularizó en Europa como baile de salón durante el siglo XIX y fue adoptada por numerosos compositores de música clásica. Chopin, en particular, llegó a componer más de 60 mazurcas para piano.

medida *Véase* compás

melodía Sucesión de sonidos musicales de ritmo y altura variables que forman una unidad o línea distintiva.

mélodie Equivalente francés del *Lied* alemán.

metal, instrumentos de Aerófonos, o instrumentos de viento, que solían ser de latón y que constituyen el grupo más sonoro de una orquesta. De los más agudos a los más graves comprenden las trompetas, las trompas, los trombones y las tubas. El sonido se produce soplando fuerte por su boquilla. Los metales, o instrumentos de metal, son una parte esencial de las bandas de marcha y de jazz.

métrica Organización de la música en un patrón rítmico recurrente de pulsos acentuados y no acentuados.

mezzosoprano Voz intermedia entre soprano y contralto, y persona que tiene esta voz.

minimalismo En música, tendencia principalmente estadounidense que rechazó las restricciones de la vanguardia europea y abogó por un mundo sonoro más accesible, a menudo con una textura casi hipnótica de patrones cortos que se repiten. Sus más famosos exponentes son Steve Reich, Philip Glass y John Adams.

minueto Danza en compás ternario, inicialmente un baile rústico del Poitou que en el siglo XVII fue adoptado por la corte francesa, conocido como minué (*menuet* en francés) a causa de su paso característico, pequeño (*menu*) y primoroso. Los compositores de música barroca, de Lully en adelante, no tardaron en adoptar el minueto, que acabó convirtiéndose en uno de los movimientos opcionales de la suite siguiendo normalmente la siguiente estructura: un minueto inicial, un trío y una repetición del minueto. El minueto también se encuentra en oberturas de Bach y de Händel; luego lo utilizaron Haydn, Mozart y otros en sinfonías y se transformó en el tercer movimiento estándar de estas hasta que Beethoven lo sustituyó por el más rápido *scherzo*.

misa Celebración de la eucaristía en la Iglesia católica, en la que se conmemoran la muerte y resurrección de Cristo. Es el acto principal de la liturgia, con una estructura muy formalizada que comprende las siguientes secciones invariables (llamadas ordinario de la misa), tradicionalmente corales: Kyrie, Gloria, Credo, Sanctus con el Hosanna y el Benedictus, Agnus Dei y Dona nobis pacem. También pueden añadirse otros movimientos, especialmente en las misas de difuntos o misas de réquiem.

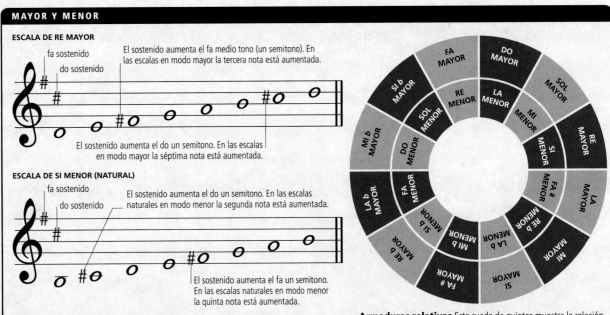

MAYOR Y MENOR

ESCALA DE RE MAYOR

fa sostenido
do sostenido

El sostenido aumenta el fa medio tono (un semitono). En las escalas en modo mayor la tercera nota está aumentada.

El sostenido aumenta el do un semitono. En las escalas en modo mayor la séptima nota está aumentada.

ESCALA DE SI MENOR (NATURAL)

fa sostenido
do sostenido

El sostenido aumenta el do un semitono. En las escalas naturales en modo menor la segunda nota está aumentada.

El sostenido aumenta el fa un semitono. En las escalas naturales en modo menor la quinta nota está aumentada.

Re mayor y si menor Estas escalas son relativas: tienen el mismo número de sostenidos (fa sostenido y do sostenido). La diferencia es el orden de los intervalos en la escala y la ubicación de estos sostenidos, que es lo que crea los «sonidos» mayor y menor.

Armaduras relativas Esta rueda de quintas muestra la relación entre armaduras mayores y menores. Cada armadura de tonalidad mayor tiene una relativa menor con el mismo número de sostenidos y bemoles. La relativa menor disminuye tres semitonos.

modernismo En música, este término alude al periodo de innovación y cambio que coincidió con el paso del siglo xix al xx. El antiguo lenguaje musical se reinterpretó y confrontó, y la pluralidad se convirtió en una faceta clave: a partir de entonces, ningún género musical tenía más importancia que otro.

modos Escalas de siete notas heredadas de la antigua Grecia a través de la Edad Media, época en la que adquirieron su máxima importancia, aunque aún sobreviven en la música folclórica y el canto llano.

modulación Paso o cambio de una tonalidad a otra; por ejemplo, de do mayor a la menor.

monodia Estilo vocal desarrollado durante el Barroco en el que una sola línea melódica, acompañada o no, es dominante.

monofónica Dícese de la música escrita en una sola línea melódica, sin acompañamiento.

motete Composición coral polifónica basada en un texto religioso, por lo general sin ningún tipo de acompañamiento instrumental. Surgido durante la Edad Media, inicialmente era una composición vocal que ampliaba la melodía y el texto del canto llano. En el siglo xv pasó a ser una composición coral más independiente, con textos en latín no incluidos en la misa.

motivo Figura melódica o rítmica breve aunque reconocible que se va repitiendo en una composición, como elemento unificador. El motivo a menudo se utiliza de forma programática para referirse a un personaje, un objeto o una idea, como sucede con el *Leitmotiv* de Wagner o la *idée fixe* de Berlioz. Se distingue del tema o sujeto por ser mucho más breve y, por lo general, fragmentario.

movimiento Sección autónoma que forma parte de una pieza musical más amplia, así llamada porque tiene una indicación de tempo propia y diferente.

musicar o musicalizar Poner música a un texto, no siempre concebido para este fin.

musicología Estudio de todos los fenómenos relacionados con la música, en contraposición a su ejecución. Los musicólogos estudian la historia de la música como fenómeno cultural, la teoría musical y los instrumentos.

natural, instrumento Dícese de los instrumentos de viento-madera o de metal consistentes en un tubo sin otros mecanismos que modifiquen su sonido aparte del control del aire insuflado y de la embocadura (la posición y el uso de los labios, la lengua y los dientes).

neoclasicismo 1. Movimiento cultural y artístico europeo del siglo xviii que emulaba o se inspiraba en los ideales de la Antigüedad clásica, más o menos coincidente con el periodo clásico, o clasicismo, musical. **2.** En música, corriente que en la década de 1920 se tornó particularmente intensa como reacción contra los excesos del último romanticismo. Se caracterizó por la adopción de formas clásicas y barrocas, y por una escritura marcadamente

contrapuntística. Gran parte de la producción de Stravinski puede clasificarse como neoclásica.

nocturno Obra vocal o instrumental cuya dulce melodía sugiere una apacible atmósfera nocturna. Como pieza para solo de piano y en un movimiento, el nocturno fue creado por el compositor irlandés John Field, pero fue Chopin quien lo llevó a la cima.

nota Cada uno de los sonidos determinado por una vibración cuya frecuencia fundamental es constante, representado en el pentagrama por una figura, o símbolo que indica su duración (valor), también denominada nota. En los países latinos, las notas se denominan do, re, mi, fa, sol, la y si; en los del ámbito anglosajón se designan con las siete primeras letras del alfabeto (A=la; B=si; C=do; D=re; E=mi; F=fa, y G=sol).

notación Sistema de símbolos utilizado para representar visualmente una pieza musical. La notación puede expresar y transmitir la altura, el ritmo, la armonía, el tempo y la dinámica.

obbligato Acompañamiento instrumental esencial, y por tanto, obligatorio. Este término se utiliza comúnmente para describir, bien una contramelodía ejecutada por un instrumento en un conjunto (a menudo complementando una línea vocal), o bien un acompañamiento barroco con teclado que está anotado al completo, en vez de con la notación abreviada de bajo cifrado (una línea de bajo con cifras que indican los acordes).

obertura Introducción instrumental de una ópera o un ballet que presenta parte del material temático principal, normalmente en forma sonata. En el romanticismo se compusieron e interpretaron un gran número de oberturas independientes, como la *Obertura trágica* de Brahms y la obertura *Las Hébridas* de Mendelssohn.

octava ▼ Intervalo entre una altura y otra que tiene el doble o la mitad de su frecuencia fundamental, como entre las notas do4 y do3 en un teclado. En la escala diatónica occidental, una octava consiste en ocho notas. En la escala cromática se identifican 12 intervalos dentro de una octava (todas las teclas blancas y negras —sostenidos y bemoles— de un teclado entre una nota y la siguiente del mismo nombre).

octeto Conjunto formado por ocho cantantes o instrumentistas, y composición para este tipo de agrupaciones.

ópera Obra teatral en la que todos los personajes, o la mayoría de ellos, cantan y en que la música es un elemento esencial. Tradicionalmente las óperas se escriben para una orquesta completa, varios solistas y un coro, aunque existen ejemplos con menos o más de estos elementos. También es el género formado por esta clase de obras, así como el teatro construido especialmente para representarlas.

ópera bufa Tipo de ópera cómica que fue especialmente popular durante el siglo xviii. Son ejemplos *Las bodas de Fígaro* de Mozart y *El barbero de Sevilla* de Rossini.

ópera cómica (opéra comique) Tipo de ópera exclusivamente francés que, a pesar de su nombre, no siempre es humorística, ni tampoco particularmente ligera. Sin embargo, consiste siempre en un material original y siempre contiene diálogos hablados.

ópera seria Como indica su nombre, es lo opuesto a ópera bufa y se caracteriza por los argumentos heroicos o mitológicos y por la formalidad de la música y de la acción.

opereta Especie de ópera ligera, alegre y con diálogos hablados que se desarrolló en el siglo xix, primero en París y luego en Viena y Londres.

opus Término latino que significa «obra» y que se utiliza para catalogar las piezas de un compositor. A menudo se abrevia op. y va seguido de un número que corresponde al orden en que se publicó cada pieza; así, la Sinfonía n.º 5 en do menor, op. 67, de Beethoven es la sexagésima séptima pieza publicada por el compositor.

oratorio Obra para solistas vocales y coro con acompañamiento instrumental que suele basarse en textos bíblicos e interpretarse «sin aderezos», en una sala de concierto o en una iglesia, aunque inicialmente se representaba con escenografía y trajes de época. Este género se originó en la Congregación del Oratorio fundada por san Felipe Neri en el siglo xvi.

ornamento Adorno de una melodía que se expresa mediante notas más pequeñas o signos especiales. El ornamento puede ser una simple nota de «gracia» añadida, un trino, o un breve fragmento melódico como el grupeto, que consiste en tocar la nota de encima de la principal, la nota principal y la nota de debajo en rápida sucesión antes de tocar de nuevo la principal.

orquesta Las primeras orquestas regulares surgieron en el Barroco y constaban de cuerdas, oboes, fagots, y una lista variable de instrumentos solistas. Su estructura se estandarizó durante el periodo clásico, cuando Mozart y Haydn formularon exigencias específicas sobre el número y la calidad de los instrumentistas para sus sinfonías. En esta orquesta clásica se estableció la división básica de los instrumentistas en cuatro secciones: de cuerda o cuerdas, de viento-madera (flautas, oboes, fagots y clarinetes), de metal o metales (trompas y trompetas) y de percusión (timbales). Las sinfonías de Beethoven requerían más y mejores instrumentistas, y Berlioz, Wagner y Mahler exigieron fuerzas orquestales todavía mayores. Aunque algunos instrumentos se han perfeccionado con el tiempo, actualmente la orquesta sinfónica no es muy diferente de la de hace 150 años.

orquestación Acción y efecto de orquestar, es decir, de escribir una composición musical para orquesta, lo que implica conocer las cualidades de cada sección instrumental para equilibrarlas y combinarlas. También puede significar la adaptación para orquesta de una obra no compuesta para ella; por ejemplo, los *Cuadros de una exposición* de Músorgski, inicialmente escritos para piano, fueron orquestados por Ravel.

ostinato Motivo musical que se repite de forma insistente, por lo general en la parte del bajo, sirviendo de base a la variación armónica y melódica de encima.

partita *Véase* suite

partitura Notación manuscrita o impresa de una composición musical que muestra todas las partes vocales e instrumentales dispuestas una debajo de otra en pentagramas separados (gran partitura).

pasacalle Marcha popular de ritmo muy vivo que inicialmente era una danza pausada y majestuosa de ritmo moderadamente lento y compás ternario que surgió con la música para teclado del siglo xvii. Los pasacalles se estructuran sobre un *ostinato*, que sirve de base para la variación continua en las otras voces. En posteriores pasacalles, el tema repetido no necesariamente aparecía en el bajo.

pasaje Cualquier sección de una pieza musical, como un *break*, un puente o una introducción.

pasión Versión musical del relato de los tormentos de Jesucristo desde la Última Cena hasta la Crucifixión, según se describen en los Evangelios. Son célebres las Pasiones de J. S. Bach.

pastilla Transductor que capta las vibraciones mecánicas de los instrumentos de cuerda como la guitarra, el bajo o el violín eléctricos, y las convierte en señales eléctricas para su amplificación.

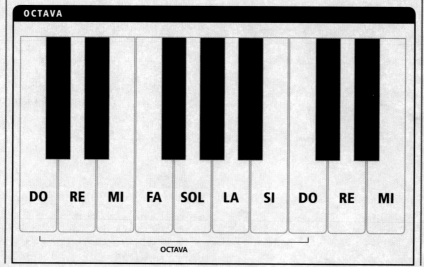

OCTAVA

DO RE MI FA SOL LA SI DO RE MI

OCTAVA

pastoral Obra musical que evoca la vida rural o pastoril y que en origen solía escribirse en compás de 6/8 o de 12/8, con un bordón (nota o notas insistentes en el bajo) que sugiere el zumbido de una gaita. Este género alcanzó gran popularidad entre los compositores del Barroco, siendo notables ejemplos el tercer movimiento («La primavera») de *Las cuatro estaciones* de Vivaldi y la Pastoral en fa mayor para órgano de Bach.

pavana Danza cortesana de movimientos pausados y por lo general en compás binario, que fue popular durante los siglos XVI y XVII.

pedal Dícese de la nota que se mantiene o se repite insistentemente en el bajo, por encima de la cual cambian las armonías y a veces incluso se vuelven discordantes. Aparece a menudo en el clímax de una fuga.

pentagrama Renglonadura de cinco líneas horizontales, paralelas y equidistantes sobre la cual se escribe la música.

pentatónica Dícese de la escala constituida por una sucesión de cinco sonidos, alturas o notas —en ocasiones sin semitonos— y de la música basada en estas sucesiones. Existen ejemplos en todo el mundo.

percusión, instrumentos de Tipo de instrumentos cuyo sonido se produce al golpearlos (percutirlos), agitarlos o rascarlos. Los instrumentos de percusión orquestales (sección de percusión) comprenden los timbales y tambores diversos (caja, bombo, etc.), platillos y xilófonos. Aunque estos instrumentos existen desde hace miles de años, no empezaron a utilizarse extensamente en las orquestas hasta el siglo pasado. La percusión es también un elemento esencial de la música pop, el rock y el jazz.

pizzicato (literalmente «pellizcado», en italiano) Manera de tocar los instrumentos de cuerda que normalmente se tocan con arco, como el violín o el violonchelo, «pellizcando» (es decir, punteando) las cuerdas con los dedos.

poema sinfónico Obra sinfónica en un solo movimiento extendido, habitualmente de carácter programático, que a menudo describe un paisaje o una obra literaria.

polca Danza que se ejecuta con tres pasos y un salto, y con una música de acompañamiento que sigue un ritmo característico. La polca se originó en Europa central durante el siglo XIX y pronto se extendió por el mundo. El estilo de la polca también fue adoptado por compositores de música clásica y fue muy popular en la música de baile vienesa del siglo XIX.

policoral Dícese de un estilo de música sacra que se desarrolló a finales del siglo XVI debido a las particularidades arquitectónicas de la basílica de San Marcos de Venecia. La música policoral implicaba el uso de dos o más coros separados espacialmente que cantaban de forma alterna (en San Marcos, en efecto, era prácticamente imposible coordinar estos coros separados para que cantaran simultáneamente la misma música).

polifonía Término compuesto por dos vocablos griegos que significa literalmente «muchos sonidos». En música clásica, designa un estilo de composición en el que todas las partes son independientes y tienen la misma importancia, pero forman un todo armónico; por consiguiente, implica la música contrapuntística. Las formas típicas de este estilo son el canon, la fuga y el motete.

politonalidad Presencia simultánea de dos o más tonalidades en una composición musical. Es sobre todo una técnica del siglo XX; abundan los ejemplos en la música de Stravinski.

polonesa Danza polaca, y música que la acompaña, en compás de 3/4 y con un ritmo regular a modo de marcha. Muchos compositores de música clásica escribieron polonesas, pero las más célebres son las de Chopin.

popurrí Arreglo de varias composiciones distintas en una sola pieza continua.

power chord *Véase* acorde de quinta

preludio 1. Pieza musical introductoria de otra, por ejemplo, la que precede a una fuga o a un acto de una ópera. 2. Pieza independiente, casi siempre para piano, como los preludios de Chopin y de Debussy.

profana, música Música no religiosa, escrita fuera del ámbito eclesiástico. Fue el tipo más antiguo de música popular. En la Edad Media comprendía música instrumental que servía para bailar, canciones de amor y canciones tradicionales.

programática, música Música escrita para describir un tema no musical, como un paisaje, un acontecimiento o una obra literaria.

progresión Transición de una nota o un acorde a la nota o acorde siguiente, sobre todo cuando sigue un patrón reconocible. Son ejemplos de progresión las cadencias o también las series estructuradas de acordes que se siguen en un blues de 12 compases.

puente Pasaje de una melodía en el que se produce una transición de una parte a otra.

pulso Unidad temporal básica con la que se construye una secuencia rítmica. *Véase también* tiempo.

rap Tipo de canción consistente en la recitación rítmica de rimas y juegos de palabras, normalmente acompañada por un fondo instrumental pregrabado.

rapsodia Obra musical propia del romanticismo, compuesta por fragmentos de otras piezas o de aires populares, unidas libremente y sin relación entre sí. Algunas de las más conocidas son la *Rapsodia para contralto* de Brahms, la *Rapsodia sobre un tema de Paganini* de Rajmáninov, la *Rapsodia española* de Albéniz y la *Rhapsody in Blue* de Gershwin.

recitativo Estilo de canto propio de la ópera y del oratorio consistente en cantar recitando, de un modo muy similar a la declamación teatral por su altura y su ritmo. Las secciones en recitativo se utilizan a menudo para el diálogo y la exposición de la trama entre las arias y los coros.

registro ▼ 1. Número total de notas de una escala, desde la más grave a la más aguda, que es capaz de emitir naturalmente la voz humana o que puede producir un instrumento. *Véase también* tesitura. 2. Cualquiera de las tres partes principales en que cabe dividir una escala musical (grave, medio y agudo). 3. En el órgano, serie o hilera de tubos que corresponde a una voz, controlada mediante un tirador, también llamado registro. 4. En el clave y el piano, mecanismo que apaga o mantiene un sonido, accionado mediante un tirador, o registro.

Renacimiento Periodo artístico y cultural que abarca más o menos desde finales del siglo XIV hasta el XVI, y que se caracteriza por hacer del hombre la medida de todas las cosas y por el interés por la Antigüedad clásica. En música se caracteriza por el desarrollo de la armonía y por la popularización de la música instrumental y de la música vocal profana.

repertorio Conjunto de las obras musicales —o teatrales— que un intérprete, una compañía o una orquesta tiene preparadas para su posible ejecución, y también conjunto de las obras de un género, un estilo o un periodo concretos, por ejemplo, el repertorio clásico.

réquiem Obra musical compuesta para realzar, cantándolo, el texto litúrgico latino de la misa de difuntos, también llamada de réquiem. La más célebre de las numerosas musicalizaciones de esta misa es la *Misa de réquiem en re menor* de Mozart.

REGISTRO VOCAL

Los registros estándar de las voces humanas se muestran aquí sombreados en gris oscuro. Algunos cantantes con un tipo de voz especial pueden cantar un poco más grave o más agudo, como indican las teclas de color gris más claro.

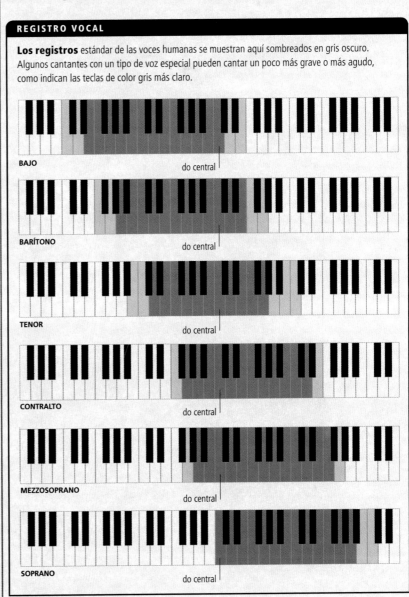

BAJO — do central
BARÍTONO — do central
TENOR — do central
CONTRALTO — do central
MEZZOSOPRANO — do central
SOPRANO — do central

remix (literalmente «remezcla», en inglés) Adaptación de una pista musical, por lo general conservando su carácter original, pero a menudo haciendo más dominante el ritmo. Muchos *remixes* ofrecen versiones ampliadas de una pista con una sección instrumental más larga, lo que permite a los DJ mezclarlas con otras pistas.

responsorial Dícese de la forma de interpretación alterna en que a una primera parte (con frecuencia un solo) le contesta una segunda (por lo general un conjunto) como un comentario directo, o respuesta. También conocida como «llamada y respuesta», es típica de muchos tipos de música, incluidos el blues, el gospel y el jazz.

retroalimentación acústica *Véase* acople

ricercare Composición musical que se originó a finales del siglo XV para instrumentos como el laúd o de teclado, en la que uno o más de los temas musicales se desarrollan mediante la imitación melódica.

riff Serie de notas que se repiten constantemente o progresión de acordes ejecutada por la sección de ritmo de una banda o un conjunto, o por un instrumento solista.

ritmo Patrón de las duraciones relativas y de los acentos puestos sobre las notas de una pieza musical, por lo general organizado en grupos regulares o compases.

ritmo, sección de Conjunto de los instrumentos de un grupo que se concentran en el ritmo de una pieza en lugar de en su melodía. Comprende todos los instrumentos de percusión, como tambores y timbales, pero también otros, como el contrabajo.

romanticismo Movimiento cultural y artístico, anunciado en música por Beethoven, que dominó el siglo XIX. En la historia de la música corresponde al periodo posterior al clásico hasta inicios del siglo XX, y se caracterizó por el abandono de las formas tradicionales y por la adecuación a los cánones clásicos a favor de la creación, el subjetivismo y el individualismo, por la predilección por los temas extramusicales, por el incremento en la escala de la composición y por una gran afición al cromatismo.

romanza Composición musical de carácter sencillo y sentimental para una voz o un instrumento.

rondó Pieza (o movimiento) musical basada en un tema recurrente con material intercalado según una estructura como ABACADAE, por ejemplo.

rondó-sonata, forma Como indica su nombre, es una mezcla de la forma sonata y la forma rondó. Como la sonata, tiene tres secciones principales: una exposición, una sección central (que puede ser un desarrollo) y una reexposición o recapitulación. Sin embargo, como sucede en el rondó, la primera sección tiene un formato ABA, la intermedia es C y la recapitulación vuelve a ser ABA, aunque la sección B suele estar modificada.

sample («muestra», en inglés) Breve fragmento de una grabación que se utiliza en una nueva grabación. Los gritos del mítico cantante de soul James Brown y las grabaciones de los percusionistas del sello discográfico Motown figuran entre las piezas más sampleadas.

scherzo Animada pieza de danza (o movimiento) en compás ternario. Durante los periodos clásico y romántico, el tercer movimiento de una sinfonía o uno de los movimientos intermedios de una sonata era un *scherzo*, generalmente pareado con un trío. La forma *scherzo* con trío sustituyó a la de minueto con trío del Barroco.

scordatura Manera no convencional de afinar un instrumento de cuerda para alterar las alturas producidas y el timbre de las notas.

semiópera Obra teatral con varios episodios musicales que alcanzó una enorme popularidad en la Inglaterra del siglo XVII. Algunas de las obras de William Shakespeare se utilizaron como base para semióperas, y compositores como Henry Purcell escribieron música para ellas.

semitono *Véase* tono

serenata Música que se ejecuta en la calle o al aire libre y al atardecer o por la noche para festejar a alguien, por ejemplo, a la amada. En el siglo XVIII fue un divertimento vespertino para orquesta, como la *Pequeña serenata nocturna (Eine kleine Nachtmusik)* de Mozart, o también una cantata profana, por lo general de naturaleza ocasional o congratulatoria y que se ejecutaba como una pequeña cuasi-ópera o bien como una pieza de concierto.

serialismo Sistema o técnica de composición atonal desarrollada en la década de 1920 por Arnold Schönberg y otros músicos de la Segunda Escuela Vienesa, consistente en utilizar series o secuencias fijas de elementos musicales como base para la creación de estructuras más complejas. Estas secuencias suelen comprender arreglos de cada grado de la escala cromática —series de tonos o series básicas—, aunque también pueden usarse secuencias más cortas. La serie puede disponerse de cuatro maneras: hacia delante, hacia atrás (retrogradación), al revés (inversión), y al revés y hacia atrás (inversión retrógrada).

silencio ▼ Pausa o ausencia de sonido en una pieza musical y signo que representa gráficamente su duración. Cada figura musical cuenta con su silencio correspondiente, que tiene su mismo valor o duración: así, los silencios de redonda, blanca, negra, corchea, semicorchea, fusa y semifusa tienen valores que van desde 4 tiempos hasta 1/16 de tiempo (o 1/64 de redonda) en un compás de 4/4.

SILENCIOS		
NOMBRE	**DURACIÓN**	**SÍMBOLO**
SILENCIO DE REDONDA	4 TIEMPOS	▬
SILENCIO DE BLANCA	2 TIEMPOS	▬
SILENCIO DE NEGRA	1 TIEMPO	𝄽
SILENCIO DE CORCHEA	½ TIEMPO	𝄾
SILENCIO DE SEMICORCHEA	¼ DE TIEMPO	𝄿

síncopa Recurso compositivo consistente en acentuar un tiempo débil o una parte débil de un tiempo del compás para romper la regularidad del ritmo. Característica del jazz, la síncopa también se utilizó a menudo en la música influida por el jazz de principios del siglo XX.

sinfonía Obra a gran escala para orquesta completa. Haydn, Mozart y Brahms popularizaron las sinfonías clásica y romántica, que constan de cuatro movimientos, tradicionalmente un *allegro*, un segundo movimiento más lento, un *scherzo* y un animado final, pero las sinfonías contemporáneas

pueden contener un número mayor o menor de movimientos. El primer movimiento está a menudo en forma sonata, y el movimiento lento y el final pueden tener una estructura similar.

Singspiel Término alemán que designa una ópera, a menudo cómica, con diálogos hablados en vez de un verdadero recitativo. Un ejemplo típico es *La flauta mágica* de Mozart.

slap Técnica para tocar el bajo eléctrico y el contrabajo utilizada en la música rock y de jazz, consistente en puntear una cuerda y soltarla súbitamente, de tal forma que golpee *(to slap)* el mástil y vibre para crear un sonido característico.

slide Estilo de tocar la guitarra, también denominado *bottleneck*, consistente en pisar las cuerdas sobre el diapasón con un dedo inserto en un tubo de metal o de vidrio y deslizarlo hacia arriba y hacia abajo para crear sonidos cálidos y vibrantes. Esta técnica procede de los músicos de blues, que introducían el dedo dentro de un cuello de botella *(bottleneck)* para deslizarlo sobre las cuerdas.

solo Pieza o sección de una pieza tocada o cantada por un instrumento o por una voz, denominados solistas.

sonata Pieza instrumental para uno o más ejecutantes que ha ido adoptando varias formas. Aparecida durante el Barroco como una pieza breve para un instrumento solista o un pequeño grupo de instrumentos acompañado por un bajo continuo, durante el periodo clásico adoptó una estructura en cuatro movimientos para uno o dos instrumentos, aunque también se popularizó la sonata en trío, para tres instrumentos. Una sonata comprendía tres o cuatro movimientos: un movimiento inicial (estructurado en lo que más tarde pasó a denominarse primer movimiento o forma sonata), un segundo movimiento lento, un animado *scherzo* y finalmente un rondó.

sonata, forma Forma estructural popularizada durante el periodo clásico y con la que a partir de entonces se suele escribir el primer movimiento de las sonatas, las sinfonías y los conciertos. Una obra en forma sonata consta tradicionalmente de la exposición, que a su vez comprende un primer tema seguido de un segundo (ligados ambos por una sección puente y en tonalidades diferentes), después de lo cual el material inicial se resuelve en la sección central de desarrollo, y finalmente una reexposición, en la que se repite la exposición, aunque permaneciendo en la tónica (la tonalidad principal).

sonata da camera (de cámara) Pieza instrumental —habitualmente para dos violines con bajo continuo— de finales del siglo XVII y principios del XVIII que a menudo adoptaba la forma de una serie de movimientos de danza, por lo general con un primer movimiento rápido.

sonata da chiesa (de iglesia) Pieza instrumental similar en muchos aspectos a la profana sonata de cámara y que por lo general consta de cuatro movimientos: una introducción lenta, un movimiento fugado, un movimiento lento y un final rápido.

soprano La más aguda de las cuatro voces estándar, y cantante (mujer o niño) que tiene esta voz. *Véase también* registro 1.

sordina Dispositivo que se acopla a los instrumentos para modificar el sonido que producen reduciendo su intensidad, variando su timbre o, más a menudo, haciendo ambas cosas a la vez.

sostenido (♯) Signo que aumenta en un semitono la altura de la nota a la que afecta; así, un fa aumentado en un semitono es un fa sostenido.

staccato («separado», en italiano) Técnica de ejecución en que cada nota se articula por separado, sin ligadura.

stop-time En el jazz y el blues, pasaje similar al *break* que interrumpe el flujo de la melodía con una marcada acentuación rítmica, habitualmente en el primer tiempo del compás. Con frecuencia acompaña un pasaje solista improvisado.

subdominante Nota que se encuentra debajo de la tónica en una escala. Al tener un semitono menos que la tónica, hace volver de forma natural a la dominante, creando de ese modo un efecto de determinación.

suite Obra por lo general instrumental, compuesta por una serie de movimientos breves de danzas contrastantes, habitualmente en una misma tonalidad.

suspensión Efecto obtenido manteniendo en suspenso una nota, lo que a menudo crea una disonancia, antes de resolverse descendiendo a la siguiente nota de debajo.

swing Estilo de jazz aparecido en la década de 1930 caracterizado por un aumento de los instrumentos integrantes de las big bands y por el uso del *riff*. También se denomina *swing* el impulso rítmico inherente a una interpretación musical, especialmente en música de jazz, así como la cualidad que tienen ciertas músicas de dar ganas de bailar o de seguir el ritmo con los pies a quienes la escuchan. *Véase también* groove.

tablatura Sistema de notación musical usado comúnmente para el laúd, la guitarra y el banjo, en el que se utilizan letras y símbolos en vez de la notación convencional para indicar cómo debe tocarse una pieza. Consiste en un diagrama de las cuerdas, desde la más aguda hasta la más grave, con las posiciones de los dedos para cada cuerda indicadas por números que corresponden a los trastes que deben pisarse.

tarantela (del italiano *tarantella*, probablemente de Taranto, ciudad del sur de Italia) Baile y música tradicionales del sur de Italia en compás de 6/8 y con un ritmo muy vivo.

tema 1. Pasaje o melodía simple que se usa como un motivo musical recurrente en una composición. Un tema puede repetirse de manera ligeramente diferente cada vez en una serie de variaciones. **2.** Sujeto de una fuga.

temperamento Modo de afinar un instrumento consistente en ajustar los intervalos entre notas para que pueda tocarse en diferentes tonalidades. Esto es especialmente importante para los instrumentos de teclado, en los que las notas que se tocan son fijas, a diferencia de los de cuerda o de viento, en los que el músico puede modificar la altura. Existen varios tipos de temperamento, pero la mayoría de los instrumentos de teclado se afinan según el sistema de temperamento igual, basado en una octava de 12 semitonos equivalentes.

temperamento igual Sistema de afinación (o temperamento) en el que cada nota de la escala cromática está separada de sus vecinas por exactamente el mismo grado. El temperamento igual fue introducido en el siglo XVIII y permitió tocar en cualquier tonalidad de la escala cromática.

tempo ▼ Velocidad con que debe interpretarse o a la que se interpreta realmente una pieza musical. El tempo se indica generalmente al comienzo de la partitura, y en la música occidental moderna suele indicarse en pulsos por minuto. En la música clásica se usan términos italianos para indicar al intérprete el tempo y los cambios de tempo y de los estados de ánimo asociados, ya que muchos compositores clave del siglo XVII eran italianos.

TEMPO

INDICACIÓN	SIGNIFICADO
grave	muy lento y solemne
largo	muy amplio y lento
lento	lento
adagio	lento y pausado
andante	a una velocidad como de paseo
moderato	moderadamente rápido
allegro	rápido
presto	muy rápido
accelerando	cada vez más rápido
rallentando	cada vez más despacio
rubato	*tempo rubato* («tiempo robado»): acelerar o desacelerar ligeramente a discreción para obtener un efecto expresivo

tenor 1. Voz intermedia entre contralto y barítono, y persona que tiene esta voz. Se trata de la voz natural más aguda del hombre adulto. *Véase también* contratenor. **2.** Se aplica al instrumento cuyo registro corresponde al de esta voz, por ejemplo, el saxofón tenor.

tesitura Registro general de una voz y, también, registro o intervalo entre el sonido más grave y el más agudo que se utilizan en una composición, sin incluir forzosamente los extremos.

tiempo Cada una de las partes de igual duración en que se divide un compás, subdivididas a su vez en periodos de tiempo iguales, llamados partes. Tanto los tiempos como las partes de estos se denominan pulsos y pueden ser fuertes o débiles (acentuados o no acentuados). *Véase también* ritmo.

timbre Cualidad de los sonidos que permite diferenciar los del mismo tono y, por consiguiente, distinguir un instrumento de otro o una voz de otra.

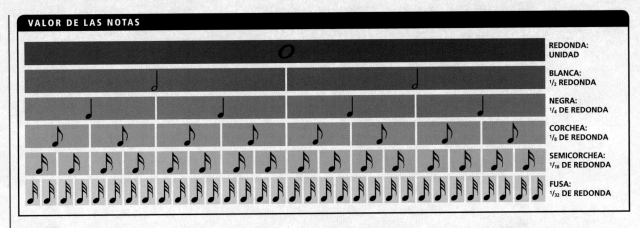

VALOR DE LAS NOTAS

REDONDA: UNIDAD
BLANCA: ½ REDONDA
NEGRA: ¼ DE REDONDA
CORCHEA: ⅛ DE REDONDA
SEMICORCHEA: 1/16 DE REDONDA
FUSA: 1/32 DE REDONDA

tocata Pieza compuesta generalmente para instrumentos de teclado. Durante el Renacimiento y el Barroco las tocatas solían enfatizar la destreza del ejecutante y por tanto incluían ornamentos rápidos y pasajes brillantes, tendencia que prosiguió en las tocatas clásicas y románticas.

tonalidad 1. Conjunto de sonidos de una pieza musical basado en la nota principal (llamada tónica) de la escala. La armadura de clave de un pentagrama indica al músico qué notas ha de tocar en una pieza. **2.** Sistema de las tonalidades y escalas mayores y menores que constituye la base de toda la música occidental desde el siglo XVII hasta Schönberg, a principios del siglo XX. La música tonal es la que cumple los principios de la tonalidad.

tónica La primera nota —o primer grado— de toda escala diatónica (mayor o menor). Es la más importante de la escala, pues proporciona la base para la melodía y la armonía de una pieza musical.

tono y semitono ▼ El tono es la cualidad de un sonido que hace que se perciba con una altura determinada, más grave o más agudo. Un tono, igual a un intervalo de segunda mayor (abarcando dos posiciones adyacentes en un pentagrama), consta de dos semitonos. Un semitono es el más pequeño de los intervalos en la música tonal occidental. En un tono hay dos semitonos, y en una octava, doce. En un teclado, los semitonos se encuentran entre una tecla y su vecina más próxima; por ejemplo, el intervalo de mi a fa es un semitono, al igual que de fa a fa sostenido.

transcripción Arreglo de una composición musical para un instrumento diferente de aquel para el que fue concebida, o para el mismo, pero en un estilo distinto, a veces más elaborado. También, conversión de una composición de un sistema de notación a otro.

transposición Reescritura o interpretación de una melodía en una tonalidad diferente. Se denominan transpositores los instrumentos cuyos sonidos están escritos a una altura diferente de la de su sonido real.

trémolo Repetición rápida de una nota para crear un efecto tembloroso. En los instrumentos de cuerda, un rápido movimiento del arco hacia atrás y hacia delante crea este efecto.

tresillo 1. Conjunto de tres notas iguales que se tocan o cantan en el tiempo correspondiente a dos. Suele anotarse colocando una barra con el número 3 sobre las tres notas. **2.** Motivo rítmico en compás de 2/4 originario del África subsahariana que los esclavos africanos llevaron a América Latina en el siglo XVII y que constituye la base de la habanera cubana.

tríada Acorde de tres notas que consiste en una fundamental más los intervalos de tercera y quinta. Los cuatro tipos de tríada son: mayor (por ejemplo, do, mi, sol), menor (por ejemplo, do, mi bemol, sol), aumentada (por ejemplo, do, mi, sol sostenido) y disminuida (do, mi bemol, sol bemol).

trío 1. Conjunto de tres intérpretes y obra compuesta para este tipo de agrupación. **2.** Sección central de un minueto así llamada porque en el siglo XVII solía escribirse para tres instrumentos.

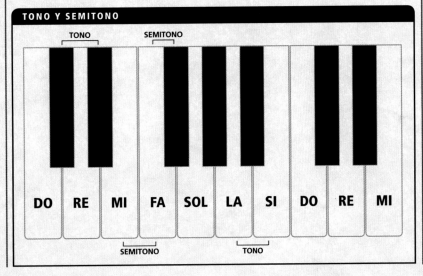

TONO Y SEMITONO

TONO — SEMITONO

DO RE MI FA SOL LA SI DO RE MI

SEMITONO — TONO

valor ▲ Duración del sonido de una nota según la figura que la representa. Todas las figuras tienen un valor determinado: la redonda, que dura un compás de 4/4 completo, equivale a 4 tiempos y se toma como unidad; la blanca dura la mitad de una redonda y equivale a 2 tiempos; la negra, que dura la mitad de una blanca o ¼ de redonda, equivale a 1 tiempo; la corchea, que dura la mitad de una negra o 1/8 de redonda, equivale a ½ tiempo, y la semicorchea dura la mitad de una corchea o 1/16 de redonda y equivale a 1/4 de tiempo. *Véase también* silencio.

variación Repetición de un pasaje o tema musical con alteraciones y ornamentos. Entre los ejemplos más célebres destacan las *Variaciones Goldberg* de J. S. Bach y las *Variaciones Diabelli* de Beethoven.

verismo Estilo operístico cuyos argumentos y estilo de representación se inspiraban en la realidad cotidiana, a veces sórdida.

vibrato Efecto creado mediante pequeñas y rápidas vibraciones que hacen fluctuar la altura de las notas, utilizado especialmente por instrumentistas de cuerda y de viento, y cantantes.

virtuoso Instrumentista brillante, con una extraordinaria habilidad técnica. Franz Liszt y Niccolò Paganini fueron grandes virtuosos.

viento-madera Familia de instrumentos que comprende todos los de viento, excepto los de metal. Los principales instrumentos de la sección de viento-madera de la orquesta son el clarinete, el oboe y la flauta travesera. Aunque en origen eran de madera, las actuales flautas orquestales se fabrican en metal.

versión (canción versionada) Nueva ejecución o grabación de una canción grabada anteriormente por otro artista.

zarabanda Danza cortesana lenta y en compás ternario que fue popular en Europa durante los siglos XVII y XVIII. Durante el Barroco se incluía a menudo en suites, especialmente en las de Bach, Purcell y Händel.

zarzuela Género lírico español en el que alternan canto y baile con diálogos hablados. Su origen se remonta a las obras declamadas y cantadas que se representaban en el siglo XVII en el palacio de la Zarzuela, de ahí su nombre. Eclipsada luego por la ópera italiana, resurgió con una estructura en un acto (género chico) y en tres actos, en el siglo XIX.

Géneros

Esta sección describe una serie de géneros musicales de todo el mundo surgidos en el transcurso de la historia. Incluye formas desde la música carnática del sur de la India hasta el moderno hip-hop. Si bien gran parte de la música occidental se caracteriza por compartir una misma base musical, otras culturas musicales han evolucionado a partir de técnicas y teorías diferentes. Un ejemplo de ello es el uso predominante de la escala heptatónica en Occidente, frente al de la pentatónica en China.

Música clásica

La música clásica abarca desde las composiciones religiosas de la Edad Media hasta la música de vanguardia del siglo xx. Aunque los estilos de música clásica varían en gran medida, el género comparte características comunes. Es una forma escrita con poco margen para la improvisación e instrumentos de cuerda al frente del sonido.

Edad Media

La música de la Edad Media abarca un periodo de casi mil años (siglo v hasta 1430 aproximadamente), y se caracteriza por composiciones sacras y profanas de carácter monofónico. A partir del siglo XII, la música monofónica profana pasó a integrar las colecciones escritas, lo que indica que hasta entonces solo se habían considerado dignos de ser conservados los textos musicales de carácter religioso. El canto llano, interpretado por una o más voces en todas las iglesias, catedrales, monasterios y capillas, se convirtió en el estilo musical religioso más común de la Edad Media.

Durante este periodo, los compositores, además de ser músicos, se dedicaban a otros cometidos, como el sacerdocio. Para componer y escribir música, en especial la polifónica, era necesario estar alfabetizado musicalmente. Por lo general, tenían acceso a estos estudios solo los nobles o quienes pertenecían a la Iglesia católica. Los músicos eclesiásticos residían en instituciones religiosas como conventos o monasterios, y tenían que memorizar cientos de cantos como parte de su formación musical. Esto perduró incluso después de que, en el siglo XI, Guido d'Arezzo desarrollara el pentagrama.

Los compositores profanos más famosos de la época fueron los trovadores, las *trobairitz* (mujeres trovadoras) y los *trouvères* de la Francia medieval. Su música y poesía trataban, sobre todo, temas del amor cortés, aunque se sabe poco sobre la interpretación musical. Es probable que usaran la fídula, un precursor de cinco cuerdas del violín.

ILUSTRACIÓN DE UN CANCIONERO MEDIEVAL

Una de sus cuerdas genera un sonido similar al de la zanfoña o la gaita, y el instrumento podría haber sido utilizado para acompañar a los solistas.

El nacimiento, en el siglo IX, de las composiciones polifónicas tuvo lugar durante las celebraciones litúrgicas. En festividades como la Navidad o la Semana Santa, se comenzaron a añadir voces a la base solista del canto llano. Léonin y Pérotin escribieron, en la catedral de Notre Dame de París, la primera composición musical de dos, tres y cuatro partes distribuida en forma de manuscrito. Para el siglo XIII, las principales iglesias de Europa contaban con un gran repertorio de música polifónica; la música profana escrita también contenía varias partes.

El motete, pieza coral desarrollada en el siglo XIII en el norte de Francia, fue uno de los géneros sacros más importantes surgidos durante la Baja Edad Media. El canto llano seguía un estricto patrón rítmico, con una, dos o tres líneas vocales por encima; cada una de estas voces superiores interpretaba textos diferentes, generando una textura compleja en la que muchas letras distintas sonaban al tiempo.

ARTISTAS Y OBRAS CLAVE
Hildegarda de Bingen *Symphonia armoniae celestium revelationum* (c. 1150)
Léonin (Leoninus) *Magnus liber* (c. 1200)

Pérotin (Pérotinus Magnus)
Viderunt omnes (c. 1200)
Guillaume de Machaut
Messe de Notre Dame (c. 1363)
Guillaume Dufay
Nuper rosarum flores (1436)

Renacimiento

La música renacentista se considera que se extiende desde mediados del siglo XV hasta principios del siglo XVII. En el siglo XVI, la música instrumental y las nuevas formas de la canción profana, como el madrigal, cobraron tal relevancia que empezaron a distribuirse por escrito, favoreciendo la participación en las representaciones musicales de la clase comerciante. La invención de la imprenta musical en 1501 por Ottaviano Petrucci supuso la venta y distribución de partituras de una manera sencilla, económica y más fiable que nunca, aunque mucha de la música siguió estando manuscrita.

La clase adinerada del siglo XVI exigía música vocal e instrumental para todo tipo de combinaciones musicales. Las familias de instrumentos, constituidas por varios tamaños de un mismo instrumento (flautas dulces, violas), florecieron en el Renacimiento, aunque también se cultivaron las agrupaciones musicales mixtas de cuerdas, vientos y voces. Danzas como la elegante pavana y la animada gallarda fueron extremadamente populares.

La música vocal profana, escrita en lengua vernácula, solía tratar asuntos amorosos. El madrigal prosperó en el siglo XVI, y se hizo notar por su modo de expresar musicalmente el significado de los textos, técnica también conocida como figuralismo. Los compositores se las ingeniaban para reflejar musicalmente las frases con contenido poético. Durante el Renacimiento, la mayoría de los compositores procedían de las instituciones eclesiásticas o de la nobleza; aunque la clase comerciante también se ocupaba de la educación musical de sus hijos varones y, en cierta medida, de la de sus hijas. Se conocen

relativamente pocas compositoras de ese periodo, aunque muchas piezas anónimas pudieron ser escritas por mujeres, y también algunas mujeres debieron interpretar la música escrita por varones.

La Reforma protestante del siglo XVI tuvo inevitables consecuencias en la música de la época. Los reformistas, sobre todo en Inglaterra, destruyeron grandes cantidades de música católica y la reemplazaron por estilos nuevos y más concisos. Esto provocó el aumento en la demanda de compositores ingleses. Thomas Tallis, por ejemplo, escribió música para cuatro monarcas diferentes con enfoques religiosos distintos: sus composiciones abarcan desde textos en inglés configurados por protestantes y apoyados por Isabel I, hasta polifonías en latín compuestas para la hermanastra de esta última, María.

Tras la Reforma, la polifonía religiosa más simple constaba de cantos armónicos en los que todas las voces seguían un mismo ritmo (homofonía). La idea de una textura musical en donde las voces se imitaran entre sí siguiendo la técnica del contrapunto se convirtió en un rasgo distintivo de las músicas sacra y profana del Renacimiento. La música coral de Giovanni Pierluigi da Palestrina y las creaciones instrumentales de la música inglesa al final del periodo son tal vez sus mejores representantes. Las innovaciones operísticas de Claudio

RELIEVE EN MÁRMOL DE LA CATEDRAL DE SANTA MARIA DEL FIORE

Monteverdi y sus contemporáneos pusieron fin a la música renacentista.

ARTISTAS Y OBRAS CLAVE

Thomas Tallis *Spem in alium nunquam habui* (c. 1570); *Puer natus est nobis* (1554)

Josquin Desprez *Stabat mater dolorosa* (c. 1480); *Missa «Pange lingua»* (c. 1515)

John Taverner *Missa «Gloria tibi Trinitas»* (1515); *Magnificat à 4* (c. 1540)

Giovanni Pierluigi da Palestrina *Misa de papa Marcelo* (1567); *Missa brevis* (1570)

William Byrd *Great Service* (c. 1600)

Giovanni Gabrieli *Sinfonías sacras* (1597); *Canzoni et sonate* (publicado en 1615); *Sinfonías sacras* (segundo volumen publicado en 1615)

Tomás Luis de Victoria *Officium defunctorum* (1603)

Barroco

El Barroco, que abarca entre finales del siglo XV y mediados del siglo XVIII, experimentó la génesis de la ópera, el crecimiento de la orquesta y el auge de la música instrumental, sobre todo la del violín y el teclado. Fueron los músicos italianos, junto a las nuevas modas surgidas en Italia, los que dominaron el campo. Sin embargo, al finalizar el periodo, los distintos estilos nacionales se mostraban bien desarrollados. El término «barroco» fue inicialmente un término peyorativo para definir un estilo de arquitectura y arte de finales del siglo XVI a mediados del siglo XVIII; perdió su connotación negativa cuando los musicólogos, y demás estudiosos, lo adoptaron para referirse a un periodo estilístico.

En esta época de gran creatividad surgieron las grandes obras literarias de William Shakespeare y Miguel de Cervantes, y las científicas de Isaac Newton y Galileo Galilei. La música también floreció y, en la década de 1590, nació un estilo musical que contrastaba con la exuberante polifonía de Palestrina y sus contemporáneos. Con el fin de distinguirlo del *stile antico* renacentista, al nuevo estilo se le llamó *stile moderno*: en vez de piezas complejas entrelazadas, este último colocaba un instrumento o voz solista por encima de un sencillo acompañamiento compuesto por una línea de bajo y unos acordes (bajo continuo). Para reforzar la línea de bajo, dos instrumentos ejecutaban el continuo: un teclado, un laúd o una guitarra por un lado, y un instrumento de tesitura grave (violonchelo, *viola de gamba* o fagot) por otro. El término «monodia» (palabra griega para «una canción») fue utilizado para describir la nueva combinación de voz solista y bajo continuo. Este tipo de canción confería libertad al artista para ornamentar la línea melódica, algo impensable en el antiguo estilo polifónico. También permitió a los compositores transmitir

ÓRGANO BARROCO

el texto claramente a través de una voz solista, y a los cantantes interpretar las letras con mayor dramatismo. La monodia fue la precursora de la ópera.

La invención de la ópera se debe a un grupo de músicos y poetas florentinos conocidos como la Camerata. Sobresalen los músicos Giulio Caccini y Jacopo Peri, y el poeta Ottavio Rinuccini, quienes se dedicaron a intentar recrear los textos cantados de la tragedia griega antigua. En un principio, este nuevo estilo se representaba en los intermedios, divertimentos musicales de corta duración que se realizaban entre los actos de las obras teatrales. En 1598 los tres colaboraron en la creación de *Dafne*, la primera ópera verdadera. Dos años más tarde, Peri y Caccini escribieron una ópera sobre el mito de Orfeo, *Eurídice*, pero fue el *Orfeo* (1607), de Claudio Monteverdi, el referente genuino para óperas posteriores. Esta nueva forma artística combinaba una amplia variedad de estilos musicales (recitativos, arias, interludios corales e instrumentales) con una extensa estructura narrativa.

La Iglesia católica, menospreciando el argumento «inmoral» de algunas óperas, prohibió su representación durante el Adviento y la Cuaresma. Para rellenar el vacío, se optó por otro tipo de música vocal dramática: el oratorio. Tanto las óperas como los oratorios empleaban recitativos, arias, duetos y piezas instrumentales, pero los oratorios carecían de representación escénica y trataban temas bíblicos. La ópera cómica, surgida poco después, se desarrolló a partir de las breves piezas cómicas *(intermezzi)* que se representaban en los entreactos de las óperas serias; ganó popularidad durante la década de 1730.

La ópera no fue la única forma musical que prosperó. Como muestra de prestigio, las cortes de toda Europa tenían conjuntos de cámara para entretener a los mecenas nobles y sus invitados; consecuentemente, la demanda de conciertos y sonatas instrumentales aumentó. El violín, que podía imitar ciertas cualidades de la voz humana, amplió su rango de posibilidades y generó un enorme interés. Los grandes fabricantes de violines de Cremona como Amati, Stradivari y Guarneri, pertenecen a esta época.

En el siglo XVII, el espectáculo escénico de la ópera evolucionó de forma paralela al tamaño del conjunto musical que la acompañaba, dando pie a la orquesta. La música para teclado (clavecín y órgano principalmente) también progresó, y virtuosos como Johann Pachelbel y los Couperin atrajeron la atención de los círculos cortesanos y eclesiásticos.

Aunque las primeras innovaciones surgieron en Italia, otros países también generaron estilos musicales propios. El estilo italiano era sobre todo melódico, técnico y con un fuerte sentido métrico. Por contra, el estilo francés, desarrollado por Jean-Baptiste Lully en la corte de Luis XIV, estuvo fuertemente influenciado por ritmos de danza. El estilo alemán, llevado a su punto más alto por Johann Sebastian Bach, fue un híbrido de los dos anteriores, con la adición de un elemento contrapuntístico. En España, por otra parte, surgieron estilos típicos como la zarzuela y la tonadilla.

ARTISTAS Y OBRAS CLAVE

Claudio Monteverdi *Orfeo* (1607); *Arianna* (1608); *Il Combattimento di Tancredi e Clorinda* (1624)

Jean-Baptiste Lully *Le bourgeois gentilhomme* (1670); *Armide* (1686)

Arcangelo Corelli *12 Concerti grossi* (1714)

Henry Purcell *Oda para el día de Santa Cecilia* (1683); *Dido y Aeneas* (c. 1688)

Antonio Vivaldi *Gloria* (c. 1700); *Las cuatro estaciones* (1725); *Seis conciertos para flauta* (1728)

Georg Philipp Telemann *Nouveaux quatuors en six suites* (c. 1736); *Musique de table* (1733)

George Frideric Händel *Música acuática* (1717); *Sadok, el sacerdote* (1737); *El Mesías* (1742); *Música para los reales fuegos artificiales* (1749)

Johann Sebastian Bach *Conciertos de Brandemburgo* (1721); *Pasión según san Mateo* (1729); *Variaciones Goldberg* (1741); *El clave bien temperado* (1722–1742)

Época clásica

El periodo musical comprendido entre los años 1760 y 1820 se conoce como periodo clásico. Entre sus precursores se hallan los compositores Carl Philipp Emanuel Bach, Johann Quantz y Baldassare Galuppi. Sus obras surgieron en oposición a la complejidad musical barroca, caracterizada por polifonías y contrapuntos intrincados, y melodías ornamentadas. Los nuevos compositores anhelaban crear melodías sencillas acompañadas de progresiones armónicas.

La Ilustración, con su énfasis en la racionalidad y los ideales humanos, desempeñó un papel importante en este cambio de los valores estéticos. También influyó la mirada puesta en la elegancia del arte y la arquitectura de las antiguas Grecia y Roma, parcialmente inspirada por las excavaciones de Pompeya en la Italia de 1748. La época clásica fue un momento de grandes cambios sociales y políticos, y como resultado de la colonización y la revolución industrial se creó una clase media deseosa de consumir arte de manera activa. Al mismo tiempo, las aristocracias de Europa, que sufrían los estragos de las guerras napoleónicas (1792–1815), dejaron de amparar a los músicos, y el antiguo sistema de mecenazgo comenzó a derrumbarse.

Tradicionalmente, los músicos empleados por la aristocracia formaban parte de la servidumbre, pero, a medida que los conciertos públicos se hicieron más comunes, los músicos consiguieron ingresos a través de sus actuaciones y la publicación de sus composiciones. El músico Joseph Haydn, contratado por la familia Esterházy, gozaba de

OBOE

«La **sencillez** y la **verdad** son los únicos principios de la **belleza en el arte**.»

CHRISTOPH WILLIBALD VON GLUCK

permisos frecuentes para viajar y, hacia el final de su vida, consiguió trascender su humilde posición y formar parte de la corte. Mozart, por otro lado, no gozó de las mismas libertades. No conforme con su posición servil como empleado del arzobispo de Salzburgo, se trasladó a Viena para convertirse en uno de los primeros músicos independientes. Sin embargo, el mundo de la música no estaba listo para apoyar tal ambición, y Mozart atravesó enormes dificultades financieras. Ludwig van Beethoven, por su parte, logró ganarse el apoyo de los nobles adinerados al mudarse a Viena en 1794, y nunca tuvo que ejercer cargo alguno.

A medida que la música instrumental ganaba, por primera vez, popularidad sobre la vocal, los compositores tuvieron que desarrollar piezas musicales que respaldaran las extensas audiciones. Como resultado nació la «forma sonata», una estructura musical dividida en tres partes. Su empleo fue constante en los primeros movimientos de sonatas, y también de sinfonías y en la música instrumental de la época; esta forma permanece vigente en la actualidad.

La sinfonía barroca evolucionó hasta convertirse en todo un icono artístico: la sinfonía clásica. Sus cuatro movimientos se disponen generalmente así: el primero es una sonata *allegro*, seguida de un movimiento más lento. El tercero era usualmente un elegante minueto, luego transformado en *scherzo*, un pasaje humorístico, a veces irónico o ligeramente pasional. El cuarto movimiento, el rondó, es rápido y se caracteriza por la combinación de melodías alegres y repetitivas intercaladas con temas contrastantes.

Además, en esta época también se redefinieron otros géneros. El concierto en tres movimientos, en que los ideales de equilibrio y elegancia se correspondían con el virtuosismo instrumental, se convirtió en una forma específica para solista. La sonata evolucionó a una composición más formal para uno o dos instrumentos. El creciente número de compositores originó un mercado para las nuevas formas de la música de cámara, como el cuarteto de cuerda ideado por Haydn, o el trío de piano.

La orquesta sinfónica se convirtió en un conjunto ampliamente estandarizado, muy similar, aunque más pequeño, al que existe hoy día. A causa del intenso sonido orquestal, el papel del bajo continuo se diluyó progresivamente, dejando paso al violín, que a su vez fue desplazado posteriormente en la conducción por el director de orquesta. En ese momento, las orquestas gozaban de un rango dinámico más amplio. En la década de 1740, los *crescendos* y *diminuendos* interpretados por la orquesta de la corte de Mannheim, dirigida por Johann Stamitz, causaron sensación y se convirtieron en elemento imprescindible de la composición de sinfonías.

En la ópera, y en particular las obras de Christoph Gluck y Mozart, los argumentos cobraron mayor realismo, y la música escrita pasó a reflejar temas dramáticos en lugar de decorativos. Tras la aparición de obras relevantes escritas en francés y alemán, los músicos italianos perdieron su posición dominante.

ARTISTAS Y OBRAS CLAVE
Christoph Willibald von Gluck
Artajerjes (1741); *Orfeo y Eurídice* (1762); *Ifigenia en Táuride* (1779)
Carl Philippe Emanuel Bach Magnificat en re mayor, WQ 215 (1733); Concierto para flauta en sol mayor, WQ169 (1755)
Franz Joseph Haydn Concierto para trompeta (1796); Cuarteto de cuerda n.º 63, «Sunrise», op. 76 n.º 4 (1797); *La Creación* (1798)
Wolfgang Amadeus Mozart Sonata para piano n.º 8, K310 (1778); *Don Giovanni* (1787); *Una pequeña serenata nocturna*, K525 (1787); Sinfonía n.º 41, «Júpiter» K551 (1788)
Ludwig van Beethoven Sonata para piano en fa menor, «Appassionata», op. 57 (1805); *Fidelio*, op. 72 (1805); Sinfonía n.º 9, «Coral», op. 125 (1824); Concierto para piano n.º 5, «Emperador», op. 73 (1811)
Louis Spohr Sinfonía n.º 6 en sol mayor, «Historische», op. 116; Concierto para violín en la menor, op. 47

Romanticismo

A finales del siglo XVIII, el movimiento romántico se manifestó primero en el arte y la literatura, y más adelante en la música. Los defensores del romanticismo, optando por la creatividad, rechazaron los límites impuestos por el clasicismo. Buscaban inspiración en la naturaleza y defendían la emoción y el instinto.

Beethoven arrojó una larga sombra sobre el siglo XIX. El poder sentimental de su música le convirtió en el principal precursor del romanticismo. Durante su vida se produjo la Revolución francesa (1789), expresión más evidente en pro de los derechos del individuo en el siglo XVIII. Los regímenes opresivos de la época posnapoleónica no impidieron que floreciera el culto romántico hacia el individuo y aumentara la conciencia sobre el derecho de autogobierno nacional y apreciación de la cultura propia. En este clima de expresión personal, no obstante, la mujer quedó lejos de lograr la igualdad de derechos, aunque sí hubo quien logró componer y publicar sus obras: Clara Schumann y Fanny Mendelssohn son los ejemplos más célebres. Parte de la música de este periodo se caracterizó por la presencia de intérpretes virtuosos, como Franz Liszt. En la misma época, y de manera paralela, se desarrolló una tendencia musical íntima en la que destacan las «miniaturas» de Chopin y Schumann. Esto creó un conflicto entre el carácter

EL PIANO SE HIZO MUY POPULAR DURANTE EL ROMANTICISMO

público de muchas de las obras para solista y orquesta del romanticismo, y la melancolía de obras como el ciclo de canciones *Viaje de invierno*, de Schubert.

La época del romanticismo estuvo llena de contrastes. Por un lado, los compositores miraban hacia el pasado, pero, por otra parte, abandonaban los convenios clásicos para experimentar con un lenguaje armónico y una forma nuevos y audaces. El estilo progresivo se manifestó en varias obras: la *Sinfonía fantástica* de Hector Berlioz, con su excelente narrativa sobre el deseo y la destrucción; la Sonata en si menor de Liszt (1852), con un movimiento único y serpenteante; y las extrañas armonías de las cuasi impresionistas piezas tardías

para piano de Liszt, como *Nuages gris*. Se puede decir que la época romántica «redescubrió» la música del pasado: cuando Mendelssohn interpretó, en 1829, la *Pasión según san Mateo* de J. S. Bach, abrió un baúl de tesoros musicales que fue revivido en las décadas posteriores. Esto aumentó el interés hacia la monumental obra de Bach y además los músicos empezaron a reproducir las composiciones de sus predecesores. Algunos compositores, como Brahms, se sirvieron de este material para inspirarse.

Mientras que los músicos de épocas anteriores se concentraban en desarrollar su especialidad artística, los románticos difuminaron las líneas establecidas entre las distintas disciplinas. Así, Berlioz y Schumann, además de componer, escribieron crítica musical; Weber escribió una novela; Liszt compuso multitud de ensayos variados; y Wagner ideó sus propios libretos y música para ópera. Se hizo habitual, por lo tanto, que los compositores románticos tuvieran ideas más allá de su música; el paisaje y la naturaleza se convirtieron en temas importantes y estaban presentes en muchas composiciones, como las canciones de Schubert, o la *Sinfonía alpina* (Richard Strauss) y la *Sinfonía marina* (Vaughan Williams) en el siglo XX.

Con tantas teorías sobre qué dirección debía seguir la música, no es de extrañar que en el romanticismo se disputaran amargas contiendas. Una de las pugnas más ardientes se dio entre los seguidores de Brahms y los de Wagner. Los seguidores de Brahms eran más bien tradicionalistas, mientras que los de Liszt y Wagner consideraban que representaban las nuevas tendencias musicales. Pese a la controversia, Brahms también cruzó los límites del lenguaje musical establecido, y Wagner se deleitó con las obras del pasado (un ejemplo es su obra *Los maestros cantores de Nuremberg*). Si hay un instrumento que simbolice el romanticismo, este es el piano. La mayoría de compositores románticos no solo escribían música de concierto para dicho instrumento, sino también para músicos aficionados. El piano entró a formar parte de muchos hogares, por lo que la demanda de música para recrear en estos ambientes aumentó. Muchas piezas orquestales y operísticas fueron adaptadas al piano.

La música del romanticismo se ha mantenido eternamente popular. Sus seguidores siguen disfrutando de la

JOHANNES BRAHMS

riqueza de sus piezas melódicas y armónicas, su grandeza y dramatismo, y su afinidad con otros temas. Muchos compositores de finales del siglo XX han incorporado algunas de las características del estilo romántico. Así, John Williams compuso la música para *La guerra de las galaxias* con el estilo sinfónico del romanticismo para representar el futuro; y el estadounidense John Adams compuso algunas obras orquestales de corte neorromántico, como *Harmonielehre*.

ARTISTAS Y OBRAS CLAVE

Niccolò Paganini *Le Streghe* (1813); *24 Caprichos* (1820)

Franz Schubert Quinteto para piano, «La trucha», D667 (1819); Sinfonía n.º 8 en si menor, «Inacabada», D759 (1822); *Viaje de invierno*, D911 (1827)

Hector Berlioz *Sinfonía fantástica*, op. 14 (1830); *Te deum* (1849); *Los troyanos* (1858)

Felix Mendelssohn *El sueño de una noche de verano*, op. 21, 61 (1826–1842); Concierto para violín, op. 64 (1844)

Frédéric Chopin Concierto para piano n.º 2 en fa menor, op. 21 (1830); Preludios, op. 28 (1839); Barcarola, op. 60 (1846)

Robert Schumann *Fantasía en do*, op. 17 (1838); *Amor de poeta*, op. 48 (1840)

Johannes Brahms *Réquiem alemán*, op. 45 (1867); Concierto para violín, op. 77 (1878); Sinfonía n.º 3, op. 90 (1883); Quinteto para clarinete, op. 115 (1891)

Franz Liszt *Sinfonía Fausto*, S108 (1854); Concierto para piano n.º 1, S124 (1855); *Mephisto Waltz n.º 1*, S110/514 (1861)

Anton Bruckner Misa n.º 1 en re menor (1864); Sinfonía n.º 3 (1873)

Piótr Ílich Chaikovski Concierto para piano n.º 1, op. 23 (1875); *El lago de los cisnes*, op. 20 (1877); *Eugene Oneguín*, op. 24 (1878); *El cascanueces*, op. 71 (1892)

Gustav Mahler Sinfonía n.º 5 (1902); *La canción de la Tierra* (1909)

Richard Strauss *Así habló Zaratustra*, op. 30 (1896); *Salomé*, op. 54 (1905); *El caballero de la rosa*, op. 59 (1910); *Ariadna en Naxos*, op. 60 (1912)

Ópera romántica

La ópera se estableció como un género en toda regla en el siglo XIX, época en la que se crearon algunas de las obras más populares de todos los tiempos, como *La Traviata*, *Rigoletto* y *Aida* de Giuseppe Verdi; el *Anillo*, de Richard Wagner; *Carmen*, de Georges Bizet; y *La bohème*, de Giacomo Puccini. La notoriedad de estas obras se basaba en sus temas universales, las enormes emociones que generaban y la maestría de sus partituras para voz y orquesta.

Los veinte años transcurridos entre la muerte de Mozart (1791) y la llegada de Gioachino Rossini fueron relativamente estériles en cuanto a ópera se refiere. Europa estaba demasiado preocupada por las guerras napoleónicas y no deseaba invertir en esta extravagante modalidad artística. En el año 1813, coincidiendo con el primer gran éxito de Rossini, nacieron Verdi y Wagner, dos de los mejores compositores de ópera romántica de la historia. Cada uno revolucionó la ópera con un estilo propio, polarizando dos vertientes de entusiastas que aún hoy representan modelos opuestos. La ópera romántica abarca más de un siglo de composiciones. Hasta la Primera Guerra Mundial, Europa disfrutó de un largo periodo de relativa paz, interrumpido únicamente por las transformaciones de la revolución de 1848. Los cambios afectaron directa e indirectamente a varios compositores; Wagner, por ejemplo, fue exiliado tras su participación en los disturbios de Sajonia.

El otro gran hito del siglo XIX fue la revolución industrial. Hacia mediados de siglo, los ferrocarriles recorrían el continente europeo y las compañías navieras surcaban el Atlántico. Ello permitió que compositores, vocalistas y directores de orquesta emprendieran carreras internacionales. Verdi viajó a Rusia; Antonín Dvořák, a EE UU; Piótr Ílich Chaikovski, a Inglaterra (a doctorarse); y Puccini, a Bruselas, donde falleció. La soprano Adelina Patti, la mejor intérprete del bel canto, se retiró a un castillo en el sur de Gales; el tenor Enrico Caruso se hizo famoso en Nueva York; y el ruso Fiódor Chaliapin cantó ante las audiencias de París y Londres. En el siglo del nacionalismo, la ópera fue una verdadera forma de arte internacional.

La ópera suele extraer sus temas y personajes de fuentes literarias. Obras teatrales, epopeyas, novelas y relatos han inspirado desde siempre a libretistas y compositores. Los músicos de ópera romántica del siglo XIX tenían su mirada en un grupo particular de escritores. Las obras teatrales de William Shakespeare, las novelas de sir Walter Scott, el *Fausto* de Goethe y las tragedias históricas de Friedrich Schiller fueron excelentes fuentes de inspiración para los libretos, como también lo fueron las leyendas y poemas de la Europa medieval. Rossini se basó en el relato suizo de Guillermo Tell para crear su última y probablemente mejor ópera, y Wagner empleó la épica medieval alemana para componer *Tristán e Isolda*, *El anillo del nibelungo* y *Parsifal*.

La ópera del italiano Rossini, basada en temas románticos y melodramáticos, inspiró a sus dos sucesores inmediatos: Gaetano Donizetti y Vincenzo Bellini. Ambos llevaron el romanticismo más allá de lo establecido: Donizetti usó a sir

Walter Scott para crear *Lucia di Lammermoor*, mientras que Bellini contó relatos de sacerdotisas druidas en *Norma*, y de niñas sonámbulas en *La sonámbula*. La figura central en cada una de estas óperas era la damisela en apuros, un gran icono romántico. Lucia, vestida con un camisón manchado de sangre, y Norma, con una túnica de sacerdotisa, se hallan entre las heroínas más reconocidas de la historia del teatro.

Verdi aportó nuevas ideas al mundo de la ópera. Sus primeras obras narraban historias vibrantes sobre el nacionalismo y el heroísmo (*Macbeth*, *Ernani*, *Nabucco*). En un periodo posterior, en obras como *Rigoletto*, se dedicó a explorar la relación entre padres e hijos, retratándola a través de heroínas vulnerables que sufrían la incomprensión de padres autoritarios. Los sucesores de Verdi (Pietro Mascagni, Ruggero Leoncavallo y Puccini) añadieron un nuevo componente: el verismo, y sus óperas, no por ello menos románticas, relataban aspectos de la vida cotidiana.

En Rusia, compositores como Mijaíl Glinka y Chaikovski también produjeron óperas, aunque los temas contemplados eran esencialmente nacionales. En Francia, la gran ópera de París exhibía puestas en escena grandiosas, orquestas y coros inmensos, y voces solistas prodigiosas; Giacomo Meyerbeer fue el compositor más relevante. Jacques Offenbach escribió óperas cómicas y concluyó su carrera con una obra maestra romántica, *Los cuentos de Hoffmann*. Otras obras francesas que han perdurado con éxito son *Carmen* de Bizet, *Fausto* de Gounod y *Cendrillon* de Massenet.

En Alemania, la primera gran ópera romántica fue *El cazador furtivo* (*Der Freischütz*), de Weber, basada en un cuento popular ambientado en los

bosques de Bohemia. Weber estudió a fondo a Beethoven y aportó nuevas ideas de orquestación que enriquecieron sus partituras. Por otro lado, Wagner, inspirado por *El cazador furtivo*, decidió que el mundo alemán necesitaba un estilo musical dramático que lo distinguiera, y procedió a crear uno con letras y música propias. Richard Strauss, el último de los grandes compositores románticos, siguió los pasos del Wagner, y produjo varias obras románticas ya entrado el siglo XX.

ESCENA DE UNA PRODUCCIÓN DE *LA TRAVIATA* DE VERDI EN 1980

ARTISTAS Y OBRAS CLAVE

Carl Maria von Weber *El cazador furtivo* (1821); *Oberón* (1826)

Gaetano Donizetti *Ana Bolena* (1830); *Lucia de Lammermoor* (1839)

Giuseppe Verdi *Macbeth* (1847); *Rigoletto* (1851); *La Traviata* (1853); *Aida* (1871)

Richard Wagner *Tannhäuser* (1845); *Lohengrin* (1850); *Tristán e Isolda* (1859); *Los maestros cantores de Nuremberg* (1867); *El anillo del nibelungo* (1876)

Giacomo Puccini *Manon Lescaut* (1893); *La bohème* (1896); *Tosca* (1900); *Madame Butterfly* (1906); *Turandot* (1924)

Jacques Offenbach *Orfeo en los infiernos* (1858); *Los cuentos de Hoffman* (1881)

Johann Strauss II *El murciélago* (1874); *El barón gitano* (1885)

Nacionalismo

La internacionalidad de mucha de la música surgida en los periodos barroco y clásico impide asignarle un origen concreto. En el siglo XIX, sin embargo, los músicos comenzaron a definirse en función de su nacionalidad y el género en el que trabajaban. La política europea del siglo XIX estuvo dominada por los movimientos nacionalistas, que se dividían principalmente en dos: por un lado estaban los pueblos que, como los italianos y los alemanes, deseaban formar un solo estado o nación con el idioma como nexo de unión, y por otro estaban pueblos que, como los checos, húngaros e irlandeses, siendo objeto de dominación extranjera, deseaban su propia autonomía o independencia. La música, la lengua y la literatura se convirtieron en medios para expresar sus deseos y convicciones.

El más claro ejemplo de nacionalismo musical, sin embargo, no surgió en un país gobernado por un imperio opresor. Rusia era de por sí un gran imperio, pero Europa occidental le había hecho sentir culturalmente inferior a lo largo de la historia. Rusia importaba la música europea para recrear los ambientes aristocráticos, ya que el único estilo propiamente ruso era de tradición popular. Mijaíl Glinka fue el primer compositor que catalizó un cambio real en Rusia. Su ópera *Una vida por el zar* combinaba elementos de la ópera de Rossini con las melodías folclóricas rusas escuchadas durante su infancia. A mediados del siglo XIX, un grupo de compositores autóctonos, conocido como «Los cinco», llevó más allá el nacionalismo ruso. Mili Balakirev compuso el poema sinfónico *Rusia*, y Aleksandr Borodín escribió *En las estepas de Asia Central*. El tercer miembro del grupo, Modest Músorgski, quien no había cursado estudios musicales ni estaba al tanto de las progresiones armónicas de Occidente, llenó, sin embargo, sus composiciones de armonías tradicionales rusas.

Compositores posteriores, como Nikolái Rimski-Kórsakov, también utilizaron melodías tradicionales y sirvieron de ejemplo a generaciones de músicos futuras, como Glazunov y Stravinski. El quinto miembro de «Los cinco», César Cui, era un soldado que escribía música en su tiempo libre.

Los compositores nacionalistas checos no eran tan antioccidentales como sus homólogos rusos. Su objetivo era, más bien, reafirmar su alejamiento cultural del Imperio austrohúngaro, el cual, tras gobernar en Bohemia y Moravia durante siglos, había suprimido la cultura y la lengua checas. Bedrich Smetana, Antonín Dvořák y Leoš Janáček contribuyeron al desarrollo de la música nacional. En el ciclo de poemas sinfónicos *Má Vlast (Mi patria)*, Smetana

Los vínculos políticos y culturales entre Alemania y los países escandinavos tardaron algún tiempo en distenderse. Así, por ejemplo, el compositor danés Niels Gade dedicó mucho tiempo al estudio y logró convertirse en director de orquesta en Leipzig. Los músicos Nordraak y Grieg (quienes también estudiaron en Leipzig) crearon un estilo propio de música noruega. La famosa suite de Grieg, *Peer Gynt*, fue escrita como música incidental para la obra del dramaturgo noruego Henrik Ibsen sobre el aventurero epónimo. En Finlandia, la música de Jean Sibelius reflejó un sutil nacionalismo a través de su alusión a la música popular finlandesa.

En América del Norte, las tendencias musicales del siglo XIX preferían ignorar

> **«Amo la música con pasión, e intento liberarla de las tradiciones estériles que la reprimen.»**
>
> CLAUDE DEBUSSY

realiza un retrato paisajístico de su país al tiempo que evoca su cultura e historia. La sección *Tábor* incluye una pieza coral husita llamada «Vosotros que sois los guerreros de Dios».

La situación en Hungría era distinta a la checa. La música popular del país había sido previamente interpretada (o tergiversada) por notables compositores románticos como Franz Liszt, Johannes Brahms y Joseph Joachim. No fue hasta el siglo XX que Béla Bartók y Zoltán Kodály comenzaron a recolectar música popular de manera sistemática y hacer uso de ella de una manera más genuina.

MIJAÍL IVÁNOVICH GLINKA

cualquier material que tuviera origen popular. Sin embargo, Edward MacDowell usó melodías de los nativos estadounidenses para su obra *Indian Suite*. Charles Ives fue un compositor más nacionalista, y sus citas musicales ofrecen una imagen muy evocadora de su infancia en Nueva Inglaterra. Posteriormente, Aaron Copland creó una música altamente distintiva de su país, tal y como se refleja en su obra *Primavera en los Apalaches*. A principios del siglo XX, el resurgimiento de la música popular en España coincidió con el de Gran Bretaña. Compositores como Enrique Granados (España), Isaac Albéniz (España) y Vaughan Williams (Inglaterra) reprodujeron la música tradicional de sus países con un aire nostálgico similar.

ARTISTAS Y OBRAS CLAVE

Alexander Scriabin Concierto para piano (1896); Sonata para piano n.º 4, op. 30 (1903); *Poema del éxtasis* (1907); *Prometeo (El poema del fuego)* (1909)

Serguéi Rajmáninov Concierto para piano n.º 2 (1901); Sinfonía n.º 2 (1908)

Antonín Dvořák Concierto para violonchelo, op. 104 (1895); Sinfonía n.º 9, op. 95, Sinfonía «Del nuevo mundo» (1893)

Edward Elgar Variaciones de un tema original («Enigma»), op. 36 (1899); *El sueño de Geroncio*, concierto para violonchelo, op. 85 (1919)

Frederick Delius *A Mass of Life* (1905); *In a Summer Garden* (1908); *Al oír el primer cuclillo en primavera* (1912)

Ralph Vaughan Williams Fantasía sobre un tema de Thomas Tallis (1910); *The Lark Ascending* (1914); Sinfonía n.º 5 (1943)

Claude Debussy *Preludio a la siesta de un fauno* (1894); *Pelléas y Mélisande* (1902)

Heitor Villa-Lobos *Choros* (1920–1929); *Bachianas brasileiras* (1930–1945); *Cinco preludios para guitarra* (1940)

Edward MacDowell *Woodland Sketches* (1896); Concierto para piano n.º 2 (1889)

Música moderna

La primera mitad del siglo XX estuvo representada por dos compositores muy distintos entre sí: el austriaco Arnold Schönberg y el ruso Ígor Stravinski. Ambos se asentaron en Europa y se trasladaron más tarde a California. Schönberg y sus seguidores, cultivados en el más alto romanticismo de compositores como Mahler y Wolf, se veían a sí mismos como parte de la tradición austro-germánica. Al mismo tiempo, su interés por la pintura hizo que surgiera una estrecha relación entre artistas expresionistas (Oskar Kokoschka y Vasili Kandinski) y la música de algunos seguidores, como Berg. Stravinski saltó a la fama gracias a sus ballets rusos; *El pájaro de fuego* (1909) y *La consagración de la primavera* (1913) son dos claros ejemplos. El compositor devolvió a la música la fuerza primitiva del lenguaje rítmico, hecho también reflejado en las líneas angulares pictóricas de su coetáneo Pablo Picasso.

En una época posterior, Stravinski volvió su mirada a la música de antaño, y comenzó a usar estilos y elementos musicales de los siglos XVII y XVIII. Este espíritu neoclásico fue adoptado por muchos compositores de la época, especialmente en Francia. *Polichinela* (1918), de Stravinski, fue el ejemplo neoclásico más representativo; incluso al final de su trayectoria se puede apreciar el sentimiento hacia las tradiciones y aspiraciones del pasado, como lo muestra su ópera *La carrera del libertino* (1948–1951).

En Francia, el aplomo y la claridad de la música de Maurice Ravel se adaptó fácilmente a la ética neoclásica, tal como se refleja en *Le Tombeau de Couperin* (1917–1919). Claude Debussy también sucumbió a los encantos de un tiempo lejano; prueba de ello es su *Suite Bergamasque* (1890). En Inglaterra, William Walton y Constant Lambert formaron parte de esta corriente, y Paul Hindemith, en Alemania, se dedicó a explorar estilos de periodos anteriores, como se observa en su serie de sonatas a dúo para piano e instrumentos orquestales.

Numerosos compositores volvieron su mirada atrás para contrarrestar el romanticismo, pero otros encontraron en el jazz la forma de contraponerse a

ESCENA DE UNA REPRESENTACIÓN DE *ORFEO* (STRAVINSKI) EN 1948

la música del siglo anterior. No hubo prácticamente ningún músico en París que quedara inmune a la influencia del jazz: Stravinski compuso un ragtime (1918), Darius Milhaud creó la primera fuga para jazz en su ballet *La creación del mundo* (1923), y Ravel incluyó matices de blues en su *Sonata para violín* (1923–1927). En EE UU, Gershwin compuso obras para concierto como *Rhapsody in Blue*, que salvaba la brecha existente entre la música popular y la «seria».

En el resto de países, los compositores continuaban explorando su patrimonio musical tradicional. En Europa oriental, Béla Bartók y Zoltán Kodály se dedicaron a viajar y recopilar grabaciones de canciones y danzas folclóricas. El compositor y pianista australiano Percy Grainger también compiló música de distintas partes del mundo. En EE UU, Aaron Copland incorporó canciones de *cowboys*, himnos cuáqueros y material latinoamericano a su obra, creando así un estilo fácilmente reconocible. Posteriormente, compositores europeos tan diversos como Benjamin Britten y Luciano Berio, realizaron adaptaciones de las canciones tradicionales de sus países; y György Ligeti, Steve Reich y Kevin Volans se entregaron, cada uno a su manera, a la música africana.

En el siglo XX, Rusia vio emerger un grupo de artistas magníficos. Serguéi Prokófiev pasó algún tiempo en Europa occidental, y recibió la influencia de las corrientes neoclásicas que halló en París; Dmitri Shostakóvich, por su parte, tuvo que permanecer en la Unión Soviética y afrontar el realismo socialista de las autoridades. La interferencia política

también hizo mella en la Alemania nazi: en la década de 1930 se prohibió la música de los compositores de origen judío, así como la de otros músicos no judíos, como Anton Webern y Alban Berg, cuyo arte se consideraba «degenerado». Los compositores Gideon Klein, moravo, y Viktor Ullmann, checo, entre otros, murieron en los campos nazis.

Algunos músicos se mantuvieron totalmente independientes. Olivier Messiaen usó la religión como factor unificador y agregó escalas exóticas y cantos de pájaro. Pierre Boulez, en un principio seguidor de Messiaen, le dio la espalda y se convirtió en un adalid del formalismo, llevando los principios del serialismo a un nivel superior.

En EE UU, John Cage, que había estudiado con Arnold Schönberg, rechazó el serialismo y se inspiró en la música y filosofía orientales. Al mismo tiempo, Karlheinz Stockhausen, atraído por los temas conceptuales y extravagantes, compuso un cuarteto para cuerda y helicóptero que tenía que interpretarse desde el aire. La tecnología, a través de la grabación y el sonido sintetizado, afectó a todos los campos musicales; Edgard Varèse, por ejemplo, creó una pieza de cinta única, *Poème électronique*, para el pabellón Philips de Le Corbusier en la Exposición Universal de Bruselas de 1958.

A finales de la década de 1960 surgió un grupo de compositores conocidos como «minimalistas». Músicos como Terry Riley, Philip Glass y Steve Reich basaban su música en la repetición de motivos sencillos, efecto fascinante para

muchos. Finalmente, el estilo fue adoptado por compositores que buscaban reinsertar elementos de desarrollo; un ejemplo fue John Adams, quien compuso música orquestal y ópera de proporciones románticas tanto en escala como en riqueza expresiva. Del mismo modo que los minimalistas se rebelaron contra la complejidad del serialismo, un grupo de compositores europeos, entre los que se encuentran John Tavener, Henryk Górecki y Arvo Pärt, desarrollaron música con bases sencillas, pero con un trasfondo espiritual.

ARTISTAS Y OBRAS CLAVE
Arnold Schönberg Sinfonía de cámara n.º 1 (1906); *Gurrelieder* (1911); *Pierrot Lunaire*, op. 21 (1912)
Béla Bartók *Música para cuerdas, percusión y celesta* (1936); Concierto para orquesta (1943)
Ígor Stravinski *El pájaro de fuego* (1909); *La consagración de la primavera* (1913); *Apolo Musageta* (1928); *Dumbarton Oaks* (1937); *La carrera del libertino* (1951)
Charles Ives *Tres lugares de Nueva Inglaterra* (1903–1914); Sinfonía n.º 4 (1916)
George Gershwin *Rhapsody in Blue* (1924); *Un americano en París* (1928); *Porgy and Bess* (1935)
Aaron Copland Variaciones para piano (1930); *Primavera en los Apalaches* (1943)
Serguéi Prokófiev Concierto para piano n.º 2, op. 16 (1913); *Visions fugitives*, op. 22 (1915–1917); *Romeo y Julieta* (1934)
Dmitri Shostakóvich *Lady Macbeth del distrito de Mtsensk*, op. 29 (1936); Sinfonía n.º 5, op. 47 (1937); Sinfonía n.º 10 (1953); Sinfonía n.º 13 (1962)
Michael Tippett *The Midsummer Marriage* (1955); *A Child of Our Time* (1941)
Benjamin Britten *Peter Grimes* (1945); *Guía de orquesta para jóvenes* (1946); *Billy Budd*, op. 50 (1951)

Influenciados por la música militar, la forma en que abordaron el ritmo, en particular su uso de la síncopa, allanó el camino de los incontables estilos de jazz que surgieron después. El piano es el instrumento dominante en el ragtime y, gracias a la gran difusión de partituras para piano, los principales compositores del género, como Scott Joplin, gozaron de una amplia influencia y popularidad en todo EE UU. Aunque el ragtime cayó en desuso antes de 1920, sus estándares se incorporaron a los repertorios de jazz durante las décadas de 1940 y 1950. A diferencia de otras formas de jazz posteriores, en el ragtime no hay espacio para la improvisación.

ARTISTAS Y OBRAS CLAVE
Scott Joplin «Maple Leaf Rag» (1899); «The Easy Winners» (1901); «Elite Syncopations» (1902); «The Entertainer» (1902)
Joseph Lamb «Excelsior Rag» (1909); «American Beauty Rag» (1913); «The Bohemia» (1919)

«MAPLE LEAF RAG» DE SCOTT JOPLIN

James Scott «Frog Legs Rag» (1906); «Grace and Beauty» (1909); «Broadway Rag» (1922)

Jazz

Desarrollado por músicos estadounidenses de principios del siglo XX, el jazz incluye una variedad de estilos y géneros que abarcan desde el ragtime de sus orígenes hasta las formas más osadas, como el free jazz. Se caracteriza por el uso abundante de la improvisación y los instrumentos de metal y viento, como el saxofón y la trompeta.

Ragtime
El ragtime fue desarrollado por músicos afroamericanos en la ciudad de Nueva Orleans (Luisiana) durante las dos primeras décadas del siglo XX.

Swing
A pesar de usar ritmos sincopados, el ragtime siempre mantuvo la delicadeza de la música militar de la cual procedía. Durante la década de 1930, músicos afronorteamericanos como Jelly Roll Morton introdujeron un tono más libre y suelto a su música, aumentando así la popularidad entre los bailarines de jazz. Este desarrollo culminó en la época del swing, que se extendió desde 1935 hasta 1946.

Durante estos años, la música con base de jazz pasó de una audiencia predominantemente afroamericana a convertirse en elemento esencial de la cultura de masas estadounidense. Las bandas de swing (big bands) publicaban discos y actuaban en directo con muy buena acogida. Sus directores, como Benny Goodman y Duke Ellington, y cantantes, como Ella Fitzgerald y Frank Sinatra, se convirtieron en auténticos iconos musicales. Las bandas de swing eran particularmente grandes, con unos 25 músicos divididos en secciones de ritmo, viento-madera y metal. Su música, además del swing característico, revelaba una base melódica, accesible y repetitiva, con gran espacio para la improvisación.

ARTISTAS Y OBRAS CLAVE

Duke Ellington «Mood Indigo» (1930); «It Don't Mean a Thing (If it Ain't Got that Swing)» (1931); «Sophisticated Lady» (1932); «In a Sentimental Mood» (1931); «Take the 'A' Train» (1944)

Benny Goodman y su orquesta «Get Happy» (1935); «Sing, Sing, Sing» (1937)

Count Basie y su orquesta «One O'Clock Jump» (1937); «Jumpin' at the Woodside» (1938)

Frank Sinatra *Swing Easy!* (1954); *Songs for Swingin' Lovers* (1956); *A Swingin' Affair* (1957)

Ella Fitzgerald «I'm Beginning to See the Light» (1945); *Ella Fitzgerald Sings the Duke Ellington Song Book* (1957)

Bebop

A principios de la década de 1940, músicos como el pianista Thelonius Monk y el saxofonista Charlie Parker desarrollaron el género bebop en EE UU, principalmente en Nueva York. En contraposición a la solidez

«El **piano** no tiene **notas erróneas**.»

PALABRAS DE THELONIOUS MONK A TRAVÉS DE LA EMISORA WCKR

rítmica del swing, popularizado como música de baile, el bebop hizo énfasis en la imaginación y la innovación, sobre todo en el uso de instrumentos solistas como el saxofón, la trompeta y el piano. Los fraseos extravagantes y las secuencias de notas rápidas se convirtieron en distintivos del género. Como resultado, se creó un estilo de jazz mucho más exigente, tanto para el intérprete como para el oyente.

ARTISTAS Y OBRAS CLAVE

Charlie Parker «Yardbird Suite» (1946);

«Ornithology» (1946); «A Night in Tunisia» (1946)

Thelonius Monk *Genius of Modern Music,* Volúmenes 1 y 2 (1947–1952); *Brilliant Corners* (1956)

Dizzie Gillespie *Groovin' High* (1945)

Bud Powell «Bouncing with Bud» (1949); «Dance of the Infidels» (1949) «Hallucinations» (1951); «Un poco loco» (1951)

Cool jazz

Tras la Segunda Guerra Mundial, el cool jazz, cada vez más presente, proclamó

CUARTETO DE DAVE BRUBECK

la vuelta de algunos de los ritmos más sueltos de la época del bebop. Iniciado por músicos norteamericanos, como el trompetista Miles Davis y el pianista Dave Brubeck, el estilo conservaba el virtuosismo musical de su predecesor, pero no el frenesí. Se adoptaron formas resonantes y más distendidas de percusión, fomentándose el aumento de calidad entre los intérpretes solistas. A diferencia del bebop, que se desarrolló principalmente en los clubs de jazz de Nueva York, el cool jazz, o jazz de la Costa Oeste, tuvo su auge en Los Ángeles.

ARTISTAS Y OBRAS CLAVE

Lester Young «I Want to be Happy» (1946); «Crazy Over J-Z» (1949)

Miles Davis «Jeru» (1949); «Venus de Milo» (1949)

Chet Baker «My Funny Valentine» (con el Gerry Mulligan Quartet) (1952); «Tommyhawk» (1955); «Ponder» (1955)

The Dave Brubeck Quartet *Brubeck Time* (1955); *Time Out* (1959)

Modal jazz

Popularizado por el compositor, trompetista y líder de banda Miles Davis, el modal jazz surgió como un estilo innovador a finales de la década de 1950. Las estructuras de las canciones, basadas en acordes, fueron sustituidas por progresiones modales, basadas en escalas. Este cambio permitió a los solistas improvisadores contar con una

gama de notas más amplia, facilitando la creación de atmósferas complementarias y contrastantes más interesantes. El tamaño de las bandas de modal jazz era similar al de las de cool jazz, generalmente entre cuatro y seis músicos. El álbum *Kind of Blue* de Miles Davis es un hito tanto del jazz como de la historia musical del siglo xx.

ARTISTAS Y OBRAS CLAVE

Miles Davis *Milestones* (1958); *Kind of Blue* (1959)

John Coltrane *My Favorite Things* (1960)

Free jazz

Si bien el modal jazz ofrecía un rango de acción más amplio que el de la música estructurada con progresiones de acordes, seguía estando limitado por las notas de la modalidad, o escala. El free jazz, desarrollado a mediados de la década de 1950, pretendía eliminar del estilo cualquier restricción confiriendo libertad total a los improvisadores y eximiéndolos de los dictados habituales. Pionero en Nueva York, el saxofonista Ornette Coleman llevó la ausencia de forma más allá de la estructura musical. En general, los ritmos eran irregulares y los intérpretes utilizaban técnicas inusuales para producir sonidos singulares.

ARTISTAS Y OBRAS CLAVE

Ornette Coleman *The Shape of Jazz to Come* (1959); *Free Jazz: A Collective Improvisation* (1960)

John Coltrane *A Love Supreme* (1965)

Jazz funk

Tras fusionar los ritmos pulsantes de la música funk con algunas de las características del jazz (como el énfasis en los solistas y en la improvisación), el jazz funk alcanzó la cúspide de su popularidad en las décadas de 1970 y 1980. A pesar de que muchos de sus principales exponentes, como Herbie Hancock y Roy Ayers, eran estadounidenses, el género gozó de un éxito significativo en la Inglaterra de los ochenta.

ARTISTAS Y OBRAS CLAVE

Herbie Hancock *Fat Albert Rotunda* (1969); *Head Hunters* (1973); *Man-Child* (1975)

Roy Ayers *Ubiquity* (1970)

Donald Byrd *Blackbyrd* (1973); *Places and Spaces* (1975)

Jazz latino

Desde principios del siglo xx, algunos músicos afronorteamericanos integraron ritmos cubanos en su música. Pero las primeras fusiones formales de ritmos latinoamericanos con el bebop no tuvieron lugar hasta la década de 1940. El músico y director de orquesta cubano Machito puso de manifiesto este estilo combinando arreglos de jazz con percusión latina. El influyente trompetista Dizzie Gillespie también trabajó con músicos latinoamericanos durante los cuarenta. La fusión latina cobró impulso durante las décadas de 1950 y 1960, y líderes de bandas y músicos, como Tito Puente y Stan Getz, se convirtieron en protagonistas absolutos.

ARTISTAS Y OBRAS CLAVE

Machito «Tanga» (1942); «Havana Special» (1949); «Fiesta Time» (1949)

Dizzy Gillespie «Manteca» (1947); «Tin Tin

CLUB NOCTURNO DE JAZZ EN HARLEM (NUEVA YORK)

Deo» (1951); *Bahiana* (1975)
Tito Puente *Cuban Carnival* (1956); *Mambo Diablo* (1985)
Stan Getz *Jazz Samba* (con Charlie Byrd) (1962); *Big Band Bossa Nova* (1962)

Fusión

El estilo fusión, destacado entre finales de la década de 1960 y principios de la de 1970, fue un híbrido entre el rock y el jazz. Las primeras interpretaciones las realizaban músicos de jazz y bandas como Weather Report. El género conservó las improvisaciones y ritmos inusuales del cool jazz y el bebop, pero los combinó con instrumentos del rock convencional, como la guitarra eléctrica. Miles Davis produjo varias obras clave de jazz rock, como los álbumes *In a Silent Way* (1969) y *Bitches Brew* (1970), notable por su uso de ritmos de rock, en lugar de jazz.

ARTISTAS Y OBRAS CLAVE

Miles Davis *In a Silent Way* (1969); *Bitches Brew* (1970); *A Tribute to Jack Johnson* (1971)
Weather Report *Weather Report* (1971); *8:30* (1979)
Chick Corea *Chick Corea Elektric Band* (1986); *Light Years* (1987)

Blues

Desarrollado por músicos afronorteamericanos en el siglo XX, el blues ganó popularidad a partir de la década de 1920, primero con su formato acústico, y después con su tono eléctrico. El género se caracteriza por el uso imperante de la guitarra y las progresiones de doce compases.

Country blues

El término «country blues» describe las primeras formas musicales del blues. Se cree que emergió de la fusión entre la música popular y las canciones de trabajo de los afronorteamericanos en el sur de EE UU durante el siglo XIX. A partir de la década de 1920, el estilo proliferó en forma de grabaciones y actuaciones en directo, particularmente en las ciudades y pueblos del delta del Misisipi.

Aunque el blues en sus inicios mostraba enfoques y estilos variados, el rasgo más característico fue su énfasis en lo acústico, manifiesto en su interpretación por un vocalista acompañado por una guitarra, o instrumento similar. Habitualmente, el género se basa en la repetición de un patrón de acordes de doce compases, con una letra llena de aflicción y fatalismo, y espacio para la

improvisación. Los excepcionales guitarristas Robert Johnson y Blind Willie Johnson fueron artistas destacados de este estilo.

ARTISTAS Y OBRAS CLAVE

W.C. Handy «Memphis Blues» (1909): «Saint Louis Blues» (1914); «Beale Street Blues» (1916)
Blind Lemon Jefferson «Black Snake Moan» (1927); «Matchbox Blues» (1927); «See That My Grave is Kept Clean» (1927)
Lead Belly «Death Letter Blues Part 1» (1935); «Packin' Trunk Blues» (1935); «T.B. Blues» (1935)
Robert Johnson «Cross Road Blues» (1936); «Ramblin' on my Mind» (1936); «Hellhound on my Trail» (1937)

Blues eléctrico

Si bien el blues comenzó como una forma de música rural, su integración en las ciudades se produjo en las décadas de 1920 y 1930. Con el fin de satisfacer la demanda de un público cada vez mayor y más variopinto, se usaron bandas más grandes con más cantidad de instrumentos. Después de la Segunda Guerra Mundial, músicos

ACTUACIÓN DE B. B. KING

como T-Bone Walker popularizaron los instrumentos amplificados. Entre finales de la década de 1940 y durante la de 1950, Chicago fue el epicentro del blues eléctrico y de muchas bandas eléctricas. Estas se componían de una o dos guitarras eléctricas, una batería completa, y varias armónicas y voces amplificadas. En la década de 1950, el bajo eléctrico reemplazó al contrabajo. Pese al cambio en la instrumentación, muchos exponentes del blues eléctrico mantuvieron el contenido de las letras y las progresiones de acordes de sus predecesores acústicos. Sin embargo, otros artistas implementaron variaciones en la forma, como el boogie-woogie empleado por el músico de Detroit John Lee Hooker. El blues eléctrico tuvo una importante influencia en el desarrollo del rock and roll y la música rock y pop de las décadas de 1960 y 1970.

ARTISTAS Y OBRAS CLAVE

Muddy Waters «Rollin and Tumblin'» (1950); «I'm Ready» (1954); «Hoochie Coochie Man» (1954); «Mannish Boy» (1955)
John Lee Hooker «Boogie Chillen'» (1948); «I'm in the Mood» (1951); «Boom Boom» (1962)
Howlin' Wolf «Smokestack Lightning» (1956); «Spoonful» (1960); «Back Door Man» (1961); «Killing Floor» (1964)
B.B. King «Woke Up this Morning» (1953); «When My Heart Beats Like a Hammer» (1954); «Please Accept my Love» (1958); «How Blue Can you Get» (1964)

Música folk

El término «folk», en inglés, hace referencia a la música autóctona de un pueblo o región. Pero también se utiliza a menudo como sinónimo de la música de cuerda estadounidense procedente de Irlanda y los montes Apalaches. A pesar de la difusión tradicionalmente oral del estilo, este tuvo gran influencia en la música folk rock de la segunda mitad del siglo XX. En castellano, por otra parte, la música folk contempla el estilo estadounidense de la década de 1960 y las formas modernas de música tradicional de todo el mundo.

Folk tradicional de los Apalaches

Aunque la música de inspiración folclórica experimentó un gran auge en la década de 1960, fueron los montes Apalaches, en EE UU, los que vieron nacer la música tradicional de ese país. Inicialmente, la música popular trataba temas agrícolas y mineros a través de composiciones acústicas para cuerda. Los inmigrantes británicos e irlandeses del siglo XVIII acompañaban sus canciones con un violín, guitarra, salterio o banjo, este último introducido por los esclavos. La música original de los Apalaches servía para amenizar reuniones y eventos sociales. En el siglo XIX, las canciones tradicionales de la zona se difundieron a través de las actuaciones en directo y, a principios del siglo XX, músicos como la Carter Family y Dock Boggs empezaron a grabar sus interpretaciones. Esto hizo que el estilo se extendiera deprisa, y su influencia en el bluegrass y el country fue notable durante las décadas de 1930 y 1940. En los sesenta, artistas folk y pop de la talla de Bob Dylan volvieron a impulsar el estilo.

ARTISTAS Y OBRAS CLAVE

Dock Boggs «Danville Girl» (1927); «Pretty Polly» (1927); «Country Blues» (1927)

TAMBOR IRLANDÉS

Carter Family «Keep on the Sunny Side» (1928); «Wildwood Flower» (1928); «Wabash Cannonball» (1929); «Can the Circle Be Unbroken (By and By)» (1935); «I'm Thinking Tonight of My Blue Eyes» (1935)

Folk irlandés

Con música folk irlandesa se hace referencia a la música popular interpretada en Irlanda a partir de 1950. Hasta el siglo XIX, la música popular irlandesa era, en general, una forma de arte solista basada en instrumentos autóctonos; el *feadan* (parecido a la flauta) y el *timpan* (instrumento de cuerda) son dos ejemplos de ello. En un principio, la música se difundía a través de actuaciones. Sin embargo, a partir del siglo XIX, empezaron a imprimirse baladas para su distribución. A pesar de su declive en la primera mitad del siglo XX, bandas como The Clancy Brothers y The Chieftains lograron revivirla en las décadas de 1950 y 1960. Hoy día, goza de un público internacional, siendo especialmente popular entre las comunidades irlandesas de todo el mundo.

ARTISTAS Y OBRAS CLAVE

The Clancy Brothers «Whiskey You're the Devil» (1959); «Haul Away Joe» (1961); «The Irish Rover» (1962)
The Chieftains «The Wind That Shakes the Barley/The Reel with the Beryl» (1978); «Boil the Breakfast Early» (1980)

Country

La música country, uno de los estilos con más éxito comercial en EE UU, se desarrolló en la década de 1920. Muy influenciada por la música folk tradicional, el country se caracteriza por el empleo de instrumentos de cuerda, como la guitarra, el banjo y el violín. Los músicos contemporáneos han incorporado instrumentos eléctricos al género.

Country tradicional

Influenciada por el folk de los Apalaches, el country fue desarrollada por músicos como Jimmie Rodgers y la Carter Family. Sus grabaciones en la década de 1920 establecieron el patrón musical a seguir dentro del género.

A partir de la década de 1930, el popular programa radiofónico emitido en Nashville, Grand Ole Opry, se convirtió en una plataforma para la difusión nacional de artistas de música country, además de impulsar las carreras de cantantes como Roy Acuff y Red Foley. Aunque las primeras formas del género solo contemplaban las canciones acústicas tradicionales, a partir de la década de 1940 las bandas incorporaron baterías y guitarras eléctricas, y mezclaron baladas con temas más animados

ARTISTAS Y OBRAS CLAVE

Jimmie Rodgers «Blue Yodel No. 1 (T for Texas)» (1928); «Frankie and Johnnie» (1929); «Blue Yodel No. 8 (Mule Skinner Blues)»

Roy Acuff «The Prodigal Son» (1944); «I'll Forgive You But I Can't Forget» (1944); «The Waltz of the Wind» (1948)

Red Foley «Smoke on the Water» (1944); «Shame on You» (1945); «New Jolie Blonde (New Pretty Blonde)» (1947); «Tennessee Saturday Night» (1948)

Bluegrass

A medida que la música country se refinaba, el bluegrass, surgido a mediados de la década de 1940, siguió fiel al formato de cuerda puro del folk de los Apalaches. Bill Monroe, guitarrista, vocalista y compositor, impulsó la popularidad del género durante la década de 1950. Además de preservar las canciones e instrumentos tradicionales, el bluegrass no se dejó llevar por la corriente más popular del country, siendo uno de sus rasgos ceder espacio a la improvisación. Muchos de los principales artistas de country, como Dolly Parton, también produjeron canciones de bluegrass.

BILL MONROE

ARTISTAS Y OBRAS CLAVE

Bill Monroe «Footprints in the Snow» (1945); «Blue Moon of Kentucky» (1946); «Molly and Tenbrooks» (1949)

Earl Scruggs «Foggy Mountain Breakdown» (con los Foggy Mountain Boys) (1949); «Roll in My Sweet Baby's Arms» (con los Foggy Mountain Boys) (1951)

Ricky Skaggs *Sweet Temptation* (1979); Skaggs and Rice (con Tony Rice) (1980)

Sonido Nashville

Durante la década de 1950, y con el fin de atraer al gran público, las productoras y discográficas de Nashville se afanaron en reducir los elementos folclóricos y honky tonk del country, y reemplazaron los instrumentos tradicionales (guitarra de acero y violín) por arreglos musicales convencionales con secciones de cuerda y técnicas de producción más suaves. El empeño desembocó en éxito comercial y, en la década de 1960, la lista de éxitos llamada «Countrypolitan», con estrellas de la talla de Glen Campbell y Tammy Wynette, evidenció la creciente influencia pop en este estilo.

ARTISTAS Y OBRAS CLAVE

Patsy Cline «Walkin' After Midnight» (1957); «Crazy» (1961); «I Fall to Pieces» (1961); «She's Got You» (1962)

Tammy Wynette *Your Good Girl's Gonna Go Bad* (1967); *Stand by Your Man* (1969)

Glen Campbell «By the Time I Get to Phoenix» (1967); «Gentle on My Mind» (1967); «Wichita Lineman» (1968); «Galveston» (1969)

Outlaw country

En oposición al sonido emergente muy producido de Nashville en la década de 1960, varios músicos de country, como Johnny Cash y Willie Nelson, buscaron una estética más áspera y pura. Este movimiento, conocido como outlaw country, promulgaba letras descarnadas y técnicas de producción menos pulidas, afines a la imagen rebelde de sus intérpretes. El género tuvo un éxito comercial significativo durante la década de 1970.

ARTISTAS Y OBRAS CLAVE

Johnny Cash *Johnny Cash at Folsom Prison* (1968); *Johnny Cash at San Quentin* (1969); «The Man in Black» (1971)

Waylon Jennings *Lonesome, On'ry and Mean* (1973); *Honky Tonk Heroes*

Willie Nelson *Shotgun Willie* (1973); *Wanted! The Outlaws* (con Jessie Colter, Tompall Glaser y Waylon Jenning) (1976)

Gospel

El gospel es una música de culto de las comunidades afronorteamericanas desarrollada en la década de 1930.

Muy influenciada por el blues y los espirituales de los afronorteamericanos durante las tres primeras décadas del siglo xx, su formato esencialmente vocal combina grupos armónicos con interpretaciones solistas que provocan en el oyente una sensación de reverencia y espiritualidad.

Durante las décadas de 1940 y 1950 tuvo un enorme éxito comercial, y sus máximos exponentes, incluidos Brother Joe May y James Cleveland, vendieron millones de discos. El gospel tuvo una gran influencia sobre géneros de música afronorteamericana posteriores, incluido el soul.

ARTISTAS Y OBRAS CLAVE

James Cleveland «Old Time Religion» (1950); «It's Me O Lord» (1950)

Aretha Franklin *Amazing Grace* (1972)

Rhythm and blues

Surgido del blues eléctrico a finales de la década de 1940, el rhythm and blues se centró en el uso de melodías y estribillos pegadizos, sin espacio para la improvisación. El uso intensivo de la rítmica afrocubana provocó, además, su integración con el baile. Iniciado por músicos como Ray Charles en la década de 1950, el rhythm and blues empleaba secciones de viento-metal para crear música vibrante. Además de lograr un gran éxito, ejerció una importante influencia en el desarrollo del rock and roll, el soul y el funk.

ARTISTAS Y OBRAS CLAVE

Ruth Brown «So Long» (1949); «Teardrops from my Eyes» (1950); «(Mama) He Treats Your Daughter Mean» (1953)

Ray Charles «I Got a Woman» (1954); «This Little Girl of Mine» (1956); «Lonely Avenue» (1956); «Night Time is the Right Time» (1958)

Fats Domino «Ain't That a Shame» (1955); «Blueberry Hill» (1956) «Blue Monday» (1956)

Música rock

Con raíces en el blues y el rhythm and blues, la música rock comenzó a popularizarse a principios de la década de 1960, convirtiéndose en una fuerza cultural dominante en tan solo unos pocos años. Con el tiempo, se fusionó con otros estilos y, a día de hoy, continúa siendo popular. La guitarra eléctrica es el instrumento central de la música rock.

Inicios del rock and roll

Influenciado por estilos como el country, el blues eléctrico y el rhythm and blues, el rock and roll comenzó usando estructuras sencillas, secciones rítmicas contundentes e instrumentos amplificados, como la guitarra eléctrica. Su pasión y frenesí allanó el camino a los numerosos estilos que evolucionaron hasta el rock actual.

Músicos de todo tipo se dedicaron al rock and roll y, durante la década de 1950, aparecieron algunas de las estrellas musicales más populares de EE UU: Elvis Presley, Chuck Berry y Little Richard son algunos ejemplos. El género se hizo tremendamente popular entre los jóvenes, en parte debido al contenido de sus letras.

LITTLE RICHARD Y SU BANDA

ARTISTAS Y OBRAS CLAVE

Chuck Berry «Maybellene» (1955); «Roll Over Beethoven» (1956); «Rock and Roll Music» (1957); «Johnny B. Goode» (1958)

Elvis Presley «Heartbreak Hotel» (1956); *Elvis Presley* (1956); *Elvis* (1956)

Little Richard «Tutti-Frutti» (1955); «Long Tall Sally» (1956); «The Girl Can't Help It» (1956); «Lucille» (1957)

Buddy Holly «Not Fade Away» (1957) «That'll Be the Day» (con los Crickets) (1957); «Peggy Sue» (1958)

El pop rock de los sesenta

Inspirados por el trabajo de los artistas del rhythm and blues y el rock and roll estadounidenses, los músicos ingleses formaron sus propias bandas y, durante la década de 1960, alcanzaron un gran éxito internacional con sus discos y actuaciones. Fueron especialmente bien recibidos en EE UU, donde su presencia se describió como «la

BEATLEMANÍA

invasión británica». Entre las bandas más representativas del movimiento se encuentran los Beatles, los Rolling Stones y los Kinks. Pese a que gran parte de su sonido procedía del rock and roll estadounidense, las bandas inglesas se concentraron en crear su propio estilo. El disco de larga duración, que hasta ese momento había sido una simple recopilación de canciones, se transformó en una forma de expresión artística cohesionada. En EE UU, el surf rock, procedente del pop rock, se hizo muy popular de la mano de grupos tales como los Beach Boys, profusamente elogiados en una etapa posterior.

ARTISTAS Y OBRAS CLAVE
The Beatles *Meet the Beatles* (1964); *A Hard Day's Night* (1964); *Revolver* (1966)
The Rolling Stones *Beggars Banquet* (1968); *Let It Bleed* (1969); *Sticky Fingers* (1971); *Exile on Main Street* (1972)
The Kinks *Something Else* (1967); *The Village Green Preservation Society* (1968); *Arthur (Or the Decline and Fall of the British Empire)* (1969)
The Beach Boys *Today* (1965); *Pet Sounds* (1966)

Folk rock
Inspirado por cantantes y compositores con motivaciones políticas (Woody Guthrie fue uno de ellos), el folk tradicional volvió a ganar popularidad en EE UU durante la década de 1960. Los nuevos artistas de folk rock, como los Byrds y Bob Dylan, se dedicaron a interpretar composiciones originales y canciones del repertorio tradicional, usando instrumentos tanto acústicos

como eléctricos. Esto influyó en músicos de folk rock británicos como Donovan.

ARTISTAS Y OBRAS CLAVE
Joan Baez *Joan Baez* (1960); *Joan Baez Vol. 2* (1961)
Bob Dylan *Bringing It All Back Home* (1965); *Highway 61 Revisited* (1965); *Blonde on Blonde* (1966); *Blood on the Tracks* (1975)
The Byrds *Mr. Tambourine Man* (1965); *Turn! Turn! Turn!* (1965)
Simon and Garfunkel *Parsley, Sage, Rosemary, and Thyme* (1966); *Bookends* (1968); *Bridge Over Troubled Waters* (1970)

Rock psicodélico
A mediados de los años sesenta el rock psicodélico despuntó como resultado de agregar un elemento de experimentación a las innovaciones eléctricas e intereses en las letras de los grupos de rock y folk rock del momento. Vinculados a una contracultura en la que las sustancias alucinógenas se consideraban capaces de impulsar la creatividad, músicos tales como Jimi Hendrix, los Beatles y Grateful Dead emplearon técnicas de producción insólitas, estructuras musicales flexibles e instrumentos poco habituales, como el sitar de India.

ARTISTAS Y OBRAS CLAVE
The Beatles *Rubber Soul* (1965); *Revolver* (1966); *Sgt. Pepper's Lonely Hearts Club Band* (1967); *The White Album* (1968)
The Jimi Hendrix Experience *Are You Experienced* (1967); *Axis: Bold as Love* (1967); *Electric Ladyland* (1968)
The Grateful Dead *Anthem of the Sun* (1968); *Wake of the Flood* (1973)

The Doors *The Doors* (1967); *Strange Days* (1967); *L.A. Woman* (1971)

Blues rock
El rock and roll, muy influenciado por el blues, repercutió a su vez en muchas bandas de rock de las décadas de 1960 y 1970. A finales de los años sesenta, algunos artistas incorporaron el elemento blues en su música, creando un subgénero denominado blues rock. Su estructura musical era similar a la del rock, pero se tenía más en cuenta el talento interpretativo, especialmente con la guitarra. Gran parte de los músicos y grupos de este subgénero eran británicos: Cream (Eric Clapton) y Fleetwood Mac son dos buenos ejemplos. En EE UU, el blues rock tuvo una gran influencia en el desarrollo del hard rock.

ARTISTAS Y OBRAS CLAVE
Cream *Fresh Cream* (1966); *Disraeli Gears* (1967)
Fleetwood Mac *Fleetwood Mac* (1968); *English Rose* (1969)
Jeff Beck *The Truth* (1968)

Rock progresivo
Muy popular a finales de los sesenta y principios de los setenta, el rock progresivo cuestionaba la inmediatez, compatibilidad y fugacidad de gran parte del rock. Bandas como King Crimson, Pink Floyd (en Inglaterra) y Tangerine Dream (en Alemania) crearon un sonido expansivo con un mayor énfasis en la textura y atmósfera musicales, confrontando de este modo los estribillos pegadizos y los *riffs* enérgicos del rock. Pese a que las canciones eran predominantemente instrumentales, sus letras eran muy enigmáticas y poco explícitas. Muchos de los músicos tenían influencias del jazz y el rock, y su nivel técnico e interpretativo era elevado.

ARTISTAS Y OBRAS CLAVE
Pink Floyd *The Dark Side of the Moon* (1973); *Wish You Were Here* (1975); *The Wall* (1979)
Frank Zappa *We're Only in It for the Money* (1968)
Tangerine Dream *Phaedra* (1974); *Rubycon* (1975)

Glam rock
Caracterizado por la teatralidad de su música y de sus intérpretes, el glam rock fue un estilo muy popular en las listas británicas de la década de 1970. Su estética musical y visual fue definida inicialmente por Marc Bolan, quien adoptó un estilo andrógino y seductor, e hizo gala de maquillaje, zapatos de plataforma y plumas en sus actuaciones.

Su banda, llamada T.Rex, produjo un estilo pegadizo de pop rock con melodías audaces y *riffs* de guitarra saturados y repetitivos. David Bowie empleó la teatralidad del glam rock para crear un elenco de personajes de fantasía entre los que destaca Ziggy Stardust.

ARTISTAS Y OBRAS CLAVE
T. Rex *Electric Warrior* (1971); *The Slider* (1972)
David Bowie *The Rise and Fall of Ziggy Stardust and the Spiders from Mars* (1972); *Aladdin Sane* (1973); *Pin Ups* (1973)
Roxy Music *Roxy Music* (1972); *For Your Pleasure* (1973); *Stranded* (1973); *Country Life* (1974)

MARC BOLAN DE T.REX

Hard rock y heavy metal
A principios de la década de 1970, Led Zeppelin y otras bandas se dedicaron a mezclar las melodías y *riffs* del blues con un sonido más fuerte, rápido y distorsionado que el del blues rock que las precedió. Este modelo musical fue incorporado por grupos como AC/DC y Aerosmith a finales de los setenta. Black Sabbath, banda casi contemporánea de Led Zeppelin, combinó la influencia del blues rock con letras melancólicas y sonidos de guitarra poco habituales, dando origen a un nuevo género llamado heavy metal, popularizado más tarde por grupos como Iron Maiden y Metallica.

ARTISTAS Y OBRAS CLAVE
Led Zeppelin *Led Zeppelin II* (1969); *Led Zeppelin IV* (1971); *Houses of the Holy* (1973)
Black Sabbath *Paranoid* (1970); *Master of Reality* (1971); *Black Sabbath Vol. 4* (1972)

AC/DC *Dirty Deeds Done Dirt Cheap* (1976); *Highway to Hell* (1979); *Back in Black* (1980)
Aerosmith *Toys in the Attic* (1975); *Rocks* (1976)
Metallica *Ride the Lightning* (1984); *Master of Puppets* (1986)

Punk y new wave

El movimiento punk surgió en EE UU y Gran Bretaña a mediados de los setenta en contraposición al virtuosismo musical y las letras esotéricas de géneros como el rock progresivo. Sex Pistols, The Clash y otros grupos británicos, y estadounidenses como Patti Smith

> «El **punk** es libertad musical.»

KURT COBAIN, CANTANTE DE NIRVANA

y Ramones, se decantaron por las canciones cortas con bases enérgicas de guitarra, en las que se anteponía la actitud escénica al conocimiento musical. Estos grupos influyeron en las bandas de pospunk y new wave de los años setenta y principios de los ochenta. Blondie, Television y Elvis Costello, entre otros, compartieron también la actitud antisistema del punk, pero ampliaron su espectro musical con sonidos diferentes, una técnica refinada y melodías pop.

ARTISTAS Y OBRAS CLAVE
The Sex Pistols «God Save the Queen» (1976); «Anarchy in the UK» (1976)
The Clash «White Riot» (1977); *London Calling* (1979)
Blondie «X-Offender» (1976); *Parallel Lines* (1978)
Talking Heads *More Songs About Buildings* (1978); *Remain in Light* (1980)
Elvis Costello *My Aim is True* (1977); *This Year's Model* (1978); *Armed Forces* (1979)

Rock alternativo e indie

Durante la década de 1980, el rock alternativo estadounidense estuvo dominado por bandas universitarias como R.E.M., que combinaba elementos de punk y new wave con una estética reflexiva y melancólica,

y por grupos de sonido áspero e industrial, como Nine Inch Nails, Sonic Youth y Pixies. A pesar de sus tendencias alternativas, muchas de estas bandas alcanzaron un notable éxito comercial en EE UU y otros países. En Reino Unido, bandas de indie rock, como los Smiths, combinaban *riffs* disonantes con letras poéticas, mientras que grupos como New Order y Primal Scream, creadores del indie dance, fusionaron el sonido tradicional de la guitarra con la electrónica.

ARTISTAS Y OBRAS CLAVE
R.E.M. *Murmur* (1983); *Reckoning* (1984); *Automatic for the People* (1992)
The Smiths *The Smiths* (1984); *The Queen is Dead* (1986)
New Order *Power, Corruption and Lies* (1983); *Low-life* (1985); *Technique* (1989)
Nine Inch Nails *Pretty Hate Machine* (1989); *The Downward Spiral* (1994)

Grunge

Centrado en la ciudad de Seattle, en la costa oeste de EE UU, el grunge mezclaba letras antisistema con sonidos contundentes de guitarra. Desarrollado por bandas de culto como Mudhoney y Soundgarden, el género se integró en las listas de ventas y popularidad a principios de los noventa gracias al éxito de grupos como Pearl Jam, Alice in Chains y Nirvana.

ACTUACIÓN DE PEARL JAM EN EL MAGNUSON PARK DE SEATTLE

ARTISTAS Y OBRAS CLAVE
Nirvana *Nevermind* (1991); *In Utero* (1993)
Soundgarden *Badmotorfinger* (1991); *Superunknown* (1994)
Pearl Jam *Ten* (1991); *Vitalogy* (1994)

Britpop y rock británico

El término britpop describe los grupos británicos de mediados de la década de 1990 cuya música integraba los sonidos y la iconografía de las bandas de rock británico de los sesenta, como los Beatles, los Kinks, y los Who. Este género sustituyó al grunge y se

DESMOND DEKKER

convirtió en el más popular de Reino Unido, y también de EE UU. Aunque bandas como Blur y Oasis gozaron de gran auge internacional, la mayoría de los músicos del género solo fue popular entre los seguidores británicos. Uno de los grupos británicos surgidos después del britpop, Radiohead, llevó el rock hacia ambientes más experimentales; otras bandas tales como Coldplay, adoptaron un sonido de rock para grandes multitudes y consiguieron un gran éxito comercial.

ARTISTAS Y OBRAS CLAVE
Blur *Modern Life is Rubbish* (1993); *Parklife* (1994); *The Great Escape* (1995); *Blur* (1997)
Oasis *Definitely Maybe* (1994); *What's the Story (Morning Glory)* (1995)
Radiohead *The Bends* (1995); *OK Computer* (1997); *Kid A* (2000)
Coldplay *Parachutes* (2000); *A Rush of Blood to the Head* (2002)

Ska y reggae

Aunque el vocablo reggae se usa a menudo para describir la música de baile con *staccato* producida en la isla de Jamaica, se trata en realidad de un género musical específico con orígenes en el ska. Este estilo musical, propiamente jamaicano, se desarrolló durante la década de 1960 bajo la dirección de Prince Buster, quien reinterpretó el rhythm and blues estadounidense desde la perspectiva de la música afrocaribeña, destacando el segundo y cuarto pulso de un compás de 4/4 para desarrollar una forma de baile alegre con un *staccato* característico.

A finales de la década de 1960, el ska pasó a convertirse en un estilo más lento y distendido denominado reggae. Esta música trascendió sus orígenes

jamaicanos y llegó a una audiencia internacional, primero a través de la labor de músicos como Desmond Dekker, y más tarde con Bob Marley, cuyas canciones reggae altamente melódicas le convirtieron en la primera superestrella de la música jamaicana. El ska disfrutó de un nuevo auge en Reino Unido durante los setenta, mientras que el reggae siguió ejerciendo su influencia sobre artistas pop, como UB40 y Shaggy, en los años ochenta y noventa. También influenció al dancehall y el ragga, géneros contemporáneos en los que se cruzan los ritmos e instrumentación del reggae y el ska con letras de estilo rapero.

ARTISTAS Y OBRAS CLAVE
Desmond Dekker «Israelites» (1968); «007 (Shanty Town)» (1967); «You Can Get It If You Really Want» (1970)
Jimmy Cliff *Wonderful World, Beautiful People* (1970); *The Harder They Come* (1972)
Bob Marley *Catch a Fire* (1973); *Burnin'* (1973); *Natty Dread* (1974); *Exodus* (1977)

Soul

La música soul se desarrolló a finales de la década de 1950 a partir de una mezcla de rhythm and blues y gospel. Al vocalista y compositor estadounidense Ray Charles se le suele citar como catalizador en el desarrollo e integración del soul como género autónomo. Canciones como «I Got a Woman» establecieron la base para el futuro del género, aunque en ese momento todavía se describían como rhythm and blues.

Las ciudades de Chicago, Detroit y Memphis, centros geográficos de la música soul en el periodo de máximo apogeo, produjeron estilos musicales autóctonos durante los sesenta y principios de los setenta. Detroit produjo el sonido Motown, nombre que proviene de la discográfica que fichó a algunas de las más grandes estrellas del género tales como Stevie Wonder y Marvin Gaye. A pesar de que el sonido Motown estaba ligado a una estética pop comercial, Stevie Wonder y Marvin Gaye produjeron álbumes con un gran contenido social. La discográfica Stax

CURTIS MAYFIELD

Records, con sede en Memphis, editó muchas de las canciones que definen el sonido clásico del soul, con artistas de la talla de Aretha Franklin y Otis Redding. Por otra parte, artistas como Curtis Mayfield y The Impressions, afincados en Chicago, reflejaron en su música una mayor influencia del gospel. Durante la década de 1970, el soul se diversificó hacia el funk y otros sonidos más comerciales, como el R&B actual.

ARTISTAS Y OBRAS CLAVE

Ray Charles «I Got a Woman» (1954); «This Little Girl of Mine» (1956); «Drown in my Own Tears» (1956)

Aretha Franklin «Chain of Fools» (1967); «(You Make Me Feel Like) A Natural Woman» (1967); «Respect» (1967); «Think» (1968); «Rock Steady» (1971)

Marvin Gaye «I Heard It Through the Grapevine» (1968); *What's Going On* (1971); *Let's Get It On* (1973)

Stevie Wonder *Talking Book* (1972); *Innervisions* (1973); *Songs in the Key of Life* (1976)

Funk

Los géneros del rhythm and blues y el soul se caracterizan por el empleo de estructuras limitadas y melodías pegadizas. Manteniendo los mismos ingredientes instrumentales que el soul (voces, batería, bajo, guitarras y sección de viento-metal), James Brown introdujo un nuevo estilo musical a mediados de la década de 1960 en el que daba más peso al ritmo que a la

melodía. Enfatizó al máximo el sonido de la batería y el bajo, usando patrones rítmicos inéditos y creando un *groove* repetitivo. Este fue acrecentado con golpes de viento, *riffs* cortos de guitarra y la potente voz de Brown. La plantilla musical de James Brown fue imitada por muchos músicos durante los setenta, y ampliada por Sly and the Family Stone y Parliament, banda liderada por George Clinton. Ambos grupos añadieron un toque psicodélico al modelo funk de James Brown.

ARTISTAS Y OBRAS CLAVE

James Brown «Papa's Got a Brand New Bag» (1965); «I Got You (I Feel Good)» (1965); «Get Up (I Feel Like Being a) Sex Machine (1970); «The Payback» (1973)

Parliament *Mothership Connection* (1975)

Sly and the Family Stone *Stand* (1969); *There's a Riot Goin' On* (1971)

Disco

El esplendor de la música disco se dio en la década de 1970, con su mezcla de funk, soul y música latina. A diferencia de los géneros que repercutieron en su desarrollo, la música disco planteó un ritmo constante, *four-on-the-flour*, consistente en un golpe de bombo por cada pulso de un compás de 4/4. El ritmo repetitivo, combinado con un contundente bajo, convirtió el género en el más escuchado en los clubes

nocturnos de Nueva York, y pronto pasó a ser parte integral de las listas de éxitos comerciales y las emisiones radiofónicas. Varios artistas, como Donna Summer y los Bee Gees, se convirtieron en estrellas internacionales. Aunque la popularidad de la música disco decayó en los años setenta, el innovador empleo del pulso marcado por el tambor dejó una gran huella en gran parte de la música de baile de la década siguiente.

ARTISTAS Y OBRAS CLAVE

Donna Summer *Love to Love You Baby* (1975); *Bad Girls* (1979)

The Bee Gees *Saturday Night Fever* (1977)

Pop

El pop es un género diverso y ecléctico, con estilos que varían en todo el mundo. Lo que los une son ideas musicales fáciles de recordar y melodías sencillas, pegadizas y cortas. Tiene influencias de otros muchos géneros, como el dance, el rock y el hip-hop, y goza, por lo general, de un importante éxito comercial.

C-pop

El término c-pop se utiliza para describir una variedad de estilos de la

música popular china. Las canciones interpretadas en mandarín tuvieron por primera vez un éxito importante en las décadas de 1930 y 1940, gracias a las actuaciones y grabaciones de las «Seven Great Singing Stars», siete célebres mujeres solistas entre las que se incluían Zhou Xuan y Wu Yingyin. Cuando acabó la guerra civil china en 1949, la música pop nacional sufrió un declive. El estilo recobró fuerza durante las décadas de 1970 y 1980, con artistas como Alan Tam y Leslie Cheung, de Hong Kong. Sus baladas pop imitaban el estilo occidental, y su popularidad perduró hasta bien entrados los noventa.

ARTISTAS Y OBRAS CLAVE

Alan Tam *Love in Autumn* (1984)

Leslie Cheung «Monica» (1984); «Who Resonates with Me» (1986); «Sleepless Night» (1987)

Anita Mui *Bad Girl* (1985); «Sunset Melody» (1989)

Pop francés

Desde la Segunda Guerra Mundial, la música pop francesa ha estado muy ligada al cabaret, especialmente en el género de la *chanson*, caracterizado por letras cultas y fondos orquestales. Artistas como Edith Piaf o Jacques Brel popularizaron el estilo a finales de la década de 1940 y en la de 1950. Mientras la influencia del rock dominó la música popular del mundo anglófono en las décadas de 1960 y 1970, la música pop

EDITH PIAF GRABANDO UN RECITAL

francesa mantuvo elementos de la *chanson* en los profusos arreglos de músicos como François Hardy y Serge Gainsbourg.

ARTISTAS Y OBRAS CLAVE
Edith Piaf «La vie en rose» (1946); «Hymne à l'amour» (1949); «La foule» (1957); «Non, je ne regrette rien» (1960)
Jacques Brel *Jacques Brel 3* (1958); *Jacques Brel 6* (1964)
Serge Gainsbourg *Initials B. B.* (1968); *Histoire de Melody Nelson* (1971)

J-pop

El término j-pop alude a la música pop de Japón. En la década de 1930, el *ryukoka*, género musical con influencias del jazz, empezó a combinar melodías

PIZZICATO FIVE CON DJ TOWA TEI

japonesas con instrumentos del mundo occidental. El peso del rock and roll en las décadas de 1950 y 1960 influyó en el declive del pop japonés. No obstante, a principios de la década de 1970, la banda de rock Happy End dio un nuevo impulso a las canciones en japonés tras lograr el éxito comercial. A principios de los ochenta, la Yellow Magic Orchestra introdujo elementos electrónicos en el pop japonés, lo cual no impidió que bandas de rock como Southern All Stars siguieran cosechando éxitos. Durante las décadas de 1990 y 2000, el j-pop dominó las listas de éxitos con artistas

adolescentes superventas como Namie Amuro.

ARTISTAS Y OBRAS CLAVE
Happy End *Happy End* (1970); *Kazemachi Roman* (1971)
Southern All Stars «Itoshi no Ellie» (1979); *Nude Man* (1982); *Kamakura* (1985)
Namie Amuro «Chase the Chance» (1995); *Sweet 19 Blues* (1996)

K-pop

En la década de 1960, el entusiasmo por el rock occidental se extendió por Corea del Sur. Como resultado, en las dos décadas siguientes se produjo un auge en el número de cantantes de baladas y de folk-pop coreanos, entre los que destacan Han Dae-Soo y Lee Gwang-jo. No obstante, los verdaderos impulsores del k-pop fueron los Seo Taiji & Boys, grupo masculino cuya popularidad se mantuvo a lo largo de las décadas de 1990 y 2000.

ARTISTAS Y OBRAS CLAVE
Seo Taiji and Boys *Seo Taiji and Boys 1* (1992); *Seo Taiji and Boys 2* (1993)
H.O.T. *Wolf and Sheep* (1997); *Resurrection* (1998)

Dance-pop

Desarrollado durante la década de 1980, el dance-pop consiste en canciones sencillas de pop sobre una base electrónica. Sus primeros artistas (como Pet Shop Boys, Madonna y Michael Jackson) crearon un estilo de música comercial muy popular después de fusionar la música disco, el R&B y otros elementos electrónicos con melodías vocales accesibles y estribillos instrumentales repetitivos. El género, caracterizado por la instrumentación electrónica y la producción musical, ha mantenido su esplendor musical y comercial desde la década de 1990;

> «Los bailarines vienen y van […] pero **el baile permanece**.»
>
> MICHAEL JACKSON, EN EL CUADERNILLO DE *DANGEROUS* (1991)

Kylie Minogue, Britney Spears y Lady Gaga son prueba de ello.

ARTISTAS Y OBRAS CLAVE
Michael Jackson *Off the Wall* (1979); *Thriller* (1982); *Bad* (1987)
Madonna *Madonna* (1983); *Like a Virgin* (1984); *Like a Prayer* (1989)
Pet Shops Boys *Boys Actually* (1987); *Introspective* (1988)
Kylie Minogue *Light Years* (2000); *Fever* (2002)

Música dance y electrónica

La incorporación de sonidos e instrumentos electrónicos en la música popular se inició en la década de 1970, proliferando en la siguiente con géneros como el house y el tecno. Si bien la música dance sigue siendo muy popular, los estilos electrónicos se han diversificado, y actualmente son muchos los géneros que emplean instrumentos electrónicos.

El inicio de la música electrónica

A mediados del siglo XX, los compositores de música clásica comenzaron a experimentar con instrumentos y sonidos electrónicos, usando sintetizadores y grabaciones en bucle. La popularización de ese tipo de instrumentos a principios de la década de 1970 dio lugar a la incorporación de sonidos electrónicos por artistas con

influencias del pop y el rock, como el grupo alemán de rock progresivo Can. Kraftwerk, otra banda alemana, fue pionera en la música electrónica a mediados de los setenta y principios de los ochenta. Además de prescindir de instrumentos convencionales y crear un sonido completamente electrónico, su estética minimizaba la presencia humana. No obstante, los avances en la música electrónica no se limitaron a Alemania: la banda Yellow Magic Orchestra, dirigida por el músico japonés de formación clásica Ryuichi Sakamoto, alcanzó reconocimiento internacional; mientras que Brian Eno, antiguo miembro de Roxy Music, abrió el camino para la música ambiental y chill-out. Todos estos artistas ejercieron una notable influencia en los músicos posteriores del género.

ARTISTAS Y OBRAS CLAVE
Kraftwerk *Autobahn* (1974); *Trans-Europe Express* (1977); *The Man Machine* (1977)
Yellow Magic Orchestra *Yellow Magic Orchestra* (1978); *Solid State Survivor* (1979)
Brian Eno *Music for Films* (1978); *Ambient 1: Music for Airports* (1978)

House y tecno

La música house surgió en los clubes nocturnos de Chicago a mediados de la década de 1980. Al igual que la música disco, también el house se basaba en un ritmo constante, consistente en un golpe de bombo por cada pulso de un compás de 4/4. Sin embargo, el estilo no era tan comercial ni accesible como lo fue la música disco. Los DJ de

YELLOW MAGIC ORCHESTRA

DAFT PUNK

Chicago, como Frankie Knuckles, pinchaban versiones con bombos contundentes que hacían saltar el público a la pista. La popularidad del house se extendió desde Chicago al resto de EE UU, siendo especialmente bien acogido en Detroit, donde varios jóvenes productores, como Juan Atkins y Derrick May, fusionaron los ritmos del house de Chicago con la instrumentación empleada por bandas electrónicas como Kraftwerk o la Yellow Magic Orchestra. El género resultante se llamó «tecno». El house y el tecno se expandieron por todo el mundo a finales de los ochenta y principios de los noventa, y produjeron géneros derivados en diferentes países; en Reino Unido, artistas tales como KLF promovieron con éxito los sonidos sintéticos del acid house, mientras que en Alemania, el tecno se transformó en el más melódico trance. En Francia, el grupo Daft Punk combinó el house con los estilos funk y disco, recibiendo grandes elogios por parte del público y la crítica.

ARTISTAS Y OBRAS CLAVE
Mr. Fingers «Mystery of Love» (1985); «Can You Feel It?» (1986)
Juan Atkins «No UFOs» (como Model 500) (1985); *Deep Space* (como Model 500) (1995)
The KLF *The White Room* (1991)
Daft Punk *Homework* (1997); *Discovery* (2001)

Jungle y big beat
El jungle, desarrollado en Reino Unido a principios de los noventa, sustituyó la base rítmica del house por ritmos sincopados llamados *breakbeats* (ritmos rotos), creados con cajas de ritmos o muestreos musicales a 150 bpm. Pese a que el jungle (también conocido como drum and bass) comenzó su andadura como una subcultura de la música dance, artistas de la talla de Goldie y Roni Size incrementaron su grado de sofisticación y lograron grandes

elogios. La sustitución de las secuencias de bombo por los ritmos sincopados repercutió en otros géneros posteriores de la música dance, incluido el big beat, estilo en el que se fusionan *samples* acelerados de los patrones de batería de hip-hop y funk con instrumentos del rock y el house. Algunos de sus principales representantes son Fatboy Slim y los Chemical Brothers.

ARTISTAS Y OBRAS CLAVE
Goldie *Timeless* (1995); *Saturnz Return* (1998)
Roni Size *New Forms* (1997); *In the Mode* (2000)
The Chemical Brothers *Exit Planet Dust* (1995); *Dig Your Own Hole* (1997)
Fatboy Slim *Better Living Through Chemistry* (1996); *You've Come a Long Way, Baby* (1998)

Trip-hop y electrónica
Dentro de la electrónica está comprendida una amplia gama de música y artistas influenciados por los sonidos y procesos de producción de la música dance. A pesar de utilizar instrumentos electrónicos (sintetizadores y cajas de ritmos) y técnicas de sampleado, su música es más lenta, destinada a ambientes distendidos. En la década de 1990, artistas como Massive Attack y DJ Shadow samplearon discos del funk, reggae y soul para obtener un hip-hop melancólico conocido como trip-hop. Por otro lado, la vocalista y compositora islandesa Björk y la banda francesa Air se dedicaron a mezclar melodías pop con sonidos ambiente electrónicos, logrando un gran éxito comercial.

ARTISTAS Y OBRAS CLAVE
Massive Attack *Blue Lines* (1991); *Protection* (1994); *Mezzanine* (1998)
DJ Shadow «In/Flux» (1993); «What Does Your Soul Look Like» (1994); *Endtroducing* (1996)
Björk *Post* (1995); *Homogenic* (1997)
Air *Moon Safari* (1998); *Talkie Walkie* (2004)

Música urbana

El término «música urbana» se utiliza para describir una variedad de estilos de hip-hop producidos, generalmente, por músicos afronorteamericanos. Desde sus más tempranas raíces *underground* de finales de los setenta y de los ochenta, la música urbana ha adquirido una gran popularidad; el R&B, por ejemplo, está claramente asociado a la música pop moderna.

Old school y crossover hip-hop
El hip-hop se desarrolló en Nueva York entre finales de la década de 1970 y principios de la de 1980. En su forma primitiva, se trataba de un DJ pinchando discos de funk, soul y electro, con un rapero que recitaba por encima. Grupos como Grandmaster Flash and the Furious Five y The Sugarhill Gang dieron un plus de sofisticación al género produciendo pistas de acompañamiento contundentes con cajas de ritmos y *samplers*; en cuanto a las voces, se dejaron atrás los patrones de llamada y respuesta y se pasó a recitar juegos de palabras y versos basados en temas sociopolíticos. A mediados de los ochenta, la fama del grupo neoyorquino Run-DMC convirtió el hip-hop en un éxito comercial. Este se vio empujado por bandas como Public Enemy, cuyas letras trataban sobre política y racismo. Otras bandas, como A Tribe Called Quest y De La Soul, basaron su música en el jazz, el funk y el soul. A pesar de que el hip-hop estaba producido por músicos afronorteamericanos para un público mayoritariamente afronorteamericano,

no tardó en convertirse en un género de masas multirracial.

ARTISTAS Y OBRAS CLAVE
Grandmaster Flash and the Furious Five «The Adventures of Grandmaster Flash on the Wheels of Steel» (1981); «The Message» (1982); «White Lines» (1982)
Run-DMC *Run-DMC* (1984); *King of Rock* (1985); *Raising Hell* (1986)
Public Enemy *It Takes a Nation of Millions to Hold Us Back* (1988); *Fear of a Black Planet* (1990)
De La Soul *3 Feet High and Rising* (1989); *De La Soul is Dead* (1991)

Gangsta rap y la expansión del rap
Aunque Nueva York fue el centro de la música rap hasta principios de la década de 1990, los grupos con base en Los Ángeles, como N.W.A. y Ice T, establecieron un estilo único llamado West Coast rap entre finales de los ochenta y principios de los noventa. Este género, reconocible por sus letras dedicadas al hedonismo y la delincuencia, se acabó llamando gangsta rap. El productor y rapero Dr. Dre consiguió que el género se convirtiera en la fuerza dominante de la música urbana tras publicar el álbum *The Chronic*, y artistas como Snoop Doggy Dog y 2Pac llegaron a la cima siguiendo sus pasos. A finales del siglo xx y comienzos de xxi, el rap se convirtió en una forma de música popular elogiada por la crítica y reconocida internacionalmente. A causa del éxito comercial, la polarización geográfica en EE UU disminuyó, y desde finales de los noventa los estados del sur produjeron varias estrellas del hip-hop, como Lil' Wayne, Outkast, y Ludacris. Otras

GRAFITI CON TUPAC SHAKUR, MÁS CONOCIDO COMO 2PAC

figuras del rap, como Jay-Z, se convirtieron en iconos de la cultura estadounidense al participar, con gran éxito, en campos como la composición de bandas sonoras para películas o la gestión de sus propios sellos discográficos.

ARTISTAS Y OBRAS CLAVE
Dr. Dre *The Chronic* (1992); *2001* (1999)
Snoop Doggy Dogg *Doggystyle* (1993); *Murder Was the Case* (1994)
2Pac *Me Against the World* (1995); *All Eyez on Me* (1996)
Jay-Z *Reasonable Doubt* (1996); *The Blueprint* (2001); *The Black Album* (2003)
Eminem *The Slim Shady LP* (1999); *The Marshall Mathers LP* (2000)

R&B contemporáneo

A pesar de compartir su nombre con el rhythm and blues de la década de 1950, el R&B contemporáneo, producido por músicos afronorteamericanos en su mayoría, combina los instrumentos del hip-hop con las voces del soul. El género surgió a finales de los años ochenta como respuesta al descenso de popularidad de la música disco. Algunos de sus primeros exponentes, como Marvin Gaye y Tina Turner, habían disfrutado de una importante notoriedad en el soul y el funk. El R&B contemporáneo se convirtió en un género de masas a mediados de los noventa, y algunas de sus vocalistas femeninas, como Whitney Houston y Janet Jackson, gozaron de gran esplendor comercial. El predominio de este estilo en las listas de éxitos es comparable al de la música pop, y muchas de sus grandes estrellas, incluida Beyoncé Knowles, disfrutan de reconocimiento internacional.

ARTISTAS Y OBRAS CLAVE
Janet Jackson *Rhythm Nation 1814* (1989); *Janet* (1993)
Whitney Houston *Whitney* (1985); *My Love is Your Love* (1998)
Mariah Carey *Daydream* (1995); *Butterfly* (1997)
R. Kelly *R. Kelly* (1995); *R.* (1998)
Beyoncé *Dangerously in Love* (2003); *B'day* (2006)

Música ibérica

Si bien España y Portugal cuentan con una amplia gama de estilos característicos, los más conocidos internacionalmente son el flamenco y el fado, respectivamente.

Flamenco

El flamenco se inició en la España del siglo XVIII como una forma de música exclusivamente vocal. En el siglo XIX se añadió el acompañamiento de guitarra, convertido a partir de ese momento en un elemento imprescindible, bien como solista, bien como parte integrante de un conjunto musical. Las castañuelas son el elemento de percusión más común. Los diferentes estilos del flamenco, que se distinguen por sus ritmos, melodías y progresiones de acordes, se denominan palos. Las canciones del flamenco se escriben de acuerdo a los dictados del palo o cante elegido y, con frecuencia, constituyen el acompañamiento del baile correspondiente.

ARTISTAS Y OBRAS CLAVE
Paco de Lucía *El duende flamenco de Paco de Lucía* (1972)
Camarón de la Isla «Sube al enganche» (1970)
Enrique Morente *Despegando* (1977)

Fado

El fado es un estilo popular que emergió en el siglo XIX entre las clases obreras de Portugal. Hay dos estilos de fado bien diferenciados: el lisboeta, más distendido, y el de Coimbra, más formal. Ambos presentan letras melancólicas y melodías vocales, acompañadas de una guitarra portuguesa (acústica de doce cuerdas). A mediados del siglo XX, los artistas Alfredo Marceneiro y Amália Rodrigues, entre otros, lideraron la edad de oro del fado. Aunque la popularidad del género decayó ligeramente durante la década de 1970, su influencia en las generaciones más jóvenes de músicos portugueses se ha mantenido viva.

ARTISTAS Y OBRAS CLAVE
Amália Rodrigues «Ai, Mouraria» (1945); «Perseguição» (1945); «Novo fado da Severa» (1953)
Mariza *Fado em mim* (2001); *Fado curvo* (2003)
Carlos Paredes *Guittarra portuguesa* (1967)

ACTUACIÓN EN GLASGOW DE LA CANTANTE MARIZA

QUINTETO DE CALIPSO

Música de América Latina y el Caribe

La música de estas regiones abarca una amplia gama de estilos, desde el creativo calipso de Trinidad, hasta el mambo cubano. Pero hay un elemento común que los caracteriza: el uso imperante de la percusión.

Corrido

El corrido es un estilo mexicano de canción popular que narra relatos épicos o heroicos relacionados con la historia nacional, dispuestos sobre un fondo musical similar al de un vals europeo. El género alcanzó su punto culminante a principios del siglo XX, y mantuvo su popularidad durante la Revolución mexicana (1910–1920). En los últimos años del siglo XX, las canciones empezaron a abordar temas como la delincuencia y el tráfico de drogas. Este subgénero se conoce como narcocorrido.

ARTISTAS Y OBRAS CLAVE
Antonio Aguilar «El corrido de Lamberto Quintero» (1984)
Los Tigres del Norte «Contrabando y traición» (1972) «Pacas de a kilo» (1993)

Calipso

El calipso proviene de la música vocal tradicional de los esclavos africanos llevados a Trinidad y Tobago en el siglo XVII. Sin embargo, la forma moderna del género, caracterizada por cantos rítmicos y letras ingeniosas, no se desarrolló hasta las dos primeras décadas del siglo XX. El uso distintivo de tambores metálicos se inició en la década de 1930. A partir de ese momento, el calipso trascendió sus orígenes caribeños, y, gracias a la labor de vocalistas y compositores tales como Roaring Lion y Attila the Hun, que viajaron a EE UU e Inglaterra para grabar su música y actuar, el género alcanzó popularidad internacional. Artistas más comerciales, como Harry Belafonte, colocaron el calipso en la cumbre del éxito. Su atractivo disminuyó durante las décadas de 1960 y 1970, pero su influencia ha sido notable en otros géneros de la música caribeña.

ARTISTAS Y OBRAS CLAVE
Roaring Lion «Ugly Woman» (1933); «Mary Ann» (1945); «Netty, Netty» (1937)
Lord Kitchener «Green Fig» (1942); «The Road» (1963); «Mama dis is Mas» (1964); «Rainorama» (1973)
Harry Belafonte *Calypso* (1956)

Son

El son se originó en Cuba durante las dos primeras décadas del siglo XX. Representado por músicos afrocubanos en su mayoría, combinaba ritmos africanos y guitarra española con letras románticas y sentimentales.

Fue popularizado por los sextetos líderes del género: el Sexteto Habanero y el Sexteto Bolaño. Por lo general, estos grupos se componían de instrumentos de percusión y cuerda. A finales de los años veinte, el son era una de las formas más populares de la música cubana, y artistas como Arsenio Rodríguez y Beny Moré continuaron desarrollándolo durante la década de 1940. La creciente popularidad de las bandas de jazz latino durante los años cincuenta supuso el declive del son, aunque su influencia fue esencial en la creación de nuevos estilos, como el mambo.

ARTISTAS Y OBRAS CLAVE
Sexteto Habanero «Yo no tumbo cana» (c. 1926); «Ahora sí» (1926)
Arsenio Rodríguez «Triste soledad» (1941); «Sin tu querer» (1942); «Triste lucha» (1943)

Tango
El tango se desarrolló en Argentina a finales del siglo XIX a partir de la fusión de estilos musicales europeos y africanos. Fue una música de baile muy popular en Buenos Aires, y los sextetos que la interpretaban se componían de un piano, dos violines, dos bandoneones y un contrabajo. Se caracteriza por ritmos de *staccato* unidos a una parte vocal de tema romántico o sentimental. Directores de orquesta de la talla de Juan D'Arienzo y Astor Piazzolla llevaron el tango a la cumbre de su popularidad entre 1930 y 1960. Hoy día, bandas como Gotan Project siguen incorporando aspectos del género en su música.

ARTISTAS Y OBRAS CLAVE
Juan D'Arienzo «Desde el alma» (1935); «Hotel Victoria» (1935); «La puñalada» (1950)
Rodolfo Biagi «Indiferencia» (1937); «Humillación» (1937); «Magdala» (1944)
Astor Piazzolla «El Desbande» (1946); «Tres tangos sinfónicos» (1963); «Balada para un loco» (1969); «Libertango» (1973)
Gotan Project *La revancha del tango* (2001); *Lunático* (2006)

Mariachi
Hacia finales del siglo XIX abundaban los grupos de mariachi en las áreas rurales mexicanas. El conjunto tradicional se componía de un arpa, violines, guitarras y un guitarrón, y tocaban una forma de música popular llamada son jalisciense. A principios del siglo XX, el mariachi

evolucionó a una forma de arte más urbana. Esto supuso un cambio en la composición instrumental, que incorporó una sección de viento —generalmente dos trompetas— en el transcurso de la década de 1930. Tradicionalmente, las bandas de mariachi eran itinerantes, y se trasladaban de un lugar a otro para realizar sus actuaciones. Se hicieron fácilmente identificables al adoptar como vestimenta el traje típico del charro (el jinete tradicional mexicano).

ARTISTAS Y OBRAS CLAVE
Lola Beltrán «Cucurrucucú paloma» (1964)
Pedro Infante «Aquí vienen los mariachis» (1951)

Bolero
El bolero es una forma de canción popular española en compás ternario. Pero como género independiente, el bolero se originó en Cuba a finales del siglo XIX. El bolero cubano consiste en partes vocales de tema romántico y melancólico con un ritmo lento y se interpretaba para acompañar el baile. Entre sus primeras estrellas se hallan los cubanos Pepe Sánchez y Beny Moré, pero el género se expandió por toda América Latina en la primera mitad del siglo XX, siendo adoptado por artistas como el mexicano Agustín Lara. Su popularidad duró hasta la década de 1960, época en la que el chachachá, junto a otros estilos, se colocó en los primeros puestos de la música de baile.

ARTISTAS Y OBRAS CLAVE
Pepe Sánchez «Tristezas» (1885)
Agustín Lara «Solamente una vez» (1941)

Samba
Los estilos de la samba brasileña varían según la región de la que procedan, aunque la forma más típica se desarrolló en Río de Janeiro en el transcurso del siglo XX. Impulsadas por los concursos de baile anuales que tenían lugar en la ciudad, las escuelas de samba participantes —organizadas en barrios y clubes nocturnos— componían sambas originales y coreografías de acompañamiento. Algunas de las escuelas vieron nacer excelentes compositores; Nelson Cavaquinho es un ejemplo. Las canciones suelen ser melódicas y

GUITARRÓN O BAJO ACÚSTICO

MUJER CON TRAJE LLAMATIVO EN UN ESPECTÁCULO DE SAMBA

se acompañan de ritmos sincopados complejos escritos para el baile. Aunque se utilizaban diversos instrumentos, el conjunto instrumental tradicional comprendía un *pandeiro*, un tambor y un *cavaquinho* (similar a una guitarra). En la actualidad, la samba sigue siendo muy popular en Brasil, aunque también se ha fusionado con otros géneros como el rock, el rap y el reggae.

ARTISTAS Y OBRAS CLAVE
Nelson Cavaquinho «Rugas» (1946); «A flor e o espinho» (1957); «Luz negra» (1966)
Cartola *Cartola* (1974); *Cartola II* (1976)
Zeca Pagodinho *Zeca* (1999)

Mambo y chachachá
El danzón, un estilo de baile que fusiona música de baile europea y ritmos africanos, fue muy popular en Cuba a principios del siglo XX. En 1938, Cachao López y los hermanos Orestes compusieron un danzón denominado «mambo», creando así un nuevo ritmo y género de música cubana. La popularidad del mambo creció durante las décadas de 1940 y 1950, y el uso intensivo de instrumentos de percusión (cencerros, en particular) y viento-metal se convirtió en rasgo característico. Gracias a la labor de músicos y directores de orquesta como Cachao López y Tito Puente, el mambo alcanzó una importante audiencia en EE UU. A principios de los cincuenta, el compositor cubano Enrique Jorrín creó, a partir del mambo, una música de baile más accesible llamada chachachá.

ARTISTAS Y OBRAS CLAVE
Pérez Prado «Mambo n.º 5» (1949); «Qué rico el mambo» (1949); «Cherry Pink and Apple Blossom White» (1955)
Tito Puente *Cuban Carnival* (1956); *Dance Mania* (1958); *Dance Mania Vol. 2* (1961)

Enrique Jorrín «La engañadora» (1951); «El alardoso» (1951)

Bossa nova
La bossa nova, que literalmente significa «estilo nuevo», se desarrolló en Brasil a finales de la década de 1950 y principios de la de 1960 al fusionar la samba con el jazz. Con menos percusión y ritmos de baile que la samba, se caracterizó por el empleo de la guitarra clásica, la percusión ligera y letras sutiles que trataban asuntos juveniles. La colaboración de artistas de bossa nova como Antonio Carlos Jobim con músicos de jazz estadounidenses como Stan Getz, popularizó el género en todo el mundo. Su fama disminuyó durante la década de 1970. No obstante, su influencia aún se refleja en músicos jóvenes brasileños como Bebel Gilberto.

ARTISTAS Y OBRAS CLAVE
Antonio Carlos Jobim *Black Orpheus* (1959)
Joao Gilberto *Getz/Gilberto* (1963); *Getz/Gilberto #2* (1964)

Zouk
Iniciada por Kassav, un grupo de músicos de las islas Martinica y Guadalupe asentados en París, la música zouk actualiza la música de baile tradicional de las Antillas mediante el uso de instrumentación y técnicas de producción modernas, como los sintetizadores y las cajas de ritmos. Con el énfasis puesto en los ritmos bailables, el zouk logró popularidad en Francia, Canadá y los países francófonos africanos entre finales de la década de 1970 y principios de la de 1980.

ARTISTAS Y OBRAS CLAVE
Kassav *Love and Ka Dance* (1980); *Yélélé* (1985)
Zouk Machine *Sové Lanmou* (1986); *Maldon* (1989)

Soca

La música soca, acrónimo de soul y calipso, fue desarrollada en Trinidad y Tobago durante la década de 1960. Uno de sus mayores representantes, el músico Lord Shorty, creó el primer sonido vigoroso del género al combinar el calipso tradicional de Trinidad y Tobago con instrumentos de India, como la *tabla*. Durante las décadas de 1970 y 1980, muchos músicos agregaron instrumentos eléctricos y sintetizadores a sus composiciones, convirtiendo el género en una música de baile popular en todo el mundo.

ARTISTAS Y OBRAS CLAVE

Lord Shorty «Ïndrani» (1973); *Soca Explosion* (1978)

Machel Montano *Soca Earthquake* (1987); *Dr. Carnival* (1988)

Música africana

La diversidad musical africana abarca desde el estilo blues de los países subsaharianos hasta la animada música de baile del África occidental. Los distintos géneros han repercutido notablemente en la música de América Latina y el Caribe, particularmente en ritmos cubanos como el son.

Gnawa

El gnawa es un género de música tradicional afroislámica muy presente en las celebraciones religiosas de Marruecos y Argelia. Los cantos se acompañan de una percusión ligera e instrumentos similares al laúd, como el gogo. En el norte de África se sigue interpretando el gnawa tradicional, aunque formas laicas y fusiones con géneros como el rap y el jazz son también populares.

ARTISTAS Y OBRAS CLAVE

Mahmoud Ghania *The Trance of Seven Colours* (1994)

Hassan Hakmoun *Gift of the Gnawa* (1992)

Highlife

Desarrollado en Ghana a principios del siglo xx, el highlife comenzó fusionando la música tradicional africana con los primeros sonidos del jazz. A partir de la década de 1930, la popularidad de este género se extendió a través de Nigeria, convirtiéndose en una de las músicas de baile más populares del África occidental. Músicos destacados del género, por ejemplo, E. T. Mensah (conocido como «Rey del Highlife»), fueron elogiados internacionalmente,

lo cual derivó en colaboraciones con músicos de jazz occidentales. La popularidad del highlife decayó a finales de la década de 1960, aunque actualmente sigue vigente en Nigeria y Ghana.

ARTISTAS Y OBRAS CLAVE

E. T. Mensah «All For You» (1952); «Nkebo Bayaa» (1952)

Dr. Sir Warrior *Nwanne Awu Enyi* (1978)

Ebo Taylor *Ebo Taylor* (1977)

Jùjú

El jùjú es una música de baile nigeriana surgida en la década de 1920. Pone gran énfasis en la percusión, y el tambor parlante, procedente de la etnia yoruba, es el instrumento principal. Su mezcla de ritmos alegres, guitarras melódicas y letras poéticas le hizo ganar popularidad durante la década de 1950 con músicos como I. K. Dairo y Tunde Nightingale. En los años setenta y principios de los ochenta, la innovación implementada por King Sunny Adé llevó el género hasta un público más global.

ARTISTAS Y OBRAS CLAVE

I. K. Dairo *Ashiko* (1992)

King Sunny Adé *Juju Music* (1982); *Synchro System* (1983)

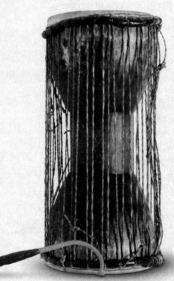

TAMBOR PARLANTE

Blues africano

De igual manera que el blues se considera la quintaesencia de la música de EE UU, es un hecho reconocido que los pioneros afronorteamericanos estuvieron parcialmente influenciados por la música africana. Como contrapartida, el blues africano, cuya presencia internacional ha ido en aumento desde la década de 1970, surge como respuesta frente a la influencia del blues americano. Los estilos del blues africano varían según su región de origen, pero los artistas de música de cuerda de la región del Sáhara, como el excepcional maliense Ali Farka Touré, son los más estrechamente asociados al género.

ARTISTAS Y OBRAS CLAVE

Ali Farka Touré *Ali Farka Touré* (1988); *African Blues* (1990)

Tinariwen *The Radio Tsidas Sessions* (2001)

Afrobeat

El afrobeat fue desarrollado durante la década de 1960 por el músico nigeriano Fela Kuti. Con el fin de crear un marco para el contenido social y político de sus letras, el músico mezcló los alegres ritmos y armonías de la música tradicional africana con elementos afronorteamericanos, como el sonido chirriante de la guitarra del funk. Durante la década de 1970, y a pesar de la naturaleza política de sus letras, Fela Kuti alcanzó un gran éxito internacional. El afrobeat ha repercutido en muchos otros estilos musicales, incluido el jazz y, más recientemente, el indie rock. Hoy por hoy sigue siendo un género popular por sí solo.

ARTISTAS Y OBRAS CLAVE

Fela Kuti *Gentleman* (1973); *Confusion* (1975)

Femi Kuti *Femi Kuti* (1995); *Day by Day* (2008)

Mbalax

Surgido en Senegal durante la década de 1970, el mbalax combina la apropiación senegalesa de la

UN HOMBRE AFINA UN BALAFÓN

música occidental, sobre todo la francesa, con la música tradicional de la etnia wólof. Puede definirse como una mezcla de jazz y rock con instrumentos autóctonos, como el sabar y el balafón, y letras escritas en wólof. Youssou N'Dour y su banda Étoile de Dakar, entre otros músicos, lograron una enorme popularidad en los países francófonos. El género sigue en auge en África occidental, y con frecuencia aparece fusionado con géneros más contemporáneos, como el hip-hop.

ARTISTAS Y OBRAS CLAVE

Étoile de Dakar «Jalo» (1981)

Baaba Maal and Mansour Sek *Chauffeur Bi* (1980); *Pindi Pinaal* (1982)

Música asiática

La amplia gama de tradiciones y estilos musicales del continente asiático abarca desde la música kantrum de Tailandia, hasta las clásicas del Indostán y la carnática de la India. En los últimos años, la música comercial de Asia oriental ha ganado una gran popularidad en todo el mundo.

Ópera china

El primer grupo de ópera china se formó en el siglo viii con el objetivo de amenizar la corte del emperador Xuanzong. A partir de la Edad Media, el género se expandió, ramificándose en diversos estilos regionales. La prestigiosa ópera de Pekín, surgida en el siglo xviii,

ERHU O VIOLÍN CHINO

interpretaba canciones, danzas y combates sobre un escenario poco decorado. Las canciones, melódicas y sencillas, solían estar acompañadas por instrumentos de cuerda y percusión. La ópera china sufrió un declive tras la guerra civil de 1950, y actualmente se representa muy poco.

ARTISTAS Y OBRAS CLAVE
Tang Xianzu *El pabellón de las peonías* (1598)
Kong Shangren *El abanico de la flor del melocotonero* (1699)

Música clásica del Indostán

La música clásica del Indostán, que corresponde a la del norte de India, surgió en siglo XII. Su evolución hasta la forma actual comprende una amplia variedad de estilos unidos por una melodía vocal, o *raga*, cantada sobre un patrón rítmico, o *tala*. Los acompañamientos rítmicos a menudo

los músicos y seguidores de la música indostana, como Vishnu Digambar Paluskar, introdujeron técnicas para el aprendizaje y sistemas de notación estandarizados. Más recientemente, el prestigioso Ravi Shankar, junto con otros músicos, ha popularizado el género en la escena internacional.

ARTISTAS Y OBRAS CLAVE
Ravi Shankar *Three Ragas* (1956); *India's Master Musician* (1963)
Ali Akbar Khan *The Soul of Indian Music* (1965)

Música carnática

La música carnática constituye, junto con la música clásica del Indostán, el subgénero principal de la música clásica india. Mientras que el estilo indostano abunda en el norte de India, la música carnática se desarrolla en el sur del país. La mayoría de las composiciones, con gran énfasis en la parte vocal, constan de una melodía vocal, *raga*,

> «La **espiritualidad** y la **música** clásica india son dos **caras de la misma moneda**.»

PANDIT SHIV KUMAR SHARMA

están representados por instrumentos de cuerda, como la vina o la *tambura*, y de percusión, como el *pakhavaj*. En el periodo medieval, la ley islámica del sultanato de Delhi favoreció la influencia del estilo persa sobre la música clásica del Indostán, creándose una diferencia esencial entre la música clásica del norte y la música carnática del sur de la India. Hasta el siglo XIX, apenas había registros escritos, y las composiciones solían interpretarse en palacios y salones de baile. A partir del siglo XX, no obstante,

PANDIT RAVI SHANKAR

y un patrón rítmico, tala. La parte vocal suele ir acompañada de un instrumento de cuerda, como el violín o la *tambura*, y uno de percusión, como el *mridangam*. A diferencia de la música indostana del norte, las composiciones carnáticas se basan en un formato tradicional, interpretado por el músico. Con frecuencia, las canciones dejan un espacio para la improvisación.

ARTISTAS Y OBRAS CLAVE
Tyagraja *Pancharatna Krithis* (c.1800)
Muthuswami Dikshitar *Kamalamba Navavarna* (c.1800)

Gamelán

El gamelán es un conjunto musical tradicional de Indonesia y se caracteriza por el empleo de instrumentos de percusión como gongs y metalófonos y, más ocasionalmente, de viento y de cuerda. Si bien las agrupaciones musicales con tambores, gongs y otros instrumentos de percusión son habituales en toda Indonesia, el gamelán, desarrollado entre los años 1300 y 1500, es exclusivo de Java, Bali y Lombok. Los ritmos y melodías se producen a partir de capas de percusión entrelazadas. Pese a que es un género esencialmente oral (sin registro escrito), tiene enorme importancia en la vida

FLAUTISTAS EN UN FESTIVAL DE GAGAKU EN JAPÓN

cultural indonesia. De hecho, en un primer momento fue un elemento común en la corte real de Indonesia, y hoy día acompaña las representaciones de teatro y la poesía.

ARTISTAS Y OBRAS CLAVE
K.P.H. Notoprojo *Jaya Manggala Gita* (1952)
R.L. Martopangrawit *Ladrang Biwadhapraja* (1939); *Ra Ngandel* (1986)

Gagaku

El gagaku, la forma más antigua de música clásica japonesa, llegó a Japón

desde China alrededor del siglo VII. Tradicionalmente, este género era interpretado por grupos de músicos pertenecientes a clanes familiares de diferentes regiones del país. Para el siglo XIX, el formato de las agrupaciones se había establecido y estas se componían de tres instrumentos de viento y tres de percusión. El gagaku, habitual en las representaciones teatrales de antaño, hoy día forma parte de conciertos o espectáculos de danza.

ARTISTAS Y OBRAS CLAVE
Reigakusha «In a Autumn Garden» (2000)

Min'yō

El *min'yō* es un género de música popular japonesa que suele tener la forma de una canción de trabajo. Originalmente, las canciones eran interpretadas por una o más voces, pero en el periodo comprendido entre los siglos XVII y XIX se agregaron instrumentos de cuerda, como el *shamisen*. Si se usaba como música de danza, se acompañaba de instrumentos de percusión. Las composiciones de *min'yō* a menudo pertenecían a zonas específicas del país, y las representaciones solo se realizaban en estos lugares. En el siglo XX, el género dejó de ser popular para convertirse en clásico.

ARTISTAS Y OBRAS CLAVE
Takio Ito *Takio Jinc* (1985)
Tsuru To Kame *Tsuru To Kame* (2002); *Ai no Kaze (Kita no Kuni)* (2003)

MUJER TOCANDO EL SHAMISEN

Kantrum

El kantrum es un estilo musical tradicional de los jemeres tailandeses. Los grupos que lo interpretan están compuestos por un vocalista, y varios percusionistas y violinistas, y suele acompañar la danza. Sus letras se cantan en lengua tailandesa o en dialecto jemer. Recientemente, los músicos de kantrum han incorporado instrumentos eléctricos, logrando gran éxito comercial.

ARTISTAS Y OBRAS CLAVE
Darkie *Kantrum Rock* (c. 1988); *Darkie Rock II: Buk Jah* (1997)
Jane Saijai *Kantrum Dance* (c. 2000)

«La **música** guía el **espíritu judío** […] La Torá es la partitura de Dios y **nosotros**, los judíos, somos **el coro** de su sinfonía coral divina […]»

JONATHAN SACKS, GRAN RABINO DE INGLATERRA

Música judía

La música, tanto secular como religiosa, es parte integrante del judaísmo y la cultura judía. Las celebraciones religiosas, desde comidas familiares hasta grandes ceremonias formales, suelen reproducir contextos musicales de textos sagrados. La música tradicional judía está presente en bodas y otras celebraciones.

Klezmer

El klezmer constituye una de las formas más relevantes de la música tradicional judía. Su encarnación moderna surgió en Europa oriental en el siglo XIX de la mano de los músicos conocidos como *klezmorim*. Los grupos de klezmer tradicional, cantado en yidis, interpretaban canciones festivas procedentes de la música religiosa judía. En un principio, los instrumentos de cuerda fueron el elemento principal, pero más tarde el clarinete tomó el relevo. La popularidad del klezmer declinó en la primera mitad del siglo XX, mas no dejó de influir en compositores clásicos de la talla de Leonard Bernstein y Dmitri Shostakóvitch. El género recobró fuerza en la década de 1970.

ARTISTAS Y OBRAS CLAVE
Naftule Brandwein *King of the Klezmer Clarinet* (1997)
The Klezmatics *Shvaygn = Toyt* (1989)

Música sefardí

El término «judío sefardí» se usa para describir a la población judía asentada en la península Ibérica durante la Edad Media. Tras su expulsión de España en 1492, los sefardíes se instalaron en el norte de África y el Mediterráneo oriental, y la configuración musical de sus textos, tanto laicos como religiosos, quedó marcada por los países que alcanzó la diáspora. Pero el carácter vocal siempre ha sido un elemento primordial en la música sefardí. Los instrumentos, cuando los hay, suelen ser específicos de cada región, aunque los más comunes son la cítara, el *'ud* y el violín. Los versos de las canciones solían escribirse en hebreo o en ladino.

ARTISTAS Y OBRAS CLAVE
Haim Effendi A la una nassi io» (1907–1908); «Indome para Marsiglia» (1907–1908)
Gloria Levy *Sephardic Folk Songs* (1958)

YASMIN LEVY

Música religiosa

La música tradicional del judaísmo contempla una amplia gama de canciones y cantos; un ejemplo son los *piyyutim*, poemas litúrgicos con más de mil años de existencia. Los cantos judaicos solían destinarse a funciones específicas ceremoniales y religiosas: los *zemiros*, por ejemplo, se cantaban durante las comidas religiosas, mientras que los *piyyutim* se interpretaban en las ceremonias. Las piezas poéticas, como el

HOMBRE TOCANDO EL CUERNO CERCA DEL MURO DE LAS LAMENTACIONES (ISRAEL)

ACTUACIÓN DE MÚSICOS DE QAWWALI EN PAKISTÁN

acróstico, eran la base de muchos cantos.

ARTISTAS Y OBRAS CLAVE
Anónimo «Adir Hu» (1644); «Adon Olam» (c. siglo II d.C)
Rabino Shlomo Halevi Alkabetz «Lekhah Dodi» (siglo XVI)

Música árabe

El mundo árabe ha producido estilos musicales tanto seculares como religiosos. Posiblemente, la música árabe más influyente fue la que se creó en al-Ándalus, territorio también conocido como la Iberia islámica. La propagación de la música clásica árabe se produjo desde la península Ibérica hasta el norte de África entre los siglos IX y XV.

Música clásica andalusí

En el periodo comprendido entre los siglos VIII y XVI, regiones de España y Portugal estuvieron bajo el poder musulmán. La música clásica andalusí fue desarrollada en esta época por compositores y músicos de la corte, como Ziryab y Avempace. Los contactos producidos en el territorio islámico medieval, que llegó a abarcar regiones de África, Europa y Persia, favorecieron la propagación y diversificación de la

música árabe. A pesar de la multitud de estilos, todos guardan rasgos en común, como el uso de instrumentos de cuerda tradicionales (*rebāb* y *'ud*), el empleo de técnicas modales de composición y la presencia de letras poéticas. La música era un elemento común en la sociedad árabe, tanto en los hogares aristocráticos como en las celebraciones comunales. En la actualidad, sigue siendo esencial en las ceremonias religiosas.

ARTISTAS Y OBRAS CLAVE
Sabah Fakrhi *Mouwachah Iski Al Itash* (1990)
Amina Alaoui *Gharnati* (1995)

Qawwali

Surgido en Persia en el siglo VIII, el qawwali es un estilo musical aún vigente en el sureste asiático. Una agrupación compuesta por voz (o *qawwal*), armonios e instrumentos de percusión (entre ellos la *tabla*, usualmente) interpreta canciones con contenidos esencialmente religiosos. En los cantos intervienen todos los miembros del grupo, y algunos tocan las palmas al ritmo de la música. Las composiciones, generalmente largas, empiezan lentamente y se aceleran hacia el final. Los *qawwals* se ven a sí mismos como portadores del mensaje divino y su objetivo es inspirar devoción en los oyentes a través de su música.

ARTISTAS Y OBRAS CLAVE
Nusrat Fateh Ali Khan *Shahen-Shah Devotional Songs* (1992)

Sabri Brothers *Nazr-e-Shah Karim* (1988)
Qawwali Masterworks (1993)

Chaabi

El chaabi, surgido a finales del siglo XIX, es una forma de música popular argelina con raíces en la música clásica andalusí. En una típica canción chaabi, una parte vocal y melancólica es apoyada por un grupo de cuerdas y otro de percusión. Aunque en sus inicios era bastante minoritario, a partir de la década de 1950 el género se convirtió en popular de la mano de artistas como El Hadj Muhammad El Anka.

ARTISTAS Y OBRAS CLAVE
El Hadj Mohamed El Anka «Ani f h'mek» (1973); «Touchia» (1973)
El Hachemi Guerouabi *Le Chaabi des Maîtres* (1994)

Malhun

El malhun, forma de poesía tradicional cantada, lleva interpretándose en Marruecos más de mil años. Sus inicios fueron exclusivamente literarios, y la música que hoy lo distingue arrastra influencias de las formas clásicas del califato andalusí. Cada poema tiene melodías específicas para sus letras y los estribillos entre los versos.

ARTISTAS Y OBRAS CLAVE
Thami Mdaghri «Al-Gnawi» (c. 1800); «Aliq Al-Masrüh» (c. 1800)
Haj Houcine Toulali «Kassidat Damlij» (1991); «Kassidat Nacar Lahcane» (1991)

Al Jeel

Influenciado por otras formas de música árabe como el raï, el Al Jeel apareció en Egipto en la década de 1970 como alternativa a la música pop y rock occidentales. Hace uso de sintetizadores para crear una base electrónica que acompaña las letras románticas.

ARTISTAS Y OBRAS CLAVE
Hamid El Shaeri «Lolaiki» (1988)
Amr Diab *Nour El Ain* (1996)

Raï

La música raï fusiona el uso de instrumentos occidentales con la canción popular argelina. Su origen, en la década de 1920, se produjo en Orán, la segunda ciudad más grande de Argelia. Sin embargo, no fue hasta los años setenta que surgió la forma moderna de la música raï. Notable por sus letras con contenidos sociales y políticos, se hizo popular en Francia durante la década de 1980. Khaled es uno de los artistas más reconocidos del género en todo el mundo francófono.

ARTISTAS Y OBRAS CLAVE
Khaled *Kutche* (1983); *Khaled* (1991)
Rachid Taha *Diwan* (1998)

RACHID TAHA

Biografías

Esta sección contiene biografías de destacados músicos y compositores pertenecientes a culturas musicales de todo el mundo a lo largo de la historia. Los primeros músicos profesionales, desde los compositores de la Iberia islámica hasta los músicos clásicos de la Edad Media y el Renacimiento, ocupaban una posición relevante en la corte real o en instituciones religiosas. El concepto de músico independiente no quedó consolidado hasta la llegada del clasicismo.

ABBA

ABBA
(1973–1982, Suecia)

Entre 1970 y 1973, Benny Andersson y Bjorn Ulvaes, junto a sus parejas Anni-Frid Lynstad y Agnetha Faltskog, no eran más que unos músicos corrientes dentro del pop. En 1973, se bautizaron como ABBA, acrónimo de sus nombres propios y, un año después, ganaban el Festival de Eurovisión con «Waterloo», convertida en éxito comercial en toda Europa. En la década de 1970, ABBA encabezó las listas europeas con las baladas «Dancing Queen», «S. O. S.» y «Fernando», reflejando influencias del rock, el cabaret y la música disco. Pese a no triunfar significativamente en EE UU, su alto reconocimiento internacional les llevó a realizar actuaciones grandiosas, como la que congregó a 200.000 personas en Sydney (Australia), en 1976. Su fama siguió en auge a principios de los ochenta, pero las tensas relaciones personales entre las dos parejas provocaron su disolución en 1982. Sus melodías pegadizas y técnicas de producción pulidas siguen teniendo repercusión en las listas de la música pop actual.

AC/DC
(desde 1973, Australia)

Angus y Malcolm Young, dos hermanos adolescentes, formaron la banda AC/DC en Sydney (Australia) en 1973. Tras algunas fluctuaciones en su formación, en 1975 publicaron su primer álbum de hard rock, *High Voltage*. Sus enérgicas actuaciones ganaron reputación y gracias al álbum *Powerage* de 1978 fueron aclamados por un público más cuantioso. El álbum *Highway to Hell*, en 1979, los convirtió en estrellas internacionales, con más de un millón de ejemplares vendidos. Pocos meses después del lanzamiento del disco, el vocalista principal, Bon Scott, falleció de forma repentina y la banda estuvo a punto de disolverse. Sin embargo, contrataron a un nuevo vocalista, Brian Johnson, y el primer álbum resultante de esta incorporación, *Back in Black*, se convirtió en su mayor hito comercial, permaneciendo 131 semanas en la lista de éxitos *Billboard* de EE UU. Aunque su popularidad disminuyó en la década de 1980, volvieron a resurgir en los años noventa. AC/DC ha sido uno de los grupos de hard rock más influyente en la historia del género, y es la sexta banda con más éxito comercial en EE UU.

John Adams
(n. 1947, EE UU)

En 1965, John Adams comenzó a estudiar composición en la Universidad de Harvard. Para pagar sus estudios, trabajó como reserva de clarinetista en la Orquesta Sinfónica de Boston. A finales de los setenta, su obra contaba con influencias minimalistas, tal como se refleja en su pieza *Phrygian Gates* (1977). En 1982, pasó a ser miembro residente de la Orquesta Sinfónica de San Francisco, dejando atrás el minimalismo para adoptar un estilo más expresivo. En 1987, escribió su primera ópera, *Nixon en China*, basada en la visita del ex presidente de EE UU Richard Nixon a China en 1972. En 1995, ganó el Premio Grawemeyer por su «Concierto para Violín» y, en 2003, escribió la pieza coral *On the Transmigration of Souls* con el fin de conmemorar los atentados del 11 de septiembre de 2001. Hoy día, se le considera una figura principal dentro de la música clásica contemporánea.

King Sunny Adé
(n. 1946, Nigeria)

Nacido en el seno de una familia real nigeriana, el entusiasmo de King Sunny Adé por la guitarra le llevó a renunciar a la educación universitaria para desarrollarse como músico del género highlife. A mediados de los sesenta, Adé acompañó a la banda Federal Rhythm Dandies y, en 1967, formó la suya propia, The Green Spots. En la década de 1970, comenzó a crearse una reputación a través de sus grabaciones y actuaciones en directo. El lanzamiento del álbum *Juju Music*, creado con su banda de apoyo African Beats en 1982, le hizo saltar a la fama y ganarse el prestigio internacional. Tras este gran éxito, se aventuró a actuar en Europa y América del Norte. Además de promover y grabar el trabajo de los nuevos músicos de sus país, Adé es un claro representante de la música actual nigeriana.

Aerosmith
(desde 1970, EE UU)

Formada en Boston en 1970, Aerosmith alcanzó un amplio reconocimiento del público local a través de sus impactantes actuaciones. En 1972, el grupo firmó su primer contrato discográfico. Sus grabaciones de estudio contaron con un éxito significativo desde el principio y la publicación, en 1975, del álbum *Toys in the Attic* amplió el espectro de su popularidad. A finales de los setenta, la banda actuaba con frecuencia, y sus álbumes y *singles* aparecían con regularidad en las listas de éxitos. Pero la adicción a las drogas y los conflictos entre los miembros desembocaron en la partida de uno de sus fundadores, el guitarrista Joe Perry. Entre 1980 y 1984, la banda solo publicó un álbum y, en 1984, Perry volvió a la banda. En 1986, apareció junto al rapero Steven Tyler en una versión hecha por los Run DMC del tema «Walk this Way», generando un nuevo éxito comercial. Durante las décadas de 1990 y 2000, Aerosmith produjo varios álbumes con récord de ventas. El grupo sigue activo hoy día, y cuenta con más de 150 millones de álbumes vendidos en todo el mundo.

Louis Armstrong
(1901–1971, EE UU)

Armstrong empezó a tocar la corneta en Nueva Orleans, en un centro de menores donde había sido enviado para enmendar sus delitos. En 1922, estuvo trabajando como músico profesional con la respetada orquesta «Joe "King" Oliver». Inducido por su segunda esposa, Lil Hardin Armstrong, en 1924 se mudó a Nueva York, donde logró un puesto en la Fletcher Henderson Orchestra. Fue entonces cuando abandonó la corneta en favor de la trompeta, e incorporó

LOUIS ARMSTRONG

anécdotas y bromas en sus actuaciones. No obstante, en 1925 regresó a Chicago y empezó a dirigir sus propios grupos de jazz, Hot Fives y Hot Sevens, grabando canciones como «Potato Head Blues» y «West End Blues». Las grabaciones de sus interpretaciones fueron clave en el curso de la improvisación dentro del jazz. En los inicios de la década de 1930, Armstrong ya era líder reconocido de su banda, y sus actuaciones por Europa y América popularizaron con éxito temas como «All of Me» y «Love, You Funny Thing». Tras el declive en popularidad de las *big bands* en los cuarenta, Armstrong se reinventó a sí mismo creando la formación Louis Armstrong and His All Stars (1947), en la que era frecuente la rotación de los músicos. Convertido en un artista de gran renombre mundial (en 1949 apareció en la portada de la revista *Time*), Armstrong no dejó de grabar e interpretar hasta poco antes de su muerte en 1971.

Juan Atkins
(n. 1962, EE UU)

Juan Atkins nació y creció en Detroit (Michigan). Su interés por los grupos electrónicos como Kraftwerk le llevó a experimentar con los sintetizadores. Mientras estudiaba música electrónica conoció a Rick Davis, con quien creó Cybotron, una formación basada en la música sintetizada. En 1983, publicaron *Intro*, álbum en el que convergen los ritmos del nuevo género del house con los sonidos sintetizados. Esta fusión fue la antesala de lo que tiempo después se conocería como tecno. Atkins dejó Cybotron en el año 1985 y comenzó a grabar bajo el pseudónimo Model 500, produciendo canciones de éxito en la escena *underground* como «No OVNIS» y «Night Drive». Así, quedó asentada la base para un nuevo estilo musical denominado IDM, o Intelligent Dance Music (música de baile inteligente). Atkins se ganó el sobrenombre de «padrino del tecno» y, a día de hoy, gracias a la difusión del tecno en todo el mundo, es un artista con un gran prestigio internacional.

JOHANN SEBASTIAN BACH

organista en la iglesia de San Bonifacio (Bonifaciuskirche) de Arnstadt (1703). Su permanencia en el cargo fue difícil; casi se bate en duelo con un estudiante y tuvo problemas por retrasar la vuelta en uno de sus permisos. Bach permaneció en Arnstadt hasta 1707 y luego se mudó a Muhlhaüsen para ocupar el nuevo puesto de organista. En el transcurso de un año, Bach se casó con su prima María, tuvo problemas con sus nuevos estudiantes, y ejerció como violinista en la corte ducal de Weimar. Fue una época fructífera y bien remunerada, pero unos años más tarde, las cuestiones internas de la corte se hicieron insostenibles. Su siguiente destino le llevó a convertirse en maestro de capilla de la corte (1717). Muchas de sus obras instrumentales datan de este periodo; un ejemplo son los *Conciertos de Brandemburgo*. Bach quedó viudo en 1720, pero un año después contrajo matrimonio con la soprano Anna Wilcke. En 1723, fue nombrado cantor de la Thomasschule en Leipzig. Ello dio pie a una época muy prolífica en la que compuso cantatas y motetes, tanto sacros como profanos, para las celebraciones eclesiásticas y otros eventos. En el año 1729, Bach aceptó el cargo de director del Collegium Musicum de la universidad de Leipzig. Siguió componiendo e interpretando hasta que la falta de visión se lo impidió. Murió tras dos infructuosas operaciones oculares en 1750.

> ## «Para la **gloria** del **Dios** Altísimo y la **edificación** de mi **prójimo**.»
>
> JOHANN SEBASTIAN BACH, COMPOSITOR, EPÍGRAFE DEL *ORGELBÜCHLEIN* (1717)

Johann Sebastian Bach
(1685–1750, Alemania)

Huérfano desde los diez años, Bach recibió clases de órgano de su hermano Johann Christoph. Cuando acabó sus estudios en Lüneberg, fue nombrado

Burt Bacharach
(n. 1928, EE UU)

Compositor y multiinstrumentista, Burt Bacharach empezó a escribir canciones para vocalistas famosos, junto al letrista Hal David, a finales de la década de 1950. Entre sus primeros éxitos se encuentra la canción «Magic Moments» y, en el año 1957, colocó varios éxitos consecutivos en las listas de Reino Unido, algo inédito hasta entonces. Durante la década de 1960, Burt Bacharach y Hal David compusieron más de una veintena de temas notorios para Dionne Warwick, incluidos «Walk on By» y «I Say a Little Prayer». Otros artistas de prestigio tales como Dusty Springfield y los Carpenters, también interpretaron sus canciones. Bacharach siguió activo en los ochenta y los noventa, pero sus composiciones de jazz y soul de los años sesenta son las que más le identifican.

Nikhil Banerjee
(1931–1986, India)

Hijo de un músico aficionado, Banerjee empezó a tocar el sitar a los cinco años en Calcuta. Fue un niño prodigio y, además de ganar un concurso nacional, dio conciertos por la radio hasta los catorce años En la década de 1940, tomó lecciones de sitar y, en las décadas de 1950 y 1960, tocó profusamente por toda la India, aunque apenas existen grabaciones de sus conciertos. En el año 1955, ofreció su primera actuación fuera de la India. Notable por sus excelentes cualidades de improvisación, Banerjee fue condecorado por el gobierno de la India con el título honorífico Padma Bushan tras su fallecimiento.

Béla Bartók
(1881–1945, Hungría)

Hijo de un profesor y una maestra aficionada a la música, Béla Bartók, natural de Hungría, compuso con entusiasmo desde niño. En 1899, entró en la academia de la música y destacó como pianista y, al poco tiempo, ya daba conciertos en Viena, Berlín y Manchester, entre otras ciudades. En 1906, conoció a Zoltán Kodály, con el que compartió un mismo interés por la música popular. En compañía de su primera esposa, Márta Ziegler, Bartók y Kodály se dedicaron a viajar y recopilar música de la Europa oriental. Mucha de la música escrita por Bartók en 1910, como el *Allegro Barbaro*, integraba elementos de percusión, poniendo de manifiesto el primitivismo de la música de Stravinski en esa época. Sus composiciones son meticulosas, con unas partes que imitan a otras, técnica realizada en *El príncipe de madera*, obra que comenzó a escribir en 1914. Tras la Primera Guerra Mundial, la música de Bartók atravesó una fase expresionista, claramente expuesta en *El mandarín maravilloso*. En 1927, realizó su primera gira de conciertos por los EE UU y, entre 1932 y 1939, compuso más de 150 piezas breves para piano, incluidas en el *Mikrokosmos*. Tras la invasión alemana de Austria, Bartók se instaló en EE UU en 1940; cinco años después, falleció en Nueva York tras una larga enfermedad.

The Beach Boys
(desde 1961, EE UU)

Surgida en California en 1961, la banda estuvo inicialmente compuesta por los hermanos Carl, Brian y Dennis Wilson, un primo suyo llamado Mike Love, y su amigo Al Jardine. Inspirados por grupos armónicos vocales, publicaron su primer álbum, *Surfin Safari*, en 1962, y el segundo, *Surfer Girl*, en 1963. Este último contenía temas más complejos y sofisticados, como «In My Room». En 1964, el grupo logró su primer gran éxito comercial, colocándose en las listas comerciales y realizando giras por Europa. A Brian Wilson no le gustó el sacrificio que suponían las giras y, a partir de 1965, se dedicó solo a escribir y producir música. Este periodo estuvo marcado por una explosión creativa que culminó con el lanzamiento del álbum *Pet Sounds* (1966), reconocido internacionalmente. Hacia finales de los sesenta, Brian se vio incapaz de aguantar la presión del grupo y, tras el fracaso de su álbum psicodélico *SMiLE*, en el que había puesto sus esperanzas, hizo que se retirara a principios de los setenta. A finales de dicha década, la banda experimentó un resurgimiento, pero aún así se disolvió unos años después. Dennis Wilson falleció en 1983, y la banda siguió trabajando, individualmente o como grupo, en los ochenta y los noventa.

BÉLA BARTÓK

The Beatles
(1960–1970, Reino Unido)

John Lennon, Paul McCartney y George Harrison, naturales de Liverpool (Inglaterra), habían sido miembros de un grupo de rock and roll llamado The Quarrymen antes de formar la emblemática banda de los Beatles. En 1960, los tres guitarristas se sumaron al bajista Stuart Sutcliffe y al baterista Pete Best y, ese mismo año, pasaron siete meses en Hamburgo (Alemania) desarrollando el contenido de sus actuaciones en directo. Al volver a Liverpool en 1961, se ganaron un comité de seguidores locales. Stuart Sutcliffe abandonó la banda y, en 1962, Ringo Starr reemplazó a Pete Best. En 1963, la banda publicó su primer *single* número uno británico «Please Please Me»; el álbum del mismo nombre encabezó las listas británicas durante 30 semanas consecutivas, augurando un periodo de gran esplendor. En 1963, sus singles «She Loves You» y «I Want to Hold Your Hand» vendieron más de un millón de copias cada uno, y los conciertos arrasaron. Su gloria traspasó las fronteras británicas y, en la primera semana de abril de 1964, ocuparon los cinco primeros puestos de las listas de EE UU. A pesar de su enorme éxito comercial, los Beatles continuaron evolucionando y experimentando con el folk-rock y la psicodelia. En 1967, su fase experimental culminó con el lanzamiento de *Sergeant Pepper's Lonely Hearts Club Band,* que consiguió grandes elogios. El *White Album* del año 1968 también fue muy aclamado. Sin embargo, las relaciones personales de los miembros del grupo se habían debilitado mucho, y después de la publicación en el año 1970 del álbum *Let It Be,* los Beatles se separaron. Las carreras en solitario de John Lennon, Paul McCartney y George Harrison también triunfaron, aunque la vida de John Lennon terminó de manera prematura en el año 1980 después de ser asesinado en una calle de Nueva York.

Beck
(n. 1970, Reino Unido)

Hijo de un padre músico y una madre artista, Beck comenzó su carrera musical como músico callejero y artista de folk en Los Ángeles. Se mudó a Nueva York a finales de los años ochenta, pero en 1990 regresó a L.A. Sus dos primeros álbumes, *Golden Feeling* y *Stereopathic Soulmanure,* fueron discretos, pero *Mellow Gold,* en el que fusionaba el hip-hop con el folk y el blues acústico, fue muy elogiado por la crítica; su canción «Looser» logró un gran éxito comercial. El siguiente álbum, *Odelay,* se caracterizó por el uso de técnicas de sampleado, y después de ganarse el reconocimiento dentro del rock alternativo, Beck produjo varios éxitos; «Where It's At» y «The New Pollution» son dos ejemplos de ello. A finales de los años noventa, sus exploraciones musicales, reflejadas en *Midnite Vultures,* se vieron influenciadas por el sonido funk de Prince, y Beck fue descrito como artista ingenioso en constante evolución. En la década del 2000 Beck continuó activo, experimentando con otros estilos como el folk, el hip hop y el rock. Atraído por las técnicas visuales, organizó una exposición de arte visual junto a su abuelo en 1998.

The Bee Gees
(1959–2003, Reino Unido)

Los hermanos Barry, Robin y Maurice Gibb, nacidos en Inglaterra, se mudaron a Australia cuando todavía eran niños. Su primer grupo, los Gibb Brothers, formado en Brisbane, les permitió actuar con regularidad en televisión. En 1959 cambiaron su nombre a Bee Gees y, a principios de los años sesenta, lanzaron varios temas de rock que interpretaban habitualmente en la escena musical local. Se disolvieron al trasladarse a Inglaterra en 1967, pero tres años más tarde se reinventaron como grupo de rock progresivo, logrando un gran éxito en EE UU. A mediados de la década de 1970 produjeron el sonido por el que son más conocidos, el falsete de voz de Barry Gibb y la música disco sintetizada. Sus canciones «Jive Talking» y «You Should be Dancing» fueron grandes éxitos. No obstante, fue su contribución a la banda sonora de *Fiebre del sábado noche,* con singles como «Night Fever» y «Staying Alive», la que les consagró finalmente. Incluidos dentro del género disco, la banda continuó actuando con notable éxito hasta el final de su carrera.

> ## «La **música** es la **mediadora** entre la vida **espiritual** y la vida **sensual**.»
>
> LUDWIG VAN BEETHOVEN, COMPOSITOR

Ludwig van Beethoven
(1770–1827, Alemania)

Con un talento precoz para la música, Beethoven recibió su sólida base musical del organista Christian Gottlob Neefe, no tardando en convertirse en su sustituto en la corte de Bonn. A los diecisiete años se trasladó a Viena para continuar sus estudios con Mozart, pero regresó a su hogar poco después tras recibir la noticia de que su madre estaba a punto de morir. En el año 1792, ya había compuesto una serie de obras para voces y cámara, así como un conjunto de variaciones para piano. Impresionado por su música, Joseph Haydn le invitó a volver a Viena para continuar sus estudios. Al poco tiempo, Beethoven entró a formar parte de los círculos aristocráticos, donde la belleza y el virtuosismo de su música, unidos a la destreza de sus interpretaciones, le hicieron ganar numerosos clientes. Durante ese tiempo, las sonatas para piano «Claro de luna» y «Patética», entre otras obras, fueron aclamadas. Sin embargo, en 1802, Beethoven se dio cuenta de que acabaría totalmente sordo y, durante su estancia en la aldea de Heiligenstadt, escribió una carta en la que revelaba la profundidad de su infelicidad. Tras superar esta crisis, se embarcó en un periodo de prolífica creatividad durante la cual produjo muchas de sus obras más famosas, como la Sonata para violín y la sinfonía épica *Heroica.* Hacia 1812, su sordera le provocó un mayor aislamiento, depresión e inapetencia creativa. No obstante, hacia el final de su vida Beethoven compuso la música más espiritual y sublime de su trayectoria; un ejemplo es la Novena sinfonía, o *Coral,* obra emblemática de la música occidental empleada como referencia para valorar sinfonías posteriores. Beethoven cayó enfermo y falleció en 1827; 10.000 personas asistieron a su funeral en Viena.

LUDWIG VAN BEETHOVEN

Lola Beltrán
(1932–1996, México)

A principios de la década de 1950, antes de su debut profesional en 1954, Lola Beltrán era una aspirante a cantante que trabajaba como secretaria en una importante emisora de radio en la Ciudad de México. El año de su debut musical coincidió con el de su carrera como actriz y, en las décadas de 1960 y 1970, Beltrán se desarrolló popularizando la ranchera mejicana y el mariachi en la escena mundial. Sus excelentes dotes para las actuaciones en directo le llevaron a convertirse en la primera cantante de rancheras que actuaría en el Palacio de Bellas Artes, el teatro de la ópera más famoso de Ciudad de México. Lola Beltrán sigue siendo un icono de la cultura mejicana, y tras su muerte en 1996, se organizó un velatorio como homenaje.

Irving Berlin
(1888–1989, EE UU)

Irving Berlin nació en el Imperio ruso, en la actual Bielorrusia. Se trasladó a Nueva York con su familia a la edad de cinco años para escapar de la persecución de la comunidad judía rusa impuesta por el Zar Nicolás II. A los 18 años, aprendió a tocar el piano y, dos años después, consiguió un puesto como compositor en una editorial de música. En 1911, saltó a la fama internacional

BEE GEES

con la publicación de su pieza de estilo marcial «Alexander's Ragtime Band». En los años que siguieron, Berlin publicó muchas piezas similares, varias de las cuales fueron grandes éxitos. Tras la Primera Guerra Mundial, compuso canciones y música para películas, incluida *The Jazz Singer* en 1927. En 1935, se decantó por los musicales, componiendo *Easter Parade* y *Holiday Inn*. Este periodo culminó en el año 1946 con su partitura para el glorioso musical de Broadway, *Annie Get Your Gun*, producido por Richard Rodgers y Oscar Hammerstein. El compositor se retiró de la música en 1962.

Hector Berlioz
(1803–1869, Francia)
Hector Berlioz creció cerca de Grenoble, en el sureste de Francia. Su padre quería que el joven se convirtiera en médico, motivo por el cual su formación musical no progresó. Sin embargo, él decidió estudiar armonía en secreto, y al no disponer de piano, lo hizo consultando los libros teóricos. Mientras estudiaba medicina en París, frecuentó la Ópera, estudió música en privado y se matriculó en el conservatorio, todo en contra de los deseos de sus padres. Ahí es donde escuchó las sinfonías de Beethoven y pudo leer el *Fausto* de Goethe, pero su experiencia artística más enriquecedora derivó de las obras teatrales de William Shakespeare. Durante ese periodo, se enamoró de la actriz Harriet Smithson, pero tras rechazarle, Berlioz compuso la *Sinfonía fantástica*, ganando el Premio de Roma en 1830. A pesar de su éxito, los círculos de la época se resistían a aceptar su música, excepto Niccolò Paganini, que le remuneró de manera generosa. Berlioz tuvo que dedicarse al periodismo musical para ganarse la vida, y escribió artículos mordaces e ingeniosos para diversas revistas. Descontento con las interpretaciones que se hacían de sus obras, comenzó a dirigirlas, ganándose una excelente reputación internacional. En las dos décadas siguientes, viajó intensamente y escribió algunas de sus corales más importantes, como el opus magnum *Los troyanos*, basado en la *Eneida* de Virgilio. Su mayor legado es su música orquestal con ideales románticos.

Leonard Bernstein
(1918–1990, EE UU)
Nacido en el seno de una familia de rabinos, Bernstein estudió música en la Universidad de Harvard, donde se graduó en 1939. En el año 1943 se le pidió, con brevísima antelación, que reemplazara a Bruno Walter en la dirección de la Filarmónica de Nueva York, saltando a la fama de inmediato. Desde el comienzo de su carrera en la

música, Bernstein dividió su música entre arte musical «verdadero» y obras populares. En 1944, triunfó con obras como su Primera sinfonía, el ballet *Fancy Free*, y el musical *On the Town*. En la década de 1950, se convirtió en un reputado compositor y figura prominente y, en 1953, pasó a ser el primer estadounidense en dirigir la orquesta de La Scala, la prestigiosa ópera de Milán. Bernstein obtuvo enorme popularidad con la opereta *Candide* y, en 1957, registró su mayor éxito comercial con el musical de Broadway, *West Side Story*. Al mismo tiempo, mantuvo una prestigiosa carrera como director de orquesta, aceptando el puesto de director de la Filarmónica de Nueva York en el año 1957. Doce años más tarde, renunció al cargo y, en los años setenta y ochenta, recorrió el mundo como director de orquesta y teórico musical, ofreciendo conferencias sobre la relación entre el lenguaje y la música.

Chuck Berry
(n. 1926, EE UU)
Nacido en el seno de una gran familia de clase media en St. Louis (Missouri), Chuck Berry consiguió su primer éxito musical en un concurso de talentos de la escuela secundaria. Después de cumplir una condena en un centro de detención juvenil por el robo de un vehículo, se casó y realizó trabajos muy diversos (en una fábrica y como esteticista) al tiempo que desarrollaba su destreza guitarrística. Intérprete y *showman* ingenioso, experimentó con numerosos géneros, incluidos el blues, el rhythm and blues y el country. Su primera grabación, una versión de una canción folk llamada «Ida Red», está considerada como uno de los cimientos del rock and roll, y fue igualmente popular entre el público blanco y el

de color. A finales de la década de 1950, Chuck Berry era una estrella nacional con un reguero de éxitos a su espalda, como «Roll Over Beethoven» y «Johnny B. Goode». Sin embargo, en la cúspide de su fama, fue condenado por transportar a una menor a través de las fronteras estatales, asociándole con la prostitución. Berry apeló el fallo del jurado alegando la naturaleza racista y arbitraria de su decisión, pero ello no impidió que cumpliera un año y medio de condena en prisión. Al salir de la cárcel en el año 1963, recibió grandes elogios de bandas como los Beatles y los Rolling Stones, y Berry continuó ofreciendo actuaciones en directo y canciones con gran éxito popular y comercial; su canción «My Ding-a-Ling» llegó a ser el número uno en las listas de éxito. Berry sigue activo musicalmente, y con frecuencia es citado como una figura innovadora e influyente en la historia del rock and roll.

Vishwa Mohan Bhatt
(n. 1950, India)
Hijo de músicos, Vishwa Mohan Bhatt empezó su formación musical bajo la dirección de su padre, un experimentado músico y profesor. Sentía un interés natural por los instrumentos innovadores; el primero que tuvo fue un sucedáneo de la guitarra española. En 1970, empezó a ofrecer conciertos internacionales, acompañando regularmente al genial intérprete de sitar, Ravi Shankar. Mohan Bhatt también colaboró con otros músicos destacados, y su fama creció al inventar el vina Mohan, una guitarra modificada con catorce cuerdas adicionales. Mohan Bhatt combina las técnicas occidentales con los sonidos más típicos de los instrumentos clásicos de India, como la vina o el sitar.

GEORGES BIZET

Georges Bizet
(1838–1875, Francia)
Hijo de un profesor de música, Georges Bizet fue un niño prodigio capaz de leer música a los cuatro años y tocar el piano a los seis. A los nueve años entró en el Conservatorio de París, y a los diecisiete completó su primera sinfonía. La puesta en escena de la cantata *Clovis y Clotilde* le hizo ganar el prestigioso Premio de Roma en 1857, y su ópera *El doctor milagro* fue estrenada en el mismo año. En 1863, inspirado por su mentor Charles Gounod, cosechó un gran éxito con *Los pescadores de perlas*. Tras una época baldía, Bizet produjo un reguero de éxitos internacionales, entre los que se incluye *Juego de niños* (1871). Seguidamente, comenzó a trabajar en *Carmen*; la ópera, de carácter realista, se estrenó en París en 1875, e impactó al público con su notoria representación de un asesinato. Su gran dramatismo y sensualidad tuvieron gran repercusión en la ópera francesa pero, a pesar de ello, las primeras críticas no fueron buenas. Bizet falleció antes de que la obra alcanzara la fama mundial.

Eubie Blake
(1883–1983, EE UU)
Eubie Blake comenzó su carrera tocando el piano en un burdel, en su ciudad natal de Baltimore, cuando era un adolescente. En sus comienzos, Blake componía canciones de ragtime, pero a partir de 1912, trabajó como músico de vodevil. Su colaboración en 1921 con el vocalista y líder de la banda Noble Sissle resultó en el musical *Scuffle Along*, convertido en el primer éxito comercial de Broadway escrito por un afroamericano. Aunque la popularidad de Blake decayó a partir del año 1930, continuó grabando y dando conciertos a lo largo de su vida, interpretando versiones diferentes de sus primeras canciones.

VISHWA MOHAN BHATT

Aleksandr Borodín
(1833–1887, Rusia)

Aleksandr Borodín, natural de San Petersburgo, fue el hijo ilegítimo de un príncipe georgiano, que registró al niño bajo el nombre de un siervo. Aunque desde la infancia destacó en la ciencia y la música, eligió estudiar la carrera de química. Profesor e investigador en la Academia médico-quirúrgica de San Petersburgo, Borodín componía en sus ratos libres. En 1863, estudió con su compatriota Mili Balakirev, etapa decisiva en el desarrollo de su estilo. En 1869, estrenó, sin suerte, su Primera sinfonía, pero su Segunda sinfonía en si menor, estrenada en 1877, reflejó su gran dominio de la técnica. Borodín es, probablemente, el compositor más abiertamente romántico del escaso pero relevante grupo de compositores rusos. Su ópera *El príncipe Ígor*, la obra más representativa de Borodín, narra el encarcelamiento de un príncipe ruso por unos invasores tártaros en el siglo XII; la obra se estrenó en San Petersburgo en el año 1890, tres años después del fallecimiento de su autor.

ALEKSANDR BORODÍN

Bhundu Boys
(1983–2000, Zimbabue)

Los Bhundu Boys se formaron en Harare en los primeros años de la década de 1980. Iniciaron su carrera tocando versiones de la música pop occidental con instrumentos caseros. Tras generar un grupo de fans locales que acudían a todos sus espectáculos, lanzaron su primer single, «Hatisitose», en el año 1981. Esta canción, junto con otras futuras, integraron los primeros puestos de las listas musicales de Zimbabue, reflejando el desarrollo del grupo hacia una fusión del chimurenga (música tradicional) con la música pop occidental. Este estilo se llamó «jit», y tuvo gran repercusión en toda África. A mediados de los ochenta, el creciente

catálogo musical de los Bhundu Boys atrajo la atención de varios célebres DJ británicos. La banda culminó con la publicación de los álbumes *Shabini* y *Tsvimbodzemoto*, logrando un gran éxito comercial; en 1987, fueron teloneros de los tres conciertos que Madonna ofreció en el estadio Wembley de Londres.

Rodolfo Biagi
(1906–1969, Argentina)

En un principio, la familia de Rodolfo Biagi se opuso a que este siguiera la carrera musical. No obstante, acabaron cediendo y le compraron un violín, el instrumento que más le interesaba en ese momento. Mientras cursaba sus estudios en el Conservatorio de su ciudad natal, Buenos Aires, Biagi comenzó a tocar el piano y a ofrecer acompañamiento musical a las proyecciones del cine mudo en las salas. En virtud de estas actuaciones, obtuvo trabajo en bandas profesionales. Pasó varios años recorriendo América del Sur como miembro de diversos grupos. En 1935, se unió a la orquesta de Juan d'Arienzo y los tres años siguientes fueron clave para definir su sonido, actualmente vinculado al periodo de mayor auge del tango en Argentina. Biagi dejó la orquesta de Juan d'Arienzo para formar la suya propia en 1938, gozando de enorme éxito en toda Suramérica con sus giras y apariciones en la radio y la televisión argentinas. Sus composiciones tales como el tango instrumental, «Cruz Diablo», también fueron bien recibidas. La última aparición en público de Biagi tuvo lugar el día 2 agosto de 1969 en el prestigioso club Hurlingham de Buenos Aires. Falleció dos meses después de dicha actuación.

Björk
(n. 1965, Islandia)

Björk comenzó su carrera musical como vocalista de los Sugarcubes, grupo de rock islandés, a principios de la década de 1990. Su carrera en solitario despuntó con el álbum *Debut*, que recibió grandes elogios de la crítica y generó varios singles de éxito en EE UU y Reino Unido. Su segundo álbum, *Post*, combinaba elementos de la música tecno y jazz con su peculiar forma de cantar. En su tercer álbum, llamado *Homogenic*, Björk destacó el aspecto rítmico de su música. En el año 2000, ganó el premio a la Mejor Actriz en el Festival de Cine de Cannes por su interpretación en la película *Bailando en la oscuridad* del director Lars von Trier. Innovadora y ecléctica, la compositora también destaca por el ingenio de sus actuaciones, con unas puestas en escena altamente creativas.

BLONDIE

Black Sabbath
(desde 1969, Reino Unido)

Originalmente una banda de blues, el primer álbum de Black Sabbath en 1970, con matices de hard rock, triunfó comercialmente en EE UU y se colocó entre los diez más populares de Reino Unido. Sin embargo, fue su segundo álbum, *Paranoid*, también de 1970, el que los catapultó a la fama, logrando que permanecieran en las listas de éxitos de EE UU durante un año. La voz inigualable de Ozzy Osbourne y la guitarra abrasiva de Tony Iommi sirvieron para definir el sonido emergente del heavy metal. Entre los años 1970 y 1975, la banda publicó cuatro álbumes con éxito comercial, pero el fracaso de *Technical Ecstasy* en 1976 provocó que Ozzy abandonara el grupo. Regresó en el año 1977, pero las disputas internas causadas por las drogas y el alcohol, y los escasos elogios que recibió por su álbum *Never Say Die!*, desembocaron en su despido. Ozzy emprendió su carrera en solitario con gran éxito comercial. Los miembros de Black Sabbath fueron variando durante los años ochenta, pero en 1997, la banda recuperó su formación original.

Blondie
(desde 1974, EE UU)

Blondie es una banda de Nueva York formada en 1974 por el guitarrista Chris Stein, y la vocalista y modelo Debbie Harry. En el año 1976 salió su primer álbum, *Blondie*, aunque el éxito comercial lo obtuvieron un año más tarde en Australia. En 1978, se convirtió en una de las primeras bandas *new wave* populares de Reino Unido. Su tercer álbum, *Parallel Lines*, les convirtió en estrellas internacionales en 1978. Este álbum, con influencias de la música disco, vendió veinte millones de copias

en todo el mundo y produjo seis singles que encabezaron las listas en ocho países diferentes; «Heart of Glass» fue uno de ellos. La banda continuó produciendo música con éxito comercial en los primeros años de la década de 1980, explorando otros géneros como el rap y la música disco. La precaria salud de Chris Stein, unido al fracaso comercial de su sexto álbum, *The Hunter*, provocó la ruptura en 1982. Debbie Harry continuó su carrera en solitario y, en 1997, el grupo volvió a unirse.

Dock Boggs
(1898–1971, EE UU)

Moran Lee Boggs, nacido en Virginia en 1898, fue apodado Dock Boggs por el médico que le asistió en el parto. El amor por la música le vino de su padre, que se hizo cargo de la educación musical de sus hijos enseñándoles a cantar y a tocar el banjo. Dock empezó a trabajar en las minas a una edad muy temprana y, a los dieciocho años, contrajo matrimonio. Para desarrollar su habilidad con el banjo, observaba a otros músicos y amenizaba los bailes populares. Hacia finales de los años veinte, tocó con éxito en una audición organizada por un sello discográfico; esto le llevó, meses después, a grabar sus canciones en Nueva York. Las grabaciones, incluidas «Pretty Polly» y «Country Blues», convirtieron a Boggs en una figura crucial de la música folk. Aunque logró ganarse la vida como músico durante un corto periodo a finales de la década de 1920, los problemas financieros le obligaron a trabajar de nuevo en las minas. No obstante, el resurgimiento de la música folk en la década de 1960 favoreció que Boggs volviera a los estudios de grabación y ofreciera giras por todo

BIOGRAFÍAS

el país. Actuó en salas y festivales hasta que su salud empeoró a partir de 1970.

Blur
(desde 1988, Reino Unido)

Blur es una banda británica formada en 1988 por los estudiantes universitarios Damon Albarn, Graham Coxon y Alex James. Sus dos primeros álbumes, publicados entre 1991 y 1993, tuvieron escaso éxito. Sin embargo, su tercer álbum, *Parklife*, y los singles «Girls and Boys» y «Parklife», los lanzó a la fama, cimentando su reputación como una de las bandas más célebres del britpop. Su rivalidad con la banda Oasis, ampliamente mediatizada, no hizo sino aumentar su fama. Tras el fracaso de su cuarto álbum, *The Great Escape*, Blur se apartó del sonido pop e incorporó matices del rock; su álbum *Blur* recibió el aplauso de la crítica y supuso su primer éxito comercial en EE UU. La banda publicó otros dos álbumes y, en el año 2003, se disolvió. Por otra parte, el vocalista líder de Blur, Damon Albarn, creó la banda de hip-hop y pop Gorillaz, alcanzando su récord de ventas. A finales de la década del 2000, Blur se unió de nuevo para ofrecer una serie de conciertos en todo el mundo, encabezando el reparto de la ceremonia de clausura de los Juegos Olímpicos de Londres en 2012.

Marc Bolan
(1947–1977, Reino Unido)

Después de pasar algún tiempo en la periferia de la escena del rock, Marc Bolan constituyó, en 1967, la banda acústica Tyrannosaurus Rex. Los tres álbumes grabados bajo ese nombre, entre los años 1968 y 1969, triunfaron en la escena *underground*, pero fue la introducción de elementos eléctricos del rock lo que acabó despegando la carrera de Bolan. El single «Ride a White Swan» (1970) obtuvo un gran éxito comercial, y a ello le siguió el cambio de nombre de la banda por el de T.Rex y la transformación radical de su imagen. Bolan empezó a usar plumas y lentejuelas, haciendo gala de una de las estéticas más identificativas del glam rock. A principios de los años setenta la música de T.Rex ganó popularidad con los álbumes *Electric Warrior* y *The Slider*, y los singles «Get It On», «Jeepster», y «Children of the Revolution». El declive de la banda se inició a mediados de los setenta y, en 1977, Marc Bolan falleció en un accidente de coche.

Pierre Boulez
(1925–2016, Francia)

Niño prodigio en matemáticas, Pierre Boulez empezó a estudiar ingeniería en Lyon pero, en 1944, se trasladó al Conservatorio de París, donde recibió clases del compositor Olivier Messiaen. Su inconformismo y opiniones airadas sobre la falta de radicalismo en las obras contemporáneas contribuyeron a que se ganara una temible reputación. Hizo su nombre como compositor, en 1955, con *Le marteau sans maître* y, a finales de la década de 1950, ejerció como profesor, junto a Karlheinz Stockhausen, en las escuelas de verano de Darmstadt. Su carrera internacional como director de orquesta despuntó en la década de 1960 y, en 1971, ocupó el puesto de director de la Orquesta Sinfónica de la BBC. En el mismo año, reemplazó a Leonard Bernstein, y desempeñó el puesto de director musical de la Orquesta Filarmónica de Nueva York. En el año 1977, Boulez fundó IRCAM (institución destinada a explorar el uso de la tecnología en la música) en el Centro Pompidou de París. En 1982 produjo *Répons*, su primer gran trabajo

PIERRE BOULEZ

DAVID BOWIE

asociado con IRCAM. Boulez fue galardonado con un Grammy por esta obra en el 2000.

David Bowie
(1947–2016, Reino Unido)

David Jones, más conocido por su nombre artístico David Bowie, fue un amante del jazz en su adolescencia.

> **«Me gusta que mi música despierte los fantasmas que llevo dentro.»**
>
> DAVID BOWIE, VOCALISTA Y COMPOSITOR

Se inició en la música estudiando el saxofón y, cuando acabó sus estudios, colaboró con diversas bandas. En 1967 publicó un primer álbum como solista con muy poca repercusión. En 1969, Bowie obtuvo cierto éxito con el single «Space Oddity», pero no ocurrió lo mismo con sus dos álbumes siguientes. Sin embargo, su carrera despegó con el álbum de glam-rock *Ziggy Stardust and the Spiders from Mars* (1972). Fue la antesala de una etapa prolífica en la que Bowie amplió su rango estilístico como compositor sin dejar de tener éxito comercial. A mediados de los años setenta, a pesar de su adicción a las drogas, siguió creando música de vanguardia, produciendo álbumes con elementos distópicos del rock (*Diamond Dogs*) y el soul (*Young Americans*). Se trasladó a Berlín en 1976 y, después de romper con su adicción a las drogas, elaboró «Berlin Trilogy», colección con elementos minimalistas y electrónicos. A principios de la década de 1980, Bowie se convirtió en una estrella del pop de masas, y colaboró con Queen, Tina Turner y Mick Jagger, entre otros; también produjo el álbum *Let's Dance* con el excelente guitarrista, compositor y productor Nile Rodgers. A lo largo de las dos décadas siguientes, continuó experimentando con diferentes estilos, e incorporó el drum and bass y la música industrial en su trabajo. En 2013 lanzó el álbum *Next Day*, y en 2016 presentó su último disco, *Blackstar*.

Johannes Brahms
(1833–1897, Alemania)

Nacido en el seno de una modesta familia en Hamburgo, Johannes Brahms se mostró como una promesa musical desde una temprana edad. Con trece años, ganaba dinero extra para su familia tocando el piano en bares y prostíbulos. En 1853, realizó una gira junto al violinista Eduard Reményi con el objetivo de forjarse una carrera como pianista profesional. En este periodo conoció al violinista Joseph Joachim, al compositor Robert Schumann, y a su esposa Clara, una célebre pianista. Schumann, impresionado por el trabajo de Brahms, escribió un artículo en el año 1853 designándole como sucesor del genial Ludwig van Beethoven. Un año más tarde, Schumann sufrió una crisis nerviosa y Brahms se trasladó a Düsseldorf para ayudar a su familia, enamorándose de Clara. Después de la muerte de Schumann en 1856, la relación entre Brahms y Clara fue objeto de numerosas especulaciones. Brahms consideraba a Clara como una gran amiga y asesora, y fue ella quien realizó la primera lectura de muchas de sus obras. A finales de la década de 1860, su reputación como compositor y director de orquesta estaba asegurada aunque, en el año 1890, estuvo a punto de dejar la composición. Sin embargo, inspirado por el trabajo del clarinetista Richard Mühlfeld, Brahms compuso el Quinteto para clarinete (1891), que se convirtió en su más innovadora y mejor contribución a la música de cámara. En 1896, tras el fallecimiento de Clara, Brahms escribió el ciclo de canciones *Vier Ernste Geange*, una contribución tardía a un género en el que destaca como figura influyente. El compositor murió de cáncer un año después y fue enterrado en la ciudad de Viena.

JACQUES BREL

Jacques Brel
(1929–1978, Bélgica)

Brel, nacido en Bruselas, empezó a tocar la guitarra a los quince años. En 1953, se asentó como músico profesional, publicó un *single* y se mudó a París, ciudad en la que se forjó una buena reputación. En 1956, la canción «Quand on N'a pas que l'Amour» ocupó las listas de éxito francesas. Entre 1957 y 1959, Brel produjo varios álbumes y, a principios de los sesenta, su público, básicamente francófono, logró el nivel internacional. Consagrado como celebridad, actuó en el Carnegie Hall de Nueva York en 1963. Entre finales de los sesenta y principios de los setenta, dirigió su atención al cine y el teatro, pero el interés generado hacia su música quedó patente a través de las versiones que otros artistas, como Frank Sinatra, Scott Walker y David Bowie, hicieron de sus canciones. En 1974 se le diagnosticó un cáncer de pulmón y, tras su recuperación, publicó *Brel*, álbum que vendió dos millones de copias en todo el mundo. Sin embargo, el cáncer reapareció, y Jacques Brel falleció en 1978 a la edad de 49 años.

Benjamin Britten
(1913–1976, Reino Unido)

Benjamin Britten fue un niño precoz y, a los once años, inició sus estudios con el violista y compositor inglés Frank Bridge. En la década de 1930, estudió en el Royal College of Music (Londres) donde conoció, en 1935, al poeta W. H. Auden. La amistad surgida entre ambos hizo que colaboraran en varios proyectos a lo largo de sus vidas. En 1939, Britten se enamoró del tenor Peter Pears y, en 1945, ambos se instalaron en Aldeburgh, una aldea costera del condado de Suffolk donde pasaría, de manera intermitente, el resto de su vida. Huyendo de la Segunda Guerra Mundial, Britten pasó un periodo en EE UU pero, en 1942, impulsado por la lectura del poeta inglés George Crabbe, decidió volver a Londres.

Britten escribió muchas de sus mejores obras para Pears, incluida su ópera *Peter Grimes*, muy aclamada en su estreno en Sadlers Wells (1945). A partir de 1947, Britten centró su labor lírica en el recién formado Grupo de Ópera Inglés, aunque también atendía los notorios encargos de instituciones como Covent Garden (*Billy Budd*) y la Iglesia anglicana; su *Réquiem para la guerra* fue utilizado para la reapertura de la catedral de Coventry en 1962. Los últimos años de su vida se vieron eclipsados por problemas de salud, pero algunas obras de esta etapa se hallan entre las mejores de su carrera, como la ópera *Muerte en Venecia*, que se estrenó en 1973, con Pears en el papel principal.

Garth Brooks
(n. 1962, EE UU)

Garth Brooks, hijo de Colleen Carroll, un cantante profesional de country, aprendió la guitarra y el banjo cuando aún era un niño, aunque su carrera no se inició hasta 1985, un año después de su graduación universitaria. Se trasladó a Nashville en 1987 y, en 1989, lanzó su primer álbum, *Garth Brooks*, con el que obtuvo gran éxito comercial. Su segundo álbum, *No Fences*, publicado en 1990, lo afianzó como un artista de masas, alcanzando el número tres en las listas de éxitos comerciales. De tendencia tradicional, aunque con influencias del pop y el rock, se hizo muy conocido por sus dinámicos espectáculos en directo, poco convencionales en el entorno del country. Esta imagen exuberante le ayudó a ganar un público todavía más amplio, y su tercer disco, *Ropin' the Wind*, se convirtió en el primer álbum de country en conseguir el número uno de las listas, augurando un periodo de esplendor a finales de los años noventa. Aunque Brooks se retiró de la música en el año 2000, volvió a ofrecer varios conciertos en 2007 y en la actualidad sigue activo.

James Brown
(1933–2006, EE UU)

James Brown comenzó su andadura musical en la década de 1950 al unirse a The Famous Flames, banda de rhythm and blues de la cual llegó a ser el vocalista principal. A principios de la década de 1960, destacó por sus contundentes y enérgicas actuaciones, con una música que revelaba el sonido incipiente de lo que después se llamaría funk. En 1965, se convirtió en una estrella del pop de masas con el *single* «Papa's Got a Brand New Bag», y su popularidad creció con «I Feel Good», canción emblema de su sonido. Su popularidad se mantuvo en la última etapa de los sesenta, pero a principios de los setenta, el músico y su banda, J.B.'s, adoptaron un sonido más áspero y puro. En parte, la intensidad

de su música se debía a la magnitud de su banda, compuesta, por lo general, por tres guitarristas, dos bajistas, dos bateristas, un percusionista y una sección de viento y metal. El impacto del sonido innovador de Brown disminuyó en los años setenta, pero su repercusión en los productores de hip hop y rap de los ochenta, provocó un resurgimiento de su música. No obstante, a finales de esta década, sufrió varias crisis personales y pasó dos años en prisión por amenazas con una pistola. Después de su liberación, siguió grabando y actuando por todo el mundo.

Dave Brubeck
(1920–2012, EE UU)

Durante su infancia en California estudió piano con su madre, profesora de piano profesional. Pese a su analfabetismo musical, Brubeck fue admitido en el conservatorio del College of the Pacific. Reclutado por el ejército en la Segunda Guerra Mundial, retomó los estudios en 1946 y, en 1951, publicó su primer álbum como líder del Dave Brubeck Quartet. El cuarteto ofreció conciertos en los campus universitarios de todo EE UU, creando una amplia red de seguidores del movimiento *grassroot*. En 1954, Brubeck se convirtió en el segundo músico de jazz que aparecía en la portada de la prestigiosa revista *Time* y, en 1959, publicó *Time Out*, el álbum que definiría su carrera. Compuesto por una colección de piezas escritas con compases inusuales, *Time Out* vendió más de un millón de ejemplares. El cuarteto continuó proliferando en los años sesenta, llegando a publicar cuatro álbumes en un año. Brubeck también se ejercitaba en la composición, y escribió un musical que se estrenó en el Festival de Jazz de Monterrey en 1962. En 1967 disolvió el cuarteto y se decantó por las composiciones, tanto orquestales como corales, con fines espirituales.

Anton Bruckner
(1824–1896, Austria)

Nacido en Ansfelden, Bruckner recibió lecciones de órgano de su padre, maestro de escuela. Compositor autodidacta, también trabajó como organista, y a menudo practicaba doce horas al día. Fue un hombre muy religioso, lo cual se manifestó en su primera obra, *Misa de réquiem*, escrita en 1849. Su primer trabajo como organista lo ejerció en 1851 en la Abadía de St. Florian, cerca de Ansfelden, y, años más tarde, ocupó un puesto en la catedral de Linz (1856–1868). Durante ese periodo escribió Misa n.º 1 en re menor, su primera pieza como compositor formado. En 1868, fue nombrado organista de la corte y profesor en el conservatorio de Viena. De carácter solitario, era

cauteloso a la hora de describir o analizar su música con otras personas, aunque puede que se debiera a su fuerte acento provinciano, legado de su pasado campesino con frecuencia despreciado por las clases pudientes de Viena. Su trayectoria posterior incluye ocho sinfonías, varias obras sacras y piezas para órgano, piano y coro; un ejemplo es la misa *Te Deum* de 1884. Bruckner murió en 1896 dejando sin terminar su Novena sinfonía, pieza altamente espiritual.

ANTON BRUCKNER

Prince Buster
(n. 1938, Jamaica)

Tras varias incursiones musicales sin éxito en la década de 1950, Prince Buster lanzó su primer *single*, «Little Honey», en 1960. La canción era estrictamente instrumental y, con el tiempo, fue acreditada como pionera del género ska. Durante los primeros años de la década de 1960, Buster se grababa y publicaba a sí mismo, y producía canciones para otros artistas. Entre las canciones escritas y publicadas durante este periodo se incluyen «Oh Carolina» y «One Step Beyond», tema versionado con éxito por Madness, banda inglesa de 2 Tone. A finales de los años sesenta, el artista emprendió un sonido nuevo que culminó con el lanzamiento del álbum *Judge Dread Rock Steady* y la germinación de un nuevo género, el rocksteady. En 1973 dejó de actuar y, en 2001, el gobierno de Jamaica lo condecoró con la insignia *Order of Distinction*.

William Byrd
(c. 1543–1623, Reino Unido)

Byrd, natural de Londres y discípulo del influyente compositor Thomas Tallis, fue nombrado organista y maestro del coro de la catedral de Lincoln en 1563. Posteriormente, en 1572, se convirtió en caballero de la Capilla Real, lo cual le permitió acceder a la corte de la reina Isabel I de Inglaterra. La Corona otorgó a William Byrd y a Tallis el monopolio de impresión y venta de partituras en 1575. Ese mismo año, publicaron *Cantiones*, una colección de 34 motetes, 17 por compositor, dedicados a conmemorar los 34 años de reinado de Isabel I. A pesar de ser católico, aceptó los encargos de la Reina para producir música religiosa protestante; su obra *Great Service* ha tenido una gran repercusión en el desarrollo del himno de Inglaterra. Entre 1598 y 1599, Byrd produjo dos libros de canciones: *Psalmes, Sonets and Songs* y *Songs of Sundrie Natures*. Murió en 1623 después de haber amasado una fortuna con su actividad musical.

John Cage
(1912–1992, EE UU)
Nacido en Los Ángeles, John Cage sintió el deseo de seguir la carrera musical tras su encuentro con el compositor Arnold Schönberg

> «Cuando la **música** no suena bien al **oído** [...] ni al **corazón**, ni a los sentidos, no ha conseguido su **propósito**.»
>
> MARIA CALLAS, SOPRANO

en 1934. Inquieto e innovador, fue el creador del «piano preparado» (1938), un piano convencional en el que se provocaba la alteración del sonido colocando objetos sobre las cuerdas. Diez años más tarde, completó una secuencia de sonatas e interludios para el instrumento; esta fue bien acogida, y Cage se ganó una buena reputación entre músicos y compositores. Estudió Budismo en la década de 1940, y su lectura de los antiguos textos chinos del *I Ching* le llevó a experimentar con piezas aleatorias, despojando la música de intención y forma, y permitiendo que el azar manejara sus composiciones. En 1952, produjo su pieza más famosa, «4′ 33», 4 minutos y 33 segundos de silencio en donde los ruidos ocurridos al azar forman parte de la pieza. Su compilación de textos, llamado *Silencio*, le otorgó fama mundial en el año 1961. Durante la década de 1970, su trabajo se volvió más ambicioso; *Roratorio*, composición musical escrita para cinta electrónica y artistas en directo, es un intento de traducir *Finnegans Wake*, la novela modernista de James Joyce, al lenguaje del sonido. Cage continuó experimentando con la música hasta el momento de su muerte a la edad de 81 años.

Maria Callas
(1923–1977, Grecia)
Nacida en Nueva York, aunque de padres griegos, Maria Callas se mudó a Atenas con su madre en 1937, donde recibió formación como soprano en el Conservatorio Nacional de Grecia. Su carrera profesional comenzó en 1942 y, en ese mismo año, recibió elogios de la crítica por su actuación en el papel principal de *Tosca*, la ópera de Puccini. Después de una breve y fallida estancia en EE UU, Callas comenzó a actuar en Italia en el año 1948. Un año más tarde atrajo la atención del mundo de la ópera cuando interpretó dos personajes rotundamente distintos: Brunilda (*La valquiria*, Richard Wagner) y Elvira (*El puritano*, Vincenzo Bellini). La capacidad de Callas para representar una amplia gama de estilos operísticos hizo que se constituyera como fuerza importante en el género y, durante los años cincuenta, actuó en muchos teatros de la ópera más prestigiosos del mundo incluidos

La Scala de Milán, el Metropolitan Opera de Nueva York, y la Royal Opera House de Londres. Fue en este teatro donde Callas ofreció su última interpretación de *Tosca* (1965), el papel por el que obtuvo reconocimiento al principio de su carrera.

Mariah Carey
(n. 1970, EE UU)
En sus inicios, Mariah Carey trabajaba de corista, pero tras publicar su álbum de debut *Mariah Carey*, obtuvo un importante éxito comercial y colocó cuatro de sus *singles* en el número uno de las listas de EE UU. Compositora y excelente vocalista, Carey mantuvo su esplendor dentro del pop y el R&B en la década de 1990, publicando, entre los años 1991 y 1994, cuatro álbumes con récord de ventas. La artista colaboró con otros músicos prestigiosos del R&B, como BoyzIIMen y, en 1993, se casó con Tommy Mottola, un ejecutivo que trabajaba en su discográfica. La pareja se separó en 1997, fecha que coincidió con el lanzamiento de *Butterfly*, álbum lleno de influencias del hip-hop. Carey siguió gozando de popularidad y buenas críticas y, en 1999, se convirtió en la primera artista en conseguir el primer

MARIAH CAREY

puesto de las listas durante diez años consecutivos (1990–1999). A partir del 2000, continuó haciendo música y se embarcó en una carrera como actriz. Carey ha vendido más de 200 millones de discos en todo el mundo y su uso de la melisma, técnica de cambiar la altura musical de una palabra mientras se canta, unida a su rango vocal de cinco octavas, han repercutido en las siguientes generaciones de vocalistas del R&B.

La Carter Family
(Década de 1920– década de 1960, EE UU)
La formación inicial estuvo compuesta por el matrimonio A. P. y Sara Carter; en 1926, Maybelle Carter, cuñada de A. P., se unió al dúo y la Carter Family

quedó así establecida como grupo. Un año más tarde, después de una excelente audición ante una compañía discográfica, la banda publicó varios *singles*, incluido «The Wandering Boy». En 1928, grabaron varias sesiones bajo el sello Victor, con canciones como «Keep on the Sunny Side» y «Can the Circle be Unbroken», favoreciendo la difusión del country en los EE UU. A finales de 1930, la Carter Family había vendido 300.000 discos, pero por temas de *copyright*, obtuvieron muy pocas ganancias. Las dificultades financieras forzaron a A. P. Carter a buscar trabajo en Detroit, mientras que Maybelle y su esposo se mudaron, desde Virginia, a Washington D. C. El matrimonio Carter se separó en 1932 y, durante varios años, el grupo solo se reunió para grabar. Entre 1938 y 1939, la emisión radiofónica de su música generó un público seguidor en todo el país, pero en 1943, Sara se mudó a California con su nuevo esposo y el grupo se disolvió. Aunque A. P. y Sara formaron una nueva banda con sus hijos en 1952, la indiferencia del público hacia la formación provocó su disolución. Sin embargo, en 1967, siete años después de la muerte de A. P. Carter, Maybelle y Sara se reunieron para grabar y actuar de nuevo. En el año 1970, la Carter Family se convirtió en el primer grupo en ser incluidos en el museo Country Music Hall of Fame de Nashville.

LA FAMILIA CARTER

Cartola
(1908–1980, Brasil)

Cartola nació en la ciudad brasileña de Río de Janeiro. De niño, aprendió de su padre a tocar la guitarra y el cavaquinho. Tras la muerte de su madre en 1923, dejó la escuela para trabajar en una serie de empleos temporales, y se involucró en la vida musical carioca. En el año 1928, fundó una escuela de samba en el distrito Mangueira de Río de Janeiro, y durante su ejercicio como profesor de música compuso algunas de sus primeras sambas. A principios de la década de 1930, Cartola comenzó a vender sus composiciones con cierto éxito, pero sus recursos financieros seguían siendo escasos y, además de su labor como profesor, debió realizar otros trabajos. A finales de los años treinta, compuso las excelentes sambas «Partiu» y «Sei Chorar». Tras esta etapa productiva, su popularidad disminuyó y, en la década de 1940, atravesó varias crisis personales, incluidos un ataque de meningitis y el fallecimiento de su segunda esposa Deolinda. En este periodo, dependía en gran medida del alcohol, mermando su espíritu creativo. El periodista Sérgio Porto, sin embargo, fue primordial en el resurgimiento de su carrera y, entre 1956 y 1963, Cartola y su tercera esposa, Zica, estuvieron al frente de Zicartola, un bar y sala de conciertos que se convirtió en el epicentro de la música de samba carioca. Durante los sesenta y setenta, se publicaron numerosos discos de samba clásica, y Cartola se benefició económicamente de sus ventas. Compositor prolífico, se le atribuyen unas 600 canciones de samba.

Johnny Cash
(1932–2003, EE UU)

Johnny Cash comenzó a escribir sus primeras canciones a la edad de doce años en Arkansas. Entre 1950 y 1954 estuvo en el ejército, temporada en la que pudo afinar su técnica. En 1954 contrajo matrimonio y el lanzamiento de su segundo *single*, «Folsom Prison Blues», en 1956, sirvió para etiquetarlo como voz fundamental del country; la canción «I Walk the Line» se convirtió en su siguiente éxito comercial. A finales de la década de 1950, siguió integrando las listas de pop y country nacionales, asentando su imagen de «hombre de negro» con «The Man in Black». Aunque continuó cosechando éxitos, el músico sufrió algunas crisis personales, en parte por su adicción a las drogas, en parte por su divorcio de 1966. Una antigua colaboradora, June Carter, le ayudó a recuperarse y, tras encauzarle por la vía del cristianismo, se casó con él en 1968. Cash reavivó su carrera y publicó su álbum más popular, *Johnny Cash at Folsom Prison*, en 1968. Su esplendor se mantuvo durante toda

RAY CHARLES

la década de 1970 y, en 1980, fue incluido en el museo Country Music Hall of Fame, convirtiéndose en la persona más joven en recibir este honor. Los álbumes *American Recordings*, publicados entre los años 1993 y 2002, generaron los elogios de la crítica y un público nuevo y más joven.

Nelson Cavaquinho
(1911–1986, Brasil)

Nelson Antonio da Silva, alias Cavaquinho, nació en el seno de una modesta familia en Río de Janeiro. Su padre tocaba la tuba en una banda militar policial y, siendo todavía muy joven, Cavaquinho empezó a trabajar en una fábrica; en sus ratos libres practicaba el cavaquinho, instrumento similar a una guitarra por el cual es recordado. Cavaquinho se inscribió en la policía militar a los diecinueve años, casándose un año después. Sus primeras composiciones fueron para el género choro (música instrumental brasileña), pero luego se pasó a la samba, realizando una breve colaboración con Cartola. A finales de los años treinta, empezó a vender sus composiciones a otros artistas y, en 1943, compuso para el popular vocalista Ciro Monteiro. Su obra conjunta, «Rugas», fue un éxito en 1946. En 1955, Cavaquinho formó una alianza creativa de por vida con el vocalista, compositor y pintor Guilherme de Brito; en el periodo inmediatamente posterior escribió algunas de sus mejores obras; «A Flor e o Espinho» es una de ellas. Cavaquinho siguió componiendo y actuando a lo largo de los sesenta y los setenta, y las seiscientas composiciones que se le acreditan continúan siendo interpretadas por las actuales estrellas de la música brasileña. El músico murió a causa de un enfisema pulmonar en 1986.

Ray Charles
(1930–2004, EE UU)

Cegado por el glaucoma a la edad de siete años, Ray Charles estudió música clásica en la escuela y, en sus ratos libres, desarrolló su destreza como pianista de jazz. Abandonó Albany (Georgia), su

> **«Aprender a** leer música en **Braille** y tocar de **oído** me ayudó a desarrollar una [muy] buena memoria.»
>
> RAY CHARLES, VOCALISTA Y COMPOSITOR

ciudad natal, en 1946, e inició su carrera profesional mudándose a Florida primero, y Seattle después. En los primeros años de la década de 1950, se estableció como músico de rhythm and blues, logrando su primer éxito en 1955 con el tema «I got a Woman». La evolución del sonido de Ray Charles en la última etapa de los años cincuenta está considerada clave en el desarrollo de la música soul. El lanzamiento de «What'd I Say» supuso un gran éxito comercial,

y el músico continuó explorando e integrando elementos del jazz, big band y música country. Su fusión del pop con el country disolvió, en gran medida, la segregación racial asociada con la música. A mediados de la década de 1960, Ray Charles había alcanzado la cumbre de su éxito pero su adicción a la heroína le causó problemas legales. Sin embargo, continuó grabando y actuando durante los setenta y los ochenta, aumentando su interés por el country

Hariprasad Chaurasia
(n. 1938, India)

Hijo de un entrenador de lucha libre, Hariprasad Chaurasia comenzó su formación como vocalista a los quince años en Uttar Pradesh. Bajo la tutela de Pandit Bholanath, aprendió a tocar la flauta travesera y logró una posición como compositor e intérprete en la emisora *All India Radio* en 1957. Durante la década de 1960, retomó sus estudios hasta alcanzar un dominio virtuoso a través de sus técnicas de respiración novedosas. En 1967, colaboró con los músicos de cuerda Shivkumar Sharma y Brijbhushan Kabra con los que grabó *Call of the Valley*. El álbum, que describe un día en la vida de un pastor a través de melodías vocales o ragas, logró gran popularidad fuera de India. Innovador y entusiasta, Chaurasia ha trabajado con muchos músicos occidentales y ha impartido clases de música indostaní en el Conservatorio de música de Rotterdam. Fue condecorado con el Padma Vibhushan, segundo galardón honorífico en la escala civil de la India, en el año 2000.

Chemical Brothers
(desde 1991, Reino Unido)

Ed Simons y Tom Rowlands iniciaron su carrera como DJ en las discotecas de Manchester bajo el pseudónimo Dust Brothers. Sus sesiones incorporaban estilos variados y eclécticos, como el hip-hop y el house, y sus primeros

CHEMICAL BROTHERS

singles acabaron influenciando el sonido big beat. Tras cambiar su nombre al de Chemical Brothers, publicaron su primer álbum, *Exit Planet Dust*, en 1995, con la colaboración de artistas como Beth Orton. El álbum se colocó en el número nueve de las listas de Reino Unido, pero su éxito se vio eclipsado por el siguiente álbum, *Dig Your Own Hole*, en el que la canción «Setting Sun», respaldad por la voz de Noel Gallagher (Oasis), encabezó las listas nacionales, y también las estadounidenses. El gran éxito comercial resultó en extensas giras por EE UU y Canadá. En el año 1999, la banda se movió hacia un terreno más comercial del house, siendo elogiados por la crítica tras publicar *Surrender*, su tercer álbum. A principios de la década del 2000, experimentaron con otras formas musicales y, en 2010, publicaron su primera banda sonora para la película *Hanna*. Los Chemical Brothers son una de las pocas bandas contratadas para encabezar los titulares de la música dance en los festivales más relevantes, como el Glastonbury.

Leslie Cheung
(1953–2003, Hong Kong)

Nacido en Hong Kong, Cheung viajó a Inglaterra para cursar sus estudios. Cuando volvió a su país, se formó como vocalista y actor, publicando su primer *single* de éxito, «Wind Continues to Blow», en 1983. Su fama aumentó en los años posteriores, convirtiéndose en una figura esencial dentro de la música cantonesa. En 1986, fue muy elogiado por su actuación en la película de John Woo, *Un mañana mejor*. Convertido en una estrella del cine, Cheung se retiró de la música en 1989, con 33 años, tras realizar treinta y tres conciertos de despedida en el descomunal Coliseo de Hong Kong (12.5000 espectadores). A principios de los noventa, se centró en su labor cinematográfica, pero regresó a la música en 1995, publicando varios álbumes de éxito. Ofreció conciertos por todo el mundo hasta su muerte en el año 2003.

Los Chieftains
(desde 1962, Irlanda)

Formada en 1962 por el acordeonista y gaitero Paddy Moloney, los Chieftains pasaron la década de 1960 y principios de los años setenta como una banda semiprofesional que ofrecía conciertos instrumentales por Irlanda e Inglaterra. Su fama se extendió a EE UU a principios de la década de 1970 y, después de su contribución a la banda sonora de la película *Barry Lyndon* (Stanley Kubrick, 1975), su reputación despegó. La etapa entre finales de los setenta y principios de los años ochenta fue especialmente prolífica, publicando un álbum por año

con respuesta comercial positiva. La banda quiso explorar otros ámbitos e incorporó una serie de influencias, como el flamenco, además de colaborar con estrellas internacionales de la talla de Van Morrison. Los Chieftains están considerados como los principales impulsores de la música folk irlandesa en todo el mundo. En 1983, actuaron en la Gran Muralla China, siendo los primeros occidentales en recibir dicho honor.

FRÉDÉRIC CHOPIN

Frédéric Chopin
(1810–1849, Polonia)

Tras haber estudiado en el conservatorio de Varsovia, Chopin fue desterrado de Polonia tras la invasión rusa de 1831. Se trasladó a París que, por entonces, era la capital mundial del piano, haciendo de ella su lugar de residencia. Desde el primer momento, prefirió dar conciertos privados en los salones de los nobles parisinos a lidiar con los compromisos artísticos y el público general, desarrollando una lucrativa carrera con las lecciones que impartía a las señoras aristocráticas. En 1836, Franz Liszt, el virtuoso pianista y compositor húngaro, le presentó a George Sand, una novelista que había escandalizado a la sociedad parisina por negarse a cumplir con las expectativas de la sociedad de cómo debe comportarse una mujer. Entre ambos surgió una relación que duró nueve años, etapa en la que Chopin escribió la mayoría de sus obras clave, incluidos *Los preludios*. Las 24 piezas para piano, parcialmente escritas durante su estancia en Mallorca, se encuentran entre las más innovadoras de todas sus obras, repercutiendo en el trabajo de numerosos compositores posteriores, como Claude Debussy y Serguéi Rajmáninov. Compositor relevante en la historia del piano, a Chopin también le atraían las formas para la danza. El vals está presente en muchas de sus obras y, a través del uso

de la mazurca y la polonesa, hizo alusión a su identidad polaca; el tercer movimiento de su Concierto para piano n.º 2 en fa menor refleja esta modalidad. En la década de 1840, la salud de Chopin empezó a deteriorarse y, en 1847, sufrió la ruptura matrimonial. Esto le provocó un desgaste aún mayor y, en la etapa posterior, apenas compuso. En 1848, ofreció su último concierto en París, y viajó durante varios meses por Escocia e Inglaterra. Un año después falleció en París, donde tres mil personas asistieron a su funeral.

Eric Clapton
(n. 1945, Reino Unido)

Eric Clapton aprendió a tocar la guitarra de blues cuando era un adolescente. En 1965, logró un éxito temprano con los Yarbirds, banda con influencias del blues. Seguidamente formó parte, aunque por poco tiempo, del grupo John Mayall & the Bluesbreakers en 1966. En el mismo año, formó el grupo Cream junto a otros dos músicos: el virtuoso baterista Ginger Baker y el bajista Jack Bruce. Duraron poco más de dos años, y en esta etapa Clapton afianzó su reputación como virtuoso de la guitarra. Posteriormente, formó parte de otras dos bandas, Blind Faith y Delaney & Bonnie and Friends, hasta que finalmente emprendió una carrera en solitario. En 1970, publicó el álbum *Layla and Other Love Songs*, pero su adicción a las drogas le hizo permanecer inactivo durante fases prolongadas, afectando a su carrera. No obstante, en la segunda mitad de la década de 1970, publicó cinco álbumes con récord de ventas y, a comienzos de los ochenta, se había convertido en una estrella del pop. La muerte de su hijo a principios de los años noventa supuso una gran

tragedia, pero Clapton no dejó de trabajar, recibiendo elogios por su retorno a un sonido más cercano al blues. Ha seguido explorando el género, interpretando canciones del guitarrista de blues Robert Johnson, y formando dúo con B. B. King.

Los Clash
(1976–1986, Reino Unido)

Los Clash se formaron en Londres en 1976 y, en su primer concierto, actuaron como teloneros para la excepcional banda de punk los Sex Pistols. Liderada por el cantante y compositor Joe Strummer, su álbum de debut, *The Clash*, fue publicado en Reino Unido en 1977, generando elogios de la crítica y gran éxito comercial. Su reputación como una de las principales bandas de punk de Reino Unido se consolidó antes de la publicación de su tercer álbum, *London Calling*, que alcanzó cotas muy altas de popularidad tanto en Reino Unido como en EE UU. Incluidos en el género del punk, la banda, no obstante, mostró influencias del rock and roll y el reggae, entre otros estilos. *London Calling* fue su álbum con mejores críticas musicales, pero su mayor éxito comercial, tanto en Reino Unido como en EE UU, lo obtuvieron con la publicación de su álbum *Combat Rock* en 1982; el tema «Rock the Casbah» se convirtió en éxito de masas. Entre 1982 y 1983, el grupo comenzó a desmoronarse, especialmente tras el abandono del baterista, Topper Headon, y el guitarrista líder, Mick Jones. The Clash se disolvió finalmente en el año 1986, y sus miembros continuaron desarrollándose por separado en el campo musical.

THE CLASH

Reverendo James Cleveland
(1931–1991, EE UU)

James Cleveland era soprano en el coro de su congregación baptista en Chicago cuando su voz se quebró. Entonces dirigió su atención hacia el piano y, en 1950, se unió a un trío llamado los Gospelaires en el que trabajó como compositor y arreglista. Gracias a ello, logró un puesto como compositor para la pianista Roberta Martin y, a mediados de la década de 1950, se unió al grupo de gospel los Caravans, para quienes tocaba el piano y escribía arreglos de espirituales y salmos tradicionales. En 1959, se estableció como artista en solitario, y el éxito de su versión de la canción «The Love of God» traspasó los límites de la comunidad evangélica. Durante la década de 1960, actuó por todo EE UU con The James Cleveland Singers, y la publicación de su álbum *Peace Be Still* vendió cerca de un millón de copias. Cleveland fundó el congreso anual Gospel Singers Workshop con el fin de enseñar su estilo de música gospel a una generación de músicos más jóvenes; esta iniciativa permitió que su legado perdurara después de su muerte en 1991.

Jimmy Cliff
(n. 1948, Jamaica)

Jimmy Cliff empezó a escribir canciones cuando todavía era un estudiante de primaria. Publicó su primer *single* de éxito, «Hurricane Hattie», a los catorce años, y siguió cosechando éxitos con sus siguientes lanzamientos. La publicación, en 1968, de su álbum de debut *Hard Road to Travel* lo consagró como estrella internacional, y la canción «Waterfall» ganó el Festival Internacional de la Canción. Su siguiente álbum, *Wonderful World, Beautiful People*, también tuvo gran repercusión en todo el mundo y, en 1972, Cliff inició su carrera como actor protagonizando la película *Caiga quien caiga*, aportando, además, varias canciones para la banda sonora. Pese a que su fama fue en parte eclipsada por la fama de Bob Marley a finales de los setenta, una década después consiguió cierto éxito en EE UU. En el año 2003, el gobierno jamaicano distinguió a Jimmy Cliff con la Orden del Mérito.

Coldplay
(desde 1996, Reino Unido)

Formado en el año 1996 por cuatro estudiantes de la Escuela Universitaria de Londres (UCL), Coldplay logró un triunfo inmediato con su primer álbum, *Parachutes*. Gracias a sus composiciones con matices de rock y la original voz de Chris Martin, la banda siguió cosechando éxitos tras la publicación de *A Rush of Blood to the Head*, en 2003. Ese mismo

COLDPLAY

año, Chris Martin contrajo matrimonio con la actriz estadounidense Gwyneth Paltrow, aumentando más todavía su popularidad. La banda decidió alejarse del sonido indie rock para acercarse a uno más electrónico, y en 2005, después del lanzamiento de *Speed of Sound*, con más de ocho millones de copias vendidas en todo el mundo, se consagraron definitivamente. Coldplay es considerada como una de las bandas de rock más importantes y célebres de la década de 2000; han colaborado con el rapero Jay-Z y el productor Brian Eno, y las entradas para asistir a sus conciertos siguen agotándose en todo el mundo.

John Coltrane
(1926–1967, EE UU)

Después de servir un año en la Marina, John Coltrane comenzó a estudiar jazz en 1946. A finales de la década de 1940 y principios de la de 1950, ejerció de saxofonista para bandas de prestigio, como la del trompetista Dizzy Gillespie. En esta etapa, Coltrane se hizo adicto a la heroína, aunque ello no le impidió convertirse en un miembro crucial del quinteto de Miles Davis para la grabación de los álbumes *Cookin'* y *Relaxin'*. El quinteto se disolvió en el año 1957 y Coltrane publicó el álbum *Blue Train*, por el que recibió grandes elogios. En 1959, tras unirse a Miles Davis, Coltrane colaboró en su genial álbum *A Kind of Blue*. Posteriormente, se embarcó en una carrera en solitario, suscitando el interés de la comunidad musical con *Giant Steps* (1960). Su siguiente álbum, *My Favourite Things*, de 1961, fue aclamado tanto por el público como por la crítica. Músico innovador, Coltrane experimentó con el free jazz y la música india a principios de los años sesenta, y sus creaciones adoptaron matices más espirituales; su álbum *A Love Supreme* pone de manifiesto la intensa fe de Coltrane, y se convirtió en el disco más vendido de toda su trayectoria. Falleció repentinamente de cáncer de hígado a la edad de 40 años.

Aaron Copland
(1900–1990, EE UU)

Nacido en Nueva York en el seno de una familia próspera, Aaron Copland pasó su adolescencia estudiando música en clases privadas, explorando las bibliotecas en busca de partituras y desarrollando su interés por el jazz. En 1921 viajó a París, donde permaneció tres años; allí tomó clases con Nadia Boulanger. Sus primeras composiciones tras su retorno a EE UU le hicieron ganar una reputación como modernista iconoclasta. En el año 1925, completó su primera obra importante, el ballet *Grohg*, mientras ejercía como profesor y compositor. Durante la década de 1930 escribió varios coros y, en 1938, estrenó su ballet *Billy el niño*, el primero de una serie de tres que lo consagrarían dentro de la música clásica norteamericana. En 1944, su ballet *Primavera en los Apalaches* ganó el premio Pulitzer y, en la misma década, escribió un artículo sobre música proletaria que le llevó a ser el blanco del comité de actividades antiestadounidenses del senador McCarthy. Sin embargo, en 1954, pasó a formar parte de la Academia de las Artes y las Letras de EE UU y, en 1958, hizo su debut como director de orquesta con la Filarmónica de Nueva York, carrera que se prolongó durante veinte años. En 1975, quince años antes de su fallecimiento, dejó de componer. En la última etapa de su vida fue amigo y consejero de los jóvenes aspirantes a compositores; Leonard Bernstein fue uno de ellos.

Elvis Costello
(n. 1954, Reino Unido)

Hijo de un músico profesional, Elvis Costello comenzó su carrera musical a mediados de los setenta en una banda de rock que actuaba en pubs. En 1976, con el lanzamiento de su primer álbum, *My Aim is True*, logró atraer la atención del público. Un año después, contrató a una banda de apoyo, The Attractions, y, en 1979, fue aclamado por el público y la crítica, tanto en el Reino Unido como en EE UU, por la publicación de *Armed Forces*, su tercer álbum. A principios de

los ochenta, Costello amplió su rango estilístico como compositor, dejando atrás el sonido de la guitarra punk para experimentar con otros géneros, incluidos el country *(Almost Blue)* y el pop orquestal *(Imperial Bedroom)*. El cambio en su trayectoria musical provocó la ruptura con The Attractions en 1986 y, a finales de la década de 1980, el músico siguió desarrollando su paleta estilística, llegando a componer música clásica.

Celia Cruz
(1925–2003, Cuba)

Nacida en La Habana en 1925, Celia Cruz comenzó a cantar en los clubs de cabaret de su ciudad natal cuando aún era una adolescente. En 1948 realizó sus primeras grabaciones en Venezuela y, en 1950, se convirtió en la cantante líder de la orquesta popular la Sonora Matancera; sus canciones abarcaban diferentes estilos de la música de baile latinoamericana, y la artista alcanzó gran fama con esta formación. En 1960, tras la revolución cubana, Celia Cruz decidió ir a vivir a EE UU; en 1965, dejó la Sonora Matancera y empezó a trabajar como solista. Gracias a su colaboración con la Fania All-Stars, la banda del dominicano Johnny Pacheco, la artista logró la fama internacional en 1974. Ganadora

CELIA CRUZ

de un Grammy, Celia Cruz es una de las intérpretes de salsa con más éxito comercial en la historia musical de América Latina

The Cure
(desde 1976, Reino Unido)

Amigos desde la infancia, Robert Smith, Michael Dempsey y Laurence Tollington crearon The Cure en 1976. En 1978, la banda firmó un contrato con una discográfica tras presentar una maqueta, lanzando, un año después, su primer álbum, *Three Imaginary Boys*. Después de tocar con la banda de tendencia gótica Siouxie and the

Banshees, Smith abandonó la estética punk para acercarse a un sonido más oscuro y ambicioso, que culminó con la publicación de *Pornography* en 1983. El sonido y la impactante imagen de Robert Smith fueron esenciales en el desarrollo del goth rock, o rock gótico. A mediados y finales de los ochenta, la música de la banda reflejó estilos radicalmente diferentes, aunque la tendencia general fue adoptar un sonido más pop, lo cual impulsó su triunfo comercial. En 1986, su álbum *The Head on the Door* incluyó los éxitos «In Between Days» y «Close to Me», y en los años sucesivos, la banda siguió moviéndose hacia un público de masas. Pese a su gran éxito, la relación entre los tres amigos zozobró, y en 1988, Robert Smith era el único miembro original de la formación.

Daft Punk
(desde 1993, Francia)

Antiguos miembros de una banda parisina de punk llamada Darling, Guy-Manuel de Homem-Christo y Thomas Bangalter formaron un dúo de música house llamado Daft Punk en 1993. Sus primeros *singles* («The New Wave», «Da Funk» y «Musique») atrajeron la atención de la comunidad de la música dance y muy pronto les llovieron las ofertas de discográficas interesadas. *Homework*, álbum de debut con más de dos millones de ejemplares vendidos en todo el mundo, mezclaba la música disco con elementos del funk y el house, estableciendo las bases de la música dance que sonaría entre finales de los noventa y principios de los 2000. A pesar de su celebridad, el dúo siguió cultivando un halo de misterio en sus actuaciones, apareciendo siempre con máscaras de robot. Su disco de 2001, *Discovery*, tuvo respuestas enfrentadas de la crítica, pero ello no impidió que varios de sus *singles*, incluidos «One More Time» y «Digital Love» también triunfaran. Catalogada como una de las pocas bandas de música dance con gran éxito comercial, Daft Punk ha producido la banda sonora para la película *Tron: El legado*, y ha colaborado musicalmente en los desfiles de moda de la marca Yves Saint Laurent.

Miles Davis
(1926–1991, EE UU)

Hijo de un profesor de música (y dentista), Miles Davis, nacido en Alton (Illinois), se inició en la trompeta a la edad de trece años. En 1944, se mudó a Nueva York para cursar sus estudios en la escuela Juilliard. Un año después, Davis se embarcó en una carrera como músico de jazz y, a finales de la década de 1940, ya grababa con su propia banda. A comienzos de la década de

MILES DAVIS

1950, Davis lidiaba con su adicción a la heroína, aunque siguió grabando prolíficamente. Entre 1955 y 1959, publicó varios álbumes que reflejaban su empatía creativa con los miembros del grupo, con John Coltrane al saxo y Cannonball Adderley al piano. Su asociación creativa con el arreglista Gil Evans se encuentra entre las más fructíferas de su carrera, y de dicha

> «Debes **tocar mucho tiempo** para ser **capaz** de tocar como **tú mismo**.»
>
> MILES DAVIS, TROMPETISTA Y COMPOSITOR

unión surgieron tres álbumes: *Miles Ahead*, *Porgy and Bess* y *Sketches of Spain*. Las grabaciones tempranas de Miles Davis culminaron con el álbum *Kind of Blue* (1959), que vendió dos millones de copias en todo el mundo. Siguió grabando a lo largo de la década de 1960, y publicó álbumes como su *Live at Carnegie Hall*, elogiado tanto por la crítica como por el público. Explorador e innovador, Miles Davis combinó, por primera vez en la historia, el jazz con el rock, un proyecto de finales de los sesenta que dio lugar al lanzamiento de *Bitches Brew* en 1970. En las dos décadas siguientes, el músico continuó experimentando con sonidos y técnicas nuevas hasta su fallecimiento en 1991.

De La Soul
(desde 1987, EE UU)

Formado en Nueva York por tres amigos estudiantes en 1987, De La Soul recibió elogios de la crítica por *3 Feet High and Rising*, su primer álbum. Apoyados por el éxito comercial de «Me, Myself and I», se establecieron como pioneros de un movimiento de rap alternativo que también incluía a grupos como The Jungle Brothers y A Tribe Called Quest. El estilo se caracterizó por unas letras alegres e ingeniosas mezcladas con elementos del funk y el jazz. Pese a los logros de su primer álbum, De La Soul se enfrentó a problemas legales por el empleo que había hecho de la música de otros artistas, por lo que tardaron cuatro años en publicar su segundo álbum, *De La Soul is Dead*. Menos lúdico que su anterior trabajo, marcó el comienzo de su declive, que continuó durante toda la década de 1990. Sin embargo, muchos artistas de hip-hop fueron influenciados por su música y, en 2010, el álbum *3 Feet High and Rising* fue reconocido como una obra de gran importancia cultural por el Registro nacional de grabaciones de EE UU.

Claude Debussy
(1862–1918, Francia)

Claude Debussy, nacido en la ciudad de Saint-Germain-en-Laye (norte de Francia), era hijo de un tendero y una

CLAUDE DEBUSSY

costurera. Comenzó a estudiar piano a los siete años y, sobreponiéndose a la falta de afinidad de su familia por la música, ingresó en el prestigioso conservatorio de París a los diez. Fue galardonado con el Premio de Roma en 1884, aunque sus primeras composiciones consiguieron poco éxito. Gran autodidacta, Debussy viajó por toda Europa absorbiendo las culturas orientales, cada vez más populares en el mundo occidental. Esta influencia quedó patente en su pieza *Estampes* (1903). A partir del año 1892, su música atrajo a una mayor audiencia, y su *Preludio a la siesta de un fauno* (1894) fue definitivo para resaltar la originalidad del autor. Sin embargo, debió pasar otra década para que las ideas revolucionarias de Debussy fueran plenamente aceptadas. *Pelléas y Mélisande* (1902), su ópera de este periodo, rechazó las convenciones italianas y empujó el género más allá de la influencia de Richard Wagner, empleando una cualidad abstracta sorprendentemente novedosa para la época. Bajo el pseudónimo de Monsieur Croche, Debussy fue un crítico musical de ideas francas. En 1903, mantuvo un romance con la cantante Emma Bardac (con quien se casó finalmente), distanciándose de muchos amigos que permanecieron fieles a la que era su esposa en aquel momento. Debussy completó una serie de sonatas en 1917 y murió de cáncer unos meses antes de que se diera por terminada la Primera Guerra Mundial.

Desmond Dekker
(1941–2006, Jamaica)

Desmond Dekker firmó un contrato con una discográfica mientras trabajaba como soldador en Kingston (Jamaica) en 1961. Sin embargo, fue a partir de 1963 que comenzó a publicar un flujo constante de grandes éxitos. Su cuarto sencillo, «King of Ska», lo convirtió en una estrella en su isla natal y, desde ese momento, Decker se dedicó a desarrollar y popularizar el género emergente del ska. En 1967, su sencillo «007 (Shanty Town)» se convirtió en un éxito en Reino Unido y sus actuaciones por el país le consagraron como estrella. El *single* «Israelites» triunfó tanto en Reino Unido como en EE UU, y Dekker entró a formar parte del grupo pionero de artistas jamaicanos con éxito en el país americano. En 1969, se trasladó a Reino Unido y el tema «You Can Get it if You Really Want», compuesto por Jimmy Cliff, se benefició del movimiento 2 Tone al ser popularizada por las nuevas bandas con influencias del ska como The Specials y Madness. Dekker murió a los 64 años de edad, tras haber divulgado ampliamente la música jamaicana más allá de su isla natal.

Frederick Delius
(1862–1934, Reino Unido)

Nacido en el condado de Yorkshire, en el norte de Inglaterra, Frederick Delius se crió en un ambiente musical que le predispuso hacia la música desde una muy temprana edad. Su padre, Julius Delius, deseaba que trabajara en el negocio familiar de la lana; sin embargo, cuando fue evidente que no iba a ser así, le envió a Florida para que supervisara un campo de naranjos. Sin embargo, en 1886, sucumbió a los deseos de su hijo, y le envió a Alemania para que se formara en el conservatorio de Leipzig. En 1897, se trasladó a Grez-sur-Loing, localidad próxima a París, y, seis años después, contrajo matrimonio con la pintora alemana Jelka Rosen. A lo largo de la década de 1900, produjo una sucesión de magníficas obras orquestales, entre las que se incluyen varios poemas tonales; la rapsodia *En un jardín de verano*, de 1908, retrató a la perfección el ambiente del poema al que hacía referencia. En la década de 1920, Delius enfermó de sífilis y, en 1928, quedó ciego y paralítico; a su asistente, Eric Fenby, le dictó sus últimos trabajos.

Manu Dibango
(n. 1933, Camerún)

Tras haber estudiado música en la iglesia, Manu Dibango trabajó como saxofonista y vibrafonista en Europa y África a lo largo de la década de 1950. En 1960, entró a formar parte del grupo seminal de rumba congoleña

MANU DIBANGO

African Jazz, y, doce años más tarde, fue reconocido internacionalmente por la canción «Soul Makossa». Siguió con su carrera musical, y, a finales de la década de 1970, se convirtió en una figura prolífica y relevante dentro de la música africana.

Bo Diddley
(1928–2008, EE UU)

Bo Diddley tuvo su primera experiencia musical como trombonista y violinista en la orquesta de su iglesia baptista. Carpintero y mecánico, tras asistir a una actuación de John Lee Hooker decidió profundizar en la práctica de la guitarra. A principios de la década de 1950, tocaba blues en los clubs de Chicago, y, en 1955, publicó su primer y único éxito, «Bo Diddley». Diddley continuó grabando discos en los años sucesivos; a pesar del moderado éxito comercial, tuvo gran influencia en el rhythm and blues y el desarrollo del rock and roll. Respetado por sus colegas músicos, sus temas fueron versionados por muchas de las bandas más relevantes de los años sesenta, incluidos los Rolling Stones y The Animals. Esto cimentó su popularidad como intérprete en directo, y más tarde realizó una gira con la banda de punk inglesa The Clash.

Fats Domino
(n. 1928, EE UU)

Nacido en Nueva Orleans, Fats Domino lanzó su primer éxito, «The Fat Man», a los veintidós años. La canción, una de las primeras contribuciones al género conocido posteriormente como rock and roll, vendió más de un millón de copias. Cinco años más tarde, su música se había convertido en referente del sonido rhythm and blues, pero fue la canción pop «Ain't That a Shame» la que lo llevó al estrellato. A partir de ese momento, Domino disfrutó de una próspera etapa; «Blueberry Hill» (1956), su grabación más notable, vendió más de cinco millones de ejemplares en todo el mundo en un año. A pesar del debilitamiento de su producción discográfica en los sesenta, continuó actuando hasta bien entrada la década de 1970. En 2005, su residencia habitual de Nueva Orleans quedó severamente dañada por el huracán Katrina y dos años más tarde el músico volvió a los escenarios para recaudar fondos con fines benéficos.

The Doors
(1965–1973, EE UU)

El grupo The Doors se formó en Los Ángeles en 1965 cuando el vocalista Jim Morrison y el baterista John Densmore se asociaron con los hermanos Manzarek (Rick, Ray y Jim). Después de tomar su nombre de un libro de Aldous Huxley titulado *The Doors of Perception*, empezaron a ofrecer conciertos en los bares de Los Ángeles. En 1967, publicaron su álbum de debut,

THE DOORS

The Doors; el sencillo, «Light My Fire», vendió más de un millón de copias en EE UU. Su segundo álbum, *Strange Days*, apenas destacó, pero el tercero, *Waiting for the Sun*, coronó las listas de éxitos de Billboard. La banda ganó popularidad por sus provocadoras actuaciones; en 1969, Morrison fue detenido por escándalo público en un concierto en Miami. En 1971, lanzaron su sexto álbum, *L.A. Woman*, con gran acogida general. Jim Morrison se mudó a París, y, a los pocos meses, falleció a causa de una sobredosis. El resto de la banda se disolvió en 1973.

John Dowland
(1563–1626, Reino Unido)

John Dowland, que se cree nació en Londres, se trasladó a París en 1590 para ejercer como asistente del embajador inglés en la corte francesa. En 1594, años después de regresar a Inglaterra, no consiguió entrar como laudista en la corte de Isabel I, debido, posiblemente, a su fe católica. Dowland abandonó Inglaterra para trabajar en Alemania, y, en 1597, publicó su *First Booke of Songes*. La obra, un gran éxito comercial, consolidó la reputación de Dowland como uno de los compositores e intérpretes de laúd más relevantes de su época. En el año 1598 aceptó un puesto como músico en la corte danesa; durante este tiempo allí, concluyó su mayor obra instrumental, *Lachrimae*. En 1606, quedó relegado del puesto, y, seis años después, consiguió entrar como laudista en la corte de Jaime I.

Dr. Dre
(n. 1965, EE UU)

Dr. Dre inició su andadura musical ejerciendo como DJ en Los Ángeles con el grupo World Class Wreckin' Cru. Su fama despuntó tras colaborar con los raperos Ice Cube y Eazy-E en el grupo N.W.A. Las letras explícitas y contestatarias de su álbum de debut,

Straight Outta Compton, tuvieron gran repercusión en el desarrollo del hardcore y el gangsta rap. Tras la retirada de Ice Cube, el grupo siguió trabajando durante dos años, pero el descenso de popularidad hizo que Dr. Dre se embarcara en una carrera en solitario a partir de 1992. Su primer álbum, *The Cronic*, con el rapero Snoop Doggy Dogg, le convirtió en una figura de masas. Apoyado por varios *singles* de éxito, como «Nuthin' but a 'G' Thang», el disco estableció un patrón que muchas bandas del género emularon posteriormente. En la década de 1990, colaboró con varios artistas de la talla de Tupac Shakur, y, en 1999, Dr. Dre disfrutó de nuevo de un gran éxito comercial con su álbum *2001*. Su música ha influido notablemente en el desarrollo de artistas más modernos como Eminem y 50 Cent.

John Dunstable
(c. 1390–1453, Reino Unido)

Aunque no se sabe con certeza, se cree que John Dunstable nació en Dunstable, en el condado de Bedfordshire (Inglaterra), y que se trasladó a Francia en el año 1422 para ocupar un puesto al servicio de Juan de Lancaster, hermano de Enrique V de Inglaterra. Entró al servicio del duque de Gloucester en 1438, época en que ya era considerado el compositor inglés más célebre y relevante. Pese al escaso registro escrito de su obra, se le reconoce como un exponente fundamental del nuevo estilo inglés, y su influencia en Europa fue enorme.

Antonín Dvořák
(1841–1904, República Checa)

Antonín Dvořák exhibió su destreza con la viola a una temprana edad y, tras una etapa de formación en la Escuela de órgano de Praga, fue contratado como violista en la orquesta del teatro provisional de Praga en 1866. Durante este periodo, el estilo de sus composiciones se aproximó a la música nacionalista, por lo que fue aplaudida en 1873 su obra *Cantata Hymnus*. El compositor Johannes Brahms formaba parte del panel ministerial que concedió a Dvořák una asignación para componer en 1875. Dos años más tarde, Dvořák volvió a recibir la retribución, y Brahms, impresionado con su obra, lo recomendó a su editor. Gracias a este vínculo y al mecenazgo artístico, Dvořák se hizo popular en toda Europa y se ganó un ferviente público en Inglaterra, donde

ANTONÍN DVOŘÁK

fue requerido varias veces para actuar. Su séptima sinfonía fue una de las obras de este tipo más representativas de su época. En 1892, Dvořák aceptó el cargo de director en el Conservatorio Nacional de Música de Nueva York. Un año más tarde compuso su sinfonía «Del nuevo mundo», y, en 1901, regresó a Praga, ciudad donde residió hasta el final de sus días.

Bob Dylan
(n. 1941, EE UU)

Nacido en Duluth (Minnesota), Bob Dylan aprendió a tocar la guitarra y la armónica en su adolescencia. En 1959, empezó a actuar como cantante de folk mientras estudiaba arte en la Universidad de Minnesota. En 1961, dejó los estudios y se trasladó a Nueva York. Su primer álbum, *The Freewheelin' Bob Dylan*, de 1963, logró una significativa difusión pública gracias a una versión de su «Blowin' in the Wind» interpretada por el trío de folk Peter, Paul and Mary (PP&M). En 1965, dejó el folk acústico y adoptó un sonido más eléctrico, lo cual provocó el distanciamiento de muchos de sus fans. Pese a ello, sus álbumes triunfaron comercialmente: *Highway 61 Revisited* (1965) se colocó

entre los diez primeros puestos de las listas estadounidenses, y *Blonde on Blonde* vendió más de diez millones de copias en todo el mundo. Después de deshacerse su matrimonio a finales de los años sesenta, Dylan experimentó con el country rock y de nuevo fue aclamado por el público y la crítica con *Blood on the Tracks* (1975), álbum cuyas letras reflejaban su frustración por su ruptura matrimonial. De familia judía, Dylan se convirtió al cristianismo, y publicó varios discos de gospel de inspiración religiosa, pero una parte del público rechazó tal giro. Durante la década de 1980, se dedicó más a las actuaciones en directo, y continuó grabando éxitos. En el año 2006 lanzó el aclamado *Modern Times*. Dylan sigue ofreciendo alrededor de cien conciertos al año, y su último álbum es *Tempest* (2012).

Eagles
(1971–1980 y desde 1994, EE UU)

El grupo Eagles se formó en Los Ángeles en 1971, con Don Henley (baterista y vocalista), Glenn Frey (guitarrista y vocalista), Bernie Leadon (guitarrista), y Randy Meisner (bajista). Su álbum de debut, *Eagles* (1972), los catapultó a la fama al instante. Definido por una fusión del country y el rock, el disco produjo tres gloriosos singles. Su siguiente álbum, *Desperado*, publicado un año después, no fue tan popular, pero, en 1974, tras adoptar un sonido de rock más duro, grabaron el aclamado *On the Border*. Sería en el año 1975, con el lanzamiento del álbum *One of These Nights*, cuando se consagraron en el panorama internacional. El guitarrista Bernie Leadon abandonó el grupo, pero Eagles siguió su trayectoria ascendente hasta culminar con *Hotel California* de

1976. La canción homónima del álbum se convirtió en insignia permanente de la banda. Su álbum *The Long Run*, de 1979, no generó tanto éxito, y la banda se disolvió un año después. En 1994, volvieron a juntarse y, desde entonces, han realizado grabaciones y actuaciones de manera esporádica.

Edward Elgar
(1857–1934, Reino Unido)

Edward Elgar nació en una localidad cercana a Worcester (Inglaterra). En 1872 dejó la escuela para trabajar como organista, director, violinista y profesor de piano, desplazándose a varios puntos de la campiña inglesa para atender a sus pupilos. En 1890, se casó con una de sus alumnas, Caroline Alice Roberts y, poco después, su obertura *Froissart* fue representada en el Festival Tres Coros de Worcester. Durante la década

Farid Al-Atrash
(1910–1974, Egipto)

Farid Al-Atrash se trasladó a Egipto con su familia para escapar de la ocupación francesa en Siria, su país natal. Inspirado por su madre, vocalista e intérprete de *'ud*, Farid estudió música en el conservatorio y con un compositor. En la década de 1930, se dedicó a cantar y tocar el laúd en emisoras de radio egipcias. Las colaboraciones con su hermana, la actriz y vocalista Asmahan, fueron frecuentes hasta que, en 1944, esta

> «La **música** está en el **aire** [...] y uno simplemente **toma la cantidad** que necesita.»
>
> EDWARD ELGAR, COMPOSITOR, «CARTAS DE UNA VIDA»

de 1890, sus piezas corales le valieron una sólida reputación, pero fue su obra *Variaciones Enigma*, de 1899, la que realmente cimentó su fama nacional. Tras este gran éxito, el público esperaba con ansia sus nuevas composiciones, y, en 1900, su oratorio *El sueño de Geroncio* obtuvo grandes elogios. Debido a su carencia de formación académica, a su extracción social (su padre era un humilde organista y propietario de una tienda de música) y a su gran fe católica

dentro de una comunidad protestante, Elgar se veía con frecuencia a sí mismo como un intruso en la sociedad musical. En 1904 fue nombrado caballero. En 1919 compuso su última gran obra, el Concierto para violonchelo y orquesta.

perdió la vida en un accidente de tráfico. Compositor reputado, Farid Al-Atrash también escribió para otros artistas, pero fue su virtuosismo como instrumentista lo que realmente marcó su carrera. Fue un gran improvisador, cualidad que puso de manifiesto en sus actuaciones en directo. Considerado el mejor intérprete árabe de laúd, Al-Atrash falleció a los 64 años de edad tras haberse ganado el apelativo de «El rey del *'ud*».

EAGLES

DUKE ELLINGTON

Duke Ellington
(1899–1974, EE UU)
Nacido en Washington D. C. en el seno de una familia de pianistas, Ellington se inició en el piano a los siete años. Siendo todavía un joven, se financió su formación musical por medio de empleos elementales, como pintor de carteles y mensajero. En 1917, formó un grupo con el que actuó en fiestas y bailes populares. Un año después se casó con Edna Thompson, con la que tuvo su único hijo. Ellington se trasladó a Nueva York en 1923 y, en 1927, se convirtió en un reconocido director musical. En los años treinta se dedicó a recorrer Europa, y también publicó muchas de sus composiciones más célebres tales como «Mood Indigo», «It Don't Mean a Thing» y «In a Sentimental Mood». Ellington siguió su glorioso ascenso a lo largo de la década de 1940, actuando cada año en el Carnegie Hall (1943–1948), y ampliando su repertorio musical con piezas como *Black, Brown, and Beige*, una sinfonía de jazz de larga duración. Alrededor de 1950, el público empezó a perder interés hacia las big bands, desestimando en parte el trabajo de Ellington. Tras un breve periodo en el olvido, volvió a recuperar la atención popular tras un concierto memorable en el Newport Jazz Festival (1956). En constante evolución, escribió la banda sonora para la película *Anatomía de un asesinato* (1959), y siguió colaborando con otros músicos destacados del jazz. Falleció un mes después de cumplir setenta y cinco años, y más de doce

mil personas asistieron a su funeral en Nueva York. En 1999, recibió, a título póstumo, el premio Pulitzer de Música.

Eminem
(desde 1972, EE UU)
Desarrolló su estilo característico de rap participando en las competiciones llamadas «batallas de rap» de la ciudad de Detroit durante su adolescencia. Tras varias colaboraciones infructuosas con otras bandas de rap, publicó, sin éxito, su primer trabajo en solitario en 1996. En 1997, su excelente actuación en los Juegos Olímpicos del Rap culminó con *The Slim Shady LP*, un elogiado álbum publicado dos años más tarde. El disco tuvo un enorme éxito comercial, pero también generó polémica, dada la violencia de sus letras. Sin embargo, su siguiente álbum, *Marshall Mathers LP*, se convirtió en un hito del pop y el hip-hop, desplazando al álbum *Baby One More Time*, de Britney Spears, para colocarse en la cima de las ventas estadounidenses. A pesar del mensaje explícito y controvertido de su siguiente sencillo, la balada de rap «Stan», su popularidad fue en aumento. En 2002, protagonizó la película *8 Millas*, un docudrama de tema rapero basado en su vida. Después de la publicación de *Encore*, en 2003, se tomó una pausa de seis años; en el año 2009 volvió a la esfera pública con sus álbumes *Relapse* y *Refill*.

Brian Eno
(desde 1948, Reino Unido)
Tras graduarse en bellas artes, Brian Eno se unió a la banda de glam rock, Roxy Music, en 1971. Contratado como productor y técnico de sonido, también tocaba el sintetizador durante los conciertos. En 1973, su rechazo de la comercialidad del rock le hizo dejar la banda y dedicarse a otros géneros y a sonidos más experimentales. Entre 1973 y 1977, publicó varios álbumes en solitario, como *Here Come the Warm Jets*, marcados por su entusiasmo hacia los aspectos más electrónicos del pop. A finales de los setenta, Eno compuso una elogiada colección dedicada a la música ambiental. También colaboró con varios de los artistas punteros del momento, como David Bowie, con quien grabó los álbumes de la aclamada «Trilogía de Berlín». Teórico de arte, además de músico, Eno creó una baraja de cartas (que denominó «Estrategias oblicuas») con aforismos para afrontar los bloqueos creativos.

Fisk Jubilee Singers
(desde 1871, EE UU)
El grupo Jubilee Singers, compuesto por estudiantes afroamericanos de la

Universidad de Fisk, surgió en 1871 a raíz de una iniciativa para recaudar fondos planteada por el rectorado de la universidad. Con una música basada en espirituales negros, sus giras por Europa y EE UU generaron fama y beneficios económicos considerables. Estos últimos se destinaron a construir un nuevo edificio universitario. Hoy en día, los Jubilee Singers siguen representando la propuesta musical de la institución.

Ella Fitzgerald
(1917–1996, EE UU)
Ella Fitzgerald tuvo una infancia difícil en la que alternó los periodos en los orfanatos con otros en la calle. En 1935 obtuvo su primer trabajo formal como vocalista en la banda de swing de Chick Webb. Durante años, recibió los elogios de la crítica y, después del fallecimiento de Webb, en 1939, fue nombrada líder de la banda. Acompañada por el grupo, Fitzgerald grabó cientos de canciones de swing hasta que, en 1942, se embarcó en una carrera en solitario. Su éxito

> «Lo **único mejor** que cantar es **cantar más**.»
>
> ELLA FITZGERALD, VOCALISTA

fue inmediato, en parte debido al acercamiento de su sonido al cada vez más popular género del bebop. Fitzgerald desarrolló su destreza como cantante de scat, técnica del jazz que utiliza sonidos abstractos, en lugar de palabras, para acompañar fragmentos instrumentales. Los álbumes publicados en los años

cincuenta estuvieron dedicados a sus interpretaciones con compositores y músicos de jazz como Duke Ellington y Cole Porter. Estas grabaciones aumentaron su popularidad, y, en la década de 1960, la artista incluyó otros géneros, incluido el country, en su repertorio musical. Permaneció activa profesionalmente hasta 1991, año de su último concierto.

Fleetwood Mac
(desde 1967, Reino Unido-EE UU)
Peter Green, Mick Fleetwood y John McVie, antiguos miembros de la banda de blues británico John Mayall & the Bluesbreakers, formaron en 1967 el grupo Fleetwood Mac. Un año más tarde, triunfaron en Gran Bretaña con el lanzamiento de su primer álbum, *Peter Green's Fleetwood Mac*. No obstante, Green abandonó la banda en 1970, tras padecer trastornos mentales provocados por el consumo de drogas alucinógenas. Reemplazado por la esposa de John McVie, su ausencia repercutió de modo desfavorable en la identidad musical de la banda. En 1975, la formación dio un giro radical con la incorporación de Stevie Nicks y Lindsey Buckingham, lanzando un álbum más accesible y convencional de título homónimo. Su álbum *Rumours* (1977) encabezó las listas de éxitos estadounidenses durante 31 semanas seguidas. La banda siguió activa a lo largo de los años ochenta, paralelamente a los proyectos en solitario de algunos de sus miembros. En la actualidad siguen grabando y actuando de manera ocasional.

Aretha Franklin
(n. 1942, EE UU)
Hija de un ministro bautista de Detroit, Aretha Franklin comenzó cantando

FLEETWOOD MAC

música evangélica en la iglesia de su padre. A los catorce años se inició en el gospel y, a los dieciocho, en el pop y el soul. A finales de la década de 1960, canciones como «Respect» y «Chain of Fools» le habían convertido en una figura gloriosa. Su esplendor se mantuvo en los primeros años de la década de 1970, y los tres álbumes publicados entre 1970 y 1972, *Spirit in the Dark*, *Young, Gifted & Black* y *Amazing Grace*, están considerados como sus mejores obras. *Amazing Grace* supuso su retorno a la música evangélica, y se convirtió en el álbum de gospel más vendido de la historia. En los ochenta, Franklin dejó de lado el soul para acercarse al sonido pop y rock, colaborando con artistas tales como George Michael y Eurythmics. Conocida como «La reina del soul», ha vendido más de setenta y cinco millones de discos, y, a día de hoy, sigue publicando.

Ichiro Fujiyama
(1911–1993, Japón)
Ichiro Fujiyama cursó la carrera de música clásica, tanto oriental como occidental, en el conservatorio de Tokio, su ciudad natal. Formado como barítono clásico, fue un intérprete destacado del *ryukoka* (género musical japonés). En 1931 publicó su primer sencillo, «Camp Kouta», y vendió un millón de copias con otra canción, «Namida wa Saku ka Tameiki ka». En 1933 se graduó en la escuela superior de música y continuó su carrera de grabación, mezclando piezas de compositores japoneses contemporáneos, como Shinpei Nakayama, con versiones cantadas en japonés de canciones populares occidentales. Al final de la Segunda Guerra Mundial, fue llevado preso a Indonesia, pero a su regreso a Japón continuó grabando discos de éxito. En 1954 se retiró de la música pop para instruirse como director de orquesta y compositor. En 1992, el primer ministro japonés le concedió el Premio de Honor de la Nación.

Serge Gainsbourg
(1928–1991, Francia)
Serge Gainsbourg trabajó como pianista en los bares de París antes de publicar sus primeros trabajos. Como compositor, también grabó música para otros artistas de renombre, como Petula Clark y Juliette Greco. En 1965, Luxemburgo ganó el festival de la canción de Eurovisión gracias a una composición original de Gainsbourg. A finales de los años sesenta, se unió sentimental y creativamente a Brigitte Bardot. En este periodo, su trabajo pasó de la *chanson* francesa tradicional a un

MARVIN GAYE

estilo de rock y pop más experimental y novedoso. Provocador nato, en 1969 grabó la controvertida y sexualmente explícita «Je t'aime… Moi non Plus» (cantada por Jane Birkin) y, dos años después, el álbum conceptual *Histoire de Melody Nelson*. En la década de 1970, incorporó géneros como el funk, rock and roll y reggae en sus composiciones. En los años ochenta, su dependencia del alcohol empezó a hacer mella en su comportamiento y, tras romper sus trece años de enlace con Jane Birkin, sus apariciones en estado ebrio se hicieron más frecuentes. Después de fallecer de una insuficiencia cardíaca en el año 1991, su funeral congregó a miles de personas en las calles de París

Marvin Gaye
(1939–1984, EE UU)
Hijo de un ministro pentecostal, Marvin Gaye desarrolló su talento musical en el coro de su iglesia antes de profundizar en el piano y la batería. Después de una breve estancia en las Fuerzas Aéreas de EE UU, se unió a los Rainbows, un grupo local de doo wop (o du duá). Después trabajó como cantante secundario con el vocalista de rhythm and blues Harvey Fuqua. Contratado como músico de estudio por el sello Motown, Marvin contrajo matrimonio con Anna Gordy, hermana del fundador del sello, en 1969. Poco después inició su carrera como solista y, en 1965, se consolidó en las listas de éxitos con varios álbumes y singles, tanto en solitario como a dúo con Mary Wells. A finales de los años sesenta, el músico continuó cosechando éxitos, acompañado, a veces, de la vocalista Tammi Terrell. Su sensacional sencillo «I Heard it Through the Grapevine», de 1968, acabó definiendo el sonido Motown. Entre tanto éxito, Gaye

atravesó un periodo tormentoso causado por su ruptura matrimonial y el fallecimiento de Terrell. En el año 1971 publicó el aclamado álbum *What's Going On*, y, en 1973, estuvo de nuevo en el candelero con *Let's Get it On*, que permaneció en las listas durante dos años consecutivos coincidiendo con el apogeo de su carrera profesional. A finales de los setenta, Gaye rompió con Motown y, además de sufrir penurias económicas, tuvo que lidiar con su adicción a las drogas. En el año 1982, el sencillo «Sexual Healing» lo volvió a catapultar a la cima y, a pesar de su drogodependencia, completó una gira por todo EE UU. En 1984 resultó muerto a tiros por su padre después de una discusión; su funeral en la ciudad de Los Ángeles atrajo a miles de seguidores.

George Gershwin
(1898–1937, EE UU)
Los padres de George Gershwin, rusos de origen judío, emigraron a EE UU en la década de 1890. A partir de 1910, Gershwin estudió piano formalmente, no tardando en dominar las obras de Chopin, Liszt y Debussy. En 1914, dejó la música clásica y se unió al colectivo Tin Pan Alley, abandonando la escuela para trabajar con Jerome Remick & Co. En el año 1918, tres de sus canciones fueron aceptadas en los espectáculos de Broadway y, un año más tarde, se estrenó *La La Lucille*, su primer musical completo. En 1920, obtuvo su primer éxito con el tema «Swanee», grabado por Al Jolson. En los cuatro años siguientes, Gershwin escribió cinco revistas y tres musicales para Broadway, además de otros dos musicales para Londres. La letra de uno de ellos, *Lady Be Good*, fue escrita por su hermano Ira Gershwin. En 1924 se estrenó *Rhapsody in Blue*, obra con influencias clásicas

del jazz; a este éxito le siguieron otras piezas «clásicas», como el Concierto en fa para piano y orquesta. Durante un viaje a Europa, en 1928, conoció a sus contemporáneos Serguéi Prokófiev, Maurice Ravel y Alban Berg. A lo largo de la década de 1930 ofreció conciertos de piano y compuso obras como el musical *Girl Crazy* y la ópera *Porgy and Bess*. George Gershwin falleció en el año 1937, en la cumbre de su carrera.

João Gilberto
(n. 1931, Brasil)
Nacido en el estado de Bahía, en la costa noreste de Brasil, João Gilberto empezó a tocar la guitarra a los catorce años. Fue contratado como cantante principal por un grupo vocal de la ciudad de Río, Garotos da Lua, en 1950. El proyecto no prosperó y, tras dejar el grupo un año después, Gilberto atravesó un periodo improductivo que duró hasta finales de los cincuenta. Seguidamente se trasladó a la ciudad costera de Porto Alegre, donde ganó popularidad con sus actuaciones en directo. En el año 1959 publicó un aclamado álbum, *Chega de saudade*, con varias composiciones de Antonio Carlos Jobim. Este álbum fue esencial en la creación de la bossa nova, que significa «estilo nuevo». Tras su lanzamiento, Gilberto viajó a EE UU y, aprovechando su éxito, produjo otro álbum con el saxofonista Stan Getz, titulado *Getz/Gilberto*, que convirtió la bossa nova en un fenómeno de masas. Gilberto regresó a EE UU en 1980 para grabar álbumes con otras figuras relevantes de la música brasileña. Conocido en su país natal como «O Mito» («La leyenda»), sigue ofreciendo conciertos de manera ocasional.

JOÃO GILBERTO

Philip Glass
(n. 1937, EE UU)

Después de cursar sus estudios en la escuela de música Julliard de Nueva York, Philip Glass se trasladó a París en el año 1964 para estudiar con Nadia Boulanger. Fuertemente influenciado por el compositor alemán Karlheinz Stockhausen, Glass exhibió un estilo minimalista en sus primeros trabajos, tal y como se refleja en *Music in 12 Parts*. Tras un encuentro con el músico indio de sitar Ravi Shankar, en 1966, Glass desarrolló un estilo hipnótico y repetitivo que encajaba bien con el sonido del saxofón y los sintetizadores de su grupo Philip Glass Ensemble. En las décadas de 1970 y 1980 se dedicó a componer música teatral, produciendo óperas de la talla de *Einstein on the beach* (1975), *Satyagraha* (1980) y *Akhnaten* (1984). Su labor musical sigue centrada en este género y en la producción de bandas sonoras para películas; en 2002, compuso la música para el filme *Las horas*, de Stephen Daldry.

The Golden Gate Quartet
(1934–1998, EE UU)

El grupo vocal Golden Gate Jubilee surgió en Norfolk (Virginia), en 1934. Sus cuatro miembros se dedicaron a interpretar música e himnos evangélicos siguiendo un estilo *a cappella* propio de los espirituales negros. Su reputación, gracias a su innovador enfoque del gospel, impulsado por dos de sus miembros, Willie Johnson y William Langford, fue en aumento. En 1937, comenzaron a grabar y publicar sus composiciones y, un año después, su actuación en el Carnegie Hall de Nueva York les catapultó a la fama en EE UU. Langford se retiró en 1939, pero, en 1940, el grupo firmó un contrato con el sello Columbia Records y cambió su nombre por el de Golden Gate Quartet. Convertidos en el grupo de gospel más popular del país, ofrecieron diversos conciertos en la Casa Blanca y crearon su propio programa radiofónico. La evolución de la música gospel conllevó que su popularidad descendiera a finales de los cuarenta, pero, en 1955, el grupo resucitó su carrera tras una gira memorable por Europa. En 1998 fueron incluidos en la lista honorífica Vocal Group Hall of Fame (Salón de la Fama del Gospel).

Goldie
(n. 1965, Reino Unido)

Goldie comenzó su andadura musical formando parte de un grupo de breakdance a finales de los años ochenta. Tras afincarse en Londres, desarrolló su interés por la cultura rave y los sonidos acelerados del breakbeat, ahondando en los aspectos técnicos de la producción y la ingeniería musical. Lanzó su primer sencillo en 1992, y la canción «Terminator», caracterizada por un sonido melancólico y el innovador uso de las técnicas de producción, lo convirtió en una estrella del drum and bass, género incipiente por entonces. Acto seguido, fundó el sello Metalheadz, que utilizó para publicar la música de los artistas de jungle y drum and bass más eminentes del momento. Su álbum *Timeless* (1995), un ambicioso proyecto compuesto por una pieza sinfónica de veintiún minutos de duración, siguió generando éxitos y elogios de la crítica. Su segundo álbum, titulado *Saturnz Return*, mantuvo el carácter épico e incorporó pistas de más de una hora de duración, además de colaboraciones con otros músicos, como David Bowie.

Benny Goodman
(1909–1986, EE UU)

Benny Goodman aprendió a tocar el clarinete a los diez años en Chicago,

> «Para una **armonía perfecta** son necesarias las **teclas blancas** y las **teclas negras**.»
>
> BENNY GOODMAN, DIRECTOR DE ORQUESTA, SOBRE SU BANDA MULTIÉTNICA

su ciudad natal. Con un talento precoz para la música, a los doce años ofreció su primera actuación y, a los dieciséis, fue contratado como músico por la prestigiosa orquesta de Ben Pollack. En 1926, su padre falleció en un accidente de tráfico, suceso del que Goodman se apenaría el resto de su vida. Alternando

BENNY GOODMAN

entre Nueva York y Los Ángeles, bien como músico de estudio o director de orquesta, Goodman disfrutó de una sólida, aunque discreta carrera musical hasta 1935. En julio de ese mismo año, la grabación de la canción «King Porter Stomp», con arreglos de Fletcher Henderson, obtuvo críticas positivas. La relación con Henderson, unida a su presencia en el programa *Let's Dance*, de la emisora de radio NBC, hizo que sus conciertos, acogidos con gran fervor, ganaran más popularidad. Su residencia musical en el salón de baile Palomar, en Los Ángeles, catalizó el desarrollo de la música swing, y Goodman se ganó el apelativo de «El rey del swing». En 1938, su banda actuó en el Carnegie Hall de Nueva York, colocando catorce canciones en los diez mejores puestos de las listas estadounidenses. Director de orquesta y clarinetista virtuoso, Goodman siguió dando conciertos en la década de 1980, aventurándose con otros géneros como el clásico y el bebop. Miembro integrante del Jazz Hall of Fame (Salón de la Fama del Jazz), falleció a la edad de 77 años.

Kancherla Gopanna
(c. 1620–1680, India)

Kancherla Gopanna, nacido en el territorio actual de Andhra Pradesh, en la costa este de India, fue un devoto del dios Rama, y recaudador de impuestos del sultán Abul Hassan Tana Shah. Su figura es notable en la historia del hinduismo por su labor central en la restauración del templo Bhadrachalam, institución sagrada de los devotos de Rama. Está considerado como una de las personalidades más influyentes de la música carnática, con especial notoriedad por su contribución a la tradición del *vaggeyakara*, género musical en el que se combina el papel de letrista con el de compositor. Compuso alrededor de trescientas canciones, y sus letras devocionales se conocen, dentro de la música clásica del sur de India, con el nombre de *Ramadaasu Keertanalu*.

Edvard Grieg
(1843–1907, Noruega)

Después de finalizar sus estudios en la ciudad alemana de Leipzig, Edvard Grieg se trasladó a Copenhague en 1863 para desarrollar su carrera como pianista. Allí conoció al joven compositor noruego Rikard Nordraak, que insistió en la necesidad de crear una música distintiva noruega. De vuelta a su país, Grieg empezó a explorar las canciones populares tradicionales, incorporando varios de sus elementos en su lenguaje musical romántico. En el año 1869, su Concierto para piano en La menor se estrenó con gran éxito en Copenhague. Indiscutible maestro de las miniaturas musicales, produjo veintitrés piezas cortas para la obra de Henrik Ibsen,

EDVARD GRIEG

Peer Gynt, en 1876. Fue nombrado director de la orquesta Harmonien en Bergen (Noruega) en 1880 y, en 1903, grabó algunas de sus piezas para piano en París. Cuatro años más tarde, en 1907, murió víctima de una larga enfermedad.

Grandmaster Flash
(n. 1958, EE UU)

Grandmaster Flash empezó su carrera como Dj en Nueva York, primero en las fiestas locales, y luego en los clubes de baile. Artista innovador y gran conocedor del material musical y electrónico, desarrolló una técnica con los platos, inédita y original, que le valió una excelente reputación. A mediados de los setenta, empezó a colaborar con músicos de rap y, tiempo después, entró a formar parte del grupo Grandmaster Flash and the Furious Five, formado por los raperos Melle Mel, Cowboy, Kid Creole, Mr. Ness, y Rahiem. Sus enérgicas actuaciones fueron bien acogidas por el público y, en 1979, lanzaron su primer sencillo, «Superrappin», con el que entraron en las listas de éxitos estadounidenses. En 1981 publicaron «The Adventures of Grandmaster Flash on the Wheels of Steel», una demostración de la destreza

GUNS N' ROSES

de Flash con los platos. El single «The Message», de 1982, fue uno de los primeros en hacer frente a las cuestiones sociales dentro del hip-hop. Pese a que obtuvo elogios de la crítica, no prosperó comercialmente, pero se convirtió en uno de los pilares del género.

Grateful Dead
(1965–1995, EE UU)

The Warlocks, primer nombre de la banda, se formó en California en 1965. Tras cambiar su nombre por el de Grateful Dead, se forjaron una excelente reputación sobre el escenario con las canciones escritas por Jerry Garcia. En 1970 decidieron plasmar el sonido de sus actuaciones en el estudio, publicando los álbumes *Workingman's Dead* y *American Beauty*. A pesar de la muerte de Ron «Pigpen» McKernan, uno de los miembros fundadores, la banda continuó con sus giras a lo largo de los setenta. Cuando la salud de Jerry Garcia se resintió, también lo hicieron las apariciones de la banda en público y en el estudio. Tras la desaparición de este último, en 1995, la banda prosiguió con los conciertos, respaldados por una inagotable multitud de seguidores, los «deadheads» («cabezas muertas»). Su excelente reputación como grupo de directo estuvo avalada por la venta de 35 millones de álbumes. Su música sigue siendo en la actualidad una referencia esencial dentro del rock psicodélico.

Guns N' Roses
(desde 1985, EE UU)

Axl Rose, Slash, Izzy Stradlin, Duff McKagan y Steven Adler fueron los componentes iniciales de la banda surgida en Los Ángeles en el año 1985. Bautizados como Guns N' Roses, desarrollaron su sonido de hard rock característico a través de los conciertos ofrecidos en los locales del distrito de Hollywood. Un año después de su formación, los Guns N' Roses firmaron un ventajoso contrato de grabación que les llevó a lanzar, en 1987, el álbum *Appetite for Destruction*. El disco pasó desapercibido; el single «Sweet Child o' Mine», sin embargo, se convirtió en número uno de las listas de pop estadounidenses. Gracias a su peculiar estilo, un hard rock más melódico que el de sus contemporáneos, el álbum *Appetite for Destruction* se convirtió en el álbum de debut más vendido en la historia de las listas de éxitos estadounidenses. Pese a las tempestuosas relaciones internas y al abandono de Adler, Guns N' Roses volvió a despuntar en los noventa con la publicación simultánea de *Use Your Illusion I* y *Use Your Illusion II*. Dichos álbumes se colocaron en el número uno y dos, respectivamente, de las listas de éxitos del país, algo inédito hasta entonces. A partir de 1994, su productividad disminuyó, y, dos años más tarde, Slash abandonó la banda. Actualmente, Guns N' Roses realiza grabaciones y conciertos de manera ocasional, siendo Axl Rose el único componente de la formación original.

Sexteto Habanero
(1920–*c.* 1940, Cuba)

El grupo comenzó como un trío de música popular procedente de la región occidental de Cuba. En 1918 se transformó en un sexteto y, dos años más tarde, fueron bautizados con el nombre de Sexteto Habanero. Primeros exponentes del son afrocubano, ganaron el concurso nacional durante dos años consecutivos (1925 y 1926), y se convirtieron en los músicos más relevantes del género. En 1927, el grupo integró la trompeta, pasando a llamarse Septeto Habanero. Su éxito se prolongó hasta finales de la década de 1930, y luego prolongó su actividad de manera intermitente con diferentes formaciones hasta la actualidad. En 1935, Gerardo Martínez abandonó el grupo y formó el Conjunto Típico Habanero, para adaptarse al cambio y responder al entusiasmo del público hacia el formato «conjunto», que incluía órgano de botones; el Típico pervivió con altibajos hasta 1958.

Georg Friedrich Händel
(1685–1759, Alemania/Reino Unido)

Händel empezó la carrera de derecho antes de iniciar sus estudios como músico. Tras un breve periodo en la universidad, se trasladó a Hamburgo y aceptó un puesto en la orquesta del teatro de la ópera, donde compuso su primera obra, *Almira*. En 1706, viajó a Italia y, seguidamente, a Hannover, donde asumió el cargo de *Kappellmeister* (director musical) bajo el mandato del elector Jorge de Hannover. Tal posición le permitió viajar mucho, consiguiendo estrenar con gran éxito su ópera *Rinaldo* en Londres, en el año 1711. El enfoque dramático de gran parte de su obra le sirvió para hacerse, posteriormente,

GEORG FRIEDRICH HÄNDEL

un nombre en el género. Händel regresó brevemente a Hannover, pero recibió permiso para viajar de nuevo a Inglaterra con la condición de no extender su visita más allá de un plazo razonable. Sin embargo, en 1714, el príncipe elector Jorge fue coronado rey de Gran Bretaña e Irlanda, como Jorge I, y Händel entró al servicio de la corte real británica. En 1717, escribió *Música acuática*, una obra orquestal en la que combinaba los minuetos tradicionales con las danzas inglesas populares. A lo largo de la década siguiente, Händel experimentó altibajos provocados por las fluctuaciones del público hacia el género y el creciente auge de la ópera italiana en Londres. Sus oratorios y otras piezas corales siguieron teniendo éxito, pero fue *El Mesías*, estrenada en 1741, la que destacó notablemente sobre el resto. Escrita para satisfacer la solicitud de recaudación benéfica emitida por el lord teniente de Irlanda, su colaboración con el libretista Charles Jennens fue sumamente elogiada, tanto en Londres como en Dublín. Esta genial obra sigue siendo hoy día su trabajo más destacado. Händel se debilitó y perdió parte de su visión y, en la última etapa de su vida, se dedicó a componer y supervisar el conjunto de su obra anterior.

W. C. Handy
(1873–1958, EE UU)

William Christopher Handy nació en el estado de Alabama en 1873. Su padre, un pastor de una iglesia local, le hizo estudiar órgano y corneta en su adolescencia. En 1893 marchó a Birmingham (Alabama) para dedicarse a la enseñanza, pero prefirió trabajar en una fábrica y cobrar un salario más elevado. Entre 1900 y 1903, Handy fue director de banda en la Escuela Normal Huntsville (la actual Universidad de Agricultura y Mecánica de Alabama), y realizó varias giras como cornetista con la banda Mahara's Minstrels. Su carrera despegó en 1909 cuando publicó «Mister Crump», su primera canción de blues, que volvió a publicarse posteriormente bajo el título de «Memphis Blues». La década de 1910 fue fructífera para Handy, y, tras fundar su propio sello, publicó «Saint Louis Blues», «Yellow Dog Blues» y «Beale Street Blues». En la década de 1920, se trasladó a Nueva York, donde, a pesar de su deteriorada vista, continuó recopilando, publicando y componiendo canciones de blues y folk. Falleció de una neumonía en el año 1958; su funeral, en Harlem, congregó a más de veinticinco mil personas. Ese mismo año, se estrenó una película sobre su vida, *St. Louis Blues*, protagonizada por el popular cantante y pianista estadounidense Nat King Cole.

P. J. Harvey
(n. 1969, Reino Unido)

La cantautora Polly Jean Harvey aprendió el saxofón y la guitarra durante su formación escolar en Dorset. Su carrera musical empezó con la agrupación P. J. Harvey Trio, con quien publicó dos álbumes bien acogidos por la crítica. Su siguiente álbum, *To Bring You My Love*, lanzado en solitario, en 1995, obtuvo el aplauso del público. Con un sonido más amplio y ambicioso, el disco mostraba un cambio de estilo que lo convirtió en referente del movimiento de rock alternativo en los años noventa. El sencillo «Down by the Water» fue aclamado, aunque moderadamente, en EE UU. El carácter experimental de su siguiente álbum, *Is This Desire?*, recibió críticas ambivalentes, y Harvey volvió al sonido rock con *Stories from the City, Stories from the Sea*, ganador del premio Mercury en 2001 (Reino Unido). La artista siguió grabando y realizando actuaciones a lo largo de la década del 2000, aventurándose incluso en el teatro. Volvió a ganar el premio Mercury en 2011 con el álbum *Let England Shake*.

Joseph Haydn
(1732–1809, Austria)

Franz Joseph Haydn recibió su primera formación musical siendo miembro del coro en la Catedral de San Esteban, en Viena. Cuando su voz se quebró, desempeñó varios trabajos, como profesor de música y cantante de serenatas, y dedicó sus ratos libres a estudiar los tratados musicales. Más tarde, Haydn afirmó que este periodo de autoaprendizaje había marcado su trayectoria como compositor. En el año 1753 trabajó como acompañante del compositor y maestro de canto Nicola Porpora, quien a su vez le ayudó a perfeccionar su técnica musical. En esta etapa, el músico hizo muchos contactos importantes, y el conde de Morzin lo contrató como director musical en 1759. Gracias al vigor de su Primera sinfonía, Haydn fue nombrado vicedirector musical al servicio de los príncipes Esterházy, una de las familias más ricas e influyentes de Hungría, para la que asumió la plena función de *Kapellmeister* (director musical) en 1766, cargo ya vitalicio. Era tarea de Haydn el componer obras instrumentales para conciertos y celebraciones eclesiásticas, así como música escénica y óperas. Su música era apreciada en toda Europa y, cuando el príncipe Nicolás Esterházy («el Magnífico») murió, en 1790, el promotor teatral J. P. Salomon lo invitó a Inglaterra para que presentara sus nuevas obras. Además de obtener un gran éxito popular y lucrativo, fue designado doctor *honoris causa* por la

FRANZ JOSEPH HAYDN

Universidad de Oxford. En el año 1795, Haydn regresó a Viena, reclamado por el príncipe Nicolás II (nieto de «el Magnífico»), para trabajar de nuevo en la corte; su labor como compositor se mantuvo activa hasta 1803. Pese a que el conjunto de su obra incluye prácticamente los géneros más célebres en su época, desde la canción popular hasta la ópera, son las innovaciones de su música instrumental las que más reconocimiento han obtenido. Conocido como el «padre de la sinfonía», Haydn escribió 108 de ellas, que tuvieron gran repercusión en la evolución del género, especialmente las llamadas «sinfonías londinenses».

Jimi Hendrix
(1942–1970, EE UU)

Jimi Hendrix aprendió a tocar la guitarra en Seattle a finales de la década de 1950. Tras pasar un tiempo en el ejército, decidió centrarse en su carrera musical. Trabajó como músico de estudio y acompañante de otros artistas antes de desempeñarse como solista en Nueva York. Fundó la banda The Jimi Hendrix Experience, con la que obtuvo gran éxito en Inglaterra. El rock psicodélico de su álbum de debut,

> «La **música** no **miente**; si hay algo que **cambiar** en este mundo, debe **hacerse** a través de la música.»
>
> JIMI HENDRIX, COMPOSITOR, VOCALISTA Y GUITARRISTA

Are you Experienced (1967), cimentó su reputación en EE UU, y sus dos álbumes siguientes, *Axis: Bold as Love* y *Electric Ladyland*, consolidaron su condición de estrella internacional. En 1969, Hendrix disolvió la banda y ofreció un concierto en solitario en el Festival de Woodstock. En septiembre de 1970, Hendrix murió a causa de una asfixia por drogas, y dejó inacabado el álbum en el que estaba trabajando.

Billie Holiday
(1915–1959, EE UU)

Billie Holiday tuvo una infancia traumática; fue violada siendo una niña y, en su adolescencia, se dedicó a la prostitución. Pese a ello, se convirtió en una reputada vocalista en los clubes de Nueva York a principios de los años treinta. Su primer éxito, «Riffin' the Scotch», grabado en 1933, vendió más de cinco mil copias en su lanzamiento. A finales de la década de 1930, Holiday cantaba junto a Count Basie y Artie Shaw, pero comenzó su carrera en solitario, en el Café Society Club, en el año 1939. Fue aquí donde presentó «Strange Fruit», una canción contra el linchamiento racial, que se convirtió en el éxito más popular de su carrera. Compositora e intérprete, a menudo basaba sus propias composiciones en incidentes de su vida; la canción «God Bless the Child» se basó en una discusión que tuvo con su madre. Con una vida personal difícil (era adicta a la heroína y tuvo relaciones tumultuosas con los hombres), comenzó a sufrir el declive de su carrera y, en 1947, fue arrestada por posesión ilícita de drogas. Sin embargo, a principios de los años cincuenta, llevó a cabo varias giras por Europa y ofreció dos conciertos memorables en el Carnegie Hall de Nueva York (1956). Su salud no tardó en mostrar los signos del deterioro y, en 1959, Holiday falleció a causa de una cirrosis hepática.

John Lee Hooker
(1917–2001, EE UU)

Nacido en el seno de una familia devota en Misisipi, Hooker tuvo su primer contacto con la música a través de canciones religiosas. En 1922, su madre se casó con el músico de blues William Moore, quien instruyó al joven en la guitarra y en el blues. En 1948, tras pasar varios años en Memphis, Hooker se trasladó a Detroit, donde compaginó su empleo en Ford Motors con actuaciones en una sala de blues. Su primera grabación, el tema «Boogie Chillen», supo capturar el sonido de sus conciertos y se convirtió en un éxito comercial. No obstante, como consecuencia de un restrictivo y poco lucrativo contrato con el sello Modern

Records, Hooker se vio forzado a grabar con otras discográficas bajo pseudónimos, entre los que se incluyen «Texas Slim» y «Birmingham Sam and His Magic Guitar». Siguió cosechando éxitos en los años sesenta, pero en las dos décadas siguientes su popularidad disminuyó. La publicación de su álbum *The Healer*, junto a Carlos Santana, en 1989, dio otro impulso a su carrera. Su obra recoge más de cien álbumes grabados.

Whitney Houston
(1963–2012, EE UU)

Hija de una cantante de gospel llamada Cissy Houston, Whitney inició su carrera como vocalista de apoyo. En 1985, el lanzamiento de su primer disco como solista produjo tres singles de éxito y se convirtió en el álbum de debut femenino con más ventas registradas hasta ese momento. Su siguiente álbum, *Whitney*, superó el anterior, y cuatro de sus sencillos, incluido «I Wanna Dance With Somebody», ocuparon el número uno de las listas. En 1992, Houston protagonizó, junto a Kevin Costner, la película *El guardaespaldas*; el single grabado para la banda sonora, una versión del tema de Dolly Parton «I Will Always Love You», se colocó durante catorce semanas seguidas en los primeros puestos de las listas estadounidenses; a día de hoy, sigue siendo uno de los singles más vendidos de todos los tiempos. A finales de los años noventa, la artista entró en crisis, en parte provocada por su consumo de drogas y el tormentoso matrimonio con el cantante Bobby Brown. En el momento de su fallecimiento, en 2012,

WHITNEY HOUSTON

Whitney Houston encabezaba la lista de cantantes con más éxito comercial de la historia.

Howlin' Wolf
(1910–1976, EE UU)

Nacido en una comunidad agrícola en el estado de Misisipi, la incorporación de Howlin' Wolf a la música fue relativamente tardía. A los dieciocho años conoció a Charlie Patton, un popular músico de blues del Delta que le enseñó a tocar la guitarra. En la década de 1930, habiendo ya evolucionado dentro del blues, Wolf se dedicó a viajar por todo el sur del país ofreciendo conciertos. Tras una temporada en el ejército a principios de los años cuarenta, regresó a la vida agrícola, dedicándose a la música en sus ratos libres. Su música comenzó a sonar en una emisora de radio de Memphis, lo cual hizo despuntar su carrera profesional. En la década de 1950 publicó varios singles de éxito, como «How Many More Years» y «Smokestack Lightning». Wolf creó una banda de blues eléctrico en Chicago y, una vez perfeccionado el estilo de su inconfundible voz, se unió al compositor Willie Dixon. Juntos crearon, en 1960, el aclamado álbum *Howlin' Wolf*. Wolf ejerció una gran influencia en muchos músicos de rock de la época; en la década de 1970, Led Zeppelin y The Doors versionaron temas suyos y llevaron su música a un público más joven y numeroso.

Pedro Infante
(1917–1957, México)

Hijo de un músico aficionado, Pedro Infante se sintió atraído por la música desde una edad temprana. Estudió una gran variedad de instrumentos, incluida la guitarra, cuando era un adolescente. En Guamúchil (norte de México), Infante actuó en los clubes nocturnos con el conjunto de cuerdas que lideraba, y colaboró con la prestigiosa Orquesta Estrella de Culiacán. En 1939 se trasladó a Ciudad de México junto con su esposa, María Luisa León, y, en 1943, publicó su primer sencillo, «El soldado raso». A lo largo de su carrera Pedro Infante grabó trescientas cincuenta canciones, mariachis y rancheras en particular, convertidas en favoritas de la nación. Apodado «El rey del bolero», ejerció su carrera como actor cinematográfico en la década de 1940, destacando en toda América Central y del Sur por sus interpretaciones de los charros (jinetes) mexicanos. Su vida privada fue muy complicada; engendró varios hijos fuera del matrimonio, aunque ello no afectó a su popularidad. Fanático piloto de aviación, Infante falleció en 1957 en un accidente aéreo. Fue profusamente homenajeado, e incluso se erigieron varias estatuas en su honor.

Camarón de la Isla
(1950–1992, España)

Camarón de la Isla nació en Cádiz en el seno de una familia de etnia gitana. La muerte prematura de su padre dejó a la familia sin recursos y, con ocho años, Camarón se vio obligado a actuar en la calle para ganarse un jornal. A los dieciséis años, ganó un concurso de cante flamenco y, en 1969, lanzó su primer disco en colaboración con el

CAMARÓN DE LA ISLA

genial guitarrista Paco de Lucía. El álbum fue todo un hito en la historia del flamenco, y ambos continuaron grabando y actuando juntos hasta 1977. En la década de 1980, Camarón incorporó instrumentos eléctricos y fusionó el flamenco con otros géneros, incluidos el jazz y el rock; este trabajo fue primordial en el establecimiento del género llamado «nuevo flamenco» (o «flamenco fusión»). Tras fallecer de un cáncer de pulmón a los 42 años, su funeral congregó a miles de personas.

Charles Ives
(1874–1954, EE UU)

Charles Ives nació en Connecticut en el seno de una familia aficionada a la música. Su padre, George Ives, un director de banda con un interés innovador hacia la música, introdujo a su hijo en el uso de la bitonalidad. Esta técnica fue decisiva en el original enfoque que Charles Ives dio a su música. Con un talento precoz, a los catorce años de edad se convirtió en el organista asalariado más joven de Connecticut. Compuso varias obras y estudió música durante cuatro años en la Universidad de Yale. En 1898 aceptó un empleo como actuario de seguros y, diez años después, contrajo matrimonio con Harmony Twichell. En 1907, fundó su propia compañía de seguros con Julian Myrick, convirtiéndola en una de las empresas más respetadas de Nueva York. Al mismo tiempo, siguió componiendo obras como *Three Places in New England*, una compleja pieza orquestal con muchos de los rasgos que después definieron su aportación al modernismo. En 1921, Ives adquirió una finca rural e invitó a varias familias sin recursos a asentarse; una de ellas le cedió una hija en adopción, Edith Osborne Ives. Después de sufrir una insuficiencia cardíaca en 1918, Yves decidió poner orden a sus manuscritos hasta que, en 1926, se vio obligado a renunciar a la música. Unos años más tarde se retiró de su negocio y, en 1947, fue galardonado con el premio Pulitzer de Música.

Michael Jackson
(1958–2009, EE UU)

Nacido en el seno de una familia dedicada al negocio del espectáculo, Michael Jackson hizo su debut a los seis años como integrante del grupo The Jackson Five. Durante las décadas de 1960 y 1970, los cinco hermanos combinaron el rhythm and blues y la música disco con el pop, generando varios singles de éxito, como «I Want You Back» (1969). Consagrado como estrella, Michael Jackson se estableció en solitario y publicó, en 1979, su quinto álbum, *Off the Wall*. En 1982, el lanzamiento de *Thriller* lo convirtió en un fenómeno de masas; producido por Quincy Jones, el disco generó siete gloriosos singles, incluido «Billie Jean», y se convirtió en el álbum más vendido en todo el mundo en 1983. Además de la popularidad de su música y sus vídeos musicales, Michael Jackson se ganó una excelente reputación a través de sus impactantes actuaciones en directo. Con solo un álbum más publicado en los años ochenta (*Bad*, 1987), su fama siguió intacta, pero su nombre fue objeto de rumores y especulaciones en la prensa rosa de todo el mundo. Las dos décadas siguientes no fueron muy productivas musicalmente (solo cuatro álbumes, en gran parte de remezclas), y se vieron ensombrecidas por la polémica y el escándalo. El cantante preparaba su regreso a los escenarios cuando falleció de un ataque al corazón provocado por la ingesta de fármacos.

Jay-Z
(n. 1969, EE UU)

Jay-Z inició su carrera como cantante de rap en el distrito de Brooklyn, en Nueva York, a principios de la década de 1990. Su primer álbum, *Reasonable Doubt*, fue publicado a través de su propio sello, Roc-a-Fella Records. Pese a que el éxito fue moderado, el disco allanó el camino para sus siguientes lanzamientos, *Vol. 2: Hard Knock Life* y *Vol. 3: Life and Times of S. Carter*. Publicados entre 1998 y 1999, los dos discos establecieron a Jay-Z como figura comercial relevante de la escena musical estadounidense; los sencillos «Hard Knock Life» y «Big Pimpin» fueron dos de sus grandes éxitos. Jay-Z alcanzó su pico creativo a principios de la década del 2000 con el lanzamiento de *The Blueprint* y *The Blueprint 2*, que vendieron dos millones de copias cada uno en EE UU. Al conciliar el estilo «hardcore rap» con los gustos del público, estos álbumes generaron disputas con otros conocidos raperos, lo cual aumentó aún más su popularidad. Tras la publicación del disco multimillonario *The Black Album*, Jay-Z anunció su retirada, aunque mantuvo un destacado perfil público a través de sus actividades comerciales. En el año 2006 regresó a la música con el álbum *Kingdom Come*, y dos años después se casó con la cantante y compositora Beyoncé Knowles.

MICHAEL JACKSON

Antonio Carlos Jobim
(1927–1994, Brasil)

Nacido en el seno de una familia de clase media en Río de Janeiro, Carlos Jobim recibió un piano de su padrastro a una edad temprana. A los veinte años, trabajó como pianista en varios bares y clubes nocturnos y, en 1956, colaboró con el poeta Vinicius de Moraes en la composición de una obra llamada *Orfeu da Conçeicão*. La colaboración favoreció a ambos artistas y, en 1959, se reunieron para crear la banda sonora de la película *Orfeu Negro*. Posteriormente, produjeron muchas de las canciones más gloriosas de Jobim. A principios de los sesenta, las composiciones de Jobim, interpretadas sobre todo por el saxofonista Stan Getz y el vocalista João Gilberto, ayudaron a difundir la bossa nova por el mundo. Su popularidad culminó a finales de los años sesenta y, en la década siguiente, Jobim continuó su carrera centrado en la música para cine y televisión. Gracias al auge del género world music (músicas del mundo) a finales de los ochenta, la carrera de Jobim recibió un impulso, y el compositor realizó varias giras memorables hasta poco antes de su fallecimiento, en 1994.

ANTONIO CARLOS JOBIM

Elton John
(n. 1947, Reino Unido)

Elton John cursó estudios en la Real Academia de Música de Londres cuando todavía era un adolescente. En 1967, en colaboración con el letrista Bernie Taupin, compuso varias canciones para otros artistas profesionales, como la cantante Lulu. En 1970, su segundo álbum, apoyado por el sencillo «Your song», logró cierto éxito y, en 1973, su glorioso single «Crocodile Rock» le catapultó a la fama en EE UU. Su siguiente álbum, *Goodbye Yellow Brick Broad* (1973), produjo algunas de sus canciones más populares, incluida «Bennie and the Jets». El músico disfrutó de una enorme popularidad hasta 1976, momento en que su productividad descendió y su carrera declinó. Dejó de actuar durante un

ELTON JOHN

tiempo, aunque siguió publicando un álbum por año. En los ochenta, volvió a subirse a los escenarios, y sus conciertos generaron más aplausos que sus discos. El alcohol y las drogas, y la ruptura de su matrimonio por su inclinación homosexual, le conllevaron serias dificultades. Pese a ello, el artista continuó activo musicalmente; las dos décadas siguientes estuvieron marcadas por sus colaboraciones con numerosos artistas contemporáneos del pop y por sus composiciones tanto para películas como musicales.

Robert Johnson
(c.1911–1938, EE UU)

Nacido en Hazelhurst (Misisipi), Robert Johnson aprendió a tocar la armónica tras no exhibir talento alguno para la guitarra. En 1929 contrajo matrimonio, pero su esposa y la criatura fallecieron durante el parto; luego, Johnson emprendió un camino como músico de blues itinerante. Cuando años más tarde regresó a su hogar convertido en un guitarrista virtuoso, surgieron los rumores de que había hecho un pacto con el diablo, leyenda por la cual es más conocido. En la década de 1930, tocó sin descanso frente a restaurantes y barberías, y en las calles de varias ciudades del delta del Misisipi. En 1936, publicó *Terrapin Blues*, un disco que no alcanzó demasiado éxito; ese mismo año, Johnson fue víctima de un envenenamiento y una neumonía. En los años siguientes, su virtuosismo con la guitarra y su fuerza como vocalista y compositor le convirtieron en uno de los músicos más célebres en la historia del género.

Scott Joplin
(1867–1917, EE UU)

Scott Joplin aprendió a tocar el piano en una casa en la que su madre trabajaba como asistenta doméstica, en Texarkana (Texas). Entre los once y los dieciséis años recibió clases de Julius Weiss, un profesor de música de origen alemán

que le educó en la ópera, la música clásica y el folk. A finales de la década de 1880, después de pasar una temporada trabajando como músico ambulante, empezó a publicar sus composiciones y a impartir clases de piano con el fin de completar sus ingresos. Asimismo, Scott Joplin estudió composición en la Universidad de Sedalia (Misuri). Su carrera despuntó tras el lanzamiento, en 1899, del sencillo «Maple Leaf Rag». La tirada inicial se vendió lentamente, pero, con el tiempo, su popularidad aumentó y las ventas le reportaron un ingreso estable durante muchos años. En la década de 1900, Joplin se trasladó a St. Louis, tuvo una hija, que falleció a los pocos meses de nacer, y se separó de su esposa. Se casó de nuevo por tercera vez, pero, diez semanas después del enlace, su nueva esposa murió de un resfriado mal curado. Durante este tiempo, sus geniales composiciones le hicieron ganar el apelativo de «el rey de los compositores de ragtime». Tras contraer matrimonio por cuarta vez, en 1909, se trasladó a Nueva York y se centró en la ópera, sin demasiada repercusión. En enero de 1917, cayó enfermo de sífilis y, tras ser internado en una institución en Manhattan, falleció a los pocos meses.

Enrique Jorrín
(1926–1987, Cuba)

Enrique Jorrín aprendió a tocar el violín a los doce años en La Habana, su ciudad natal. Tiempo después, ingresó en el Conservatorio Municipal de La Habana y consiguió un puesto como violinista en el Instituto Nacional de Música. Su interés por los ritmos de baile de la isla le llevó a unirse al popular grupo Antonio Arcana y sus Maravillas. Esta experiencia culminó con la creación del grupo Orquesta América, del cual era líder. Gracias a canciones como «La Engañadora», Jorrín fue descrito como el padre del chachachá. En los sesenta, realizó numerosas grabaciones, y, hacia 1970, formó un nuevo grupo de música destinado al baile. En la actualidad, las composiciones de Enrique Jorrín siguen siendo interpretadas por los grupos latinoamericanos del género.

Kassav
(desde 1979, Guadalupe/Francia)

Con un deseo compartido por mezclar la música tradicional caribeña con técnicas

modernas de producción electrónica, los músicos Pierre-Edouard Décimus y Jacob F. Desvarieux formaron Kassav, en París, a finales de la década de 1970. Después de consolidar su reputación a través de los conciertos ofrecidos por toda la ciudad, se establecieron como pioneros del incipiente género llamado zouk. A principios de la década de 1980, grabaron y actuaron prolíficamente y, en 1985, lograron saltar al panorama internacional gracias a su exitoso álbum *Yélélé*. Aprovecharon este triunfo para viajar y ofrecer enérgicas actuaciones por todo el mundo, ganándose con ello el reconocimiento del público en general. Como agrupación influyente y productiva, han publicado veinte álbumes conjuntos, y muchos otros por separado.

Oottukkadu Venkata Kavi
(c. 1700–1760, India)

Venkata Kavi nació en Mannagurdi, en el sur de India, en una familia de cinco hermanos. Posteriormente, su familia se trasladó a Oottukkadu, nombre por el cual es reconocido. Su obra incluye más de quinientas composiciones en una variedad de idiomas, incluido el sánscrito. Como compositor, su trabajo exhibe un uso complejo e innovador de los *ragas* (modos melódicos de la música carnática) y las variaciones rítmicas. Sus composiciones son de índole muy diversa, desde *varnams* (canciones relativamente largas para solistas) hasta canciones grupales; también compuso una ópera en la que se describe el nacimiento y la infancia del dios Krishna. Su devoción por esta deidad hindú inspiró muchas de sus canciones; en India es vox pópuli que el músico recibió el influjo divino de Krishna para componerlas.

R. Kelly
(n. 1967, EE UU)

R. Kelly nació en Chicago y, ya desde niño solía cantar en el coro evangélico de su iglesia. Sin embargo, hasta 1992 no inició su carrera musical como vocalista principal del grupo de rhythm and blues contemporáneo Public Announcement. Tan solo un año más tarde saltó a la fama como cantante y compositor tras publicar su primer álbum como solista, *12 Play*; el contenido sexualmente explícito del álbum acabó definiendo su trayectoria posterior. En 1995, escribió algunas canciones para Michael Jackson, triunfando con el sencillo «You Are Not Alone». El álbum de 1995, de título homónimo, se colocó en el número uno de las listas de éxitos estadounidenses, consolidando su posición como una de las principales estrellas del pop. Siguió disfrutando de éxito comercial durante los años noventa y, a partir de 2000, realizó colaboraciones frecuentes con otros artistas, incluido el popular rapero Jay-Z. En 2005, comenzó a trabajar en *Trapped in the Closet*, un ciclo de canciones narrativas de rhythm and blues que él mismo describe como «hip-hopera» (ópera de rap).

Khaled
(n. 1960, Argelia)

Después de estudiar el acordeón en la escuela, Khaled inició su carrera musical como Cheb Khaled. Artista innovador e impulsor del género raï, mezcló la música y los instrumentos occidentales (sintetizadores y cajas de ritmo incluidos) con la música tradicional árabe. A los 26 años de edad se trasladó a Francia y, tres años más tarde, publicó su primer disco. La publicación del álbum *Khaled* hizo que saltara a la fama en su país de adopción; el sencillo «Didi», que se convirtió en la primera canción árabe en entrar en las listas de éxitos francesas, permaneció ahí durante cincuenta semanas. Apodado «El rey del raï», su popularidad se ha extendido también por varios países del mundo árabe y de parte de Asia.

Amjad Ali Khan
(n. 1945, India)

Hijo de un músico de la corte en la ciudad de Gwalior, en el norte de India, Amjad Ali Khan aprendió a tocar el sarod (véase la imagen) con su padre. Con solo doce años de edad, hizo su primera aparición pública, aunque sus estudios musicales, cursados en Delhi, se prolongaron hasta 1963. A partir de esta fecha se dedicó a ofrecer conciertos por todo el mundo, desarrollando una técnica propia e ingeniosa de los *ragas* carnáticos. En 2001, fue galardonado con el Padma Vibhushan, el segundo título honorífico civil de India.

AMJAD ALI KHAN

Vilayat Khan
(1928–2004, India)

Nacido en la actual Bangladesh, Vilayat Khan fue hijo del famoso músico de sitar Enayat Khan. Tras el fallecimiento de su padre en 1938, continuó recibiendo formación musical de otros miembros de su familia, incluidos su madre y su tío. En la década de 1940, se forjó una importante reputación como un músico virtuoso del sitar y, una década más tarde, desarrolló un sonido similar a la voz humana. Además de reinterpretar muchos de los *ragas* clásicos, Vilayat Khan también compuso otros nuevos. Afincado en Calcuta, viajó durante cincuenta años para ofrecer conciertos, clásicos en su mayoría, en India y otros muchos países.

Angelique Kidjo
(n. 1960, Benín)

Angelique Kidjo empezó a actuar con el grupo teatral de su madre a la edad de seis años. Siendo aún una adolescente, logró un gran éxito en Benín con la canción «Les Trois Z», lo cual le llevó a realizar una magnífica gira por África Occidental. La inestabilidad política de su país hizo que se mudara a París a principios de la década de 1980, donde estudió en la prestigiosa escuela de jazz, CIM. Esta influencia se reflejó en su primer álbum internacional, *Parakou*. Durante la década de 1990, Kidjo siguió experimentando con la fusión del pop occidental y de los ritmos africanos, alcanzando los mayores éxitos de ventas y la mejores críticas gracias al álbum *Fifa* (1996). El disco, grabado en Benín,

The KLF
(1987–1992, Reino Unido)

Creado en 1987 por los músicos Bill Drummond y Jimmy Cauty, el grupo KLF inició su carrera usando técnicas de muestreo para producir sonidos bien marcados con influencias del hip-hop y el house. En 1989 lanzaron *Chill Out*, un aclamado álbum que repercutió en el desarrollo de la música chill out y ambiental. Entre 1990 y 1991, decidieron retomar el sonido house, publicaron varios singles de éxito, como «What Time is Love» y «Last Train to Trance Central», y consiguieron entrar en las listas de éxito de la música dance. En 1991, sus singles se convirtieron en

contó con la contribución especial del guitarrista Carlos Santana. En 2002, Kidjo fue nombrada embajadora de buena voluntad de las Naciones Unidas y, a día de hoy, continúa siendo una portavoz relevante en cuestiones tanto sociales como políticas.

B. B. King
(1925–2015, EE UU)

Criado por su abuela en el delta del Misisipi, B. B. King trabajó como aparcero después de dejar la escuela. Su primo Bukka White le ayudó a mejorar su técnica con la guitarra y, gracias a sus actuaciones en las emisoras de radio locales, no tardó en hacerse con un público seguidor.

> «¿Qué es **el blues**? Es la **raíz** de la música **estadounidense**. Eso es el blues, **el origen**.»
>
> B. B. KING, VOCALISTA, COMPOSITOR Y GUITARRISTA

En 1949 empezó a grabar y publicar su música, obteniendo un enorme éxito gracias a «Three O'clock Blues» (1951). En años sucesivos, King figuró frecuentemente en las listas de éxitos con sus interpretaciones de clásicos del blues; «Every Day I Have the Blues» y «Sweet Little Angel» son dos ejemplos de ello. Continuó grabando y actuando a lo largo de los años sesenta y, en 1969, atrajo la atención del público mientras realizaba una gira con los Rolling Stones, grandes admiradores de su trabajo. En 1970 consiguió un Grammy por su interpretación de la canción «The Thrill is Gone». Su popularidad se ha mantenido vigente, y King sigue grabando y ofreciendo numerosas actuaciones en directo. Se le atribuyen alrededor de quince mil conciertos en sus casi setenta años de larga carrera.

récord de ventas en todo el mundo y llegaron a generar unos niveles de popularidad sin precedentes dentro de la música dance. En 1992, cuando estaban en lo alto de su carrera, se apartaron de la música y dirigieron su atención hacia proyectos de arte a gran escala. Dos de sus acciones más destacadas fueron eliminar todo su catálogo musical, y quemar un millón de libras esterlinas en la isla escocesa de Jura.

BEYONCÉ KNOWLES

Beyoncé Knowles
(n. 1981, EE UU)

Beyoncé desarrolló sus dotes para el baile y el canto mientras crecía en la ciudad de Houston, en el estado de Texas. A los doce años se unió al trío de rhythm and blues Destiny's Child; más tarde, entre 1997 y 2001, el grupo se convirtió en una de las formaciones femeninas con más ventas en la historia musical. Tras la disolución del grupo, Beyoncé siguió su carrera en solitario, publicando, en 2003, su álbum de debut *Dangerously in Love*. El álbum generó cuatro singles de éxito, entre los que se incluye «Crazy in Love». En 2008 recibió seis premios Grammy por su tercer disco en solitario, *I Am… Sasha Fierce*, mereciendo el aplauso por su talento como compositora y vocalista. Hasta el momento, Beyoncé ha logrado vender cincuenta millones de discos como miembro de Destiny's Child, y ciento dieciocho millones como solista. Su carrera como actriz también ha despuntado, y, en 2006, recibió una nominación al premio Globo de Oro por su actuación en *Dreamgirls*.

Frankie Knuckles
(1955–2014, EE UU)

Frankie Knuckles inició su carrera como Dj en los clubes nocturnos de Nueva York a finales de los setenta. Su sonido estuvo inicialmente marcado por una selección ecléctica de soul, disco y rhythm and blues. En 1977, se trasladó a Chicago; después de ser contratado como Dj residente en el club Warehouse, desarrolló una técnica de mezcla basada en secuencias de música ininterrumpida destinada al baile. Con el objetivo de homogenizar la transición entre canciones, hizo uso de patrones rítmicos contundentes, sentando las bases de lo que después se conocería como música house. A principios de la década de 1980, Knuckles comenzó a crear su propia música, y canciones como «You Got the Love» sirvieron para marcar el rumbo del house. Tras su regreso a Nueva York a finales de los ochenta, se dedicó a producir remezclas para grandes artistas del pop, como Michael Jackson y Diana Ross.

Kraftwerk
(desde 1970, Alemania)

Florian Schneider y Ralf Hütter, miembros fundadores de Kraftwerk, se conocieron en el conservatorio de Dusseldorf mientras estudiaban música clásica. A principios de la década de 1970 comenzaron a experimentar con los instrumentos electrónicos, incluidas las cajas de ritmo y los sintetizadores. Tras reclutar a Karl Bartos y Wolfgang Flür, la banda desarrolló una estética fría y distante y, su tercer álbum, *Ralf und Florian*, obtuvo los elogios de la crítica. El despegue de la popularidad de Kraftwerk se produjo, no obstante, con el lanzamiento de su cuarto álbum, *Autobahn*, en 1974. A lo largo de toda la década de 1970, gozaron de un enorme éxito comercial en todo el mundo. Aclamados como artistas experimentales, en 2013 ofrecieron varios conciertos memorables en la galería Tate Modern Art de Londres.

Umm Kulthum
(c. 1904–1975, Egipto)

Nacida en una aldea rural, Umm Kulthum (o Kalzum) contó con el apoyo de su padre, un imán de la mezquita local, para desarrollar su innato talento musical. Antes de cumplir los veinte años, Kulthum conoció al compositor e intérprete de laúd Zakarriya Ahmad, quien le animó a trasladarse a El Cairo. En 1923 se afincó en la capital y, con ánimo de instruirse musicalmente, tomó clases de música y de literatura con el poeta Ahmad Rami. En 1928, Kulthum se había hecho un nombre en El Cairo y, en 1932, su creciente fama le llevó a ofrecer conciertos por Oriente Medio.

UMM KULTHUM

En 1934 participó en la primera emisión de la radio estatal; gracias a este medio, que solía retransmitir sus conciertos en directo, su reputación como vocalista prosperó. Durante las décadas de 1940 y 1950, Kulthum se alejó de la música popular y se dedicó a cantar poemas escritos en árabe clásico. Además de su magnífica voz, fue célebre por su dominio de las técnicas de improvisación del canto árabe clásico. Admirada tanto por músicos árabes como occidentales, su funeral congregó a miles de seguidores en las calles del Cairo.

Fela Kuti
(1938–1997, Nigeria)

En 1958, el nigeriano Fela Kuti se trasladó a Londres con el objetivo de estudiar medicina, aunque, en lugar de eso, se matriculó en el Trinity College of Music y formó su primera banda, Koola Lobitos. A su regreso a Nigeria en 1963, trabajó como músico y productor de radio, pero fue en Ghana, en 1967, donde comenzó a desarrollar la música que después se conocería como afrobeat. Muy influenciado por la ideología de los Panteras Negras durante una visita a EE UU, en 1969, su música adoptó un cariz explícitamente político. En la década de 1970, disfrutó de gran popularidad en toda África Occidental, pero también fue víctima de la violencia y la opresión del gobierno nigeriano. En uno de los asaltos sufridos, su madre acabó sufriendo graves lesiones. Su participación política prosiguió en los ochenta, y su encarcelamiento, en 1984, bajo la acusación de haber importado moneda extranjera ilegalmente, originó una campaña en favor de su liberación. Aunque la producción musical de Kuti disminuyó en la década de 1980, su funeral congregó a más de un millón de personas. Su hijo Femi Kuti es también un prestigioso músico.

Lady Gaga
(n. 1986, EE UU)

Influenciada por los espectáculos y cabarets de Nueva York, Lady Gaga dejó sus estudios de arte para emprender la carrera musical. Tras colaborar con algunos dúos y bandas de rock, su primer trabajo remunerado consistió en escribir canciones para otros artistas, incluida Britney Spears. Sin embargo, no tardó en ganar fama internacional como solista cuando publicó *The Fame* y *The Fame Monster*, dos álbumes en los que la música de baile se mezclaba con el pop. Varios de los singles producidos, incluidos «Bad Romance» y «Poker Face», fueron récord de ventas a escala mundial. Célebre por sus espectaculares actuaciones en vivo, su gira *Monster Ball Tour*, de 2010, se convirtió en una de las más rentables en la historia de la música. Además de unas puestas en escena sensacionales y unos vistosos efectos teatrales, Lady Gaga es famosa por sus elaborados trajes y estilismos, entre los que destaca un vestido hecho con carne cruda.

Lead Belly
(1888–1949, EE UU)

Huddie William Leadbetter nació en el seno de una familia agrícola en 1888. Apodado Lead Belly, inició su carrera musical cuando aún era un adolescente en Shreveport (Luisiana), cantando y tocando la guitarra en bailes locales y bares del distrito rojo. Tras contraer matrimonio en 1908, tuvo dos hijos y pasó varios años viajando en busca de trabajo, o bien como músico, o bien como peón. En 1915 fue condenado a trabajar durante treinta días con un grupo de prisioneros engrillados por llevar un arma. Consiguió escapar y, durante dos años, trabajó y actuó bajo el nombre de Walter Boyd. En 1918 fue encarcelado durante siete años por haber apuñalado a un familiar. En 1930, una tentativa de homicidio lo volvió a colocar entre rejas. Durante su estancia en prisión, el músico de folk Alan Lomax se dedicó a grabar su música. Tras salir de la cárcel, Lomax lo contrató, y, en la década de 1940, Lead Belly actuó y grabó asiduamente centrado en el folk. Pasó otro periodo en la cárcel y, tras su fallecimiento en 1949, muchas de sus canciones se convirtieron en clásicos populares; «Goodnight, Irene», por ejemplo, fue versionada con éxito por artistas de la talla de Frank Sinatra.

Led Zeppelin
(1968–1980, Reino Unido)

Jimmy Page (guitarrista), Robert Plant (vocalista), John Paul Jones (bajista) y John Bonham (baterista) formaron Led Zeppelin en Londres en 1968. Pese al origen inglés de la formación, la banda se hizo con una reputación en EE UU. Respaldados por una extensa gira, los dos primeros álbumes, *Led Zeppelin I* y *Led Zeppelin II*, entraron a formar parte

LED ZEPPELIN

de las listas de éxitos estadounidenses. Su música de hard rock con matices enérgicos del blues allanó el camino de lo que actualmente se conoce como heavy metal. A principios de los años setenta incorporaron la música folk en su sonido, una influencia que se dejó ver en «Stairway to Heaven», canción emblemática del grupo incluida en *Led Zeppelin IV*. La integración del funk y el uso de sintetizadores culminaron con el lanzamiento de *Physical Graffiti* (1975), álbum altamente elogiado con el que lograron un gran éxito comercial. La banda mantuvo su apogeo y, en 1977, los más de 76.000 espectadores que acudieron a uno de sus conciertos en Michigan fijaron un nuevo récord de audiencia a nivel mundial. Tanto sus tumultuosas vidas como la repentina muerte del baterista John Bonham provocaron su disolución en 1980.

Yao Lee
(1922–1982, China)

Yao Lee, natural de Shanghái, empezó a cantar en programas de radio cuando tenía trece años. A los catorce años de edad, Lee firmó con Pathé Records y lanzó su primer sencillo. Su carrera floreció al final de la década de 1930 con canciones tradicionales como «Os deseo felicidad y prosperidad». En 1940, publicó «Rosa, rosa, te quiero», canción clave en el transcurso de su carrera. Célebre por su tonalidad alta y suave a la vez, la artista colaboró varias veces con su hermano Yao Min, un destacado escritor de música pop china. Tras contraer matrimonio en 1947, la artista se tomó un descanso para dedicarse a su familia. En 1950, el asentamiento del Partido Comunista en el poder hizo que se trasladara a Hong Kong. En la década de 1950, volvió a la escena musical, pero con un estilo distinto adaptado a la influencia occidental imperante en Hong Kong. Tras el fallecimiento de su hermano en 1967, Yao Lee dejó de cantar, pero continuó trabajando en el gremio con un puesto en la discográfica EMI Hong Kong. Con más de cuatrocientas publicaciones en su haber, hoy en día está considerada como una de las «siete grandes divas de la canción china».

Magnus Lindberg
(n. 1958, Finlandia)

Magnus Lindberg estudió música en la Academia Sibelius, en Helsinki, junto a compositores tan notables como Einojuhani Rautavaara y Paavo Heininen. Después de adentrarse en el campo de la electrónica, en 1977 fundó el grupo modernista Korvat Auki. En 1981, decidió trasladarse a París, ciudad en la que profundizó en sus estudios. Cuatro años más tarde,

compuso *Kraft*, su primera obra orquestal de éxito. Altamente reconocido a nivel internacional, llegó a dirigir el festival londinense de arte Meltdown en 1996. En 1997 compuso *Related Rocks*, una pieza musical compleja escrita para dos percusionistas y dos pianos, en la que se incluyen instrumentos electrónicos y técnicas de muestreo, como el sonido producido por la demolición de un piano de cola.

Franz Liszt
(1811–1886, Hungría)

Nacido en Raiding, pequeña localidad del noroeste de Hungría, Franz Liszt

FRANZ LISZT

recibió sus primeras clases musicales de su padre, un músico de violonchelo que había tocado en la orquesta del compositor austriaco Joseph Haydn. En 1823, su familia se trasladó a París, y, con solo doce años, Liszt ya había ofrecido conciertos por toda Europa. Su precaria salud y su inclinación por la meditación religiosa hicieron mella durante su adolescencia, provocando su retirada de la vida pública. En 1831, después de asistir a un concierto del genial violinista Niccolò Paganini, Liszt retomó el piano y deslumbró al público de toda Europa gracias a sus conciertos, caracterizados por unas composiciones inéditas y de gran complejidad. En 1835, conmovió a la alta sociedad parisina después de fugarse con la condesa Marie d'Agoult, casada en ese momento. La pareja, residente en Suiza y en Italia, tuvo tres hijos. En 1838, Liszt regresó a la escena como pianista, fijando un nuevo modelo para el concertista de piano moderno: además de interpretar varias piezas memorizadas, inventó el recital solista para piano. Tras ofrecer conciertos por toda Europa durante ocho años, decidió asentarse y contraer matrimonio con su nueva amante, la princesa Carolyne Sayn-Wittgenstein. Su posición de *Kapellmeister* (director

musical) en la corte de Weimar, le permitió escribir y revisar la mayoría de sus obras más importantes, incluida *Fausto*, una excelente sinfonía coral para orquesta, el Concierto para piano n.º 1, quizá su concierto sinfónico para piano y orquesta más brillante. Durante este periodo, el compositor también creó los poemas sinfónicos; *Prometeo* y *Orfeo*, dos obras basadas en la mitología griega, son claros ejemplos de ello. El hecho de que la Santa Sede denegara la anulación del primer matrimonio de la princesa Carolyne, unido a la dramática muerte de dos de sus hijos, hizo que Liszt buscara consuelo en la Iglesia católica y se convirtiera en abad. Continuó componiendo e impartiendo clases hasta poco antes de su muerte en Bayreuth (Alemania) a causa de una neumonía.

Little Richard
(n. 1932, EE UU)

Nacido en el seno de una familia muy religiosa en Georgia, Richard Wayne Penniman, alias Little Richard, tuvo su primer contacto con la música a través del coro evangélico. A los dieciséis años abandonó su hogar y, después de ser contratado por un club nocturno, realizó

actuaciones en directo. Animador nato, Little Richard solía acompañar sus enérgicas actuaciones con una atrayente iluminación y el sonido fastuoso del piano. En 1957 decidió apartarse de la industria musical para estudiar teología. Su regreso, en 1959, como intérprete de música espiritual y, en 1964, como músico secular, no tuvo la repercusión de antaño.

Andrew Lloyd Webber
(n. 1948, Reino Unido)

Hijo de músicos clásicos profesionales, Andrew Lloyd Webber empezó a escribir música antes de iniciar sus estudios, en 1965, en el Royal College of Music de Londres. En 1971 triunfó con *Jesucristo Superstar*, un musical con elementos del rock compuesto junto al letrista Tim Rice, publicado en disco y representado en el teatro West End. En 1976, la pareja obtuvo otro éxito aún mayor con el musical *Evita*; la canción «No llores por mí Argentina» se convirtió en una de las piezas emblemáticas de Lloyd Webber. Su siguiente musical, *Cats*, basado en los poemas de T. S. Eliot, logró mantenerse en cartelera durante veintiún años en el West End de Londres. En la década de 1980, Lloyd Webber se

> ## «**Dios** nos concede **el don**, pero el **rock and roll** es obra **humana**.»
>
> LITTLE RICHARD, VOCALISTA Y COMPOSITOR

sus primeras grabaciones de rhythm and blues. En 1951, logró éxito en su ámbito local con la canción «Every Hour», y, en 1955, el lanzamiento de «Tutti Frutti» lo catapultó a la fama. El esplendor se mantuvo tras la publicación, tan solo un año después, de «Long Tall Sally». Su rock and roll sugestivo y estridente fue la clave de gran parte de su éxito, como también lo fueron sus excelentes

acercó a la música clásica componiendo, en 1985, una misa de réquiem en honor a su padre y, en 1986, *El fantasma de la ópera*. El músico ha sabido siempre mantener el auge de su brillante carrera y, en ocasiones, organiza concursos de talentos en la televisión británica con el objetivo de encontrar nuevos intérpretes para las reposiciones de sus obras más famosas.

ANDREW LLOYD WEBBER

Lord Shorty
(1941–2000, Trinidad y Tobago)

Nacido en Trinidad y Tobago, Lord Shorty saltó a la fama como máximo exponente del calipso durante la década de 1960. Sin embargo, a principios de los setenta, el músico experimentó con la fusión de dicho género con la música de India, y su canción «Indrani», editada en 1973, fue considerada esencial para el desarrollo posterior de la música soca. En la década siguiente, Lord Shorty se hizo adepto del movimiento rastafari, experimentó con la música espiritual y cambió su nombre por el de Ras Shorty I. Creó la banda Love Circle, que integró a varios de sus hijos como miembros.

Paco de Lucía
(1947-2014, España)

Hijo de un guitarrista de flamenco, Paco de Lucía comenzó a tocar la guitarra a la edad de cinco años. Considerado un niño prodigio, actuó ya en la radio local de Algeciras a los trece años de edad (1960), grabó algunos discos EP (1961) y ganó un premio en el prestigioso concurso de flamenco de Jerez de la Frontera (1962). Entre 1964 y 1965, publicó tres álbumes de flamenco tradicional con el guitarrista Ricardo Modrego. En 1967, inició su carrera en solitario y ofreció conciertos por toda Europa, y con buena acogida. Un año después, comenzó su andadura con el prestigioso cantaor de flamenco Camarón de la Isla y, juntos, publicaron diez álbumes aclamados por la crítica. Su deseo de llevar el rango musical más allá del flamenco, le llevó a formar un sexteto en 1981; pasó gran parte de la década de 1980 junto a este grupo, experimentando con estilos musicales muy diversos, como el jazz. Continuó grabando y ofreciendo conciertos hasta el final de su vida. Su enfoque innovador supuso una aportación esencial en el desarrollo del «nuevo flamenco».

Jean-Baptiste Lully
(1632–1687, Francia)

Hijo de un humilde molinero italiano, Jean Baptiste Lully fue a París a la edad de 13 años para ser camarero y acompañante musical de la duquesa de Montpensier, y, luego, desde 1652, llegó a ser bailarín del ballet y violinista de la corte de Luis XIV. En 1661 fue nombrado superintendente de música del rey y, finalmente, se le ascendió a maestro (compositor) de música de la familia real. Uno de sus cometidos fue dirigir el prestigioso Les Vingt-quatre violons du Roy, conjunto de cuerda compuesto por veinticuatro violines. Amigo de Molière desde 1662, Lully compuso la música de varias de sus comedias-ballet, entre ellas, *El burgués gentilhombre* (1670). En 1672, refundó la Academia Real de la Música para la

JEAN-BAPTISTE LULLY

ópera, que había quebrado. Gran parte de su obra posterior fue escrita para este género; un ejemplo es *Armida*, tragedia lírica basada en un poema épico de Torquato Tasso, estrenada en 1686. Lully falleció en 1687 a consecuencia de una gangrena producida tras herirse en el pie con su bastón de director de orquesta.

Lynyrd Skynyrd
(1964–1977, EE UU)

Lynyrd Skynyrd fue una banda fundada en Florida por tres amigos estudiantes: Ronnie van Zant, Allen Collins y Gary Rossington. Entre finales de los años sesenta y principios de los setenta, la banda desarrolló su sonido de rock sureño característico. En 1973, la canción «Free Bird», incluida en su primer álbum, alcanzó gran éxito. Seguidamente, fueron contratados como teloneros en la gira que los Who hicieron por EE UU para promocionar su álbum *Quadrophenia*, ganando con ello gran popularidad. Como resultado, su segundo álbum, *Second Helping*, secundado por la canción «Sweet Home Alabama», se convirtió en un enorme éxito comercial. Su celebridad siguió en aumento con el lanzamiento de su tercer álbum, *Nuthin' Fancy*, pero el cuarto ya no tuvo tanta repercusión. Tres días después del lanzamiento de su quinto álbum, el vocalista Ronnie van Zant, el guitarrista Steve Gaines y su hermana Cassie, vocalista secundaria, fallecieron en un accidente aéreo. Los restantes miembros de la banda decidieron disolverse, aunque en 1987 se reunieron, junto a otros músicos, para grabar y seguir dando conciertos.

Madonna
(n. 1958, EE UU)

Tras formarse en Nueva York como bailarina de ballet durante la década de 1970, Madonna Louise Verónica Ciccone participó en varios grupos antes de publicar su primer single en

solitario, en 1982. Evolucionó en la escena del baile y se consagró como una artista del pop de masas después de cosechar varios éxitos con canciones como «Lucky Star». La artista también comenzó una carrera como actriz de cine, incrementando todavía más su popularidad; su imagen provocadora, sus llamativos conciertos y su estilo de vida mediatizada (se casó con el actor Sean Penn en 1985), la convirtieron en una superestrella internacional. Madonna siguió publicando discos, cosechando gran éxito comercial y elogios de la crítica con sus dos álbumes independientes *True Blue* y *Like a Prayer*. A principios de los años noventa, su música perdió originalidad, aunque volvió a ganar credibilidad con *Ray of Light*, excelente álbum con influencias electrónicas implementadas por el productor de música dance William Orbit. Madonna es hoy considerada como la artista de pop con más discos vendidos del siglo xx, además de ser una empresaria inteligente con una fortuna amasada de unos quinientos millones de dólares.

película *Mahal*, en 1949. Durante las décadas de 1950 y 1960, Mangeshkar colaboró prolíficamente con bandas sonoras de películas, cosechando éxito tras éxito, e incorporó los *bhajans* (cantos devocionales) en su repertorio. Además, compuso la música de diversas películas bajo el pseudónimo Anand Kan, así como gran variedad de canciones de estilos y géneros diferentes. En la década de 1980, grabó un álbum de *ghazals* con el destacado compositor Jagjit Singh. Mangeshkar cuenta con numerosas canciones compuestas a lo largo de su trayectoria profesional, y su contribución a la música fue reconocida en 2001 con el Bharat Ratna, la condecoración civil más honorífica del país.

Bob Marley
(1945–1981, Jamaica)

Bob Marley grabó sus dos primeros singles cuando aún era un adolescente en Kingston (Jamaica), que apenas lograron repercusión alguna. En 1966, Bob Marley, Bunny Wailer (Neville Livingston) y Peter Tosh formaron

> «Una **cosa buena** de la **música** es que, cuando **golpea**, lo que sientes **no es dolor**.»
>
> BOB MARLEY, VOCALISTA Y COMPOSITOR

Lata Mangeshkar
(n. 1929, India)

Lata Mangeshkar desarrolló su capacidad como vocalista bajo la tutela de su padre, empresario teatral y vocalista clásico. Comenzó su carrera como artista de doblaje, interpretando las canciones que los actores escenificaban en la pantalla. Hacia 1945 continuaba ejerciendo como vocalista al tiempo que estudiaba música clásica. Obtuvo un enorme éxito gracias a la canción «Aayega Aanewaala», de la

los Wailers, grabando más de cien canciones entre 1966 y 1968. Durante este periodo, Bob Marley contrajo matrimonio con Rita Anderson y se integró en la comunidad rastafari. La banda se popularizó en 1973 con el álbum *Catch a Fire*, pero Livingstone y Tosh abandonaron la banda poco después. Marley creó un grupo de apoyo, los I-Threes, en el que estaba incluida su esposa; dicha formación fue definitiva para alcanzar la fama absoluta. Marley ofreció conciertos por todo el mundo, generando un público multirracial y cimentando el reggae dentro del marco de la música pop. Tras ser víctima de un atentado, Marley dejó Jamaica en 1977. Sus siguientes álbumes, *Exodous* y *Kaya*, resultaron apoteósicos; sin embargo, en 1980, estando en la cumbre de su carrera, Marley se desplomó en medio de la calle mientras corría en Nueva York. Murió de cáncer al año siguiente, a la edad de 36 años.

LATA MANGESHKAR

Massive Attack
(desde 1987, Reino Unido)

Massive Attack formó parte, en los años noventa, del colectivo de hip-hop Wild Bunch en Bristol (Inglaterra). Su primer álbum, *Blue Lines*, publicado en 1991, combinaba los ritmos lentos del hip-hop y elementos del funk y del reggae con voces del rap moderado y el soul. Enormemente elogiado por la crítica, el álbum fue la antesala de un nuevo género, el trip-hop. Si bien la banda se mantuvo improductiva durante los años siguientes, su tercer álbum *Mezzanine*, publicado en 1998, también recibió muy buenas críticas. En la década del 2000, los miembros del grupo decidieron concentrarse en la producción de bandas sonoras para películas, además de lanzar dos nuevos álbumes. A pesar de que su rendimiento comercial fue comedido, hoy en día son considerados como una banda pionera e imprescindible en el sonido de la música dance de los noventa.

YUMI MATSUTOYA

Yumi Matsutoya
(n. 1954, Japón)

Yumi Matsutoya (o Arai Yumi, su nombre de soltera) inició su carrera musical a los catorce años de edad, y publicó su primer álbum en 1973. Tan solo tres años más tarde, obtuvo su primer gran éxito comercial con *The 14th Moon* y, en 1976, consiguió colocar tres de sus álbumes entre los diez primeros puestos de las listas de éxito japonesas, alcanzando con ello una gran popularidad. Varias de las canciones incluidas en estos álbumes se convirtieron en clásicas del j-pop. Ese mismo año, contrajo matrimonio con Matsutoya Masataka, su productor y arreglista. Desde mediados de los ochenta, Yumi Matsutoya continuó grabando y actuando en directo, siendo célebre por la magnitud y fastuosidad de los mismos.

Curtis Mayfield
(1942–1999, EE UU)

Curtis Mayfield abandonó la escuela secundaria a finales de la década de 1950 para seguir la carrera musical. Cosechó sus primeros éxitos junto al grupo de soul y gospel The Impressions, consiguiendo un número uno con el single «For Your Precious Love» en 1958. Además de componer, Mayfield reemplazó a Jerry Butler como vocalista del grupo, logrando otro éxito gracias a «Gypsy Woman» en 1962. A mediados de los sesenta, su obra empezó a cobrar mayor conciencia social y política, tal y como se refleja en las canciones de éxito «Keep on Pushing», «People Get Ready» y «We're a Winner», publicadas por The Impressions. Curtis Mayfield abandonó el grupo en 1970 y, ya en solitario, amplió el espectro estilístico del soul con su álbum de debut, *Curtis*. En 1972, combinó sus letras políticas con el sonido más áspero del funk en la banda sonora de la película *Super Fly* (1972). Mayfield quedó paralizado tras sufrir un accidente en un escenario en 1990; no obstante, compuso un último álbum, *New World Order*, antes de su muerte en 1999.

Felix Mendelssohn
(1809–1847, Alemania)

Nacido en Hamburgo (ciudad-estado independiente en aquella época) en el seno de una familia acomodada y culta, Felix Mendelssohn se formó en caras escuelas privadas. Su formación musical fue tan exquisita que, en sus primeras composiciones, su familia contrataba orquestas para ensayar y probar su obra en sesiones domésticas con unos cien invitados. Además de ser violinista, pianista, organista, compositor y director de orquesta, su gran talento abarcaba también las artes plásticas y la poesía, y, en su adolescencia, fue el protegido de Goethe. El estilo de sus composiciones cristalizó a una edad muy temprana, hecho reflejado en *El sueño de una noche de verano*; escrita en 1826, esta pieza mostraba formas bien asentadas, en contraste con las tendencias más renovadoras de sus contemporáneos románticos. Mendelssohn poseía un conocimiento exhaustivo acerca de la historia de la música, y dirigió la primera interpretación que se hacía de la *Pasión según san Mateo* tras la muerte de Johann Sebastian Bach, y de manera memorable, lo cual fue origen del culto posterior a Bach. Pasó tres años viajando y ofreciendo diversos conciertos, e hizo diez prolongadas visitas a Inglaterra y a Escocia. A su regreso, Mendelssohn ocupó el puesto de director de orquesta en Düsseldorf y, más tarde, en Leipzig, ciudad en la que dirigió la orquesta Gewandhaus y estableció la modalidad, ahora universal, de interpretar obras

tanto históricas como modernas. Después de la muerte de su hermana Fanny, también pianista y compositora de talento, Felix Mendelssohn sufrió una serie de ataques cardíacos, falleciendo a la edad de 38 años.

Metallica
(desde 1981, EE UU)

La formación inicial de la banda, creada en Los Ángeles en 1981, estuvo integrada por el baterista Lars Ulrich y el vocalista James Hetfield (sus fundadores), además del guitarrista Dave Mustaine y el bajista Ron McGovney. Estos dos últimos fueron reemplazados por Cliff Burton y Kirk Hammett, respectivamente, poco antes del lanzamiento de su primer álbum, *Kill 'Em All*, en 1983. El álbum colocó a Metallica en una posición relevante dentro de la escena *underground* del heavy metal. Sin embargo, tuvieron que esperar a su tercer álbum, *Master of Puppets*, para convertirse en una fuerza esencial dentro del género, recibiendo elogios de la crítica y desarrollando un público cada vez mayor. La muerte de Cliff Burton en 1986 no impidió que el grupo siguiera cosechando grandes éxitos y, tras el lanzamiento del álbum *Metallica* (1991), que incluía aspectos técnicos más sencillos y accesibles, alcanzaron el reconocimiento popular pleno, con más de quince millones de copias vendidas en todo el mundo. A pesar de que la opinión de la crítica no resultó tan favorable durante la década de 1990, la banda siguió produciendo música con éxito. En el año 2000 se vieron implicados en una controvertida disputa legal con la empresa de internet Napster.

Mighty Sparrow
(n. 1935, Granada)

Mighty Sparrow comenzó su brillante carrera musical cantando en el coro de la iglesia católica de San Patricio de Trinidad, creando una banda de metales cuando solo contaba con catorce años de edad. En 1965, ganó dos prestigiosos concursos de calipso gracias a la canción «Jean y Dinah», que posteriormente se convertiría en una de sus piezas más populares. Célebre por sus ingeniosas letras, Sparrow obtuvo cierto éxito en Inglaterra durante la década de 1950. Tras regresar a Trinidad, Sparrow ganó varias veces el renombrado concurso Calypso Monarch, consiguiendo un

MIGHTY SPARROW

total de once victorias. Compositor versátil, se convirtió en un destacado artista del género soca durante las décadas de 1970 y 1980.

Charles Mingus
(1922–1979, EE UU)

Mingus aprendió a tocar el trombón y el violonchelo siendo todavía un niño en Los Ángeles. No obstante, tras percatarse de que las cuestiones raciales dificultarían su carrera en la música clásica, decidió encaminarse por la vía del jazz. Gracias a su enorme talento como contrabajista y compositor, Charles Mingus se estableció como músico de jazz profesional a principios de la década de 1940. Realizó algunas giras con varios gigantes del género, incluido Louis Armstrong, aunque su temperamento airado le causó algunos contratiempos. Mingus fundó un sello discográfico en 1952, y en 1956 publicó *Pithecanthropus Erectus*, el primero de una serie de álbumes, incluido *The Clown and Ah Um*, que le posicionaron como compositor visionario y virtuoso contrabajista. En constante evolución, Mingus expandió su rango musical componiendo *The Black Saint and the Sinner Lady*, un ballet escrito para una big band, en 1963. El músico atravesó una etapa complicada hacia finales de la década de 1960, restableciendo su imagen como una voz creativa única tras publicar su autobiografía *Menos que un perro* en 1971. La obtención de una beca Guggenheim para desarrollar la composición alivió parcialmente su precariedad económica. Sin embargo, en la década de 1970, Charles Mingus desarrolló una esclerosis lateral amiotrófica y debió ser confinado en una silla de ruedas durante los años que precedieron a su muerte.

Kylie Minogue
(n. 1968, Australia)

Después de haber estado en el candelero por su papel en la popular telenovela australiana *Neighbours*, Kylie Minogue triunfó como vocalista en Australia y el Reino Unido con el lanzamiento de su primer single, «The Loco-Motion», en 1987. Su álbum de debut, *Kylie*, que fue compuesto y producido por los británicos Stock, Aitken y Waterman, también logró triunfar en ambos países, y la popularidad de la artista siguió en auge a lo largo de los ochenta. Tras el declive en la venta de sus discos a principios de los años noventa, se separó de los productores británicos y colaboró con el músico de rock alternativo Nick Cave, lo cual aumentó su prestigio. Minogue reimpulsó su carrera en el 2000 con el álbum *Light Years*, en el que se incluía

KYLIE MINOGUE

la canción de éxito «Spinning Around», y divulgó una música de baile con bases del pop e influencias del género disco. El álbum *Fever* cimentó su posición como estrella del pop y, por primera vez, también triunfó en EE UU. Después de una pausa en su carrera para someterse a un tratamiento contra el cáncer, la retomó en 2006; dos años más tarde, la reina Isabel II de Inglaterra le concedió la Orden del Imperio Británico.

Ibn Misjah
(m. 715, Persia)

Nacido en La Meca (Arabia Saudita), pero de familia persa, Ibn Misjah fue el primer gran músico del califato Omeya, estado islámico gobernado por la familia Omeya en el periodo comprendido entre el año 661 y el 750. Vocalista e intérprete de laúd, Misjah recorrió Siria y Persia con el fin de desarrollar sus conocimientos sobre las músicas bizantina y persa. Además de tener grandes dotes como músico, fue un gran conocedor de la teoría musical, lo cual le llevó a divulgar el uso de ritmos modales y a crear un sistema melódico ornado en la música clásica árabe. Pese

a que hoy no quedan restos directos de sus composiciones, sus contribuciones fueron recogidas por autores posteriores en el siglo X.

Thelonious Monk
(1917–1982, EE UU)

Thelonious Monk empezó a tocar el piano a la edad de cinco años en Nueva York. Tras ejercer durante una temporada como organista de iglesia, trabajó como músico de jazz y, en 1944, grabó junto al saxofonista Coleman Hawkins. Entre finales de los años cuarenta y principios de los cincuenta, Monk realizó varias grabaciones como solista, aunque su comportamiento excéntrico y su estilo poco ortodoxo le dificultaron encontrar empleos. Sin embargo, después de conseguir un puesto estable en el Five Spot Club de Nueva York y publicar su excelente álbum *Brilliant Corners*, en 1957, consolidó su reputación como compositor y pianista virtuoso. A partir de entonces, Monk siguió publicando y ofreciendo conciertos hasta finales de los años sesenta, y muchas de sus temas originales, como «Round Midnight», se convirtieron en clásicos de su repertorio de jazz. Su salud menguó en la década de 1970, y durante los seis últimos años de su vida permaneció relativamente aislado.

Bill Monroe
(1927–2005, EE UU)

Bill Monroe, natural de Kentucky, aprendió a tocar la mandolina y después formó parte de la banda de su tío. En la década de 1930 tocó en un grupo de country, primero con sus dos hermanos, Birch y Charlie, y, posteriormente, formó un dúo con Charlie. En 1938, el dúo se separó a causa del poco éxito obtenido; Monroe formó una nueva banda, The Bluegrass Boys y, con ella, un nuevo género musical. El grupo sonó en un programa semanal de una emisora de radio nacional, y, en 1946, se convirtió en una de las bandas más populares de EE UU, dando conciertos memorables y publicando varios singles. Aunque la formación original se quebró en 1948, Bill Monroe continuó con la banda, explorando y desarrollando aún más el sonido bluegrass. Lanzó su primer álbum de estudio en 1958 y, gracias al resurgimiento del folk en la década de 1960, su popularidad también aumentó. Siguió trabajando en la década de 1990 y, en 1993, fue galardonado con un Grammy por su trayectoria profesional.

Claudio Monteverdi
(1567–1643, Italia)

Monteverdi comenzó su carrera musical a edad temprana, publicando su primer libro de madrigales a los quince años. Tras ejercer como un humilde músico

de corte para el duque de Mantua (periodo en el que conoció a su esposa Claudia Cattaneo), Monteverdi regresó a su ciudad natal, Cremona. *Orfeo*, escrita en 1607, le convirtió en una figura clave dentro del nuevo género de la ópera. Basada en el mito clásico griego de Orfeo, esta obra es considerada la primera ópera digna de tal nombre. Un año más tarde, Monteverdi asumió el prestigioso puesto de *maestro di cappella* de la basílica de San Marcos (Venecia), y sus composiciones se centraron en la música sacra y la coral. Además de sus labores litúrgicas, Monteverdi aceptó encargos de otros clientes, entre los que se encontraba su antiguo patrón, el duque de Mantua. También escribió música para el carnaval anual veneciano, destacando su obra escénica *Il combattimento de Tancredi e Clorinda*, de 1624. El músico disfrutó de una etapa tranquila en su mediana edad hasta que, en 1630, la peste bubónica y una guerra en Mantua sacudieron la ciudad de Venecia; poco tiempo después, el compositor decidió incorporarse al sacerdocio. Los últimos años de su vida los pasó revisando sus primeras obras y completando su tratado sobre *seconda prattica*, o *stile moderno*, en el que abogaba por un uso más libre de la disonancia y el contrapunto. Estos escritos, junto al compendio de toda su obra musical, le convirtieron en el músico más influyente de su época.

Carlos Montoya
(1903–1993, España)

Nacido en el seno de una familia de etnia gitana y sobrino de Ramón Montoya, un famoso guitarrista de flamenco, Carlos Montoya empezó a ejercer como músico con solo catorce años. En las décadas de 1920 y 1930, Montoya estuvo de gira por Europa, América del Norte y Asia, ganándose un amplio reconocimiento por su gran destreza como guitarrista de flamenco. Durante la Segunda Guerra Mundial se asentó en Nueva York, lo cual le permitió ofrecer conciertos por todo EE UU y experimentar con estilos musicales variados, como el jazz y el blues. Durante este periodo, grabó para varios sellos discográficos, y, a finales de los cuarenta, se hizo acompañar de una orquesta completa en sus giras, algo pionero para un guitarrista. Montoya, que murió de un ataque al corazón a los ochenta y nueve años, estableció el flamenco como una forma musical en sí misma, más allá de un simple acompañamiento al baile.

Ennio Morricone
(n. 1928, Italia)

Hijo de un trompetista de jazz, Ennio Morricone empezó a experimentar con la composición a los seis años. Seis años más tarde ingresó formalmente en el

ENNIO MORRICONE

conservatorio de la Academia Nacional de Santa Cecilia (Roma), donde aprendió a tocar la trompeta y estudió composición y música coral. Después de la Segunda Guerra Mundial, Morricone trabajó como trompetista de jazz y, a finales de los años cincuenta, compuso música para cine y televisión, escribiendo su primera banda sonora para la película *Muerte de un amigo*, de Franco Rossi, en 1959. Sin embargo, el músico saltó a la fama gracias a sus composiciones para los *spaguetti westerns*, creando una serie de bandas sonoras inolvidables, con guitarra acústica incluida, como las de *Por un puñado de dólares* y *El bueno, el feo y el malo*. Morricone recibió un Óscar honorífico en 2007 por su magnífica contribución en el arte de la música de cine. Sus composiciones son todo un referente para una amplia gama de músicos modernos, como el rapero Jay-Z.

Jelly Roll Morton
(c. 1890–1941, EE UU)

Nacido en Nueva Orleans (Luisiana), Jelly Roll Morton aprendió a tocar el piano cuando tenía diez años. Dos años después, empezó a tocar en un prostíbulo situado en el distrito de Storyville, lo cual le llevó a abandonar el domicilio de su abuela. A partir de 1904, Morton trabajó como músico itinerante y escribió su propia música. Sus composiciones de este periodo incluyen «Jelly Roll Blues» y «King Porter Stomp», ambas consideradas como imprescindibles en el desarrollo posterior de la música de jazz. Morton se trasladó a Chicago en 1923, y su estancia en la ciudad, hasta 1928, coincidió con la cumbre de su carrera. Morton y su banda, Red Hot Peppers, efectuaron varias grabaciones para el sello Victor, en ese momento la mayor compañía discográfica de EE UU. Las publicaciones y actuaciones de esta etapa fueron enormemente relevantes para la evolución de su carrera, y también del género. En 1928, Morton se casó con Mabel Bertrand y se trasladó a Nueva York, el epicentro del jazz nacional. Sin embargo, su carrera comenzó a zozobrar y, a pesar de que grabó algunas sesiones, los últimos años de su carrera los pasó tocando el piano en los bares. Murió en Los Ángeles a la edad de cincuenta años.

Wolfgang Amadeus Mozart
(1756–1791, Austria)

Hijo del compositor Leopold Mozart, W. A. Mozart se inició en la andadura musical escuchando a su prodigiosa hermana Maria Anna tocar el clavecín. Cuando Mozart demostró tener dotes musicales superiores, su padre decidió renunciar a su propia carrera y se dedicó a exhibir las habilidades de sus dos hijos ante la realeza y los expertos musicales de Europa. A pesar de las extensas giras, el joven Mozart continuó estudiando y componiendo, pero, en 1772, solo había logrado un humilde puesto como músico de la corte de Salzburgo. Insatisfecho con el entorno y sin posibilidad de ascender, renunció al cargo y se convirtió en uno de los primeros músicos independientes de la historia. Después de su llegada a Viena en 1781, contrajo matrimonio con Constanze Weber y comenzó a ofrecer conciertos, publicar música y recibir encargos, de ópera en particular; su obra *El rapto en el serrallo*, de 1782, fue sumamente elogiada. En los diez años siguientes, consolidó su reputación con un repertorio de más de doscientas obras en las que incorporaba una gran variedad de estilos y géneros, incluidas las sonatas,

las sinfonías y los tríos con piano. En 1785 y 1786 destacaron sus conciertos para piano, altamente reconocidos por su complejidad y grado de sofisticación. Sus óperas *Las bodas de Fígaro* (1786), *Don Giovanni* (1787) y *Così fan tutte* (1790), escritas en colaboración con el poeta italiano Lorenzo da Ponte, también gozaron de un gran éxito y consolidaron su enorme prestigio. No obstante, Mozart siguió careciendo de suficientes recursos económicos para mantener su estilo de vida, por lo que tuvo que impartir clases de piano e incluso aceptar internos. Falleció en 1791, posiblemente por una hidropesía que derivó en insuficiencia renal, y fue enterrado en una tumba comunitaria, conforme a las normas de austeridad marcadas por el emperador.

Anita Mui
(1963–2003, Hong Kong)

Nacida en el seno de una familia muy humilde en Hong Kong, Anita Mui empezó a trabajar como cantante cuando tan solo tenía cuatro años. Desarrolló su peculiar tesitura grave tras experimentar ciertos problemas con su voz durante su adolescencia. En 1982 ganó un importante concurso de canto en el que había tres mil participantes y, un año después, publicó su primer álbum. Su carrera prosperó durante la década de 1980, época en la que publicó álbumes

y singles con gran éxito comercial y de crítica, lo cual la convirtió en una artista de vanguardia dentro del género cantopop (música popular cantonesa). Mui también destacó por sus enérgicos bailes, grandiosos espectáculos y trajes fastuosos. En 1987 ofreció veintiocho conciertos consecutivos en el descomunal Coliseum de Hong Kong. Su enorme popularidad no se limitó al continente asiático, e incluso se vio reforzada por su carrera cinematográfica, en particular por su aparición en *Duro de matar* (1995), junto a Jackie Chan. En 2003, un mes antes de fallecer de cáncer, Mui ofreció ocho gloriosos conciertos de despedida en Hong Kong en los que actuó junto a una serie de artistas famosos del cantopop.

Modest Músorgski
(1839–1881, Rusia)

A pesar de ser un virtuoso del piano, Modest Músorgski se unió al ejército en 1852, del que dimitió seis años después. Tras haber aceptado un empleo en la administración pública, comenzó a trabajar en una sinfonía y una ópera, sin ningún resultado. En 1861 fue obligado a trabajar en la hacienda familiar tras la emancipación de los siervos en Rusia, y, en 1865, sufrió los primeros estragos a causa del alcohol. Decidido a componer una música capaz de sintonizar con el pueblo ruso, Músorgski escribió *Una noche en el monte Pelado* en 1867, y el ciclo de música vocal de tema infantil *Habitación de niños*, en 1872. Dos años más tarde, produjo dos de las obras por las que sería más conocido: la ópera *Borís Godunov*, con un estilo innovador y realista del discurso ruso, y *Cuadros de una exposición*, pieza para piano escrita en homenaje a su íntimo amigo, el artista Viktor Hartmann, fallecido en 1873. Debilitado por su adicción al alcohol, la productividad de Músorgski disminuyó en los últimos años de su vida.

Youssou N'Dour
(n. 1959, Senegal)

A Youssou N'Dour le enseñó a cantar su madre durante su infancia, en Dakar; más tarde, con 21 años de edad, dirigió su propia banda, Super E'Toile. En los primeros años de la década de 1980, el grupo se alejó del estilo latinoamericano para adoptar un sonido auténticamente africano, convirtiéndose en pioneros del incipiente género llamado mbalax. Tras despertar el interés internacional, N'Dour realizó diversas giras por Europa y América del Norte a mediados de los ochenta, colaborando con artistas de la talla de Peter Gabriel. N'Dour lanzó su primer álbum en solitario, *The Lion*, en 1989, obteniendo un enorme éxito tanto comercial como de crítica por todo el mundo. Continuó manteniendo un alto perfil en los noventa, publicando

singles y componiendo una ópera de música africana que se representó en la prestigiosa Ópera de París. N'Dour, figura prominente en la vida pública de Senegal, fue nombrado ministro de Cultura y Turismo en 2012.

WILLIE NELSON

Willie Nelson
(n. 1933, EE UU)

Nelson aprendió a tocar la guitarra de niño, en Texas, durante la Gran Depresión. A los siete años de edad ya había escrito sus primeras canciones y, en los años siguientes, formó parte de varias bandas. En la década de 1950 trabajó como Dj en una emisora radiofónica, mientras seguía desarrollando sus dotes

«Estuve muy **influenciado** por mi entorno; se **cantaba** mucho **en los campos de algodón**.»

WILLIE NELSON, VOCALISTA Y COMPOSITOR

creativas. En 1960 consiguió un contrato discográfico en el que debía componer para otros artistas, y ocupó la posición de bajista en la banda de apoyo del músico de country Ray Price. Varias de sus composiciones, interpretadas por otros artistas, se convirtieron en grandes éxitos; la vocalista Patsy Cline se colocó en el número dos de las listas con la canción «Crazy» en 1962. En la década de 1960, logró un éxito moderado como solista con algunas canciones, y, en 1972, se retiró del country. Regresó un año después y, en 1975, publicó su álbum conceptual *The Red Headed Stranger*, con gran éxito comercial. Fue un popular artista de grabación durante los años setenta e inicios de los ochenta; al final de este periodo pasó un tiempo con The Highwaymen, una superbanda de country a la que también pertenecía Johnny Cash.

WOLFGANG AMADEUS MOZART

Nine Inch Nails
(n. 1965, EE UU)

Trent Reznor fue estudiante de música clásica antes de convertirse en ingeniero de sonido a finales de los ochenta. Durante su juventud en Pensilvania, estudió el piano, el saxofón tenor y la tuba. En 1988, comenzó a producir rock industrial bajo el nombre de Nine Inch Nails; en 1989 lanzó su primer álbum, *Pretty Hate Machine*, que alcanzó un éxito pausado pero rotundo tras colocarse durante 113 semanas en las listas de éxitos estadounidenses. Reznor impulsó su figura con actuaciones de rock más convencional y, su segundo álbum, *The Downward Spiral*, siguió acumulando éxitos. También compuso bandas sonoras para películas, e hizo de productor para otros artistas del rock alternativo en los años noventa. A pesar de sus tendencias claramente alternativas, fue un artista popular y, en 1997, apareció en la revista *Time* integrando la lista de las personas más influyentes de ese año. Reznor siguió publicando notoriamente durante la década de 2000, y también experimentó con diferentes formatos y métodos de distribución musical, como los lápices de memoria digital que ocultaba en sus conciertos a fin de que los aficionados los encontrasen.

Nirvana
(1987–1994, EE UU)

Formada por el cantante y guitarrista Kurt Cobain y el bajista Krist Novoselic, la banda Nirvana se forjó un público fiel a través de sus conciertos y de las emisoras universitarias que la apoyaban. Sus originarias influencias del punk y del heavy metal evolucionaron hacia un sonido más melódico, tal y como refleja su segundo álbum, *Nevermind*, de 1991, lo cual aumentó la popularidad de la banda muy por encima de sus expectativas. Además del grandioso éxito de la canción «Smells Like Teen Spirit», el álbum continuó vendiendo

NIRVANA

400.000 copias por semana tres meses después de su lanzamiento, y su peso en la consolidación tanto del grunge como, en general, del rock alternativo fue altamente decisivo. Su tercer álbum, *In Utero* (1993), también fue elogiado por la crítica. La tragedia les sacudió con el suicidio de Kurt Cobain, en 1994, tras el cual la banda decidió disolverse inmediatamente. No obstante, Kirst Novoselic y Dave Grohl continuaron sus carreras musicales por separado.

K. P. H. Notoprojo
(1909–2007, Indonesia)

Notoprojo, natural de Java, comenzó a estudiar música gamelán a los cinco años bajo la tutela de su padre, director de la orquesta de gamelán del palacio Paku Alaman. Interpretó junto a un gran número de músicos del género y, en la década de 1940, dirigió grupos de gamelán en varias emisoras de radio. En los años posteriores, impartió clases en universidades de otros países y, en 1962, decidió volver a Indonesia a fin de reemplazar a su padre en la dirección de la orquesta de palacio. Allí desarrolló y perfeccionó el estilo «Pura Paku Alaman», asociado a su padre y a él. Su papel fue decisivo en la difusión internacional de este género javanés y, entre 1971 y 1992, fue profesor en el centro privado California Institute of the Arts, en Valencia (California). Tras su jubilación, regresó a Indonesia. Se le atribuyen más de 250 composiciones, sencillas y experimentales, muchas de las cuales forman parte del repertorio del gamelán.

Oasis
(1991–2009, Reino Unido)

Surgida en Manchester, Oasis fue una banda formada en torno al guitarrista y compositor Noel Gallagher y a su hermano Liam Gallagher, vocalista. Surgida en 1993, la banda lanzó su primer álbum, *Definitely Maybe*, un año más tarde y, respaldado por la balada de rock «Live Forever», se convirtió en el álbum de debut más vendido en Gran Bretaña, hecho que consolidó a esta banda del género britpop. A pesar de la difícil y áspera relación fraterna, su gran éxito comercial y de masas fue impulsado por la publicación de *(What's the Story) Morning Glory?*, en 1995; Sus pegadizas melodías con influencias de los Beatles pronto se expandieron y el álbum

supuso un éxito internacional. Su tercer trabajo, *Be Here Now*, también obtuvo un éxito inicial, aunque las opiniones fueron menos favorables. Los constantes desacuerdos internos entre la banda provocaron el abandono de dos de sus miembros originales, Paul McGuigan y Paul Arthurs. La banda disminuyó su actividad en la década de 2000, y las asperezas entre Noel y Liam Gallagher condujeron a su disolución en 2009. Noel Gallagher se embarcó en una carrera en solitario, y los demás formaron un nuevo grupo llamado Beady Eye.

Bulat Okudzhava
(1924–1997, Rusia)

Bulat Abilov Okudzhava, nacido en Moscú, tenía solo trece años cuando su padre fue ejecutado, bajo sospecha de ser un espía alemán, y su madre, condenada a dieciocho años de internamiento en un campo de prisioneros. Fue soldado durante la Segunda Guerra Mundial, y después estudió en la Universidad Estatal de Tiflis. Después de graduarse, buscó empleo, primero como docente y, a continuación, en el ámbito editorial. Se dedicó a escribir canciones populares durante la década de 1950. Pese a no ser un erudito musical, tanto sus letras como sus melodías eran excelentes, y sus composiciones se propagaron por toda la antigua URSS a través de grabaciones no oficiales. Durante la década de 1980 ganó reconocimiento como poeta y novelista, lo cual eclipsó, en parte, su magnífica labor como compositor. Okudzhava escribió más de doscientas canciones a lo largo de su vida, y está considerado como uno de los fundadores del género «cantautor» del folclore ruso.

Niccolò Paganini
(1782–1840, Italia)

De niño, Niccolò Paganini fue rigurosamente instruido en el arte del violín por su padre, que le obligó a practicar intensamente y le privaba de alimentos y agua cuando flaqueaba. En 1794, hizo su primera aparición pública y, un año después, se trasladó a Parma a fin de estudiar violín y composición. Paganini volvió a Génova en 1796 y, en 1805, aceptó un puesto como director de orquesta en la ciudad de Lucca. Hacia 1809, Paganini era ya un concertista virtuoso y, en 1813, presentó una serie de conciertos memorables en Milán. Durante esta etapa, también compuso sus variaciones del ballet *Le Streghe*, de Süssmayr, exhibiendo su asombrosa técnica del violín. A pesar del enorme éxito obtenido, el músico tan solo dio varios conciertos esporádicos en Italia. Su carrera internacional despegó cuando tenía 46 años de edad, cautivando al público de toda Europa y acumulando grandes riquezas. En 1834 se asentó

en Parma y su salud se deterioró. Una enfermedad crítica le hizo perder la voz, falleciendo seis años después.

Giovanni Pierluigi da Palestrina
(1525–1594, Italia)

Giovanni Pierluigi comenzó su carrera como organista y director de coro en 1544, en Palestrina, su ciudad natal. Su reputación creció y, en 1551, obtuvo el puesto de director del coro de la de la basílica de San Pedro de Roma. Tras una breve temporada, fue destituido del cargo, aparentemente porque estaba casado. Este rechazo afectó a su salud, pero se recuperó y, entre 1566 y 1577, gozó del patrocinio del acaudalado cardenal Hipólito II de Este. Durante este periodo se publicaron algunas de sus misas más refinadas, como *Missa Brevis* y *Missa «L'Homme Armé»*; las obras revelaron la importancia de su

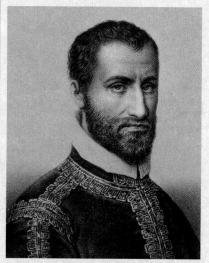

GIOVANNI PIERLUIGI DA PALESTRINA

estilo contrapuntístico. Al acabar este periodo de patrocinio, volvió a ejercer su carrera musical en la basílica de San Pedro, y, después de la muerte de su primera esposa, contrajo matrimonio de nuevo con Virginia Dormoli. Gracias a su posición desahogada, pudo ayudar a su esposa con el negocio de las pieles y publicar dieciséis colecciones de sus propias obras. Aunque gran parte de su música estuvo destinada al culto religioso, también compuso madrigales, tanto espirituales como profanos.

Charlie Parker
(1920–1955, EE UU)

Charlie Parker, natural de Kansas City, aprendió a tocar el saxofón barítono en la escuela secundaria, y a los 13 años de edad tocó el saxo alto en la banda escolar. Poco después, abandonó los estudios, se concentró en la música y, en 1938 comenzó a ofrecer conciertos como músico profesional. Entre principios y mediados de los años cuarenta, Parker, junto al trompetista Dizzy Gillespie y al saxofonista Ben Webster se convirtieron en los máximos representantes del bebop en Nueva York. Las grabaciones que hizo Charlie Parker en el club Savoy durante este periodo, convertidas en hitos del género, pusieron de manifiesto su destreza técnica y genialidad creativa como improvisador. Su larga adicción a la heroína empezó a hacer mella en su salud, y su comportamiento errático repercutió en su carrera. A pesar de ello, el éxito obtenido con su álbum *Strings* (1950) generó una mayor demanda de actuaciones en directo. En 1948 contrajo matrimonio, pero en 1950 se fue a vivir con Chan Richardson, con la que tuvo dos hijos. Parker murió en Nueva York, en 1955, empobrecido y con la salud muy deteriorada, después de sufrir un infarto cardíaco.

Arvo Pärt
(n. 1935, Estonia)

De niño asistió a clases nocturnas de música, componiendo piezas bastante experimentales. Esta experimentación, sin embargo, era forzosa, ya que en el piano familiar solo funcionaban las notas más bajas y las más altas. Tras sobrevivir a una grave enfermedad, Pärt ingresó en el conservatorio de Tallinn. En el momento de graduarse trabajaba para Radio Estonia, y también componía música para cine y televisión. Compositor experimental, en 1960 escribió *Nekrolog*, primera pieza dodecafónica estonia cuyo «vanguardismo» provocó el rechazo de las autoridades. En 1962 Pärt integró varios estilos en sus piezas de *collage* y, a principios de los años setenta, decidió adscribirse a la Iglesia ortodoxa rusa. Estas influencias culminaron en su obra coral *Credo* (1968), menospreciada por las autoridades por su utilización de un texto religioso. En 1980, el compositor se marchó de Estonia, y fijó su residencia en Berlín.

Dolly Parton
(n. 1946, EE UU)

Dolly Parton comenzó su carrera musical en Tennesse, y publicó su primer álbum a los 14 años de edad. Al no obtener ningún éxito, Parton volvió a la escuela. Posteriormente, encontró trabajo en Nashville como compositora para otros artistas y, al mismo tiempo, continuó desarrollando su carrera como vocalista. Tras participar en un anuncio televisivo junto a la estrella del country Porter Wagoner, en 1967, obtuvo su primer éxito. Sin embargo, todavía tuvo que esperar algunos años para llegar a ser una vocalista plenamente reconocida. En 1974, fue número uno de las listas con «Jolene», convirtiéndose en una estrella de primera clase. Parton siguió cosechando éxitos en los años setenta

DOLLY PARTON

con singles como «I Will Always Love You», y, en 1980, aumentó su fama tras embarcarse en el cine. Además de ejercer como compositora e intérprete, Parton también colaboró con jóvenes artistas, incluida Emmylou Harris. Su labor fue reconocida en la década de 2000 con la concesión de un premio Grammy.

Luciano Pavarotti
(1935–2007, Italia)

Después de haber participado en un coro en su ciudad natal de Módena, Luciano Pavarotti comenzó a estudiar música formalmente a los diecinueve años de edad, formándose como cantante de ópera tenor. En 1961 dio comienzo su carrera profesional, y durante los años siguientes ofreció conciertos por gran parte de Europa, Australia y EE UU. En 1966, su interpretación de Tonio en la opera *La fille du régiment*, de Donizetti, le generó grandes elogios. En 1972, la representación del mismo papel en la Ópera Metropolitana de Nueva York

> **«Hacer música** es la actividad más **gratificante**, y la mejor expresión de cualquier emoción.»
>
> LUCIANO PAVAROTTI, TENOR

lo catapultó definitivamente a la fama internacional, llegando a aparecer en la portada de la revista *Time* en 1979. Luciano Pavarotti siguió interpretando prolíficamente y, a principios de la década de 1990, alcanzó la cumbre de su carrera; su interpretación del aria «Nessun dorma» en el *Turandot* de Puccini, se convirtió en su canción insignia. El espectáculo *Los tres tenores*, integrado por Pavarotti, José Carreras y Plácido Domingo, se plasmó en un álbum que llegó a convertirse en el más vendido de la historia del género clásico. El artista italiano permaneció activo hasta poco antes de su muerte en 2007.

Pet Shop Boys
(desde 1981, Reino Unido)

El periodista musical Neil Tennant y el teclista Chris Lowe formaron el dúo Pet Shop Boys en Londres. Entre 1984 y 1985 publicaron tres singles de pop electrónico, «West End Girls», «One More Chance» y «Opportunities (Let's Make Lots of Money)», sin obtener éxito comercial. En 1986, volvieron a lanzar «West End Girls», logrando el número uno en nueve países. Su álbum de debut, *Please*, alcanzó los primeros puestos de las lista británicas. Su éxito continuó en los ochenta y principios de los noventa. En 1988 publicaron *Introspective*, álbum con estructuras musicales más amplias, del que surgieron los éxitos «Left to My Own Devices» y «Domino Dancing». A partir del 2000, el dúo amplió su espectro musical, colaborando con el guionista Jonathan Harvey para producir el musical *West End* en 2001. En 2005 publicaron la banda sonora para la película muda rusa *El acorazado Potemkin* (1925). Con más de cincuenta millones de discos vendidos, Pet Shop Boys fueron incluidos en el Libro Guinness como el dúo británico más popular de todos los tiempos.

PET SHOP BOYS

Oscar Peterson
(1925–2007, Canadá)

Oscar Peterson comenzó tomando clases de piano y trompeta con su padre a la edad de cinco años. Tras abandonar la trompeta a causa de una tuberculosis, el músico se centró en el piano, ganando un concurso a los catorce años de edad que le llevó a ocupar un puesto en una emisora de radio de Montreal. En la década de 1940, Peterson efectuó varias grabaciones y obtuvo un enorme éxito con su interpretación de «Tenderly» en 1950. Entre 1953 y 1958, el trío Oscar Peterson, integrado por él mismo, el contrabajista Ray Brown y el guitarrista Herb Ellis, consiguió una excelente reputación; la emocionante y sofisticada interacción entre los músicos convirtió el trío en uno de los más relevantes de la historia del jazz. Tras su disolución, Peterson aplicó sus conocimientos de piano a distintas formaciones, incluidos los dúos, cuartetos, tríos y big bands. En 1968 grabó su primer disco en solitario, obteniendo un gran aplauso por parte de la crítica. Un derrame cerebral en 1993 lo dejó inactivo durante dos años, pero pudo regresar a la escena musical y permanecer en ella otros diez años. Falleció en Ontario a los ochenta y dos años, tras haber sido condecorado por la Orden de Canadá, el honor civil canadiense de mayor rango.

Edith Piaf
(1915–1963, Francia)

Después de una tumultuosa infancia, Edith Gassion comenzó a actuar a los catorce años de edad, participando con su padre en espectáculos acrobáticos itinerantes por toda Francia. A los dieciséis años, inició su carrera como vocalista en las calles de París. Un año después, concibió a su hija Marcelle, que murió de meningitis a los dos años. En 1935, Gassion comenzó a cantar en un club cercano a los Campos Elíseos, perfeccionando sus dotes vocales. Dada su frágil apariencia y su comportamiento nervioso, pronto se ganó el pseudónimo de «El gorrión de París». Ese mismo año publicó dos discos, pero estuvo marcada por la polémica después de ser acusada, y posteriormente absuelta, de haber participado en el asesinato del dueño de un club nocturno. Tras este suceso, la cantante cambió su nombre por el de Edith Piaf, y sus canciones empezaron a reflejar sus experiencias tempranas de la vida en la calle. Hacia 1946, canciones como «La Vie en Rose», unidas a sus emotivas actuaciones, la convirtieron en todo un ídolo popular francés. Una serie de conciertos memorables en el teatro Olympia de París promovieron su fama internacional. Falleció víctima de un cáncer de hígado en 1963 y, en su funeral, miles de personas convergieron en las calles de París.

PINK FLOYD

Astor Piazzolla
(1921–1992, Argentina)

Estudiante pródigo del piano clásico y el bandoneón, Piazzolla se unió a la orquesta de tango de Aníbal Troilo en 1939, ejerciendo como arreglista e intérprete instrumental. A principios de la década de 1940, Piazzolla tomó clases concertadas de música clásica con el objetivo de ampliar su carrera de compositor. Ganó un premio con su sinfonía *Buenos Aires* a principios de los cincuenta y, en 1954, viajó a París para estudiar la música clásica europea. Durante este periodo, Astor Piazzolla comenzó a aplicar sus conocimientos sobre música clásica al tango y, después de su regreso a Buenos Aires, en 1960, sus composiciones, condenadas por los más tradicionales y elogiadas por la comunidad y la crítica internacional, revolucionaron el género. En 1967 escribió la ópera-tango *María de Buenos Aires*, pero el público argentino siguió oponiendo resistencia. Sin embargo, su novedoso estilo de tango fue aceptado a mediados de los ochenta, superando en popularidad a los estilos más clásicos del tango.

Pink Floyd
(1965–1995, Reino Unido)

Syd Barrett, Roger Waters, Nick Mason y Richard Wright formaron su primera banda en Londres, en 1965, bajo el nombre inicial de Pink Floyd Sound. Con Barrett al frente, la banda firmó con el sello EMI en 1967, y publicó su álbum de debut *Piper at the Gates of Dawn*. Sin embargo, el uso abusivo de las drogas y el comportamiento errático de Syd Barrett terminó provocando su retirada del grupo, siendo reemplazado por David Gilmour en 1968. Entre los años 1969 y 1971, la banda lanzó tres álbumes, pero su éxito absoluto les llegó después de publicar, en 1973, *The Dark Side of the Moon*. Esta obra,

predominantemente instrumental, se mantuvo durante 741 semanas en las listas de éxitos estadounidenses. Su gloria se consolidó con los álbumes publicados durante los setenta, *Wish You Were Here* (1975) y *The Wall* (1979), y el single número uno «Another Brick in the Wall». Waters abandonó Pink Floyd en 1987, aunque la banda siguió actuando con algunos cambios en su formación.

Cole Porter
(1891–1964, EE UU)

Antes de cumplir los diez años, Cole Porter se inició en la composición y aprendió a tocar el violín y el piano. Siendo estudiante en Yale, Porter escribió cientos de piezas para piano, y la primera interpretación de una canción suya tuvo lugar en Broadway, en 1915. En 1917 decidió trasladarse a París y, a pesar de experimentar con diversos géneros, como piezas cómicas, sinfónicas y de ballet, su éxito como compositor fue más bien moderado. Sin embargo, en 1928 logró despegar con la representación, en Broadway, del musical *Paris*; la obra contenía algunas de las canciones más representativas de Cole Porter, como «Let's Do It» y «Let's Misbehave». Los musicales *Anything Goes* y *Jubilee*, entre otros, mantuvieron su popularidad a lo largo de los años treinta. También escribió partituras para varias películas: *Nacida para la danza*, *Rosalie* y *Alta sociedad* son varios ejemplos. En 1937, Porter se cayó de un caballo y quedó paralítico. Su etapa posterior fue menos productiva, pero, en 1948, volvió a recibir los elogios de la crítica gracias a su popular musical *Kiss me, Kate*, convertido en el mayor éxito comercial de su trayectoria. La creatividad de Porter disminuyó a lo largo de los años cincuenta, y, en 1964, a la edad de 73 años, falleció de una insuficiencia renal.

Pérez Prado
(1916–1989, Cuba)

Nacido en una ciudad costera del norte de Cuba, Dámaso Pérez Prado aprendió a tocar el piano clásico cuando era un niño. Empezó trabajando como pianista y organista en los cines y cabarets y, más tarde, como pianista y arreglista para las bandas más consolidadas del país. En 1948, Pérez Prado se trasladó a México y fundó su propia orquesta, contratando músicos destacados, como el vocalista Benny Moré. Experimentó con una amplia gama de estilos musicales, como el bebop y la música de big band, y más tarde centró su atención en los ritmos del mambo afrocubano, convirtiéndose en el mayor difusor de este incipiente género. A partir de 1950, publicó varios singles de éxito, incluido «Qué rico el mambo», y ganó gran popularidad tras protagonizar varias películas. El mambo se expandió con gran éxito en la década de 1950, y alcanzó el esplendor en todo el continente americano. En 1955, el músico cubano grabó «Cerezo rosa», una versión instrumental de «Cerisier rouge et pommier blanc» (escrita por Louguy), que logró mantenerse varias semanas en el número uno de las listas de éxitos estadounidenses. Más conocido como «El rey del mambo», Pérez Prado destacó

PÉREZ PRADO

también en otros géneros, llegando a componer algunos poemas tonales como *Exotic Suite of the Americas*. Aunque tanto la popularidad del género como la del propio músico sufrió un declive a finales de los años cincuenta, Pérez Prado no dejó de grabar y actuar. En 1987, dos años antes de su fallecimiento, ofreció un concierto con lleno absoluto en el teatro Hollywood Palladium.

Elvis Presley
(1935–1977, EE UU)

Nacido en el seno de una familia humilde en Tupelo (Misisipi), Presley aprendió a tocar la guitarra en 1950, aunque nunca aprendió solfeo. En 1954, el sello Sun Records lo contrató para que tocara junto a otros dos músicos; juntos publicaron varios singles de rock and roll con los que consiguieron el éxito en el área de Memphis. En 1955, fue contratado por la discográfica RCA, y empezó a grabar las canciones que lo convertirían en un fenómeno del pop; «Heartbreak Hotel» y «Hound Dog» son dos claros ejemplos de ello. Ese mismo año, y con ayuda de su apoderado, el coronel Parker, Elvis Presley inició su carrera cinematográfica protagonizando la película *Love Me Tender*. Aunque fue reclutado por el ejército en 1958, su música continuó publicándose y, durante los dos años que permaneció alistado, su fama no decayó. En la década

Prince
(1958–2016, EE UU)

Hijo de músicos profesionales, Prince escribió su primera canción con tan solo siete años de edad, en Minnesota. Colaboró con la banda de su primo, 94 East, y sus primeros pasos en solitario no suscitaron un excesivo interés. La publicación de su segundo álbum, *Prince*, despertó cierta atención del público, pero fue su álbum de 1980, *Dirty Mind*, el que recibió los primeros elogios de la crítica; en él, Prince cristalizaba su fusión característica de funk, soul y pop. Este incipiente éxito culminó en el año 1984, con el lanzamiento, de *Purple Rain*, la banda sonora de la película del mismo nombre que llegó a vender más de

> **«Algunas personas zapatean, otras chasquean sus dedos, y otras se balancean ligeramente. Yo lo hago todo a la vez.»**
>
> ELVIS PRESLEY, VOCALISTA

de 1960, su figura pública siguió en auge, pero no ocurrió lo mismo con su nueva música. Sin embargo, el lanzamiento del single «Suspicious Minds», en 1969, volvió a colocarle en la cúspide del éxito. Ese mismo año ofreció unos gloriosos conciertos en Las Vegas, transmitiendo la emoción, la intensidad y la energía de sus primeras actuaciones. Elvis continuó grabando y actuando durante los años setenta, pero sus problemas personales (incluida su ruptura matrimonial) y su dependencia de los fármacos, impulsaron su declive. Murió en su casa de Memphis a la edad de 42 años.

veinte millones de ejemplares en todo el mundo. Músico virtuoso y experto en varios instrumentos, los conciertos del artista comenzaron a resaltar su personalidad extravagante. En 1987 disolvió su banda de acompañamiento, The Revolution, y publicó *Sign 'O' the Times*, recibiendo nuevos elogios de la crítica. A principios de los noventa, tras una fuerte disputa contractual con Warner Bros Records, Prince cambió su nombre por un símbolo, y los cinco álbumes publicados entre 1996 y 1998 se limitaron a cumplir el convenio pactado. Tras la finalización del contrato en el año

2000, Prince retomó su nombre, y siguió su carrera musical, tanto en el estudio como en el escenario.

Serguéi Prokófiev
(1891–1953, Rusia)

Con una madre aficionada a la música, Prokófiev compuso dos óperas antes de su undécimo cumpleaños. En 1905, inició sus estudios en el conservatorio de San Petersburgo, dándose a conocer como un compositor rebelde atraído por la música modernista. En 1918, tras la agitación de la Revolución bolchevique, Serguéi Prokófiev abandonó Rusia por un periodo de dieciocho años. Se instaló en EE UU, donde gozó de un éxito inmediato como pianista, además de componer la ópera satírica *El amor de las tres naranjas*, como un encargo; fue la única ópera de su trayectoria que logró el reconocimiento internacional. En 1921, su ballet *Chout (El bufón)* alcanzó un gran éxito en París; y, en 1922, se trasladó a Baviera, primero, y a París, después. A lo largo de la década, Prokófiev produjo dos nuevos éxitos con los ballets rusos *Paso de acero* y *El hijo pródigo*. Además de su labor como compositor, ofreció numerosos conciertos como pianista en Europa, EE UU y la antigua URSS. En 1936 regresó a su país, en ese momento en manos del terror estalinista y, hacia finales de los años cuarenta, las autoridades reprobaron el estilo «formalista» de su música. Murió de una hemorragia cerebral el mismo día que Stalin.

Public Enemy
(desde 1982, EE UU)

Formada por Chuck D, un estudiante neoyorquino de diseño gráfico, Public Enemy publicó su álbum de debut, *Yo! Bum Rush the Show*, en 1987. Después de esta mezcla de ritmos de hip-hop y rap politizado, la banda publicó su segundo álbum, *It Takes a Nation of Millions to Hold Us Back*, con gran éxito comercial y de crítica. El álbum contenía, por un lado, sonidos abrasivos y ritmos acelerados que recreaban la intensidad de sus actuaciones en directo y, por otro, una genial interacción entre sus dos raperos principales: el entusiasmo y el buen humor de Flavor Flav contrastaba con la seriedad de Chuck D y su mensaje en favor de los afroamericanos. Esta técnica fue implementada en «Fight the Power», el tema principal de la película *Haz lo que debas* (1989), dirigida por Spike Lee. A inicios de los noventa, Public Enemy lanzó su tercer álbum, *Fear of a Black Planet*, logrando su siguiente gran éxito comercial y de crítica. La banda estuvo muy marcada por la polémica durante sus años más prolíficos y creativos pero, en 2012, fueron incluidos en el museo Rock and Roll Hall of Fame de EE UU.

Giacomo Puccini
(1858–1924, Italia)

Puccini nació en la localidad toscana de Lucca, en la quinta generación de una familia de músicos de iglesia y escolanía. Su padre murió cuando él solo contaba con cinco años de edad, pero la iglesia mantuvo vacante el puesto de organista para él. Sin embargo, tras presenciar *Aida*, de Verdi, en una representación en Pisa, en 1876, quedó deslumbrado y se convenció de que la ópera era su

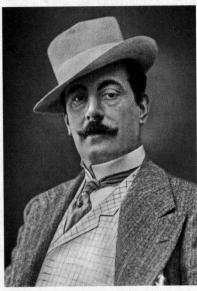

GIACOMO PUCCINI

verdadera vocación. A los diecinueve años asumió el cargo de organista pero, tres años después, lo dejó para poder estudiar en el conservatorio de Milán. Cuando el editor Sonzogno organizó un concurso para óperas de un solo acto, Puccini presentó *Le Villi*, pero no consiguió ganar. El rival de Sonzogno, Giulio Ricordi, encomendó otra ópera a Puccini, llamada *Edgar*; su estreno en 1889 tampoco consiguió destacar, pero su siguiente obra, *Manon Lescaut*, también solicitada por Ricordi, fue enormemente aclamada en Turín en 1893. A partir de entonces, Puccini se dedicó exclusivamente a escribir óperas. En 1891, adquirió una finca junto a un lago próximo a Lucca y se trasladó junto a su esposa Elvira Bonturi. Su tormentosa relación desembocó en el suicidio de una institutriz (1909), que fue acusada por Elvira de mantener relaciones amorosas con su esposo. Las tres grandes óperas escritas por Puccini en torno al cambio de siglo: *La bohème* (1896), *Tosca* (1900), y *Madama Butterfly* (1904), son algunas de las mejores expresiones de la lírica romántica de toda la historia. En 1924, Puccini fue diagnosticado de un cáncer de garganta, falleciendo en Bruselas durante el tratamiento. *Tosca*, su obra maestra, quedó incompleta, aunque en las secciones terminadas ya había incorporado diversos aspectos de la música del siglo xx.

PRINCE

QUEEN

Tito Puente
(1923–2000, EE UU)

Tito Puente creció en el Harlem hispano de Nueva York. Se formó como arreglista y compositor, y aprendió piano, saxofón y percusión en la escuela Juilliard y en la New York School of Music. Virtuoso de los timbales, formó un grupo llamado los Piccadilly Boys en 1947, y comenzó a grabar sesiones de mambo a medida que el género se hacía más popular. En la década de 1950, popularizó la música latina en Europa y América del Norte, en particular el mambo y el chachachá, y fue el único extranjero que participó en Cuba en un evento de celebración de música de la isla en 1952. Durante

> ## «Sin el **baile**, no hay **música**.»
>
> TITO PUENTE, PERCUSIONISTA Y DIRECTOR DE ORQUESTA

la década de 1960, Tito Puente siguió cosechando numerosos éxitos como director de orquesta y ampliando su repertorio con otros estilos como el pop y la bossa nova. En años posteriores, su música de fusión latina pasó a conocerse con el nombre genérico de «salsa», una etiqueta que Puente rechazó. Famoso por su pasión por el trabajo, continuó grabando y ofreciendo conciertos hasta

pasados los setenta años y, en 1996, apareció en la ceremonia de clausura de los Juegos Olímpicos de Atlanta.

Queen
(desde 1970, Reino Unido)

Formado en Londres en 1970, el grupo original estuvo compuesto por el cantante Freddie Mercury, el guitarrista Brian May, el bajista John Deacon y el baterista Roger Taylor. Banda de rock progresivo y heavy metal en sus inicios, Queen recibió elogios de la crítica por su álbum de debut, *Queen*, publicado en 1973. Su segundo álbum, *Queen II*, se colocó en las listas de éxitos británicas, a pesar de contar con estructuras musicales inéditas y guitarras complejas; también obtuvo cierto éxito en EE UU. Sus dos siguientes álbumes, *Sheer Heart Attack* (1974) y *A Night at the Opera* (1975), lograron consolidar su reputación como una de las bandas de rock duro más populares del planeta. Su canción «Bohemian Rhapsody», integrada por diversos estilos, desde la balada hasta el hard rock, concretó la mezcla de melodías pegadizas y experimentación en la que se cimentaba su popularidad. Con ella ocuparon el número uno de las listas británicas durante nueve semanas y se convirtió en el tercer sencillo más vendido en la historia de las listas de éxitos. Célebres por sus directos ostentosos, su popularidad internacional continuó a lo largo de los ochenta; en 1985 ofrecieron dos memorables conciertos al aire libre en Río de Janeiro, en los que lograron

congregar una audiencia superior a los 300.000 espectadores. Un año antes, no obstante, habían recibido críticas por los conciertos ofrecidos en la Sudáfrica del apartheid. Mercury falleció en 1991; la banda, si bien después de su muerte ha publicado muy poca música, ha continuado actuando con vocalistas invitados como Paul Rodgers.

Serguéi Rajmáninov
(1873–1943, Rusia)

La educación de Serguéi Rajmáninov se vio interrumpida por la separación de sus padres en San Petersburgo cuando todavía era un niño. Fue matriculado en el Conservatorio de Moscú, donde se alojó con su profesor de piano, con el que practicaba todo el día. Gracias a sus excelentes niveles de composición e interpretación, se graduó con las calificaciones más altas. Su carrera tuvo un comienzo prometedor: su ópera *Aleko* se estrenó con gran éxito en 1893, y el músico fue respaldado por el genial compositor ruso Chaikovski. Sin embargo, una malograda interpretación de su primera sinfonía generó unas críticas feroces. Fue incapaz de componer durante tres años, pero ejerció como director de

orquesta y se ganó cierta reputación. Más tarde, el médico hipnotizador y músico Nikolái Dahl le convenció para que retomara la composición. El Concierto para piano n.º 2 fue una de sus obras más divulgadas, valiéndole el reconocimiento generalizado por su labor como intérprete y autor. Cuando rondaba los cuarenta años de edad, tras haber visitado EE UU, Rusia y Europa, la Revolución rusa expropió todos sus bienes y se vio obligado a huir a Escandinavia. Rajmáninov pasó los últimos veinticinco años de su vida componiendo, grabando y dando conciertos por Europa y EE UU; falleció víctima de un cáncer a los 69 años.

Radiohead
(desde 1989, Reino Unido)

Formada por Thom Yorke, Ed O'Brien, Jonny y Colin Greenwood y Phil Selway cuando todavía eran estudiantes de secundaria en Oxford, sus primeras canciones apenas tuvieron repercusión. Sin embargo, el lanzamiento de su álbum *Pablo Honey* y el *single* «Creep», en 1993, fue todo un éxito comercial e impulsó su popularidad tanto en el Reino Unido, como en Europa y EE UU. Su segundo álbum, *The Bends*, recibió grandes elogios de la crítica, aunque las grandes bandas del britpop, como Oasis, le hicieron sombra desde el punto de vista comercial. Radiohead siguió alejándose del sonido de guitarra pop convencional y publicó un tercer álbum, titulado *Ok Computer*; a pesar de sus estructuras inusuales y sonidos ambientales, el álbum produjo varios *singles* de éxito, como «Karma Police». Continuaron experimentando a lo largo de la década de 2000, haciendo incursiones tanto en el jazz como en la

RADIOHEAD

música electrónica. Radiohead también experimentó con diferentes métodos de distribución musical, incluido un modelo en el que los usuarios podían pagar lo que quisieran para descargarse el álbum de 2007, *In Rainbows*. Bajo este espíritu innovador y creativo, Yorke y Greenwood produjeron música por su cuenta, y este último llegó a ocupar el puesto de compositor en la orquesta sinfónica de la BBC.

The Ramones
(1974–1996, EE UU)

Fundada por Jeffry Hyman, John Cummings y Douglas Colvin (alias Joey Ramone, Johnny Ramone y Dee Dee Ramone), la banda de los Ramones hizo su primera aparición pública en 1974 en Nueva York. Sus sugerentes actuaciones y canciones excesivamente breves y sencillas, escritas por el bajista Dee Dee Ramone, atrajeron la atención del público. La banda fue rápidamente calificada como pionera del punk, y en 1976 publicó *Ramones*, su primer álbum. Aunque fueron elogiados por la crítica, no obtuvieron éxito comercial; tras realizar una gira con gran divulgación por Inglaterra, su popularidad aumentó, y su tercer álbum, lanzado en 1977, vendió más ejemplares. A principios de la década de 1980, la banda realizó varios cambios en su formación, y su sonido se alejó del estilo más puro del punk hacia uno más convencional. No consiguieron triunfar comercialmente en EE UU, pero continuaron tocando y ofrecieron 2.263 conciertos antes de su disolución en 1996.

Maurice Ravel
(1875–1937, Francia)

Maurice Ravel nació en un pueblo vasco francés, cerca de Biarritz, a menos de doce kilómetros de la frontera española. Sin embargo, su familia se trasladó a París cuando tan solo tenía tres meses. En 1889, ingresó en el Conservatorio de París como estudiante de piano, y ganó el primer premio en el certamen celebrado por la institución en 1891. En 1898, comenzó a estudiar composición con el pianista, organista y compositor francés Gabriel Fauré, publicando varias obras. Junto con Debussy, Ravel creó un estilo francés que se apartaba del conservadurismo romántico. Algunos lo calificaron como impresionista, aunque Debussy rechazó esta etiqueta. En 1909, Ravel recibió un encargo de Serguéi Diáguilev para su legendaria compañía Ballets Rusos. La obra resultante, *Dafnis y Cloe*, contó con una acogida comedida en su estreno, pero posteriormente se convirtió en una de las obras maestras de Ravel, y un punto de referencia de la edad de oro del ballet. Ravel era un perfeccionista, por lo que su obra no es

MAURICE RAVEL

excesivamente extensa; incluye música de cámara, composiciones para piano y piezas orquestales y para teatro. Falleció en París a los 62 años.

Lou Rawls
(1933–2006, EE UU)

Lou Rawls cantó de adolescente en el coro evangélico de su iglesia en Chicago antes de actuar con varios grupos de gospel, como los Pilgrim Travelers, a principios de la década de 1950. Tras una breve estancia en el ejército, volvió a unirse a los Pilgrim Travelers y, junto con el vocalista Sam Cooke, realizaron varias giras. En 1958, Cooke y Rawls sobrevivieron a un gravísimo accidente automovilístico, y Rawls permaneció inactivo hasta 1959. A partir de esa fecha, Lou Rawls se dedicó a la música laica y, tras el lanzamiento de *Soulin'*, en 1966, alcanzó el estatus de estrella. El álbum, que combinaba la sedosa voz de Rawls con elementos del soul, contenía la canción «Love is a Hurtin' Thing», con la que ganó un buen número de seguidores. Su popularidad disminuyó a principios de los setenta, pero la publicación de su álbum *All Things in Time*, en 1976, lo volvió a encumbrar. Sin apartarse nunca del soul, este álbum exhibía un sonido más alegre y animado. Rawls siguió cantando en los ochenta y los noventa, aunque también hizo de actor y animador.

Red Hot Chili Peppers
(desde 1983, EE UU)

Fundada en el año 1983 por cuatro amigos estudiantes de secundaria en Los Ángeles, la

banda de los Red Hot Chili Peppers edificó su reputación a través de sus actuaciones en directo (aparecían medio desnudos) y de su difusión en emisoras universitarias. Sin la intensidad de sus dos primeros álbumes, lograron cierto reconocimiento con *The Uplift Party Plan* en 1987. Cuando Hillel Slovak, uno de sus fundadores, falleció por sobredosis en 1988, la banda se reestructuró: a dos de sus miembros originales, Anthony Kiedis (vocalista) y Flea (bajo), se sumaron el baterista Chad Smith y el guitarrista John Frusciante. En 1989, consiguieron el reconocimiento de crítica y público con *Mother's Milk*, y su siguiente álbum, *Blood Sugar Sex Magik*, en el que se mezclan letras elocuentes con una fusión de funk y rock, los catapultó definitivamente a la fama. Su adicción a las drogas generó contratiempos, y Frusciante se ausentó del grupo durante seis años (1992–1998). Después de su regreso, la banda publicó *Californication* (1999), el mayor éxito de su carrera, con más de quince millones de copias vendidas en todo el mundo.

Otis Redding
(1941–1967, EE UU)

Otis Redding comenzó su carrera como vocalista de rock and roll y rhythm and blues en su estado natal de Georgia siendo tan solo un adolescente. En 1962, lanzó su primer *single* como solista mientas todavía era miembro de los Pinetoppers. El éxito de la canción «These Arms of Mine» fue un excelente trampolín para lanzar su álbum de debut *Pain in My Heart*, de 1964, con el que obtuvo un éxito moderado. A partir

de entonces, Redding se centró en la música soul y, en 1965, publicó *Otis Blue: Otis Redding Sings Soul*. Aclamado por la crítica, así como por el público en general, continuó en el candelero con la publicación, en 1966, del álbum *Complete & Unbelievable*; una de sus canciones más populares, «Try a Little Tenderness», estaba incluida en el disco. Redding falleció en un accidente aéreo en 1967, y el tema «(Sittin' On) The Dock of the Bay», publicado en 1968, encabezó las listas de éxitos estadounidenses y llegó a vender cuatro millones de copias en todo el mundo, convirtiéndose en el mayor éxito de su carrera.

Lou Reed
(1942-2013, EE UU)

Lou Reed aprendió a tocar la guitarra escuchando la radio mientras crecía en la ciudad de Nueva York. A mediados de los sesenta, se autodesignó líder de la Velvet Underground, una banda artística que colaboraba con Andy Warhol. Su álbum de debut, *The Velvet and Underground and Nico*, que entonces no obtuvo ningún éxito comercial, está en la actualidad considerado como uno de los álbumes más influyentes de la música rock. A pesar de que sus dos álbumes siguientes, *The Velvet Underground* (1969) y *Loaded* (1970), fueron más populares, Lou Reed dejó la banda en 1970. Su segundo álbum en solitario, *Transformer*, publicado en 1972, se convirtió en un gran éxito internacional. Coproducido por David Bowie y Mick Ronson, incluía dos de sus canciones más populares, «Walk on the Wild Side» y «Perfect Day». Lou Reed continuó experimentando en los setenta, y se arriesgó con álbumes más complejos, como *Berlin* (1973) y *Metal Machine Music* (1975), este último de ruido electrónico. En los primeros años de la década de 1990, se volvió a unir a la Velvet Underground.

OTIS REDDING

Steve Reich
(n. 1936, EE UU)

A principios de la década de 1960, Steve Reich estudió composición junto a Luciano Berio y Darius Milhaud en California, centrándose en la música dodecafónica. Posteriormente, Reich desarrolló un gran interés por cómo *loops* (bucles) de cinta idénticos se movían gradualmente de la sincronización. Fue así como surgió su primera pieza *phase*, *Come Out* (1967), en la que manipuló las grabaciones de la voz de Daniel Hamm, una exhibición sonora de la terrible brutalidad policial a la que este había sido sometido. Reich comenzó a aplicar esta técnica de desfase a instrumentos convencionales, y creó piezas inéditas e ingeniosas, como *Violin Phase* (1967). Pionero del minimalismo, su método se basaba en la repetición de patrones que cambiaban lentamente. En los ochenta, regresó a las grabaciones vocales, una práctica que continuó durante las dos décadas siguientes. Reich también llevó a cabo varios experimentos con proyectos multimedia como *The Cave*, un trabajo de 1993 sobre el judaísmo y el islam creado junto a su esposa, la videoartista Barbara Korot.

R.E.M.
(1980–2011, EE UU)

R.E.M. fue una banda fundada por cuatro estudiantes de la Universidad de Georgia (el vocalista Michael Stipe, el guitarrista Peter Buck, el bajista Mick Mills y el baterista Bill Berry) en 1980. La banda desarrolló su sonido de rock alternativo actuando por todo el sur de EE UU. En 1981, publicaron su primer *single*, el aclamado «Radio Free Europe», y, en 1983, su primer álbum, *Murmur*, sin gran repercusión en las listas. Tras varios años de conciertos y de difusión en las emisoras de radio universitarias, se ganaron un público local leal. En 1987, publicaron su quinto álbum, *Document*,

convertido en éxito comercial de la mano del memorable *single* «The One I Love». Tras varios años de extensas giras, decidieron hacer una pausa para poder dedicarse a otros proyectos y, a inicios de los noventa, sus introspectivos álbumes *Out of Time* y *Automatic for the People* los volvieron a colocar en el candelero. A pesar de la negativa de la banda a realizar una gira de promoción, el último álbum se mantuvo durante más de cien semanas en las listas de EE UU y Reino Unido. En 1994, retomaron su sonido más rock y lo plasmaron en *Monster*, otro enorme éxito crítico y comercial. Bill Berry abandonó R.E.M. en 1997 y el trío resultante continuó activo hasta su disolución en 2011.

Django Reinhardt
(1910–1953, Francia)

Django Reinhardt nació en el seno de una familia de etnia gitana, en un campamento en las inmediaciones de París. Su primer instrumento fue el violín y, a los doce años, comenzó a tocar la guitarra. Un año después, y sin ninguna formación académica, encontró trabajo como músico. En 1928, Reinhardt y su esposa, Florine, fueron víctimas de un incendio en la caravana donde habitaban, y dos dedos de la mano izquierda de Reinhardt quedaron prácticamente inutilizados. Como consecuencia, el músico tuvo que adaptar su nueva condición a la guitarra, y consiguió desarrollar una destreza excepcional. En 1934, su carrera despegó con la formación Quintette du Hot Club de France, una banda de jazz de la que también formó parte el violinista Stephane Grappelli. Tras lograr el reconocimiento internacional, Reinhardt colaboró con otros músicos de jazz notables, como Louis Armstrong. Asentado en París durante la Segunda Guerra Mundial, se separó de su esposa y se volvió a casar.

DJANGO REINHARDT

Pese a su origen romaní, se libró de la persecución nazi y, en la década de 1940, experimentó con otras formas de música, incluida la clásica. Después de la guerra, ofreció conciertos por Europa y EE UU. Falleció en Francia de una hemorragia cerebral en 1953.

Buddy Rich
(1917–1987, EE UU)

Con solamente un año y medio de edad, Buddy Rich se inició en la música participando en un vodevil llamado *Traps, the Drum Wonder*. Entre finales de la década de 1930 e inicios de la de 1940, tocó con varios grupos de jazz y big bands, incluidos los de Artie Shaw y Tommy Dorsey, en los que ganó su reputación como genio virtuoso capaz de combinar la velocidad con la técnica, hecho que le valió el apelativo de «el mejor baterista del mundo». Después de la Segunda Guerra Mundial, Rich formó su propia banda y, a lo largo de

la década de 1950, colaboró con varios de los músicos más destacados del jazz, entre ellos Charlie Parker y Lester Young. Perfeccionista y con un temperamento explosivo, Rich siguió tocando hasta el final de sus días.

Terry Riley
(n. 1935, EE UU)

A principios de la década de 1960, Terry Riley fundó, junto con otros músicos, el centro de investigación San Francisco Tape Music Center. Ello le permitió crear piezas de vanguardia basadas en técnicas de montaje y *delay* con cinta, así como colaborar con compositores de la talla de La Monte Young. Después de estudiar composición en la Universidad de California, viajó por Europa y EE UU, donde tocó el piano en bares y se vio influenciado por músicos de jazz como John Coltrane y Charles Mingus. En 1964, Riley escribió *In C*, una pieza minimalista centrada en los acordes de la nota do. En 1970, su encuentro con el excepcional vocalista Pandit Pran Nath hizo que incorporara la música clásica india en sus composiciones. En 1993 comenzó a impartir clases de música clásica en la escuela Chishti Sabri de Nueva Delhi.

Roaring Lion
(1908–1999, Trinidad y Tobago)

Rafael de León, alias Roaring Lion, nació en las colinas del norte de Trinidad. Pasó gran parte de su infancia en orfanatos, hasta que fue adoptado por una familia india musulmana en la ciudad de San Fernando. Interesado por las letras desde pequeño, practicaba poesía y música, plasmando esta tendencia en su obra de calipso temprana. Grabó varias piezas de adolescente y en la década de 1920 ganó un concurso. En los años treinta, saltó a la fama gracias a una serie de conocidas canciones compuestas por él mismo: «Mary Ann», «Netty Netty» y «Ugly Woman», su pieza más famosa, son algunos ejemplos. Algunas de ellas fueron grabadas en Nueva York, y Roaring Lion se convirtió en uno de los divulgadores más relevantes del calipso a nivel internacional. Gran innovador, fue muy popular tanto por sus letras elocuentes e ingeniosas, como por sus melodías creativas. Las décadas de 1930 y 1940 marcaron la cúspide de su carrera, aunque el músico se mantuvo activo hasta bien entrados los noventa, manteniendo su peculiar forma de cantar y añadiendo arreglos electrónicos modernos. Además de ser uno de los primeros músicos de calipso instruidos musicalmente, Roaring Lion también fue historiador y teórico del género (escribió un libro en que defendía el origen francés del calipso). Murió en Trinidad y Tobago en 1999.

R.E.M.

Tabu Ley Rochereau
(1940–2013, República Democrática del Congo)

Tras sus primeras incursiones como vocalista y compositor en la escuela secundaria, Tabu Ley Rochereau saltó a la fama gracias el grupo African Jazz en 1960. Permaneció en la banda hasta 1963, año en el que decidió formar la suya propia, African Fiesta, con la que alcanzó el estatus de superestrella en África. En los años sucesivos, vendió más de un millón de discos y colaboró con algunos de los músicos más admirados del continente africano, incluido Papa Wemba. En 1970, amplió su banda y la llamó Orchestre Afrisa International; con ella obtuvo éxitos en toda África y transformó la rumba congoleña en soukous. A mediados de los ochenta, las colaboraciones con su esposa, la vocalista M'bilia Bel, incrementaron su popularidad. En las dos décadas siguientes se involucró en la política de su país, y en 2005 fue nombrado vicegobernador de Kinshasa, la capital.

Rodgers y Hammerstein
(1943–1959, EE UU)

Antes de su alianza, el compositor Richard Rodgers y el libretista Oscar Hammerstein II ya habían disfrutado de sendas notorias carreras en el teatro musical. Junto a Lorenz Hart, Rodgers escribió la música para varios espectáculos de Broadway, mientras que Hammerstein colaboró con el magnífico compositor Jerome Kern para producir el genial musical *Show Boat*. A principios de la década de 1940, la relación entre Rodgers y Hart comenzó a resquebrajarse, y Rodgers se acercó a Hammerstein. Juntos produjeron *Oklahoma* en 1943, abogando por la plena integración de la música y el canto con el tema de la obra. *Oklahoma* pronto se convirtió en un fenómeno comercial, con un total de 2.212 actuaciones ofrecidas a lo largo de cinco años. Durante la década de 1940, se tomaron varios descansos para poder trabajar en sus proyectos individuales, aunque no dejaron de cosechar éxitos, primero con *Carousel* (uno de los primeros musicales de tema trágico) y después con *South Pacific*, que permaneció en cartel por más de cinco años e hizo que sus autores ganaran el premio Pulitzer de teatro. Por su lado, *Carousel*, basada en el romance entre un animador de circo y una joven molinera, fue uno de los primeros musicales con un final trágico. En la década de 1950, destacaron con *The King and I* y *The Sound of Music*, obras por las que fueron galardonados. Hammerstein falleció de cáncer en 1959, solo un año después de que *The Sound of Music* se estrenara en Broadway; Rodgers siguió componiendo hasta poco antes de su muerte en 1979.

AMÁLIA RODRIGUES

Amália Rodrigues
(1920–1999, Portugal)

Criada por su abuela en Lisboa, Amália Rodrigues se vio obligada a ganarse la vida como costurera y vendedora ambulante siendo solo una niña. En su adolescencia trabajó como bailarina de tango y, en 1939, hizo su primera aparición profesional como cantante de fado. A principios de la década de 1940, la combinación de su voz con el sonido orquestal del compositor Federico Valéro generó algunos de sus mejores trabajos. Rodrigues se convirtió rápidamente en la vocalista más popular de Portugal, y, en 1945, ofreció en Río de Janeiro varios

> «El fado **no se puede definir**. El fado es un **misterio**.»
>
> AMÁLIA RODRIGUES, CANTANTE

conciertos memorables. Comenzó a grabar en serio durante la década de 1950, interpretando la obra de algunos de los poetas más importantes de su país. Aunque la popularidad del fado disminuyó durante la década siguiente, Rodrigues mantuvo su fama, en parte por su carrera como actriz. A los setenta años continuaba activa, y a su solemne funeral asistieron miles de seguidores.

Arsenio Rodríguez
(1911–1970, Cuba)

Nacido en la provincia cubana de Matanzas, Arsenio Rodríguez quedó ciego siendo todavía un niño cuando un caballo le pateó en la cabeza. Durante su infancia experimentó con diferentes instrumentos, incluidas la guitarra y la percusión, y cuando tenía poco más de veinte años, se convirtió en un músico en toda regla, colaborando con el Sexteto Boston y el Septeto Bellamar. En esta etapa desarrolló su talento como compositor, e hizo su primera grabación en 1939 junto a la Orquesta Casino de la Playa. A inicios de la década de 1940, siendo ya director de su propia banda, revolucionó el son cubano al acentuar la sección rítmica con congas y hacer más dominante la trompeta. En esta década grabó algunas de sus piezas más famosas, como *La vida es un sueño*, un bolero inspirado en un intento fallido de restaurar su visión. Rodríguez se trasladó en la década de 1950 a Nueva York, donde siguió experimentando e innovando, creando un estilo de fusión afrocubana que bautizó con el nombre de «quindembo». Por su uso inusual de las técnicas contrapuntísticas, suele ser considerado como uno de los pioneros del mambo, estilo que en la década de 1950 se haría sumamente popular. Rodríguez continuó grabando hasta que murió de neumonía en 1970.

The Rolling Stones
(desde 1962, Reino Unido)

La primera formación definitiva de los Rolling Stones (Mick Jagger, Keith Richards, Brian Jones, Charlie Watts y Billy Wyman) se estableció en Londres en 1963 y, en junio de ese mismo año, alcanzó cierto éxito con una versión de la canción de rock and roll «Come On», de Chuck Berry. En 1964, su versión del tema «Not Fade Away», de Buddy Holly, se ganó el reconocimiento internacional. Coincidiendo con el lanzamiento de su álbum de debut, realizaron una gira por EE UU y empezaron a grabar su propio material. La canción «(I Can't Get No) Satisfaction» fue la primera de una sucesión de grandes éxitos, incluida «Get Off My Cloud». En 1967, Jagger, Richards y Jones fueron arrestados por posesión ilícita de drogas, ganándose así la reputación de banda insumisa. Después de experimentar con una estética más psicodélica en su álbum *Their Satanic Majesties Request* (1967), los Stones retomaron su sonido blues en 1968 y lo plasmaron en *Beggar's Banquet*. A pesar del éxito, Brian Jones dejó la banda, y falleció poco después. La tragedia continuó cuando, en su gira por EE UU, los Stones contrataron a los Hells Angels para llevar la seguridad de sus conciertos, pero estos acabaron matando a un espectador en Altamont Speedway (California), durante una de sus actuaciones. La banda lanzó varios álbumes de éxito a lo largo de los setenta, como *Exile on Main Street* (1971), grabado en Francia mientras trataban de evadir impuestos. Los álbumes de los ochenta tuvieron menos éxito, pero la banda siguió, y aún sigue, ofreciendo conciertos por todo el mundo.

Gioachino Rossini
(1792–1868, Italia)

Rossini, hijo de un trompetista y una cantante, nació en Pesaro pocos meses después de la muerte de Mozart. En 1806 ingresó en el Conservatorio de Bolonia y, a los veintiún años de edad, ya había escrito diez óperas, incluidas *Tancredi* y *L'italiani in Algeri*. Entre 1814 y 1815, fue contratado como director musical de los dos teatros de la ópera de Nápoles, y los teatros de Milán, Roma y Venecia también le encomendaban obras. En 1824, decidió trasladarse a París, y allí escribió otras cinco óperas que culminaron, en 1829, con *Guillermo Tell*, una de sus obras más conocidas. Después de esta producción, Rossini dejó de escribir ópera, y, en los años sucesivos, solo compuso de manera ocasional. Murió de neumonía a los 76 años de edad.

GIOACHINO ROSSINI

RUN-DMC

Run-DMC
(1982–2002, EE UU)

Joseph Simmons (alias Run) y Darryl McDaniels (alias DMC) formaron el dúo de rap Run-DMC en Nueva York en 1982. En 1983, contrataron al DJ Jam Master Jay para que les ayudara en la producción y publicación de su primer sencillo. Su sonido innovador incorporaba una combinación de letras inteligentes y ritmos dispersos, y su álbum de debut, *Run-DMC*, recibió los elogios de la crítica. Con un buen ojo comercial y musicalmente creativo, el dúo fusionó el rap con el rock, y su tercer álbum, *Raising Hell*, obtuvo gran notoriedad. Su publicación en 1986 se acompañó del *single* «Walk this Way», en el que había colaboraciones de la mítica banda Aerosmith. La enorme popularidad de estos discos provocó ventas masivas y un gran número de apariciones mediáticas. A partir de ese momento, los Run-DMC se consagraron como grandes estrellas del hip-hop, y consolidaron el género en las listas de éxitos.

Pepe Sánchez
(1856–1918, Cuba)

Pepe Sánchez nació en Santiago de Cuba, la segunda ciudad más grande del país. Educado para ser sastre y sin estudios musicales formales, tuvo que desempeñar otras profesiones, como fabricante de telas o propietario de una mina de cobre. Sin embargo, hoy está considerado como el impulsor de la trova cubana tradicional, en la que el trovador —cantante, guitarrista y, en ocasiones, compositor— se dedica a interpretar canciones poéticas. El artista cubano también contribuyó al nacimiento del bolero, pero, por no conocer la notación musical, muchos se han perdido, aunque algunos siguen tocándose. Su excelente reputación es fruto de sus logros musicales.

Oumou Sangaré
(n. 1968, Malí)

Oumou Sangaré comenzó a cantar cuando aún era una niña en Bamoko, la capital de Malí. A los dieciséis años se unió al grupo de percusión Djoliba y, en 1989, publicó su primer álbum, *Moussoulou*, consiguiendo una enorme popularidad en toda África occidental. El éxito de su trabajo se debió en parte a sus letras socialmente comprometidas, con frecuencia centradas en el papel de la mujer en la sociedad tradicional africana. Popularmente conocida como el «Ave cantora de Wassoulou», Sangaré utiliza instrumentos tradicionales de la región de Wassoulou, como el chequeré. Continuó publicando a lo largo de las décadas de 1990 y 2000, y también colaboró en sus conciertos con otros destacados artistas africanos, como Femi Kuti. En sus canciones Sangaré ha divulgado a escala internacional las preocupaciones sociales de su continente, gracias a su labor como embajadora de las Naciones Unidas.

Carlos Santana
(n. 1947, México-EE UU)

Nacido en México, Carlos Santana aprendió a tocar el violín y la guitarra cuando aún era un niño. A mediados de la década de 1960, inició su carrera musical en San Francisco. En 1966, el virtuoso guitarrista formó la Santana Blues Band, que posteriormente sería rebautizada como Santana, junto al bajista David Brown y al teclista Gregg Rolie. El trío comenzó a desarrollar una fusión de blues, rock y música latinoamericana que dieron a conocer a través de sus potentes actuaciones en directo. En 1969, su participación en el festival de Woodstock atrajo la atención del público internacional. Su primer álbum, *Santana*, reflejó este éxito al conseguir el número cuatro de las listas estadounidenses. Los siguientes dos álbumes, *Abraxas* y *Santana III*, con influencias de jazz mucho más claras, también triunfaron comercialmente. Santana decidió separarse de Brown y Rolie, y continuó su carrera bajo el nombre de Santana. Su álbum de 1972, *Caravanserai*, revelaba su firme interés por el jazz y la música de vanguardia. Hacia finales de los setenta, Santana y su banda publicaron varios álbumes de éxito en los que volvieron a mezclar el blues y rock con la música latina; al mismo tiempo, el músico evolucionó en solitario hacia un sonido mucho más ecléctico y experimental. Aunque disfrutó de su máxima popularidad a lo largo de los ochenta, la publicación del galardonado álbum *Supernatural* en 1999, volvió a situar a Carlos Santana en primera línea.

Alfred Schnittke
(1934–1998, Rusia)

Alfred Vladimir Schnittke, nacido en el seno de una familia judeo-alemana, ingresó en el Conservatorio de Moscú en 1953. Fuertemente influenciado por el compositor Dmitri Shostakóvich, se indignó cuando, en 1958, la Unión de Compositores Soviéticos, hostil a la experimentación, condenó su oratorio *Nagasaki*. En 1962, inició su carrera como compositor independiente, y, a lo largo de la década de 1960, desarrolló el poliestilismo, técnica basada en la integración de varios estilos en una misma pieza. En 1974 completó su primera sinfonía, una obra en la que los músicos tenían que salir uno a uno al escenario e improvisar una pieza, generando con ello el caos, hasta que el director pedía silencio. La Unión de Compositores no la aprobó, y, en 1980,

OUMOU SANGARÉ

Schnittke se negó a participar en la votación de este organismo, hecho por el cual se le prohibió salir del país. Entre mediados y finales de la década de 1980 su salud se deterioró, y, en 1991, decidió trasladarse a Hamburgo (Alemania). El colapso de la Unión Soviética ese mismo año hizo posible que su obra llegara al público de otros países.

Arnold Schönberg
(1874–1951, Austria)

Arnold Schönberg, natural de Viena, empezó a componer siendo todavía un niño. Años más tarde, mientras trabajaba en un banco, conoció a su contemporáneo Alexander Zemlinsky. En 1901, contrajo matrimonio con la hermana de Zemlinsky y Schönberg pudo disfrutar de un notable círculo artístico de amigos entre los que se incluían los compositores Alban Berg y Gustav Mahler, y el pintor Richard Gerstl. En 1906, compuso una pieza altamente disonante, su Sinfonía de cámara n.º 1. Siguió con un enfoque experimental, que plasmó, en 1909, en la obra atonal para piano *Tres piezas*. En 1911, compuso la cantata épica *Gurrelieder*; ese mismo año, la muerte de Mahler le causó una gran aflicción. En 1933, decidió retomar la fe judía y abandonar Europa, instalándose finalmente en Los Ángeles, donde fue profesor en la Universidad de California y residió hasta su muerte.

FRANZ SCHUBERT

Franz Schubert
(1797–1828, Austria)

Nacido en Viena en el seno de una familia interesada en la música, Franz Schubert demostró un talento precoz para el violín y el piano. A los diez años de edad ya estudiaba armonía y, solo

un año después, pasó a formar parte del coro en la capilla imperial de Viena. Allí estudió composición con Antonio Salieri, antiguo instructor del genial compositor Ludwig van Beethoven. Cuando Schubert abandonó la corte en 1813, ya era un compositor consumado: había escrito numerosas obras (incluida una sinfonía) y empezado una ópera. Siguiendo los deseos de su padre, se convirtió en maestro de escuela, pero continuó componiendo hasta adquirir la suficiente confianza como para dejar

> ## «Trato de **adornar mi imaginación tanto** como puedo.»
>
> FRANZ SCHUBERT, COMPOSITOR

la enseñanza. Schubert padeció por la falta de reconocimiento popular y, en 1822, contrajo la sífilis. A pesar de todo, no dejó de componer. Su impresionante obra incluye setenta piezas de música de cámara y veintiuna sonatas para piano, así como sesenta obras para dueto de piano. Finalmente, hacia 1825, algunas de sus publicaciones empezaron a hacer mella entre el público vienés. En 1827, compuso la primera parte del ciclo de canciones *Viaje de invierno*; gracias a esta contribución a la canción lírica alemana (*Lied*), se hizo más popular. En 1828, Schubert ofreció su único concierto público, pero hacia finales del mismo año su salud se deterioró y falleció. Poco después, el compositor alemán Robert Schumann, durante una visita al hermano de Franz Schubert, encontró de modo casual su novena sinfonía. Schumann se la envió a Felix Mendelssohn y la obra se estrenó en 1829.

Robert Schumann
(1810–1856, Alemania)

Robert Schumann nació en el reino de Sajonia (actual Alemania). A Pesar de no haber recibido ningún tipo de educación formal ni en música, ni en literatura, estaba obsesionado por ambas, probablemente influenciado por el oficio de librero de su padre. Su madre le convenció para que estudiara la carrera de derecho, por lo que se trasladó a Leipzig. En 1830, y después de asistir a una audición de Paganini, decidió dejar sus estudios para dedicarse por completo a la música. Se mudó a la casa de su profesor de piano,

Friedrich Wieck, cuya hija Clara, de tan solo once años, ya era un prodigio del piano. Tras sufrir una grave lesión en la mano, Schumann se vio obligado a renunciar a su ambición de convertirse en concertista de piano, y se centró en la composición. Durante los diez años siguientes, publicó varias obras maestras para piano, como la *Fantasía en do mayor*, de 1837, dedicada a Franz Liszt. Editó un diario nuevo dedicado a la música, en el que promovía músicos de la talla de Frédéric Chopin y Johannes Brahms.

A pesar de la gran diferencia de edad entre Schumann y Clara, la pareja se enamoró y comenzaron una relación clandestina. El padre de Clara prohibió la relación, y Schumann se vio forzado a romper su idilio con Clara. Sin embargo, la pareja llevó a Friedrich Wieck a los tribunales, y finalmente se casaron en 1840. Durante años, Schumann había menospreciado la canción lírica pero, en 1840, empezó a interesarse por ella. En menos de un año, había escrito más de ciento cincuenta piezas, entre las que se incluye el magistral ciclo *Amor de poeta*. Schumann y Clara tuvieron una extensa familia, y siete de sus hijos lograron sobrevivir. Lamentablemente, Schumann sufrió una grave depresión en 1844, y, en 1854, se intentó suicidar saltando al Rin. Falleció dos años más tarde en un asilo.

Alexandr Scriabin
(1872–1915, Rusia)

Alexandr Scriabin, nacido en el seno de una familia aristocrática en Moscú, fue un niño precoz que fabricaba sus propios instrumentos. Estudió piano desde muy temprana edad y, después de una etapa en el Conservatorio de Moscú, inició la carrera de concertista de piano. Debido a una lesión sufrida en la mano derecha, Scriabin se vio obligado a interrumpir temporalmente sus conciertos, pero le dio más tiempo para componer. En 1896, compuso su primera partitura orquestal, *Concierto para piano*, que gozó de una muy buena acogida por parte del público. En 1897, Scriabin contrajo matrimonio, y, solo un año más tarde, asumió el cargo de profesor de piano en el Conservatorio de Moscú. En 1904, después de haberse separado de su esposa y vuelto a casar, decidió trasladarse a Suiza. Allí siguió componiendo, y, en 1907, escribió la

ALEXANDER SCRIABIN

célebre *Sonata para piano n.º 5*, pieza que ratificó su rechazo al legado romántico. Este enfoque innovador le convirtió en una figura enormemente influyente. En ese mismo periodo compuso *Poema del éxtasis*, una obra orquestal centrada en la filosofía esotérica de la sociedad teosófica. Scriabin murió de septicemia en Moscú a los 43 años de edad.

Peter Sculthorpe
(1929–2014, Australia)

Después de ser reprendido por su profesor de piano por mostrarse más interesado en la composición que en la práctica, Peter Sculthorpe empezó a escribir música a escondidas, y, con tan solo dieciséis años de edad, ingresó en la Universidad de Melbourne con el fin de completar su formación. Su pieza «Piano Sonatina» fue seleccionada para representar a Australia en el festival de la International Society for Contemporary Music celebrado en Alemania en 1955. En 1958, obtuvo una beca para estudiar en Inglaterra, y, al volver a Australia en 1961, compuso *Irkanda 1*, un emotivo homenaje a su padre y un adiós a Europa. Desde entonces se dedicó a explorar el singular sonido de Australia, reflejando el paisaje del continente a través de su trabajo. Por ejemplo, en *Earthcry* (1986) utiliza sugestivos cantos aborígenes para lamentar el abuso del medio ambiente por parte de la civilización moderna. Aunque Sculthorpe incorpora ciertos elementos de la música tanto japonesa como balinesa, propugnando así la integración del arte australiano con la cultura de todo el Pacífico, su sonido principal se centra en la música nativa. Este aspecto queda reflejado en *Requiem* (2004), una obra significativa en la que se incluyen *didgeridoos*.

Sex Pistols
(1975–1978, Reino Unido)

La formación inicial de los Sex Pistols estaba integrada por el vocalista Johnny Rotten, el guitarrista Steve Jones, el bajista Glenn Matlock y el baterista Paul Cook. Orientados por Malcolm McLaren, antes estudiante de arte, la banda se hizo un nombre gracias a sus conciertos llenos de polémica y a su actitud iconoclasta. Las reacciones adversas generadas con su primer *single*, «Anarchy in the UK», y su comportamiento fuera de tono en un programa televisivo emitido en horario de tarde no hicieron más que ratificar su notoriedad. Matlock abandonó la banda en 1977 y fue reemplazado por Sid Vicious, un amigo de Johnny Rotten incapaz de tocar el bajo. Unos meses después publicaron su segundo *single*, el sedicioso «God Save the Queen», coincidiendo con la celebración de las bodas de plata de la reina Isabel. La canción fue todo un éxito comercial, y se colocó en el segundo puesto de las listas británicas. El único álbum que publicaron salió a la venta a finales de 1977, y, en 1978, ofrecieron varios conciertos en EE UU. Durante este tiempo surgieron ciertas desavenencias entre Rotten y el resto del grupo, y la disolución no tardó en llegar. Johnny Rotten formó la aclamada banda de pospunk Public Image Ltd., y, en 1979, Sid Vicious murió a consecuencia de una sobredosis.

Ravi Shankar
(1920–2012, India)

Natural de Varanasi, Ravi Shankar expresó su interés por la danza desde muy temprana edad. Ello le llevó a unirse a la compañía de música y danza hindú de su hermano. Sin embargo, viajó a Maihar en 1938 para estudiar música junto a Allauddin Khan. Entre 1944 y 1948, actuó por toda la India, y, a partir

> **«La música pop cambia** semana a semana, mes a mes; pero la **gran música es como la literatura.»**
>
> RAVI SHANKAR, COMPOSITOR E INTÉRPRETE DE SITAR

de 1948, comenzó a grabar sus propias producciones. En 1956, Shankar dejó su trabajo como director musical en la emisora All India Radio y se embarcó en una carrera internacional que le llevó a Europa y EE UU, y en la que educó al público en la música carnática de India. A finales de los sesenta, su colaboración con estrellas del pop de la talla de George Harrison, de los Beatles, incrementó su popularidad, y, durante las décadas de 1970 y 1980, ofreció en varios países numerosas actuaciones.

DMITRI SHOSTAKÓVICH

Shankar ocupó un puesto como docente en California, donde vivió hasta fallecer a los 92 años de edad.

Dmitri Shostakóvich
(1906–1975, Rusia)

Shostakóvich comenzó a aprender piano con su madre a los nueve años de edad en San Petersburgo, su ciudad natal. Por aquel entonces, su talento ya resultaba evidente. Ingresó en el Conservatorio de San Petersburgo en 1919, solo dos años después de la Revolución bolchevique, y, a los veinticinco años, disfrutó de un primer gran éxito con su Sinfonía n.º 1. Pasó muchos años escribiendo partituras para cine y teatro. A pesar de haberse casado en 1932 con la estudiante de física Nina Varzar, se le han atribuido varios romances. Víctima de la represión soviética contra el arte, su ópera de 1936 fue condenada en el diario estatal *Pravda*. A partir de entonces, compuso piezas optimistas que satisficiesen al régimen, pero sin dejar de crear otros trabajos más íntimos; su Sinfonía n.º 10 es una obra ambigua escrita en 1953, el año de la muerte de Stalin. Tras el fallecimiento

de su esposa en 1957, volvió a casarse dos veces, pero su salud pronto empeoró. En 1962, estrenó su Sinfonía n.º 13, una vívida descripción de la masacre judía de 1943. En 1966, sufrió un ataque al corazón, y, desde entonces, pasó largas temporadas en hospitales, aunque en 1972 viajó a Inglaterra para visitar a su amigo el compositor Benjamin Britten.

Jean Sibelius
(1865–1957, Finlandia)

Nacido en el seno de una familia sueca residente en Finlandia, Jean Sibelius se trasladó a Helsinki para estudiar derecho. Al poco tiempo lo dejó y se matriculó en el Instituto de Música de la ciudad para dedicar todo su tiempo a ese arte. Después de una estancia de dos años en Berlín y Viena, en 1891 regresó a Finlandia, donde asumió un cargo en el Instituto. El éxito le llegó casi al instante de la mano del poema sinfónico *Kullervo*, una declaración de nacionalismo en un momento en que Finlandia estaba bajo el control de Rusia. Aunque la popularidad de Sibelius fue inmediata en el entorno cultural finlandés, tuvo que esperar a su primera sinfonía, de 1899, para lograr el reconocimiento internacional. En 1904, y después de verse incapaz de componer en la ciudad, se construyó una casa en el campo, donde vivió el resto de su vida. Allí escribió la sexta y séptima sinfonías, dos de sus obras más significativas.

Flor Silvestre
(n. 1929, México)

Nacida en el estado de Guanajuato, en el centro de México, Flor Silvestre se trasladó con su familia a Ciudad de México cuando tenía trece años. Allí comenzó su carrera como cantante de rancheras tradicionales, y, gracias a la difusión de sus canciones a través de emisoras de radio como XFO, la artista

saltó a la fama. Un certamen de talentos emitido por la emisora XEW le concedió el primer premio; como resultado, Flor Silvestre realizó una gira por México, América Central y América del Sur. A los veintiún años empezó su célebre carrera como actriz, y, unos años más tarde, se casó y tuvo tres hijos. Sin embargo, la relación más importante de su vida la mantuvo, años después, con el famoso actor y cantante mexicano Antonio Aguilar. Sus dos hijos, Pepe Aguilar y Antonio Aguilar Jr., gozan, cada uno, de prestigiosas carreras como cantantes.

Simon & Garfunkel
(1957–1970, EE UU)

Amigos desde la infancia, Paul Simon y Art Garfunkel formaron un dúo de pop en Nueva York a mediados de los cincuenta llamado Tom y Jerry. Con poca repercusión comercial, la pareja se separó para ir a la universidad, pero, en 1963, volvió a unirse como un dúo de folk. Su primer álbum, *Wednesday Morning, 3 A.M.*, no obtuvo demasiado éxito en un principio. Después de una brevísima pausa en la cual Paul Simon se dedicó a su carrera en solitario, el dúo se reunió de nuevo con objeto de volver a editar, con gran entusiasmo, una nueva versión de «The Sound of Silence», canción incluida en su primer álbum. Fieles a su línea folk rock, en 1966 publicaron *Parsley, Sage, Rosemary, and Thyme*, álbum muy aclamado por el público. La canción «Mrs. Robinson», incluida en la banda sonora de la película *El Graduado*, fue un gran éxito comercial. Su esplendor culminó con la publicación del álbum *Bridge Over Troubled Water* en 1970, que produjo cuatro *singles* de éxito y obtuvo varios premios Grammy. A excepción del *single* de 1975 «My Little Town», no volvieron a grabar desde 1970. En la actualidad, ofrecen conciertos ocasionales.

SIMON & GARFUNKEL

446

FRANK SINATRA

Frank Sinatra
(1915–1998, EE UU)

Nacido en Nueva Jersey, Frank Sinatra inició su carrera como vocalista junto al grupo The Hoboken Four. En 1940, fue al fin contratado para cantar con la orquesta de Tommy Dorsey; su primer éxito importante, «I'll Never Smile Again», encabezó las listas durante doce semanas consecutivas. Tras el deterioro de la relación entre Dorsey y Sinatra, dos años después, este último se embarcó en una carrera en solitario, primero como cantante y después como actor. Su esplendor se mantuvo durante varios años pero, a finales de la década de 1940, decayó. En 1953, consiguió el Oscar a mejor actor de reparto por la película *De aquí a la eternidad*, y, tras el galardón, disfrutó de un periodo muy prolífico musicalmente que comenzó con la publicación del álbum *In the Wee Small Hours* en 1955. Célebre por sus baladas, Sinatra también incluyó música swing en su repertorio de esa época. Su éxito continuó hasta 1970, año en el que decidió retirarse intempestivamente. En 1973, regresó a la escena y continuó trabajando hasta que, en 1998, falleció de un ataque al corazón.

Noble Sissle
(1889–1975, EE UU)

Al ingresar en el ejército en 1918, Noble Sissle se unió a una reconocida banda de jazz militar para tocar el violín y la batería bajo el mando del teniente James Reese. Continuó trabajando con la misma banda una vez finalizada la Primera Guerra Mundial, y, después del asesinato de Reese en 1919, asumió el control junto a su amigo Eubie Blake, pianista y compositor. Finalmente, Sissle y Blake alcanzaron la fama en 1921 con su musical *Shuffle Along*, convirtiéndose en los primeros afroamericanos en lograr un gran éxito comercial en Broadway. Sissle siguió triunfando como director musical de la banda en las décadas de 1930 y 1940; con ella ofreció conciertos por Europa y colaboró con músicos de prestigio, como el clarinetista Sidney Bechet o la cantante Lena Horne. En 1954, Sissle ocupó un puesto de locutor musical, y, hasta su fallecimiento en 1975 se dedicó a promocionar la música afroamericana.

Sly and the Family Stone
(1967–1975, EE UU)

Involucrado en la música desde que era un adolescente, Sly Stone tomó lecciones de música a principios de la década de 1960 antes de convertirse en DJ y productor discográfico. En 1967, fundó Sly and the Family Stone; si bien su álbum de debut, *A Whole New Thing*, recibió críticas positivas, no entusiasmó al público. Su álbum de 1968, *Dance to the Music*, con elementos pop, rock y soul, obtuvo éxito comercial, pero fue el siguiente, *Stand!* (1969), el que los catapultó a la fama. Accesible y novedoso, el disco fusionaba el rock psicodélico con el funk y el pop, y vendió más de tres millones de copias.

El genial concierto ofrecido por la banda en el festival de Woodstock consolidó su reputación. Sin embargo, el abuso de las drogas de Sly, y su descontento con la política nacional, originaron fricciones dentro del grupo. Varios de los miembros se retiraron después del lanzamiento en 1970 de *There's A Riot Goin' On*, un álbum definitivo en la configuración del sonido funk de los setenta.

Patti Smith
(n. 1946, EE UU)

Nacida en Chicago, Patti Smith comenzó su carrera musical como artista callejera en París en 1969. En los años sucesivos, estableció su reputación como escritora y artista de *spoken word* en Nueva York, acompañándose, ocasionalmente, del guitarrista Lenny Kaye. En 1974, ambos comenzaron a grabar sus composiciones, y, en 1975, Smith publicó su primer álbum, *Horses*, con muy buena aceptación de la crítica. Atraída por el movimiento punk, ofreció conciertos multitudinarios en Europa y EE UU, y, hacia finales de los setenta, publicó otros tres álbumes; *Easter*, de 1978, fue el más exitoso. Tras contraer matrimonio con un colega músico en 1980, Smith disminuyó sus apariciones en público, pero la enorme repercusión de sus primeros trabajos hizo que se ganara el apelativo de «Madrina del punk». Su autobiografía, titulada *Just Kids*, ganó el Premio Nacional del Libro de EE UU en 2010.

PATTI SMITH

The Smiths
(1982–1987 Reino Unido)

Formada en Manchester en 1982 por el cantante Steven Morrissey y el guitarrista Johnny Marr, el grupo se completó con el bajista Andy Rourke y el baterista Mike Joyce. Sus primeros *singles*, «This Charming Man» y «What Difference Does It Make», fueron la antesala de su sonido: unas letras cultas y la voz distintiva de Morrissey unidas a los riffs melódicos de la guitarra de Marr. Gracias a la publicación de sus sencillos y a sus actuaciones en directo, la banda se ganó un público ferviente e incondicional. Su álbum de debut, *The Smiths*, alcanzó el número dos de las listas británicas en 1984. Menos aclamado por la crítica, su segundo álbum, *Meat Is Murder*, se colocó en el número uno de las listas británicas, y su tercer álbum, *The Queen Is Dead*, generó un creciente apoyo en EE UU. Se disolvieron en 1987 antes de publicar *Strangeways, Here We Come*, álbum que se convirtió en el mayor éxito comercial de su carrera en el Reino Unido. Morrissey y Marr han mantenido un perfil alto dentro de la música, Morrissey como solista y Marr como miembro del grupo Electronic y colaborador de otras bandas de indie rock, como The Cribs.

Southern All Stars
(desde 1975, Japón)

Liderada por el vocalista y guitarrista Keisuke Kuwata, la banda de pop rock Southern All Stars, de Tokio, atrajo la atención del público en 1978. La banda publicó dos *singles* muy innovadores y los respaldó con llamativos conciertos. Su balada «Itoshi no Ellie», de 1979, consolidó su reputación. Entre 1980 y 1985, publicaron cinco álbumes que se convirtieron en números uno de las listas japonesas. En 1982, Kuwata contrajo matrimonio con la teclista y vocalista de la banda, Yuko Hara. La pareja tuvo un hijo en 1985, el mismo año en que se lanzó su aclamado álbum *Kamakura*. Tras una pausa de tres años, regresaron a la acción, y siguieron gozando de éxito a lo largo de las décadas de 1990 y 2000. Llevan vendidos más de 47 millones de discos en Japón, y están considerados por muchos como la banda de j-pop más importante de todos los tiempos.

Britney Spears
(n. 1981, EE UU)

Britney Spears, estrella de la televisión cuando aún era una niña, a los dieciséis años saltó a la fama internacional con el lanzamiento de su primer álbum, *Baby One More Time*. El disco produjo varios *singles* de éxito, y ello le valió el título de «Princesa del pop». Pionera en la tendencia de mujeres jóvenes solistas, Spears publicó su segundo álbum, *Oops!... I Did It Again*, con el que alcanzó el número uno de las listas de trece países. Su cuarto álbum, *In the Zone*, incorporaba un sonido más adulto de la música dance, lo cual le llevó a trabajar con varios productores de R&B y dance, incluidos R. Kelly y Moby. A lo largo de la década de 2000, su vida personal fue objeto de una constante atención mediática, pero su éxito comercial no decayó, y, además de publicar varios álbumes, Spears ofreció conciertos en diversos países. Lleva vendidos más de cien millones de discos en todo el mundo.

Bruce Springsteen
(n. 1949, EE UU)

Bruce Springsteen formó parte de varias bandas fallidas durante la década de 1960. En 1973, inició su carrera en solitario y recibió elogios de la crítica por sus dos primeros álbumes. En 1975, lanzó, con gran aceptación del público, el álbum de rock melódico *Born to Run*. Pese a un cambio en el panorama musical y a varias batallas legales, Springsteen logró mantener su esplendor comercial al final de la década. A principios de los ochenta, experimentó con sugerentes baladas acústicas y con sonidos mucho más accesibles del pop rock. En 1984, el álbum *Born in the USA* lo convirtió en un gigante del rock. El disco vendió quince millones de copias y generó siete *singles* de éxito, incluido «Dancing in the Dark». Springsteen realizó una gira de dos años en la que ofreció conciertos masivos por todo el país. Entre finales de los ochenta y principios de los noventa, siguió sorprendiendo al público: dejó a un lado el pop rock convencional y se

BRUCE SPRINGSTEEN

dedicó a una música más íntima con elementos del folk. Entre los álbumes de esa época destaca *The Ghost of Tom Joad* (1995). Desde el año 2000, ha participado activamente en varias cuestiones sociales y políticas, apoyando las dos campañas presidenciales de Barack Obama (2008 y 2012) y publicando *The Rising*, un álbum en el que reflexiona sobre los atentados del 11 de septiembre de 2001.

Sting
(n. 1951, Reino Unido)

Gordon Sumner (alias Sting) comenzó su carrera musical tocando en bandas de jazz mientras trabajaba como profesor en el noreste de Inglaterra. En 1977, se trasladó a Londres y formó la banda The Police junto a Stewart Copeland y Henri Padovani. Si bien cuenta con cierta influencia del punk, su música se centró en sencillas melodías pop con bases reggae, con frecuencia evidentes en las líneas de bajo y en la voz de Sting. Con el lanzamiento, en 1979, de su segundo álbum, *Reggatta de Blanc*, y los singles «Walking on the Moon» y «Message In a Bottle», The Police logró popularidad en toda Europa primero, y en EE UU después. Su quinto álbum, *Syncronicity*, lanzado en 1983, alcanzó el número uno en EE UU y Reino Unido. Tras la disolución de la banda en 1987, Sting publicó *Nothing Like the Sun*, un álbum con las influencias del jazz de sus primeros trabajos. En 1993, retomó un sonido más rock y pop, y publicó *Ten Summoner's Tales*, álbum que incluía su célebre sencillo «Fields of Gold». Sting siguió activo musicalmente, y, en 2007, The Police se reunió de nuevo con objeto de ofrecer una serie de conciertos memorables. Sting, además de por su faceta musical, es también conocido por su compromiso con el activismo medioambiental.

Karlheinz Stockhausen
(1928–2007, Alemania)

La Segunda Guerra Mundial marcó de forma dramática la adolescencia del célebre compositor alemán Karlheinz Stockhausen: a su padre le declararon desaparecido en combate en 1945, y su madre se cree que fue víctima del programa nazi de eutanasia. Durante la posguerra, Stockhausen financió sus estudios en Colonia tocando el piano en bares y amenizando actuaciones de ilusionistas. En 1952, se trasladó a París y estudió con el compositor Olivier Messiaen, participando en el nacimiento de la música electrónica con obras seminales tales como *Gesang der Jünglinge (Canto de los jóvenes)*, de 1956. A finales de la década de 1950,

impartió clases en la prestigiosa escuela de Darmstadt, y, a lo largo de la década siguiente, se embarcó en varias giras internacionales junto al grupo que él mismo formó. Constante innovador, en 1968 produjo *Stimmung (Afinación)*, una pieza de setenta minutos para seis vocalistas basada en un solo acorde. En los últimos años de su vida, se dedicó a completar un ciclo de siete óperas llamado *Licht (Luz)*, obra de 29 horas que tardó décadas en completar. La primera ópera, *Donnerstag (Jueves)*, se estrenó en Milán en 1981; la última, *Sonntag (Domingo)*, que completó en 2003, se estrenó en Colonia en 2011, cuatro años después de su muerte.

Johann Strauss I
(1804–1849, Austria)

Nacido en el seno de una humilde familia, Johann Strauss aprendió a tocar el violín durante su adolescencia. Por las noches interpretaba danzas tradicionales en las tabernas y durante el día aprendía el oficio de encuadernador. Inspirado por la pieza de Carl Maria von Weber *Invitación a la danza* (1819), transformó el vals vienés en una sucesión de danzas acotadas por una introducción y una coda. En 1825, Strauss formó su propia orquesta y presentó sus obras. Después de ser contratado durante seis años por el prestigioso salón de baile Sperl, su fama se consolidó, y no tardó en ser requerido por los salones de baile más prestigiosos de toda Europa. Durante esta época, compuso una serie de valses magníficos, como *Loreley Rheinklänge* (1844). En 1846, Strauss consiguió el título honorífico de *Hofballmusikdirektor* (director musical del baile de la corte) real e imperial austriaca; solo dos años más tarde compuso la *Marcha Radetzky*, célebre pieza conmemorativa de una victoria militar de Austria sobre italianos revolucionarios.

Richard Strauss
(1864–1949, Alemania)

Richard Strauss, natural de Munich, empezó a componer con solo seis años. Su padre, trompetista de orquesta, hizo que Strauss recibiera clases privadas de orquestación y teoría musical. En 1885, Strauss ejerció como director asistente de Hans von Bülow en Meiningen, etapa en la que desarrolló un profundo conocimiento de la orquesta sinfónica. En 1894, contrajo matrimonio con la soprano Pauline de Ahna (hija de un general), quien inspiró muchas de sus composiciones. Sus poemas tonales de la década de 1890 consolidaron su reputación como compositor original y creativo. En 1908, Strauss se construyó una gran villa en Garmisch (Alemania). Entre 1898 y 1918, fue director de la Ópera Real de Berlín, un periodo en

RICHARD STRAUSS

el cual escribió la espléndida ópera *Salomé*. Tras una breve estancia en la Ópera de Viena como director adjunto, el partido nazi lo nombró encargado de la música de cámara del Tercer Reich, aunque perdió el cargo dos años después por su colaboración con el escritor judío Stefan Zweig. Strauss pasó gran parte de la Segunda Guerra Mundial en Viena; tiempo después regresó a Garmisch. Falleció en 1949, no sin antes completar sus *Cuatro últimas canciones*, obra basada en tres poemas de Hermann Hesse y uno de Joseph von Eichendorff.

Ígor Stravinski
(1882–1971, Rusia)

El padre de Stravinski era bajo en la ópera imperial del teatro Mariinki, en San Petersburgo. Gracias a ello, su hijo creció rodeado de músicos, escritores y artistas famosos, algunos de los cuales, como Rimski-Kórsakov, Dostoievski o Borodín, eran íntimos de la familia. Inicialmente, Stravinski no demostró un talento especial para la música por lo que, en 1902, comenzó la carrera de derecho en la Universidad de San Petersburgo. Sin embargo, en sus horas libres, recibía clases del compositor y amigo de la familia Rimski-Kórsakov. Su primer éxito musical se produjo en 1910, cuando Serguéi Diáguilev, director de la compañía Ballets Rusos, le encomendó la pieza *El pájaro de fuego*. El estreno en París fue espectacular y además de glorificar a Ígor Stravinski impulsó la carrera del bailarín Vaslav Nijinski, otro protegido de Diáguilev. Stravinski entró a formar parte de la élite artística europea, integrada por creadores de la talla de Picasso, Gide o Cocteau, con los que también colaboró. *La consagración de la primavera*, pieza estrenada en 1913, exhibió un estilo de música radicalmente distinto definido por un constante cambio de compás. Años más tarde, Stravinski volvió su mirada al clasicismo; su pieza de ballet *Apolo Musageta*, estrenada en EE UU en 1928, refleja dicho interés. El músico adquirió la ciudadanía francesa en 1937, pero finalmente se trasladó a EE UU en 1939, después de la muerte de su esposa e hija primogénita a causa de la Segunda Guerra Mundial. En la fase final de su carrera, Stravinski adoptó técnicas de composición inéditas y las integró en sus obras *Agon* (1954–1957) y *El diluvio* (1962). Falleció a los 88 años de edad y recibió sepultura en San Michele, el cementerio histórico de Venecia, cerca de la tumba de Diáguilev.

Arthur Sullivan
(1842–1900, Reino Unido)

Arthur Sullivan fue el hijo de un director de banda militar irlandés. En 1854, se unió al coro de la capilla real, y, durante esa misma época, publicó su primera composición. Estudió en la Real Academia de Música de Londres y en el Conservatorio de Leipzig; tras finalizar compuso cantatas, sinfonías y la opereta cómica *Cox and Box*. En 1871, se asoció con el dramaturgo W. S. Gilbert, con quien produjo numerosas y notables operetas, incluidas *HMS Pinafore* (1878) y *The Pirates of Penzance* (1878). Sullivan fue nombrado caballero en 1883, y, en 1891, produjo su única ópera, *Ivanhoe*. Su famosa unión con Gilbert terminó en 1896, tan solo cuatro años antes de su fallecimiento.

Donna Summer
(1948–2012, EE UU)

Nacida en el seno de una familia muy religiosa en Boston, Donna Summer tuvo su primera experiencia musical cantando en el coro evangélico de su iglesia. Entre principios y mediados de los sesenta actuó con varias bandas, incluido el grupo de rock Crow, pero su primer trabajo profesional como cantante fue en un teatro musical. A finales de esa década se trasladó a Alemania para interpretar un papel en el musical psicodélico *Hair*. Allí conoció al alemán Helmut Sommer, con quien contrajo matrimonio. En 1974, colaboró con el célebre productor italiano Giorgio Moroder para publicar su primer álbum, *Lady of the Night*; un año después, ambos produjeron «Love to Love You Baby», un glorioso tema que la catapultó a la fama en Europa y EE UU. Con el lanzamiento del *single* «I Feel Love» en 1977, su relación con

THE SUPREMES

la música disco se vio fortalecida, además de aumentar su popularidad. Con gran influencia en el desarrollo de la música de baile electrónica, su esplendor perduró a lo largo de la década de 1970. En 1979, Summer se convirtió en la primera mujer en conseguir tres *singles* número uno en EE UU en un mismo año.

The Supremes
(1959–1977, EE UU)

Antes de formar el trío The Supremes, Diana Ross, Florence Ballard y Mary Wilson integraron, junto con Barbara Martin, The Primettes, versión femenina del grupo vocal masculino de Detroit The Primes. Sus primeros años, con Ross y Ballard en las voces principales, resultaron infructuosos. Martin decidió abandonar la formación en 1961, y The Supremes obtuvieron su primer éxito en 1963, con Diana Ross al frente. Entre

éxito, Ballard abandonó el grupo en 1967, y la nueva formación pasó a llamarse Diana Ross & The Supremes. Berry Gordy estaba convencido de la superioridad de Ross en el escenario y, efectivamente, al cabo de un tiempo su gran popularidad le llevó a abandonar el grupo e iniciar una triunfal carrera en solitario. Aunque The Supremes continuaron hasta 1977, no pudieron repetir el éxito de la década de 1960.

Rabindranath Tagore
(1861–1941, India)

Nacido en Calcuta en el seno de una familia aristocrática, Tagore exploró una enorme variedad de materias relacionadas con el arte y la cultura, incluida la música bengalí y la clásica occidental. Pese a no mostrar ningún interés por instruirse formalmente, su padre quiso que estudiara la carrera

«La música llena el espacio infinito entre dos almas.»

RABINDRANATH TAGORE, COMPOSITOR

1964 y 1965, lograron cinco números uno consecutivos con canciones como «Baby Love» y «Stop! In the Name of Love», y se convirtieron en el grupo de más éxito comercial del sello Motown, de Berry Gordy. Su álbum de 1966, *The Supremes A' Go-Go*, consiguió desplazar a los míticos Beatles en lo más alto de las listas estadounidenses. Pese al constante

de derecho, y Tagore se matriculó en la UCL (Escuela Universitaria de Londres). Sin embargo, su estancia fue breve, y pronto absorbió la cultura anglosajona presenciando las obras de Shakespeare y escuchando música folk. En 1880, decidió regresar a la India y, solo tres años más tarde, se casó con Mrinalini Devi, con quien tuvo cinco hijos. Gran

erudito, Tagore fue, además, escritor prolífico (produjo obras de diversos géneros, en particular, de relato corto) y compositor. Su obra musical abarca más de 2.000 canciones, englobadas en su *Rabindrasangeet (Canciones de Tagore)*. Dado su amplio conocimiento musical, su extensa obra incluye desde los *ragas* de la música clásica de India hasta otras formas más modernas. En 1915, Tagore fue nombrado caballero, pero renunció en 1919 después de que el ejército británico hiciera una masacre con sus compatriotas. A los sesenta años, se inició en el arte de la pintura, y sus obras fueron expuestas en varias salas europeas. Treinta años después de su muerte, su canción «Amar Shonar Bangla» fue convertida en el himno nacional de Bangladesh.

Rachid Taha
(n. 1958, Argelia)

Nacido en Argelia en 1958, Taha se trasladó a Lyon (Francia) con sus padres en 1968. Siendo tan solo un adolescente ejerció como DJ en diversos locales de la ciudad, combinando distintos estilos musicales. En 1980, formó una banda llamada Carte de Sejour, inspirada en la actitud e innovación musical del grupo de punk británico The Clash. Taha y su banda lanzaron dos álbumes en 1986; la versión irónica e inconformista que hizo de la canción pop «Douce France» fue prohibida en la radio francesa, hecho que le hizo ganar notoriedad. En 1989, inició su carrera en solitario, y, durante los años siguientes, mostró una mayor influencia de la música árabe. Su gran éxito tanto crítico como comercial llegó en 1989 de la mano de *Diwan*, álbum de música raï en el que predominaba el sonido del *'ud* (instrumento árabe tradicional de cuerda).

RACHID TAHA

ALAN TAM

Seo Taiji
(n. 1972, Corea del Sur)
Seo Taiji actuó con varias bandas en Seúl hasta que, a los diecisiete años, abandonó la escuela para comenzar su carrera musical. Un año más tarde formó Seo Taiji and Boys; su álbum de debut, un cruce entre el pop y la música dance, obtuvo un gran éxito comercial. Su estética original y sonido novedoso revolucionaron Corea del Sur, y el álbum logró alcanzar el número uno de las listas durante diecisiete semanas consecutivas, algo inédito hasta entonces. Entre 1994 y 1996, el grupo se hizo con un gran público seguidor en toda Asia oriental, y su música se acercó más al heavy metal y al rap. Aunque semejante cambio fue muy bien acogido por sus fans, la junta evaluadora de contenidos mediáticos coreana rechazó la nueva imagen por considerarla inadecuada para el público adolescente. Después de la disolución de la banda en 1996, Taiji retomó su carrera y disfrutó de gran celebridad a lo largo de la década de 2000. Apodado el «Presidente de la cultura» por su notable influencia en la música de su país, escribió The Great Seotaiji Symphony en 2008, una recomposición orquestal de su música que fue interpretada por la Orquesta Filarmónica de Londres.

Alan Tam
(n. 1950, Hong Kong)
Alan Tam inició su carrera musical en 1969 como vocalista de la banda de Hong Kong The Wynners. A medida que su popularidad se acrecentó, fue dejando atrás las versiones de canciones pop occidentales y empezó a componer canciones originales escritas en cantonés que fueron esenciales en el desarrollo del género cantopop. A principios de la década de 1980, Tam prosiguió su exitosa carrera como solista, triunfando popular y comercialmente con las ventas récord de sus discos y singles de baladas modernas. Hacia el final de la década, su prestigio era tal que empezó a orientar la carrera de otros artistas, por lo que acabó recibiendo el apelativo de «Director».

Ebo Taylor
(n. 1936, Ghana)
Ebo Taylor destacó como músico en Ghana con dos bandas de highlife, Stargazers y Broadway Dance Band, a lo largo de la década de 1950. En 1962, formó la banda Black Star Highlife y se trasladó a Londres, donde colaboró con otros músicos africanos allí asentados. A su regreso a Ghana desarrolló un sonido muy personal basado en la combinación del highlife con géneros como el afrobeat. En la actualidad, Taylor sigue grabando y actuando, y el interés hacia su música por parte de los artistas modernos de hip-hop ha favorecido la publicación de varios álbumes muy bien acogidos.

Piótr Ílich Chaikovski
(1840–1893, Rusia)
Piótr Chaikovski nació en el seno de una familia de clase media en la ciudad provincial de Votkinsk, en la actual Udmurtia (Rusia). Tras completar sus estudios de derecho en San Petersburgo, consiguió un empleo como funcionario. Recibió clases privadas de música, sin que destacara especialmente. Decidió renunciar a su trabajo y se inscribió en el Conservatorio de San Petersburgo, donde bajo la tutela del músico ruso Anton Rubinstein durante cinco años progresó rápidamente. Se trasladó a Moscú en 1865 para impartir clases en el recién inaugurado Conservatorio de Moscú, ciudad en la que se hizo célebre en los círculos artísticos. A los 37 años de edad, Chaikovski, de tendencia homosexual, contrajo matrimonio con Antonina Milyukova, una antigua alumna locamente enamorada de él. El matrimonio, además de perjudicarle emocionalmente, pareció menguar su capacidad para componer, y la pareja se separó dos meses después del enlace. En 1875, se estrenó su Concierto para piano n.º 1, obra muy poco ortodoxa en la que Chaikovski mezcló temas tradicionales ucranianos, canción francesa y una grandiosa obertura. A pesar de las fuertes discusiones sobre la obra con Nikolái Rubinstein, el pianista, el concierto fue todo un éxito. A partir de 1876, el compositor se carteó con Nadezhda von Meck, una viuda acaudalada amante de su música que se convirtió en su benefactora (si bien nunca se conocieron). Cuando rondaba los cincuenta, Chaikovski se sintió enfermo y deprimido y, en 1893, falleció a causa de un brote de cólera. El genial compositor ruso abarcó una amplia gama de géneros y de estilos, desde corales y sinfonías hasta música de cámara y conciertos. Sin embargo, su mayor reconocimiento se debe a su contribución a la música de ballet. El estreno de El lago de los cisnes en 1877 no fue bien acogido, pero, dos años después de la muerte del compositor, la obra fue revisada y editada. Esta última versión es la que se conoce actualmente.

Georg Philipp Telemann
(1681–1767, Alemania)
Georg Telemann comenzó ejerciendo como músico en las iglesias y la corte de Polonia y Alemania. En 1704, fue nombrado director de la Orquesta de Leipzig, y, poco después, se trasladó a la iglesia de Santo Tomás (Leipzig). Transcurrido un tiempo, asumió el cargo de Konzertmeister en Eisenach, donde conoció y trabó amistad con J. S. Bach. En 1721, fue nombrado director musical y sochantre en Hamburgo, un prestigioso cargo que ocupó hasta el final de su vida. Telemann fue uno de los compositores más prolíficos del Barroco; sus obras instrumentales incluyen suites orquestales, conciertos, cuartetos, tríos y composiciones para instrumentos de teclado. Cuenta con más de mil cantatas y obras para iglesia, así como cincuenta óperas, entre las que destaca la comedia Der geduldige Socrates (El paciente Sócrates), de 1721. Gran innovador, Telemann se sintió atraído por las formas y los estilos de la música italiana y francesa, muy de moda por aquel entonces. Esta influencia se refleja en sus suites y oberturas de estilo francés, los conciertos y sonatas de estilo italiano y los elementos de la música folclórica polaca incorporados en su trabajo. Durante su vida fue, sin duda, el compositor más reconocido de toda Alemania, y tuvo que abastecer la continua demanda con una secuencia interminable de composiciones. En la actualidad, Telemann es más conocido por sus sonatas para trío y solo. Su obra maestra, Musique de table, es un conjunto de trabajos publicados en tres antologías separadas; cada una de ellas incluye una suite orquestal, música para trío y para cuarteto, un concierto para instrumentos solistas y una pieza de movimiento único llamada «Conclusión». Entre sus muchas innovaciones también destaca la creación la revista Der getreue Music-Meister, cuyo propósito era instruir a los músicos aficionados y proporcionarles piezas instrumentales y vocales para ensayar.

Tinariwen
(desde 1979, Malí)
Tinariwen es una banda de malienses tuareg formada en Argelia. En sus primeros pasos, fusionaron la música africana, en particular los ritmos y las melodías tradicionales de su etnia, con instrumentos occidentales, como la guitarra acústica. En 1989, regresaron a Malí, y, tras la rebelión de la etnia tuareg contra el gobierno en 1990, iniciaron su andadura musical en la región del Sáhara. Los temas políticos y sociales de su música les granjearon una audiencia internacional hacia finales de la década

TINARIWEN

de 1990. En 2001, grabaron su primer disco y expandieron su música más allá del norte de África.

Ali Farka Touré
(1939–2006, Malí)

Siendo todavía un adolescente, Ali Farka Touré aprendió a tocar varios instrumentos por su cuenta. En la década de 1960, entró a trabajar en el gobierno regional como director musical, acompañando y formando a los conjuntos de bailarines y cantantes. En 1968, empezó a tocar la guitarra acústica de seis cuerdas, fusionando la música tradicional africana con el blues estadounidense. Touré desarrolló su gran destreza y estilo único mientras trabajaba con la orquesta de la radio nacional de Malí, y, en la década de 1970, publicó varios álbumes. Hacia finales de los ochenta, el creciente interés por la *world music* (música del mundo) favoreció su reconocimiento internacional, y, tras ofrecer varios conciertos por Europa y América del Norte, su fama aumentó. Considerado uno de los más grandes guitarristas del mundo, con frecuencia se le describe como el «John Lee Hooker africano».

Mark-Anthony Turnage
(n. 1960, Reino Unido)

Poco después de su graduación en el Royal College of Music de Londres, Mark-Anthony Turnage ganó el premio Guinness en 1981 por su composición *Night Dances*. En 1988, se le encomendó una ópera para la Bienal de Munich. El estreno de la obra *Greek*, escrita con la participación del dramaturgo Steven Berkoff, fue todo un éxito. En 1989, sir Simon Rattle le invitó a colaborar como compositor con la orquesta sinfónica de Birmingham; el fruto de esta asociación fue la perturbadora pieza *Three Screaming Popes*. Gran amante de la música jazz, Turnage produjo, junto al músico John Schofield, *Blood on the Floor* (1996), una obra para conjunto y trío de jazz en que se mezclaba la música escrita con la improvisación. Compositor con éxito comercial, en 2011 Turnage estrenó *Anna Nicole*, una controvertida ópera sobre la agitada vida de la modelo del mismo nombre.

U2
(desde 1976, Irlanda)

Formada en Dublín por un grupo de chicos adolescentes, U2 pasó seis años desarrollando su sonido antes de salir vencedores en un concurso de talentos en 1978. La demo que grabaron como parte del premio les valió un contrato discográfico. En 1980, publicaron *Boy*, su álbum de debut. Tras establecer un sonido de rock atmosférico, apoyado

U2

por la potente voz de Bono y el fraseo de la guitarra de The Edge, lanzaron *War* en 1983. La gira de este álbum los consolidó como una banda popular en todo el mundo. Comprometidos con diversas cuestiones políticas y sociales, sus potentes actuaciones fueron el motivo de su reconocimiento inicial. Sin embargo, tras la publicación de

> «Lo **auténtico** se manifiesta cuando el cantante **expresa** algo […] y el oyente lo siente como **propio**.»
>
> BONO, CANTANTE Y COMPOSITOR

The Joshua Tree en 1987, obtuvieron un rotundo éxito crítico y comercial, consiguiendo su primer álbum número uno en EE UU. A lo largo de la década de 1990, siguieron ofreciendo conciertos memorables y experimentando con una amplia variedad de estilos, incluidas la música dance e industrial.

Caetano Veloso
(n. 1942, Brasil)

Nacido en la provincia de Bahía, en la costa noreste de Brasil, las primeras influencias de Caetano Veloso vinieron del músico de bossa nova Joao Gilberto. En 1965, se trasladó a Río de Janeiro, donde ganó un concurso musical que le permitió firmar su primer contrato discográfico. Fue uno de los miembros fundadores de Tropicalia, movimiento musical en el que se combinaba el rock con la música brasileña tradicional y se abogaba por letras que criticaran la dictadura militar. Perseguido por

el gobierno de Brasil, Veloso se trasladó a Londres en 1968. Tras su regreso, en 1972, el país lo consagró como artista de renombre. En las décadas de 1970 y 1980, combinó los ritmos tradicionales brasileños con las sencillas estructuras de las canciones pop. Figura emblemática en Brasil, su música ha tenido una gran repercusión en todo el mundo.

Giuseppe Verdi
(1813–1901, Italia)

Giuseppe Verdi nació en Le Roncole, cerca de Parma, en 1813. Su primer maestro fue un organista de iglesia, y, posteriormente, gracias a los auspicios de un tendero local, ingresó en el Conservatorio de Milán. Sin embargo, tuvo que tomar clases privadas de piano durante dos años para adquirir la técnica exigida por el centro. Cuando acabó sus estudios, regresó a Busseto y contrajo matrimonio con la hija de su mecenas. El estreno, en 1839, de su ópera *Oberto* tuvo lugar en el prestigioso teatro La Scala de Milán. Solo un año después fue sacudido por la tragedia cuando su esposa falleció. Sumamente afligido y a punto de abandonar la música recibió el encargo de escribir *Nabucco*. Centrada en la independencia nacional, la ópera exhibió el espléndido coro de los esclavos, convertido en himno del movimiento unificador italiano. Verdi empezó a componer una ópera por año,

y, hacia finales de la década de 1840, su situación económica se estabilizó favorablemente. Decidió adquirir una finca en Sant'Agata, en la región de Emilia-Romaña, donde se asentó con la soprano Giuseppina Streppini, con quien se casó finalmente. En la década de 1850, cimentó su reputación como un gigante de la ópera gracia a obras tan sutiles e inteligentes como *Rigoletto* (1851) y *La Traviata* (1853). Tras la declaración de independencia en 1860, Verdi fue elegido miembro del primer parlamento italiano, aunque siguió componiendo durante años. En 1871, compuso *Aida* para la ceremonia de apertura de un nuevo teatro de la ópera en El Cairo, y, en 1887, la magnífica *Otelo* puso de manifiesto su progreso en la escritura vocal. Verdi falleció a los 88 años, y su cuerpo fue enterrado en Milán, en la Casa di Riposo per Musicisti.

GIUSEPPE VERDI

HEITOR VILLA-LOBOS

Heitor Villa-Lobos
(1887–1959, Brasil)

Nacido en el seno de una familia de clase media en la ciudad de Río de Janeiro, su juventud estuvo marcada por un periodo de fuertes disturbios políticos y sociales, como el colapso del imperio brasileño o la abolición de la esclavitud. Heitor Villa-Lobos inició su carrera musical sin apenas tener estudios formales, trabajando en bares y en cafés como músico y recopilando música popular por todo el noreste del país. En 1923, consiguió finalmente una beca gubernamental para estudiar en París. Gracias a su pasado musical repleto de influencias, el compositor mostró una tendencia ecléctica en su producción. Durante su estancia en París, completó *Chôros*, una serie escrita para diferentes instrumentos similar al *chorinho*, estilo de música brasileña en que se mezclan melodías europeas con ritmos afrobrasileños. En 1930, decidió regresar a Brasil y asumió el cargo de director de educación musical del nuevo gobierno nacionalista. Su extenso conocimiento de la música popular brasileña fue incorporado en las reformas del país. En 1945, logró completar sus *Bachianas brasileiras*, un intento serio de fusionar las técnicas contrapuntísticas de J. S. Bach con el espíritu de la música brasileña. Gran compositor y educador, y apasionado defensor de la música brasileña, Heitor Villa-Lobos fue honrado con un funeral cívico en Río de Janeiro después de su fallecimiento en 1959.

Antonio Vivaldi
(1678–1741, Italia)

Nacido en Venecia, Antonio Vivaldi ejerció de violinista mientras se instruía en el sacerdocio. En 1703, fue contratado por el Ospedale della Pietà, un orfanato

y escuela musical femenina donde las estudiantes, bajo su tutela, alcanzaron el reconocimiento internacional. Vivaldi pronto se convirtió en un compositor de renombre, y sus publicaciones musicales empezaron a ser ampliamente elogiadas y emuladas. En 1713, la directiva del Ospedale le encomendó varias piezas religiosas, y en una etapa posterior llegaron a pedirle hasta dos conciertos por mes. Vivaldi desarrolló su enorme talento como violinista y director de orquesta a través de la composición, escribiendo partituras que suponían un verdadero desafío para uno o varios instrumentos. Entre los conciertos más famosos de Vivaldi destacan los reunidos bajo el sugerente nombre de *Las cuatro estaciones*, publicados en 1725. Cada uno de dichos conciertos evoca diferentes aspectos de las estaciones del año, y, en su momento, estuvieron acompañados por un soneto ilustrativo impreso en la partitura del violín principal. Estos conciertos se mantuvieron en auge

ANTONIO VIVALDI

mucho después del fallecimiento de Vivaldi, y, en la actualidad, continua siendo una de las obras más grabadas e interpretadas del canon clásico musical. Vivaldi desarrolló una alianza especial con la cantante Anna Giraud, figura habitual en sus óperas. En 1737, una disputa contractual en público, junto con los rumores de su relación con Giraud y su negativa a decir misa (sufría de asma), condujeron a que le fuera prohibida la entrada en la ciudad de Ferrara. Tras el fracaso de algunas de sus óperas, el público empezó a adoptar una actitud hostil hacia el compositor. En un viaje a Viena, cayó enfermo y falleció, siendo enterrado en una fosa común. Sus más de ochocientas obras incluyen música coral, piezas religiosas, óperas y más de quinientos conciertos.

Richard Wagner
(1813–1883, Alemania)

Wilhelm Richard Wagner estudió música y literatura en Dresde y en la Thomasschule de Leipzig, su ciudad natal. En 1833, fue nombrado director de coro en Würzburg, y, seguidamente, obtuvo un puesto como director en Lauchstädt y Magdeburgo. Contrajo matrimonio con la actriz Minna Planer, pero su comportamiento extravagante e infiel tensó la relación. Después de trabajar en Riga decidió trasladarse a París, pero, tras un periodo de severos apuros económicos, regresó a Dresde y consiguió un puesto de director en la ópera real. En esta ciudad estudió la poesía épica alemana, que sería una gran fuente de inspiración a lo largo de toda su vida. Su ópera *Tannhäuser*, basada en un poema de Ludwig Tieck, fue escrita poco después de su regreso a Dresde. Wagner también escribió varios ensayos, como *Ópera y drama* y el antisemítico *El judaísmo en la música*. En 1859, logró finalizar su memorable drama épico musical sobre el amor y la muerte, *Tristán e Isolda*. El punto de inflexión en su vida llegó cuando el rey Luis II de Baviera le invitó a Munich y permitió la representación de *Tristán e Isolda* bajo la dirección de Hans von Bülow. Wagner se enamoró de la esposa de este, Cósima, y engendró dos hijos con ella. Cuando su primera mujer, Minna, falleció, la pareja contrajo matrimonio. En 1871, se mudó de nuevo, esta vez a la ciudad alemana de Bayreuth; allí supervisó la construcción de un nuevo teatro de la ópera, el Festspielhaus. En 1876, Richard Wagner estrenó su obra maestra, el épico

ciclo titulado *El anillo del nibelungo*. Sin contar con la noche preliminar, la obra completa tiene una duración de tres días. El compositor terminó su última ópera, *Parsifal*, en 1882, un año antes de su muerte en Venecia.

Muddy Waters
(1913–1983, EE UU)

McKinley Morganfield fue apodado «Muddy» («Enfangado») por su abuela Della, a causa de su afición a jugar entre el barro mientras crecía en Misisipi. Comenzó tocando la armónica, pero a los diecisiete años tomó la guitarra y se dedicó a amenizar las fiestas locales. En 1932 contrajo matrimonio, pero tras engendrar un hijo con otra mujer, su matrimonio se disolvió. En los diez años siguientes, ofreció conciertos por todo Misisipi y grabó canciones para el músico y activista Alan Lomax. En 1943, se trasladó a Chicago, donde tuvo que trabajar como camionero para financiar su música. En 1947, su canción «I Can't Be Satisfied» fue aclamada por los seguidores del blues de Chicago. Tras formar una fructífera alianza con el armonicista Little Walter, Waters se convirtió en el intérprete más importante de blues eléctrico de los años cincuenta, publicando *singles* de éxito como «Rollin' and Tumblin» y «Mannish Boy». Sin embargo, su carrera se estancó en la década de 1960 después de una infructuosa gira por Inglaterra: el público inglés no estaba habituado a un sonido eléctrico tan intenso. Su carrera se reactivó en 1976 tras una espléndida actuación en un concierto de despedida del grupo de roots-rock The Band. Su siguiente álbum, *Hard Again*, también triunfó. En 1982, Waters colaboró con Eric Clapton, quien decía haber estado muy influenciado por Muddy. Su salud se deterioró repentinamente y, un año después, falleció a consecuencia de una insuficiencia cardiaca.

Judith Weir
(n. 1954, Escocia)

Weir estudió primero música junto al compositor británico John Tavener y posteriormente con Robin Holloway, en la Universidad de Cambridge. Atraída desde muy joven por la música clásica tradicional de India y China, compuso su primer gran éxito en 1985, la ópera *The Consolations of Scholarship*. Escrita para soprano y conjunto instrumental, la obra está basada en un drama chino de la dinastía Yuan. Weir ha desarrollado su carrera como profesora de música y compositora, colaborando con algunas universidades y generando varias obras sencillas de gran atractivo. Actualmente trabaja con niños y músicos aficionados con el objetivo de crear comunidades musicales más amplias. Ha colaborado

JUDITH WEIR

con el narrador indio Vayu Naidu en la creación de *Future Perfect*, una obra en la que se mezclan textos musicales y narraciones.

The Who
(desde 1964, Reino Unido)

The Who, banda integrada por Pete Townshend, Roger Daltrey, Keith Moon y John Entwistle, se formó en 1964. Aficionados al rhythm and blues y con canciones originales de Pete Townshend, el grupo no tardó en destacar entre otras bandas londinenses por sus enérgicas actuaciones, que a menudo acababan con la destrucción de sus instrumentos. Convertidos en artistas prominentes en todo el país, en 1965 lanzaron su *single* de debut «My Generation». En los años siguientes, Townshend fue ampliando su paleta como compositor, hecho que culminó con la ópera rock *Tommy* en 1969. Las canciones compuestas para este proyecto constituyeron gran parte de su repertorio en el mítico festival de Woodstock, celebrado de ese mismo año. La reputación internacional de sus impactantes conciertos creció durante

la década de 1970, y se convirtieron en el primer grupo de rock contratado para actuar en la Metropolitan Opera House de Nueva York. *Quadrophenia*, su segunda ópera rock, también triunfó en EE UU y Reino Unido en 1973. Su éxito continuó hasta 1978, año en el que Keith Moon falleció tras ingerir una sobredosis de fármacos.

Stevie Wonder
(n. 1950, EE UU)

Stevie Wonder perdió la visión al poco tiempo de nacer. Su primera experiencia con la música le vino cuando entró a formar parte del coro de su iglesia en Detroit. Con un talento natural para la música, sabía tocar varios instrumentos con tan solo diez años, incluido el piano. A los doce años lanzó su primer álbum con el sello Motown y, un año después, lanzó su primer *single* de éxito. Durante la década de 1960, Wonder se instruyó como compositor, y los *singles* publicados durante ese periodo, como «My Cherie Amour» y «Signed, Sealed, Delivered», lo consagraron como un prestigioso artista en el estilo de fusión pop-soul. También participó en grabaciones de otros artistas, como en el tema «Tears of a Clown», de Smokey Robinson & the Miracles. A partir de 1972, año de la publicación de *Music from my Mind*, Wonder cimentó su reputación como un compositor y cantante de enorme talento creativo. El álbum *Talking Book* generó su memorable sencillo de funk «Superstition», mientras que *Innervisions* produjo «Living for the City», una clara muestra de la gran fuerza de Wonder como cantautor político. Su reputación alcanzó el máximo con *Songs in the Key of Life* (1976), un doble álbum con una sugerente mezcla de funk, rhythm and blues, soul y pop. Durante la década de 1980, Stevie Wonder disfrutó de

un enorme éxito comercial y, a lo largo de su prolífica carrera, ha conseguido más premios Grammy que ningún otro solista masculino.

Yellow Magic Orchestra
(1978–1993, Japón)

Nacido en Tokio, el joven teclista y estudiante de música Ryuichi Sakamoto formó la banda de música electrónica Yellow Magic Orchestra con el baterista Yukihiro Takashi y el bajista Haruomi Hosono, miembro fundador del famoso grupo de rock japonés Happy End. Bajo la influencia de los alemanes Kraftwerk, innovador grupo de música electrónica, lanzaron su primer álbum en 1978; su éxito, aunque moderado, les animó a actuar en directo y les llevó a componer un segundo álbum. Publicado en 1979, *Solid State Survivor* consiguió triunfar a escala internacional, en parte gracias a las letras en inglés y el *single* «Behind the Mask», canción versionada a posteriori por Michael Jackson. El álbum vendió más de dos millones de copias en todo el mundo y convirtió al grupo en el más popular de su país. Prolíficos y pioneros de la música electrónica, se disolvieron en 1983 tras haber producido ocho álbumes. Ryuichi Sakomoto continuó, en solitario, su aclamada carrera como compositor.

Zhou Xuan
(*c.* 1918–1957, China)

Nacida en el seno de una familia muy humilde en la ciudad de Changzhou, en el este de China, Zhou Xiahong fue adoptada cuando tenía tres años por una pareja de Shanghái. Desde temprana edad, demostró su talento como cantante, y, a los trece años de edad, se afilió a una compañía musical y ganó varios concursos de canto. A mediados de la década de 1930, Zhou Xuan, conocida como «La voz de oro», se había convertido en la cantante más célebre de su país, respaldada por su también próspera carrera como actriz en diversas películas de éxito. Su vasto repertorio estaba integrado por música popular china y las canciones de sus filmes. A pesar de su imparable éxito profesional, Zhou Xuan nunca tuvo una vida feliz. Todas sus relaciones sentimentales fueron fallidas y, en los primeros años de la década de 1950, la artista sufrió varias crisis nerviosas. Murió de encefalitis en Shanghái a los 39 años de edad.

Frank Zappa
(1940–1993, EE UU)

Frank Zappa exhibió desde muy joven un enorme eclecticismo hacia la música. Primero tocó la batería en una banda de rhythm and blues, y, a principios de los sesenta, se dedicó a tocar la guitarra y a escribir música para películas. En 1965, Zappa decidió unirse a la banda de rhythm and blues Soul Giants como guitarrista; ese mismo año pasó a ser el compositor y líder del grupo. Un año después, el conjunto firmó un contrato de grabación y cambió su nombre a The Mothers of Invention. Su primer álbum, *Freak Out!*, lanzado en 1966, era un asombroso disco doble en el que el rock and roll más convencional se combinaba con sonidos de vanguardia y letras surrealistas. Tras su aparición de su segundo álbum, *Absolutely Free*, la banda se trasladó a Nueva York, donde

> ## «La **música** es la única **religión** que cosecha sus **frutos**.»
>
> FRANK ZAPPA, GUITARRISTA Y COMPOSITOR

desarrolló su destreza interpretativa a través de sus actuaciones en el teatro Garrick. En 1968, publicó el elogiado álbum *We're Only in it for the Money*, pero, al no lograr el éxito comercial esperado, Zappa disolvió el grupo en 1969. Ese mismo año, Zappa lanzó un disco en solitario que fue bien recibido, *Hot Rats*, y, un año más tarde, formó una nueva versión de la banda. En 1971, Zappa sufrió lesiones muy graves tras ser arrojado del escenario por un espectador. Volvió a la escena musical en 1973 y consiguió el mayor éxito comercial de su carrera con su álbum en solitario *Apostrophe* (1974). Siguió trabajando durante las dos décadas siguientes, aunque más centrado en la música clásica electrónica.

Ziryab
(*c.* 789–857, Persia)

Ziryab nació en Bagdad a finales del siglo VIII, en la época del califato abasí (750–1258). Su trayectoria musical se inició en su ciudad natal, donde recibió clases del influyente músico y maestro Ishaq al-Mawsili. Sin embargo, fue su llegada a la corte omeya de Córdoba en el año 813 la que realmente determinó su gran contribución a la música árabe. Vocalista virtuoso, desarrolló nuevos métodos de formación vocal, y a día de hoy es reconocido como el padre de la música andalusí, un estilo que todavía se interpreta en Europa y el norte de África. Ziryab también contribuyó al desarrollo del 'ud, un instrumento de cuerda primordial dentro de la música tradicional árabe.

THE WHO

Instrumentos

Esta sección contiene una breve reseña de instrumentos musicales de culturas de todo el mundo, desde los tambores metálicos del Caribe hasta el violín clásico occidental. Existen diversos sistemas de clasificación de los instrumentos, según el material del que están construidos, su función y su principal fuente de sonido.

Cuerda

Los instrumentos de cuerda, o cordófonos, son aquellos en los que el sonido se genera por la vibración de cuerdas tensas. Aunque en algunos se emplean medios electrónicos para aumentar su volumen, generalmente son acústicos y suelen tener una caja de resonancia. Se tocan pulsando las cuerdas con los dedos o con plectro o púa, o bien frotándolas con arco.

arpa

Originaria de Mesopotamia, en Oriente Medio, cuenta con variantes en casi todas las culturas musicales del mundo. El arpa occidental actual tiene 47 cuerdas que abarcan seis octavas y media, dispuestas verticalmente en un marco de madera triangular. El lado más largo, o columna, contiene un mecanismo de varillas conectadas a siete pedales en la base; cuando se pisan, estos alteran la altura de las notas. Suele colocarse entre las piernas del ejecutante y reposar sobre su hombro derecho y se utiliza en la música clásica, a menudo como instrumento solista.

bağlama

Semejante a la guitarra, con mástil largo y cuerpo con forma de pera. Su tamaño varía, pero suele tener siete cuerdas en dos grupos (órdenes) de dos y un grupo de tres, que pueden tocarse con los dedos o con una púa de corteza de cerezo. Es un instrumento tradicional citado en la literatura en el siglo XVIII por primera vez, importante en la música popular turca y ampliamente utilizado aún en la actualidad.

bajo eléctrico

Instrumento de cuatro cuerdas afinado una octava más grave que las cuatro cuerdas más graves de una guitarra acústica, con el cuerpo macizo y amplificado eléctricamente. Desarrollado en la década de 1930, su popularidad creció con el desarrollo del rock durante la de 1960. Acabó reemplazando al contrabajo como principal instrumento de bajos en los grupos de rock y pop, y es también un instrumento destacado en el reggae, el funk y el jazz.

balalaica

Instrumento de tres cuerdas y cuerpo triangular, tradicional de la música popular rusa. A pesar de que empezó a utilizarse en el siglo XVII, su versión moderna fue desarrollada y patentada por el violinista Vasili Vasiliévich Andreiev en la década de 1880. Su tamaño y tono varían desde la contrabajo (la mayor y más grave), hasta la prima (la menor y más aguda).

BANJO

banjo

Desarrollado durante el siglo XVIII en América del Norte, es un instrumento afín a la guitarra, con mástil largo y entre cuatro y nueve cuerdas. El cuerpo consiste en una caja circular con un parche tenso que produce un efecto percusivo. Cuando se pulsa una cuerda, esta vibra sobre el parche con considerable volumen. Se utilizó en espectáculos de música popular estadounidense a finales del siglo XIX y encontró un lugar en las bandas de jazz del XX, así como en la música folk, el country y el bluegrass.

biwa

Empleada en Japón desde el siglo VII, es un instrumento similar al laúd con forma de pera, mástil corto y cuatro o cinco cuerdas de seda, según el estilo y el tamaño. Desde su creación se usó para aportar el fondo musical al recitado de cuentos y para acompañar rituales religiosos. La popularidad de la *biwa* decayó a finales del siglo XIX y principios del XX, a medida que crecía el interés por la música occidental, pero se ha reincorporado a la obra de compositores japoneses a partir de la década de 1960.

buzuki

Introducido en Grecia por inmigrantes llegados de Anatolia a principios del siglo XX, es un instrumento afín al laúd de cuerpo hondo, normalmente con seis cuerdas en tres pares (tricordo) o, desde la Segunda Guerra Mundial, con ocho (tetracordo). Instrumento básico de la música folclórica griega, una de sus variantes se emplea también en la irlandesa. Se toca con plectro o púa y produce un sonido limpio y metálico.

cistro

Instrumento afín al laúd de cuerpo redondo, uno de los pocos cordófonos renacentistas con cuerdas de acero en lugar de tripa. A diferencia del laúd, tiene el fondo plano en lugar de abombado y generalmente ocho cuerdas en cuatro órdenes dobles. El cistro fue muy popular entre los siglos XVI y XVIII.

cítara

Cualquier cordófono sin mástil en el que las cuerdas recorren todo el cuerpo del instrumento. Las cítaras pueden ser de diversos tipos, según su forma, construcción y forma de tañerlas. El soporte tensor puede ser un palo, un tubo, una tabla o una caja, como en el dulcemel de los Apalaches y el salterio. Muy populares en Europa central y oriental, así como en Asia oriental, son sobre todo instrumentos folclóricos.

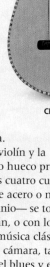

CHARANGO

contrabajo

Con una longitud aproximada de 1,77 m, es el instrumento de arco mayor y más grave de la orquesta sinfónica. De forma similar al violín y la viola, su gran cuerpo hueco produce un sonido grave. Las cuatro cuerdas —en la actualidad de acero o nailon entorchado de aluminio— se tocan con arco francés o alemán, o con los dedos. Fundamental en la música clásica, ya sea de orquesta o de cámara, también se utiliza en el jazz, el blues y el rock and roll.

cuatro

El nombre de este instrumento similar a la guitarra se debe al número de sus cuerdas. Acompaña a conjuntos vocales y se usa en la música popular de toda América Latina y el Caribe, pero sobre todo en Venezuela (cuatro llanero), Colombia y Puerto Rico, donde tiene cinco pares de cuerdas y diversas formas, y se considera el instrumento nacional.

dàn bau

El *dàn bau* acústico, una cítara de caja con una caña o palanca flexible en un extremo y una sola cuerda sobre una tapa armónica, se ha usado durante siglos en la música popular del norte de Vietnam y el suroeste de China. Hoy el *dàn bau* amplificado eléctricamente se usa en la música rock de toda Asia.

dulcemel o dulcémele

Este nombre se aplica a dos instrumentos distintos —el percutido con macillos y el punteado (como el dulcemel de los Apalaches)—, que difieren bastante por su forma, sonido y evolución, además de por la manera de tañerlos. En ambos las cuerdas se extienden sobre una caja de resonancia, sin mástil, por lo que se agrupan con las cítaras en ciertas clasificaciones. En el punteado, las cuerdas se pisan sobre trastes para obtener muchas frecuencias con una cuerda o un grupo de cuerdas, como en la guitarra, el banjo o el violín. La alternativa es tener una cuerda o un grupo de cuerdas afinados en la frecuencia deseada, como en el arpa, el piano, el salterio y el dulcemel de macillos. Se cree que este surgió en Oriente Próximo *c.* 900 y se extendió por Europa a lo largo del siglo XVI. El dulcemel fue un instrumento popular en el Renacimiento y a lo largo del siglo XIX, pero en el siglo XX desapareció prácticamente frente a la competencia del piano. Hoy está renaciendo.

dutar

Es un laúd de mástil largo con trastes, caja con forma de pera y dos o más cuerdas. Instrumento popular, se toca en Oriente Medio y Asia, pulsando, rasgueando, o combinando ambos métodos.

ektara

Utilizado especialmente en la música popular del sur de Asia, consiste en una cuerda —en ocasiones dos— sobre un cuerpo esférico hueco, normalmente de madera o hecho con una calabaza seca de un 1 metro de largo o más. La cuerda se sujeta en un mástil partido que se aprieta para destensarla y hacer más grave la nota. El tono del instrumento lo determina su tamaño, del mayor (bajo) al menor (soprano).

erhu

Instrumento chino de arco con dos cuerdas muy próximas sobre un mástil largo y estrecho. El dedo se coloca sobre la cuerda para cambiar de nota, pero a diferencia de otros instrumentos con trastes, no se aprieta contra el mástil. Se usaba tradicionalmente en conjuntos de ópera, pero adquirió relevancia como instrumento solista clásico durante el siglo XX.

fídula

Instrumento de arco medieval similar a la viola moderna, desarrollado en Europa durante el siglo XI y popular hasta el siglo XV. También conocida como vihuela de arco, podía tocarse apoyándola en la rodilla o en el hombro. Fue uno de los predecesores del violín.

fórminx o fórminge

Antiguo instrumento griego de diseño similar a la lira y la cítara *(kithára)*, de entre dos y siete cuerdas sujetas a un travesaño entre dos brazos y extendidas sobre una caja de resonancia de madera con forma de media luna y dos agujeros con apariencia de ojos. Usada sobre todo para acompañar la poesía épica, fue sustituida por la lira y la *kithára*.

gayageum

Instrumento de doce cuerdas afín a la cítara, utilizado sobre todo en Corea. Las cuerdas se extienden sobre un diapasón de madera, apoyadas en puentes que se pueden desplazar para ajustar la afinación, y se pulsan con los dedos de la mano derecha mientras los de la izquierda seleccionan los trastes. Se emplea en conjuntos y como instrumento solista.

guitarra acústica

La guitarra acústica estándar es un instrumento con cuerpo de madera hueco y cuerdas de acero o nailon. Al pulsar las cuerdas con los dedos o con púa, su vibración se transmite a la tapa armónica a través de la silleta y el puente, creando así un efecto de amplificación. Surgida durante el Renacimiento a partir de instrumentos de cuerda medievales, es fundamental en el rock, el blues, el folk y el country.

guitarra clásica

Similar a la guitarra acústica, pero con el cuerpo menor y un diapasón más ancho. Las cuerdas de nailon en vez de acero generan un sonido más dulce. Se toca con los dedos, no con púa, y es un instrumento importante del repertorio clásico occidental.

guitarra eléctrica

Su cuerpo macizo lleva pastillas electromagnéticas para convertir la vibración de las cuerdas en una señal eléctrica que se transmite por un amplificador y se emite por un altavoz. Inventada en 1931, la guitarra eléctrica se popularizó entre los músicos de jazz y blues antes de imponerse en la música pop y rock de la segunda mitad del siglo XX. Más de seis décadas después de su irrupción en la escena musical estadounidense, está presente en música de todo tipo, desde el funk hasta el country y la música clásica contemporánea.

guitarra flamenca

Similar a la guitarra clásica, pero más ligera y resonante. La guitarra flamenca se sostiene en posición vertical y se toca con los dedos, no con púa. A menudo se emplea una cejilla —una barra que ciñe las cuerdas— que eleva el tono y produce un sonido más definido y penetrante.

kayagum

Instrumento de doce cuerdas afín a la cítara usado sobre todo en Corea. El *kayagum* se sostiene en el regazo con la parte inferior a la izquierda, apuntando hacia fuera, y la superior reposando sobre la rodilla derecha. Hay dos tamaños: el mayor está destinado a músicos cortesanos y nobles; el menor, a la música popular y los virtuosos. Se toca con las yemas de los tres dedos mayores y el pulgar de la mano derecha, y con las uñas, que se proyectan hacia fuera. Con dos o tres dedos de la mano izquierda se presionan las cuerdas trasteadas ligeramente a la izquierda de los puentes.

kemenche

Se trata de un instrumento de arco popular en el área mediterránea oriental, con tres cuerdas y formas diversas. Sosteniendo el instrumento verticalmente con la mano izquierda y tocando con la mano derecha, el ejecutante puede bailar al mismo tiempo.

kithára

La *kithára*, o cítara de los antiguos griegos, y después de los romanos, acompañaba la poesía épica, los himnos y otros cantos. Desde el siglo VI a.C. la tañían sobre todo músicos profesionales (citaredos o citaristas) como instrumento solista o para acompañar a cantantes. Similar a la lira, pero más sofisticada, la *kithára* consistía en una gran caja de resonancia de madera bajo siete cuerdas sujetas verticalmente a un travesaño, que se tocaban con plectro, apagando con la mano libre las que no se pulsaban.

kokyû

El único cordófono tradicional japonés que se toca con arco, consiste en un largo mástil sin trastes y un pequeño resonador. Se parece al *shamisen*, un laúd de mástil largo que se toca con un gran plectro. Suele acompañar al teatro de marionetas o la canción narrativa en un trío junto con el *shamisen* y el *koto*, una cítara japonesa.

kora

Instrumento popular tradicional de África occidental, de la familia del arpa, la *kora* suele estar hecha con media calabaza fijada a un mástil largo de madera dura. Sus 21 cuerdas van desde lo alto del mástil hasta la parte inferior de la calabaza, sostenidas por un puente colocado en medio de esta, y se pulsan con las dos manos. Generalmente la tañe un *griot* para acompañar musicalmente un relato.

ARPA

455

laúd

Instrumento esencial en la música profana del Renacimiento, con un mástil corto y cuerpo piriforme, normalmente de una madera dura. Los laúdes medievales solían tener cinco órdenes de cuerdas, número que se incrementó en las épocas renacentista y barroca hasta trece órdenes dobles. Los primeros laúdes se tocaban con una pluma de ave, o péñola, lo cual limitaba la tonalidad a una sola nota o acorde rasgueado. Con la evolución de la música, las cuerdas pasaron a pulsarse con los dedos, haciendo así posible tocar varias notas a la vez. Se empleó como instrumento solista y de acompañamiento, pero declinó durante el Barroco y después de 1800 se utilizó rara vez.

MANDOLINA

lira

Instrumento importante en la antigua Grecia, la lira clásica consistía en un cuerpo hueco hecho con un caparazón de tortuga unido a una estructura formada por dos brazos verticales y un travesaño. Las cuerdas, entre cuatro y diez, se tocaban con plectro, mientras los dedos de la otra mano apagaban las cuerdas restantes. Se usaba sobre todo para acompañar el recitado de poemas.

mandolina

Consiste en una caja hueca redonda o con forma de gota, con un oído y la espalda plana o abombada, y un mástil con trastes. El formato moderno de la mandolina, dotado de ocho cuerdas en cuatro órdenes, se desarrolló en Nápoles (Italia), a finales del siglo XVIII. Aparece de modo regular en el repertorio barroco y clásico europeo, y se utiliza también en la música clásica y popular de Asia, Australasia y América del Sur. Destaca asimismo en el folk, el country y el bluegrass.

pipa

Instrumento chino afín al laúd con caja hueca en forma de pera y mástil corto, ambos con trastes. Sus cuatro cuerdas, en origen de seda y hoy en día generalmente de nailon, se tocan con los dedos de una mano mientras los de la otra seleccionan los trastes. Desarrollada hace más de mil años,

alcanzó su máxima popularidad entre los siglos VI y X, y hoy se usa también como instrumento solista.

salterio

El salterio consiste en una serie de cuerdas extendidas sobre una caja de resonancia plana trapezoidal o rectangular. Las cuerdas abiertas se pulsan con los dedos o con plectro. El salterio deriva del *qanun*, una cítara de Oriente Medio que llegó a Europa en el siglo XI. Se utilizó en Europa durante la Edad Media y se sigue tocando en Europa oriental.

rabel

Instrumento de arco tallado en una sola pieza de madera con el cuerpo en forma de gota y mástil corto rematado por un clavijero. Tiene dos o tres cuerdas. Versión europea del *rebab* árabe, fue popular durante la Edad Media y el primer Renacimiento, pero fue sustituido por la viola en el Renacimiento tardío.

ravanahatha

Utilizado en la música tradicional de India occidental, el *ravanahatha* es un instrumento afín al violín, con dos cuerdas, una de acero y la otra de crin de caballo. En la base tiene un cuenco hecho de cáscara de coco. Gozó de su máxima popularidad entre los músicos cortesanos medievales, pero ha resurgido recientemente en Sri Lanka.

rebab o rabab

Nombre de un laúd de dos cuerdas con cuerpo pequeño y mástil estrecho y sin trastes, usado en países islámicos. Una larga varilla de madera o marfil atraviesa el mástil y sujeta las cuerdas en la parte superior y forma un pie en la inferior. Se toca con un arco curvo de crin de caballo. Penetró en la península Ibérica en el siglo XI, donde se conoció como rabé morisco, y se difundió por el norte de África, Oriente Medio y Lejano Oriente durante la Edad Media. Debido a su limitada tesitura, el *rebab* o *rabab* fue abandonado gradualmente en favor del violín y el laúd.

saz

El término saz se aplica a una familia de laúdes de mástil largo, el más común de los cuales es el *bağlama*. Se usa en la música clásica otomana y en la popular de Oriente Medio.

sitar

Consiste en un cuerpo esférico rematado por un mástil largo y un clavijero, con cuerdas de dos tipos —principales y simpáticas— apoyadas en dos puentes. Siete de ellas (cuatro melódicas y tres bordones) se pulsan, mientras entre 12 y 20 cuerdas simpáticas extendidas bajo el diapasón resuenan al tocar las del nivel superior. La actual versión se desarrolló en la India durante el siglo XVIII. Pese a que es sobre todo un instrumento clásico solista, se ha usado en el pop indio y occidental.

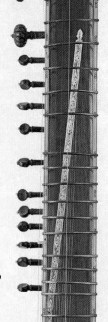

SITAR

tambura

Instrumento clásico y popular de la India, la *tambura* o *tanpura* es un tipo de laúd de cuatro cuerdas que se sostiene verticalmente y produce un sonido zumbante constante. Su longitud oscila entre 60 y 150 cm, y sus cuerdas se pulsan en patrones regulares.

tanbūr

Este término se aplica a un grupo diverso de laúdes de mástil largo tocados con púa de muchos países de Asia central y meridional.

tār

El diseño moderno de este instrumento se desarrolló en Persia en el siglo XVIII. El *tār* consta de un mástil largo, seis cuerdas, dieciséis trastes por octava espaciados a intervalos variables y una caja compuesta por dos cuencos de madera unidos en forma de ocho. Además de las seis cuerdas principales dispone de una cuerda de bajo situada

fuera del trastero y de dos cuerdas de apoyo por debajo de esta. Se usa en la música clásica de Oriente Medio.

tiorba

Desarrollada en Italia durante el siglo XVI, la tiorba es una adaptación del laúd bajo, con cuerpo ancho, tres oídos y dos conjuntos de cuerdas. El primero se afina con clavijas a los lados del diapasón y tiene una tesitura más alta; el segundo y más largo, afinado con clavijas en el extremo superior del diapasón, aporta el potente sonido de graves que no ofrecían otros laúdes de la época. Podía pasar de los 2 m de largo y se usó en la música de cámara y orquestal europea.

'ud

Fundamental en la música tradicional árabe, es similar en diseño, construcción y sonido al laúd, con una caja ancha y un mástil corto sin trastes. El número de cuerdas varía según el tipo y la región. Suele tener 10 o 12 en cinco o seis órdenes y en ocasiones, un bordón que resuena continuamente con la cuerdas melódicas. Se utiliza como acompañamiento de la música profana o religiosa, y destaca en las culturas musicales de Asia, Oriente Medio y África. El *'ud* fue clave en la música clásica de Al-Ándalus entre los siglos VIII y XV.

ukelele

Pequeña guitarra desarrollada en Hawái en el siglo XIX a partir del *cavaquinho* portugués. Tiene trastes y cuatro cuerdas que se puntean o rasguean. Su tamaño varía desde el menor (soprano) hasta el mayor (barítono). Se usa sobre todo en la música folk, el jazz y el pop.

vina

Antiguo cordófono de cuerda pulsada de India, con una gran caja redonda hecha con una calabaza y un mástil largo, ancho y hueco, rematado por una cabeza de dragón, con 24 trastes metálicos y un resonador detrás. Cuatro cuerdas metálicas producen la melodía y otras tres paralelas al diapasón se usan como bordones. Utilizada en la música clásica india, se cree que dio origen al sitar en el siglo XVIII.

viola

Segundo miembro más agudo de la familia del violín, es algo mayor que este y tiene un sonido más grave. La construcción de la viola es similar, con cuatro cuerdas, oídos en forma de efe, mástil sin trastes y espalda ligeramente abombada. Su repertorio solista es limitado, pero desempeña un papel importante en la música de cámara y orquestal.

viola *da gamba*

Con este nombre se conoce una familia de instrumentos de arco muy populares durante el Renacimiento y el Barroco. Su forma es similar a la del violín, pero son mayores y se colocan entre las piernas como el violonchelo. Tienen seis cuerdas, fondo plano y trastes. Se usaron sobre todo en conjuntos orquestales europeos.

violín

Es el miembro de menor tamaño y tesitura más alta de su familia. Consiste en una caja hueca con forma de reloj de arena y dos oídos con forma de efe; un mástil sin trastes rematado en voluta, y cuatro cuerdas que se tocan con arco y en ocasiones con los dedos. Sus proporciones se desarrollaron durante el siglo XVI, y en el XVII, el gran violero Antonio Stradivari le dio su forma final. El arco moderno se desarrolló en el siglo XIX. El violín es un instrumento clave de la música clásica y se utiliza también en la música folclórica, el pop y el jazz.

violonchelo

Desarrollado durante el siglo XVI, el violonchelo, o chelo, es un instrumento de cuatro cuerdas similar al violín y afinado una octava más abajo que la viola. Segundo instrumento mayor, después del contrabajo, en la orquesta sinfónica, posee una sonoridad grave y resonante gracias a su gran cuerpo hueco y se utiliza como instrumento solista o como parte de un conjunto. Su popularidad creció en el siglo XVIII y se convirtió en un instrumento básico del repertorio clásico, sustituyendo a muchos otros grandes instrumentos de arco. Se emplea también de manera ocasional en grabaciones de jazz y soul.

zanfonía o zanfoña

También denominada viola de rueda, es un cordófono corto que aparece en

ACORDEÓN

la historia en el siglo XIII y alcanzó una popularidad extraordinaria en toda Europa hasta finales del XVII. En el siglo XVIII fue del gusto de la aristocracia francesa y figuró en obras de Mozart y Haydn. El sonido se produce girando una manivela conectada a una rueda que frota tres cuerdas melódicas centrales. La música producida por estas se puede variar mediante un pequeño teclado. También suele tener cuerdas simpáticas que acompañan la melodía.

zheng

Cítara tradicional china provista de 18 a 23 cuerdas sobre una caja de resonancia con puentes móviles. Las cuerdas se pulsan con los dedos o con púa y se pisan con los dedos de la otra mano para cambiar de nota.

Viento-madera

La mayoría de instrumentos de viento-madera tiene una boquilla con una lengüeta simple o doble cuya vibración produce sonido al soplar. Las flautas y flautines no tienen lengüeta, pero también se clasifican dentro de esta categoría.

acordeón

El acordeón consta de uno o dos teclados o filas de botones a los lados de un fuelle que el ejecutante contrae y expande para impulsar el aire sobre unas láminas o lengüetas metálicas, dentro del instrumento. Las teclas o botones se presionan para seleccionar qué lengüetas se accionan, produciendo así distintas notas. Desarrollado en Europa en el siglo XIX, es sobre todo un instrumento popular también en América del Norte y del Sur.

arghul

Instrumento de lengüeta simple compuesto por dos cañas, una larga y una corta. La corta suele tener seis agujeros para la melodía, mientras que la larga actúa como roncón. Desarrollado en Egipto hace más de 2.000 años, hoy día se usa en todo el mundo árabe.

armónica

Instrumento que se sostiene en la mano, consistente en una serie de lengüetas entre dos placas de metal. El ejecutante sopla y aspira a través de los orificios de las cámaras de aire para hacer vibrar las lengüetas y producir las distintas notas. La armónica se desarrolló en Europa durante el siglo XIX y se utiliza principalmente en el blues, el folk y el country.

armonio

Es un pequeño instrumento de viento con teclado que se hace sonar mediante fuelles accionados con los pies. Pensado para usarse en el hogar y en iglesias

'UD

pequeñas como sustituto compacto y más económico del órgano, el armonio, o harmonium, fue popular en Europa, América y el subcontinente indio en el siglo XIX, pero dejó de fabricarse en la década de 1950. Pese a que se utiliza en la música clásica y pop occidental, antes se usaba sobre todo para la música sacra.

atenteben

Instrumento de bambú similar a la flauta dulce, con siete agujeros, seis en la parte anterior y uno en la posterior. Creado en Ghana, es un instrumento tanto popular como clásico.

aulós

Este término se refiere a una familia de instrumentos afines a la flauta, de tubo simple y doble, con doble lengüeta. Es el aerófono más importante de la antigua Grecia. Se cree que producía un sonido penetrante, y lo tocaban auletas (músicos profesionales).

bandoneón

El bandoneón consiste en un fuelle entre dos juegos de botones. El fuelle bombea el aire por el instrumento, y los botones determinan los acordes que se tocan. Esencial en los conjuntos de tango argentinos desde principios del siglo XX, es también un instrumento folclórico en Europa oriental.

bawu

Instrumento de lengüeta simple que se toca horizontalmente, como una flauta travesera. Hecho con una caña de bambú, el *bawu* es largo y cilíndrico, cerrado en un extremo, y suele tener seis agujeros. Por la nitidez de su sonido es un popular instrumento solista y de conjunto en el sur de China.

caliope

Instrumento compuesto por grandes silbatos con distinta afinación y accionados mediante vapor o aire comprimido. Las notas y su duración se controlan con un teclado o un dispositivo mecánico. Alcanzó su máxima popularidad en el siglo XIX y se utilizó sobre todo en barcos fluviales, debido a la disponibilidad del vapor.

chalumeau

Conocido como *salmoè* en Italia, el chalumeau consiste en un cuerpo corto cilíndrico de madera con siete agujeros al frente y uno detrás. Se toca verticalmente soplando por una boquilla de lengüeta simple. Desarrollado a lo largo de la Edad Media, se usó en Europa en el siglo XVII, pero fue sustituido por el clarinete en el siglo XVIII.

FAGOT

chirimía

Instrumento popular durante la Edad Media y el Renacimiento, predecesor del oboe. Consistía en un tubo único de madera con el extremo acampanado y doble boquilla. La chirimía existió en cinco tamaños y fue muy usada en festejos y ceremonias, y como acompañamiento de la danza.

clarinete

Consiste en un tubo cilíndrico, por lo general de madera o de plástico, con un extremo ligeramente acampanado, numerosos agujeros al frente y al dorso, y boquilla de lengüeta simple. Sus tamaños y registros van del sopranino (el menor y más agudo) al contrabajo (el mayor y más grave). El clarinete moderno se popularizó durante el siglo XVIII y actualmente es un elemento fijo de la orquesta sinfónica occidental. También se usa en el jazz.

concertina

Similar al acordeón, pero de forma hexagonal, tiene un fuelle entre dos conjuntos de botones, uno para cada mano, que determinan la melodía. Desarrollada en Alemania e Inglaterra durante el siglo XIX, fue un instrumento popular para los bailes y actualmente figura en la música folclórica europea.

corno inglés

Semejante al oboe, el corno inglés tiene un cuerpo tubular de madera con un extremo bulboso y una boquilla de lengüeta doble. Desarrollado a principios del siglo XVIII en la zona de la actual Polonia, adquirió popularidad en el siglo XIX en el repertorio orquestal.

didgeridoo

Uno de los tres instrumentos originales de los aborígenes del norte de Australia hace quizá 1.500 años, consistente en un tubo largo, por lo general de madera dura y abierto por los dos extremos, uno de los cuales se trata con cera para crear una boquilla. El ejecutante lo hace sonar de manera continua mediante la técnica de la respiración circular, aspirando por la nariz y expulsando el aire simultáneamente por la boca. Soplando y cantando a la vez, este instrumento permite combinar ritmos, notas y timbres diversos. Destinado a usos profanos y espirituales, continúa tocándose en la actualidad.

fagot

Deriva de instrumentos renacentistas, pero su forma actual —como la de su pariente el contrafagot— es el resultado de mejoras realizadas en los siglos XVIII y XIX. Su cuerpo largo y estrecho es de madera, con cinco agujeros para la digitación y una serie de llaves, y dispone de un tudel ganchudo que sobresale en horizontal

con lengüeta doble, en la que dos piezas vibran una contra la otra al pasar el aire. El fagot y el contrafagot —que suele interpretar música escrita una octava por encima— son ambos miembros destacados de la orquesta sinfónica.

flageolet

Pequeña flauta recta de la que existen dos variantes: la francesa, con un cuerpo tubular provisto de cuatro agujeros delante y dos detrás para el pulgar, y la inglesa, con seis agujeros, y a veces siete, delante y uno detrás. El flageolet se desarrolló durante el siglo XVI y gozó de una gran aceptación en Inglaterra entre músicos aficionados. En Francia se siguió tocando hasta el siglo XIX.

flauta de pico

ORLO

Nombre genérico de aerófonos de tubo simple como la flauta dulce, el silbato irlandés y la flauta de émbolo. La nota la produce el aire que pasa por un canal estrecho y se quiebra en una arista afilada o bisel, y el extremo superior del tubo está bloqueado por una pieza (pico) que fuerza al aire a pasar por él. Los agujeros modifican la longitud de la vibración, y por tanto, la altura de la nota. Las flautas de pico se tocan en posición vertical, por lo que también se llaman flautas rectas.

agujeros. El ejecutante coloca el extremo superior de la flauta junto a una de sus narinas y le insufla aire. Las técnicas para tocarla varían según la región. En Filipinas, por ejemplo, se tapa el otro orificio nasal para dar mayor fuerza al soplo.

flauta travesera

Consiste en un tubo cilíndrico por lo general con dieciséis llaves, un extremo cerrado y el otro abierto. Se sostiene en horizontal y se toca soplando en el agujero de la embocadura (boquilla). Las notas se modifican mediante las llaves. La versión actual se desarrolló durante el Barroco y hoy en día es un miembro fijo de las orquestas de concierto y de cámara. Se emplean variantes de flauta travesera en la música folclórica de todo el mundo, la música de baile latinoamericana y el jazz.

gaita

Instrumento compuesto por una bolsa de cuero, el fuelle, donde se almacena aire, y una serie tubos llamados puntero (el melódico), soplete y roncones (bordones). El fuelle se coloca bajo el brazo y se presiona para hacer pasar el aire por las lengüetas dobles. El número de tubos varía en función del de roncones, que producen una o más notas continuas de acompañamiento. Aunque muy difundida en Europa desde la Edad Media, la gaita se asocia con Galicia y Escocia.

> **«No considero que haya llegado a dominar la flauta, pero me encanta intentarlo.»**
>
> JAMES GALWAY, FLAUTISTA

flauta dulce

Es una de las flautas rectas más utilizadas. Consiste en un tubo, por lo general de madera o de plástico, con siete agujeros en la parte anterior y uno para el pulgar en la posterior. Popular instrumento clásico durante la Edad Media y el Barroco, acabó destronada por el clarinete y la flauta travesera. Hoy se usa a menudo para la educación musical.

flauta nasal

Instrumento popular en Polinesia, África, China e India, la flauta nasal consiste habitualmente en una pieza única de bambú con tres o cuatro

guan

Consiste en un corto tubo cilíndrico de madera dura, tradicionalmente con siete orificios delante y uno detrás, y boquilla de lengüeta doble. Con una antigüedad superior a los mil años, el *guan* fue al principio un instrumento cortesano, pero hoy es habitual en la música popular china y también se llama *guanzi*.

melódica

Consiste en un pequeño teclado portátil con una boquilla; el ejecutante sopla por esta para accionar una lengüeta, y el teclado crea un efecto que recuerda al del órgano. La melódica moderna se desarrolló en la década de 1950 y se ha usado sobre todo en la música dub y reggae. Es un instrumento popular para la educación musical en Asia.

ney o nay
Instrumento del tipo de la flauta consistente en un tubo hueco, por lo general de caña, con seis agujeros en la parte frontal y uno para el pulgar detrás. Con una antigüedad estimada de entre 4.000 y 5.000 años, el ney o nay es característico de la música tradicional de Oriente Medio como instrumento solista u orquestal, o como acompañamiento para recitar relatos.

oboe
Aerófono consistente en un tubo de madera con llaves metálicas, extremo acampanado y una lengüeta doble que sobresale. Desarrollado en el siglo XVII, la sonoridad clara y penetrante del oboe lo convierte en un instrumento eficaz para la orquesta. Pese a ser un instrumento especialmente clásico, se emplea en ocasiones en el jazz.

órgano de regalía
También llamado regal, es un pequeño órgano portátil consistente en un teclado y dos fuelles mediante los cuales se bombea aire a través de unas lengüetas de latón, situadas

junto a resonadores. Normalmente lo tocaban dos personas, una al teclado y otra a los fuelles. Popular durante el Renacimiento, se empleó como instrumento de conjunto y solista.

orlo
También llamado cromorno, el orlo es un instrumento de madera de cuerpo curvado en forma de bastón invertido con agujeros. Tiene una lengüeta doble dentro de una cápsula con una ranura por la que se sopla para producir el sonido. Las notas se modifican tapando y destapando los agujeros. Popular en el Renacimiento, cayó en desuso durante el Barroco.

piccolo
El flautín o piccolo (por su nombre en italiano, *flauto piccolo*) es una flauta travesera de longitud media y suena una octava más alto que la normal. Aparte de su tamaño, su construcción es similar a la de la flauta de concierto occidental, aunque el cuerpo puede ser de resina, madera, metal o diversos otros materiales, mientras que dicha flauta es tradicionalmente de metal o madera. Inventado en el siglo XVIII, se usa en la música clásica.

pífano
Instrumento afín a la flauta travesera, de tubo muy estrecho y de madera. El ejecutante produce el sonido soplando por el agujero de la embocadura y cambia de nota obturando con los dedos los seis orificios. Empleado en la Edad Media para acompañar la danza, hoy el pífano es un miembro fijo de bandas militares europeas y norteamericanas.

Rackett
Instrumento cilíndrico, corto y ancho, con lengüeta doble del que existían cuatro tamaños y tesituras: discanto (el más agudo), tenor-alto, bajo y barítono (el más grave). Durante el Renacimiento tenía un tudel recto y una cápsula que ocultaba parcialmente la lengüeta, pero en el Barroco el tudel se volvió espiral y la doble lengüeta quedó a la vista.

saxofón
Instrumento de viento-madera con cuerpo de metal, boquilla de lengüeta simple y entre 20 y 23 agujeros de tono que se tapan para producir las distintas notas. Los primeros saxofones se fabricaban en siete tamaños en dos grupos paralelos, uno para orquesta y otro para banda o conjunto militar. Sus

registros y tamaños van desde el sopranissimo (el más agudo) al subcontrabajo (el más grave). Desarrollado en el siglo XIX, se popularizó como instrumento de bandas de marcha, pero hoy día se conoce sobre todo como instrumento esencial del jazz. El saxofón también tiene un papel destacado en los repertorios funk, soul, pop, rock y afrobeat.

shehnai
Instrumento afín al oboe consistente en un cuerpo tubular de madera con un extremo metálico acampanado y provisto de lengüeta cuádruple y entre seis y nueve agujeros de tono. El *shehnai* se usa en la música profana y religiosa de India, Pakistán e Irán.

tárogató
Aerófono de diseño similar al del clarinete, con cuerpo de madera de forma cónica y boquilla de lengüeta simple. Desarrollado y revisado a conciencia a finales del siglo XIX, el *tárogató* es muy clave en la música popular húngara.

zampoña
También llamada flauta de Pan, consiste en un conjunto de tubos, por lo general de caña o bambú y de longitud progresivamente mayor; cuanto más largo es el tubo, más grave es la nota. Los tubos están cerrados por un extremo, y el ejecutante sopla por el extremo abierto para producir la melodía. Es un instrumento popular en la música tradicional del este de Asia, Europa oriental y la región andina.

zhaleika
Aerófono tubular de madera con un cuerno de vaca en el extremo que le aporta resonancia. Característico de la música folclórica rusa, se emplea como instrumento solista y de conjunto, así como de acompañamiento del canto y el baile.

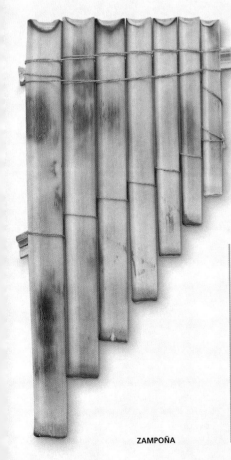
ZAMPOÑA

Viento-metal

Los instrumentos de viento-metal son aerófonos en los que el sonido se produce mediante una combinación de aire y la vibración de los labios del ejecutante en la boquilla. Muchos tienen válvulas, o pistones, que sirven para controlar la frecuencia de la nota. No todos los aerófonos de metal pertenecen a esta categoría: el saxofón, por ejemplo, se clasifica como instrumento de viento-madera.

bombardino
Se trata de un miembro en miniatura de la familia de la tuba, de taladro cónico, pabellón acampanado y cuatro pistones. Se suele sujetar por abajo, con el pabellón mirando hacia arriba. Desarrollado en el siglo XIX, el bombardino es un componente fijo de las bandas militares.

bugle
Corneta natural o cornetín, el bugle es un instrumento de metal sin pistones. El ejecutante cambia de nota variando la forma en que aplica la boca en la boquilla. Popular en Europa desde finales del siglo XVIII, es sobre todo un instrumento militar.

corneta
Similar a la trompeta, pero de sonido más dulce, con una forma más compacta y una boquilla de menor tamaño. Evolucionó a partir de la trompa durante el siglo XIX y se integró en la orquesta sinfónica hasta ser sustituida por la trompeta. La corneta se empleó en bandas de jazz a principios del siglo XX, pero hoy día es sobre todo un instrumento de las bandas de metal de todo el mundo.

TÁROGATÓ

fiscorno o fliscorno

Similar a una trompeta, con tres pistones para controlar las notas, pero con un timbre más lleno. Desarrollado durante el siglo XIX, se usa ampliamente en el jazz y las bandas de metal.

melófono

Se trata de un instrumento con tres pistones similar a la trompa, con un gran pabellón orientado hacia delante cuando se toca. El melófono es un componente habitual de las bandas de marcha y desde la década de 1950 se ha empleado como instrumento de concierto.

órgano

El órgano impulsa aire comprimido a través de múltiples tubos de distinto tono y timbre dispuestos en hileras (registros) para crear un sonido rico que puede sostenerse indefinidamente mientras se mantenga pulsada una tecla. Se toca por medio de un teclado y un pedalero accionado con los pies. Los órganos de este tipo se difundieron durante el Renacimiento y el Barroco, y gran parte de la música compuesta para ellos es sacra, aunque los haya en muchas salas de conciertos.

sarrusófono

Instrumento de lengüeta doble con cuerpo de metal, desarrollado en la década de 1850 como alternativa de mayor volumen al oboe y el fagot. Existen ocho tamaños y tesituras, desde el menor y más agudo, llamado sopranino, hasta el mayor y más grave, llamado contrabajo. Pese a que figura ocasionalmente en el repertorio clásico, el sarrusófono se utilizó sobre todo en bandas de viento y en la actualidad se usa rara vez.

> «Hay quien ha muerto por **esta música.** No hay **nada más serio** que esto.»
>
> DIZZY GILLESPIE, TROMPETISTA Y COMPOSITOR DE JAZZ

destacados de las orquestas de concierto durante las épocas barroca y clásica. El trombón también es un instrumento habitual en las bandas de metal, el jazz y la música latinoamericana y caribeña.

trompa tenor

Semejante a una tuba pequeña y vertical, es un instrumento de tres pistones con un amplio pabellón acampanado que apunta hacia delante cuando se toca. La trompa tenor fue un componente básico de las bandas de metal europeas y estadounidenses de la primera mitad del siglo XIX. En las bandas de concierto fue sustituida por la trompa orquestal y el bombardino en la segunda mitad del siglo XX.

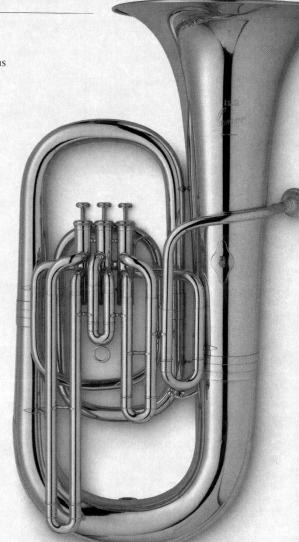

TUBA

sacabuche

Nombre derivado de *sacquer* y *bouter* («tironear» y «arrojar» en francés antiguo) de un aerófono de metal con una vara para cambiar de nota, el equivalente renacentista y barroco del trombón. Este instrumento se usó en ambas épocas en un amplio repertorio de música sacra y de cámara, y como acompañamiento para los bailes de la corte.

BUGLE

trombón

Instrumento de metal con un mecanismo de varas para aumentar o reducir su longitud y así variar la frecuencia de las notas. Hay trombones de distintas tesituras, desde el piccolo (el más agudo) hasta el contrabajo (el más grave), si bien los más comunes son el tenor y el bajo. Desde el siglo XV se emplearon en Europa instrumentos similares que fueron miembros

trompeta

Aerófono de metal provisto de tres pistones que permiten alterar la frecuencia de las notas cuando se pulsan. Hay trompetas de distintos tonos y tamaños, aunque la más común es la afinada en si bemol. En el mundo han existido instrumentos similares desde hace más de 3.000 años. La trompeta natural (sin pistones) está presente en el repertorio clásico en las épocas medieval, renacentista y barroca; la actual está especialmente vinculada al jazz y la música latinoamericana.

tuba

Gran aerófono de metal provisto de entre tres y cinco pistones para modificar la frecuencia de las notas. Existen tubas de registros diversos, desde subcontrabajo hasta tenor. Se puede tocar apoyada sobre el regazo o sosteniéndola bajo el brazo. Desarrollada a mediados del siglo XIX, hoy es un miembro habitual de la orquesta y las bandas de metal. También es popular en el jazz.

Percusión y teclado

Los instrumentos de percusión se hacen sonar golpeándolos con la mano o con baquetas. Aunque tradicionalmente la percusión se asocia a instrumentos como tambores de diversos tipos, los de teclado son técnicamente miembros de la misma familia.

Idiófonos

Son instrumentos de percusión en los que el sonido se produce por la vibración del cuerpo del propio instrumento.

balafón

Pariente del xilófono, el balafón suele tener hasta 21 barras afinadas, ya sea montadas sobre resonadores de calabaza o colocadas sobre una superficie plana, que se golpean con macillos o baquetas acolchadas. Desarrollado en África occidental, el balafón se conoce sobre todo como instrumento tradicional solista y de conjunto. Vio resurgir su popularidad en el pop africano occidental en la década de 1980.

bimli

Los *bimli* (nombre en lengua yolngu) de los aborígenes australianos son palos de madera gruesos y cortos que se usan para acompañar al *didgeridoo*. Se sostienen uno en cada mano y se golpean uno contra otro para crear un acompañamiento rítmico, a menudo para el canto.

caja china

Consiste en una pieza de madera a la que se le retira una parte para incrementar su resonancia. Produce un sonido percusivo al golpearla. Su diseño varía de una a otra zona del mundo, desde la caja rectangular de la orquesta clásica europea hasta los troncos vaciados de Asia oriental.

cajón

Consiste en una caja, por lo general de madera gruesa, con una plancha delgada de contrachapado. El ejecutante se sienta sobre el cajón y golpea la cara de contrachapado, o tapa, por lo general con la palma de las manos. El volumen del instrumento se aumenta gracias a

CASTAÑUELAS

un agujero acústico situado en la cara opuesta a la tapa. De origen afroperuano, en la actualidad se utiliza en músicas de todo tipo.

campanilla

Pequeña campana utilizada como instrumento musical, provista de mango o montada en serie en una tira de cuero flexible para la muñeca o en otras estructuras. Suele tocarse en conjuntos en los que cada una da una nota distinta, generalmente en la música sacra y también en la folclórica.

campanólogo tubular

Consiste en una serie de tubos metálicos (campanas tubulares) de distinta longitud que cuelgan de un soporte y se golpean con baquetas acolchadas. El campanólogo tubular se usa en la música clásica, el pop, y ocasionalmente en composiciones sacras.

castañuelas

Son dos piezas de madera con forma de concha unidas por un cordón que se engancha en el pulgar y se hacen entrechocar con los dedos para crear ritmos percusivos. Vinculadas a la música española, y en particular al flamenco, se han utilizado variantes en la ópera y en la música de danza africana y otomana.

cencerro

Campana de metal similar a las que se usan para el ganado. Los cencerros sin badajo, usados a menudo en la música de baile latinoamericana, se golpean con un palo, o uno contra otro, en África occidental. Se usan sobre todo como acompañamiento rítmico de la música de baile de América del Sur y Central, y esporádicamente en la música pop. A veces se usan cencerros con badajo en piezas orquestales.

clave

El clave, clavecín o clavicémbalo, es un instrumento de cuerda punteada con teclado, usado ampliamente en Europa durante el Renacimiento y el Barroco. A menudo está encajado en una gran estructura de madera semejante a la del piano de cola actual, pero con la parte posterior más larga y estrecha, y suele tener dos manuales (teclados), afinados en octavas diferentes para permitir un registro más extenso. Aunque se compusieron numerosas piezas clásicas para clave solista, en el siglo XIX este instrumento fue eclipsado por el piano.

clavicordio

Pequeño instrumento de tecla y cuerda percutida, inventado en el siglo XIV. El sonido lo producen las cuerdas de hierro o latón al ser golpeadas por laminillas de metal (tangentes) accionadas mediante el teclado. Su potencia

sonora relativamente escasa hizo que se utilizara como instrumento para practicar más que de concierto.

gamelán

Conjunto musical indonesio formado principalmente por instrumentos de percusión, entre los que figuran tambores, gongs y metalófonos. Cada elemento del gamelán se afina con los demás instrumentos de la orquesta.

gankogui

Instrumento compuesto por dos campanas conectadas, una grande y grave en la parte inferior y otra menor y de sonido más agudo en la superior, que se hacen sonar en diversos patrones para crear un efecto rítmico que sirve de referencia a otros instrumentos. Lo usa sobre todo el pueblo ewe de Ghana, Togo y Benín, aunque se conoce en toda África occidental.

glockenspiel

Serie de barras metálicas dispuestas en función de su tamaño y nota, desde la más larga y grave hasta la más corta y aguda, que se golpean con baquetas de cabeza de plástico, metal o caucho duro. Su registro permite efectos melódicos y percusivos. Adquirió su forma moderna en el siglo XVII y es popular en todo el mundo. Suele usarse en la orquesta clásica occidental.

gong

Instrumento de origen oriental del que existen distintas formas y diseños. Consiste en un disco metálico que se golpea con un mazo. El más usado es el gong suspendido —colgado de un soporte—. Puede ser plano o tener el centro abombado, y en cada caso se obtiene un sonido distinto: la superficie plana produce notas múltiples y el centro abombado da una nota determinada. Está presente en el gamelán indonesio.

GONG

hang

Creado en Suiza en el año 2000 por Felix Rohner y Sabina Schärer, se compone de dos hemisferios huecos de acero soldados. El lado superior tiene un círculo central mayor rodeado por siete u ocho «centros de tono» que producen notas al golpear el borde; el inferior es liso, con una boca o agujero de resonancia. El hang suele colocarse sobre el regazo y se toca con las palmas y los dedos.

maracas

Una maraca es un instrumento de percusión que se sostiene en la mano compuesto por una calabaza o una pieza hueca de madera o plástico con semillas o legumbres secas dentro y unida a un mango. Suelen tocarse a pares, una en cada mano, y el sonido se produce al sacudirlas. Frecuentes en la música latinoamericana, las maracas se usan también en el pop y el rock.

marimba

Consiste en una serie de barras de madera que abarcan entre 4 y 5,5 octavas dispuestas sobre tubos resonadores que suelen ser de aluminio. Procedente de África, la marimba es un instrumento de percusión importante en la música latinoamericana, pero también aparece a menudo en el jazz y la música clásica.

MARACAS

mbira

Nombre que recibe en Zimbabue el instrumento más importante del África subsahariana, conocido con muchos nombres y diseños distintos según la zona. Suele tener entre 5 y 33 lengüetas de metal o madera repartidas en dos niveles sobre una tabla y se toca pulsando dichas lengüetas con los dedos de las dos manos. En la *tabla* se pueden colocar pequeños objetos duros, como chapas de botella o conchas, para producir un sonido zumbante.

pandereta

Consta de un aro o soporte circular de madera o de plástico y con pequeños discos metálicos llamados sonajas, con parche en una de sus caras o en las dos. Se toca sacudiendo el soporte o golpeando el parche con la mano o con una baqueta. Se emplea en la música folclórica de varios países mediterráneos, de Oriente Medio y americana, así como en la música clásica occidental, el pop y el rock and roll.

piano

Uno de los instrumentos más difundidos en el mundo, nació a finales del siglo XVII con un diseño del italiano Bartolomeo Cristofori. Sucesor de instrumentos de teclado y cuerda percutida medievales como el clavicordio, requería menor esfuerzo para tocarlo, y por lo tanto, permitía técnicas de ejecución más sutiles y con más matices. Además, su mayor potencia sonora lo hacía adecuado

para tocar ante el público. Esta versión temprana se llamó forte-piano. Durante el siglo XIX evolucionaron los dos tipos principales del piano actual: el de cola, en el que las cuerdas se disponen en una estructura horizontal, y el vertical o de pared, con las cuerdas verticales. Pese a ser un instrumento fundamental del repertorio clásico europeo, gran parte de la música de los siglos XVIII y XIX que se interpreta al piano fue compuesta para el forte-piano. Hoy es popular en muchos géneros musicales, incluidos el jazz, el blues, el pop y el rock and roll.

platillos

Finos discos de metal empleados en la música de culturas de todo el mundo. Sus predecesores, los címbalos del mundo antiguo, producían notas específicas, pero en la música moderna se usan por sus cualidades percusivas. Forman parte de la batería, ya sea en forma de *crash*, *ride* o *charles*. En la orquesta se usan platillos sostenidos en las manos que se hacen chocar uno contra otro.

tambores de acero

Los tambores de acero (*steel drums*) son grandes instrumentos de percusión, suelen hacerse con la parte superior de bidones o barriles de petróleo. La base y los lados se golpean con baquetas de cabeza de caucho para producir distintas notas. Creados en Trinidad y Tobago, se tocan en todo el Caribe, principalmente en el calipso y la soca, así como en el jazz y en la música latinoamericana.

triángulo

Instrumento que se sostiene en la mano consistente en una varilla de metal doblada en forma triangular sin que sus extremos lleguen a tocarse. Se toca golpeándolo con una baqueta metálica. Integrado en la orquesta clásica occidental desde el siglo XVIII, también se usa en la música folclórica y el pop de Europa y América del Sur.

CLAVE

vibráfono

El vibráfono consta de una serie de láminas de aluminio que dan distintas notas, abarcando por lo general tres octavas, situadas sobre tubos resonantes provistos de válvulas en su extremo superior, controladas por un motor. Cuenta con pedales similares a los del piano para apagar el sonido, si no se pisan, o prolongarlo al pisarlos. De aspecto similar al xilófono, el vibráfono se toca con macillas de cabeza acolchada. Desarrollado en la década de 1920, se usa sobre todo en el jazz.

xilófono

Está formado por una serie de barras de madera de distinta longitud y afinación, y con resonadores de igual longitud debajo, que se golpean con macillas con cabeza de plástico o de caucho. Los xilófonos pueden ser de varios tamaños y abarcar entre 2,5 y 4 octavas. Hay instrumentos similares en todo el mundo, como la marimba. En Occidente se usa sobre todo en la música clásica y el jazz.

Membranófonos

Casi todos son tambores en los que el sonido lo produce la vibración de un parche de piel, o membrana, tensado. Un instrumento incluido en esta categoría que no requiere un parche tenso es el _kazoo_, un mirlitón accionado por la voz a través del cual se emite canta.

adufe

Pandero redondo, cuadrado u octogonal, con parche en una cara o en ambas. El marco suele llevar insertos anillos metálicos o, en algunos casos, pequeños platillos. Se desarrolló en Persia antes del siglo VII y se empleó en ceremonias religiosas y en la música clásica. Es aún importante en Oriente Medio, por lo general para acompañar instrumentos de cuerda como el 'ud.

ashiko

Desarrollado por el pueblo yoruba de Nigeria, es un tambor de forma cónica con base de madera, una piel de cabra que se golpea con las palmas de las manos y cuerdas para afinarlo. Puede producir diversos tonos y alturas, y se usa en toda el África subsahariana.

batería

Conjunto de instrumentos de percusión. Adquirió su forma moderna a principios del siglo XX y es fundamental en una amplia gama de géneros musicales occidentales, entre ellos el pop, el rock, el blues, el jazz, el soul y el funk. Comprende una serie de platillos, como el charles, y tambores, entre ellos el bombo, algunos de los cuales se tocan con baquetas y otros con pedales.

bodrhán

Instrumento popular de la música tradicional irlandesa y escocesa, formado por un marco circular con una cara cubierta por un parche y la otra abierta. La manera más habitual de tocarlo es con los dos extremos de una baqueta. La mano que queda libre se coloca en el lado abierto y puede usarse para apagar el sonido o variar el tono presionando distintas zonas del parche.

bombo

Gran tambor cilíndrico generalmente con parche en ambas caras. Los métodos de tocarlo y montarlo varían según su función: en las bandas de marcha, por ejemplo, se usa un bombo portátil sujeto por correas alrededor del cuello; los bombos orquestales se montan en un soporte y se tocan con baquetas, mientras que el bombo de una batería de rock se toca por medio de un pedal. El bombo se desarrolló en Oriente Medio y hoy figura en muchos géneros musicales de todo el mundo.

BONGÓS

bongós

Tambores unidos, uno de diámetro ligeramente mayor que el otro, con cuerpo de madera hueco y una cara cubierta por un parche. Se suelen tocar con las palmas de las manos, aunque también pueden emplearse baquetas, colocados entre las rodillas o montados en un soporte. De origen afrocubano, son característicos del son, la rumba y muchos otros estilos latinoamericano. También se usa en el jazz y el funk.

caja

Tambor cilíndrico vertical con parche en ambas caras, una de las cuales no se percute y está equipada con bordones que producen un sonido repiqueteante cuando se golpea la otra. Se toca con baquetas o, si se requiere un sonido más sutil, con escobillas. Su sonido característico se desarrolló en el siglo XVIII. En la actualidad se usa en bandas de marcha y es un componente esencial de la batería.

chenda

Tambor cilíndrico de madera con dos parches de India. Es portátil y suele colgarse del cuello con una correa. Cada cara produce un sonido distinto, pues una de ellas se cubre con varias capas de piel para obtener un tono más grave. Suele tocarse con baqueta y se usa en ceremonias hindúes, así como en conjuntos rituales y de danza en el estado suroccidental de Kerala.

PANDERETA

CONGAS

congas

Tambores estrechos y verticales con forma de barril y parche en una de sus caras, de origen cubano. Se tocan con las manos y, según dónde y cómo se golpeen, producen diversos tonos. Se popularizaron gracias a la difusión de ritmos cubanos como la rumba, pero hoy acompañan también la música latina y caribeña, en especial la salsa y el reggae.

> «No he amado ningún otro instrumento como he **amado la tabla**, y la tabla es mi vida…»
>
> USTAD ALLAH RAKHA QURESHI, TABLISTA

cuíca

Tambor de fricción, de timbre agudo, popular en Brasil. Cilíndrico y con parche en una sola cara, tiene un palillo de bambú en su interior que se manipula para producir el sonido. Utilizado en varios estilos de música folclórica y de baile brasileños, forma parte de los conjuntos de samba.

darbuka

Tambor islámico con forma de copa que se toca por una sola de sus caras. Puede ser de madera, barro o diversos metales. Aporta la base rítmica a un conjunto y se usa sobre todo en la música popular de Oriente Medio, así como durante las bodas.

davul

Bombo portátil con membrana en ambas caras y cuerpo cilíndrico de madera dura. Los parches de cada cara son de distinto grosor y por ello generan tonos distintos. Las diferencias se acentúan con el uso de una baqueta pesada en el parche grueso y una ligera en el más fino. Se utiliza con frecuencia en la música popular de Oriente Medio y Europa oriental.

dhol

Tambor portátil en forma de barril con cuerpo de madera y parche en ambas caras. Los parches se pueden tensar en distintos tonos. El *dhol* se lleva colgado del cuello con una correa y se toca con palos de distinto grosor, correspondientes al parche más grueso y grave, y al más fino y agudo. Se desarrolló durante el siglo xv y se utiliza como instrumento popular y religioso en el subcontinente indio.

dunun

El término *dunun* se aplica a una familia de tambores cilíndricos con parche en ambas caras populares en África occidental. De mayor a menor, son el *dundunba*, el *sangban* y el *kenkeni*. Se tocan colocados horizontalmente, sobre un soporte o llevándolos colgados. Se suelen tocar en un conjunto y crear variaciones melódicas entre los instrumentos.

mridangam

El *mridangam* del sur de India es un tambor con forma de barril y parches en ambas caras que sirve para acompañar la danza. La cara derecha es la voz femenina y tiene un «ojo negro» en el centro del parche; la izquierda es la masculina y tiene el parche liso. El ejecutante se sienta con las piernas cruzadas con el tambor tumbado y toca con las manos.

BATERÍA

TABLA

surdo

Bombo con parche en ambas caras y cuerpo de plástico o acero, importante en la música de samba brasileña. Solo se toca la cara superior, con una gran baqueta acolchada. A pesar de su gran tamaño, es un instrumento portátil que se cuelga de una correa al hombro o de un cinturón.

tabla

El *tabla* consta de dos tambores portátiles con parche en una sola cara, no conectados y uno más grande y grave que el otro. Se usan distintos toques para hacerlos sonar, utilizando los dedos y las palmas de ambas manos. Es un instrumento fundamental en la música clásica del norte de India y se usa en la música religiosa de todo el subcontinente indio.

tambora

La tambora, similar a los tambores de África occidental tanto por su ritmo como por la técnica, es un instrumento muy importante en la República Dominicana. Se trata de un tambor hecho con un tronco de árbol hueco y con parche en ambas caras. El lado izquierdo se toca con la mano y el derecho con baqueta. Se usa en músicas de ritmo vivo como el merengue, la cumbia colombiana y la gaita zuliana de Venezuela.

tambores de candombe

Son membranófonos verticales de madera con un solo parche que se bate con baquetas o con las manos. Existen tres tamaños según su sonoridad: piano, repique y chico. Acompañan la danza denominada candombe de Uruguay y Argentina.

tamboril

Consiste en un marco cilíndrico de madera con dos parches y un bordón de tripa. Se suele llevar colgado del hombro izquierdo y se golpea con una baqueta, con la mano derecha. Con frecuencia, el ejecutante toca al mismo tiempo una flauta de pico de tres agujeros (como el chistu vasco o el flageolet) con la mano izquierda, como se hacía en Europa occidental entre los siglos XIII y XIX.

taogu

El *taogu* es un pequeño tambor con parche en ambas caras montado en un mango con dos cuentas de madera en el extremo de dos cordones, uno a cada lado del instrumento. Al hacerlo girar sosteniendo el mango entre las manos y frotándolo de atrás hacia delante, las cuentas golpean los parches. Se toca en la música popular china y en rituales confucianos.

timbales

Los timbales están formados por un gran cuerpo semiesférico con un solo parche sujeto por un aro con tornillos que permiten modificar la tensión para afinarlo. Suelen ser de cobre, se montan en un soporte y se tocan con grandes baquetas de cabeza acolchada, por lo general con fieltro comprimido. Antiguamente denominados atabales, se usaron por primera vez en un contexto orquestal en Europa en el siglo XV y en la actualidad son un componente fijo de la orquesta clásica.

tombak

Tambor con cuerpo de madera en forma de copa y un solo parche que se toca con las manos, considerado el principal instrumento de percusión de Persia (actual Irán). Aunque en sus inicios el *tombak* estaba restringido al acompañamiento, hoy en día se ha consolidado como instrumento solista.

tom-tom

Tambor cilíndrico con un solo parche y sin bordones. Desarrollado en Asia, hoy es un componente habitual de la batería occidental de rock y pop.

yembé

Instrumento con el cuerpo de madera en forma de copa y parche solo en un extremo, que se toca con las manos. De gran volumen y variedad de tonos, es popular en África occidental desde el siglo XIII y se usa en diversos estilos musicales.

Electrónicos

La amplia gama de los instrumentos que producen sonido electrónicamente abarca desde sintetizadores hasta otros tan sorprendentes como el theremín.

caja de ritmos

Es un instrumento electrónico empleado para imitar el sonido de una batería. La primera caja de ritmos comercial se fabricó en 1959, y su uso se difundió durante las décadas de 1960 y 1970. Su éxito fue en aumento a medida que se sofisticaba, y a partir de la década de 1980 pasó a ser un elemento básico de la producción musical debido a su utilización en los géneros de baile.

ondas Martenot

Es un teclado electrónico dotado de un sistema de válvulas para generar un sonido oscilante característico. Desarrollado en la década de 1920 por el músico y violonchelista francés Maurice Martenot, se usa en la música clásica y pop, y ha sonado en muchas bandas sonoras de cine y televisión.

sampler

El *sampler*, o muestreador, se usa para grabar y reproducir electrónicamente muestras de sonidos e instrumentos, a menudo aplicando filtros o modulación para modificar el sonido original. Pese a que se usaron *samplers* durante las décadas de 1960 y 1970, el desarrollo del sampleado digital contribuyó a su éxito entre los productores de música dance en la década de 1980. Se utiliza con frecuencia en la música pop y de modo ocasional en obras clásicas.

secuenciador

Los secuenciadores se utilizan para grabar y editar música. Fabricados originalmente en formato analógico entre las décadas de 1940 y 1960, han pasado después a los formatos digital y basado en software. Hoy en día se usan para la grabación y edición de la mayoría de estilos musicales.

sintetizador

Está diseñado para imitar el sonido de numerosos instrumentos y suele tocarse por medio de un teclado. La forma moderna se desarrolló en la década de 1950 y se impuso en la música pop y rock en la de 1960. En las dos décadas siguientes el sintetizador se consolidó como instrumento habitual con el auge del pop electrónico, el hip-hop y la música dance.

teclado electrónico

Instrumento con teclado de plástico con el que se pueden reproducir instrumentos sintetizados y efectos de sonido pregrabados. Su versión moderna se desarrolló a partir de los primeros instrumentos electrónicos, como el órgano Hammond. Se usa sobre todo en el pop y la música electrónica.

theremín

Instrumento electrónico consistente en un amplificador y dos antenas, una con forma de herradura que controla el volumen y otra vertical que controla el tono. Para tocarlo, el ejecutante mueve las manos cerca de las antenas, sin rozarlas, produciendo así un sonido electrónico característico. Desarrollado en Rusia en la década de 1920, el theremín se usa en la música clásica y el pop, y también en bandas sonoras.

CAJA DE RITMOS

Índice

Los números de página en **negrita** indican las entradas principales.

Agradecimientos

Dorling Kindersley desea agradecer su ayuda a las siguientes personas e instituciones:

National Portrait Gallery, Catalogue of American Portraits: Linda Thrift, E. Warren Perry, Jr., Eden Stone

Por el permiso para fotografiar sus colecciones:
National Music Museum Inc. of the University of South Dakota, especialmente a Dr. Cleveland Johnson, Dra. Margaret Banks, Rodger Kelly, Anthony Jones, Dra. Deborah Check Reeves, Dennis Acrea, Arian Sheets, Matt Zeller, Hannah McLaren Boyd, Micky Rasmussen; **Bate Collection, Faculty of Music, University of Oxford**, especialmente a Andrew Lamb; **Royal Academy of Music**, especialmente a Angela Doane, Ian Brearey, Barbara Meyer; **Southbank Centre Enterprises Ltd.**, especialmente a Shauna Wilson, Sophie Ransby.

Por su ayuda en la edición y el diseño: Lili Bryant, Sanjay Chauhan, Amy Child, Steve Crozier, Susmita Dey, Suhita Dharamjit, Phil Fitzgerald, Dharini Ganesh, Alison Gardner, Clare Joyce, Anita Kakar, Himani Khatreja, Rakesh Khundongbam, Amit Malhotra, Rupa Rao, Anna Reinbold, Upasana Sharma, Pallavi Singh, Priyaneet Singh, Sharon Spencer, Ina Stradins, Jacqui Swan, Duncan Turner, Francis Wong, Michael Yeowell. Por su Kylie Collection: Joe Luff

Créditos fotográficos

Los editores agradecen a las siguientes personas e instituciones el permiso para reproducir sus imágenes:

(Clave de las abreviaturas: a-arriba; b-abajo; c-centro; e-extremo; i-izquierda; d-derecha; s-superior)

1 Dorling Kindersley: Southbank Enterprises (bd). **2-3 Photo SCALA, Florence. 4 Corbis:** Werner Forman (sc). **Dorling Kindersley/The National Music Museum Inc** (cdb). **Getty Images:** A. DAGLI ORTI / De Agostini (bc); Donald Nausbaum (cb). **4-5 Dorling Kindersley:** (cb); The Bate Collection (bc). **5 The Bridgeman Art Library:** Giraudon (bd). **Corbis:** Fred de Noyelle/ Godong (sc). **Dorling Kindersley:** The Royal Academy of Music (cd). **6 Dorling Kindersley:** The Bate Collection (c). **Getty Images:** John Kobal Foundation (bd); Universal History Archive (bi). **7 Getty Images:** Phil Dent / Redferns (bd); Michael Ochs Archives (bi). **8-9 Getty Images:** Michael Ochs Archives. **10-11 Dorling Kindersley/The National Music Museum Inc. 12 Corbis:** Gianni Dagli Orti (cb). **Dorling Kindersley:** Geoff Dann (bi); Philip Dowell (cda, ci); Dave King (cd). **Getty Images:** De Agostini (bd); Werner Forman / Universal Images Group (cia). **13 Corbis:** Alfredo Dagli Orti / The Art Archive (ci). **Dorling Kindersley:** Kate Clow, Terry Richardson, Dominic Whiting (bi); Dave King (cd). **Getty Images:** The Bridgeman Art Library (bd); A. DAGLI ORTI / De Agostini (ca). **14 Alamy Images:** Images & Stories (b). **15 Dorling Kindersley:** Dave King (bi). **Getty Images:** Werner Forman / Universal Images Group (si). **Rex Features:** Michael Runkel / Robert Harding (bd). **16 Getty Images:** De Agostini (bi). **17 akg-images:** R. & S. Michaud (bd). **Dorling Kindersley:** Geoff Brightling (cib). **Dreamstime.com. Getty Images:** De Agostini (ca). **17 akg-images:** R. & S. Michaud (bd). **Dorling Kindersley:** Geoff Brightling (cib). **Dreamstime.com. Getty Images:** De Agostini (ca). **18-19 akg-images:** (b). **18 Corbis:** Gianni Dagli Orti (cia); Alfredo Dagli Orti / The Art Archive (cda). **19 Ancient Art & Architecture Collection:** Archaeological Museum of Delphi (si). **TopFoto.co.uk:** Charles Walker (cd). **20 Corbis:** Ruggero Vanni (ca). **Dorling Kindersley:** Kate Clow, Terry Richardson, Dominic Whiting (b). **21 Corbis:** Robbie Jack (si). **Getty Images:** Hulton Archive (bc). **22 Corbis:** Werner Forman (cia). **Dorling Kindersley:** Andy Crawford / Pitt Rivers Museum, University of Oxford (cd); Philip Dowell (esi, si, sc); The National Music Museum (sd, esd); Geoff Dann (c, cib, cb); Clive Streeter (cdb); The Bate Collection (bi); Peter Hayman / The Trustees of the British Museum (bd). **23 Dorling Kindersley:** Geoff Brightling (sd); Alan Hills / The Trustees of the British Museum (bi); Dave King (sc); Dave Rudkin / Birmingham Museum And Art Gallery (1/ ci). **Getty Images:** G. DAGLI ORTI / De Agostini (ca, ci). **24-25 Getty Images:** A. DAGLI ORTI / De Agostini (b). **24 Getty Images:** Werner Forman / Universal Images Group (ci). **25 Dorling Kindersley:** Christi Graham and Nick Nicholls / The Trustees of the British Museum (c). **Getty Images:** The Bridgeman Art Library (sc). **26-27 Getty Images:** The Bridgeman Art Library. **28 Alamy Images:** Domenico Tondini (bd). **Dorling Kindersley:** Demetrio Carrasco (cda); The National Music Museum (c). **Getty Images:** The British Library / Robana (cia); DeAgostini (bi). **29 Dorling Kindersley:** Geoff Dann (cda); Laurence Pordes / By permission of The British Library (bd). **Dreamstime.com:** Shchipkova Elena (bc). **Getty Images:** The British Library / Robana (cib); DeAgostini (cd). **30 Dorling Kindersley:** Tony Souter (bc, cib). **Getty Images:** DeAgostini (cda). **31 Getty Images:** The British Library / Robana (i). **32 Country Life Picture Library:** (sd). **Getty Images:** DeAgostini (bi); Universal History Archive (c). **33 Getty Images:** DeAgostini (i). **34 Dorling Kindersley:** Geoff Dann / Tony Barton Collection (si, c, bd); Philip Dowell (esi); The Bate Collection (sc, sd); Geoff Dann (cd). **35 Dorling Kindersley:** Andy Crawford (esi); Geoff Dann / Tony Barton Collection (si, sc, cib, bd); The Bate Collection (esd); Geoff Dann (bi). **Lebrecht Music and Arts:** (sd). **36 Dorling Kindersley:** Laurence Pordes / By permission of The British Library (s). **37 Alamy Images:** Domenico Tondini (bd). **Corbis:** Stefano Bianchetti (sd). **Dorling Kindersley:** Laurence Pordes / By permission of The British Library (sc). **Getty Images:** The British Library / Robana (bi). **38 Getty Images:** De Agostini (cia). **38-39 Dorling Kindersley:** Geoff Dann (b). **39 Alamy Images:** Loop Images Ltd (bd); Photos 12 (si). **40 Getty Images:** The British Library/ Robana. **41 Dorling Kindersley:** Idris Ahmed (bi); The National Music Museum (c). **Getty Images:** ACK GUEZ / AFP (cdb). **42 Dorling Kindersley:** Geoff Dann (bd); The National Music Museum (bc, cda, cb, bi, sd); The Bate Collection (i). **43 Alamy Images:** AA World Travel Library (ca). **Dorling Kindersley:** Philip Dowell (sd); The National Music Museum (ecd, si, sc, bc, cd); Dave King (bi, c, bi). **44 Alamy Images:** The Art Archive (si). **Getty Images:** Werner Forman / Universal Images Group (b). **45 Corbis:** Lawrence Manning (si). **Dorling Kindersley:** Demetrio Carrasco (bd); Geoff Dann (ci). **46-47 Dreamstime.com:** Shchipkova Elena (bc). **46 Getty Images:** DeAgostini (cia). **47 akg-images:** (ci). **Corbis:** Bettmann (bd). **SuperStock:** Newberry Library (sd). **48-49 Dorling Kindersley/The National Music Museum Inc. 50 Corbis:** The Gallery Collection (bd). **Dorling Kindersley/The National Music Museum Inc** (cd). **Getty Images:** De Agostini (c); Murat Taner (ci). **51 Corbis:** The Gallery Collection (cd). **Dorling Kindersley:** The Bate Collection (ci); The National Music Museum (bc). **Getty Images:** The British Library / Robana (cdb, c). **52 Dorling Kindersley:** Geoff Dann / Tony Barton Collection (ci). **SuperStock:** Fine Art Images (bc). **53 Corbis:** The Gallery Collection (bi). **54 Getty Images:** De Agostini. **55 Corbis:** Ken Welsh / Design Pics (cia). **Dorling Kindersley:** Dave King (cd). **Getty Images:** The British Library / Robana (bd). **56 Corbis:** The Gallery Collection (s). **Dorling Kindersley:** By permission of The British Library (bi). **57 Dorling Kindersley:** Geoff Dann (i). **Lebrecht Music and Arts:** (bc). **58 The Bridgeman Art Library:** Private Collection / Archives Charmet (b). **Dorling Kindersley:** Nigel Hicks (cia). **Getty Images:** The British Library / Robana (sd). **59 Corbis:** David Lees (sc). **Dorling Kindersley:** John Heseltine (bc). **Lebrecht Music and Arts:** R Booth (cda). **60 akg-images:** (d). **61 The Bridgeman Art Library:** Private Collection (cd). **Lebrecht Music and Arts:** leemage (bi); Graham Salter (sc). **62 Photo SCALA, Florence. 63 Alamy Images:** Pictorial Press (cda). **Getty Images:** The British Library / Robana (c); JME International / Redferns (bd). **64-65 Dorling Kindersley/The National Music Museum Inc. 64 The Bridgeman Art Library:** British Library Board. All Rights Reserved (ca). **Dorling Kindersley:** Geoff Dann (cia); The National Music Museum (cd, bi); The Bate Collection (si). **Getty Images:** De Agostini (sd). **65 Dorling Kindersley:** The Royal Academy of Music (sc, sd, cda). **SuperStock:** Newberry Library (si). **66 Dorling Kindersley:** Christine Webb (ca). **Lebrecht Music and Arts:** (bd). **67 Getty Images:** The British Library / Robana (i). **68 Dorling Kindersley:** Geoff Dann (bi); The National Music Museum (bc); The Bate Collection (esd, cib, sc, cb, ebi, c, sd). **69 Dorling Kindersley:** The Royal Academy of Music (si, ci); The National Music Museum (bd, bc, bi, cd). **70 akg-images:** Album / Oronoz (s). **71 Corbis:** Charles Caratini / Sygma (sc). **Dorling Kindersley/The National Music Museum Inc** (bi). **Mary Evans Picture Library:** Iberfoto (cd). **72-73 age fotostock:** Mondadori Electa / UIG (b). **72 akg-images:** Russian Look (ci). **73 Photoshot:** World Illustrated (bd). **Photo SCALA, Florence:** (si). **74-75 Dorling Kindersley/The National Music Museum Inc. 76 Dorling Kindersley/ The National Music Museum Inc** (cd, bi, ci). **Getty Images:** Filippo Lauri (cdb). **77 Corbis:** Stefano Bianchetti (c). **Dorling Kindersley:** The Bate Collection (bi); James Tye (cdb). **Getty Images:** DeAgostini (bc); Patrick Landmann (ca); RDImages / Epics (ci); Universal History Archive (cb/a). **78 Dorling Kindersley:** Dave King (ci); The National Music Museum (bd). **Getty Images:** DeAgostini (ca). **79 Dorling Kindersley:** The Bate Collection (i). **80 akg-images:** Erich Lessing. **81 Alamy Images:** MORANDI Bruno / hemis.fr (bd); Lebrecht Music and Arts Photo Library (bi). **Getty Images:** Murat Taner (cda). **82-83 The Bridgeman Art Library:** Leeds Museums and Art Galleries (Temple Newsam House) UK (b). **82 The Bridgeman Art Library:** Musée des Beaux-Arts, Orleans, France/ Giraudon (ca). **83 Getty Images:** DeAgostini (si). **Lebrecht Music and Arts:** (cd). **84 akg-images:** (ci). **Dorling Kindersley/The National Music Museum Inc** (ca). **Getty Images:** Filippo Lauri (bi). **85 Photo SCALA, Florence:** White Images (s). **86 Dorling Kindersley:** The Royal Academy of Music (bd); The National Music Museum (bc, cdb); The Bate Collection (cib). **Getty Images:** De Agostini (bi). **86-87 Dorling Kindersley:** The Royal Academy of Music (s). **87 Alamy Images:** epa european pressphoto agency b.v. (cdb). **Corbis:** Bettmann (bc). **Dorling Kindersley:** The Royal Academy of Music (sd, ca); Stephen Oliver (bi). **Getty Images:** De Agostini (cb); Image Source (bd). **88 Dorling Kindersley:** Anna Mockford (i). **89 Dorling Kindersley: The National Music Museum** (bc, ci). **Getty Images:** Patrick Landmann (sc). **Lebrecht Music and Arts:** Celene Rosen (cdb). **90 Dorling Kindersley:** Dave King (cdb); Gary Ombler (cda); The National Music Museum (sc, si, bd); The Bate Collection (sd, cd). **90-91 Dorling Kindersley: The National Music Museum** (s). **91 Dorling Kindersley:** Dave King (ca, c); The National Music Museum (sc, bi); The Royal Academy of Music (cb); The Bate Collection (bd). **Getty Images:** DeAgostini (bc). **92-93 Corbis:** Stefano Bianchetti. **93 Corbis:** Arne Hodalic (bc, cd). **Getty Images:** DeAgostini Picture Library / Scala, Florence (sc). **94 The Bridgeman Art Library:** 2011 Her Majesty Queen Elizabeth II (b). **Dorling Kindersley:** Rob Reichenfeld (cia). **95 Dorling Kindersley:** The Bate Collection (s). **Getty Images:** Peter Willi (c). **96 ArenaPAL:** Royal Academy of Music (bi). **Getty Images:** Johan Closterman (d). **97 Getty Images:** JOHN MACDOUGALL / AFP (bc). **Lebrecht Music and Arts:** (s); R Booth (bd). **98**

akg-images: Stefan Diller (bi). **Corbis:** Arno Burgi / dpa (eci). **Dorling Kindersley/The National Music Museum Inc** (ci, cda, cdb, d). **Getty Images:** De Agostini (cib). **Lebrecht Music and Arts:** (bd, ebd). **99 akg-images:** (bd). **Alamy Images:** Everett Collection Historical (bc). **Dorling Kindersley/The National Music Museum Inc** (c). **100 akg-images:** IAM (cib). **Alamy Images:** The Art Archive (bc). **101 Alamy Images:** The Art Archive (bd). **Getty Images:** The British Library / Robana (i). **102 Corbis:** Alfredo Dagli Orti / The Art Archive (i). **Getty Images:** DEA PICTURE LIBRARY / De Agostini (cd). **103 Corbis:** Richard Klune (sc). **Dorling Kindersley:** James Tye (bd). **Getty Images:** DEA PICTURE LIBRARY/ De Agostini (bi). **104 Dorling Kindersley:** Dave King (bc). **104-105 Lebrecht Music and Arts:** Leemage (c). **105 Getty Images:** DeAgostini (sd). **106 The Bridgeman Art Library:** Victoria & Albert Museum, London, UK (s). **Dorling Kindersley:** Geoff Dann (cd); The National Music Museum (ci, cda). **Photo SCALA, Florence:** The Metropolitan Museum of Art / Art Resource (bd). **107 Dorling Kindersley:** The Bate Collection (sd, bi); The National Music Museum (cda, cd, bd, i). **108 The Bridgeman Art Library:** © Wallace Collection, London, UK (s). **109 Getty Images:** De Agostini (sc). **Lebrecht Music and Arts:** (bd). **110 Getty Images:** RDImages / Epics (c); Universal History Archive (d). **111 The Bridgeman Art Library:** Private Collection (bc, cd); The Foundling Museum, London, UK (ca). **Getty images:** DEA/A. DAGLI ORTI / De Agostini (si). **112 Dorling Kindersley:** Dave King (ci); Gary Ombler / Durham University Oriental Museum (sd). **Getty Images:** DeAgostini (cd). **113 Corbis:** Michael S. Yamashita (bc). **Getty Images:** Herve Bruhat / Gamma-Rapho (cda); Quim Llenas / Cover (si). **114-115 Dorling Kindersley/The National Music Museum Inc. 116 Corbis:** Alfredo Dagli Orti / The Art Archive (cd). **Dorling Kindersley/The National Music Museum Inc** (ci). **Getty Images:** DeAgostini (cb, bi, bd). **117 Corbis:** ML Sinibaldi (ca). **Dorling Kindersley:** The Bate Collection (bi). **Getty Images:** Imagno (c); Universal History Archive (bd). **SuperStock:** DeAgostini (cia). **118 Corbis:** Alfredo Dagli Orti / The Art Archive (ci). **Dorling Kindersley/The National Music Museum Inc** (d). **119 akg-images:** (sd). **Dorling Kindersley:** Andy Crawford / Calcografia Nacional, Madrid (bc). **120 Getty Images:** DeAgostini (s, bc). **121 Dorling Kindersley:** The Bate Collection (cd). **Lebrecht Music and Arts:** (si). **122 Alamy Images:** INTERFOTO (b). **123 Dorling Kindersley:** The Royal Academy of Music (bd). **Getty Images:** DeAgostini (sc). **124 Dorling Kindersley:** Philip Dowell (sd, cd); The Bate Collection (si, bi, ci, cib). **124-124 Dorling Kindersley:** Philip Dowell (cb). **124-125 Dorling Kindersley:** The Bate Collection (b). **125 Dorling Kindersley:** Geoff Dann (bi, si); The Bate Collection (d, i, c, ci, ca). **126 Getty Images:** DeAgostini (s). **Lebrecht Music and Arts:** (bi). **127 Lebrecht Music and Arts:** (si). **128 akg-images:** Erich Lessing (cd). **Getty Images:** Imagno (i). **129 The Bridgeman Art Library:** Kunsthistorisches Museum, Vienna, Austria (b). **Corbis:** Perry Mastrovito / Design Pics (cd). **Getty Images:** DeAgostini (si). **130 Corbis:** Alfredo Dagli Orti / The Art Archive (b). **Dorling Kindersley:** Philip Dowell (si). **131 Dorling Kindersley:** The Bate Collection (si). **Getty Images:** DeAgostini (bc). **Lebrecht Music and Arts:** (sd). **132 Rough Guides:** Demetrio Carrasco (ca). **The Stapleton Collection:** (bc). **133 Getty Images:** Universal History Archive (sc). **SuperStock:** DeAgostini (b). **134 Getty Images:** Buyenlarge (c); A. DAGLI ORTI / De Agostini (bc). **135 akg-images:** Erich Lessing (s). **Alamy Images:** The Art Archive (bd). **136-137 Getty Images:** Imagno (b). **136 Getty Images:** Imagno (c). **137 Getty Images:** Buyenlarge (cd). **Lebrecht Music and Arts:** (ca). **138 Alamy Images:** GL Archive (d). **Corbis:** Stiftung Mozart / John Van Hasselt (bi). **139 Alamy Images:** Mary Evans Picture Library (sd). **Corbis:** Katy Raddatz / San Francisco Chronicle (bc). **140 Getty Images:** Hiroyuki Ito (s). **141 Dorling Kindersley/The National Music Museum Inc** (bi). **Getty Images:** DeAgostini (cd). **142 Dorling Kindersley:** The Royal Academy of Music (sd, cd, cdb); The National Music Museum (bi, bc); The Bate Collection (cib). **Lebrecht Music and Arts:** (bd). **143 Corbis:** Stefano Bianchetti (bi). **Dorling Kindersley:** Dave King (bd); The Royal Academy of Music (s). **Getty Images:** De Agostini (bc). **144 Getty Images:** Universal History Archive (d). **145 Dorling Kindersley:** Jiri Kopriva (cda). **Getty Images:** The British Library / Robana (si); Imagno (bc). **TopFoto.co.uk:** The Granger Collection (c). **146 Corbis:** ML Sinibaldi (s). **147 Alamy Images:** INTERFOTO (si). **Corbis:** Alfredo Dagli Orti / The Art Archive (bi). **Photo SCALA, Florence:** The Metropolitan Museum of Art / Art Resource (d). **148-149 Dorling Kindersley/The National Music Museum Inc. 150 Dorling Kindersley:** Dover Publications (ci); Dave King (cd); Steve Gorton (bi). **Getty Images:** A. DAGLI ORTI / De Agostini (ca, cb); Universal History Archive (bd). **151 Corbis:** Bettmann (bi). **Dorling Kindersley/The National Music Museum Inc** (ca). **Getty Images:** Buyenlarge (cdb); Imagno (cd); Ilya Efimovich Repin (ci). **152 Alamy Images:** The Art Archive (ca, ci). **The Bridgeman Art Library:** Museum of Fine Arts, Boston, Massachusetts, USA/ Leslie Lindsey Mason Collection (bc). **Getty Images:** Universal History Archive (bd). **153 Alamy Images:** INTERFOTO (bi). **Photo SCALA, Florence:** BPK, Bildagentur für Kunst, Kultur und Geschichte, Berlin (s). **154 Getty Images:** DEA / A. DAGLI ORTI / De Agostini (bc, cda). **Lebrecht Music and Arts:** (si). **155 The Bridgeman Art Library:** Christie's Images (i). **Corbis:** Hulton-Deutsch Collection (bd). **156 Getty Images:** Imagno (i). **157 Dorling Kindersley:** Peter Wilson (bd). **Getty Images:** Kean Collection (ca); Imagno (si, bi). **158 Corbis:** Rune Hellestad (bi). **Photo SCALA, Florence:** Opera del Duomo of Orvieto (sd). **159 The Bridgeman Art Library:** Private Collection / Archives Charmet (i). **Corbis:** Bettmann (cda). **160-161 Corbis:** Fine Art Photographic Library (s). **161 Alamy Images:** PRISMA ARCHIVO (c). **Dorling Kindersley:** Dave King (bd). **162 Corbis:** Bettmann (ca); Alfredo Dagli Orti / The Art Archive (ci). **Getty Images:** Vittorio Zunino Celotto (bi). **163 Alamy Images:** Pictorial Press Ltd (i). **164 Getty Images:** Imagno (cib). **Lebrecht Music and Arts:** (sd). **165 Alamy Images:** Juergen Schonnop (sd). **Lebrecht Music and Arts:** (cdb, bi). **166 Dorling Kindersley:** Linda Whitwam (cda). **Lebrecht Music and Arts:** Costa Leemage (bi). **167 The Bridgeman Art Library:** Private Collection / Courtesy of Swann Auction Galleries (sc). **Corbis:** adoc-photos (bi). **Getty Images:** Mick Hutson / Redferns (cdb). **168 Corbis:** FRIEDEL GIERTH / epa (cia). **Lebrecht Music and Arts:** culture-images (b). **169 Corbis:** Hulton-Deutsch Collection (cd). **Getty Images:** A. DAGLI ORTI / De Agostini (si). **Photo SCALA, Florence:** BPK, Bildagentur fuer Kunst, Kultur und Geschichte, Berlin (bd). **170 Corbis:** Bettmann (bd). **Dorling Kindersley:** Geoff Dann (bi). **Getty Images:** Transcendental Graphics (ca). **171 Corbis:** Historical Picture Archive (s). **Dorling Kindersley:** Dave King / Museum of the Moving Image (bc). **172 Getty Images:** Kean Collection (i). **TopFoto.co.uk:** ullsteinbild (cd). **173 akg-images:** (bi); Erich Lessing (sc). **Getty Images:** Universal History Archive (si, bd). **174 Alamy Images:** The Protected Art Archive (ci). **Dorling Kindersley:** Peter Wilson (bd). **175 Getty Images:** A. DAGLI ORTI / De Agostini. **176 Dorling Kindersley:** Nigel Hicks (ca). **Lebrecht Music and Arts:** (ci). **177 Lebrecht Music and Arts:** Tristram Kenton (d). **Photo SCALA, Florence:** DeAgostini Picture Library (i). **178-179 The Bridgeman Art Library:** Isabella Stewart Gardner Museum, Boston, MA, USA (b). **178 Corbis:** (sd). **179 Corbis:** Colita (sd). **Getty Images:** Philip Ryalls / Redferns (bd). **180 Getty Images:** Hippolyte Delaroche (bi); Ilya Efimovich Repin (s). **181 The Bridgeman Art Library:** Tretyakov Gallery, Moscow, Russia (si). **Dorling Kindersley:** Dave King (bi). **Rough Guides:** Jonathan Smith (bd). **182 Corbis:** Bojan Brecelj (i). **183 akg-images:** Vsevolod M. Arsenyev (si). **Corbis:** Bojan Brecelj (ca). **Getty Images:** Ian Gavan (bi). **184 The Bridgeman Art Library:** Ateneum Art Museum, Finnish National Gallery, Helsinki, Finland (cda). **Corbis:** Bettmann (bd). **Dorling Kindersley:** Dave King (bi). **185 Corbis:** Paul Panayiotou / Paul Panayiotou (cd). **Dorling Kindersley:** Dave King (si). **186 Dorling Kindersley:** Dover Publications (d). **187 Corbis:** Leo Mason (bd). **Getty Images:** DeAgostini (ca); Time & Life Pictures (cda). **188 Dorling Kindersley/The National Music Museum Inc** (ci); The Bate Collection (bi). **Getty Images:** Pierre Petit / Hulton Archive (bd). **189 Dorling Kindersley/The National Music Museum Inc** (s). **190 Corbis:** Michael Nicholson (cda). **Dorling Kindersley:** The Bate Collection (si, ca); The National Music Museum (sd). **190-191 Dorling Kindersley/The National Music Museum Inc** (c). **191 Dorling Kindersley:** The Bate Collection (si); The National Music Museum (cib, cda, cdb, bi). **Getty Images:** William Gottlieb/ Redferns (sc); Time Life Pictures/ Mansell/ Time Life Pictures (bd). **Lebrecht Music and Arts:** Nigel Luckhurst (sd). **192-193 Photoshot:** Lu Peng / Xinhua/ Boston Symphony Orchestra (s). **192 Lebrecht Music and Arts:** (bd). **193 Dorling Kindersley:** Geoff Dann (cda). **Getty Images:** Imagno (bc). **194-195 Alamy Images:** The Art Archive (b). **194 Lebrecht Music and Arts:** (bi). **195 Alamy Images:** Hemis (si). **Getty Images:** Buyenlarge (sd). **196 Alamy Images:** Lebrecht Music and Arts Photo Library (ci). **Getty Images:** De Agostini (cb). **197 Corbis:** Robbie Jack (b). **Dorling Kindersley:** Dave King/ Science Museum, London (sd). **Getty Images:** Romano Cagnoni (ci). **198 Dorling Kindersley:** (s); Colin Sinclair (bc). **199 Alamy Images:** charistoone-travel (bd). **Corbis:** Bettmann (cda). **Dorling Kindersley/The National Music Museum Inc** (sc). **200 Alamy Images:** The Art Archive (cia). **Dorling Kindersley/The National Music Museum Inc** (cda). **200-201 Dorling Kindersley/The National Music Museum Inc** (b). **201 Getty Images:** Tim Graham (sd). **Library Of Congress, Washington, D.C.:** National Photo Company Collection (Library of Congress) (si). **202 Dorling Kindersley:** Geoff Dann (s, cia, bi); Steve Gorton (cd); Philip Dowell (cda); The Bate Collection (cdb, cib, bd, ca, bc, ci). **203 Dorling Kindersley:** Geoff Dann (sc); The National Music Museum (i); The Bate Collection (cd, sd, c). **204-205 The Bridgeman Art Library:** Musee du Vieux Montmartre, Paris/Archives Charmet (b). **205 Corbis:** Leonard de Selva (c). **Getty Images:** G. DAGLI ORTI/ De Agostini (bc); Imagno (si). **206-207 Corbis:** Nation Wong. **208 Dorling Kindersley:** Dave King (c, cdb); The National Music Museum (cib); Sloans & Kenyon / Judith Miller (bc). **Getty Images:** De Agostini (ci); Imagno (bi). **209 Corbis:** Bettmann (ci); Lebrecht Music & Arts (c); (cb, bi). **Dorling Kindersley:** Dave King (bd). **Getty Images:** Hulton Archive (cd). **210 Alamy Images:** The Art Archive (cib). **Lebrecht Music and Arts:** (ca). **211 Alamy Images:** The Art Archive (i). Corbis: Lebrecht Music & Arts (cda). **Getty Images:** A. DAGLI ORTI / De Agostini (bd). **212 The Art Archive:** Bibliothèque Nationale Paris / Eileen Tweedy (cd). **Getty Images:** Imagno (i). **213 akg-images:** (cd). **Corbis:** Hulton-Deutsch Collection (si); Robbie Jack (bi). **214 Corbis:** Bettmann (cdb). **Dorling Kindersley/The National Music Museum Inc** (c); Karl Shone (bi). **215 Corbis:** Jerry Cooke (b). **Getty Images:** SSPL (si). **216-217 Dorling Kindersley/ The National Music Museum Inc** (c). **216 akg-images:** (cb, bd); North Wind Picture Archives (cib). **Dorling Kindersley:** Geoff Dann (bi); Philip Dowell (c); The National Music Museum (bc). **217 Dorling Kindersley/The National Music Museum Inc** (si, cda, cb, ca); The Bate Collection (bi, bd); Gary Ombler (c, ci). **Getty Images:** Gamma-Rapho (cdb). **218-219 4Corners:** Massimo Ripani / SIME (b). **218 Lebrecht Music and Arts:** Archivo Manuel de Falla (sd). **219 Corbis:** Bettmann (ca). **Getty Images:** Beatriz Schiller / Time Life Pictures (sd). **220-221 Corbis:** Ted Soqui (b). **220 Corbis:** Bettmann (cib). **221 Corbis:** Rafa Salafranca / epa (bd). **Dorling Kindersley/The National Music Museum Inc** (sc). **Getty Images:** Cristian Lazzari (si); Michael Tran/ FilmMagic (cda). **222 Lebrecht Music and Arts:** (ca); culture-images (bi). **Rex Features:** CSU Archives / Everett Collection (cdb). **223 Getty Images:** De Agostini (i, sd). **224 Corbis:** Bettmann (bi). **Lebrecht Music and Arts:** RA (d). **225 Corbis:** Lebrecht Music & Arts (sc); Sharifulin Valery / ITAR-TASS Photo (bc). **TopFoto.co.uk:** RIA Novosti (cdb). **226 Dorling Kindersley/The National Music Museum Inc. 227 Corbis:** Bettmann (bd). **Getty Images:** Hulton Archive (c); Michael Ochs Archives (ci). **228 Alamy Images:** Pictorial Press Ltd

(ca). **Dorling Kindersley:** The Bate Collection (bd). **Getty Images:** Frank Driggs Collection (bi). **229 Corbis:** (si). **230 Dorling Kindersley:** Jon Spaull (bi). **Getty Images:** CBS Photo Archive (bd). **Johns Hopkins University:** The Lester S. Levy Collection of Sheet Music (c). **231 Dorling Kindersley/The National Music Museum Inc** (si, sc, ci, c). **Getty Images:** Jim McCrary / Redferns (cdb). **232 Getty Images:** PHOTRI / De Agostini (bi). **Lebrecht Music and Arts:** (d). **233 Corbis:** Hulton-Deutsch Collection (sc). **Getty Images:** GAB Archive / Redferns (bc). **Lebrecht Music and Arts:** Photofest (cdb). **234 Corbis:** Bettmann (ca). **Getty Images:** Timepix / Time Life Pictures (bi). **234-235 Getty Images:** Frank Driggs Collection (b). **235 Dorling Kindersley:** Dave King (si). **236-237 Getty Images:** Michael Ochs Archives (c). **236 Getty Images:** Bob Willoughby / Redferns (bi). **237 Getty Images:** John D. Kisch / Separate Cinema Archive (sc, bc). **Roland Smithies / luped.com:** (cd). **238 akg-images:** De Agostini (si). **Dorling Kindersley:** The Bate Collection (ca, sd). **Lebrecht Music and Arts:** (cda); Chris Stock (sc). **238-239 Dorling Kindersley:** The Bate Collection (s, c). **239 The Bridgeman Art Library:** Private Collection (cda). **Dorling Kindersley:** The Bate Collection (si); The National Music Museum (cia, bi, bd, cib, cdb). **Getty Images:** Michael Ochs Archives (sd). **240 Corbis:** Eudora Welty (s). **241 Alamy Images:** Brent T. Madison (sd). **Dorling Kindersley:** Jon Spaull (cdb). **Getty Images:** MPI (bi). **242 Corbis:** Bettmann (s). **Dorling Kindersley:** Dave King (bd). **243 Corbis:** Bettmann (cia, bd). **Dorling Kindersley:** Geoff Dann (sc). **244-245 Dorling Kindersley/The National Music Museum Inc** (s). **244 Dorling Kindersley:** The Bate Collection (cib, cb, bd). **Getty Images:** The Bridgeman Art Library (bi); Bridgeman Art Library (bc). **245 Alamy Images:** GL Archive (cib); J Hayward (ebd). **Dorling Kindersley:** Geoff Dann (bi, bc); The National Music Museum (bd, ci). **246 Dorling Kindersley:** Dave King (sd, ci). **247 Dorling Kindersley:** Dave King (bc). **Getty Images:** William Gottlieb / Redferns (sc, cdb). **248 Rex Features:** Everett Collection (i). **249 Alamy Images:** EyeBrowz (bi). **Dorling Kindersley:** Dave King (si). **Getty Images:** Frank Driggs Collection (c). **Rex Features:** Moviestore Collection (bd). **250 Dorling Kindersley:** Ranald MacKechnie / Ashmolean Museum, Oxford (bi). **Getty Images:** Hulton Archive (ca). **251 akg-images:** (s). **Getty Images:** Andrew Lepley / Redferns (bd). **252-253 Dorling Kindersley:** Geoff Dann (c). **Latin Percussion / lpmusic.com:** (b). 252 **Dorling Kindersley:** Geoff Dann (ebd); The National Music Museum (cia). Getty Images: Gavin Roberts / Rhythm Magazine (si). **Latin Percussion / lpmusic.com:** (ebi, bi, bc). **253 Dorling Kindersley:** Geoff Dann (cd); The National Music Museum (bd, bi, si, esd, bc); Dave King (esi); Philip Dowell (cb, sd). **Dreamstime.com:** Mark Fairey (i). **Latin Percussion / lpmusic.com:** (ca, cia). **254 The Bridgeman Art Library:** Private Collection / DaTo Images (sd). **255 akg-images:** Erik Bohr (cd). **Alamy Images:** Peter Horree (sc). **Corbis:** Bettmann (si). **Dorling Kindersley:** Sloans & Kenyon / Judith Miller (bi). **256 Getty Images:** Michael Ochs Archives (s). **257 Alamy Images:** INTERFOTO (bi). **Getty Images:** G.D. Hackett / Hulton Archive (sc); Lake County Museum (cd). **Rex Features:** Courtesy Everett Collection (bd). **258 Alamy Images:** Caro (c). **The Art Archive:** Culver Pictures (cib). **Corbis:** Bettmann (si). **Dorling Kindersley:** Dave King / Science Museum, London (ca). **Getty Images:** SSPL (esd). **259 Alamy Images:** Adem Demir (si); Kevin Wheal (esi). **Dorling Kindersley:** Paul Wilkinson (esd). **Getty Images:** The Bridgeman Art Library (bd). **260-261 Dorling Kindersley:** Dave King (c). **260 Corbis:** The Jim Heimann Collection (bi). **261 Alamy Images:** Everett Collection Historical (sc). **Dorling Kindersley:** Dave Rudkin (cd). **Getty Images:** Gilles Petard / Redferns (bd). **262-263 Dorling Kindersley/The National Music Museum Inc. 264 Dorling Kindersley/ The National Music Museum Inc** (ci, c). **Getty Images:** Hulton Archive (bi); Michael Ochs Archives (ca); Elliot Landy / Redferns (cdb); Graham Wiltshire / Redferns (bd). **265 Courtesy of Apple:** (cdb). **Getty Images: Jack Vartoogian** (bc). **Dorling Kindersley:** Dave King (c). **Getty Images:** Phil Dent / Redferns (cd); Kevin Mazur / WireImage (ca); Michael Ochs Archives (ci); Andrew Putler / Redferns (cib). **266 Getty Images:** Fred Ramage / Keystone Features (cib). **Lebrecht Music and Arts:** (s). **267 Alamy Images:** Pierre BRYE (bi). **Corbis:** Jacques Haillot / Apis/Sygma (bd). **Lebrecht Music and Arts:** T. Martinot (sc). **268 Getty Images:** Apic (c); Buyenlarge (bi). **269 Corbis:** Alain Dejean / Sygma (sd). **Getty Images:** Apic (si); Gjon Mili / Time Life Pictures (b). **270 Corbis:** Hans-Peter Merten / Robert Harding World Imagery (s). **Lebrecht Music and Arts:** (bd). **271 akg-images:** (c). Corbis: Murat Taner (bd). **Getty Images:** Erich Auerbach (sd). **272 Getty Images:** Yale Joel / Time Life Pictures (bd). **273 Dorling Kindersley:** Geoff Dann (c). **Getty Images:** William Gottlieb / Redferns (sd); Philip Ryalls / Redferns (bd). **274 Getty Images:** Antonello (bi). **275 Dorling Kindersley:** Alex Robinson (i). **Getty Images:** Lionel FLUSIN / Gamma-Rapho (bd); Michael Ochs Archives (cd). **276 Getty Images:** Frank Driggs Collection (s); Odile Noel / Redferns (bi). **277 Corbis:** Diego Goldberg / Sygma (br). **Dorling Kindersley:** Geoff Dann (sc). **Getty Images:** Michael Ochs Archives (cib). **278 Corbis:** Reuters (d). **University of Miami Libraries:** Cuban Photograph Collection, Cuban Heritage Collection, University of Miami Libraries, Coral Gables, Florida (ci). **279 Rex Features:** Moviestore Collection (cb); Sony Pics / Everett (si). **SuperStock:** Alvaro Leiva / age fotostock (cd). **280 Getty Images:** Alex Bender / Picture Post (b); Imagno (cia). **281 Getty Images: Jack Vartoogian** (sd). **Dorling Kindersley:** (bd). **Getty Images:** Gerti Deutsch / Hulton Archive (si). **282 Alamy Images:** Pictorial Press Ltd (ca). **Corbis:** Bettmann (bi). **Getty Images:** Michael Ochs Archives (cdb). **283 Corbis:** Herbert Pfarrhofer / APA (cdb). **Dorling Kindersley/The National Music Museum Inc** (si). **284 Alamy Images:** Theo Moye (bi). **The Art Archive:** Victoria and Albert Museum London (i). **285 Alamy Images:** Universal Images Group / DeAgostini (bi). **Getty Images:** Tim Graham / Evening Standard (bd); Gordon Parks / Time Life Pictures (si). **Lebrecht Music and Arts:** (c). **286-287 Dorling Kindersley/The National Music Museum Inc** (b). **286 Dorling Kindersley:** Nick Harris (bd); The National Music Museum (cib, cia, c, sd). **Getty Images:** Universal History Archive / UIG (esi). **Lebrecht Music and Arts:** Museum of Fine Arts, Boston (ca). **Photo SCALA, Florence:** BPK, Bildagentur fuer Kunst, Kultur und Geschichte, Berlin (si). **287 Dorling Kindersley:** Nick Harris (ca); The Royal Academy of Music (si). **Getty Images:** Nigel Osbourne / Redferns (sc); Andrew Putler / Redferns (sd). **288 Alamy Images:** United Archives GmbH (b). **289 Alamy Images:** EyeBrowz (si). **Dorling Kindersley:** Clive Streeter / Science Museum, London (bi). **Getty Images:** Michael Ochs Archives (cda); Virginia Sherwood / NBC NewsWire (bd). **290 Alamy Images:** Everett Collection Historical (bi). **Corbis:** Hulton-Deutsch Collection (s). **291 Dorling Kindersley:** (si). **Getty Images:** CBS (bi). **Rex Features:** Solent News (cd). **292 Getty Images:** John Kobal Foundation (ci); Silver Screen Collection / Hulton Archive (d). **293 Corbis:** Alan Pappe (bd). **Getty Images:** Frank Driggs Collection / Archive Photos (bi); GAB Archive / Redferns (cda); MGM Studios / Hulton Archive (si). **294 Corbis:** Terry Cryer (b). **Getty Images:** Michael Ochs Archives (si). **295 Alamy Images:** Jeff Morgan 13 (ci). **Corbis:** (bi). **Getty Images:** Apic (si). **296 Dorling Kindersley:** Geoff Dann (c); Dave King / Museum of the Moving Image (bi). **296-297 Corbis:** Paul Almasy (b). **297 Getty Images:** Paul Kennedy (si); Philip Ryalls / Redferns (sd). **298 Dorling Kindersley:** Southbank Enterprises (bd, cd, sd, cda, ci, c, cia, si, ca). **299 Dorling Kindersley:** Southbank Enterprises (bd, ci, si, sd, ca, cia, cda). **300 Alamy Images:** Photo Resource Hawaii (cia). **Corbis:** Richard A. Cooke (b). **TopFoto.co.uk:** The Granger Collection (cda). **301 Dorling Kindersley:** Geoff Dann (bc). **Getty Images:** GAB Archive / Redferns (sd); Michael Ochs Archives (si). **Mountain Apple Company Hawaii / izhawaii.com. :** (bi). **302 Dorling Kindersley:** Tim Daly (bi); Philip Dowell (ci). **303 Corbis:** Andrew Fox (sd). **Dorling Kindersley:** Dave King (i). **304 Dorling Kindersley:** Linda Whitwam (s). **Getty Images:** Hulton Archive (bi). **305 Dorling Kindersley:** Linda Whitwam (cdb). **Getty Images:** Lipnitzki / Roger Viollet (bi). **Lebrecht Music and Arts:** Museum of Fine Arts, Boston (c). **306 Getty Images:** Gilles Petard / Redferns (si); Transcendental Graphics (bc). **307 Getty Images:** John Cohen (si); David Redfern / Redferns (bd); GAB Archive / Redferns (cd). **308-309 Dorling Kindersley/The National Music Museum Inc** (s). **308 Dorling Kindersley/The National Music Museum Inc** (cdb, bc, cib, bd, bi, ebi). **Getty Images:** RB / Redferns (c). **309 Dorling Kindersley/The National Music Museum Inc** (cia, cb/a, bi, c, cd, ci/a, ci/b, cb/b). **Getty Images:** Michael Ochs Archives (ebd); Jan Persson / Redferns (cib, bc). **310 Getty Images:** GAB Archive / Redferns (bc); Gilles Petard / Redferns (ca). **311 Getty Images:** Michael Ochs Archives (si); David Redfern / Redferns (cdb). **312 Corbis:** Bettmann (b); Michael Ochs Archives (bc). **Dorling Kindersley:** Andy Crawford (cia). **Getty Images:** Joby Sessions / Total Guitar Magazine (cd). **313 Getty Images:** Mike Coppola (bd); David Redfern / Redferns (sc). **314 Dorling Kindersley:** Steve Gorton / The Jukebox Showroom, RS Leisure (bd). **Getty Images:** Michael Ochs Archives (bi, c). **315 Alamy Images:** Marc Tielemans (bc). **Getty Images:** Michael Ochs Archives (s). **316 Corbis:** Sunset Boulevard (d); Michael Ochs Archives (cib). **317 Getty Images:** Hulton Archive (sc); Gary Null / NBC / NBCU Photo Bank (bc). **Rex Features:** BEHAR ANTHONY / SIPA (cda); Everett Collection (cdb). **318 Corbis:** Walter McBride / Retna Ltd. (bi). **Getty Images:** Ray Avery (cd). **Roland Smithies / luped.com:** (cdb). **319 Dorling Kindersley:** (bd). **Getty Images:** Michael Ochs Archives (sd); PoPsie Randolph / Michael Ochs Archives (bi). **320 Getty Images:** Gilles Petard / Redferns (sd); Popperfoto (b). **321 Getty Images:** ABC (bi); Gilles Petard / Redferns (sc); Michael Ochs Archives (cdb). **322 Corbis:** Minneapolis Star Tribune / ZUMA Press (bc). **Dorling Kindersley/The National Music Museum Inc** (sd). **322-323 Corbis:** Bettmann (b). **323 Getty Images:** RODRIGO ARANGUA / AFP (ca); Blank Archives (si). **324 Getty Images:** Michael Ochs Archives (s, bi). **325 Dorling Kindersley/The National Music Museum Inc** (cd). **Getty Images:** Keystone (sc); Michael Ochs Archives (bi). **326 Getty Images:** Mark and Colleen Hayward / Redferns (cda). **Rex Features:** Harry Goodwin (i). **327 Corbis:** Bettmann (bi, si). **Getty Images:** Michael Ochs Archives (cb). **Rex Features:** David Magnus (cd). **Rough Guides:** Nelson Hancock (bd). **328 Getty Images:** Paris Match (s). **329 Alamy Images:** CBW (cdb). **Dorling Kindersley:** Nick Harris (ci). **Getty Images:** Jeremy Fletcher / Redferns (sd); GAB Archive / Redferns (bi). **330 Alamy Images:** CBW (bi). **Getty Images:** Hulton Archive (cda); Simon Lees / Guitarist Magazine (bd); Chris Morphet / Redferns (ci); Redferns (cd). **331 Alamy Images:** EyeBrowz (sd). **Corbis:** Neal Preston (bd). **Getty Images:** Geoff Dann / Redferns (si). **332 Dorling Kindersley:** Nick Harris (bi, cb, bd). **Getty Images:** JP Jazz Archive / Redferns (bc); Michael Ochs Archives (cdb). **332-333 Dorling Kindersley/The National Music Museum Inc** (s). **333 Dorling Kindersley:** Nick Harris (cib, cb). **Getty Images:** Simon Lees / Total Guitar Magazine (bi); Joby Sessions / Guitarist Magazine (cd); David Redfern / Redferns (cdb). **334 Dorling Kindersley:** Geoff Dann (ca, bi). **335 Getty Images:** Tom Kopi. **336 Dorling Kindersley:** Andy Crawford / British Film Institute (cda). **336-337 Corbis:** Bob King (b). **337 Getty Images:** Gijsbert Hanekroot / Redferns (sc); Nigel Osbourne / Redferns (cd). **Rex Features:** Dick Wallis (bd). **338 Dorling Kindersley:** Duncan Turner/ Anna Hall (bi, bc). **Photo Duffy © Duffy Archive:** (i). **Roland Smithies / luped.com:** Masayoshi Sukita (cd). **339 Alamy Images:** Pictorial Press Ltd (cd). **Getty Images:** Jorgen Angel / Redferns (sc). **340 Corbis:** Christie's Images (bd). **Getty Images:** Tony Russell / Redferns (ci). **341 Alamy Images:** Pictorial Press Ltd (cd). **Dorling Kindersley:** Geoff Dann (bc). **Amit Pasricha/ Avinash Pasricha:** (sc). **342 Alamy Images:** Dinodia Photos (cd). **Dorling Kindersley:** Deepak Aggarwal (sc, sd, esd, cd); Geoff Dann (esi, cib); Dave King (si); The National Music Museum (bi). **Getty Images:** PhotosIndia.com (ci).
342 Alamy Images: Dinodia Photos (cd). **Dorling Kindersley:** Deepak Aggarwal (sc, sd, esd, cd); Geoff Dann (esi, cib); Dave King (si); The National Music Museum (bi). **Getty Images:** PhotosIndia.com (ci).
343 Dorling Kindersley: Geoff Dann (cd, esi); The National Music Museum (ci, esd, cda, si, sc, c, b); Dave King (sd). **344 Dorling Kindersley:** Nick Harris (cia).

344-345 Getty Images: Elliot Landy / Redferns (b). **345 Getty Images:** GAB Archive / Redferns (si); Andy Sheppard / Redferns (cd). **346 Dorling Kindersley:** Nick Harris (cda). **Getty Images:** GAB Archive / Redferns (cdb). **Rex Features:** Everett Collection (bi). **SuperStock:** (bi). **347 Getty Images:** Kevin Mazur / WireImage (bd); Andrew Putler/ Redferns (i). **348 Dorling Kindersley:** Nick Harris (d). **Getty Images:** FilmMagic (bc); Michael Ochs Archives (ci). **349 Getty Images:** Graham Wiltshire / Redferns (s). **350 Dorling Kindersley:** Wallis and Wallis / Judith Miller (c). **Getty Images:** Olle Lindeborg / AFP (bi). **351 Alamy Images:** CBW (c). **Getty Images:** Tom Hill / WireImage (cda). **Rex Features:** Gill Allen (i); FremantleMedia Ltd (bd). **352 Alamy Images:** Freddie Jones (cda); ZUMA Press, Inc. (bd). **Getty Images:** ABC Photo Archives / ABC (bi). **353 Alamy Images:** CBW (sc); Pictorial Press Ltd (cda). **MTV Networks:** (bi). **354 Corbis:** James Andanson / Sygma (bd). **Photoshot:** © Bill Bernstein / Retna Pictures (c). **Rex Features:** Everett Collection (sd). **355 Getty Images:** Waring Abbott (i). **Vintage Gear America:** (cdb). **356 Getty Images:** David Corio / Michael Ochs Archives (bd); Michael Ochs Archives (ca); Richard McCaffrey / Michael Ochs Archive (si); GAB Archive / Redferns (cd). **357 Getty Images:** Richard E. Aaron / Redferns (bc); Michael Ochs Archives (si). **Rough Guides:** Nelson Hancock (cd). **358 Alamy Images:** DWD-Media (c). **Getty Images:** Kevin Mazur/WireImage (bd). **Rex Features:** Marks (bi). **359 Corbis:** Santiago Bueno / Sygma (bd). **Getty Images:** Morena Brengola / Redferns (cd); Nigel Osbourne / Redferns (si). **360 Alamy Images:** David Grossman (sc); Lebrecht Music and Arts Photo Library (cia). **Corbis:** Hulton-Deutsch Collection (bd). **Getty Images:** Blank Archives (bi). **361 Rex Features:** M Le Poer Trench (b). **362 Alamy Images:** Aflo Co. Ltd. (cda). **Dorling Kindersley:** Geoff Dann (ca). **Getty Images:** Buyenlarge (cib); KAZUHIRO NOGI / AFP (bc). **363 Getty Images:** Charley Gallay (b); YOSHIKAZU TSUNO / AFP (si). **364 The Bridgeman Art Library:** Museo di Storia della Fotografia Fratelli Alinari,

Florence / Alinari (bi). **Getty Images:** Didier Baverel (s). **365 Dorling Kindersley:** Dave King (si). **Photoshot:** UPPA (bi). **Rex Features:** ITV (bd). **368 Getty Images:** Lisa Haun / Michael Ochs Archives (bi); Michael Ochs Archives (ci). **Vintage Gear America:** (bd). **369 Getty Images:** KMazur / WireImage (si); Kevin Mazur / WireImage (cd); William B. Plowman (bc). **370 Getty Images:** Phil Dent / Redferns (b). **Rex Features:** Everynight Images (si). **371 Alamy Images:** Joe Bird (ci). **Corbis:** Skrillex DJ (bd). **Rex Features:** Jonathan Hordle (sc). **372 Corbis:** Imaginechina (bc). **Getty Images:** DeAgostini (cia); Han Myung-Gu / WireImage (cda). **373 Getty Images:** Mike Coppola (bd). **Photo12.com:** DR (si). **374 Alamy Images:** ZUMA Press, Inc. (bd). **Getty Images:** Hiroyuki Ito (cda). **375 Alamy Images:** Pete Millson (bc). **Corbis:** Robbie Jack (s). **376 courtesy of Apple:** (ca). **Dorling Kindersley:** Dave King / Andy Crawford / Steve Gorton (bi). **Getty Images:** Theo Wargo (bd). **377 Corbis:** Rick Friedman (cd). **Dorling Kindersley:** Lucy Claxton (sc). **Roland Smithies / luped.com:** (ci) **386 Dorling Kindersley/The National Music Museum Inc. 388 Getty Images:** De Agostini (bd); Prisma / UIG (c). **389 Dorling Kindersley:** The Bate Collection (bd). **391 Corbis:** Ira Nowinski (bc). **Getty Images:** Mondadori Portfolio (si). **392 Corbis:** Bettmann (bc). **393 Dorling Kindersley/The National Music Museum, Inc** (cd). **Getty Images:** Archivio Cameraphoto Epoche (si). **394 Getty Images:** CBS Photo Archive (c); Frank Driggs Collection (bd). **395 Corbis:** Richard Booth / Lebrecht Music & Arts (sd). **Getty Images:** Michael Ochs Archives (c). **396 Getty Images:** Frank Driggs Collection (cd); Michael Ochs Archives (bi). **397 Corbis:** Henry Diltz (cd); Hulton-Deutsch Collection (si). **398 Corbis:** Neal Preston (cib). **Getty Images:** Ron Howard / Redferns (sd). **399 Corbis:** Bettmann (cia). **Getty Images:** Keystone-France / Gamma-Keystone (bd). **400 Getty Images:** Catherine McGann (ci); Fin Costello / Redferns (b). **401 Getty Images:** Al Pereira / Michael Ochs Archives (bd); Jason Merritt/ FilmMagic (si). **402 Corbis:** Underwood & Underwood (sd). **Getty Images:** Ross

Gilmore / Redferns (bc). **403 Corbis:** Holger Leue (sd). **Dorling Kindersley/ The National Music Museum Inc** (bi). **404 Corbis:** Luc Gnago / Reuters (sd). **405 Getty Images:** Kaushik Roy / India Today Group (bi); Orlando / Three Lions (sd). **406 Corbis:** adoc-photos (ci); Bruno Morandi / Hemis (sd). **Getty Images:** Judith Burrows (sd). **407 Corbis:** Christophe Boisvieux (si). **Getty Images:** Thomas Bregardis / AFP (bd). **408 Corbis:** Bradley Smith (bd); Hulton-Deutsch Collection (ci). **409 Corbis:** Bettmann (sc). **Getty Images:** De Agostini (bd). **410 Corbis:** Bettmann (cd). **Getty Images:** Michael Ochs Archives (bi). **411 Corbis:** Alfredo Dagli Orti / The Art Archive (sd); Raminder Pal Singh / EPA (bc). **412 Corbis:** Bettmann (sd); Michael Nicholson (ci). **413 Corbis:** Hulton-Deutsch Collection (sc); Neal Preston (bi). **414 Alamy Images:** Pictorial Press Ltd (si). **Corbis:** Hulton-Deutsch Collection (cdb). **415 Corbis:** Tim Mosenfelder (sc). **Getty Images:** Michael Ochs Archives (bd). **416 Alamy Images:** ZUMA Press, Inc. (bd). **Getty Images:** GAB Archive / Redferns (sc). **417 Corbis:** adoc-photos (c); Roger Ressmeyer (bd). **418 Corbis:** Manuel Zambrana (cd); Pool / Retna Ltd. (sc). **419 Corbis:** Hulton-Deutsch Collection (bc); Mosaic Images (sc). **420 Corbis:** Bettmann (si); Jeremy Bembaron / Sygma (bd). **421 Corbis:** Bettmann (ci); Roger Ressmeyer (bd). **422 Corbis:** Bettmann (bd); Miroslav Zajíc (si). **423 Getty Images:** Ebet Roberts / Redferns (sc); Tom Copi / Michael Ochs Archives (bd). **424 Corbis:** Bettmann (cd, bc). **425 Corbis:** Sunset Boulevard (si); (bc). **426 Corbis:** Alfredo Dagli Orti / The Art Archive (sc). **Getty Images:** Rob Verhorst / Redferns (bd). **427 Getty Images:** Dave Hogan / Hulton Archive (bd); Quim Llenas / Cover (c). **428 Corbis:** Tobias Hase / dpa (sc). **Getty Images:** GAB Archive / Redferns (ci). **429 Corbis:** Robbie Jack (bi). **Getty Images:** WireImage (cd). **430 Getty Images:** AFP (sc); Michael Ochs Archives (bd). **431 Getty Images:** John Downing (bd); Redferns (sc). **432 Getty Images:** De Agostini (sc); Sebastian D'souza / AFP (bc). **433 Getty Images:** Jun Sato / WireImage (ci); Michael Ochs Archives (sd). **434 Corbis:** Dirk Waem / epa (ci);

Rune Hellestad (sd). **435 Corbis:** Bettmann (sd, bi). **436 Corbis:** Chris Cuffaro / The Hell Gate (bi); Lebrecht Music & Arts (cd). **437 Corbis:** Bettmann (sc, bd). **438 Corbis:** Bettmann (cdb). **Getty Images:** Michael Ochs Archives (sc). **439 Corbis:** Bettmann (cd). **Getty Images:** Michael Ochs Archives (bi). **440 Corbis:** Hulton-Deutsch Collection (si); Jay Blakesberg / Retna Ltd (bd). **441 Getty Images:** Lipnitzki / Roger Viollet (sc); Michael Ochs Archives (bd). **442 Corbis:** Lynn Goldsmith (bi). **Getty Images:** Michael Ochs Archives (sc). **443 Corbis:** Joao Paulo Trindade / epa (sc);. **444 Corbis:** Bettmann (si); Lindsay Hebberd (bc). **445 Corbis:** Bettmann (sd, bi). **446 Corbis:** Chris Kleponis / epa (bd). **Getty Images:** Tony Vaccaro/ Hulton Archive (c). **447 Corbis:** Bettmann. **Getty Images:** Jeff Kravitz/ FilmMagic (cb). **448 Corbis:** Brooks Kraft/ Sygma (ci); E.O. Hoppe (sd). **449 Corbis:** Stephane Masson/ Kipa (bd). **Getty Images:** CBS (si). **450 Corbis:** Laurent Gillieron/epa (bd); photomall/ Xinhua Press (si). **451 Corbis:** Hulton-Deutsch Collection (bd); Martyn Goddard (sd). **452 Corbis:** (bc); Bettmann (si). **453 Getty Images:** Michael Ochs Archives (bi). **Lebrecht Music and Arts:** Kate Mount (si). **454 Dorling Kindersley/ The National Music Museum, Inc**(ci). **455 Dorling Kindersley/ The National Music Museum, Inc** (bd). **456 Dorling Kindersley/ The National Music Museum, Inc** (ci). **457 Dorling Kindersley:** The Bate Collection. **PunchStock:** Stockbyte (sd). **458 Dorling Kindersley:** The Bate Collection (bi). **459 Dorling Kindersley/ The National Music Museum, Inc** (d). **460 Dorling Kindersley:** The Bate Collection (ci). **462 Dorling Kindersley/ The National Music Museum, Inc** (sd); (bi). **463 Dorling Kindersley/ The National Music Museum, Inc** (sr).

Guardas frontales: **Dorling Kindersley/ The National Music Museum, Inc**

Guardas traseras: **Getty Images: Joby Sessions / Guitarist Magazine**

Las demás imágenes © Dorling Kindersley
Para más información: www.dkimages.com